Scale 1:250,000
or 3.95 miles to 1 inch
(2.5km to 1cm)

10th edition November 2007

© Automobile Association Developments Limited 2007

Original edition printed 1999.

Maps © Institut Géographique National (France)

Published by AA Publishing (a trading name of Automobile Association Developments Limited, whose registered office is Fanum House, Basing View, Basingstoke, Hampshire RG21 4EA, UK. Registered number 1878835).

ISBN-13: 978 0 7495 5452 1

A CIP catalogue record for this book is available from The British Library.

Printed in Spain by Printer Industria Grafica S.A., Barcelona, on V.S.C. accredited paper.
Paper: 80gsm Holman Strada bulky.

Town plans

AA ROAD FRANCE

Atlas contents

Key to map pages	inside front cover
Route planner	II–V
Legend	VI
France road maps	**1–201**
Corsica road maps	**202–207**
Paris environs	208–209
Central Paris	210–211
Town plans	212–243
Département map	244
Place name index	245–298
Distances and journey times	inside back cover

If you would like this information in an appropriate alternative format such as large print, Braille, or cassette, please call us on 0800 26 20 50. Our deaf, or hard of hearing or speech impaired customers who have a text phone, can contact us on 0800 328 2810.

F Principaux axes routiers
NL Routeplanner
D Übersichtskarte

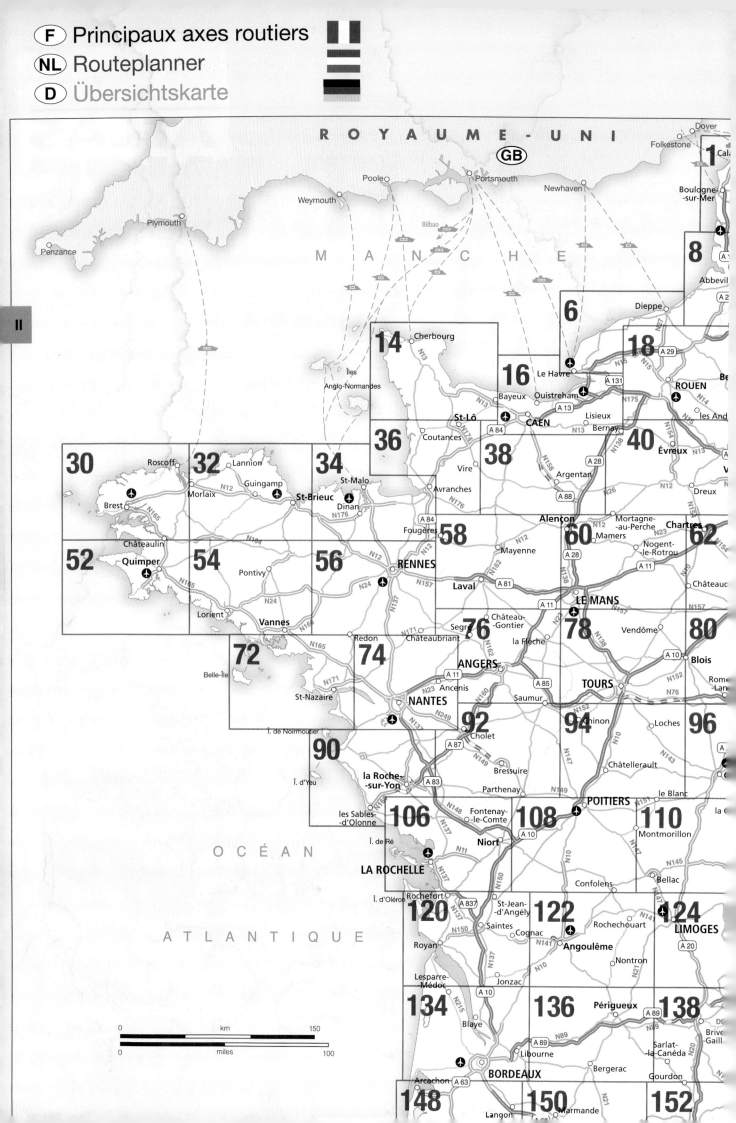

GB *Route planner*
E *Organizador de ruta*
I *Guida agli itinerari*

Dunkerque A18 GENT (GAND) A13 PAYS-BAS A61 KÖLN A4 Siegen A4 A5

2 A16 A25 A17 A10 A14 **4** LEUVEN (LOUVAIN) MAASTRICHT A2 A44 NL A4 A45

St-Omer N42 N42 BRUXELLES / BRUSSEL A3 LIÈGE LUIK Aachen Bonn A1 A3 A61 A3 **ALLEMAGNE**

N1 LILLE Béthune A8 A4 BELGIQUE NAMUR (NAMEN) A27 A60 D Koblenz A5 A45 A66

N439 A26 Arras **10** N43 Douai Valenciennes MONS (BERGEN) Charleroi A4 A26 A48 Frankfurt A.M. WIESBADEN

Montreuil A1 A23 Lens **12** N49 N2 A4 MAINZ A63 DARMSTADT

N16 N25 N17 N30 Cambrai Avesnes-sur-Helpe B A4 A1 III

AMIENS Péronne St-Quentin Vervins LUXEMBOURG A4 L A62 Ludwigshafen Mannheim

N29 N29 N29 Charleville-Mézières **24** Sedan LUXEMBOURG A1 A61 Heidelberg

20 Montdidier Laon Rethel A34 Vouziers Verdun Briey Thionville **26** Boulay-Moselle Forbach SAARBRÜCKEN A65 A6 Heilbronn

A16 A1 Compiègne Soissons A26 N51 Reims N18 N43 Sarreguemines Wissembourg KARLSRUHE

Beauvais Clermont N2 N31 Ste-Menehould N3 A4 METZ N3 Château-Salins Sarrebourg Haguenau A8 Pforzheim STUTTGART

42 Pontoise Meaux **44** A4 Château-Thierry Épernay **46** Châlons-en-Champagne Commercy N411 A31 **48** NANCY Lunéville A4 N62 **50** Saverne STRASBOURG A35

Nanterre Bobigny Torcy A3 N3 N77 Bar-le-Duc Toul Molsheim A420 A81

Versailles PARIS Créteil Évry Melun Provins A4 Vitry-le-François St-Dizier N4 N74

N10 N20 A6 A26 Nogent-sur-Seine **66** Neufchâteau **70** St-Dié-des-Vosges Sélestat

Fontainebleau **64** A5 Troyes Bar-sur-Aube N67 **68** N74 A31 N57 Ribeauvillé A5

N152 N6 Sens N60 N19 Chaumont Épinal Colmar FREIBURG I.B.

Pithiviers A6 N77 A5 Langres N59 N415 Guebwiller

ORLÉANS A19 N60 Montargis A77 **82** Auxerre **84** Montbard N74 **86** Langres N19 Luxeuil **88** Thann N66 N83 A35

82 A6 Clamecy Avallon N151 N57 Vesoul Belfort Mulhouse BASEL AARAU A3 ZÜRICH

N71 N7 Cosne-Cours-sur-Loire DIJON A38 Montbéliard A36 Altkirch A2 A1 A3 ZUG

A85 Vierzon N80 A31 A39 **102** Dole N73 N83 N57 **104** SOLOTHURN Biel/Bienne A1 LUZERN A2

98 BOURGES A77 Nevers Château-Chinon **100** Beaune N73 N5 BESANÇON NEUCHÂTEL BERN A2

Issoudun N151 N76 Autun Chalon-sur-Saône Pontarlier FRIBOURG/FREIBURG A12

Châteauroux St-Amand-Montrond N81 N80 N78 Lons-le-Saunier SUISSE

A71 A6 Louhans N83 LAUSANNE

112 Moulins **114** Charolles N79 **116** Mâcon A39 **118** St-Claude A1 CH SION A9

N145 N79 N7 A40 Gex Thonon-les-Bains

Montluçon N9 N7 Vichy N6 Bourg-en-Bresse Nantua A40 GENÈVE St-Julien-en-Genevois Bonneville A40

Guéret N144 N209 Roanne Villefranche-sur-Saône N7 N84 A42 Annecy A5

Aubusson **126** Riom Thiers **128** N89 A72 N82 **130** Belley N501 **132** AOSTA/AOSTE A5 A26

CLERMONT-FERRAND N89 LYON N6 N75 Albertville A90

A89 Issoire Ambert Montbrison A47 Vienne A43 la Tour-du-Pin Chambéry St-Jean-de-Maurienne

Ussel N89 ST-ÉTIENNE A7 N88 A48 N75 A41 A32 A4 A5 A21

Mauriac **140** Brioude **142** Yssingeaux **144** A49 **146** GRENOBLE Briançon ITALIE

N122 N102 N88 N7 Tournon-sur-Rhône N91 TORINO

Aurillac St-Flour Le Puy-en-Velay Valence A51

N120 A75 N102 Die Gap I

154 Figeac N106 **156** Largentière N304 **158** N94 **160** A6 SAVONA A26

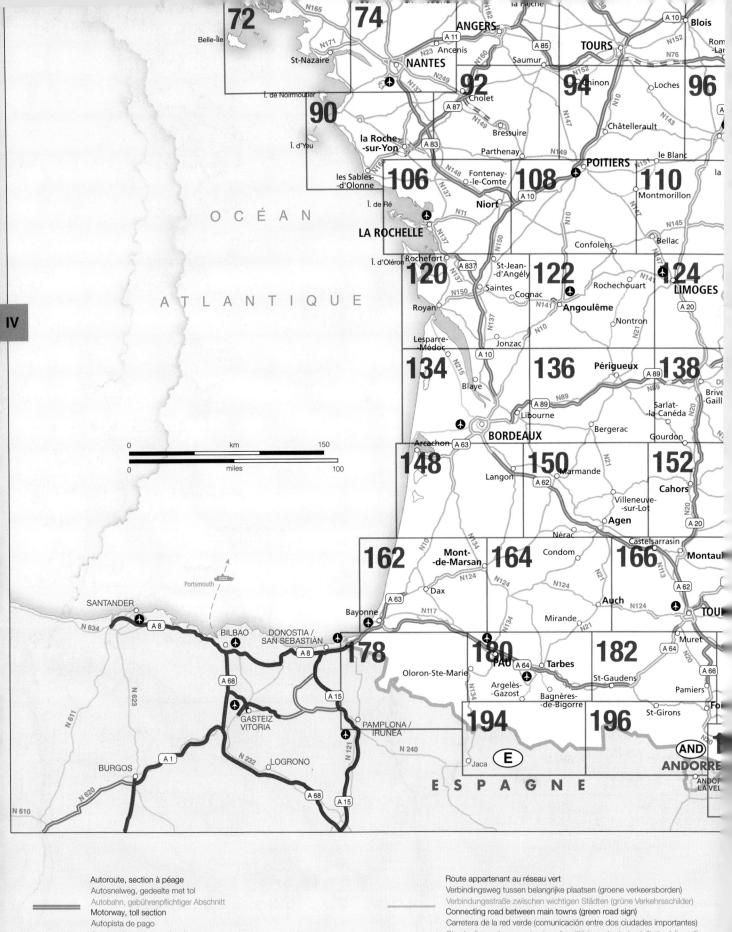

Autoroute, section à péage	Route appartenant au réseau vert
Autosnelweg, gedeelte met tol	Verbindingsweg tussen belangrijke plaatsen (groene verkeersborden)
Autobahn, gebührenpflichtiger Abschnitt	Verbindungsstraße zwischen wichtigen Städten (grüne Verkehrsschilder)
Motorway, toll section	Connecting road between main towns (green road sign)
Autopista de pago	Carretera de la red verde (comunicación entre dos ciudades importantes)
Autostrada, tratto a pedaggio	Strada di grande comunicazione fra città importante (cartelli stradali verdi)

Autoroute, section libre, voie à caractère autoroutier	Autre route de liaison principale
Autosnelweg, tolvrij gedeelte, weg van het type autosnelweg	Hoofdweg
Autobahn, gebührenfreier Abschnitt, Schnellstraße	Hauptstraße
Motorway, toll-free section, dual carriageway with motorway characteristics	Other main road
Autopista gratuita, autovía	Otra carretera principal
Autostrada, tratto libero, strada con caratteristiche autostradale	Strada di grande comunicazione

Autoroute en construction	Limite d'État
Autosnelweg in aanleg	Staatsgrens
Autobahn im Bau	Staatsgrenze
Motorway under construction	International boundary
Autopista en construcción	Límite de Nación
Autostrada in costruzione	Confine di Stato

IV

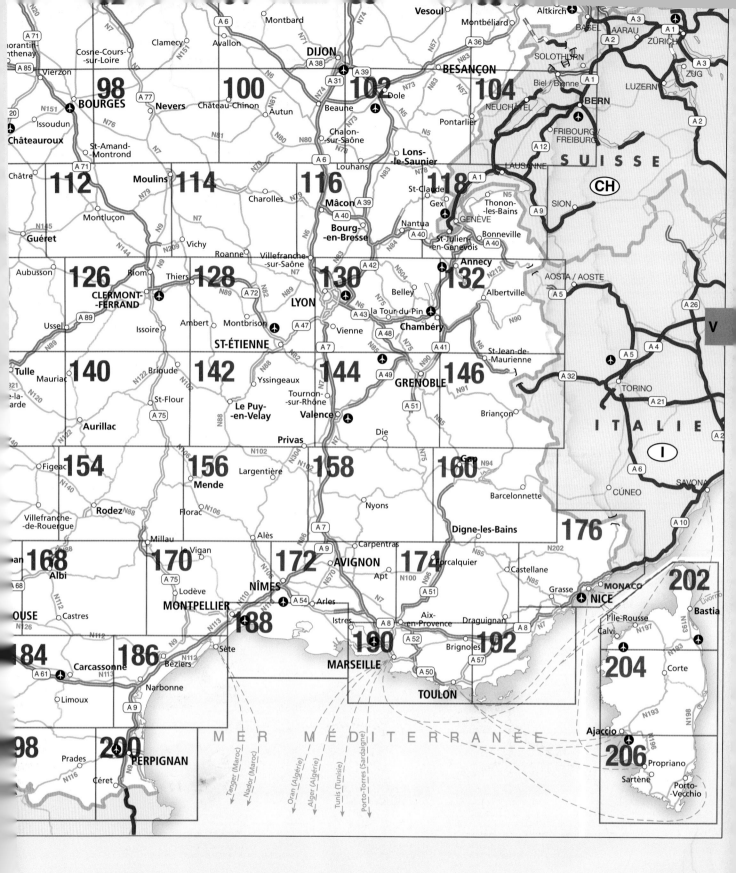

SUISSE (CH)

ITALIE (I)

MER MÉDITERRANÉE

V

140

Numéros des pages
Kaartindeling
Kartenübersicht
Index to maps in road map section
Mapas
Pagine della carta

Ferry-boat
Veerboot
Fähre
Vehicle ferry
Ferry
Traghetto

Ferry Seacat
Seacat veerboot
Seacat Fähre
Vehicle ferry-fast catamaran
Seacat Ferry
Traghetto Seacat

(F) Légende
(NL) Legenda
(D) Legende
(GB) Legend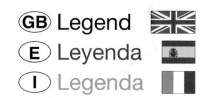
(E) Leyenda
(I) Legenda

VI

Autoroute, section à péage (1), Autoroute, section libre (2), Voie à caractère autoroutier (3)
Autosnelweg, gedeelte met tol (1), Autosnelweg, tolvrij gedeelte (2), Weg van het type autosnelweg (3)
Autobahn, gebührenpflichtiger Abschnitt (1), Autobahn, gebührenfreier Abschnitt (2), Schnellstraße (3)

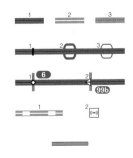

Motorway, toll section (1), Motorway, toll-free section (2), Dual carriageway with motorway characteristics (3)
Autopista de pago (1), Autopista gratuita (2), Autovía (3)
Autostrada, tratto a pagamento (1), Autostrada, tratto libero (2), Strada con caratteristiche autostradali (3)

Barrière de péage (1), Aire de service (2), Aire de repos (3)
Tolversperring (1), Tankstation (2), Rustplaats (3)
Mautstelle (1), Tankstelle (2), Rastplatz (3)

Tollgate (1), Full service area (2), Rest area - toilets only (3)
Barrera de peaje (1), Área de servicio (2), Área de descanso (3)
Barriera di pedaggio (1), Area di servizio (2), Area di riposo (3)

Échangeur: complet (1), partiel (2), numéro
Knooppunt: volledig (1), gedeeltelijk (2), nummer
Vollanschlußstelle (1), beschränkte Anschlußstelle (2), Nummer

Junction: complete (1), restricted (2), number
Acceso: completo (1), parcial (2), número
Svincolo: completo (1), parziale (2), numero

Autoroute en construction (1), Radar fixe (2)
Autosnelweg in aanleg (1), Verkeersradar (2)
Autobahn im Bau (1), Radarkontrolle (2)

Motorway under construction (1), Speed camera (fixed radar) (2)
Autopista en construcción (1), Radar (2)
Autostrada in costruzione (1), Radar (2)

Route appartenant au réseau vert
Verbindingsweg tussen belangrijke plaatsen (groene verkeersborden)
Verbindungsstraße zwischen wichtigen Städten (grüne Verkehrsschilder)

Connecting road between main towns (green road sign)
Carretera de la red verde (comunicación entre dos ciudades importantes)
Strada di grande comunicazione fra città importante (cartelli stradali verdi)

Autre route de liaison principale (1), Route de liaison régionale (2), Autre route (3)
Hoofdweg (1), Streekverbindingsweg (2), Andere weg (3)
Hauptstraße (1), Regionale Verbindungsstraße (2), Sonstige Straße (3)

Other main road (1), Regional connecting road (2), Other road (3)
Otra carretera principal (1), Carretera regional (2), Carretera local (3)
Strada di grande comunicazione (1), Strada di collegamento regionale (2), Altra strada (3)

Route en construction
Weg in aanleg
Straße im Bau

Road under construction
Carretera en construcción
Strad in construzione

Route irrégulièrement entretenue (1), Chemin (2)
Onregelmatig onderhoude weg (1), Pad (2)
Nicht regelmäßig instandgehaltene Straße (1), Fußweg (2)

Not regularly maintained road (1), Footpath (2)
Carretera sin revestir (1), Camino (2)
Strada di irregolare manutenzione (1), Sentiero (2)

Tunnel (1), Route interdite (2)
Tunnel (1), Verboden weg (2)
Tunnel (1), Gesperrte Straße (2)

Tunnel (1), Prohibited road (2)
Túnel (1), Carretera prohibida (2)
Galleria (1), Strada vietata (2)

Distances kilométriques (km), Numérotation: Autoroute, type autoroutier
Afstanden in kilometers (km), Wegnummers: Autosnelweg
Entfernungen in Kilometern (km), Straßennumerierung: Autobahn

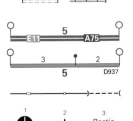

Distances in kilometres (km), Road numbering: Motorway
Distancia en kilómetros (km), Numeración de las carreteras: Autopista
Distanze in chilometri (km), Numero di strada: Autostrada

Distances kilométriques sur route, Numérotation: Autre route
Wegafstanden in kilometers, Wegnummers: Andere weg
Straßenentfernungen in Kilometern, Straßennumerierung: Sonstige Straße

Distances in kilometres on road, Road numbering: Other road
Distancia en kilómetros por carretera, Numeración de las carreteras: Otra carretera
Distanze in chilometri su strada, Numero di strada: Altra strada

Chemin de fer, gare, arrêt, tunnel
Spoorweg, station, halte, tunnel
Eisenbahn, Bahnhof, Haltepunkt, Tunnel

Railway, station, halt, tunnel
Ferrocarril, estación, parada, túnel
Ferrovia, stazione, fermata, galleria

Aéroport (1), Aérodrome (2), Liaison maritime (3)
Luchthaven (1), Vliegveld (2), Bootdienst met autovervoer (3)
Flughafen (1), Flugplatz (2), Autofähre (3)

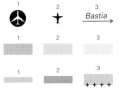
Bastia

Airport (1), Airfield (2), Ferry route (3)
Aeropuerto (1), Aeródromo (2), Línea marítima (ferry) (3)
Aeroporto (1), Aerodromo (2), Collegamento marittimo (ferry) (3)

Zone bâtie (1), Zone industrielle (2), Bois (3)
Bebouwde kom (1), Industriezone (2), Bos (3)
Geschlossene Bebauung (1), Industriegebiet (2), Wald (3)

Built-up area (1), Industrial park (2), Woods (3)
Zona edificada (1), Zona industrial (2), Bosque (3)
Zona urbanistica (1), Zona industriale (2), Bosco (3)

Limite de département (1), de région (2), limite d'État (3)
Departement- (1), gewest- (2), Staatsgrens (3)
Departements- (1), Region- (2), Staatsgrenze (3)

Département (1), Region (2), International boundary (3)
Límite de departamento (1), de región (2), de Nación (3)
Confine di dipartimento (1), di regione (2), di Stato (3)

Limite de camp militaire (1), Limite de Parc (2)
Grens van militair kamp (1), Parkgrens (2)
Truppenübungsplatzgrenze (1), Naturparkgrenze (2)

Military camp boundary (1), Park boundary (2)
Límite de campo militar (1) Límite de Parque (2)
Limite di campo militare (1), Limite di parco (2)

Marais (1), Marais salants (2), Glacier (3)
Moeras (1), Zoutpan (2), Gletsjer (3)
Sumpf (1), Salzteiche (2), Gletscher (3)

Marsh (1), Salt pan (2), Glacier (3)
Marisma (1), Salinas (2), Glaciar (3)
Palude (1), Saline (2), Ghiacciaio (3)

Région sableuse (1), Sable humide (2)
Zandig gebied (1), Getijdengebied (2)
Sandgebiet (1), Gezeiten (2)

Dry sand (1), Wet sand (2)
Zona arenosa (1), Arena húmida (2)
Area sabbiosa (1), Sabbia bagnata (2)

Cathédrale (1), Abbaye (2), Église (3), Chapelle (4)
Kathedraal (1), Abdij (2), Kerkgebouw (3), Kapel (4)
Dom (1), Abtei (2), Kirche (3), Kapelle (4)

Cathedral (1), Abbey (2), Church (3), Chapel (4)
Catedral (1), Abadía (2), Iglesia (3), Capilla (4)
Cattedrale (1), Abbazia (2), Chiesa (3), Cappella (4)

Château (1), Château ouvert au public (2), Musée (3)
Kasteel (1), Kasteel open voor publiek (2), Museum (3)
Schloß (1), Schloßbesichtigung (2), Museum (3)

Castle (1), Castle open to the public (2), Museum (3)
Castillo (1), Castillo abierto al público (2), Museo (3)
Castello (1), Castello aperto al pubblico (2), Museo (3)

Localité d'intérêt touristique
Bezienswaardige plaats
Sehenswerter Ort

LA ROCHELLE
Baou-des-Blanc

Town or place of tourist interest
Localidad de interés turístico
Località di interesse turistico

Phare (1), Moulin (2), Curiosité (3), Cimetière militaire (4)
Vuurtoren (1), Molen (2), Bezienswaardigheid (3), Militaire begraafplaats (4)
Leuchtturm (1), Mühle (2), Sehenswürdigkeit (3), Soldatenfriedhof (4)

Lighthouse (1), Mill (2), Place of interest (3), Military cemetery (4)
Faro (1), Molino (2), Curiosidad (3), Cementerio militar (4)
Faro (1), Mulino (2), Curiosità (3), Cimitero militare (4)

Grotte (1), Mégalithe (2), Vestiges antiques (3), Ruines (4)
Grot (1), Megaliet (2), Historische overblijfselen (3), Ruïnes (4)
Höhle (1), Megalith (2), Altertümliche Ruinen (3), Ruinen (4)

Cave (1), Megalith (2), Antiquities (3), Ruins (4)
Cueva (1), Megalito (2), Vestigios antiguos (3), Ruinas (4)
Grotta (1), Megalite (2), Vestigia antiche (3), Rovine (4)

Point de vue (1), Panorama (2), Cascade ou source (3)
Uitzichtspunt (1), Panorama (2), Waterval of bron (3)
Aussichtspunkt (1), Rundblick (2), Wasserfall oder Quelle (3)

Viewpoint (1), Panorama (2), Waterfall or spring (3)
Punto de vista (1), Panorama (2), Cascada o fuente (3)
Punto di vista (1), Panorama (2), Cascata o sorgente (3)

Station thermale (1), Sports d'hiver (2), Refuge (3), Activités de loisirs (4)
Kuuroord (1), Wintersport (2), Schuilhut (3), Recreatieactiviteiten (4)
Kurort mit Thermalbad (1), Wintersportort (2), Berghütte (3), Freizeittätigkeiten (4)

Spa (1), Winter sports resort (2), Refuge hut (3), Leisure activities (4)
Estación termal (1), Estación de deportes de invierno (2), Refugio (3), Actividades de ocios (4)
Stazione termale (1), Stazione di sport invernali (2), Rifugio (3), Attività di divertimenti (4)

Maison du Parc (1), Réserve naturelle (2), Parc ou jardin (3)
Informatiebureau van natuurreservaat (1), Natuurreservaat (2), Park of tuin (3)
Informationsbüro des Parks (1), Naturschutzgebiet (2), Park oder Garten (3)

Park visitor centre (1), Nature reserve (2), Park or garden (3)
Casa del parque (1), Reserva natural (2), Parque o jardín (3)
Casa del parco (1), Riserva naturale (2), Parco o giardino (3)

Chemin de fer touristique (1), Téléphérique (2)
Toeristische trein (1), Kabelspoor (2)
Touristische Kleinbahn (1), Seilbahn (2)

Tourist railway (1), Aerial cableway (2)
Tren turístico (1), Teleférico (2)
Ferrovia di interesse turistico (1), Teleferica (2)

1:250 000

0   5   10   15   20   25
km

0   5   10   15
miles

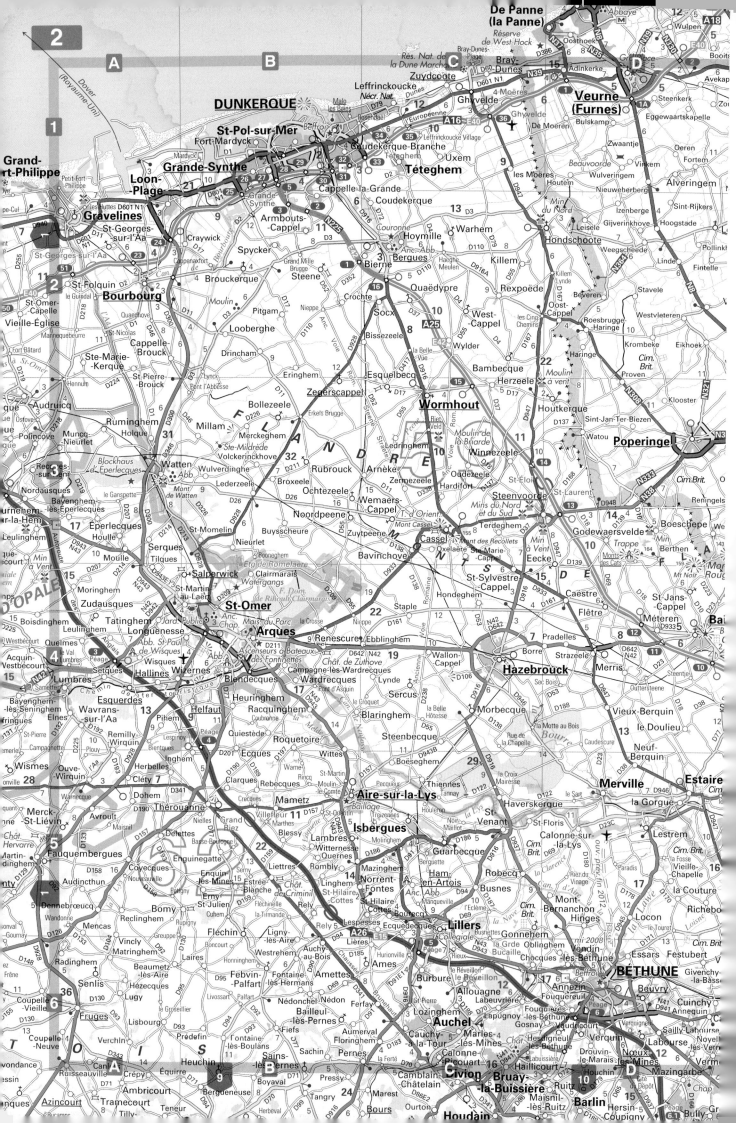

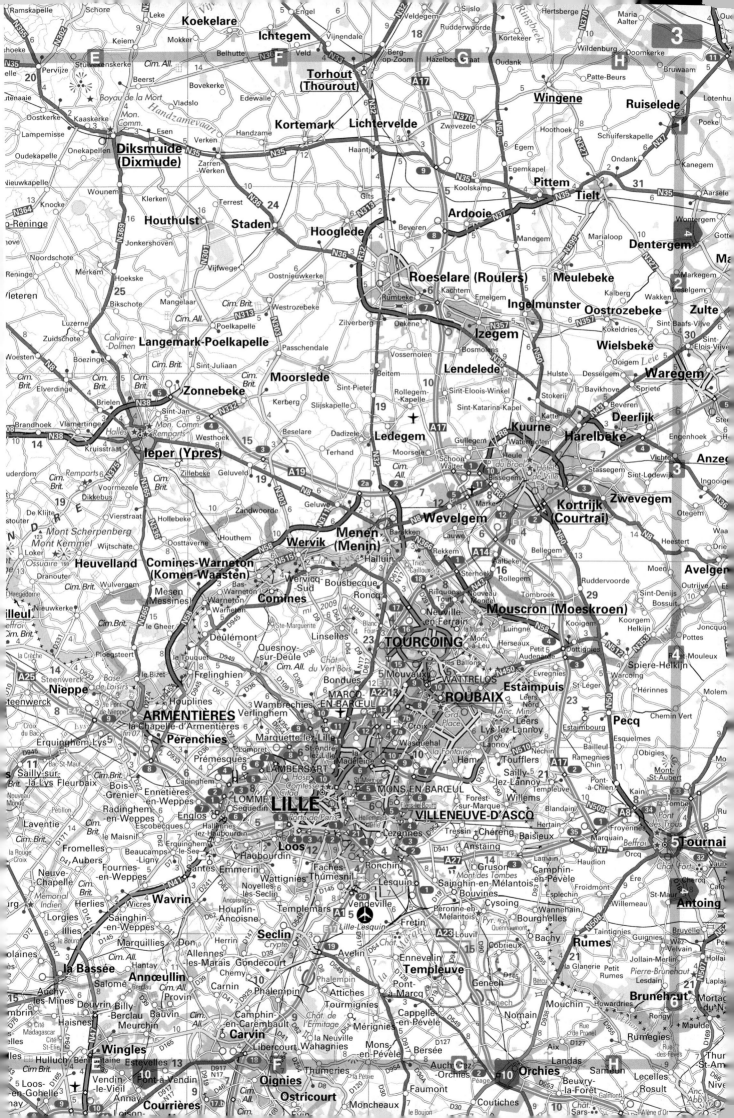

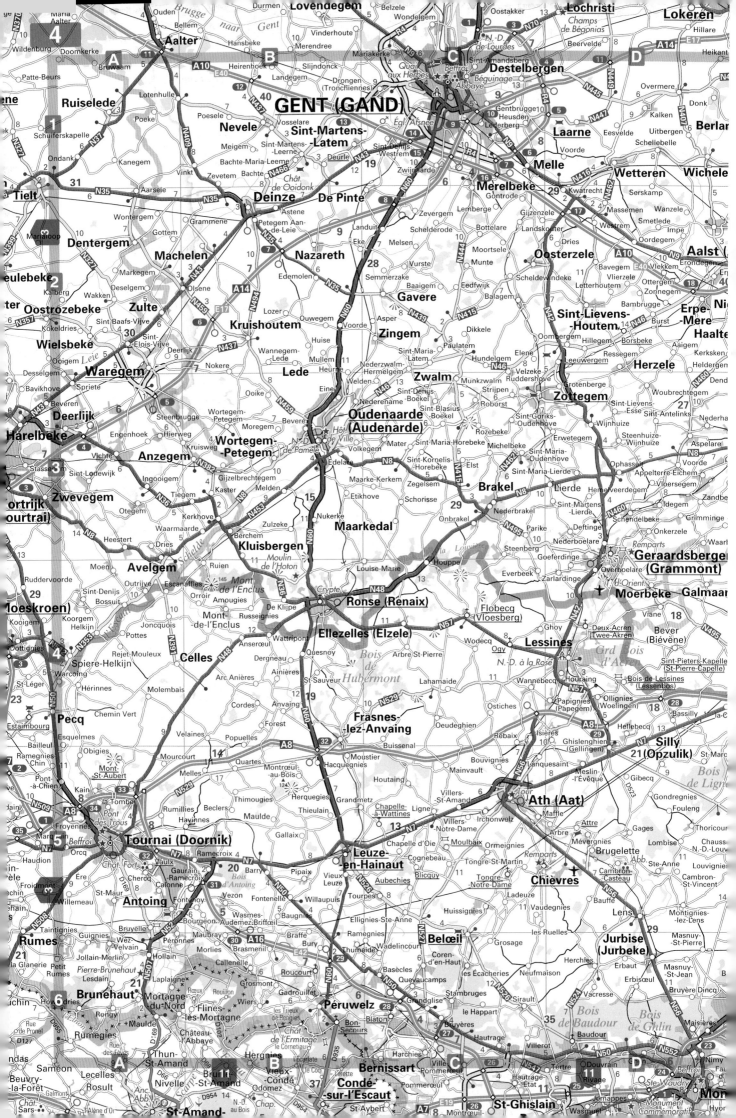

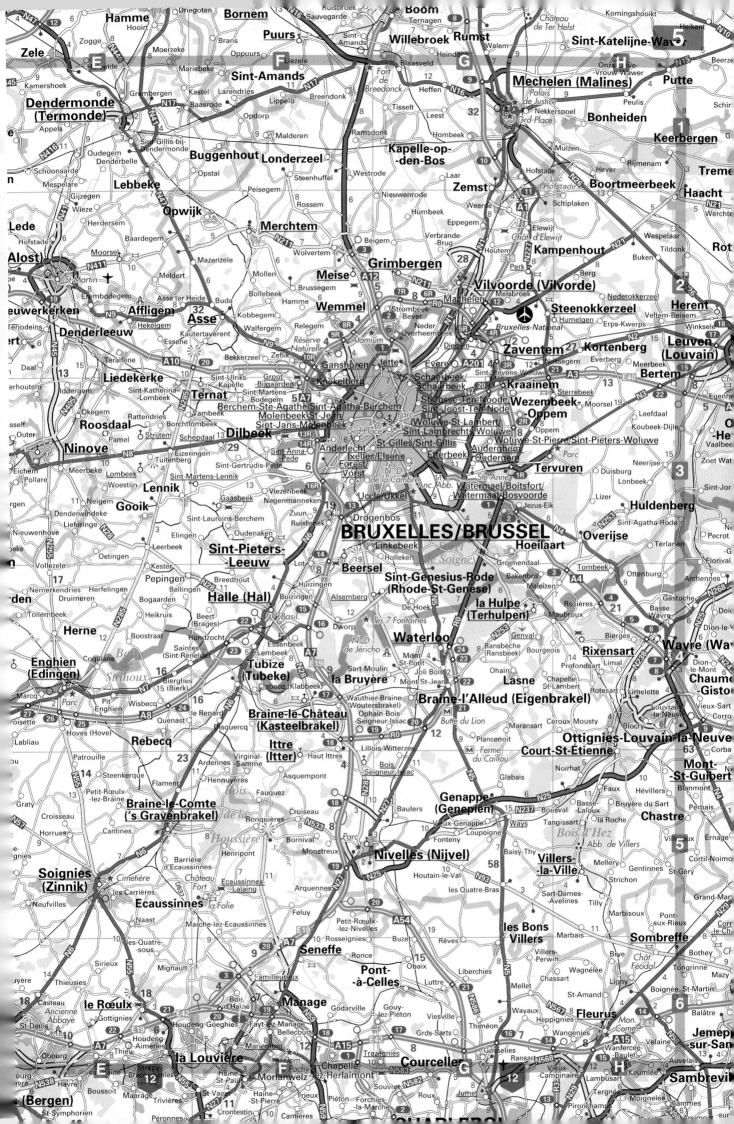

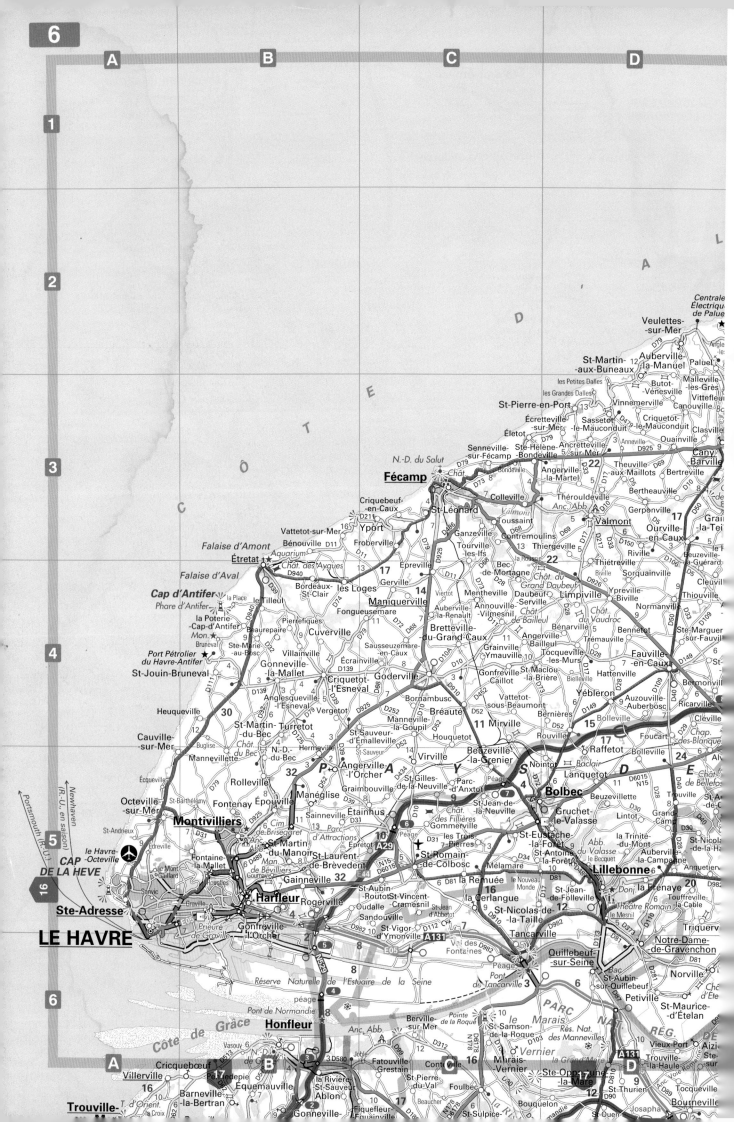

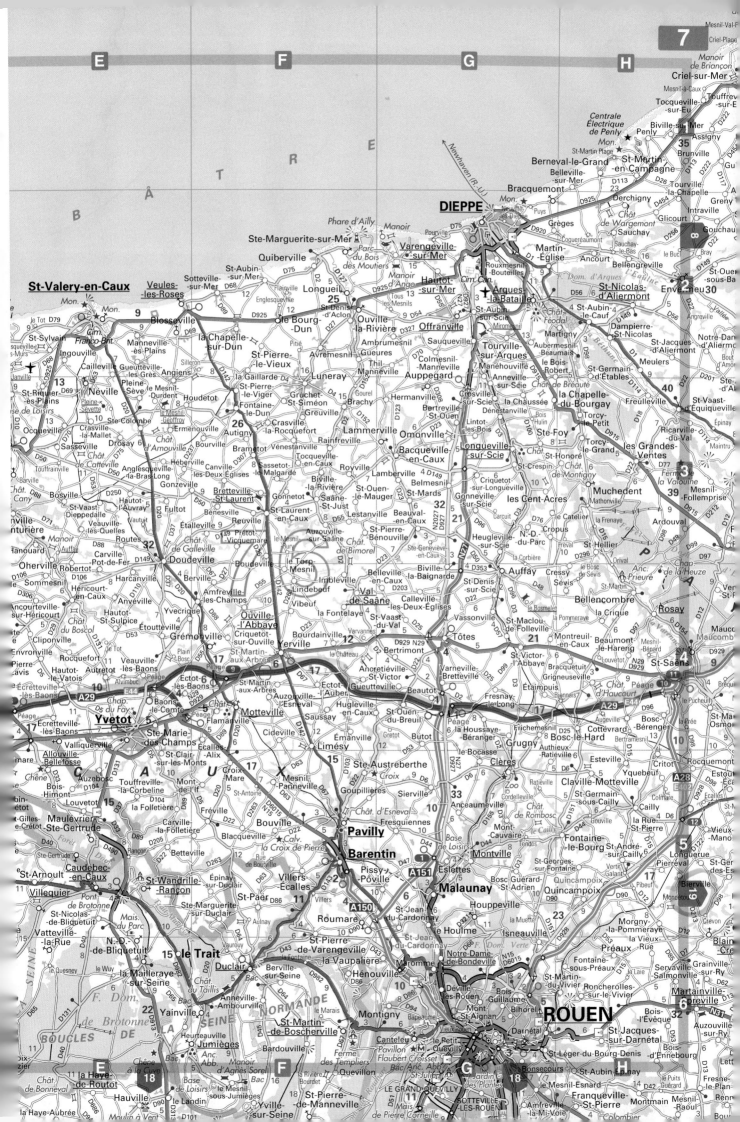

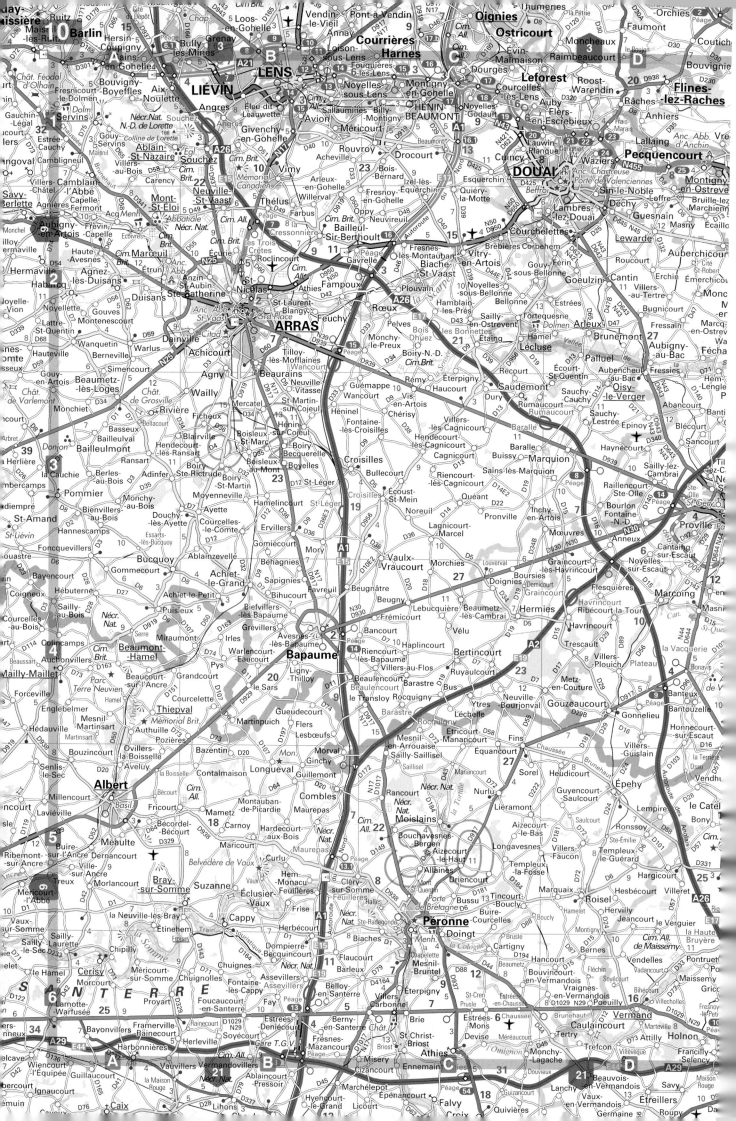

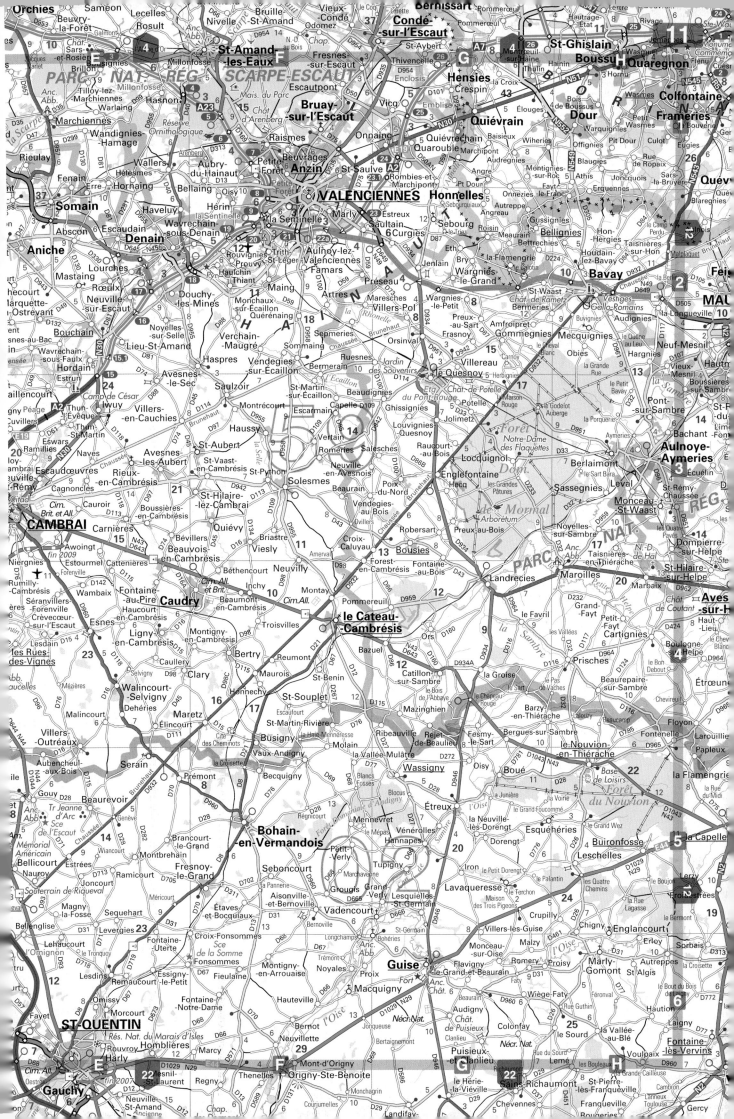

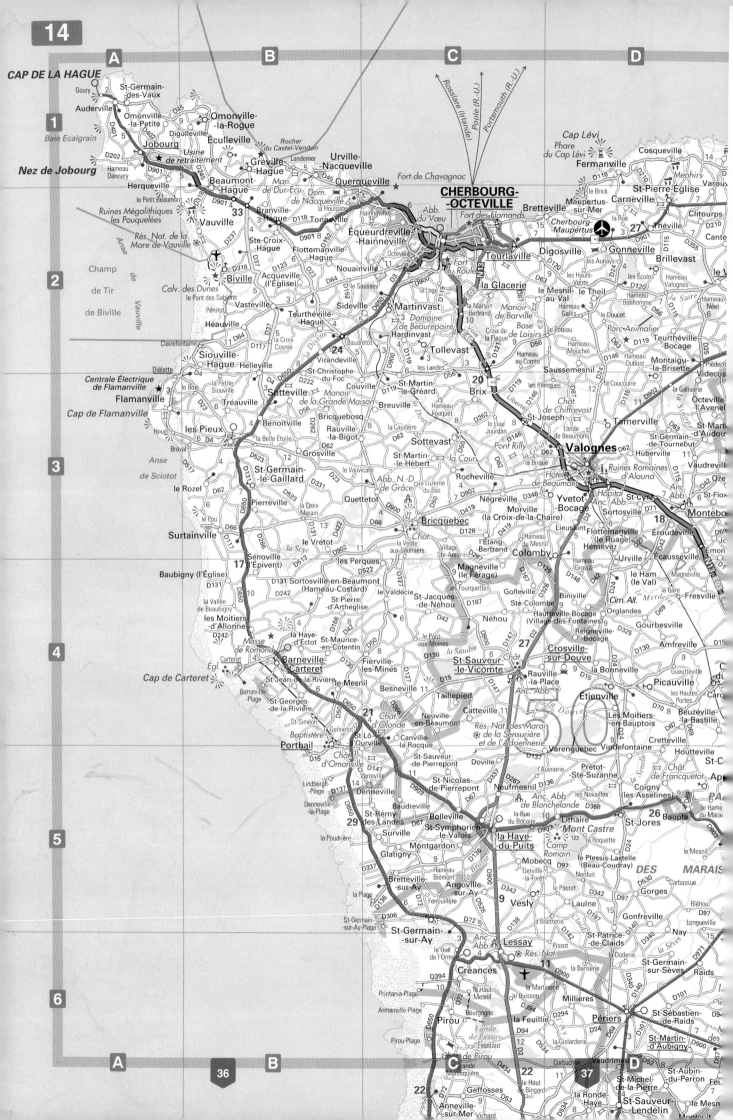

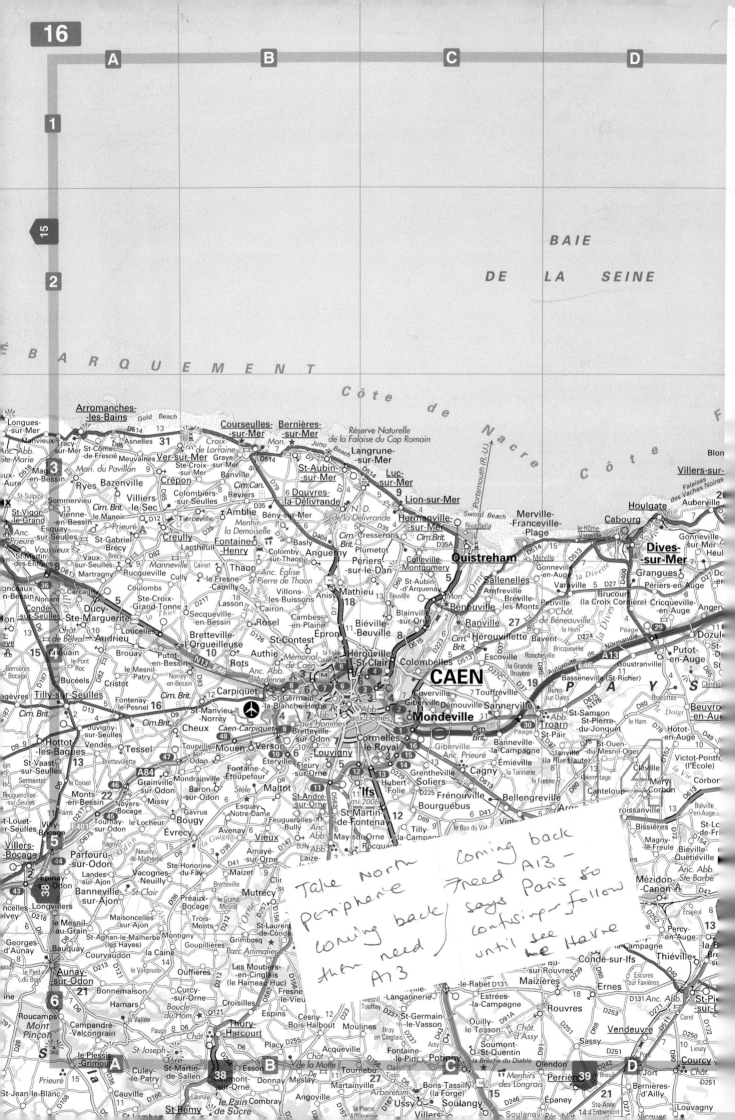

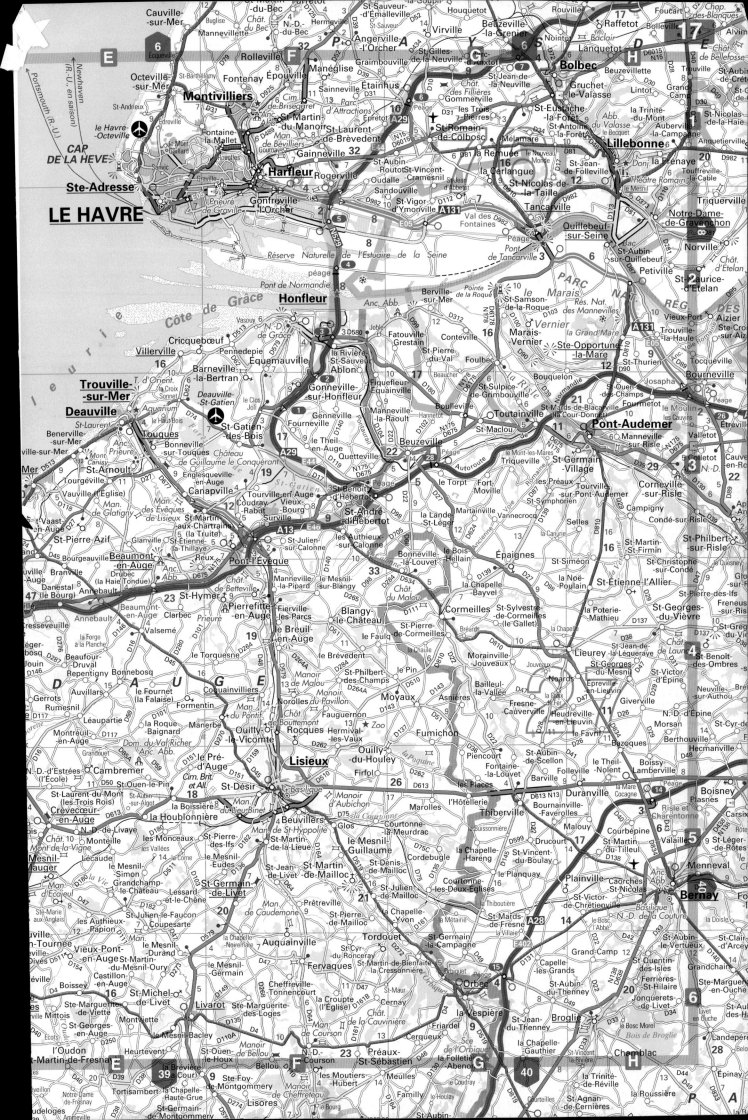

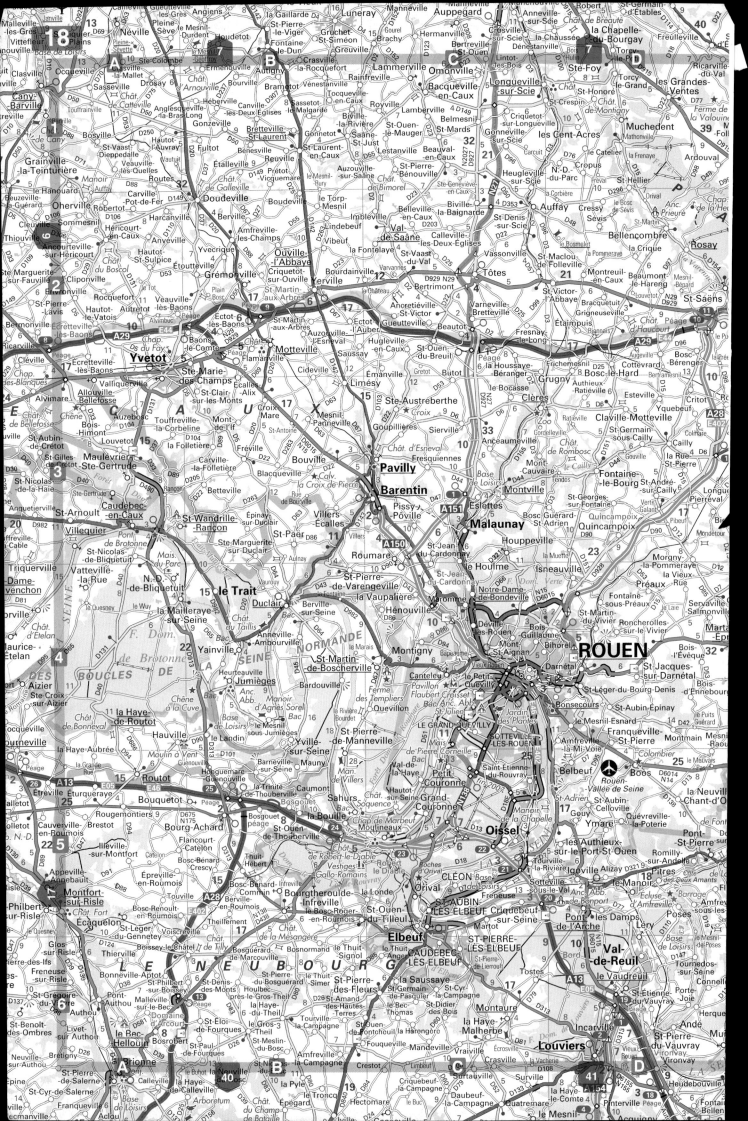

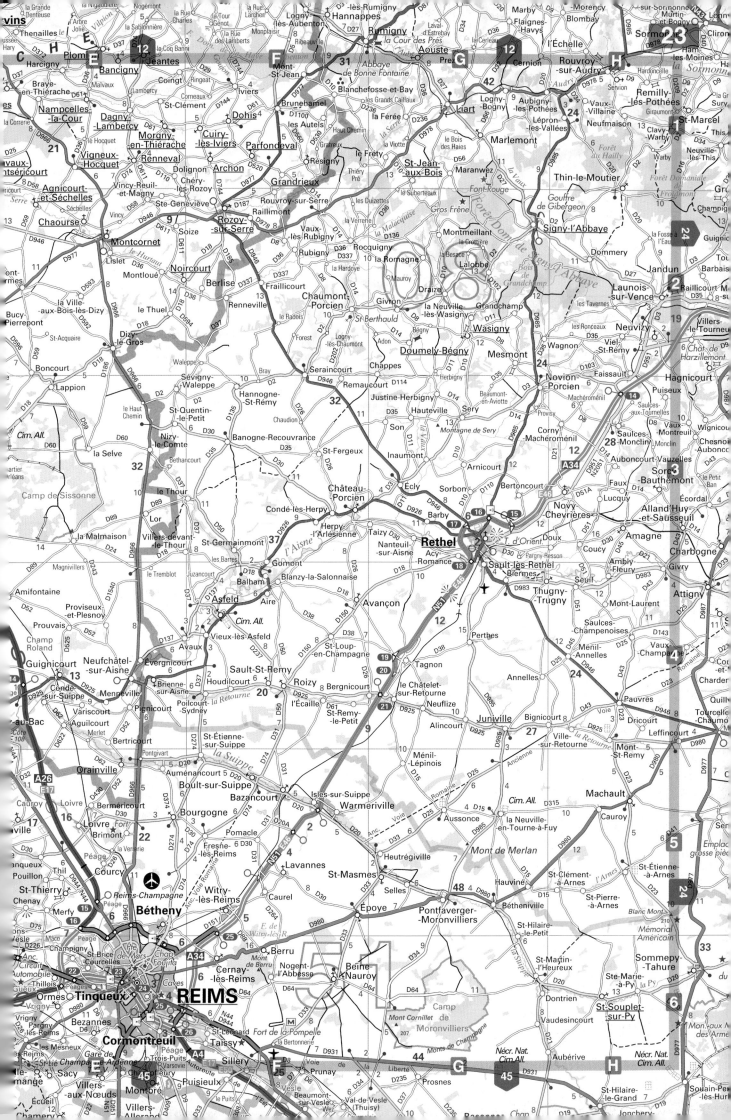

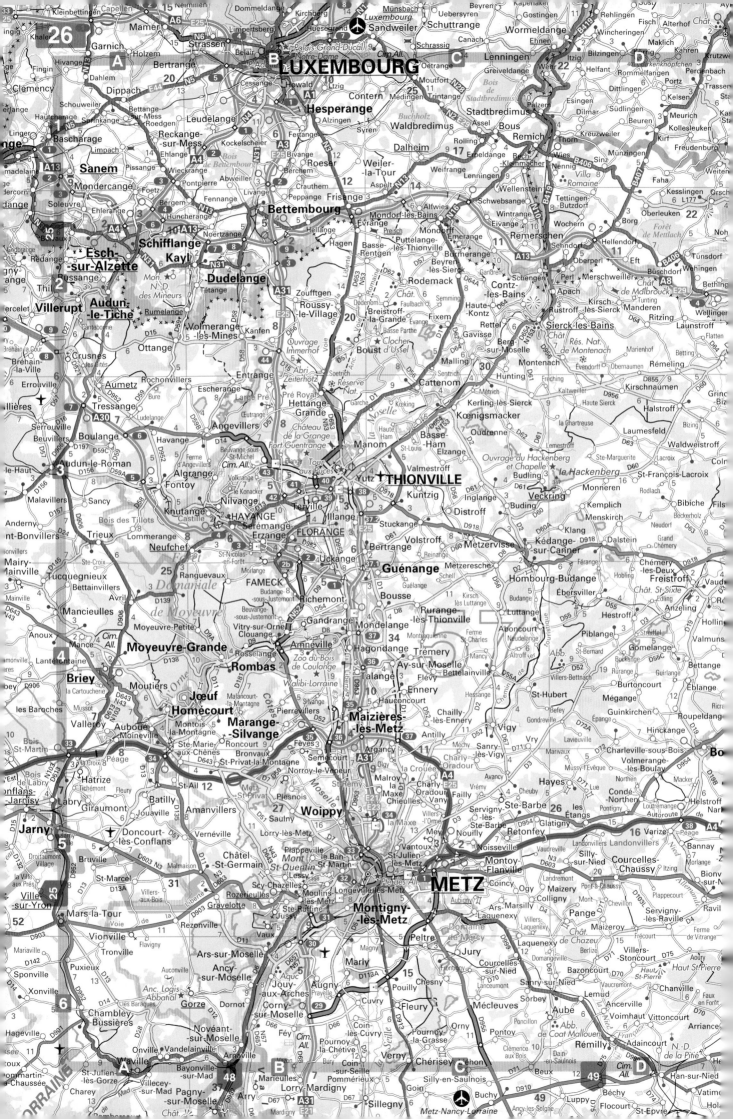

A   B   C   D

1

2

CÔTE DES LÉGE

les Abers

Île Vierge   Phare de la Vierge
St-Mi
Kélerdut
St-Cava   D71
Presqu'Île   **Plouguerneau**
Ste-Marguerite
Aber-Vrac'h
Landéda
Morgan   Coum
Trémazan   Portsall   Lampaul-   St-Pabu   Lannilis
Châ.   Kersaint   Ploudalmézeau   D28   **14**
3   **11**   D168   Parc Animalier
Pointe de Landunvez   Landunvez   **Ploudalmézeau**   Tréglonou
Phare   Argenton   Menhir   Plouguin   Tariec
du Four   Radéhoc   de Kervignen   D26   D3
Porspoder   Kerazant   Plourin   **15**   Tréouergat   Coat-Méal   Bourg-
Menhirs   **18**   Guipronvel   Lanner   Blanc
Melon   Manoir   Brélès   Lanvénec   **16**
Perros   Lanildut   Kergroadès   Lanrivoaré   les Trois
Lampaul-   l'Aber Ildut   Milizac   Curés
-Plouarzel   **Goue**
Phare   Erragounan   **15**   12   Domaine   Kerviniou
de Trézien   Kerescar   des Cerfs   **Guilers**
Ruscumunoc   Plouarzel   St-Renan   Bohars
Pointe de Corsen   Kerhornou   Menhir   Lamber   Trégorff   **12**
de Kerloas   Ploumoguer   Pénfeld
Phare   Kerlazou   le Bouguen
de Kermorvan   Ullien   **19**   Trébabu   **Plouzané**   Arsenal
le Conquet   D789   Locmaria-   Kerarmazé   St-Pierre-
Lochrist   Plouzané   la Trinité   Quilbignon   **B**
St-Mathieu   Porsmilin   la Trinité   Ste-Anne-
Trégana   du-Portzic
POINTE DE ST-MATHIEU   Plougonvelin   Pointe du   Pointe
Abbaye   le Trez Hir   Petit Minou   des Espagnols
Goulet de Brest   RAD
1h00   Fort   DE
Lanvernazal   Roscanvel   BRES
N.-D. de Roch   Quélern
Amadour   St-Fiacre   Taladerc'h
Camaret-   Tour Vauban   Lanvéo
sur-Mer
Alignements de Lagatjar
POINTE DE PEN-HIR   PRESQU'ÎLE
les Tas de Pois
Château de Dinan   Gaoulac'h   **Croz**
Rochers
Pointe de Dinan   Morgat   Pointe
des Gro
la Palue   Grottes

Île d'Ouessant
Rochers   Phare du Stiff
Phare de   Frugulfou
Créac'h   Niou Uhella   3
Notre-Dame   Ouessant
de Bon   (Lampaul)
Voyage   Feunteun Vélen
Phare
de la Jument   Passage du Fromveur
30mn
Phare de Kereon
Île-Molène
Île   P
Molène   A
Réserve Naturelle   R
d'Iroise   C
Île de Béniguet   35mn
Phare des Pierres Noires   N
  A
  T
  U
  R
  E
  L

3

4

5

6

A   B   C   D

Maison
des Minéraux
St-Hernot
Rostudel

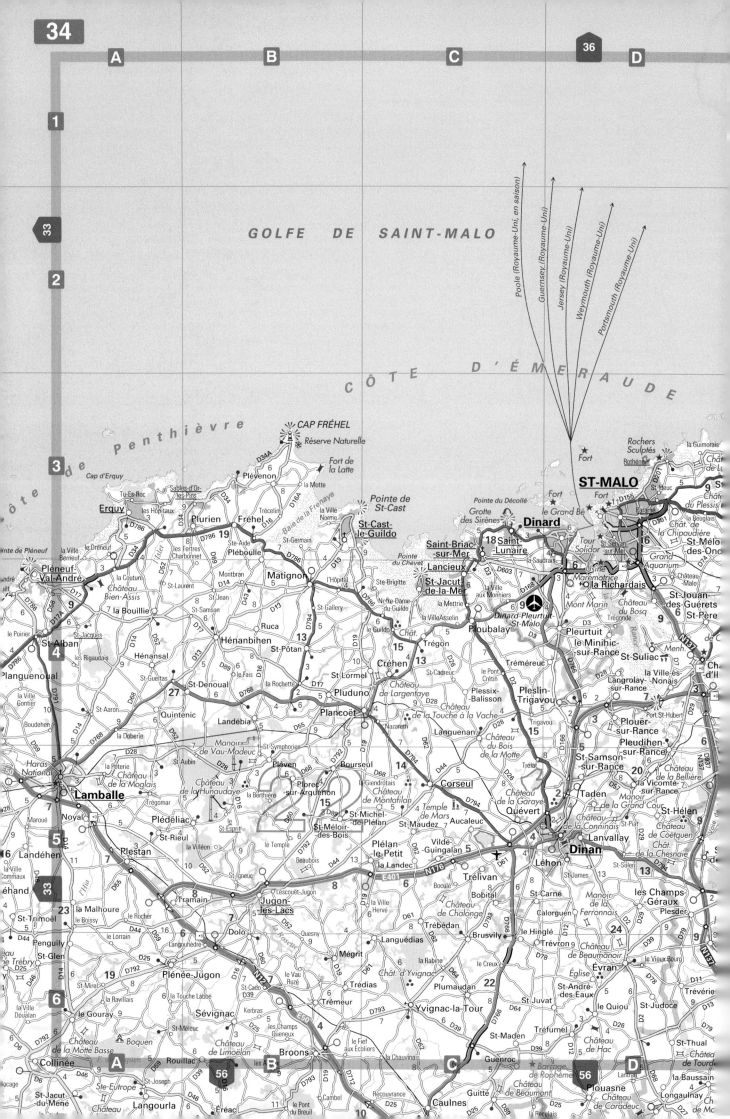

CÔTE D'ÉMERAUDE

ST-MALO

Dinard

Cancale

Granville

le Mont-St-Michel

BAIE DU MONT-ST-MICHEL

Îles Chausey

Grande Île

Pointe du Grouin

Poole (Royaume-Uni; en saison)
Guernsey (Royaume-Uni)
Jersey (Royaume-Uni)
Weymouth (Royaume-Uni)
Portsmouth (Royaume-Uni)

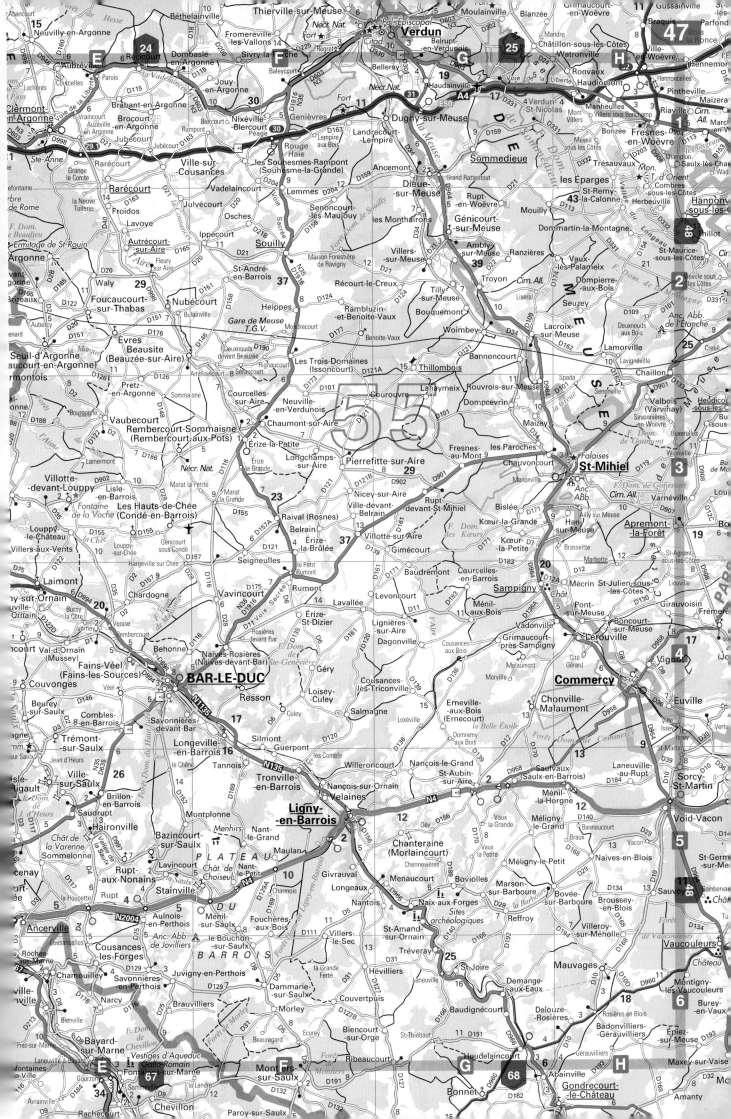

A   30   B   C   30   D

1

Ar Men

Île de Sein

Île-de-Sein

Chaussée

Phare
de la Vieille

POINTE DU RAZ

de

2   *Sein*

3

4

5

6

A   B   C   D

des Minéraux

D255

Rostudel

Cap
de la Chèvre

D O U A R

Pointe de
Brézellec

Réserve
du Cap Sizun

Pors-Péron.

Pointe du Van

St-They

Baie
des Trépassés

Kermeur   9

Cléden-
Cap-Sizun

D7

Goulien

3

Moulin-
Castel

D7

Beuzec-
Cap-Sizun

5

Notre-
de Ké

D43

Lescoff

Plogoff

4   3

Penneac'h

D784

Quatre-Vents

D43A   7

Toulemonde

6

11

D43

Pont-Croix

D765

D307

23

Confort-
Meilars

15

Primelin

St-Tugen

Esquibien

Audierne
Aquarium

5

D2

Plouhinec

7

Ma

5

3

le Pouldu

Trébeuzec

11

D784

35 min.

4

Plozévet

Menhir

B A I E

D' A U D I E R N E

Penho

St-
Notre-D
de la Je

Phare d'Eckn

**POINTE
DE PENMARC'H**

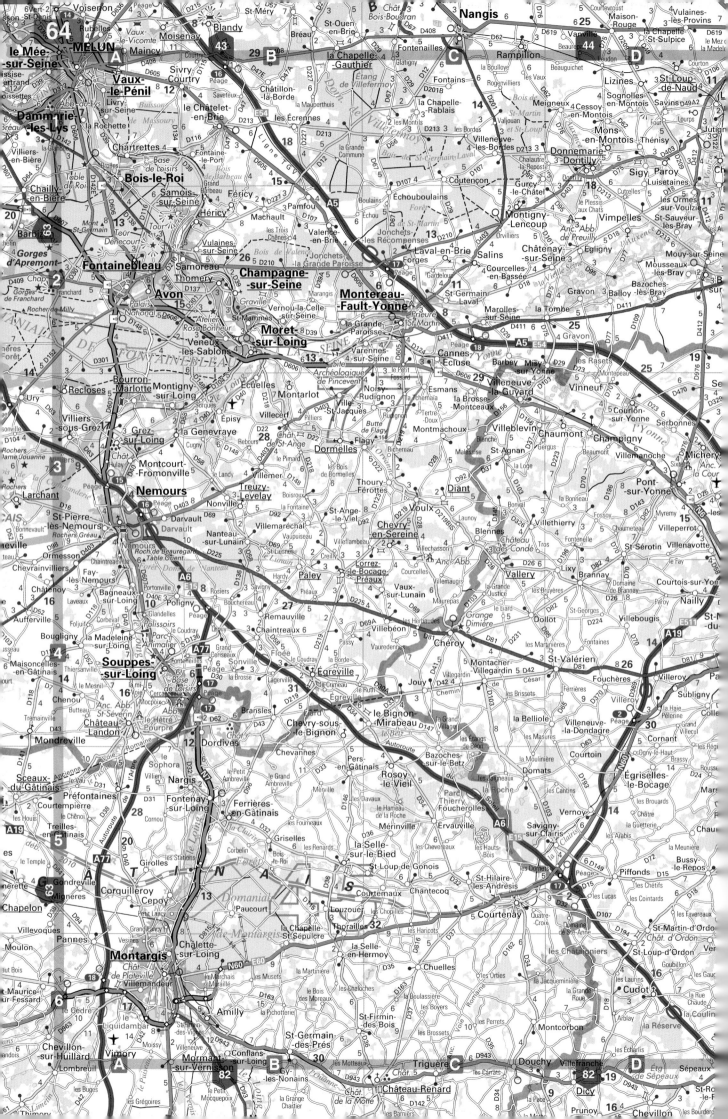

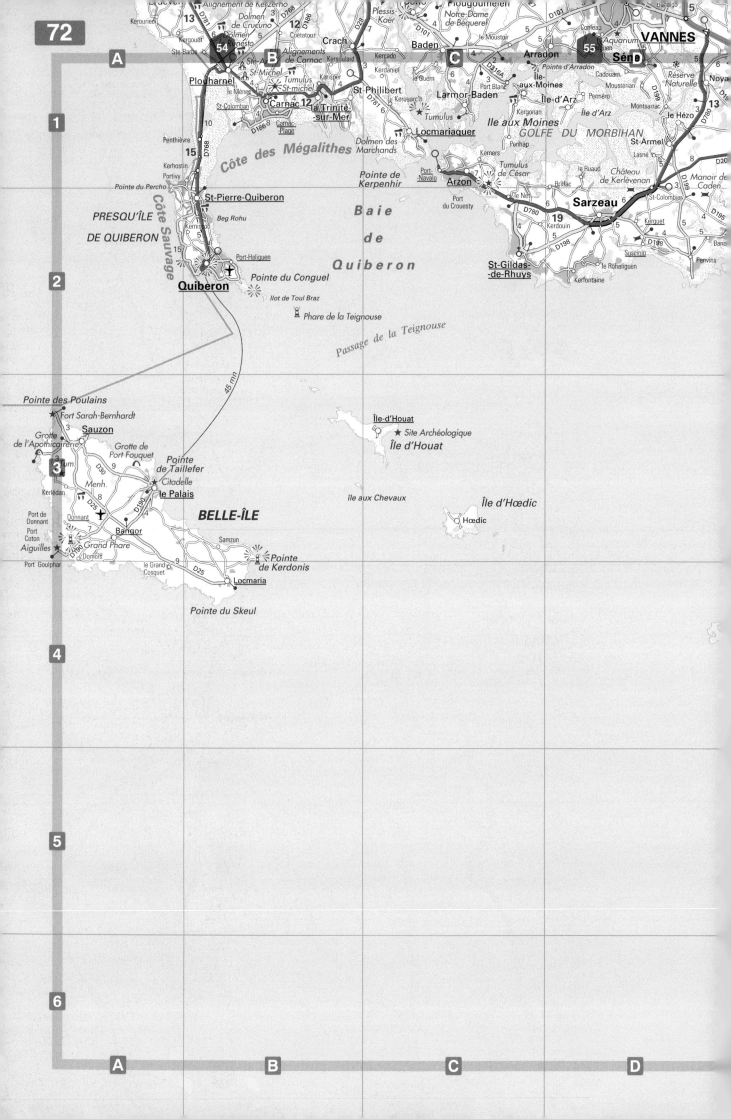

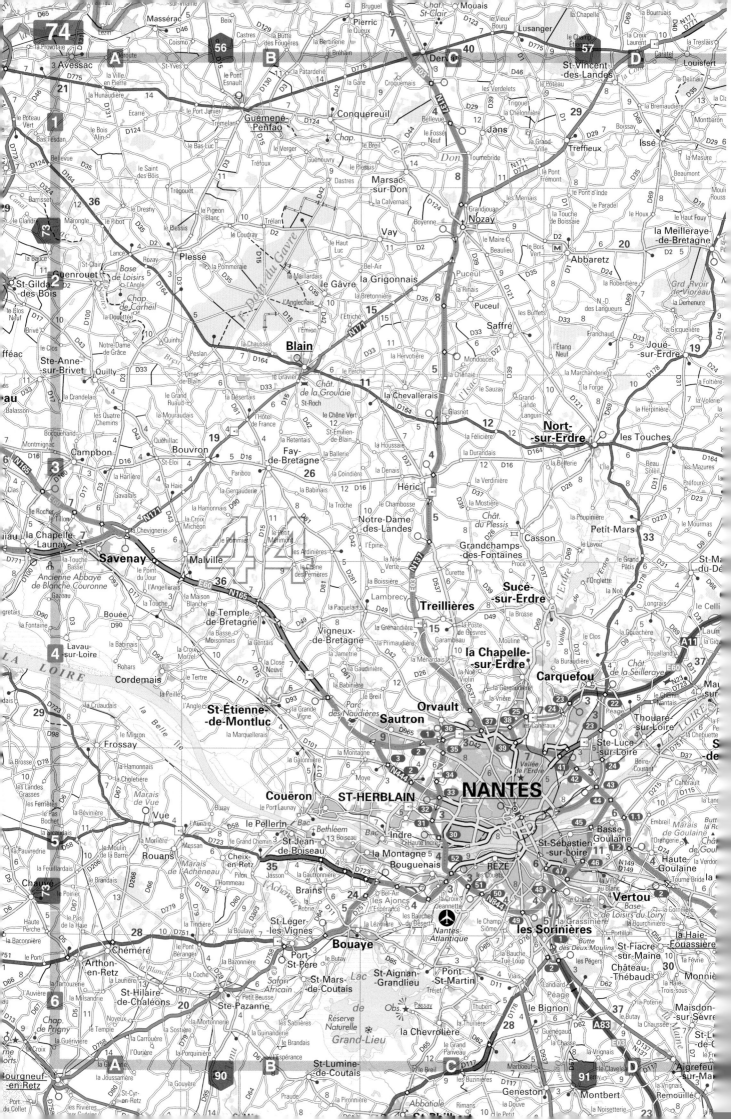

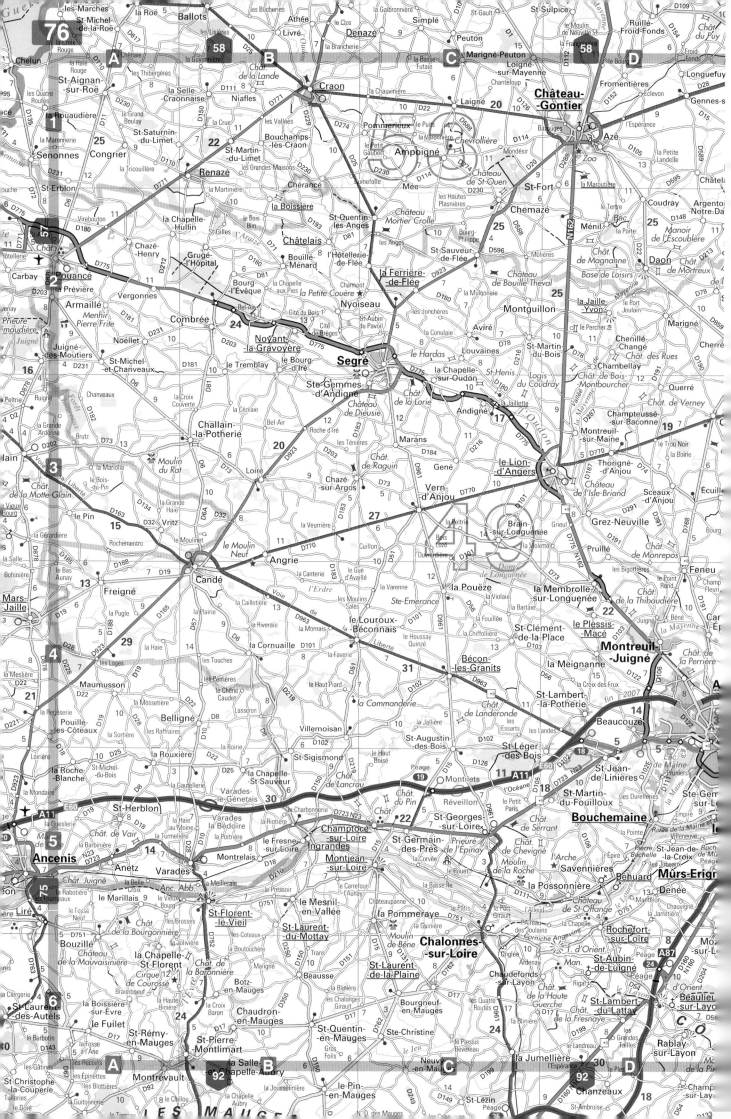

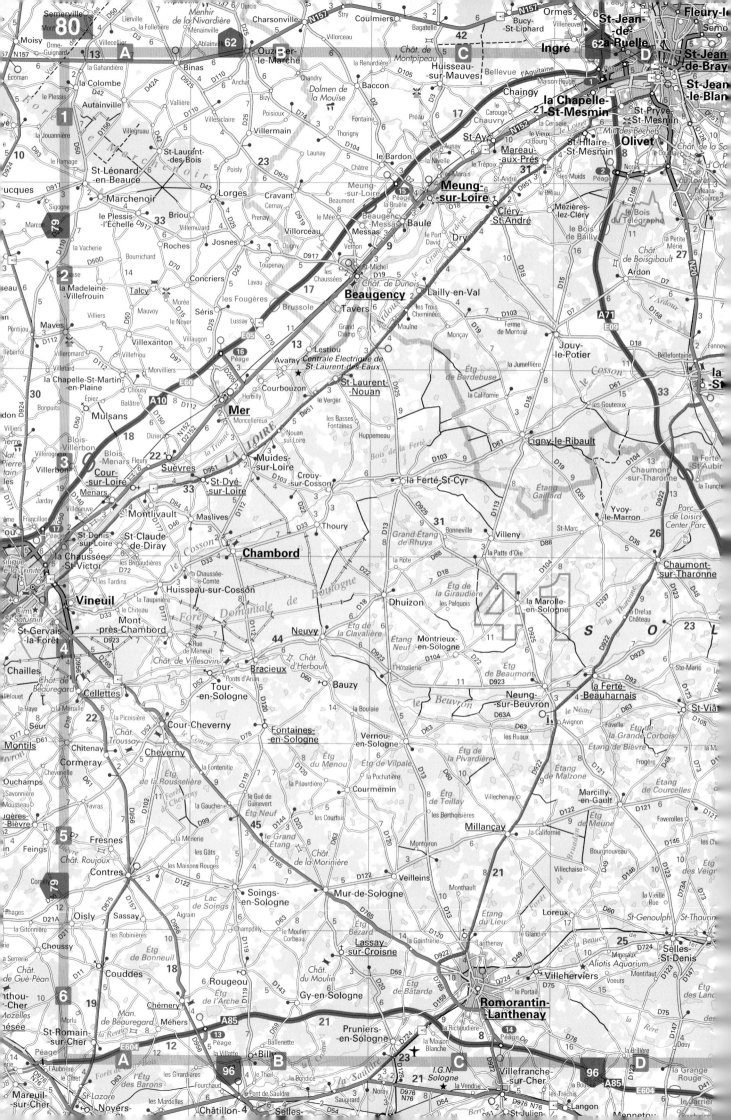

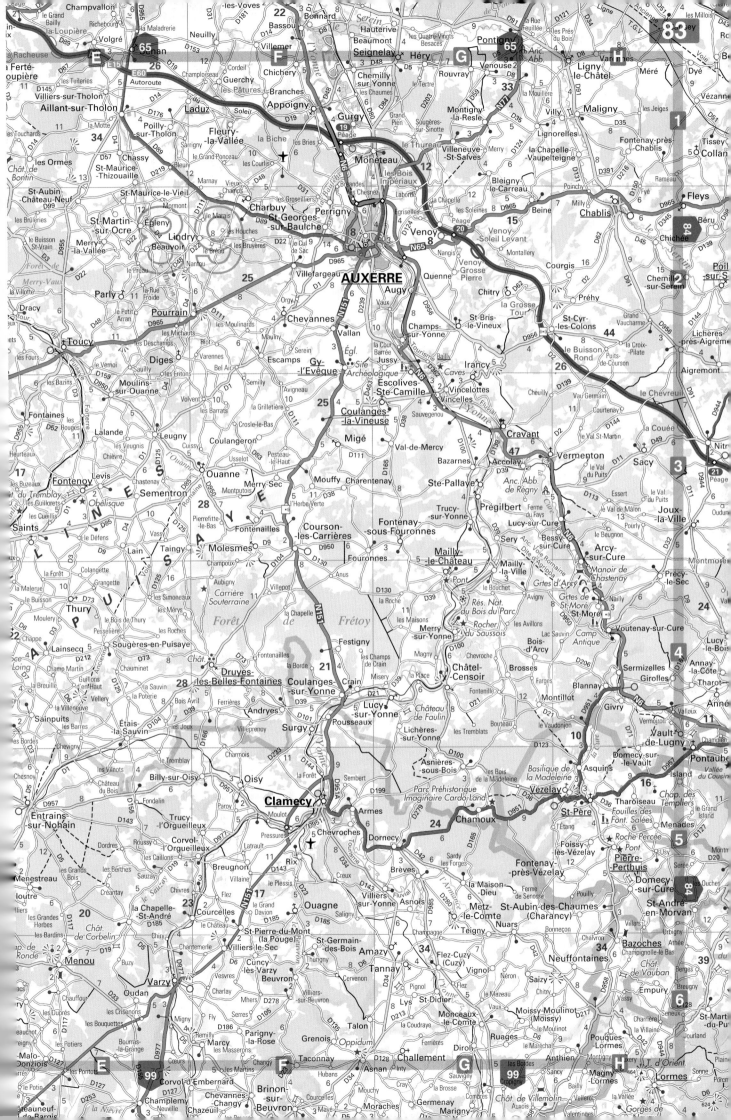

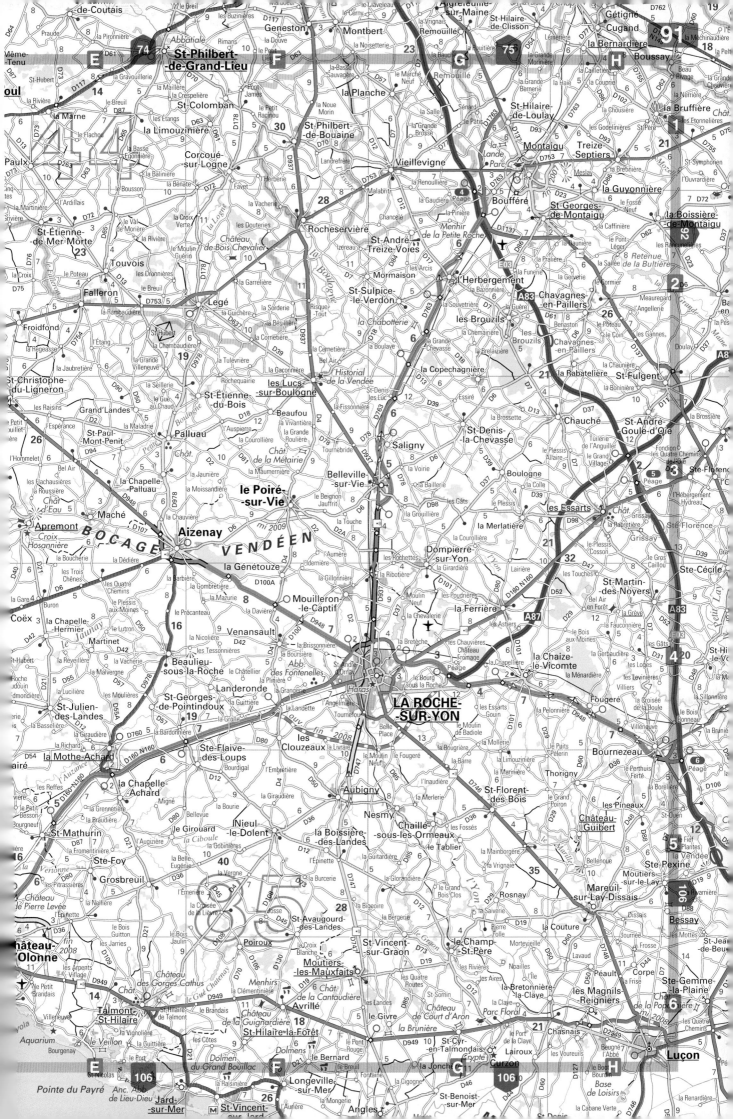

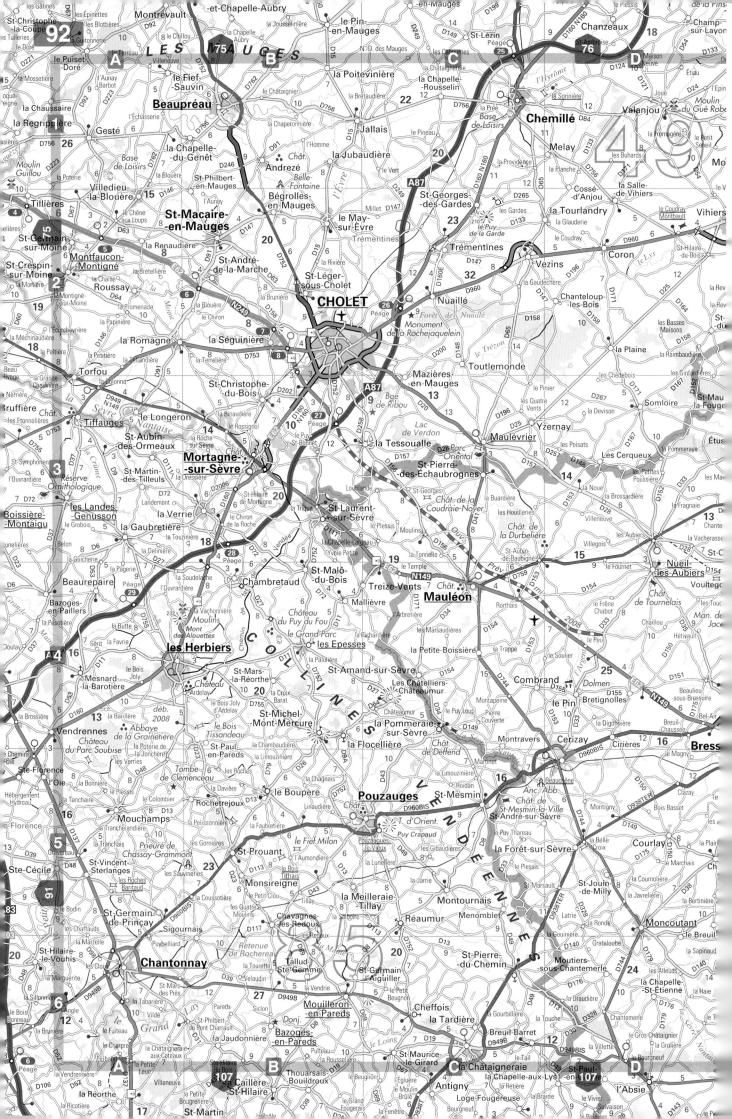

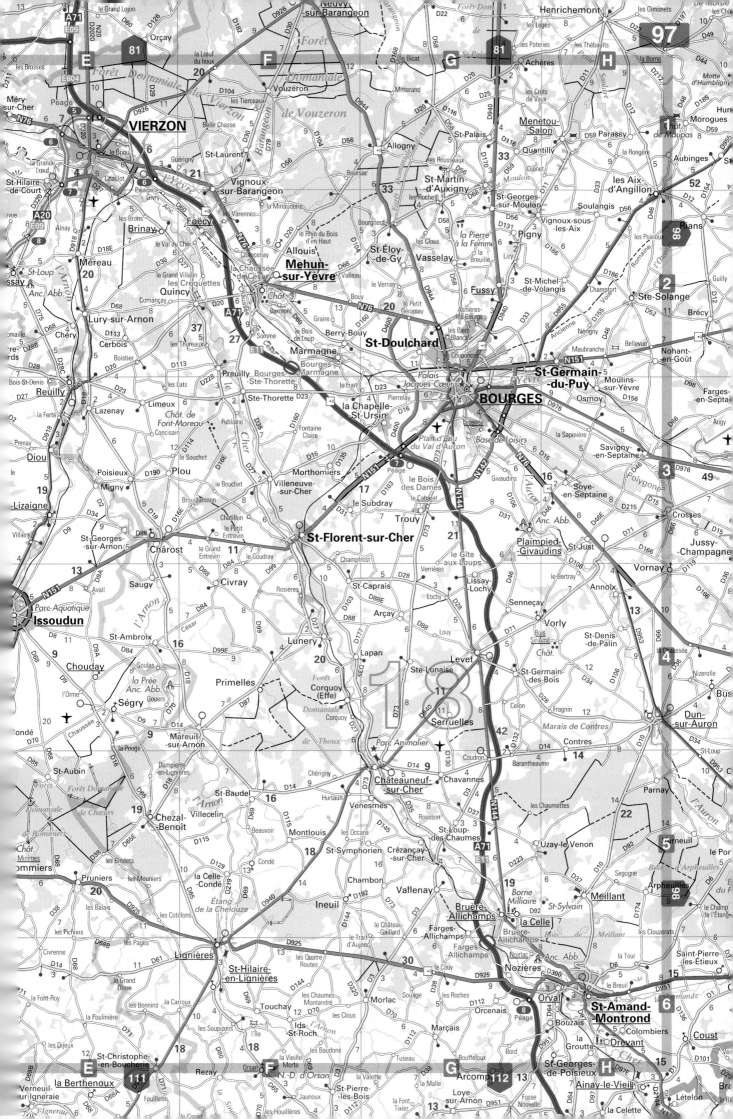

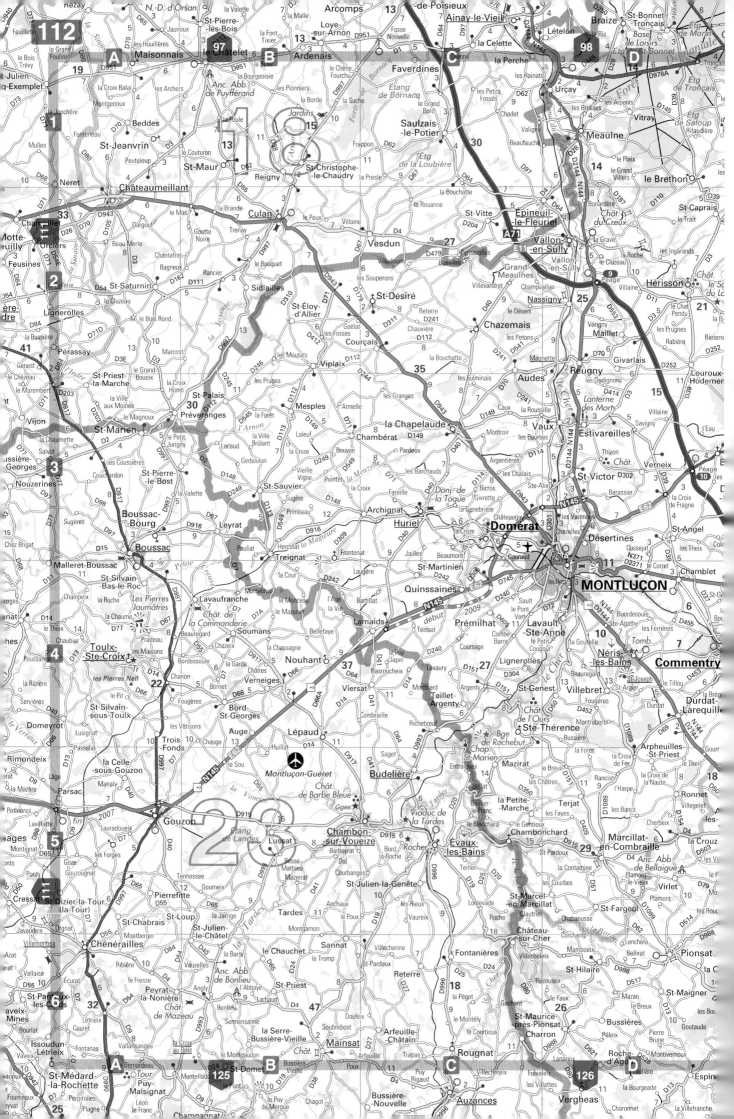

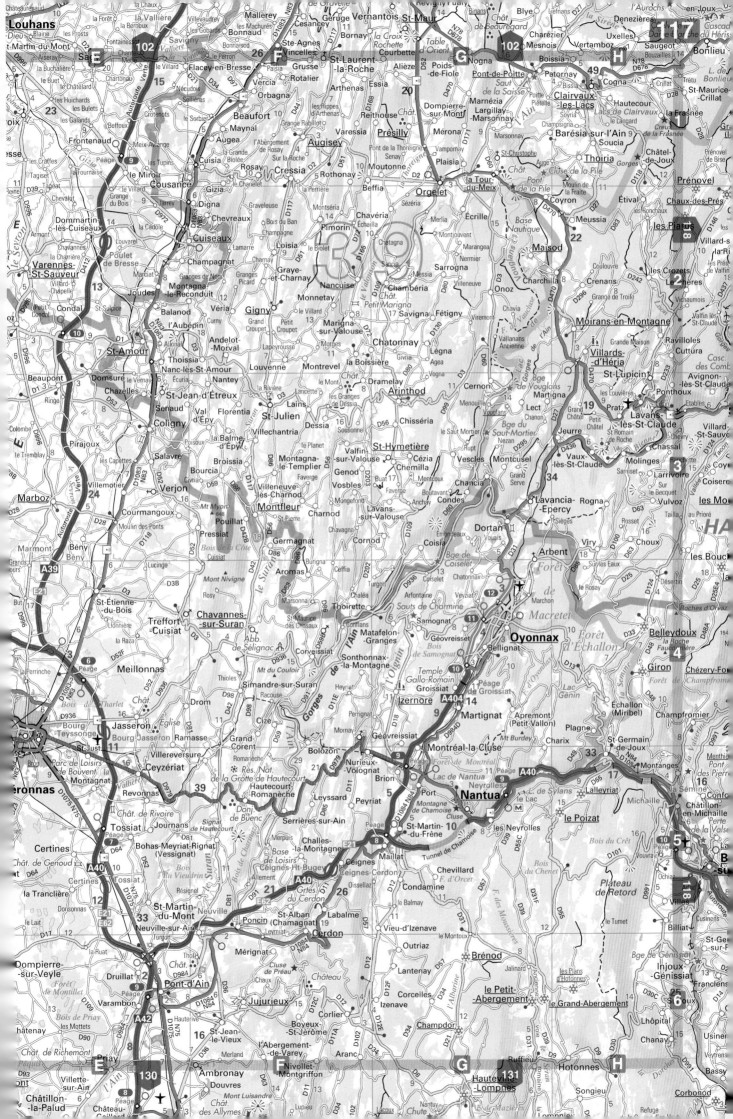

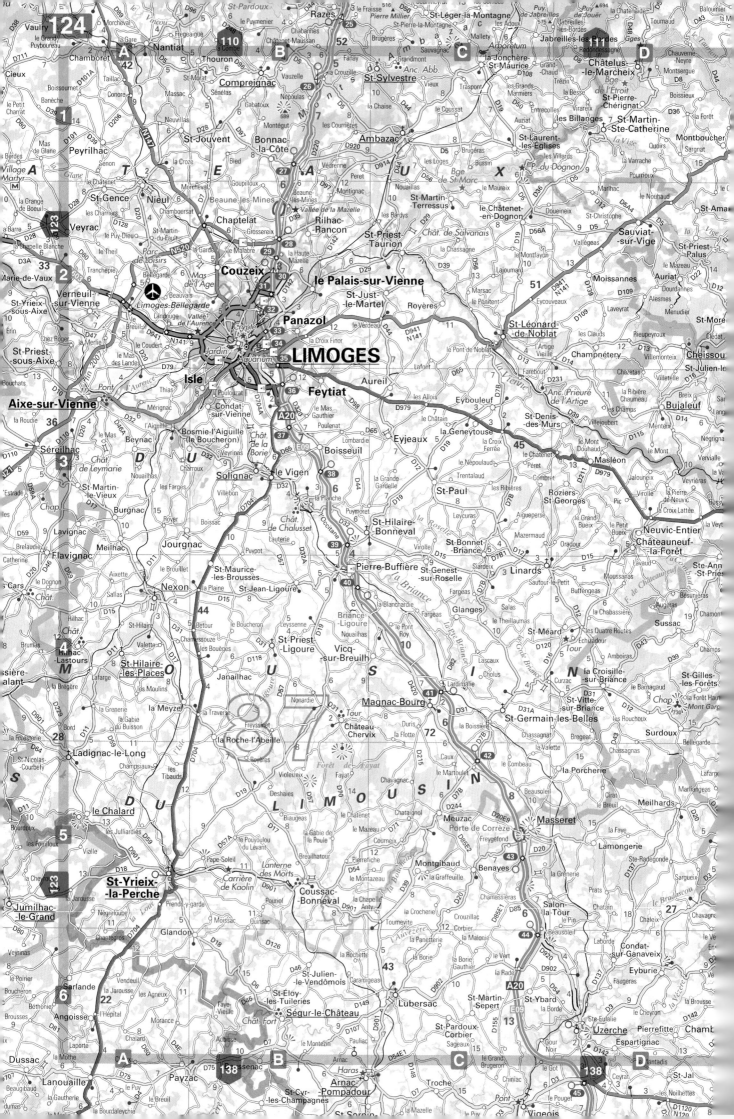

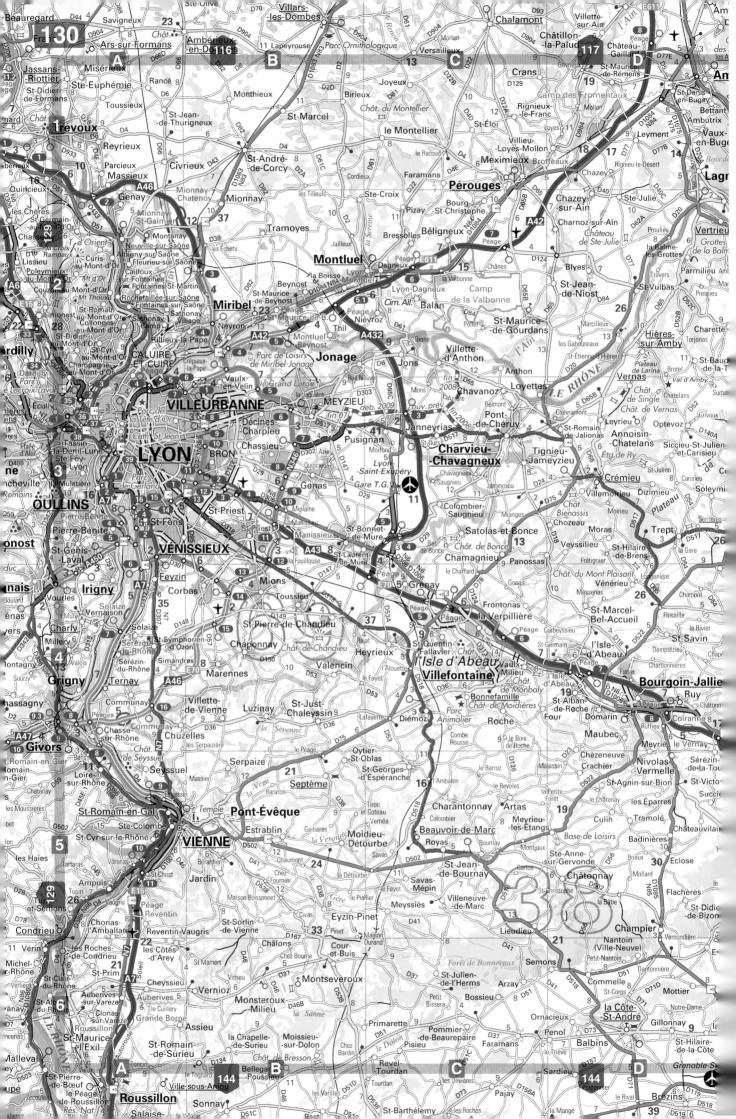

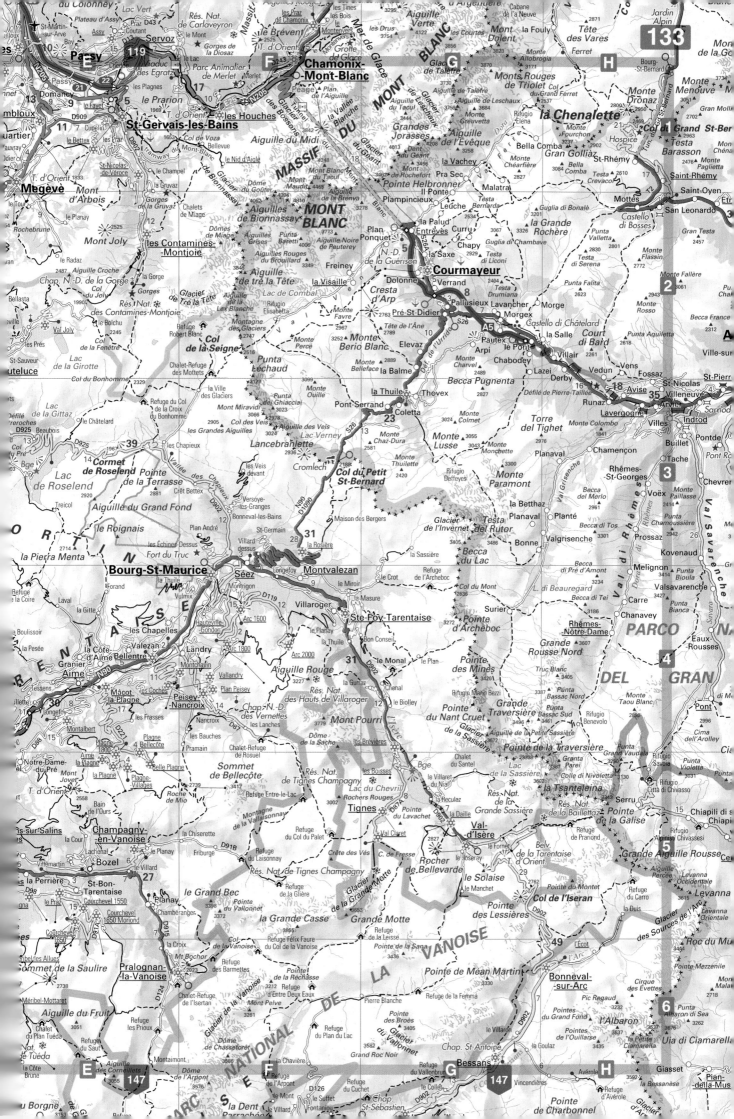

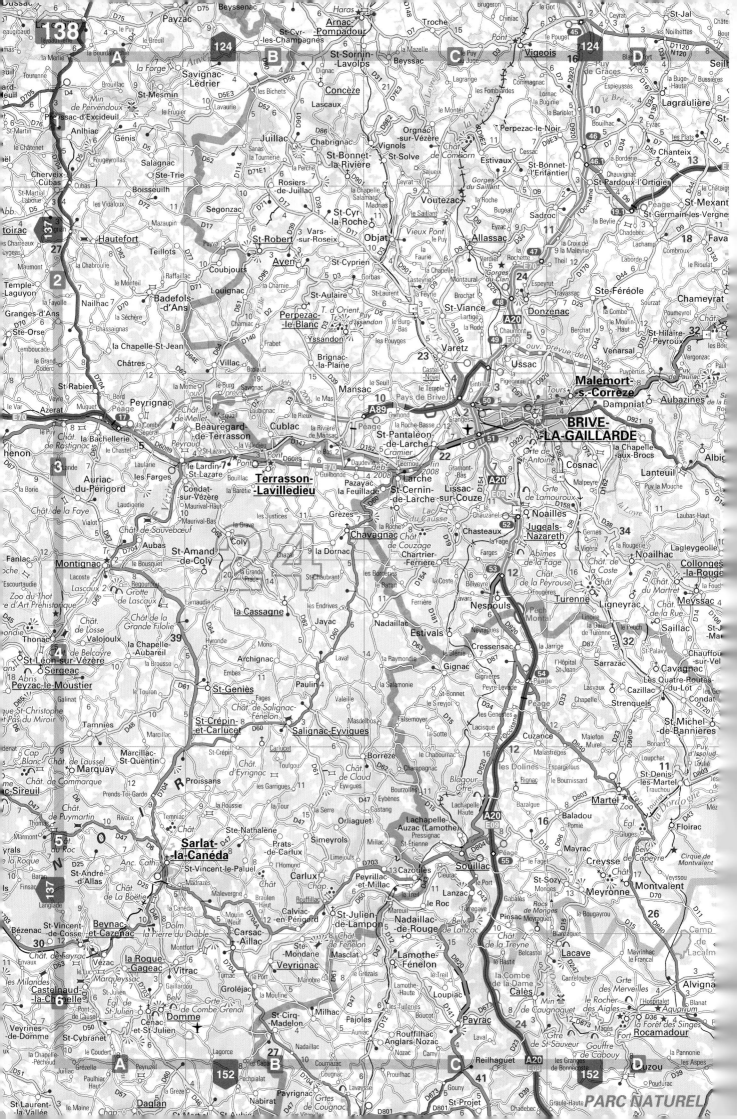

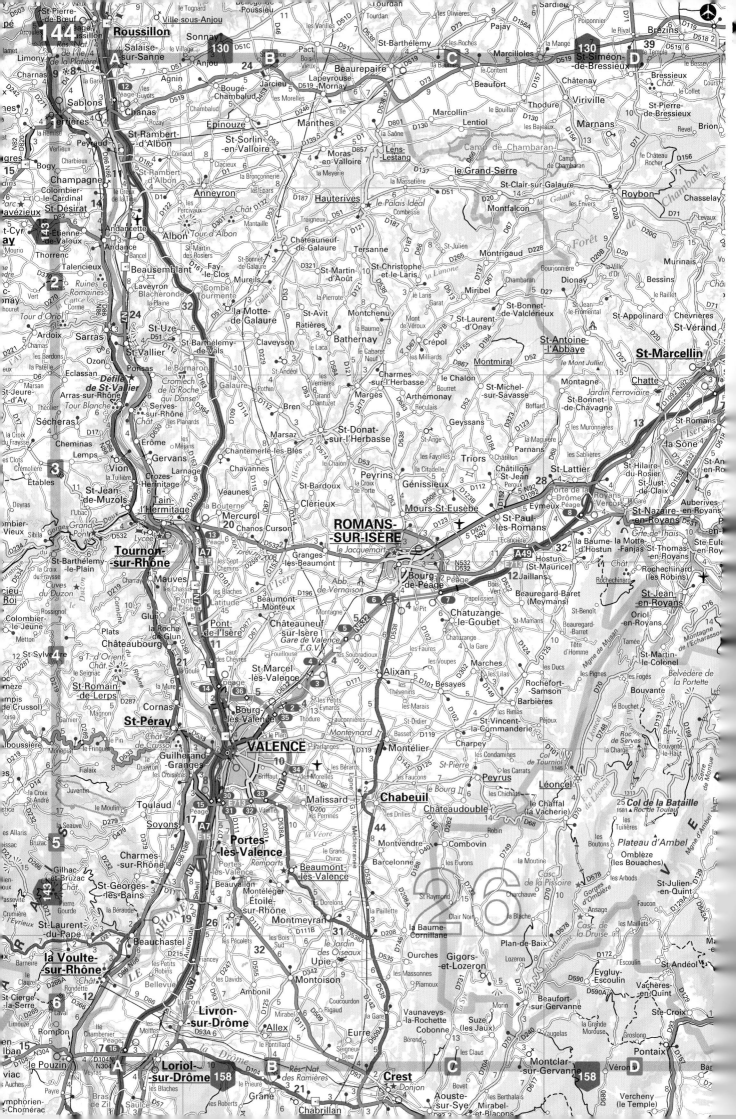

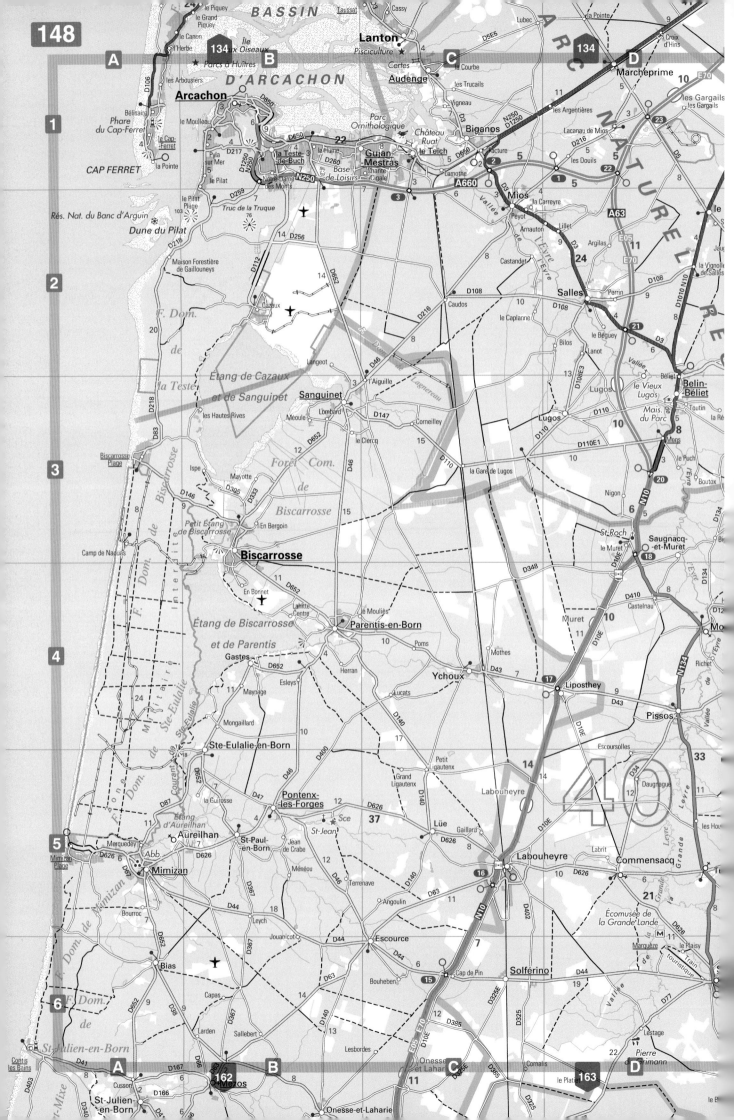

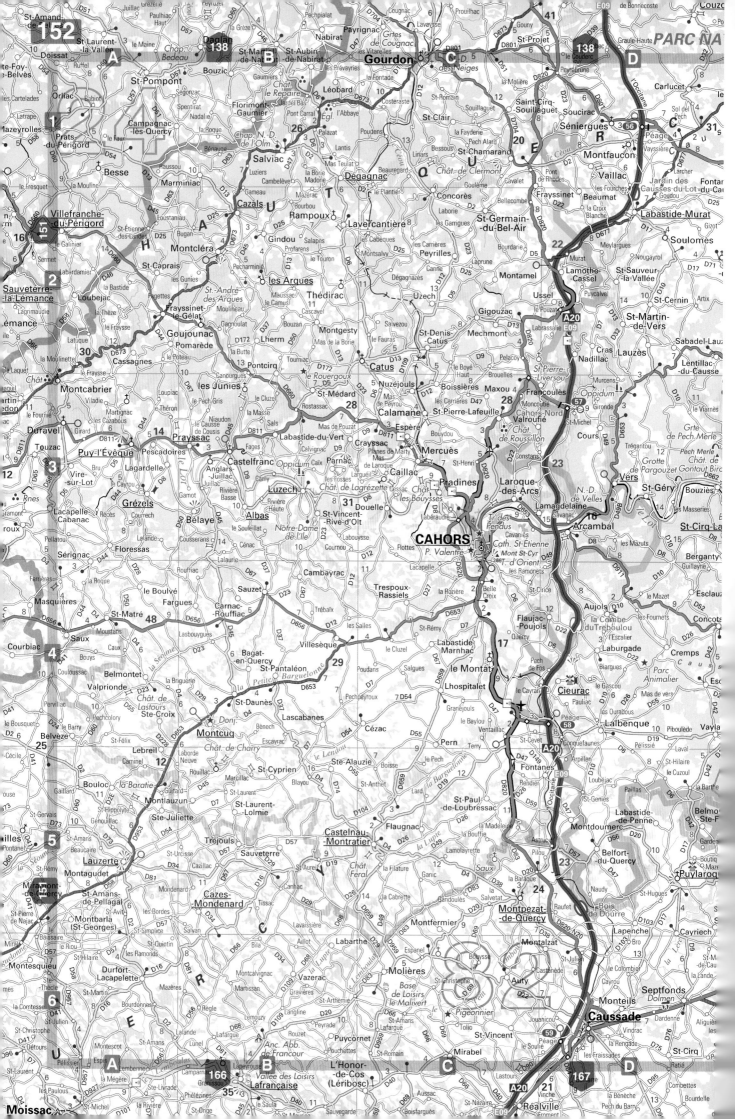

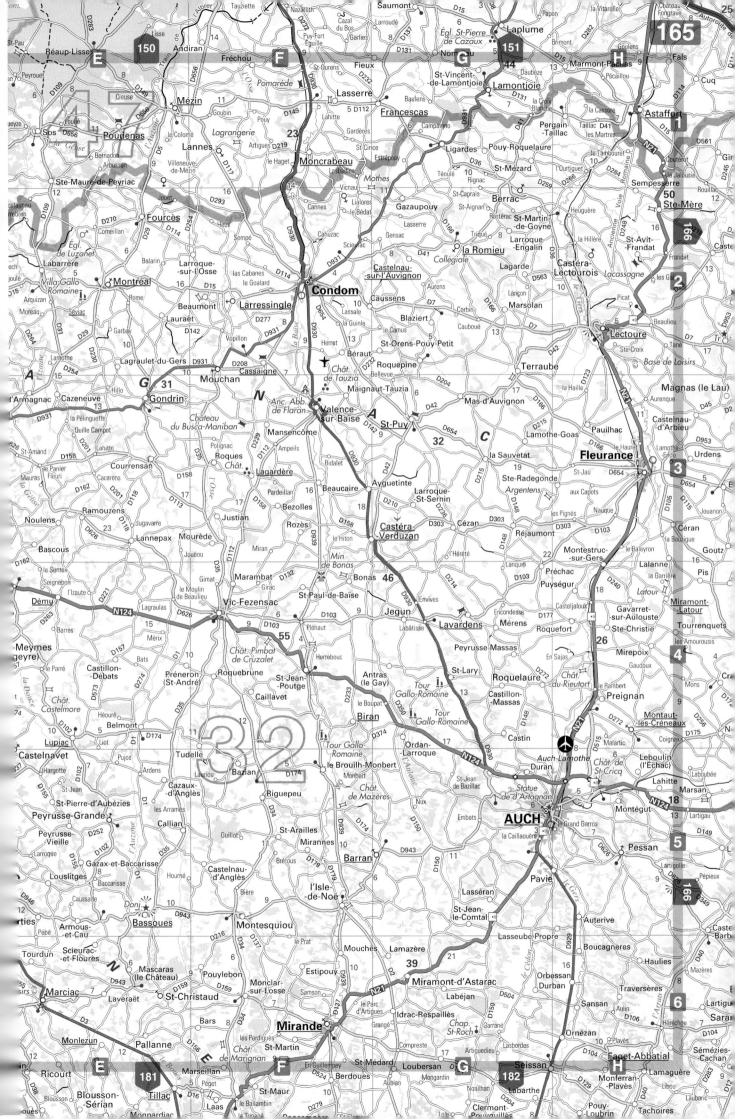

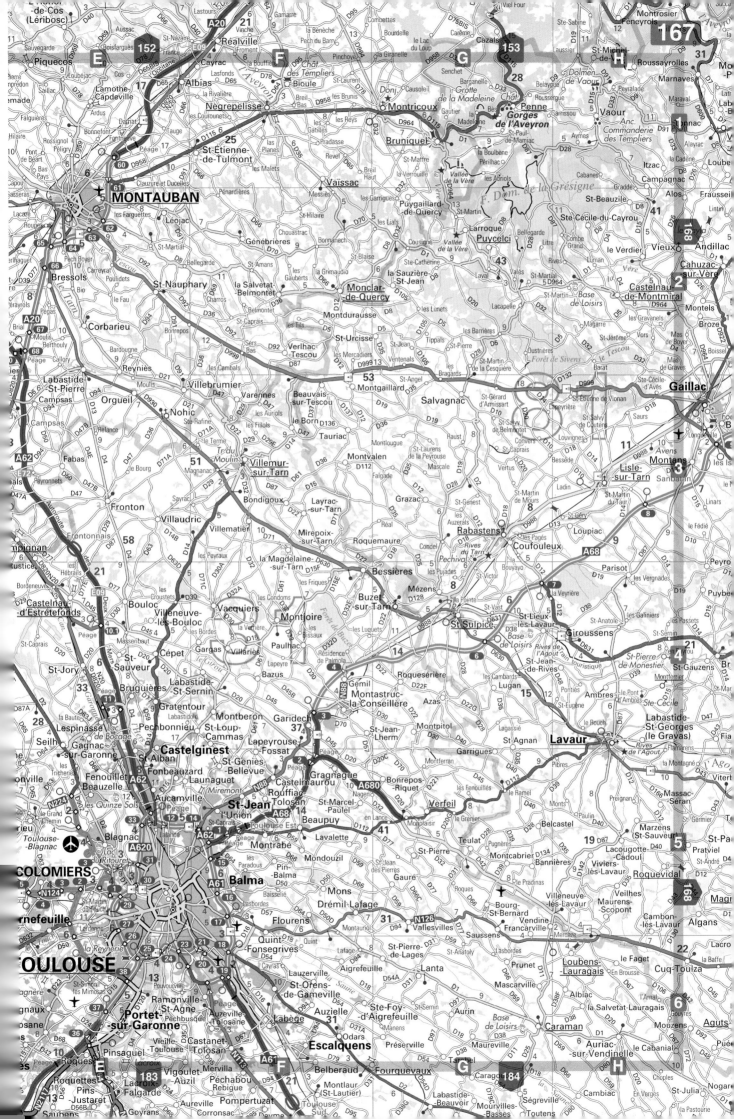

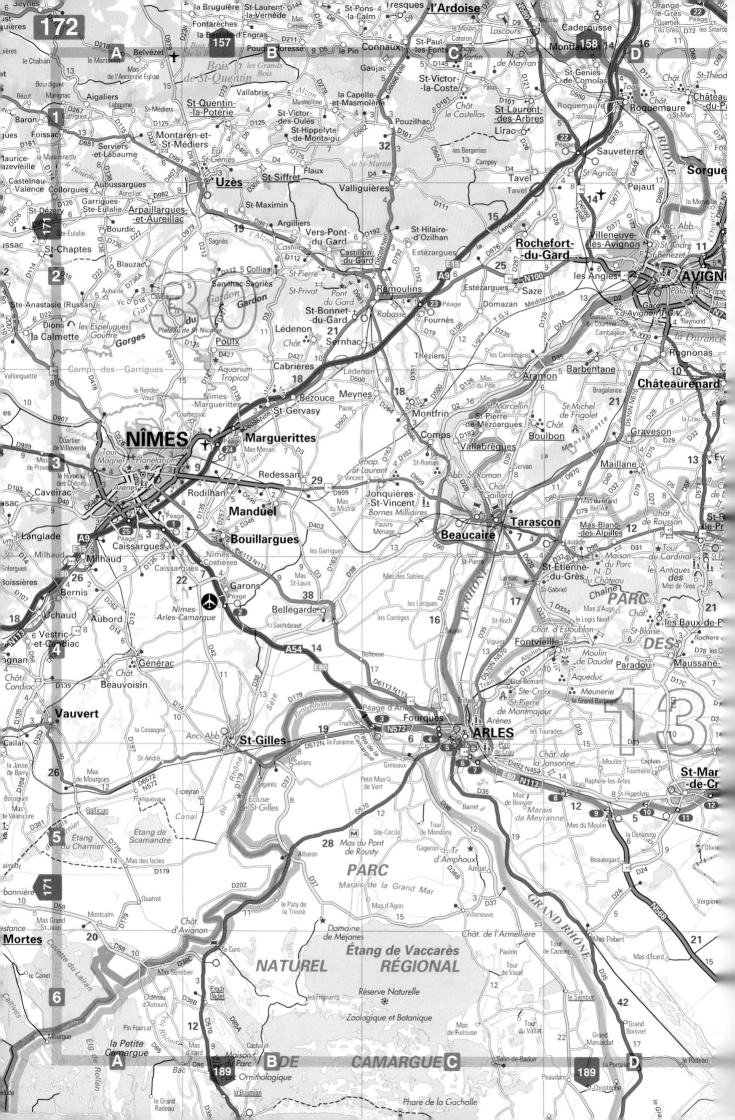

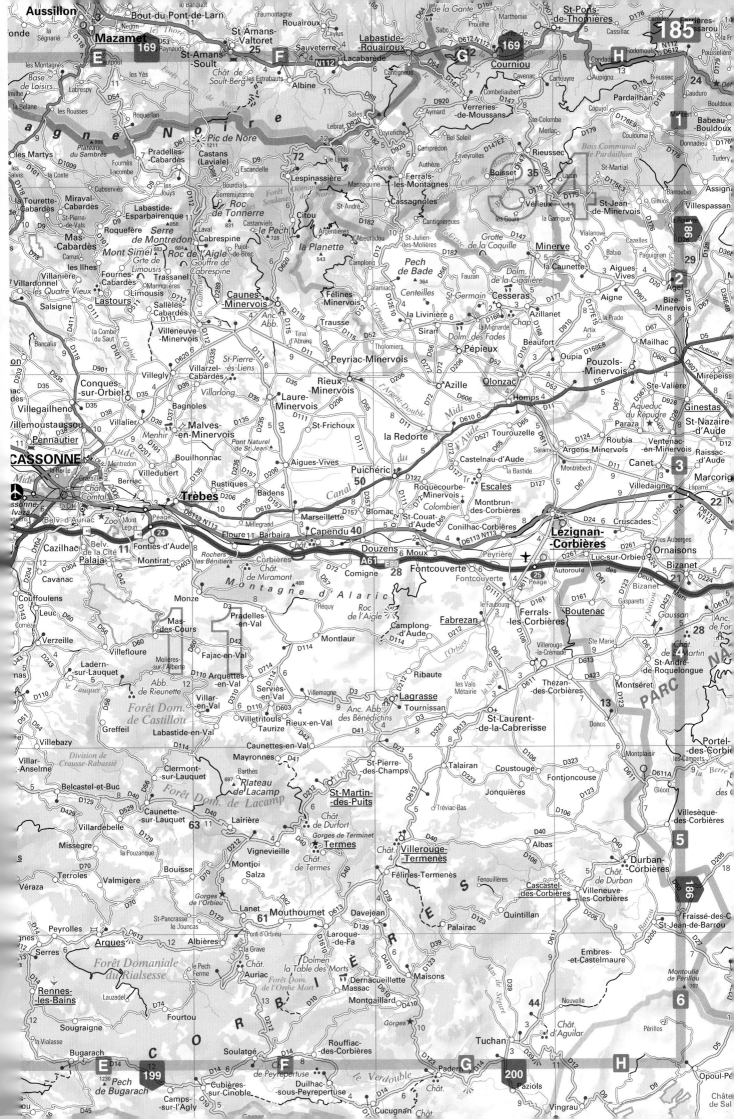

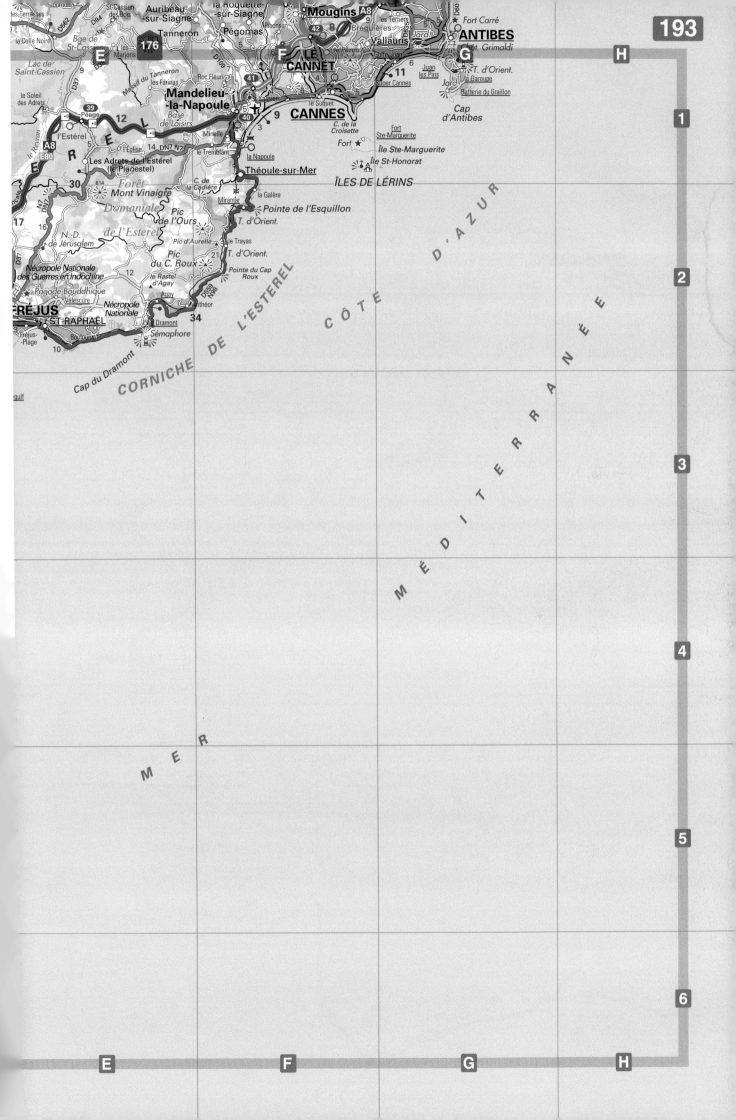

les-Terrasses
la Colle Noire
Bge de
St-Cassien
Lac de
Saint-Cassien
le Soleil
des Adrets
E
E80
A8
l'Estérel
le Reyran
17
16
N7
DN7
N.-D.
de Jérusalem
Nécropole Nationale
des Guerres en Indochine
Pagode Bouddhique
Valescure
FRÉJUS
ST-RAPHAËL
Fréjus-
Plage
10
Boulouris
Bge de
St-Cassien
St-Cassien
des-Bois
Auribeau-
sur-Siagne
la Roquette-
sur-Siagne
Pégomas
Mougins **A8**
Pibonson
Tanneron
les Marjoris
176
Massif du Tanneron
les Farinas
E
D37
12
39
Péage
5
l'Église
14 DN7 N7
Les Adrets-de-l'Estérel
(le Planestel)
30
614
Forêt
Mont Vinaigre
Domaniale
Pic
de l'Ours
de l'Estérel
Pic
du C. Roux
12
le Rastel
d'Agay
Agay
le Tremblant
la Napoule
Minelle
Roc Fleuri
LE CANNET
CANNES
C. de la
Croisette
le Suquet
les Terriers
Bréguières
Vallauris
Golfe Juan
Super Cannes
Juan
les Pins
Fort Carré
ANTIBES
Chât. Grimaldi
T. d'Orient.
la Garoupe
Batterie du Graillon
Cap
d'Antibes
Fort
Ste-Marguerite
Île Ste-Marguerite
Île St-Honorat
ÎLES DE LÉRINS
Fort
C. de
la Cadière
la Galère
Miramar
Pointe de l'Esquillon
T. d'Orient.
Pic d'Aurelle
le Trayas
21
T. d'Orient.
Pointe du Cap
Roux
D559
N98
Anthéor
34
Dramont
Sémaphore
Cap du Dramont
gulf
**Mandelieu
-la-Napoule**
Base
de Loisirs
5
40
9
3
Cassien
Théoule-sur-Mer

CORNICHE DE L'ESTÉREL
CÔTE D'AZUR
MÉDITERRANÉE
MER

H
1
2
3
4
5
6
E F G H

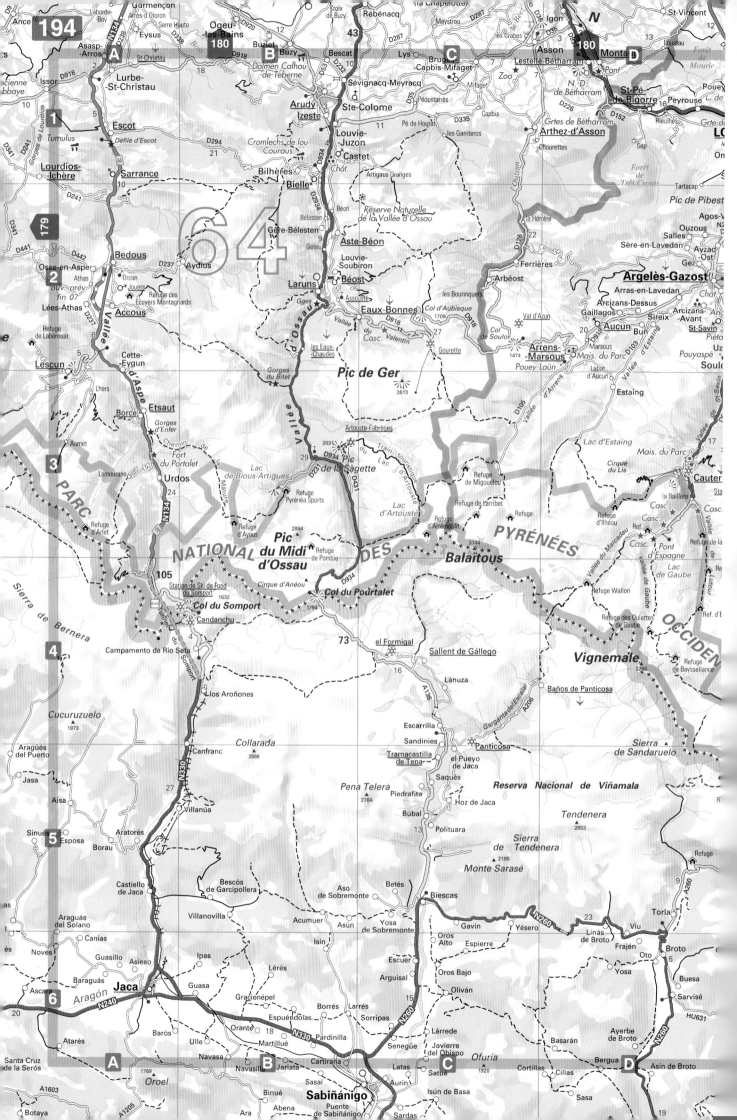

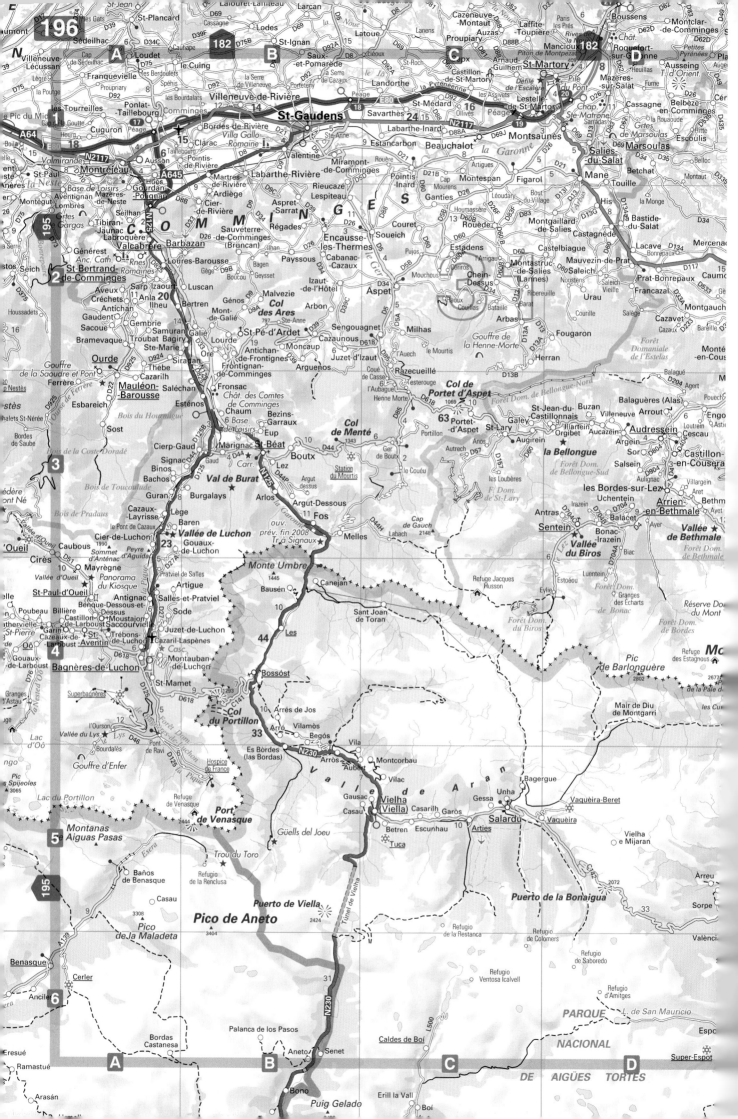

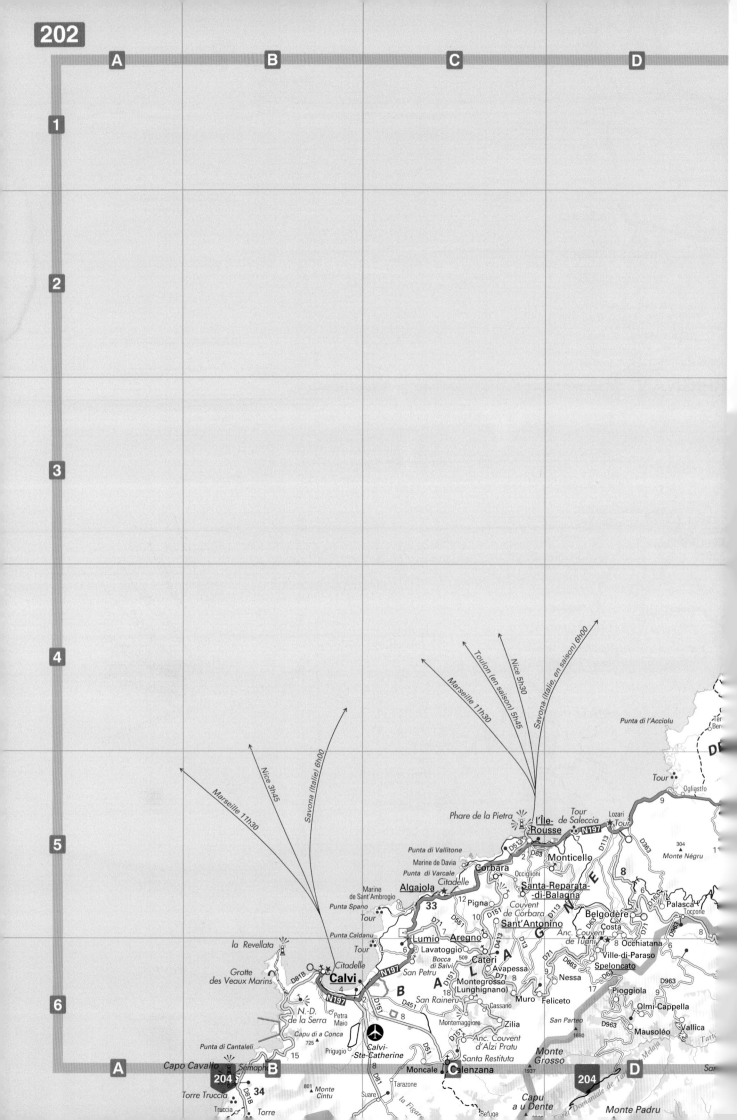

A   B   Calvi   C   D

1

2

3

4

Marseille 11h30
Nice 3h45
Savona (Italie) 6h00
Marseille 11h30
Toulon (en saison) 5h45
Nice 5h30
Savona (Italie, en saison) 6h00

Punta di l'Acciolu

D

5

Phare de la Pietra
l'Île-Rousse
Tour de Saleccia
Lozari
Tour
N197
Tour
Ogliastro
9

Punta di Vallitone
D513
D63
Monticello
D113
D363
304
Monte Négru

Marine de Davia
Corbara
2
8
D163

Punta di Varcale
Occiglioni
Santa-Reparata-di-Balagna

Marine de Sant'Ambrogio
Citadelle
Algajola
Pigna
12
Couvent de Corbara
D113
Palasca
Toccone
Punta Spano
33
D151
10
D13
Sant'Antonino
Belgodère
Costa
8

la Revellata
Tour
Punta Caldanu
D71
D551
7
Ancien Couvent de Tuani
Occhiatana
6

Lumio
Aregno
Ville-di-Paraso
Speloncato

Grotte des Veaux Marins
Tour
6
Lavatoggio
D413
D3
D663
D63
Nessa

Citadelle
Cateri
Avapessa
D71
8
17
Pioggiola

D81B
Calvi
N197
San Petru
Bocca di Salvi
Montegrosso (Lunghignano)
D71
Muro
Feliceto
D963
Olmi-Cappella

N.-D. de la Serra
Petra Maio
4
2
D151
San Raineru
18
Cassano
San Parteo
D963
Vallica

Capu di a Conca
725
D451
8
Montemaggiore
Zilia
1680
Mausoléo

Punta di Cantaleli
Priugio
Calvi-Ste-Catherine
D151
Ancien Couvent d'Alzi Pratu
Monte Grosso

A   B   Santa Restituta   D
204   Capo Cavallo   Sémaph.   Moncale   Calenzana   1937   204

Torre Truccia
D81B
34
801
Monte Cintu
Suare
D81
Tarazone
la Figa
Capu a u Dente
Monte Padru

Truccia
Torre
Refuge

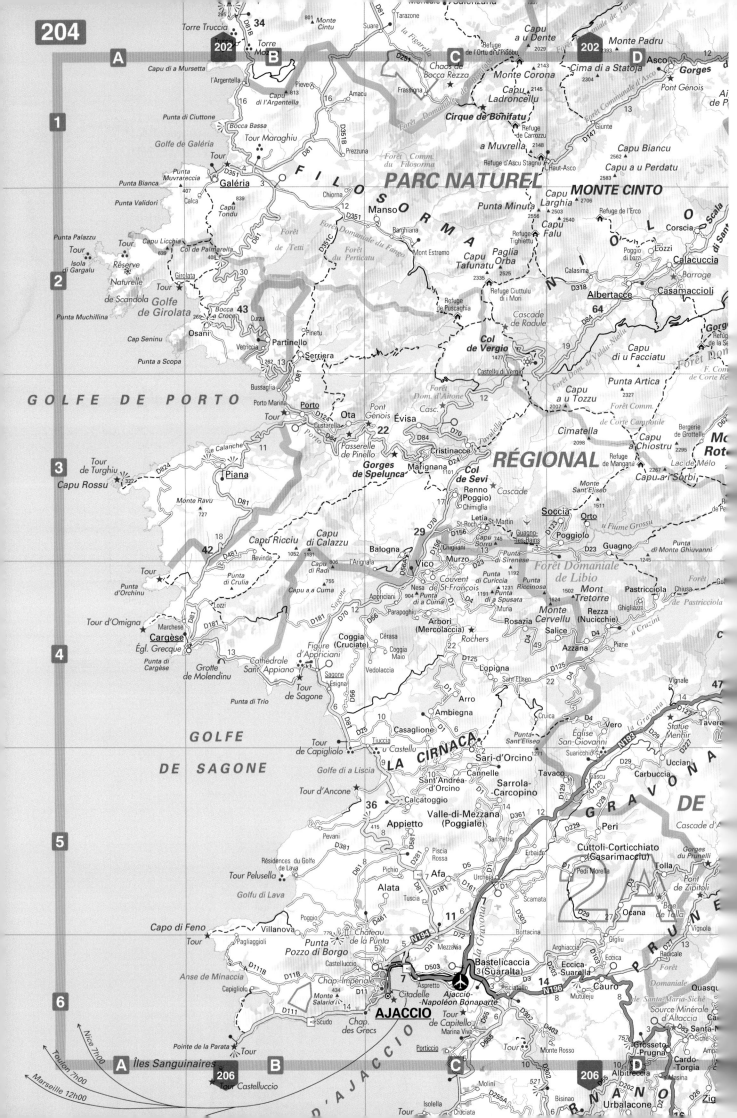

Îles Sanguinaires

Tour Castelluccio

204

A B

GOLFE D'AJA

GOLFE DE VALINCO

Porto-Tórres (Sardaigne) 4h00

Marseille 12h30

Porto-Tórres (Sardaigne) 3h30

1

2

3

4

5

6

A B C D

Presqu'Île de l'Isolella

le Ruppione

Tour

Punta di a Castagna

D655

Portigliolo

Verghia

Forêt

Domaniale

le Chiavari

523

Col de Cortonu

Acqua Doria

Coti--Chiavari

Tassinca

Tour

Capu di Muru

Capu Neru

Tour de Capannella

Cala di Cigliu

Tour de Capriona

Serra--di-Ferro

Porto Pollo

Punta di Porto Pollo

Abbartello

Tour de Micalona

Tour de la Calanca

Propriano

Punta di Campomoro

Tour

Belvédère-Campomoro

Capu di Locu

439

Menhir de Capu di Locu

Grossa

San Giovanni

Belvédère

Tivolaggio

Bilia

Monte

Menhir de Vaccil-Vecchiu

Alturaja

Tour

Capu di Senetosa

Fortin

Tizzano

Alignement de Pagliaju

Menhirs

Dolmen de Fontanaccia

Alignement de Stantari

Alignement du Renaju

Capu di Zivia

Roccapi

Rocher du Lic de Roccapin

51

Isolella

Cruciata

Tour

C

Pietrosella

Molini

Bisinao

521

ORNANO

Albitreccia

Forgia

Masina

Urbalacone

D302

Ziglia

16

204

Cognocoli-Monticchi

Menhir Cantonu

arguale

ouv. prév. Ponte Vecchiu

déb. 08

les Bains de Taccana

Marato

Sant' Amanza

D55

629

Pila-Canale

15

Sarraluccia

D302

TARAVO

Bicchisano

10

D757

Site Préhistorique de Calzola-Castellucciu

Petreto--Bicchisano

Pratavone

Calzola

Suartu

10

D757

Casalabriva

Site Préhistorique de Filitosa

M

Calvese

Sollacaro

37

Vera

u Paladinu Menhir

Pietra Rossa

17

7

14

Miluccia

Olmeto

D257

Forêt des Que

Ancien Bains de Baraci

5

Viggianello

Spin'a Cavallu Pont Génois

D19

u Rizzanese

Portigliolo

Jumenta Grossa

Menhirs u Frate e a Sora

6

S

Giuncheto

Orasi

14

24

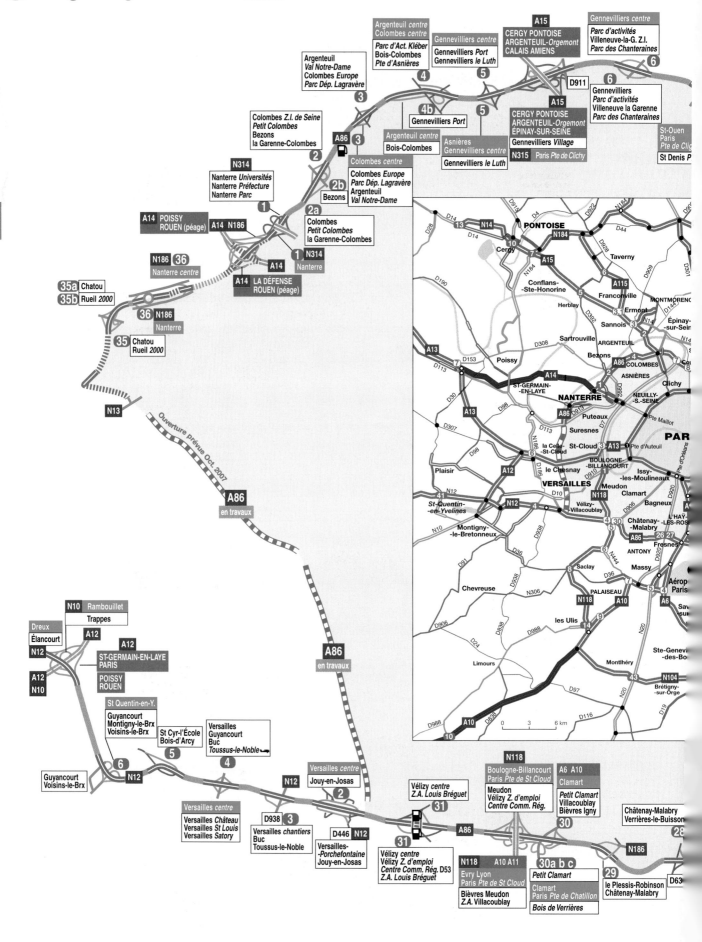

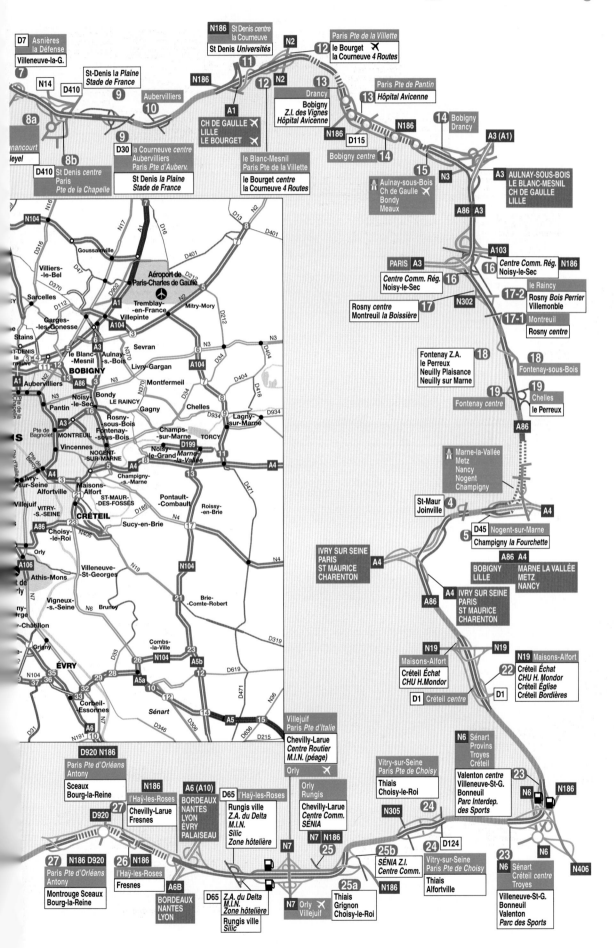

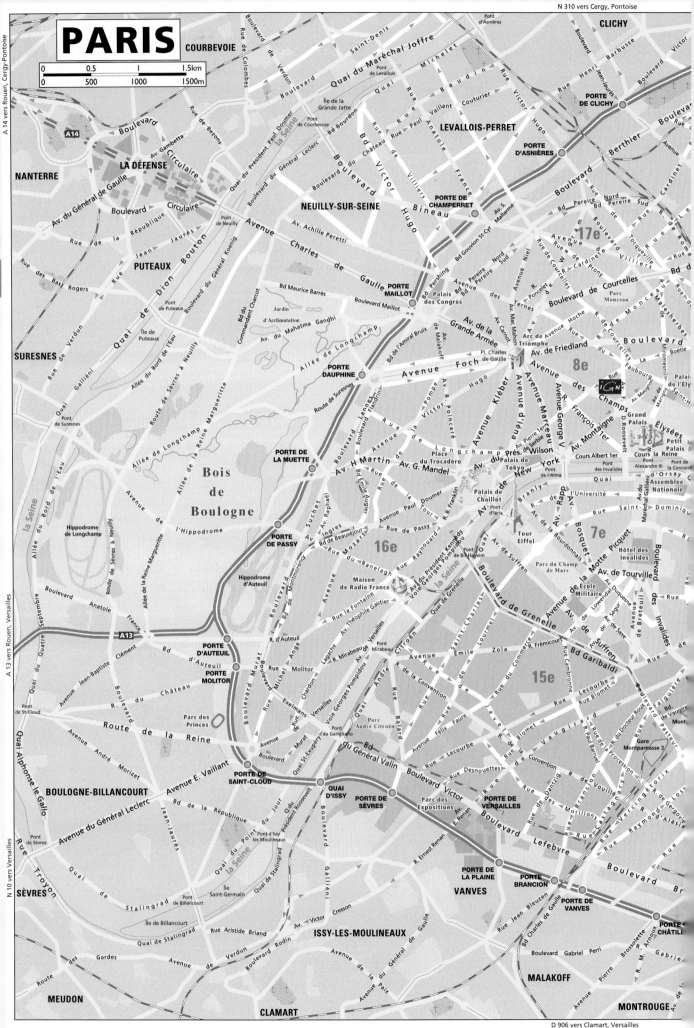

AIX-EN-PROVENCE

0   100 m

212

ADANSON (Rue)...............................B3
AGARD (Passage)............................C3
AIGLE d'OR (Traverse de l')..............C1
ALBERT CHARRIER (Boulevard)........D2
ALBERTAS (Place d')........................C3
ALLUMETTES (Rue des).....................D1
ANATOLE FRANCE (Avenue)..............C3
ANCIENNE MADELEINE (Rue de l')....C3
ANCIENS COMBATTANTS d'AFN
(Place des)..................................C2
ANDRE LEFEVRE (Rue)...............D2-D3
ANNONCIADE (Rue de l')..................C2
ANNONERIE VIEILLE (Rue)................B3
ANOUAR EL-SADATE (Place).............D1
ARISTIDE BRIAND (Boulevard)....A2-A3
ARMENIE (Place d')...........................D4
ARPILLE (Rue d')..............................B4
ARTS ET METIERS (Cours des)..........B4
AUDE (Rue)......................................C2
AUGUSTINS (Place des).....................C2
AUMONE VIEILLE (Rue).....................C2
BAGNIERS (Rue des).........................C3
BARATANQUE (Rue de la).................C3
BARTHELEMY NIOLLON (Place).........C2
BATH (Avenue de)............................C1
BEAU SOLEIL (Allée).........................A3
BEAUFORT (Traverse).......................B4
BEDARRIDES (Rue)...........................B3
BELGES (Avenue des)..................D1-D2
BELLEGARDE (Impasse et Place)........A3
BELLEGARDE (Rue lisse)...............A3-B3
BENJAMIN ABRAM (Avenue)............D3
BERNARDINES (Rue des)...................C2
BON PASTEUR (Rue du).....................A3
BONIFACE LAURENT (Rue)................D3
BOULEGON (Rue)..............................B3
BOUTEILLES (Rue des)......................B3
BRAS D'OR (Rue du)....................C1-C2
BREMONDIS (Rue)......................B2-B3
BRESSIER (Traverse).........................B4
BRETONS (Rue des)..........................B4
BRUEYS (Rue)..................................C2
BUENO CARRIERO (Rue)...................B3
BUSCAILLE (Rue)..............................B3
BUTTE DES 3 MOULINS
(Avenue de la)..........................A3-A4
CAMPRA (Rue)..................................B3
CANCEL (Rue du)..............................B3
CARDINALE (Rue).......................C2-D2
CARMES (Petite rue des).............C3-C4
CARNOT (Boulevard)..................B4-D4
CASCADE (Avenue de la)..................A4

CELONY (Rue)..............................B1-B2
CHABRIER (Rue)...............................B3
CHAPELIERS (Place et Rue des)...B3-C3
CHAPITRE (Rue du)..........................A2
CHARTREUX (Impasse et Rue des)...B1-C1
CHASTEL (Rue)...........................B3-C4
CHAUDRONNIERS (Rue des).............B3
CIRQUE (Traverse du)......................D1
CLAUDE FORBIN (Allée)...................D4
CLEMENCEAU (Rue).........................C3
CLOVIS HUGUES (Rue)......................C3
CONSTANTIN (Rue)..........................B3
CORDELIERS (Place des).............B2-B3
CORDELIERS (Rue lisse des).......B2-C2
COURONNE (Rue de la).....................C2
COURTEISSADE (Rue)........................C3
CRAPONNE (Avenue de)...................D4
DOCTEUR DARGELOS (Rue du).........C1
DOCTEUR RENEE ANTOINE (Avenue)...C1
DOMINICAINES (Traverse des)..........A4
DUPERRIER (Rue).......................B1-B2
ECOLE (Rue de l')............................B2
EMERIC DAVID (Rue)........................B3
EMILE GAUJOUX (Avenue)................A4
EMMANUEL SIGNORET (Rue d')........A3
ENTRECASTEAUX (Rue d')................C2
ENTREPOT (Rue de l')......................C1
EPINAUX (Rue des)..........................B3
ESPARIAT (Rue)..........................C2-C3
ESQUICHO COUDE (Rue)...................B3
ETUVES (Rue des)............................B2
EUROPE (Avenue de l')....................D1
EYGUESIERS (Impasse des)...............C1
FABROT (Rue)..................................C3
FAUCHIER (Rue).........................B3-C3
FELIBRE GAUT (Rue)........................B2
FELICIEN DAVID (Rue)......................B4
FERMEE (Rue)..................................C2
FERNAND DOL (Rue).........................C3
FERNAND POUILLON (Résidence)......B4
FINSONIUS (Rue)..............................B4
FONDERIE (Rue)...............................B4
FONTAINE (Rue de la).......................C2
FONTAINE D'ARGENT (Rue)..............C3
FONTAINE GIANOTTI (Allée).......A2-A3
FONTETES (Place des)......................B2
FORBIN (Rue)...................................C3
FORUM DES CARDEURS (Place)........B2
FRANÇOIS ET EMILE ZOLA
(Boulevard)..............................A3-A4
FRANÇOIS MITTERRAND (Place)..C1-C2
FRATERNITE (Rue de la)..............A1-A2

FREDERIC MISTRAL (Rue)...........C3-D3
GAMBETTA (Cours)..........................D4
GANAY (Place et Rue)......................C4
GARE (Place de la)...........................D2
GASTON DE SAPORTA (Rue).......B2-B3
GAUFFREDY (Rue)............................B1
GENERAL DE GAULLE (Place du).......C2
GEORGES POMPIDOU (Avenue)........C1
GIANOTTI (Rue)...............................A3
GIBELIN (Rue)..................................B3
GLACIERE (Rue de la).......................C3
GONDRAUX (Rue des).......................B3
GONTARD (Rue)..........................C2-D2
GOYRAND (Rue)..........................C3-D3
GRANET (Impasse)...........................B3
GRANET (Rue)..................................B3
GRASSI (Avenue et Impasse de)...A2-B2
GRIFFON (Rue du)............................B3
GUERRIERS (Rue des).......................B3
GUSTAVE DESPLACES (Impasse)......D2
GUSTAVE DESPLACES (Rue)..............D2
HANOI (Rue d')................................B1
HAUT DU COURS MIRABEAU (Place)...C3
HENRI PONTIER (Avenue).............A1-A2
HOTEL DE VILLE (Place de l')...........B3
INDOCHINE (Avenue d')...............A1-B1
IRMA MOREAU (Rue)........................C1
ISOLETTE (Rue)................................C2
ITALIE (Rue d')...........................C4-D4
J. REWALD (Rue)..............................D4
JACQUES DE LAROQUE (Rue)......A2-B2
JAUBERT (Rue).................................B3
JEAN DE LA FONTAINE (Allée)..........D1
JEAN JAURES (Avenue)................A2-B2
JEAN MOULIN (Avenue)....................A4
JEAN PEYTRAL (Rue)........................A2
JEAN-MICHEL JORET (Place)............D1
JEANNE D'ARC (Rue)........................C2
JERUSALEM (Rue).............................D2
JOACHIM GASQUET (Place).............D2
JOANNON MARCEL PROVENCE (Rue)...A3
JOSEPH CABASSOL (Rue)..................C3
JOSEPH RAVAISOU (Rue)..................B4
JOSEPH VILLEVIEILLE (Rue)........C1-C2
JOUQUES (Rue de).....................D2-D3
JULES FERRY (Avenue).....................D3
JULES ISAAC (Avenue)......................A3

LITTERA (Rue)..................................B3
LOUBET (Rue).............................A3-B3
LOUBON (Rue)..................................B3
LOUVIERE (Rue de la).......................B3
M. GUILLAUME (Rue)..................D2-D3
MADELEINE (Allée)...........................A1
MAGNANS (Rue des)...................B2-C2
MALAKOFF (Traverse).......................A4
MALHERBE (Avenue).........................C3
MANUEL (Rue).............................B3-C4
MARECHAL DE LATTRE DE TASSIGNY
(Avenue)...B1
MARECHAL FOCH (Rue)...............B3-C3
MARECHAL JOFFRE (Rue).................C4
MARECHAL LYAUTEY (Avenue du).....D3
MARIE ET PIERRE CURIE (Rue)....A3-B3
MARIUS REYNAUD (Rue)...................C3
MARSEILLAIS (Rue des)...............B2-B3
MARTYRS DE LA RESISTANCE (Place)...B3
MASSE (Rue de la)...........................C2
MATHERON (Rue).............................B3
MAURICE BLONDEL (Avenue)...........D2
MAX JUVENAL (Avenue)..............C1-D1
MAZARINE (Rue)........................C2-C3
MEJANES (Rue)................................C3
MENUDIERES (Rue des)...............A2-A3
MERINDOL (Rue)..............................B2
MIGNET (Rue)..................................B3
MIOLLIS (Place)................................C4
MIRABEAU (Cours)...........................C3
MOLLE (Rue de la)......................B1-B2
MONCLAR (Rue).........................B3-C3
MONTIGNY (Rue de)........................B3
MULE NOIRE (Rue de la)...................C4
MULETIERS (Rue des).......................B2
MURIERS (Allée des)........................A1
MUSICIENS (Avenue des)..................A1
NAPOLEON BONAPARTE (Avenue)....C2
NARVIK (Place de)............................D2
NATIONS (Rue des)..........................A2
NAZARETH (Rue)..............................C3
NELSON MANDELA (Place)...............B1
NOBLES (Rue des)............................A2
NOSTRADAMUS (Rue).................A4-B4
NOSTRE SEIGNE (Rue)......................B2
NOTRE-DAME (Traverse)..................A2
11 NOVEMBRE (Rue du)..............B1-C2

PARADIS (Impasse du)......................C2
PARC (Avenue du)............................D3
PASTEUR (Avenue)...........................A2
PAUL BERT (Rue)..............................B3
PAUL CEZANNE (Avenue).................A2
PAUL D'OLLONE (Boulevard)............D1
PAUL DOUMER (Rue).........................C2
PAUL ROUX (Rue).............................C1
PAVILLON (Rue)..........................C4-D4
PETIT BARTHELEMY (Avenue)..........D1
PETIT SAINT-ESPRIT (Rue du)......C4-D4
PETRARQUE (Rue)............................A4
PEYRESC (Rue)................................B3
PEYSSONNEL (Rue)....................C4-D4
PHILIPPE SOLARI (Avenue)...............A2
PIERRE BROSSOLETTE (Avenue)......D1
PLAN (Rue du)............................B2-B3
POILUS (Boulevard des)..............B3-B4
PORTALIS (Rue)..........................B3-B4
PRECHEURS (Place des)...................B3
PUITS JUIF (Rue du).........................B3
PUITS NEUF (Rue du)..................A3-B3
4 DAUPHINS (Place des)...................C3
4 SEPTEMBRE (Rue du)....................C3
RAMUS (Place).................................C3
REINE JEANNE (Rue).........................D3
REPUBLIQUE (Boulevard de la)....C1-C2
REYNAUD (Impasse).........................B3
RICHELME (Place)............................B3
RIFLE RAFLE (Rue)...........................B3
RIQUIER (Rue).................................A2
ROBERT (Chemin)............................D3
ROI RENE (Boulevard du).............D2-D4
ROUX ALPHERAN (Rue)...............D3-D4
SAINT-ELOI (Avenue).......................A3
SAINT-HENRI (Rue)....................A3-B3
SAINT-HONORE (Place)...................C3
SAINT-JEAN (Petite rue)..............C3-C4
SAINT-JEROME (Avenue)..................D3
SAINT-JOSEPH (Rue)........................D3
SAINT-LOUIS (Boulevard)...........A3-B4
SAINT-LOUIS (Rue lisse).............B3-B4
SAINTE-MADELEINE (Allée)..............D4
SAINTE-VICTOIRE (Avenue).........A3-A4
SAINTE-VICTOIRE (Parc de)............D4
SEXTIUS (Cours)........................B2-C2
SILVACANNE (Traverse)..............A1-B1
SONTAY (Rue de)........................A1-B1
SUFFREN (Rue de)......................B3-B4

TANNEURS (Rue des).........................C2
TAVAN (Rue)....................................B1
THERMES (Avenue des).....................B2
THIBAUT (Passage)..........................C1
THIERS (Rue)..............................C3-C4
TOURNEFORT (Rue).........................B3
TREILLE (Rue de la).........................B2
TRINITE (Cours de la)..................A3-A4
3 ORMEAUX (Place des)...................B3
UNIVERSITE (Place de l')..................B2
VAN LOO (Rue)................................B2
VAUBLANC (Allée de)......................D4
VAUVENARGUES (Rue des)..............B1
VENDOME (Impasse)........................B1
VENDOME (Rue)..........................B1-B2
VENEL (Rue).....................................B2
VERDUN (Place de)..........................B3
VERRERIE (Rue de la)..................B2-C3
VICTOR COQ (Boulevard).................D1
VICTOR HUGO (Avenue)..............C2-D2
VICTOR LEYDET (Rue)......................C3
VILLARS (Rue)............................C2-D3
VIOLETTE (Avenue de la).............A2-A3
WOLFGANG AMADEUS MOZART
(Rue)...C1-D1
YITZHAK RABIN (Rue)..................D1-D2
YVES MONTAND (Allée)...................D4

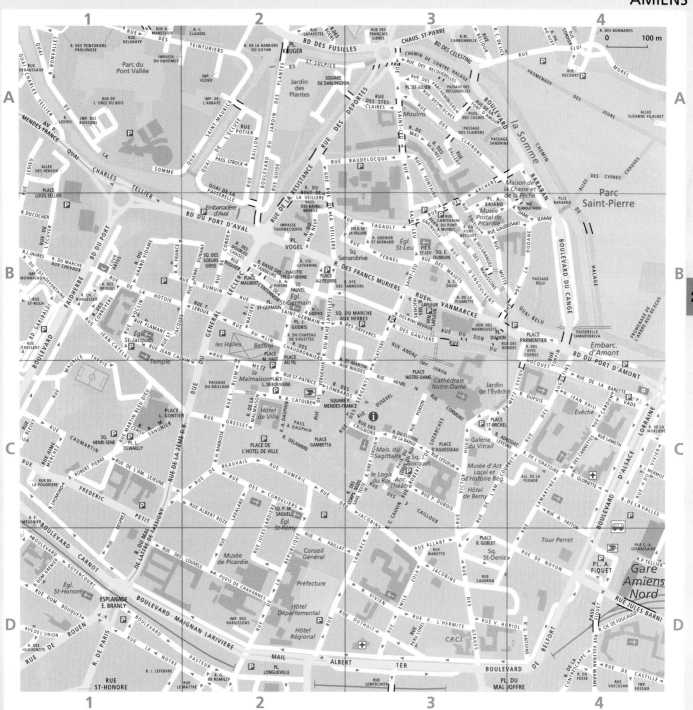

0   100 m

ABBAYE (Impasse de l') A2
ADEODAT LEFEVRE (Rue) C3-C4
AGUESSEAU (Place d') C3
AIME MERCHEZ (Rue) C1
ALBERT CATOIRE (Rue) C2
ALBERT DAUPHIN (Passage) C2
ALBERT DAUPHIN (Rue) C2
ALBERT ROZE (Rue) C1-C2
ALEXANDRE FATTON (Rue) C4-D4
ALFRED MANESSIER (Rue) A1
ALPHONSE FIQUET (Passage) D4
ALPHONSE FIQUET (Place) D4
ALPHONSE PAILLAT (Rue) D2-D3
ALSACE LORRAINE (Boulevard d') ..C4-D4
AMIRAL COURBET (Rue de l') D3-C4
AMIRAL LEJEUNE (Rue de l') C1
ANATOLE FRANCE (Rue) ....
ANDRE (Rue) B3-C3
ARBRE AUX 40 ECUS
  (Promenade de l') B4
ARCHERS (Rue des) B3-A4
ARISTIDE BRIAND (Place) B3-B4
ARTUS (Cour) B1
AUGUSTINS (Rue des) B4-C4
BAILLAGE (Passage du) C2
BAILLON (Rue) A2-B2
BAINS NEVEUX (Passage des) B2
BARABAN (Boulevard) A3-B4
BARABAN (Passerelle) B4
BARETTE (Rue de la) C4
BARRIERE DU GAYAN (Rue de la) ..A2
BASSE DES TANNEURS (Rue) B2
BAUDELOCQUE (Rue) A2-A3
BEAUVAIS (Rue de) C2
BECQUERELLES (Passage des) A3
BECQUERELLES (Rue des) A3
BELFORT (Boulevard de) D3-D4
BELIDOR (Rue) A3
BELU (Passage) B4
BELU (Quai) B4
BLANQUETAQUE (Rue) B4
BOERS (Rue des) B3-B4
BONDES (Rue des) B3-B4
BONNARDS (Rue des) A4
BONVALET (Rue) A1
BOUT DE LA VEILLERE (Rue de la) ..A2
BRIQUES (Rue des) B1
BUISSONS (Impasse des) A1
CAMILLE CLAUDEL (Rue) A2
CANGE (Boulevard du) B4

CANNETTES (Rue des) C4
CANTERAINE (Rue) B3
CARDON (Rue) C4
CARNOT (Boulevard) C1-D1
CASTILLE (Rue de Lice) A3
CATHERINE DE LICE (Rue) A3
CAUDRON (Rue) D3
CAUMARTIN (Rue) C1
CELESTINS (Boulevard des) A3
CERISY (Rue) C1
CHAPEAU DE VIOLETTES (Rue du) ..B2
CHARLES DE FOUCAULD (Rue) D3
CHARLES NUNGESSER (Rue) B1
CHARLES TELLIER (Quai) A1-B1
CHAUDRONNIERS (Rue des) B2-C2
CLAIRONS (Passage des) A3
CLAIRONS (Rue des) A3
CLAUDIUS-ANTOINE SERRASSAINT ..
CLOITRE DE LA BARGE (Rue du) ...C3
COCHER (Rue) B1
COCHES (Passage des) A3
COCHES (Rue des) A3
COMMANDANT DEFONTAINE
  (Rue du) B1
CONDE (Rue de) B2
CONTRE HALAGE (Chemin de) A3
CORDELIERS (Rue des) C2
CORDIER (Rue) C4
CORMONT (Rue) C3
CORPS NUDS SANS TESTE (Rue des) ..C3
CORROYERS (Rue des) B1
CRESSENT (Rue) B1
CRIGNONS (Rue du) C3
CYPRES CHAUVES (Allée des) A4-B4
DAHOMEY (Impasse du) A1-A2
DALLERY (Rue) B1
DAME JEANNE (Rue) A2
DAMIS (Rue) D4
DARLINGTON (Square de) A2-A3
DAVELUY (Rue) B1
DEBAUSSAUX (Rue) A1
DECOURT (Rue) A4
DELAHAYE (Rue) B1
DELAMBRE (Rue) C2
DEPORTES (Rue des) A2-A3
DESPREZ (Rue) C1
2EME D.B. (Rue de la) A3-B4
DODANE (Rue de la) B3-B4
DOUBLES CHAISES (Rue des) B2

DUMERIL (Rue) C2
DUPETIT (Impasse) D4
DUPUIS (Rue) D4
DUSEVEL (Rue) C2
DUTHOIT (Rue) D2-D3
ECLUSE (Quai de l') A2
ECUYER (Rue de l') B1
EDMOND FONTAINE (Rue) B1
EDOUARD BRANLY (Esplanade) ...D1
EDOUARD DAVID (Rue) B3
EDOUARD DUMUIN (Square) B2
ELOI MOREL (Rue) A3-A4
EMILE ZOLA (Rue) D3
ENGOULVENT (Rue d') B3
ENTONNOIR (Rue de l') B2
ERNEST CAUVIN (Rue) C3-D3
FAIDHERBE (Boulevard) B1-C1
FAUVEL (Square) B2
FERNEL (Rue) B2-B3
FEURRE (Place au) B2
FIL (Place au) B2-C2
FLAMANT (Rue) B2
FLATTERS (Rue des) C3
FLORIMOND LEROUX (Rue) B2
FONTAINE D'AMOUR (Rue de la) ..A3
FOSSIER (Impasse) B2
FRANÇAIS LIBRES (Rue des) A3
FRANÇOIS MEUSNIER (Rue) C1
FRANÇOIS MURIERS (Rue) B2-B3
FREDERIC PETIT (Rue) C1-D1
FUSILIERS (Boulevard des) A2-A3
GAMBETTA (Place) C2
GANTIERS (Rue des) B3
GARIBALDI (Boulevard) B1
GAUDISSART (Rue) B3-B4
GAULTHIER DE RUMILLY (Rue) D2
GENERAL DE GAULLE (Avenue du) ..A1
GENERAL LECLERC (Rue du) B2-C2
GEORGES ANTOINE (Rue) C3
GERMAIN BLEUET (Rue) B3
GLORIETTE (Rue) C4
GRAINVILLE (Rue) B3
GRAND VIDAME (Rue du) B1
GRANGES (Rue des) B3
GRENIER ET BERNARD (Rue) B3
GRESSET (Rue) C2
GUIDE (Rue) A2-B2
HALAGE (Chemin de) A3-B4
HAUTES CORNES (Rue des) B3-B4
HAUTES CORNES (Rue des) B4
HENRI BARBUSSE (Rue) C2
HENRI DUNANT (Rue) B2

HENRI IV (Rue) C3
HENRI SENE (Square) C1
HENRIETTE DUMUIN (Rue) B1-B2
HENSON (Allée des) B3
HOCQUET (Rue du) B3-C4
HOTEL DE VILLE (Place de l') C2
HOTIE (Rue de la) B1-B2
HUCHERS (Rue des) B2
JACOBINS (Rue des) C2-D3
JARDIN DES PLANTES
  (Boulevard du) A2-B2
JEAN CALVIN (Rue) B2
JEAN CATELAS (Rue) B1-C2
JEAN GODRIS (Place) B2
JEAN GODRIS (Rue) B2
JEAN JAURES (Rue) B1
JEAN MERMOZ (Rue) C4
JEAN XXIII (Rue) C4
JEANNE NATIERE (Rue) C2
JORON (Impasse) B3-C3
JOURS (Promenade des) A3-A4
JULES BARNI (Rue) D4
JULES LARDIERE (Rue) C2-D2
JULES LEFEBVRE (Rue) D1
KRUGER (Place) A2
LAFAYETTE (Rue) A2
LAFLEUR (place) B2
LAFLEUR (Venelle) B2
LAMARCK (Rue) D2-C3
LAMARTINE (Rue) C4
LAMETH (Rue) C4
LAVALARD (Rue) C2
LEDIEU (Rue) A1-B1
LEON BLUM (Rue) B2
LEON DEBOUVERIE (Place) C2
LEON GONTIER (Place) A1
LESUEUR (Rue) C1
LHOMOND (Rue) C1
LIN (Rue au) B2
LOGIS DU ROI (Passage du) C3
LOMBARDS (Rue des) C2-C3
LOUIS DEWAILLY (Place) C2
LOUIS SELLIER (Place) A1-B1
LOUVELS (Rue des) D1-D2
MAI (Rue de) A3
MAIGNAN LARIVIERE (Boulevard) ..D1-D2
MAJOTS (Rue des) B3
MALMAISON (Rue de la) C2
MARC SANGNIER (Rue) C2
MARCHE AUX CHEVAUX (Rue du) ..B1
MARCHE AUX HERBES (Square du) ..B2-B3
MARCHE LANSELLES (Rue) B2-C2
MARECHAL DE LATTRE DE TASSIGNY

MARECHAL DE LATTRE DE TASSIGNY
  (Rue du) C1-D1
MARECHAL JOFFRE (Place du) D3
MARISSONS (Rue des) B3
MARMOUSETS (Venelle des) B3
MAROTTE (Rue) C1
MARTIN BLEU DIEU (Rue) B1-B2
MAUBERT (Place) C2
MAURICE THEDIE (Rue) B1-C1
MAURICE VAST (Place) B2
METZ (Rue de) B2-C2
METZ L'EVEQUE (Rue de) C3-C4
MICHEL CARBONNELLE (Rue) C1
MINIMES (Rue des) A3
MONMIGNON (Impasse) B1
MORLIERE (Rue de la) C4
MOTTE (Rue) B3-B4
MOULIN NEUF (Rue du) B2
NOTRE-DAME (Place) B2
NOYON (Rue de) D4
ORATOIRE (Rue de l') C4
OREE DU BOIS (Rue de l') A1
ORFEVRES (Rue des) B2-B3
OTAGES (Rue des) D3
PARCHEMINIERS (Rue des) A3
PARIS (Rue de) D1
PARMENTIER (Place) B3-B4
PASSERELLE (Quai de la) A2-B2
PASTEUR (Boulevard) D1-D2
PAUL TELLIER (Rue) D2
PERU LOREL (Rue) D3
PHILIPPE D'AUXY (Rue) A4
PIERRE DUBOIS (Rue) C3
PIERRE L'HERMITE (Rue) C2
PIERRE MARIE SAGUEL (Square) ..C2
PIERRE MENDES-FRANCE (Avenue) ..A1
PIERRE MENDES-FRANCE (Rue) ...C2
PINGRE (Rue) B1
PLEIADE (Allée de la) C3-C4
PLUMETTE (Rue) B3
PONT A MOINET (Rue du) B3
PONT BECQUET (Rue) C3
PORION (Rue) C3
PORT (Boulevard du) A2-B2
PORT D'AMONT (Boulevard du) ..B4-C4
PORT D'AVAL (Boulevard du) B1-B2
POTIER (Rue) A2
PUVIS DE CHAVANNES (Rue) D1
RABUISSONS (Impasse des) D2
RENE GOBLET (Place) D3-D4
REPUBLIQUE (Rue de la) C2-D2

RESISTANCE (Rue de la) A2-B2
RINCHEVAUX (Rue des) B3
RIQUIER (Rue) B2
ROBERT DE LUZARCHES (Rue) C1
ROBERT PIERRE (Rue) C1
ROUEN (Rue de) D1
SAINT-GERMAIN (Place) B2
SAINT-GERMAIN (Rue de) B2
SAINT-HONORE (Rue) C1
SAINT-JACQUES (Rue) B1-B2
SAINT-JULIEN (Rue) A3
SAINT-LEU (Petite rue) B3
SAINT-LEU (Rue) B3
SAINT-MARTIN AUX WAIDES (Rue) ..C2-C3
SAINT-MAURICE (Quai) A2
SAINT-MICHEL (Place) C4
SAINT-PATRICE (Rue) C2
SAINT-PIERRE (Chaussée) A3
SAINT-ROCH (Rue) B1
SAINT-SULPICE (Boulevard) A2-A3
SAINTE-CATHERINE (placette) B2
SAINTE-CATHERINE (Rue) B2
SAINTES-CLAIRES (Rue des) A3
SERGENTS (Rue des) C2-C3
SIRE FIRMIN LEROUX (Rue) C2
SOEURS GRISE (Square des) B2
SOMME (Quai de la) A1-A2
STROCK (Passage) A2
SUZANNE FILACHET (Allée) A4
TAGAULT (Rue) B2-B3
TEINTURIERS (Rue des) A1-A2
TEINTURIERS PROLONGEE (Rue des) ..A1
TOURNECOEFFE (Impasse) B2
3 CAILLOUX (Rue des) C2-D2
TURPIN (Rue) B4-C4
UNION (Rue de l') D1
VADE (Rue) B3
VALLEE (Rue de la) C4
VANMARCKE (Rue) B3
VASCOSAN (Rue) D4
VEILLERE (Grande rue de la) A2-B2
VEILLERE (Petite rue de la) B2-B3
VERGEAUX (Rue des) C1
VEZIER (Impasse) A2
VICTOR HUGO (Rue) C3-D3
VINCENT AURIOL (Rue) D3-D4
VIVIEN (Rue) D3
VIVIER (Rue du) C4
VOCLIN (Rue) B1
VOGEL (Place) B2
VULFRAN WARME (Rue) D4

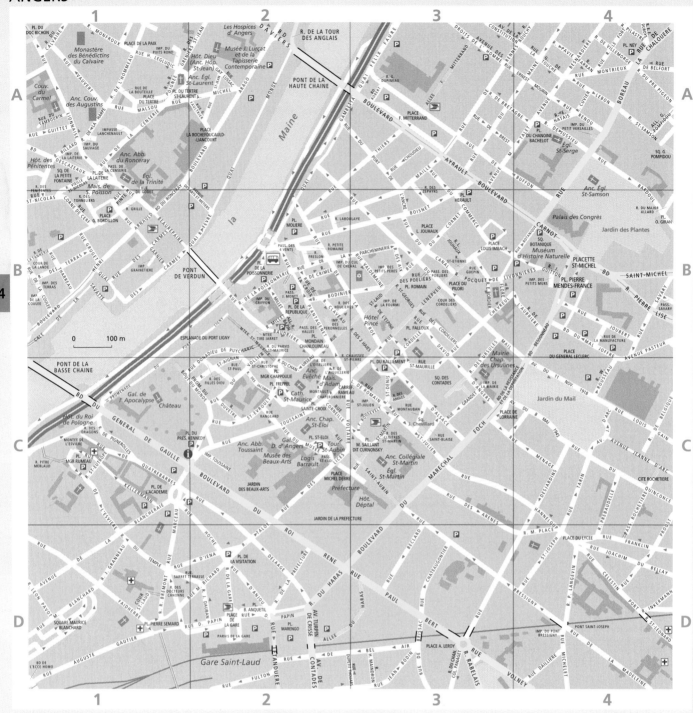

ACADEMIE (Place de l') ...C1-C2
AIGUILLERIE (Rue de l') ...C2
AIX (Rue des) ...B3
ALSACE (Rue d') ...C3
ANDRE LEROY (Place) ...D3
ANGLES (Rue des) ...C2
ANJOU (Rue d') ...C2
ARAGO (Boulevard) ...A1-A2
ARENES (Rue des) ...C3-D4
ARTS ET METIERS (Avenue des) ...A1-B2
AUBRIERE (Rue de l') ...B4
AUGUSTE GAUTIER (Rue) ...D1
AUGUSTE MICHEL (Rue) ...A1-A2
AYRAULT (Boulevard) ...A3
BARDOUL (Rue) ...A4-B4
BASSE CHAINE (Pont de la) ...C1
BAUDRIERE (Rue) ...B2
BEAUREPAIRE (Rue) ...B1-B2
BEAUX-ARTS (Jardin des) ...C2
BECLARD (Rue) ...D3
BELLE POIGNEE (Rue) ...A1
BERNARD ANQUETIL (Place) ...D2
BESNARDIERE (Avenue) ...
BESSONNEAU (Boulevard) ...B4-C4
BILLARD (Rue) ...A1
BLANCHERAIE (Avenue de la) ...C1-D1
BODINIER (Rue) ...B2-B3
BOISNET (Rue) ...B2-B3
BOREAU (Rue) ...A4-B4
BOTANIQUE (Rue) ...B4
BOTANIQUE (Square) ...B4
BOUT DU MONDE (Promenade du)...C1-C2
BREST (Rue de) ...A3-A4
BRETAGNE (Rue de) ...A3-A4
BRISSAC (Rue de) ...D3
BUFFON (Rue de) ...A4
CANAL (Rue du) ...B3
CARMES (Quai des) ...B1
CARMES (Rue des) ...B1
CARNOT (Boulevard) ...A3-B4
CELESTIN PORT (Rue) ...D4
CENSERIE (Passage de la) ...A1
CENSERIE (Rue de la) ...A1
CHALOUERE (Rue de la) ...A4
CHANOINE BACHELOT (Place du) ...A4
CHANOINE URSEAU (Rue du) ...B2-C2
CHAPERONNIERE (Rue) ...B2
CHATEAUGONTIER (Rue) ...C3-D3
CHAUSSEE SAINT-PIERRE (Rue) ...B3-B4
CHEVREUL (Rue) ...D1
CHOUDIEU (Rue) ...A3
CLAVEAU (Rue) ...B1

CLOITRES SAINT-MARTIN (Rue des) ...C3
COMMERCE (Rue du) ...A3-B3
CONTADES (Avenue de) ...D2
CONTADES (Square des) ...D2
CORDELIERS (Cour des) ...B3
CORDELIERS (Rue des) ...B3
CORDELLE (Rue) ...B2
CORNE DE CERF (Rue) ...B1
CORNEILLE (Rue) ...C2-C3
CORNET (Rue du) ...B3
COULEE (Rue de la) ...B1
CRIMEE (Rue de) ...B2
CROIX (Rue de la) ...B1
CUL DE CHEVAL (Impasse du) ...B2
CUVIER (Rue) ...B2
DAILLIERE (Rue) ...D4
DAVID D'ANGERS (Rue) ...B3-C3
DAVIERS (Boulevard) ...A2
DELAAGE (Rue) ...C1-D2
DESCAZEAUX (Boulevard) ...A1
DESJARDINS (Rue) ...D3-C4
DEUX HAIES (Rue des) ...B2-B3
DOC BICHON (Place du) ...A1
DONADIEU DE PUYCHARIC (Rue) ...C1-B2
DRAGONS (Rue des) ...C1
DROITS DE L'HOMME (Avenue des) ...C1
DUPETIT THOUARS (Rue) ...D2-D3
DUVETRE (Rue) ...D1
ECCE HOMO (Boulevard de l') ...D1
EMILE BORDIER (Rue) ...B3
EMILE HATAIS (Rue) ...
ERNEST EUGENE DUBOYS (Rue) ...A4
ERNEST MOURIN (Rue) ...A3-A4
ESPINE (Rue de l') ...C3
ESVIERE (Montée de l') ...C1
ESVIERE (Rue de l') ...C1-D1
FAIDHERBE (Rue) ...D1
FALLOUX (Place) ...B3
FARRAN (Rue) ...A3
FELIX FAURE (Quai) ...A3
FILLES DIEU (Rue des) ...C2
FLORE (Rue) ...C1
FOURMI (Impasse de la) ...B3
FRANCOIS MITTERRAND (Allée) ...A3
FRANCOIS MITTERRAND (Place) ...A3
FRANKLIN (Rue) ...A2
FRANKLIN ROOSEVELT (Rue) ...C3
FREPPEL (Place) ...C2
FRESLON (Rue) ...B2
FULTON (Rue) ...D2
GABRIEL DUPINEAU (Rue) ...A2
GAMBETTA (Quai) ...B2-A3

GARE (Parvis de la) ...D2
GARE (Place de la) ...D2
GARNIER (Rue) ...B1
GAY LUSSAC (Rue) ...A1-A2
GENERAL DE GAULLE (Boulevard du) ...C1-C2
GENERAL LECLERC (Place du) ...B4-C4
GEORGES POMPIDOU (Square) ...D2
GODARD FAULTRIER (Rue) ...A2
GODET (Rue) ...A1-B1
GRAINETIERE (Impasse) ...B1
GRANDET (Rue) ...A1
GREGOIRE BORDILLON (Place) ...B1
GRENIERS SAINT-JEAN (Rue des) ...A1-A2
GRIFFON (Impasse du) ...B2
GRILLE (Rue) ...B1
GRUGET (Rue du) ...B1
GUEPIN (Rue) ...B1
GUILLIER DE LA TOUCHE (Rue) ...A4
GUITTET (Rue) ...A1
HALLES (Passage des) ...B2
HANNELOUP (Rue) ...C3-D4
HARAS (Allée du) ...D2-D3
HARAS (Rue du) ...D2
HARPE (Rue de la) ...A1
HAUTE CHAINE (Pont de la) ...A2
HENRI ARNAULD (Boulevard) ...B1
HENRI LEGLUDIC (Rue) ...D1
HERAULT (Rue) ...A3-B3
HOCHE (Rue) ...C1-D2
HOMMEAU (Rue de l') ...A1
HOULIERES (Rue des) ...B2-B3
8 MAI 1945 (Avenue du) ...C3-C4
IENA (Rue d') ...D1-D2
JACOBINS (Rue des) ...C2
JACQUES GRANNEAU (Rue) ...D1
JEAN MONET (Passage) ...C2
JOACHIM DU BELLAY (Rue) ...D4
JOUBERT (Rue) ...B4
JULES GUITTON (Rue) ...B4
JUSSIEU (Rue de) ...A4
KELLERMANN (Rue) ...C1
LABOULAYE (Rue) ...B2
LA ROCHEFOUCAULD-LIANCOURT ...A2
LAITERIE (Impasse de la) ...A1
LAITERIE (Rue de la) ...A1
LANCHENAULT (Impasse) ...A1
LANDE (Cour de la) ...B1
LEBON (Rue) ...B3
LENEPVEU (Rue) ...B3
LEON JOUHAUX (Place) ...B3

LEON JOUHAUX (Rue) ...B3
LETANDERE (Rue) ...D2
LICES (Rue des) ...C2-C3
LIONNAISE (Rue) ...A1
LORRAINE (Rue de) ...C3-C4
LOUIS DE ROMAIN (Rue) ...C2-C3
LOUIS GAIN (Rue) ...C4
LOUIS IMBACH (Place) ...B3-B4
LYCEE (Place du) ...D4
MADELEINE (Rue de la) ...D4
MAIL (Rue du) ...B2-C2
MAILLE (Rue) ...B2-A3
MAINE (Rue de la) ...A3-A4
MAIRIE (Impasse de la) ...C2
MAJOR ALLARD (Rue du) ...B4
MALSOU (Rue) ...A1
MANUFACTURE (Rue de la) ...B4
MARCEAU (Rue) ...C1-D1
MARECHAL FOCH (Boulevard du) ...C2-C3
MARECHAL JOFFRE (Boulevard du) ...B4-C4
MARENGO (Place) ...D2
MARIE PLACE (Rue) ...D4
MARIE TALET (Avenue) ...A3-A4
MAURICE BLANCHARD (Rue) ...D1
MAURICE BLANCHARD (Square) ...D1
MAURICE SAILLANT DIT CURNONSKY (Place) ...
MAX RICHARD (Rue) ...D1-D2
MENAGE (Rue) ...C3-C4
MICHEL DEBRE (Place) ...C3
MICHELET (Rue) ...D4
MILLET (Rue) ...B2
MOLIERE (Place) ...B2
MONDAIN CHANLOUINEAU (Place) ...B2
MONFROUX (Rue) ...A1
MONGE (Quai) ...A2-B2
MONSEIGNEUR CHAPPOULIE (Place) ...C2
MONSEIGNEUR RUMEAU (Place) ...C2
MONTAUBAN (Rue) ...C3
MONTAULT (Rue) ...C2
MONTRIEUX (Rue) ...A4
MUSEE (Rue du) ...C2
NEY (Place) ...A4
OISELLERIE (Rue de l') ...B2-B3
OLIVIER GIRAN (Place) ...A4
11 NOVEMBRE 1918 (Avenue du) ...B4
PARCHEMINERIE (Rue de la) ...B2-B3
PARVIS SAINT-MAURICE (Rue du) ...B2-C2
PASTEUR (Avenue) ...B4
PAUL BERT (Rue) ...D2-D3
PAUL LANGEVIN (Rue) ...D4
PAVIE (Rue) ...A4

PERONNELLES (Impasse des) ...B2
PETITE FONTAINE (Square de la) ...A1
PETITE ROMAINE (Rue de la) ...B2
PETITS PERES (Rue des) ...B3
PIERRE LISE (Rue) ...B4
PIERRE MENDES-FRANCE (Place) ...B4
PIERRE SEMARD (Place) ...D1
PIGNEROLLES (Rue de) ...C1
PILORI (Place du) ...B3
PLANTAGENET (Rue) ...B2-C2
POCQUET DE LIVONNIERES (Rue) ...B3-B4
POELIERS (Passage des) ...B3
POELIERS (Rue des) ...B3
POISSONNERIE (Place de la) ...B2
POISSONNERIE (Rue de la) ...B2
PONT BRESSIGNY (Impasse du) ...D4
PORT DE L'ANCRE (Rue du) ...A2-B3
PORT LIGNY (Esplanade du) ...C1-C2
PORT LIGNY (Promenade du) ...C1-B2
PRE PIGEON (Rue du) ...A4
PREBAUDELLE (Rue) ...C4-D4
PREFECTURE (Jardin de la) ...C2
PRESIDENT KENNEDY (Place) ...C1-C2
PUITS ROND (Rue du) ...A1
QUATREBARBES (Rue de) ...C1
QUINCONCE (Rue du) ...C4
RABELAIS (Rue) ...D3
RALLIEMENT (Place du) ...B3-C3
RAMEAU (Carrefour) ...C2
RANGEARD (Rue) ...D2
RENE BAZIN (Allée) ...B2
RENE BREMONT (Rue) ...A4
RENNES (Rue de) ...A3-A4
RENOU (Rue) ...B2
REPUBLIQUE (Place de la) ...B2
RESISTANCE ET DE LA DEPORTATION (Boulevard de la) ...C3-C4
ROBERT (Boulevard) ...C3
ROBERT FEVRE (Quai) ...B1-B2
ROBERT LE FORT (Rue) ...A4
ROCHETIERE (Rue) ...C4-D4
ROE (Rue de la) ...B2-B3
ROI RENE (Boulevard du) ...C1-D2
ROMAIN (Rue) ...C3
RONCERAY (Boulevard) ...A1-B1
SAINT-AIGNAN (Rue) ...C2
SAINT-AUBIN (Rue) ...C2-C3
SAINT-BLAISE (Rue) ...C3
SAINT-CHRISTOPHE (Rue) ...B3

SAINT-DENIS (Rue) ...C3
SAINT-ELOI (Passage) ...C2
SAINT-ELOI (Place) ...C2
SAINT-ETIENNE (Rue) ...B3
SAINT-EUTROPE (Rue) ...C2
SAINT-EVROULT (Rue) ...C3
SAINT-GEORGES (Rue) ...B3
SAINT-JEAN (Rue) ...C2
SAINT-JOSEPH (Pont) ...D4
SAINT-JOSEPH (Rue) ...C3
SAINT-JULIEN (Impasse) ...C3
SAINT-JULIEN (Rue) ...C3
SAINT-LAUD (Cour) ...C3
SAINT-LAUD (Rue) ...B2-B3
SAINT-MARTIN (Rue) ...C3
SAINT-MAURICE (Montée) ...B2-C2
SAINT-MAURILLE (Rue) ...B3-C3
SAINT-MICHEL (Boulevard) ...B4
SAINT-MICHEL (Placette) ...B4
SAINT-PAUL (Rue) ...C2
SAINTE-CROIX (Place) ...C2
SARRET TERRASSE (Rue) ...D1-D2
SAUVAGE (Impasse du) ...A1
SAVARY (Rue) ...B4
SAVATTE (Cale de la) ...C2-D2
TALOT (Rue) ...C2
TAMBOURIN (Rue du) ...A1
TANNERIE (Rue de la) ...B1
TARIN (Rue) ...C4-D4
TEMPLE (Rue du) ...D1
TERRAS (Rue des) ...B1
TERTRE (Rue du) ...A1
TERTRE SAINT-LAURENT (Place du) ...A1-A2
THARREAU (Rue) ...A4
THIERS (Rue) ...B2-B3
TIRE JARRET (Montée) ...B2
TOUR DES ANGLAIS (Rue de la) ...A2
TOUSSAINT (Impasse) ...C2
TOUSSAINT (Rue) ...C2
TURPIN DE CRISSE (Avenue) ...B3-C3
URSULES (Rue des) ...B3-C3
VALDEMAINE (Rue) ...A3
VAUVERT (Rue) ...A1
VERDUN (Pont de) ...B1-B2
VIEILLE SAINT-NICOLAS (Rue) ...A1-B1
VILLEMORGE (Rue de) ...A4
VISITATION (Place de la) ...D2
VOLLIER (Rue du) ...B1
VOLNEY (Rue) ...D3-D4
VOLTAIRE (Rue) ...C2
WALDECK ROUSSEAU (Rue) ...A3-B3
ZEPHYRS (Rue des) ...B3

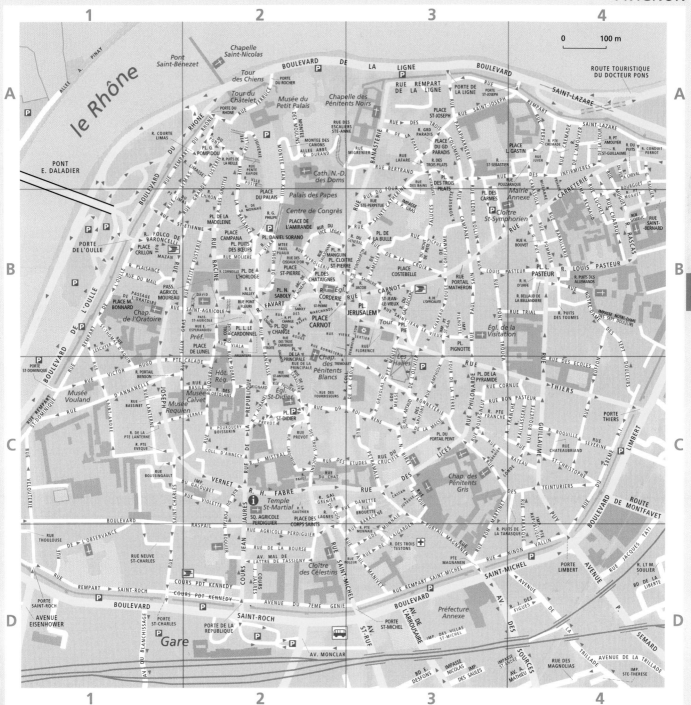

ABBE GEORGES DURAND (Allée)............A2
AGRICOL MOUREAU (Passage)............B2
AGRICOLE PERDIGUIER (Rue)............D2
AGRICOLE PERDIGUIER (Square)............D2
AIGARDEN (Rue de l')............C3-D3
AMELIER (Rue de l')............B3
AMIRANDE (Place de l')............B2
AMOUYER (Rue de l')............B2
AMPHOUX (Rue)............B3-C3
ANNANELLE (Rue d')............C1
ANSELME MATHIEU (Avenue)............D4
ANTOINE PINAY (Allée)............A1
ARCADE DE L'AGNEAU (Rue)............B2
ARGENTIERE (Rue)............B2
ARMAND DE PONTMARTIN (Rue)............B2
ARROUSAIRE (Avenue de l')............D3
ARTAUD (Rue)............C1
BAINS (Rue des)............B3
BALANCE (Rue de la)............A2-B2
BANASTERIE (Rue)............B2-A3
BANCASSE (Rue)............B2
BARACANE (Rue)............D2-C3
BARAILLERIE (Rue)............B2
BASILE (Rue)............C1-C2
BASSINET (Rue)............C2
BERNHEIM LYON (Rue)............B3-C3
BERTRAND (Rue)............A3
BON MARTINET (Rue)............D3-C4
BON PASTEUR (Rue)............C3-C4
BONNETERIE (Rue)............B2-B3
BOUQUERIE (Rue)............B2-C2
BOURGNEUF (Rue)............C3
BOURGUET (Rue)............A4-B4
BOURSE (Rue de la)............B2
BOUSSINGAULT (Rue)............C1
BROUETTE (Rue)............C4
BUFFON (Rue)............B4-C4
BULLE (Rue de la)............B3
CABASSOLE (Rue)............A4-B4
CAMPANA (Rue)............B2
CAMPANE (Rue)............A3-B3
CANONS (Montée des)............A2
CARMES (Place des)............A3
CARNOT (Place)............B3
CARNOT (Rue)............B3
CARRETERIE (Rue)............A3-A4
CHANGE (Rue du)............B2
CHAPEAU ROUGE (Rue)............B2
CHARRUE (Rue)............A4-B4
CHATAIGNES (Place des)............B2
CHATEAUBRIAND (Rue)............C4
CHIRON (Rue)............B2

58EME R.I. (Rue du)............C4-D4
CISEAUX D'OR (Rue des)............B2
CLOITRE SAINT-PIERRE (Place)............B2
COLLEGE D'ANNECY (Rue)............C2
COLLEGE DE LA CROIX (Rue)............C3
COLLEGE DU ROURE (Rue)............B2
CONDUIT PERROT (Rue)............A4
CORDERIE (Rue)............B2
CORNEILLE (Rue)............B2
CORNUE (Rue)............C3-C4
CORPS SAINTS (Place des)............D2
COURTE LIMAS (Rue)............A2
CREMADE (Rue)............A4
CRILLON (Place)............B1
CROIX (Rue de la)............B3
CRUCIFIX (Rue du)............C3
DAMETTE (Rue)............C2-C3
DANIEL SORANO (Place)............B2
DOCTEUR PONS
  (Route touristique du)............A4
DOREE (Rue)............B2-C2
ECOLES (Rue des)............C4
EDMOND HALLEY (Rue)............B2
EDOUARD DALADIER (Pont)............A1-B1
EISENHOWER (Avenue)............D1
EMILE DESFONS (Boulevard)............D3
EMILE ESPERANDIEU (Rue)............B2
ESCALIERS SAINTE-ANNE
  (Rue des)............A2-A3
ETROITE (Rue)............B2
ETUDES (Rue des)............C2-C3
FAVART (Rue)............B2
FELICIEN DAVID (Rue)............B2
FELIX GRAS (Rue)............C1-B2
FER A CHEVAL (Rue)............A2
FERRUCE (Rue)............A2
FLORENCE (Rue)............B2
FOLCO DE BARONCELLI (Rue)............B1
FORET (Rue de la)............A3
FOUR (Rue du)............A3-B3
FOUR DE LA TERRE (Rue)............B3-C3
FOURBISSEURS (Rue des)............B2-C2
FREDERIC MISTRAL (Rue)............B2
GAL (Rue du)............C3
GALANTE (Rue)............B2-C2
GALOUBET (Impasse du)............C1-C2
GENERAL LECLERC (Rue du)............B3
GEORGES POMPIDOU (Place)............A2
GERARD PHILIPE (Rue)............B2
GRAND PARADIS (Place du)............D2
GRAND PARADIS (Rue)............A3
GRANDE FUSTERIE (Rue)............B1-A2

GRANDE MEUSE (Rue)............C3
GRANDE MONNAIE (Rue)............C3-D3
GRENIER (Galerie)............C2-C3
GRIFFONS (Rue des)............C3
GRIVOLAS (Rue)............C3
GROTTES (Rue des)............A2-B2
GUILLAUME PUY (Rue)............B4-D4
HENRI BOUVET (Rue)............B2
HENRI FABRE (Rue)............C2
HENRI MANGUIN (Place)............B3
HONORE D'URFE (Rue)............C1-C2
HORACE VERNET (Rue)............C2-C3
HORLOGE (Place de l')............B2
INFIRMERIES (Rue des)............A3-A4
JACOB (Rue)............B3
JACQUES TATI (Rue)............D4
JEAN XXIII (Montée)............A2-B2
JEAN DES FIGUES (Rue)............D4
JEAN JAURES (Cours)............D2-D2
JEAN VILAR (Rue)............B2
JEAN-PIERRE GRAS (Impasse)............B3
JERUSALEM (Rue)............B3
JOSEPH VERNET (Rue)............C1-B2
JUIVERIE (Rue)............B2
JULES FLOUR (Rue)............A3
JUVER (Rue)............A4
LABOUREUR (Rue)............B2
LAFARE (Rue)............A3
LANTERNE (Rue)............B2
LEDRU ROLLIN (Rue)............A3-B3
LICES (Rue des)............C3
LIGNE (Boulevard de la)............A2-A3
LIGNE (Porte de la)............A3
LIMAS (Rue)............B1-A2
LIMASSET (Rue)............A2
LIMBERT (Boulevard)............C4-D4
LIMBERT (Rue du)............A1-B1
LIMBERT (Porte)............D4
LOUIS GASTIN (Rue)............A4
LOUIS LE CARDONNEL (Place)............B2
LOUIS PASTEUR (Place)............B3
LOUIS PASTEUR (Rue)............B3-B4
LT MARCEL SOULIER (Rue)............D4
LUCHET (Rue)............A4
LUNEL (Place de)............B2
MADELEINE (Place de la)............B2
MAGNANEN (Porte)............D3
MAIL (Rue du)............B1
MARCHANDS (Rue des)............B2
MARECHAL DE LATTRE DE TASSIGNY
  (Avenue)............D2
MASSE (Rue de la)............C3
MAURICE BONNARD (Place)............B1

MAZAN (Rue)............B1
MIGNARD (Rue)............C3
MIGRENIER (Rue)............A3
MOLIERE (Rue)............B2
MONNAIE (Rue de la)............B2
MONS (Rue de)............B2
MONT DE PIETE (Rue du)............B3
MONTFAVET (Route de)............C4
MOULINS (Montée des)............A2
MUGUET (Rue)............A4-B4
NEUVE SAINT-CHARLES (Rue)............C1-D1
NICOLAS LESCUYER (Rue)............A4
NICOLAS SABOLY (Place)............B2
NINON VALLIN (Rue)............D3-D4
NOEL BIRET (Rue)............C2
NOTRE-DAME DES SEPT DOULEURS
  (Rue)............B4-C4
OBSERVANCE (Rue de l')............C1-D1
OLIVIER (Rue de l')............B3-C3
ORATOIRE (Passage de l')............B2
ORIFLAMME (Rue de l')............C4-D4
ORTOLANS (Rue des)............C2
OULLE (Boulevard de l')............B1-C1
OULLE (Porte de l')............C1
PAILLASSERIE (Rue)............B2
PALAIS (Place du)............B2
PALAPHARNERIE (Rue)............A3
PAUL MANIVET (Rue)............D2-D3
PAUL PUAUX (Montée)............B2
PAUL SAIN (Rue)............B3-C3
PERSIL (Rue)............A2
PETIT AMOUYER (Rue)............A3
PETIT CHANGE (Rue)............B2
PETIT GRENIER (Rue)............C3
PETIT LIMAS (Rue du)............A1
PETIT MUGUET (Rue)............B4
PETIT SAINT-JEAN (Impasse)............B3
PETITE CALADE (Rue)............C1-C2
PETITE CREMADE (Rue)............A4
PETITE FRANCHE (Rue)............C3-C4
PETITE FUSTERIE (Rue)............B2
PETITE LANTERNE (Rue de la)............B2
PETITE MEUSE (Rue)............C3-C4
PETITE MONNAIE (Rue)............C3
PETITE REPUBLIQUE (Impasse)............C4-D4
PETITE REILLE (Rue)............A2
PETITE SAUNERIE (Rue)............B2-B3
PETRAMALE (Rue)............C3
PEYROLLERIE (Rue)............B2
PHILONARDE (Rue)............C3
PICPUS (Rue)............B3

PIE (Place)............B3
PIERRE SEMARD (Avenue)............D4
PIGNOTTE (Impasse)............B3
PIGNOTTE (Place)............B3
POMMIER (Rue)............B4
PONT (Rue du)............A2
PONT FLEURI (Rue)............B2
PONT TROUCA (Rue)............B3-C4
PORTAIL BIENSON (Rue)............C1
PORTAIL BOQUIER (Rue du)............C2-D2
PORTAIL MAGNANEN (Rue)............D3-D3
PORTAIL MATHERON (Rue)............B3
PORTAIL PEINT (Place du)............C3
PORTE EVEQUE (Rue)............C1
POURQUERY BOISSERIN (Rue)............C2-C3
PRESIDENT KENNEDY (Cours)............D1-D2
PREVOT (Rue)............C2
PUITS DE LA REILLE (Rue)............A2
PUITS DE LA TARASQUE (Rue)............C4-D4
PUITS DES ALLEMANDS (Rue)............B4
PUITS DES BOEUFS (Place)............B2
PUITS DES TOUMES (Rue)............B4
RACINE (Rue)............B2
RASCAS (Rue)............B4
RASPAIL (Boulevard)............C1-C2
RATEAU (Rue)............C3-C4
REMPART DE LA LIGNE (Rue)............A3-A4
REMPART DE L'OULLE (Rue)............B1-C1
REMPART DU RHONE (Rue)............A2
REMPART SAINT-LAZARE (Rue)............A3-A4
REMPART SAINT-MICHEL (Rue)............C3-D3
REMPART SAINT-ROCH (Rue)............D1
REMPART ST-DOMINIQUE (Rue)............C1
REPUBLIQUE (Porte de la)............D1
REPUBLIQUE (Rue de la)............B2-C2
REYNAUD (Rue)............A4-B4
RHONE (Boulevard du)............A1-B1
RHONE (Porte du)............A2
ROCHER (Porte du)............A2
ROI RENE (Rue du)............B2-C2
ROLEUR (Rue)............D2-D3
ROQUETTE (Rue)............C3
ROQUILLE (Rue)............C4
SABOLY (Rue)............B2
SAINT-AGRICOLE (Passage)............B2
SAINT-AGRICOLE (Rue)............B2
SAINT-ANDRE (Rue)............B1-C1
SAINT-ANTOINE (Rue)............B2
SAINT-BERNARD (Rue)............B4
SAINT-CHARLES (Porte)............D1
SAINT-CHARLES (Rue)............B3

SAINT-CHARLES (Rue)............C1-D1
SAINT-CHRISTOPHE (Rue)............C3-C4
SAINT-DOMINIQUE (Porte)............C1
SAINTE-ETIENNE (Rue)............B1-B2
SAINT-GUILLAUME (Rue)............A4
SAINT-JEAN LE VIEUX (Place)............B3
SAINT-JEAN LE VIEUX (Rue)............B3
SAINT-JOSEPH (Place)............A3
SAINT-JOSEPH (Porte)............A4
SAINT-JOSEPH (Rue)............A3-A4
SAINT-LAZARE (Boulevard)............A3-A4
SAINT-MICHEL (Boulevard)............D3-D4
SAINT-MICHEL (Porte)............C2-D3
SAINT-MICHEL (Rue)............C2-D3
SAINT-PIERRE (Place)............B2
SAINT-PIERRE (Rue)............B2
SAINT-ROCH (Porte)............D1
SAINT-RUF (Avenue)............D3
SAINT-SEBASTIEN (Rue)............A3
SAINT-THOMAS D'AQUIN (Rue)............B1-C1
SAINTE-CATHERINE (Rue)............A3-B3
SAINTE-PERPETUE (Rue)............B2
SALUCES (Rue)............B2
SAMBUC (Rue)............B4
SARAILLERIE (Rue de la)............B2
7EME GENIE (Avenue du)............D2-D3
SEVERINE (Rue)............C4
SOURCES (Avenue des)............D3-D4
TARASQUE (Rue)............C4-D4
TAULIGNAN (Rue)............B2
TEINTURIERS (Rue des)............C3-C4
THEODORE AUBANEL (Rue)............C2
THEOPHILE GAUTHIER (Rue)............B2
THIERS (Porte)............C4
THIERS (Rue)............B3-C4
TOUR (Rue de la)............A4
TREMOULET (Rue)............B2
TRIAL (Rue)............B3-B4
TRILLADE (Avenue de la)............D4
TROIS CARREAUX (Rue des)............B3
TROIS COLOMBES (Rue des)............A3
TROIS FAUCONS (Rue des)............C2
TROIS PILATS (Rue)............A3
TROIS TESTONS (Rue des)............C3
VELOUTERIE (Rue)............C1-D1
VIALA (Rue)............B2
VICE LEGAT (Rue du)............B2-B3
VICTOR HUGO (Rue)............C1
VIEILLE POSTE (Rue)............A2
VIENEUVE (Rue)............A3-B3
VIEUX SEXTIER (Rue)............B2-B3
VIOLETTE (Rue)............C1-C2

BAYONNE

0   100 m

ABESQUE (Rue de l')..............C2
ALBERT 1ER (Rue)..............B2-C2
ALBRET (Place d')..............B4
ALLEES MARINES (Avenue des)..............A1-B2
ALLEES MARINES (Rond-Point des)..............A1
ALLEES PAULMY (Avenue des)..............D1-B2
ALSACE LORRAINE (Boulevard)..............B4-C4
AMIRAL ANTOINE SALA (Quai)..............B3
AMIRAL BERGERET (Quai)..............B3-C4
AMIRAL DUBOURDIEU (Quai)..............C2-C2
AMIRAL JAUREGUIBERRY (Quai)..............C2-C2
AMIRAL LESPES (Quai)..............B2-B3
ANCIENNE HALLE (Impasse de l')..............C2
ANDRE BOUILLAR (Rue)..............B2
ANDRE GRIMARD (Avenue)..............D2-D3
ANTOINE LABARTHE (Rue)..............C1
AQUITAINE (Avenue de l')..............D3-D4
ARGENTERIE (Rue)..............C2
ARISTIDE BRIAND (Rue)..............B4
ARSENAL (Place de l')..............C3
AUGUSTIN CHAHO (Quai)..............C3-D3
AUGUSTINS (Rue des)..............C2-D2
BAB (Boulevard du)..............A1-B1
BAIGNADE (Chemin de la)..............D2-D3
BALAN (Passage)..............B4
BALTET (Rue de)..............D1
BASQUES (Rue des)..............B1-B2
BASQUES (Rue des)..............C2
BASQUES (Ruelle des)..............C2
BASTION ROYAL (Rue du)..............D3
BELFORT (Rue de)..............B4
BENOIT SOURIGUES (Rue)..............B4
BERNADOU (Rue)..............C2
BERNARD DE LACARRE (Place)..............C2
BERNEDE (Rue)..............B2-C3
BOUFFLERS (Allée)..............B3-C4
BOURGNEUF (Rue)..............B3-C3
CABOTTE (Rue de la)..............A4-B4
CANAL (Rue du)..............B4
CAPITAINE PELLOT (Rue)..............C4-D4
CAPITAINE RESPLANDY (Avenue du)..............C4-D4
CARDINAL GODIN (Rue)..............C2
CARDINAL LAVIGERIE (Avenue du)..............B1
CARLITO OYARZUN (Rue)..............D1
CARMES (Rue des)..............C2
CHANOINE DUBARAT (Square)..............C2
CHANOINE LAMARQUE (Avenue du)..............D2
CHARCUTERIE (Rue)..............C3
CHARLES DE GAULLE (Place)..............B2
CHARLES FLOQUET (Rue)..............B4
CHATEAU (Rue du)..............B3

CHATEAU VIEUX (Place du)..............C2
CITADELLE (Avenue de la)..............A3-A4
COMMANDANT ROQUEBERT (Quai du)..............C2
COMMANDANT WILLIAM BOISSEL (Avenue)..............C4
CORDELIERS (Rue des)..............C3
CORDIERS (Allée)..............D2
CORSAIRES (Quai des)..............B3-C3
COURSIC (Rue de)..............C2
COUVENT (Rue du)..............B4
DENIS ETCHEVERRY (Rue)..............D2
DOCTEUR LEON MOYNAC (Avenue du)..............D2
DOUER (Rue)..............C2
DUVERGIER DE HAURANNE (Avenue)..............C4-D4
EDOUARD DUCERE (Rue)..............B2
ESCANET (Rue de l')..............A2-A4
ESPAGNE (Rue d')..............C2
ESTE (Petite rue de l')..............B4
ESTE (Rue de l')..............B4
FAURES (Rue des)..............C2
FERDINAND FORGUES (Avenue)..............D1-D2
FERIA (Passage de la)..............B1-B2
FORT (Chemin du)..............A4
FREDERIC BASTIAT (Rue)..............B3-C4
GABRIEL DELUC (Avenue)..............B1
GALUPERIE (Rue de la)..............C2
GAMBETTA (Impasse)..............C2
GAMBETTA (Square)..............B3
GARDIN (Ruelle)..............C2
GAYON (Impasse)..............D4
GENDARMERIE (Rue de la)..............A4
GENERAL BOURBAKI (Rue du)..............B4-C4
GENERAL DUCASSE (Avenue du)..............B1
GENIE (Pont du)..............D2-D3
GENTIL ADER (Rue)..............C1
GOSSE (Rue)..............C2-D2
GOUVERNEURS (Rue des)..............C2
GRAMONT (Rue de)..............B2
GRAOUILLATS (Rue des)..............A3-B3
GRENET (Pont)..............A1
GUILHAMIN (Rue)..............B1
GUSTAVE EIFFEL (Rue)..............D3-D4
HARRY OWEN ROE (Rue)..............D2
HENRI GRENET (Avenue)..............A1
HUGUES (Rue)..............B3
JACOBINS (Rue des)..............C3
JACQUES LAFFITTE (Rue)..............B3-C3

JACQUES PORTE (Place)..............C2
JEAN D'AMOU (Boulevard)..............B4
JEAN MOLINIE (Avenue)..............B1-C1
JEAN ROSTAND (Avenue)..............D2
JEU DE PAUME (Rue du)..............C3
JULES LABAT (Rue)..............B2
JULES MAUMEJEAN (Passage)..............B4
JUSTIN BOURDAA (Placette)..............A4
LABOUR (Pont de)..............D2-D3
LAGREOU (Rue)..............C2
LATOURNERIE (Impasse)..............B2
LAUGA (Rond-Point de)..............D2
LEGION TCHEQUE (Avenue de la)..............C1
LEON BONNAT (Rue)..............B2
LESSEPS (Quai de)..............A2-B3
LIBERTE (Place de la)..............B2-B3
LISSES (Rue des)..............C2
LORMAND (Rue)..............B2-C2
LOUIS PASTEUR (Place)..............C2
LOUISE DARRACQ (Avenue)..............B1-B2
LUC (Rue du)..............C2
MADIM (Cité)..............A4
MARECHAL DE LAUTREC (Rue du)..............C1-D1
MARECHAL FOCH (Avenue)..............B1
MARECHAL HARISPE (Avenue)..............B1-B2
MARECHAL LECLERC (Avenue du)..............B2
MARECHAL SOULT (Avenue)..............C1
MARENGO (Pont)..............C2-C3
MARENGO (Rue)..............C3
MARHUM (Avenue de)..............C1
MARSAN (Rue)..............C3
MAUBEC (Rue)..............A4
MAURICE GOALARD (Avenue)..............A1-B1
MAYOU (Rue)..............B3-C3
MENIGNE SAUBE LE BILE (Rue)..............C1
MIRADOUR (Allée)..............D4
MONNAIE (Rue de la)..............C2
MONSEIGNEUR FRANCOIS LACROIX (Rue)..............C2
MONSEIGNEUR VANSTEENBERGHE (Place)..............C2
MONTALIBET (Rue)..............D1
MONTAUT (Place)..............C2
MONTAUT (Rue)..............C2
MORACIN (Place)..............A4
MOULIN (Rue du)..............B4
NEUVE (Rue)..............B3
NOTRE DAME (Rue)..............B2
11 NOVEMBRE 1918 (Avenue du)..............B1-C2
PAMPELUNE (Avenue de)..............D1-D2
PANNECAU (Pont)..............C2-C3

PANNECAU (Rue)..............C3
PARACHUTISTES S.A.S. (Avenue des)..............A4
PASSEMILLON (Rue)..............C2-D2
PAUL BERT (Place)..............C3
PAULMY (Allée)..............B1
PELLETIER (Rue)..............C3-D3
PEREIRE (Place)..............A3-A4
PIECE NOYEE (Rond-Point de la)..............A1
PIERRE LESCA (Rue)..............D3
PIERRE RECTORAN (Rue)..............D2
PILORI (Rue du)..............C2
PLACHOTTE (Place de la)..............C2
PLATANES (Allées des)..............C3-D3
POISSONNERIE (Rue)..............C2
PONTRIQUE (Rue)..............C3
PORT DE BERTACO (Rue)..............C2
PORT DE CASTETS (Rue)..............C2
PORT DE SUZEYE (Rue)..............C2
PORT NEUF (Impasse)..............C2
PORT NEUF (Rue)..............B2-C2
PORT NEUF (Rue)..............C2
POTERNE (Allée de la)..............C1-C2
PORTETENY (Allée)..............D4
PORTETENY (Rond-Point)..............D4
POYDENOT (Impasse)..............D4
POYDENOT (Rue)..............C4-D4
PREBENDES (Rue des)..............C2
PUSTERLE (Passage de la)..............D2
49IEME REGIMENT D'INFANTERIE (Rue du)..............B2
RAVIGNAN (Rue)..............C3-C4
RAYMOND DE MARTRES (Avenue)..............D1
REDUIT (Esplanade du)..............B3
REPUBLIQUE (Place de la)..............B3-B4
ROSE DES VENTS (Allée)..............D4
ROSES (Cité des)..............C1
SABATERIE (Rue)..............C2
SAINT-BERNARD (Chemin de)..............A2
SAINT-ESPRIT (Pont)..............B3
SAINT-LEON (Carrefour)..............D1
SAINTE-CATHERINE (Passage)..............B4
SAINTE-CATHERINE (Rue)..............B4
SAINTE-URSULE (Place)..............A3-B3
SAINTE-URSULE (Rue)..............A2-A3
SALIE (Rue de la)..............C3
SAUBIOLE (Rue)..............C3

TOMBELOLY (Rue)..............A4
TONNELIERS (Rue des)..............C3
TOUR DE SAULT (Rue de la)..............D2
TRINQUET (Rue du)..............C3
ULYSSE DARRACQ (Rue)..............B4
VAUBAN (Rue)..............B1-B2
VICTOIRES (Place des)..............C2
VICTOR HUGO (Rue)..............C2-C3
VIEILLE BOUCHERIE (Rue de la)..............C2
VISITANDINES (Rue des)..............C3

ABBE DE L'EPEE (Rue) A1-B1
ALAUDETTES (Rue) B2
ALBRET (Cours d') C1-D1
ALEXIS MILLARDET (Rue) C1
ALLAMANDIERS (Rue des) D4
ALSACE LORRAINE (Cours d') C2-C4
ANATOLE FRANCE (Cours) C1
ANDRE LHOTE (Square) C1
ARGENTIERS (Passage des) C3
ARGENTIERS (Rue des) C3
ARNAUD MIQUEU (Rue) C3
AUSONE (Rue) B3
AYRES (Rue des) D2-D3
BAHUTIERS (Rue des) C3
BASQUES (Place des) C3
BEAUBADAT (Rue) C2
BELFORT (Rue de) C1-D1
BIR HAKEIM (Place) D4
BIROUETTE (Impasse) C2-D2
BLANC DUTROUILH (Rue) A2
BOETIE (Rue de la) C1
BONNAFFE (Rue) C1
BORDEFRANQUE (Passage) B3
BORDELAISE (Galerie) B2-B3
BOUCHERIES (Rue des) D3-D4
BOUDET (Rue) A2
BOUFFARD (Rue) B1-C1
BOULAN (Rue) C1
BOUQUIERE (Rue) D3
BOURSE (Place de la) B3
BRISTOL (Allée de) A2-B2
BUFFON (Rue) B2
BUHAN (Rue) C3-D3
CABIROL (Rue) C2-D2
CAILHAU (Porte) C4
CAMILLE JULLIAN (Place) C3
CAMILLE PELLETAN (Place) C3
CANCERA (Rue) C3
CANIHAC (Rue) C3
CAPERANS (Rue des) B3-C3
CASTEJA (Rue) B2
CASTELMORON (Rue) C1
CASTELNAU D'AUROS (Rue) B1
CASTILLON (Rue) B2-C2
CERF VOLANT (Rue du) C3-C4
CHAI DES FARINES (Rue des) C3
CHAMP DE MARS (Place du) A2
CHAPELET (Place) B3
CHAPELLE SAINT-JEAN (Rue de la) ...C3
CHAPERON ROUGE (Cours du) B3
CHARLES GRUET (Place) A1

CHARLES LAMOUREUX (Rue) B3
CHARTRES (Allée de) A2-A3
CHATEAU D'EAU (Rue du) B1-C1
CHATEAU TROMPETTE (Rue du) A2
CHEVERUS (Rue) B2
CLAUDE BONNIER (Rue) C1
COMBE (Rue) B2
COMEDIE (Place de la) B2-B3
COMMANDANT ARNOULD
(Rue du) C2-D2
CONDE (Rue de) B3
CONDILLAC (Rue) A2-B2
COQUILLE (Rue de la) C3-C4
CORCELLE (Rue) C3
COUR DES AIDES (Rue de la) C3-C4
COURBIN (Rue) B3
CREON (Rue de) A2
CURSOL (Rue de) D2
DARNAL (Rue) B1
DARNAL (Rue) B1
DESFOURNIEL (Rue) D1
DEVISE (Rue de la) C3
DIDEROT (Rue) A2
DIEU (Rue) B3
DOCTEUR ALBERT BARRAUD (Rue du) ...A1
DOCTEUR CHARLES NANCEL PENARD
(Rue du) B1-C1
DOUANE (Quai de la) B3-C4
DROITS DE L'HOMME (Parvis des) D1
DUBURG (Rue) D4
DUCRU (Rue) C3
DUDON (Rue) C2
DUFAU (Rue) C1
DUFFOUR-DUBERGIER (Impasse) ...C2-D2
DUFFOUR-DUBERGIER (Rue) C2-D2
EDMOND MICHELET (Rue) C2
ELISEE RECLUS (Rue) C1-C2
EMILE DUPLOYE (Rue) C1
EMILE FOURCAND (Rue) A1
ENGHIEN (Rue d') A2
ENTRE 2 MURS (Rue des) B3
ESPRIT DES LOIS (Rue) D1
ETUVES (Rue des) D2
EVECHE (Passage de l') C3
FAURE (Impasse) D3-C4
FAURES (Rue des) D4
FAUSSETS (Rue des) C3
FELENON (Rue) B3
FERME DE RICHEMONT (Place de la) ..D3
FERNAND LAFARGUE (Place) C3-D3

FERNAND MARIN (Rue) B1-C1
FERNAND PHILIPPART (Rue) B3
FONDAUDEGE (Rue) A1-A2
FRANÇOIS BUGNICOURT (Rue) D3
FRANKLIN (Rue) B2
FRERES BONIE (Rue des) D1-C2
FUSTERIE (Rue de la) C3
GABRIEL (Place) B3
GALIENE (Place) A1
GAMBETTA (Place) B1
GASPARD PHILIPPE (Rue) C3
GENSAN (Rue) D4
GENSONNE (Rue) B1
GEORGES BONNAC (Rue) B1-B2
GEORGES CLEMENCEAU (Cours) B1-B2
GEORGES DE PORTO RICHE (Place) B3
GOBINEAU (Rue) B2
GOURGUE (Cours de) A2
GOUVEA (Rue) D2
GRAND RABIN JOSEPH COHEN
(Rue) D2-D3
GRANDS HOMMES (Place des) B2
GRASSI (Rue de) B2-C2
GRAVE (Quai de la) C4
GUERIN (Rue) C3
GUIENNE (Rue de) D3
GUILLAUME BROCHON (Rue) B2
GUIRAUDE (Impasse) C3
GUIRAUDE (Rue) C2-C3
HA (Rue de) C2
HALLE (Rue de la) C4
HERBES (Rue des) C4
HONORE TESSIER (Rue) D2
HOPITAL (Passage de l') C2
HOTEL DE VILLE (Rue de l') C2
HUGLA (Rue) D3
HUGUERIE (Rue) A2
HUSTIN (Impasse) A2
HUSTIN (Rue) A2
INTENDANCE (Cours de l') B1-B2
JACQUES LEMOINE (Rue) D3
JEAN BUREAU (Square) D3
JEAN BURGUET (Rue) D2
JEAN FLEURET (Rue) D1
JEAN JAURES (Place) B3
JEAN MOULIN (Place) C2
JEAN-JACQUES BEL (Rue) B3
JEAN-JACQUES ROUSSEAU (Rue) ...A2-B2
JOSEPH DE CARAYON LATOUR
(Rue) C1-D1
JOUANNET (Rue) B3
JUDAIQUE (Rue) B1

LAFAURIE MONBADON (Rue) A1-B2
LAFAYETTE (Rue) B3
LAURIERS (Rue des) B3
LEBRUN (Rue) A2
LEO DROUYN (Rue) D1
LEOPOLD (Rue) B3-C3
LEYTEIRE (Rue) D3
LHOTE (Rue) A2
LIBERATION (Cours de la) D1
LOS ANGELES (Allée de) A2
LOUIS (Rue) B3
LOUIS DE FOIX (Rue) B3
LOUIS XVIII (Quai) A3-B3
LOUP (Rue du) C2-C3
LURBE (Rue de) B1
MABLY (Rue) B3
MAISON DAURADE (Rue de la) B2-B3
MARECHAL FOCH (Cours du) A2
MARECHAL JOFFRE (Rue) C2-D2
MARECHAL JUIN (Cours) C1
MARECHAL LYAUTEY (Quai du) B3
MARENGO (Rue) D3-D4
MARGAUX (Impasse) C2
MARGAUX (Rue) C2
MARTIGNAC (Rue) C2
MAUBEC (Rue) D4
MAUCOUDINAT (Rue) C3
MAUCOUYADE (Impasse) C3-C4
MAURIAC (Rue) C3
MAURICE LANOIRE (Rue) D4
MAUTREC (Rue) B3
MENUTS (Rue des) D4
MERCI (Rue de la) C3
MERIGNAC (Rue de) B3-C3
MEYNARD (Place) A2-A3
MILLANGES (Rue des) C3
MINIMETTES (Impasse de) D2
MIRAIL (Rue du) D2
MONTAIGNE (Rue) D2
MONTBAZON (Rue) C1-B2
MONTESQUIEU (Rue) B1-B2
MOUNEYRA (Rue) D1
MUGUET (Rue du) C4-D4
MULET (Rue du) C3
MUNICH (Allée de) A2-A3
NUYENS (Rue) A4
OBSERVANCE (Rue de l') D4
ORLEANS (Allée d') A2-B3
PAGEOT (Rue) C1
PALAIS (Rue du) C3
PALAIS GALLIEN (Rue du) A1-B1
PALAIS OMBRIERE (Rue du) C3

PALANQUES (Rue des) C2-D2
PARLEMENT (Place du) B3-C3
PARLEMENT SAINT-PIERRE (Rue) C3
PARLEMENT SAINTE-CATHERINE
(Rue) C2-C3
PASSAGE SAINT-GEORGES (Rue du) C3
PASTEUR (Cours) D2
PAUL BERT (Rue) D2-D3
PAUL LOUIS LANDE (Rue) D2
PAUL PAINLEVE (Rue) B2
PERE LOUIS JABRUN (Rue du) C2
PETITS CAPERANS (Rue des) B3
PEY BERLAND (Place) C2
PIERLOT (Rue) C1
PIERRE (Pont de) C4-D4
PIERRE CARRON (Rue) B1-C1
PIERRE DE COUBERTIN (Rue) D3
PIERRE GEORGES TULLE (Rue) B3-C3
PILET (Rue) D4
PILIERS DE TUTELLE (Rue) B3-C3
PLANTEROSE (Rue) D4
PONT DE LA MOUSQUE (Rue du) B3
PONTETS (Rue des) D4
POQUELIN MOLIERE (Rue) C2
PORTE BASSE (Rue de la) C2-D2
PORTE DE TUTELLE (Rue) C3
PORTE DES PORTANETS (Rue) C4
PORTE DIJEAUX (Rue de la) B1-B2
PORTE SAINT-JEAN (Rue de la) C2
PROFESSEUR DEMONS (Rue de) C3
PUITS CAPERANS (Rue du) C3
PUITS DESCAZEAUX (Rue du) D4
PUITS DESCUJOLS (Rue du) B3
PUY PAULIN (Place) B2
QUAI BOURGEOIS (Rue de) C3-C4
QUEYRIES (Quai des) A4-B4
RAVEZ (Rue) D2-D3
RAYMOND COLOM (Place) D4
REMPARTS (Rue des) B1-D2
RENIERE (Rue) D3
REPUBLIQUE (Place de la) D1-D2
RICHELIEU (Quai) C4-D4
ROBERT PICQUE (Passage) A1
ROHAN (Rue) C2
ROLLAND (Rue) B1-B2
ROUSSELLE (Rue de la) C4-D4
RUAT (Rue de) B2-C2
RUE NEUVE (Impasse) D3

SAINT-JAMES (Impasse) D3
SAINT-JAMES (Rue) C3
SAINT-JOHN PERSE (Square) C1-D1
SAINT-LAZARE (Impasse) B1
SAINT-PAUL (Impasse) C3
SAINT-PIERRE (Impasse) C3
SAINT-PIERRE (Place) C3
SAINT-PROJET (Place) C2-C3
SAINT-REMI (Rue) B2-B3
SAINT-SERNIN (Rue) B1-C1
SAINT-SIMEON (Rue) C3
SAINTE-CADENNE (Rue) D4
SAINTE-CATHERINE (Impasse) C3
SAINTE-CATHERINE (Rue) B2-D3
SAINTE-COLOMBE (Rue) C3
SALINIERES (Quai des) C4
SARGET (Passage) B2
SAU (Rue de la) C3
SERPOLET (Rue de) C3
SERVANDONI (Rue) D1
SEZE (Rue de) A2
SOLEIL (Rue du) D4
TASTET (Rue) D1
TEMPLE (Rue du) B2
TEULERE (Rue) C3
TOULOUSE-LAUTREC (Rue) C1
TOUR DE GASSIES (Passage de la) ...C3
TOUR DE GASSIES (Rue de la) C3
TOUR DU PIN (Rue de la) C3
TOURNON (Cours de) A2
TOURNY (Allée de) A2-B2
TOURNY (Place) A2
TOUSSAINT LOUVERTURE (Square) A4
30 JUILLET (Cours du) A3
3 CHANDELIERS (Rue des) C2
3 CONILS (Rue des) C3
TURENNE (Rue de) A1
TUSTAL (Rue) C3
ULYSSE DESPAUX (Rue) D4
VACHE (Rue de la) C3
VERDUN (Cours de) A2
VERTEUIL (Rue) C1
VEYRINES (Rue) D2
VICTOIRE AMERICAINE (Rue) A2
VICTOR HUGO (Cours) D2-D3
VIEILLE TOUR (Rue de la) B1
VIEUX MARCHE (Rue du) C4
VILLENEUVE (Rue) C1
VINET (Rue) C1
VINET (Square) C1
VITAL CARLES (Rue) B2-C2
VOLTAIRE (Rue) B2

BREST

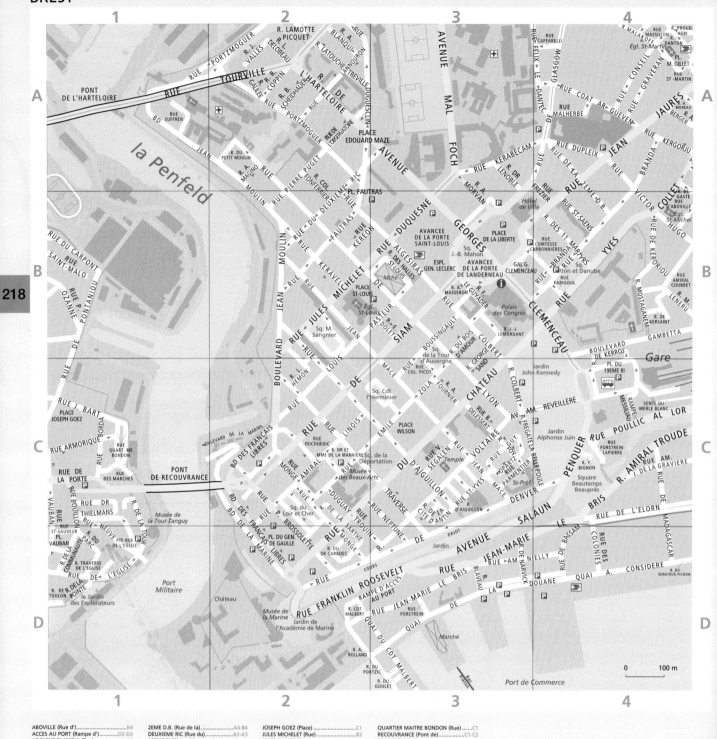

ABOVILLE (Rue d').................................B4
ACCES AU PORT (Rampe d')..........D2-D3
ADOLPHE BLANQUI (Rue)......................A2
AIGUILLON (Rue d').........................B2-C3
ALAIN FOURNIER (Rue)..........................C3
ALBERT ROLLAND (Rue)..........................A2
ALEXANDRE MASSERON (Rue)................B3
ALGESIRAS (Rue)............................B2-B3
AMIRAL COURBET (Rue)........................B4
AMIRAL JURIEN DE LA GRAVIERE
  (Rue)..C4
AMIRAL LINOIS (Rue)......................C2-D2
AMIRAL NIELLY (Rue).....................D3-D4
AMIRAL REVEILLERE (Avenue).......C3-C4
AMIRAL RONARC'H (Rue)........................D1
AMIRAL TROUDE (Rue)..........................C4
ANDRE BERGER (Rue)............................A4
ANDRE MAGINOT (Rue)..........................A2
ARMAND CONSIDERE (Quai).................D4
ARMORIQUE (Rue)..........................A3-B3
AUGUSTIN MORVAN (Rue)......................B3
AVANCEE DE LA PORTE DE
  LANDERNEAU...................................B3
AVANCEE DE LA PORTE SAINT-LOUIS ...B3
Bac Piéton
BASSAM (Rue de)..........................C4-D4
BENJAMIN DELESSERT (Rue)..................B3
BERNARD SCHEIDHAUER (Rue)..............A2
BLAVEAU (Rue)....................................A4
BOIS D'AMOUR (Rue du)........................B3
BORDA (Rue)..C1
BOUILLON (Rue)...........................C1-D1
BOUSSINGAULT (Rue)....................B3-C3
BRANDA (Rue)..............................B3-A4
CAFFARELLI (Rue)................................A4
CARPONT (Rue du).................................B1
CHATEAU (Rue du)........................D2-B4
CITE D'ANTIN (Rue de la)......................C3
COAT AR GUEVEN (Rue).........................A4
COLBERT (Rue)..............................B3-C3
COLONEL FONFERRIER (Rue)...........A2-B2
COLONEL PICOT (Rue)............................B3
COLONIES (Rue des)......................C4-D4
COMMANDANT MALBERT
  (Quai du)...............................D2-D3
COMMANDANT MALBERT (Rue)...............D2
COMMUNAUTE (Rue de la)......................D1
COMTESSE CARBONNIERES (Rue)....B3-B4
CONSEIL (Rue)......................................A4
DAJOT (Cours)...............................D2-D3
DANTON (Rue)......................................A4
DENVER (Rue de)..........................D2-C4

2EME D.B. (Rue de la)...................A4-B4
DEUXIEME RIC (Rue du)..................B2-A3
19EME RI (Place du).....................B4-C4
DOCTEUR CARADEC (Rue du)..................C2
DOCTEUR ET MME DE LA MARNIERE
  (Rue)..C2
DOCTEUR LENOBLE (Rue)................A3-B3
DOCTEUR THIELMANS (Rue)...................C1
DOUANE (Quai de la)......................D3-D4
DUCOUEDIC (Rue)................................C2
DUGUAY-TROUIN (Rue)...................C2-D3
DUGUESCLIN (Rue)........................C2-D2
DUPLEIX (Rue)....................................A4
DUQUESNE (Rue)..........................B2-A3
EDOUARD MAZE (Place)..........................A2
EGLISE (Petite rue de l').......................D1
EGLISE (Rue de l')...............................D1
EMILE ZOLA (Rue)................................C4
ETIENNE DOLET (Rue)............................C2
FARIGOUL (Rue)....................................B4
FAUTRAS (Place)...........................A2-B2
FAUTRAS (Rue)....................................B2
FELIX LE DANTEC (Rue)........................A4
FOY (Rue)...A2
FRANÇAIS LIBRES (Boulevard des)...C2-D2
FRANKLIN ROOSEVELT (Rue).........D2-D3
FREDERIC LE GUYADER (Rue)..................A4
FREGATE LA BELLE POULE (Rue)......C3-C4
FREZIER (Rue)..............................A3-B4
GALILEE (Rue)......................................A2
GAMBETTA (Boulevard)..........................B4
GASTE (Rue de)............................A4-B4
GENERAL DE GAULLE (Place du)......C2-D2
GENERAL LECLERC (Esplanade)...............B3
GEORGE SAND (Rue).......................B3-C3
GEORGES CLEMENCEAU (Avenue)...A2-C4
GEORGES CLEMENCEAU (Galerie).........B3
GLASGOW (Rue du).........................A3-A4
GOULET (Rue du)..................................D3
GRAVERAN (Rue)....................................A4
GUY ROPARTZ (Rue)..............................C3
HALLES SAINT-LOUIS (Rue des)............B3
HARTELOIRE (Pont de l')........................A1
HARTELOIRE (Rue de l').........................A1
HENRI MOREAU (Rue)............................A4
JEAN BART (Rue)..................................C1
JEAN JAURES (Rue).......................B3-A4
JEAN MACE (Rue).........................B2-C3
JEAN MOULIN (Boulevard)..............A1-C2
JEAN-JULIEN LEMORDANT (Rue)............B3
JEAN-MARIE LE BRIS (Rue).............D2-C4

JOSEPH GOEZ (Place).............................C1
JULES MICHELET (Rue)..........................B2
JULES VALLES (Rue).............................A2
KERABECAM (Rue)..........................A3-A4
KERAVEL (Rue)....................................B3
KEREON (Rue)...............................B2-B3
KERGORJU (Rue)..................................A4
KERORIOU (Rue de)...............................B1
KERROS (Rue de).........................B4-C4
KERSAINT (Rue de)...............................B4
LAMOTTE PICQUET (Rue).......................A2
LANNOURON (Rue)...............................A2
LATOUCHE TREVILLE (Rue)...................A2
LIBERTE (Place de la).............................B3
LOIR ET CHER (Square du)..............C2-C3
LOUIS DELOBEAU (Rue)..........................A2
LOUIS HEMON (Rue)..............................C2
LOUIS PASTEUR (Rue)....................C2-B3
LYON (Rue de).............................A2-C3
MACE (Rue)...................................C2-C3
MADAGASCAR (Rue de)...................C4-D4
MALAKOFF (Rue)....................................B3
MALHERBE (Rue)....................................A4
MARCHES (Rue des)...............................C1
MARECHAL FOCH (Avenue)......................A3
MARENGO (Rue)....................................A2
MARIE LENERU (Rue)..............................C2
MARINE (Boulevard de la)................C1-C2
MASSILLON (Rue)..................................A4
MAURICE GILLET (Place).........................A4
MERLE BLANC (Sente du)........................C4
MESSILIAU (Rampe)
MONGE (Rue)................................C2-D2
MOSTAGANEM (Rue)..............................B4
NARVICK (Rue de).................................D3
NEPTUNE (Rue)..............................C2-D2
OBSERVATOIRE (Rue de l')......................A2
11 MARTYRS (Rue des)..........................B4
PARC (Rue du)...............................C3-C4
PARMENTIER (Rue)................................C3
PETIT MOULIN (Rue du)..........................A2
PIERRE BROSSOLETTE (Rue)...........C2-D2
PIERRE OZANNE (Rue)............................B1
PIERRE PUGET (Rue)......................A2-B2
POINTE (Rue de la)................................D1
PONTANIOU (Rue de)......................B1-C1
PORSTREIN (Rue)..................................D3
PORSTREIN LAPIERRE (Rue)...................C4
PORTE (Rue de la)................................C1
PORTZIC (Rue du).................................D3
PORTZMOGUER (Rue de)..................A1-A2
POULLIC AL LOR (Rue)...................A1-A2
PROUD'HON (Rue)..................................A4

QUARTIER MAITRE BONDON (Rue) C1
RECOUVRANCE (Pont de)................C1-C2
REMY COPPIN (Rue)..............................A2
REPUBLIQUE (Rue de la).........................B4
RUE NEUVE......................................C1-D1
SAINT-LOUIS (Place)......................B2-B3
SAINT-MALO (Rue)................................B1
SAINT-MARTIN (Rue)............................A4
SAINT-SAENS (Rue)..............................B4
SAINT-SAUVEUR (Rue)...........................D1
SAINT-YVES (Rue)................................C3
SALAUN PENQUER (Avenue)...........D3-C4
SARTHE (Rue de la).......................C2-D2
SENATEUR PICHON (Rue du).................D4
SIAM (Rue de)...............................C2-B3
SUFFREN (Rue)....................................A1
TOULON (Rue de).................................D1
TOUR (Rue de la)..........................C1-D1
TOURVILLE (Rue)...........................A1-A2
TRAVERSE (Rue)............................C2-D3
TRAVERSE DE L'EGLISE (Rue)...............D1
VAUBAN (Place)....................................D1
VAUBAN (Rue)...............................C1-D1
VICTOR HUGO (Rue).......................A4-B4
VICTOR SEGALEN (Rue)...................D2-C3
VOLTAIRE (Rue).............................D2-C3
WILSON (Place)....................................C2
YVES BIGNON (Rue)..............................C4
YVES COLLET (Rue).......................A4-B4

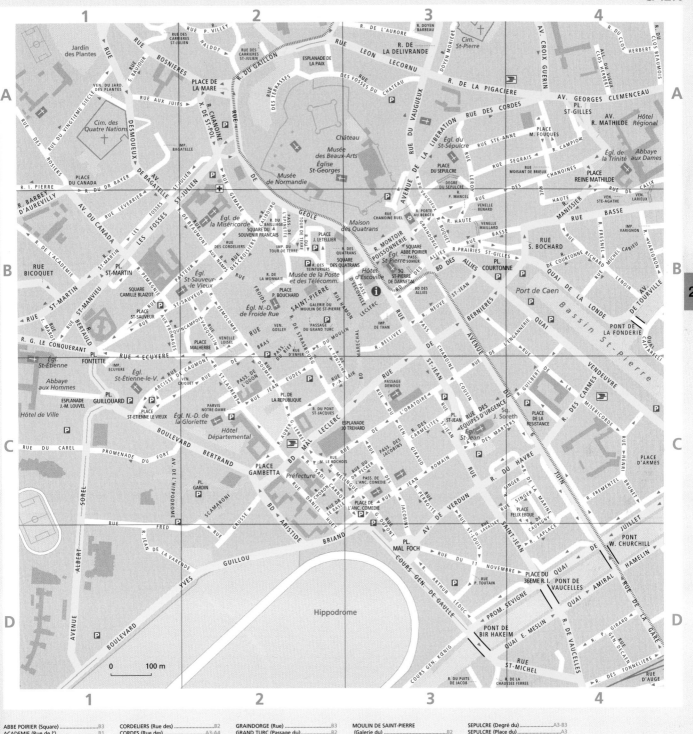

ABBE POIRIER (Square) B3
ACADEMIE (Rue de l') B1
ALBERT SOREL (Avenue) C1-D1
ALLIES (Boulevard des) B3
AMIRAL HAMELIN (Quai) D4
ANCIENNE COMEDIE (Passage de l') C3
ANCIENNE COMEDIE (Place de l') C3
ARCISSE DE CAUMONT (Rue) C1-C2
ARISTIDE BRIAND (Boulevard) C2-D3
ARMES (Place d') C4
ARTHUR LEDUC (Rue) D3
AUBER (Rue) C2
AUGE (Rue d') D4
AURORE (Rue de l') A2-A3
BAGATELLE (Avenue de) A1-B1
BAGATELLE (Impasse) A1
BAILLIAGE (Rue du) B2
BARBEY D'AUREVILLY (Rue) A1-B1
BASSE (Rue) B3-B4
BELLIVET (Rue) B3
BENARD (Venelle) B3
BERNIERES (Rue de) B3-C3
BERTAULD (Rue) B2
BERTRAND (Boulevard) C1-C2
BICOQUET (Rue) B1
BIEF (Passage du) B2-C2
BIR HAKEIM (Pont de) D3
BOSNIERES (Rue des) A1-A2
BRAS (Rue de) C1-B2
BUQUET (Rue) B3
CAFFARELLI (Quai) B4-C4
CALIBOURG (Rue) B3
CALIX (Rue de) A4-B4
CAMILLE BLAIZOT (Square) B1
CAMPION (Place) A1
CANADA (Avenue du) A1-B1
CANADA (Place du) A1
CAREL (Rue du) C1
CARMELITES (Rue des) C3
CARMES (Rue des) C3
CARRIERES SAINT-JULIEN (Rue des) A1-A2
CAUVIGNY (Rue de) C4-D4
CHANOINE COUSIN (Passage) B3-C3
CHANOINE RUEL (Rue) B3
CHANOINE XAVIER DE SAINT-POL
(Rue) A2
CHANOINES (Rue des) A3-B4
CHAUSSEE FERREE (Rue de la) D3
CHORON (Rue) C2
CLOS BEAUMOIS (Rue du) A4
CLOS HERBERT (Rue du) A4

CORDELIERS (Rue des) B2
CORDES (Rue des) A3-A4
COURTONNE (Place) B3-B4
COURTONNE (Rue de) B4
CRIQUET (Venelle) C1-C2
CROISIERS (Rue des) B2
CROIX GUERIN (Avenue) A4
DANIEL HUET (Rue) C2-C3
DELIVRANDE (Rue de la) A3
DEMOGE (Passage) C3
DEMOLOMBE (Rue) B2
DESMOUEUX (Rue) A2
DOCTEUR LE RASLE (Rue) C2-C3
DOCTEUR PECKER (Rue du) C3
DOCTEUR RAYER (Rue du) A1-B1
DOYEN BARBEAU (Rue) A3
DOYEN MORIERE (Rue) A3
ECUYERE (Impasse) B1-C1
ECUYERE (Rue) C1-B2
ELIE DE BEAUMONT (Rue) B1-B2
ENFER (Rue d') B2
ENGANNERIE (Rue de l') C3-B4
EPINETTE (Passage de) B2
EQUIPES D'URGENCE (Rue des) C3-C4
ESCOVILLE (Passage d') B3
EUGENE MESLIN (Quai) D3-D4
FELIX EBOUE (Rue) C4-D4
FONDERIE (Pont de la) B4
FONTAINE (Rue de la) B2-C2
FONTETTE (Place) B1
FORT (Promenade du) C1-C2
FOSSES DU CHATEAU (Rue des) A2-A3
FRED SCAMARONI (Rue) D1-D2
FREMENTEL (Rue) C4
FRESNEL (Rue) B4
FROIDE (Rue) B2
FROMAGES (Rue aux) B2
GABRIEL DUPONT (Rue) C3-D3
GAILLON (Rue du) A2
GAMBETTA (Place) C2
GARDIN (Place) C1-C2
GARE (Rue de la) D3
GASTON LAVALLEY (Rue) C3-D3
GEMARE (Rue) A2-B2
GENERAL DE GAULLE (Cours) C2-D3
GENERAL DECAEN (Rue) D4
GENERAL GIRAUD (Rue du) C3
GENERAL KŒNIG (Cours) D3
GEOLE (Rue de) A2-B3
GEORGES CLEMENCEAU (Avenue) A4
GEORGES LEBRET (Rue) C2
GOSLEY (Venelle) B2

GRAINDORGE (Rue) B3
GRAND TURC (Passage du) B2
GRUSSE (Rue) C2-D2
GUILBERT (Rue) B4-C4
GUILLAUME LE CONQUERANT (Rue)....B1
GUILLOUARD (Place) C1
HALDOT (Rue) A1-A2
HAMON (Rue) B2-B3
HAUTE (Rue) B3-A4
HAVRE (Quai du) C3-C4
HENRI BRUNET (Rue) C4
HIPPODROME (Avenue de l') C1
ISIDORE PIERRE (Rue) A1
JACOBINS (Passage des) C3
JACOBINS (Rue des) C3-D3
JARDIN DES PLANTES (Venelle du) A1
JEAN DE LA VARENDE (Rue) D1-D2
JEAN EUDES (Rue) B2
JEAN LETELLIER (Rue) B2
JEAN MAROT (Rue) B1
JEAN ROMAIN (Rue) B2
JEAN-MARIE LOUVEL (Esplanade) C1
JO TREHARD (Esplanade) C3
JUIFS (Rue aux) A1-A2
JUILLET (Quai de) C4-D4
LAPLACE (Rue) C4-D4
LARIEUX (Venelle) A4-B4
LEON LECORNU (Rue) A2-A3
LEROY (Rue) A3-B3
LES FOSSES SAINT-JULIEN (Rue) B1-B2
LEVERRIER (Rue) A1-B1
LIBERATION (Avenue de la) A3-B3
LOISEL (Venelle) B2-C2
LONDE (Quai de la) B4
MAILLARD (Venelle) B2
MALHERBE (Place) C2
MANISSIER (Rue) B4
MARE (Place de la) A2
MARECHAL FOCH (Place) D3
MARECHAL LECLERC
(Boulevard) C2-B3
MARINE (Rue de la) C4-D4
MARTHE LE ROCHOIS (Rue) C3
MARTYRS (Rue des) C3
MAURICE FOUQUES (Place) A3
MELINGUE (Rue) C2
MICHEL CABIEU (Rue) B4
MISERICORDE (Rue de la) B3-C4
MOISANT DE BRIEUX (Rue) A3
MONNAIE (Rue de la) B2
MONTOIR POISSONNERIE (Rue) B2
MOULIN (Rue du) B2-B3

MOULIN DE SAINT-PIERRE
(Galerie du) B2
NAMPS (Rue aux) B2
NEUVE SAINT-JEAN (Rue) B3
NOTRE-DAME (Parvis) C2
ODON (Passage de l') C2
ORATOIRE (Rue de l') C2-C3
PAIX (Esplanade de la) A2
PASTEUR (Rue) B1-B2
PAUL DOUMER (Rue) B2-C2
PAUL TOUTAIN (Rue) D3
PEMAGNIE (Rue) B1
PIERRE AIME LAIR (Rue) B2
PIERRE BOUCHARD (Place) B2
PIERRE GIRARD (Rue) D4
PIERRE MANCEL (Rue) B3
PIERRE VILLEY (Rue) A2
PIGACIERE (Rue de la) A3-A4
PONT SAINT-JACQUES (Rue du) C2
PORTE AU BERGER (Rue) B3
PRAIRIES SAINT-GILLES (Rue) B3-B4
PUITS DE JACOB (Rue du) D3
QUATRANS (Rue des) B2
QUATRANS (Square des) B2
QUINCAMPOIX (Rue) B1-B2
REINE MATHILDE (Avenue) A4
REINE MATHILDE (Place) A4-B4
RENE PERROTTE (Rue) C3
REPUBLIQUE (Place de la) C2
RESISTANCE (Place de la) C4
RICHARD LENOIR (Rue) B4
ROSIERS (Rue des) A1
SADI CARNOT (Rue) C2-C3
SAINT-ETIENNE LE VIEUX (Place) C1
SAINT-GILLES (Place) A4
SAINT-JEAN (Rue) B3-D4
SAINT-JEAN (Place) B3
SAINT-LAURENT (Rue) C2
SAINT-LOUIS (Rue) C3-D3
SAINT-MANVIEU (Rue) B1
SAINT-MARTIN (Place) B1
SAINT-MARTIN (Rue) B1
SAINT-MICHEL (Rue) D3-D4
SAINT-PIERRE (Rue) B2-B3
SAINT-PIERRE DE DARNETAL (Square)...B3
SAINT-SAUVEUR (Place) B1
SAINT-SAUVEUR (Rue) B1
SAINTE-AGATHE (Venelle) B4
SAINTE-ANNE (Rue) A3-A4
SAMUEL BOCHARD (Rue) B4
SEGRAIS (Rue) A3-A4

SEPULCRE (Degré du) A3-B3
SEPULCRE (Place du) A3
SEVIGNE (Promenade) D3-D4
SINGER (Rue) C3-C4
6 JUIN (Avenue du) B3-D4
SOHIER (Passage) B3
SOPHRONYME BAUJOUR (Rue) A1
SOUVENIR FRANCAIS(Square du) B2
STRASBOURG (Rue de) B2-C2
TEINTURIERS (Rue des) B2
TERRASSES (Rue des) A2
THAN (Impasse de) B3
TONNELIERS (Rue des) D4
TOUR DE TERRE (Impasse du) B2
TOUR DE TERRE (Rue du) B2
TOURVILLE (Avenue de) B4
36EME REGIMENT D'INFANTERIE
(Place du) D4
VARIGNON (Impasse) B4
VARIGNON (Rue) B4
VAUCELLES (Pont de) D4
VAUCELLES (Rue de) D4
VAUGUEUX (Rue du) A3-B3
VAUQUELIN (Rue) B3
VENDEUVRE (Rue) B3-C4
VERDUN (Avenue de) C3-D3
VIEUX CLOS HERBERT (Allée du) A4
VINGTIEME SIECLE (Rue du) A1
WINSTON CHURCHILL (Pont) D4
YVES GUILLOU (Boulevard) D1-D2

CANNES

ACHARD (Rue) B3
ALBERT EDOUARD (Jetée) C2-D2
ALBERT FROMER (Place) C2
ALGER (Rue d') C4
ALLIEIS (Rue) C3
ALLIES (Esplanade des) D2-D3
ALSACE (Boulevard d') B2-C4
ANCIENS COMBATTANTS A F N
(Avenue) C1
ANDRE CHAUDE (Rue) B2
ANTHEMIS (Allée des) A4
ANTIBES (Rue d') C2-C4
ARCADES (Passage des) B1
AUBANEL (Rue) B2
AUBER (Rue) A2-B2
BACHAGA SAID BOUALAM
(Avenue) C1-C2
BARON (Rue) B2
BARONNE (Avenue de la) ...A2-A3
BARRI (Rue) D1
BATEGUIER (Rue du) C3
BEAULIEU (Traverse) A1
BEL AIR (Chemin de) B1-B2
BELFORT (Rue de) B1
BELGES (Rue des) C2-C3
BENEFIAT (Avenue de) A4
BERGERIE (Impasse) C1
BIVOUAC NAPOLEON (Place) ...C2
BOCAGE (Allée du) B1-C1
BOCAGE (Impasse du) B1
BONE (Rue de) C4
BORNIOL (Rue) B1-B2
BOUCHERIE (Rue de la) D1-D1
BOUCICAUT (Rue) A3-B3
BRANLY (Avenue) C4-D4
BROUGHAM (Square) C2
BUTTURA (Rue) C2
CAIRE (Rue) A3-A4
CAMPESTRA (Rue) A1-A2
CANADA (Rue du) C4-D4
CARNOT (Boulevard) A2-C2
CASTRE (Place de la) D1
CASTRE (Rue de la) D1
CHABAUD (Rue) C3
CHAMPS (Impasse des) A3
CHATAIGNIER (Rue du) B2
CHATEAUDUN (Passage) B3-B3
CHATEAUNEUF (Rue) C3-C4
CHATEAUVERT (Rue du) C1
COLLINE (Traverse de la) C1-B2
COLMAR (Rue de) C4

COLOLONEL TAJASQUE (Impasse) ..A1
COMMANDANT ANDRE (Rue) ...C3-D3
COMMANDANT BRET (Avenue du) ...A3
COMMANDANT LAMY (Place) C4
COMMANDANT MARIA (Place du) ...B3
COMMANDANT VIDAL (Rue) C4
CONSTANTINE (Rue de) C4
COSTE CORAIL (Rue) C1-D1
CROISETTE (Boulevard de la) .C2-D4
CROIX (Rue de la) B1-C1
DANIELE (Chemin) B1
DELAUP (Boulevard) C1
DENANS (Impasse) B3
18 JUIN (Place du) C2
DOCTEUR BERNARD (Avenue du) ...A1
DOCTEUR BUDIN (Rue du) B1
DOCTEUR CALMETTE (Rue du) ...C4
DOCTEUR GAZAGNAIRE (Rue du) ...A3-B3
DOCTEUR P GAZAGNAIRE (Rue du) ...C4
DUBOYS D'ANGERS (Rond-point) ...C4
EDITH CAVELL (Rue) C2
ÉGLISE (Place de l') D1
EMILE NEGRIN (Rue) C2
EMMANUEL SIGNORET (Rue) ...C4
ETATS-UNIS (Rue des) C4
FELIX FAURE (Rue) C1-C2
FERRAGE (Boulevard de la) ..C1-C2
FERRY (Rue) C3
FLORIAN (Rue) C3
FLOTTE (Avenue de la) A2-A3
FONTAINE (Rue la) C4
FORVILLE (Rue) C1
FRANÇOIS EINESY (Rue) C4-D4
FREDERIC AMOURETTI (Rue) .C4-D4
FREDERIC MISTRAL (Rue) B2
FRERES (Rue des) C1
FRERES CASANOVA (Rue) C2
FRERES GAUDINO-JOLY (Square des) ...B4
FRERES PRADIGNAC (Rue) C3
GABRES (Rue des) C3
GABRES (Traverse des) C3
GALEOTTI (Impasse) D1
GAMBETTA (Place) B3
GARE (Place de la) C2
GENERAL DE GAULLE (Place) ...C2
GENERAL FERRIE (Rue) C4
GEORGES CLEMENCEAU (Rue) .D1
GEORGES POMPIDOU (Esplanade) ...C2
GERARD MONOD (Rue) C2
GERARD PHILIPPE (Place) B2
GRAND PIN (Avenue du) A4
GRASSE (Avenue de) B1-C2
GUYNEMER (Boulevard) C1

HALLES (Rue des) C1
HAUTE (Rue) C1-D1
HELENE VAGLIANO (Rue) C2
HENRI GERMAIN (Rue) A2
HENRI PASCHKE (Rue) B1-B1
HENRI RUHL (Rue) D4
HOCHE (Rue) C2
HONORE ESCARRAS (Rue) B1
HOTEL DE VILLE (Place de l') .C1-D1
ISOLA BELLA (Avenue) B3-B4
JEAN DAUMAS (Rue) C4
JEAN DE LATTRE DE TASSIGNY
(Rue) A1-B2
JEAN DE RIOUFFE (Rue) C2
JEAN GOUJON (Rue) B2
JEAN HADDAD SIMON (Rue) ...B3
JEAN HIBERT (Boulevard) C1
JEAN JAURES (Rue) C2-C4
JEAN MERO (Rue) B2
JEAN NOBLES (Rue) B1
JEAN-BAPTISTE DUMAS (Rue) ...C4
LAFAYETTE (Rue) C1
LAUBEUF (Quai) D1-D2
LE POUSSIN (Rue) B2
LEANDRE SARDOU (Avenue) .A4-B4
LECERF (Rue) C3
LEGOFF (Impasse) B3-B4
LEGOFF (Rue) B4
LEON NOEL (Rue) B2-A3
LEOPOLD BUCQUET (Rue) B2
LERINS (Rue de) C4
LIBERTE (Allée de la) D1-D2
LORRAINE (Boulevard de) C3
LOUIS ARDISON (Rue) B1
LOUIS BLANC (Rue) B1-C1
LOUIS BRAILLE (Rue) C2
LOUIS NOUVEAU (Rue) B4-C4
LOUIS PASTOUR (Rue) C1
LOUIS PERRISSOL (Rue) D1
LYCKLAMA (Rue) B3
LYS (Rue du) B4
MACE (Rue) C3-D3
MADELEINE (Allée) C1
MAL DE LOGIS J FELLEGARA (Rue) ...A3
MARCEAU (Impasse) C3
MARCEAU (Rue) C3-C4
MARCEAU (Traverse) C3
MARCELLIN BERTHELOT (Impasse) ...A2
MARCELLIN BERTHELOT (Rue) .A3-B3
MARCHE FORVILLE (Rue du) C1
MARECHAL FOCH (Rue) C2
MARECHAL GALLIENI (Avenue) ...A2-B2

MARECHAL JOFFRE (Rue) C2
MARIUS AUNE (Rue) B2
MARIUS ISAIA (Rue) C1
MARNE (Rue de la) B1-C1
MASSUQUE (Place) D1
MAURICE DERCHE (Avenue) .A1-A2
MEDECIN LT B. LEPINE (Rue) ...C4
MERIMEE (Square) C2
MERLE (Rue) B3-B4
MERVILLE (Chemin de) A1
METZ (Rue de) B4
MEUSE (Rue de la) B1
MEYNADIER (Rue) C1-C2
MICHEL ANGE (Rue) C2
MIGNO (Rue) A3
MILTON (Rue) A2
MIMONT (Rue de) B2-B3
MIMONT (Traverse) B3
MIMOSAS (Rue des) C3
MIREILLE (Impasse) B1-B2
MIREILLE (Rue) B2
MISERICORDE (Rue de la) C1
MOLIERE (Rue) C4
MONTAIGNE (Rue) B2
MONTBOISSIER (Rue) D1
MONTCHEVALIER (Rue) D1
MONTFIAL (Rue) A3
MONTFLEURY (Boulevard) B4
MOZART (Rue) A2
MULHOUSE (Rue de) C4
NANCY (Rue de) B1
NOTRE-DAME (Rue) C2-C4
ONZE NOVEMBRE (Impasse du) ...B2
ONZE NOVEMBRE (Rue du) B2
ORAN (Rue d') C4
ORPHELINAT (Rue de l') B3
OXYBIA (Impasse) A3
PANISSE (Rue) C1
PANTIERO (Promenade de la) .D1-C2
PARC DES VALLERGUES (Allée du) ...B1-C1
PAUL MERO (Square) B1-B2
PERE MURET (Rue) B1
PERGOLA (Avenue de la) B2-B3
PETIT JUAS (Avenue du) C1
PETIT JUAS (Traverse du) A1-B1
PHALENES (Rue des) A2
PHILIBERT DELORME (Rue) A2
PIERRE GRAGLIA (Rue) C4
PIERRE PUGET (Rue) B2
PIERRE SEMARD (Place) C2
PIERVAL (Avenue de) A4
PIERVAL (Impasse de) A4-B4

POILUS (Impasse des) A2-A3
POMPE (Rue de la) C2
PONS (Rue) A3
PORT (Rue du) D1
PRADO (Avenue du) A3
PRADO-PROVENCE (Avenue) A4
PRE (Rue du) C1-D1
PREYRE (Rue) B2
PRINCE DE GALLES (Avenue) .A3-A4
QUATORZE JUILLET (Rue du) A3
QUEBEC (Allée du) A3
RABELAIS (Impasse) B2
RAMPE (Rue de la) D1
RAPHAEL (Rue) B2
RAYMOND MATHIEU (Rue) .C1-D1
REBOULIN (Impasse) B3
RENE VIGLIENO (Rue) C2
REPUBLIQUE (Boulevard de la) .A3-C4
REYER (Rue) A2
RICHEMONT (Impasse) A3
RIGUE (Rue) C1
ROCHER (Rue du) B1
ROGER (Rue) B1
ROGER RENAUDIE (Rue) B2-B3
ROLAND GARROS (Rue) C3
ROUAZE (Rue) D4
ROUGUIERE (Rue) C2
ROUMANILLE (Rue) B1
SAINT-ANTOINE (Petite rue) .C1-D1
SAINT-ANTOINE (Rue) C1
SAINT-HONORE (Rue) C3
SAINT-JEAN (Avenue) A1-B1
SAINT-JEAN (Traverse) A1
SAINT-LOUIS (Avenue) B1-B2
SAINT-LOUIS (Impasse de) A1
SAINT-NICOLAS (Avenue) B1-B1
SAINT-NICOLAS (Chemin) B2-B3
SAINT-NICOLAS (Rue) B2
SAINT-PIERRE (Quai) D1
SAINT-VICTOR (Rue) B1
SAINTE-ROSE (Allée) B1-A2
SAPHORA (Impasse) C3
SERBES (Rue des) C3
SERGENT BOBILLOT (Rue du) ...B1
SERGENT GAZAN (Rue) B1
SHAKESPEARE (Rue) A2
SQUARE GOUPILLERE (Rue du) ...B1
STRASBOURG (Rue de) B4-C4
SUFFREN (Rue de) C2
SUQUET (Place du) C1
SUQUET (Rue du) C1

TONY ALLARD (Rue) C4
TOUR (Escalier de la) A1
TOUR (Traverse de la) C1-D1
TURCKHEIM (Rue de) B4
VALLAURIS (Avenue de) B3-A4
VALLERGUES (Ancien chemin des) ...B1
VALLERGUES (Traverse des) B1
VAUBAN (Place) B2
VENIZELOS (Rue) C2
VERDUN (Rue de) A2-A3
VICTOR COUSIN (Rue) C3-C4
VICTOR TUBY (Boulevard) C1
VINGT-QUATRE AOUT (Rue) .C2-C3
YUCCAS (Allée des) A2

220

CLERMONT-FERRAND

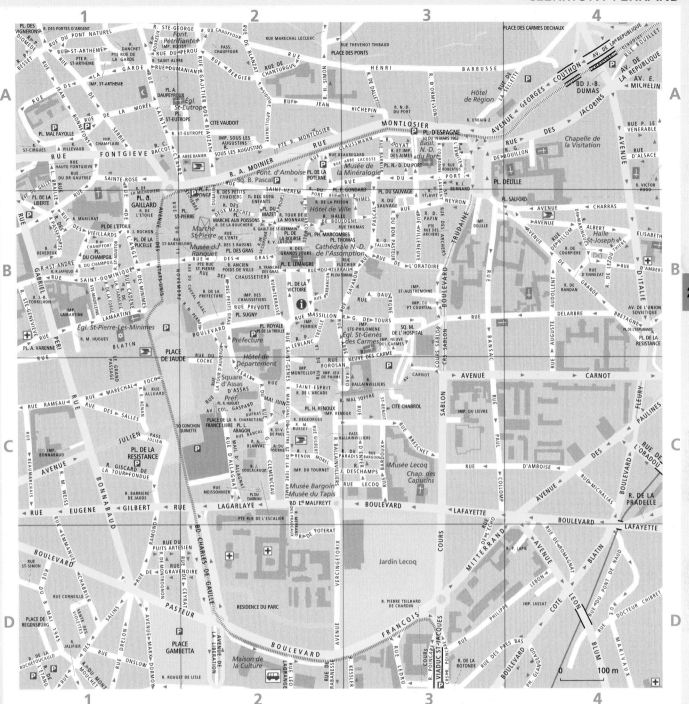

ABBE BANIER (Rue)..............A1-A2
ABBE DAUPEYROUX (Place)..........A1
ABBE GIRARD (Rue).............B2-C3
ABBE LACOSTE (Rue)............A2-A3
AIMES (Rue des).....................A3
ALBERT ELISABETH (Avenue).......B4
ALEXANDRE VARENNE (Place).......B1
ALLAGNAT (Mail d')..................C2
ALLAGNAT (Rue d').................C2
ALLUARD (Rue)......................C1
ALSACE (Rue d')....................A4
AMBOISE (Rue d')...............C3-C4
ANCIEN POIDS DE VILLE (Rue).....B2
ANDRE MOINIER (Rue)...........A2-A3
ANGE (Rue de l')...............A1-B1
ANTOINE DAUVERGNE (Rue).........B3
ARCADE (Rue de l').................C2
ARCHERS (Petite rue des)...........B3
ARCHERS (Rue des)..................B3
ARTAUD BLANVAL (Rue)..............B3
ASSAS (Rue d')......................C2
AUGUSTE AUDOLLENT (Rue).....B4-C4
BALLAINVILLIERS (Passage)..........C3
BALLAINVILLIERS (Rue)..........C2-C3
BANCAL (Rue).......................C2
BANSAC (Rue).......................B3-C3
BARANCON (Rue)....................B2
BARDOUX (Rue).....................B2
BARGOIN (Rue)......................C2
BARNIER (Rue)......................A3
BARRIERE DE JAUDE (Rue)..........C1
BEAUMARCHAIS (Rue)...............C1
BEAUREGARD (Rue).................A2
BERGIER (Rue de)...................A2
BILLOM (Rue de)....................B4
BLANZAT (Rue de)...............B2-B3
BLATIN (Rue)...................B1-C1
BOHEMES (Rue des).............B2-B3
BOIROT (Rue).......................B2
BOISSY (Impasse)..................B2
BON PASTEUR (Rue du)..............B3
BONNABAUD (Rue).............B1-D1
BONS ENFANTS (Rue des)...........B2
BOUCHERIE (Rue de la).............B2
BOURSE (Place de la)...............B2
BRESCHET (Rue)....................B2
CADENE (Rue).......................B1
CARMES DECHAUX (Place des).....A4
CARNOT (Avenue)...............C4-C4
CEYRAT (Rue de)....................D2
CHABROL (Cité).....................C3
CHAMPFORT (Rue)..................B1

CHAMPGIL (Place du)...............B1
CHAMPGIL (Rue du)................B1
CHAMPLAIN (Impasse)..............A1
CHANTURGUE (Rue de)..............A1
CHARLES DE GAULLE (Boulevard)....C2-D2
CHARRAS (Avenue).............B3-B4
CHARRETIERE (Rue)................C2
CHAUFFOUR (Rue de)...............A2
CHAUSSETIERS (Impasse des)......B2
CHAUSSETIERS (Rue des)...........B2
CHEVAL BLANC (Rue du)............B2
CLAUDE BACCOT (Rue)..............A1
CLAUDIUS (Chaussée)..............A4
CLAUSSMANN (Rue).............B2-A3
COCHE (Rue du).....................B2
COIFFERIE (Rue de la)...............B2
COLONEL GASPARD (Avenue).......C2
CONCHON QUINETTE (Square)......C2
CORONNE (Rue)....................A1
COURPIERE (Rue de).................B4
COTE BLATIN (Boulevard).......D3-D4
COURONNE (Rue)....................A1
DALLET (Rue de)....................A4
DEGEORGES (Rue)..................C2
DELARBRE (Rue)...............B3-B4
DELILLE (Impasse)..................B3
DELILLE (Rue).......................B3
DENIS PAPIN (Rue)..................B3
DESAIX (Boulevard)............B2-C2
DEUX MARCHES (Rue des)..........B2
19 MARS 1962 (Square du).........A3
DOCTEUR GAUTREZ (Rue du).......A1
DOYAT (Rue)........................A3
DRELON (Rue)......................D1
DULAURE (Rue).................A2-B2
DUMANIANT (Rue)..............A1-A2
DUPRAT (Rue).......................A3
ECHO (Rue de l')...................B2
EDMOND LEMAIGRE (Rue)..........B3
EDOUARD MICHELIN (Avenue).....A4
EMMANUEL CHABRIER (Rue)....C1-D1
ENFER (Rue de l')...................B2
ENTE (Rue de l').....................B2
ERNEST RENAN (Rue)...............C1
ESCALIER (Petite rue de l')..........D2
ESPAGNE (Place d').................A3
ESPLANADE (Place de l')............B1
ETATS UNIS (Avenue des)...........B1
ETOILE (Place de l')................B2
ETOILE (Rue de l')..................B2
EUGENE GILBERT (Rue)............C1
FLECHIER (Rue)....................B2
FLEURY (Boulevard)............B4-D4

FONTGIEVE (Rue)...................A1
FORGE (Rue de la)..................B1
FOROSAN (Rue)................C2-C3
FRANCE LIBRE (Place de la)........C2
FRANCIS PONGE (Place)............A2
FRANCOIS MITTERRAND
(Boulevard).....................D2-D4
GABRIEL PERI (Rue)................B1
GALLET (Rue).................A1-B1
GAMBETTA (Place)..................D1
GARDE (Petite rue de la)...........A1
GARDE (Rue de la).................A1
GAULT DE ST-GERMAIN (Rue)......B2
GAULTIER DE BIAUZAT (Rue).......C2
GEORGES CLEMENCEAU (Rue)......C2
GEORGES COUTHON (Avenue)...A3-A4
GILBERT GAILLARD (Place)..........A1
GILBERT MOREL (Rue)..............C2
GISCARD DE LA TOUR FONDUE (Rue)....C1
GODEFROY DE BOUILLON (Rue)..A3-A4
GRANDE BRETAGNE (Avenue de).....B4
GRANDS JOURS (Rue des).........B2
GRAS (Place des)...................B2
GRAS (Rue des)................B1-B2
GRAVENOIRE (Rue de)..........D1-D2
GREGOIRE DE TOURS (Rue)......B2-B3
HALLE DE BOULOGNE (Rue)......B2-B3
HAUTE FONTGIEVE (Rue)........A1-A2
HENRI BARBUSSE (Rue)............A2
HENRI SIMON (Rue).................A2
8 MAI 1945 (Rue du)................D1
HIPPOLYTE RENOUX (Place).........C2
ITALIE (Avenue d').............A4-B4
J BAPTISTE TORRILHON (Rue).......B1
JACOBINS (Rue des)................A4
JACQUES BERNARD (Rue)..........A3
JASSAT (Impasse)..................D4
JAUDE (Place de)...................C2
JEAN BONNEFONS (Rue)............A1
JEAN DESCHAMPS (Rue).........C2-C3
JEAN RICHEPIN (Rue)...........A2-A3
JEAN ROCHON (Rue)...............B1
JEAN SOULACROUP (Rue)...........C1
JEAN-BAPTISTE DUMAS (Boulevard)....A4
JEU DE PAUME (Impasse)..........C2
JULIEN (Avenue)...................C1
JULIEN (Passage)...................C1
LAFAYETTE (Boulevard).........C2-D4
LAGARLAYE (Rue)..............C1-C2
LAMARTINE (Impasse)..............B1
LAMARTINE (Rue)...................B1
LE GRAND PASSAGE.............B1-C1

LECOQ (Rue).................C2-C3
LEDRU (Rue)........................D3
LEO LAGRANGE (Rue)...............D2
LEON BLUM (Avenue)...........C4-D4
LEON MALFREYT (Boulevard).......C2
LEZOUX (Rue de)..................B4
LIBERATION (Avenue de la).........D2
LIBERTE (Place de la)...............B1
LIEVRE (Impasse du)...............C4
LOUIS ARAGON (Place).............C2
LOUIS BRAILLE (Rue)...........A1-B1
LOUIS RENON (Rue)................C2
MARCHE AUX POISSONS (Place)....B2
MARECHAL DE LATTRE ET DE LA 1ERE
ARMEE (Rue).......................C2
MARECHAL FAYOLLE (Place).........A1
MARECHAL FOCH (Rue)............C2
MARECHAL JOFFRE (Rue).......C2-C3
MARECHAL JUIN (Rue de)..........C2
MARECHAL LECLERC (Rue)..........A2
MARILHAT (Rue)....................B1
MARINGUES (Rue de)...............B4
MARX DORMOY (Avenue)...........D1
MASSILLON (Rue)...................B2
MAURICE BUSSET (Rue).............C2
MAURICE WEISS (Rue)..............C1
MAZET (Place du)...................B2
MEISSONNIER (Rue)................C2
MEYRAND DES PRADEAUX (Rue)..C2-D2
MICHALIAS (Rue)...................C4
MICHEL DE L'HOSPITAL (Square)....C2
MICHEL DE L'HOSPITAL (Rue)....A1-B1
MICHODIERE (Rue de la)...........B2
MINIMES (Rue des).................B1
MONTELLOY (Impasse)..............B2
MONTLOSIER (Petite rue)..........A2-A3
MONTLOSIER (Rue)..............A2-A3
MONTROGNON (Rue de).............A1
MOREE (Rue de la).................A1
NESTOR PERRET (Rue)..............B1
NEUVE DES CARMES (Impasse)......C2
NEUVE DES CARMES (Rue)..........C2
NEYRON (Rue)......................A3
NOTRE DAME DU PORT (Place)......A3
NOTRE DAME DU PORT (Rue)....D1-D2
OMER TALLON (Rue)................D1
ONSLOW (Rue).....................D1
11 NOVEMBRE (Rue du)..........A1-B2
ORADOU (Rue de l')................D4
ORATOIRE (Rue de l')..............B3
ORMESSON (Rue d')................A3
PARADIS (Rue du)..................C2-C3

PARC (Résidence du)...............D2
PASCAL (Rue).................A3-B3
PASTEUR (Boulevard)..........D1-D2
PAUL COLLOMP (Rue)...............C3
PAUL DIOMEDE (Rue)...............A1
PAUL GONDARD (Place).............B2
PAUL LAPIE (Rue)...................D4
PAUL LEBLANC (Rue)...............B2
PAULINES (Avenue des).............C4
PEROU (Rue du)...............A1-A2
PETITS FAUCHERS (Rue des).....A2-B2
PETITS GRAS (Rue des).............B2
PHILIPPE GLANGEAUD (Rue).........B2
PHILIPPE LEBON (Rue)..........D3-D4
PHILIPPE MARCOMBES (Place).......B2
PHILIPPE MARCOMBES (Rue).........B2
PIERRE BESSET (Rue)................A1
PIERRE LE VENERABLE (Rue)........A4
PIERRE L'ERMITE (Rue)..............A4
PIERRE TEILHARD DE CHARDIN (Rue)..D3
PONT DE NAUD (Rue du)............D4
PONT NATUREL (Rue du).............A1
PONTS (Place des)..................A2
PORT (Rue du)................B2-A3
PORTES D'ARGENT (Rue des)........A1
POTERAT (Rue).....................D2
POTERNE (Rue de la)...............A2
PREFECTURE (Rue de la)............B2
PRES BAS (Rue des)............D3-D4
PREVOTE (Rue).....................B2
PRISON (Rue de la).................B2
PUCELLE (Place de la)..............B1
PUITS ARTESIEN (Rue du).......D1-D2
4 PASSEPORTS (Rue des)...........B1
RAMEAU (Rue)......................C1
RAMOND (Rue).................C1-D1
RAYMOND POINCARE (Cours).......D3
REGENSBURG (Place de)...........D1
RENOUX (Impasse).................C2
RIBEYRE JAFFEUX (Rue)............B1
ROBERT HUGUET (Place).............B2
ROBERTUS (Rue)....................A3
ROMAGNAT (Rue de)................D4
ROUGET DE LISLE (Rue)........D1-D2
ROYALE (Place)....................B2
SABLON (Cours)...............B3-D3
SAINT-ADJUTOR (Rue)...............B2
SAINT-ANDRE (Rue).................B1
SAINT-ARTHEME (Petite rue)........A1
SAINT-ARTHEME (Rue)..............A1
SAINT-AUSTREMOINE (Impasse)......B3

SAINT-AVIT (Rue)..............A3-B3
SAINT-BARTHELEMY (Rue)...........B2
SAINT-BENOIT (Rue)................B1
SAINT-DOMINIQUE (Rue)............B1
SAINT-ESPRIT (Rue)................C2
SAINT-EUTROPE (Place).............A2
SAINT-EUTROPE (Rue)...........A1-A2
SAINT-GENES (Rue)............B2-C2
SAINT-HEREM (Rue)............A2-B2
SAINT-LAURENT (Rue)..............A3
SAINT-PIERRE (Petite rue)..........A2
SAINT-PIERRE (Place)..............A2-B2
SAINT-PIERRE (Rue)................B2
SAINT-VINCENT DE PAUL (Rue).......B1
SAINTE-CLAIRE (Rue)...........A1-A2
SAINTE-GENEVIEVE (Rue)............B1
SAINTE-GEORGE (Rue)...........A1-A2
SAINTE-MADELEINE (Rue)............B1
SAINTE-ROSE (Rue)............A1-B2
SAVARON (Rue)................B2-B3
SELLETTE (Rue de la)...........A3-A4
SERBIE (Rue de)...................B1
SIDOINE APOLLINAIRE (Rue).........A2
SOUS LES AUGUSTINS (Rue).........A2
SUGNY (Place).....................B1
TANNERIE (Rue de la)..............B1
TAUREAU (Place du).................C2
TERRAIL (Place du).................B3
TERRAIL (Rue du).............B2-B3
TERRASSE (Rue)...................B3
THIERS (Rue)......................B4
THOMAS (Rue)................B2-B3
TOUR D'AUVERGNE (Rue)........B2-C2
TOUR DE LA MONNAIE (Rue)........B2
TOURNET (Impasse du)..............B2
TOURNET (Rue du)..................B2
TRANCHEE DES GRAS (Rue)..........B2
TREILLE (Rue de la).............B2-C2
3 RAISINS (Rue des)................B2
TRUDAINE (Boulevard)..............B3
UNION SOVIETIQUE (Avenue de l')...B4
URBAIN 2 (Rue).....................A3
VAUDOIT (Cité).....................A3
VERCINGETORIX (Avenue).......C2-D2
VERDIER LATOUR (Rue)..............B2
VIADUC SAINT-JACQUES (Rue)........D3
VICTOIRE (Place de la)..............B2
VIEILLARDS (Rue des)...............B1
VIGNERONS (Place des)..............A1
VILLENEUVE (Rue)..............A3-B3
VILLEVAUD (Rue)...................A1
VIOLETTES (Sente des)..............D1

DIJON

222

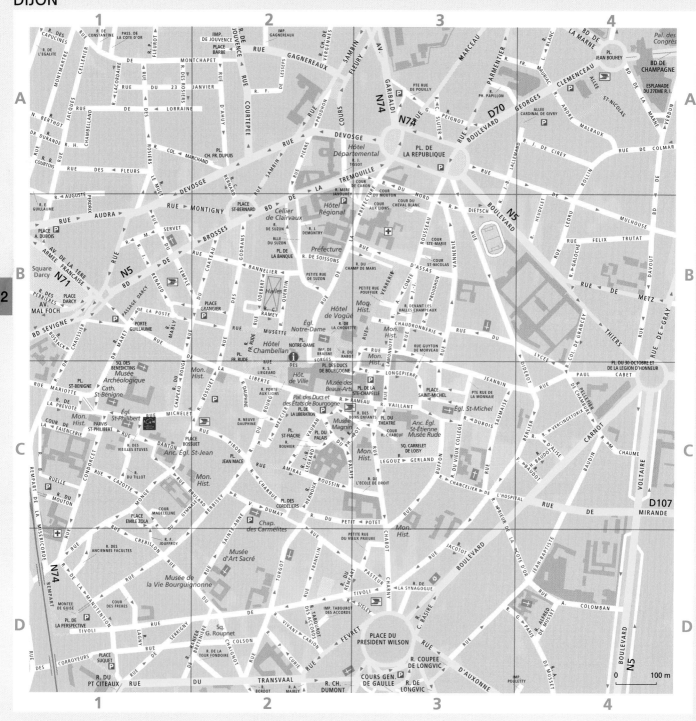

AHUY (Rue d')..................A2
ALFRED DE MUSSET (Rue)..........D4
ALISE (Rue d')...................C4
ALPHONSE MAIREY (Rue)...........D2
AMIRAL ROUSSIN (Rue)............C2-C3
ANCIENNES FACULTES (Rue des).....D1
ANDRE COLOMBAN (Rue)............D4
ANDRE MALRAUX (Rue).............A4
ASSAS (Rue d')..................B2-B3
AUDRA (Rue).....................B1
AUGUSTE COMTE (Rue).............B3
AUGUSTE DUBOIS (Place)..........B1
AUGUSTE PERDRIX (Rue)...........A1-B1
AUXONNE (Rue d')................D3
BANNELIER (Rue).................B1-B2
BANQUE (Place de la)............B2
BARBE (Place)...................A2
BELLE RUELLE (Rue)..............C1
BENEDICTINS (Square des)........C1
BERBISEY (Rue)..................D1-C2
BERLIER (Rue)...................D3-C4
BERNARD COURTOIS (Rue)..........A1
BONS ENFANTS (Rue des)..........C2-C3
BORDOT (Rue)....................D2
BOSSACK (Rue)...................B1
BOSSUET (Place).................C1-C2
BOSSUET (Rue)...................C2
BOUHIER (Rue)...................C2
BOURG (Rue du)..................B2
BRAISNE (Impasse de)............B2
BROSSES (Boulevard de).........B1-B2
BRULARD (Rue)...................C1-C2
BUFFON (Rue)....................C3-D3
CAPUCINES (Rue des).............A1
CARDINAL DE GIVRY (Allée).......A4
CARNOT (Boulevard)..............D3-C4
CARON (Cour de).................A3-B3
CARRELET DE LOISY (Square)......C1
CAZOTTE (Rue)...................C1
CHABOT CHARNY (Rue).............C3
CHAIGNOT (Rue du)...............D1-D2
CHAMP DE MARS (Rue du)..........B2-B3
CHAMPAGNE (Boulevard de)........A4
CHANCELIER DE L'HOSPITAL (Rue)..B1-C1
CHAPEAU ROUGE (Rue du)..........B1-C1
CHARLES DE VERGENNES (Rue)......C2
CHARLES DUMONT (Rue)............D3
CHARLES FRANCOIS DUPUIS (Place).A2
CHARRUE (Rue)...................C2
CHATEAU (Rue du)................B1-B2
CHAUDRONNERIE (Rue).............B3
CHEVAL BLANC (Cour du)..........B3

CHOUETTE (Rue de la)............B2-B3
CLAUDE BASIRE (Rue).............D3
CLAUDE BERNARD (Rue)............A2-B2
CLAUDE RAMEY (Rue)..............B2
CLAUS SLUTER (Rue)..............A3
COLMAR (Rue de).................D1
COLONEL DE GRANCEY (Rue)........B4-C4
COLONEL MARCHAND (Rue)..........A1-A2
COLSON (Rue)....................D1-D2
CONDORCET (Rue).................C1-D1
CONSTANTINE (Rue de)............A1
CORDELIERS (Place des)..........B1
CORROYEURS (Rue des)............D1
COTE D'OR (Passage de la).......B1
COUPEE DE LONGVIC (Rue).........D3
COURTEPEE (Rue).................A2
CREBILLON (Rue).................C1-D1
DANTON (Rue)....................C1
DARCY (Passage).................B1
DARCY (Place)...................B1
DAUPHINE (Rue)..................C2
DAVOUT (Rue)....................B4
DEVANT LES HALLES CHAMPEAUX
(Rue)...........................B3
DEVOSGE (Rue)...................B1-B3
DIDEROT (Rue)...................A3-C4
DIETSCH (Rue)...................B1-C1
DOCTEUR CHAUSSIER (Rue).........B1-C1
DOCTEUR DURANDE (Rue)...........A1
DOCTEUR MARET (Rue).............B1-C1
DUBOIS (Rue)....................C3
DUCS DE BOURGOGNE (Place des)...B2-C2
ECOLE DE DROIT (Rue de l')......C2-C3
EGALITE (Rue de l').............A1
EMILE ZOLA (Place)..............C1
EUGENE GUILLAUME (Rue)..........B1
FAIENCERIE (Cour de la).........C1
FELIX TRUTAT (Rue)..............B3
FERDINAND DE LESSEPS (Rue)......A2
FEVRET (Rue)....................D2-D3
FLEURS (Rue des)................A1
FLEURY (Cours)..................A2-A3
FORGES (Rue des)................B2-C2
FRANCOIS BAUDOT (Rue)...........A2
FRANCOIS JOUFFROY (Rue).........C1-D1
FRANCOIS MAURIAC (Rue)..........A3-A4
FRANCOIS RUDE (Place)...........B2-C2
FRANCOIS RUDE (Rue).............B2
FRANKLIN (Rue)..................D2
FRERES (Cour des)...............D1
GABRIEL PEIGNOT (Rue)...........A3
GAGNEREAUX (Impasse)............A2

GAGNEREAUX (Rue)................A2
GALOCHE (Rue)...................C1
GARIBALDI (Avenue)..............A3
GASTON PARIS (Rue)..............D3-D4
GENERAL DE GAULLE (Cours).......D3
GEORGES CLEMENCEAU (Boulevard)..A3-A4
GODRANS (Rue des)...............B2-C2
GRANGIER (Place)................B1-B2
GRAY (Rue de)...................B4-C4
GUILLAUME (Porte)...............B1
GUISE (Montée de)...............C1
GUYTON DE MORVEAU (Rue).........B3-C3
GYMNASE (Rue du)................D1-C2
HENRI BAUDOT (Rue)..............B2
HENRI CHABEUF (Cour)............C2
HENRY CHAMBELLAND (Rue).........A1
HERNOUX (Rue)...................C2
HEUDELET (Rue)..................A4-B4
JACOTOT (Rue)...................C4
JACQUES CELLERIER (Rue).........A1-B1
JAMES DEMONTRY (Rue)............B2
JEAN BOUHEY (Place).............A4
JEAN DE CIREY (Rue).............A4
JEAN MACE (Place)...............C1
JEAN RENAUD (Rue)...............B1
JEAN-BAPTISTE BAUDIN (Rue)......C3
JEAN-BAPTISTE LALLEMAND (Rue)...B3-A4
JEAN-BAPTISTE LIEGEARD (Rue)....B2
JEAN-JACQUES ROUSSEAU (Rue).....A3-B3
JEANNIN (Rue)...................B3-C3
JOSEPH TISSOT (Rue).............A2
JOUVENCE (Impasse de)...........A2
JOUVENCE (Rue de)...............A2
JULES MERCIER (Rue).............B2
LACORDAIRE (Rue)................A1
LAGNY (Rue).....................D1
LAMONNOYE (Rue).................B3-C3
LEDRU ROLLIN (Rue)..............A4-B4
LEGOUZ GERLAND (Rue)............C3
LIBERATION (Place de la)........B2-C2
LIBERTE (Rue de la).............B1-C2
LIONS (Cour aux)................B2
LONGEPIERRE (Rue)...............B3
LONGVIC (Rue de)................D3
LORRAINE (Rue de)...............A1-A2
LOUIS BLANC (Rue)...............A4
LYCEE (Rue du)..................B3-C3
MABLY (Rue).....................B1
MADELEINE (Cour)................C1
MANUTENTION (Rue de la).........D1
MARCEAU (Rue)...................A3

MARECHAL FOCH (Avenue)..........B1
MARIOTTE (Rue)..................C1
MARNE (Boulevard de la).........A4
MAURICE CHAUME (Rue)............C3
MERE JAVOUHEY (Rue).............A2-B3
METZ (Rue de)...................B4
MICHEL SERVET (Rue).............B1-B2
MICHELET (Rue)..................C1-D1
MIRANDE (Rue de)................C4
MISERICORDE (Rempart de la).....C1-D1
MONGE (Rue).....................C1
MONNAIE (Petite rue de la)......C3
MONTCHAPET (Rue de).............A1-A2
MONTIGNY (Rue de)...............B1-B2
MONTMARTRE (Rue)................A1
MOUTON (Cour du)................A3-B3
MOUTON (Rue du).................C1
MUET (Rue du)...................A1-B1
MULHOUSE (Rue de)...............A3-B4
MUSETTE (Rue)...................B2
NEUVE DAUPHINE (Rue)............C2
NICOLAS BERTHOT (Rue)...........A1
NORD (Rue du)...................A3-B3
NOTRE DAME (Place)..............B2-C2
ODEBERT (Rue)...................B2
PALAIS (Place du)...............C2-C3
PALAIS (Ruelle du)..............C3
PARMENTIER (Rue)................A4
PASTEUR (Rue)...................C2-D3
PAUL CABET (Rue)................C4
PELLETIER DE CHAMBURE (Rue).....C3
PERRIERES (Rue des).............B1
PERSPECTIVE (Place de la).......D1
PETIT CITEAUX (Rue du)..........D1
PETIT POTET (Rue du)............C2
PHILIBERT PAPILLON (Rue)........A3-A4
PHILIPPE POT (Rue)..............C2
PIERRE CURIE (Rue)..............A1
PIERRE FLEUROT (Rue)............A1
PIERRE PRUDHON (Rue)............A1
PIRON (Rue).....................C2
PORTE AUX LIONS (Rue)...........B2
POSTE (Rue de la)...............B1
POUFFIER (Petite rue)...........B3
POUILLY (Petite rue de).........A3
POULETTY (Impasse)..............D3
PREFECTURE (Rue de la)..........B2-A3
1ERE ARMEE FRANCAISE
(Avenue de la).................B1
PRESIDENT WILSON (Place du).....D3
PREVOTE (Rue de la).............C1
PRIEUR DE LA COTE D'OR (Rue)....C3-D4

PROUDHON (Rue)..................B3
QUENTIN (Rue)...................B2
RABOT (Rue du)..................B2
RAMEAU (Rue)....................C2
RANFER DE BRETENIERE (Rue)......D1-D2
REMPART (Rue du)................D2-D3
REPUBLIQUE (Place de la)........A3
ROSIERS (Rue des)...............A1-B1
SAINT-BENIGNE (Place)...........C1
SAINT-BERNARD (Place)...........B2
SAINT-FIACRE (Place)............C2
SAINT-MICHEL (Place)............C3
SAINT-NICOLAS (Allée)...........A4
SAINT-NICOLAS (Cour)............B3
SAINT-PHILIBERT (Parvis)........C1
SAINTE-ANNE (Rue)...............C2
SAINTE-CHAPELLE (Place de la)...C2-D2
SAINTE-MARIE (Cour).............B3
SERRIGNY (Rue)..................D1-D2
SEVIGNE (Boulevard).............B1
SISLEY (Rue)....................D2-D3
SOISSONS (Rue de)...............B2
STEPHEN LIEGEARD (Rue)..........C2
SUQUET (Place)..................D1
SUZON (Petite rue de)...........B2
SUZON (Rue du)..................B2
SYNAGOGUE (Rue de la)...........D3
TABOUROT DES ACCORDS (Rue)......D2
TABOUROT DES ACCORDS (Impasse)..D2
TEMPLE (Rue du).................B1-B2
THEATRE (Place du)..............C2-D2
THIERS (Boulevard)..............A3-C4
TILLOT (Rue du).................C1
TIVOLI (Rempart)................D1
TIVOLI (Rue de).................D1-D3
TOUR FONDOIRE (Rue de la).......D1-D3
TRANSVAAL (Rue du)..............D1-D2
TREMOUILLE (Boulevard de la)....B2-B3
30 OCTOBRE ET DE LA LEGION
D'HONNEUR (Place du)...........C4
TURGOT (Rue)....................C2-D2
VAILLANT (Rue)..................C2
VANNERIE (Rue)..................B3-C3
VAUBAN (Rue)....................C2
VERCINGETORIX (Rue).............C4
VERDUN (Boulevard de)...........A4-B4
VERRERIE (Rue)..................B3-C3
VICTOR DUMAY (Rue)..............C2
VIEILLES ETUVES (Rue)...........C1
VIEUX COLLEGE (Rue du)..........C3
VIEUX PRIEURE (Petite rue du)...D3

27EME REGIMENT D'INFANTERIE
(Esplanade du).................A4
23 JANVIER (Rue du).............A1-A2
VIVANT CARION (Rue).............D2
VOLTAIRE (Boulevard)............C4-D4

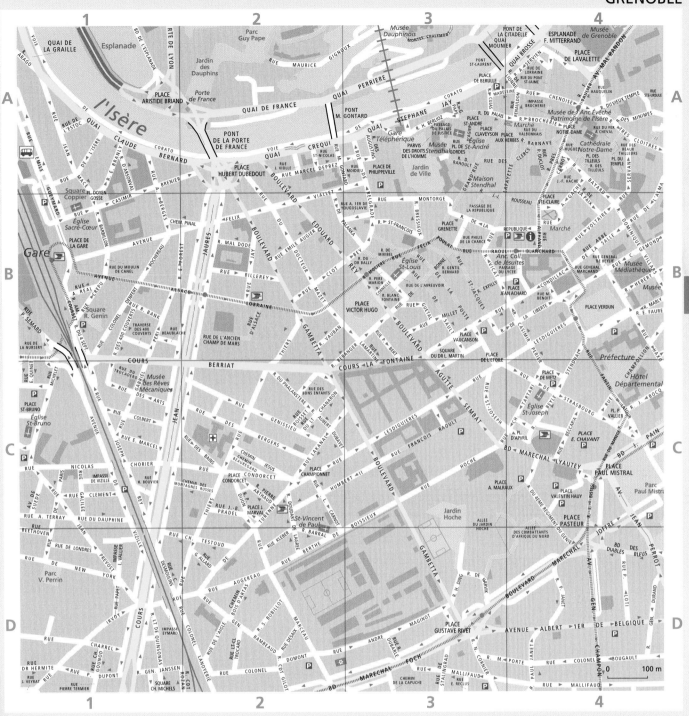

ABBE DE LA SALLE (Rue) B4
ABEL SERVIEN (Rue) A4
ABREUVOIR (Rue de l') B3
AGIER (Rue d') A3
AGUTTE SEMBAT (Boulevard) B3-C3
AIGLE (Rue de l') D2
ALBERT 1ER DE BELGIQUE
(Avenue) D3-D4
ALEXANDRE 1ER DE YOUGOSLAVIE
(Rue) A2-B2
ALMA (Rue de l') B4-B4
ALPHAND (Rue) B4
ALPHONSE TERRAY (Rue) C1
ALSACE (Rue d') B2
ALSACE LORRAINE (Avenue) B1-B2
AMIRAL COURBET (Rue) B1
ANCIEN CHAMP DE MARS (Rue de l') B2
ANDRE MAGINOT (Rue) D2-D3
ANDRE MALRAUX (Place) C3-C4
ANDRE REAL (Rue) B1
APVRIL (Place d') C4
ARAGO (Rue) A1
ARISTIDE BERGES (Rue) A1-B1
ARISTIDE BRIAND (Place) A1
ARSONVAL (Rue d') A1-B1
ARTS (Rue des) B1
AUBERT DUBAYET (Rue) C2-C3
AUGEREAU (Rue) D2
AUGUSTE GACHE (Rue) A4-B4
AUGUSTINS (Rue des) A3
BAINS (Rue des) C1-C2
BARBILLON (Rue) B1
BARNAVE (Rue) A4
BARRAL (Rue) D2
BAYARD (Rue) A4-B4
BEAUBLACHE (Rue) B1
BEAUREGARD (Chemin) C2
BEAUX TAILLEURS (Rue des) A4
BECCARIA (Rue) C4
BEETHOVEN (Rue) D1
BELGRADE (Rue de) B3-B3
BERANGER (Rue) C2-B3
BERGERS (Rue des) B1
BERRIAT (Cours) B1-C2
BERTHE DE BOISSIEUX (Rue) D2-C3
BEYLE STENDHAL (Rue) B4-C4
BILLEREY (Rue) B2
BLANC FONTAINE (Rue) B3
BOIS D'ARTAS (Chemin) C2
BOISSET (Rue) B1
BONNE (Rue de) B3
BONS ENFANTS (Rue des) B2

BRESSIEUX (Rue) B3
BROCHERIE (Impasse) A4
BROCHERIE (Rue) A4
CAMILLE DESMOULINS (Rue) D1
CAPUCHE (Chemin de la) D3
CASIMIR BRENIER (Rue) B1-A2
CASIMIR PERIER (Rue) B4-C4
CHALEMONT (Montée) A4
CHAMPIONNET (Place) C2
CHAMPOLLION (Rue) B4-C4
CHARLES GOUNOD (Rue) D1
CHARLES MICHELS (Square) C1
CHARLES TARTARI (Rue) C3-C4
CHARLES TESTOUD (Rue) D1-D2
CHARREL (Rue) D1
CHENOISE (Rue) A4
CITADELLE (Pont de la) A4
CLAUDE BERNARD (Quai) A1-A2
CLAUDE BROSSE (Quai) A4
CLAVEYSON (Place) A3
CLEMENT (Rue) B1
CLERCS (Rue des) A3-A4
CLOT BEY (Rue) B2-B3
COLBERT (Rue) B1
COLONEL BOUGAULT (Rue) D4
COLONEL DENFERT ROCHEREAU
(Rue) B1
COLONEL DUMONT (Rue) D2
COLONEL LANOYERIE (Rue) C1-D2
COMBATTANTS D'AFRIQUE DU NORD
(Allée des) C4-D4
COMMANDANT GILOT (Rue) B4
COMMANDANT ROZAN (Rue) D1
CONDILLAC (Rue) B3-B4
CONDORCET (Place) C2
CONDORCET (Rue) C1-C2
CORATO (Voie de) A1-A4
CORNEILLE (Rue) B3
CORNELIE GEMOND (Rue) B4
CREPU (Rue) B1
CREQUI (Quai) A3-A4
CUJAS (Rue) A3
DAUPHINE (Rue du) B3
DESAIX (Rue) D1
DIABLES BLEUS (Boulevard des) D4
DIODORE RAHOULT (Rue) B4
DOCTEUR BALLY (Rue du) B3
DOCTEUR HERMITE (Rue) D1
DOCTEUR LEON MARTIN
(Square du) B3-C3
DOCTEUR MAZET (Rue du) A2-B3
DOMINIQUE VILLARS (Rue) B4

DOUDART DE LAGREE (Rue) C2-D2
DOYEN GOSSE (Place) A1-B1
DROITS DE L'HOMME (Parvis des) A3
EDGAR QUINET (Rue) B1-C1
EDOUARD BRANLY (Rue) C1
EDOUARD REY (Boulevard) B2-B3
ELISE RECLUS (Rue) D3
EMILE AUGIER (Rue) B2
EMILE GUEYMARD (Rue) A1
ESPLANADE (Boulevard de l') A1
ESTOC (Rue de l') A1
ETIENNE FOREST (Rue) B1-B2
ETIENNE MARCEL (Rue) C1
ETOILE (Place de l') B3-C3
EUGENE FAURE (Rue) B1
EXPILLY (Rue) D1
EYMARD (Impasse) D1
FANTIN LATOUR (Rue) B4-C4
FELIX POULAT (Rue) B3
FELIX VIALLET (Avenue) B1-A3
FER A CHEVAL (Rue du) A4
FONTAINE (Cours la) C2-C3
FRANCE (Quai de) A2
FRANÇOIS MITTERRAND (Esplanade) A4
FRANÇOIS RAOULT (Rue) C2
FREDERIC TAULIER (Rue) C3
GABRIEL PERI (Rue) B1-C1
GALILEE (Rue) C1
GAMBETTA (Boulevard) B2-D3
GARE (Place de la) B1
GENERAL CHAMPON (Avenue) D4
GENERAL DE BEYLIE (Rue) A3
GENERAL DURAND (Rue) C1
GENERAL JANSSEN (Rue) D1
GENERAL MARCHAND (Rue) B4
GENERAL RAMBEAUD (Rue) D2
GENISSIEU (Rue) B3
GENTIL BERNARD (Rue) B3
GORDES (Rue de) A4
GRAILLE (Quai de la) A1
GRAND' RUE A3-A4
GRENETTE (Place) A3
GUETAL (Rue) B3
GUSTAVE RIVET (Place) D3
GUY ALLARD (Rue) D2
GUY PAPE (Rue) A2
HAUQUELIN (Rue) A4
HAXO (Rue) B4-B4
HEBERT (Rue) B4
HECTOR BERLIOZ (Rue) A3
HENRI DING (Rue) D3
HERBES (Place aux) A3-A4

HIPPOLYTE BOUVIER (Rue) C1
HOCHE (Rue) C3
HUBERT DUBEDOUT (Place) A2
HUMBERT II (Rue) C2-C3
IRVOY (Rue) D1
ISERE (Rue de l') A1
JACQUELINE MARVAL (Place) C2-D2
JARDIN HOCHE (Allée du) C3-D4
JAY (Rue) B2
JEAN ACHARD (Place) B3-B4
JEAN BISTESI (Rue) C4-D4
JEAN BOCQ (Rue) D1
JEAN JAURES (Cours) D1-A2
JEAN MACE (Rue) A1-B1
JEAN PAIN (Boulevard) B3-C4
JEAN PERROT (Avenue) C4-D4
JEAN PREVOST (Rue) C1-D1
JEAN VEYRAT (Rue) D1
JEAN-BAPTISTE PRADEL (Rue) C3
JEAN-FRANCOIS HACHE (Rue) A4
JEAN-JACQUES ROUSSEAU (Rue) A3-B4
JESUS (Chemin) C1
JOSEPH REY (Rue) B1-D1
JULES VIOLLE (Rue) A2
KLEBER (Rue) A3-A4
LAFAYETTE (Rue) B3-A4
LAKANAL (Rue) B2
LAMARTINE (Rue) B3-C3
LAVALETTE (Place de) A4
LAZARE CARNOT (Rue) C2-D2
LESDIGUIERES (Rue) B3-B4
LIBERTE (Rue de la) B3-B4
LIEUTENANT CHANARON (Rue) C2
LIEUTENANT DE QUINSONAS (Rue) D1
LIEUTENANT-COLONEL TROCARD
(Rue) D2
LIONNE (Rue de) A4
LONDRES (Rue de) D1
LORRAINE (Rue de) A2-A3
LOUIS VALLIER (Impasse) D1
LYCEE (Passage du) B4
LYON (Route de) A1
MABLY (Rue) B4
MADELEINE (Rue) A3-A4
MALLIFAUD (Rue) D3-D4
MANEGE (Rue du) C4
MARCEAU (Rue) A3
MARCEL BENOIT (Rue) B4
MARCEL DEPREZ (Rue) A2
MARCEL PORTE (Rue) D3-D4
MARECHAL DODE (Rue) A2
MARECHAL FOCH (Boulevard) D2-D3

MARECHAL JOFFRE (Boulevard) D3-C4
MARECHAL LYAUTEY (Boulevard) C3-C4
MARECHAL RANDON (Avenue) A4
MARIUS GONTARD (Pont) A2
MARIUS GONTARD (Rue) A2-A3
MAURICE GIGNOUX (Rue) A2-A3
METZ (Place de) C4
MICHELET (Rue) C1
MILLET (Rue) B3
MINIMES (Rue des) C4
MIRIBEL (Rue de) B3
MOIDIEU (Rue) A2-A3
MOLIERE (Rue) B3
MONTAGNES RUSSES
(Chemin des) C1-C2
MONTORGE (Rue) B3
MOULIN DE CANEL (Rue du) B1
MOUNIER (Quai) A4
NARVIK (Rue de) D3
NESTOR CORNIER (Rue) D3
NEW YORK (Rue de) D1
NICOLAS CHORIER (Rue) C1
NOTRE-DAME (Place) A4
NURSERY (Rue de la) B1-C1
PAIX (Rue de la) A3-A4
PALAIS (Rue du) A3-A4
PALAIS DE JUSTICE (Passage du) A3
PALANKA (Rue) A2-B3
PAPET (Rue) D1
PARIS (Rue de) C1-D1
PASTEUR (Rue) D3
PAUL BERT (Rue) B3-C3
PAUL DIJON (Rue) C4
PAUL JANET (Rue) D4
PAUL MISTRAL (Place) C4-D4
PAUL VALLIER (Rue) C4-C4
PERE MARION (Rue) B3
PERRIERE (Quai) A2-A3
PHALANSTERE (Rue du) C2
PHILIPPEVILLE (Place de) A3
PHILIS DE LA CHARCE (Rue) B3
PIERRE ARTHAUD (Rue) C2
PIERRE DUCLOT (Rue) A4
PIERRE DUPONT (Rue) D4
PIERRE LOTI (Rue) D4
PIERRE SEMARD (Rue) B1
PIERRE TERMIER (Rue) D1
PINAL (Chemin) B1-B2
PLACE DE BERULLE (Place) A3
PONT SAINT-JAIME (Rue du) A4
PORTE DE FRANCE (Pont de la) A2
POSTE (Rue de la) B3

PRESIDENT CARNOT (Rue) A4
400 COUVERTS (Rue des) B1-C1
400 COUVERTS (Traverse des) B1
QUATRE SEPTEMBRE (Rue du) B1
4EME REGIMENT DU GENIE
(Rue du) C4-D4
RAOUL BLANCHARD (Rue) B3-B4
RAYMOND BANK (Rue) B1
RENAULDON (Rue) A2
REPUBLIQUE (Passage de la) B3
REPUBLIQUE (Rue de la) B3-B4
ROBERT DUBARLE (Rue) D3
SAINT-ANDRE (Place) A3
SAINT-BRUNO (Place) C1
SAINT-FRANCOIS (Rue) B3
SAINT-HUGUES (Rue) A4
SAINT-JACQUES (Rue) B3
SAINT-JOSEPH (Rue) C3-C4
SAINT-LAURENT (Pont) A3-A4
SAINT-NICOLAS (Rue) A2
SAINTE-CLAIRE (Place) A4-B4
SAINTE-URSULE (Rue) A4
SERGENT BOBILLOT (Rue) D4
SERVAN (Rue) A4-B4
STALINGRAD (Rue de) D3
STEPHANE JAY (Quai) A2-A3
STRASBOURG (Rue de) C3-C4
SUEDE (Avenue de) C1
TEMPLE (Place du) A4
THIERS (Rue) D1-B2
TILLEULS (Rue des) A4
TILLEULS (Place des) B1
TRES CLOITRES (Rue) A4
TROCADERO (Rue du) D1-C2
TURENNE (Rue de) C2
VALBONNAIS (Rue du) A4
VALENTIN HAUY (Place) C4
VAUBAN (Rue) B2-B3
VAUCANSON (Place) B3
VERDUN (Place) B4
VICAT (Rue) B4
VICTOR HUGO (Place) B2-B3
VIEUX TEMPLE (Rue du) A4
VIZILLE (Rue de) B1-D1
VIZILLE (Impasse de) B1
VOLTAIRE (Rue) B4

LA ROCHELLE

224

0   100 m

ABLOIS (Rue d') C3
ABREUVOIR (Rue de l') B2
ADMYRAULT (Rue) B2
AIMABLE NANETTE (Rue de l') C3
AIME BONPLAND (Allée) A1
ALBERT 1ER (Rue) A3
ALCIDE D'ORBIGNY (Rue) A3-A4
ALIENOR D'AQUITAINE (Rue) A1
AMELOT (Rue) B3-B4
AMERIGO VESPUCCI (Avenue) D2
AMERIQUES (Avenue) D2
AMIRAL MEYER (Quai) C3
AMOS BARBOT (Rue) A3
ANGLAIS (Cour des) A3
ARCERE (Rue) A3
ARCHIMEDE (Rue de l') C3
ARMIDE (Rue de l') D2-C3
ARSENAL (Rue de l') B3
AUFREDY (Rue) B2-B3
AUGUSTINS (Rue des) B2-B3
BALANCE (Impasse de la) C3
BALANGERIE (Rue) C1-C2
BARENTIN (Place) B2
BASTION SAINT-NICOLAS (Rue du) C3-D4
BAZOGES (Rue des) B2-B3
BEARNOISE (Rue de la) A2
BELIER (Impasse du) A3
BEURRE (Rue du) B3
BLETTERIE (Rue) B3
BONNES FEMMES (Rue des) A3
BONPLAND (Rue) A4-B4
BONPLAND (Impasse) A4
BRAVE RONDEAU (Rue du) B3-A4
BRIQUETTERIE (Rue de la) A1
BUFFETERIE (Rue) A3-A4
BUJAUD (Rue) B3
CAILLE (Palce de la) B3
CANARDS (Rue des) C3
CAP OUEST (Place) C4
CAPRICORNE (Impasse du) A3
CARDINAL (Rue) D2
CARENAGE (Quai du) C3
CARMES (Rue des) C2
123EME REGIMENT D'INFANTERIE
  (Avenue du) C3-D3
CHAINE (Rue de la) C2
CHALOUPE (Rue de la) C3
CHARLES PROU (Allée) A1
CHARRUYER (Résidence) B1
CHATEAU VAUCLERC (Rue du) A2
CHAUDRIER (Rue) B2-A3
CHEF DE VILLE (Rue) B2

CIMETIERE (Rue du) C2
CLAUDE MASSE (Rue) A1
CLOCHE (Rue de la) C2
CLOUTIERS (Rue des) A3
COLLEGE (Impasse du) A3
COLLEGE (Rue du) A3
COLMAR (Avenue de) D3-D4
COMMANDANT DE LA MOTTE ROUGE
  (Place du) C3
COMMANDERIE (Cour de la) B2
COMTESSE (Rue de la) C3-C4
CORDELIERS (Avenue des) A4
CORDELIERS (Place des) A4
CORDERIES (Rue des) A4-B4
CORDOUAN (Rue) A3
COTRE (Passage du) C3
COUREAULEURS (Place des) C3
CREPEAU (Avenue) D1-D2
DAMES (Cours des) C2
DAMES (Rue des) B3
DANEMARK (Rue de) A1
DANIEL MASSIOU (Rue) A3-A4
DELAYANT (Rue) A2-A3
DESIREE (Rue) D1-D2
DUC (Rue du) B3-C3
DUPATY (Rue) B2-B3
DUPERRE (Passage) B2-C2
DUPERRE (Rue) C2-C3
ECHELLE CHAUVIN (Rue) A3-A4
ECHELLE DE LA COURONNE (Rue) A4
ECLUSE (Terre plein de l') C2-D2
ECOLES (Rue des) A2
ECREVISSE (Impasse de l') C3
EUGENE FROMENTIN (Rue) B2
EUGENE THOMAS (Rue) C4
EVESCOT (Rue de l') A3-A4
FABRIQUE (Rue de la) C3
FAGOTS (Rue des) C2
FERDINAND FAIDEAU (Allée) A1-C1
FERNAND BRAUDEL (Parvis) D2
FERTE (Rue de la) B3
FLEURIAU (Rue) A2-B3
FONDERIES (Rue des) A4-B4
FORME (Rue de la) A3-B3
FOURCHE (Place de la) C3
FOURCHE (Rue de la) C3
FRANÇOIS MITTERRAND (Esplanade) D2
FREGATE (Passage de la) C3

FRERES PRECHEURS (Rue des) A4
GABUT (Quai du) C3
GAMBETTA (Rue) A3-A4
GARGOULLEAU (Rue) A2-A3
GEMEAUX (Impasse des) B3
GENERAL DE GAULLE (Avenue du) C3-D4
GENERAL GALLIENI (Rue du) B3
GENERAL LECLERC (Avenue) A1-A2
GENTILSHOMMES (Rue des) B3
GEORGES SIMENON (Quai) C3
GEORGETTE (Quai de la) C3-D3
GOELETTE (Passage de la) C3
GRILLE (Rue de la) B3
GROLLES (Cour de) A3
GROSSE HORLOGE (Rue de la) B2-C2
GUIGNETTE (Rue de la) C3-D4
HONNEUR (Quai d') D3
HORLOGE (Pont de l') C3
HOTEL DE VILLE (Place de l') B3
HOTEL DE VILLE (Rue de l') B3
ITOUT Y FAUT (Impasse) A3
JAILLOT (Rue) A3
JARS (Rue des) D4
JEAN BAPTISTE MARCET (Place) B3
JEAN GUITON (Avenue) B1
JEAN GUITON (Impasse) B1
JEAN MOULIN (Pont) C4
JEAN-BAPTISTE MARCET (Place) B3
JOFFRE (Boulevard) D3-D4
JOURDAN (Rue) A1
LA ROCHELLE (Rue de) B3
LADAUGE (Cours) C3
LEONCE VIELJEUX (Rue) B1-B2
LOUIS ARAGON (Rue) D2
LOUIS DURAND (Quai) C3-B4
LOUIS PRUNIER (Quai) D3
LOUIS SUIRE (Pont) B4
LOUP MARIN (Rue le) D1-D2
MAIL (Allée du) C1
MARANS (Quai de) C3-C4
MARECHAL FOCH (Place du) C2
MARIETTES (Rue des) B3
MARIONNETTES (Rue des) C3
MAUBEC (Quai) B3-C3
MAURICE DELMAS (Avenue) B1-C1
MERCIERS (Rue des) A3-B3
MERVAULT (Rue) A3
METZ (Avenue de) A1
MICHEL CREPEAU (Avenue) D1-D2
MINAGE (Passage du) A3
MINAGE (Rue du) A3

MOLIERE (Impasse) A1
MOLIERE (Rue) A1
MONNAIE (Avenue de la) C1
MONTAIGNE (Rue) D2
MOUREILLES (Rue des) B3
MULHOUSE (Avenue de) C4-D4
MURAILLES (Rue des) A3
NICOLAS VENETTE (Rue) B2
NORVEGE (Rue de) B1
NOTRE (Allée le) B1-C1
NOUE (Rue la) A2-B2
OUVRAGE A CORNES (Rue de l') C4-D4
PALAIS (Rue du) B3
PARADIS (Rue du) B3
PARC (Rue du) A1
PAUL BONNARME (Allée) B1
PAUL GARREAU (Rue) B1
PAULEON (Rue) B3
PERNELLE (Rue) A2-B2
PETITE SIRENE (Place de la) C3
PIERRE SEMARD (Place) D4
POISSONS (Impasse des) A3
PORT (Petite rue du) C2-B3
PORT (Rue du) B3-C3
PORTE NEUVE (Avenue de la) A1-B2
PORTE NEUVE (Rue de la) B1-B2
PORTE ROYALE (Avenue de la) B3-A4
PRECHE (Rue du) B3-B4
PRES (Rue des) A1
QUINTINIE (Allée la) C1
RAMBAUD (Rue) A2-A3
RASTEAU (Square) B2
REAUMUR (Rue) C1-B2
REIMS (Place de) A2
REMPART DES VOILIERS (Rue du) A4
REMPART SAINT-CLAUDE (Rue du) C3-C4
REMPARTS (Chemin des) C1-A2
RENE GAUTIER (Rue) B4
SAINT-CLAUDE (Rue) B3-B4
SAINT-COME (Rue) A2-B2
SAINT-DOMINIQUE (Rue) A4
SAINT-FRANCOIS (Rue) A4
SAINT-JEAN D'ACRE (Esplanade) D1-C2
SAINT-JEAN DU PEROT (Rue) C1-C2
SAINT-LEONARD (Rue) B2
SAINT-LOUIS (Rue) A4-B4
SAINT-MICHEL (Rue) B3
SAINT-MICHEL (Cour) B3
SAINT-NICOLAS (Passerelle) B3
SAINT-NICOLAS (Rue) B3-C3

SAINTS (Cour des) A3
SAINTS PERES (Rue des) C1-C2
SAINT-SAUVEUR (Rue) B3
SAINT-YON (Rue) A3-B3
SAINTES CLAIRES (Rue des) A2-A3
SARDINERIE (Rue) B3-C3
SENAC DE MEILHAN (Rue) D2
SOLETTE (Rue de la) B3-C3
SUEDE (Rue de) A1-B1
SUR LES MURS (Rue) C1-C2
TALLEMANT DES REAUX (Rue) B2
TAMARIS (Allée des) D1
TEMPLE (Cour du) B2
TEMPLE (Rue du) B2-B3
TEMPLIERS (Rue des) B2
THEOPHRASTE RENAUDOT (Rue) C1
THIERS (Impasse) B4
THIERS (Rue) A3-B4
3 FUSEAUX (Rue des) B4
VALIN (Quai) C3
VERDIERE (Rue) B2-C2
VERDUN (Place de) A2
VIERGE (Impasse de la) B3
VILLENEUVE (Rue) B3-A4
VOILIERS (Rue des) A4

A FIENS (Rue) A3
A L'EAU (Cours) A2
ALEXANDRE DESROUSSEAUX C3
ALEXANDRE LELEUX (Rue) C1
AMIENS (Rue d') B2-C2
ANATOLE FRANCE (Rue) A2
ANGLETERRE (Rue d') A1
ARC (Rue de l') A1-B1
ARNOULD DE VUEZ (Rue) C1
ARSENAL (Place de l') A1
ARTOIS (Rue d') D1
ARTS (Rue des) A2
AUGUSTE ANGELLIER (Rue) D2
AUGUSTE BLANQUI (Rue) D4
AUGUSTIN LAURENT (Place) C3
AUGUSTINS (Rue des) B3
BAIGNERIE (Rue de la) A1-B1
BARBIER MAES (Rue du) C2
BARRE (Rue de la) A1
BASSE (Rue) A1-A2
BETHUNE (Place de) B2
BETHUNE (Rue de) B2-C2
BICHAT (Rue) D3
BLEU MOUTON (Rue du) B2
BONS ENFANTS (Rue des) A2
BOUCHERS (Rue des) A1
BOULOIRES (Cour des) C2-C3
BOURSE (Rue de la) A2
BRIGITTINES (Rue des) B3-C3
BRUXELLES (Rue de) D2
BUISSES (Place des) A3
BUISSES (Rue des) A3
CAMILLE GUERIN (Rue) D3-D4
CANONNIERS (Rue des) A2-A3
CARNOT (Boulevard) A2-A3
CAUMARTIN (Rue) D1
CHAMBRE DES COMPTES (Rue) A1
CHARLES DEBIERRE (Rue) C3-C4
CHARLES ST-VENANT (Rue) B3
CHATS BOSSUS (Rue des) A2
CHAUDE RIVIERE (Rue) B4
CIRQUE (Rue du) A1-A2
CITES UNIES (Boulevard des) C4
CLAUDE BERNARD (Rue) B4
CLEF (Rue de la) A2
COLBRANT (Rue) D1
COLOGNE (Rue de) A4
COURT DEBOUT (Rue du) B2-C2
CROQUET (Rue du) C3-C4
CURE ST-ETIENNE (Rue) A2
DEBRIS ST-ETIENNE (Rue des) A2
DENAIN (Rue de) D3

DEPORTES (Rue des) C3-C4
DESROUSSEAUX (Square) C3
DETOURNEE (Rue) B2
DEUX EPEES (Rue des) B1
DOCTEUR CALMETTE (Rue du) D4
DOUDIN (Rue) A1
EDOUARD DELESALLE (Rue) B2-C2
EMILE DUBUISSON (Boulevard) B4-C4
ERFURT (Pont d') A4
ERNEST DECONYNCK (Rue) C1
ESQUERMOISE (Rue) A1-A2
EUGENE VARLIN (Avenue) C4-D4
EUGENE VARLIN (Rue) C4-D4
EUROPE (Place de l') A4
FABRICY (Rue) D1
FAIDHERBE (Rue) A2-B3
FAUBOURG DE ROUBAIX (Rue du) A4
FLANDRES (Pont des) B4
FLEURUS (Rue de) D1
FOCH (Avenue) B1
FOSSES (Rue des) B1-B2
FRANÇOIS MITTERAND (Place) A4
FREDERIC MOTTEZ (Rue) C3-D4
GANTOIS (Rue) D1
GARE (Place de la) B3
GAUTHIER DE CHATILLON (Rue) C1-D2
GENERAL DE GAULLE (Place du) A2
GENTIL MUIRON (Place) C2
GEORGES LYON (Rue) D2
GEORGES MAERTENS (Rue) B1-C1
GILLESON (Rue) A1-A2
GODEFROY (Rue) C2
GOMBERT (Rue) C2
GOSSELET (Rue) D2
GRANDE CHAUSSEE (Rue) A2
GUSTAVE DELORY (Rue) B2-B4
HALLOTERIE (Rue de la) A1
HAZEBROUCK (Rue d') D2-D3
HENRI KOLB (Rue) D2
HOPITAL MILITAIRE (Rue de l') A1-C2
INKERMANN (Rue) C1-D1
JACQUART (Place) C2
JACQUEMARS GIELEE (Rue) B1-C1
JACQUES BREL (Parvis) B4
JACQUES LOUCHART (Place) A1
JARDINS (Rue des) A2-A3
JAVARY (Rue) B4
JEAN BART (Rue) D2-D3
JEAN ROISIN (Rue) B2
JEAN SANS PEUR (Rue) C1
JEAN-BAPTISTE LEBAS (Boulevard) D3
JEAN-JACQUES ROUSSEAU (Rue) A1

JEANNE D'ARC (Place) D2
JEANNE D'ARC (Rue) C2-D2
JEANNE MAILLOTTE (Rue) C1
KHARKOV (Pont) A4
LE CORBUSIER (Avenue) B3-B4
LEEDS (Boulevard de) A4
LEFEVRE (Rue) C4
LEON GAMBETTA (Rue) C1
LEON TRULIN (Rue) A2
LEONARD DANEL (Rue) A1
LEPELLETIER (Rue) A2
LESTIBOUDOIS (Square) B1-C1
LIBERTE (Boulevard de la) B1-D3
LIEGE (Allée de) A3-A4
LION D'OR (Place du) A2
LOMBARD (Rue) A3
LOUIS DUPIED (Rue) D4
LOUIS NICQUET (Rue) A3
LOUIS PASTEUR (Boulevard) A4-B4
LOUIS XIV (Boulevard) D3-D4
LYDERIC (Rue) C2-D3
MAIRE ANDRE (Rue) C1
MALPART (Rue) C2
MALUS (Rue) D2-D3
MANNELIERS (Rue des) A2-B2
MANUEL (Rue) D1
MARECHAL VAILLANT (Boulevard du) C4-D4
MARECHAL VAILLANT (Rue du) D4
MASUREL (Rue) A1-A2
MILITAIRE (Rue) B2
MOLFONDS (Rue des) B2
MOLIERE (Rue) C3-D3
MOLINEL (Rue du) C2-B3
MONNOYER (Rue) C2
MORISSON (Square) B2
MOULINS DE GARANCE (Rue des) B4-C4
NATIONALE (Rue) B1-B2
NEUVE (Rue) B2
NICOLAS LEBLANC (Rue) C1-D1
NOUVEAU SIECLE (Rue du) A1-B1
OVIGNEUR (Rue) C2
PALAIS RIHOUR (Rue du) B1-B2
PAPIN (Boulevard) D2
PARIS (Rue de) B2-C3
PASSAGE (Rue du) A1-B2
PATINIERS (Place des) A2
PAUL DUEZ (Rue) B4-C4
PETIT PAON (Rue du) A2
PHILIPPE LEBON (Place) D1
PIERRE DUPONT (Rue) B1
PIERRE MENDES-FRANCE (Place) A1

PIQUERIE (Rue de la) B1-C1
PLAT (Rue du) C2
POISSONCEAUX (Rue des) A1
PONTS DE COMINES (Rue des) B2-A3
POSTES (Rue des) D1
PRESIDENT HOOVER (Avenue du) D4
PRESIDENT HOOVER (Boulevard du) C4-D4
PRESIDENT KENNEDY (Avenue du) C2-B4
PRIEZ (Rue du) B3
PROFESSEUR CALMETTE (Rue du) D4
PUEBLA (Rue de) B1-C1
PYRAMIDES (Rue des) D1
QUAI (Rue du) A1
QUENETTE (Rue de la) A2-A3
RATISBONNE (Rue) C1
REDUIT (Rue du) C3
REIGNEAUX (Rue des) A3
REPUBLIQUE (Place de la) C1-C2
RICHEBE (Place) C1-C2
RIHOUR (Place) B2
RIVIERETTE (Rue de la) B2
ROCROY (Rue de) C3-D3
ROGER SALENGRO (Place) C3-D3
ROTTERDAM (Parvis de) A4
ROUBAIX (Rue de) A2-A3
ROYALE (Rue) A1
SAFED (Allée de) A4-B4
SAINT-ETIENNE (Rue) B1-A2
SAINT-GENOIS (Rue) B3
SAINT-HUBERT (Place) A3
SAINT-HUBERT (Rue) A3
SAINT-JACQUES (Rue) A2
SAINT-JEAN (Rue) A1
SAINT-LOUIS DU SENEGAL (Allée de) A3-A4
SAINT-MAURICE (Parvis) B2-B3
SAINT-MICHEL (Parvis) D1
SAINT-NICOLAS (Place) B2
SAINT-NICOLAS (Rue) B2
SAINT-SAUVEUR (Rue) B2
SAINTE-ANNE (Rue) B3
SAINTE-CATHERINE (Rue) A1
SAINTE-CATHERINE (Terrasse) A1
SCHEPERS (Rue) B2
SEBASTOPOL (Place) C1-D1
SEC AREMBAULT (Rue du) B2
SEPT AGACHES (Rue des) A2
SIMON VOLLANT (Place) C3-D3
SOLEIL LEVANT (Rue du) D1
SOLFERINO (Rue de) C1-D2
TANNEURS (Rue des) B2

TEMPLE (Place du) D2
TENREMONDE (Rue de) A1-B1
THEATRE (Place du) A2-B2
THIERS (Rue) A1
TOURNAI (Rue de) B3-B4
TROIS COURONNES (Rue des) A2
TROIS MOLLETTES (Rue des) A1
TURIN (Boulevard de) A4
VALLADOLID (Place de) A4
VALMY (Rue de) C2-D2
VERT BOIS (Rue du) B1
VIEILLE COMEDIE (Rue de la) B2
VIEUX FAUBOURG (Rue du) A3
VIEUX MARCHE AUX CHEVAUX
(Place du) C2
VIEUX MURS (Rue des) A1
VIGNETTE (Rue de la) C2
WATTEAU (Rue) C2-D2
WEPPES (Rue de) A1
WILLY BRANDT (Avenue) A3-B4

LYON

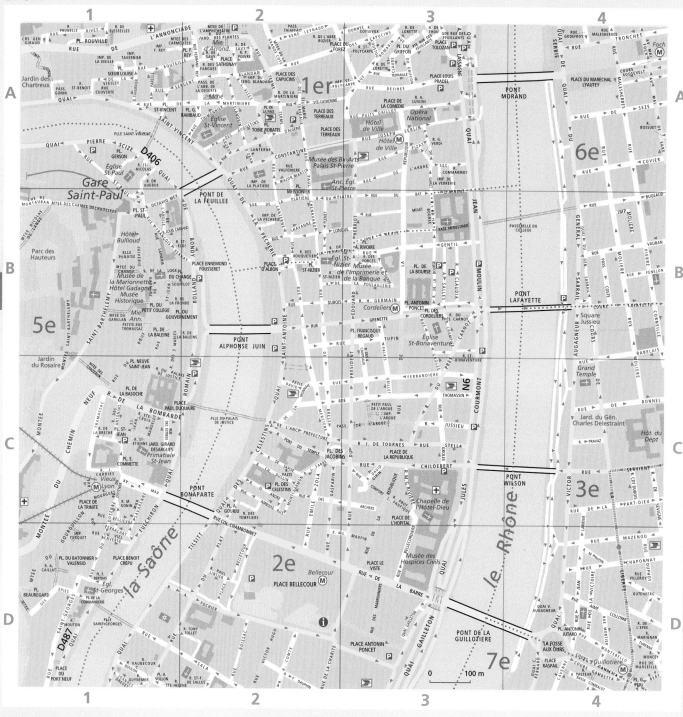

ABBAYE DE LA DESERTE (Passage de l')...1...A2
ABBE ROZIER (Rue de l')...1...A2-A3
ADOLPHE MAX (Avenue)...5...C1
AIME COLLOMB (Rue)...3...D4
ALBON (Place d')...1-2...B2
ALEXANDRE LUIGINI (Rue)...1...A3
ALGERIE (Rue d')...1...A2
ALPHONSE FOCHIER (Rue)...2...D1-D2
ALPHONSE JUIN (Pont)...5...C2
AMBOISE (Rue)...2...C2
ANCIENNE PREFECTURE (Rue de l')...2...C2
ANDRE LASSAGNE (Quai)...1...A3
ANGILE (Rue de l')...1...C1
ANNONCIADE (Rue de l')...1...A1-A2
ANTOINE RIVOIRE (Place)...2...B3
ANTOINE SALLES (Rue)...2...B3
ANTOINE VOLLON (Place)...2...D1
ANTONIN GOURJU (Place)...2...C1
ANTONIN JUTARD (Place)...3...D4
ANTONIN PONCET (Place)...2...D2-B3
ANTONINS (Rue des)...5...C1
ARBRE SEC (Rue de l')...1...A3
ARCHERS (Rue des)...2...C2-C3
ARGUE (Impasse l')...2...C3
ARGUE (Passage de l')...2...C3
ARMAND CAILLAT (Rue)...5...D1
AUGUSTE COMTE (Rue)...2...D2
AUGUSTINS (Rue des)...1...A2
BALEINE (Place de la)...5...
BALEINE (Rue de la)...5...B1-B2
BARRE (Rue de la)...2...D3
BASOCHE (Place de la)...5...
BASSE COMBALOT (Rue)...7...D4
BAT D'ARGENT (Rue du)...1-2...A3-B3
BATONNIER VALENSIO (Place du)...5...D1
BEAUREGARD (Place)...5...D1
BELLECORDIERE (Rue)...2...C3
BELLECOUR (Place)...2...D2-D3
BELLIEVRE (Rue)...5...C1-D1
BENOIT CREPU (Place)...5...D1
BŒUF (Rue du)...5...B1-C1
BOISSAC (Rue)...2...D2
BOMBARDE (Rue de la)...5...C1-C2
BONAPARTE (Pont)...5...C1-C2
BONDY (Quai de)...5...A1-B2
BONNEL (Rue de)...3...C4
BOUQUETIERS (Rue des)...1-2...B2
BOURSE (Place de la)...2...B3
BOURSE (Rue de la)...1-2...B3

BOUTEILLE (Rue)...1...A1-A2
BRECHE (Rue de la)...5...C1-D1
BREST (Rue de)...2...B2-C2
BUGEAUD (Rue)...6...A4-B4
CAPUCINS (Place des)...1...A3
CAPUCINS (Rue des)...1...A2-A3
CELESTINS (Place des)...2...C2
CELESTINS (Quai des)...2...C2
CHAMPIER (Rue)...2...B3
CHANGE (Montée du)...5...B1
CHANGE (Place du)...5...B1
CHAPONNAY (Rue)...3...D4
CHARITE (Rue de la)...2...D2
CHARLES DULLIN (Rue)...2...C2
CHAVANNE (Rue)...1...A2
CHAZEAUX (Montée des)...5...B1
CHEMIN NEUF (Montée du)...5...C1-C2
CHILDEBERT (Rue)...2...C3
CLAUDIA (Rue)...2...B3
CLOTILDE BIZOLON (Rue)...2...D2
COLLEGE (Passerelle du)...2...B3-B4
COLONEL CHAMBONNET (Rue)...2...C2-D2
COMEDIE (Place de la)...1...A3
COMMANDANT DUBOIS (Rue)...3...C4
COMMANDERIE (Place de la)...5...D1
COMMARMOT (Rue)...1...A3
CONFORT (Rue)...2...C3
CONSTANTINE (Rue)...1...A2
CORDELIERS (Place des)...2...B3
COSTE (Passage)...6...B4
COUSTOU (Rue)...1...A2
COUVERTE (Rue)...1...A1
COYSEVOX (Rue)...1...A2
CUVIER (Rue)...6...A4-B4
DAVID GIRIN (Rue)...2...C2
DES CARMES DECHAUSSEES (Montée)...5...B1
DESIREE (Rue)...1...A2
DOCTEUR AUGROS (Rue)...5...A1
DONNEE (Rue)...2...A2-A3
DOYENNE (Avenue du)...5...B1
DOYENNE (Rue du)...5...C1-C2
DUBOIS (Rue)...2...B2-B3
EDOUARD COMMETTE (Place)...5...B1
EMILE ZOLA (Rue)...2...C2-C3
ENNEMOND FOUSSERET (Place)...5...B2
EPEE (Rue de l')...3...D4
EPIES (Montée des)...5...D1
ESTREES (Rue des)...5...D1
FARGUES (Rue des)...1...A2
FERNAND REY (Place)...1...A2

FERNAND REY (Rue)...1...A2
FERRACHAT (Rue de)...5...C1-D1
FERRANDIERE (Rue)...2...C2-C3
FEUILLANTS (Grande rue des)...1...A3
FEUILLANTS (Petite rue des)...1...A3
FEUILLEE (Pont de la)...5...B1-A2
FORCES (Rue des)...2...B3
FOREZ (Rue du)...1...A2-B2
FRANCISQUE REGAUD (Place)...2...B3
FRANÇOIS BERTRAS (Place)...5...D1
FRANÇOIS DAUPHIN (Rue)...2...D2
FRANÇOIS VERNAY (Rue)...5...B1-C1
FRANKLIN ROOSEVELT (Cours)...6...A4
FRONDE (Rue de la)...5...B1
FULCHIRON (Quai)...5...C1-D1
GABRIEL PERI (Place)...7...D4
GABRIEL RAMBAUD (Place)...1...A2
GADAGNE (Rue de)...5...B1
GAILLETON (Quai)...2...D2
GAMBETTA (Cours)...3-7...D4
GARET (Rue du)...1...A3-B3
GARILLAN (Montée du)...5...B1
GASPARD ANDRE (Rue)...2...C2
GASPARIN (Rue)...2...C2-D2
GENERAL SARRAIL (Quai du)...6...A4-B4
GENTIL (Rue)...2...B3
GERBE (Rue de la)...2...B3
GERSON (Place)...5...B1
GIRARD DESARGUES (Jardin)...5...
GIUSEPPE VERDI (Rue)...1...A3
GOURGUILLON (Montée du)...5...C1-C2
GOUVERNEMENT (Place du)...5...B1
GRANDE COTE (Montée de la)...1...A2
GRENETTE (Rue)...2...B2-B3
GRIFFON (Place du)...1...A2-B2
GRIFFON (Rue du)...1...A2-B2
GROBON (Rue)...2...B2-B3
GROLEE (Rue)...2...B3-C3
GUILLOTIERE (Pont de la)...2...D3-D4
HENRI GERMAIN (Rue)...2...B3
HIPPOLYTE FLANDRIN (Rue)...1...A2
HOPITAL (Place de l')...2...C3
JACOBINS (Place des)...2...C2
JARDIN DES PLANTES (Rue du)...1...A2
JEAN CARRIES (Rue)...2...D2
JEAN DE TOURNES (Rue)...2...C3
JEAN FABRE (Rue)...2...C2
JEAN LARRIVE (Rue)...3...C4-D4
JEAN MOULIN (Quai)...1-2...A3-B3
JOSEPH SERLIN (Rue)...1...A3
JUIVERIE (Rue)...5...B1

JULES COURMONT (Quai)...2...B3-D3
JUSSIEU (Rue)...2...C3
LA FOSSE AUX OURS (Rue)...3...D4
LAFAYETTE (Cours)...3-6...B4
LAFAYETTE (Pont)...2...B3-B4
LAINERIE (Rue)...5...B1
LANTERNE (Rue)...1...A2-B2
LIBERTE (Cours de la)...3...B4-D4
LOGE (Rue de la)...5...B1
LONGUE (Rue)...1...A2-B2
LOUIS CARRAND (Rue)...5...B1-B2
LOUIS PRADEL (Place)...1...A3
LOUIS VITET (Rue)...2...C2
MAJOR MARTIN (Rue)...1...A2
MANDELOT (Rue)...5...C1
MARCEL GABRIEL RIVIERE (Rue)...2...C2
MARECHAL DE SAXE (Avenue)...3...C4
MARECHAL FOCH (Avenue)...6...A4
MARECHAL LYAUTEY (Place de)...6...A4
MARIUS AUDIN (Rue)...2...C3
MARIUS GONIN (Rue)...5...C1-D1
MARRONNIERS (Rue des)...2...D2
MARTINIERE (Rue de la)...1...A1-A2
MAZENOD (Rue)...3...C4
MEISSONIER (Place)...1...B2-C2
MERCIERE (Rue)...2...B3-C3
MGR LAVARENNE (Rue)...5...B1-C1
MOLIERE (Impasse)...6...
MOLIERE (Rue)...3-6...A4-C4
MONNAIE (Rue de la)...2...C3
MONTAUBAN (Chemin de)...5...B1
MONTCHARMONT (Rue)...2...B3
MONTEBELLO (Rue)...3...C4
MORAND (Pont)...1...A3-A4
MORTIER (Rue)...3...C4
MOURGUET (Rue)...5...B1
MULET (Rue du)...1...B3
NEUVE (Rue)...1-2...B3
NEUVE SAINT-JEAN (Place)...5...B1
NICOLAS DE LANGE (Montée)...5...A1
OCTAVIO MEY (Rue)...5...B1
ORAN (Rue d')...1...A2
PALAIS DE JUSTICE (Passerelle du)...2...C2
PALAIS DE JUSTICE (Rue du)...5...C1
PALAIS GRILLET (Rue)...2...B3-C3
PAREILLE (Rue)...1...A2
PART-DIEU (Rue de la)...3...C4
PAUL BERT (Rue)...3...C4-D4
PAUL CHENAVARD (Rue)...1...A2-B2
PAUL DUQUAIRE (Place)...5...B1

PAUL LINTIER (Rue)...2...D2
PAZZI (Rue)...2...C2
PECHERIE (Impasse de la)...1...B2
PECHERIE (Quai de la)...1...A2-B2
PETIT COLLEGE (Place du)...5...B1
PETIT DAVID (Rue)...2...C3
PETIT PASSAGE DE L'ARGUE...2...C3
PIERRE CORNEILLE (Rue)...3-6...A4-C4
PIERRE POIVRE (Rue)...1...A2
PIERRE SCIZE (Quai)...5...A1
PIZAY (Rue)...1...A3
PLAT (Rue du)...2...D1-D2
PLATIERE (Impasse de la)...1...A2-B2
PLATIERE (Rue de la)...1...B2
PLATRE (Rue du)...1...B2-B3
PLENEY (Rue)...1...B2
PONT WILSON...2...C3-C4
PORT DU TEMPLE (Rue du)...2...C2
PORT NEUF (Place du)...5...D1
POULAILLERIE (Rue de la)...2...B2-B3
PRAVAZ (Rue)...3...C4
PRESIDENT CARNOT (Rue du)...2...B3-C3
PRESIDENT EDOUARD HERRIOT (Rue du)...1-2...A3-D3
PROFESSEUR LOUIS PAUFIQUE (Rue)...2...B3
PUITS GAILLOT (Rue)...1...A3
PUNAISE (Ruelle)...5...B1
4 CHAPEAUX (Rue des)...2...C3
RABELAIS (Rue)...3...B4-C4
RASPAIL (Place)...7...D4
RENE LEYNAUD (Rue)...1...A2-A3
REPUBLIQUE (Place de la)...2...C3
REPUBLIQUE (Rue de la)...1-2...A3-D3
ROMAIN ROLLAND (Quai)...5...C1-B2
ROMARIN (Rue)...1...A3
ROUVILLE (Place de)...1...A2
SAINT-ANTOINE (Quai)...2...B2-C2
SAINT-BARTHELEMY (Montée)...5...B1-C1
SAINT-BENOIT (Rue)...5...A1
SAINT-BONAVENTURE (Rue)...2...B3
SAINT-CLAUDE (Rue)...1...A3
SAINT-ELOI (Rue)...5...B1-B2
SAINT-ETIENNE (Rue)...2...C2
SAINT-GEORGES (Passerelle)...5...D1
SAINT-GEORGES (Rue)...5...C1-D1
SAINT-JEAN (Place)...5...C1
SAINT-JEAN (Rue)...5...B1-C1
SAINT-NICOLAS (Rue)...1...A2
SAINT-NIZIER (Place)...2...B3
SAINT-NIZIER (Rue)...2...B2-B3
SAINT-PAUL (Place)...5...B1

SAINT-PAUL (Rue)...5...A1-B1
SAINT-POLYCARPE (Impasse)...1...A2-A3
SAINT-POLYCARPE (Rue)...1...A3
SAINT-VINCENT (Passerelle)...5...A1
SAINT-VINCENT (Place)...1...A1
SAINT-VINCENT (Quai)...1...A1-A2
SAINTE-CATHERINE (Rue)...1...A3
SAINTE-CROIX (Rue)...5...C1
SAINTE-HELENE (Rue)...2...D1
SAINTE-MARIE DES TERREAUX (Rue)...1...A2
SALA (Rue)...2...D1-D2
SATHONAY (Place)...1...A2
SAVOIE (Rue de)...2...C2
SAVY (Rue de)...1...A2
SERBIE (Quai de)...6...
SERGENT BLANDAN (Rue)...1...A1-A2
SERVIENT (Rue)...3...C4
SEZE (Rue de)...6...A4
SIMON MAUPIN (Rue)...2...D2-D3
SŒUR LOUISE (Rue)...1...A2
SOUFFLOT (Rue)...5...B1
STELLA (Rue)...2...C3
TAVERNIER (Impasse)...1...A1
TAVERNIER (Rue)...2...A1
TEMPLIERS (Rue des)...2...C2
TERME (Rue)...1...A2
TERRAILLE (Rue)...1...A2
TERREAUX (Place des)...1...A3
THIMONNIER (Rue)...1...A2-A3
THOMASSIN (Rue)...2...B3-C3
TILSITT (Quai)...2...D1-D2
TOBIE ROBATEL (Place)...1...A2
TOLOZAN (Place)...1...A3
TONY TOLLET (Rue)...2...D1-D2
TRAMASSAC (Rue)...5...C1
TREMASSAC (Petite rue)...5...B1
TRINITE (Place de la)...5...C1
3 MARIES (Rue des)...5...B1-C1
TRONCHET (Rue)...6...A4
TURENNE (Rue)...3...D4
TURQUET (Impasse)...5...D1
VALFENIERE (Rue de la)...1...A2-B2
VICTOIRE (Rue de la)...3...
VICTOR AUGAGNEUR (Quai)...3...B4-D4
VICTOR HUGO (Rue)...2...D2
VIEILLE (Impasse de la)...1...A1
VIEILLE (Rue de la)...1...A1
VIEL RENVERSE (Rue du)...5...D1
VILLEROY (Rue)...3...
VISTE (Place le)...2...D3

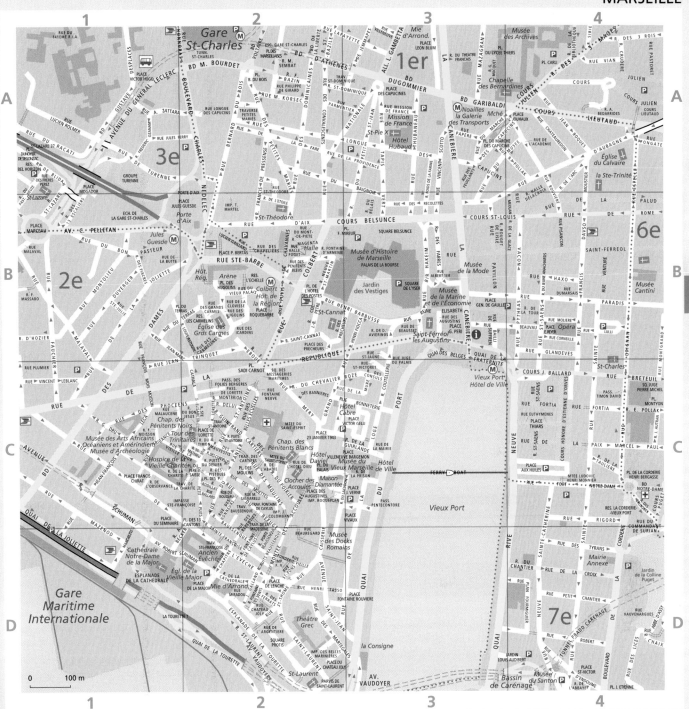

ABADIE (Rue de l') ....2 ....C2
ABBAYE (Rue de l') ....7 ....D4
ABEL HORIZON (Résidence) .3 ....A1
ACADEMIE (Rue de l') ....1 ....B2
ACCOULES (Montée des) .....2 ..C2-D2
AIX (Porte d') ....3 ....A2
AIX (Rue d') ....1 ....B2
ALBERT 1ER (Rue) ....1 ....B3
ANDRE AUNE (Boulevard) ...6 ....C3
ANTOINE BECKER (Rue) ....2 ..C1-D1
ANTOINE MATTEI (Rue) ....3 ....A1
ANTOINE ZATTARA (Rue) ....3 ..A1-A2
ARC (Rue de l') ....1 ..A4-B4
ARGENTIERE (Rue de l') ....2 ....C2
ATHENES (Boulevard d') ....1 ..A2-A3
AUBAGNE (Rue d') ....1 ..B3-A4
AUGUSTINES (Place des) ......2 ....C2
AUGUSTINS (Rue des) ....1 ..A2-B3
BAIGNOIR (Rue du) ....1 ....B2
BAILLI DE SUFFREN (Rue) ....1 ....B3
BALLARD (Rue) ....2 ..C2-D2
BAUSSENQUE (Rue) ....2 ..C2-D2
BAUSSENQUE (Traverse) .....2 ....C2
BEAUVAU (Rue) ....1 ..B3-B4
BELGES (Quai des) ....1-2 ..B3-C4
BELLES ECUELLES (Rue des) .2 ....C2
BELSUNCE (Cours) ....1 ....B2
BERNARD DU BOIS (Place) ...1 ....A2
BERNARD DU BOIS (Rue) ..1-3 ..A2-B2
BIBLIOTHEQUE (Rue de la) ...1 ....A4
BIR HAKEIM (Rue) ....1 ....B3
BLIDAH (Rue de) ....3 ..A1-B1
BON JESUS (Rue) ....2 ....C2
BON PASTEUR (Rue du) ....2 ....B1
BONNETERIE (Rue) ....2 ..C2-C3
BOULEAU (Rue du) ....2 ....C2
BRETEUIL (Rue) ....1-6 ..C4
CAISSERIE (Rue) ....2 ..C2-D2
CAMILLE PELLETAN (Avenue) .2-3 ..A1-B2
CAPUCINES (Place des) ....1 ....A3
CARMELINS (Rue des) ....2 ....B2
CARMES (Rue des) ....2 ....B2
CARTIERS (Rue des) ....1 ....A2
CARTIERS (Traverse des) ......2 ....C2
CATHEDRALE (Esplanade de la) .2 ..C1-D2
CATHEDRALE (Rue de la) ......2 ....D2
CHANTIER (Rue du) ....7 ....D4
CHAPELIERS (Rue des) ....1 ....B2
CHARITE (Rue de la) ....2 ....C2
CHARITE (Traverse de la) ......2 ....C2
CHARLES NEDELEC
(Boulevard) ....1-3 ..A2-B2
CHATEAU JOLY (Rue) ....2 ....D2
CHATEAUREDON (Rue) ....1 ....A4
CHEVALIER ROZE (Rue du) ...2 ..C2-C3
CLOVISSE (Rue de la) ....2 ....C2
COLBERT (Rue) ....1-2 ..B2-C2
COLONEL J.-B. PETRE (Rue) .1 ....A2
COMMANDANT DE SURIAN
(Rue du) ....6-7 ..D4
CONSULS (Rue des) ....2 ....C2
CONVALESCENTS (Rue des) ..1 ....A2
CORDELLES (Rue des) ....2 ....C2
CORDERIE (Boulevard de la) .7 ..C4-D4
CORDERIE HENRI BERGASSE
(Place de la) ....6-7 ..C4
CORDERIE-VIEUX PORT
(Résidence) ....7 ....C4
CORNEILLE (Rue) ....1 ....B4
CORSE (Avenue de la) ....7 ....D4
COUTELLERIE (Rue) ....2 ..B3-C3
CROIX (Rue de la) ....7 ....D4
DAMES (Boulevard des) ......2 ..B1-B2
DAVIEL (Place) ....2 ....C2
DELU (Rue) ....2 ....C2
DOCTEUR DENIS AVIERINOS
(Rue) ....1 ....A3
DOMINICAINES (Rue des) ...1 ..A2-B2
DUGOMMIER (Boulevard) .....1 ....A3
DUMARSAIS (Rue) ....7 ....B4
DUNOYER DE SEGONZAC
(Place) ....3 ....A1
DUVERGER (Rue) ....2 ....B1
ECHELLE (Résidence l') ....2 ....B2
ENDOUME (Rue d') ....7 ....D4
ERNEST REYER (Place) ....2 ....C2
ESTELLE (Rue) ....1-6 ..A4-B4
ETOILE (Rue de l') B3
EVECHE (Rue de l') ....2 ..C1-D2
FABRES (Rue) ....1 ....A2
FARE (Rue de la) ....1 ....A2
FAUCHIER (Rue) ....2 ..B1-C1
FELIX EBOUE (Rue) ....2 ....C2
FERRATS (Rue des) ....2 ....C2
FIACRES (Rue des) ....2 ....C2
FOLIES BERGERES (Passage des) .2 ..C1-C2
FONDERIE VIEILLE (Impasse) .2 ..C1-D1
FONDERIE VIEILLE (Rue) ....2 ..C1-D1
FONTAINE D'ARMENIE (Rue) .2 ....C2
FONTAINE DE CAYLUS (Rue) .2 ..C2-C3
FONTAINE DE CAYLUS
(Traverse) ....2 ..C2-C3
FONTAINE DES VENTS (Rue) .2 ....C2
FONTAINE ROUVIERE (Place) .2 ....C2
FORT NOTRE-DAME (Rue) ..1-7 ..C4

FORTIA (Rue) ....1 ....C4
FOUR DU CHAPITRE (Rue) ...2 ....D2
FRANCIS CHIRAT (Place) ....2 ....C1
FRANCIS DAVSO (Rue) ....1 ..B4-C4
FRANCIS DE PRESSENCE (Rue) .1 ..A2-B2
FRANÇOIS BAZIN (Rue) ....1 ....A2
FRANÇOIS MIREUR (Place) ....1 ..B2-B3
FRANÇOIS MOISSON (Place) .2 ....C2
FRANÇOIS MOISSON (Rue) ...2 ..B1-C1
FRATERNITE (Quai de la) ....1 ..B3-C4
FREDERIC OZANAM (Rue) ....3 ....A1
FRERES PEREZ (Rue des) ......3 ....A1
GARIBALDI (Boulevard) ....1 ..A3-A4
GENERAL LECLERC (Avenue du) .3 ..A1-A2
GILBERT DRU (Rue) ....2 ....C2
GLANDEVES (Rue) ....1 ....B4
GRAND RUE ....2 ..C2-C3
GRANDS CARMES (Place des) .2 ....B2
GRANDS CARMES (Rue des) .2 ....B2
GRIGNAN (Rue) ....1-6 ..B4-C4
GUINTRAND (Rue) ....2 ....C2
GUIRLANDE (Rue de la) ....2 ....C2
GUSTAVE RICARD (Rue) ....6 ....B4
HALLE PUGET (Rue) ....1 ....B4
HAXO (Rue) ....1 ....B4
HENRI BARBUSSE (Rue) ....1 ....B4
HENRI FIOCCA (Rue) ....1 ....B4
HENRI TASSO (Rue) ....2 ..D2-D3
HONNEURS (Rue des) ....2 ....C2
HONNORAT (Rue) ....1-3 ..A2
HONORE D'ESTIENNE D'ORVES
(Cours) ....1 ....C4
HOTEL DES POSTES (Place de l') .1 ....B2
HOTEL DIEU (Rue de l') ....2 ....C2
HUGOLINS (Place des) ....2 ....C2
HUGOLINS (Rue des) ....2 ....C2
HUILES (Place aux) ....1 ....C4
ICARDINS (Rue des) ....2 ....C2
JEAN BALLARD (Cours) ....1 ....B4
JEAN COLOMBANI (Impasse) .2 ....C2
JEAN GALLAND (Rue) ....2 ....C2
JEAN ROQUES (Rue) ....6 ....B4
JEAN TRINQUET (Rue) ....2 ..C1-B2
JEAN-FRANÇOIS LECA (Rue) .2 ..C1-D1
JEAN-MARC CATHALA (Rue) .2 ..C1-D1
JEUNE ANACHARSIS (Rue du) .1 ....B4
JOLIETTE (Quai de la) ....2 ..C1-D1
JOLIETTE (Rue de la) ....2 ..B1-B2
JULES FERRY (Rue) ....3 ..A1-A2
JULES GUESDE (Place) ......2-3 ..B1-B2
JULES VERNE (Place) ....2 ....C2
LA CANEBIERE (Rue) ....1-2 ..A3-B3

LACYDON (Rue du) ....2 ..C2-C3
LENCHE (Place de) ....2 ....C2
LEON GAMBETTA (Allée) ....1 ....A3
LEON JOUHAUX (Place) ....1 ....A4
LES CARMELINS (Résidence) .2 ....B2
LIBERTE (Boulevard de la) ...1 ....A2
LOGE (Rue de la) ....2 ..C2-C3
LONGUE DES CAPUCINS (Rue) .1 ..A2-A4
LORETTE (Passage de) ....2 ....C1
LORETTE (Place de) ....2 ....C1
LORETTE (Rue de) ....2 ....C1
LOUIS ASTOUIN (Rue) ....2 ....C2
LULLI (Rue de) ....1 ....B4
MADELEINE (Traverse de la) .2 ..C2-D2
MAGENTA (Rue) ....2 ....B2
MAIRIE (Place de la) ....2 ....C2
MAJOR (Place de la) ....2 ....C2
MALAUCENE (Rue) ....2 ....C1
MARCEAU (Place) ....2-3 ..B1
MARCEL SEMBAT (Rue) ....1 ....A3
MARCHE DES CAPUCINS
(Rue du) ....1 ..A3-A4
MARCHETTI (Rue) ....2 ..C1-D1
MARSEILLAISES (Place des) ..1 ....B2
MARTEGALES (Rue des) ....2 ..D2-D3
MAURICE BOURDET
(Boulevard) ....1 ..A2-A3
MAURICE KORSEC (Rue) ....1 ....A4
MAUVESTIS (Rue des) ....2 ....C2
MAZEAU (Place du) ....2 ..C1-D1
MAZENOD (Rue) ....2 ....C1
MERY (Rue) ....2 ....C2
MESSAGERIES MARITIMES
(Square des) ....2 ....C2
MICHEL SALVARELLI (Rue) ...2 ....C2
MIRADOU (Rue) ....2 ....C2
MISSION DE FRANCE (Rue) ...1 ....A3
MOLIERE (Rue) ....1 ....B4
MONTBRION (Rue) ....2 ....C2
MONTOLIEU (Rue) ....2 ....C2
MOULINS (Place des) ....2 ....C2
MOULINS (Rue des) ....2 ..C2-D2
MOUSTIER (Rue) ....2 ....C2
MUETTES (Rue des) ....2 ....C2
MURE (Rue de la) ....2 ..A4-B4
MUSEE (Rue du) ....2 ..B3-A4
NATIONALE (Rue) ....2 ..A2-B3
NEUVE SAINT-MARTIN (Rue) .1 ....B2
NEUVE SAINTE-CATHERINE
(Rue) ....2 ..C4-D4
NOTRE DAME (Boulevard) .....6 ....C3
OBSERVANCE (Rue de l') ......2 ..C1-C2

PAIX MARCEL PAUL (Rue de la) .1 ....C4
PALAIS (Place du) ....2 ....C2
PANIER (Rue du) ....2 ....C2
PAPERE (Rue) ....2 ....C2
PARADIS (Rue) ....1 ..B3-B4
PARMENTIER (Rue) ....1 ..A2-A3
PASTEUR HEUZE (Rue du) ...3 ..A1-B1
PAVILLON (Rue du) ....1 ....B3
PENITENTS BLEUS (Rue des) .1 ....B2
PENTECONTORE (Passage) ...2 ....C2
PERE PIERRE SAISSE (Rue du) .2 ....C2
PETIT CHANTIER (Rue du) ....7 ....D4
PETIT PUITS (Rue du) ....2 ....C2
PETIT SAINT-JEAN (Rue) ....1 ..A3-B3
PETITES MARIES (Rue des) ..2 ..A2-B2
PETITES MARIES (Traverse) ..2 ....C2
PHILIPPE DE GIRARD (Rue) ..2 ....C2
PHOCEENS (Rue des) ....2 ..C1-C2
PIERRE PUGET (Cours) ....6 ..C4-D4
PISTOLES (Place des) ....2 ....C2
PISTOLES (Rue des) ....2 ....C2
PLAN FOURMIGUIER (Rue) ...7 ..D3-D4
POIDS DE LA FARINE (Rue) ..1 ..A3-B3
POIRIER (Rue) ....2 ....C2
PORT (Quai du) ....2 ..B3-D3
PORTE BEAUSSENQUE (Rue) .1 ....B2
PRECHEURS (Rue des) ....1 ..B2-B3
PRISON (Rue de la) ....2 ..C2-C3
PROTIS (Square) ....2 ....C2
PROVIDENCE (Rue de la) ......2 ..A2-A3
PUITS BEAUSSENQUE (Rue) .2 ....D2
PUITS DU DENIER (Rue du) ..2 ....C2
PUITS SAINT-ANTOINE (Rue) .2 ....C2
PUVIS DE CHAVANNES (Rue) .1-2 ..B2
PYTHEAS (Rue) ....1 ..B4-C4
RECOLLETTES (Rue des) ....1 ....B3
REFUGE (Rue du) ....2 ....C2
REINE ELISABETH (Rue) ....1 ....B3
REPENTIES (Rue des) ....2 ..C2-D2
REPUBLIQUE (Rue de la) ...1-2 ..C1-B3
RIGORD (Rue) ....7 ....D4
RIVE NEUVE (Quai) ....1-7 ..D3-C4
ROBERT (Rue) ....7 ....D4
ROBERT SCHUMAN (Avenue) .1 ....C1
RODILLAT (Rue) ....2 ....C2
RODOLPHE POLLAK (Rue) ....3 ..A3-A4
ROME (Rue de) ....1-6 ..A4-C4
ROQUEBARBE (Rue) ....2 ....C2
ROQUEPLAN (Impasse) ....2 ....C2
ROUVIERE (Rue) ....2 ..A4-B4
SADI CARNOT (Place) ....2 ....C2
SAINT-ANTOINE (Rue) ....2 ....C2

SAINT-ANTOINE (Traverse) ...2 ....C2
SAINT-CANNAT (Rue) ....1 ....B2
SAINT-CHARLES (Esplanade) .1 ....A2
SAINT-DOMINIQUE (Rue) ...1 ..A2-A3
SAINT-DOMINIQUE (Traverse) .2 ....A3
SAINT-JAUNE (Rue) ....2 ..B3-C3
SAINT-JEAN (Avenue) ....2 ..D2-D3
SAINT-LAURENT (Parvis de) .2 ....D2
SAINT-LAURENT (Rue) ....2 ....D2
SAINT-LAZARE (Rue) ....3 ..A1-B1
SAINT-LOUIS (Cours) ....1 ..B3-B4
SAINT-MATHIEU (Rue) ....2 ....D2
SAINT-PONS (Rue) ....2 ....D2
SAINT-THEODORE (Rue) ....1 ..A2-B2
SAINT-THOME (Rue) ....2 ....C2
SAINT-VICTOR (Rue) ....7 ....D4
SAINTE (Rue) ....1-7 ..B4-D4
SAINTE-BARBE (Rue) ....1 ....B2
SAINTE-ELISABETH (Rue) ....2 ....C2
SAINTE-FRANÇOISE (Impasse) .2 ....C2
SAINTE-FRANÇOISE (Rue) ...2 ..C2-D2
SAINTE-JULIE (Rue) ....2 ....C2
SEMINAIRE (Place du) ....2 ....C2
TAPIS VERT (Rue) ....1 ..A3-B3
TERRAS (Place du) ....2 ..B1-B2
TERRAS (Rue du) ....2 ..B1-B2
THUBANEAU (Rue) ....1 ..A3-B3
TIMON (Rue) ....2 ....C2
TOURETTE (Esplanade de la) .2 ....C2
TOURETTE (Quai de la) ....2 ..D1-D2
13 CANTONS (Place des) ....2 ....C2
13 ESCALIERS (Rue des) ......1 ..A1-B1
TRIGANCE (Rue) ....2 ....C1
3 MAGES (Rue des) ....1-6 ..A4
TUNNEL PRADO CARENAGE .7 ....D4
TUNNEL SAINT-CHARLES ...1 ....A2
TURENNE (Groupe) ....3 ....A1
TURENNE (Rue de) ....3 ..A1-A2
TYRANS (Rue des) ....7 ....D4
VACON (Rue) ....1 ..B3-B4
VAUDOYER (Avenue) ....2 ..D2-D3
VICTOR GELU (Place) ....2 ....C2
VICTOR HUGO (Place) ....3 ....A1
VIEILLE TOUR (Rue de la) .....2 ..C1-C2
VIEUX PALAIS (Rue du) ....2 ....C2
VILLENEUVE BARGEMON
(Place) ....2 ....C2
VINCENT SCOTTO (Rue) ....1 ..A3-B3
VIVAUX (Rue) ....2 ....C2
VOLTAIRE (Boulevard) ....1 ....A2
YSER (Square de l') ....1 ....B3

METZ

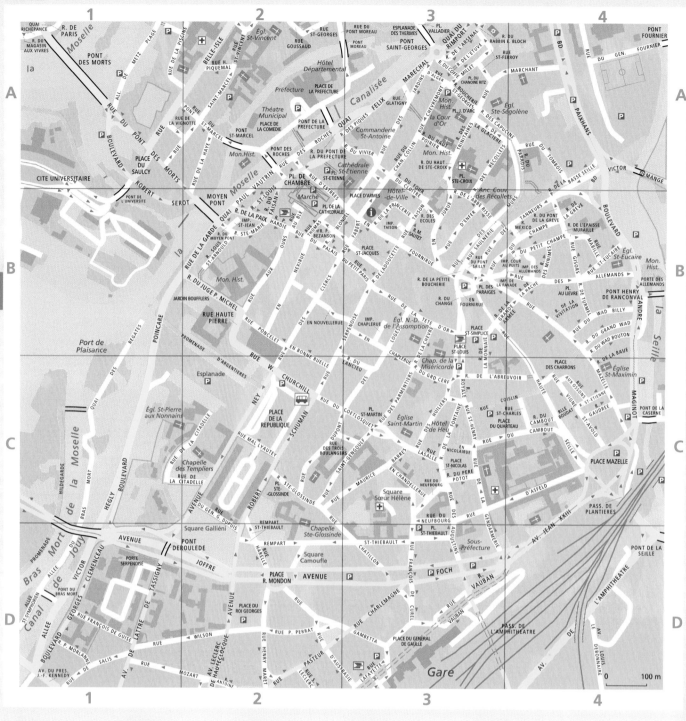

ABBE RISSE (Rue de l') A3-B3
ABREUVOIR (Rue de l') C3-C4
ALGER (Rue d') A3
ALLEMANDS (Impasse des) B4
ALLEMANDS (Porte des) B4
ALLEMANDS (Rue des) B3-B4
AMBROISE THOMAS (Rue) B2
AMPHITHEATRE (Avenue de l') D4
AMPHITHEATRE (Passage de l') D3-D4
ANDRE MAGINOT (Boulevard) A4-C4
ANTOINE (Rue) D2
ARGENTIERES (Promenade d') B1-C2
ARMES (Place d') A3-B3
ARSENAL (Rue de l') A3-B3
ASFELD (Rue d') C3-C4
AUGUSTINS (Rue des) D2-D3
AUSTRASIE (Rue d') D2-D3
BASSE SEILLE (Rue de la) A4-B4
BAUE (Rue de la) B4-C4
BELLE-ISLE (Rue) A1-A2
BLE (Rue au) B2
BLONDEL (Rue) B2-B3
BOUCHERIE SAINT-GEORGES (Rue) ...A3
BOUDAT (Ruelle) C4
BOUFFLERS (Jardin) B2
BRAS MORT (Allée du) C1-D1
BRAS MORT (Pont du) D1
CAMBOUT (Rue du) C3-C4
CAPUCINS (Rue des) A3-A4
CASERNE (Pont de la) C4
CATHEDRALE (Place de la) B2
CHAMBRE (Place de) B2
CHAMPE (Rue du) B3-B4
CHANGE (Rue du) B3
CHANOINE COLLIN (Rue du) A3
CHANOINE RITZ (Place du) A3
CHAPLERUE (Impasse) B3
CHARLEMAGNE (Rue) D3
CHARRONS (Place des) B4-C4
CHATILLON (Rue) C2-D3
CHEVRE (Rue de la) B3-C3
CHEVREMONT (Rue) A3
CITADELLE (Rue de la) C1-C2
CLERCS (Rue des) B2
COETLOSQUET (Rue du) C2-C3
COFFE MILLET (Rue du) A3
COISLIN (Rue) C3-C4
COMEDIE (Place de la) A2
COUR AU PUITS (Impasse) B4
DEROULEDE (Pont) D1
DUPONT DES LOGES (Rue) C2-B3
ECOLES (Rue des) B3

EN BONNE RUELLE B2-C2
EN CHANDELLERUE C3
EN CHAPLERUE B3-C3
EN FOURNIRUE C3
EN JURUE A3-B3
EN NEXIRUE B3
EN NICOLAIRUE C3
EN NOUVELLERUE B2-B3
ENFER (Rue d') B3
ENFOURNIRUE B3
EPAISSE MURAILLE (Rue de l') B4
ESTREES (Rue d') A2-B2
ETUVE (Rue de l') B3
FABERT (Rue) B2-B3
FAISAN (Rue du) B2
FAVADE (Impasse de la) B3-B4
FELIX MARECHAL (Quai) A2-A3
FOCH (Avenue) D2-D3
FONTAINE (Rue de la) C3
FOUR DU CLOITRE (Rue du) A3-B3
FOURNIER (Rue) A4
FRANÇOIS DE CUREL (Rue) D3
FRANÇOIS DE GUISE (Rue) D1
GAMBETTA (Rue) D2-D3
GARDE (Rue de la) B2
GAUDREE (Rue) C4
GENDARMERIE (Rue de la) C3-D3
GENERAL DE GAULLE (Place du) D3
GENERAL FOURNIER (Rue du) A4
GENERAL GASTON DUPUIS
 (Rue) C2-D2
GEORGES CLEMENCEAU (Boulevard) ...D1
GISORS (Rue de) B4
GLACIERE (Rue de la) A3-A4
GLATIGNY (Rue) A2-A3
GOUSSAUD (Rue) A2
GRAND CERF (Rue du) C3
GRAND WAD (Rue du) B4
GRANDE ARMEE (Rue de la) B3-B4
GREVE (Rue de la) B4
HACHE (Rue de la) B4
HARELLE (Rue) C2
HAUT DE SAINTE-CROIX (Rue du) ...A3
HAUT POIRIER (Rue du) A3
HAUTE PIERRE (Rue) B2
HAUTE SEILLE (Rue) B4
HAYE (Rue de la) A2-B2
HENRY DE RANCONVAL (Pont) B4
HENRY MARET (Rue) D2
HILDEGARDE (Promenade) C1-D1
HOLANDRE PIQUEMAL (Rue) A2
HUILIERS (Rue des) C3

JARDINS (Rue des) A3
JEAN XXIII (Avenue) D3-C4
JEANNE D'ARC (Place) A3
JOFFRE (Avenue) D1-D2
JUGE PIERRE MICHEL (Rue du) B2
JURUE (Enceinte) A3-B3
LADOUCETTE (Rue de) B3
LAFAYETTE (Rue) D2
LANCIEU (Rue du) B2-C3
LASALLE (Rue) C3
LATTRE DE TASSIGNY (Avenue de) ...D1
LECLERC DE HAUTECLOCQUE
 (Avenue) D2
LIEVRE (Place au) B4
LOUIS LE DEBONNAIRE (Avenue) ...D4
MABILLE (Rue) B4
MAGASIN AUX VIVRES (Rue du) A1
MARCHANT (Rue) A3-A4
MARECHAL LYAUTEY (Rue) C2
MARIE SAUTET (Rue) B3
MAURICE BARRES (Rue) C4
MAZELLE (Place) C4
MAZELLE (Rue) C3-C4
METZ PLAGE (Allée de) A1
MEXICO (Rue) B4
MINIMES (Rue des) B4
MONNAIE (Rue de la) B3
MOREAU (Pont) A2-A3
MORTS (Pont des) A2
MOYEN PONT (Rue du) B2
MOZART (Rue) D1-D2
MURS (Rue des) B3-A4
NEUFBOURG (Rue du) C3
NEY (Avenue) D1-C2
OSSONS (Rue aux) C4
OURS (Rue aux) B3
PAIX (Place de la) B2
PAIXHANS (Boulevard) A4
PALAIS (Rue du) B2
PARADIS (Rue du) A4
PARAIGES (Place des) B3
PARIS (Rue de) A1
PARMENTIERS (Rue des) C3
PASTEUR (Rue) D2
PAUL BEZANSON (Rue) B2-B3
PAUL VAUTRIN (Quai) A2-B2
PERE POTOT (Rue du) C3
PETIT CHAMPE (Rue du) B4
PETIT PARIS (Rue du) B2-B3
PETITE BOUCHERIE (Rue de la) B3
PIERRE HARDIE (Rue) B2

PIERRE MORLANNE (Rue) D1
PIERRE PERRAT (Rue) D2
PIQUES (Rue des) A2-A3
PLANTIERES (Passage de) C4
POINCARE (Boulevard) D1-B2
PONCELET (Rue) B2
PONT DE LA GREVE (Rue du) B4
PONT DE LA PREFECTURE (Rue du) ...A2
PONT DES MORTS (Rue du) A1-A2
PONT MOREAU (Rue du) A2-A3
PONT SAILLY (Rue du) B3
PONT SAINT-MARCEL (Rue du) ...A1-A2
PREFECTURE (Place de la) A2
PREFECTURE (Pont de la) A2
PRESIDENT J.F. KENNEDY
 (Avenue du) D1
PRINCERIE (Rue de la) B3
QUARTEAU (Rue du) C3
RABBIN ELIE BLOCH (Rue du) A3
RAYMOND MONDON (Place) D2
RECOLLETS (Rue des) B3-A4
REGATES (Quai des) B1-C1
REPUBLIQUE (Place de la) C2
RICHEPANCE (Quai) A1
RIMPORT (Quai du) A3
ROBERT SCHUMAN (Avenue) C2-D2
ROBERT SEROT (Boulevard) A1-B2
ROCHES (Pont des) A2
ROCHES (Rue des) A2
ROI GEORGE (Place du) C2
ROYALE (Rue) C3
SAINT-CHARLES (Rue) C3
SAINT-ETIENNE (Place) B2-B3
SAINT-EUCAIRE (Rue) B4
SAINT-FERROY (Rue) A3
SAINT-GENGOULF (Rue) C2-C3
SAINT-GEORGES (Pont) A2
SAINT-HENRY (Rue) C3
SAINT-JACQUES (Place) B3
SAINT-JEAN (Impasse) B2
SAINT-LOUIS (Place) B3-C3
SAINT-LOUIS (Rue) A2-B3
SAINT-MARCEL (Pont) A2
SAINT-MARCEL (Rue) A1-A2
SAINT-MARTIN (Place) C3
SAINT-NICOLAS (Place) C3
SAINT-SIMPLICE (Place) B3
SAINT-SYMPHORIEN (Allée) D1
SAINT-THIEBAULT (Place) D3

SAINT-THIEBAULT (Rempart) C2-D3
SAINT-VINCENT (Rue) A2
SAINTE-CROIX (Place) A3
SAINTE-GLOSSINDE (Place) C2
SAINTE-GLOSSINDE (Rue) C2
SAINTE-MARIE (Rue) B2
SALIS (Rue de) D1
SAULCY (Place du) A1
SAULNIERE (Rue) B3
SEBASTIEN LECLERC (Rue) D2
SEILLE (Pont de la) D4
SERPENOISE (Porte) D1
SERPENOISE (Rue) C2-B3
SOUS SAINT-ARNOULD (Rue) B2
TAISON (Impasse) B3
TAISON (Rue) A3-B3
TANNEURS (Rue des) B3-B4
TETE D'OR (Rue de la) B3
THERMES (Esplanade des) A3
TOMBOIS (Rue du) A4
TRINITAIRES (Rue des) A3
TROIS BOULANGERS (Rue des) ...C2-C3
TURMEL (Rue du) B4
UNIVERSITAIRE (Cité) A1-B1
UNIVERSITE (Pont de l') A1-B1
VALLADIER (Place) A2
VAUBAN (Rue) D3
VICTOR DEMANGE (Boulevard) A4
VICTOR HEGLY (Allée) C1-D1
VIGNE SAINT-AVOLD (Rue) B4
VIGNOTTE (Rue de la) A1-A2
VISITATION (Rue de la) B4
VIVIER (Rue du) A2-A3
WAD BILLY (Rue du) B4
WAD BOUTON (Rue du) B4
WILSON (Rue) D1-D2
WINSTON CHURCHILL (Rue) B2-C2

228

ABBE MARCEL MONTELS (Rue l')..........A2-B2
AGUESSEAU (Place d')..........C4
AGREFEUILLE (Rue d')..........B2
AIGUILLERIE (Rue de l')..........B2-B3
ALBERT 1ER (Place)..........A2
ALBISSON (Rue d')..........B2-C2
ALEXANDRE CABANEL (Rue)..........C2-D2
ALEXANDRE LAISSAC (Place)..........D2
ALFRED BRUYAS (Rue)..........C3-D3
AMANDIER (Rue de l')..........C2
ANATOLE FRANCE (Rue)..........C2
ANCIEN COURRIER (Rue de l')..........C2
ANCIENNE POSTE (Rue de l')..........C2
ANDRE MICHEL (Rue)..........D2
ANNE-MARIE DE BACKER (Allée)..........C2
ANTIGONE (Boulevard d')..........C4
ARCADE DES MOURGUES (Rue de l')..........A2
ARGENCOURT (Rue d')..........B4
ARGENTERIE (Rue de l')..........C2
ARISTIDE OLLIVIER (Rue)..........D3-D4
ARMAND GAUTIER (Rue)..........A2
ARQUEBUSE (Rue de l')..........B3
ARTS (Place des)..........A2
AUGUSTE BROUSSONNET (Rue)..........A1-A2
AUGUSTINS (Rue des)..........C2
AVILER (Place d')..........B1

BALANCES (Rue des)..........C2
BARNABE (Impasse)..........C3
BARRALERIE (Rue de la)..........B2-C2
BAUDIN (Rue)..........C3-C4
BAYLE (Rue du)..........B2
BECHAMP (Rue)..........B1
BERGER (Rue du)..........B3
BERNARD DE TREVIERS (Rue)..........D1
BERNARD DELICIEUX (Rue)..........A3-A4
BLOTTIERE (Rue la)..........B1
BOCAUD (Rue)..........B1
BONNARD (Rue)..........A1
BONNES NOUVELLES (Boulevard)..........B2
BONNIER D'ALCO (Rue)..........B2
BORNIER (Rue)..........D1
BOUISSON BERTRAND (Avenue)..........A2
BOUSSAIROLLES (Rue de)..........C2-D2
BRAS DE FER (Rue du)..........C2
BRUEYS (Rue)..........D1-D2

CABANES (Plan)..........C1
CALVAIRE (Rue du)..........B2-B3
CAMBACERES (Rue)..........B2-C2
CAMILLE DESCOSSY (Rue)..........A3-A4
CANDOLLE (Rue de)..........B2
CANNAU (Rue du)..........B3

CANOURGUE (Place de la)..........B2
CANOURGUE (Rue de la)..........B2
CARBONNERIE (Rue de la)..........C2
CARDINAL DE CABRIERES (Rue du)..........A2-B2
CARMES DU PALAIS (Rue des)..........C1-C2
CARRE DU ROI (Rue du)..........B1
CASTEL MOTON (Rue)..........B2
CASTELLANE (Place)..........B2
CASTELNAU (Rue de)..........A3
CASTILHON (Rue)..........D2
CAVALERIE (Rue de la)..........A3
CHABANEAU (Place)..........B2
CHANCEL (Avenue)..........A2
CHAPEAU ROUGE (Rue du)..........B3
CHAPTAL (Rue)..........D1
CHARLES DE TOURTOULON (Rue)..........A3
CHARRUE (Rue de la)..........C2-C3
CHATEAU (Place du)..........B1
CHERCHE MIDI (Rue du)..........A3
CHEVAL VERT (Rue du)..........D2
CHRESTIEN (Rue)..........B2
CITADELLE (Allée de la)..........A4-B4
CITADELLE (Avenue de la)..........B4-C4
CLAPIES (Rue)..........C1
CLAUDE SERRES (Rue)..........B3
COLLEGE (Rue du)..........B2
COLLOT (Rue)..........C2
COMPOSTELLE (Place de)..........C3
CONFRERIE (Rue de la)..........C2
COPE CAMBES (Rue)..........C2-D2
COQUILLE (Rue de la)..........C2
COSTE FREGE (Rue)..........B2
CROIX (Rue de la)..........C2
CYGNE (Rue du)..........C3

DANIEL SAGE (Rue)..........D1
DAVID BELUGOU (Passage)..........C3-D4
DELPECH (Rue)..........A2
DESSALLE POSSEL (Rue)..........B1
DOMAINE VAISSETTE (Rue)..........C2
DRAPERIE ST-FIRMIN (Rue)..........C2
DUCHE (Plan)..........C1
DUGUESCLIN (Rue)..........C4-D4
ECOLE DE MEDECINE (Rue de l')..........B1
ECOLE DE PHARMACIE (Rue de l')..........B2
ECOLE MAGE (Rue de l')..........B2
ECOLES CENTRALES (Rue des)..........B2
ECOLES LAIQUES (Rue des)..........A3-B3
ECOLES PIES (Rue des)..........B2
EDOUARD ADAM (Place)..........D2
EMBOUQUE D'OR (Rue)..........B3
EN BARRAT (Descente)..........B3

EN GONDEAU (Rue)..........B2
EN ROUAN (Rue)..........C2
ENCLOS TISSIE SARRUS (Rue)..........C1
ESPEISSES (Rue d')..........C2
ETATS DU LANGUEDOC
   (Avenue des)..........C4-D4
EUGENE LISBONNE (Rue)..........C2
EXPERT (Rue)..........B2
FAUBOURG BOUTONNET (Rue du)..........A1
FBG DE LA SAUNERIE (Rue du)..........D2
FBG DE NIMES (Rue du)..........B3-A4
FBG DU COURREAU (Rue du)..........C1
FBG SAINT-JAUMES (Rue du)..........A1-B1
FERDINAND FABRE (Rue)..........A2-A3
FIGUIER (Rue du)..........B2-B3
FOCH (Rue)..........B1-C3
FONTAINE (Rue de la)..........C3
FONTAINE DU PILA ST-GELY (Rue)..........A3
FONTANON (Rue)..........A3
FOUQUET (Rue)..........B2
FOUR DES FLAMMES (Rue)..........C2-D2
FOUR SAINT-ELOI (Rue du)..........B2
FOURNAIRE (Rue)..........B2
FRANCIS MONGE (Place)..........C3
FRANÇOIS FRANQUE (Rue)..........B1-C1
FRANÇOIS PERIER (Rue)..........A3
FREDERIC MISTRAL (Avenue)..........C3-C4
FREYDIER (Passage)..........A1
GAMBETTA (Cours)..........C1-D2
GARIEL (Rue)..........C2
GENERAL CAMPREDON (Rue du)..........D1
GENERAL MAURIN (Rue du)..........C1-D1
GENERAL RENE (Rue du)..........C1
GENERAL RIU (Rue du)..........D1
GEORGES CLEMENCEAU (Avenue)..........D2
GERHARDT (Rue)..........A1
GERMAIN (Rue)..........B2-B3
GIRAL (Place)..........B2
GIRONE (Rue de)..........B2-B3
GLAIZE (Rue)..........B2
GRAND SAINT-JEAN (Rue)..........D1
GUI DE CHAULIAC (Rue)..........B2
GUY ET ROBERT BOURRIER (Rue)..........D2
HAUTE (Rue)..........B2
HENRI FRENAY (Avenue)..........C4-D4
HENRI GUINIER (Rue)..........D1
HENRI II DE MONTMORENCY (Allée)..........A3
HENRI IV (Boulevard)..........B1-B2
HENRI RENE (Rue)..........D2
HERBERIE (Rue de l')..........C2

HORLOGE (Passage de l')..........C4
HOTEL DE VILLE (Rue de l')..........B2
HUILE (Rue de l')..........C2
ISIDORE GIRARD (Rue)..........D4
JACQUES COEUR (Rue)..........C3
JACQUES D'ARAGON (Rue)..........C3
JARDIN DE LA REINE (Rue du)..........B1
JEAN DE BEINS (Allée)..........B4
JEAN MERMOZ (Avenue)..........A4
JEAN MOULIN (Grande rue)..........C2
JEAN-JACQUES ROUSSEAU (Rue)..........B1-B2
JEANNE D'ARC (Rue)..........C2
JERUSALEM (Allée de)..........C3-B4
JEU DE BALLON (Rue du)..........C3
JEU DE L'ARC (Rue du)..........C3
JEU DE PAUME (Boulevard du)..........C1-D2
JOACHIM COLBERT (Rue)..........D1
JOFFRE (Rue)..........D3
JOSEPH CAMBON (Rue)..........C2-D2
JOUBERT (Rue)..........C3
JULES LATREILHE (Rue)..........C2-C3
LALLEMAND (Rue)..........B2
LAPEYRONIE (Rue)..........B2
LEDRU ROLLIN (Boulevard)..........C1
LOGE (Rue de la)..........C2-C3
LOUIS BLANC (Boulevard)..........A2-A3
LOUISE GUIRAUD (Rue)..........C2
LOYS (Rue du)..........C2
LUNARET (Rue)..........A3
MAGUELONE (Rue de)..........C2-D2
MARCEAU (Rue)..........D1-C2
MARCHE AUX BESTIAUX (Rue du)..........A4-B4
MARCHE AUX FLEURS (Place)..........B2-B3
MARECHAL DE CASTRIES (Place)..........C1
MARECHAUSSEE (Rue de la)..........B2
MARTYRS DE LA RESISTANCE (Place)..........B2
MASSANE (Rue)..........C3
MASSILIAN (Rue)..........B2
MERLE BLANC (Impasse du)..........C2
MICHEL AUSTASIE (Allée)..........D2
MICHEL DE L'HOPITAL (Rue)..........B4
MICHEL VERRIERE (Rue)..........C2
MICHELET (Rue)..........C2-D2
MOLIERE (Place)..........C3
MONNAIE (Rue de la)..........B2
MONTPELLIERET (Rue)..........B3
MULTIPLIANTS (Rue des)..........C2
NIMES (Avenue de)..........A4
NOTRE-DAME (Rue)..........A3
OBILION (Rue d')..........D3
OBSERVATOIRE (Boulevard de l')..........D2

OLYMPIE (Place d')..........D4
OM (Plan de l')..........B2
PAGEZY (Rue)..........C2
PALAIS DES GUILHEM (Rue du)..........B1-B2
PALLADIUM (Quai du)..........C3-C4
PARAN (Impasse)..........C2
PASTEUR (Boulevard)..........A2
PASTOUREL (Plan)..........C2
PAUL BOULET (Allée)..........B3-C3
PAUL BROUSSE (Rue)..........C1-D2
PAUL MARTIN (Rue)..........B1-B2
PELLETERIE (Rue de la)..........B1-B2
PETIT SAINT-JEAN (Rue du)..........C2-D2
PETIT SCEL (Place du)..........B2
PETIT SCEL (Rue du)..........B2
PETITE LOGE (Rue de la)..........C3
PETRARQUE (Place)..........C2
PHILIPPY (Rue)..........C2
PIERRE FLOTE OU FLOTTE (Place)..........C3
PILA SAINT-GELY (Rue)..........B3
PITOT (Rue)..........B1
PLACE JACQUES MIROUZE (Rue)..........B1
PLACENTIN (Rue)..........B1-B2
PLAN D'AGDE (Rue du)..........B3
PLAN DE L'OLIVIER (Rue du)..........B2-B3
PLAN DU PALAIS (Rue du)..........B2
PLAN DU PARC (Rue du)..........D2
POITEVINE (Rue)..........C1-D2
PONT DE LATTES (Rue du)..........D2
PRADEL (Rue)..........C2
PROFESSEUR LEON VALLOIS
   (Rue)..........A4-B4
PROVIDENCE (Rue de la)..........A2-B2
PUITS DES ESQUILLES (Rue du)..........B2
PUITS DU PALAIS (Rue du)..........B1
PUITS DU TEMPLE (Rue du)..........B2
RANC (Rue du)..........C2
RANCHIN (Rue)..........C2
REBUFFY (Rue)..........C2
REY (Rue du)..........B2
RICHELIEU (Rue)..........D3
ROCHELIER (Rue de la)..........C1-C2
RONDELET (Rue)..........D2
ROSSET (Rue)..........C3
ROUCHER (Rue)..........C2-D2
SAINT-BARTHELEMY (Rue)..........D1
SAINT-COME (Place)..........C2
SAINT-COME (Rue)..........C2
SAINT-DENIS (Place)..........D1
SAINT-ESPRIT (Allée du)..........B3

SAINT-FIRMIN (Rue)..........B2-C2
SAINT-GILLES (Rue)..........C3-C4
SAINT-GUILHEM (Rue)..........C1-C2
SAINT-PAUL (Rue)..........B2
SAINT-PIERRE (Place)..........B2
SAINT-PIERRE (Rue)..........B2
SAINT-RAVY (Place)..........C2
SAINT-RAVY (Rue)..........C2
SAINT-ROCH (Rue)..........C2
SAINT-SEPULCRE (Rue du)..........C1-C2
SAINTE-ANNE (Place)..........C2
SAINTE-ANNE (Rue)..........C2
SAINTE-CROIX (Rue)..........C2
SAINTE-LUCIE (Rue)..........A2
SAINTE-MARTHE (Passage)..........C2
SAINTE-URSULE (Rue)..........A2-B3
SALLE L'EVEQUE (Rue de la)..........C2
SARRAIL (Boulevard)..........B3-C3
SAUVAGE (Plan du)..........C2
SAUZEDE (Rue de la)..........D1
SEBASTIEN BOURDON (Rue)..........C1
SŒURS NOIRES (Rue des)..........C2
STANISLAS DIGEON (Rue)..........C2
SUBSTANTION (Rue de la)..........A3-A4
TANNERS (Quai des)..........A2-A3
TEISSIERS (Rue des)..........C2
TERRAL (Rue)..........C1-C2
THOMAS (Rue)..........C2
TOUR SAINTE-EULALIE (Rue de la)..........C1
TOURISME (Allée du)..........C4
32IEME (Rue du)..........D1
TRESORIERS DE FRANCE (Rue des)..........C2
TRESORIERS DE LA BOURSE (Rue des)..........C2
TUILERIE (Rue de la)..........B2
UNIVERSITE (Plan de l')..........B2
UNIVERSITE (Rue de l')..........A2-B2
URBAIN V (Rue)..........A2
VALFERE (Rue)..........B1-C2
VANNEAU (Rue du)..........C3
VERDALE (Rue)..........D1
VERDANSON (Quai du)..........A2-A4
VERDUN (Rue de)..........D2
VERRERIE (Rue de la)..........B2-B3
VESTIAIRE (Rue du)..........C2
VICTOR HUGO (Boulevard)..........D2-C3
VIEILLE (Rue de la)..........C2-C3
VIEILLE AIGUILLERIE (Rue)..........B3
VIEILLE INTENDANCE (Rue de la)..........B2
VIEN (Rue)..........B2
VOLTAIRE (Rue)..........C2
XAVIER DE RICARD (Avenue)..........A4

Map labels (as visible on the map):

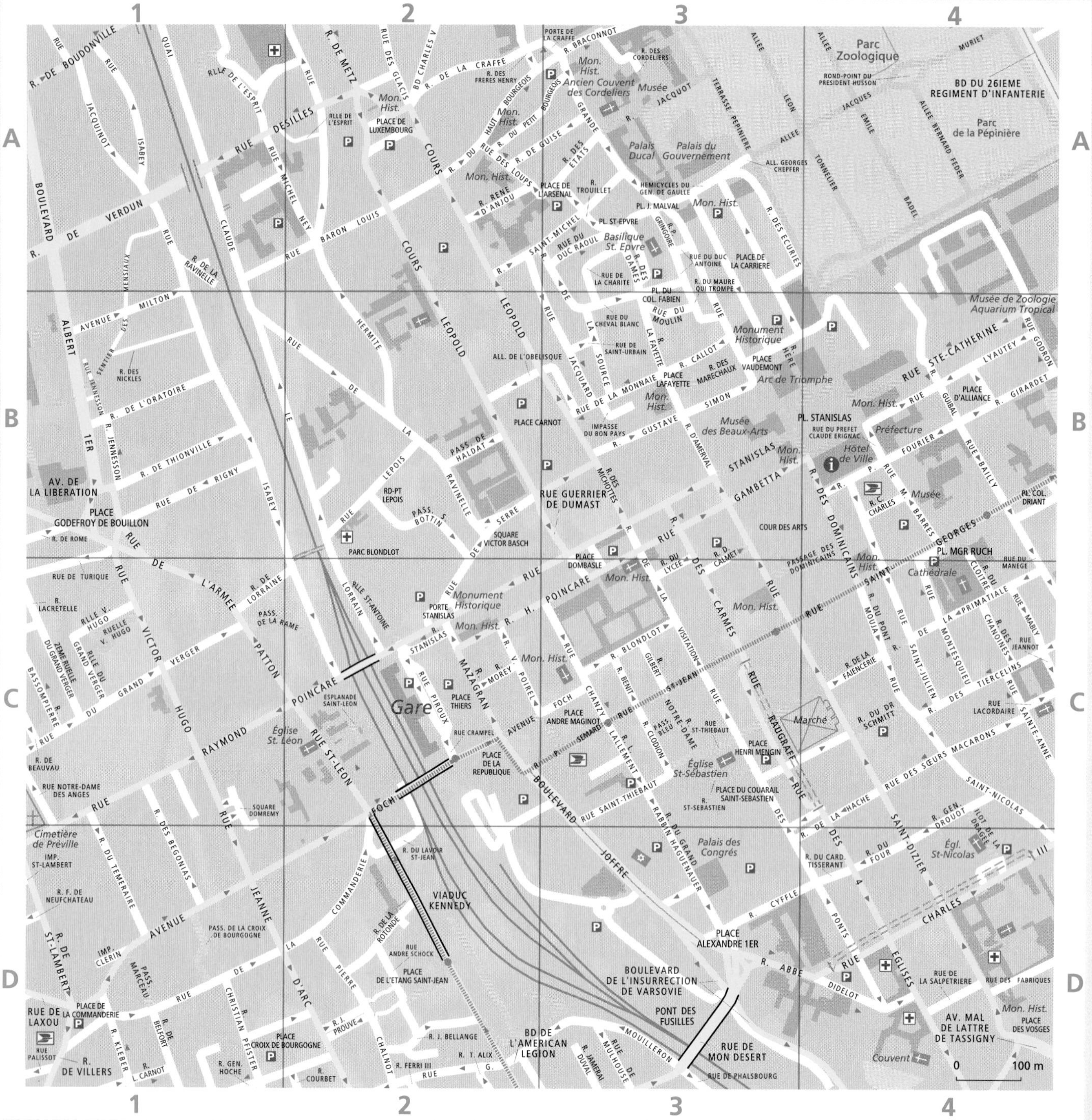

Parc Zoologique · BD DU 261EME REGIMENT D'INFANTERIE · Parc de la Pépinière · RUE DE BOUDONVILLE · QUAI · RUE DE METZ · BD DE LA CRAFFE · PORTE DE LA CRAFFE · Mon. Hist. · Ancien Couvent des Cordeliers · Musée · RUELLE DE L'ESPRIT · PLACE DE LUXEMBOURG · Mon. Hist. · Palais Ducal · Palais du Gouvernement · ALLEE GEORGES CHEPFER · Parc de la Pépinière · BOULEVARD DE VERDUN · RUE DESILLES · COURS · RUE BARON LOUIS · PLACE DE L'ARSENAL · HEMICYCLES DU GEN DE GAULLE · PL. J. MALVAL · Mon. Hist. · Basilique St. Epvre · PLACE DE LA CARRIERE · PLACE DES ECURIES · ALBERT 1ER · AVENUE DES MILTON · COURS LEOPOLD · ALL. DE L'OBELISQUE · PL. DU COL. FABIEN · Musée de Zoologie Aquarium Tropical · AV. DE LA LIBERATION · PLACE GODEFROY DE BOUILLON · PLACE CARNOT · Monument Historique · Arc de Triomphe · RUE STE-CATHERINE · PLACE D'ALLIANCE · PL. STANISLAS · Musée des Beaux-Arts · Hôtel de Ville · Préfecture · RUE DE TURIQUE · LACRETELLE · RD-PT LEPOIS · PARC BLONDLOT · SQUARE VICTOR BASCH · RUE GUERRIER DE DUMAST · PLACE DOMBASLE · COUR DES ARTS · PL. MGR RUCH · Cathédrale · Gare · Monument Historique · PORTE STANISLAS · PLACE THIERS · RUE CRAMPEL · PLACE ANDRE MAGINOT · Marché · LACORDAIRE · SAINT-NICOLAS · Cimetière de Préville · IMP. ST-LAMBERT · PLACE DE LA REPUBLIQUE · Église St-Sébastien · PLACE HENRI MENGIN · PLACE DU COUARAIL SAINT-SEBASTIEN · Palais des Congrès · Égl. St-Nicolas · RUE DE NEUFCHATEAU · VIADUC KENNEDY · LAVOIR ST-JEAN · PLACE DE L'ETANG SAINT-JEAN · JOFFRE · PLACE ALEXANDRE 1ER · BOULEVARD DE L'INSURRECTION DE VARSOVIE · PONT DES FUSILLES · RUE DE LA SALPETRIERE · RUE DES FABRIQUES · RUE DE LAXOU · PLACE DE LA COMMANDERIE · CROIX DE BOURGOGNE · BD DE L'AMERICAN LEGION · RUE DE MON DESERT · AV. MAL DE LATTRE DE TASSIGNY · PLACE DES VOSGES · DE VILLERS · RUE DE PHALSBOURG · Couvent · 0 100 m

ABBE DIDELOT (Rue)...................D3-D4
ALBERT 1ER (Boulevard)...............A1-B1
ALEXANDRE 1ER (Place)................D3
ALLIANCE (Place d')..................B4
AMERICAN LEGION (Boulevard de l')....D2
AMERVAL (Rue d').....................B3
ANDRE MAGINOT (Place)................C3
ANDRE SCHOCK (Rue)...................D2
ARMEE PATTON (Rue de l').............B1-C2
ARSENAL (Place de l')................A2-A3
ARTS (Cour des)......................C3-C4
BAILLY (Rue).........................B4
BARON LOUIS (Rue)....................A1-A2
BASSOMPIERRE (Rue)...................C1
BEAUVAU (Rue de).....................C1
BEGONIAS (Rue des)...................C1-D1
BELFORT (Rue de).....................D1
BENIT (Rue)..........................C3
BERNARD FEDER (Allée)................A4
BLONDLOT (Parc)......................B2
BLONDLOT (Rue).......................B2
BON PAYS (Impasse du)................B3
BOUDONVILLE (Rue de).................A1
BRACONNOT (Rue)......................A3
CALLOT (Rue).........................B3
CARDINAL TISSERANT (Rue du)..........D4
CARMES (Rue des).....................B3-C3
CARNOT (Place).......................B2-B3
CARRIERE (Place de la)...............A3-B4
CHANOINES (Rue des)..................C4
CHANZY (Rue).........................C2
CHARITE (Rue de la)..................A3
CHARLES III (Rue)....................D4
CHARLES V (Boulevard)................A2
CHEVAL BLANC (Rue du)................B3
CHRISTIAN PFISTER (Rue)..............D1
CLAUDE CHARLES (Rue).................B4
CLAUDE LE LORRAIN (Quai).............A1-C2
CLERIN (Impasse).....................C1
CLODION (Rue)........................A2
CLOITRE (Rue du).....................B4-C4
COLONEL DRIANT (Rue).................B4
COLONEL FABIEN (Place du)............A3-B3
COMMANDERIE (Place de la)............D1
COMMANDERIE (Rue de la)..............D1-C2
CORDELIERS (Rue des).................A3
COUARAIL SAINT-SEBASTIEN
(Place du)...........................C3
COURBET (Rue)........................D2
CRAFFE (Porte de la).................A2-A3
CRAFFE (Rue de la)...................A2
CRAMPEL (Rue)........................C2

CROIX DE BOURGOGNE
(Passage de la)......................D1
CROIX DE BOURGOGNE (Place)...........D1-D2
CYFFLE (Rue).........................D3-D4
DAMES (Rue des)......................A3-B3
DESILLES (Rue).......................A1-A2
HERMITE (Rue)........................A2-B2
2EME RUELLE DU GRAND VERGER..........C1
DOCTEUR SCHMITT (Rue du).............C4
DOMBASLE (Place).....................B3-C3
DOMINICAINS (Passage des)............C3-B4
DOMINICAINS (Rue des)................B4-C4
DOMINIQUE CALMET (Rue)...............B3-C3
DOMREMY (Square).....................C1
DUC ANTOINE (Rue du).................A3
DUC RAOUL (Rue du)...................A3
ECURIES (Rue des)....................A3-A4
EMILE BADEL (Allée)..................A4
ESPRIT (Ruelle de l')................A1-A2
ETANG SAINT-JEAN (Place de l').......D2
ETATS (Rue des)......................A3
FABRIQUES (Rue des)..................D4
FAIENCERIE (Rue de la)...............C4
FAYETTE (Rue la).....................B3
FERRI III (Rue)......................D2
FOCH (Avenue)........................D1-C3
FOUR (Rue du)........................D4
FRANÇOIS DE NEUFCHATEAU
(Rue)................................D1
FRERES HENRY (Rue des)...............A3
FUSILLES (Pont des)..................D3
GABRIEL MOUILLERON (Rue).............D2-D3
GAMBETTA (Rue).......................B3-B4
GENERAL DROUOT (Rue).................C4-D4
GENERAL HOCHE (Rue)..................D1
GEORGES CHEPFER (Allée)..............A4
GILBERT (Rue)........................C3
GIRARDET (Rue).......................B4
GLACIS (Rue des).....................A2
GODEFROY DE BOUILLON (Place).........B1
GODRON (Rue).........................B4
GRAND RABBIN HAGUENAUER
(Rue)................................C3-D3
GRAND VERGER (Rue du)................C1
GRAND VERGER (Ruelle du).............C1
GRANDE RUE...........................A3-B3
GUERRIER DE DUMAST (Rue).............B2-B3
GUIBAL (Rue).........................B4
GUISE (Rue de).......................A2-A3
GUSTAVE SIMON (Rue)..................B3
HACHE (Rue de la)....................D3-C4
HALDAT (Passage de)..................B2
HAUT BOURGEOIS (Rue du)..............A2-A3

HEMICYCLES DU GENERAL
DE GAULLE............................A3
HENRI MENGIN (Place).................C3
HENRI POINCARE (Rue).................C2-B3
HERE (Rue)...........................B3-B4
HERMITE (Rue)........................A2-B2
ILOT DE LA DRAGEE....................C4-D4
INSURRECTION DE VARSOVIE
(Boulevard de l')....................D3-D4
ISABEY (Rue).........................A1-C2
JACQUARD (Rue).......................A2-B3
JACQUES BELLANGE (Rue)...............C4
JACQUES MURIET (Allée)...............A3-A4
JACQUINOT (Rue)......................A1
JACQUOT (Rue)........................A3
JAMERAI DUVAL (Rue)..................C2
JEAN PROUVE (Rue)....................D2
JEANNE D'ARC (Rue)...................C1-D2
JEANNOT (Rue)........................D2
JENNESSON (Rue)......................B1
JOFFRE (Boulevard)...................C2-D3
JOSEPH MALVAL (Place)................A3
KLEBER (Rue).........................D1
LACORDAIRE (Rue).....................C4
LACRETELLE (Rue).....................B1
LAFAYETTE (Place)....................B3
LAVOIR SAINT-JEAN (Rue du)...........D2
LAXOU (Rue de).......................C1
LAZARE CARNOT (Rue)..................C1
LEON TONNELIER (Allée)...............A3-A4
LEOPOLD (Cours)......................A2-B3
LEOPOLD LALLEMENT (Rue)..............C3
LEPOIS (Rond-point)..................B2
LEPOIS (Rue).........................B2
LIBERATION (Avenue de la)............A1
LORRAINE (Rue de)....................C1-C2
LOUPS (Rue des)......................A2
LUXEMBOURG (Place de)................A2
LYAUTEY (Rue)........................B4
LYCEE (Rue du).......................B3-C3
MABLY (Rue)..........................B3
MANEGE (Rue du)......................B4-C4
MARCEAU (Passage)....................D1
MARECHAL DE LATTRE DE TASSIGNY
(Avenue).............................D4
MARECHAUX (Rue des)..................B3
MAURE QUI TROMPE (Rue du)............A3-B3
MAURICE BARRES (Rue).................B4
MAZAGRAN (Rue).......................C2
MENSIAUX (Sentier des)...............A1-B1
METZ (Rue de)........................A1
MICHEL NEY (Rue).....................A1-A2

MICHOTTES (Rue des)..................B3
MILTON (Avenue)......................A1-B1
MON DESERT (Rue de)..................D3
MONNAIE (Rue de la)..................B3
MONSEIGNEUR RUCH (Place).............B4
MONTESQUIEU (Rue)....................B4-C4
MOREY (Rue)..........................C2
MOULIN (Rue du)......................B3
MULHOUSE (Rue de)....................D3
NICKLES (Rue des)....................B1
NOTRE-DAME (Rue).....................C3
NOTRE-DAME DES ANGES (Rue)...........D1
OBELISQUE (Allée de l')..............B2-B3
ORATOIRE (Rue de l').................B1
PALISSOT (Rue).......................D1
PASS.BLEU............................C3
PEPINIERE (Terrasse).................A3-B4
PETIT BOURGEOIS (Rue du).............A2-A3
PHALSBOURG (Rue de)..................D3
PIERRE CHALNOT (Rue).................C4
PIERRE FOURIER (Rue).................B4
PIERRE GRINGOIRE (Rue)...............A3
PIERRE SEMARD (Rue)..................C2-C3
PIROUX (Rue).........................C2
PONT MOUJA (Rue).....................B3
PONTS (Rue des)......................C3-D4
PREFET CLAUDE ERIGNAC (Rue)..........B3
PRESIDENT HUSSON (Rond-point du).....A4
PRIMATIALE (Rue de la)...............B4
4 EGLISES (Rue des)..................C3-D4
RAME (Passage de la).................C1-C2
RAUGRAFF (Rue).......................C3
RAVINELLE (Rue de la)................A1-B2
RAYMOND POINCARE (Rue)...............D1-C2
RENE D'ANJOU (Rue)...................A2
REPUBLIQUE (Place de la)............C2
RIGNY (Rue)..........................B1
ROME (Rue de)........................B1
ROTONDE (Rue de la)..................D2
SAINT-ANTOINE (Ruelle)...............C2
SAINT-DIZIER (Rue)...................B3-D4
SAINT-EPVRE (Place)..................A3
SAINT-GEORGES (Rue)..................C3-B4
SAINT-JEAN (Rue).....................C2
SAINT-JULIEN (Rue)...................B4-C4
SAINT-LAMBERT (Rue de)...............D1
SAINT-LEON (Esplanade)...............C2
SAINT-LEON (Rue).....................C2
SAINT-MICHEL (Rue)...................A2-A3
SAINT-NICOLAS (Rue)..................C4-D4
SAINT-SEBASTIEN (Rue)................C3

SAINT-THIEBAUT (Rue).................C3
SAINT-URBAIN (Rue de)................B3
SAINTE-ANNE (Rue)....................C4
SAINTE-CATHERINE (Rue)...............C4
SALPETRIERE (Rue de la)..............D4
SEBASTIEN BOTTIN (Passage)...........B2-C2
SERRE (Rue de).......................B2-C2
SŒURS MACARONS (Rue des).............C4
SOURCE (Rue de la)...................A2-B3
STANISLAS (Place)....................B4
STANISLAS (Porte)....................C2
STANISLAS (Rue)......................C2-B3
TEMERAIRE (Rue du)...................C1-D1
THIERRY ALIX (Rue)...................D2
THIERS (Place).......................C2
THIONVILLE (Rue de)..................B1
TIERCELINS (Rue des).................C4
TROUILLET (Rue)......................A3
TURIQUE (Rue de).....................B1-C1
VAUDEMONT (Place)....................B3
VERDUN (Rue de)......................A1
VIADUC KENNEDY.......................C2-D2
VICTOR BASCH (Square)................B2
VICTOR HUGO (Rue)....................B1-C1
VICTOR HUGO (Ruelle).................C1
VICTOR POIREL (Rue).................C2-C3
VILLERS (Rue de).....................D1
VISITATION (Rue de la)...............B3-C3
VOSGES (Place des)...................D4

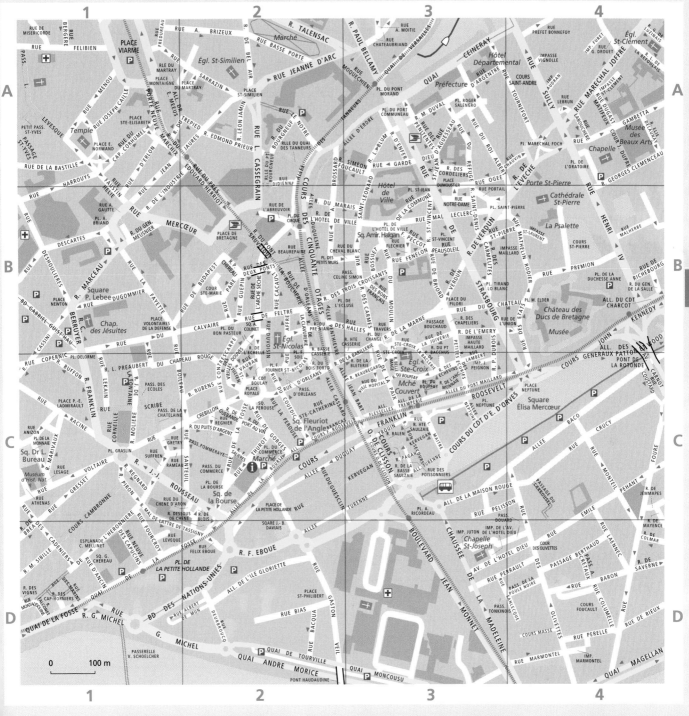

ABREUVOIR (Rue de l') B2
ADOLPHE MOITIE (Rue) A3
AFFRE (Rue) B2-C2
AGUESSEAU (Rue d') A3
ALEXIS RICORDEAU (Place) C3-D3
ALPHONSE GAUTTE (Rue) B1
ANCIENNE MONNAIE (Rue de l') C3
ANDRE CRETAUX (Passage) D4
ANDRE MORICE (Quai) D2-D3
ANIZON (Rue) C1
ARCHE SECHE (Rue de l') B2-C2
ARGENTRE (Rue d') A3
ARISTIDE BRIAND (Place) B1
ARMAND BROSSARD (Rue) A2-B2
ARTHUR COLINET (Square) B2
ATHENAS (Rue) C1
AUGUSTE BRIZEUX (Rue) A1-A2
BACLERIE (Rue de la) B3-C3
BACO (Allée) C3-C4
BALEN (Rue) C1
BARILLERIE (Rue de la) C2-B3
BASSE CASSERIE (Rue) B2-C2
BASSE SAULZAIE (Rue de la) C3
BEAUREGARD (Rue) C3
BEAUREPAIRE (Rue) B2
BEAUSOLEIL (Rue) B3
BEL AIR (Rue de) A3
BELLE IMAGE (Rue) B2
BLETERIE (Rue de) B3-C3
BLOIS (Rue de) C2
BOILEAU (Rue) B1-C2
BOIS TORTU (Rue du) C2
BON PASTEUR (Place du) C2
BON SECOURS (Rue) C3
BONS FRANCAIS (Rue des) B3
BOSSUET (Passage) B2
BOUCHERIE (Rue de la) B2
BOUFFAY (Place du) C2
BOUFFAY (Rue du) C3
BOURGNEUF (Rue) A2
BOURSE (Allée de la) C2
BOURSE (Place de la) C2
BRANCAS (Allée) C2-C3
BRETAGNE (Place de) B2
BRIORD (Rue) B3
BUDAPEST (Rue de) B1-B2
ACAULT (Rue) A3
ALVAIRE (Rue du) B1-B2
AMILLE BERRUYER (Rue) C1
AMILLE MELLINET (Esplanade) D1
APITAINE CORHUMEL (Rue du) A1

CARMELITES (Rue des) B3
CARMES (Rue des) B3
CARNOT (Avenue) B4-C4
CASSARD (Allée) C2-C3
CEINERAY (Quai) A3-A4
CELINE SIMON (Passage) B2-B3
CHANGE (Place du) C2
CHAPEAU ROUGE (Rue du) B1-C2
CHAPELIERS (Rue des) B3
CHATEAU (Rue du) B3-B4
CHATELAINE (Passage de la) C1
CHAUVIN (Rue) A3-A4
CHENE D'ARON (Rue du) C3
CIRQUE (Rue du) B2
CLAVRERIE (Rue de la) B2-C2
COMMANDANT BOULAY (Rue) C2
COMMANDANT CHARCOT (Allée du) ..B4
COMMANDANT D'ESTIENNE D'ORVES
(Cours du) C3-C4
COMMERCE (Passage du) C2
COMMERCE (Place du) C2
COMMUNE (Rue de la) B3
CONTRESCARPE (Rue) B2-C2
CORDELIERS (Rue des) A3
CORNEILLE (Rue) C1
COUEDIC (Rue du) C2
CREBILLON (Rue) C1-C2
CRUCY (Rue) C2
DELORME (Place) B1
DESCARTES (Rue) B1
DESSOUS DE CHENE (Rue) D2
2 PONTS (Rue des) B1
DIDIENNE (Rue) C1-D1
DOCTEUR EMILE MEEUS (Allée) A1
DOCTEUR LOUIS BUREAU (Square) ..C1
DOUARD (Passage) D3-D4
DUCHESSE ANNE (Place de la) B4
DUGAST MATIFEUX (Rue) A4
DUGOMMIER (Rue) B1
DUGUAY TROUIN (Allée) B2
DUGUESCLIN (Rue) C2-C3
DUQUESNE (Allée) A2-B2
DUVOISIN (Rue) B2
ECHELLE (Rue de l') B3
ECHEVINS (Rue des) C2
ECLUSE (Rue de l') B2-B3
ECOLES (Passage des) B2
EDMOND PRIEUR (Rue) A2
EDOUARD NORMAND (Place) A1
ELIE DELAUNAY (Rue) A4
JEAN DE LA FONTAINE (Rue) C1

EMERY (Rue de l') B3
ENFER (Rue d') A3
ERDRE (Allée d') A2-A3
ETATS (Rue des) B4-C4
EVECHE (Rue de l') A4-B4
FAIENCERIE (Rue de la) B3
FALCONET (Rue) D1
FANNY PECCOT (Rue) B3
FAUSTIN HELIE (Rue) A1-B1
FELIX EBOUE (Rue) D2
FELIX FOURNIER (Place) C2
FELTRE (Rue de) B2
FENELON (Rue de) B3
FERNAND SOIL (Place) B3
FLECHIER (Rue) B3
FLESSELLES (Allée) B2
FOSSE (Quai de la) D1-C2
FOSSE (Rue de la) B2-C2
FRANCOIS SALIERES (Rue) C1
FRANKLIN (Rue) B1-C1
FRANKLIN ROOSEVELT (Cours) ...C2-C4
GABRIEL CHEREAU (Square) B1
GABRIEL GUIST'HAU (Boulevard) B1
GARDE DIEU (Rue) A3
GASTON MICHEL (Rue) D1-D2
GENERAL DE LA SALLE (Rue du) C1
GENERAL MEUSNIER (Rue du) B1
GENERAUX PATTON ET WOOD
(Allée des) B4-C4
GEOFFROY DROUET (Rue) A4
GEORGES CLEMENCEAU (Rue) A4-B4
GORGES (Rue de) C2
GRASLIN (Place) C1
GRESSET (Rue) C1-D1
GRETRY (Rue) C1
GUEPIN (Rue) B2
GUERANDE (Rue de) B1
GUIBOURG DE LUZINAIS (Rue) A4
HALLES (Rue des) B3
HAUTE CASSERIE (Rue) B2-C2
HAUTE MAILLARD (Impasse) B3
HAUTE SAULZAIE (Rue) C3
HENRI IV (Rue) A4-B4
HERONNIERE (Rue de l') C1-D1
HOTEL DE VILLE (Place de l') B3
HOTEL DE VILLE (Rue de l') B3
ILE GLORIETTE (Allée de l') C2
INDUSTRIE (Rue de l') B1-B2
J.- B. DAVIAIS (Square) C2
JEAN BART (Allée) C2-C3

JEAN JAURES (Rue) B1-A2
JEAN MONNET (Boulevard) C3-D4
JEAN-JACQUES ROUSSEAU (Rue) ..C1-C2
JEANNE D'ARC (Rue) A2-A3
JOHN KENNEDY (Cours) B4-C4
JOSEPH CAILLE (Rue) A1
JOSEPH PEIGNON (Impasse) B3
JUIVERIE (Rue de la) B3
JULES DUPRE (Cours) A4
JUTON (Impasse) D3
KERVEGAN (Rue) C3
LAENNEC (Rue) C4-D4
LAFAYETTE (Rue) B2
LAMBERT (Rue) B3-C3
LEBRUN (Rue) B3
LEKAIN (Rue) B1-C1
LEON BLUM (Rue) A3
LEON JAMIN (Rue) A2
LEON MAITRE (Rue) C2
LEOPOLD CASSEGRAIN (Rue) A2-B2
LORETTE DE LA REFOULAIS (Rue) ...A4
LOUIS PREAUBERT (Rue) C1
MADELEINE (Chaussée de la) C3-D4
MAGELLAN (Quai) D4
MAILLARD (Impasse) B3-B4
MAISON ROUGE (Allée de la) C3
MAL FOCH (Place) B4
MARAIS (Rue du) B2-B3
MARC ELDER (Place) B4
MARCEAU (Rue) B2
MARCHIX (Rue du) B2
MARECHAL DE LATTRE DE TASSIGNY
(Rue) C1-D2
MARECHAL JOFFRE (Rue) A4
MARECHAL LECLERC (Rue) B1-D1
MARINS (Rue des) C3
MARNE (Rue de la) B3
MARTRAY (Ruelle du) A1-A2
MATHELIN RODIER (Rue) B4
MAURICE DUVAL (Rue) A3
MAURICE SIBILLE (Rue) C1
MERCOEUR (Rue) B1-B2
MOLIERE (Rue) C1
MONCOUSU (Quai) D2-D3
MONNAIE (Place de la) C2
MONTAIGNE (Rue) A1
MOQUECHIEN (Rue) A2
MOULIN (Rue du) B3
NATIONS-UNIES (Boulevard des) ..D1-D2
NEPTUNE (Allée) C3
NEPTUNE (Place) C3-C4
NEWTON (Place) B1

NOTRE (Rue le) A2
NOTRE-DAME (Rue) A3
OGEE (Rue) A3-A4
OLIVETTES (Cour des) D3
OLIVETTES (Rue des) C4-D4
OLIVIER DE CLISSON (Cours) C3
ORATOIRE (Place de l') A4-B4
ORLEANS (Rue d') B2-C2
ORLEANS (Passage d') C2
ORLEANS (Rue d') C2
PAGAN (Rue) C3
PAIX (Rue de la) C2
PARE (Rue) B2
PAUL BELLAMY (Rue) B3-C3
PAUL DUBOIS (Rue) B3-C3
PAUL-EMILE LADMIRAULT (Place) ...C1
PELISSON (Rue) C3-C4
PENITENTES (Rue des) A3
PENTHIEVRE (Allée) B2-C2
PEROUSE (Rue la) C2
PEROUSE (Square la) C2
PETIT BACCHUS (Rue) C3
PETIT BOURGNEUF (Rue) A2
PETIT PASSAGE SAINT-YVES A1
PETITE HOLLANDE (Place de la) ...B2-D2
PETITES ECURIES (Rue des) A3
PETITS MURS (Rue des) B3
PIERRE CHEREAU (Rue) B2
PILORI (Place du) B3
PIRON (Rue) C1
POISSONNIERS (Rue des) C3
POMMERAYE (Passage) C2
PONT MORAND (Rue du) A3
PONT SAUVETOUT (Rue du) B2
PORT AU VIN (Rue du) C3
PORT COMMUNEAU (Place du) A3
PORT MAILLARD (Allée du) C3
PORTAL (Rue) D3
PORTE NEUVE (Rue) A1
PRE NIAN (Rue du) B3
PREMION (Rue) B4
PRESIDENT EDOUARD HERRIOT
(Rue du) A2-B2
PUITS D'ARGENT (Rue du) C2
QUAI DES TANNEURS (Ruelle du) A2
RACINE (Rue) C1
RAMEAU (Rue) C1-C2
REFUGE (Rue du) A3
REGNARD (Rue) C1
REGNIER (Rue) C2
ROGER SALENGRO (Place) A3
ROI ALBERT (Rue) A3-B4

ROTONDE (Pont de la) C4
ROYALE (Place) C2
RUBENS (Rue) C1
SAINT-ANDRE (Cours) A3-A4
SAINT-DENIS (Rue) A3-B3
SAINT-JEAN (Place) A3
SAINT-JEAN (Rue) A3-B3
SAINT-JULIEN (Rue) B4
SAINT-LAURENT (Impasse) B4
SAINT-LEONARD (Rue) A3-B3
SAINT-NICOLAS (Rue) C2
SAINT-PHILIBERT (Place) D2
SAINT-PIERRE (Cours) A4-B4
SAINT-PIERRE (Impasse) B4
SAINT-PIERRE (Place) B3-B4
SAINT-SIMILIEN (Rue) A2
SAINT-VINCENT (Place) B3
SAINT-VINCENT (Rue) B3
SAINTE-CATHERINE (Rue) B3-C3
SAINTE-CROIX (Place) B3-C3
SAINTE-ELISABETH (Place) A1
SAINTE-MARIE (Cour) B2
SANTEUIL (Rue) C1
SCRIBE (Rue) C1-C2
SIMEON FOUCAULT (Rue) A2-A3
STRASBOURG (Rue de) A3-C4
SUFFREN (Rue) C1
SULLY (Rue) A3
TALENSAC (Rue) A2-A3
TANNEURS (Allée des) B2-A3
THUROT (Rue) C2
TIRAND LO BLANC (Rue) B3
TOURNEFORT (Rue) A3-A4
TOURVILLE (Quai de) D2
TRAVERS (Rue des) C3
TREMPEE (Allée de la) C1
TREPIED (Rue du) A1-A2
3 CROISSANTS (Rue des) B2-B3
TURENNE (Rue de) D2-C3
UNION (Rue de l') B3-B4
VAUBAN (Rue) B3
VERDUN (Rue de) B3
VERSAILLES (Quai de) A2
VIARME (Place) A1
VICTOR SCHOELCHER (Passerelle) ...D1
VIEIL HOPITAL (Rue du) C3
VIEILLES DOUVES (Rue des) B3
VIGNES (Rue des) D1
VOLONTAIRES DE LA DEFENSE (Place) ..B1
VOLTAIRE (Rue) C1

NICE

ABBAYE (Rue de l') ... D4
ABBAYE (Ruelle de l') ... D4
ABBE MARCEL ISNARDI (Place de l') ... D4
ABBE ROBERT JARRE (Placette) ... D4
ADOLPHE DE ROTSCHILD (Rue) ... B3
ALBERTI (Rue) ... C4
ALEXANDRE MARI (Rue) ... D3-D4
ALFRED MORTIER (Rue) ... C4
ALGER (Rue d') ... B2
ALPHONSE KARR (Rue) ... C1-D2
ALSACE (Avenue d') ... A3
ALSACE-LORRAINE (Rue d') ... B1-B2
ALZIARY MALAUSSENA (Place) ... D1
ANCIEN SENAT (Place de l') ... D4
ANCIEN SENAT (Rue de l') ... D4
ANGLAIS (Promenade des) ... D1-D3
ANGLETERRE (Rue d') ... B1-C2
ANTONIO FERNANDEZ (Rue) ... D1
ANVERS (Rue d') ... A3
ARBRE INFERIEUR (Avenue de l') ... A4
ARENES DE CIMIEZ (Avenue des) ... A4-B4
ARTOIS (Avenue d') ... A4
ASSALIT (Rue) ... A2-B2
AUBER (Avenue) ... B1-C1
AUGUSTE ICART (Square) ... C1
AUTUN (Rue d') ... A1
AUZAC (Rue d') ... C1
BAQUIS (Avenue) ... C1
BARILLERIE (Rue) ... D4
BARLA (Traverse) ... B4
BARRALIS (Rue) ... C4
BASTIONS (Rue des) ... C4
BEETHOVEN (Rue) ... C1
BELGIQUE (Rue de) ... B1-B2
BELGIQUE (Ruelle de) ... B1
BENOIT BUNICO (Rue) ... C4-D4
BERLIOZ (Rue) ... B1-C1
BIASSINI (Avenue) ... A2
BILBAO (Rue de) ... A4-B4
BISCARRA (Rue) ... B2-B3
BLACAS (Rue) ... B2
BOIS (Rue du) ... A3-A4
BOISSY D'ANGLAS (Rue) ... A1-A2
BOUCHERIE (Rue de la) ... C4-D4
BOUCHERIE (Ruelle de la) ... C4-D4
BOURGADA (Traverse de la) ... C4
BOUTEILY (Rue) ... C1
BREA (Rue) ... D3
BRUXELLES (Avenue de) ... A3
BUFFA (Rue de la) ... D1-D2
CALADA AUGUSTE ESCOFFIER (Rue) ... D3
CARABACEL (Boulevard) ... B3-B4

CARABACEL (Montée) ... B4
CARRET (Place du) ... C4
CEDRES (Impasse des) ... B4
CENTRALE (Place) ... D4
CENTRALE (Rue) ... C4-D4
CH'UR (Rue) ... C4
CHARLES FELIX (Place) ... D4
CHATEAU (Montée du) ... D4
CHATEAU (Rue du) ... D4
CHAUVAIN (Rue) ... C3-D3
CIMIEZ (Boulevard de) ... A2-A3
CIMIEZ (Montée de) ... A4
CIMIEZ (Vieux chemin de) ... A4-B4
CLEMENT ROASSAL (Rue) ... A1
COLLET (Rue du) ... C4
COLONNA D'ISTRIA (Rue) ... C4-D4
CONDAMINE (Rue de la) ... C4
CONGRES (Rue du) ... C1-D1
CORVESY (Place) ... C1
CROIX (Rue de la) ... C4-D4
CROIX DE MARBRE (Place de la) ... D1
CROTTI (Descente) ... D3-D4
DALPOZZO (Rue) ... C1-D1
DEFLY (Rue) ... B4
DELILLE (Rue) ... B3-C4
DESAMBROIS (Avenue) ... A2-B3
DESAMBROIS (Montée) ... A3
DESBOUTINS (Rue) ... D3
DESIRE NIEL (Rue) ... B2-C2
DIDEROT (Rue) ... A1-A2
DIJON (Rue de) ... A1
DOCTEUR ALBERT BALESTRE (Rue du) ... B4
DOCTEUR BARETY (Rue du) ... C1-D1
DOCTEUR MENARD (Avenue) ... A1
DOCTEUR ROBERT MORIEZ (Avenue) ... A4
DOCTEUR ROBERT THIVIN (Rue du) ... A1
DROITE (Rue) ... C4-D4
DUBOUCHAGE (Boulevard) ... B2-B3
DURANTE (Avenue) ... B1-C1
EAU FRAICHE (Rue de l') ... B4
EDOUARD BERI (Rue) ... B3-B4
EL NOUZAH (Rue) ... A4
EMILE BIECKERT (Avenue) ... A3
EMILE BRIDAULT (Avenue) ... A1
EMILE NEGRIN (Passage) ... D2-D2
EMILE ZOLA (Traverse) ... C4
EMMA ET PHILIPPE TIRANTY (Rue) ... B2
EMMANUEL BRIDAULT (Avenue) ... A1
EMMANUEL COSTA (Rue) ... C2
EPIS (Ruelle des) ... B2

ETATS-UNIS (Quai des) ... D3-D4
EUGENE EMMANUEL (Rue) ... C2
EUGENE MO (Place) ... C2
FELIX FAURE (Avenue) ... C4-D4
FLANDRES-DUNKERQUE (Traverse) ... C4-D4
FLEURS (Marché aux) ... D3-D4
FONCET (Rue) ... B3-C4
FOUR (Rue du) ... C4
FRANCE (Rue de) ... D1-D2
FRANCIS GALLO (Rue) ... C4
FRANCOIS 1ER (Rue) ... C2-D2
FRANCOIS ZANIN (Rue) ... C4
GABRIEL FAURE (Rue) ... D2
GALLEAN (Rue) ... B3
GALLIENI (Avenue) ... B4
GARIBALDI (Traverse) ... B3
GENERAL MARSHALL (Place du) ... B4
GEORGES CLEMENCEAU (Avenue) ... C1-B2
GIOFFREDO (Passage) ... C2
GIOFFREDO (Rue) ... C3-B4
GOUNOD (Passage) ... C1
GOUNOD (Rue) ... B1-D1
GRAND PALAIS (Montée du) ... A3
GRIMALDI (Place) ... D2
GRIMALDI (Rue) ... C2-D2
GUBERNATIS (Rue) ... B3-C4
GUIGONIS (Rue) ... D2
GUILLAUME APOLLINAIRE (Rue) ... B3
GUSTAVE DELOYE (Rue) ... C2-C3
GUSTAVE DESPLACES (Square) ... B1
GUSTAVE V (Avenue) ... D2
HALEVY (Rue) ... D2
HALLE AUX HERBES (Place de la) ... D4
HALLE AUX HERBES (Ruelle de la) ... C4-D4
HANCY (Rue) ... B2
HENRI BOSCO (Allée) ... A4
HERMITAGE (Montée de l') ... A4
HONORE UGO (Rue) ... C2
HOTEL DE VILLE (Rue de l') ... C2
HOTEL DES POSTES (Rue de l') ... C2-B4
ITALIE (Rue d') ... B1-B2
JACQUES OFFENBACH (Rue) ... C2
JEAN JAURES (Boulevard) ... D3-C4
JEAN MEDECIN (Avenue) ... B2-C2
JEAN MOULIN (Place) ... D4
JESUS (Rue du) ... D4
JOSEPH BRES (Rue) ... C2
JOUAN NICOLAS (Rue) ... B2
JULES EYNAUDI (Escalier) ... D3
JULES GILLY (Rue) ... D4
LAFAYETTE (Rue) ... A2

LAMARTINE (Rue) ... A2-C3
LEPANTE (Rue de) ... A2-B3
LIBERTE (Rue de la) ... C2-D2
LOGE (Rue de la) ... C4-D4
LONGCHAMP (Impasse) ... C2
LONGCHAMP (Rue) ... C2-D2
LOUIS GASSIN (Rue) ... D3
LYCEE (Rue du) ... C4
MACCARANI (Rue) ... C1-D2
MAGENTA (Place) ... D2
MALAUSSENA (Avenue) ... A1
MALAUSSENA (Passage) ... A1
MALONAT (Rue du) ... D4
MALONAT (Ruelle du) ... D4
MARCEAU (Rue) ... A1-A2
MARCHE (Descente du) ... D4
MARECHAL FOCH (Avenue du) ... A2-B3
MARECHAL JOFFRE (Rue du) ... D1-C2
MARECHAL JUIN (Esplanade du) ... B4-C4
MARTIN (Rue) ... D4
MASSCOINAT (Rue) ... D4
MASSENA (Espace) ... C3-D2
MASSENA (Passage) ... C2-B4
MASSENA (Place) ... D2-D3
MASSENET (Rue) ... D2
MASSINGY (Rue de) ... B3
MAURICE JAUBERT (Rue) ... C2
MELCHIOR DE VOGUE (Rue) ... C2
MENDIGUREN (Avenue de) ... A2-B3
MEYERBEER (Passage) ... D1
MEYERBEER (Rue) ... D1
MEYNELL (Impasse) ... B3
MILTON ROBBINS (Rue) ... D3
MIOLLIS (Rue) ... A1
MIRABEAU (Avenue) ... A1
MIRALHETI (Rue) ... C4
MIRON (Rue) ... A2-B2
MIRON-LEPANTE (Ruelle) ... B2-B4
MOULIN (Rue) ... D4
MOZART (Place) ... C1
MOZART (Rue) ... C1
NIEPCE (Rue) ... D3
NORMANDIE (Avenue de) ... A3-A4
NORMANDIE PROLONGEE (Avenue de) ... A4
NOTRE-DAME (Avenue) ... B2-A3
OLIVETTO (Avenue de l') ... A2
OPERA (Rue de l') ... D3
OSTENDE (Rond-point d') ... A3
PAGANINI (Rue) ... B1-C1

PAIROLIERE (Rue) ... C4
PAIROLIERE (Ruelle) ... C4
PAIX (Rue de la) ... D2
PALAIS (Allée du) ... A3-A4
PALAIS (Place du) ... D3-D4
PARADIS (Rue) ... D2
PARIS (Rue de) ... B2-B3
PASTORELLI (Rue) ... C2-B3
PAUL DEROULEDE (Rue) ... C1-C2
PAULIANI (Avenue) ... A4-B4
PAULIANI (Passage) ... B4
PENCHIENATTI (Rue) ... B4
PERTINAX (Rue) ... A2-B2
PHILIPPE RANDON (Place) ... A1
PHOCEENS (Avenue des) ... D3
PICARDIE (Avenue de) ... A3-A4
PIERRE DEVOLUY (Rue) ... C4
PIERRE GARRIBO (Rue) ... D4
PIERRE GAUTIER (Place) ... D4
PLACE VIEILLE (Rue) ... D4
POISSONNERIE (Rue de la) ... D4
PONT VIEUX (Rue du) ... C4-D4
PONTIN (Rue du) ... D4
PREFECTURE (Rue de la) ... D3-D4
PRES (Avenue des) ... B3-C3
PROVANA DE LEYNI (Rue) ... B4
PROVIDENCE (Avenue de la) ... D4
RAIMBALDI (Boulevard) ... A1-A2
RANCHER (Rue) ... B3-C3
RASPAIL (Rue) ... B2-C4
RAYMOND COMBOUL (Avenue) ... A2
RAYNARDI (Rue) ... A1
REINE JEANNE (Rue) ... A1
RESISTANCE ET DEPORTATION (Allée) ... C3-D4
RISSO (Boulevard) ... C1
ROSANOFF (Rue) ... C2
ROSSETTI (Place) ... D4
ROSSETTI (Rue) ... D4
ROSSINI (Rue) ... C1-C2
ROUGET DE L'ISLE (Rue) ... D1
ROYALE (Rue) ... D1
RUSSIE (Rue de) ... C1
SACHA GUITRY (Rue) ... C2
SAETONE (Place) ... B1
SAINT-ANDRE (Rue) ... C4
SAINT-AUGUSTIN (Rue) ... C4
SAINT-CHARLES (Chemin de) ... B4
SAINT-FRANCOIS (Place) ... C4
SAINT-FRANCOIS (Ruelle) ... C4
SAINT-FRANCOIS DE PAULE (Rue) ... D3

SAINT-GABRIEL (Allée) ... A4
SAINT-GAETAN (Rue) ... D4
SAINT-HOSPICE (Rue) ... C4
SAINT-JEAN-BAPTISTE (Avenue) ... B4-C4
SAINT-JOSEPH (Rue) ... C4
SAINT-MARTIN (Ruelle) ... C4
SAINT-SAENS (Rue) ... C1
SAINT-SEBASTIEN (Avenue) ... B4-C4
SAINT-SIAGRE (Rue) ... A2-B2
SAINT-VINCENT (Rue) ... D4
SAINTE-CLAIRE (Rue) ... D4
SAINTE-MARIE (Rue) ... D4
SAINTE-REPARATE (Rue) ... D4
SAVOIE (Avenue de) ... A4
SEMINAIRE (Ruelle du) ... D4
SERRURIERS (Rue des) ... C4-D4
SPITALIERI (Rue) ... B2-B3
SUEDE (Avenue de) ... D2
SUISSE (Rue de) ... B1-B2
SULZER (Rue) ... D3
SUPERIEURE (Rue) ... D3
TEMPLE VAUDOIS (Passage du) ... C3
TERRASSE (Rue de la) ... D3
THIERS (Avenue) ... B1-B2
TONDUTI DE L'ESCARENE (Rue) ... B3-C4
TOSELLI (Place) ... B2
TOUR (Rue de la) ... C4
TRACHEL (Rue) ... A1-B1
TUNNEL DE LA GARE ... A1-B1
TUNNEL DU PAILLON ... D3-D4
TUNNEL MALRAUX ... A3-A4
URFE (Rue d') ... A2
VALLIERE (Chemin de la) ... A1
VALPERGA (Rue) ... B3
VANLOO (Rue) ... D1
VEILLON (Rue) ... A1
VERDI (Rue) ... C1
VERDUN (Avenue de) ... D2-D3
VERNIER (Passage) ... A1
VERNIER (Rue) ... A1
VICTOIRES (Esplanade des) ... B4
VICTOR HUGO (Boulevard) ... D1-C2
VICTOR HUGO (Passage) ... C1
VICTOR JUGE (Rue) ... C1-C2
VIEILLE (Place) ... D4
VILLENEUVE (Rue de) ... A1
VILLERMONT (Avenue) ... A1
VOEU (Place du) ... C2
VOLTAIRE (Rue) ... C3
WILSON (Place) ... B2
YVES KLEIN (Place) ... B4

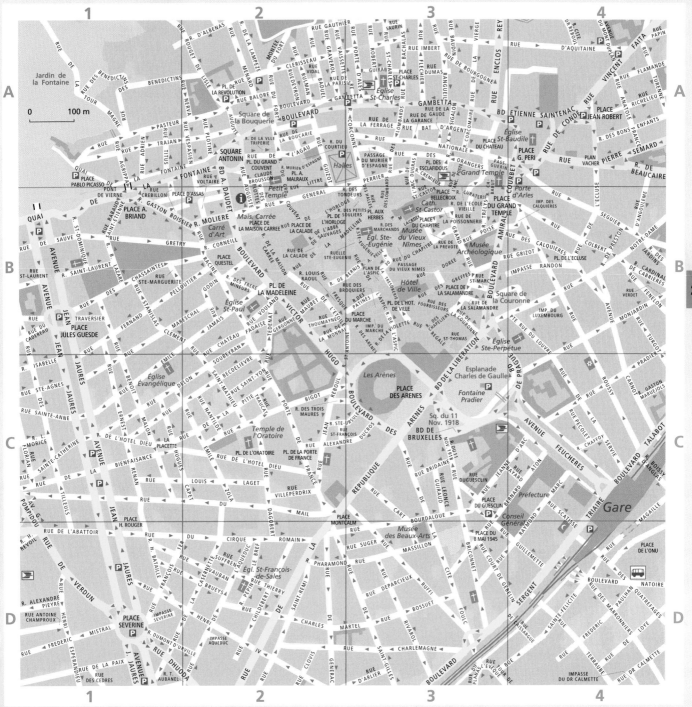

ABATTOIR (Rue de l') D1
ABBE DE SAUVAGES (Rue de l') B2
ADRIEN (Rue) A1
AGAU (Rue de l') A2
AGRIPPA (Rue) A1-B1
ALEXANDRE DUCROS (Rue) C2-C3
ALPHONSE DAUDET (Boulevard) A2-B2
AMIRAL COURBET (Boulevard) B3 A4
ANATOLE FRANCE (Rue) A2
ANCIENNE POSTE (Rue de l') A3-B3
ANDRE MALRAUX (Place) A2
ANTOINE CHAMPROUX (Rue) D1
ANTONIN (Square) A2
AQUEDUC (Rue de l') D2
AQUITAINE (Rue d') A3-A4
ARC DUGRAS (Rue de l') A3-B3
ARENES (Boulevard des) B3-C3
ARENES (Place des) C3
ARENES (Rue des) B3-C3
ARISTIDE BRIAND (Place) B1
ASPIC (Plan de l') B3
ASPIC (Rue de l') B2-C3
ASSAS (Place d') B2
AUGUSTE (Rue) A2-B2
AUGUSTE PELLET (Rue) B2
BACHALAS (Rue) A3
BALORE (Rue) A2
BAT D'ARGENT (Rue) C3-C4
BAYARD (Rue) C3-C4
BEAUCAIRE (Rue de) A4
BECDELIEVRE (Rue) C1-B2
BELLECROIX (Rue) B3
BENEDICTINS (Rue des) A1-A2
BENOIT MALON (Rue) B1-C1
BERNARD ATON (Rue) D3-C4
BERNARD LAZARE (Rue) A4
BERNIS (Rue de) B2-B3
BIENFAISANCE (Rue de la) C1
BIGOT (Rue) C2-C3
BOISSY D'ANGLAS (Rue) C4
BONS ENFANTS (Rue des) A4
BOSSUET (Rue) D3
BOUCARIE (Rue de la) A2
BOURDALOUE (Rue) D2-C3
BOURGOGNE (Rue de) A3
BRICONNET (Rue) C3-D3
BRIDAINE (Rue) D1-D2
BROQUIERS (Rue des) B3
BRUEYS (Rue) D1-C2
BRUXELLES (Boulevard de) C3
CAISSARGUES (Rue de) D4

CALADE (Place de la) B2
CALADE (Rue de la) B2
CALQUIERES (Impasse des) B3-B4
CALQUIERES (Rue des) B3-B4
CARNOT (Avenue) B4-C4
CART (Rue) C3-D3
CASERNETTE (Rue de la) C4
CHAFFOY (Rue) C4
CHAPELIERS (Rue des) B3
CHAPITRE (Place du) B3
CHAPITRE (Rue du) B3
CHARLEMAGNE (Rue) D2-D3
CHARLES BABUT (Rue) A3-B3
CHARLES MARTEL (Rue) D2-D3
CHASSAINTES (Rue de) B1-B2
CHASSAINTES (Rue des) B2
CHATEAU (Place du) A3
CHATEAU FADAISE (Rue) B2-C2
CHILDEBERT (Rue) C2
CIRQUE ROMAIN (Rue du) D1-D2
CITE FOULC (Rue) C3-D3
CLAUDE BROUSSON (Rue) A2
CLERISSEAU (Rue) A2-A3
COLBERT (Rue) B4
CONDE (Rue de) A3
CORCOMAIRE (Rue) A3
CORCONNE (Rue) A2
CORNEILLE (Rue) B2
COURONNE (Rue de la) B3
COURT DE GEBELIN (Rue) D3-D4
COURTIEU (Rue) A3
CREBILLON (Rue) A1-B1
CREMIEUX (Rue) B3
CURATERIE (Rue) B3
DAGOBERT (Rue) B2-D2
DELON SOUBEYRAN (Rue) C1-B2
DEPARCIEUX (Rue) A4
DEYRON (Rue) A3
DHUODA (Rue) D1-D2
DOC CALMETTE (Rue) D4
DOC REBOUL (Cité) D1
DOCTEUR CALMETTE (Impasse du) D4
DOREE (Rue) B3
DUGUESCLIN (Place) C3
DUGUESCLIN (Rue) C3
DUMONT D'URVILLE (Rue) D1-D2
ECLUSE (Place de l') B4
ECLUSE (Rue de l') A4-B4
ECOLE VIEILLE (Rue de l') A3-B3
EMILE JAMAIS (Rue) B2
EMILE ZOLA (Rue) C1-C2
ENCLOS REY (Rue) A4

ERNEST RENAN (Rue) B1-C1
ESCLAFIDOUS (Place des) A3
ETIENNE SAINTENAC (Boulevard) A3-A4
ETOILE (Rue de l') B2-B3
FERNAND PELLOUTIER (Rue) C1-B2
FERRAGE (Rue de la) A3
FEUCHERES (Avenue) C4
FLAMANDE (Rue) A4
FLECHIER (Rue) A3
FLORIAN (Rue) C1
FLOTTES (Rue des) A2-B2
FONTAINE (Quai de la) B1-A2
FORT (Rue du) A2
FOURBISSEURS (Rue des) B3
FRANCOIS 1ER (Rue) D1-D2
FREDERIC MISTRAL (Rue) D1
FREDERIC PAULHAN (Rue) D4
FRERES MINEURS (Rue des) B2
FRESQUE (Rue) B3
GABRIEL PERI (Place) A4
GAL PERRIER (Rue) B3
GAMBETTA (Boulevard) A2-A4
GARANCE (Rue de la) A3
GASTON BOISSIER (Rue) B1-B2
GAUDE (Rue de la) A3
GENERAC (Rue de) D2
GEORGES POMPIDOU (Avenue) C1-D1
GERGONNE (Rue) B2
GODIN (Rue) B2
GRAND COUVENT (Place du) A2
GRAND COUVENT (Rue du) A2-B2
GRAND RUE A2-B2
GRAND TEMPLE (Place du) B4
GRAVEROL (Rue) A3
GREFFES (Rue des) B4-C4
GRETRY (Rue) B1-B2
GRIZOT (Rue) B3-B4
GUERIN (Passage) A3-A4
GUILLEMETTE (Rue) D3-D4
GUIRAN (Rue) B2
GUIZOT (Rue) A2-B2
HALLES (Rue des) A3-B3
HENRI BATAILLE (Rue) D1
HENRI ESPERANDIEU (Rue) D1
HENRI IV (Rue) D1-D2
HENRI REVOIL (Rue) D1
HERBES (Place aux) B3
11 NOVEMBRE 1918 (Rue du) C3
HORLOGE (Place de l') B2-B3
HORLOGE (Rue de l') B2-B3
HOTEL DE VILLE (Place de l') B3
HOTEL DE VILLE (Rue de l') B3

HOTEL DIEU (Rue de l') C1-C2
HUBERT ROUGER (Place) D1
HUGUES CAPET (Rue) D2-D3
8 MAI 1945 (Place du) C3
JEAN JAURES (Avenue) B1-D1
JEAN REBOUL (Rue) C2
JEAN ROBERT (Place) A4
JEANNE D'ARC (Rue) C3
JULES GUESDE (Place) B1
LA PLACETTE C1-C2
LEONCE GUIRAUD (Rue) C3
LEOPOLD MORICE (Rue) C1
LIBERATION (Boulevard de la) B2-C2
LITTRE (Rue) B3
LOMBARDS (Rue des) A3-B3
LOUIS LAGET (Rue) C1-C2
LOUIS RAOUL (Rue) B3
LOUVRE (Petite rue du) B4-C4
LUXEMBOURG (Impasse du) B4
MADELEINE (Place de la) B3
MADELEINE (Rue de la) B2-B3
MAIL (Rue du) C2
MAISON CARREE (Place de la) B2
MAISON CARREE (Rue de la) B2
MARCHANDS (Rue des) B3
MARCHE (Impasse du) B3
MARCHE (Rue du) B3
MARESCHAL (Rue) B2
MARRONNIERS (Rue des) D4
MASSILLON (Rue) D3
MATHIEU LACROIX (Rue) B3
MAUBET (Rue) B3
MENARD (Rue) A2
MOLIERE (Rue) B2
MONJARDIN (Rue) B4-C4
MONNAIE (Rue de la) B2-B3
MONT DUPLAN (Avenue du) A3-A4
MONTCALM (Place) C2
MURIER D'ESPAGNE (Passage du) A3
MURIER D'ESPAGNE (Rue du) A3
NANTILDE (Rue) A2
NATIONALE (Rue) A3-A4
NATOIRE (Boulevard) D4
NERVA (Rue) A1
NOTRE DAME (Rue) D1-D2
ONU (Place de l') C3
11 NOVEMBRE 1918 (Rue du) C3
ORANGERS (Rue des) A3
ORATOIRE (Rue de l') C1
PABLO PICASSO (Place) A1
PAIX (Rue de la) D1

PAPIN (Rue) A4
PARISIERE (Rue de la) A2-A3
PASTEUR (Rue) A1-A2
PATINES (Rue des) B3
PECOLET (Rue) C4
PEPIN LE BREF (Rue) D2
PETITS SOULIERS (Rue des) B2
PHARAMOND (Rue) D2-D3
PIERRE SEMARD (Rue) B1
PITIE (Rue de la) C1-C2
PLOTINE (Rue) A1
POISE (Rue) B3
POISSONNERIE (Rue de la) B3
PORTE DE FRANCE (Place de la) C2
PORTE DE FRANCE (Rue) B2-C2
PRADIER (Rue) B4-C4
PRAGUE (Boulevard de) C3-B4
PRESTON (Rue de) B4
PREVOTE (Rue de la) B3
QUATREFAGES (Rue des) D4
QUESTEL (Place) B2
RABAUD ST-ETIENNE (Rue) B2
RACINE (Rue) B2
RANDON (Impasse) B4
RANGUEIL (Rue) A3
RAYMOND MARC (Rue) B3-C3
REGALE (Rue) B3
REPUBLIQUE (Rue de la) C2
REVOLUTION (Place de la) A2
RICHELIEU (Rue) A4
RIVAROL (Rue) D3
ROBERT (Rue) A3
ROUGET DE LISLE (Rue) A1
ROUSSY (Rue) B4-C4
RUFFI (Rue) C3-D3
SAINT-ANTOINE (Rue) C2-B3
SAINT-CASTOR (Rue) B3
SAINT-CHARLES (Place) A3
SAINT-CHARLES (Rue) A3
SAINT-DOMINIQUE (Rue) B1
SAINT-FRANCOIS (Rue) C2
SAINT-GILLES (Rue de) D2-D3
SAINT-LAURENT (Rue) B1
SAINT-MARC (Rue) B3
SAINT-MATHIEU (Rue) C2
SAINT-REMI (Rue) C2
SAINT-THOMAS (Rue) B3
SAINT-YON (Rue) C1
SAINTE-ANNE (Rue) C1
SAINTE-CATHERINE (Rue) A1
SAINTE-EUGENIE (Rue) B3

SAINTE-EUGENIE (Ruelle) B3
SAINTE-FELICITE (Rue) D3-D4
SAINTE-MARGUERITE (Rue) B1-B2
SAINTE-URSULE (Rue) C2-C3
SALAMANDRE (Place de la) B3
SALAMANDRE (Rue de la) B3
SAURIN (Rue) A3
SAUVE (Rue de) B1
SCATISSE (Rue) C3
SEGUIER (Rue) A4-B4
SERGENT (Rue) C4
SEVERINE (Place) D1
SEVERINE (Impasse) D1
SGT TRIAIRE (Boulevard) D3-C4
STANISLAS CLEMENT (Rue) B1-B2
SUFFREN (Rue) C2
SUGER (Rue) D2-D3
TALABOT (Boulevard) C4
TEDENAT (Rue) B2-C2
THEODORE AUBANEL (Rue) D1
THIERRY (Rue) D2
THOUMAYNE (Rue) B2
TILLEULS (Rue des) B1-D1
TITUS (Rue) A1
TONDEURS (Rue des) B3-B3
TOUR MAGNE (Rue de la) A1
TRAJAN (Rue) A1-A2
TRAUCAT (Rue) A2
TRAVERSIERE (Rue) B1
TRELYS (Rue) B3
TRESORERIE (Rue de la) B3
3 MAURES (Rue) C2-C3
TURENNE (Rue) A4
VACHER (Plan) A3
VAISSETTE (Rue) A2-A3
VAUBAN (Rue) D1-D2
VERDET (Rue) B1
VERDUN (Rue de) D1
VESPASIEN (Rue) B2
VICTOR HUGO (Boulevard) B2-C3
VIDAL (Rue) A3
VIEILLE TRIPERIE (Rue de la) A2
VIERGE (Rue de la) A4
VIERNE (Pont de) A1-B1
VIEUX NIMES (Passage du) B3
VILLEPERDRIX (Rue) C2
VINCENT FAITA (Rue) A3-A4
VIOLETTE (Rue) B2
VOLTAIRE (Rue) A2-B2
VOULAND (Rue) B2
XAVIER SIGALON (Rue) A3

PAU

ABBE BREMOND (Rue de l') A2-A3
ADOUE (Rue) D2
ALBERT 1ER (Place) B2
ALBERT PICHE (Rue) D3-D4
ALEXANDER TAYLOR (Rue) C2-C3
ALFRED DE LASSENCE (Rue) C2-D2
ALFRED DE MUSSET (Allée) D3-C4
ALLIES (Passage des) A3
ALLIES (Rue des) A3-B3
ALSACE (Rue d') A4
ALSACE-LORRAINE (Boulevard d') ..A1-B4
AMBROISE BORDELONGUE (Rue) B1
ANATOLE FRANCE (Rue) B3-B4
ANGLAIS (Rue des) A4
ANNA DE NOAILLES (Allée) D3-C4
ARAGON (Boulevard d') D2
ARISTIDE BRIAND (Rue) A3-A4
ARRIBES (Rue) B4
BAINS (Rue des) C1
BARBANEGRE (Boulevard) C3-C4
BAREGES (Avenue de) D4
BARGOIN (Rue) A2
BAUDON (Rue) C1
BAYARD (Rue) C1
BERNADOTTE (Rue) C1-C2
BIZANOS (Rue de) D1-D2
BONADO (Rue) C3-C4
BORDENAVE D'ABERE (Rue) C1
BORDEU (Rue de) C1
BOSQUET (Cours) C3
BOURBAKI (Rue) A1-A2
BOYRIE (Rue de) A1
CAMOU (Cours) B1
CAMY (Rue) B1
CAPITAINE GUYNEMER (Rue du) ..A1-A2
CARNOT (Rue) A2-C2
CARRERE (Rue) A2-B2
CARREROT (Rue) B3-C4
CASTERET (Rue) A4
CASTETNAU (Rue) B3-B4
CAZAUBON NORBERT (Rue) A2-A3
CHAMPETIER DE RIBES (Boulevard) ..A1
CHARLES LAGARDE (Rue) A3
CHARLES LECOEUR (Rue) A3
CHARLES MACE (Rue) A1
CHATEAU (Rue du) C1-D1
CORDELIERS (Rue des) C1
CORISANDE (Rue) C1
CRAONNE (Rue de) A3-B3
DAMES DE SAINT-MAUR
(Avenue des) A2

DARRICHON (Impasse) B4-C4
DARRICHON (Rue) B4
DEPORTATION (Place de la) D1
DESPOURRINS (Rue) B3
DEVERIA (Rue) A4
DOCTEUR SIMIAN (Rue du) B2-C2
DUBOUE (Rue) C2-C3
DUFAU (Avenue) A2-A3
DUPLAA (Rue) B1-B2
EDIT DE NANTES (Rue de l') B2
EDOUARD VII (Avenue) B4-C4
EMILE GARET (Rue) B1
EMILE GINOT (Avenue) D4
EMILE GUICHENNE (Rue) C2-B3
ENFANT JESUS (Rue de l') B3
ERNEST GABARD (Rue) A3
ESPAGNE (Place d') C3
ESPALUNGE (Rue d') C1
ETATS (Place des) C3
ETATS-UNIS (Avenue des) B4-C4
ETIGNY (Rue d') C1
EUGENE CARRIERE (Rue) A3
FAGET DE BAURE (Rue) B1-C2
FENELON (Rue) B3
FOI (Impasse la) C2
FOIRAIL (Place du) A2
FOIX (Rue de) C2-D2
FONTAINE (Rue de la) C2
FOSSIE (Rue) A4
FRANÇOIS RECABORDE (Place) C2
GACHET (Rue) C2-D2
GALOS (Rue) B2-B3
GAMBETTA (Rue) C3
GASSION (Rue) C1-C2
GASSOT (Rue) C2
GASTON LACOSTE (Avenue) D2-D3
GASTON PHOEBUS (Avenue) A1-B1
GAVE (Impasse du) B4
GENDARMERIE (Rue de la) A2-B2
GENERAL DE GAULLE (Avenue du) B4
GENERAL DE LORENCEZ (Rue du) ..A2-A3
GENERAL POEYMIRAU
(Avenue du) C4-D4
GEORGES CLEMENCEAU (Place) C3
GEORGES CLEMENCEAU (Rue) D4
GERARD DE NERVAL (Allée) D3
GONTAUT BIRON (Rue de) D1
GRAMONT (Place) C1
GUICHE (Rue de) C1
HALLES (Passage des) B2-C2
HEDAS (Rue du) C1-C2
HENRI DUNANT (Avenue) A4

HENRI FAISANS (Rue) C3-B4
HENRI IV (Impasse) D1
HENRI IV (Rue) D1-D2
HONORE BARADAT (Avenue) A3-A4
HONSET (Impasse) D1
HOO PARIS (Rue) A4
JEAN-BAPTISTE CARREAU (Rue) ..C1-C2
JEAN BIRAY (Avenue) D1-D2
JEAN JAURES (Rue) A4
JEAN JOVE (Rue) B2
JEAN MONNET (Rue) B3-C3
JEAN REVEIL (Rue) B3
JEAN-JACQUES DE MONAIX (Rue) .A4-B4
JEANNE D'ALBRET (Rue) C1-D1
JEANNE D'ARC (Rue) B1
JUSTIN BLANC (Rue) B4-C4
LACLEDE (Rue) C2
LALANNE (Pont) D3
LAMOTHE (Rue) C3
LANGLES (Rue) B3-B4
LAPOUBLE (Rue) B1
LASSANSAA (Rue) C1
LATAPIE (Rue) C3
LATTRE DE TASSIGNY (Avenue de) .C2-D2
LAUSSAT (Rue de) A2-B2
LAVIGNE (Rue) A1-A2
LEON DARAN (Rue) C3-D3
LEON HEID (Avenue) D3
LEON SAY (Avenue) D3-D4
LESPY (Rue) B3
LIBERATION (Place de la) C2
LIEGE (Rue de) B1-C1
LOUIS BARTHOU (Rue) D2-D3
LOUIS LACAZE (Rue) B2-B3
LYAUTEY (Cours) A3
MALERE (Passage) C3
MANESCAU (Rue) B1
MAQUIS DU BEARN (Rue du) B1-C1
MARCA (Rue) C1
MARECHAL FOCH (Rue) C2-C3
MARECHAL JOFFRE (Rue) C1-C2
MARGUERITE LABORDE (Place) C3
MARNE (Rue de la) B3
MATHIEU LALANNE (Rue) C3
MESSIN (Impasse) B1
MICHEL HOUNAU (Rue) B3-B4
MICHELET (Rue) A1-B1
MONNAIE (Place de la) D1
MONPEZAT (Rue) B1-C1
MONPENSIER (Rue) A1-A2
MOULIN (Rue du) C1-D1

MOUROT (Rue) B2-C2
NAMUR (Rue) B4
NAPOLEON BONAPARTE (Avenue) .D2-D3
NAVARROT (Rue) D3
NEMOURS (Pont de) D1
NOGUE (Rue) B2
NOLIVOS (Rue de) A1
O'QUIN (Rue) B2
ORLEANS (Rue d') B1-B2
ORPHELINES (Rue des) D2-D3
OSSAU (Avenue d') D3
PALASSOU (Rue) A2-B3
PARENTOY (Passage) C2
PARLEMENT (Rue du) C1-D1
PASTEUR (Rue) B1-B2
PASTEUR ALPHONSE CADIER
(Rue du) A4
PAUL LAFON (Place) C3
PAUL VALERY (Allée) D4
PAULINE SIRO (Rue) A4
PERE (Rue) A4-B4
PERE PARDIES (Rue du) A1
PERPIGNAA (Rue) B1-B2
PYRENEES (Boulevard des) D1-D3
RAUSKY (Rue) A1
RAYMOND PLANTE (Rue) B2
REINE MARGUERITE (Place) C3
RENE CASSIN (Rue) B3
RENE DORME (Rue) B3
RENE FOURNETS (Rue) C1-C2
RENE MARIE CASTAING (Rue) A3
RENE MORERE (Rue) A3-A4
REPARATRICES (Rue des) C4
REPUBLIQUE (Passage de la) B2-C2
REPUBLIQUE (Place de la) B2
REPUBLIQUE (Rue de la) B2
RESISTANCE (Avenue de la) A1-B1
RIVARES (Rue) B3-C3
ROYALE (Place) C2
SAINT-FRANÇOIS D'ASSISE (Rue) B3
SAINT-JACQUES (Rue) C2
SAINT-LOUIS (Rue) C2-D2
SAINT-LOUIS DE GONZAGUE (Place) ..C3
SAINT-MICHEL (Rue) A4
SAMONZET (Rue) C2-C3
SAMUEL DE LESTAPIS (Place) B3
SARAJEVO (Place) C3
SEGURE (Rue de) A1
SENTIERS DU ROY (les) D1-D2
SEPT CANTONS (Place des) C1
SERGENT BERNES CAMBOT (Rue du) .A2
SERVIEZ (Rue) C2

SOLFERINO (Rue) B3
SOUVENIR FRANÇAIS (Rond-point du) ..A1
SULLY (Impasse) D1
SULLY (Rue) C1-D1
TOURNANTE PLANTE (Rue) B2
TRAN (Rue) C1-C2
TRESPOEY (Avenue) C4
TROIS FRERES BERNADAC (Rue des) ..B1
VALERY MEUNIER (Rue) C2-C3
VERDUN (Place de) C1
VIARD (Rue) A1-B1
VICTOR HUGO (Rue) B1

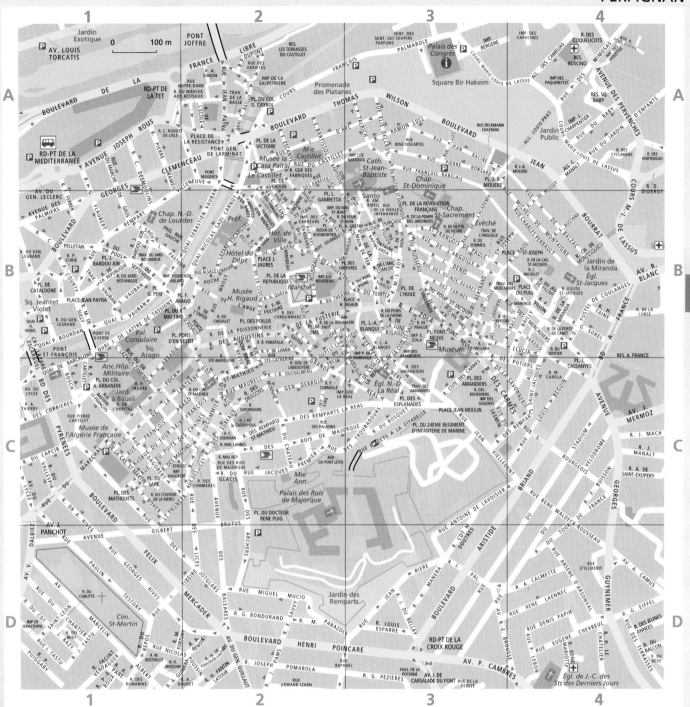

ABREUVOIRS (Rue des)................A2
ACADEMIE (Rue de l')..................
ACCES A LA CITADELLE (Rue d')....C3
ALFRED DE MUSSET (Rue)........A4-B4
ALFRED NOBEL (Quai)..................B1
ALSACE LORRAINE (Rue)..............B2
AMANDIERS (Place des)...............C3
AMANDIERS (Rue des)............B3-C3
AMANDIERS (Traverse des)...........C3
AMIRAL BARRERA (Rue)...........B2-B3
AMIRAL RIBEIL (Rue)................A3-B3
ANATOLE FRANCE (Boulevard).....B4-C4
ANATOLE FRANCE (Résidence)......B4
ANCIENNE COMEDIE (Rue de l').....B3
ANGE (Rue de l')..........................B3
ANGUILLE (Rue de l')....................B3
ANTOINE DE LAVOISIER (Rue)...D3-C4
ANTOINE QUEYA (Rue)..................
ARCHERS (Rue des)................C2-D2
ARGENTERIE (Rue de l').................B3
ARISTIDE BRIAND (Boulevard)....D3-C4
AUGUSTINS (Rue des).....................
BALEARES (Avenue des).................
BARDOU-JOB (Rue)........................B1
BARRE (Rue de la).........................
BARTISSOL (Rue Cité)..............A2-A3
BASTION SAINT-DOMINIQUE
(Rue du)..............................A3-B3
BASTION SAINT-FRANÇOIS...........B4
BOHEMIENS (Rue des)...................
BOSQUET (Rue du)........................
CAMILLE JOURDAN (Rue)..............
CARMES (Rue des)...................B3-C4
CASERNE SAINT-MARTIN (Rue de la)..C1
CASTILLET (Rue du)................A2-A3
CATALOGNE (Place de)..................
CHARLES PERRAULT (Rue)..............B4
CHATEAU (Rue du)........................C2
CIMETIERE SAINT-MATHIEU (Rue du)..C2
CLOCHE D'OR (Rue de la)...............B3
COMMANDANT MICHEL DOUTRES
(Rue)....................................D3-D3
COMMERES (Rue des)...............C1-C2
COQUELICOTS (Rue des)...............A4
COTE DES CARMES (Rue)........B3-C3
COTE SAINT-SAUVEUR (Rue)..........B2
COUVERTE (Rue)...........................
CROIX ROUGE (Rond-Point de la)....D3
CUIRASSIERS (Rue des)..................
DAGOBERT (Rue du)......................C2
DENIS DIDEROT (Rue)..............A4-B4
DENIS FUSTEL DE COULANGES (Rue)..B4

DOCTEUR LUDWIG LAZARUS ZAMENOFF
(Rue du)............................B1-C1
DOCTEUR POUS (Rue du)..............B1
DOCTEUR RENE PUIG (Place du)....C2
DRAGONS (Rue des).......................
EGLISE LA REAL (Rue de l').............C3
EGLISE SAINT-JACQUES (Rue)........B4
ELIE DELCROS (Rue)......................C1
EMILE ZOLA (Rue).........................B3
EN CALCE (Rue d')........................B3
EN VESTIT (Place Pont d')...............B2
ESPLANADES (Place des)..........A2-B2
ETROITE (Rue)..............................
FABRIQUES COUVERTES (Rue des)..A2-B2
FABRIQUES D'EN NABOT (Rue des)..A2-B2
FARINES (Rue des)........................B1
FELIX MERCADER (Boulevard)...C1-D2
FIGUIER (Rue)..........................B2-B3
FONT FROIDE (Rue)......................
FONTAINE NAPINCARDA (Rue).........
FONTAINE NAPINCARDA (Traverse)...B3
FONTAINE NEUVE (Place)...............
FONTAINE NEUVE (Rue)..................
FOUR SAINT-FRANÇOIS (Rue)....C1-C2
FOUR SAINT-JACQUES (Rue du)......C3
FOUR SAINT-JEAN (Rue du)............B3
FRANCE LIBRE (Boulevard de la)..A1-A2
FRANÇOIS ARAGO (Place)...............
FRANÇOIS ARAGO (Rue)..................B3
FRANÇOIS BOHER (Rue)..................
FRANÇOIS LLUCIA (Rue).............B3-B4
FRANÇOIS PALMAROLE (Cours)...A3-A3
FRANÇOIS RABELAIS (Rue)........B3-B4
FRANÇOIS VILLON (Rue)..................B4
FRANÇOIS-MARIE VOLTAIRE (Rue)...
FUSTERIE (Rue de la).....................B3
GABRIEL PERI (Place)......................B1
GENERAL DE LABEDOYERE (Rue).....B4
GENERAL DE LARMINAT (Pont)........A2
GENERAL DERROJA (Rue)..............
GENERAL GUILLAUT (Avenue du)......D2
GENERAL LECLERC (Avenue du)...A1-A2
GEORGES BONDURAND (Rue)..........
GEORGES CLEMENCEAU
(Boulevard)..........................B1-A2
GEORGES GUYNEMER (Avenue)..C4-D4
GILBERT BRUTUS (Avenue)........D1-C2
GLACIS (Rue du)...........................C2
GRANDE DES FABRIQUES (Rue)......A2
GRANDE LA REAL (Rue)............B2-C2
GUERRE (Pont de)..........................B1

GUILLAUME DAUDER DE SELVA
(Rue)...............................B2-B3
HENRI ABBADIE (Rue)..............C1-C1
HENRI BERTON (Rue)................B3-B4
HENRI POINCARE (Boulevard)...D2-D3
HONORE DE BALZAC (Rue).......A4-B4
HOPITAL (Rue de l')..................C1-C2
HORLOGE (Rue de l')................A3-B3
HYACINTHE MANERA (Rue).............D3
HYACINTHE RIGAUD (Place)..............
HYACINTHE RIGAUD (Rue)..............B3
INCENDIE (Rue de l')................A2-B2
JACQUES DUGOMMIER (Rue)...........
JACQUES MANUEL (Rue)...........A2-B2
JACQUES PREMIER (Rue)................B3
JARDIN BOTANIQUE (Rue du).........B1
JASMIN (Rue du)......................C3-C4
JEAN BAILLY (Rue)........................B4
JEAN BOURRAT (Boulevard)......A3-B4
JEAN DE CAZANYOLA (Rue)...........B4
JEAN DE LATTRE DE TASSIGNY (Quai)..B1
JEAN JAURES (Place).....................B2
JEAN MERMOZ (Avenue).................C4
JEAN PAYRA (Rue)........................A2
JEAN RACINE (Rue)..................A3-A4
JEAN RIERE (Rue)..........................B3
JEAN VIELLEDENT (Rue)..............C3-C4
JEAN-BAPTISTE DUCHALMEAU (Rue)..
JEANNE D'ARC (Rue).....................A3
JOACHIM DU BELLAY (Rue)............D3
JOSEPH ANGLADA (Rue).................
JOSEPH BERTRAND (Rue)...............
JOSEPH CASSANYES (Place)...........B4
JOSEPH DENIS (Rue).....................
JOSEPH PAL (Rue)...................D3-D2
JOSEPH SAUVY (Rue)....................
JOSEPH TASTU (Rue).....................D1
JULES DE CARSALADE du Pont
(Avenue)..............................D3
JULES MICHELET (Rue)..................B4
JULES PAMS (Rue)........................
JUSTIN BARDOU JOB (Rue)............B1
LANTERNE (Rue de la)..............C1-C2
LAZARE ESCARGUEL (Cours)......B1-C1
LAZARE ESCARGUEL (Rue)...........
LEON BOURGEOIS (Rue)................B4
LEON GAMBETTA (Place)................B2
LEVIS (Rue du Pont).......................
LIEUTENANT PRUNETA (Rue)......D1-C2
LOUIS AUGUSTE BLANQUI (Rue).....B3
LOUIS BASIL (Rue).........................B2
LOUIS BLANC (Rue)..................A2-B2

LOUIS CAULAS (Rue)....................B2
LOUIS ESPARRE (Rue)..................D3
LOUIS PASTEUR (Rue)..............B1-B2
LOUIS-AUGUSTE BLANQUI (Place)...B3
LUNE (Rue de la)..........................B3
MACONS (Rue des)..................C1-C2
MAILLY (Rue).........................B2-B3
MAIN DE FER (Rue de la)................B3
MANCHE (Rue de la)......................
MARCEL OMS (Rue).......................B2
MARCEL PARAZOLS (Rue)..........D2-D3
MARCELLIN BERTHELOT (Rue)........D1
MARCHANDS (Rue des).................
MARCHE AUX BESTIAUX (Rue du)..A1-A2
MARECHAL FERDINAND FOCH
(Rue du).............................C1-B2
MARECHAL LANNES (Rue)..............C2
MARECHAL NEY (Rue)....................C2
MARENGO (Rue)...........................B3
MARIE-LOUIS DE LASSUS (Cours)..A3-A3
MAURELL (Rue)............................B3
MAXIMILIEN DE SULLY (Rue)...........
MAXIMILIEN SEBASTIEN FOY (Rue)...
MERCADIERS (Rue des).............B3-B4
MERCADIERS (Traverse des)..........
MICHEL DE MONTAIGNE (Rue)....A4-B3
MICHEL DOM BRIAL (Rue)..............B2
MICHEL TORRENT (Rue).................B3
MIGUEL MUCIO (Rue)...................
MIMOSAS (Rue des).......................
MIRANDA (Rue de la).....................B4
MOULIN PARES (Rue du)................B3
MUSEE (Rue du)...........................
NEUVE (Rue).................................
NICOLAS POUSSIN (Rue)...........D1-D2
NICOLAS SADI CARNOT (Quai)........B1
NOTRE DAME (Rue)......................
ORFEVRES (Place des)...................B2
PALADINS (Rue des)......................
PALMIERS (Avenue des)..................
PAQUERETTES (Impasse des).........A4
PARADIS (Rue de)........................A3
PARFUMS (Sentier des)..................A3
PAUL COURTY (Rue).....................
PAUL DE LAMER (Rue)...................B2
PAULIN TESTORY (Rue)..............C1-C2
PERE PIGNE (Rue)........................D1
PERVENCHES (Avenue des).............
PETIT SAINT-CHRISTOPHE (Rue du)..B2-B3
PETITE LA MONNAIE (Rue)............
PETITE LA REAL (Rue)...............B3-C3
PHILIPPE LEBON (Rue)..................D1

PIERRE BOURDAN (Quai)...............B1
PIERRE CAMBRES (Avenue).......D3-D4
PIERRE CARTELET (Rue)............B1-C1
PIERRE CORNEILLE (Rue)..........C2-B3
PIERRE CURIE (Rue)......................B1
PIERRE DE MARIVAUX (Impasse).....B2
PIERRE DE MARIVAUX (Rue).......B2-C3
PIERRE DELCROS (Rue).................B3
PIERRE DUPONT (Rue)...................
PIERRE LOTI (Rue).........................A3
PIERRE PUIGGARY (Rue)................D1
PIERRE RAMEIL (Rue)....................A1
PIERRE RONSARD (Rue).................A3
PIERRE TALRICH (Rue)..................B3
PIERRE TROUEE (Rue)..............C1-C2
PIERRE-EMILE ROUX (Rue).............D1
PINTE (Rue de la).........................B2
POIDS DE LA FARINE (Rue de la).....B3
POILUS (Place des)........................B2
POISSONNERIE (Rue de la).............B3
POMPE DES JARDINIERS (Rue de la)..B3
PORTE D'ASSAUT (Rue).................
PORTE DE CANET (Rue de la)..........B4
PORTE DE PIERRE (Rue de la).........B4
POTERNE (Passage de la)................
POTIERS (Rue des)...................B3-C4
PRAGUE (Rue de).........................
PRESSOIR (Rue du).......................B3
PUIG (Place du)............................
PUITS DES CHAINES (Rue du)....C1-C2
PYRENEES (Boulevard des).............C1
4 SEPTEMBRE (Rue du).................B3
15 DEGRES (Rue du).....................B3
RAMON LULL (Rue)........................
RAPHAEL (Rue).......................D2-D3
REMPART VILLENEUVE (Rue).....B1-A2
REMPARTS LA REAL (Rue des)...C2-C3
REMPARTS SAINT-JACQUES (Rue des)..
REMPARTS SAINT-MATHIEU (Rue des)..C3-B4
RENE DESCARTES (Rue)................A3
RENE LAENNEC (Rue)...............D3-D4
RENE PARATILLA (Rue)..................B2
RENE WALDECK ROUSSEAU (Rue)..C4-D4
REPOS (Rue du)...........................D1
REPUBLIQUE (Place de la)...............B2
REPUBLIQUE (Rue de la).................B1
REVE (Rue du).............................D1
REVOLUTION FRANÇAISE (Place de la)..B3
REVOLUTION FRANÇAISE
(Rue de la)............................
RIVE GAUCHE (Passage)............B1-B2

ROBERT EMMANUEL BROUSSE
(Avenue)..........................D3-D4
ROIS DE MAJORQUE (Rue des)...C2-C3
ROMARINS (Rue des)....................D1
ROSETTE BLANC (Avenue)..............B4
RUISSEAU (Rue du).......................B3
RUISSEAU (Traverse du).................B3
RUSCINO (Résidence)....................A4
SACCABEILLE (Rue).......................
SAINT-FRANÇOIS (Pont)............B1-C1
SAINT-FRANÇOIS DE PAULE (Rue)..B3-B4
SAINT-JEAN (Rue)....................B3-B2
SAINT-JOSEPH (Rue)....................B3-B4
SAINT-LEON (Rue)........................D1
SAINT-MATHIEU (Rue)...............B2-C2
SAINTE-CATHERINE (Rue)...........B2-C2
SAINTE-MADELEINE (Rue)...............B2
SALPETRIERE (Impasse de la)........A2
SAPONNAIRE (Rue)......................
SARE (Place du)............................C1
SAVONNERIE (Rue de la)...........B3-C4
SEBASTIEN VAUBAN (Quai)........B1-A2
SEBASTIEN VAUBAN (Rue)..............B1
SEBASTIEN VAUBAN (Traverse).......B1
SEBASTOPOL (Impasse de)............
SEBASTOPOL (Rue)......................D1
SENTIER (Rue du).........................B4
SOMMEIL (Rue du)........................B3
SOUPIRS (Sentier des).................A4
SQUARE BABY (Résidence).............A4
STADIUM (Rue du)........................A3
SUREAUX (Rue des)......................D2
TEMPLE (Rue du)..........................B3
TERRASSES (Rue des)...................B3
TET (Rond-Point de la)..................A1
THEATRE (Rue du)....................B2-B3
THEODORE GUITER (Rue)...............B2
THOMAS WILSON (Boulevard)....A2-A3
TOUR DE FRANCE (Rue)............C4-D4
TRACY (Rue).................................B2
3 JOURNEES (Rue des).............B2-B3
TROUBADOURS (Rue des)..........C2-C3
UNIVERSITE (Rue de l')..................B3
VALLESPIR (Rue du)......................C1
VARIETES (Rue du).......................A2
VELODROME (Rue du)................D3-C4
VERDUN (Place de)........................
VICTOIRE (Place de la)...................A2
VICTOR DALBIEZ (Avenue).........C1-D1
VICTOR MIRABEAU (Rue)...............D1
VIEILLE INTENDANCE (Rue de la).....B3
VIOLETTES (Impasse des)..............A4

POITIERS

ABBE DE LESTANG (Rue de l')......A1
ABBE GEORGES FREMONT
(Boulevard de l')......A3
ABREUVOIR (Rue de l')......A3
ACHARD (Pont)......D1
ALFRED DE CURZON (Rue)......B1-B2
ALIENOR D'AQUITAINE (Rue)......D2
ALPHONSE LE PETIT (Place)......C3
ALSACE LORRAINE (Rue)......D2-D3
ANCIENNE COMEDIE (Rue de l')......C3-D3
ANDRE BROUILLET (Rue)......C3
ANDRE TIRAQUEAU (Rue)......D3
ANTOINE THIBAUDEAU (Rue)......C2
ARCEAU (Rue de l')......D3
ARENES ROMAINES (Rue des)......D3
ARISTIDE BRIAND (Place)......D2
ARSENE ORILLARD (Rue)......D3-C4
ARTHUR RANC (Impasse)......C2
ARTHUR RANC (Rue)......C2
AVIATION (Rue de l')......A1
BALANCES D'OR (Rue des)......D3
BASSE ROCHE (Rue de la)......C1
BERTRAND DU GUESCLIN (Place)......B3
BETHLEEM (Impasse)......A4
BON PASTEUR (Square du)......C4
BONCENNE (Passage)......C3
BONCENNE (Rue)......C2-C3
BOURBEAU (Rue)......C2-C3
BOURCANI (Rue)......D2-D3
BRETONNERIE (Rue de la)......B3
CAMILLE BAZILLE (Rue)......A1
CAPITAINE BES (Rue)......B1-C1
CARMELITES (Rue des)......C2-B3
CARMES (Rue des)......C4
CATHEDRALE (Place de la)......D4
CATHEDRALE (Rue de la)......C3-D3
CELLE (Plan de la)......D3
CELLE (Rue de la)......C3-D3
CHAINE (Rue de la)......B3
CHAMPAGNE (Rue de)......B3
CHARLES DE GAULLE (Place)......C3-C4
CHARLES ELIE FERRIERE (Place)......B3
CHARLES GIDE (Rue)......D2-D3
CHARLES MARTEL (Place)......A3
CHARLES VII (Place)......C3
CHASSEIGNE (Boulevard)......A3-B4
CHASSEIGNE (Impasse)......B4
CHAUDRON D'OR (Rue du)......C3
CHAUSSEE (Rue de la)......A3-B1
CHAUVEAU (Rue)......A1-B1
CHAUVINERIE (Rue de la)......B1
CHOQUIN DE SARZEC (Place)......A2

CLAVEURIER (Rue)......D3
CLEMENT JANNEQUIN (Rue)......B1-A2
CLOCHE PERSE (Rue)......B3-C3
CLOS DE LA ROCHE (Rue du)......B1-B2
COLONEL DENFERT (Rue du)......D2
CONDORCET (Impasse)......A1
CONDORCET (Rue)......A1-A2
CORDELIERS (Rue des)......C3
COTEAUX (Impasse des)......C3
COTEAUX (Rue des)......B1-C1
COURONNERIES (Rue des)......A3
CRETES (Chemin des)......A3-A4
CROIX BLANCHE (Rue de la)......C3
DALESMES (Cité)......A4-B4
DAMES DES ROCHES (Rue des)......A2
19 MARS 1962 (Rue du)......C3
DOMAINE FONTENEAU (Rue)......B3
ECHELLE DU PALAIS (Rue de l')......C3
ECOSSAIS (Impasse des)......D2
ECOSSAIS (Rue des)......C2-D2
EDOUARD GRIMAUD (Rue)......C2-C3
EMILE FAGUET (Rue)......C4-D4
EPERON (Rue de l')......D3
EUROPE (Avenue de l')......A3-A4
FEUILLANTS (Rue des)......C4
FIEF DES ROCS (Rue du)......B3-C3
FLAGEOLLES (Rue des)......B3-C3
FRANCOIS CHARLES (Rue)......D1
FRANCOIS RABELAIS (Rue)......D1
FRANKLIN (Rue)......B3
GAILLARDS (Rue des)......C3-D3
GAMBETTA (Rue)......C3-D3
GASTON HULIN (Rue)......C3
GENERAL BERTON (Rue du)......B3-C3
GENERAL DEMARCAY (Rue)......D1-D2
GENERAL SARRAIL (Rue du)......A3
GEORGES GUYNEMER (Rue)......D1
GRAND CERF (Boulevard du)......C1-B3
GRAND RUE......C4
GRANDES ECOLES (Rue des)......D3
GRIGNON DE MONTFORT (Rue)......A3-B3
GROTTE DES DRUIDES (Escalier de la)......B3
GUILLAUME VII LE TROUBADOUR
(Rue)......B3-B4
HENRI OUDIN (Rue)......C3-D3
HENRI PETONNET (Rue)......C3
HONORE GABILLET (Rue)......A3
HOTEL DIEU (Rue de l')......B4-C4
INTENDANT FOUCAULT (Rue de l')......A3
INTENDANT LE NAIN (Rue de l')......A3-B3
JACQUES DE GRAILLY (Rue)......C2

JACQUES THIBAULT (Rue)......A1
JARDIN DES DROITS DE L'HOMME
(Place du)......C3
JARDIN DES PLANTES (Rue du)......B4
JARDINET (Rue du)......D3
JEAN ALEXANDRE (Rue)......D3
JEAN BOUCHET (Rue)......B3
JEAN DE BERRY (Place)......A3
JEAN JAURES (Rue)......C3-D4
JEAN MACE (Rue)......A3-B3
JEAN MERMOZ (Rue)......A1
JEANNE D'ARC (Boulevard)......A3-B3
JESUITES (Impasse des)......C2-C3
JOSEPH BRESSOLETTE (Rue)......A1
LAZARE CARNOT (Rue)......D2-D3
LEBASCLES (Rue des)......D3
LEON EDOUX (Rue)......A4
LEON PERRAULT (Rue)......B1
LEVEE (Rue de la)......B1-C1
LIBERTE (Place de la)......B3
LIEUTENANT COLONEL BIRAUD
(Impasse du)......C1
LIEUTENANT COLONEL BIRAUD
(Rue du)......C1
LOGEROT (Rue)......B1-C1
LOUIS GAUFFIER (Rue)......A2
LOUIS RENARD (Rue)......D3
LOUIS VIERNE (Rue)......A1-B1
LUSIGNAN (Impasse de la Cité de)......B3
MAGENTA (Rue de)......C3-C4
MAILLOCHON (Rue de)......B1-D1
MARCHE NOTRE DAME (Rue du)......C3
MARECHAL DE LATTRE DE TASSIGNY
(Boulevard)......B4
MARECHAL FOCH (Impasse du)......C3
MARECHAL FOCH (Rue du)......D2-D3
MARECHAL PHILIPPE LECLERC
(Place du)......D3
MARNE (Impasse de la)......C2
MARNE (Rue de la)......C2-C3
MAUGES (Rue des)......A4
MINIMES (Rue des)......C4
MONCONTOUR (Allée de)......A4
MONSEIGNEUR PROSPER AUGOUARD
(Rue)......A3
MONTGORGES (Rue des)......C1-D1
MONTIERNEUF (Place)......B3
MOULIN A VENT (Rue du)......B3-C3
MOUTON (Rue du)......A3
MOZART (Résidence)......A4
NANTES (Avenue de)......C1-A3

NOUVELLE DES 4 CYPRES (Rue)......A3
OLERON (Rue d')......D3-D4
PAIX (Avenue de la)......A1-B2
PALAIS (Rue du)......C3
PARC (Allée du)......A4
PARC SAINT-HILAIRE (Résidence du)......D1
PARIS (Avenue de)......A2
PASCAL LE COQ (Rue)......D4
PAUL BERT (Rue)......B3-C2
PAUL GUILLON (Rue)......C3
PENETRANTE EST
VOIE ANDRE MALRAUX......B4-C4
PETIT BONNEVEAU (Rue du)......D2-D3
PETIT ETANG (Chemin du)......C1-D1
PETITE PASSERELLE (Rue)......C2
PETITE ROCHE (Rue de la)......B1
PETITE ROUE (Passage de la)......C2
PETITE VILLETTE (Impasse de la)......A3
PETITS ESCALIERS DE LA GARE......C2
PIERRE RAT (Rue)......B3-B4
PIORRY (Rue)......D4
PLAN DE LA ROCHE (Rue du)......B1
PLAT D'ETAIN (Rue du)......D3
POIZET (Impasse)......D3
PONT ACHARD (Boulevard de)......D1-C2
PONT ACHARD (Petite Rue)......D1
PRE L'ABBESSE (Rue)......B4-C4
PREVOTE (Rue de la)......B3
PROSPER MERIMEE (Place)......B3
PROSPER MERIMEE (Rue)......A3-B3
PUITS CI-PRES (Rue du)......B3
PUYGARREAU (Rue du)......D3
4 ROUES (Passage des)......A3
4 ROUES (Rue des)......A3-B4
QUINCAY (Rue de)......A1-B1
REGRATTERIE (Rue de la)......C3
RENE DESCARTES (Rue)......B3-C3
RENE SAVATIER (Rue)......C3
REPUBLIQUE (Square de la)......D3
RIFFAULT (Rue)......C4
ROCHE (Impasse de la)......B1
ROCHE (Rue de la)......B1-B2
ROCHE D'ARGENT (Rue)......D4
ROCHEREUIL (Pont de)......A3
ROCHEREUIL (Rue de)......A3
ROCS (Boulevard des)......B1-A2
ROCS (Cité des)......B1
ROCS (Passerelle des)......B1-C2
SAINT-DENIS (Rue)......C3
SAINT-FORTUNAT (Rue)......D4
SAINT-GERMAIN (Rue)......B3-B4

SAINT-HILAIRE (Rue)......D1-D2
SAINT-LOUIS (Rue)......C3
SAINT-MAIXENT (Rue)......C4-D4
SAINT-NICOLAS (Rue)......C4
SAINT-PAUL (Rue)......C4-D4
SAINT-PIERRE LE PUELLIER (Rue)......D3-D4
SAINT-PORCHAIRE (Rue)......D2-C3
SAINT-SERNIN (Allée)......B1
SAINT-SERNIN (Rue)......B1
SAINT-SIMPLICIEN (Rue)......D4
SAINT-VINCENT DE PAUL (Rue)......D3-D4
SAINTE-CATHERINE (Petite Rue)......D3
SAINTE-CATHERINE (Rue)......D3
SAINTE-CROIX (Rue)......D4
SAINTE-JEANNE (Allée de la Cité)......A2
SAINTE-JEANNE (Rue de la Cité)......A2
SAINTE-LOUBETTE (Rue de)......C1
SAINTE-OPPORTUNE (Rue)......C3-C4
SAINTE-THERESE (Rue)......A1
SCEVOLE DE SAINTE-MARTHE (Rue)......C3-C4
SERPENTINE (Impasse)......A1
SOLEIL LEVANT (Chemin du)......D1
SOLFERINO (Boulevard)......C2
SOUCI (Rue du)......D4
SYLVAIN DRAULT (Rue)......B3-C4
TETE NOIRE (Rue de la)......C3
THEOPHRASTE RENAUDOT (Rue)......D2
TIFFAUGES (Rue de)......A4
TRAVERSE (Rue de la)......D3-D4
TRINITE (Rue de la)......D4
TROTTOIR (Rue du)......B3
UNIVERSITE (Rue de l')......C3
VERDUN (Boulevard de)......C2-D2
VICTOR HUGO (Rue)......D2-D3
VIEILLES BOUCHERIES (Rue des)......C3
VINCENDERIE (Rue de la)......A3

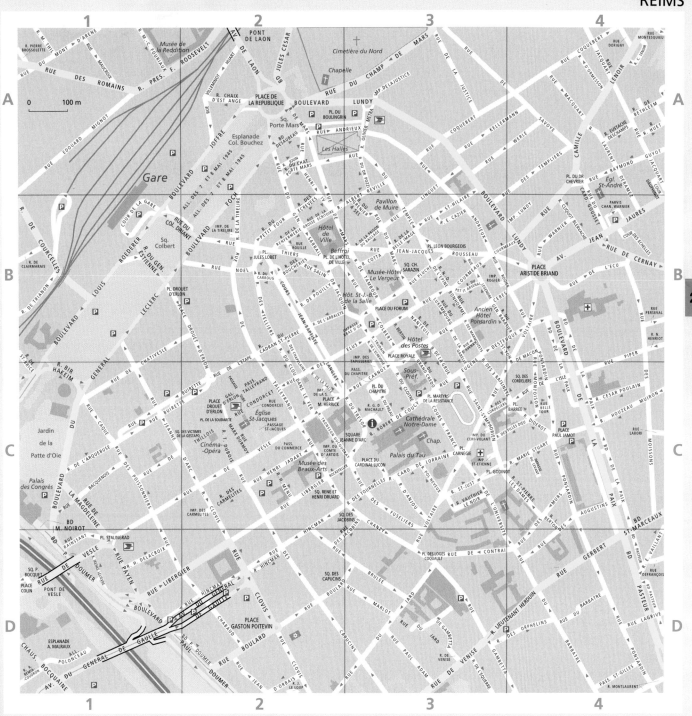

ALBERT REVILLE (Rue)..................B2-A3
ANATOLE FRANCE (Cours)...............C3
ANDRE MALRAUX (Esplanade)..........D1
ANDRIEUX (Rue)......................A2-B3
ANJOU (Rue d')......................C3
ARBALETE (Rue de l')................B2-B3
ARISTIDE BRIAND (Place).............B4
ARLETTE REMIA-COUDRON (Rue).........D1
ARQUEBUSE (Rue de l')...............C1
AUGUSTINS (Rue des).................C4-D4
AVENAY (Rue d').....................B3
BACQUENOIS (Rue)....................C1
BARBATRE (Rue du)...................D4
BARREE (Place)......................C3-C4
BELLE IMAGE (Rue de la).............B2
BELLE TOUR (Rue)....................B3
BERTIN (Rue)........................B3
BETHLEEM (Rue)......................A4
BIR HAKEIM (Rue)....................C1
BOCQUAINE (Chaussée)................D1
BONHOMME (Rue)......................B3
BOUCHERIES (Rue des)................B2
BOULARD (Rue).......................D2-D3
BOULINGRIN (Place du)...............A2-A3
BRAS D'OR (Impasse).................B2-B3
BRULEE (Rue)........................D2-D3
BUIRETTE (Rue)......................C1-C2
CADRAN SAINT-PIERRE (Rue du)........B2
CAMILLE LENOIR (Rue)................A4-B4
CAPUCINS (Rue des)..................C2-D3
CAPUCINS (Square des)...............D2
CAQUE (Rue).........................C1
CARDINAL DE LORRAINE (Rue)..........C3
CARDINAL GOUSSET (Rue du)...........A4-B4
CARDINAL LUCON (Place du)...........C2
CARMELITES (Impasse des)............C2
CARMELITES (Rue des)................C2
CARNEGIE (Place)....................C2
CARNOT (Rue)........................C2
CARROUGE (Rue du)...................B2
CERES (Rue).........................B3-B4
CERF-VOLANT (Impasse du)............C3-C4
CERNAY (Rue de).....................B4
CESAR POULAIN (Rue).................C3
CHABAUD (Rue).......................C1-D2
CHAIX D'EST ANGE (Rue)..............A2
CHAMP DE MARS (Rue du)..............A2-A3
CHANOINE WARNIER (Parvis)...........B4
CHANZY (Rue)........................C2-D3
CHAPELAINS (Rue des)................B2-C2
CHAPITRE (Passage du)...............C3
CHAPITRE (Place du).................C3

CHARLES SARAZIN (Square)............B3
CHATEAU PORTE MARS (Rue du).........A2
CHATIVESLE (Rue de).................C1-B2
CLAIRMARAIS (Rue de)................B1
CLIQUOT BLERVACHE (Rue).............B4
CLOITRE (Rue).......................C3
CLOU DANS LE FER (Rue du)...........B2-C2
CLOVIS (Rue)........................C2-D2
COLBERT (Rue).......................B2-B3
COLIN (Place).......................C2
COLONEL DRIANT (Rue du).............B1-B2
COMMERCE (Passage du)...............C2
COMTE D'ARTOIS (Impasse du).........C2
CONDORCET (Rue).....................C2
CONTRAI (Rue de)....................D3-D4
COQUEBERT (Rue).....................A3-A4
CORDELIERS (Rue des)................C3-C4
CORDELIERS (Square des).............C3
COTTA (Rue).........................B3
COURCELLES (Rue de).................B1
COURMEAUX (Rue).....................B3-B4
DAUPHINOT (Cour)....................A4-B4
DEFRANCOIS (Rue)....................D4
DESAUBEAU (Boulevard)...............A2
DIDEROT (Rue).......................C4
DOCTEUR CHEVRIER (Place du).........A4
DOCTEUR JACQUIN (Rue)...............B2-B3
DOCTEUR POZZI (Rue du)..............A3
DORIGNY (Rue).......................A3-A4
DROUET D'ERLON (Place)..............B1-C2
ECHELLES (Cour des).................B3
ECREVEES (Rue des)..................B2
ECREVISSE (Rue de l')...............B3-C3
ECU (Rue de l').....................B4
EDOUARD MIGNOT (Rue)................A1
EDOUARD VAILLANT (Rue)..............D4
ELUS (Rue des)......................C2-B3
EMILE CAZIER (Rue)..................B3
EQUERRE (Rue de l').................C2
ERLON (Galerie d')..................C2
ETAPE (Rue de l')...................B2-C2
EUGENE DESTEUQUE (Rue)..............C3-B4
EUSTACHE DESCHAMPS (Rue)............A3-A4
FILLES DIEU (Rue des)...............C3-C4
FOCH (Boulevard)....................B1-A2
FORUM (Place du)....................B3
FUSELIERS (Rue des).................C3-D3
GABELLE (Rue de la).................B3-C3
GAMBETTA (Rue)......................C3-D4
GARE (Cour de la)...................B1
GASTON POITEVIN (Place).............D2
GENERAL BARATIER (Rue du)...........B3-B4

GENERAL DE GAULLE (Avenue du).......D1-D2
GENERAL ESTIENNE (Rue du)...........B1
GENERAL LECLERC (Boulevard du)......B1-D1
GENERAL SARRAIL (Rue du)............A2-B2
GERBERT (Rue).......................D4
GODINOT (Place).....................C3-C4
GRAND CREDO (Rue du)................B3-C3
GRENIER A SEL (Rue du)..............B3
GROSSE ECRITOIRE (Rue de la)........B2-C2
GRUE (Rue de la)....................B2
GUILLAUME DE MACHAULT (Rue).........C3
HENRI DELACROIX (Rue)...............C1
HENRI IV (Rue)......................A2-B2
HENRI JADART (Rue)..................C2
HENRI MENU (Rue)....................C2
HINCMAR (Rue).......................C2-D3
HOTEL DE VILLE (Place de l')........B2-B3
HOUZEAU MUIRON (Rue)................B4-C4
IRENE LELIEVRE (Rue)................D1
ISLE (Rue de l')....................C4
JACOBINS (Rue des)..................D2-D3
JACOBINS (Square des)...............C3
JACQUART (Rue)......................A4
JARD (Rue du).......................D3-D4
JEAN D'ORBAIS (Rue).................D2
JEAN JAURES (Avenue)................B4
JEAN LE LOUP (Rue)..................C3
JEAN-BAPTISTE LANGLET (Cours).......B2-C3
JEAN-JACQUES ROUSSEAU (Rue).........B3
JEANNE D'ARC (Rue)..................B1-C2
JEANNE D'ARC (Square)...............C2
JOFFRE (Boulevard)..................B1-A2
JOVIN (Rue).........................A2
JULES CESAR (Boulevard).............A2
JULES LOBET (Place).................B2
JUSTICE (Impasse de la).............A3
JUSTICE (Rue de la).................A3
KELLERMANN (Rue)....................A3-A4
LABORI (Rue)........................C4
LAGRIVE (Rue).......................D4
LAON (Avenue de)....................A2
LAON (Pont de)......................A2
LAURENT DERAMEZ (Rue)...............A4-B4
LEGENDRE (Rue)......................B3
LEON BOURGEOIS (Place)..............B3
LEVANT (Impasse du).................B3-B4
LIBERGIER (Rue).....................D1-D2
LIEUTENANT HERDUIN (Rue)............D3-D4
LINGUET (Rue).......................A3-B3
LOGES COQUAULT (Place des)..........C3
LOUIS BERTON (Rue)..................C4-D4
LOUIS ROEDERER (Boulevard)..........B1-C1

LUNDY (Boulevard)...................A2-B4
LUNDY (Impasse).....................B4
LUXEMBOURG (Rue du).................B3
MACON (Rue de)......................B4-C4
MACQUART (Rue)......................A4
MAGDELEINE (Rue de la)..............C1-D1
MARC (Rue)..........................A1
MARCEL THIL (Rue)...................A1
MARIE STUART (Rue)..................C3
MARIE-CLEMENCE FOURIAUX (Rue).......A1
MARLOT (Rue)........................D2-D3
MARMOUZETS (Rue des)................C3
MARS (Rue de).......................A2-B3
MARTYRS DE LA RESISTANCE (Place)....C3
MARX DORMOY (Rue)...................C2
MAUCROIX (Rue)......................D4
MAURICE NOIROT (Boulevard)..........C1-D1
MOISSONS (Rue des)..................C4
MONT D'ARENE (Rue du)...............A1
MONTESQUIEU (Rue)...................A4
MONTLAURENT (Rue)...................C4
MONTOISON (Rue).....................B4-C4
MURS (Rue des)......................B3-B4
MYRON HERRICK (Place)...............C2-C3
NANTEUIL (Rue de)...................B3
NICOLAS HENRIOT (Rue)...............A3
NOEL (Rue)..........................B2
NOTRE DAME DE L'EPINE (Rue).........B3
OLIVIER METRA (Rue).................A3
ORMESSON (Rue d')...................A4
ORPHELINS (Rue des).................D3-D4
PAIX (Boulevard de la)..............B4-D4
PASTEUR (Boulevard)................D4
PAUL ADAM (Rue).....................D4
PAUL BOCQUET (Square)...............C2
PAUL DOUMER (Boulevard).............D1-D2
PAUL JAMOT (Place)..................C4
PAYEN (Rue).........................D1
PERSEVAL (Rue)......................C2
PETIT ARSENAL (Rue du)..............B2
PETIT FOUR (Rue du).................B2
PIERRE BROSSOLETTE (Rue)............B2
PIPER (Rue).........................B4-C4
PLUCHE (Rue)........................B3
POISSONNIERS (Rue des)..............C1-C2
POL NEVEUX (Rue)....................D1
POLONCEAU (Allée)...................D1
PONSARDIN (Rue).....................B4-D4
POUILLY (Rue de)....................D4
PREAU (Rue du)......................C4
PRESIDENT F. ROOSEVELT (Rue)........A1-A2
PRISON DU BAILLAGE (Rue de la)......B3

RAINSSANT (Rue).....................D1
RAYMOND GUYOT (Rue).................A4
RENE HUET (Rue).....................A4
RENE ET HENRI DRUARD (Square).......C2
RENFERMERIE (Rue de la).............B2
REPUBLIQUE (Place de la)............A2
ROBERT DE COUCY (Rue)...............C3
ROCKEFELLER (Rue)...................C3
ROGIER (Impasse)....................B3-B4
ROGIER (Rue)........................B3-B4
ROMAINS (Rue des)...................A1
ROUILLE (Rue).......................B2
ROYALE (Place)......................B3-C3
SAINT-BRICE (Rue de)................B1-C1
SAINT-ETIENNE (Impasse).............C2
SAINT-GILLES (Passage)..............D4
SAINT-HILAIRE (Rue).................A3-B3
SAINT-JACQUES (Rue).................C2
SAINT-JUST (Rue)....................C3
SAINT-MARCEAUX (Boulevard)..........C4-D4
SAINT-PIERRE LES DAMES (Rue)........C3-C4
SAINT-SYMPHORIEN (Rue)..............C3
SAINT-YON (Rue).....................B3-B4
SALIN (Rue).........................B2
SALLE (Impasse de la)...............C2
SALLE (Rue de la)...................C2
SAVOYE (Rue de).....................A3-A4
7 ET 8 MAI 1945 (Allée des).........B1-B2
SOLIDARITE (Place de la)............C2
STALINGRAD (Place)..................D1
SUBE (Passage)......................C2
TALLEYRAND (Passage)................C2
TALLEYRAND (Rue de).................B2-C2
TAMBOUR (Rue).......................B3
TAPISSERIES (Impasse des)...........B2
TELLIERS (Rue des)..................B2
TEMPLE (Rue du).....................B3
TEMPLIERS (Rue des).................B3-A4
THEODORE DUBOIS (Rue)...............B2
THIERS (Rue)........................B2
THILLOIS (Rue)......................C1-C2
TIRELIRE (Impasse de la)............C2
TIRELIRE (Rue de la)................A2-B2
TOURNELLES (Rue des)................C3
TRESOR (Rue)........................C3
TRIANON (Rue de)....................C1
3 RAISINETS (Rue des)...............B3-C4
TRONSSON DUCOUDRAY (Rue)............C2-C3
TRUDAINE (Rue)......................B3
UNIVERSITE (Rue de l')..............C3-D4
VAUTHIER LE NOIR (Rue)..............C3

VESLE (Pont de).....................D1
VESLE (Rue de)......................D1-C2
VICTIMES DE LA GESTAPO (Square des).C2
VILLEMINOT HUART (Rue)..............A2
VOLTAIRE (Rue)......................D3-B4
WARNIER (Rue).......................B4
WERLE (Rue).........................A3-A4

RENNES

0   100 m

ABBE COCHET (Rue de l') B2
ABBE DE L'EPEE (Rue) B4-C4
ADOLPHE CHERUEL (Rue) A4
ADRIEN AUZOUT (Impasse) A4
ADRIEN PASQUIER (Rue) C4-D4
AITRE SAINT-NICAISE (Rue l') B4
ALAIN (Place) B4
ALAIN BLANCHARD (Rue) A2-B2
ALSACE-LORRAINE (Rue) D3-D4
AMBROISE FLEURY (Rue) C4-D4
AMIENS (Rue d') C4-D4
ANATOLE FRANCE (Rue) C1
ANCIEN HOTEL DE VILLE
(Passage de l') C2
ANCIENNE PRISON (Rue de l') B2
ANCIENS MOULINS (Passage des) C3
ANDRE GIDE (Rue) C1-C2
ARMAND CARREL (Rue) C4-D4
ARPENTS (Rue des) B3-C3
ARSINS (Rue des) C3
ARTS (Place des) D2
AUGUSTE HOUZEAU (Rue) D3
AUGUSTINS (Rue des) D4
AVALASSE (Rue de l') A3-A4
BAC (Rue du) D3
BAILLIAGE (Rue du) B2-B3
BARTHELEMY (Place) C3
BASNAGES (Rue des) B3
BASSE VIEILLE TOUR (Place) C3
BEAUVOISINE (Rampe) A4
BEAUVOISINE (Place) A4
BEAUVOISINE (Rue) A4
BEC (Rue du) C2-C3
BEFFROY (Rue) B3
BEGUINES (Rue des) B1-B2
BELGES (Boulevard des) B1-C1
BERNARD TISSOT (Place) A3
BIHOREL (Rue) A4
BLAINVILLE (Rue de) A2
BOIELDIEU (Pont) D2
BONNETIERS (Rue des) D3-D3
BONS ENFANTS (Rue des) B2
BOUCHERIES SAINT-OUEN (Rue des) C4
BOUQUET (Rue) A2
BOURG L'ABBE (Rue) B4
BOURSE (Quai de la) C2
BOUVREUIL (Rampe) B1-A2
BRAS DE FER (Rue) A3-A4
BRAZZA (Rue de) A1-A2
BUFFON (Rue) B1
CALENDE (Place de la) C3-D3

CAMILLE SAINT-SAENS (Petite rue) C2
CAMILLE SAINT-SAENS (Rue) C2
CAMPULLEY (Rue de) A2
CARMELITES (Petite rue des) B3-B4
CARMELITES (Rue des) B3-B4
CARMES (Place des) C3
CARMES (Rue des) C3
CARON (Impasse) B4
CARON (Rue) B4
CARVILLE (Rue de) B1
CAUCHOISE (Place) B1
CAUCHOISE (Rampe) B1
CAUCHOISE (Rue) B1-B2
CAVELIER DE LA SALLE (Quai) D1
CERCLE (Rue du) B1-B2
CHAINE (Rue de la) C3
CHAMP DE MARS (Esplanade du) D4
CHAMP DES OISEAUX (Rue du) A4-B4
CHAMP DU PARDON (Rue du) A4
CHAMPMESLE (Rue de la) C2-D2
CHAMPS MAILLETS (Rue des) B2
CHANGE (Rue du) C3
CHANOINES (Rue des) C3
CHARLES LENEPVEU (Rue) B3
CHARRETTES (Rue des) C1-C2
CHASSELIEVRE (Rue) A1
CIDEVILLE (Rue de) D3
CIGOGNE (Rue de la) B2
CLAUDE GROULARD (Rue) D4
COIGNEBERT (Rue) B4
CONTRAT SOCIAL (Rue du) B1
CORDIER (Rue) B3
CREVIER (Rue) A1
CROIX DE FER (Rue de la) C3
CROIX VERTE (Rue de la) B1
CROSNE (Rue de) B1-B2
DAMIETTE (Rue) C3
DEFRANCE (Rue) B3
DESHAYS (Rue) B3
2 ANGES (Rue des) B2
DINANDERIE (Rue) B2
DOCKS (Rue des) D1
DOCTEUR ALFRED CERNE (Place du) B3
DOCTEUR LOUIS DUMENIL
(Rue du) A1-A2
DOCTEUR ROBERT RAMBERT
(Rue du) C2-D2
DONJON (Rue du) A3-B3
DUGUAY-TROUIN (Rue) C1
DULONG (Rue) B3-B4

EAU-DE-ROBEC (Rue) C4
ECOLE (Rue de l') B3-C3
ECOSSE (Rue d') B3
ECUREUIL (Rue de l') B3-B4
ECUYERE (Rue) B2-C2
EGLISE SAINT-GERVAIS (Place de l') A1
EMILE VERHAEREN (Rue) C3
EPICERIE (Rue de l') D3
ERNEMONT (Rue d') A4
ETAMEUR (Place de l') C3
ETOUPEE (Rue) B2
EUGENE BOUDIN (Rue) C3
EUGENE DELACROIX (Allée) C2-B3
EUGENE DUTUIT (Rue) C3-D4
FARDEAU (Rue) C3
FARIN (Rue) A1
FAUCON (Rue) B3
FAULX (Rue des) C4
FLANDRE (Impasse de) A4-B4
FLOQUET (Rue) B4
FLORENCE (Rue de) B1-B2
FONTENAY (Rue de) D4
FONTENELLE (Rue de) B2
FOSSES LOUIS VIII (Rue des) B2-C3
FOULERIE (Rue de la) C3
FRANCE (Rue de) B4
GAILLARDBOIS (Place du) D3
GAMBETTA (Boulevard) D4
GAMBETTA (Résidence le) D4
GANTERIE (Rue) B3
GAUGUIN (Rue) A4
GENERAL DE GAULLE (Place du) C3-B4
GENERAL GIRAUD (Rue du) C1-C2
GENERAL LECLERC (Rue du) C2-D3
GENERAL SARRAIL (Rue du) D4
GEORGES D'AMBOISE (Rue) B1
GEORGES LANFRY (Rue) A1
GERICAULT (Rue) C4
GIFFARD (Impasse) A1
GLACIERE (Rue de la) A3-B3
GRAND PONT (Rue) C2-D2
GRANDE MESURE (Passage de la) C4
GRANDE MESURE (Rue de la) C4
GRAVIER (Passage du) C2
GROS HORLOGE (Rue du) C2-C3
GUILLAUME LE CONQUERANT
(Rue) B2-C2
GUSTAVE FLAUBERT (Avenue) B1
GUY DE MAUPASSANT (Rue) A1-A2
HARCOURT (Rue) C1
HAUTE VIEILLE TOUR (Place de la) C4
HAUTS MARIAGES (Impasse des) C3-C4
NEUFCHATEL (Route de) A4

HAVRE (Quai du) C1-D2
HENRI IV (Place) C1
HERBIERE (Rue) C3
HERBOUVILLE (Rue d') A1-A2
HOPITAL (Rue de l') B3-C3
JACQUES CARTIER (Avenue) D1
JACQUES LELIEUR (Place) C2-D2
JACQUES LELIEUR (Rue) B1-B3
JACQUES VILLON (Rue) B3
JEAN LECANUET (Rue) B3-C3
JEAN MOULIN (Quai) D1-D2
JEAN REVEL (Rue) A1
JEAN-BAPTISTE DE LA SALLE (Place) A1
JEANNE D'ARC (Pont) D1-D2
JEANNE D'ARC (Rue) D2-A3
JOUVENET (Rue) B1-C1
JOYEUSE (Rue de) B4
JUIFS (Rue aux) C3
LA ROCHEFOUCAULD (Rue de) A3
LECAT (Rue) A1-B1
LEGENDRE (Rue) A2
LEMERY (Rue de) B2
LE NOTRE (Rue) B1
LEPECQ DE LA CLOTURE (Rue) A3
LEZURIER DE LA MARTEL (Rue) B1-A2
LIEU DE SANTE (Rue de) A1
LIEUTENANT AUBERT (Place du) C3-C4
LOUIS AUBER (Rue) A1
LOUIS BRUNE (Rue) D3
LOUIS MALLIOT (Rue) A3
LOUIS RICARD (Rue) A4-B4
LOUIS THUBEUF (Rue) A1
MAILLOTS SARRAZINS (Rue des) D3
MALADRERIE (Passage) A2-A3
MALADRERIE (Rue) A3
MALPALU (Rue) C3-D3
MARCEL DUCHAMP (Esplanade) B3
MARECHAL FOCH (Place) B3
MARNE (Boulevard de la) B1-A3
MARTAINVILLE (Rue) C4-D4
MARTIN LUTHER KING (Place) C1-C2
MASSACRE (Rue) C2
MAULEVRIER (Rue de) B4
MAURICE LENFANT (Passage) C2
MICHEL CORETTE (Rue) D1
MINIMES (Rue des) B4
MOLIERE (Rue) D4
MONTBRET (Rue de) B3-B4
MORAND (Rue) B2-B3
MOULINET (Rue) B2
NEUFCHATEL (Route de) A4

NICOLAS MESNAGER (Rue) A1
NICOLE ORESME (Rue) C2
NORD (Rue du) A4
ORBE (Rue) B4
OURS (Rue aux) C2
PARIS (Quai de) D3-D4
PAUL PARAY (Rue) C2-D2
PERCIERE (Rue) B2-C2
PERE ADAM (Rue de) C3
PETIT DE JULLEVILLE (Rue) D3
PETIT MOUTON (Rue du) C3-C4
PETIT PORCHE (Rue du) B3-B4
PETIT SALUT (Rue du) C3
PETITE HORLOGE (Passage de la) C4
PHILIPPE AUGUSTE (Rue) B3
PIE (Rue de la) B1-C1
PIERRE CHIROL (Rue) D1
PIERRE CORNEILLE (Pont) D3
PIERRE CORNEILLE (Quai) D2-D3
PITRY (Rue) B4
POMME D'OR (Place de la) D4
POMME D'OR (Rue de la) B4-C4
PONT CODRILLE (Rue du) C4
PONT DE L'ARQUET (Rue du) C4
PORET DE BLOSSEVILLE (Rue) D1
PORTE AUX RATS (Rue) B2
PORTE DES CHAMPS (Avenue de la) C2-C4
POTERNE (Rue) C2
POUCHET (Rue) A2-A3
POUSSIN (Rue) A4-B4
PUCELLE (Place de la) C2
QUEBEC (Rue de) D4
RACINE (Rue) C1
RAFFETOT (Rue) A1
RAQUETTE (Rue de la) D3
REIMS (Rue de) A4
REMPART BOUVREUIL (Rue) B3
REMPART MARTAINVILLE (Rue) D4
RENARD (Rue du) B1
RENARD (Impasse du) B1
REPUBLIQUE (Place de la) D3
REPUBLIQUE (Rue de la) C3-D4
REQUIS (Rue des) B4
RESTOUT (Rue) B3
RICARDIERE (Rue) C2
RICHARD LALLEMANT (Rue) B3
ROBERT SCHUMAN (Rue) D4
ROCHE (Rue de la) B4
ROI (Rue du) A1
ROLLON (Rue) C2
ROSIER (Rue du) C3-C4
ROUGEMARE (Place de la) B3-B4

RUISSEL (Rue du) C4
SACRE (Rue) B2
SAINT-AMAND (Passage) C3
SAINT-AMAND (Place) C3
SAINT-AMAND (Rue) C3
SAINT-ANDRE (Rue) A1-B2
SAINT-DENIS (Rue) D3
SAINT-ELOI (Rue) D1-C2
SAINT-ETIENNE TONNELIERS (Rue) D2
SAINT-GERVAIS (Cavée) A1
SAINT-GERVAIS (Rampe) A1
SAINT-GERVAIS (Rue) A1-B1
SAINT-GODARD (Place) B3
SAINT-JACQUES (Rue) C1
SAINT-LO (Rue) C2-C3
SAINT-MARC (Place) D4
SAINT-MARC (Impasse) D4
SAINT-MARIE (Rampe) A4
SAINT-MAUR (Impasse) A2
SAINT-MAUR (Rue) A2-B2
SAINT-NICAISE (Rue) B4
SAINT-NICOLAS (Rue) C3
SAINT-PATRICE (Rue) B3
SAINT-ROMAIN (Rue) C3
SAINT-SEVER (Quai) D1-D2
SAINT-VIVIEN (Place) C4
SAINT-VIVIEN (Rue) C4
SAINTE-CROIX DES PELLETIERS (Rue) B3
SAINTE-MARIE (Rue) A4
SAINTE-MARIE (Impasse) A4
SAINTE-MARIE (Rampe) A4
SAMUEL BOCHARD (Rue) C2
SAVONNERIE (Rue de la) D2-D3
SEILLE (Rue de la) B3
SENARD (Rue) A2
SOCRATE (Rue) B3
STANISLAS GIRARDIN (Rue) B1
TABOURET (Rue) A1
TAMBOUR (Rue du) C2
THOMAS CORNEILLE (Rue) B1-C1
THOURET (Rue) B3
TOUR D'ARGENT (Impasse de la) A1
TOUR DE BEURRE (Rue de la) D2-D3
39IEME R.I. (Place du) A1
TUNNEL SAINT-HERBLAND B3-C3
VERDIERE (Rue) A4
VERGETIERS (Rue des) C2
VERT BUISSON (Rue du) B3-B4
VERTE (Rue) A2-A3
VICOMTE (Rue de la) C2
VICTOR HUGO (Rue) C4-D4
VIEUX MARCHE (Place du) C1-B2
VIEUX PALAIS (Rue du) C1
YSER (Boulevard de l') A3-B4

STRASBOURG

ABREUVOIR (Passerelle de l') C4
ABREUVOIR (Ruelle de l') C4
ADOLPHE SEYBOTH (Rue) C1
AGNEAU (Ruelle de l') A3
AIL (Rue de l') D3
AIMANT (Rue de l') C2
ANCIENNE GARE (Rue de l') B2
ANCIENNE SYNAGOGUE (Square de l') B2
ANDRE ET PAUL HORN (Passage) B3-C3
ARBRE VERT (Cours de l') C4
ARC EN CIEL (Rue de l') B4-C4
ARGILE (Rue de l') C3
AUBETTE (Cours de l') C3
AUSTERLITZ (Petite rue d') D4
AUSTERLITZ (Rue d') D4
AUSTERLITZ (Place d') D4
AVEUGLES (Rue des) C2
BAIN AUX PLANTES (Rue du) C2
BAIN AUX ROSES (Rue du) C2
BAIN FINKWILLER (Rue du) D2
BATELIERS (Quai des) C4-D4
BENJAMIN KUGLER (Rue) D1
BENJAMIN ZIX (Place) C2
BIERE (Impasse de la) C4
BISCHWILLER (Rue de) A2
BONNES GENS (Rue des) A2-B2
BOUCHERS (Rue des) C4
BOUCLIER (Rue du) C2-D2
BOUXWILLER (Rue de) A1-A2
BRIGADE ALSACE LORRAINE
BROGLIE (Passage) B3
BROGLIE (Place) B3-B4
BROGLIE-MESANGE (Passage) B3
BRUCHE (Quai de la) C1
BRULEE (Rue) C3-B4
CATHEDRALE (Passage de la) C3
CATHEDRALE (Place de la) C3-C4
CHAINE (Rue de la) C3-D3
CHAINE D'OR (Place de la) C3
CHANDELLES (Rue des) C3
CHAPON (Rue du) C4
CHARLES ALTORFFER (Quai) C1
CHARLES FREY (Quai) C1
CHARPENTIERS (Rue des) B4-C4
CHAUDRON (Rue du) A2-B3
CHEVEUX (Rue des) C3
CHEVREUIL (Rue du) A2
CIEL (Rue du) C4
CIGOGNES (Rue des) A2-A3
CLARISSES (Rue des) B3-B4
CLAUDE CHAPPE (Rue) A1

CLEMENCEAU (Boulevard) A2-A3
CLEMENT (Place) B2
CLEMENT (Rue) B2
COIN BRULE (Rue du) C4
COMEDIE (Rue de la) B4
COQ (Rue du) C2
CORBEAU (Place du) D4
CORBEAU (Rue du) C4
CORDONNIERS (Rue des) C3-D3
COUPLES (Rue des) C3
COURSE (Petite rue de la) C1
COURSE (Rue de la) C1
COUVERTS (Pont) D1-D2
CROIX (Rue de la) C2
CYGNE (Place du) D2
CYGNE (Rue du) C2
DEMI-LUNE (Rue de la) C2
DENTELLES (Petite rue des) C2
DENTELLES (Rue des) C2-D2
DESAIX (Quai) C1
DESERTE (Rue) C1
DEVIDOIR (Rue du) C4
DINSENMUHLE (Pont de la) D2
DIVISION LECLERC (Rue de la) C3
DOME (Rue du) B3-C3
DOMINICAINS (Rue des) C3
DOUANE (Rue de la) D3-D4
DRAPIERS (Rue des) C4
ECHASSES (Rue des) C4
ECREVISSE (Impasse de l') B3
ECREVISSE (Rue de l') B3
ECRIVAINS (Rue des) C3
ECURIE (Rue de l') D3
EGLISE (Petite rue de l') B3
EGLISE (Rue de l') B3
EPINE (Rue de l') C3-D3
ESCARPEE (Rue) C2
ESPRIT (Ruelle de l') D3
ETAL (Rue de l') D3-D4
ETUDIANTS (Place des) C3
ETUDIANTS (Rue des) C3
FAISAN (Pont du) C2
FAISAN (Rue du) C2
FAUBOURG DE PIERRE (Pont du) B3
FAUBOURG DE PIERRE (Rue) A2-B3
FAUBOURG DE SAVERNE (Rue du) B1-C2
FAUBOURG NATIONAL (Rue du) C1
FAUX REMPART (Fosse du) B4
FAUX REMPART (Passerelle du) B4
FEU (Rue du) B1-B2
FIL (Rue du) B3

FINKMATT (Quai) B3
FINKMATT (Rue de) A3-B3
FINKWILLER (Quai) D2-D3
FINKWILLER (Rue) D2
FONDERIE (Petite rue de la) B3
FONDERIE (Rue de la) B3
FONDERIE (Rue de la) B3-B4
FORT (Rue du) B3
FOSSE DES TAILLEURS (Rue du) C4
FOSSE DES TANNEURS (Rue du) C2
FOSSE DES TREIZE (Rue du) A3-B3
FRANCS BOURGEOIS (Rue des) C3
FREDERIC PITON (Rue) C3
FRERE MEDARD (Place du) C4
FRERES (Rue des) C4
FRERES MATTHIS (Pont des) D1
FRERES MATTHIS (Rue des) D1
FRIESE (Rue) A2
FUMIER (Ruelle du) C4
GARE (Place de la) B1-C1
GENERAL DE CASTELNAU (Rue) B3-A4
GENERAL FRERE (Rue du) A4-B4
GEORGES FRANKHAUSER (Passage) D1
GLOXIN (Rue) A2-A3
GRAND RUE C1-C3
GRANDE BOUCHERIE (Impasse de la) D4
GRANDE BOUCHERIE (Rue de la) C4
GRANDES ARCADES (Rue des) B3-C3
GRANGE (Rue de la) C3
GRAUMANN (Rue) A3
GUSTAVE DORE (Rue) C4
GUSTAVE-ADOLPHE HIRN (Rue) D1
GUTENBERG (Place) C3
GUTENBERG (Rue) C3
HACHE (Rue de la) D3
HAGUENAU (Place de) A3
HALLEBARDES (Rue des) C3-C4
HALLES (Place des) A2-B2
HALLES (Rue des) A2-B2
HANNETONS (Rue des) C2-C3
HANNONG (Rue) B2
HANS JEAN ARP (Place) C1-D1
HAUTE MONTEE (Rue de la) B2-B3
HENRY DUNANT (Place) D2
HOMME DE FER (Place de l') B2-C3
HOUBLON (Rue du) D2
HUMANN (Rue) D1-D2
INGWILLER (Rue d') A2
JACQUES STURM (Quai) B3-B4
JEAN DORE (Rue) D3
JEU DES ENFANTS (Rue du) C2
JOSEPH MASSOL (Rue) B4

JUIFS (Passerelle des) B4
JUIFS (Rue des) B4-C4
KAGENECK (Rue) B1-C1
KELLERMANN (Quai) B2-B3
KIRSCHLEGER (Rue) D2
KLEBER (Place) C2-C3
KLEBER (Quai) B2-B3
KUHN (Rue) B1-B2
KUSS (Pont) C1
LANTERNE (Rue de la) C3
LENTILLES (Rue des) C2
LEZAY MARNESIA (Quai) B4
LOUIS APFFEL (Rue) C2
LOUISE WEISS (Square) C2
MAGASINS (Rue des) A1-A2
MAI (Impasse du) A3
MAIRE KUSS (Rue du) C1-C2
MARAIS KAGENECK (Rue du) B1
MARAIS VERT (Rue du) B1-B2
MARBACH (Rue) B2-B3
MARCHE (Pont du) B2
MARCHE (Rue du) B2-C2
MARCHE AUX POISSONS (Place du) C4
MARCHE COCHON DE LAIT (Place) C4-D4
MARCHE GAYOT (Place du) C4
MARCHE NEUF (Place du) C3
MARECHAL FOCH (Rue) A3-A4
MARIE LESZCZYNSKA (Place) D4
MARKOS BOTZARIS (Square) B4
MAROQUIN (Rue du) C4
MARSEILLAISE (Avenue de la) B4
MARTIN LUTHER (Rue) D2
MATHIAS MERIAN (Rue) C4
MATHISS (Quai) D1
MERCIERE (Rue) C3-C4
MESANGE (Rue de la) B3
MEUNIERS (Place des) C2
MEUNIERS (Rue des) C2
MINEURS (Rue des) B2-A3
MIROIR (Rue du) B3
MOLL (Rue) B1
MOLSHEIM (Rue) C1-D1
MONNAIE (Rue de la) D2-D3
MOULIN ZORN (Cour du) D2
MOULINS (Petite rue des) D2
MOULINS (Place des) D2
MOULINS (Pont des) D2
MOULINS (Rue des) C2-D2
MOULINS (Square du) D2
NATIONAL (Pont) C1
NOYER (Rue du) B2

NUEE BLEUE (Rue de la) B3
OBERLIN (Rue) A4
ORFEVRES (Rue des) C3
OUTRE (Rue de l') A3-A4
PAIX (Avenue de la) A4
PAON (Rue du) B4
PAQUES (Rue de) B2
PARCHEMIN (Rue du) B4
PARIS (Pont de) B2
PARIS (Quai de) B2-C2
PAUL REISS (Rue) D4
PELLETIERS (Ruelle des) C3
PETIT BROGLIE (Place du) B4
PETITE FRANCE (Quai de la) D1-C2
PIERRE BUCHER (Rue) B4
PLACE PRINTEMPS B4
POMME DE PIN (Passage de la) C3
PONT DE L'ABATTOIR C1
PONT SAINT-MARTIN (Rue du) D2
POSTE (Pont de la) B4
POUMON (Rue du) C3
PREMIERE ARMEE (Rue de la) D3-D4
PRESIDENT POINCARE (Boulevard du) A2
PRESIDENT WILSON (Boulevard du) B1-A2
PUCELLES (Rue des) B4-C4
PUITS (Rue du) D3
QUARTIER BLANC (Place du) D1-D2
RAPE (Rue de la) C4
RECOLLETS (Rue des) B4
REMPART (Rue du) A1
REPUBLIQUE (Place de la) A4-B4
ROHAN (Rue de) C4
ROSES (Ruelle des) C2
SABLE (Quai du) C4
SAINT-ETIENNE (Place) C4
SAINT-ETIENNE (Terrasse) C4
SAINT-JEAN (Quai) C1-B2
SAINT-LOUIS (Rue) A3
SAINT-MARTIN (Pont) D2
SAINT-MEDARD (Ruelle) C4
SAINT-MICHEL (Rue) C4
SAINT NICOLAS (Pont) D3
SAINT-PIERRE LE JEUNE (Place) B3
SAINT-PIERRE LE JEUNE (Rue) B3
SAINT-PIERRE LE VIEUX (Place) C2
SAINT-THOMAS (Place) D3
SAINT THOMAS (Rue) D3
SAINTE-BARBE (Rue) C3
SAINTE-HELENE (Rue) C2-C3

SAINTE MADELEINE (Pont) C4
SAINTE-MARGUERITE (Ruelle) C1
SAINTE-ODILE (Rue) A3-A4
SALZMANN (Rue) C3-D3
SANGLIER (Rue du) C4
SAUMON (Rue du) C3
SAVERNE (Pont de) B2
SAVON (Rue du) C4
SCHOEPFLIN (Quai) B3-B4
SCHWENDI (Rue) B4
SEBASTOPOL (Rue de) A2-B2
SENGENWALD (Rue) D4
7 HOMMES (Rue des) C3
SERRURIERS (Rue des) C3-D3
SOEURS (Rue des) A4
SOPHIE TAEUBER ARP (Rue) B3-C3
SPITZMUHLE (Pont de la) C2
TAILLEURS DE PIERRE (Rue des) C4
TEMPLE NEUF (Rue du) C3
THEATRE (Pont du) B4
THEO VAN DOESBURG (Rue) B3-C3
THIERGARTEN (Rue) B1-B2
THOMANN (Rue) B2-B3
TIROIR (Impasse du) C3-C4
TONNELET ROUGE (Rue du) C3
TONNELIERS (Rue des) C3-D3
TOUR DU DIABLE (Promenade de la) D1
TOUSSAINT (Rue) B2-B3
TRAVAIL (Rue du) A2
TRIBUNAL (Rue du) B3
TRIPIERS (Rue des) C3
TUNNEL MARAIS VERT-WODLI B1
TUNNEL SAVERNE-WODLI B1-B2
TUNNEL WODLI-SEBASTOPOL A1-B2
TUNNEL WODLI-WILSON C1-D1
TURCKHEIM (Quai) C1
VEAUX (Rue des) C4
VICTOR SCHOELCHER (Avenue) B4
VIEIL HOPITAL (Rue du) C3-D4
VIEUX MARCHE AUX GRAINS (Rue) C3
VIEUX MARCHE AUX POISSONS
(Rue) C3-D4
VIEUX MARCHE AUX VINS
(Petite rue du) C2
VIEUX MARCHE AUX VINS (Rue du) B2-C3
VIEUX SEIGLE (Rue du) C2
VIGNETTE (Rue de la) C2
22 NOVEMBRE (Rue du) C2-C3
VOSGES (Avenue des) A3-A4
WALTER BENJAMIN (Passage) B3
WISSEMBOURG (Rue de) C1
WOERTHEL (Quai du) D3

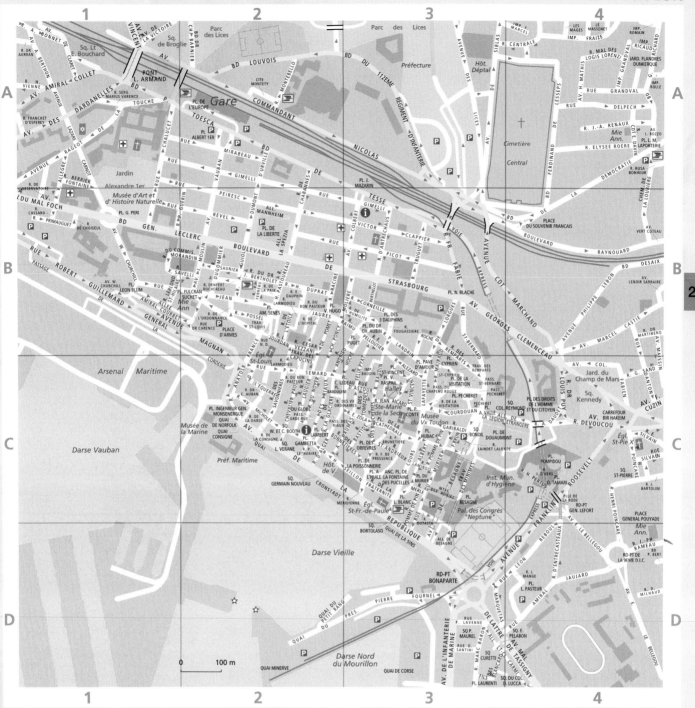

A. VALLE (Place) C3
ADOLPHE GUIOL (Rue) B2
ALBERT (Rue) A2
ALBERT 1ER (Place) B3-C3
ALEZARD (Rue) C2-C3
ALGER (Rue d') C3
ALPHONSE DAUDET (Rue) B1-B2
AMIRAL COLLET (Avenue) A1
AMIRAL COURBET (Allée) B1-B2
AMIRAL JAUJARD (Rue) D3-D4
AMIRAL SENES (Rue) B2-C2
ANATOLE FRANCE (Rue) C3
ANCIENNE PLACE DE LA FONTAINE DES
PUCELLES C3
ANTOINE BONNET (Rue) A1
ANTRECHAUS (Rue d') B3
ARMES (Place d') B2-C2
ASTOUR (Rue d') C3
AUGUSTE BERTHON (Avenue) A1
AUGUSTIN DAUMAS (Rue) C2-C3
BABOULENE (Place) C3
BASTIDE (Rue) C3
BAUDIN (Impasse) C3
BAUDIN (Rue) B3-C3
BERRIER FONTAINE (Rue) A1-B1
BERTHELOT (Rue) B2
BESAGNE (Allée de) B3
BESAGNE (Avenue de) C3-D3
BESAGNE (Place de) C3-D3
BIR HAKEIM (Carrefour) C4
BON PASTEUR (Rue du) B2-C2
BONAPARTE (Rond-point) D3
BONDIL (Square) C3
BONNETIERES (Rue des) C3
BORTOLASO (Square) C3-D3
BOUCHERIES (Rue des) C3
CAMILLE LEDEAU (Place) C3
CAPUCINS (Traverse des) C3
CASSARD (Rue) B1
CATHEDRALE (Place de la) B1
12EME REGIMENT D'INFANTERIE
(Boulevard du) A2-A3
CENTRALE (Rue) A3-A4
CESAR VEZZANI (Rue) B2
CHABANNES (Rue de) A2-B2
CHALUCET (Rue) A1-B1
CHAPEAU ROUGE (Passage du) ...B2-C2
CHARLES PONCY (Rue) B2-C2
CHEVALIER PAUL (Rue) C2
CHOISEUL (Rue de) B1
CLARET (Avenue de) A1
COLBERT (Avenue) B3

COLONEL DESIRE LUCCA
(Square du) D3-D4
COLONEL FABIEN (Avenue) C4
COLONEL REYMOND (Square) C4
COMMANDANT EMMANUEL DAVIN
(Rue) A4
COMMANDANT MARCHAND
(Avenue) B3-B4
COMMANDANT NICOLAS
(Avenue) A1-B3
COMMISSAIRE MORANDIN
(Rue du) B1-B2
CONSIGNE (Quai) C2
CONSIGNE (Rue de la) C2
CORDERIE (Passage de la) B1-C2
CORNEILLE (Rue) B3
CORSE (Quai de) C4
CRONSTADT (Quai) C2-D3
CURETTI (Square) D3
CYPRIEN (Place) C3
DANTON (Rue) B4-C4
DARDANELLES (Avenue des) A1
DARIUS MILHAUD (Rue) D4
DARSE (Rue de la) C2
DELPECH (Rue) A4
DEMOCRATIE (Boulevard de la) ...B3-A4
DENFERT ROCHEREAU (Rue) B2
DESAIX (Boulevard) B4
DOCTEUR AURRAN (Rue) A1
DOCTEUR CAMILLE AUBAN (Rue) B2
DOCTEUR CARENCE (Rue) B2
DOCTEUR CHARLES AUBIN (Place) ...B3
DOCTEUR CHARLES BARNIER
(Boulevard) C3
DOCTEUR JEAN BERTHOLET (Rue du) ..B2
DOCTEUR LOUIS PUY (Rue) B2
DOCTEUR MARTINENQ (Rue) B4
DOMINIQUE SANTINI (Rue) C2
DOUAUMONT (Place d') C3-C4
DROITS DE L'HOMME ET DU CITOYEN
(Place des) C4
DUGOMMIER (Rue) A2-B2
DUMONT D'URVILLE (Rue) A2-B2
DUTASTA (Rue) C3
EDOUARD LE BELLEGOU (Avenue) ...C4-D4
ELYSEE ROERE (Rue) A4
EMILE VINCENT (Avenue) A1
EMILE ZOLA (Rue) C3
ENTRECASTEAUX (Rue d') C4
EQUERRE (Rue de l') C4
ETIENNE DAUPHIN (Rue) B2
ETIENNE PELABON (Square) D3

ETOILE (Rue de l') B2
EUGENE SILVAIN (Rue) C4
EUROPE (Place de l') A2
EXPRESS (Voie) B3-D4
FELIX BRUN (Rue) C3
FELIX PYAT (Rue) B3-C3
FERDINAND BRUNETIERE (Rue) C3
FERDINAND DE LESSEPS
(Boulevard) A3-B4
FERDINAND PELLOUTIER (Rue) C3
FILS BLANCARD (Rue des) D3-D4
FLANDRES DUNKERQUE (Jardin) A4
FOUGASSIERE (Rue) B3
FRAIZE (Impasse) A4
FRANCHET D'ESPEREY (Rue) A1
FRANCIS DE PRESSENCE (Rue) C3
FRANÇOIS CUZIN (Avenue) C4
FRANÇOIS FABIE (Rue) B3
FRANÇOIS MARCEL (Impasse) A3-A4
FRANKLIN ROOSEVELT (Avenue) ..D3-C4
FRATERNITE (Rue de la) C3
FULCRAN SUCHET (Place) B2
GABRIEL PERI (Place) B1
GAMBETTA (Place) C2
GARIBALDI (Rue) B2-C2
GENERAL BONET (Boulevard) B1-B2
GENERAL LECLERC (Boulevard) ..B1-B2
GENERAL LEFORT (Rond-point) C3
GENERAL MAGNAN (Avenue) B1-C2
GENERAL POUYADE (Place) C3
GEORGE SAND (Rue) C3
GEORGES CLEMENCEAU (Avenue) .B3-C4
GEORGES RICHARD (Boulevard) A4
GERMAIN NOUVEAU (Square) C2
GIMELLI (Rue) D3-D4
GLACIERE (Rue de la) C3
GLOBE (Place du) C2
GRANDE RUE (Passage) C2
GRANDVAL (Impasse) A4
GRANDVAL (Rue) A4
GUSTAVE LAMBERT (Place) C2
HENRI MATHIS (Avenue) A4
HENRI PASTOUREAU (Rue) B2
HENRI PERTUS (Rue) C4-D4
HENRI POINCARE (Rue) C4
HENRI SEILLON (Rue) B2
HENRI VIENNE (Rue) A1
HIPPOLYTE DUPRAT (Rue) A2
HOCHE (Rue) B2
HOPITAL (Rue de l') B2
HORIAE (Montée d') C3
HUBAC (Place) C2
HUILE (Place à l') C3

HUMILITE (Rue de l') B3
INFANTERIE DE MARINE
(Avenue de l') D3
INGENIEUR GENERAL MONSENERGUE
(Place) C2
JEAN AICARD (Rue) C4
JEAN BARTOLINI (Rue) C4
JEAN D'HERS (Rue) C4
JEAN JAURES (Rue) B1-B2
JEAN MOULIN (Avenue) C4
JEAN-PHILIPPE RAMEAU (Rue) D4
JOSE MANGE (Rue) C4
JULES ALEXANDRE RENAUX (Rue) A4
JULES MAZARIN (Place) B3
JULES MURAIRE DIT RAIMU (Rue) ..B2-B3
L. BLANC (Place) C3
LAFAYETTE (Cours) C3
LAINDET LALONDE (Rue) C3
LAMINOIS (Rue) C3
LARMODIEU (Rue) B2-C2
LAURENTI (Place) C4
LAZARE CARNOT (Avenue) A1-B1
LE MASSENET A4
LEBLOND SAINT-HILAIRE (Rue) ...B1-B2
LEGION ETRANGERE (Allée de la) ...C3-C4
LENOIR SARRAIRE (Avenue) B4
LEON BLUM (Place) B2
LEON REBOUL (Rue) D3-D4
LEON VERANE (Square) C4
LES MAGES A4
LIBERTE (Place de la) B2
LICES (Avenue des) A3-B3
LIEUTENANT COLONEL CARMI
(Allée) C3
LIEUTENANT COLONEL CARMI
(Square) D4
LORGUES (Rue de) C2
LOUBIERE (Chemin de la) A4-B4
LOUIS ARMAND (Pont) A2
LOUIS BOZZO (Avenue) A4
LOUIS JOURDAN (Rue) A3
LOUIS MARTIAL LAPORTERIE (Place) A4
LOUIS PASTEUR (Rue) C4
LOUVOIS (Boulevard) B2
MAIRAUD (Rue) B3
MAISSIN (Avenue) B4-C4
MANNHEIM (Allée) B2
MARC BARON (Rue) C4
MARCEL CASTIE (Avenue) B3
MARECHAL DE LATTRE DE TASSIGNY
(Avenue) D4
MARECHAL DES LOGIS LORENZI (Rue) ..A4

MARECHAL FOCH (Avenue du) B1
MARECHAL LYAUTEY (Avenue) B1
MARQUETAS (Rue) D3-D4
MERIDIENNE (Rue) C2
MERLE (Rue) C3
MINERVE (Quai) D2
MINIMES (Traverse des) C4
MIRABEAU (Rue) A1-A2
MOLIERE (Rue) B2-B3
MONTEBELLO (Rue) A2
MONTETY (Cité) A2
MURIER (Place du) C3
MURIER (Rue du) C3-D3
9EME D.I.C. (Rond-point de la) D4
NICOLAS LAUGIER (Rue) C3
NOEL BLACHE (Place) B3
NORFOLK (Quai de) C2
NOTRE DAME (Rue) B2
NOYER (Rue du) C3
OBSERVATOIRE (Rue de l') A1-B1
OLIVE TAMARI (Place) C4
ORDONNANCE (Rue de l') B2
ORFEVRES (Place des) C3
PAIX (Rue de la) B2
PAUL BERT (Boulevard) C4
PAUL CONTE (Place) C3
PAUL LANDRIN (Rue) B3-C3
PAUL MAUREL (Square) C3
PAULIN GUERIN (Rue) B1-A2
PAVE D'AMOUR (Place) B3
PECHERET (Passage) C3
PECHERET (Place) C3
PECHERET (Rue) C3
PEIRESC (Rue) A1-B2
PETIT RANG (Quai du) D2-D3
PHILIPPE LEBON (Avenue) B4-C4
PICOT (Rue) B2-B3
PIERRE LAVENNE (Rue) D3
PIERRE LETHUAIRE (Rue) C3
PIERRE SEMARD (Rue) B2
PIERRE TOESCA (Boulevard) A1-A2
POISSONNERIE (Place de la) C3
POMET (Rue de) B2-C2
POMME DE PIN (Rue) C3-D3
POMPIDOU (Place) C3
POSSEL (Rue) B2
PRESIDENT PIERRE FOURNEL
(Quai du) D2-D3
PRIMAUGUET (Rue) B1
PROSPER FERRERO (Rue) B1
PUGET (Place) B2
RACINE (Rue) B2

RAGEOT DE LA TOUCHE (Avenue) ...A1
RAYNOUARD (Boulevard) B3-B4
REMPARTS (Rue des) B3-C3
REMPARTS (Traverse des) C3
REPUBLIQUE (Avenue de la) C2-D3
REVEL (Rue) B2
RIAUX (Passage des) B1
RIAUX (Rue des) B1
RICAUD (Impasse) A4
RICHARD ANDRIEU (Rue) C2-B3
ROBERT GUILLEMARD (Rue) B1
ROCHE (Rue) B3-C3
RODE (Passerelle de la) C3
ROGER DEVOUCOUX (Avenue) C4
ROLLE (Impasse) A4
ROSA BONHEUR (Rue) A4
SAINT-ANDRIEUX (Rue) C3
SAINT-BERNARD (Passage) C3
SAINT-BERNARD (Rue) B3-C3
SAINT-CYPRIEN (Rue) C3
SAINT-LOUIS (Traverse) B2
SAINT-VINCENT (Place) C3
SAINT-VINCENT (Rue) C3
SAUNIER (Rue) B2
SAVONNIERES (Rue des) C2
SERGENT MARIUS VARENCE (Rue) ...A1
SIBLAS (Avenue de) A3
SINSE (Quai de la) C2
SOUVENIR FRANCAIS (Place du) ...B3-B4
SPEZIA (Allée de) B2
ST-PIERRE (Square) C3
STRASBOURG (Boulevard de) B2-B3
TESSE (Boulevard de) A2-B3
TOMBADES (Rue) B3
TROIS DAUPHINS (Place des) B3
TRUGUET (Rue) B3
VAUBAN (Avenue) A2-B2
VERT COTEAU (Avenue de) B4
VICTOIRE (Avenue de la) A1
VICTOR CLAPPIER (Rue) B2-B3
VICTOR HUGO (Place) B2-B3
VICTOR MICHOLET (Rue) C2
VIEUX ORDINAIRES (Rue des) C2-C3
VINCENT ALLEGRE (Rue) A1-B1
VINCENT COURDOUAN (Rue) C3
VINCENT RASPAIL (Rue) C3
VISITATION (Passage de la) C3
VISITATION (Place de la) C3
VISITATION (Rue de la) C3
WILLIAM ET CATHERINE BOOTH
(Square) C2
WINSTON CHURCHILL (Avenue) B2
XAVIER SAVELLI (Rue) B1-B2

TOULOUSE

Map of Toulouse city centre with grid references A–D / 1–4, showing the Garonne river, Capitole, Basilique St-Sernin, Pont Neuf, Le Grand Rond and numerous streets, squares and landmarks.

ABEILLES (Rue des) D4
ALBERT LAUTMANN (Rue) A2
ALEXANDRE FOURTANIER (Rue)..B3-B4
ALEXANDRE YERSIN (Impasse) A2
ALSACE LORRAINE (Rue d') A3-C3
ANATOLE FRANCE (Place) A1-A2
ANTONIN MERCIE (Rue) C3
ARMAND DUPORTAL (Boulevard)..A1-B1
ARMENIE (Place d') A4
ARNAUD BARIC (Rue) C1
ARNAUD VIDAL (Rue) A4
ARTS (Rue des) B3-C3
ARZAC (Impasse) D1
ASSEZAT (Place d') B2
ASTORG (Rue d') C3-C4
AUBUISSON (Rue d') B4
AUSSARGUES (Rue d') A3-B3
AUSTERLITZ (Rue d') A3-B3
AZES (Rue des) D3
BACHELIER (Place) A4
BACHELIER (Rue) A4
BAOUR LORMIAN (Impasse) B3
BAOUR LORMIAN (Rue) B3
BARCELONE (Allée de) A1-B1
BARONIE (Rue) B3-C3
BARUTTE (Rue de la) B3
BASTIDE (Rue de la) B1-B2
BAYARD (Rue) A3-B4
BEDELIERES (Rue) B2-B3
BELFORT (Place de) A4
BELFORT (Rue de) B2-B3
BELLEGARDE (Rue) A2-A3
BENOIT ARZAC (Rue) D1
BERTRAND DE BORN (Rue) A4
BERTRAND DE L'ISLE (Rue) D2
BERTRAND DE MONTAIGUT
 (Esplanade) B1
BIDA (Rue) C4-D4
BLANCHERS (Rue des) B1-B2
BOLOGNE (Place de) B1
BOULBONNE (Rue) C3-C4
BOULE (Rue de la) B1
BOUQUIERES (Rue) C3
BOURDELLE (Rue) C1
BOURGOGNE (Rue de) D1
BOURSE (Place de la) B2
BOURSE (Rue de la) B2
BOYER FONFREDE (Rue) C2
BRASSERIE (Rue de la) D3-D4
BRIENNE (Allée de) B1
CAMINADE (Rue) D3

CANARD (Impasse du) D3
CANARD (Rue du) C3-D3
CANTEGRIL (Rue) C3
CAPITOLE (Place du) B2-B3
CAPITOULS (Promenade des) ...B4-C4
CARAMAN (Rue) B4
CARDINAL SALIEGE (Square du) ...C4
CARMES (Rue des) C2
CASTELLANE (Rue) A4-B4
CAUSSETTE (Rue) A3-B3
CHAINE (Rue de la) A2
CHAPEAU ROUGE (Rue du) C1
CHANGES (Rue des) B2
CHAIREDON (Rue du) D1
CHEMINEES (Rue des) B3
CITE ADMINISTRATIVE (Rue de la) ..A1
CLEMENCE ISAURE (Rue) B2
COFFRES (Rue des) C3
COLLEGE DE FOIX (Rue du) A2-B2
COLOMBETTE (Impasse) B4
COLOMBETTE (Rue de la) B4
COLONEL POINTURIER (Rue) C2
COMBATTANTS D'AFRIQUE DU NORD
 (Jardin des) B4
COQ D'INDE (Rue du) C2
COURTE (Rue) C2
COUTELIERS (Rue des) C2-D2
CROIX BARAGNON (Rue) C3-C4
CRUCIFIX (Rue du) B2
CUJAS (Rue) C2
CUJETTE (Rue) C2
CUVES SAINT-SERNIN (Rue des) ...A2
DALAYRAC (Rue) A3-A4
DALBADE (Rue de la) D2
DANLOUP (Place de) A4
DARQUIE (Rue) D3
DAURADE (Place de la) B2-C2
DAURADE (Quai de la) B2-C2
DAURADE (Rue de la) B2
DELACROIX (Rue) B4-C4
DELPECH (Rue) C2
DENFERT ROCHEREAU (Rue)..A3-A4
DEVILLE (Rue) A2
DILLON (Cours) C1-D1
DOMAINE VAISSETTE (Impasse du)..A3-A4
ECHARPE (Rue de l') C2
EMILE CARTAILHAC (Rue) A2
ESCOUSSIERES MONTGAILLARD
 (Rue) D3-D4
ESPINASSE (Rue) D3-D4
ESQUILE (Rue de l') C2

ESQUIROL (Place) C3
ETOILE (Rue de l') C4
ETROITE (Rue) C1-B2
FERMAT (Rue) C4
FERRIERES (Rue) B1
FEUILLANTS (Rue des) C1
FILATIERS (Rue des) C3-D3
FONDERIE (Rue de la) D2-D3
FOURBASTARD (Rue du) B3
FRANÇOIS VERDIER (Allée) ...C4-D4
FRERES LION (Rue des) C4
FURGOLE (Rue) D2
GABRIEL PERI (Rue) A4-B4
GAMBETTA (Rue) B2
GARONNETTE (Avenue de la) ..C2-D2
GENTY MAGRE (Rue) C3
GESTES (Rue des) B2-B3
HALLE AUX POISSONS
 (Descente de la) C2-D2
HAUTS MURATS (Place des) D3
HELIOT (Rue) A4
HENRI BERALDI (Rue) A3
HENRI DE GORSSE (Rue) D2
HOMME ARME (Rue de l') D2
IDRAC (Rue) C4
INDUSTRIE (Rue de l') A4-B4
JACOBINS (Place des) B2
JACOBINS (Rue des) B2
JACQUES LAFFITTE (Impasse) A4
JACQUES LAFFITTE (Rue) A3-A4
JARDINS (Rue des) C4
JEAN JAURES (Allée) A4
JEAN SUAU (Place) B2-C2
JEANNE D'ARC (Place) A3
JOHN FITZGERALD KENNEDY (Rue)..A3
JOUTX AIGUES (Rue) C2-C3
JULES CHALANDE (Rue) B3
JULES DE RESSEGUIER (Rue) A4
JULES GUESDE (Allée) D4
LABEDA (Rue) B4
LAFAILLE (Rue) A3
LAFAYETTE (Rue) B3
LAGANNE (Place) C1
LAGANNE (Rue) D1
LAKANAL (Rue) B2
LANGE (Rue) C1
LANGUEDOC (Rue du) C3-C4
LANTERNIERES (Rue) C2
LAPEYROUSE (Rue) B3
LAQUE (Rue de la) C1-D1

LARREY (Rue) B1-B2
LASCROSSES (Rue) A1
LAZARE CARNOT (Boulevard)..A4-C4
LE GRAND ROND D4
LEJEUNE (Rue) A2
LIEUTENANT COLONEL PELISSIER
 (Rue du) B3
LOIS (Rue des) A2
LOUIS DEFFES (Rue) B3-B4
LUCIEN LOMBARD (Quai) C1-C2
MADELEINE (Rue de la) C2
MAGE (Place) C3
MAGE (Rue) C3-D3
MALARET (Rue) C4
MALBEC (Rue) B2
MALCOUSINAT (Rue) C2-C3
MALETACHE (Rue) C3
MARCHANDS (Rue des) C2-C3
MARIE MAGNE (Rue) D1
MAURICE FONVIEILLE (Rue) ...B3-B4
MAY (Rue du) B2-B3
MERLANE (Rue) B4
MERLY (Rue) A2
METZ (Rue de) C3
MIREPOIX (Rue) B2
MONTARDY (Rue) B3
MONTOULIEU (Place) D4
MONTOULIEU SAINT-JACQUES (Rue)..D4
MONTOULIEU VELANE (Rue) D4
MONTOYOL (Rue) A2-A3
MOULIN BAYARD (Rue) A3
NAZARETH (Grande rue) D3
NEUF (Pont) C1
NEUVE (Rue) D3-D4
NINAU (Rue) D3-D4
NOVARS (Rue des) C1
OCCITANE (Place) B4
OLIVIER (Rue) C1-D1
OZENNE (Rue) D3-D4
PALAPRAT (Rue) A4-B4
PARADOUX (Rue des) C2-D2
PARGAMINIERES (Rue) B1-B2
PAUL MERIEL (Rue) B3-B4
PAUL VIDAL (Rue) B3
PENITENTS BLANCS (Rue des)..B4-C4
PENITENTS GRIS (Rue des) A2
PERCHEPINTE (Rue) D3-D4
PERCHEPINTE (Place) D3-D4
PERIGORD (Rue du) A2-A3
PEYRAS (Rue) B3
PEYROLADE (Rue) D1

PEYROLIERES (Rue) B2-C2
PEYROU (Place du) A2
PHARAON (Rue) D3
PHILIPPE FERAL (Rue) B3
PIERRE BAUDIS (Rue) B3
PIERRE BRUNIERE (Rue) D2-D3
PIERRE DE GORSSE (Square) D2
PLEAU (Rue de la) D3
POIDS DE L'HUILE (Rue du) B3
POLINAIRES (Rue des) D2-D3
POMME (Rue de la) B3
PONT DE TOUNIS (Rue du) D2
PONT NEUF (Place du) C2
PONT SAINT-PIERRE (Rue du) B1
PONT VIEUX (Rue du) D1
PORTE SARDANE (Rue de la) ...A3-A4
POUTIROUX (Rue des) D2-D3
PRAIRIE DES FILTRES (Place) D1
PRESIDENT ROOSEVELT (Allée)..B3-A4
PRESIDENT WILSON (Place) B3
PRETRES (Rue des) D2
PRIEURE (Rue du) B2-C2
PROFESSEUR FRANÇOIS COMBES
 (Place) C1
PUITS CLOS (Place des) B3
PUITS CLOS (Rue des) B3-C3
PUITS CREUSES (Rue des) A1-A2
PUITS VERT (Rue du) B3-C3
4 BILLARDS (Rue des) C3
QUILMERY (Rue) C1
RECLUSANE (Rue) C1
REGANS (Rue des) D3
REMPART MATABIAU (Rue) A4
REMPART SAINT-ETIENNE (Rue du)..B4-C4
REMPART VILLENEUVE (Rue)...A3-B3
REMUSAT (Rue) A3-B3
RENEE ASPE (Rue) B4-C4
REPUBLIQUE (Rue de la) C1
RIGUEPELS (Rue) C4
RIVALS (Rue) A3
ROGER SALENGROS (Place) B3
ROLAND (Place) B4
ROMIGUIERES (Rue) B2
ROSCHACH (Rue) B3
ROUAIX (Place) C3
SAINT-ANTOINE DU T (Rue) B3
SAINT-AUBIN (Rue) C4
SAINT-BERNARD (Rue) A2-A3
SAINT-CYR (Rue de) B4
SAINT-ETIENNE (Place) C4
SAINT-GEORGES (Place) B3-C3

SAINT-GERAUD (Impasse) D4
SAINT-JACQUES (Impasse) D4
SAINT-JACQUES (Place) D4
SAINT-JACQUES (Rue) C4-D4
SAINT-JEAN (Rue) D4
SAINT-JEROME (Rue) D2-D3
SAINT-JULIEN (Place) A2
SAINT-NICOLAS (Grande rue) C1
SAINT-PANTALEON (Rue) B3
SAINT-PIERRE (Place) B1
SAINT-PIERRE (Pont) B1-C1
SAINT-PIERRE (Quai) B1
SAINT-RAYMOND (Place) A2
SAINT-REMESY (Rue) D2-D3
SAINT-ROME (Rue) B3-C3
SAINT-SERNIN (Place) A2
SAINTE-ANNE (Rue) C4-D4
SAINTE-SCARBES (Place) D4
SAINTE-URSULE (Rue) B2-C2
SALE (Rue du) A3
SALENQUES (Rue des) A1-A2
SALIN (Place du) D3
SAN SUBRA (Rue) C1
SENECHAL (Rue du) A2-A3
7 TROUBADOURS (Rue des) A4-B4
SESQUIERES (Rue) B3
STRASBOURG (Boulevard d')...A3-A4
TABAC (Rue du) C2
TAUR (Rue du) A2-B2
TEINTURIERS (Impasse des) D1
TEINTURIERS (Rue des) D1
TEMPONIERES (Rue) C2-C3
TOLOSANE (Rue) C3-D3
TOUNIS (Quai de) C2-D2
TOURNEURS (Rue des) C3
TRESORERIE (Impasse de la) D3
TRILHE (Rue de la) A2-B3
TRINITE (Place de la) C3
TRINITE (Rue de la) C3
TRIPIERE (Rue) B2-C2
3 BANQUETS (Rue des) B3
3 JOURNEES (Rue des) B3-B4
3 RENARDS (Rue des) A2
URBAIN VITRY (Rue) A3
VALADE (Rue) A2-B2
VASES (Rue des) D3
VELANE (Rue) C4-D4
VICTOR HUGO (Place) A3
VICTOR HUGO (Rue) A3
VIGUERIE (Rue) C1
YITZHAK RABIN (Place) A3

ALBERT THOMAS (Rue).............A4
ALEXANDRE DUMAS (Rue)..........B1
ALFRED DE VIGNY (Rue)..........D3-D4
ALFRED MAME (Cité).............B1-C1
ALLERON (Rue)..................A1-B1
ALMA (Passage de l')...........D3
AMANDIERS (Rue des)............A4
AMPERE (Rue)...................B1-C1
ANATOLE FRANCE (Place).........A2-A3
ANDRE DUCHESNE (Rue)...........A1-B1
ANDRE MALRAUX (Avenue).........A3-A4
ARBALETE (Rue de l')...........B2
ARGENTINE (Rue)................D1
ARMORIAL (Cour de l')..........A4
ARSENAL (Rue de l')............C1
AUBER (Rue)....................A4
AUGUSTE CHEVALLIER (Rue).......C1
AUGUSTE COMTE (Rue)............C3-C4
AUMONES (Place des)............C4
AUMONT (Square d').............B2-K9
BABEUF (Rue)...................A2
BALAIS (Rue des)...............B1-B2
BALESCHOUX (Rue)...............B2
BALLAN (Rue de)................A1
BALZAC (Rue de)................B4-C4
BARRE (Rue de la)..............A4
BELVEDERE (Rue de).............C3-K9
BENJAMIN CONSTANT (Rue)........A3
BERANGER (Boulevard)...........C1-K9
BERNARD PALISSY (Rue)..........B4
BERTHELOT (Rue)................A3
BLAISE PASCAL (Impasse)........C4
BLAISE PASCAL (Rue)............C4-D4
BOISDENIER (Rue de)............D1-D4
BONS ENFANTS (Rue des).........A4
BORDEAUX (Allée)...............C3-C4
BOUCICAUT (Allée)..............A1
BOURDE (Rue)...................B1-K9
BRETONNEAU (Rue)...............A1-B1
BRICONNET (Rue)................A1
BROCHE A ROTIR (Place de la)...A1
CALIFORNIE (Rue de la).........D1-D2
CHAMP DE MOLLE (Rue)...........B1
CARMES (Place des).............A2
CARMES (Rue des)...............A2
CATHEDRALE (Place de la).......A4
CERISIERS (Rue des)............A2
CHALMEL (Rue)..................D4
CHAMP DE MARS (Rue du).........A1
CHAMPOISEAU (Rue)..............B1-C1

CHANGE (Rue du)................A2-B2
CHANOINEAU (Rue)...............C2-K9
CHANTELOUP (Rue)...............B3
CHAPTAL (Rue)..................B3
CHARDONNET (Place du)..........B3-K9
CHARLES GILLE (Rue)............C3-C4
CHARLES GUINOT (Rue)...........D2-K9
CHARLES V (Allée)..............B1
CHATEAUNEUF (Place de).........B2
CHATEAUNEUF (Rue de)...........D1-K9
CHINON (Rue de)................C3-K9
CLAUDE THION (Rue).............C4
CLAUDE VIGNON (Rue)............B2-K9
CLOCHE (Rue de la).............A4
CLOCHEVILLE (Rue de)...........B2-K9
CŒUR NAVRE (Passage du)........B2
COLBERT (Rue)..................A3-A4
COMMERCE (Rue du)..............A2-A3
CONSTANTINE (Rue de)...........A3
CORDELIERS (Rue des)...........A3-A4
CORNEILLE (Rue)................A3-B4
COURSET (Rue de)...............B2
CROC (Rue du)..................B1
CUILLERE (Rue de la)...........B2
CYGNE (Rue du).................A4
DABILLY (Rue)..................A1
DAMIEN (Impasse)...............B4
DEPORTES (Rue des).............B3
DESCARTES (Rue)................B2-K9
DOCTEUR GUERIN (Rue du)........D3
DOCTEUR HERMARY (Rue du).......C4
DOCTEUR HERON (Rue du).........C1
DOLVE (Rue de la)..............C1
DOREE (Rue)....................A2
DU GUESCLIN (Rue)..............B1
DUPORTAL (Rue).................D4
EDOUARD VAILLANT (Rue).........C4
ELISE DREUX (Rue)..............C1
EMILE OTTIA (Passage)..........A2
EMILE ZOLA (Rue)...............B3-A4
ENTRAIGUES (Rue d').............D1-K9
ESTELLE (Rue)..................D3
ETIENNE DOLET (Rue)............C1-D1
ETIENNE MARCEL (Rue)...........A1-A2
ETIENNE PALLU (Rue)............B3-K9
EUGENE FLANDIN (Square)........B2
EUGENE SUE (Rue)...............A1-A2
EUPATORIA (Rue)................D3-D4
FERDINAND DUBREUIL (Rue).......A1
FLEURY (Rue)...................A4
FOIRE LE ROI (Place)...........A3-A4

FRANÇOIS ARAGO (Rue)...........C1
FRANÇOIS RICHER (Rue)..........C1-D1
FRANÇOIS SICARD (Place)........A4-B4
FRANÇOIS TRUFFAUT (Place)......C4
FROMONT (Rue)..................C1-K9
FUSILLES (Rue des).............A4
GALPIN THIOU (Rue).............A4-B4
GAMBETTA (Rue).................B3-K9
GASTON PAILLHOU (Place)........B2-K9
GENERAL CHANZY (Rue)...........D1
GEORGE SAND (Rue)..............C3-K9
GEORGES COURTELINE (Rue).......B1
GEORGES DELPERIER (Rue)........B1-K9
GEORGESTEPHENSON (Rue).........C1
GEORGET (Rue)..................C1-K9
GIRAUDEAU (Rue)................C1-D1
GLASER VERY (Rue)..............B2-K9
COLBERT (Rue)..................A3-A4
GRAMMONT (Avenue de)...........C4
GRAMMONT (Forum)...............C3-C4
GRAND MARCHE (Place du)........A1
GRAND MARCHE (Rue du)..........B1-A2
GRAND PASSAGE (Galerie du).....B4
GRANDIERE (Impasse de la)......C2-K9
GRANDIERE (Rue de la)..........B2
GRECOURT (Rue).................C4-D4
GREGOIRE DE TOURS (Place)......A4
GRILLE (Rue de la).............A1-A2
GROSSE TOUR (Rue de la)........B1
GROSSE TOUR (Rue de la)........B1-B2
HALLEBARDE (Rue de la).........A1
HALLES (Carreau des)...........B1-K9
HALLES (Place des).............A2
HALLES (Rue des)...............B2-B3
HENRI BARBUSSE (Rue)...........B1-K9
HENRI DE SEGOGNE (Square)......A1
HENRI ROYER (Rue)..............A2
HERBES (Carroi aux)............A1
HEURTELOUP (Boulevard).........B4-C4
HOPITEAU (Rue de l')...........B3-B4
HOUX (Rue des).................B1-C1
INKERMANN (Rue d').............C2
JACOBINS (Passage des).........A4
JACOBINS (Rue des).............A4
JAMES CANE (Rue)...............D3
JEAN DUVAL (Rue)...............A2
JEAN JAURES (Place)............C3
JEAN MACE (Rue)................C1
JEAN MEUNIER (Place)...........C2-K9
JEAN-JACQUES ROUSSEAU (Rue)....A1
JEHAN FOUQUET (Impasse)........C2-K9
JEHAN FOUQUET (Rue)............C2
JERUSALEM (Rue de).............B2-K9

JEU DE PAUME (Jardin du).......A2
JOULINS (Place des)............A2
JULES CHARPENTIER (Rue)........C1-K9
JULES FAVRE (Rue)..............A3-B3
JULES MOINAUX (Rue)............A4
JULES SIMON (Impasse)..........B4
JULES SIMON (Rue)..............A4-B4
JULIEN LEROY (Rue).............B2-K9
JULIEN LEROY (Square)..........B2
LAKANAL (Rue)..................C2-K9
LAMPROIE (Place de la).........A1
LAMPROIE (Rue de la)...........A1
LAPLACE (Rue)..................B1
LAPONNERAYE (Rue)..............C3
LAVOISIER (Rue)................A1
LEDRU ROLLIN (Rue).............C1
LEON BOYER (Rue)...............C1
LEONARD DE VINCI (Rue).........B2-K9
LEJUSTE (Rue)..................B1
LITTRE (Rue)...................C2-K9
LONGUE ECHELLE (Rue de la).....B2
LUCE (Rue).....................B2
MADELEINE (Rue de la)..........A1-B1
MAILLE (Rue de)................A3
MANOIR (Allée du)..............B4
MARCEAU (Rue)..................D3
MARCHANT DUPLESSIS (Boulevard).D2
MARECHAL FOCH (Rue)............B2-A3
MARECHAL LECLERC (Place du)....B3-B4
MARESCOT (Place)...............B1
MARGUERON (Rue)................A4
MAURES (Rue des)...............B4-C4
METROPOLE (Galerie du).........C3-C4
METZ (Rue de)..................D3
MICHEL DUCLOS (Impasse)........B3
MICHELET (Place)...............D3-D4
MICHELET (Rue).................C4-D4
MONNAIE (Rue de la)............B3-B4
MONNAIE TOURNOIS (Place de la).A2
MONSEIGNEUR MARCEL (Rue).......A2
MONTLOUIS (Allée de)...........D4
MOQUERIE (Rue de la)...........A2
MURIER (Rue du)................A2
NANTES (Rue de)................C4
NAPOLEON (Pont)................A1
NATIONALE (Galerie)............A3
NATIONALE (Rue)................A3-C3
NERICAULT DESTOUCHES (Rue).....B2-K9
NICOLAS FRUMEAUD (Place).......C1
ORANGERIE (Galerie de l').......C3
ORFEVRES (Rue des).............B1-K9

ORIGET (Impasse)...............D2-K9
ORIGET (Rue)...................D1-K9
PAIX (Rue de la)...............A2
PALAIS (Impasse du)............B2-C3
PANIER FLEURI (Rue)............B2
PARMENTIER (Rue)...............D4
PASTEUR (Rue)..................D4
PAUL LOUIS COURIER (Rue).......A2
PENSEE (Impasse de la).........A2
PETIT FAUCHEUX (Rue du)........A2
PETIT SAINT-MARTIN (Carroi du).A2
PETIT SAINT-MARTIN (Rue du)....A1-B1
PETIT SOLEIL (Rue du)..........A2-B2
PHILIPPE LEBON (Rue)...........B1
PIERRE BOILLE (Rue)............B1
PIMBERT (Rue)..................A3
PINAIGRIER (Rue)...............C3-K9
PLAILLY (Rue)..................A1
PLAT D'ETAIN (Rue du)..........D1
PLATRIERE (Impasse)............C4
PLUMEREAU (Place)..............A2
POIRIER (Rue du)...............A2
PONT NEUF (Quai du)............A1
PORT BRETAGNE (Quai du)........A1
PORT DE BRETAGNE (Rue).........A1
PREBENDES (Rue des)............D3
PREFECTURE (Place de la).......B4
PREFECTURE (Rue de la).........B3-B4
PRESIDENT MERVILLE (Rue du)....A2-A3
PREUILLY (Boulevard)...........A4
PSALETTE (Rue de la)...........A4
PUITS (Rue du).................B4-C4
14 JUILLET (Place du)..........B2-K9
QUATRE FILS AYMON (Placis des).A1
4 SEPTEMBRE (Place du).........D4
4 SEPTEMBRE 1870 (Rue du)......D4
QUATRE VENTS (Rue des).........A1-B1
RABELAIS (Impasse).............B2-K9
RABELAIS (Place)...............B2
RABELAIS (Rue).................B2-K9
RAPIN (Rue)....................B2-K9
RENE BOYLESVE (Rue)............C3
RESISTANCE (Place de la).......A3-B3
RICHE (Place de la)............A1-B1
RICHELIEU (Rue)................B2-B3
ROBERT PICOU (Place)...........A1
ROCHE MARC-D'OR (Rue)..........A4
ROGER SALENGRO (Rue)...........D1-D4
ROTISSERIE (Rue de la).........B2
ROUGET DE L'ISLE (Place).......B2
ROUGET DE L'ISLE (Rue).........B1-K9

SAINT-ELOI (Place).............C1
SAINT-LIDOIRE (Rue)............A1
SAINT-PIERRE LE PUELLIER (Jardin)..A2
SAINT-SATURNIN (Carroi)........A2
SAINT-SYMPHORIEN
(Pont suspendu de).............A4
SAN FRANCISCO (Rue)............D1-D2
SCELLERIE (Rue de la)..........B3-A4
SEBASTOPOL (Rue de)............C2-K9
SERGENT BOBILLOT (Rue du)......D2
SERPE (Rue de la)..............B1-B2
SERPENT VOLANT (Rue du)........B2
SIMIER (Rue)...................C3-K9
SOURDILLON (Square)............B2-K9
SULLY (Rue de).................B2-K9
TANNEURS (Rue des).............A1-A2
TOUR DE GUISE (Rue de).........B4
TRAVERSIERE (Rue)..............B4
TROIS ECRITOIRES (Rue des).....B2
TROIS PAVES RONDS (Rue des)....B2
TURONES (Place des)............A4
URSULINES (Rue des)............A4-B4
VAILLANT (Place)...............D4
VARENNES (Allée de)............D4
VENDEE (Rue de)................C4
VERLAINE (Rue).................B3-K9
VERT GALANT (Square du)........B2
VERTE (Rue)....................C1
VICTOIRE (Place de la).........A1-B1
VICTOIRE (Rue de la)...........B1
VICTOR HUGO (Rue)..............C1-K9
VICTOR LALOUX (Rue)............B4-C4
VOLTAIRE (Rue).................A3-B3
WILSON (Pont)..................A3

(F) France administrative

(NL) Overzicht departementen

(D) Departementskarte

(GB) Département map

(E) Mapa departamental

(I) Carta dipartimentale

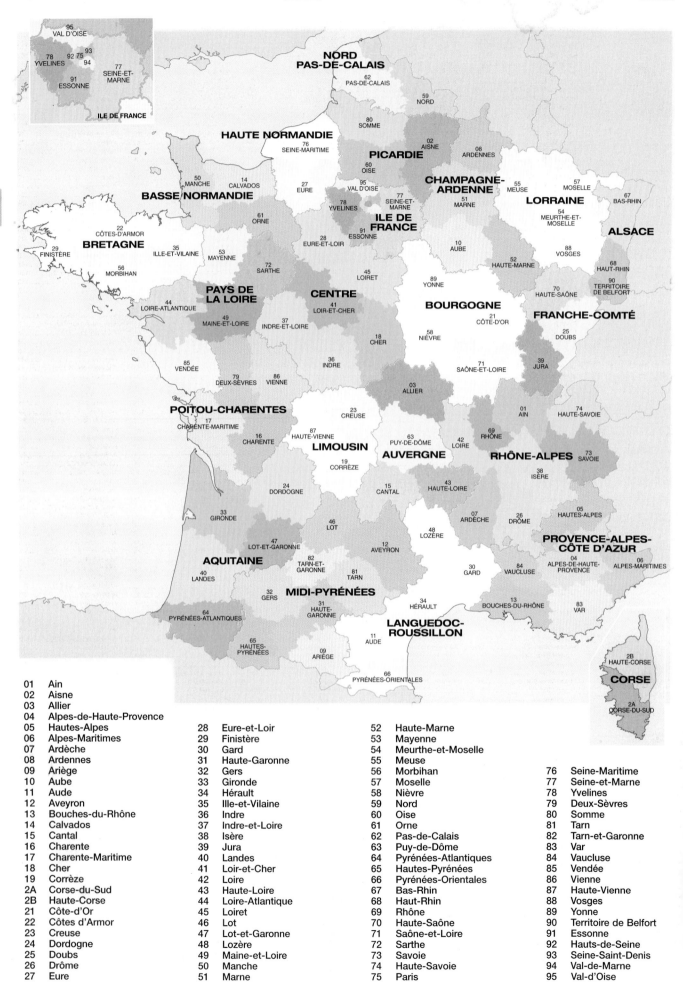

244

01 Ain	28 Eure-et-Loir	52 Haute-Marne
02 Aisne	29 Finistère	53 Mayenne
03 Allier	30 Gard	54 Meurthe-et-Moselle
04 Alpes-de-Haute-Provence	31 Haute-Garonne	55 Meuse
05 Hautes-Alpes	32 Gers	56 Morbihan
06 Alpes-Maritimes	33 Gironde	57 Moselle
07 Ardèche	34 Hérault	58 Nièvre
08 Ardennes	35 Ille-et-Vilaine	59 Nord
09 Ariège	36 Indre	60 Oise
10 Aube	37 Indre-et-Loire	61 Orne
11 Aude	38 Isère	62 Pas-de-Calais
12 Aveyron	39 Jura	63 Puy-de-Dôme
13 Bouches-du-Rhône	40 Landes	64 Pyrénées-Atlantiques
14 Calvados	41 Loir-et-Cher	65 Hautes-Pyrénées
15 Cantal	42 Loire	66 Pyrénées-Orientales
16 Charente	43 Haute-Loire	67 Bas-Rhin
17 Charente-Maritime	44 Loire-Atlantique	68 Haut-Rhin
18 Cher	45 Loiret	69 Rhône
19 Corrèze	46 Lot	70 Haute-Saône
2A Corse-du-Sud	47 Lot-et-Garonne	71 Saône-et-Loire
2B Haute-Corse	48 Lozère	72 Sarthe
21 Côte-d'Or	49 Maine-et-Loire	73 Savoie
22 Côtes d'Armor	50 Manche	74 Haute-Savoie
23 Creuse	51 Marne	75 Paris
24 Dordogne		
25 Doubs		
26 Drôme		
27 Eure		

76 Seine-Maritime	
77 Seine-et-Marne	
78 Yvelines	
79 Deux-Sèvres	
80 Somme	
81 Tarn	
82 Tarn-et-Garonne	
83 Var	
84 Vaucluse	
85 Vendée	
86 Vienne	
87 Haute-Vienne	
88 Vosges	
89 Yonne	
90 Territoire de Belfort	
91 Essonne	
92 Hauts-de-Seine	
93 Seine-Saint-Denis	
94 Val-de-Marne	
95 Val-d'Oise	

A

Aast (64) 180 D2
Abainville (55) 47 G6
Abancourt (59) 10 D3
Abancourt (60) 19 G2
Abaucourt (54) 48 D3
Abbans-Dessous (25) 103 E2
Abbans-Dessus (25) 103 E2
Abbaretz (44) 74 D2
l'Abbaye 152 B1
Abbécourt (02) 21 H3
Abbecourt (60) 20 B5
Abbenans (25) 88 A4
Abbeville (80) 8 D4
Abbéville-la-Rivière (91) 63 F3
Abbéville-lès-Conflans (54) 25 H6
Abbéville-Saint-Lucien (60) 20 B3
Abbévillers (25) 88 D4
Abeilhan (34) 187 E1
Abelcourt (70) 87 H1
Abère (64) 180 D1
l'Abergement-Clémenciat (01) 116 C5
l'Abergement-de-Cuisery (71) 116 C1
l'Abergement-de-Varey (01) 117 F6
Abergement-la-Ronce (39) 102 B2
Abergement-le-Grand (39) 102 D4
Abergement-le-Petit (39) 102 D4
Abergement-lès-Thésy (39) 103 F4
l'Abergement-Sainte-Colombe (71) 101 H5
Abidos (64) 180 A1
Abilly (37) 95 E4
Abitain (64) 179 F1
Abjat-sur-Bandiat (24) 123 F5
Ablain-Saint-Nazaire (62) 10 A1
Ablaincourt-Pressoir (80) 10 B6
Ablainzevelle (62) 10 B3
Ablancourt (51) 46 B4
Ableiges (95) 42 B2
les Ableuvenettes (88) 69 G3
Ablis (78) 62 D1
Ablon (14) 17 F2
Ablon-sur-Seine (94) 42 D5
Aboën (42) 129 E6
Aboncourt (54) 69 E2
Aboncourt (57) 26 C4
Aboncourt-Gesincourt (70) 87 F2
Aboncourt-sur-Seille (57) 49 E3
Abondance (74) 119 F3
Abondant (28) 41 F4
Abos (64) 180 A1
Aboul 154 D3
Abreschviller (57) 50 B5
Abrest (03) 114 A6
les Abrets (38) 131 F5
Abriès (05) 147 G5
Abscon (59) 11 E2
Absie (79) 92 D6
Abzac (16) 109 G6
Abzac (33) 135 H4
Accolans (25) 88 A4
Accolay (89) 83 G3
Accons (07) 143 F5
Accous (64) 180 A5
Achain (57) 49 F3
Achen (57) 28 A6
Achenheim (67) 51 E5
Achères (18) 97 G1
Achères (78) 42 B3
Achères-la-Forêt (77) 63 H3
Achery (02) 22 A2
Acheux-en-Amiénois (80) 9 H4
Acheux-en-Vimeu (80) 8 C4
Acheville (62) 10 B1
Achey (70) 86 C3
Achicourt (62) 10 B2
Achiet-le-Grand (62) 10 B4
Achiet-le-Petit (62) 10 B4
Achun (58) 99 G2
Achy (60) 20 A3
Acigné (35) 57 G2
Aclou (27) 40 B1
Acon (27) 40 D4
Acq (62) 10 A2
Acqueville (14) 16 B6
Acqueville (50) 14 B2
Acquigny (27) 41 E1
Acquin-Westbécourt (62) 2 A4
Acy (02) 22 B5
Acy-en-Multien (60) 43 H1
Acy-Romance (08) 23 G3
Adaincourt (57) 26 D6
Adainville (78) 41 H5
Adam-lès-Passavant (25) 87 H6
Adam-lès-Vercel (25) 104 A1
Adamswiller (67) 50 B2
Adast (65) 180 D5
Adé (65) 181 E4
Adelange (57) 27 E6
Adelans-et-le-Val-de-Bithaine (70) 87 H2
Adervielle-Pouchergues (65) 195 H4
Adilly 93 F6
Adinfer (62) 10 A3
Adissan (34) 170 C6
les Adjots (16) 108 D6
Adon (45) 82 B2
les Adrets (38) 146 A1
les Adrets-de-l'Estérel (83) 193 E1
Adriers (86) 109 H4
Afa (2A) 204 C5
Affieux (19) 125 E5
Affléville (54) 25 H5
Affoux (69) 129 F2
Affracourt (54) 69 G1
Affringues (62) 1 H4
Agassac (31) 182 C2

Agay 193 E2
Agde (34) 187 F2
Agel (34) 185 H2
Agen (47) 151 F6
Agen-d'Aveyron (12) 154 C4
Agencourt (21) 101 H2
Agenville (80) 9 F3
Agenvillers (80) 9 E3
les Ageux (60) 20 D5
Ageville (52) 68 B4
Agey (21) 85 F6
Aghione (2B) 205 G4
Agincourt (54) 48 D4
Agmé (47) 150 D3
Agnac (47) 150 D1
Agnat (43) 141 H1
Agneaux (50) 37 G1
les Agneliers (61) 161 F4
Agnetz (60) 20 C5
Agnez-lès-Duisans (62) 10 A2
Agnicourt-et-Séchelles (02) 23 E2
Agnières (62) 10 A2
Agnières-en-Dévoluy (05) 160 A1
Agnin (38) 144 A1
Agnos (64) 180 A3
Agny (62) 10 B2
Agon-Coutainville (50) 36 D1
Agonac (24) 137 F1
Agonès (34) 171 E3
Agonges (03) 113 G1
Agos-Vidalos (65) 180 D4
Agris (16) 122 D3
Agudelle (17) 121 F6
les Agudes 195 H4
Aguessac (12) 155 F6
Aguilcourt (02) 23 E4
Aguts (81) 168 A6
Agy (14) 15 H6
Ahaxe-Alciette-Bascassan (64) 179 E3
Ahetze (64) 178 B1
Ahéville (88) 69 G3
Ahuillé (53) 58 C5
Ahun (23) 111 H6
Ahuy (21) 85 H5
Aibes (59) 12 B3
Aibre (25) 88 B3
Aïcirits-Camou-Suhast (64) 179 F2
Aiffres (79) 107 H4
Aigaliers (30) 172 A1
l'Aigle (61) 40 B4
Aiglemont (08) 24 B1
Aiglepierre (39) 103 E3
Aigleville (27) 41 F2
Aiglun (04) 175 E1
Aiglun (06) 176 B4
Aignan (32) 164 D4
Aignay-le-Duc (21) 85 F3
Aigne (09) 109 G2
Aigne (34) 185 H2
Aigné (72) 60 A5
Aignerville (14) 15 G5
Aignes (31) 183 H2
Aignes-et-Puypéroux (16) 122 B6
Aigneville (80) 8 C4
Aigny (51) 45 G2
Aigonnay (79) 108 A3
Aigre (16) 122 B2
Aigrefeuille (31) 167 F6
Aigrefeuille-d'Aunis (17) 107 E5
Aigrefeuille-sur-Maine (44) 74 D6
Aigremont (30) 171 G2
Aigremont (52) 68 D5
Aigremont (78) 42 B3
Aigremont (89) 84 A2
Aiguebelette-le-Lac (73) 131 G5
Aigue Belle 192 B5
Aiguebelle (73) 132 C4
Aigueblanche (73) 132 D5
Aiguefonde (81) 168 C6
Aigueperse (63) 127 F1
Aigueperse (69) 115 G4
Aigues-Juntes (09) 183 G5
Aigues-Mortes (30) 171 H6
Aigues-Vives (09) 184 B5
Aigues-Vives (11) 185 F3
Aigues-Vives (30) 171 H4
Aigues-Vives (34) 185 H2
Aiguevives 95 H1
Aiguèze (30) 157 H5
Aiguilhe (43) 142 C4
Aiguilles (05) 147 G5
l'Aiguillon (09) 184 B6
Aiguillon (47) 150 D5
l'Aiguillon-sur-Mer (85) 106 B3
l'Aiguillon-sur-Vie (85) 90 D4
Aiguines (83) 175 F3
Aigurande (36) 111 G3
Ailefroide 146 D5
Ailhon (07) 157 F2
Aillant-sur-Milleron (45) 82 C2
Aillant-sur-Tholon (89) 83 E1
Aillas (33) 150 A3
Ailleux (42) 128 C3
Aillevans (70) 88 A3
Ailleville (10) 67 E3
Aillevillers-et-Lyaumont (70) 69 H6
Aillianville (52) 68 B2
Aillières-Beauvoir (72) 60 B2
Aillon-le-Jeune (73) 132 A4
Aillon-le-Vieux (73) 132 A3
Ailloncourt (70) 87 H2
Ailly (27) 41 E1
Ailly-le-Haut-Clocher (80) 9 E4
Ailly-sur-Noye (80) 20 C1
Ailly-sur-Somme (80) 9 F5
Aimargues (30) 171 H4
Aime (73) 133 E4
Aime la Plagne 133 E5
Ainay-le-Château (03) 98 A6

Ainay-le-Vieil (18) 97 H6
Aincille (64) 179 E3
Aincourt (95) 42 A2
Aincreville (55) 24 D5
Aingeray (54) 48 C4
Aingeville (88) 68 D3
Aingoulaincourt (52) 68 A1
Ainharp (64) 179 F2
Ainhice-Mongelos (64) 179 E3
Ainhoa (64) 178 C2
Ainvelle (70) 87 G1
Ainvelle (88) 69 E5
Airaines (80) 9 E5
Airan (14) 16 D5
Aire (08) 23 F4
Aire-sur-la-Lys (62) 2 B5
Aire-sur-l'Adour (40) 164 B4
Airel (50) 15 F6
les Aires (34) 170 A6
Airion (60) 20 C4
Airon-Notre-Dame (62) 8 C1
Airon-Saint-Vaast (62) 8 C1
Airoux (11) 184 B2
Airvault (79) 93 G5
Aiserey (21) 102 A1
Aisey-et-Richecourt (70) 69 E6
Aisey-sur-Seine (21) 85 E2
Aisonville-et-Bernoville (02) 11 F5
Aissey (25) 87 H6
Aisy 16 C6
Aisy-sous-Thil (21) 84 C5
Aisy-sur-Armançon (89) 84 C3
Aiti (2B) 205 F1
Aiton (73) 132 B4
Aix (19) 126 A4
Aix (59) 3 H6
les Aix-d'Angillon (18) 97 H2
Aix-en-Diois (26) 159 E1
Aix-en-Ergny (62) 1 H5
Aix-en-Issart (62) 1 G6
Aix-en-Othe (10) 65 G4
Aix-en-Provence (13) 174 A6
Aix-la-Fayette (63) 127 H5
Aix-les-Bains (73) 131 H3
Aix-Noulette (62) 10 A1
Aixe-sur-Vienne (87) 124 A3
Aizac (07) 157 F1
Aizanville (52) 67 G5
Aizecourt-le-Bas (80) 10 C5
Aizecourt-le-Haut (80) 10 C5
Aizelles (02) 22 D4
Aizenay (85) 91 E3
Aizier (27) 6 D6
Aizy-Jouy (02) 22 B4
Ajac (11) 184 C5
Ajaccio (2A) 204 C6
Ajain (23) 111 H5
Ajat (24) 137 H3
Ajoncourt (57) 48 D3
Ajou (27) 40 B3
Ajoux (07) 143 G6
Alaigne (11) 184 C4
Alaincourt (02) 22 A1
Alaincourt (70) 69 F6
Alaincourt-la-Côte (57) 49 E3
Alairac (11) 184 D3
Alaise 103 F3
Alan (31) 182 C3
Alando (2B) 205 F2
Alata (2A) 204 C5
Alba-la-Romaine (07) 157 H2
Alban (81) 168 H1
Albaret-le-Comtal (48) 141 F5
Albaret-Sainte-Marie (48) 141 G5
Albaron 172 B5
Albas (11) 185 G5
Albas (46) 152 B3
Albé (67) 71 F2
Albefeuille-Lagarde (82) 166 D1
l'Albenc (38) 145 E2
Albens (73) 131 H2
Albepierre-Bredons (15) 140 D3
l'Albère (66) 200 D4
Albert (80) 10 A5
Albertacce (2B) 204 D2
les Alberts 146 D5
Albertville (73) 132 C3
Albestroff (57) 49 H2
Albi (81) 168 B2
Albiac (31) 167 H6
Albiac (46) 139 E6
Albias (82) 167 E1
Albières (11) 185 F6
Albiès (09) 198 A2
Albignac (19) 138 D3
Albigny-sur-Saône (69) 130 A2
Albine (81) 185 F1
Albinhac 140 C6
Albitreccia (2A) 204 D6
Albon (26) 144 A2
Albon-d'Ardèche (07) 143 G6
Alboussière (07) 144 A4

Aleyrac (26) 158 C3
Alfortville (94) 43 E4
Algajola (2B) 202 C5
Algans (81) 167 H5
Algolsheim (68) 71 G5
Algrange (57) 26 B3
Alièze (39) 117 G1
Alignan-du-Vent (34) 187 E1
Alincourt (08) 23 G4
Alincthun (62) 1 G4
Alise-Sainte-Reine (21) 84 D4
Alissas (07) 157 H1
Alix (69) 129 H5
Alixan (26) 144 C4
Alizay (27) 18 D5
Allain (54) 48 B6
Allaines (80) 10 C5
Allaines-Mervilliers (28) 62 D4
Allainville (28) 41 F5
Allainville (78) 62 D2
Allaire (56) 73 H1
Allamont (54) 48 A1
Allamps (54) 48 B6
Allan (26) 158 B3
Allanche (15) 141 E2
Alland'Huy-et-Sausseuil (08) 23 H3
Allarmont (88) 50 A6
Allas-Bocage (17) 121 F6
Allas-Champagne (17) 121 G5
Allas-les-Mines (24) 137 H6
Allassac (19) 138 C2
Allauch (13) 190 D3
Allègre (43) 142 B2
Allègre-les-Fumades (30) 157 F6
Alleins (13) 173 G4
Allemagne-en-Provence (04) 174 D3
Allemanche-Launay-et-Soyer (51) 45 E6
Allemans (24) 136 C1
Allemans-du-Dropt (47) 150 D2
Allemant (02) 22 B4
Allemant (51) 45 E5
Allemond (38) 146 A2
Allenay (80) 8 B4
Allenc (48) 156 B3
Allenjoie (25) 88 D3
Allennes-les-Marais (59) 3 F6
Allenwiller (67) 50 C5
Allerey (21) 100 D1
Allerey-sur-Saône (71) 101 H4
Allériot (71) 101 G5
Allery (80) 8 D5
Alles-sur-Dordogne (24) 137 G5
les Alleuds (49) 77 E6
les Alleuds (79) 108 C5
les Alleux (08) 24 B4
Alleuze (15) 141 F4
Allevard (38) 132 A6
Allèves (74) 132 A3
Allex (26) 144 B6
Alleyrac (43) 142 D5
Alleyras (43) 142 B5
Alleyrat (19) 125 H5
Alleyrat (23) 125 G1
Allez-et-Cazeneuve (47) 151 F4
Alliancelles (51) 46 D4
Alliat (09) 197 H4
Allibaudières (10) 45 G6
Allichamps (52) 46 D6
Allier (65) 181 F3
Allières (09) 183 F5
les Alliés (25) 104 A3
Alligny-Cosne (58) 82 C5
Alligny-en-Morvan (58) 100 C1
Allineuc (22) 33 F6
Allinges (74) 119 E3
Allogny (18) 97 G1
Allondans (25) 88 C4
Allondaz (73) 132 C3
Allondrelle-la-Malmaison (54) 25 F3
Allonne (60) 20 B4
Allonne (79) 107 H1
Allonnes (28) 62 C3
Allonnes (49) 77 H6
Allonnes (72) 60 A6
Allons (04) 175 H1
Allons (47) 150 A5
Allonville (80) 9 G5
Allonzier-la-Caille (74) 118 C6
Allos (04) 161 F5
Allouagne (62) 2 C6
Alloue (16) 109 F6
Allouis (18) 97 F2
Allouville-Bellefosse (76) 7 E5
les Allues (73) 132 D5
les Alluets-le-Roi (78) 42 B3
Alluy (58) 99 G3
Alluyes (28) 62 A4
Ally (15) 140 A3
Ally (43) 141 G3
les Allymes 131 E1
Almayrac (81) 168 B1
Almenêches (61) 39 F5
Almont-les-Junies (12) 154 A2
Alos (09) 183 E6
Alos (81) 167 G2
Alos-Sibas-Abense (64) 179 G4
Aloxe-Corton (21) 101 G2
l'Alpe d'Huez 146 A3
Alpe du Grand Serre 145 H4
Alquines (62) 1 H4
Alrance (12) 154 C6
Alsting (57) 27 G4
Altagène (2A) 207 E2
Alteckendorf (67) 50 D3
Altenach (68) 89 E3
Altenheim (67) 50 D4
Altenstadt 29 E6
Althen-des-Paluds (84) 173 C2
Altiani (2B) 205 F3

Altier (48) 156 C3
Altillac (19) 139 E4
Altkirch (68) 89 F2
Altorf (67) 50 D6
Altrippe (57) 27 F6
Altviller (57) 27 F5
Altwiller (67) 50 A2
Aluze (71) 101 F4
Alvignac (46) 138 D6
Alvimare (76) 6 D5
Alzen (09) 183 G5
Alzi (2B) 205 F2
Alzing (57) 27 E4
Alzon (30) 170 C2
Alzonne (11) 184 D3
Amage (70) 88 A1
Amagne (08) 23 H3
Amagney (25) 87 G6
Amailloux (79) 93 F5
Amance (10) 66 D3
Amance (54) 48 D4
Amance (70) 87 F1
Amancey (25) 103 G2
Amancy (74) 118 D5
Amange (39) 102 C1
Amanlis (35) 57 G3
Amanty (55) 68 C1
Amanvillers (57) 26 B5
Amanzé (71) 115 F3
Amarens (81) 168 A1
Amathay-Vésigneux (25) 103 G3
Amayé-sur-Orne (14) 16 B5
Amayé-sur-Seulles (14) 38 A1
Amazy (58) 83 G6
Ambacourt (88) 69 F2
Ambarès-et-Lagrave (33) 135 F5
Ambax (31) 182 C2
Ambazac (87) 124 C1
Ambel (38) 146 A5
Ambenay (27) 40 B4
Ambérac (16) 122 B2
Ambérieu-en-Bugey (01) 130 D1
Ambérieux (69) 129 H1
Ambérieux-en-Dombes (01) 116 C6
Ambernac (16) 123 E1
Amberre (86) 94 A5
Ambert (63) 128 B5
Ambès (33) 135 F4
Ambeyrac (12) 153 F3
Ambialet (81) 168 D2
Ambiegna (2A) 204 C4
Ambierle (42) 114 D6
Ambiévillers (70) 69 G5
Ambillou (37) 78 C5
Ambillou-Château (49) 93 F1
Ambilly (74) 118 C4
Amblaincourt (55) 47 G2
Amblainville (60) 20 B6
Amblans-et-Velotte (70) 87 H2
Ambleny (02) 21 H5
Ambléon (01) 131 F3
Ambleteuse (62) 1 F3
Ambleville (16) 121 H5
Ambleville (95) 41 H1
Amblie (14) 16 B3
Amblimont (08) 24 C2
Ambloy (41) 79 F3
Ambly-Fleury (08) 23 H4
Ambly-sur-Meuse (55) 47 G2
Amboise (37) 79 F5
Ambon (56) 73 E1
Ambonil (26) 144 B6
Ambonnay (51) 45 G2
Ambonville (52) 67 G3
Ambrault (36) 96 D5
Ambres (81) 167 H4
Ambricourt (62) 2 A6
Ambrief (02) 22 B5
Ambrières (51) 46 C5
Ambrières-les-Vallées (53) 58 D2
Ambrines (62) 9 H2
Ambronay (01) 117 F6
Ambrugeat (19) 125 G5
Ambrumesnil (76) 7 G2
Ambrus (47) 150 C5
Ambutrix (01) 130 D1
Amécourt (27) 19 G5
Amel-sur-l'Étang (55) 25 G5
Amélécourt (57) 49 F3
Amélie-les-Bains-Palalda (66) 199 G4
Amendeuix-Oneix (64) 179 F1
Amenoncourt (54) 49 G5
Amenucourt (95) 41 H1
Ames (62) 2 C6
Amettes (62) 2 B6
Ameugny (71) 116 A2
Ameuvelle (88) 69 E6
Amfreville (14) 16 C4
Amfreville (50) 14 D4
Amfreville-la-Campagne (27) 18 B6
Amfreville-la-Mi-Voie (76) 18 D4
Amfreville-les-Champs (27) 19 E5
Amfreville-les-Champs (76) 7 F4
Amfreville-sous-les-Monts (27) 18 D5
Amfreville-sur-Iton (27) 41 E1
Amfroipret (59) 11 G2
Amiens (80) 9 G6
Amifontaine (02) 23 E4
Amigny (50) 15 E6
Amigny-Rouy (02) 22 A3
Amillis (77) 44 A5
Amilly (28) 62 A2
Amilly (45) 64 B6
Amions (42) 128 D2
Amirat (06) 176 B4
Ammerschwihr (68) 71 F4
Ammerzwiller (68) 89 E2
Amné (72) 59 H5
Amnéville (57) 26 B4

Amoncourt (70) 87 F2
Amondans (25) 103 F2
Amont-et-Effreney (70) 70 B6
Amorots-Succos (64) 179 E1
Amou (40) 163 F5
Amphion-les-Bains 119 E2
Ampilly-le-Sec (21) 85 E2
Ampilly-les-Bordes (21) 85 E3
Amplepuis (69) 129 F1
Amplier (62) 9 G4
Ampoigné (53) 76 C1
Amponville (77) 63 H3
Ampriani (2B) 205 G2
Ampuis (69) 130 A5
Ampus (83) 175 G5
Amuré (79) 107 G4
Amy (60) 21 F2
Anais (16) 122 C3
Anais (17) 107 E4
Anan (31) 182 B2
Ance (64) 179 H3
Anceaumeville (76) 7 G5
Anceins (61) 40 A4
Ancelle (05) 160 C1
Ancemont (55) 47 G1
Ancenis (44) 75 F4
Ancerville (55) 47 E5
Ancerville (57) 26 D6
Ancerviller (54) 49 H6
Ancey (21) 85 G6
Anchamps (08) 13 E5
Anché (37) 94 B2
Anché (86) 108 D3
Anchenoncourt-et-Chazel (70) 87 F1
Anciens Bains de Baraci 206 D2
Ancienville (02) 21 H6
Ancier (70) 86 D5
Ancinnes (72) 60 A2
Ancizan (65) 181 G6
les Ancizes-Comps (63) 126 D2
Ancône (26) 158 A2
Ancourt (76) 7 H2
Ancourteville-sur-Héricourt (76) 7 E4
Ancretiéville-Saint-Victor (76) 7 F4
Ancretteville-sur-Mer (76) 6 D3
Ancteville (50) 37 E1
Anctoville (14) 38 A1
Anctoville-sur-Boscq (50) 35 G2
Ancy (69) 129 G2
Ancy-le-Franc (89) 84 B2
Ancy-le-Libre (89) 84 B2
Ancy-sur-Moselle (57) 26 B6
Andainville (80) 8 D6
Andance (07) 144 A2
Andancette (26) 144 A2
Andard (49) 77 E5
Andé (27) 18 D6
Andechy (80) 21 E2
Andel (22) 33 H4
Andelain (02) 22 A2
Andelaroche (03) 114 C4
Andelarre (70) 87 F3
Andelarrot (70) 87 G3
Andelat (15) 141 E4
Andelnans (90) 88 C3
Andelot-Blancheville (52) 68 A3
Andelot-en-Montagne (39) 103 F4
Andelot-Morval (39) 117 F2
Andelu (78) 42 A3
les Andelys (27) 19 E6
Andernay (52) 46 D4
Andernos-les-Bains (33) 134 B6
Anderny (54) 26 A4
Andert 131 F2
Andert-et-Condon (01) 131 F2
Andeville (60) 20 B6
Andigné (49) 75 H1
Andillac (81) 167 H2
Andilly (17) 106 D4
Andilly (54) 48 B4
Andilly (74) 118 B5
Andilly (95) 42 D2
Andilly-en-Bassigny (52) 68 C6
Andiran (47) 165 F1
Andlau (67) 71 F1
Andoins (64) 180 C2
Andolsheim (68) 71 F4
Andon (06) 176 B5
Andonville (45) 63 E3
Andornay (70) 88 B2
Andouillé (53) 58 C4
Andouillé-Neuville (35) 57 F1
Andouque (81) 168 C2
Andrein (64) 179 G1
Andres (62) 1 G3
Andrest (65) 181 E2
Andrésy (78) 42 B3
Andrezé (49) 75 G5
Andrezel (77) 43 G6
Andrézieux-Bouthéon (42) 129 E5
Andryes (89) 83 F4
Anduze (30) 171 G1
Anères (65) 181 H4
Anet (28) 41 F4
Anetz (44) 75 F3
Angaïs (64) 180 C3
Angé (41) 79 H6
Angeac-Champagne (16) 121 G4
Angeac-Charente (16) 122 A4
Angecourt (08) 24 C2
Angeduc (16) 122 A5
Angely (89) 84 A3
Angeot (90) 88 D2
Angers (49) 77 E4
Angerville (14) 16 C4
Angerville (91) 63 E3
Angerville-Bailleul (76) 6 C4
Angerville-la-Campagne (27) 41 E2
Angerville-la-Martel (76) 6 D3

Angerville-l'Orcher (76) 6 B5
Angervilliers (91) 42 B6
Angeville (82) 166 C2
Angevillers (57) 26 B3
Angey (50) 35 G2
Angicourt (60) 20 D5
Angiens (76) 7 E3
Angirey (70) 87 E4
Angivillers (60) 20 D4
Anglade (33) 135 E2
Anglards-de-Saint-Flour (15) ..141 F4
Anglards-de-Salers (15) 140 B2
Anglars (15) 154 C4
Anglars (46) 153 F1
Anglars-Juillac (46) 152 B3
Anglars-Nozac (46) 138 C6
Anglars-Saint-Félix (12) 153 H4
Anglefort (01) 131 G1
Anglemont (88) 70 B2
Angles (04) 175 H2
les Angles (30) 172 D2
les Angles (65) 181 E4
les Angles (66) 198 C4
Anglès (81) 169 E6
Angles (85) 106 B2
les Angles-sur-Corrèze (19) ...139 E1
Angles-sur-l'Anglin (86) 95 E6
Anglesqueville-
-la-Bras-Long (76) 7 E3
Anglesqueville-les-Murs (76) ...7 E2
Anglesqueville-l'Esneval (76) ...6 B4
Anglet (64) 162 A6
Angliers (17) 107 E4
Angliers (86) 94 A4
Anglure (51) 45 E6
Anglure-sous-Dun (71) 115 G4
Angluzelles-
-et-Courcelles (51) 45 E5
Angoisse (24) 124 A6
Angomont (54) 50 A6
Angos (65) 181 F3
Angoulême (16) 122 B4
Angoulins (17) 106 D5
Angoumé (40) 162 D4
Angous (64) 179 G2
Angoustrine 198 C4
Angoustrine-Villeneuve-
-des-Escaldes (66) 198 C4
Angoville (14) 38 C3
Angoville-au-Plain (50) 15 E5
Angoville-sur-Ay (50) 14 C5
Angres (62) 10 B1
Angresse (40) 162 B4
Angrie (49) 75 G2
Anguerny (14) 16 B4
Anguilcourt-le-Sart (02) 22 B2
Angy (60) 20 C5
Anhaux (64) 178 D3
Anhiers (59) 10 D1
Aniane (34) 170 D5
Aniche (59) 11 E2
Anisy (14) 16 B4
Anizy-le-Château (02) 22 B4
Anjeux (70) 69 G6
Anjou (38) 144 B1
Anjouin (36) 96 C2
Anjoutey (90) 88 D2
Anla (65) 182 A5
Anlezy (58) 99 F4
Anlhiac (24) 138 A1
Annay (58) 82 C4
Annay (62) 3 E6
Annay-la-Côte (89) 84 A4
Annay-sur-Serein (89) 84 A2
Annebault (14) 17 E4
Annecy (74) 132 B1
Annecy-le-Vieux (74) 132 B1
Annelles (08) 23 G4
Annemasse (74) 118 C4
Annéot (89) 84 A4
Annepont (17) 121 E2
Annequin (62) 2 D6
Annesse-et-Beaulieu (24) ...137 E2
Annet-sur-Marne (77) 43 F3
Anneux (59) 10 D3
Anneville-Ambourville (76) ...7 F6
Anneville-en-Saire (50) 15 E2
Annéville-la-Prairie (52) 67 H4
Anneville-sur-Mer (50) 36 D1
Anneville-sur-Scie (76) 7 G3
Anneyron (26) 144 B3
Annezay (17) 107 F6
Annezin (62) 2 D6
Annœullin (59) 3 F6
Annoire (39) 102 B3
Annois (02) 21 H2
Annoisin-Chatelans (38) 130 D3
Annoix (18) 97 H4
Annonay (07) 143 H2
Annonville (52) 68 A2
Annot (04) 176 A3
Annouville-Vilmesnil (76) 6 C4
Annoux (89) 84 B3
Annoville (50) 36 D2
Annweiler am Trifels 29 E4
Anor (59) 12 B5
Anos (64) 180 C1
Anost (71) 100 B2
Anould (88) 70 D3
Anoux (54) 25 H5
Anoye (64) 180 D1
Anquetierville (76) 6 D5
Anrosey (52) 86 D1
Ansac-sur-Vienne (16) 123 F1
Ansacq (60) 20 C5
Ansan (32) 166 A4
Ansauville (54) 48 B4
Ansauvillers (60) 20 C3
Anse (69) 129 H1
Anserville (60) 20 B6
Ansignan (66) 199 F2

Ansost (65) 181 F1
Ansouis (84) 174 A4
Anstaing (59) 3 G5
Antagnac (47) 150 B4
Anterrieux (15) 141 E6
Anteuil (25) 88 B5
Antezant-la-Chapelle (17) ...121 F1
Anthé (47) 151 H4
Anthelupt (54) 49 E5
Anthenay (51) 45 E1
Antheny (08) 12 C6
Anthéor (193) E2
Antheuil (21) 101 F2
Antheuil-Portes (60) 21 E4
Anthien (58) 83 H6
Anthon (38) 130 C2
Anthy-sur-Léman (74) 118 D3
Antibes (06) 193 G1
Antichan (65) 182 A5
Antichan-de-Frontignes (31)...182 A5
Antignac (17) 140 B1
Antignac (31) 196 A4
Antigny (85) 92 C6
Antigny (86) 109 H2
Antigny-la-Ville (21) 101 E2
Antigny-le-Château 101 E2
Antilly (57) 26 C4
Antilly (60) 43 H1
Antin (65) 181 G2
Antisanti (2B) 205 F3
Antist (65) 181 F4
Antogny le Tillac (37) 94 D3
Antoigné (49) 93 G2
Antoigny (61) 59 F1
Antoingt (63) 127 F5
Antonaves (05) 159 H5
Antonne-et-Trigonant (24) ...137 G2
Antony (92) 42 D5
Antraigues-sur-Volane (07) ...157 F1
Antrain (35) 35 G4
Antran (86) 94 C5
Antras (09) 182 C6
Antras (32) 165 G4
Antrenas (48) 155 G2
Antugnac (11) 184 D5
Antully (71) 100 D4
Anvéville (76) 7 E4
Anville (16) 122 A2
Anvin (62) 9 G1
Any-Martin-Rieux (02) 12 C6
Anzat-le-Luguet (63) 141 E1
Anzeling (57) 26 D4
Anzème (23) 111 G4
Anzex (47) 150 C5
Anzin (59) 11 F1
Anzin-Saint-Aubin (62) 10 B2
Anzy-le-Duc (71) 115 E4
Aoste (38) 131 F4
Aougny (51) 44 D1
Aouste (08) 23 G1
Aouste-sur-Sye (26) 158 C1
Aouze (88) 69 E2
Apach (57) 26 D2
Apchat (63) 141 F1
Apcher 141 G6
Apchon (15) 140 C2
Apinac (42) 128 D6
Appelle (81) 168 A6
Appenai-sous-Bellême (61) ...60 D3
Appenans (25) 88 B4
Appenwihr (68) 71 G4
Appeville (50) 14 D5
Appeville-Annebault (27) 18 A5
Appietto (2A) 204 C5
Appilly (60) 21 H3
Appoigny (89) 83 F1
Apprieu (38) 131 E6
Appy (09) 198 A1
Apremont (01) 117 G4
Apremont (08) 24 C5
Apremont (60) 20 D6
Apremont (70) 86 C5
Apremont (73) 131 H5
Apremont (85) 91 E3
Apremont-la-Forêt (55) 47 H3
Apremont-sur-Allier (18) 98 C4
Aprey (52) 86 A2
Apt (84) 173 H3
Arabaux (09) 183 H5
Arâches-la-Frasse (74) 119 F5
Aragnouet (65) 195 F4
Aragon (11) 185 E2
Aramits (64) 179 H4
Aramon (30) 172 C3
Aranc (01) 117 F6
Arancou (64) 162 D6
Arandas (01) 131 E1
Arandon (38) 131 E3
Araujuzon (64) 179 G1
Araules (43) 143 E3
Araux (64) 179 G1
Arbanats (33) 149 G1
Arbas (31) 182 C5
Arbecey (70) 87 E3
Arbellara (2A) 206 D2
Arbent (01) 117 G3
Arbéost (65) 180 C6
Arbérats-Sillègue (64) 179 F2
Arbignieu (01) 131 F3
Arbigny (01) 116 C2
Arbigny-sous-Varennes (52) ...86 C1
Arbin (73) 132 A5
Arbis (33) 149 H1
Arblade-le-Bas (32) 164 C4
Arblade-le-Haut (32) 164 C4
Arbois (39) 103 E4
Arbon (31) 182 B5
Arbonne (64) 162 A6
Arbonne-la-Forêt (77) 63 H2
Arboras (34) 170 C4

Arbori (2A) 204 C4
Arbot (52) 85 H1
Arbouans (25) 88 C4
Arboucave (40) 164 A5
Arbouet-Sussaute (64) 179 F1
Arbourse (58) 98 D1
Arboussols (66) 199 F3
Arbrissel (35) 57 H4
Arbus (64) 180 A2
Arbusigny (74) 118 C5
Arc-en-Barrois (52) 67 G6
Arc-et-Senans (25) 103 E3
Arc-lès-Gray (70) 86 C4
Arc-sous-Cicon (25) 104 A2
Arc-sous-Montenot (25) 103 F4
Arc-sur-Tille (21) 86 A6
Arc 1800 ....133 F4
Arc 2000 ....133 F4
Arcachon (33) 148 B1
Arçais (79) 107 F4
Arcambal (46) 152 D3
Arcangues (64) 162 A6
Arçay (18) 97 G4
Arçay (86) 93 H3
Arceau (21) 86 A5
Arcelot 86 A5
Arcenant (21) 101 G2
Arcens (07) 143 F5
Arces (17) 120 D5
Arces-Dilo (89) 65 G5
Arcey (21) 85 G6
Arcey (25) 88 B4
Archail (04) 160 D6
Archamps (74) 118 C5
Archelange (39) 102 C2
Arches (15) 140 A1
Arches (88) 70 A4
Archettes (88) 70 A4
Archiac (17) 121 G5
Archignac (24) 138 B4
Archignat (03) 112 C3
Archigny (86) 94 D6
Archingeay (17) 121 E1
Archon (02) 23 H1
Arcinges (42) 115 F5
Arcins (33) 134 D3
Arcis-le-Ponsart (51) 22 C6
Arcis-sur-Aube (10) 66 B1
Arcizac-Adour (65) 181 E4
Arcizac-ez-Angles (65) 181 E4
Arcizans-Avant (65) 180 D5
Arcizans-Dessus (65) 180 D5
Arcomps (18) 97 G6
Arçon (25) 104 A3
Arcon (42) 128 C1
Arconcey (21) 100 D1
Arçonnay (72) 60 A2
Arconsat (63) 128 B2
Arconville (10) 67 F4
Arc Pierre Blanche 1600 ....133 F4
les Arcs (83) 175 H6
Arcueil (94) 42 D4
Arcy-Sainte-Restitue (02) 22 B6
Arcy-sur-Cure (89) 83 H4
Ardelles (28) 61 G1
Ardelu (28) 62 D3
Ardenais (18) 112 B1
Ardenay-sur-Mérize (72) 60 C2
Ardengost (65) 181 G6
Ardentes (36) 96 D6
Ardes (63) 127 F6
Ardeuil-et-Montfauxelles (08) ...24 B5
Ardiège (31) 182 A4
les Ardillats (69) 115 H5
Ardilleux (79) 108 B5
Ardillières (17) 107 E5
Ardin (79) 107 G2
Ardizas (32) 166 C4
Ardoix (07) 144 A2
Ardon (39) 103 F5
Ardon (45) 80 D2
Ardouval (76) 7 H3
Ardres (62) 1 H3
Arèches 132 C3
Aregno (2B) 202 C5
Areines (41) 79 G2
Aren (64) 179 H2
Arengosse (40) 163 F1
Arenthon (74) 118 D5
Arès (33) 134 B6
Aresches (39) 103 F4
Aressy (64) 180 C2
Arette (64) 179 H4
Arette la Pierre Saint-Martin...179 G5
Arfeuille-Châtain (23) 112 C6
Arfeuilles (03) 114 C5
Arfons (81) 184 D1
Argagnon (64) 163 G6
Arganchy (14) 15 H6
Argançon (10) 67 E3
Argancy (57) 26 C4
Argein (09) 182 D6
Argelès-Bagnères (65) 181 F4
Argelès-Gazost (65) 180 D5
Argelès-sur-Mer (66) 201 E4
Argelès Plage 201 E4
Argeliers (11) 186 B2
Argelliers (34) 171 E4
Argelos (40) 163 G5
Argelos (64) 180 C1
Argelouse (40) 149 E4
Argences (14) 16 D5
Argens-Minervois (11) 185 H3
Argent-sur-Sauldre (18) 81 G4
Argentan (61) 39 E5
Argentat (19) 139 F3
Argentenay (89) 84 B2
Argenteuil (95) 42 C3
Argenteuil-sur-Armançon (89)....84 B2

Argentière 119 H6
l'Argentière-la-Bessée (05) 147 E5
Argentières (77) 43 G6
Argentine (73) 132 C5
Argenton (47) 150 B4
Argenton-l'Église (79) 93 F3
Argenton les Vallées (79) 93 E3
Argenton-Notre-Dame (53)...76 D2
Argenton-sur-Creuse (36) ...111 E1
Argentré (53) 58 D5
Argentré-du-Plessis (35)...58 A5
Argenvières (18) 98 C2
Argenvilliers (28) 61 F3
Argers (51) 46 C2
Arget (64) 163 H6
Argiésans (90) 88 C3
Argillières (70) 86 D3
Argilliers (30) 172 B2
Argilly (21) 101 H2
Argis (01) 131 E1
Argiusta-Moriccio (2A) 207 E1
Argœuves (80) 9 F5
Argol (29) 31 E6
Argonay (74) 132 B1
Argouges (50) 35 H5
Argoules (80) 8 D2
Arguel (76) 19 F3
Arguel (25) 103 F1
Arguel (80) 8 D6
Arguenos (31) 182 B5
Argut-Dessous (31) 182 B6
Argy (36) 96 A4
Arhansus (64) 179 F2
Aries-Espénan (65) 181 H2
Arifat (81) 168 C4
Arignac (09) 183 H6
Arinthod (39) 117 G3
Arith (73) 132 A3
Arjuzanx (40) 163 F1
Arlanc (63) 128 B6
Arlay (39) 102 C5
Arlebosc (07) 143 H4
Arlempdes (43) 142 C5
Arles (13) 172 C4
Arles-sur-Tech (66) 199 G5
Arlet (43) 141 H3
Arleuf (58) 100 B3
Arleux (59) 10 D2
Arleux-en-Gohelle (62) 10 B2
Arlos (31) 182 B6
Armaillé (49) 76 A2
Armancourt (60) 21 E5
Armancourt (80) 21 E2
Armaucourt (54) 48 D3
Armbouts-Cappel (59) 2 B2
Armeau (89) 65 E5
Armendarits (64) 179 E2
Armenonville-les-Gâtineaux (28)...62 C1
Armenteule (65) 195 H4
Armentières (59) 3 E4
Armentières-en-Brie (77) 43 H3
Armentières-sur-Avre (27) 40 C5
Armentières-sur-Ourcq (02) 44 B1
Armentieux (32) 164 D6
Armes (58) 83 F5
Armillac (47) 150 D2
Armissan (11) 186 D3
Armix (01) 131 F2
Armous-et-Cau (32) 165 E5
Armoy (74) 119 E3
Arnac (23) 124 B6
Arnac (15) 139 H4
Arnac-la-Poste (87) 110 D4
Arnac-Pompadour (19) 124 B6
Arnac-sur-Dourdou (12) 169 G6
Arnage (72) 60 A6
Arnancourt (52) 67 G2
Arnas (69) 116 A6
Arnaud-Guilhem (31) 182 C4
Arnave (09) 197 H4
Arnaville (54) 26 B4
Arnay-le-Duc (21) 100 D2
Arnay-sous-Vitteaux (21) 84 D3
Arnayon (26) 159 E3
Arné (65) 181 H3
Arnéguy (64) 178 D4
Arnicourt (08) 23 G3
Arnières-sur-Iton (27) 40 D2
Arnos (64) 163 H6
Arnouville-lès-Gonesse (95) 42 D3
Arnouville-lès-Mantes (78) 41 H3
Aroffe (88) 69 E2
Aromas (39) 117 F4
Aron (53) 59 E3
Aroue-Ithorots-Olhaïby (64) ...179 F2
Aroz (70) 87 F3
Arpaillargues-
-et-Aureillac (30) 172 A2
Arpajon (91) 42 C6
Arpajon-sur-Cère (15) 140 B5
Arpavon (26) 159 E4
Arpenans (70) 87 H3
Arpheuilles (18) 97 H5
Arpheuilles (36) 95 H4
Arpheuilles-Saint-Priest (03)....112 D5
Arphy (30) 170 D1
Arquenay (53) 59 E6
Arques (11) 185 E5
Arques (12) 154 D5
les Arques (46) 152 B2
Arques (62) 2 B4
Arques-la-Bataille (76) 7 G2
Arquettes-en-Val (11) 185 F4
Arquèves (80) 9 H4
Arquian (58) 82 C4
Arracourt (54) 49 E4
Arradon (56) 72 C1
Arraincourt (57) 49 E2
Arrancourt (91) 63 F3

Arrancy (02) 22 D4
Arrancy-sur-Crusne (55) 25 G4
Arrans (21) 84 C3
Arras (62) 10 B2
Arras-en-Lavedan (65) 180 D5
Arras-sur-Rhône (07) 144 A3
Arrast-Larrebieu (64) 179 G2
Arraute-Charritte (64) 179 E1
Arraye-et-Han (54) 48 D3
Arrayou-Lahitte (65) 181 E4
Arre (30) 170 C2
Arreau (65) 181 G6
Arrelles (10) 66 C5
Arrembécourt (10) 46 B6
Arrènes (23) 111 E6
Arrens-Marsous (65) 180 C5
Arrentès-de-Corcieux (88) 70 C4
Arrentières (10) 67 F3
Arrest (80) 8 C4
Arreux (08) 13 E6
Arriance (57) 26 D4
Arricau-Bordes (64) 164 C6
Arrien (64) 180 D2
Arrien-en-Bethmale (09) 182 D6
Arrigas (30) 170 C2
Arrigny (51) 46 C5
Arro (2A) 204 C4
Arrodets (65) 181 G5
Arrodets-ez-Angles (65) 181 E4
Arromanches-les-Bains (14)....16 A3
Arronnes (03) 114 B6
Arronville (95) 42 C1
Arros-de-Nay (64) 180 C3
Arrosès (64) 164 C6
Arrou (28) 61 G5
Arrouède (32) 182 A2
Arrout (09) 182 D5
Arry (57) 26 B6
Arry (80) 8 C2
Ars (16) 121 G4
Ars (23) 125 G1
Ars-en-Ré (17) 106 A4
Ars-Laquenexy (57) 26 C5
Ars-les-Favets (63) 113 E5
Ars-sur-Formans (01) 130 A1
Ars-sur-Moselle (57) 26 B6
Arsac (33) 135 E4
Arsac-en-Velay (43) 142 C4
Arsague (40) 163 F5
Arsans (70) 86 D5
Arsonval (10) 67 E3
Arsure-Arsurette (39) 103 G5
les Arsures (39) 103 E3
Arsy (60) 21 E5
Art-sur-Meurthe (54) 48 D5
Artagnan (65) 181 E1
Artaise-le-Vivier (08) 24 B3
Artaix (71) 115 E4
Artalens-Souin (65) 180 D5
Artannes-sur-Indre (37) 94 D1
Artannes-sur-Thouet (49) 93 G1
Artas (38) 130 C5
Artassenx (40) 164 A3
Artemare (01) 131 F2
Artemps (02) 21 H1
Artenay (45) 62 D5
Arthaz-Pont-Notre-Dame (74)...118 C5
Arthel (58) 99 F1
Arthémonay (26) 144 C3
Arthenac (17) 121 G5
Arthenas (39) 117 F1
Arthès (81) 168 C2
Arthez-d'Armagnac (40) 164 B2
Arthez-d'Asson (64) 180 C4
Arthez-de-Béarn (64) 163 G6
Arthezé (72) 77 G2
Arthies (95) 42 A2
Arthon (36) 96 C6
Arthon-en-Retz (44) 74 A6
Arthonnay (89) 66 C6
Arthun (42) 128 D3
Artigat (09) 183 G4
Artignosc-sur-Verdon (83) 175 E4
Artigue (31) 196 A4
Artigueloutan (64) 180 C2
Artiguelouve (64) 180 B2
Artiguemy (65) 181 F4
Artigues (09) 198 C1
Artigues (11) 198 D2
Artigues (65) 181 E4
Artigues (83) 174 B3
les Artigues-de-Lussac (33) ...135 H4
Artigues-près-Bordeaux (33) ..135 F5
Artins (41) 79 E2
Artix (09) 183 G4
Artix (64) 180 A1
Artolsheim (67) 71 G3
Artonges (02) 44 C3
Artonne (63) 127 F1
Artou-Sainte-Fabrèges (64)...180 B6
Artres (59) 11 F2
Artzenheim (68) 71 G4
Arudy (64) 180 B4
Arue (40) 164 A1
Arvert (17) 120 B3
Arveyres (33) 135 G5
Arvieu (12) 154 C6
Arvieux (05) 147 F5
Arvigna (09) 184 A4
Arvillard (73) 132 B5
Arville (41) 61 F5
Arville (77) 63 H4
Arvillers (80) 21 E1
Arx (40) 150 B6
Arzacq-Arraziguet (64) 164 A6
Arzal (56) 73 F2
Arzano (29) 54 C4
Arzay (38) 130 C6
Arzembouy (58) 99 E1

Arzenc-d'Apcher (48) 141 F5
Arzenc-de-Randon (48) 156 B1
Arzens (11) 184 D3
Arzillières-Neuville (51) 46 B5
Arzon (56) 72 C1
Arzviller (57) 50 B4
Asasp-Arros (64) 180 A4
Ascain (64) 178 B1
Ascarat (64) 178 D3
Aschbach (67) 29 F6
Aschères-le-Marché (45) 63 E5
Asco (2B) 204 D1
Ascombegui 179 E2
Ascou (09) 198 B2
Ascou-Pailhères 198 C2
Ascoux (45) 63 F5
Ascros (06) 176 C3
Asfeld (08) 23 F4
Aslonnes (86) 109 E2
Asnan (58) 83 F6
Asnans-Beauvoisin (39) 102 C3
Asnelles (14) 16 A3
Asnières (27) 17 G4
Asnières-en-Bessin (14) 15 G4
Asnières-en-Montagne (21) 84 C2
Asnières-en-Poitou (79) 108 B5
Asnières-la-Giraud (17) 121 F2
Asnières-lès-Dijon (21) 85 H5
Asnières-sous-Bois (89) 83 G5
Asnières-sur-Blour (86) 109 H5
Asnières-sur-Nouère (16) 122 B3
Asnières-sur-Oise (95) 42 D1
Asnières-sur-Saône (01) 116 B3
Asnières-sur-Seine (92) 42 C3
Asnières-sur-Vègre (72) 77 G1
Asnois (58) 83 G5
Asnois (86) 109 F5
Aspach (57) 50 A5
Aspach (68) 89 F2
Aspach-le-Bas (68) 89 E1
Aspach-le-Haut (68) 89 E1
Aspères (30) 171 G3
Asperjoc (07) 157 G5
Aspet (31) 182 B5
Aspin-Aure (65) 181 G6
Aspin-en-Lavedan (65) 180 D5
Aspiran (34) 170 C5
Aspremont (05) 159 H4
Aspremont (06) 177 E5
les Aspres (61) 40 A4
Aspres-lès-Corps (05) 146 A4
Aspres-sur-Buëch (05) 159 H3
Aspret-Sarrat (31) 182 B5
Asprières (12) 153 H3
Asque (65) 181 F5
Asques (33) 135 F4
Asques (82) 166 B5
Asquins (89) 83 H5
Assac (81) 168 D3
Assainvillers (80) 21 E2
Assais-les-Jumeaux (79) 93 G5
Assas (34) 171 F4
Assat (64) 180 C2
Assay (37) 94 B3
Assé-le-Bérenger (53) 59 F4
Assé-le-Boisne (72) 59 H3
Assé-le-Riboul (72) 60 A4
Assenay (10) 66 B4
Assencières (10) 66 B3
Assenoncourt (57) 49 G4
Assérac (44) 73 F3
Assevent (59) 12 A2
Assevillers (80) 10 A6
Assier (46) 153 F2
Assieu (38) 130 B6
Assignan (34) 185 H2
Assigny (18) 82 A4
Assigny (76) 7 H1
les Assions (07) 157 E3
Assis-sur-Serre (02) 22 C2
Asson (64) 180 C4
Assouste 180 B4
Asswiller (67) 50 B3
Assy 133 G1
Astaffort (47) 165 H1
Astaillac (19) 139 E5
Asté (65) 181 F4
Aste-Béon (64) 180 B4
Astet (07) 157 E2
Astillé (53) 58 C6
Astis (64) 180 C1
Aston (09) 198 A1
Astugue (65) 181 E4
Athée (21) 102 C1
Athée (53) 58 B6
Athée-sur-Cher (37) 79 F6
Athesans-Étroitefontaine (70)...88 A3
Athie (21) 84 C4
Athie (89) 84 A3
Athienville (54) 49 E4
Athies (62) 10 B2
Athies (80) 10 C6
Athies-sous-Laon (02) 22 C3
Athis (51) 45 F2
Athis-de-l'Orne (61) 38 C4
Athis-Mons (91) 42 D5
Athos-Aspis (64) 179 E1
Athose (25) 103 H2
Attainville (95) 42 D2
Attancourt (52) 67 F2
les Attaques (62) 1 H2
Attenschwiller (68) 89 G3
Attiches (59) 10 D3
Attichy (60) 21 G4
Attignat (01) 116 D3
Attignat-Oncin (73) 131 G5
Attignéville (88) 68 D2
Attigny (08) 24 A4
Attigny (88) 68 D5

B

248

Baillé (35) 35 H6
Bailleau-Armenonville (28) 62 C1
Bailleau-le-Pin (28) 62 A2
Bailleau-l'Évêque (28).........62 A1
Baillestavy (66) 199 F4
Bailleul (59) 2 D4
Bailleul (61) 39 E4
le Bailleul (72) 77 G2
Bailleul (80) 8 D5
Bailleul-aux-Cornailles (62)......9 H1
Bailleul-la-Vallée (27) 17 G4
Bailleul-le-Soc (60) 20 D4
Bailleul-lès-Pernes (62).......2 B6
Bailleul-Neuville (76) 19 E1
Bailleul-Sir-Berthoult (62) 10 B2
Bailleul-sur-Thérain (60) 20 B5
Bailleulmont (62) 10 A3
Bailleulval (62) 10 A3
Bailleval (60) 20 D5
Baillolet (76) 19 E1
Baillou (41) 61 E6
Bailly (83) 83 G2
Bailly (60) 21 G4
Bailly (78) 42 B4
Bailly-aux-Forges (52) 67 G1
Bailly-en-Rivière (76) 8 A6
Bailly-le-Franc (10) 67 E1
Bailly-Romainvilliers (77) 43 G4
Bain-de-Bretagne (35) 57 E5
Baincthun (62) 1 F4
Bainghen (62) 1 G1
Bains (43) 142 B4
Bains-du-Boulou 200 D4
Bains-les-Bains (88) 69 G5
Bains-sur-Oust (35) 56 C6
Bains de Guitera 205 E6
Bainville-aux-Miroirs (54) 69 G1
Bainville-aux-Saules (88) 69 F3
Bainville-sur-Madon (54) 48 C6
Bairols (06) 176 D3
Bais (35) 57 H4
Bais (53) 59 F3
Baisieux (59) 3 G5
Baissey (52) 86 A2
Baives (59) 12 B4
Baix (07) 158 A1
Baixas (66) 199 H2
Baizieux (80) 9 H5
le Baizil (51) 45 E3
Bajamont (47) 151 F5
Bajonnette (32) 166 A3
Bajus (62) 9 H1
Balacet (09) 182 C6
Baladou (46) 138 D5
Balagny-sur-Thérain (60) 20 C5
Balaguères (09) 182 D5
Balaguier-d'Olt (12)........153 G3
Balaguier-sur-Rance (12) 169 E3
Balaiseaux (39) 102 C3
Balaives-et-Butz (08) 24 B2
Balan (01) 130 C2
Balan (08) 24 C2
Balanod (39) 117 E2
Balansun (64) 163 G6
Balanzac (17) 120 D3
Balaruc-le-Vieux (34) 187 G1
Balaruc-les-Bains (34) 187 G1
Balâtre (80) 21 F2
Balazé (35) 58 A4
Balazuc (07) 157 G3
Balbigny (42) 129 E2
Balbins (38) 130 D6
Balbronn (67) 50 D5
Baldenheim (67) 71 G3
Baldersheim (68) 89 F1
la Baleine (50) 35 H1
Baleix (64) 180 D1
Balesmes 94 D3
Balesmes-sur-Marne (52) 86 B1
Balesta (31) 182 A3
Baleyssagues (47) 150 C1
Balgau (68) 71 G5
Balham (08) 23 H4
Balignac (82) 166 B2
Balignicourt (10) 66 D1
Bâlines (27) 40 D5
Balingham (62) 1 H3
Baliracq-Maumusson (64) ...164 B6
Baliros (64) 180 C3
Balizac (33) 149 F3
Ballainvilliers (91) 42 D5
Ballaison (74) 118 D3
Ballan-Miré (37) 78 D6
Ballancourt-sur-Essonne (91) 63 G1
Ballans (17) 121 H2
Ballay (08) 24 B4
Balledent (87) 110 C6
Ballée (53) 59 E6
Balleray (58) 99 E3
Balleroy (14) 15 G6
Ballersdorf (68) 89 E3
Balléville (88) 69 E2
Ballon (17) 107 E6
Ballon (72) 60 B4
le Ballon d'Alsace 88 C1
Ballon de Servance 88 C1
Ballons (26) 159 G5
Ballore (71) 115 G2
Ballots (53) 58 B6
Balloy (77) 64 D2
Balma (31) 167 F5
la Balme (73) 131 G3
la Balme-de-Sillingy (74) ...132 A1
la Balme-de-Thuy (74) 132 B1
la Balme-d'Épy (39) 117 F3
la Balme-les-Grottes (38) ...130 D2
Balnot-la-Grange (10) 66 C5
Balnot-sur-Laignes (10) 66 D5
Balogna (2A) 204 C3

Balot (21) 84 D2
Balsac (12) 154 B4
Balschwiller (68) 89 E2
Balsièges (48) 156 A3
Baltzenheim (68) 71 G4
Balzac (16) 122 B3
Bambecque (59) 2 C2
Bambiderstroff (57) 27 E5
Bambois 70 D2
Ban-de-Laveline (88) 70 D3
Ban-Saint-Martin (57) 26 B5
Ban-sur-Meurthe-Clefcy (88) ...70 D3
Banassac (48) 155 G2
Banca (64) 178 C3
Bancigny (02) 23 E1
Bancourt (62) 10 C4
Bandol (83) 191 F5
Baneins (01) 116 C5
Baneuil (24) 137 F5
Bangor (56) 72 A3
Banios (65) 181 F4
Banize (23) 125 F2
Bannalec (29) 54 A3
Bannans (25) 103 H4
Bannay (18) 82 B6
Bannay (51) 45 E4
Bannay (57) 26 D5
Banne (07) 157 E4
Bannegon (18) 98 A5
Bannes (46) 139 F6
Bannes (51) 45 F4
Bannes (52) 68 B6
Bannes (53) 59 F6
Banneville-la-Campagne (14) ...16 C4
Banneville-sur-Ajon (14) 16 A5
Bannières (81) 167 G5
Bannoncourt (55) 47 G2
Bannost-Villegagnon (77) 44 A5
Banogne-Recouvrance (08) ...23 F3
Banon (04) 174 B1
Banos (40) 163 G4
Bans (39) 102 C3
Bansat (63) 127 G5
Banteux (59) 10 D4
Banthelu (95) 42 A4
Bantheville (55) 24 D5
Bantigny (59) 10 D3
Bantouzelle (59) 10 D4
Bantzenheim (68) 71 G6
Banville (14) 16 B3
Banvillars (90) 88 C3
Banvou (61) 38 B5
Banyuls-dels-Aspres (66) ...200 D4
Banyuls-sur-Mer (66) 201 F4
Baon (89) 84 D1
Baons-le-Comte (76) 7 E4
Bapaume (62) 10 B4
Bar (19) 139 E1
Bar-le-Duc (55) 47 E4
Bar-lès-Buzancy (08) 24 C4
Bar-sur-Aube (10) 67 F3
le Bar-sur-Loup (06) 176 C5
Bar-sur-Seine (10) 66 D5
Baracé (49) 77 F3
Baraigne (11) 184 A2
Baraize (36) 111 E2
Baralle (62) 10 C3
les Baraques-en-Vercors ...145 E4
Baraqueville (12) 154 B5
Barastre (62) 10 C4
Baratier (05) 161 E2
Barbachen (65) 181 F1
Barbaggio (2B) 203 F4
Barbaira (11) 185 F3
Barbaise (08) 23 H2
Barbas (54) 49 H5
Barbaste (47) 150 C4
Barbâtre (85) 90 B1
Barbazan (31) 182 A5
Barbazan-Debat (65) 181 F3
Barbazan-Dessus (65) 181 F3
Barbechat (44) 75 E4
la Barben (13) 173 G5
Barbentane (13) 172 D2
Barberaz (73) 131 H4
Barberey-Saint-Sulpice (10) ...66 A3
Barberier (03) 113 H5
Barbery (14) 16 B6
Barbery (60) 21 E6
Barbeville (14) 15 H5
Barbey (77) 64 C2
Barbey-Seroux (88) 70 C4
Barbezières (16) 122 A1
Barbezieux-Saint-Hilaire (16) ..121 H5
Barbières (26) 144 C4
Barbirey-sur-Ouche (21) 101 F1
Barbizon (77) 63 H2
Barbonne-Fayel (51) 44 D5
Barbonval (02) 22 C5
Barbonville (54) 49 E6
Barbotan les Thermes 164 C2
le Barboux (25) 104 C1
Barbuise (10) 44 D6
Barby (73) 132 A4
Barc (27) 40 C2
le Barcarès (66) 201 E2
Barcelonne (26) 144 C5
Barcelonne-du-Gers (32) ...164 B4
Barcelonnette (04) 161 F3
Barchain (57) 50 A4
Barcillonnette (05) 160 A3
Barcugnan (32) 181 G2
Barcus (64) 179 G3
Barcy (77) 43 G2
Bard (42) 128 D4
Bard-le-Régulier (21) 100 C3
Bard-lès-Époisses (21) 84 C3
Bard-lès-Pesmes (70).......86 D6

la Barde (17) 136 A3
Bardenac (16) 136 A1
Bardigues (82) 166 B1
le Bardon (45) 80 C1
Bardos (64) 162 C6
Bardouville (76) 7 F6
Barèges (65) 181 E6
Bareilles (65) 181 G6
Barembach (67) 50 B6
Baren (31) 182 A6
Barentin (76) 7 F5
Barenton (50) 37 H6
Barenton-Bugny (02) 22 C2
Barenton-Cel (02) 22 C2
Barenton-sur-Serre (02) 22 C2
Barésia-sur-l'Ain (39) 117 G1
Barfleur (50) 15 E2
Bargème (83) 175 H3
Bargemon (83) 175 H4
Barges (21) 101 H1
Barges (43) 142 C6
Barges (70) 87 E1
Barie (33) 150 A2
les Barils (27) 40 C5
Barinque (64) 180 C1
Barisis (02) 22 A3
Barisey-au-Plain (54) 48 B6
Barisey-la-Côte (54) 48 B6
Barizey (71) 101 F5
Barjac (09) 182 D4
Barjac (30) 157 G5
Barjac (48) 155 H4
Barjols (83) 174 D5
Barjon (21) 85 G3
Barjouville (28) 62 B2
Barles (04) 160 D4
Barlest (65) 180 D3
Barleux (80) 10 C6
Barlieu (18) 82 A5
Barlin (62) 10 A1
Barly (62) 9 H3
Barly (80) 9 G3
Barmainville (28) 62 D3
Barnas (07) 157 E1
Barnave (26) 159 E1
Barnay (71) 100 D2
Barneville-Carteret (50)......14 B4
Barneville-la-Bertran (14) 17 F3
Barneville-sur-Seine (27) 18 B5
la Baroche-sous-Lucé (61) ...38 B6
les Baroches (54) 26 A4
Baromesnil (76) 8 B5
Baron (30) 172 A1
Baron (33) 135 G6
Baron (60) 43 F1
Baron (71) 115 F2
Baron-sur-Odon (14) 16 B5
Baronville (57) 49 F2
Barou-en-Auge (14) 39 E3
Baroville (10) 67 F4
le Barp (33) 148 D2
la Barque 174 A6
Barquet (27) 40 C2
Barr (67) 71 F1
Barrais-Bussolles (03) 114 C4
Barran (32) 165 G5
Barrancoueu (65) 181 G6
Barras (04) 160 C4
Barraute-Camu (64) 179 G1
Barraux (38) 132 A5
la Barre (39) 102 D2
la Barre (70) 87 G5
Barre (81) 169 G4
la Barre-de-Monts (85) 90 B4
la Barre-de-Semilly (50) 37 G1
Barre-des-Cévennes (48) ...156 B5
la Barre-en-Ouche (27) 40 B3
Barrême (04) 175 G2
Barret (16) 121 H5
Barret-de-Lioure (26) 159 F5
Barret-sur-Méouge (05) 159 H5
Barretaine (39) 102 D4
Barrettali (2B) 203 F3
Barriac-les-Bosquets (15)....139 H3
Barro (16) 122 C1
Barrou (37) 95 E4
le Barroux (84) 158 D6
Barry (65) 181 E4
Barry-d'Islemade (82) 166 D1
Bars (24) 137 H3
Bars (32) 165 F6
Barsac (26) 144 D6
Barsac (33) 149 G2
Barsanges 125 G3
Barst (57) 27 F5
Bart (25) 88 C4
Bartenheim (68) 89 G2
Barthe (65) 181 H1
la Barthe-de-Neste (65) ...181 G4
Barthes (82) 166 D1
Bartherans (25) 103 F2
les Barthes (82) 166 D1
Bartrès (65) 180 D4
Barville 7 E3
Barville (27) 17 G5
Barville (61) 60 B1
Barville (88) 68 D2
Barville-en-Gâtinais (45)....63 G5
Barzan (17) 120 D5
Barzun (64) 180 D3
Barzy-en-Thiérache (02) 11 G4
Barzy-sur-Marne (02) 44 C2
Bas-en-Basset (43) 142 D1
Bas-et-Lezat (63) 113 H6
Bas-Lieu (59) 12 A4
Bas-Mauco (40) 163 H3
Bascons (40) 164 A3
Bascous (32) 165 E3
Baslieux (54) 25 H4

Baslieux-lès-Fismes (51) 22 C5
Baslieux-sous-Châtillon (51) ...45 E1
Basly (14) 16 B3
Bassac (16) 122 A4
Bassan (34) 187 E1
Basse-Goulaine (44) 74 D5
Basse-Ham (57) 26 C3
Basse-Rentgen (57) 26 C2
Basse-sur-le-Rupt (88) 70 C5
la Basse-Vaivre (70) 69 F6
la Bassée (59) 3 E6
Bassemberg (67) 71 F2
Basseneville (14) 16 D4
Bassens (33) 135 F5
Bassens (73) 131 H4
Bassercles (40) 163 G5
Basses (86) 94 A3
Basseux (62) 10 A3
Bassevelle (77) 44 B3
Bassignac (15) 140 A1
Bassignac-le-Bas (19) 139 E4
Bassignac-le-Haut (19).....139 G2
Bassigney (70) 87 G1
Bassillac (24) 137 G2
Bassillon-Vauzé (64) 180 D1
Bassing (57) 49 G3
Bassoles-Aulers (02) 22 A3
Bassoncourt (52) 68 C5
Bassou (89) 83 F1
Bassoues (32) 165 E5
Bassu (51) 46 C4
Bassuet (51) 46 B4
Bassurels (48) 156 B6
Bassussarry (64) 162 A6
Bassy (74) 118 A6
Bastanès (64) 179 G2
la Bastide (66) 199 G4
la Bastide (83) 176 A5
la Bastide-Clairence (64) ...162 C6
la Bastide-de-Besplas (09) ...183 E4
la Bastide-de-Bousignac (09)...184 B5
la Bastide-de-Lordat (09) ...183 H4
la Bastide-de-Sérou (09) 183 F5
la Bastide-d'Engras (30).....172 B1
la Bastide-des-Jourdans (84)...174 B3
la Bastide-du-Salat (09) 182 D4
la Bastide-l'Évêque (12) 153 H4
la Bastide-Pradines (12) 169 H2
la Bastide-Puylaurent (48) ...156 D2
la Bastide-Solages (12) 169 E2
la Bastide-sur-l'Hers (09) ...184 B5
la Bastidonne (84) 174 A4
le Bastit (46) 153 E1
Basville (23) 126 A2
la Bataille (79) 108 B6

Baulou (09) 183 G5
la Baume (74) 119 F3
la Baume-Cornillane (26) ...144 C5
la Baume-de-Transit (26) ...158 B4
la Baume-d'Hostun (26) 144 D3
Baume-les-Dames (25).......87 H5
les Baume-les-Messieurs (39) ...102 D6
Bauné (49) 77 F4
Baupte (50) 14 D5
Bauquay (14) 16 A6
la Bauquerie 15 H5
Baurech (33) 135 F6
la Baussaine (35) 34 D6
Bauvin (59) 3 E6
les Baux-de-Breteuil (27) ...40 C3
les Baux-de-Provence (13) ...172 D4
les Baux-Sainte-Croix (27) ...40 D3
Bauzemont (54) 49 F5
Bauzy (41) 80 B4
Bavans (25) 88 C4
Bavay (59) 11 H2
Bavelincourt (80) 9 H5
Bavent (14) 16 C4
Baverans (39) 102 C2
Bavilliers (90) 88 C3
Bavinchove (59) 2 C3
Bavincourt (62) 9 H3
Bax (31) 183 F3
Bay (70) 86 D6
Bay-sur-Aube (52) 85 H1
Bayac (24) 137 F6
Bayard-sur-Marne (52) 47 E6
Bayas (33) 135 H3
Baye (29) 54 B4
Baye (51) 45 E4
Bayecourt (88) 70 A3
Bayel (10) 67 F4
Bayencourt (80) 10 A4
Bayenghem-
  lès-Eperlecques (62) 2 A3
Bayenghem-
  lès-Seninghem (62) 1 H4
Bayers (16) 122 C1
Bayet (03) 113 H4
Bayeux (14) 15 H5
Bayon (54) 69 G1
Bayon-en-Argonne (55).....24 D5
Bayonne (64) 162 B6
Bayons (04) 160 C4
Bayonville (08) 24 C4
Bayonville-sur-Mad (54) 26 A6
Bayonvillers (80) 10 A6
Bazac (16) 136 B2
Bazaiges (36) 111 E2
Bazailles (54) 25 G4
Bazainville (78) 41 H4
Bazancourt (51) 23 F5
Bazancourt (60) 19 G3
Bazarnes (89) 83 G3
Bazas (33) 149 H3
Bazauges (17) 121 H1
Bazegney (88) 69 G3
Bazeilles (08) 24 C2
Bazeilles-sur-Othain (08) ...25 F3
Bazelat (23) 111 E3
Bazemont (78) 42 A3
Bazens (47) 150 D5
Bazentin (80) 10 B5
Bazenville (14) 16 A3
Bazet (65) 181 E2
la Bazeuge (87) 110 B4
Bazian (32) 165 F5
Bazicourt (60) 21 E5
Baziège (31) 183 H1
Bazien (88) 70 B1
Bazillac (65) 181 E2
Bazincourt-sur-Epte (27) 19 G5
Bazincourt-sur-Saulx (55) 47 E5
Bazinghen (62) 1 F3
Bazinval (76) 8 B5
la Bazoche-Gouet (28) 61 F4
Bazoches (58) 83 H6
Bazoches-au-Houlme (61) ...38 D4
Bazoches-en-Dunois (28).....62 B5
Bazoches-lès-Bray (77) 64 D2
Bazoches-
  les-Gallerandes (45) 63 E4
Bazoches-les-Hautes (28) ...62 C4
Bazoches-sur-Guyonne (78)...42 A4
Bazoches-sur-Hoëne (61).....39 H6
Bazoches-sur-le-Betz (45) ...64 C5
Bazoches-sur-Vesles (02) 22 C5
la Bazoge (50) 37 G5
la Bazoge (72) 60 A5
la Bazoge-Montpinçon (53) ...59 E3
Bazoges-en-Paillers (85) 92 A4
Bazoges-en-Pareds (85).....92 B6
Bazoilles-et-Ménil (88) 69 F3
Bazoilles-sur-Meuse (88) 68 D3
Bazolles (58) 99 G2
Bazoncourt (57) 26 D6
la Bazoque (14) 15 G6
la Bazoque (61) 38 B4
Bazoques (27) 17 H5
Bazordan (65) 182 A3
la Bazouge-de-Chemeré (53) ...59 E5
la Bazouge-des-Alleux (53) ...58 D4
la Bazouge-du-Désert (35) ...58 B1
Bazougers (53) 58 D5
Bazouges-la-Pérouse (35) ...35 F5
Bazouges-sur-le-Loir (72) ...77 G3
Bazuel (59) 11 G4
Bazugues (32) 181 G1
Bazus (31) 167 F4
Bazus-Aure (65) 181 G6
la Baule-Escoublac (44) 73 F3
Baulme-la-Roche (21) 85 F6
Baulne (91) 63 G1
Baulne-en-Brie (02) 44 D2
Baulny (55) 24 C5
Baulon (35) 56 D4
Beaubec-la-Rosière (76) 19 F2

Beaubery (71) 115 G3
Beaubray (27) 40 C3
Beaucaire (30) 172 C3
Beaucaire (32) 165 F3
Beaucamps-le-Jeune (80) 19 G1
Beaucamps-le-Vieux (80) 8 D6
Beaucamps-Ligny (59) 3 E5
Beaucé (35) 58 A2
Beaucens (65) 180 D5
le Beaucet (84) 173 F2
Beauchalot (31) 182 C4
Beauchamp (95) 42 C2
Beauchamps (50) 35 H2
Beauchamps (80) 8 B5
Beauchamps-sur-Huillard (45)...63 G6
Beauchastel (07) 144 A5
Beauche (28) 40 D5
Beauchemin (52) 68 A6
Beauchêne (41) 61 F6
Beauchêne (61) 38 A5
Beauchery-Saint-Martin (77) ...44 C4
Beauclair (55) 24 D4
Beaucoudray (50) 37 F2
Beaucourt (90) 88 D4
Beaucourt-en-Santerre (80) ...20 D1
Beaucourt-sur-l'Ancre (80) ...10 A4
Beaucourt-sur-l'Hallue (80) 9 H5
Beaucouzé (49) 76 D4
Beaucroissant (38) 145 E4
Beaudéan (65) 181 F5
Beaudéduit (60) 20 A2
Beaudignies (59) 11 G3
Beaudricourt (62) 9 G3
Beaufai (61) 40 A5
Beaufay (72) 60 C4
Beauficel (50) 37 G4
Beauficel-en-Lyons (27) 19 F4
Beaufin (38) 146 A6
Beaufort (31) 182 D7
Beaufort (34) 185 G2
Beaufort (38) 144 C1
Beaufort (39) 117 F1
Beaufort (59) 3 G5
Beaufort (73) 132 C2
Beaufort-Blavincourt (62) 9 H2
Beaufort-en-Argonne (55) ...24 D4
Beaufort-en-Santerre (80) ...21 E1
Beaufort-en-Vallée (49) 77 G5
Beaufort-sur-Gervanne (26) ...144 C4
Beaufou (85) 91 F2
Beaufour-Druval (14).......17 E4
Beaufremont (88) 68 D2
Beaugas (47) 151 E4
Beaugeay (17) 120 C3
Beaugency (45) 80 B2
Beaugies-sous-Bois (60) 21 G2
Beaujeu (04) 160 D2
Beaujeu (69) 115 H6
Beaujeu-Saint-Vallier-
  -Pierrejux-et-Quitteur (70) ...86 D7
Beaulandais (61) 38 B7
Beaulencourt (62) 10 B5
Beaulieu 122 D2
Beaulieu (07) 157 F3
Beaulieu (14) 38 A4
Beaulieu (15) 126 D4
Beaulieu (21) 85 F5
Beaulieu (34) 171 C4
Beaulieu (36) 110 C6
Beaulieu (43) 142 C2
Beaulieu (58) 99 F4
Beaulieu (61) 40 B5
Beaulieu (63) 127 G4
Beaulieu-en-Argonne (55) ...47 E2
Beaulieu-les-Fontaines (60) ...21 G2
Beaulieu-lès-Loches (37) ...95 F2
Beaulieu-sous-la-Roche (85) ...91 E4
Beaulieu-sous-Parthenay (79)...108 A2
Beaulieu-sur-Dordogne (19) ...139 F4
Beaulieu-sur-Layon (49) 76 D5
Beaulieu-sur-Loire (45) 82 C4
Beaulieu-sur-Mer (06) 177 F5
Beaulieu-sur-Oudon (53) 58 C6
Beaulieu-sur-Sonnette (16)....122 D1
Beaulon (03) 114 B3
Beaumais (14) 39 E3
Beaumarchés (32) 164 D5
Beaumat (46) 152 D1
Beaumé (05) 12 A2
la Beaume (05) 159 E3
Beauménil (88) 70 C3
Beaumerie-Saint-Martin (62) ...8 C1
Beaumes-de-Venise (84) ...158 D6
Beaumesnil (14) 37 G3
Beaumesnil (27) 40 B2
Beaumettes (84) 173 F3
Beaumetz (80) 9 F5
Beaumetz-lès-Aire (62) 2 A6
Beaumetz-lès-Cambrai (62) ...10 C4
Beaumetz-lès-Loges (62) 10 A3
Beaumont (07) 157 E3
Beaumont (19) 125 G5
Beaumont (32) 165 H3
Beaumont (43) 141 H1
Beaumont (54) 48 B4
Beaumont (63) 127 F3
Beaumont (74) 118 C4
Beaumont (86) 94 B5
Beaumont (89) 83 E1
Beaumont-de-Lomagne (82) ...166 B2
Beaumont-de-Pertuis (84) ...174 B4
Beaumont-du-Gâtinais (77) 63 G4
Beaumont-du-Lac (87) 125 E3
Beaumont-du-Périgord (24) ...137 F6
Beaumont-du-Ventoux (84) ...158 D6
Beaumont-en-Argonne (08) ...24 D3
Beaumont-en-Auge (14) 17 E4

Beaumont-en-Beine (02) 21 H2
Beaumont-en-Cambrésis (59) 11 F4
Beaumont-en-Diois (26) 159 F2
Beaumont-en-Verdunois (55) 25 F5
Beaumont-en-Véron (37) 94 A1
Beaumont-Hague (50) 14 B2
Beaumont-Hamel (80) 10 A4
Beaumont-la-Ferrière (58) 98 D2
Beaumont-la-Ronce (37) 78 D4
Beaumont-le-Hareng (76) 7 H4
Beaumont-le-Roger (27) 40 B2
Beaumont-les-Autels (28) 61 F3
Beaumont-les-Nonains (60) 20 A5
Beaumont-lès-Randan (63) 127 G1
Beaumont-lès-Valence (26) 144 B5
Beaumont-Monteux (26) 144 B4
Beaumont-Pied-de-Bœuf (53) 59 E6
Beaumont-Pied-de-Bœuf (72) 78 C2
Beaumont-Sardolles (58) 99 F4
Beaumont-sur-Dême (72) 78 D3
Beaumont-sur-Grosne (71) 101 G6
Beaumont-sur-Lèze (31) 183 F2
Beaumont-sur-Oise (95) 42 D1
Beaumont-sur-Sarthe (72) 60 A3
Beaumont-sur-Vesle (51) 45 G1
Beaumont-sur-Vingeanne (21) ...86 B4
Beaumont-Village (37) 95 G2
Beaumontel (27) 40 B2
Beaumotte-Aubertans (70) 87 G5
Beaumotte-lès-Pin (70) 87 E6
Beaunay (51) 45 E3
Beaune (21) 101 G3
Beaune-d'Allier (03) 113 E4
Beaune-la-Rolande (45) 63 G5
Beaune-sur-Arzon (43) 142 C2
Beaunotte (21) 85 F3
Beaupont (01) 117 E3
Beaupouyet (24) 136 C4
Beaupréau (49) 75 G5
Beaupuy (31) 167 F5
Beaupuy (32) 166 C5
Beaupuy (47) 150 C2
Beaupuy (82) 166 C3
Beauquesne (80) 9 G4
Beaurain (11) 11 G6
Beaurain (59) 11 F3
Beaurains (62) 10 B2
Beaurains-lès-Noyon (60) 21 G3
Beaurainville (62) 8 D1
Beaurecueil (13) 174 A6
Beauregard (01) 116 B6
Beauregard (46) 153 E4
Beauregard-Baret (26) 144 C4
Beauregard-de-Terrasson (24)..138 B3
Beauregard-et-Bassac (24) 137 E4
Beauregard-l'Évêque (63) 127 G3
Beauregard-Vendon (63) 127 F1
Beaurepaire (38) 144 C1
Beaurepaire (60) 20 D5
Beaurepaire (76) 6 B4
Beaurepaire (85) 92 A4
Beaurepaire-en-Bresse (71) 102 B6
Beaurepaire-sur-Sambre (59) ...11 H4
Beaurevoir (02) 11 E5
Beaurières (26) 159 G2
Beaurieux (02) 22 C5
Beaurieux (59) 12 B3
Beauronne (24) 136 D3
Beausemblant (26) 144 A2
Beausite (55) 47 E2
Beausoleil (06) 177 F5
Beaussac (24) 123 E5
Beaussais (79) 108 B4
Beausse (49) 75 G4
le Beausset (83) 191 F5
Beauteville (31) 184 A2
Beautheil (77) 44 A5
Beautiran (33) 149 F1
Beautor (02) 22 A2
Beautot (76) 7 G4
Beauvain (61) 38 D6
Beauvais (60) 20 A4
Beauvais-sur-Matha (17) 121 H2
Beauvais-sur-Tescou (81) 167 F3
Beauval (80) 9 G4
Beauval-en-Caux (76) 7 G3
Beauvallon (26) 144 B5
Beauvau (49) 77 F4
Beauvène (07) 143 G5
Beauvernois (71) 102 C4
Beauvezer (04) 161 F5
Beauville (31) 184 A1
Beauville (47) 151 G5
Beauvilliers (28) 62 C3
Beauvilliers (41) 79 H1
Beauvilliers (89) 84 B5
Beauvoir (42) 114 B2
Beauvoir (50) 35 G4
Beauvoir (60) 20 C3
Beauvoir (77) 43 G6
Beauvoir (89) 83 E2
Beauvoir-de-Marc (38) 130 C5
Beauvoir-en-Lyons (76) 19 F4
Beauvoir-en-Royans (38) 145 E3
Beauvoir-sur-Mer (85) 159 F2
Beauvoir-sur-Niort (79) 107 H5
Beauvoir-Wavans (62) 9 F3
Beauvois (62) 9 F1
Beauvois-en-Cambrésis (59) 11 F4
Beauvois-en-Vermandois (02)...10 D6
Beauvoisin (26) 158 D4
Beauvoisin (30) 172 A4
Beaux (43) 142 D2
Beauzac (43) 142 D2
Beauzelle (31) 167 E5
Beauzens (31) 137 H3
Beauziac (47) 150 B4

Bébing (57) 50 A4
Beblenheim (68) 71 F3
Bec-de-Mortagne (76) 6 C4
le Bec-Hellouin (27) 18 A6
le Bec-Thomas (27) 18 C6
Beccas (32) 181 F1
Béceleuf (79) 107 G2
Béchamps (54) 25 H6
Bécherel (35) 56 D1
Bécheresse (16) 122 B5
Béchy (57) 26 D6
Bécon-les-Granits (49) 75 H2
Bécordel-Bécourt (80) 10 A5
Bécourt (62) 1 G5
Becquigny (02) 11 F5
Becquigny (80) 21 E2
Bédarieux (34) 170 A5
Bédarrides (84) 173 E1
Beddes (18) 112 A1
Bédéchan (32) 166 A6
Bédée (35) 56 D2
Bédeilhac-et-Aynat (09) 183 G6
Bédeille (09) 182 D4
Bédeille (64) 180 D2
Bedenac (17) 135 G2
Bédoin (84) 158 D6
Bédouès (48) 156 B4
Bedous (64) 180 A5
Béduer (46) 153 F2
Beffes (18) 98 C2
Beffia (39) 117 F1
Beffu-et-le-Morthomme (08) 24 C5
Bégaar (40) 163 F3
Bégadan (33) 120 C6
Béganne (56) 73 G1
Bégard (22) 32 D3
Bègles (33) 135 E6
Beg Meil 53 G4
Begnécourt (88) 69 G3
Bégole (65) 181 G3
Bégrolles-en-Mauges (49) 75 G6
la Bégude-de-Mazenc (26) 158 C2
Bègues (03) 113 G5
Béguey (33) 149 G1
Béguios (64) 179 E1
Béhagnies (62) 10 B4
Béhasque-Lapiste (64) 179 F2
Béhen (80) 8 D4
Béhencourt (80) 9 H5
Béhéricourt (60) 21 G3
Behonne (55) 47 E4
Béhorléguy (64) 179 E3
Béhoust (78) 41 H4
Behren-lès-Forbach (57) 27 G4
Béhuard (49) 76 D5
Beignon (56) 56 C4
Beine (89) 83 G2
Beine-Nauroy (51) 23 F6
Beinheim (67) 51 G2
Beire-le-Châtel (21) 86 A5
Beire-le-Fort (21) 102 A1
Beissat (23) 125 H3
Bel-Air 33 H6
Bélâbre (36) 110 B2
Belan-sur-Ource (21) 67 E6
Bélarga (34) 170 C6
Bélaye (46) 152 B3
Belberaud (31) 184 A2
Belbèse (82) 166 C3
Belbeuf (76) 18 D5
Belbèze-de-Lauragais (31) 183 G1
Belbèze-en-Comminges (31) ...182 D4
Belcaire (11) 198 C1
Belcastel (12) 154 A4
Belcastel (81) 167 G5
Belcastel-et-Buc (11) 185 E5
Belcodène (13) 191 E3
Belesta (09) 184 B6
Bélesta (66) 199 G2
Bélesta-en-Lauragais (31) 184 A1
Beleymas (24) 137 E4
Belfahy (70) 88 C1
Belfays (25) 88 D6
Belflou (11) 184 A2
Belfonds (61) 39 F6
Belfort (90) 88 C2
Belfort-du-Quercy (46) 152 D5
Belfort-sur-Rebenty (11) 198 C1
Belgeard (53) 59 E3
Belgentier (83) 191 G4
Belgodère (2B) 202 D5
Belhade (40) 149 E4
Belhomert-Guéhouville (28) ...61 G1
le Bélieu (25) 104 B2
Béligneux (01) 130 C2
Belin-Béliet (33) 148 D3
Bélis (40) 164 A1
Bellac (87) 110 B5
Bellaffaire (04) 160 C3
Bellaing (59) 11 H1
Bellancourt (80) 9 E4
Bellange (57) 49 F1
Bellavilliers (61) 60 C2
le Bellay-en-Vexin (95) 42 A1
Belle-Église (60) 42 C1
Belle-et-Houllefort (62) 1 F4
Belle-Isle-en-Terre (22) 32 C4
Belleau (02) 44 A2
Belleau (54) 48 D3
Bellebat (33) 135 H6
Bellebrune (62) 1 G4
Bellechassagne (19) 125 H4
Bellechaume (89) 65 G6
Bellecombe (39) 118 A3
Bellecombe-en-Bauges (73) 132 B3
Bellecombe-Tarendol (26) 159 E4

Bellefond (21) 85 H5
Bellefond (33) 135 H6
Bellefonds (86) 109 G1
Bellefontaine (39) 118 B1
Bellefontaine (50) 37 G5
Bellefontaine (88) 70 A5
Bellefontaine (95) 43 E2
Bellefosse (67) 71 E1
Bellegarde (30) 172 B4
Bellegarde (32) 182 A1
Bellegarde (45) 63 G6
Bellegarde (81) 168 C3
Bellegarde-du-Razès (11) 184 C4
Bellegarde-en-Diois (26) 159 F2
Bellegarde-en-Forez (42) 129 F4
Bellegarde-en-Marche (23) 125 H1
Bellegarde-Poussieu (38) 130 B6
Bellegarde-Sainte-Marie (31) ..166 C5
Bellegarde-sur-Valserine (01) ..118 A5
Belleherbe (25) 88 B6
Belle Hutte 70 D5
Bellemagny (68) 89 E2
Bellême (61) 60 D2
Bellenaves (03) 113 G5
Bellencombre (76) 7 H4
Belleneuve (21) 86 A5
Bellenglise (02) 11 E5
Bellengreville (14) 16 C5
Bellengreville (76) 7 H2
Bellenod-sur-Seine (21) 85 E3
Bellenot-sous-Pouilly (21) 85 E6
Bellentre (73) 133 E4
Belle Plagne 133 E6
Belleray (55) 47 G1
Bellerive-sur-Allier (03) 114 A6
Belleroche (42) 115 G5
Belles-Forêts (57) 49 H3
Belleserre (81) 184 C1
Bellesserre (31) 166 C4
Belleu (02) 22 A5
Belleuse (80) 20 B2
Bellevaux (74) 119 E4
Bellevesvre (71) 102 B4
Belleville (54) 48 C4
Belleville (69) 116 B5
Belleville (79) 107 G5
Belleville-en-Caux (76) 7 G4
Belleville-
-et-Châtillon-sur-Bar (08) 24 B4
Belleville-sur-Loire (18) 82 B4
Belleville-sur-Mer (76) 7 H1
Belleville-sur-Meuse (55) 25 E6
Belleville-sur-Vie (85) 91 G3
Bellevue 133 F1
Bellevue-la-Montagne (43) 142 C2
Belley (01) 131 G3
Belleydoux (01) 117 H4
Bellicourt (02) 11 E5
la Bellière (61) 39 E6
la Bellière (76) 19 F3
Bellignat (01) 117 G4
Belligné (44) 75 G3
Bellignies (59) 11 H2
la Belliole (89) 64 D4
Belloc (09) 184 B5
Belloc-Saint-Clamens (32) 181 H1
Bellocq (64) 163 E6
Bellon (16) 136 B1
Bellonne (62) 10 C2
Bellot (77) 44 B4
Bellou (14) 17 F6
Bellou-en-Houlme (61) 38 C5
Bellou-le-Trichard (61) 60 D3
Bellou-sur-Huisne (61) 61 E2
Belloy (60) 21 E3
Belloy-en-France (95) 42 D2
Belloy-en-Santerre (80) 10 B6
Belloy-Saint-Léonard (80).....8 D6
Belloy-sur-Somme (80).........9 F5
Belluire (17) 121 F5
Belmesnil (76) 7 G3
Belmont (25) 103 H1
Belmont (32) 165 E4
Belmont (38) 131 E5
Belmont (39) 102 D3
Belmont (52) 86 C2
Belmont (67) 71 E1
Belmont (70) 88 A1
Belmont-Bretenoux (46) 139 F5
Belmont-d'Azergues (69) 129 H2
Belmont-de-la-Loire (42) 115 G5
Belmont-lès-Darney (88) 69 F4
Belmont-Luthézieu (01) 131 F2
Belmont-Sainte-Foi (46) 152 D5
Belmont-sur-Buttant (88) 70 B3
Belmont-sur-Rance (12) 169 F3
Belmont-sur-Vair (88) 69 E3
Belmont-Tramonet (73) 131 G4
Belmontet (46) 152 A4
Belonchamp (70) 88 B1
Belpech (11) 184 A3
Belrain (55) 47 F3
Belrupt (88) 69 F4
Belrupt-en-Verdunois (55) 47 G1
Bélus (40) 162 D5
Belval (08) 24 A1
Belval (50) 37 E2
Belval (88) 70 D1
Belval-Bois-des-Dames (08) ...24 C4
Belval-en-Argonne (51) 46 D3
Belval-sous-Châtillon (51) 45 E1
Belvédère (06) 177 E2
Belvédère-Campomoro (2A) 206 C3
Belverne (70) 88 B3
Belvès (24) 137 H6
Belvès-de-Castillon (33) 136 A5
Belvèze (82) 152 A3
Belvèze-du-Razès (11) 184 C4
Belvézet (30) 172 A1
Belvezet (48) 156 C2

Belvianes-et-Cavirac (11) 198 D1
Belvis (11) 198 C1
Belz (56) 54 D6
Bémécourt (27) 40 C4
Bénac (09) 183 G5
Bénac (65) 181 E3
Benagues (09) 183 H4
Benais (37) 78 A6
Bénaix (09) 184 B6
Bénaménil (54) 49 G6
Bénarville (27) 6 D4
Benassay (86) 108 C1
la Benâte (17) 107 G6
Benay (02) 22 A1
Benayes (19) 124 C5
Bendejun (06) 177 E4
Bendorf (68) 89 F4
Bénéjacq (64) 180 C1
Benerville-sur-Mer (14) 17 E3
Bénesse-lès-Dax (40) 163 E5
Bénesse-Maremne (40) 162 B4
Benest (16) 109 F6
Bénestroff (57) 49 G3
Bénesville (76) 7 F3
Benet (85) 107 G3
Beneuvre (21) 85 G3
Bénévent-et-Charbillac (05) ..146 B6
Bénévent-l'Abbaye (23) 111 E6
Benfeld (67) 71 G1
Bengy-sur-Craon (18) 98 B3
Bénifontaine (62) 3 E6
Béning-lès-Saint-Avold (57) ..27 F5
la Bénisson-Dieu (42) 115 E5
Bénivay-Ollon (26) 158 D4
Bennecourt (78) 41 G2
Bennetot (76) 6 D4
Benney (54) 48 D6
Bennwihr (68) 71 F3
Bénodet (29) 53 F4
Benoisey (21) 84 D4
Benoite-Vaux 47 F2
Benoîtville (50) 14 B3
Benon (17) 107 E4
Bénonces (01) 131 E2
Bénouville (14) 16 C4
Bénouville (76) 6 B3
Benque (31) 182 C5
Benque-Dessous-
-et-Dessus (31) 196 A4
Benquet (40) 163 H3
Bentayou-Sérée (64) 180 D1
Bény (01) 117 E3
le Bény-Bocage (14) 37 H3
Bény-sur-Mer (14) 16 B3
Béon (01) 131 G2
Béon (89) 65 E6
Béost (64) 180 B5
la Bérarde 146 C4
Bérat (31) 183 E2
Béraut (32) 165 F2
Berbérust-Lias (65) 181 E4
Berbezit (43) 142 A2
Berbiguières (24) 137 H6
Berceau
de Saint-Vincent-de-Paul 163 E4
Bercenay-le-Hayer (10) 65 G3
Bercenay-en-Othe (10) 66 A4
Berchères-les-Pierres (28) 62 B2
Berchères-Saint-Germain (28) .62 B1
Berchères-sur-Vesgre (28) 41 G4
Berck (62) 8 C1
Berck-Plage 8 C1
Bercloux (17) 121 F2
Bercu 3 H6
Berd'huis (61) 61 E3
Berdoues (32) 165 F6
le Bersac (05) 159 H3
Bérengeville-
-la-Campagne (27) 40 D1
Bérentzwiller (68) 89 G3
Bérenx (64) 163 F6
Béréziat (01) 116 C3
Berfay (72) 61 E6
Berg (67) 50 B2
Berg-sur-Moselle (57) 26 C2
Berganty (46) 153 E3
Bergbieten (67) 50 D5
Bergères (10) 67 E4
Bergères-lès-Vertus (51) 45 F3
Bergères-
-sous-Montmirail (51) 44 D4
Bergesserin (71) 115 H3
Bergheim (68) 71 F3
Bergholtz (68) 71 F6
Bergholtzzell (68) 71 E5
Bergicourt (80) 20 A1
Bergnicourt (08) 23 G4
Bergonne (63) 127 F5
Bergouey (40) 163 G4
Bergouey-Viellenave (64) 179 F1
Bergueneuse (62) 2 B6
Bergues (59) 2 C2
Bergues-sur-Sambre (02) 11 G4
Berhet (22) 32 D2
Bérig-Vintrange (57) 27 F6
Bérigny (50) 37 H1
Berjou (61) 38 C3
Berlaimont (59) 11 H3
Berlancourt (02) 22 D1
Berlancourt (60) 21 G2
Berlats (81) 168 D2
Berlencourt-le-Cauroy (62) ...9 H2
Berles-au-Bois (62) 10 A3
Berles-Monchel (62) 9 H2
la Berlière (08) 24 A3

Berling (57) 50 B3
Berlise (02) 23 F2
Berlou (34) 169 H6
Bermerain (59) 11 F3
Berméricourt (51) 23 E5
Bermeries (59) 11 G2
Bermering (57) 49 G2
Bermesnil (80) 8 D6
Bermicourt (62) 9 F1
Bermont (90) 88 C3
Bermonville (76) 6 D4
Bernac (16) 108 D6
Bernac (81) 168 A2
Bernac-Debat (65) 181 E3
Bernac-Dessus (65) 181 E3
Bernadets (64) 180 C1
Bernadets-Debat (65) 181 G2
Bernadets-Dessus (65) 181 G3
le Bernard (85) 91 F6
la Bernardière (85) 91 H1
Bernardswiller (67) 50 D6
Bernardvillé (67) 71 F1
Bernâtre (80) 9 F3
Bernaville (80) 9 F3
Bernay (27) 17 H5
Bernay (72) 59 H5
Bernay-en-Ponthieu (80) 8 D2
Bernay-Saint-Martin (17) 107 G6
Bernay-Vilbert (77) 43 H5
Bernécourt (54) 48 B3
Berné (56) 54 C3
Bernes (80) 10 D6
Bernes-sur-Oise (95) 42 D1
Bernesq (14) 15 G5
Berneuil (16) 122 A6
Berneuil (17) 121 E4
Berneuil (80) 9 F4
Berneuil (87) 110 B6
Berneuil-en-Bray (60) 20 A5
Berneuil-sur-Aisne (60) 21 G4
Berneval-le-Grand (76) 7 H1
Berneville (62) 10 A2
Bernex (74) 119 F3
Bernienville (27) 40 D2
Bernières (76) 6 D4
Bernières-d'Ailly (14) 16 D6
Bernières-le-Patry (14) 38 A4
Bernières-sur-Mer (14) 16 B3
Bernières-sur-Seine (27) 19 E6
Bernieulles (62) 1 G6
Bernin (38) 145 H1
Bernis (30) 172 A4
Bernolsheim (67) 51 E4
Bernon (10) 66 A6
Bernos-Beaulac (33) 149 H4
Bernot (02) 11 F6
Bernouil (89) 84 A1
Bernouville (27) 19 G5
Bernwiller (68) 89 E2
Berny-en-Santerre (80) 10 B6
Berny-Rivière (02) 21 H4
Bérou-la-Mulotière (28) 40 D5
Berrac (32) 165 G2
Berre-les-Alpes (06) 177 E4
Berre-l'Étang (13) 173 G6
Berriac (11) 185 E3
Berrias-et-Casteljau (07) 157 F4
Berric (56) 73 E1
Berrie (86) 93 G2
Berrien (29) 32 A5
Berrieux (02) 22 D4
Berrogain-Laruns (64) 179 G2
Berru (51) 23 F6
Berrwiller (68) 71 E6
Berry-au-Bac (02) 22 D4
Berry-Bouy (18) 97 F2
le Bersac (05) 159 H3
Bersac-sur-Rivalier (87) 110 D6
Bersaillin (39) 102 D4
Bersée (59) 3 H6
Bersillies (59) 12 A2
Berson (33) 135 E3
Berstett (67) 51 E4
Berstheim (67) 51 E3
Bert (03) 114 C4
Bertangles (80) 9 G5
Bertaucourt-Epourdon (02).....22 A2
Berteaucourt-les-Dames (80) ..9 F4
Berteaucourt-
-lès-Thennes (80) 20 D1
Berthecourt (60) 20 B5
Berthegon (86) 94 B4
Berthelange (25) 103 E1
Berthelming (57) 50 A3
Berthemont-les-Bains 177 E2
Berthen (59) 2 D3
Berthenay (37) 78 C6
Berthenicourt (02) 22 A1
Berthenonville (27) 41 H1
la Berthenoux (36) 97 E6
Berthez (33) 150 A3
Bertholène (12) 154 D4
Berthouville (27) 17 H4
Bertignat (63) 128 B4
Bertignolles (10) 66 D4
Bertincourt (62) 10 C4
Bertoncourt (08) 23 G3
Bertrambois (54) 50 A5
Bertrancourt (80) 9 H4
Bertrange (57) 26 B3
Bertre (81) 168 A5
Bertren (65) 182 A5
Bertreville (76) 6 D3
Bertreville-Saint-Ouen (76) ..7 G3
Bertric-Burée (24) 136 D1

Bertrichamps (54) 70 C1
Bertricourt (02) 23 E4
Bertrimont (76) 7 F3
Bertrimoutier (88) 70 D2
Bertry (59) 11 F4
Béru (89) 84 A2
Béruges (86) 108 D1
Bérulle (10) 65 G4
Bérus (72) 60 A2
Berville (76) 7 F4
Berville (95) 42 B1
Berville-en-Roumois (27) 18 B5
Berville-la-Campagne (27) 40 C2
Berville-sur-Mer (27) 6 C6
Berville-sur-Seine (76) 7 F6
Berzé-la-Ville (71) 116 A5
Berzé-le-Châtel (71) 116 A5
Berzeme (07) 157 H1
Berzieux (51) 46 C1
Berzy-le-Sec (02) 22 A5
la Besace (08) 24 C3
Besain (39) 103 E5
Besanceuil 116 A1
Besançon (25) 103 F1
Bésayes (26) 144 C4
Bescat (64) 180 B4
Bésignan (26) 159 E4
Bésingrand (64) 180 A1
Beslon (50) 37 F3
Besmé (02) 21 H3
Besmont (02) 12 B6
Besnans (70) 87 H4
Besné (44) 73 H3
Besneville (50) 14 C4
Besny-et-Loizy (02) 22 C3
Bessac (16) 122 A6
Bessais-le-Fromental (18) 98 B6
Bessamorel (43) 142 D3
Bessan (34) 187 F2
Bessancourt (95) 42 C2
Bessans (73) 133 G6
Bessas (07) 157 F4
le Bessat (42) 143 G1
Bessay (85) 91 H5
Bessay-sur-Allier (03) 114 A3
Besse (15) 140 A3
Besse (24) 152 A1
Besse (38) 146 B3
Besse-et-Saint-Anastaise (63).127 E5
Bessé-sur-Braye (72) 79 E1
Besse-sur-Issole (83) 192 A3
Bessède-de-Sault (11) 198 D2
Bessèges (30) 157 E5
Bessenay (69) 129 G3
Bessens (82) 166 D3
Besset (09) 184 A4
Bessey (42) 129 H6
Bessey-en-Chaume (21) 101 E2
Bessey-la-Cour (21) 101 E2
Bessey-lès-Cîteaux (21) 102 A2
la Besseyre-Saint-Mary (43) ..141 H4
Bessières (31) 167 F4
Bessines (79) 107 G4
Bessines-sur-Gartempe (87) ...110 D6
Bessins (38) 144 D2
Besson (03) 113 H2
Bessoncourt (90) 88 D2
Bessonies (46) 139 G6
les Bessons (48) 141 G6
Bessuéjouls (12) 154 D3
Bessy (10) 66 A1
Bessy-sur-Cure (89) 83 H3
Bestiac (09) 198 A2
Bétaille (46) 139 E5
Betaucourt (70) 87 E1
Betbèze (65) 182 A2
Betbezer-d'Armagnac (40) 164 C2
Betcave-Aguin (32) 182 B1
Betchat (09) 182 D4
Bétête (23) 111 H3
Béthancourt-en-Valois (60) ...21 F6
Béthancourt-en-Vaux (02) 21 H3
Béthelainville (55) 25 E6
Béthemont-la-Forêt (95) 42 C2
Béthencourt (59) 11 F4
Béthencourt-sur-Mer (80) 8 B4
Béthencourt-sur-Somme (80)....21 G1
Bétheniville (51) 23 G5
Bétheny (51) 23 E5
Béthincourt (55) 25 E5
Béthines (86) 110 A2
Béthisy-Saint-Martin (60) 21 F5
Béthisy-Saint-Pierre (60) 21 F5
Bethmale (09) 182 D6
Bethon (51) 45 E4
Béthon (72) 60 A2
Bethoncourt (25) 88 C3
Béthonsart (62) 9 H1
Béthonvilliers (28) 61 F4
Bethonvilliers (90) 88 D2
Betignicourt (10) 66 D2
Beton-Bazoches (77) 44 B5
Betoncourt-lès-Brotte (70) ...87 H2
Betoncourt-
-Saint-Pancras (70) 69 G6
Betoncourt-sur-Mance (70) 86 D1
Betplan (32) 164 D1
Betpouey (65) 181 E6
Betpouy (65) 181 H2
Bétracq (64) 164 C6
Betschdorf (67) 51 F2
Bettainvillers (54) 25 H4
Bettancourt-la-Ferrée (52) ...46 D5
Bettancourt-la-Longue (51) ...46 D4
Bettange (57) 26 D4
Bettant (01) 130 D1

Bettborn (57)....50 A3
Bettegney-Saint-Brice (88)....69 G2
Bettelainville (57)....26 C4
Bettembos (80)....19 H1
Bettencourt-Rivière (80)....9 E5
Bettencourt-Saint-Ouen (80)....9 F5
Bettendorf (68)....89 F3
Bettes (65)....181 F4
Betteville (76)....7 E5
le Bettex....133 E1
Bettignies (59)....12 A2
Betting (57)....27 F5
Bettlach (68)....89 G3
Betton (35)....57 F2
Betton-Bettonet (73)....132 B5
Bettoncourt (88)....69 G2
Bettrechies (59)....11 G2
Bettviller (57)....28 A5
Bettwiller (67)....50 B3
Betz (60)....43 H1
Betz-le-Château (37)....95 F3
Beugin (62)....9 H1
Beugnâtre (62)....10 B4
Beugneux (02)....22 B6
Beugnies (59)....12 A3
le Beugnon (79)....107 H1
Beugnon (89)....65 H5
Beugny (62)....10 C4
Beuil (06)....161 H6
le Beulay (88)....70 D2
Beulotte-Saint-Laurent (70)....70 B6
Beure (25)....103 F1
Beurey (10)....66 D4
Beurey-Bauguay (21)....100 D1
Beurey-sur-Saulx (55)....47 E4
Beurières (63)....128 B6
Beurizot (21)....84 D6
Beurlay (17)....120 D2
Beurville (52)....67 F3
Beussent (62)....1 G6
Beuste (64)....180 C3
Beutal (25)....88 B4
Beutin (62)....1 F6
Beuvardes (02)....44 C1
Beuveille (54)....25 G4
Beuvezin (54)....69 E2
Beuville (14)....16 C4
Beuvillers (14)....17 F5
Beuvillers (54)....26 A3
Beuvrages (59)....11 F1
Beuvraignes (80)....21 E2
Beuvrequen (62)....1 F3
Beuvreuil (76)....19 G3
Beuvrigny (50)....37 G2
Beuvron (58)....83 F6
Beuvron-en-Auge (14)....16 D4
Beuvry (62)....2 D6
Beuvry-la-Forêt (59)....11 E1
Beux (57)....26 C6
Beuxes (86)....94 A2
Beuzec-Cap-Sizun (29)....52 D2
Beuzeville (27)....17 G3
Beuzeville-au-Plain (50)....15 E4
Beuzeville-la-Bastille (50)....14 D4
Beuzeville-la-Grenier (76)....6 C5
Beuzeville-la-Guérard (76)....6 D4
Beuzevillette (76)....6 D5
Bévenais (38)....131 E6
Beveuge (70)....88 A3
Béville-le-Comte (28)....62 C2
Bévillers (59)....11 E3
Bevons (04)....160 A5
Bévy (21)....101 G1
Bey (01)....116 B4
Bey (71)....101 H5
Bey-sur-Seille (54)....49 E4
Beychac-et-Caillau (33)....135 G5
Beylongue (40)....163 F2
Beynac (87)....124 A3
Beynac-et-Cazenac (24)....138 A6
Beynat (19)....139 E3
Beynes (04)....175 F1
Beynes (78)....42 A4
Beynost (01)....130 B2
Beyrède-Jumet (65)....181 G5
Beyren-lès-Sierck (57)....26 C2
Beyrie-en-Béarn (64)....180 B1
Beyrie-sur-Joyeuse (64)....179 E2
Beyries (40)....163 G5
Beyssac (19)....138 C1
Beyssenac (19)....124 B6
le Bez (81)....168 D5
Bez-et-Esparon (30)....170 D2
Bézac (09)....183 G4
Bezalles (77)....44 B5
Bézancourt (76)....19 F4
Bezange-la-Grande (54)....49 E4
Bezange-la-Petite (57)....49 E4
Bezannes (51)....23 E6
Bézaudun-les-Alpes (06)....176 D4
Bézaudun-sur-Bîne (26)....158 D2
Bezaumont (54)....48 C3
Bèze (21)....86 A4
Bézenac (24)....137 H3
Bézenet (03)....113 E4
Bézéril (32)....166 B6
Béziers (34)....186 D2
Bezinghem (62)....1 G5
Bezins-Garraux (31)....182 B6
la Bezole (11)....184 C5
Bezolles (32)....165 F3
Bezons (95)....42 C3
Bezonvaux (55)....25 F6
Bezouce (30)....172 B3
Bézouotte (21)....86 B5
Bézu-la-Forêt (27)....19 F4
Bézu-la-Forêt (27)....19 F4
Bézu-le-Guéry (02)....44 B2
Bézu-Saint-Éloi (27)....19 G5
Bézu-Saint-Germain (02)....44 C1

Bézues-Bajon (32)....182 A1
Biache-Saint-Vaast (62)....10 C2
Biaches (80)....10 C5
Bians-les-Usiers (25)....103 H3
Biard (86)....109 E1
Biarne (39)....102 C2
Biarre (80)....21 F2
Biarritz (64)....162 A6
Biarrotte (40)....162 C5
Bias (40)....148 A6
Bias (47)....151 F4
Biaudos (40)....162 C5
Bibiche (57)....26 D3
Biblisheim (67)....51 F2
Bibost (69)....129 G3
Bichancourt (02)....21 H3
Biches (58)....99 G3
Bickenholtz (57)....50 B3
Bicqueley (54)....48 B5
Bidache (64)....162 D6
Bidarray (64)....178 D2
Bidart (64)....162 A6
Bidestroff (57)....49 G3
Biding (57)....27 F6
Bidon (07)....157 H4
Bidos (64)....180 A3
Biécourt (88)....69 E2
Biederthal (68)....89 G4
Bief (25)....88 C5
Bief-des-Maisons (39)....103 F5
Bief-du-Fourg (39)....103 G4
Biefmorin (39)....102 C4
Biefvillers-lès-Bapaume (62)....10 B4
Bielle (64)....180 B4
Biencourt (80)....8 C5
Biencourt-sur-Orge (55)....47 G6
Biennac....123 G2
Bienville (60)....21 F4
Bienville-la-Petite (54)....49 F5
Bienvillers-au-Bois (62)....10 A3
Biermes (08)....23 G4
Biermont (60)....21 E3
Bierné (53)....77 E1
Bierne (59)....2 C2
Bierre-lès-Semur (21)....84 C5
Bierry-
   -les-Belles-Fontaines (89)....84 C4
Biert (09)....183 F6
Bierville (76)....7 H5
Biesheim (68)....71 G4
Biesles (52)....68 A5
Bietlenheim (67)....51 F4
Bieujac (33)....149 H2
Bieuxy (02)....22 A4
Bieuzy (56)....55 E3
Biéville (50)....37 H1
Biéville-Beuville (14)....16 C4
Biéville-Quétiéville (14)....16 D5
Bièvres (02)....22 C4
Bièvres (08)....25 E3
Bièvres (91)....42 C5
Biffontaine (88)....70 C3
Biganos (33)....148 C1
Bignac (16)....122 B3
Bignan (56)....55 G4
Bignay (17)....121 F1
la Bigne (14)....38 A2
Bignicourt (08)....23 H4
Bignicourt-sur-Marne (51)....46 B5
Bignicourt-sur-Saulx (51)....46 C4
le Bignon (44)....74 D6
le Bignon-du-Maine (53)....58 D6
le Bignon-Mirabeau (45)....64 C4
Bignoux (86)....109 F1
Bigorno (2B)....203 F6
la Bigottière (53)....58 C3
Biguglia (2B)....203 G5
Bihorel (76)....7 G6
Bihucourt (62)....10 B4
Bilhères (64)....180 B4
Bilia (2A)....206 D3
Bilieu (38)....131 F5
Billac (19)....139 E5
Billancelles (28)....61 H1
Billancourt (80)....21 F1
les Billanges (87)....124 D1
les Billaux (33)....135 H4
Billé (35)....57 H1
Billecul (39)....103 G5
Billère (64)....180 B2
Billey (21)....102 C2
Billezois (03)....114 B5
Billiat (01)....117 H5
Billième (73)....131 G3
Billière (31)....196 A4
Billiers (56)....73 E2
Billio (56)....55 G4
Billom (63)....127 G3
Billy (03)....114 A4
Billy (14)....16 C5
Billy (41)....80 B6
Billy-Berclau (62)....3 E6
Billy-Chevannes (58)....99 F3
Billy-le-Grand (51)....45 G1
Billy-lès-Chanceaux (21)....85 F4
Billy-Montigny (62)....10 C1
Billy-sous-Mangiennes (55)....25 G5
Billy-sur-Aisne (02)....22 A5
Billy-sur-Oisy (58)....83 F5
Billy-sur-Ourcq (02)....22 A6
Biltzheim (67)....71 F5
Bilwisheim (67)....51 E4
Bimont (62)....1 G6
Binans....102 D6
Binarville (51)....24 C6
Binas (41)....80 A1
Bindernheim (67)....71 H2
Binges (21)....86 B6
Binic (22)....33 G3
Bining (57)....28 A6

Biniville (50)....14 D4
Binos (31)....182 A6
Binson-et-Orquigny (51)....45 E2
Bio (46)....139 E5
Biol (38)....131 E5
la Biolle (73)....131 H3
Biollet (63)....126 C1
Bion (50)....37 H5
Bioncourt (57)....49 E4
Bionville (54)....50 A6
Bionville-sur-Nied (57)....26 D5
Biot (06)....176 D6
le Biot (74)....119 F3
Bioule (82)....167 F1
Bioussac (16)....108 D6
Biozat (03)....113 H6
Birac (16)....122 A5
Birac (33)....150 A3
Birac-sur-Trec (47)....150 C3
Biran (32)....165 F4
Biras (24)....137 E1
Biriatou (64)....178 A1
Birieux (01)....130 B1
Birkenwald (67)....50 C5
Biron (17)....121 F4
Biron (24)....151 G2
Biron (64)....163 F6
Biscarrosse (40)....148 B3
Biscarrosse Plage (40)....148 A3
Bischheim (67)....51 E5
Bischholtz (67)....50 D3
Bischoffsheim (67)....50 D6
Bischwihr (68)....71 G4
Bischwiller (67)....51 F3
Bisel (68)....89 F3
Bisinchi (2B)....203 F6
Bislée (55)....47 G3
Bissert (67)....50 A2
Bisseuil (51)....45 G2
Bissey-la-Côte (21)....67 F6
Bissey-la-Pierre (21)....84 D1
Bissey-sous-Cruchaud (71)....101 F6
Bissezeele (59)....2 C2
Bissières (14)....16 D5
Bissy-la-Mâconnaise (71)....116 B2
Bissy-sous-Uxelles (71)....116 A1
Bissy-sur-Fley (71)....101 E6
Bisten-en-Lorraine (57)....27 E5
Bistroff (57)....27 F6
Bitche (57)....28 B5
Bitry (58)....82 D5
Bitry (60)....21 G4
Bitschhoffen (67)....51 E3
Bitschwiller-lès-Thann (68)....89 E1
Bivès (32)....166 A3
Biviers (38)....145 G2
Biville (50)....14 B2
Biville-la-Baignarde (76)....7 G4
Biville-la-Rivière (76)....7 F3
Biville-sur-Mer (76)....7 H1
Bivilliers (61)....40 A6
Bizanet (11)....185 H4
Bizanos (64)....180 B2
Bize (52)....86 D1
Bize (65)....181 H5
Bize-Minervois (11)....185 H2
Bizeneuille (03)....112 D3
Biziat (01)....116 C4
Bizonnes (38)....131 E5
le Bizot (25)....104 B1
les Bizots (71)....100 D5
Bizou (61)....61 E1
Bizous (65)....181 H4
Bizy....41 F2
Blacé (69)....116 A6
Blacourt (60)....19 H4
Blacqueville (76)....7 F5
Blacy (51)....46 B5
Blacy (89)....84 B4
Blaesheim (67)....51 E6
Blagnac (31)....167 E5
Blagny (08)....24 D2
Blagny-sur-Vingeanne (21)....86 B5
Blaignac (33)....150 A2
Blaignan (33)....134 D1
Blain (44)....74 B2
Blaincourt-lès-Précy (60)....20 C6
Blaincourt-sur-Aube (10)....66 D2
Blainville-Crevon (76)....7 H5
Blainville-sur-l'Eau (54)....49 E6
Blainville-sur-Mer (50)....36 D1
Blainville-sur-Orne (14)....16 C4
Blairville (62)....10 A3
Blaise-sous-Arzillières (51)....46 B5
Blaison-Gohier (49)....77 F5
Blaisy (52)....67 G4
Blaisy-Bas (21)....85 F5
Blaisy-Haut (21)....85 F6
Blajan (31)....182 A3
Blamont (25)....88 C5
Blâmont (54)....49 H5
Blan (81)....168 A6
le Blanc (36)....110 B1
le Blanc-Mesnil (93)....43 E3
Blancafort (18)....81 H4
Blancey (21)....84 D6
Blancfossé (60)....20 B2
Blanche-Église (57)....49 G4
Blanchefort....138 D1
Blancherupt (67)....71 E1
Blandainville (28)....61 H3
Blandas (30)....170 D3
Blandin (38)....131 E5
Blandouet (53)....59 F5
Blandy (77)....43 G6
Blandy (91)....63 F3
Blangerval-Blangermont (62)....9 F2
Blangy-le-Château (14)....17 F4
Blangy-sous-Poix (80)....20 A1

Blangy-sur-Bresle (76)....8 C5
Blangy-sur-Ternoise (62)....9 F1
Blangy-Tronville (80)....9 H6
Blannay (89)....83 H6
Blanot (21)....100 C2
Blanot (71)....116 A2
Blanquefort (32)....166 A5
Blanquefort (33)....135 E4
Blanquefort-sur-Briolance (47)....151 H2
Blanzac (43)....142 C3
Blanzac (87)....110 B5
Blanzac-lès-Matha (17)....121 G2
Blanzac-Porcheresse (16)....122 B5
Blanzaguet-Saint-Cybard (16)..122 C5
Blanzat (63)....127 E2
Blanzay (86)....108 D5
Blanzay-sur-Boutonne (17)....107 H6
Blanzée (55)....25 F6
Blanzy (51)....48 D4
Blanzy (71)....100 D6
Blanzy-la-Salonnaise (08)....23 H4
Blanzy-lès-Fismes (02)....22 C5
Blargies (60)....19 G2
Blarians (25)....87 G5
Blaringhem (59)....2 B4
Blars (46)....153 E2
Blaru (78)....41 G2
Blasimon (33)....136 A6
Blaslay (86)....94 A6
Blassac (43)....141 H3
Blaudeix (23)....111 H5
Blausasc (06)....177 E4
Blauvac (84)....173 G1
Blauzac (30)....172 A2
Blavignac (48)....141 G5
Blavozy (43)....142 D4
Blay (14)....15 G5
Blaye (33)....135 E3
Blaye-les-Mines (81)....168 B5
Blaymont (47)....151 G5
Blaziert (32)....165 G2
Blécourt (52)....67 H2
Blécourt (59)....10 D3
Bleigny-le-Carreau (89)....83 G1
Blémerey (54)....49 G5
Blémerey (88)....69 F2
Blendecques (62)....2 B4
Bléneau (89)....82 C3
Blennes (77)....64 C3
Blénod-
   -lès-Pont-à-Mousson (54)....48 C3
Blénod-lès-Toul (54)....48 B6
Bléquin (62)....1 H5
Blérancourt (02)....21 H3
Bléré (37)....79 F5
Blériot-Plage....1 G2
Bléruais (35)....56 C2
Blésignac (33)....135 G6
Blesle (43)....141 F1
Blesme (51)....46 C5
Blesmes (02)....44 C2
Blessac (23)....125 G1
Blessey (21)....85 F4
Blessonville (52)....67 G5
Blessy (62)....2 B5
Blet (18)....98 A4
Bletterans (39)....102 C5
Bleurville (88)....69 E5
Bleury (28)....62 C1
Blevaincourt (88)....68 D4
Blèves (72)....60 C1
Blévy (28)....41 E6
le Bleymard (48)....156 C3
le Bleymard Mont-Lozère (48)....156 C3
Blicourt (60)....20 A3
Blienschwiller (67)....71 F1
Blies-Ebersing (57)....27 H5
Blies-Guersviller (57)....27 H5
Bliesbruck (57)....28 A5
Blieux (04)....175 G2
Blignicourt (10)....66 D1
Bligny (10)....67 E4
Bligny (51)....22 D6
Bligny-le-Sec (21)....85 F5
Bligny-lès-Beaune (21)....101 G3
Bligny-sur-Ouche (21)....101 F2
Blincourt (60)....21 E5
Blingel (62)....9 F1
Blis-et-Born (24)....137 G3
Blismes (58)....99 H2
Blodelsheim (68)....71 G6
Blois (41)....79 H4
Blois-sur-Seille (39)....102 D5
Blomac (11)....185 F3
Blomard (03)....113 F4
Blombay (08)....12 D6
Blond (87)....110 A6
Blondefontaine (70)....87 E1
Blonville-sur-Mer (14)....17 E3
Blossac....57 E3
Blosseville (76)....7 E2
Blosville (50)....15 E4
Blot-l'Église (63)....113 F6
Blotzheim (68)....89 G3
Blou (49)....77 H6
Blousson-Sérian (32)....181 F1
la Bloutière (50)....37 F3
Bloye (74)....131 H2
Bluffy (74)....132 B1
Blumeray (52)....67 F2
Blussangeaux (25)....88 B4
Blussans (25)....88 B4
Blye (39)....102 D6
Blyes (01)....130 D2
le Bô (14)....38 C3
Bobigny (93)....43 E3
Bobital (22)....34 C5
le Bocasse (76)....7 G5
Bocé (49)....77 G4
Bocognano (2A)....205 E4
Bocquegney (88)....69 G3

Bocquencé (61)....39 H4
le Bodéo (22)....33 F6
Bodilis (29)....31 G3
Boé (47)....151 F6
Boëcé (61)....60 C1
Boëge (74)....118 D4
Boeil-Bezing (64)....180 C3
Boën (42)....128 D3
Boërsch (67)....50 D6
Boeschepe (59)....2 D3
Boëséghem (59)....2 C5
Boesenbiesen (67)....71 G3
Boëssé-le-Sec (72)....60 D4
Boësses (45)....63 G4
Bœurs-en-Othe (89)....65 G4
Boffles (62)....9 F3
Boffres (07)....143 H5
Bogard....33 H5
Bogève (74)....118 D4
Bogny-sur-Meuse (08)....13 F6
Bogy (07)....144 A1
Bohain-en-Vermandois (02)....11 F5
Bohal (56)....56 A5
la Bohalle (49)....77 E5
Bohars (29)....30 D4
Bohas-Meyriat-Rignat (01)....117 F5
Boigneville (91)....63 G3
Boigny-sur-Bionne (45)....81 E1
Boinville-en-Mantois (78)....41 H3
Boinville-en-Woëvre (55)....25 G6
Boinville-le-Gaillard (78)....62 D1
Boinvilliers (78)....41 H3
Boiry-Becquerelle (62)....10 B3
Boiry-Notre-Dame (62)....10 C2
Boiry-Saint-Martin (62)....10 B3
Boiry-Sainte-Rictrude (62)....10 B3
Bois (17)....121 E5
le Bois (73)....132 D5
Bois-Anzeray (27)....40 B4
Bois-Arnault (27)....40 C4
Bois-Bernard (62)....10 C1
Bois-Bouzon....98 A3
Bois-Colombes (92)....42 D3
Bois-d'Amont (39)....118 B1
Bois-d'Arcy (78)....42 B4
Bois-d'Arcy (89)....83 G4
Bois-de-Céné (85)....90 D2
Bois-de-Champ (88)....70 C3
Bois-de-Gand (39)....102 C4
Bois-de-la-Pierre (31)....183 E2
Bois-d'Ennebourg (76)....7 H6
le Bois-d'Oingt (69)....129 G3
Bois-Grenier (59)....3 E5
Bois-Guilbert (76)....19 E3
Bois-Guillaume (76)....7 G6
le Bois-Hellain (27)....17 G4
Bois-Hérault (76)....19 E3
Bois-Herpin (91)....63 F2
Bois-Himont (76)....7 E5
Bois-Jérôme-Saint-Ouen (27)..41 G1
Bois-le-Roi (27)....41 F4
Bois-le-Roi (77)....64 A1
Bois-lès-Pargny (02)....22 C1
Bois-l'Évêque (76)....7 H6
Bois-Normand-près-Lyre (27)....40 B3
le Bois-Plage-en-Ré (17)....106 B4
le Bois-Robert (76)....7 G2
Bois-Sainte-Marie (71)....115 G3
Bois Aubry....94 C3
Boisaugeais....122 D1
Boisbergues (80)....9 F3
Boisbreteau (16)....135 H1
Boiscommun (45)....63 G5
le Bois de Cise....8 B4
Boisdinghem (62)....2 A4
Boisdon (77)....44 B5
Boisemont (27)....19 F6
Boisemont (95)....42 B2
le Bois Février....58 A2
le Bois Frou....59 E1
Boisgasson (28)....61 G5
Boisgervilly (35)....56 C2
le Bois Glaume....57 F4
Boisjean (62)....8 D1
Boisleux-au-Mont (62)....10 B3
Boisleux-Saint-Marc (62)....10 B3
Boismé (79)....93 E5
Boismont (54)....25 H4
Boismont (80)....8 C3
Bois Morand....109 H2
Boismorand (45)....82 A2
Boisney (27)....40 B1
Boisredon (17)....135 F1
Boisroger (50)....36 D1
Boissay (76)....19 E3
la Boisse (01)....130 B2
Boisse (24)....151 F1
Boisse-Penchot (12)....153 H2
Boisseau (41)....79 H2
Boisseaux (45)....63 E3
Boissède (31)....182 C1
Boissei-la-Lande (61)....39 F5
Boisserolles (79)....107 H5
Boisseron (34)....171 G4
les Boisses....133 G5
Boisset (15)....139 H6
Boisset (34)....185 G1
Boisset (43)....142 D1
Boisset-et-Gaujac (30)....171 G1
Boisset-lès-Montrond (42)....129 E4
Boisset-les-Prévanches (27)....41 F3
Boisset-Saint-Priest (42)....128 D5
Boissets (78)....41 G4
Boissettes (77)....63 H1
Boisseuil (87)....124 C3
Boisseuilh (24)....138 A2
Boissey (01)....116 C3
Boissey (14)....17 E6

Boissey-le-Châtel (27)....18 B6
Boissezon (81)....168 D6
Boissia (39)....117 H1
la Boissière....78 A4
la Boissière (14)....17 E5
la Boissière (27)....41 F3
la Boissière (34)....170 D5
la Boissière (53)....76 B2
la Boissière-d'Ans (24)....137 H2
la Boissière-de-Montaigu (85)..91 H2
la Boissière-des-Landes (85)..91 H5
la Boissière-du-Doré (44)....75 E5
la Boissière-École (78)....41 H5
la Boissière-en-Gâtine (79)....107 H1
la Boissière-sur-Èvre (49)....75 F4
Boissières (30)....152 C3
Boissières (46)....152 C3
Boissise-la-Bertrand (77)....63 H1
Boissise-le-Roi (77)....63 H1
Boisson....157 F5
Boissy-aux-Cailles (77)....63 H3
Boissy-en-Drouais (28)....41 E5
Boissy-Fresnoy (60)....43 G1
Boissy-la-Rivière (91)....63 F2
Boissy-l'Aillerie (95)....42 B2
Boissy-Lamberville (27)....17 H5
Boissy-le-Bois (60)....19 H6
Boissy-le-Châtel (77)....44 A4
Boissy-le-Cutté (91)....63 F1
Boissy-le-Repos (51)....44 D4
Boissy-le-Sec (91)....63 E1
Boissy-lès-Perche (28)....40 D5
Boissy-Maugis (61)....61 E2
Boissy-Mauvoisin (78)....41 G3
Boissy-Saint-Léger (94)....43 E5
Boissy-sans-Avoir (78)....42 A4
Boissy-sous-Saint-Yon (91)....63 F1
le Bois Thibaut....59 E1
le Bois Tiffrais....92 B5
Boistrudan (35)....57 G4
Boisville-la-Saint-Père (28)....62 C3
Boisyvon (50)....37 G4
Boitron (61)....39 G6
Boitron (77)....44 B3
Bolandoz (25)....103 G3
Bolazec (29)....32 B4
Bolbec (76)....6 C5
Bollène (84)....158 A5
la Bollène-Vésubie (06)....177 E3
Bolleville (50)....14 C5
Bolleville (76)....6 D5
Bollezeele (59)....2 B3
Bollwiller (68)....71 F6
Bologne (52)....67 H4
Bolozon (01)....117 F4
Bolquère (66)....198 C4
Bolsenheim (67)....71 G1
Bombon (77)....43 G6
Bommes (33)....149 G2
Bommiers (36)....97 E5
Bompas (09)....183 H6
Bompas (66)....200 D2
Bomy (62)....2 B5
Bon-Encontre (47)....151 F6
Bona (58)....99 F2
Bonac-Irazein (09)....182 C6
Bonas (32)....165 F4
Bonboillon (70)....86 D6
Boncé (28)....62 B2
Bonchamp-lès-Laval (53)....58 D5
Boncourt (02)....23 E2
Boncourt (27)....41 F3
Boncourt (28)....41 F4
Boncourt (54)....25 H6
Boncourt-le-Bois (21)....101 H2
Boncourt-sur-Meuse (55)....47 H3
Bondaroy (45)....63 F4
Bondeval (25)....88 C4
Bondigoux (31)....167 F2
les Bondons (48)....156 B3
Bondoufle (91)....42 D6
Bondues (59)....3 F4
Bondy (93)....43 E3
Bongheat (63)....127 H3
le Bonhomme (68)....71 E4
Bonifacio (2A)....207 F5
Bonlier (60)....20 B4
Bonlieu (39)....118 A1
Bonlieu-sur-Roubion (26)....158 B2
Bonloc (64)....178 D2
Bonnac (09)....183 H4
Bonnac (15)....141 F2
Bonnac-la-Côte (87)....124 B1
Bonnal (25)....87 H4
Bonnard (89)....65 G6
Bonnat (23)....111 G4
Bonnaud (39)....117 F1
Bonnay (25)....87 F5
Bonnay (71)....116 A2
Bonnay (80)....9 H5
Bonne (74)....118 D4
Bonnebosq (14)....17 E4
Bonnecourt (52)....68 B5
Bonnée (45)....81 G2
Bonnefamille (38)....130 C4
Bonnefoi (61)....40 A5
Bonnefond (19)....125 F5
Bonnefontaine (39)....103 E5
Bonnegarde (40)....163 F5
Bonneil (02)....44 B2
Bonnelles (78)....42 C6
Bonnemain (35)....35 F5
Bonnemaison (14)....16
Bonnemazon (65)....181
Bonnencontre (21)....102
Bonnes (16)....136
Bonnes (86)....109

Bonnesvalyn (02) 44 B1
Bonnet (25) 68 B1
Bonnétable (72) 60 C4
Bonnétage (25) 104 C1
Bonnetan (33) 135 F5
Bonneuil (16) 121 H4
Bonneuil (36) 110 C3
Bonneuil-en-France (95) 43 E3
Bonneuil-en-Valois (60) 21 G6
Bonneuil-les-Eaux (60) 20 B2
Bonneuil-Matours (86) 94 C6
Bonneuil-sur-Marne (94) 43 E4
Bonneval (28) 62 A4
Bonneval (43) 142 B1
Bonneval (73) 132 D5
Bonneval-sur-Arc (73) 133 H6
Bonnevaux (25) 103 G4
Bonnevaux (30) 156 D4
Bonnevaux (74) 119 F3
Bonnevaux-le-Prieuré (25) 103 G2
Bonneveau (41) 79 E2
Bonnevent-Velloreille (70) 87 F5
Bonneville (16) 122 A2
la Bonneville (50) 14 D4
Bonneville (74) 118 D5
Bonneville (80) 9 F4
Bonneville-Aptot (27) 18 A6
Bonneville-et-Saint-Avit-
  -de-Fumadières (24) 136 B5
Bonneville-la-Louvet (14) 17 G4
la Bonneville-sur-Iton (27) 40 D2
Bonneville-sur-Touques (14) 17 E3
Bonnières (60) 20 A4
Bonnières (62) 9 G3
Bonnières-sur-Seine (78) 41 G2
Bonnieux (84) 173 G3
Bonningues-lès-Ardres (62) 1 H3
Bonningues-lès-Calais (62) 1 G2
Bonnœil (14) 38 C3
Bonnœuvre (44) 75 E2
Bonnu 111 E3
Bonnut (64) 163 H5
Bonny-sur-Loire (45) 82 B4
Bono (56) 55 E6
Bonrepos (65) 181 G3
Bonrepos-Riquet (31) 167 G5
Bonrepos-
  -sur-Aussonnelle (31) 166 C6
Bons-en-Chablais (74) 118 D4
Bons-Tassilly (14) 16 C6
Bonsecours (76) 7 G6
Bonsmoulins (61) 40 A5
Bonson (06) 176 D4
Bonson (42) 129 E5
Bonvillard (73) 132 C4
Bonvillaret (73) 132 C4
Bonviller (54) 49 F5
Bonvillers (60) 20 C3
Bonvillet (88) 69 F4
Bony (02) 10 D5
Bonzac (33) 135 H4
Bonzée (55) 47 H1
Boô-Silhen (65) 180 D5
Boofzheim (67) 71 H2
Boos (40) 163 E2
Boos (76) 18 D5
Bootzheim (67) 71 G3
Boqueho (22) 33 F4
Bor-et-Bar (12) 153 G6
Boran-sur-Oise (60) 42 D1
Borce (64) 180 A6
Bord-Saint-Georges (23) 112 B4
Bordeaux (33) 135 E5
Bordeaux-en-Gâtinais (45) 63 H5
Bordeaux-Saint-Clair (76) 6 B4
Bordères (64) 180 C4
Bordères-et-Lamensans (40) 164 A4
Bordères-Louron (65) 181 G6
Bordères-sur-l'Échez (65) 181 E3
les Bordes (36) 96 D3
les Bordes (45) 81 G2
Bordes (64) 180 C3
les Bordes (65) 181 F3
les Bordes (71) 101 H4
les Bordes (89) 65 E5
les Bordes-Aumont (10) 66 B4
Bordes-de-Rivière (31) 182 A4
les Bordes-sur-Arize (09) 183 F4
les Bordes-sur-Lez (09) 182 D6
Bordezac (30) 157 E5
Bords (17) 120 D1
la Borée (07) 143 E5
  Boréon 177 E2
Boresse-et-Martron (17) 136 A1
Borest (60) 43 F1
Borey (70) 87 H3
Borgo (2B) 203 G5
Bormes-les-Mimosas (83) 192 B5
  Born (31) 167 F3
  Born (48) 156 A2
Bornambusc (76) 6 C4
Bornay (39) 117 F1
Borne (07) 125 G1
Borne (43) 97 H1
Borne (07) 156 D2
Borne (43) 142 B3
Bornel (60) 20 B6
Boron (90) 88 D3
Borre (59) 2 D4
Borrèze (24) 138 B5
Bors (Canton de Baignes-
  -Sainte-Radegonde) (16) 135 H1
Bors (Canton de Montmoreau-
  -Saint-Cybard) (16) 136 C1
Bort-les-Orgues (19) 126 B6
Bort-l'Étang (63) 127 H3
Borville (54) 69 H1
le Bosc (09) 183 G6
Bosc-Bénard-Commin (27) 18 B5
Bosc-Bénard-Crescy (27) 18 B5

Bosc-Bérenger (76) 7 H4
Bosc-Bordel (76) 19 E3
Bosc-Edeline (76) 19 E3
Bosc-Guérard-Saint-Adrien (76)..7 G5
Bosc-Hyons (76) 19 G4
Bosc-le-Hard (76) 7 H4
Bosc-Mesnil (76) 19 E2
Bosc-Renoult (61) 39 G3
Bosc-Renoult-en-Ouche (27) 40 B3
Bosc-Renoult-
  -en-Roumois (27) 18 A5
le Bosc-Roger-
  -en-Roumois (27) 18 B5
Bosc-Roger-sur-Buchy (76) 19 E3
Boscamnant (17) 136 A2
Bosdarros (64) 180 B3
Bosgouet (27) 18 B5
Bosguérard-
  -de-Marcouville (27) 18 B6
Bosjean (71) 102 B5
Bosmie-l'Aiguille (87) 124 A3
Bosmont-sur-Serre (02) 22 D1
Bosmoreau-les-Mines (23) 125 E1
Bosnormand (27) 18 B6
Bosquel (80) 20 B1
Bosquentin (27) 19 F4
Bosrobert (27) 18 A6
Bosroger (23) 125 H1
Bossancourt (10) 67 E3
Bossay-sur-Claise (37) 95 F5
la Bosse (25) 104 B1
la Bosse (72) 60 D4
la Bosse-de-Bretagne (35) 57 F5
Bosséé (37) 95 E2
Bosselshausen (67) 50 D3
Bossendorf (67) 50 D3
Bosset (24) 136 D4
Bosseval-et-Briancourt (08) 24 D1
Bossey (74) 118 C5
Bossieu (38) 130 C6
Bossugan (33) 136 A6
Bossus-lès-Rumigny (08) 12 C6
Bost (03) 114 B5
Botans (90) 88 C3
Botmeur (29) 31 H5
Botsorhel (29) 32 B4
les Bottereaux (27) 40 B3
les Bottières 146 C1
Botz-en-Mauges (49) 75 G4
Bou (45) 81 E1
Bouafle (78) 42 A3
Bouafles (27) 19 E6
Bouan (09) 197 H4
Bouaye (44) 74 B5
Boubers-lès-Hesmond (62) 1 H6
Boubers-sur-Canche (62) 9 F2
Boubiers (60) 19 H6
Bouc-Bel-Air (13) 173 H6
Boucagnères (32) 165 H6
Boucard 82 A6
Boucau (64) 162 B5
Boucé (03) 114 A4
Boucé (61) 39 E5
le Bouchage (16) 109 E6
le Bouchage (38) 131 F3
Bouchain (59) 11 E2
Bouchamps-lès-Craon (53) 76 B1
le Bouchaud (03) 114 D4
Bouchavesnes-Bergen (80) 10 C5
Bouchemaine (49) 76 D5
Boucheporn (57) 27 E5
le Bouchet 95 G6
le Bouchet (74) 119 E4
Bouchet (26) 158 B5
le Bouchet (74) 132 C2
le Bouchet-Saint-Nicolas (43)..142 B5
Bouchevilliers (27) 19 G4
Bouchier 147 E5
Bouchoir (80) 21 E1
Bouchon (80) 9 E5
le Bouchon-sur-Saulx (55) 47 F6
les Bouchoux (39) 117 H3
Bouchy-Saint-Genest (51) 44 C6
Boucieu-le-Roi (07) 143 H4
Bouclans (25) 87 G6
Boucoiran-et-Nozières (30) 171 H2
Bouconville (08) 24 B6
Bouconville-sur-Madt (55) 48 A3
Bouconville-Vauclair (02) 22 D4
Bouconvillers (60) 42 A1
Boucq (54) 48 A4
Boudes (63) 127 F6
Boudeville (76) 7 F3
Boudou (82) 166 C1
Boudrac (31) 181 H3
Boudreville (21) 67 F6
Boudy-de-Beauregard (47) 151 F3
Boué (02) 11 G5
Bouée (44) 74 B4
Boueilh-Boueilho-Lasque (64)..164 B6
Bouelles (76) 19 F2
Bouër (72) 60 D5
Bouère (53) 77 E1
Bouessay (53) 77 F1
Bouesse (36) 111 F1
Bouëx (16) 122 D4
la Bouëxière (35) 57 G2
Bouffémont (95) 42 D2
Boufféré (85) 91 G2
Bouffignereux (02) 22 D5
Boufflers (80) 9 E2
Bouffry (41) 61 G6
Bougainville (80) 9 E6
Bougarber (64) 180 B1
Bougé-Chambalud (38) 144 B1
Bouges-le-Château (36) 96 C3
Bougey (70) 87 E2

Bougival (78) 42 C4
Bouglainval (28) 41 G6
Bougligny (77) 64 A4
Bouglon (47) 150 B4
Bougneau (17) 121 F4
Bougnon (70) 87 F2
Bougon (79) 108 B3
Bougue (40) 164 A2
Bouguenais (44) 74 C5
Bougy (14) 16 A5
Bougy-lez-Neuville (45) 63 E5
Bouhans (71) 102 B5
Bouhans-et-Feurg (70) 86 C4
Bouhans-lès-Lure (70) 88 A2
Bouhans-lès-Montbozon (70)..87 H4
Bouhet (17) 107 E5
Bouhy (58) 82 D5
Bouilh-Devant (65) 181 F2
Bouilh-Péreuilh (65) 181 F2
Bouilhonnac (11) 185 E3
Bouillac (12) 153 H2
Bouillac (24) 137 G6
Bouillac (82) 166 C3
la Bouilladisse (13) 191 E3
Bouillancourt-en-Séry (80) 8 C5
Bouillancourt-la-Bataille (80) 20 D2
Bouillancy (60) 43 G1
Bouilland (21) 101 F2
Bouillargues (30) 172 B3
la Bouille (76) 18 B5
Bouillé-Courdault (85) 107 F3
Bouillé-Loretz (79) 93 F2
Bouillé-Ménard (49) 76 B2
Bouillé-Saint-Paul (79) 93 F3
la Bouille (22) 34 A4
le Bouillon (61) 39 F6
Bouillon (64) 163 H6
Bouillonville (54) 48 B2
Bouilly (10) 66 A4
Bouilly (51) 22 D6
Bouilly-en-Gâtinais (45) 63 F5
Bouin (79) 108 C6
Bouin (85) 90 C1
Bouin-Plumoison (62) 9 E1
Bouisse (11) 185 E5
Bouix (21) 84 D1
Boujailles (25) 103 G4
Boujan-sur-Libron (34) 187 E4
Boulages (10) 45 F6
Boulaincourt (88) 69 F2
Boulancourt (77) 63 G3
Boulange (57) 26 A3
le Boulay (37) 79 E3
Boulay-les-Barres (45) 62 C6
Boulay-les-Ifs (53) 59 G2
le Boulay-Morin (27) 41 E2
Boulay-Moselle (57) 26 D4
la Boulaye (71) 100 B5
Boulazac (24) 137 F3
Boulbon (13) 172 C3
Boulc (26) 159 G1
Boule-d'Amont (66) 199 G4
Bouleternère (66) 199 G3
Bouleurs (77) 43 G3
Bouleuse (51) 22 D6
Bouliac (33) 135 F6
Boulieu-lès-Annonay (07) 143 H2
Bouligneux (01) 116 C6
Bouligney (70) 69 G6
Bouligny (55) 25 H5
Boulin (65) 181 F3
le Boullay-
  -les-Deux-Églises (28) 41 F6
le Boullay-les-Troux (91) 42 B5
le Boullay-Mivoye (28) 41 F6
le Boullay-Thierry (28) 41 F6
Boulleret (18) 82 B5
Boulleville (27) 17 G3
Bouloc (31) 167 E4
Bouloc (82) 152 A5
Boulogne (85) 91 G3
Boulogne-Billancourt (92) 42 C4
Boulogne-la-Grasse (60) 21 E3
Boulogne-sur-Gesse (31) 182 A2
Boulogne-sur-Helpe (59) 11 H4
Boulogne-sur-Mer (62) 1 F4
Bouloire (72) 60 D6
Boulon (14) 16 B5
Boulot (70) 87 F5
le Boulou (66) 200 D4
Boulouris 193 E2
Boult (70) 87 F5
Boult-aux-Bois (08) 24 B4
Boult-sur-Suippe (51) 23 F5
le Boulvé (46) 152 A4
Boulzicourt (08) 24 A2
le Boumian 189 E4
Boumourt (64) 180 A1
Bouniagues (24) 137 E6
Bouquehault (62) 1 G3
Bouquelon (27) 17 H2
Bouquemaison (80) 9 G3
Bouquemont (55) 47 G2
Bouquet (30) 157 F6
Bouquetot (27) 18 B5
Bouqueval (95) 43 E2
Bouranton (10) 66 B3
Bouray-sur-Juine (91) 63 F1
Bourbach-le-Bas (68) 89 E1
Bourbach-le-Haut (68) 88 D1
Bourberain (21) 86 B4
Bourbévelle (70) 69 E6
Bourbilly 84 C5
Bourbon-Lancy (71) 114 C1
Bourbon-l'Archambault (03)..113 F1
Bourbonne-les-Bains (52) 68 D6
la Bourboule (63) 126 C5

Bourbourg (59) 2 A2
Bourbriac (22) 32 D4
Bourcefranc-le-Chapus (17)...120 B2
Bourcia (39) 117 F3
Bourcq (08) 24 A4
Bourdainville (76) 7 F4
Bourdalat (40) 164 B3
Bourdeau (73) 131 H3
Bourdeaux (26) 158 D2
Bourdeilles (24) 137 E1
le Bourdeix (24) 123 E4
Bourdelles (33) 150 B2
Bourdenay (10) 65 F2
le Bourdet (79) 107 G4
Bourdettes (64) 180 C3
Bourdic (30) 172 A2
Bourdinière-Saint-Loup (28)..62 A3
le Bourdon (80) 82 D3
Bourdon (80) 9 E5
Bourdonnay (57) 49 G4
Bourdonné (78) 41 H5
Bourdons-sur-Rognon (52) 68 B4
Bourecq (62) 2 C5
Bouresches (02) 44 B2
Bouresse (86) 109 G3
Bouret-sur-Canche (62) 9 G2
Boureuilles (55) 24 C6
le Bourg (33) 146 C5
le Bourg (46) 153 F1
le Bourg (52) 86 B2
Bourg-Achard (27) 18 B5
Bourg-Archambault (86) 110 A3
Bourg-Argental (42) 143 G1
Bourg-Beaudouin (27) 19 E5
Bourg-Blanc (29) 30 D4
Bourg-Bruche (67) 71 E2
Bourg-Charente (16) 121 H4
Bourg-de-Bigorre (65) 181 F4
Bourg-de-Péage (26) 144 C4
Bourg-de-Sirod (39) 103 F5
Bourg-de-Thizy (69) 115 G6
Bourg-de-Visa (82) 151 H5
le Bourg-d'Hem (23) 111 G4
le Bourg-d'Iré (49) 75 G1
le Bourg-d'Oisans (38) 146 A3
le Bourg-d'Oueil (31) 181 H6
Bourg-du-Bost (24) 136 C2
le Bourg-Dun (76) 7 F2
Bourg-en-Bresse (01) 117 E4
Bourg-et-Comin (02) 22 C4
Bourg-Fidèle (08) 12 D6
Bourg-la-Reine (92) 42 D4
Bourg-Lastic (63) 126 B4
le Bourg-le-Comte (71) 115 E4
Bourg-le-Roi (72) 60 A2
Bourg-l'Évêque (49) 76 B2
Bourg-Madame (66) 198 C5
Bourg-Saint-Andéol (07) 158 A4
Bourg-Saint-Bernard (31) 167 G5
Bourg-Saint-Christophe (01)..130 C2
le Bourg-Saint-Léonard (61)..39 F4
Bourg-Saint-Maurice (73) 133 F4
Bourg-Sainte-Marie (52) 68 C4
Bourg-sous-Châtelet (90) 88 D2
Bourgaltroff (57) 49 G3
Bourganeuf (23) 125 E1
Bourgbarré (35) 57 F4
Bourgeauville (14) 17 E4
le Bourget (93) 43 E3
le Bourget-du-Lac (73) 131 H4
le Bourget-en-Huile (73) 132 B5
Bourgheim (67) 71 G1
Bourghelles (59) 3 G5
Bourgnac (24) 136 D4
Bourgneuf (17) 106 D5
Bourgneuf (73) 132 B4
Bourgneuf-en-Mauges (49) 75 H4
Bourgneuf-en-Retz (44) 74 A6
le Bourgneuf-la-Forêt (53) 58 B4
Bourgogne (51) 23 E5
Bourgoin-Jallieu (38) 130 D4
Bourgon (53) 58 B4
la Bourgonce (88) 70 C2
Bourgougnague (47) 151 E2
Bourgtheroulde-Infreville (27)...18 B5
Bourguébus (14) 16 C5
Bourgueil (37) 78 A6
Bourguenolles (50) 35 H2
le Bourguet (83) 175 H3
Bourguignon (25) 88 C5
Bourguignon-
  -lès-Conflans (70) 87 G1
Bourguignon-
  -lès-la-Charité (70) 87 F4
Bourguignon-lès-Morey (70)..86 D2
Bourguignon-sous-Coucy (02)..21 H3
Bourguignon-
  -sous-Montbavin (02) 22 B3
Bourguignons (10) 66 C4
Bourgvilain (71) 116 A3
Bourideys (33) 149 F4
Bourisp (65) 195 G4
Bourlens (47) 151 H4
Bourlon (62) 10 D3
Bourmont (52) 68 C4
Bournainville-Faverolles (27)..17 G5
Bournan (37) 95 E3
Bournand (86) 93 H2
Bournazel (12) 154 A3
Bournazel (81) 168 A1
Bournel (47) 151 F2

Bourneville (27) 17 H3
Bournezeau (85) 91 H4
Bourniquel (24) 137 F6
Bournoncle-Saint-Pierre (43)..141 G1
Bournonville (62) 1 G4
Bournois (25) 88 A4
Bournos (64) 180 B1
Bourogne (90) 88 D3
Bourran (47) 150 D4
Bourré (41) 79 H6
Bourréac (65) 181 E4
Bourret (82) 166 D2
Bourriot-Bergonce (40) 149 H6
Bourron-Marlotte (77) 64 A3
Bourrou (24) 137 E4
Bourrouillan (32) 164 D3
Bours (62) 9 G1
Bours (65) 181 E2
Boursault (51) 45 E2
Boursay (41) 61 F5
Bourscheid (57) 50 B4
Bourseul (22) 34 B5
Bourseville (80) 8 B4
Boursières (70) 87 F3
Boursies (59) 10 C4
Boursin (62) 1 G4
Boursonne (60) 21 G6
Bourth (27) 40 C4
Bourthes (62) 1 G5
Bourville (76) 7 F3
Boury-en-Vexin (60) 19 G6
Bousbach (57) 27 G5
Bousbecque (59) 3 F4
le Bouscat (33) 135 E5
Bousies (59) 11 G3
Bousignies (59) 11 E1
Bousignies-sur-Roc (59) 12 B2
le Bousquet (11) 198 D2
le Bousquet-d'Orb (34) 170 A5
Boussac (12) 154 A5
Boussac (23) 112 A3
la Boussac (35) 35 F5
Boussac (46) 153 F2
Boussac-Bourg (23) 112 A3
Boussais (79) 93 F5
Boussan (31) 182 C3
Boussay (37) 95 E5
Boussay (44) 91 H1
Bousse (57) 26 C4
Bousse (72) 77 H2
Bousselange (21) 102 B3
Boussenac (09) 183 F6
Boussenois (21) 86 A3
Boussens (31) 182 C3
Bousseraucourt (70) 69 E6
Boussès (47) 150 B6
Bousseviller (57) 28 B5
Boussey (21) 85 E5
Boussicourt (80) 20 D2
Boussières (25) 103 E1
Boussières-en-Cambrésis (59)..11 E3
Boussières-sur-Sambre (59)...11 H3
Boussois (59) 12 A2
Boussy (74) 131 H2
Boussy-Saint-Antoine (91) 43 E5
Boust (57) 26 B2
Boustroff (57) 49 F2
Bout-du-Pont-de-Larn (81)..168 D6
Boutancourt (08) 24 B2
Boutavent (60) 19 G2
la Bouteille (02) 12 A4
Bouteilles-
  -Saint-Sébastien (24) 136 C1
Boutenac (11) 185 H4
Boutenac-Touvent (17) 120 D5
Boutencourt (60) 19 H5
Boutervilliers (91) 63 E2
Bouteville (16) 121 H4
Boutiers-Saint-Trojan (16)...121 G3
Boutigny (77) 43 G3
Boutigny-Prouais (28) 41 G5
Boutigny-sur-Essonne (91) 63 G2
Bouttencourt (80) 8 C5
Boutteville (50) 15 E4
Boutx (31) 182 B5
Bouvaincourt-sur-Bresle (80)..8 B5
Bouvancourt (51) 22 D5
Bouvante (26) 144 D4
Bouvées (32) 166 B4
Bouvelinghem (62) 1 H4
Bouvellemont (08) 24 A3
Bouverans (25) 103 G4
Bouvesse-Quirieu (38) 131 E2
Bouvières (26) 158 D2
Bouvignies (59) 11 E1
Bouvigny-Boyeffles (62) 10 A1
Bouville (28) 62 A3
Bouville (76) 7 F5
Bouville (91) 63 F2
Bouvincourt-
  -en-Vermandois (80) 10 C6
Bouvines (59) 3 G5
Bouvresse (60) 19 G2
Bouvron (44) 74 B3
Bouvron (54) 48 A4
Boux-sous-Salmaise (21) 85 E5
Bouxières-aux-Bois (88) 69 G3
Bouxières-aux-Chênes (54) 48 D4
Bouxières-aux-Dames (54) 48 D4
Bouxières-
  -sous-Froidmont (54) 48 C2
Bouxurulles (88) 69 G2
Bouxwiller (67) 50 D3
Bouxwiller (68) 89 F3
Bouy (51) 45 H1
Bouy-Luxembourg (10) 66 C2
Bouy-sur-Orvin (10) 65 F2
Bouyon (06) 176 D4
le Bouyssou (46) 153 F2

Bouzais (18) 97 H6
Bouzancourt (52) 67 G3
Bouzanville (54) 69 F2
Bouze-lès-Beaune (21) 101 F3
Bouzel (63) 127 G3
Bouzemont (88) 69 G3
Bouzeron (71) 101 F4
Bouzic (24) 152 B1
Bouziès (46) 152 D3
Bouzigues (34) 187 G1
Bouzillé (49) 75 F4
Bouzin (31) 182 C3
Bouzincourt (80) 10 A5
Bouzols 142 C4
Bouzon-Gellenave (32) 164 D4
Bouzonville (57) 27 E4
Bouzonville-aux-Bois (45) 63 F5
Bouzy (51) 45 G2
Bouzy-la-Forêt (45) 81 G1
Bovée-sur-Barboure (55) 47 H5
Bovel (35) 56 D4
Bovelles (80) 9 F6
Boves (80) 9 G6
Boviolles (55) 47 G5
Boyardville 120 B1
Boyaval (62) 2 B6
Boyelles (62) 10 B3
Boyer (42) 115 F6
Boyer (71) 116 B1
Boyeux-Saint-Jérôme (01) 117 F6
Boynes (45) 63 G5
Boz (01) 116 C3
Bozas (07) 143 H3
Bozel (73) 133 E5
Bozouls (12) 154 D3
Brabant-en-Argonne (55) 47 E1
Brabant-le-Roi (55) 46 D4
Brabant-sur-Meuse (55) 25 E5
Brach (33) 134 C3
Brachay (52) 67 G2
Braches (80) 20 D2
Brachy (76) 7 F3
Bracieux (41) 80 B4
Bracon (39) 103 E3
Bracquemont (76) 7 G2
Bracquetuit (76) 7 H4
Bradiancourt (76) 19 E2
Braffais (50) 37 F4
Bragassargues (30) 171 G2
Bragayrac (31) 182 D1
Brageac (15) 139 H2
Bragelogne-Beauvoir (10)...66 C6
Bragny-sur-Saône (71) 101 H4
Braillans (25) 87 G6
Brailly-Cornehotte (80) 9 E3
Brain (21) 85 E5
Brain-sur-Allonnes (49) 77 H6
Brain-sur-l'Authion (49) 77 E5
Brain-sur-Longuenée (49) 75 H2
Brainans (39) 102 D4
Braine (02) 22 B5
Brains (44) 74 B5
Brains-sur-Gée (72) 59 H5
Brains-sur-les-Marches (53)..58 A6
Brainville (50) 36 D1
Brainville (54) 48 A1
Brainville-sur-Meuse (52) 68 C4
Braisnes (60) 21 F4
Braize (03) 98 A6
Bralleville (54) 69 G2
Bram (11) 184 C3
Bramans (73) 147 F1
Brameloup Village 155 E2
Brametot (76) 7 F3
Bramevaque (65) 182 A5
Bran (17) 135 G1
Branceilles (19) 139 E4
Branches (89) 83 F1
Brancion 116 B1
Brancourt-en-Laonnois (02)...22 B3
Brancourt-le-Grand (02) 11 E5
Brandérion (56) 54 D5
Brandeville (55) 25 E4
Brandivy (56) 55 F5
Brando (2B) 203 G3
Brandon (71) 115 H3
Brandonnet (12) 153 H4
Brandonvillers (51) 46 B6
Branféré 73 F1
Branges (71) 102 A6
Brangues (38) 131 F3
Brannay (89) 64 D4
Branne (25) 88 A5
Branne (33) 135 H5
Brannens (33) 149 H3
Branoux-les-Taillades (30) 156 D5
Brans (39) 102 C1
Bransat (03) 113 H4
Branscourt (51) 22 D6
Bransles (77) 64 B4
Brantes (84) 159 E5
Brantigny (88) 69 G2
Brantôme (24) 137 F1
Branville (14) 17 E4
Branville-Hague (50) 14 B2
Branzac 140 A3
Braquis (55) 25 G6
Bras (83) 174 D6
Bras-d'Asse (04) 175 E2
Bras-sur-Meuse (55) 25 E6
Brasc (12) 169 E2
Braslou (37) 94 B3
Brasles (02) 44 C2
Brasparts (29) 31 G6
Brassac (09) 183 G6
Brassac (81) 169 E5
Brassac (82) 151 H5
Brassac-les-Mines (63) 127 G6
Brassempouy (40) 163 G5

les Brasses 118 D4
Brasseuse (60) 21 E6
Brassy (58) 100 A1
Brassy (80) 20 A2
Bratte (54) 48 D4
Braucourt 67 F1
Braud-et-Saint-Louis (33) ..135 E2
Brauvilliers (55) 47 E6
Braux (04) 176 A3
Braux (10) 66 D1
Braux (21) 84 D5
Braux-le-Châtel (52) 67 G5
Braux-Saint-Remy (51) 46 D2
Braux-Sainte-Cohière (51) 46 C1
Brax (31) 166 D5
Brax (47) 151 E6
Bray (27) 40 C1
Bray (71) 116 A2
Bray-Dunes (59) 2 A1
Bray-en-Val (45) 81 G2
Bray-et-Lû (95) 41 H1
Bray-lès-Mareuil (80) 8 D4
Bray-Saint-Christophe (02) ..21 H1
Bray-sur-Seine (77) 64 D2
Bray-sur-Somme (80) 10 B5
Braye (02) 22 A4
Braye-en-Laonnois (02) 22 C4
Braye-en-Thiérache (02) 23 E1
Braye-sous-Faye (37) 94 B3
Braye-sur-Maulne (37) 78 B4
Brazey-en-Morvan (21) 100 C2
Brazey-en-Plaine (21) 102 A2
Bréal-sous-Montfort (35) 56 D3
Bréal-sous-Vitré (35) 58 B4
Bréançon (95) 42 B1
Bréau (77) 64 B1
Bréau-et-Salagosse (30) ..170 D2
Bréau sans Nappe 62 D1
Bréauté (76) 6 C4
Bréban (51) 46 A6
Brebières (62) 10 C2
Brebotte (90) 88 D3
Brecé (35) 57 G3
Brécé (53) 58 C2
Brécey (50) 37 F4
Brech (56) 55 E6
Brechainville (88) 68 B2
Bréchamps (28) 41 G5
Bréchaumont (68) 89 E2
Brèches (37) 78 C4
Breconchaux (25) 87 H5
Brectouville (50) 37 G2
Brécy 16 A4
Brécy (02) 44 C1
Brécy (18) 98 A2
Brécy-Brières (08) 24 B5
la Brède (33) 149 F1
Bredons 140 D3
Brée (53) 59 E4
la Brée-les-Bains (17) 106 B6
Bréel (61) 38 C4
Brégançon 192 B5
Brégnier-Cordon (01) 131 F4
Brégy (60) 43 G2
Bréhain (57) 49 F3
Bréhain-la-Ville (54) 25 H4
Bréhal (50) 35 G1
Bréhan (56) 55 G3
Bréhand (22) 33 H5
Bréhec 33 F2
Bréhémont (37) 78 B6
Bréhéville (55) 25 E4
Breidenbach (57) 28 B5
Breil (49) 78 A5
le Breil-sur-Mérize (72) ..60 C6
Breil-sur-Roya (06) 177 F3
la Breille-les-Pins (49) ..77 H6
Breilly (80) 9 F5
Breistroff-la-Grande (57) ..26 C2
Breitenau (67) 71 F2
Breitenbach (67) 71 F2
Breitenbach-Haut-Rhin (68) ..71 E5
Brélès (29) 30 C4
Brélidy (22) 32 D3
Brem-sur-Mer (85) 90 D5
Bréménil (54) 49 H6
Brêmes (62) 1 H3
Brémoncourt (54) 69 H1
Bremondans (25) 88 A6
Brémontier-Merval (76) ..19 F4
Brémoy (14) 38 A2
Brémur-et-Vaurois (21) ..85 E2
Bren (26) 144 B3
Brenac (11) 184 D4
Brenas (34) 170 B5
Brenat (63) 127 G5
Brénaz (01) 131 G1
Brenelle (02) 22 B5
Brengues (46) 153 F2
Brennes 86 A2
Brennilis (29) 31 H5
Brénod (01) 117 G6
Brenon (83) 175 H3
Brenouille (60) 20 D5
Brenoux (48) 156 A3
Brens (01) 131 G2
Brens (81) 168 A3
Brenthonne (74) 118 D3
Breny (02) 44 B1
la Bréole (04) 160 D3
Brères (25) 103 E2
Bréry (39) 102 D5
Bresdon (17) 121 H2
les Bréseux (25) 88 C6
Bresilley (70) 86 D1
Bresle (80) 9 H5
Bresles (60) 20 B4
Bresnay (03) 113 H3
Bresolettes (61) 40 A6
la Bresse (88) 70 C5

Bresse-sur-Grosne (71) 116 A1
Bressey-sur-Tille (21) 86 A6
Bressieux (38) 144 D1
Bressolles (01) 130 C2
Bressolles (03) 113 H2
Bressols (82) 167 E2
Bresson (38) 145 G2
Bressoncourt 68 B2
Bressuire (79) 93 E4
Brest (29) 30 D5
Brestot (27) 18 A5
Bretagne (36) 96 C3
Bretagne (90) 88 D3
Bretagne-d'Armagnac (32) ..165 E3
Bretagne-de-Marsan (40) ..164 A3
Bretagnolles (27) 41 F3
Breteau (45) 82 B3
Breteil (35) 56 D2
Bretenière (21) 101 H1
la Bretenière (25) 87 H5
la Bretenière (39) 102 C2
Bretenières (39) 102 C4
Bretenoux (46) 139 E5
Breteuil (27) 40 C4
Breteuil (60) 20 C2
Brethel (61) 40 A5
Brethenay (52) 67 H4
le Brethon (03) 112 D1
Bretignolles 61 F2
Bretignolles-Notre-Dame (25) ..87 H6
Bretignolles (79) 92 D4
Bretignolles-sur-Mer (85) ..90 D4
Bretigny (21) 85 H5
Brétigny (27) 18 A6
Brétigny (60) 21 G3
Brétigny-sur-Orge (91) 42 D6
Bretoncelles (61) 61 F2
la Bretonnière-la-Claye (85) ..106 C2
Bretonvillers (25) 88 B6
Brette (26) 159 E2
Brette-les-Pins (72) 78 B1
Bretten (68) 89 E2
Brettes (16) 108 C6
Bretteville (50) 14 D2
Bretteville-du-Grand-Caux (76) ..6 C4
Bretteville-le-Rabet (14) 16 C6
Bretteville-l'Orgueilleuse (14) ..16 B4
Bretteville-Saint-Laurent (76) ..7 F3
Bretteville-sur-Ay (50) 14 C5
Bretteville-sur-Dives (14) ..16 D6
Bretteville-sur-Laize (14) ..16 C6
Bretteville-sur-Odon (14) ..16 B4
Brettnach (57) 27 E4
Bretx (31) 166 D4
Breuches (70) 87 H1
Breuchotte (70) 88 A1
Breugnon (58) 83 F5
le Breuil (03) 114 C5
le Breuil (51) 44 D3
Breuil (51) 22 D5
le Breuil (69) 129 G2
le Breuil (71) 101 E5
Breuil (80) 21 G1
Breuil-Barret (85) 92 C4
le Breuil-Bernard (79) 92 D6
Breuil-Bois-Robert (78) 41 H3
le Breuil-en-Auge (14) 17 F4
le Breuil-en-Bessin (14) 15 G5
Breuil-la-Réorthe (17) 107 F6
le Breuil-le-Sec (60) 20 D5
le Breuil-le-Vert (60) 20 D5
le Breuil-Magné (17) 106 D6
le Breuil-Mingot 109 E1
le Breuil-sous-Argenton (79) ..93 E3
le Breuil-sur-Couze (63) ..127 G6
Breuilaufa (87) 110 B6
Breuilh (24) 137 F4
Breuillet (17) 120 C3
Breuillet (91) 42 C6
Breuilpont (27) 41 F3
Breurey-lès-Faverney (70) ..87 G2
Breuschwickersheim (67) ..51 E5
Breuvannes-en-Bassigny (52) ..68 C4
Breuvery-sur-Coole (51) 45 H4
Breuville (50) 14 C3
Breux (55) 25 E3
Breux-Jouy (91) 42 C6
Breux-sur-Avre (27) 40 D5
Brévainville (41) 61 H6
Bréval (78) 41 G3
Brévands (50) 15 E5
Brevans (39) 102 C2
le Brévedent (14) 17 F4
Brèves (58) 83 G5
les Bréviaires (78) 42 A5
Bréviandes (10) 66 B3
la Brévière (14) 17 E6
Bréville (16) 121 H2
Bréville-sur-Mer (50) 35 G1
Brévillers (62) 9 E2
Brévillers (80) 9 G3
Brévilliers (70) 88 C3
Brévilly (60) 24 D2
Brévonnes (10) 66 D2
Bréxent-Enocq (62) 1 F6
Brey-et-Maison-du-Bois (25) ..103 H5
Brézé (49) 93 G2
Bréziers (05) 160 C3
Brézilhac (11) 184 C4
Brézins (38) 144 D1
Brezolles (28) 40 D5
Brezons (15) 140 D4
Briançon (05) 147 E4
Briançonnet (06) 176 A4
Brianny (21) 84 D5
Briant (71) 115 F4
Briantes (36) 111 H2
Briare (45) 82 A3

Brias (62) 9 G1
Briastre (59) 11 F3
Briatexte (81) 168 A4
Briaucourt (52) 68 A4
Briaucourt (70) 87 G1
Bricon (52) 67 G5
Briconville (28) 62 A1
Bricot la Ville 44 D5
Bricquebec (50) 14 C3
Bricquebosq (50) 14 B3
Bricqueville (14) 15 G5
Bricqueville-la-Blouette (50) ..37 E2
Bricqueville-sur-Mer (50) ..35 G1
Bricy (45) 62 C6
Brides-les-Bains (73) ..132 D5
la Bridoire (73) 131 G5
la Bridoré (37) 95 G3
Brie (02) 22 B3
Brie (09) 183 G3
Brie (16) 122 C3
Brie (35) 57 F4
Brie (79) 93 G4
Brie (80) 10 C6
Brie-Comte-Robert (77) ..43 F5
Brié-et-Angonnes (38) ..145 G3
Brie-sous-Archiac (17) ..121 G5
Brie-sous-Barbezieux (16) ..122 A6
Brie-sous-Chalais (16) ..136 A1
Brie-sous-Matha (17) ..121 H2
Brie-sous-Mortagne (17) ..120 D5
Briec (29) 53 G2
Briel-sur-Barse (10) ..66 C4
Brielles (35) 58 A5
Brienne (71) 116 C1
Brienne-la-Vieille (10) ..66 D2
Brienne-le-Château (10) ..66 D2
Brienne-sur-Aisne (08) ..23 E4
Briennon (42) 115 E5
Brienon-sur-Armançon (89) ..65 G6
Brières-les-Scellés (91) ..63 F2
Brieuil-sur-Chizé (79) ..108 A5
Brieulles-sur-Bar (08) ..24 B4
Brieulles-sur-Meuse (55) ..24 D5
Brieux (61) 39 E4
Briey (54) 26 A4
Briffons (63) 126 C4
Brignac 55 H5
Brignac (34) 170 C5
Brignac (56) 56 A2
Brignac-la-Plaine (19) ..138 D2
Brignais (69) 130 A4
Brignancourt (95) 42 B1
Brigné (49) 93 E1
Brignemont (31) 166 B4
Brignogan-Plage (29) ..31 F2
Brignoles (83) 191 H3
Brignon (30) 171 H2
le Brignon (43) 142 C5
la Brigue (06) 177 G2
Brigueil-le-Chantre (86) ..110 B3
Brigueuil (16) 123 G1
Briis-sous-Forges (91) ..42 C6
Brillac (16) 109 H6
la Brillanne (04) 174 D2
Brillecourt (10) 66 C1
Brillevast (50) 14 D2
Brillon (59) 11 E1
Brillon-en-Barrois (55) ..47 E5
Brimeux (62) 8 D1
Brimont (51) 23 E5
Brin-sur-Seille (54) ..49 E4
Brinay (18) 97 E2
Brinay (58) 99 G3
Brinckheim (68) 89 G2
Brindas (69) 129 H3
Bringolo (22) 33 F4
Brinon-sur-Beuvron (58) ..99 F1
Brinon-sur-Sauldre (18) ..81 F4
Briod (39) 102 D6
Briollay (49) 77 E4
Brion (01) 117 G5
Brion (36) 96 C4
Brion (38) 144 D1
Brion (48) 155 F1
Brion (71) 100 C3
Brion (86) 109 F3
Brion (89) 65 F6
Brion-près-Thouet (79) ..93 G3
Brion-sur-Ource (21) ..67 E6
la Brionne (23) 111 F3
Brionne (27) 18 A6
Briord (01) 131 E2
Briosne-lès-Sables (72) ..60 C4
Briost (27) 10 C6
Briou (41) 80 D2
Brioude (43) 141 G1
Brioux-sur-Boutonne (79) ..108 A5
Briouze (61) 38 C5
Briquemesnil-Floxicourt (80) ..9 F6
Briquenay (08) 24 B4
Briscous (64) 162 C6
Brison-Saint-Innocent (73) ..131 H3
Brissac (34) 171 E3
Brissac-Quincé (49) ..77 E6
Brissarthe (49) 77 F2
Brissay-Choigny (02) ..22 A2
Brissy-Hamégicourt (02) ..22 A1
Brive-la-Gaillarde (19) ..138 C3
Brives (36) 96 C5
Brives-Charensac (43) ..142 C4
Brives-sur-Charente (17) ..121 F4
Brivezac (19) 139 E4
Brix (50) 14 C3
Brixey-aux-Chanoines (55) ..68 C1
Brizambourg (17) ..121 F2
Brizay (37) 94 C2
Brizeaux (55) 47 E2
Brizon (74) 119 E3

le Broc (06) 176 D4
Broc (49) 78 A4
le Broc (63) 127 G5
Brocas 163 G4
Brocas (40) 163 H1
Brochon (21) 101 G1
Brocottes (80) 8 D6
Brocourt-en-Argonne (55) ..47 E1
Broglie (27) 17 H6
Brognard (25) 88 C3
Brognon (08) 12 C5
Brognon (21) 101 H2
Broin (21) 101 H2
Broindon (21) 101 H1
Broissia (39) 117 F3
Brombos (60) 19 H2
Bromeilles (45) 63 H4
Brommat (12) 140 C5
Brommes 140 C5
Bromont-Lamothe (63) ..126 D2
Bron (69) 130 B3
Bronvaux (57) 26 B4
la Broque (67) 50 B6
Broquiers (60) 19 H2
Broquiès (12) 169 F2
Brossac (16) 136 A1
Brossainc (07) 143 H1
Brossay (49) 93 F2
la Brosse-Montceaux (77) ..64 C3
Brosses (89) 83 G4
Brosville (27) 40 D1
Brotte-lès-Luxeuil (70) ..87 H2
Brotte-lès-Ray (70) ..86 D3
Brou 117 E4
Brou (28) 61 G4
Brou-sur-Chantereine (77) ..43 F3
Brouage 120 C2
Brouains (50) 37 G5
Broualan (35) 35 F5
Brouay (14) 16 A4
Brouchaud (24) 137 H2
Brouchy (80) 21 G2
Brouck (57) 26 D5
Brouckerque (59) 2 B2
Brouderdorff (57) 50 B4
Broué (28) 41 G5
Brouennes (55) 25 E3
le Brouilh-Monbert (32) ..165 F5
Brouilla (66) 200 D4
Brouillet (51) 22 D6
Brouqueyran (33) 149 H3
la Brousse (17) 121 G2
Brousse (23) 126 B1
Brousse (63) 127 H4
Brousse (81) 168 B4
Brousse-le-Château (12) ..169 E2
Brousses-et-Villaret (11) ..184 D2
Brousseval (52) 67 G1
Broussey-en-Blois (55) ..47 H5
Broussey-Raulecourt (55) ..48 A4
Broussy-le-Grand (51) ..45 E4
Broussy-le-Petit (51) ..45 E4
Broût-Vernet (03) 113 H5
Brouvelieures (88) ..70 B3
Brouville (54) 49 G6
Brouviller (57) 50 B4
Brouy (91) 63 F3
Brouzet-lès-Alès (30) ..157 F6
Brouzet-lès-Quissac (30) ..171 G3
les Brouzils (85) 91 G2
Broxeele (59) 2 B3
Broye (71) 100 C1
Broye-Aubigney-
-Montseugny (70) 86 D2
Broye-les-Loups-
-et-Verfontaine (70) 86 B3
Broyes (51) 45 E5
Broyes (60) 20 D2
Broze (81) 167 H2
Brû (88) 70 B2
Bruailles (71) 117 E1
Bruay-la-Buissière (62) 2 C6
Bruay-sur-l'Escaut (59) 11 F1
Bruc-sur-Aff (35) ..56 C5
Brucamps (80) 9 E4
Bruch (47) 150 D5
Brucheville (50) 15 E4
Brucourt (14) 16 D4
Brue-Auriac (83) ..174 D5
Bruebach (68) 89 F2
Brueil-en-Vexin (78) ..42 A2
la Bruère-sur-Loir (72) ..78 B3
la Bruffière (85) 91 H1
Brugairolles (11) 184 D4
le Brugeron (63) 128 B3
Bruges (33) 135 E5
Bruges-Capbis-Mifaget (64) ..180 C4
Brugheas (03) 114 A6
Brugnac (47) 150 D3
Brugnens (32) 166 A3
Brugny-Vaudancourt (51) ..45 E2
la Bruguière (30) 157 G6
Bruguières (31) 167 E4
Bruille-lez-Marchiennes (59) ..11 E2
Bruille-Saint-Amand (59) ..4 B6
Bruis (05) 159 F3
Brûlain (79) 108 A4
les Brulais (35) 56 C4
Brulange (57) 49 F2
la Brûlatte (53) 58 B5
Bruley (54) 48 B5
Brullemail (61) 39 G5
Brulon (72) 59 G6
Brullioles (69) 129 G3
Brûlon (72) 59 G6
Brumath (67) 51 E4
Brumetz (02) 44 A1
Brunehamel (02) 23 F1
Brunelles (28) 61 F3
les Brunels (11) 184 C1

Brunembert (62) 1 G4
Brunémont (59) 10 D2
Brunet (04) 174 D2
Bruneval 6 B4
Bruniquel (82) 167 G1
Brunoy (91) 43 E5
Brunstatt (68) 89 F2
Brunville (76) 7 H1
Brunvillers-la-Motte (60) ..20 D3
Brusque (12) 169 H4
Brusson (08) 12 C5
Brusson (21) 86 A5
Brussey (70) 87 E6
Brussieu (69) 129 G3
Brusson (51) 46 C4
Brusvily (22) 34 C6
Brutelles (59) 8 B4
Bruville (54) 26 A5
Brux (86) 108 D4
la Bruyère (70) 88 A1
Bruyères (88) 70 B3
Bruyères-et-Montbérault (02) ..22 C3
Bruyères-le-Châtel (91) ..42 C6
Bruyères-sur-Fère (02) ..44 C1
Bruyères-sur-Oise (95) ..42 D1
Bruys (02) 22 B6
Bruz (35) 57 E3
Bry (59) 11 G2
Bry-sur-Marne (94) ..43 E4
Bû (28) 41 G4
le Bû-sur-Rouvres (14) ..16 C6
Buais (50) 37 G5
Buanes (40) 164 A4
Bubertré (61) 40 A6
Bubry (56) 54 D3
Buc (78) 42 C4
Buc (90) 88 C3
Bucamps (60) 20 C3
Bucéels (14) 16 A4
Bucey-en-Othe (10) ..65 H3
Bucey-lès-Gy (70) ..87 E5
Bucey-lès-Traves (70) ..87 F3
Buchelay (78) 41 H3
Buchères (10) 66 B3
Buchy (57) 48 D2
Buchy (76) 19 E3
Bucilly (02) 12 B6
Bucquoy (62) 10 A4
Bucy-le-Long (02) ..22 A5
Bucy-le-Roi (45) ..62 D5
Bucy-lès-Cerny (02) ..22 B3
Bucy-lès-Pierrepont (02) ..22 D2
Bucy-Saint-Liphard (45) ..62 C6
Budelière (23) 112 C5
Buding (57) 26 C3
Budling (57) 26 C3
Budos (33) 149 G2
Bué (18) 82 B6
Bueil (27) 41 F3
Bueil-en-Touraine (37) ..78 D3
Buellas (01) 116 D4
Buethwiller (68) 89 E2
Buffard (25) 103 E3
Buffières (71) 115 H3
Buffignécourt (70) 87 F1
Buffon (21) 84 C3
Bugarach (11) 185 E6
Bugard (65) 181 G3
Bugeat (19) 125 F5
Bugnein (64) 179 G1
Bugnicourt (59) 10 D2
Bugnières (52) 67 H6
Bugny (25) 103 H3
le Bugue (24) 137 G5
Buhl (67) 29 F6
Buhl (68) 71 E5
Buhl-Lorraine (57) 50 A4
Buhy (95) 41 H1
Buicourt (60) 19 H3
Buigny-l'Abbé (80) 9 E4
Buigny-lès-Gamaches (80) ..8 C5
Buigny-Saint-Maclou (80) ..8 D3
Buire (02) 12 B6
Buire-au-Bois (62) 9 F2
Buire-Courcelles (80) ..10 C5
Buire-le-Sec (62) 8 D1
Buire-sur-l'Ancre (80) ..10 A5
Buironfosse (02) 11 H5
le Buis (87) 110 C6
Buis-les-Baronnies (26) ..159 E5
Buis-sur-Damville (27) ..40 D4
Buissard (05) 160 C1
la Buisse (38) 145 F1
la Buissière (38) 132 A6
le Buisson (48) 155 G2
le Buisson (51) 46 C4
Buisson (84) 158 C5
le Buisson-de-Cadouin (24) ..137 G5
Buissoncourt (54) 49 E5
Buissy (62) 10 C3
Bujaleuf (87) 124 D3
Bulan (65) 181 G5
Bulat-Pestivien (22) ..32 D5
Bulcy (58) 98 C1
Buléon (56) 55 G4
Bulgnéville (88) 69 E3
Bulhon (63) 127 G2
Bullainville (28) 62 B4
Bulle (25) 103 H4
Bullecourt (62) 10 C3
Bulles (60) 20 C4
Bulligny (54) 48 B6
Bullion (78) 42 C5
Bullou (28) 61 H3
Bully 18 D1
Bully (42) 128 D3
Bully (69) 129 G2
Bully (76) 19 E2

Bully-les-Mines (62) 10 B1
Bulson (08) 24 C2
Bult (88) 70 B2
Bun (65) 180 D5
Buncey (21) 85 E1
Buneville (62) 9 G2
Buno-Bonnevaux (91) ..63 G2
Bunus (64) 179 E3
Bunzac (16) 122 D3
Buoux (84) 173 H3
Burbach (67) 50 A2
la Burbanche (01) 131 F2
Burbure (62) 2 C6
Burcin (38) 131 E4
Burcy (14) 38 A3
Burcy (77) 63 H4
Burdignes (42) 143 G2
Burdignin (74) 118 D4
Bure (55) 68 B1
Buré (61) 60 C1
Bure-les-Templiers (21) ..85 G2
Burelles (02) 22 D1
Bures (54) 49 F4
Bures (61) 39 H6
Bures-en-Bray (76) ..19 E1
Bures-les-Monts (14) ..37 H2
Bures-sur-Yvette (91) ..42 C5
le Buret (53) 59 E4
Burey (27) 40 C2
Burey-en-Vaux (55) ..48 A6
Burey-la-Côte (55) ..68 D1
Burg (65) 181 G3
Burgalays (31) 182 A6
Burgaronne (64) 179 G1
le Burgaud (31) 166 D4
Burgille (25) 87 E4
Burgnac (87) 124 A3
Burgy (71) 116 B2
Burie (17) 121 G3
Buriville (54) 49 G6
Burlats (81) 168 G5
Burlioncourt (57) 49 F3
Burnand (71) 116 A1
Burnevillers (25) 88 D5
Burnhaupt-le-Bas (68) ..89 E2
Burnhaupt-le-Haut (68) ..89 E2
Buros (64) 180 C2
Burosse-Mendousse (64) ..164 B6
Burret (09) 183 G5
Bursard (61) 60 B1
Burthecourt-aux-Chênes (54) ..48 D6
Burtoncourt (57) 26 D4
Burtulet 32 C2
Bury 79 H4
Bury (60) 20 C5
Burzet (07) 157 F1
Burzy (71) 115 H1
Bus 10 C4
Bus-la-Mésière (80) ..21 E3
Bus-lès-Artois (80) ..9 H4
Bus-Saint-Rémy (27) ..41 G1
Buschwiller (68) 89 G2
Busigny (59) 11 F4
Busloup (41) 79 G2
Busnes (62) 2 C6
Busque (81) 168 A4
Bussac (24) 137 E2
Bussac-Forêt (17) 135 G2
Bussac-sur-Charente (17) ..121 F3
Bussang (88) 70 C6
le Busseau (79) 107 G2
Busseaut (21) 85 E3
Busséol (63) 127 G3
Busserolles (24) 123 F1
Busserotte-et-Montenaille (21) ..85 G2
Busset (03) 114 B6
Bussiares (02) 44 B1
la Bussière (45) 82 B2
la Bussière (86) 109 H2
Bussière-Badil (24) 123 E1
Bussière-Boffy (87) 109 H4
Bussière-Dunoise (23) ..111 F4
Bussière-Galant (87) 123 H4
Bussière-Nouvelle (23) ..126 B1
Bussière-Poitevine (87) ..110 A4
Bussière-Saint-Georges (23) ..112 A3
la Bussière-sur-Ouche (21) ..101 F1
Bussières (21) 85 G3
Bussières (42) 129 G3
Bussières (63) 112 C6
Bussières (70) 87 F4
Bussières (71) 116 A3
Bussières (77) 44 A3
Bussières (89) 84 A3
Bussières-et-Pruns (63) ..127 F2
Busson (52) 68 A3
Bussu (80) 10 C5
Bussunarits-Sarrasquette (64) ..179 E3
Bussus-Bussuel (80) 9 E4
Bussy (18) 98 A4
Bussy (60) 21 E3
Bussy-Albieux (42) 128 D3
Bussy-aux-Bois 46
Bussy-en-Othe (89) 65 G5
Bussy-la-Pesle (21) 85 F5
Bussy-la-Pesle (58) 99 F2
Bussy-le-Château (51) 46 B2
Bussy-le-Grand (21) 85 E4
Bussy-le-Repos (51) 46 C3
Bussy-le-Repos (89) 64 D5
Bussy-lès-Daours (80) 9
Bussy-lès-Poix (80) 20
Bussy-Lettrée (51) 45
Bussy-Saint-Georges (77) ..43
Bussy-Saint-Martin (77) ..43
Bust (67) 50
Bustanico (2B) 205
Bustince-Iriberry (64) 179
Buswiller (67) 50
Busy (25) 103

Buthiers (70) 87 F5
Buthiers (77) 63 G3
Butot (76) 7 G4
Butot-Vénesville (76) 6 D3
Butry-sur-Oise (95) 42 C2
Butteaux (89) 65 H6
Butten (67) 28 A6
Buverchy (80) 21 G2
Buvilly (39) 102 D4
la Buxerette (36) 111 F2
Buxerolles (21) 85 G1
Buxerolles (86) 109 E1
Buxeuil (10) 66 D5
Buxeuil (86) 96 C2
Buxeuil (86) 94 D3
Buxières-d'Aillac (36) 111 F1
Buxières-lès-Clefmont (52) 68 B4
Buxières-les-Mines (03) 113 F2
Buxières-lès-Villiers (52) 67 H4
Buxières-sous-les-Côtes (55) ...48 A3
Buxières-sous-Montaigut (63) ..113 E5
Buxières-sur-Arce (10) 66 D4
Buxy (71) 101 F6
Buysscheure (59) 2 B3
Buzan (09) 182 C6
Buzançais (36) 96 A4
Buzancy (02) 22 A5
Buzancy (08) 24 C4
Buzeins (12) 155 E4
Buzet-sur-Baïse (47) 150 C5
Buzet-sur-Tarn (31) 167 G4
Buziet (64) 180 B3
Buzignargues (34) 171 G4
Buzon (65) 181 F1
Buzy (64) 180 B4
Buzy-Darmont (55) 25 G6
By (25) 103 E3
Byans-sur-Doubs (25) 103 E2

C

Cabanac (65) 181 F2
Cabanac-Cazaux (31) 182 B5
Cabanac-et-Villagrains (33) ..149 F2
Cabanac-Séguenville (31) 166 C4
la Cabanasse (66) 198 D4
la Cabane 195 G4
Cabanès (12) 154 A6
Cabanès (81) 168 A4
le Cabanial (31) 167 H6
les Cabannes (09) 198 A2
Cabannes (13) 173 E3
les Cabannes (81) 168 A1
Cabara (33) 135 H5
Cabariot (17) 120 D1
Cabas-Loumassès (32) 182 A2
Cabasse (83) 175 F6
Cabasson 192 B5
Cabestany (66) 201 E3
Cabidos (64) 163 H6
Cabourg (14) 16 D3
Cabrerets (46) 153 E3
Cabrerolles (34) 170 A6
Cabrespine (11) 185 F2
Cabrières (30) 172 B2
Cabrières (34) 170 C6
Cabrières-d'Aigues (84) 174 A3
Cabrières-d'Avignon (84) 173 F2
Cabriès (13) 190 C3
Cabris (06) 176 B6
Cachan (94) 42 D4
Cacharel 172 B6
Cachen (40) 164 A1
Cachy (80) 9 H6
Cadalen (81) 168 A3
Cadarcet (09) 183 G5
Cadaujac (33) 135 F6
Cadéac (65) 181 G6
Cadeilhan (32) 166 A3
Cadeilhan-Trachère (65) 195 G4
Cadeillan (32) 182 C1
Cademène (25) 103 F2
Caden (56) 73 G1
Cadenet (84) 173 H4
Caderousse (84) 158 B6
la Cadière-d'Azur (83) 191 F5
la Cadière-et-Cambo (30) 171 E2
Cadillac (33) 149 G1
Cadillac-en-Fronsadais (33) ..135 G4
Cadillon (64) 164 C6
Cadix (81) 168 D2
Cadolive (13) 190 D3
Cadouin (24) 137 G6
Cadours (31) 166 C4
Cadrieu (46) 153 F3
Caen (14) 16 B4
Caëstre (59) 2 D4
Caffiers (62) 1 G3
Cagnac-les-Mines (81) 168 B2
Cagnano (2B) 203 F3
Cagnes-sur-Mer (06) 176 D6
Cagnicourt (62) 10 C3
Cagnoncles (59) 11 E3
Cagnotte (40) 162 D5
Cagny (14) 16 C5
Cagny (80) 9 F6
Cahagnes (14) 38 A1
Cahagnolles (14) 15 H6
Cahaignes (27) 19 H6
Cahan (61) 38 C3
Caharet (65) 181 G4
Cahon (80) 8 C4
Cahors (46) 152 C3
Cahus (46) 139 F5
Cahuzac (11) 184 B3
Cahuzac (47) 151 E1
Cahuzac (81) 184 C1
Cahuzac-sur-Adour (32) 164 C5

Cahuzac-sur-Vère (81) 168 A2
Caignac (31) 183 H2
le Cailar (30) 171 H5
Cailhau (11) 184 C4
Cailhavel (11) 184 C4
Cailla (11) 198 D1
Caillac (46) 152 C3
Caillavet (32) 165 F4
Caille (06) 176 A5
la Caillère-Saint-Hilaire (85) ...92 B4
Cailleville (76) 7 E2
Caillouël-Crépigny (02) 21 H3
Caillouet-Orgeville (27) 41 F2
Cailloux-sur-Fontaines (69) ..130 A2
Cailly (76) 7 H5
Cailly-sur-Eure (27) 41 E1
la Caine (14) 16 A6
Cainet 16 B4
Cairanne (84) 158 C5
le Caire (04) 160 B4
Cairon (14) 16 B4
Caisnes (60) 21 G3
Caissargues (30) 172 A3
Caix (80) 21 E1
Caixas (66) 199 G4
Caixon (65) 181 E1
Cajarc (46) 153 F3
Calacuccia (2B) 204 D2
Calais (62) 1 G2
Calamane (46) 152 C3
Calan (56) 54 C4
Calanhel (22) 32 C5
Calavanté (65) 181 F3
Calcatoggio (2A) 204 C5
Calce (66) 199 H2
Caldégues 198 C5
Calenzana (2B) 202 C6
Calès (24) 137 F5
Calès (46) 138 C6
Calignac (47) 150 D6
Caligny (61) 38 B4
Callac 55 H5
Callac (22) 32 C5
Callas (83) 175 H5
Callen (40) 149 F4
Callengeville (76) 19 F1
Calleville (27) 18 A6
Calleville-les-Deux-Églises (76)...7 G4
Callian (32) 165 E5
Callian (83) 176 B6
Calmeilles (66) 199 G4
Calmels-et-le-Viala (12) 169 F2
la Calmette (30) 171 H2
Calmont (12) 154 B5
Calmont (31) 183 H2
Calmoutier (70) 87 H3
Caloire (42) 129 E6
Calonges (47) 150 C4
Calonne-Ricouart (62) 2 C6
Calonne-sur-la-Lys (62) 2 D5
Calorguen (22) 34 D5
la Calotterie (62) 1 F6
Caluire-et-Cuire (69) 130 A2
Calvi (2B) 202 B6
Calviac (46) 139 G5
Calviac-en-Périgord (24) 138 B5
Calvignac (46) 153 E3
Calvinet (15) 154 A1
Calvisson (30) 171 H4
Calzan (09) 184 A5
Camalès (65) 181 E2
Camarade (09) 183 E4
Camarès (12) 169 G3
Camaret-sur-Aigues (84) 158 B6
Camaret-sur-Mer (29) 30 D5
Camarsac (33) 135 G5
Cambayrac (46) 152 B4
la Cambe (14) 15 F5
Cambernard (31) 183 E1
Cambernon (50) 37 E1
Cambes (33) 135 F6
Cambes (46) 153 F2
Cambes (47) 150 C2
Cambes-en-Plaine (14) 16 B4
Cambia (2B) 205 F2
Cambiac (31) 184 A1
Cambieure (11) 184 C4
Camblain-Châtelain (62) 2 C6
Camblain-l'Abbé (62) 10 A1
Camblanes-et-Meynac (33) ..135 F6
Cambligneul (62) 10 A1
Cambo-les-Bains (64) 178 C1
le Cambon 155 E3
Cambon (81) 168 C3
Cambon-et-Salvergues (34) ..169 G5
Cambon-lès-Lavaur (81) 167 H5
Camboulazet (12) 154 B5
Camboulit (46) 153 G2
Cambounès (81) 168 D5
Cambounet-sur-le-Sor (81) ..168 B6
le Cambout (22) 55 H3
Cambrai (59) 10 D3
Cambremer (14) 17 E5
Cambrin (62) 2 D6
Cambron (80) 8 D4
Cambronne-lès-Clermont (60) ..20 C5
Cambronne-lès-Ribécourt (60)..21 F4
Camburat (46) 153 G2
Came (64) 162 D6
Camélas (66) 199 G3
Camelin (02) 21 H3
Camembert (61) 39 G3
Cametours (50) 37 F1
Camiac-et-Saint-Denis (33) ..135 G6
Camiers (62) 1 F5
Camiran (33) 150 A2
Camjac (12) 154 B6
Camlez (22) 32 D2
les Cammazes (81) 184 C1
Camoël (56) 73 F2

Camoins-les-Bains 190 D4
Camon (09) 184 B5
Camon (80) 9 G6
Camors (56) 55 E4
Campagna-de-Sault (11) 198 C5
Campagnac (12) 155 F4
Campagnac (81) 167 H1
Campagnac-lès-Quercy (24) ..152 A1
Campagnan (34) 170 C6
Campagne (24) 137 G5
Campagne (34) 171 G4
Campagne (40) 163 G3
Campagne (60) 21 G2
Campagne-d'Armagnac (32) ..164 D3
Campagne-
    -lès-Boulonnais (62) 1 H5
Campagne-lès-Guines (62) 1 G3
Campagne-lès-Hesdin (62) 8 D1
Campagne-
    -lès-Wardrecques (62) 2 B4
Campagne-sur-Arize (09) 183 F4
Campagne-sur-Aude (11) 184 D6
Campagnolles (14) 37 H3
Campan (65) 181 F5
Campana (2B) 205 F1
Campandré-Valcongrain (14) ...16 A6
Camparan (65) 195 G4
Campbon (44) 74 A3
Campeaux (14) 37 H2
Campeaux (60) 19 G3
Campel (35) 56 D4
Campénéac (56) 56 B4
Campestre-et-Luc (30) 170 C2
Campet-et-Lamolère (40) 163 G2
Camphin-en-Carembault (59)....3 F6
Camphin-en-Pévèle (59) 3 G5
Campi (2B) 205 G2
Campigneulles-
    -les-Grandes (62) 8 C1
Campigneulles-les-Petites (62)...8 D1
Campigny (14) 15 H6
Campigny (27) 17 H3
Campile (2B) 203 F6
Campistrous (65) 181 G4
Camplong (34) 170 A5
Camplong-d'Aude (11) 185 G4
Campneuseville (76) 8 C6
Campo (2A) 204 D6
Campôme (66) 199 E3
Campouriez (12) 154 C1
Campoussy (66) 199 F2
Campremy (60) 20 C3
Camprond (50) 37 E1
Camps-en-Amiénois (80) 9 E6
Camps-la-Source (83) 191 H3
Camps-Saint-Mathurin-
    -Léobazel (19) 139 F2
Camps-sur-l'Agly (11) 185 E6
Camps-sur-l'Isle (33) 136 A4
Campsas (47) 167 E3
Campsegret (24) 137 E5
Campuac (12) 154 C2
Campugnan (33) 135 F2
Campuzan (65) 181 H2
Camurac (11) 198 B2
Canac 155 F4
Canale-di-Verde (2B) 205 G2
Canals (82) 166 D3
Canaples (80) 9 F4
Canappeville (27) 40 D1
Canapville (14) 17 E3
Canapville (61) 39 G3
Canari (2B) 203 F3
Canaules-et-Argentières (30) ..171 G2
Canavaggia (2B) 203 F6
Canaveilles (66) 199 E4
Cancale (35) 35 E3
Canchy (14) 15 G5
Canchy (80) 8 D3
Cancon (47) 151 F3
Candas (80) 9 G4
Candé 75 G2
Candé-sur-Beuvron (41) 79 H5
Candes-Saint-Martin (37) 93 H1
Candillargues (34) 171 G5
Candor (60) 21 F2
Candresse (40) 163 E4
le Caneau 123 F4
Canehan (76) 8 A5
Canéjan (33) 135 E6
Canens (31) 183 F3
Canenx-et-Réaut (40) 164 A1
Canet (11) 185 H3
Canet (34) 170 C5
Canet-de-Salars (12) 154 D5
Canet-en-Roussillon (66) 201 E3
Canet-Plage 201 E3
Canettemont (62) 9 G2
Cangey (37) 79 G5
Caniac-du-Causse (46) 152 D2
Canihuel (22) 33 E6
Canilhac (48) 155 F4
Canisy (50) 37 F1
Canlers (62) 2 A6
Canly (60) 21 E5
Connectancourt (60) 21 F3
Cannelle (2A) 204 C5
Cannes (06) 193 F1
Cannes-Écluse (77) 64 C2
Cannes-et-Clairan (30) 171 G3
Cannessières (80) 8 D5
le Cannet (06) 193 F1
Cannet (32) 164 C5
le Cannet-des-Maures (83) ..192 B3
Canny-sur-Matz (60) 21 F3
Canny-sur-Thérain (60) 19 G3
Canohès (66) 200 D3
Canon 16 D5

la Canourgue (48) 155 G4
Canouville (76) 6 D3
Cantaing-sur-Escaut (59) 10 D3
Cantaous (65) 181 H4
Cantaron (06) 177 E5
Canté (09) 183 G3
Canteleu (76) 7 G6
Canteloup (14) 16 D5
Canteloup (50) 14 D2
Cantenac (33) 135 E4
Cantenay-Épinard (49) 76 D4
Cantiers (27) 19 F6
Cantigny (80) 20 D2
Cantillac (24) 123 F6
Cantin (59) 10 D2
Cantoin (12) 140 D6
Cantois (33) 149 H1
Canville-la-Rocque (50) 14 C4
Canville-les-Deux-Églises (76) ...7 F3
Cany-Barville (76) 6 D3
Caorches-Saint-Nicolas (27) ..17 H5
Caouënnec-Lanvézéac (22) ...32 D2
Caours (80) 8 D4
Cap-d'Ail (06) 177 F5
le Cap-Ferret 148 A1
Capbreton (40) 162 B4
le Cap Brun 191 G5
le Cap d'Agde 187 F2
Capdenac (46) 153 G2
Capdenac-Gare (12) 153 G2
Capdrot (24) 151 H1
la Capelle 155 G4
la Capelle (02) 12 A5
Capelle (59) 11 F3
la Capelle-Balaguier (12) 153 F4
la Capelle-Bleys (12) 153 H5
la Capelle-Bonance (12) 155 F3
la Capelle-et-Masmolène (30)..172 B1
Capelle-Fermont (62) 10 A2
la Capelle-lès-Boulogne (62) ..1 F4
la Capelle-les-Grands (27) ..17 G6
Capelle-lès-Hesdin (62) 9 E2
Capendu (11) 185 F3
Capens (31) 183 E2
Capestang (34) 186 C2
Capian (33) 149 G1
Capinghem (59) 3 F5
Caplong (33) 136 B6
Capoulet-et-Junac (09) 197 H4
Cappel (57) 27 G5
Cappelle-Brouck (59) 2 A2
Cappelle-en-Pévèle (59) 3 G6
Cappelle-la-Grande (59) 2 B2
Cappy (80) 10 B5
la Capte 192 A6
Captieux (33) 149 H5
Capvern (65) 181 G4
Capvern les Bains 181 G4
Caragoudes (31) 167 G6
Caraman (31) 167 G6
Caramany (66) 199 G2
Carantec (29) 31 H2
Carantilly (50) 37 F1
Caratel 74 D1
Carayac (46) 153 F3
Carbay (49) 57 H6
Carbes (81) 168 B5
Carbini (2A) 207 F2
Carbon-Blanc (33) 135 F5
Carbonne (31) 183 E2
Carbuccia (2A) 204 D5
Carcagny (14) 16 A4
Carcanières (09) 198 D2
Carcans (33) 134 B3
Carcans-Plage 134 B3
Carcarès-Sainte-Croix (40) ..163 F3
Carcassonne (11) 185 E3
Carcen-Ponson (40) 163 F2
Carcès (83) 175 F6
Carcheto-Brustico (2B) 205 F1
Cardaillac (46) 153 G1
Cardan (33) 149 G1
Cardeilhac (31) 182 B3
Cardesse (64) 180 A2
Cardet (30) 171 G1
Cardo-Torgia (2A) 204 D6
Cardonnette (40) 163 F2
le Cardonnois (80) 20 D2
Cardonville (14) 15 F5
Cardroc (35) 56 D1
Carel 16 D6
Carelles (53) 58 C2
Carency (62) 10 A1
Carennac (46) 139 E5
Carentan (50) 15 E5
Carentoir (56) 56 C5
Cargèse (2A) 204 B4
Cargiaca (2A) 207 E2
Carhaix-Plouguer (29) 32 B6
Carignan (08) 24 B4
Carignan-de-Bordeaux (33) ..135 F6
Carisey (89) 65 H6
Carla-Bayle (09) 183 F4
Carla-de-Roquefort (09) 184 A5
le Carlaret (09) 183 H4
Carlat (15) 140 B5
Carlencas-et-Levas (34) 170 B5
Carlepont (60) 21 G4
Carling (57) 27 F5
Carlipa (11) 184 C2
Carlucet (46) 152 D1
Carlus (81) 168 B3
Carlux (24) 138 B5
Carly (62) 1 F5
Carmaux (81) 168 B1
Carmez 55 E2
Carnac (56) 72 B1

Carnac-Rouffiac (46) 152 B4
Carnas (30) 171 G3
la Carneille (61) 38 C4
Carnet (50) 35 H5
Carnetin (77) 43 F3
Carneville (50) 14 D2
Carnières (59) 11 E3
Carnin (59) 3 F6
Carnoët (22) 32 B5
Carnon 171 G6
Carnon-Plage 171 G6
Carnoules (83) 192 A4
Carnoux-en-Provence (13) ..191 E4
Carnoy (80) 10 B5
Caro (56) 56 B4
Caro (64) 178 D3
Carolles 35 G2
Carolles (50) 36 D4
Caromb (84) 158 D6
Carpentras (84) 173 F1
Carpineto (2B) 205 G2
Carpiquet (14) 16 B4
Carquebut (50) 15 E4
Carquefou (44) 74 D4
Carqueiranne (83) 191 H5
le Carré 145 H1
Carrépuis (80) 21 F2
Carrère (64) 164 B6
Carresse-Cassaber (64) 163 E6
Carrières-sous-Poissy (78) 42 B3
Carrières-sur-Seine (78) 42 C3
Carro 190 A4
Carros (06) 176 D4
Carrouges (61) 39 E6
le Carroz 119 F6
Carry-le-Rouet (13) 190 B4
Cars (33) 135 E3
les Cars (87) 123 H4
Carsac-Aillac (24) 138 B6
Carsac-de-Gurson (24) 136 B4
Carsan (30) 157 H5
Carsix (27) 40 B1
Carspach (68) 89 F3
Cartelègue (33) 135 E2
Carteret 14 B4
Carticasi (2B) 205 F2
Cartignies (59) 11 H4
Cartigny (80) 10 C6
Cartigny-l'Épinay (14) 15 F6
Carves (24) 137 H6
Carville (14) 37 H3
Carville-la-Folletière (76) 7 F5
Carville-Pot-de-Fer (76) 7 E4
Carvin (62) 3 F6
Casabianca (2B) 205 F1
Casaglione (2A) 204 C4
Casalabriva (2A) 206 D1
Casalta (2B) 205 G1
Casamaccioli (2B) 204 D2
Casanova (2B) 205 E3
Cascastel-des-Corbières (11)..185 H5
Casefabre (66) 199 G3
Caseneuve (84) 174 A2
Cases-de-Pène (66) 199 H2
Casevecchie (2B) 205 G3
Cassagnabère-Tournas (31) ..182 B3
Cassagnas (48) 156 C5
la Cassagne (31) 182 D4
Cassagnes (46) 152 A2
Cassagnes (66) 199 G2
Cassagnoles (09) 198 D2
Cassagnoles (30) 171 G1
la Cassaigne (11) 184 B3
Cassaigne (32) 165 F2
Cassaignes (11) 184 D6
Cassan 170 B6
Cassaniouze (15) 154 B1
Cassano 202 C6
Cassel (59) 2 C3
Cassen (40) 163 F3
les Cassés (11) 184 B1
Casseneuil (47) 151 E2
Cassignas (47) 151 G5
la Cassine 24 B3
Cassis (13) 190 D5
Casson (44) 74 C3
Cassuéjouls (12) 154 D1
Cast (29) 53 F1
Castagnac (31) 183 F3
Castagnède (31) 182 D5
Castagnède (64) 163 E6
Castagniers (06) 177 E4
Castaignos-Souslens (40) ..163 G5
Castandet (40) 164 A3
Castanet (12) 154 A5
Castanet (81) 168 C2
Castanet (82) 153 F5
Castanet-le-Haut (34) 169 H5
Castanet-Tolosan (31) 167 F6
Castans (11) 185 F1
Casteide-Cami (64) 180 A1
Casteide-Candau (64) 163 H6
Casteide-Doat (64) 181 E1
Casteil (66) 199 F4
Castel-Novel 138 C2
Castel-Sarrazin (40) 163 F5
Castelbajac (65) 181 G3
Castelbiague (31) 182 C5
Castelbouc 156 A4
Castelculier (47) 151 F6
Castelferrus (82) 166 C2
Castelfranc (46) 152 B3
Castelgaillard (31) 182 B2
Castelginest (31) 167 E4
Casteljaloux (47) 150 B4

Castella (47) 151 F5
Castellane (04) 175 H2
le Castellar (46) 177 F4
Castellar (06) 177 F4
le Castellard-Melan (04) 160 C5
Castellare-di-Casinca (2B) ..203 G6
Castellare-di-Mercurio (2B) ..205 F2
le Castellet (04) 174 C2
le Castellet (83) 191 F5
Castellet (84) 174 A3
Castellet-lès-Sausses (04) ..176 A3
Castello-di-Rostino (2B) 203 F6
Castellu di Verghio 204 C2
Castelmary (12) 154 A6
Castelmaurou (31) 167 F5
Castelmayran (82) 166 C2
Castelmoron-d'Albret (33) ..150 B1
Castelmoron-sur-Lot (47) ..151 E4
Castelnau-Barbarens (32) ..166 A5
Castelnau-Chalosse (40) 163 F4
Castelnau-d'Anglès (32) 165 F5
Castelnau-d'Arbieu (32) 165 H3
Castelnau-d'Aude (11) 185 G3
Castelnau-d'Auzan (32) 164 D2
Castelnau-de-Brassac (81) ..169 E5
Castelnau-de-Guers (34) 187 F1
Castelnau-de-Lévis (81) 168 B2
Castelnau-de-Mandailles (12)..155 E3
Castelnau-de-Médoc (33) ..134 D4
Castelnau-de-Montmiral (81) ..167 H2
Castelnau-d'Estrétefonds (31)..167 E4
Castelnau-Durban (09) 183 F5
Castelnau-le-Lez (34) 171 F5
Castelnau-Magnoac (65) 181 H2
Castelnau-Montratier (46) ..152 C5
Castelnau-Pégayrols (12) ..155 E6
Castelnau-Picampeau (31) ..182 D2
Castelnau-Rivière-Basse (65)..164 C5
Castelnau-sur-Gupie (47) ..150 B2
Castelnau-sur-l'Auvignon (32)..165 G2
Castelnau-Tursan (40) 164 A5
Castelnau-Valence (30) 171 H2
Castelnaud-
    -de-Gratecambe (47) 151 F2
Castelnaud-la-Chapelle (24)..138 A6
Castelnaudary (11) 184 B2
Castelnavet (32) 165 E5
Castelner (40) 163 H5
Castelnou (66) 199 H3
Castelreng (11) 184 C5
Castels (24) 137 H5
Castelsagrat (82) 151 H5
Castelsarrasin (82) 166 C1
Castelviel (65) 181 F2
le Castéra (31) 166 D4
Castéra-Bouzet (82) 166 B2
Castéra-Lanusse (65) 181 G3
Castéra-Lectourois (32) 165 H2
Castéra-Lou (65) 181 F2
Castéra-Loubix (64) 181 E1
Castéra-Verduzan (32) 165 F3
Castéra-Vignoles (31) 182 B3
Castéras (09) 183 F4
Casterets (65) 182 A2
Castéron (32) 166 B3
Castet (64) 180 B4
Castet-Arrouy (32) 166 A2
Castetbon (64) 179 G1
Castétis (64) 163 G6
Castetnau-Camblong (64) ..179 G2
Castetner (64) 179 H1
Castetpugon (64) 164 B5
Castets (40) 162 D2
Castets-en-Dorthe (33) 149 H2
Castex (09) 183 F4
Castex (32) 181 G2
Castex-d'Armagnac (32) 164 C3
Castets-Labrande (31) 182 D2
Castifao (2B) 203 E6
Castiglione (2B) 205 E1
Castillon (06) 177 F4
Castillon (14) 15 H6
Castillon (65) 181 F4
Castillon (Canton
    d'Arthez-de-Béarn) (64) ..163 H6
Castillon (Canton
    de Lembeye) (64) 164 C6
Castillon-de-Castets (33) ..150 A2
Castillon-de-Larboust (31) ..196 A4
Castillon-
    -de-Saint-Martory (31) ..182 C4
Castillon-Debats (32) 165 E4
Castillon-du-Gard (30) 172 C2
Castillon-en-Auge (14) 17 E6
Castillon-en-Couserans (09)..182 D6
Castillon-la-Bataille (33) ..136 A5
Castillon-Massas (32) 165 G4
Castillon-Savès (32) 166 B6
Castillonnès (47) 151 F1
Castilly (14) 15 F5
Castin (32) 165 G4
Castineta (2B) 205 F2
Castirla (2B) 205 E2
Castres (02) 21 H1
Castres (81) 168 C5
Castres-Gironde (33) 149 G1
Castries (34) 171 G5
le Cateau-Cambrésis (59) ..11 F4
le Catelet (02) 11 E5
le Catelier (76) 7 G3
Catenay (76) 19 E3
Catenoy (60) 20 D5
Cateri (2B) 202 C6
Caterraggio 205 H4
Cathervielle (31) 196 A4
Catheux (60) 20 B2
Catigny (60) 21 F2
Catillon-Fumechon (60) 20 C3
Catillon-sur-Sambre (59) ..11 G4
Catllar (82) 199 F3
Catonvielle (32) 166 B5

Cattenières (59) 11 E4
Cattenom (57) 26 C3
Catteville (50) 14 C4
Catuélan 33 H5
Catus (46) 152 C2
Catz (50) 15 E5
Caubeyres (47) 150 C5
Caubiac (31) 166 C4
Caubios-Loos (64) 180 B1
Caubon-Saint-Sauveur (47) 150 C2
Caubous (31) 181 H6
Caubous (65) 181 H3
Caucalières (81) 168 C6
la Cauchie (62) 10 A3
Cauchy-à-la-Tour (62) 2 C6
Caucourt (62) 10 A1
Caudan (56) 54 C5
Caudebec-en-Caux (76) 7 E5
Caudebec-lès-Elbeuf (76) 18 C1
Caudebronde (11) 185 E2
Caudecoste (47) 151 F6
Caudeval (11) 184 B4
Caudiès-de-Conflent (66) 198 D4
Caudiès-de-Fenouillèdes (66) 199 E1
Caudrot (33) 150 A2
Caudry (59) 11 F4
Cauffry (60) 20 D5
Caugé (27) 40 D2
Caujac (31) 183 G2
Caulaincourt (02) 10 D6
le Caule-Sainte-Beuve (76) 19 F1
Caulières (80) 19 H1
Caullery (59) 11 E4
Caulnes (22) 56 C1
Caumont (02) 21 H2
Caumont (09) 182 D5
Caumont (27) 18 B5
Caumont (33) 150 B1
Caumont (62) 9 E2
Caumont (82) 166 C2
Caumont-l'Éventé (14) 38 A1
Caumont-sur-Durance (84) 173 E2
Caumont-sur-Garonne (47) 150 C3
Caumont-sur-Orne (14) 16 B6
Cauna (40) 163 G3
Caunay (79) 108 C5
Cauneille (40) 162 D5
Caunes-Minervois (11) 185 F2
la Caunette (34) 185 H2
Caunette-sur-Lauquet (11) 185 E4
Caunettes-en-Val (11) 185 F4
Caupenne (40) 163 F4
Caupenne-d'Armagnac (32) 164 C5
la Caure (51) 45 E3
Caurel (22) 55 E1
Caurel (51) 23 F5
Cauro (2A) 204 D6
Cauroir (59) 11 E3
le Cauroy 9 H2
Cauroy (08) 23 H5
Cauroy-lès-Hermonville (51) 23 E5
le Causé (82) 166 B3
Cause-de-Clérans (24) 137 F5
Caussade (82) 152 D6
Caussade-Rivière (65) 164 D6
Causse-Bégon (30) 170 B1
Causse-de-la-Selle (34) 170 D3
Causse-et-Diège (12) 153 G3
Caussens (32) 165 F2
Causses-et-Veyran (34) 186 D1
Caussiniojouls (34) 170 A6
Caussols (06) 176 B5
Caussou (09) 198 B2
Cauterets (65) 180 D6
Cauverville-en-Roumois (27) 18 A5
Cauvicourt (14) 16 C6
Cauvignac (33) 150 A3
Cauvigny (60) 20 B5
Cauville (14) 16 A6
Cauville-sur-Mer (76) 6 A5
Caux (34) 170 C6
Caux-et-Sauzens (11) 184 D3
Cauzac (47) 151 G5
Cavagnac (46) 138 C4
Cavaillon (84) 173 F3
Cavalaire-sur-Mer (83) 192 C5
la Cavalerie (12) 170 A2
Cavalière 192 C5
Cavan (22) 32 D3
Cavanac (11) 185 E4
Cavarc (47) 151 F1
Caveirac (30) 171 H3
Caves (11) 186 C6
Cavignac (33) 135 G3
Cavigny (50) 15 F6
Cavillargues (30) 157 H6
Cavillon (80) 9 F6
Cavron-Saint-Martin (62) 9 E1
Caychax (09) 198 A2
Cayeux-en-Santerre (80) 20 D1
Cayeux-sur-Mer (80) 8 B3
le Caylar (34) 170 B3
Caylus (82) 153 E5
Cayrac (82) 167 F1
Cayres (43) 142 C5
Cayriech (82) 152 D5
le Cayrol (12) 154 D2
Cayrols (15) 139 H6
Cazac (31) 182 C2
Cazalis (33) 149 G4
Cazalis (40) 163 G5
Cazalrenoux (11) 184 B3
Cazals (46) 152 B2
Cazals (82) 167 G1
Cazals-des-Baylès (09) 184 B4
Cazarilh-Laspènes (31) 196 A4
Cazaril-Tambourès (31) 181 H3
Cazarilh (65) 182 A5
Cazats (33) 149 H3

Cazaubon (32) 164 C2
Cazaugitat (33) 150 B1
Cazaunous (31) 182 B5
Cazaux (09) 183 G5
Cazaux-d'Anglès (32) 165 E5
Cazaux-Debat (65) 181 G6
Cazaux-Fréchet-
-Anéran-Camors (65) 195 H4
Cazaux-Layrisse (31) 182 A6
Cazaux-Savès (32) 166 B6
Cazaux-Villecomtal (32) 181 F1
Cazavet (09) 182 D5
Cazeaux-de-Larboust (31) 196 A4
Cazedarnes (34) 186 C1
Cazenave-Serres-
-et-Allens (09) 198 A1
Cazeneuve (32) 165 E3
Cazeneuve-Montaut (31) 182 D3
Cazères (31) 182 D3
Cazères-sur-l'Adour (40) 164 B4
Cazes-Mondenard (82) 152 B5
Cazevieille (34) 171 E4
Cazideroque (47) 151 H4
Cazilhac (34) 170 A4
Cazilhac (11) 185 E3
Cazilhac (34) 171 E2
Cazillac (46) 138 C4
Cazoulès (24) 138 C5
Cazouls-d'Hérault (34) 170 C6
Cazouls-lès-Béziers (34) 186 C2
Céaucé (61) 58 D1
Céaulmont (36) 111 E2
Céaux (50) 35 H4
Céaux-d'Allègre (43) 142 B2
Ceaux-en-Couhé (86) 108 D4
Ceaux-en-Loudun (86) 94 B3
Cébazan (34) 186 C1
Cébazat (63) 127 F2
Ceffonds (52) 67 F1
Ceignes (01) 117 F5
la Celette (18) 112 C1
la Celle (03) 113 E5
la Celle (18) 97 G5
Cellé (41) 79 E1
la Celle (63) 126 B2
la Celle (83) 191 H3
la Celle-Condé (18) 97 F5
la Celle-Dunoise (23) 111 F4
la Celle-Guenand (37) 95 F4
la Celle-en-Morvan (71) 100 C3
la Celle-les-Bordes (78) 42 B6
la Celle-Lévescault (86) 108 D3
la Celle-Saint-Avant (37) 94 D3
la Celle-Saint-Cloud (78) 42 C4
la Celle-Saint-Cyr (89) 65 E6
la Celle-
-sous-Chantemerle (51) 44 D6
la Celle-sous-Gouzon (23) 112 A5
la Celle-sous-Montmirail (02) 44 C4
la Celle-sur-Loire (58) 82 C5
la Celle-sur-Morin (77) 43 H4
la Celle-sur-Nièvre (58) 98 D1
Cellefrouin (16) 122 D2
Celleneuve 171 F5
Celles (09) 183 H6
Celles (15) 141 E3
Celles (17) 121 G4
Celles (24) 136 D2
Celles (34) 170 B5
Celles-en-Bassigny (52) 68 C6
Celles-lès-Condé (02) 44 D2
Celles-sur-Aisne (02) 22 B4
Celles-sur-Belle (79) 108 B4
Celles-sur-Durolle (63) 128 A2
Celles-sur-Ource (10) 66 D5
Celles-sur-Plaine (88) 70 C1
la Cellette (23) 111 H3
la Cellette (63) 112 D6
Cellettes (16) 122 C2
Cellettes (41) 80 A4
le Cellier (44) 75 E4
Cellier-du-Luc (07) 156 D1
Cellieu (42) 129 G5
Cellule (63) 127 F1
Celon (36) 110 D2
Celoux (15) 141 G3
Celsoy (52) 86 C1
Cély (77) 63 H2
Cemboing (70) 87 E1
Cempuis (60) 20 A2
Cénac (33) 135 F6
Cénac-et-Saint-Julien (24) 138 A6
Cenans (70) 87 G5
Cendras (30) 157 E6
le Cendre (63) 127 F3
Cendrecourt (70) 87 E1
Cendrey (25) 87 G5
Cendrieux (24) 137 G4
Cénevières (46) 153 E3
Cenne-Monestiès (11) 184 C2
Cenon (33) 135 F5
Cenon-sur-Vienne (86) 94 C5
Censeau (39) 103 G4
Censerey (21) 100 D1
Censy (89) 84 B3
les Cent-Acres (76) 7 G3
Centrès (12) 154 B6
Centuri (2B) 203 F2
Cenves (69) 116 A4
Cépet (31) 167 E4
Cépie (11) 184 D4
Cepoy (45) 64 A5
Céran (32) 165 H3
Cérans-Foulletourte (72) 78 A1
Cerbère (66) 201 F5
Cerbois (18) 97 E2

Cercanceaux 64 A4
Cercié (69) 116 A5
Cercier (74) 118 B6
Cercles (24) 136 D1
Cercottes (45) 62 D6
Cercoux (17) 135 H3
le Cercueil (61) 39 F6
Cercy-la-Tour (58) 99 G4
Cerdon (01) 117 F5
Cerdon (45) 81 G3
Cère (40) 163 H2
Céré-la-Ronde (37) 95 G1
Cerelles (37) 78 D4
Cérences (50) 35 G1
Céreste (04) 174 B3
Céret (66) 199 H4
Cerfontaine (59) 12 A2
le Cergne (42) 115 G5
Cergy (95) 42 B2
Cérilly (03) 113 E1
Cérilly (21) 84 D1
Cérilly (89) 65 G4
Cerin 131 F2
Cerisé (61) 60 A2
Cerisières (52) 67 H3
Cerisiers (89) 65 F4
Cerisy (80) 10 A6
Cerisy-Belle-Étoile (61) 38 B4
Cerisy-Buleux (80) 8 D5
Cerisy-la-Forêt (50) 15 G6
Cerisy-la-Salle (50) 37 F2
Cerizay (79) 92 D5
Cérizols (09) 182 D4
Cerizy (02) 22 A1
la Cerlangue (76) 6 C5
Cernans (39) 103 F3
Cernay (14) 17 F6
Cernay (28) 61 H2
Cernay (68) 89 E1
Cernay (86) 94 B5
Cernay-en-Dormois (51) 24 C5
Cernay-la-Ville (78) 42 B5
Cernay-l'Église (25) 88 C6
Cernay-lès-Reims (51) 23 F6
Cerneux (77) 44 B5
Cernex (74) 118 B5
Cerniébaud (39) 103 G5
Cernion (08) 23 G1
Cernon (39) 117 G3
Cernon (51) 45 H4
Cernoy (60) 20 D4
Cernoy-en-Berry (45) 82 A4
Cernusson (49) 93 E1
Cerny (91) 63 G1
Cerny-en-Laonnois (02) 22 C4
Cerny-lès-Bucy (02) 22 B3
Céron (71) 114 D4
Cérons (33) 149 G2
Cerqueux (14) 17 G4
les Cerqueux (49) 92 D3
les Cerqueux-
-sous-Passavant (49) 93 E2
Cerre-lès-Noroy (70) 87 H3
Cers (34) 187 E2
Cersay (79) 93 F3
Cerseuil (02) 22 B5
Cersot (71) 101 E6
Certilleux (88) 68 D2
Certines (01) 117 E5
Cervens (74) 118 D3
Cervières (05) 147 F5
Cervières (42) 128 B2
Cerville (54) 49 E5
Cervione (2B) 205 G2
Cervon (58) 99 H1
Cerzat (43) 141 H3
Cesancey (39) 102 C6
Césarches (73) 132 C3
Césarville-Dossainville (45) 63 F3
Cescau (09) 182 D6
Cescau (64) 180 B1
Cesny-aux-Vignes (14) 16 D5
Cesny-Bois-Halbout (14) 16 B6
Cessac (33) 135 H6
Cessales (31) 184 A1
Cesse (55) 24 D3
Cessenon-sur-Orb (34) 186 C1
Cessens (73) 131 H2
Cesseras (34) 185 G2
Cesset (03) 113 G4
Cesseville (27) 40 D1
Cessey (25) 103 F2
Cessey-sur-Tille (21) 86 A6
Cessières (02) 22 B3
Cessieu (38) 131 E4
Cesson (77) 43 F6
Cesson-Sévigné (35) 57 F2
Cessoy-en-Montois (77) 64 D1
Cessy (01) 118 B3
Cessy-les-Bois (58) 82 D6
Cestas (33) 135 E6
Cestayrols (81) 168 A2
Ceton (61) 61 E4
Cette-Eygun (64) 180 A5
Céüse 2000 ....160 A2
Cevins (73) 132 D4
Ceyras (34) 170 C5
Ceyrat (63) 127 F3
Ceyreste (13) 191 E5
Ceyroux (23) 111 E6
Ceyssac (43) 142 C4
Ceyssat (63) 126 D3
Ceyzériat (01) 117 E5
Ceyzérieu (01) 131 G2
Cézac (33) 135 F3
Cézac (46) 152 C4
Cezais (85) 107 F1
Cézan (32) 165 G3
Cezay (42) 128 C3
Cézens (15) 140 D4
Cézia (39) 117 G3

Cézy (89) 65 E6
Chabanais (16) 123 F2
la Chabanne (03) 114 C6
Chabanon 160 D4
la Chabasse 128 A4
Chabanet 110 D1
Chabestan (05) 159 H3
Chabeuil (26) 144 C5
Chablis (89) 83 H2
Chabons (38) 131 E6
Chabottes (05) 160 C1
Chabournay (86) 94 B6
Chabrac (16) 123 F1
Chabreloche (63) 128 B2
Chabrignac (19) 138 B1
Chabrillan (26) 158 C1
Chabris (36) 96 C1
Chacé (49) 93 G1
Chacenay (10) 66 D4
Chacrise (02) 22 B5
Chadebec 138 D2
Chadeleuf (63) 127 F5
Chadenac (17) 121 F5
Chadenet (48) 156 B3
Chadrac (43) 142 C4
Chadron (43) 142 C5
Chadurie (16) 122 B5
le Chaffal (26) 144 D5
le Chaffaut-Saint-Jurson (04) 175 E1
Chaffois (25) 103 H3
Chagey (70) 88 C3
Chagnon (42) 129 G5
Chagny (08) 24 A3
Chagny (71) 101 F4
Chahaignes (72) 78 C2
la Chamba (42) 128 B3
Chahains (61) 39 E6
Chaignay (21) 85 G2
Chaignes (27) 41 F2
Chail (79) 108 B4
Chaillac (36) 110 C3
Chaillac-sur-Vienne (87) 123 G2
Chailland (53) 58 C3
Chaillé-les-Marais (85) 106 D3
Chaillé-sous-
-les-Ormeaux (85) 91 G5
Chailles (41) 79 H4
Chaillevette (17) 120 C3
Chaillevois (02) 22 B3
Chailley (89) 65 G5
Chaillol 1600 ....160 C1
Chaillon (55) 47 H2
Chailloué (61) 39 G5
Chailly-en-Bière (77) 63 H2
Chailly-en-Brie (77) 44 A4
Chailly-en-Gâtinais (45) 63 H6
Chailly-lès-Ennery (57) 26 C4
Chailly-sur-Armançon (21) 100 D1
Chainaz-les-Frasses (74) 132 A3
Chaînée-des-Coupis (39) 102 C4
Chaingy (45) 80 C1
Chaintré (71) 116 B4
Chaintreaux (77) 64 B4
Chaintrix-Bierges (51) 45 G3
la Chaise (10) 67 E2
la Chaise-Baudouin (50) 37 F4
la Chaise-Dieu (43) 142 B1
Chaise-Dieu-du-Theil (27) 40 B4
Chaix (85) 107 E2
la Chaize-Giraud (85) 90 D4
la Chaize-le-Vicomte (85) 91 G4
Chalabre (11) 184 C5
Chalagnac (24) 137 F3
Chalain-d'Uzore (42) 128 C4
Chalain-le-Comtal (42) 129 E4
Chalaines (55) 48 A6
Chalais (16) 136 B2
Chalais (24) 136 C1
Chalais (36) 110 C2
Chalais (86) 93 H3
Chalamont (01) 116 D6
Chalampé (68) 71 G6
Chalancey (52) 85 H3
Chalancon (26) 159 E3
Chalandray (86) 93 H6
Chalandry (02) 22 C2
Chalandry-Élaire (08) 24 B2
le Chalange (61) 39 G6
le Chalard (87) 124 A5
Chalautre-la-Grande (77) 65 F1
Chalautre-la-Petite (77) 65 E1
Chalaux (58) 84 A6
la Chaldette 141 E6
Chaleins (01) 116 B6
Chaleix (24) 123 G6
Chalencon (07) 143 G5
Chalencon 142 D2
les Chalesmes (39) 103 F6
Chalet Hôtel des Cortalets 199 F4
le Chalet Reynard 159 E6
les Chalets d'Irati 179 F4
Châlette-sur-Loing (45) 64 A6
Chalette-sur-Voire (10) 66 D2
Chaley (01) 131 E1
Chalèze (25) 87 G6
Chalezeule (25) 87 F6
Chaliers (15) 141 G5
Chalifert (77) 43 G3
Chaligny (54) 48 C5
Chalinargues (15) 141 E3
Chalindrey (52) 86 B1
Chalmazel (42) 128 B4
Chalmoux (71) 114 D1
Chalo-Saint-Mars (91) 63 E2
le Chalon (26) 144 C2
Chalon-sur-Saône (71) 101 G5
Chalonnes-sous-le-Lude (49) 78 A4
Chalonnes-sur-Loire (49) 75 H4
Châlons (38) 130 B6
Châlons-du-Maine (53) 58 D4
Châlons-en-Champagne (51) 45 H3
Châlons-sur-Vesle (51) 23 E5
Châlonvillars (70) 88 C2
Chalou-Moulineux (91) 63 E2
la Chalp 147 F5
Chaltrait (51) 45 F3
Chalus (63) 127 F6
Châlus (87) 123 H4
Chaluzy 98 D3
Chalvignac (15) 139 H2
Chalvraines (52) 68 B3
Chamadelle (33) 136 A3
Chamagne (88) 69 G1
Chamagnieu (38) 130 C3
Chamalières (63) 127 E3
Chamalières-sur-Loire (43) 142 D2
Chamaloc (26) 145 E6
Chamant (60) 21 E6
Chamarande (91) 63 F1
Chamarandes-Choignes (52) 68 A4
Chamaret (26) 158 B4
la Chamba (42) 128 B3
Chambain (21) 85 G2
Chamberaud (23) 111 H6
Chambeire (21) 86 B6
Chambellay (49) 76 D2
Chambéon (42) 129 E3
Chambérat (03) 112 B3
Chamberet (19) 125 E5
Chambéria (39) 117 G2
Chambéry (73) 131 H4
Chambeugle (89) 82 C1
Chambezon (43) 141 G1
Chambilly (71) 115 E4
Chamblac (27) 17 H6
Chamblanc (21) 102 A3
Chamblay (39) 102 D3
Chambles (42) 129 E6
Chamblet (03) 112 D4
Chambley-Bussières (54) 26 A6
Chambly (60) 42 C1
Chambœuf (21) 101 G1
Chambœuf (42) 129 F5
Chambois (61) 39 F4
Chambolle-Musigny (21) 101 G1
le Chambon (07) 143 F5
Chambon (17) 107 E5
Chambon (18) 97 G5
Chambon (30) 156 D5
Chambon (37) 95 E5
Chambon-des-Neiges 126 D5
le Chambon-Feugerolles (42) 129 F6
Chambon-la-Forêt (45) 63 F5
Chambon-le-Château (48) 142 B5
Chambon-Sainte-Croix (23) 111 F3
Chambon-sur-Cisse (41) 79 H4
Chambon-sur-Dolore (63) 128 A5
Chambon-sur-Lac (63) 126 D5
le Chambon-sur-Lignon (43) 143 F4
Chambon-sur-Voueize (23) 112 C5
Chambonas (07) 157 E4
Chambonchard (23) 112 C5
la Chambonie (42) 128 B3
Chamborand (23) 111 E5
Chambord (27) 40 A3
Chambord (41) 80 B3
Chamboret (87) 124 A1
Chamborigaud (30) 156 D5
Chambornay-
-lès-Bellevaux (70) 87 G5
Chambornay-lès-Pin (70) 87 E5
Chambors (60) 19 H6
Chambost-Allières (69) 115 H6
Chambost-Longessaigne (69) 129 F3
la Chambotte 131 H2
Chamboulive (19) 125 E6
Chambourcy (78) 42 B3
Chambourg-sur-Indre (37) 95 F2
Chambray (27) 41 F2
Chambray-lès-Tours (37) 78 D6
la Chambre (73) 132 C6
Chambrecy (51) 45 E1
les Chambres (50) 35 H2
Chambretaud (85) 92 A4
Chambrey (57) 49 E4
Chambroncourt (52) 68 B2
Chambry (02) 22 C3
Chambry (77) 43 G2
Chaméane (63) 127 H5
Chamelet (69) 129 G1
Chamery (51) 45 F1
Chamesey (25) 88 B6
Chamesol (25) 88 C5
Chamesson (21) 85 E2
Chameyrat (19) 138 D2
Chamigny (77) 44 A3
Chamilly (71) 101 F4
Chammes (53) 59 F5
Chamole (39) 102 D4
Chamonix-Mont-Blanc (74) 133 F1
Chamouillac (17) 135 F1
Chamouille (02) 22 C4
Chamouilley (52) 47 E6
Chamousset (73) 132 B4
Chamoux (89) 83 G5
Chamoux-sur-Gelon (73) 132 B4
Chamoy (10) 66 A5
le Champ-de-la-Pierre (61) 38 D6

Champ-d'Oiseau (21) 84 D4
Champ-Dolent (27) 40 D3
Champ-du-Boult (14) 37 G4
Champ-Haut (61) 39 G5
Champ-Laurent (73) 132 B5
le Champ-près-Froges (38) 145 H1
le Champ-Saint-Père (85) 91 G6
Champ-sur-Barse (10) 66 D3
Champ-sur-Drac (38) 145 G3
Champ-sur-Layon (49) 76 D6
Champagnac (15) 140 A1
Champagnac (17) 121 G6
Champagnac-de-Belair (24) 123 F6
Champagnac-la-Noaille (19) 139 G1
Champagnac-la-Prune (19) 139 F3
Champagnac-la-Rivière (87) 123 G3
Champagnac-le-Vieux (43) 141 H1
Champagnat (23) 125 H1
Champagnat (71) 117 E2
Champagnat-le-Jeune (63) 127 H6
Champagne (07) 144 A1
Champagne (17) 120 D2
Champagne (28) 41 G5
Champagné 60 B5
Champagne-
-au-Mont-d'Or (69) 130 A3
Champagne-en-Valromey (01) 131 F1
Champagne-et-Fontaine (24) 122 D5
Champagné-le-Sec (86) 108 D5
Champagne-les-Marais (85) 106 D3
Champagne-Mouton (16) 122 D1
Champagné-
-Saint-Hilaire (86) 109 E4
Champagne-sur-Loue (39) 103 E2
Champagne-sur-Oise (95) 42 C1
Champagne-sur-Seine (77) 64 B2
Champagne-
-sur-Vingeanne (21) 86 B5
Champagne-Vigny (16) 122 B5
Champagneux (73) 131 F4
Champagney (25) 87 E5
Champagney (39) 86 C6
Champagney (70) 88 B2
Champagnier (38) 145 G3
Champagnole (39) 103 F5
Champagnolles (17) 121 F5
Champagny (21) 85 F5
Champagny-en-Vanoise (73) 133 E6
Champagny-
-sous-Uxelles (71) 116 A1
Champallement (58) 99 F1
Champanges (74) 119 E3
Champaubert (51) 45 E3
Champcella (05) 147 E6
Champcenest (77) 44 B5
Champcerie (61) 38 D4
Champcervon (50) 35 H2
Champcevinel (24) 137 F2
Champcevrais (89) 82 C2
Champcey (50) 35 G3
Champclause (43) 143 E4
Champcueil (91) 63 G1
Champdeniers-
-Saint-Denis (79) 107 H2
Champdeuil (77) 43 F6
Champdieu (42) 128 D4
Champdivers (39) 102 B3
Champdolent (17) 120 D1
Champdor (01) 117 G6
Champdôtre (21) 102 B1
Champdray (88) 70 B4
Champeau-en-Morvan (21) 100 B3
Champeaux (35) 57 H3
Champeaux (50) 35 G3
les Champeaux (61) 39 F4
Champeaux (77) 43 G6
Champeaux-et-
-la-Chapelle-Pommier (24) 123 E5
Champeaux-sur-Sarthe (61) 39 H5
Champeix (63) 127 F4
Champenard (27) 41 F1
la Champenoise (36) 96 C4
Champenoux (54) 49 E4
Champéon (53) 59 E2
Champétières (63) 128 B5
Champey (70) 88 C3
Champey-sur-Moselle (54) 48 C3
Champfleur (72) 60 A2
Champfleury (10) 45 E5
Champfleury (51) 23 E6
Champforgeuil (71) 101 G5
Champfrémont (53) 59 H2
Champfromier (01) 117 H5
Champgenéteux (53) 59 F3
Champguyon (51) 44 C4
Champhol (28) 62 B1
Champien (80) 21 F2
Champier (38) 130 D6
Champigné (49) 76 D3
Champignelles (89) 82 C2
Champigneul-
-Champagne (51) 45 G3
Champigneul-sur-Vence (08) 24 A2
Champigneulle (08) 24 C4
Champigneulles (54) 48 C4
Champigneulles-
-en-Bassigny (52) 68 C4
Champignol-
-lez-Mondeville (10) 67 E4
Champigny (21) 101 H5
Champignolles (21) 101 F2
Champigny 93 E3
Champigny (51) 23 E6
Champigny (89) 64 D3
Champigny-en-Beauce (41) 79 H3
Champigny-la-Futelaye (27) 41 E3
Champigny-le-Sec (86) 94 A6
Champigny-lès-Langres (52) 68 B5

254

Champigny-
 sous-Varennes (52) 86 D1
Champigny-sur-Aube (10) 45 G6
Champigny-sur-Marne (94) ...43 E4
Champigny-sur-Veude (37) 94 B3
Champillet (36) 111 H2
Champillon (51) 45 F2
Champis (07) 144 A4
Champlan (91) 42 D5
Champlat-et-Boujacourt (51) ...45 G6
Champlay (89) 65 F6
Champlecy (71) 115 F2
Champlemy (58) 99 E1
Champlin (08) 12 C6
Champlin (58) 99 F1
Champlitte (70) 86 C3
Champlive (25) 87 G6
Champlost (89) 65 G5
Champmillon (16) 122 B4
Champmotteux (91) 63 G3
Champnétery (87) 124 D2
Champneuville (55) 25 E6
Champniers (16) 122 C3
Champniers (86) 109 E4
Champniers-et-Reilhac (24) ...123 F4
Champoléon (05) 146 C6
Champoly (42) 128 C2
Champosoult (61) 39 G3
Champougny (55) 48 A6
Champoulet (45) 82 C3
Champoux (25) 87 G5
Champrenault (21) 85 F5
Champrepus (50) 35 H2
Champrond (72) 61 E5
Champrond-en-Gâtine (28) 61 G2
Champrond-en-Perchet (28) ...61 F3
Champrougier (39) 102 C4
Champs (02) 21 H3
Champs (61) 40 A6
Champs (63) 113 G6
les Champs-de-Losque (50) ...15 E6
les Champs-Géraux (22) 34 D5
Champs-Romain (24) 123 F5
Champs-sur-Marne (77) 43 F4
Champs-sur-Tarentaine-
 -Marchal (15) 126 B6
Champs-sur-Yonne (89) 83 G2
Champsac (87) 123 H3
Champsanglard (23) 111 G4
Champsecret (61) 38 B6
Champseru (28) 62 C1
Champsevraine (52) 86 C2
Champtercier (04) 160 C6
Champteussé-
 sur-Baconne (49) 76 D3
Champtocé-sur-Loire (49) 75 H3
Champtoceaux (49) 75 E4
Champtonnay (70) 86 D5
Champvallon (89) 65 E6
Champvans (39) 102 C2
Champvans (70) 86 C5
Champvans-les-Moulins (25) ...87 E6
Champvert (71) 99 F5
Champvoisy (51) 44 D1
Champvoux (58) 98 D2
Chamrousse (38) 145 H3
Chamvres (89) 65 E6
Chanac (48) 155 H3
Chanac-les-Mines (19) 139 E2
Chanaleilles (43) 141 H5
Chanas (38) 144 A1
Chanat-la-Mouteyre (63) 127 E2
Chanay (01) 117 H6
Chanaz (73) 131 G2
Chançay (37) 79 E5
Chancé (35) 57 G3
Chanceaux (21) 85 F4
Chanceaux-près-Loches (37) ...95 F2
Chanceaux-sur-Choisille (37) ...78 D5
Chancelade (24) 137 F2
Chancenay (52) 46 D5
Chancey (70) 86 D6
Chancia (39) 117 G3
Chandai (61) 40 B5
Chandolas (07) 157 F4
Chandon (42) 115 F5
Chanéac (07) 143 F5
Chaneins (01) 116 B5
Chânes (71) 116 B4
Change (24) 137 G2
Changé (53) 58 C4
Change (71) 101 E4
Changé (72) 60 B6
Changey (52) 68 B6
Changis-sur-Marne (77) 43 H3
Changy (42) 114 D5
Changy (51) 46 C4
Changy (71) 115 F3
Chaniat (43) 141 H1
Chaniers (17) 121 F3
Channay (21) 84 C1
Channay-sur-Lathan (37) 78 B5
Channes (10) 66 C6
Chanonat (63) 127 F4
Chanos-Curson (26) 144 B3
Chanousse (05) 159 G4
Chanoy (52) 68 A6
Chanoz-Châtenay (01) 116 C5
Chanteau (45) 62 D6
Chantecoq (45) 64 C5
Chantecorps (79) 108 B2
Chanteheux (54) 49 F5
Chanteix (19) 138 D1
Chantelle (03) 113 G4
Chanteloup (27) 40 D3
Chanteloup (35) 57 F4
Chanteloup (50) 35 G1
Chanteloup (79) 92 D2
Chanteloup-en-Brie (77) 43 F4
Chanteloup-les-Bois (49) 92 D2
Chanteloup-les-Vignes (78) ...42 B3

Chantelouve (38) 146 A4
Chantemerle (51) 44 D6
Chantemerle-les-Blés (26) 144 B3
Chantemerle-lès-Grignan (26)...158 B4
Chantemerle-sur-la-Soie (17) ...121 E1
Chantenay-Saint-Imbert (58) ...98 D6
Chantenay-Villedieu (72) 59 G6
Chantepie (35) 57 F3
Chantérac (24) 136 D2
Chanteraine (55) 47 G5
Chanterelle (15) 140 D1
Chantes (70) 87 E3
Chantesse (38) 145 E2
Chanteuges (43) 142 A3
Chantillac (16) 135 H1
Chantilly 78 B5
Chantilly (60) 43 E1
Chantonnay (85) 92 A6
Chantraine (88) 69 H4
Chantraines (52) 68 A3
Chantrans (25) 103 G2
Chantrigné (53) 59 E2
Chanu (61) 38 A5
Chanville (57) 26 D6
Chanzeaux (49) 76 D6
Chaon (41) 81 F4
Chaouilley (54) 69 F1
Chaource (10) 66 B5
Chaourse (02) 23 E2
Chapaize (71) 116 A1
Chapareillan (38) 132 A5
Chapdes-Beaufort (63) 126 D2
Chapdeuil (24) 136 D1
Chapeau (03) 114 B2
Chapeiry (74) 132 A2
Chapelaine (51) 46 A6
la Chapelaude (03) 112 C3
la Chapelle 113 G6
la Chapelle 114 B6
la Chapelle (08) 24 C1
la Chapelle (16) 122 B2
la Chapelle (73) 132 C5
la Chapelle-Achard (85) 91 E5
la Chapelle-Agnon (63) 128 A4
la Chapelle-Anthenaise (53) ...58 D4
la Chapelle-au-Mans (71) 114 D1
la Chapelle-au-Moine (61) 38 B5
la Chapelle-au-Riboul (53) 59 E3
la Chapelle-Aubareil (24) 138 A4
la Chapelle-aux-Bois (88) 69 H5
la Chapelle-aux-Brocs (19) ...138 D3
la Chapelle-aux-Chasses (03) ...99 F6
la Chapelle-aux-Choux (72) ...78 B3
la Chapelle-
 -aux-Filtzméens (35) 35 E6
la Chapelle-aux-Lys (85) 92 D6
la Chapelle-aux-Naux (37) 78 C6
la Chapelle-aux-Saints (19) ...139 E4
la Chapelle-Baloue (23) 111 E3
la Chapelle-Basse-Mer (44) ...75 E4
la Chapelle-Bâton (79) 108 A2
la Chapelle-Bâton (86) 109 E5
la Chapelle-Bayvel (27) 17 G4
la Chapelle-Bertin (43) 142 A2
la Chapelle-Bertrand (79) 108 B1
la Chapelle-Biche (61) 38 B5
la Chapelle-Blanche (22) 56 C1
la Chapelle-Blanche (73) 132 A5
la Chapelle-Blanche-
 -Saint-Martin (37) 95 E2
la Chapelle-Bouëxic (35) 56 D4
la Chapelle-Caro (56) 56 A4
la Chapelle-Cécelin (50) 37 F4
la Chapelle-Chaussée (35) 57 E1
la Chapelle-Craonnaise (53) ...58 B6
la Chapelle-d'Abondance (74) ...119 G3
la Chapelle-d'Alagnon (15) 140 D3
la Chapelle-d'Aligné (72) 77 G2
la Chapelle-d'Andaine (61) 38 C6
la Chapelle-d'Angillon (18) 81 G6
la Chapelle-
 -d'Armentières (59) 3 E4
la Chapelle-d'Aunainville (28) ...62 D2
la Chapelle-d'Aurec (43) 143 E1
la Chapelle-de-Bragny (71) ...116 B1
la Chapelle-de-Brain (35) 56 D6
la Chapelle-de-Guinchay (71) ...116 B4
la Chapelle-de-la-Tour (38) ...131 E4
la Chapelle-de-Mardore (69) ...115 G6
la Chapelle-de-Surieu (38) 130 B6
la Chapelle-des-Bois (25) 118 B1
la Chapelle-
 -des-Fougeretz (35) 57 E2
la Chapelle-des-Marais (44) ...73 G3
la Chapelle-des-Pots (17) 121 F3
la Chapelle-
 -devant-Bruyères (88) 70 C3
la Chapelle-d'Huin (25) 103 G3
la Chapelle-du-Bard (38) 132 B6
la Chapelle-du-Bois (72) 60 D4
la Chapelle-
 -du-Bois-des-Faulx (27) 41 E1
la Chapelle-du-Bourgay (76) ...7 G3
la Chapelle-du-Châtelard (01)...116 C6
la Chapelle-du-Genêt (49) 75 G5
la Chapelle-du-Lou (35) 56 D1
la Chapelle-
 -du-Mont-de-France (71) 115 H3
la Chapelle-
 -du-Mont-du-Chat (73) 131 H3
la Chapelle-du-Noyer (28) 61 H5
la Chapelle-en-Juger (50) 37 F1
la Chapelle-en-Lafaye (42) 128 C6
la Chapelle-en-Serval (60) 43 E1
la Chapelle-
 -en-Valgaudémar (05) 146 B5
la Chapelle-en-Valjouffrey (38)...146 A5
la Chapelle-en-Vercors (26) ...145 E4
la Chapelle-en-Vexin (95) 41 H1
la Chapelle-Enchérie (41) 79 H2

la Chapelle-Engerbold (14)......38 B3
la Chapelle-Erbrée (35)............58 A4
la Chapelle-Faucher (24) 137 F1
la Chapelle-Felcourt (51) 46 C2
la Chapelle-Forainvilliers (28) ...41 G5
la Chapelle-Fortin (28) 40 C6
la Chapelle-Gaceline (56) 56 C5
la Chapelle-Gaudin (79) 93 E4
la Chapelle-Gaugain (72) 78 D2
la Chapelle-Gauthier (28) 17 G6
la Chapelle-Gauthier (77) 64 B1
la Chapelle-Geneste (43) 142 B1
la Chapelle-Glain (44) 75 F1
la Chapelle-Gonaguet (24) 137 E2
la Chapelle-Grésignac (24) 122 D6
Chapelle-Guillaume (28) 61 F5
la Chapelle-Hareng (27) 17 G5
la Chapelle-Haute-Grue (14) ...17 E6
la Chapelle-Hermier (85) 91 E4
la Chapelle-Heulin (44) 75 E5
la Chapelle-Hugon (18) 98 C4
la Chapelle-Hullin (49) 76 A2
la Chapelle-Huon (72) 79 E1
la Chapelle-Iger (77) 43 H6
la Chapelle-Janson (35) 58 B2
la Chapelle-la-Reine (77) 63 H3
la Chapelle-Lasson (51) 45 E6
la Chapelle-Launay (44) 74 A3
la Chapelle-Laurent (15) 141 G3
la Chapelle-lès-Luxeuil (70) 87 H1
la Chapelle-Marcousse (63) ...127 F6
la Chapelle-Montabourlet (24)...122 D6
la Chapelle-
 -Montbrandeix (87) 123 G4
la Chapelle-Monthodon (02) 44 D2
la Chapelle-Montligeon (61) 60 D1
la Chapelle-Montlinard (18) 98 C2
la Chapelle-Montmartin (41) 96 C1
la Chapelle-Montmoreau (24) ...123 F6
la Chapelle-Montreuil (86) 108 D2
Chapelle-Morthemer 109 G2
la Chapelle-Moulière (86) 96 C6
la Chapelle-Moutils (77) 44 C4
la Chapelle-Naude (71) 116 D1
la Chapelle-Neuve (22) 32 C4
la Chapelle-Neuve (56) 55 F4
la Chapelle-Onzerain (45) 62 B5
la Chapelle-Orthemale (36) 96 A5
la Chapelle-Palluau (85) 91 E3
la Chapelle-Pouilloux (79) 108 C5
la Chapelle-près-Sées (61) 39 F6
la Chapelle-Rablais (77) 64 C1
la Chapelle-Rainsouin (53) 59 E5
la Chapelle-Rambaud (74) 118 C5
la Chapelle-Réanville (27) 41 F2
la Chapelle-Rousselin (49) 75 H5
Chapelle-Royale (28) 61 G4
la Chapelle-Saint-André (54) ...83 E5
la Chapelle-Saint-Aubert (35)...57 H1
la Chapelle-Saint-Aubin (72) ...60 A2
la Chapelle-Saint-Étienne (79) ...92 D6
la Chapelle-Saint-Florent (49)...75 F4
la Chapelle-Saint-Fray (72) 60 A5
la Chapelle-Saint-Géraud (19) 139 F4
la Chapelle-Saint-Jean (24) ...138 A2
la Chapelle-Saint-Laud (49) 77 F3
la Chapelle-
 -Saint-Laurent (79) 93 E5
la Chapelle-
 -Saint-Laurian (36) 96 C3
la Chapelle-Saint-Luc (10) 66 B3
la Chapelle-Saint-Martial (23)...125 F1
la Chapelle-Saint-Martin (73) ...131 G4
la Chapelle-Saint-Martin-
 -en-Plaine (41) 80 A3
la Chapelle-
 -Saint-Maurice (74) 132 B2
la Chapelle-
 -Saint-Mesmin (45) 80 D1
la Chapelle-Saint-Ouen (76) ...19 E3
la Chapelle-Saint-Quillain (70)...87 E4
la Chapelle-Saint-Rémy (72) ...60 C5
la Chapelle-Saint-Robert 123 E5
la Chapelle-
 -Saint-Sauveur (44) 75 G3
la Chapelle-
 -Saint-Sauveur (71) 102 B4
la Chapelle-
 -Saint-Sépulcre (45) 64 B6
la Chapelle-Saint-Sulpice (77)...64 D1
la Chapelle-Saint-Ursin (18) ...97 G3
la Chapelle-Souëf (61) 60 D3
la Chapelle-
 -sous-Brancion (71) 116 B1
la Chapelle-sous-Dun (71) 115 F4
la Chapelle-sous-Orbais (51) ...45 E3
la Chapelle-sous-Uchon (71) ...100 C5
Chapelle-Spinasse (19) 139 G1
la Chapelle-sur-Aveyron (45) ...82 B1
la Chapelle-sur-Chézy (02) 44 B3
la Chapelle-sur-Coise (69) 129 G4
la Chapelle-sur-Crécy 43 G4
les Chapelles 131 H4
Charmois (88) 69 G2
la Chapelle-sur-Dun (76) 7 F2
la Chapelle-sur-Erdre (44)......74 C4
la Chapelle-sur-Furieuse (39) ...103 E4
la Chapelle-sur-Loire (37) 94 A1
la Chapelle-sur-Oreuse (49) ...65 E3
la Chapelle-sur-Oudon (49) ...75 H1
la Chapelle-sur-Usson (63) 127 H6
la Chapelle-sur-Vire (50) 37 G2
la Chapelle-Taillefert (23) 111 G6
la Chapelle-Thècle (71) 116 D1
la Chapelle-Thémer (85) 107 E1
la Chapelle-Thireuil (79) 107 G1
la Chapelle-Thouarault (35) 57 E2
la Chapelle-Urée (50) 37 F5
Chapelle-Vallon (10) 66 A2
la Chapelle-Vaupelteigne (89)...83 H1
la Chapelle-Vendômoise (41) ...79 H3
la Chapelle-Vicomtesse (41) ...61 G6
la Chapelle-Viel (61) 40 A5

la Chapelle-Villars (42) 129 H5
la Chapelle-Viviers (86) 109 G2
Chapelle-Voland (39) 102 B5
la Chapelle-Yvon (14) 17 G5
les Chapelles (73) 133 E4
les Chapelles-Bourbon (77) 43 G5
la Chapelle du Chêne 77 F1
la Chapelotte (18) 81 H6
Chapelon (45) 63 H5
la Chapelotte (18) 81 H6
Chapois (39) 103 F4
Chaponnay (69) 130 B4
Chaponost (69) 129 H3
Chappes (03) 113 F3
Chappes (08) 23 G2
Chappes (10) 66 C4
Chappes (63) 127 F2
Chaptelat (63) 113 G6
Chaptuzat (63) 113 G6
la Charce (26) 159 F3
Charcé-Saint-Ellier-
 -sur-Aubance (49) 77 E6
Charcenne (70) 87 E5
Charchigné (53) 59 F2
Charchilla (39) 117 H2
Charcier (39) 103 E6
Chard (23) 126 B1
Chardeny (08) 24 A4
Chardogne (55) 47 E4
Chardonnay (71) 116 B2
Chareil-Cintrat (03) 113 G4
Charency (21) 85 F5
Charency-Vezin (54) 25 F3
Charens (26) 159 F2
Charensat (63) 126 C1
Charentay (69) 116 A6
Charentenay (89) 83 F3
Charentilly (37) 78 D5
Charenton-du-Cher (18) 98 A6
Charenton-le-Pont (94) 42 D4
Charentonnay (18) 98 B2
Charette (38) 131 E2
Charette-Varennes (71) 102 A4
Charey (54) 26 A6
Charézier (39) 117 H1
Chargé (37) 79 E5
Chargey-lès-Gray (70) 86 C4
Chargey-lès-Port (70) 87 F2
Chariez (70) 87 F3
Charigny (21) 84 D5
la Charité-sur-Loire (58) 98 C2
Charix (01) 117 G5
Charlas (31) 182 B3
Charleval (13) 173 G4
Charleval (27) 19 E5
Charleville (51) 44 D4
Charleville-Mézières (08) 24 A1
Charleville-sous-Bois (57) 26 D4
Charleval (42) 115 F5
Charly (02) 44 B3
Charly (18) 98 A4
Charly (69) 130 A4
Charly-Oradour (57) 26 C5
Charmant (16) 122 C5
Charmauvillers (25) 88 D6
Charmé (16) 122 B1
Charmeil (03) 114 A5
le Charmel (02) 44 C1
Charmensac (15) 141 F2
Charmentray (77) 43 G3
Charmes (02) 22 A2
Charmes (03) 113 H6
Charmes (21) 86 B5
Charmes (52) 68 B6
Charmes (88) 69 G2
Charmes-en-l'Angle (52) 67 G2
Charmes-la-Côte (54) 48 B5
Charmes-la-Grande (52) 67 G2
Charmes-Saint-Valbert (70) 86 D2
Charmes-sur-l'Herbasse (26) ...144 A3
Charmes-sur-Rhône (07) 144 A5
les Charmettes 131 H4
Charmoille (25) 88 B6
Charmoille (70) 87 F2
Charmois 25 E4
Charmois (54) 49 E6
Charmois (90) 88 D3
Charmois-
 -devant-Bruyères (88) 70 A4
Charmois-l'Orgueilleux (88) 69 G4
Charmont (51) 46 D3
Charmont (95) 42 A1
Charmont-en-Beauce (45) 62 D4
Charmont-sous-Barbuise (10)...66 B2
les Charmontois (51) 46 D2
Charmoy (10) 65 F2
Charmoy (52) 67 E5
Charmoy (71) 100 D5
Charmoy (89) 65 F6
Charnas (07) 144 A4
Charnat (63) 127 H1
Charnay (25) 103 F2

Charnay (69) 129 H2
Charnay-lès-Chalon (71) 101 H4
Charnay-lès-Mâcon (71) 116 B4
Charnècles (38) 145 F1
Charnizay (37) 95 F4
Charnod (39) 117 F3
Charnois (08) 13 F4
Charnoz-sur-Ain (01) 130 D2
Charny (21) 84 D6
Charny (77) 43 G3
Charny (89) 82 D1
Charny-le-Bachot (10) 66 A1
Charny-sur-Meuse (55) 25 E6
Charolles (71) 115 F3
Charols (26) 158 C2
Charonville (28) 61 H3
Chârost (18) 97 E3
Charpentry (55) 24 C6
Charpey (26) 144 C4
Charpont (28) 41 F5
Charquemont (25) 88 C6
Charraix (43) 142 A4
Charrais (86) 94 A6
Charray (28) 61 H6
Charre (64) 179 G2
Charrecey (71) 101 F5
Charrey-sur-Saône (21) 102 A2
Charrey-sur-Seine (21) 66 D6
Charrin (58) 99 G5
Charritte-de-Bas (64) 179 G2
Charron (17) 106 D3
Charron (23) 112 C6
Charroux (03) 113 G5
Charroux (86) 109 E5
Chars (95) 42 B1
Charsonville (45) 62 B6
Chartainvilliers (28) 62 B1
Chartèves (02) 44 C2
la Chartre-sur-le-Loir (72) 78 D2
Chartrené (49) 77 G4
Chartres (28) 62 B2
Chartres-de-Bretagne (35) 57 E3
Chartrettes (77) 64 A1
Chartrier-Ferrière (19) 138 C4
Chartronges (77) 44 B5
Chartuzac (17) 135 F1
Charvieu-Chavagneux (38) 130 C3
Charvonnex (74) 118 C6
Chas (63) 127 G3
Chaserey (10) 66 B6
Chasnais (85) 91 H6
Chasnans (25) 103 H2
Chasnay (58) 98 D1
Chasné-sur-Illet (35) 57 F1
Chaspinhac (43) 142 C3
Chaspuzac (43) 142 B3
la Chassagne (39) 102 C4
Chassagne (63) 127 F5
Chassagne-Montrachet (21) ..101 F4
Chassagne-Saint-Denis (25) ...103 G2
Chassagnes (43) 142 A2
Chassagny (69) 129 H4
Chassaignes (24) 136 C2
Chassal (39) 117 H3
Chassant (28) 61 G3
Chassé (72) 60 B2
Chasse-sur-Rhône (38) 130 A4
Chasseguey (50) 37 G5
Chasseignes 93 H3
Chasselas (71) 116 A4
Chasselay (38) 144 D2
Chasselay (69) 130 A2
Chassemy (02) 22 B5
Chassenard (03) 114 D3
Chasseneuil (36) 110 D1
Chasseneuil-du-Poitou (86) 94 B6
Chasseneuil-
 -sur-Bonnieure (16) 122 D2
Chassenon (16) 123 F2
Chasseradès (48) 156 C2
Chassey (21) 84 D5
Chassey-Beaupré (55) 68 B1
Chassey-le-Camp (71) 101 F4
Chassey-lès-Montbozon (70) ...87 H4
Chassey-lès-Scey (70) 87 F3
Chassiecq (16) 122 D1
Chassiers (07) 157 F2
Chassieu (69) 130 B3
Chassignelles (89) 84 B2
Chassignieu (38) 131 E5
Chassignolles (36) 111 G2
Chassignolles (43) 127 H6
Chassy (18) 98 B3
Chassy (71) 115 E1
Chassy (89) 83 E1
le Chastang (19) 139 E3
Chastanier (48) 156 C1
Chasteaux (19) 138 C3
Chastel (43) 141 G3
Chastel-Arnaud (26) 158 D1
Chastel-Nouvel (48) 156 A2
Chastel-sur-Murat (15) 140 D3
Chastellux-sur-Cure (89) 84 A3
Chastel Marlhac 140 D1
Chasteuil 175 G3
le Chastelard 26 D5
la Châtaigneraie (85) 92 C6
Chatain (86) 109 E6
Châtaincourt (28) 41 E5
Châtas (88) 70 D2
le Châtel (73) 115 H3
Château (71) 115 H3
Château-Arnoux-
 -Saint-Auban (04) 160 B6

Château-Bernard (38) 145 F4
Château-Bréhain (57) 49 F3
Château-Chalon (39) 102 D5
Château-Chervix (87) 124 B4
Château-Chinon
 (Campagne) (58) 100 A3
Château-Chinon (Ville) (58) 100 A3
le Château-
 -d'Almenêches (61) 39 F5
Château-des-Prés (39) 118 A2
le Château-d'Oléron (17) 120 B1
le Château-d'Olonne (85) 91 E5
Château-du-Loir (72) 78 C3
Château-Gaillard (01) 130 D1
Château-Garnier (86) 109 E4
Château-Gontier (53) 76 D1
Château-Guibert (85) 91 H5
Château-la-Vallière (37) 78 B4
Château-l'Abbaye (59) 4 B6
Château-Lambert 70 C6
Château-Landon (77) 64 A4
Château-Larcher (86) 109 E3
Château-l'Évêque (24) 137 F2
Château-l'Hermitage (72) 78 A2
Château-Porcien (08) 23 F3
Château-Regnault 13 F6
Château-Renard (45) 64 C6
Château-Renault (37) 79 F4
Château-Rouge (57) 27 E4
Château-Salins (57) 49 E3
Château-sur-Allier (03) 98 C5
Château-sur-Cher (63) 112 C6
Château-sur-Epte (27) 41 H1
Château-Thébaud (44) 74 D6
Château-Thierry (02) 44 C2
Château-Verdun (09) 198 A2
Château-Ville-Vieille (05) 147 H5
Château-Voué (57) 49 F3
Châteaubleau (77) 44 A6
Châteaubourg (07) 144 A4
Châteaubourg (35) 57 G3
Châteaubriant (44) 57 G6
le Château de Cuzals 153 E3
Châteaudouble (26) 144 C5
Châteaudouble (83) 175 G5
Châteaudun (28) 61 H5
Châteaufort (04) 160 B4
Châteaufort (78) 42 C5
Châteaugay (63) 127 F2
Châteaugiron (35) 57 G3
Châteaulin (29) 53 G1
Châteaumeillant (18) 112 A2
Châteauneuf (21) 101 E1
Châteauneuf (42) 129 H5
Châteauneuf (71) 115 F5
Châteauneuf (73) 132 B4
Châteauneuf (85) 90 D2
Châteauneuf-
 -de-Bordette (26) 158 D4
Châteauneuf-de-Chabre (05) ...159 H4
Châteauneuf-
 -de-Gadagne (84) 173 E2
Châteauneuf-de-Galaure (26) ...144 B2
Châteauneuf-de-Randon (48) ...156 B2
Châteauneuf-de-Vernoux (07) ...143 H4
Châteauneuf-d'Entraunes (06)...161 G5
Châteauneuf-
 -d'Ille-et-Vilaine (35) 34 A4
Châteauneuf-d'Oze (05) 160 A2
Châteauneuf-du-Faou (29) 53 H1
Châteauneuf-du-Pape (84) 172 D1
Châteauneuf-du-Rhône (26) ...158 A3
Châteauneuf-
 -en-Thymerais (28) 41 E6
Châteauneuf-Grasse (06) 176 C6
Châteauneuf-la-Forêt (87) 124 C5
Châteauneuf-le-Rouge (13) ...174 B6
Châteauneuf-les-Bains (63) ...113 E6
Châteauneuf-
 -les-Martigues (13) 190 B3
Châteauneuf-Miravail (04) 159 H6
Châteauneuf-
 -sur-Charente (16) 122 A4
Châteauneuf-sur-Cher (18) 97 G5
Châteauneuf-sur-Isère (26) ...144 B4
Châteauneuf-sur-Loire (45) 81 F1
Châteauneuf-sur-Sarthe (49) ...77 E3
Châteauneuf-
 -Val-de-Bargis (58) 98 D1
Châteauneuf-Val-
 -Saint-Donat (04) 160 B6
Châteauneuf-Villevieille (06) ...177 E4
Châteauponsac (87) 110 C5
Châteauredon (04) 175 F1
Châteaurenard (13) 172 D3
Châteauroux (36) 96 C5
Châteauroux-les-Alpes (05) ...146 B6
Châteauvert (83) 175 E6
Châteauvieux (05) 160 B3
Châteauvieux (41) 96 A1
Châteauvieux (83) 175 H3
Châteauvieux-les-Fossés (25)...103 G2
Châteauvilain (38) 130 D5
Châteauvillain (52) 67 G5
le Châtel (74) 119 G3
Châtel-Censoir (89) 83 G4
Châtel-Chéhéry (08) 24 C6
Châtel-de-Joux (39) 117 H1
Châtel-de-Neuvre (03) 113 H3
Châtel-Gérard (89) 84 B3
Châtel-Montagne (03) 114 C6
Châtel-Moron (71) 101 E5
Châtel-Saint-Germain (57) 26 B5
Châtel-sur-Moselle (88) 69 H2
Châtelaillon-Plage (17) 106 D5
Châtelain (53) 76 D1
la Châtelaine (39) 103 E4
Châtelais (49) 76 B2

255

Châtelard (23) 126 B1
le Châtelard (73) 132 B3
Châtelaudren (22) 33 F4
Châtelay (39) 102 D3
Châtelblanc (25) 103 G6
Châteldon (63) 127 H1
le Châtelet (18) 112 B1
le Châtelet-en-Brie (77) 64 B1
le Châtelet-sur-Meuse (52)....68 C5
le Châtelet-sur-Retourne (08)....23 G4
le Châtelet-sur-Sormonne (08)..12 D6
les Châtelets (28) 40 D5
le Chateley (39) 102 C4
Châtelguyon (63) 127 E2
le Châtelier 95 E3
le Châtelier (51) 46 D3
Châtellenot (21) 100 D1
Châtellerault (86) 94 C5
le Châtellier (35) 35 H6
le Châtellier (61) 38 B5
les Châtelliers-
  -Châteaumur (85) 92 C4
les Châtelliers-
  -Notre-Dame (28) 61 H3
Châtelneuf (39) 103 F6
Châtelneuf (42) 128 D4
Châtelperron (03) 114 B3
Châtelraould-
  -Saint-Louvent (51)....46 B5
Châtelus (03) 114 C5
Châtelus (38) 145 E3
Châtelus (42) 129 G4
Châtelus-le-Marcheix (23) 124 D1
Châtelus-Malvaleix (23) 111 H4
Châtenay (01) 116 D6
Châtenay (28) 62 D2
Châtenay (38) 144 D1
Châtenay (71) 115 G4
Châtenay-en-France (95) 43 E2
Chatenay-Mâcheron (52) 86 B1
Châtenay-Malabry (92) 42 C5
Châtenay-sur-Seine (77) 64 D2
Chatenay-Vaudin (52) 86 B1
Chatenet (17) 135 G1
le Châtenet-en-Dognon (87)....124 C2
Châteney (70) 87 H2
Châtenois (39) 102 C2
Châtenois (67) 71 F2
Châtenois (70) 87 H2
Châtenois (88) 69 E3
Châtenois-les-Forges (90) 88 C3
Châtenoy (45) 81 G1
Châtenoy (77) 64 A4
Châtenoy-en-Bresse (71) 101 G5
Châtenoy-le-Royal (71) 101 G5
Châtignac (16) 136 A1
Chatignonville (91) 62 D2
Châtillon 131 G2
Châtillon (03) 113 G2
Châtillon (39) 103 E6
Châtillon (69) 129 H2
Châtillon (86) 108 D4
Châtillon (92) 42 D4
Châtillon-Coligny (45) 82 B2
Châtillon-en-Bazois (58) 99 G3
Châtillon-en-Diois (26) 159 F1
Châtillon-en-Dunois (28) 61 G5
Châtillon-en-Michaille (01) 117 H5
Châtillon-en-Vendelais (35) 58 A3
Châtillon-Guyotte (25) 87 G5
Châtillon-la-Borde (77) 64 B1
Châtillon-la-Palud (01) 130 D1
Châtillon-le-Duc (25) 87 F6
Châtillon-le-Roi (45) 63 E4
Châtillon-lès-Sons (02) 22 C1
Châtillon-Saint-Jean (26) 144 C3
Châtillon-sous-les-Côtes (55)....47 G1
Châtillon-sous-Maîche 88 C5
Châtillon-sur-Bar 24 B4
Châtillon-sur-Broué (51) 46 C6
Châtillon-sur-Chalaronne (01)..116 C3
Châtillon-sur-Cher (41) 96 B1
Châtillon-sur-Cluses (74) 119 E5
Châtillon-sur-Colmont (53) 58 D2
Châtillon-sur-Indre (36) 95 G3
Châtillon-sur-Lison (25) 103 F2
Châtillon-sur-Loire (45) 82 B4
Châtillon-sur-Marne (51) 45 E1
Châtillon-sur-Morin (51) 44 D5
Châtillon-sur-Oise (02) 22 B1
Châtillon-sur-Saône (88) 69 E6
Châtillon-sur-Seine (21) 85 E1
Châtillon-sur-Thouet (79) 93 F6
Châtin (58) 100 A2
Chatoillenot 86 A3
Châtonnay (38) 130 D5
Chatonnay (39) 117 F2
Chatonrupt-Sommermont (52)..67 H1
Chatou (78) 42 C3
la Châtre (36) 111 H1
la Châtre-Langlin (36) 110 D3
Châtres (51) 65 H1
Châtres (24) 138 A2
Châtres (77) 43 G5
Châtres-la-Forêt (53) 59 E4
Châtres-sur-Cher (41) 96 D1
Châtrices (51) 46 D2
Chattancourt (55) 25 E6
Chatte (38) 144 D3
Chatuzange-le-Goubet (26) 144 C4
Chaucenne (25) 87 E6
Chauchailles (48) 141 F6
Chauché (85) 91 H3
le Chauchet (23) 112 B6
Chauchigny (10) 66 A2
Chauconin-Neufmontiers (77) ..43 G3
Chaudardes (02) 22 D5
Chaudebonne (26) 158 D3
Chaudefonds-sur-Layon (49) ..76 D6
Chaudefontaine (25) 87 G5
Chaudefontaine (51) 46 D1

Chaudenay (52) 86 C1
Chaudenay (71) 101 F4
Chaudenay-la-Ville (21) 101 E2
Chaudenay-le-Château (21) 101 E2
Chaudeney-sur-Moselle (54) 48 B5
Chaudes-Aigues (15) 141 E5
Chaudeyrac (48) 156 C1
Chaudeyrolles (43) 143 F4
la Chaudière (26) 158 D1
Chaudon (28) 41 G5
Chaudon-Norante (04) 175 F1
Chaudrey (10) 66 C1
Chaudron-en-Mauges (49) 75 G4
Chaudun (02) 22 A5
Chauffailles (71) 115 G5
Chauffayer (05) 146 A6
Chauffecourt (88) 69 F2
Chauffour-lès-Bailly (10) 66 C4
Chauffour-lès-Étréchy (91) 63 F1
Chauffour-sur-Vell (19) 138 D4
Chauffours (28) 62 A2
Chauffourt (52) 68 B6
Chauffry (77) 44 A4
Chaufour-lès-Bonnières (78) 41 G2
Chaufour-Notre-Dame (72) 60 A5
Chaugey (21) 85 G2
Chaulgnes (58) 98 D2
Chaulhac (48) 141 G5
Chaulieu (50) 37 H4
la Chaulme (63) 128 C6
Chaulnes (80) 21 F1
Chaum (31) 182 A6
Chaumard (58) 100 A2
la Chaume 90 D5
la Chaume (21) 85 F1
Chaume-et-Courchamp (21) 86 B4
Chaume-lès-Baigneux (21) 85 E3
Chaume du Rouge Gazon 70 D6
Chaumeil (19) 125 F6
Chaumercenne (70) 86 D6
Chaumergy (39) 102 C4
Chaumes-en-Brie (77) 43 G5
Chaumesnil (10) 67 E2
Chaumont 115 G2
Chaumont (18) 98 B5
Chaumont (52) 67 H4
Chaumont (61) 39 G4
Chaumont (74) 118 B6
Chaumont (89) 64 D3
Chaumont-d'Anjou (49) 77 F4
Chaumont-
  -devant-Damvillers (55) 25 F5
Chaumont-en-Vexin (60) 19 H6
Chaumont-la-Ville (52) 68 C4
Chaumont-le-Bois (21) 67 E6
Chaumont-le-Bourg (63) 128 B6
Chaumont-Porcien (08) 23 F2
Chaumont-sur-Aire (55) 47 F3
Chaumont-sur-Loire (41) 79 G5
Chaumont-sur-Tharonne (41) 80 D4
Chaumontel (95) 43 E1
Chaumot (58) 99 G1
Chaumot (89) 64 D5
Chaumousey (88) 69 H4
Chaumoux-Marcilly (18) 98 B2
Chaumussay (37) 95 E4
la Chaumusse (39) 118 A1
Chaumuzy (51) 45 E1
Chaunac (17) 135 G1
Chaunay (86) 108 D5
Chauny (02) 21 H3
Chauray (79) 107 H3
Chauriat (63) 127 G3
la Chaussade (23) 125 H1
la Chaussaire (49) 75 F5
Chaussan (69) 129 H4
la Chaussée (76) 7 G3
la Chaussée (86) 94 A4
la Chaussée-d'Ivry (28) 41 G3
la Chaussée-Saint-Victor (41)....80 A3
la Chaussée-sur-Marne (51) 46 B4
la Chaussée-Tirancourt (80) 9 F5
Chaussenac (15) 139 H3
Chaussenans (39) 103 E4
Chausseterre (42) 128 B2
Chaussin (39) 102 C3
Chaussoy-Epagny (80) 20 C2
Chaussy (45) 63 E4
Chaussy (95) 41 H1
le Chautay (18) 98 C4
Chauvac-Laux-Montaux (26) ..159 F4
Chauvé (44) 74 A5
Chauvency-le-Château (55) 25 E3
Chauvency-Saint-Hubert (55)....25 E3
Chauvet 160 B1
Chauvigné (35) 35 G6
Chauvigny (86) 109 G1
Chauvigny-du-Perche (41) 61 G6
Chauvincourt-Provemont (27) ..19 G6
Chauvirey-le-Châtel (70) 86 D1
Chauvirey-le-Vieil (70) 86 D1
Chauvoncourt (55) 47 G3
Chauvry (95) 42 D2
Chaux (21) 101 G2
la Chaux (25) 104 A2
la Chaux (61) 38 D6
la Chaux (71) 102 B5
Chaux (90) 88 C2
Chaux-Champagny (39) 103 E4
Chaux-des-Crotenay (39) 103 F6
Chaux-des-Prés (39) 118 A2
la Chaux-du-Dombief (39) 118 A1
la Chaux-en-Bresse (39) 102 C4
Chaux-la-Lotière (70) 87 F5
Chaux-lès-Clerval (25) 88 A5
Chaux-lès-Passavant (25) 87 H5
Chaux-lès-Port (70) 87 F2
Chaux-Neuve (25) 103 G6
Chauzeix 125 E6
Chauzon (07) 157 G3
Chavagnac (15) 140 D3

Chavagnac (24) 138 D3
Chavagne (35) 57 E3
Chavagnes (49) 77 E6
Chavagnes-en-Paillers (85) 91 H2
Chavagnes-les-Redoux (85) 92 B5
Chavaignes (49) 77 H4
Chavanac (19) 125 G4
Chavanat (23) 125 F1
Chavanatte (90) 89 E3
Chavanay (42) 129 H6
Chavanges (10) 67 E2
Chavaniac-Lafayette (43) 142 A3
Chavannaz (74) 118 B6
Chavanne (70) 88 B3
la Chavanne (73) 132 A5
Chavannes 93 F2
Chavannes (18) 97 G5
Chavannes (26) 144 B3
les Chavannes-
  -en-Maurienne (73) 132 C6
Chavannes-les-Grands (90) 89 E3
Chavannes-sur-l'Étang (68) 88 D2
Chavannes-
  -sur-Reyssouze (01) 116 C2
Chavannes-sur-Suran (01) 117 F4
Chavanod (74) 132 A1
Chavanoz (38) 130 C3
Chavaroux (63) 127 G2
la Chavatte (80) 21 E1
Chaveignes (37) 94 B3
Chavelot (88) 69 H3
Chavenat (16) 122 C6
Chavenay (78) 42 B4
Chavençon (60) 42 B1
Chavenon (03) 113 F3
Chavéria (39) 117 G2
Chaveroche (19) 125 H5
Chaveyriat (01) 116 D5
Chavignon (02) 22 B4
Chavigny (02) 22 A4
Chavigny (54) 48 C5
Chavigny-Bailleul (27) 41 E3
Chaville (92) 42 C4
Chavin (36) 111 E2
Chavonne (02) 22 B4
Chavornay (01) 131 G2
Chavot-Courcourt (51) 45 F2
Chavoy (50) 35 H3
Chavroches (03) 114 A3
le Chay (17) 120 D4
Chay (25) 103 E3
Chazay-d'Azergues (69) 129 H2
la Chaze-de-Peyre (48) 155 G1
Chazé-Henry (49) 76 A2
Chazé-sur-Argos (49) 75 H1
Chazeaux (07) 157 F2
le Chazelet 146 C3
Chazelet (36) 110 D2
Chazelles (15) 141 G3
Chazelles (16) 122 D4
Chazelles (39) 117 E3
Chazelles (43) 141 H4
Chazelles-sur-Albe (54) 49 G5
Chazelles-sur-Lavieu (42) 128 D5
Chazelles-sur-Lyon (42) 129 F4
Chazemais (03) 112 C2
Chazeuil (21) 86 A4
Chazeuil (58) 99 F1
Chazey-Bons (01) 131 F2
Chazey-sur-Ain (01) 130 D2
Chazilly (21) 101 E1
Chazot (25) 88 B5
Chécy (45) 81 E1
Chédigny (37) 95 F1
Chef-Boutonne (79) 108 B5
Chef-du-Pont (50) 14 D4
Chef-Haut (88) 69 F2
Cheffes (49) 77 E3
Cheffois (85) 92 C6
Cheffreville-Tonnencourt (14) ..17 F6
le Chefresne (50) 37 F3
Chéhéry (08) 24 B2
Cheignieu-la-Balme (01) 131 F2
Cheillé (37) 94 C1
Cheilly-lès-Maranges (71) 101 F4
Chein-Dessus (31) 182 C5
Cheissoux (87) 124 D2
le Cheix (63) 127 F1
Cheix-en-Retz (44) 74 B5
Chélan (32) 182 A2
Chelers (62) 9 H1
Chélieu (38) 131 E4
Chelle-Debat (65) 181 F2
Chelle-Spou (65) 181 F4
Chelles (21) 25 G5
Chelles (77) 43 E4
Chelun (35) 57 H5
Chemaudin (25) 103 E1
Chemazé (53) 76 C2
Chemellier (49) 77 F6
Chémenot (39) 102 C4
Chémeré (44) 74 A6
Chémeré-le-Roi (53) 59 E6
Chémery (41) 80 A6
Chémery-les-Deux (57) 26 D3
Chémery-sur-Bar (08) 24 B2
Chemilla (39) 117 G3
Chemillé (49) 92 C1
Chemillé-sur-Dême (37) 78 D3
Chemillé-sur-Indrois (37) 95 G2
Chemilli (61) 60 C2
Chemilly (03) 113 H2
Chemilly (70) 87 F3
Chemilly-sur-Serein (89) 83 H1
Chemilly-sur-Yonne (89) 83 F1
Chemin (39) 102 B3
le Chemin (51) 46 D2
Chemin-d'Aisey (21) 85 E2
Cheminas (07) 144 A3
Cheminon (51) 46 D5
Cheminot (57) 48 C2

Chemiré-en-Charnie (72) 59 G5
Chemiré-le-Gaudin (72) 59 H6
Chemiré-sur-Sarthe (49) 77 E2
Chemy (59) 3 F6
Chenac-Saint-Seurin-
  -d'Uzet (17) 120 D5
Chenailler-Mascheix (19) 139 E4
la Chenalotte (25) 104 C2
Chénas (69) 116 A4
Chenaud (24) 136 B2
Chenay (51) 23 E5
Chenay (72) 60 A2
Chenay (79) 108 C3
Chenay-le-Châtel (71) 114 D4
le Chêne (51) 66 B1
Chêne-Arnoult (89) 82 C1
Chêne-Bernard (39) 102 C4
Chêne-en-Semine (74) 118 A6
Chêne-Sec (39) 102 C4
Chenebier (70) 88 C3
Chenecey-Buillon (25) 103 F2
Cheneché (86) 94 B6
Chênedollé (14) 38 A3
Chênedouit (61) 38 C4
Chênehutte-
  -Trèves-Cunault (49) 77 G6
Chénelette (69) 115 H5
Chénérailles (23) 112 A6
Chenereilles (42) 128 D5
Chenereilles (43) 143 E3
Chenevelles (86) 94 D6
Chenevières (54) 49 G6
Chenevrey-et-Morogne (70) 86 D6
Chênex (74) 118 B5
Cheney (89) 84 A1
Chenicourt (54) 48 D3
Chenières (54) 25 H3
Chéniers (23) 111 G3
Cheniers (51) 45 H3
Chenillé-Changé (49) 76 D2
Cheniménil (88) 70 B4
Chennebrun (27) 40 D5
Chennegy (10) 65 H3
Chennevières-lès-Louvres (95)..43 E2
Chennevières-sur-Marne (94)....43 E4
Chenois (57) 49 F2
Chenoise (77) 44 A6
Chenommet (16) 122 C1
Chenon (16) 122 C1
Chenonceaux (37) 79 G6
Chenou (77) 64 A4
Chenôve (21) 85 H6
Chenôves (71) 101 F6
Chens-sur-Léman (74) 118 C3
Chenu (72) 78 B3
Cheny (89) 65 F6
Chepniers (17) 135 G2
Chepoix (60) 20 C3
la Cheppe (51) 46 A2
Cheppes-la-Prairie (51) 46 A4
Cheppy (55) 24 D6
Cheptainville (91) 63 F1
Chepy (51) 46 A3
Chépy (80) 8 C4
Chérac (17) 121 F3
Chérancé (53) 76 B1
Chérancé (72) 60 A3
Chéraute (64) 179 G3
Cherbonnières (17) 121 G1
Cherbourg-Octeville (50) 14 C2
Chérence (95) 41 H2
Chérencé-le-Héron (50) 37 F4
Chérencé-le-Roussel (50) 37 G5
Chéreng (59) 3 G5
les Chères (69) 129 H2
Chérêt (02) 22 C3
Chériennes (62) 9 E2
Cherier (42) 128 C1
Chérigné (79) 108 B5
les Chéris (50) 37 F5
Chérisay (72) 60 A2
Chérisey (57) 26 C5
Cherisy (28) 41 F5
Chérisy (62) 10 C3
Chérizet (71) 115 H2
Chermignac (17) 121 E3
Chermisey (88) 68 C2
Chermizy-Ailles (02) 22 C4
Chéronnac (87) 123 F3
Chéronvilliers (27) 40 B4
Chéroy (89) 64 C4
Cherré (49) 77 E2
Cherré (72) 60 D4
Cherreau (72) 60 D4
Cherrueix (35) 35 F4
Cherval (24) 122 D6
Cherveix-Cubas (24) 138 A2
Cherves (86) 93 H6
Cherves-Châtelars (16) 123 E2
Cherves-Richemont (16) 121 G3
Chervettes (17) 107 F6
Cherveux (79) 107 H3
Chervey (10) 66 D4
Cherville (51) 45 G2
Chéry (18) 97 E2
Chéry-Chartreuve (02) 22 C6
Chéry-lès-Pouilly (02) 22 C2
Chéry-lès-Rozoy (02) 23 E2
Chesley (10) 66 B6
le Chesnay (78) 42 C4
le Chesne (08) 24 B3
le Chesne (27) 40 C3
Chesnois-Auboncourt (08) 23 H3
Chesny (57) 26 C6
Chessenaz (74) 118 A6
Chessy (69) 129 G2
Chessy (77) 43 G3
Chessy-les-Prés (10) 66 A5
Chéu (89) 65 H6
Cheuge (21) 86 B5
Cheust (65) 181 E4

Cheux (14) 16 A4
Chevagnes (03) 114 B1
Chevagny-les-Chevrières (71)..116 B3
Chevagny-sur-Guye (71) 115 H2
Chevaigné (35) 57 F2
Chevaigné-du-Maine (53) 59 F2
le Chevain (72) 60 A2
Cheval-Blanc (84) 173 F3
Chevaline (74) 132 B2
la Chevallerais (44) 74 C3
Chevanceaux (17) 135 H1
Chevannay (21) 85 E5
Chevannes (21) 101 G2
Chevannes (45) 64 B4
Chevannes (89) 83 F2
Chevannes (91) 63 G1
Chevannes-Changy (58) 99 F1
Chevennes (02) 22 C1
Chevenon (58) 98 D4
Chevenoz (74) 119 F3
Cheverny (41) 80 A4
Cheveuges (08) 24 B2
Chevières (08) 24 C5
Chevigney (70) 86 C6
Chevigney-lès-Vercel (25) 103 H1
Chevigney-sur-l'Ognon (25) 87 E6
Chevigny (39) 102 C1
Chevigny-en-Valière (21) 101 H4
Chevigny-Saint-Sauveur (21) ..86 A6
Chevillard (01) 117 G5
Chevillé (72) 59 G6
Chevillon (52) 67 H1
Chevillon (89) 82 D1
Chevillon-sur-Huillard (45) 64 A6
la Chevillotte (25) 103 G1
Chevilly (45) 62 D5
Chevilly-Larue (94) 42 D5
Chevinay (69) 129 G3
Chevincourt (60) 21 F4
Cheviré-le-Rouge (49) 77 G3
Chevrainvilliers (77) 64 A4
Chevreaux (39) 117 F2
Chevregny (02) 22 C4
Chèvremont (90) 88 D3
la Chèvrerie (16) 119 E4
la Chèvrerie (16) 108 D6
Chevresis-Monceau (02) 22 B1
Chevreuse (78) 42 B5
Chèvreville (50) 37 G5
Chèvreville (60) 43 G1
Chevrier (74) 118 A5
Chevières (38) 144 D2
Chevrières (42) 129 F4
Chevrières (60) 21 E5
Chevroches (58) 83 F5
la Chevrolière (44) 74 C6
Chevroux (01) 116 C3
Chevrotaine (39) 103 E6
Chevru (77) 44 A5
Chevry (01) 118 B4
Chevry (50) 37 G2
Chevry-Cossigny (77) 43 F5
Chevry-en-Sereine (77) 64 C3
Chevry-sous-le-Bignon (45) 64 B4
Chey (79) 108 C4
Cheylade (15) 140 C2
le Cheylard (07) 143 F5
Cheylard-l'Évêque (48) 156 C2
le Cheylas (38) 132 A6
Cheyrac 142 C3
Cheyssieu (38) 130 A6
Chezal-Benoît (18) 97 E2
la Chèze (22) 55 G2
Chèze (65) 180 D6
Chezelle (03) 113 G5
Chezelles (36) 96 B4
Chezelles (37) 94 C3
Chèzeneuve (38) 130 D4
Chézery-Forens (01) 118 A4
la Chezotte 111 H6
Chézy (03) 114 A1
Chézy-en-Orxois (02) 44 A1
Chézy-sur-Marne (02) 44 B2
Chiatra (2B) 205 G2
Chiché (79) 93 E5
Chicheboville (14) 16 C5
Chichée (89) 83 H2
Chichery (89) 83 F1
Chichey (51) 45 E5
Chichilianne (38) 145 F5
Chicourt (57) 49 F3
Chiddes (58) 100 A4
Chiddes (71) 115 H2
Chidrac (63) 127 F5
Chierry (02) 44 C2
Chieulles (57) 26 C5
Chignatouche (64) 181 E3
Chignat (49) 78 A4
Chignin (73) 132 A5
Chigny (02) 11 H5
Chigny-les-Roses (51) 45 F1
Chigy (89) 65 F4
Chilhac (43) 141 H3
Chillac (16) 136 A1
Chille (39) 102 D6
Chilleurs-aux-Bois (45) 63 E5
le Chillou (79) 93 G5
Chilly (08) 12 D6
Chilly (74) 118 B6
Chilly (80) 21 E1
Chilly-le-Vignoble (39) 102 C6
Chilly-Mazarin (91) 42 D5
Chilly-sur-Salins (39) 103 E4
Chimilin (38) 131 F4
le Chinaillon 119 E6
Chindrieux (73) 131 H2
Chinon (37) 94 B2
Chipilly (80) 10 A6
Chirac (16) 123 F2
Chirac (48) 155 G2

Chirac-Bellevue (19) 125 H6
Chirassimont (42) 129 E2
Chirat-l'Église (03) 113 G6
Chiré-en-Montreuil (86) 108 D1
Chirens (38) 131 F6
Chirmont (80) 20 C2
Chirols (07) 157 F1
Chiroubles (69) 116 A5
Chiry-Ourscamp (60) 21 G3
Chis (65) 181 F2
Chisa (2B) 205 F5
Chissay-en-Touraine (41) 79 G6
Chisseaux (37) 79 G6
Chisséria (39) 117 G3
Chissey-en-Morvan (71) 100 C2
Chissey-lès-Mâcon (71) 116 A2
Chissey-sur-Loue (39) 102 D3
Chitenay (41) 80 A5
Chitray (36) 110 D1
Chitry (89) 83 G2
Chitry-les-Mines (58) 99 G1
Chives (17) 122 A1
Chivres (21) 101 H3
Chivres-en-Laonnois (02) 22 D2
Chivres-Val (02) 22 B5
Chivy-lès-Étouvelles (02) 22 C3
Chizé (79) 107 H5
Chocques (62) 2 C6
Choilley-Dardenay (52) 86 B3
Choisel (78) 42 B5
Choiseul (52) 68 C5
Choisey (39) 102 C2
Choisies (59) 12 A3
Choisy (74) 118 B6
Choisy-au-Bac (60) 21 F4
Choisy-en-Brie (77) 44 B5
Choisy-la-Victoire (60) 20 D5
Choisy-le-Roi (94) 42 D5
Cholet (49) 92 B2
Cholonge (38) 145 G4
Choloy-Ménillot (54) 48 B5
Chomelix (43) 142 C2
Chomérac (07) 158 A1
la Chomette (43) 141 H2
Chonas-l'Amballan (38) 130 A5
Chonville-Malaumont (55) 47 G4
Chooz (08) 13 G4
Choqueuse-les-Bénards (60) ..20 A2
Choranche (38) 145 E3
Chorey-les-Beaune (21) 101 G3
Chorges (05) 160 C2
Chouain (14) 16 A4
Chouday (36) 97 E4
Choue (41) 61 F6
Chougny (58) 99 H2
Chouilly (51) 45 F2
Chouppes (86) 94 A5
Chourgnac (24) 137 H2
Choussy (41) 80 A6
Chouvigny (03) 113 F5
Choux (39) 117 H3
les Choux (45) 82 A2
Chouy (02) 21 H6
Chouzé-sur-Loire (37) 94 A1
Chouzelot (25) 103 E2
Chouzy-sur-Cisse (41) 79 H4
Choye (70) 86 D5
Chozeau (38) 130 D3
Chuelles (45) 64 C6
Chuffilly-Roche (08) 24 A4
Chuignes (80) 10 B6
Chuignolles (80) 10 B6
Chuisnes (28) 61 H2
Chusclan (30) 158 A6
Chuyer (42) 129 H6
Chuzelles (38) 130 A4
Ciadoux (31) 182 B3
Ciamannacce (2A) 205 E5
Ciboure (64) 178 B1
Cideville (76) 7 F2
Ciel (71) 101 H4
Cier-de-Luchon (31) 182 A5
Cier-de-Rivière (31) 182 A4
Cierges (02) 44 D1
Cierges-
  -sous-Montfaucon (55) 24 D6
Cierp-Gaud (31) 182 A5
Cierrey (27) 41 E4
Cierzac (17) 121 G4
Cieurac (46) 152 D4
Cieutat (65) 181 F4
Cieux (87) 123 H5
Ciez (58) 82 C3
Cigogné (37) 95 F1
Cilly (02) 22 D2
Cimiez 177 E5
Cinais (37) 94 A2
Cindré (03) 114 B3
Cinq-Mars-la-Pile (37) 78 C4
Cinqueux (60) 20 D5
Cintegabelle (31) 183 G2
Cintheaux (14) 16 C4
Cintray (27) 40 D3
Cintray (28) 62 A2
Cintré (35) 56 D3
Cintrey (70) 86 D2
la Ciotat (13) 191 H6
Cipières (06) 176 C4
Ciral (61) 59 H1
Ciran (37) 95 F2
Circourt (88) 69 F3
Circourt-sur-Mouzon (88) 68 C3
Ciré-d'Aunis (17) 107 E5
Cirès (31) 181 H6
Cires-lès-Mello (60) 20 C6
Cirey (70) 87 G4
Cirey-lès-Mareilles (52) 68 A3
Cirey-lès-Pontailler (21) 86 B6
Cirey-sur-Blaise (52) 67 G3
Cirey-sur-Vezouze (54) 50 A6

256

Cirfontaines-en-Azois (52) 67 G4
Cirfontaines-en-Ornois (52) 68 B1
Cirières (79) 92 C4
Ciron (36) 110 C1
Ciry-le-Noble (71) 115 F1
Ciry-Salsogne (02) 22 B5
Cisai-Saint-Aubin (61) 39 H4
Cisery (89) 84 B4
Cissac-Médoc (33) 134 D2
Cissé (86) 94 A6
Cisternes-la-Forêt (63) 126 C3
Cistrières (43) 142 A1
la Cité 185 E3
Citerne (80) 8 D5
Citers (70) 87 H2
Citey (70) 87 E5
Citou (11) 185 F2
Citry (77) 44 B3
Civaux (86) 109 G2
Civens (42) 129 E3
Civières (27) 41 G1
Civrac-de-Blaye (33) 135 F3
Civrac-en-Médoc (33) 134 C1
Civrac-sur-Dordogne (33) 136 A5
Civray (18) 97 F4
Civray (86) 109 E5
Civray-de-Touraine (37) 79 G6
Civray-sur-Esves (37) 94 D3
Civrieux (01) 130 A1
Civrieux-d'Azergues (69) 129 H2
Civry (27) 62 B5
Civry-en-Montagne (21) 85 E6
Civry-la-Forêt (78) 41 G4
Civry-sur-Serein (89) 84 A3
Cizancourt (80) 10 C6
Cizay-la-Madeleine (49) 93 G1
Cize (01) 117 F4
Cize (39) 103 F5
Cizely (58) 99 F3
Cizos (65) 181 H3
Clacy-et-Thierret (02) 22 B3
Cladech (24) 137 H6
Claira (66) 201 E2
Clairac (47) 150 D4
Clairavaux (23) 125 G3
Clairefontaine-
en-Yvelines (78) 42 A6
Clairefougère (61) 38 A4
Clairegoutte (70) 88 B2
Clairfayts (59) 12 B3
Clairfontaine (02) 12 A5
Clairmarais (62) 2 B4
Clairoix (60) 21 F4
Clairvaux 67 F4
Clairvaux-d'Aveyron (12) 154 B4
Clairvaux-les-Lacs (39) 117 H1
Clairy-Saulchoix (80) 9 F6
Clais (80) 19 E1
Claix (16) 122 B5
Claix (38) 145 G3
Clam (17) 121 F5
Clamanges (51) 45 G4
Clamart (92) 42 D4
Clamecy (02) 22 A4
Clamecy (58) 83 F5
Clamensane (04) 160 B4
Clamerey (21) 84 D5
Clans (06) 176 D3
Clans (70) 87 F3
Clansayes (26) 158 B4
le Claon (55) 46 D1
le Clapier (12) 170 A3
Clapiers (34) 171 F5
Clara (66) 199 F4
Clarac (31) 182 A4
Clarac (65) 181 F3
Claracq (64) 164 B6
Clarafond-Arcine (74) 118 A6
Clarbec (14) 17 E4
...arens (65) 181 G3
...arens (30) 171 H3
...aret (04) 160 A4
...aret (34) 171 E4
...arques (62) 2 B5
Clarté 32 C1
...ary (59) 11 E4
...assun (40) 164 A4
...asville (76) 6 D3
...Clat (11) 198 D2
...audon (88) 69 F5
...aunay-en-Loudun 94 A3
... Claux (62) 161 F2
Claux (15) 140 C3
...avans-en-Haut-Oisans (38) ..146 B3
...avé (79) 108 B2
...aveisolles (69) 115 H6
...avette (17) 106 D5
...aveyson (26) 144 B2
...avières (15) 141 G4
...aviers (83) 175 H5
...aville (07) 40 D2
...aville-Motteville (76) 7 H5
...avy-Warby (08) 23 H1
...Claye (85) 106 C2
...aye-Souilly (77) 43 F3
...ayes (35) 57 E2
...Clayes-sous-Bois (78) 42 B4
...Clayette (71) 115 G4
...ayeures (54) 69 H1
...écy (14) 38 C3
...éden-Cap-Sizun (29) 52 C2
...den-Poher (29) 32 A6
...der (29) 31 G2
...des (40) 164 A6
...ebourg (67) 29 E6
...efmont (52) 68 C4
...lefs (49) 77 G3
... Clefs 132 C2
...guer (56) 54 C4
...guérec (56) 55 E2

Clelles (38) 145 F5
Clémencey (21) 101 G1
Clémensat (63) 127 F5
Clémery (54) 48 D3
Clémont (18) 81 F4
Clénay (21) 85 H5
Clenleu (62) 1 G6
Cléon (76) 18 C5
Cléon-d'Andran (26) 158 C2
Cleppé (42) 129 E3
Clérac (17) 135 H2
Cléré-du-Bois (36) 95 G4
Cléré-les-Pins (37) 78 C5
Cléré-sur-Layon (49) 93 E2
Clères (76) 7 G5
Clérey (10) 66 B4
Clérey-la-Côte (88) 68 D1
Clérey-sur-Brenon (54) 48 D6
Clergoux (19) 139 F2
Clérieux (26) 144 B3
les Clérimois (89) 65 F4
le Clerjus (88) 69 H5
Clerlande (63) 127 F2
Clermain (71) 115 H3
Clermont 58 B4
Clermont 16 D4
Clermont (09) 183 F5
Clermont (40) 163 E4
Clermont (60) 20 C5
Clermont (74) 118 A6
Clermont-Créans (72) 77 H2
Clermont-de-Beauregard (24)...137 E4
Clermont-Dessous (47) 150 D5
Clermont-d'Excideuil (24)......137 H1
Clermont-en-Argonne (55) 47 E1
Clermont-Ferrand (63) 127 F3
Clermont-le-Fort (31) 183 F1
Clermont-les-Fermes (02) 23 E2
Clermont-l'Hérault (34) 170 C5
Clermont-Pouyguillès (32) 181 H1
Clermont-Savès (32) 166 C5
Clermont-Soubiran (47) 151 G6
Clermont-sur-Lauquet (11) 185 E5
Cléron (25) 103 F2
Clerques (62) 1 H3
Clerval (25) 88 A5
Cléry (21) 86 C6
Cléry (73) 132 C3
Cléry-en-Vexin (95) 42 A1
Cléry-le-Grand (55) 24 D5
Cléry-le-Petit (55) 24 D5
Cléry-Saint-André (45) 80 C2
Cléry-sur-Somme (80) 10 B5
Clesles (51) 65 H1
Clessé (71) 116 B3
Clessé (79) 93 E6
Clessy (71) 115 E1
Cléty (62) 2 A5
Cleurie (88) 70 B5
Cleuville (76) 6 D4
Cléville (14) 16 D5
Cléville (76) 6 D4
Clévilliers (28) 62 A1
Cleyrac (33) 150 A1
Cleyzieu (01) 131 E1
Clézentaine (88) 70 A1
Clichy (92) 42 D3
Clichy-sous-Bois (93) 43 E3
Climbach (67) 29 E5
Clinchamp (52) 68 B4
Clinchamps-sur-Orne (14) 16 B5
Clion (17) 121 F5
Clion (36) 95 H4
Cliousclat (26) 158 B1
Cliponville (76) 7 E4
Cliron (08) 13 E6
la Clisse (17) 120 D3
Clisson (44) 75 E6
Clitourps (50) 14 D2
Clohars-Carnoët (29) 54 B5
Clohars-Fouesnant (29) 53 G3
le Cloître-Pleyben (29) 31 H6
le Cloître-
-Saint-Thégonnec (29) 32 A4
Clomot (21) 100 D1
Clonas-sur-Varèze (38) 130 A6
Clos-Fontaine (77) 43 H6
Clot de la Balme 145 F4
les Clots 145 F3
la Clotte (17) 135 H3
Clouange (57) 26 B4
Cloué (86) 108 D2
les Clouzeaux (85) 91 F4
Cloyes-sur-le-Loir (28) 61 H6
Cloyes-sur-Marne (51) 46 B5
Clucy (39) 103 F3
Clugnat (23) 111 H4
Cluis (36) 111 F2
Clumanc (04) 175 G1
Cluny (71) 116 A2
la Clusaz (74) 132 C1
la Cluse (05) 160 A1
la Cluse-et-Mijoux (25) 104 A4
les Cluses (66) 200 D4
Clusses (74) 119 E5
Clussais-
la-Pommeraie (79) 108 C5
Clux (71) 102 A3
Coadout (22) 33 E4
Coaraze (06) 177 E4
Coarraze (64) 180 C3
Coat-Méal (29) 30 D3
Coat au Poullou 53 H3
Coatascorn (22) 32 D3
Coatréven (22) 32 D2
Cobonne (26) 144 C6
Cobrieux (59) 3 G6
la Cochère (61) 39 F5
Cocheren (57) 27 E3
les Coches 133 E4

Coclois (10) 66 C1
Cocquerel (80) 9 E4
Cocumont (47) 150 B3
Cocurès (48) 156 B4
Codalet (66) 199 F3
Codognan (30) 171 H4
Codolet (30) 158 A6
Coësmes (35) 57 G5
Coëtlogon (22) 55 H2
Coëtmieux (22) 33 H4
Coëtquidan
   École de Saint-Cyr 56 C4
Cœuvres-et-Valsery (02) 21 H5
Coëx (85) 90 D4
Coggia (2A) 204 C4
Coglès (35) 35 H5
Cogna (39) 117 H1
Cognac (16) 121 G3
Cognac-la-Forêt (87) 123 H2
Cognat-Lyonne (03) 113 H6
Cogners (72) 78 D1
Cognet (38) 145 G5
Cognières (70) 87 H4
Cognin (73) 131 H4
Cognin-les-Gorges (38) 145 E2
Cognocoli-Monticchi (2A)......206 D4
Cogny (18) 98 A5
Cogny (69) 129 G1
Cogolin (83) 192 C4
Cohade (43) 141 G1
Cohan 22 C6
Cohennoz (73) 132 D2
Cohiniac (22) 33 F5
Cohons (52) 86 B2
Coiffy-le-Bas (52) 68 D6
Coiffy-le-Haut (52) 68 D6
Coigneux (80) 9 H4
Coignières (78) 42 B5
Coigny (50) 14 D5
Coimères (33) 149 H3
Coin-lès-Cuvry (57) 26 B6
Coin-sur-Seille (57) 26 B6
Coinces (45) 62 C6
Coinches (88) 70 D3
Coincourt (54) 49 F4
Coincy (02) 44 C1
Coincy (57) 26 C5
Coings (36) 96 C4
Coingt (02) 23 E1
Coirac (33) 149 H1
Coise (69) 129 G4
Coise-Saint-Jean-
-Pied-Gauthier (73) 132 B5
Coiselet 117 G4
Coiserette (39) 117 H3
Coisevaux (70) 88 B3
Coisia (39) 117 G3
Coisy (80) 9 G5
Coivert (17) 107 H6
Coivrel (60) 20 D3
Coizard-Joches (51) 45 E4
Colayrac-Saint-Cirq (47) 151 E5
Col de Carri 145 E4
Col de Cranon 147 E4
Col de l'Arzelier 145 F4
Col de Porte 145 G1
Col de Romeyre 145 E2
Col de Rousset 145 E5
Col des Guérins 160 A3
Col de Tamié 132 C3
Col d'Ornon 146 A4
Col du Coq 145 H1
Col du Corbier 119 F3
Colembert (62) 1 G4
Coligny (01) 117 E3
Colincamps (80) 10 A4
Collan (89) 83 H1
la Collancelle (58) 99 G2
Collandres (15) 140 C2
Collandres-Quincarnon (27) 40 C2
Collanges (63) 127 F6
Collat (43) 142 A2
la Colle-sur-Loup (06) 176 D5
Collégien (77) 43 F4
Collemiers (89) 64 D4
Colleret (59) 12 B2
la Colle Saint-Michel 161 F6
le Collet 70 D4
le Collet-de-Dèze (48) 156 D5
le Collet d'Allevard 132 B6
Colletot (27) 17 H3
Colleville (76) 6 C3
Colleville-Montgomery (14) 16 C3
Colleville-sur-Mer (14) 15 G5
Collias (30) 172 B2
Colligis-Crandelain (02) 22 C4
Colligny (57) 26 C5
Colline-Beaumont (62) 8 C2
Collinée (22) 34 A6
Collioure (66) 201 E4
Collobrières (83) 192 B4
Collonge-en-Charollais (71) 101 E6
Collonge-la-Madeleine (71) 101 E4
Collonges (01) 118 A5
Collonges-au-Mont-d'Or (69)..130 A2
Collonges-la-Rouge (19) 138 D4
Collonges-lès-Bévy (21) 101 G2
Collonges-lès-Premières (21)..102 B1
Collonges-sous-Salève (74) 118 C5
Collorec (29) 32 A6
Collorgues (30) 172 A2
Colmar (68) 71 F4
Colmars (04) 161 F5
Colmen (57) 27 E3
Colméry (58) 83 E6
Colmesnil-Manneville (76) 7 G2
Colmey (54) 25 F4

la Colmiane 176 D2
la Colmiane-Valdeblore 176 D2
Colmier-le-Bas (52) 85 G2
Colmier-le-Haut (52) 85 G2
Colognac (30) 171 E1
Cologne (32) 166 B4
Colomars (06) 177 D5
Colombe (38) 131 E6
la Colombe (41) 80 A1
la Colombe (50) 37 F3
Colombé-la-Fosse (10) 67 F3
Colombé-le-Sec (10) 67 F3
Colombe-lès-Vesoul (70) 87 G3
Colombelles (14) 16 C4
Colombes (92) 42 C3
Colombey-les-Belles (54) 48 B6
Colombey-lès-Choiseul (68) 68 C5
Colombey-
  les-Deux-Églises (52) 67 G3
Colombier (03) 113 E4
Colombier (21) 101 F2
Colombier (24) 137 E6
Colombier (42) 143 G1
Colombier (70) 87 G2
Colombier-en-Brionnais (71) ..115 G3
Colombier-Fontaine (25) 88 B4
Colombier-le-Cardinal (07) 144 A2
Colombier-le-Jeune (07) 143 H4
Colombier-le-Vieux (07) 143 H3
Colombier-Saugnieu (69) 130 C3
Colombières (14) 15 G5
Colombières-sur-Orb (34) 169 H6
Colombiers (17) 121 F4
Colombiers (18) 97 H6
Colombiers (34) 186 D2
Colombiers (61) 60 A1
Colombiers (86) 94 C5
Colombiers-du-Plessis (53) 58 C2
Colombiers-sur-Seulles (14) 16 B3
Colombiès (12) 154 A4
Colombotte (70) 87 H2
Colomby (50) 14 D3
Colomby-sur-Thaon (14) 16 B4
Colomiers (31) 167 E5
Colomieu (01) 131 F3
Colonard-Corubert (61) 60 D2
Colondannes (23) 111 E4
Colonfay (02) 11 G6
Colonne (39) 102 D4
Colonzelle (26) 158 B4
Colpo (56) 55 F5
Colroy-la-Grande (88) 71 E2
Colroy-la-Roche (67) 71 E1
Coltainville (28) 62 B1
Coltines (15) 141 E3
Coly (24) 138 B3
Combaillaux (34) 171 E5
Combas (30) 171 G3
la Combe 131 G4
la Combe-de-Lancey (38) 145 H2
Combeaufontaine (70) 87 E2
Combebonnet 151 G5
Combefa (81) 168 B1
Combelouvière 132 D5
Comberanche-
  -et-Épeluche (24) 136 C2
Comberjon (70) 87 G3
Comberouger (82) 166 C3
Combertault (21) 101 G3
les Combes (25) 104 B2
Combes (34) 169 H5
Combiers (16) 122 D5
Comblanchien (21) 101 G2
Comblat le Château 140 C4
Combles (80) 10 B5
Combles-en-Barrois (55) 47 E4
Combleux (45) 81 E1
Comblot (61) 60 D1
Combloux (74) 133 E1
Combon (27) 40 C1
Combourg (35) 35 E4
Combourtillé (35) 57 H1
Combovin (26) 144 C5
Combrailles (63) 126 C2
Combrand (79) 92 C4
Combray (14) 38 C3
Combre (42) 115 F6
Combrée (49) 76 B2
Combres (28) 61 G3
Combres-sous-les-Côtes (55) ..47 H1
Combressol (19) 125 G6
Combret (12) 169 F3
Combreux (45) 63 F6
Combrimont (88) 70 D2
Combrit (29) 53 F3
Combronde (63) 127 F1
Combs-la-Ville (77) 43 E5
la Combe (71) 100 B4
Comiac (46) 139 F5
Comigne (11) 185 F4
Comines (59) 3 F4
Commagny 99 H3
Commana (29) 31 H5
Commarin (21) 101 E1
Commeaux (61) 39 E4
Commelle (38) 130 D6
Commelle-Vernay (42) 128 D1
Commenailles (39) 102 C5
Commenchon (02) 21 H2
Commensacq (40) 148 D3
Commentry (03) 112 D4
Commeny (95) 42 A1
Commequiers (85) 90 D3
Commer (53) 58 D3
Commercy (55) 47 H4
Commerveil (72) 60 C3
Commes (14) 15 H5
Communailles-
  -en-Montagne (39) 103 G5

Communay (69) 130 A4
Commune de
  Val-d'Orvin (10) 65 F2
Compains (63) 127 E6
Compainville (76) 19 F2
Le Compas (23) 126 B1
Compertrix (51) 45 H3
Compeyre (12) 155 F6
Compigny (89) 65 E2
Compolibat (12) 153 H4
la Compôte (73) 132 B3
Comprégnac (12) 169 H1
Compreignac (87) 124 C1
Comps 126 D1
Comps (26) 158 D2
Comps (30) 172 C3
Comps (33) 135 E3
Comps-la-Grand-Ville (12) 154 C5
Comps-sur-Artuby (83) 175 H4
la Comté (62) 9 H1
Comus (11) 198 D1
Conan (41) 79 H2
Conand (01) 131 E1
Conat (66) 199 E3
Conca (2A) 207 G1
Concarneau (29) 53 G4
Concevreux (02) 22 D5
Concèze (19) 138 D1
Conches-en-Ouche (27) 40 C3
Conches-sur-Gondoire (77) 43 F4
Conchez-de-Béarn (64) 164 C6
Conchil-le-Temple (62) 8 C1
Conchy-les-Pots (60) 21 E3
Conchy-sur-Canche (62) 9 F2
Concorès (46) 152 C2
Concoret (56) 56 B3
Concots (46) 152 D4
Concoules (30) 156 D4
Concourson-sur-Layon (49) 93 F1
Concremiers (36) 110 B1
Concressault (18) 81 H5
Concriers (41) 80 A2
Condac (16) 108 D6
Condal (71) 117 E2
la Condamine 177 F5
Condamine (01) 117 G5
la Condamine-Châtelard (04) ..161 G3
Condat (15) 140 D1
Condat (46) 138 D4
Condat-en-Combraille (63) 126 B2
Condat-lès-Montboissier (63)..127 H5
Condat-sur-Ganaveix (19) 124 D6
Condat-sur-Trincou (24) 123 F4
Condat-sur-Vézère (24) 138 B3
Condat-sur-Vienne (87) 124 B3
Condé 97 E3
Condé (36) 97 E4
Condé-en-Brie (02) 44 D2
Condé-Folie (80) 9 E5
Condé-lès-Autry (08) 24 B6
Condé-lès-Herpy (08) 23 F3
Condé-Northen (57) 26 D5
Condé-Sainte-Libiaire (77) 43 G3
Condé-sur-Aisne (02) 22 B4
Condé-sur-Huisne (61) 61 F2
Condé-sur-Ifs (14) 16 D6
Condé-sur-Iton (27) 40 D4
Condé-sur-l'Escaut (59) 11 G1
Condé-sur-Marne (51) 45 G2
Condé-sur-Noireau (14) 38 B3
Condé-sur-Risle (27) 17 H3
Condé-sur-Sarthe (61) 59 H2
Condé-sur-Seulles (14) 16 A4
Condé-sur-Suippe (02) 23 E4
Condé-sur-Vesgre (78) 41 H5
Condé-sur-Vire (50) 37 G2
Condeau (61) 61 E2
Condécourt (95) 42 B2
Condeissiat (01) 116 D5
Condes (39) 117 G3
Condes (52) 67 H4
Condette (62) 1 F5
Condezaygues (47) 151 H3
Condillac (26) 158 B1
Condom (32) 165 F2
Condom-d'Aubrac (12) 155 E2
Condorcet (26) 158 D3
Condren (02) 22 A2
Condres 142 B6
Condrieu (69) 130 A5
Conflans (70) 87 F2
Conflans 117 F4
Conflans 132 C3
Conflans-en-Jarnisy (54) 25 H6
Conflans-Sainte-Honorine (78) ..42 C2
Conflans-sur-Anille (72) 61 E6
Conflans-sur-Lanterne (70) 87 G1
Conflans-sur-Loing (45) 64 B6
Conflans-sur-Seine (51) 65 G1
Confolens (16) 123 F1
Confolent-Port-Dieu (19) 126 B5
Confort 32 C2
Confort (01) 117 H5
Confort-Meilars (29) 52 D2
Confracourt (70) 87 E3
Confrançon (01) 116 D4
Congé-sur-Orne (72) 60 B4
Congénies (30) 171 H4
Congerville-Thionville (91) 63 E2
Congis-sur-Thérouanne (77) 43 H2
Congrier (53) 76 A1
Congy (51) 45 E4
Conie-Molitard (28) 62 A4
Conilhac-Corbières (11) 185 G4
Conilhac-de-la-Montagne (11)..184 D5

Conjux (73) 131 G2
Conla (72) 59 H4
Conliège (39) 102 D6
Connac (12) 169 E2
Connangles (43) 142 A1
Connantray-Vaurefroy (51) 45 G5
Connantre (51) 45 F5
Connaux (30) 172 C1
Conne-de-Labarde (24) 137 E6
Connelles (27) 18 D6
Connerré (72) 60 C5
Connezac (24) 123 E5
Connigis (02) 44 C2
Conquereuil (44) 74 B1
Conques (12) 154 B2
Conques-sur-Orbiel (11) 185 E3
le Conquet (29) 30 C5
Conqueyrac (30) 171 F2
Conros 140 A5
Cons-la-Grandville (54) 25 G3
Cons-Sainte-Colombe (74) 132 C3
Consac (17) 121 E6
Conségudes (06) 176 C4
Consenvoye (55) 25 E5
Consigny (52) 68 B4
Consolation-
  -Maisonnettes (25) 104 B1
Contalmaison (80) 10 B5
Contamine-Sarzin (74) 118 B6
Contamine-sur-Arve (74) 118 D5
les Contamines-Montjoie (74) ..133 E2
Contault (51) 46 C3
Contaut 134 B2
Contay (80) 9 H5
Conte (39) 103 F5
Contes (06) 177 E4
Contes (62) 9 E1
Contescourt (02) 21 H1
Contest (53) 58 D3
Conteville (14) 16 C5
Conteville (27) 6 C6
Conteville (60) 20 A2
Conteville (76) 19 G2
Conteville (80) 8 D3
Conteville-en-Ternois (62) 9 G1
Conteville-lès-Boulogne (62) 1 F4
Conthil (57) 49 G3
Contigné (49) 77 E2
Contigny (03) 113 H3
Contilly (72) 60 C2
Continvoir (37) 78 A5
Contis les Bains 148 A6
Contoire (80) 20 D2
Contrazy (09) 183 E4
Contré (17) 108 A6
Contre (80) 20 B1
Contréglise (70) 87 F1
Contremoulins (76) 6 C3
Contres (18) 97 H4
Contres (41) 80 A5
Contreuve (08) 24 A5
Contrevoz (01) 131 F2
Contrexéville (88) 69 E4
Contrières (50) 37 E2
Contrisson (55) 46 D4
Conty (80) 20 B1
Contz-les-Bains (57) 26 C2
Conzac 122 A6
Conzieu (01) 131 F3
Coole (51) 46 A5
Coolus (51) 45 H3
la Copechagnière (85) 91 G3
Copponex (74) 118 B6
Coquainvilliers (14) 17 F4
Coquelles (62) 1 G2
la Coquille (24) 123 H5
Corancy (58) 100 A2
Coray (29) 53 H2
Corbara (2B) 202 C5
Corbarieu (82) 167 E2
Corbas (69) 130 B4
Corbehem (62) 10 C2
Corbeil (51) 46 A6
Corbeil-Cerf (60) 20 B6
Corbeil-Essonnes (91) 43 E6
Corbeilles (45) 63 H5
Corbel (73) 131 H6
Corbelin (38) 131 F4
Corbenay (70) 69 H6
Corbeny (02) 22 D4
Corbère (66) 199 G3
Corbère-Abères (64) 164 C6
Corbère-les-Cabanes (66) 199 G3
Corberon (21) 101 H3
Corbès (30) 171 F1
Corbie (80) 9 H6
le Corbier 146 C1
la Corbière (70) 88 A1
Corbières (04) 174 C3
Corbières (11) 184 B5
Corbigny (58) 99 G1
Corbon 17 E5
Corbon (61) 60 D2
Corbonod (01) 131 G1
Corbreuse (91) 62 D1
Corcelle 116 A3
Corcelle-Mieslot (25) 87 G5
Corcelles 117 G6
Corcelles-en-Beaujolais (69) ..116 A4
Corcelles-Ferrières (25) 103 E1
Corcelles-les-Arts (21) 101 F3
Corcelles-lès-Cîteaux (21) 101 H1
Corcelles-les-Monts (21) 85 G6
Corcieux (88) 70 C3
Corcondray (25) 103 E1
Corconne (30) 171 F3
Corcoué-sur-Logne (44) 91 F1
Cordéac (38) 145 H5
Cordebugle (14) 17 G5

258

Cordelle (42) 128 D1
Cordemais (44) 74 A4
Cordes-sur-Ciel (81) 168 A1
Cordes-Tolosannes (82) 166 C2
Cordesse (71) 100 D3
Cordey (14) 38 D4
Cordon (74) 133 E1
Cordonnet (70) 87 F5
Coren (15) 141 F3
Corenc (38) 145 G2
Corent (63) 127 F4
Corfélix (51) 44 D4
Corgengoux (21) 101 H3
Corgnac-sur-l'Isle (24) 137 G1
Corgoloin (21) 101 G2
Corignac (17) 135 G2
Corlay (22) 33 E6
Corlier (01) 117 F6
Cormainville (28) 62 B4
Cormaranche-en-Bugey (01) ..131 F1
Cormatin (71) 116 A1
Corme-Ecluse (17) 120 D4
Corme-Royal (17) 120 D3
Cormeilles (27) 17 G4
Cormeilles (60) 20 B2
Cormeilles-en-Parisis (95) 42 C3
Cormeilles-en-Vexin (95) 42 B1
Cormeilles-le-Royal (14) 16 C5
le Cormenier (79) 107 H5
Cormenon (41) 61 F6
Cormeray (41) 80 A5
Cormery (37) 95 E1
Cormes (72) 61 E4
Cormette 2 A4
Cormicy (51) 22 D5
le Cormier (27) 41 F3
Cormolain (14) 37 H1
Cormont (62) 1 F5
Cormontreuil (51) 22 D5
Cormoranche-sur-Saône (01)..116 B4
Cormost (10) 66 B4
Cormot-le-Grand (21) 101 E3
Cormoyeux (51) 45 F1
Cormoz (01) 117 E2
Corn (46) 153 F2
Cornac (46) 139 F5
Cornant (89) 64 D4
Cornas (07) 144 A4
Cornay (08) 24 C5
Corné (49) 77 F4
Cornebarrieu (31) 167 E5
Corneilhan (34) 186 D1
Corneilla-de-Conflent (66) 199 E4
Corneilla-del-Vercol (66) 201 E3
Corneilla-la-Rivière (66) 199 H2
Corneillan (32) 164 B5
Corneuil (27) 41 E3
Corneville-la-Fouquetière (27)....40 B2
Corneville-sur-Risle (27) 17 H3
Cornier (74) 118 D5
Cornil (19) 138 D2
Cornillac (26) 159 E3
Cornille (24) 137 F2
Cornillé (35) 57 H3
Cornillé-les-Caves (49) 77 F4
Cornillon (30) 157 G5
Cornillon-Confoux (13) 173 F5
Cornillon-en-Trièves (38) 145 G5
Cornillon-sur-l'Oule (26) 159 E3
Cornimont (88) 70 C5
Cornod (39) 117 G3
Cornot (70) 87 E2
la Cornuaille (49) 75 G2
Cornus (12) 170 A3
Cornusse (18) 98 A4
Cornusson 153 F5
Corny (27) 19 E6
Corny-Machéroménil (08)....23 H3
Corny-sur-Moselle (57) 26 B6
Coron (49) 92 D2
Corpe (85) 91 H6
Corpeau (21) 101 F4
Corpoyer-la-Chapelle (21) 85 E4
Corps (38) 146 A5
Corps-Nuds (35) 57 F4
Corquilleroy (45) 64 A5
Corquoy (18) 97 F4
Corrano (2A) 205 E6
Corravillers (70) 70 B6
Corre (70) 69 F6
Corrençon-en-Vercors (38) ...145 F3
Correns (83) 175 E6
Corrèze (19) 139 F1
Corribert (51) 45 E3
Corrobert (51) 44 D3
Corrombles (21) 84 C4
Corronsac (31) 183 G1
Corroy (51) 45 F5
Corsaint (21) 84 C4
Corsavy (66) 199 G5
Corscia (2B) 204 D2
Corsept (44) 73 H4
Corseul (22) 34 C5
Cortambert (71) 116 A2
Corte (2B) 205 E2
Cortevaix (71) 116 A2
Cortrat (45) 82 B1
les Corvées-les-Yys (28) 61 G2
Corveissiat (01) 117 F4
Corvol-d'Embernard (58) 83 E6
Corvol-l'Orgueilleux (58) 83 F5
Corzé (49) 77 F4
Cos (09) 183 G5
Cosges (39) 102 C5
Coslédaà-Lube-Boast (64) ...180 C1
Cosmes (53) 58 C6
Cosnac (19) 138 D3
Cosne-Cours-sur-Loire (58) ...82 C5
Cosne-d'Allier (03) 113 E2
Cosnes-et-Romain (54) 25 G3

Cosqueville (50) 14 D1
Cossaye (50) 99 F6
Cossé-d'Anjou (49) 92 D1
Cossé-en-Champagne (53) ...59 F6
Cossé-le-Vivien (53) 58 B6
Cossesseville (14) 38 C3
Cosswiller (67) 50 C5
Costa (2B) 202 D5
Costaros (43) 142 C5
les Costes (05) 146 A6
les Costes-Gozon (12) 169 G2
la Côte (70) 88 B2
la Côte-d'Aime (73) 133 E4
la Côte-d'Arbroz (74) 119 F4
la Côte-en-Couzan (42) 128 B3
la Côte-Saint-André (38) 130 D6
le Coteau (42) 115 E6
Côtebrune (25) 87 H6
les Côtes-d'Arey (38) 130 A6
les Côtes-de-Corps (38) ...146 A5
Coti-Chiavari (2A) 206 C1
Cotignac (83) 175 E5
la Cotinière 120 A1
Cottance (42) 129 E3
Cottenchy (80) 20 C1
Cottévrard (76) 7 H4
Cottun (14) 15 H5
la Couarde (79) 108 B3
la Couarde-sur-Mer (17) 106 B4
Couargues (18) 98 C1
Coubert (77) 43 F5
Coubeyrac (33) 136 B6
Coubisou (12) 154 D2
Coubjours (24) 138 B2
Coublanc (52) 86 C2
Coublanc (71) 115 F5
Coublevie (38) 131 F6
Coublucq (64) 164 A6
Coubon (43) 142 C4
Coubron (93) 43 E3
Couches (71) 101 E4
Couchey (21) 101 G1
la Coucourde (26) 158 B1
Coucouron (07) 142 D6
Coucy (08) 23 H3
Coucy-la-Ville (02) 22 A3
Coucy-le-Château-
-Auffrique (02) 22 A3
Coucy-lès-Eppes (02) 22 D3
Couddes (41) 80 A6
Coudehard (61) 39 F4
Coudekerque (59) 2 C2
Coudekerque-Branche (59) ...2 B1
Coudes (63) 127 F4
Coudeville-sur-Mer (50) 35 G1
Coudons (11) 184 C6
Coudoux (13) 173 G5
Coudray (27) 19 F5
le Coudray (28) 62 B2
Coudray (45) 63 G3
Coudray (53) 76 D2
Coudray-au-Perche (28) 61 F4
le Coudray-Macouard (49) 93 G1
le Coudray-Montceaux (91) ...43 E6
Coudray-Rabut (14) 17 F3
le Coudray-Saint-Germer (60) ...19 H4
le Coudray-sur-Thelle (60) 20 B5
le Coudray Montbault (49) 92 D2
la Coudre (79) 93 E3
Coudreceau (28) 61 F3
Coudrecieux (72) 60 D6
Coudres (27) 41 E4
Coudroy (45) 81 G1
Coudun (60) 21 F4
Coudures (40) 163 H4
Coueilles (31) 182 C2
Couëron (44) 74 B5
Couesmes (37) 78 B4
Couesmes-Vaucé (53) 58 D1
Couffé (44) 75 E3
Couffoulens (11) 185 E4
Couffy (41) 96 A1
Couffy-sur-Sarsonne (19) ...126 A4
Couflens (09) 197 E4
Couhé (86) 108 D4
Couilly-Pont-aux-Dames (77) ...43 G3
Couin (62) 9 H4
Couiza (11) 184 D6
Couladère (31) 182 D3
Coulaines (72) 60 B5
Coulandon (03) 113 H2
Coulangeron (89) 83 F3
Coulanges (03) 114 D2
Coulanges (41) 79 H4
Coulanges-la-Vineuse (89) ...83 G3
Coulanges-lès-Nevers (58) ...98 D3
Coulanges-sur-Yonne (89) ...83 F4
Coulans-sur-Gée (72) 59 H5
Coulaures (24) 137 H1
Couleuvre (03) 98 C6
Coulevon (70) 87 G3
Coulgens (16) 122 C2
Coulimer (61) 60 C1
Coullemelle (80) 20 C2
Coullemont (62) 9 H3
Coullons (45) 81 H3
Coulmer (61) 39 G4
Coulmier-le-Sec (21) 84 D2
Coulmiers (45) 80 C1
Coulobres (34) 187 E1
Coulogne (62) 1 G2
Couloisy (60) 21 G5
Coulombiers (72) 60 A3
Coulombiers (86) 108 D2
Coulombs (28) 16 A4
Coulombs (28) 41 G6
Coulombs-en-Valois (77) 44 A2
Coulomby (62) 1 H4
Coulommes (77) 43 G3
Coulommes-et-Marqueny (08) ..24 A4

Coulommes-la-Montagne (51) ..23 E6
Coulommiers (77) 44 A4
Coulommiers-la-Tour (41) 79 G2
Coulon (79) 107 G3
Coulonces (14) 37 H3
Coulonces (61) 39 F4
la Coulonche (61) 38 C5
Coulongé (72) 78 A3
Coulonges (16) 122 B2
Coulonges (17) 121 G4
Coulonges (86) 110 B3
Coulonges-Cohan (02) 22 C6
Coulonges-les-Sablons (61) ...61 F2
Coulonges-sur-l'Autize (79) ...107 G2
Coulonges-sur-Sarthe (61) 60 C1
Coulonges-Thouarsais (79) ...93 F4
Coulonvillers (80) 9 E4
Couloumé-Mondebat (32) ...164 D5
Coulounieix-Chamiers (24) ...137 F2
Coulours (89) 65 G4
Couloutre (58) 82 D5
Coulouvray-Boisbenâtre (50) ...37 G4
Coulvain (14) 38 A2
Coulx (47) 151 E3
Coume (57) 27 E4
Counozouls (11) 198 D2
Coupelle-Neuve (62) 2 A6
Coupelle-Vieille (62) 2 A6
Coupesarte (14) 17 E5
Coupetz (51) 45 H4
Coupéville (51) 46 B3
Coupiac (12) 169 E2
Coupray (52) 67 G6
Coupru (02) 44 B2
Couptrain (53) 59 F1
Coupvray (77) 43 G3
Couquèques (33) 134 D1
Cour-Cheverny (41) 80 A4
Cour-et-Buis (38) 130 B6
Cour-l'Évêque (52) 67 G6
la Cour-Marigny (45) 81 H1
Cour-Saint-Maurice (25) 88 C5
Cour-sur-Loire (41) 80 A3
Courances (91) 63 H2
Courant (17) 107 G6
Courban (21) 67 F6
la Courbe (61) 38 D4
Courbehaye (28) 62 B4
Courbépine (27) 17 H5
Courbes (02) 22 B2
Courbesseaux (54) 49 E5
Courbette (39) 117 G1
Courbeveille (53) 58 C5
Courbevoie (92) 42 C3
Courbiac (47) 151 H4
Courbillac (16) 121 H3
Courbon (02) 44 C2
Courbons 160 C6
Courboux 87 F4
Courbouzon (39) 102 C6
Courbouzon (41) 80 B3
Courçais (03) 112 C2
Courçay (37) 95 E1
Courcebœufs (72) 60 B4
Courcelette (80) 10 B4
Courcelles (17) 121 F1
Courcelles (25) 103 F2
Courcelles (45) 63 G5
Courcelles (54) 69 F2
Courcelles (58) 83 F5
Courcelles (90) 89 E4
Courcelles-au-Bois (80) 10 A4
Courcelles-Chaussy (57) 26 D5
Courcelles-de-Touraine (37) ...78 B5
Courcelles-en-Barrois (55) 47 G4
Courcelles-en-Bassée (77) 64 C2
Courcelles-en-Montagne (52)...86 A1
Courcelles-Epayelles (60) 21 E3
Courcelles-Frémoy (21) 84 B5
Courcelles-la-Forêt (72) 77 H2
Courcelles-le-Comte (62) 10 B3
Courcelles-lès-Gisors (60) ...19 G6
Courcelles-lès-Lens (62)..........10 C1
Courcelles-lès-Montbard (21)...84 D4
Courcelles-
-lès-Montbéliard (25) 88 C4
Courcelles-lès-Semur (21) ...84 C5
Courcelles-Sapicourt (51)........22 D6
Courcelles-
-sous-Châtenois (88) 68 D2
Courcelles-
-sous-Moyencourt (80) 20 A1
Courcelles-sous-Thoix (80) ...20 A2
Courcelles-sur-Aire (55) 47 F3
Courcelles-sur-Blaise (52) ...67 G2
Courcelles-sur-Nied (57)........26 C6
Courcelles-sur-Seine (27) 41 F1
Courcelles-sur-Vesles (02) ...22 C5
Courcelles-sur-Viosne (95) ...42 B2
Courcelles-sur-Voire (10) 66 D1
Courcemain (51) 45 F6
Courcemont (72) 60 B4
Courcerac (17) 121 G2
Courcerault (61) 60 D2
Courceroy (10) 65 F2
Courchamp (77) 44 B6
Courchamps (02) 44 B1
Courchamps (49) 93 G1
Courchapon (25) 86 D6
Courchaton (70) 88 A4
Courchelettes (59) 10 C2
Courchevel 1550 ....133 E5
Courchevel 1650 Moriond ...133 E5
Courchevel 1850 ....133 E5
Courcité (53) 59 G3
Courcival (72) 60 C4
Courcôme (16) 122 B1
Courçon (17) 107 E4
Courcoué (37) 94 B3
Courcouronnes (91) 42 D6
Courcoury (17) 121 F3

Courcuire (70) 87 E5
Courcy (14) 16 D6
Courcy (50) 37 E2
Courcy (51) 23 E5
Courcy-aux-Loges (45) 63 F5
Courdemanche (27) 41 E4
Courdemanche (72) 78 D2
Courdemanges (51) 46 B5
Courdimanche (95) 42 B2
Courdimanche-
-sur-Essonne (91) 63 G2
Couret (31) 182 B5
Courgains (72) 60 B3
Courgeac (16) 122 B6
Courgenard (72) 61 E4
Courgenay (89) 65 F3
Courgent (78) 41 H3
Courgeon (61) 60 D1
Courgeoût (61) 60 C1
Courgis (89) 83 H2
Courgivaux (51) 44 C5
Courgoul (63) 127 E5
Courjeonnet (51) 45 E4
Courlac (16) 136 B1
Courlandon (51) 22 C5
Courlans (39) 102 C6
Courlaoux (39) 102 C6
Courlay (79) 92 D5
Courléon (49) 78 A5
Courlon (21) 85 H3
Courlon-sur-Yonne (89) 64 D3
Courmangoux (01) 117 E3
Courmas (51) 23 E6
Courmelles (02) 22 A5
Courmemin (41) 80 B5
Courménil (61) 39 G4
Courmes (06) 176 C5
Courmont (02) 44 D1
Courmont (70) 88 B3
Cournanel (11) 184 D5
la Courneuve (93) 42 D3
Courniou (34) 185 G1
Cournols (63) 127 E4
Cournon (56) 56 C6
Cournon-d'Auvergne (63) ...127 F4
Cournonsec (34) 171 E6
Cournonterral (34) 171 E6
la Couronne (16) 122 B4
Courouvre (55) 47 F3
Courpalay (77) 43 H6
Courpiac (33) 135 H6
Courpière (63) 128 A3
Courpignac (17) 135 F1
Courquetaine (77) 43 F5
Courrensan (32) 165 E3
Courrières (62) 10 C1
Courris (81) 168 D2
Courry (30) 157 G5
Cours (46) 152 D3
Cours (47) 151 E4
le Cours (56) 55 H6
Cours (79) 107 H2
Cours (07) 157 H1
Coux (17) 135 G1
Coux-et-Bigaroque (24) 137 H6
Couy (18) 98 B2
la Couyère (35) 57 G5
Couze-et-Saint-Front (24) ...137 F6
Couzeix (87) 124 B2
Couziers (37) 93 H2
Couzon (03) 113 G1
Couzon-au-Mont-d'Or (69) ...130 A2
Couzou (46) 138 D6
Cox (31) 166 C4
Coye-la-Forêt (60) 43 E1
Coyecques (62) 2 A5
Coyolles (02) 21 G6
Coyrière (39) 118 A3
Coyron (39) 117 G2
Coyviller (54) 48 D6
Cozes (17) 120 D4
Cozzano (2A) 205 E5
Crach (56) 72 B1
Craches (89) 62 D1
Crachier (38) 130 D5
Crain (89) 83 F4
Craincourt (57) 49 E3
Craintilleux (42) 129 E4
Crainvilliers (88) 69 E4
Cramaille (02) 22 B6
Cramans (39) 103 E3
Cramant (51) 45 F2
Cramchaban (17) 107 F4
Craménil (61) 38 C4
Cramoisy (60) 20 C6
Cramont (80) 9 E3
Crampagna (09) 183 H5
Cran-Gevrier (74) 132 A1
Crancey (10) 65 G1
Crançot (39) 102 D6
Crannes-en-Champagne (72)...59 H6
Crans (01) 130 C1
Crans (39) 103 F5
Cransac (12) 154 A3
Crantenoy (54) 69 U1
Cranves-Sales (74) 118 D4
Craon (53) 76 B1
Craon (86) 93 H5
Craonne (02) 22 D4
Craonnelle (02) 22 D4
Crapeaumesnil (60) 21 F2
Cras (38) 145 E1
Cras (46) 152 D2
Cras-sur-Reyssouze (01) ...116 D4
Crastatt (67) 50 C5
Crastes (32) 166 A4
Crasville (27) 18 C6

Crasville (50) 15 E3
Crasville-la-Mallet (76) 7 E3
Crasville-la-Rocquefort (76) 7 F3
la Crau (83) 191 H5
Cravanche (90) 88 C2
Cravans (17) 121 E4
Cravant (45) 80 B2
Cravant (89) 83 G3
Cravant-les-Côteaux (37) 94 B3
Cravencères (32) 164 D4
Cravent (78) 41 G2
Cray 115 H1
Crayssac (46) 152 B3
Craywick (59) 2 B2
Crazannes (17) 121 E2
Cré (72) 77 G3
Créances (50) 14 C6
Créancey (21) 101 E1
Créans 77 H2
Crécey-sur-Tille (21) 85 H4
la Crèche (79) 108 A3
Crèches-sur-Saône (71) 116 B4
Créchets (65) 182 A5
Créchy (03) 114 A4
Crécy-au-Mont (02) 22 A4
Crécy-Couvé (28) 41 E5
Crécy-en-Ponthieu (80) 8 D3
Crécy-la-Chapelle (77) 43 G4
Crécy-sur-Serre (02) 22 C2
Crédin (56) 55 G3
Crégols (46) 153 E3
Crégy-lès-Meaux (77) 43 G3
Créhange 27 E6
Créhange (57) 27 E6
Créhen (22) 34 C4
Creil (60) 20 D6
Creissan (34) 186 C2
Creissels (12) 169 H1
Crémarest (62) 1 G4
Cremeaux (42) 128 C2
Crémel 15 H5
Crémery (80) 21 F1
Crémieu (38) 130 D3
Crempigny-Bonneguête (74) ...131 H1
Cremps (46) 152 D4
Crenans (39) 117 H2
Créneau 54 D2
Creney-près-Troyes (10) 66 B3
Crennes-sur-Fraubée (53) ...59 F2
Créon (33) 135 G6
Créon-d'Armagnac (40) 164 C2
Créot (21) 101 E4
Crépand (21) 84 C3
Crépey (54) 48 C6
Crépol (26) 144 C2
Crépon (14) 16 A3
Crépy (02) 22 B3
Crépy (62) 2 A6
Crépy-en-Valois (60) 21 G6
Créquy (62) 1 H6
le Crès (34) 171 F5
Cresancey (70) 86 D5
Crésantignes (10) 66 A4
les Cresnays (50) 37 G5
Crespian (30) 171 G3
Crespières (78) 42 B3
Crespin (12) 154 A6
Crespin (59) 11 G1
Crespin (81) 168 C1
Crespinet (81) 168 C2
Crespy-le-Neuf (10) 67 E2
Cressac-Saint-Genis (16) ...122 B6
Cressanges (03) 113 G2
Cressat (23) 111 H6
la Cresse (12) 155 F1
Cressé (17) 121 H1
Cressensac (46) 138 C4
Cresserons (14) 16 C3
Cresseveuille (14) 17 E4
Cressia (39) 117 F2
Cressin-Rochefort (01) 131 G3
la Cressonnière 107 F4
Cressonsacq (60) 20 D4
Cressy (76) 7 H1
Cressy-Omencourt (80) 21 F2
Cressy-sur-Somme (71) 100 A4
Crest (26) 144 C4
le Crest (63) 127 F4
Crest-Voland (73) 132 D3
Creste (63) 127 E5
le Crestet (07) 143 H4
Crestet (84) 158 D5
Crestot (27) 18 C6
Créteil (94) 43 E4
Cretteville (50) 14 D5
Creully (14) 16 A3
la Creuse (70) 87 H2
Creuse (80) 9 F6
le Creusot (71) 100 D5
Creutzwald (57) 27 E4
Creuzier-le-Neuf (03) 114 A4
Creuzier-le-Vieux (03) 114 A4
Crevans-et-la-Chapelle-
-lès-Granges (70) 88 B4
Crevant (36) 111 H3
Crevant-Laveine (63) 127 G2
Crévéchamps (54) 48 D6
Crèvecœur-en-Auge (14) 17 E4
Crèvecœur-en-Brie (77) 43 G5
Crèvecœur-le-Grand (60) 20 B3
Crèvecœur-le-Petit (60) 20 D3
Crèvecœur-sur-l'Escaut (59) ...11 E4
Crèvecœur (70) 49 E4
Crévic (54) 57 F5
Crevin (35) 161 G1
Crévoux (05) 56 D5
le Crévy Château 56
Creys-Mépieu (38) 131 F2
Creyssac (24) 137 E1
Creysse (24) 137 F5
Creysse (46) 138 D5

Creysseilles (07) 143G6
Creyssensac-et-Pissot (24) 137 F3
Crézançay-sur-Cher (18) 97G5
Crézancy (02) 44C2
Crézancy-en-Sancerre (18) 82A6
Crézières (79) 108B6
Crézilles (54) 48B6
Cricquebœuf (14) 6B6
Cricqueville-en-Auge (14) 16D4
Cricqueville-en-Bessin (14) 15 F4
Criel-Plage 8A4
Criel-sur-Mer (76) 8A5
Crillon (60) 19H3
Crillon-le-Brave (84) 158D6
Crimolois (21) 85H6
Crion (54) 49 F5
la Crique (76) 7H4
Criquebeuf-en-Caux (76) 6C3
Criquebeuf-la-Campagne (27) ..18C6
Criquebeuf-sur-Seine (27) 18C5
Criquetot-le-Mauconduit (76) ..6D3
Criquetot-l'Esneval (76) 6B4
Criquetot-sur-Longueville (76) ...7G3
Criquetot-sur-Ouville (76) 7 F4
Criquiers (76) 19G2
Crisenoy (77) 43 F6
Crisolles (60) 21G3
Crissay-sur-Manse (37) 94C2
Crissé (72) 59H4
Crissey (39) 102C2
Crissey (71) 101G5
Cristinacce (2A) 204C3
Cristot (14) 16A4
Criteuil-la-Magdeleine (16) ..121H5
Critot (76) 7H5
Croce (2B) 205 F1
Crochte (59) 2B2
Crocicchia (2B) 203 F6
Crocq (23) 126A2
le Crocq (60) 20B2
Crocy (14) 39 E3
Croettwiller (67) 29 F6
Croignon (33) 135G6
Croisances (43) 142A5
Croisette (62) 9G2
le Croisic (44) 73 E4
la Croisille (27) 40D3
la Croisille-sur-Briance (87) ..124D4
Croisilles (14) 16B6
Croisilles (28) 41G5
Croisilles (61) 39G4
Croisilles (62) 10B3
Croismare (54) 49 F5
Croissanville (14) 16D5
Croissy-Beaubourg (77) 43 F4
Croissy-sur-Celle (60) 20B2
Croissy-sur-Seine (78) 42C4
le Croisty (56) 54C2
Croisy (18) 98B4
Croisy-sur-Andelle (76) 19 E4
Croisy-sur-Eure (27) 41 F2
Croix (59) 3G4
Croix (90) 88D4
la Croix-aux-Bois (08) 24B4
la Croix-aux-Mines (88) 70D3
la Croix-Avranchin (50) 35H4
la Croix-Blanche (47) 151 F5
Croix-Caluyau (59) 11G3
Croix-Chapeau (17) 106D5
la Croix-Comtesse (17) ...107G6
la Croix-de-la-Rochette (73) ..132B5
la Croix-du-Perche (28) 61G3
la Croix-en-Brie (77) 44A6
la Croix-en-Champagne (51) ..46B2
la Croix-en-Ternois (62) 9G1
la Croix-en-Touraine (37) ...79 F6
Croix-Fonsommes (02) 11 F5
la Croix-Helléan (56) 55H4
Croix-Mare (76) 7 F5
Croix-Moligneaux (80) 21G1
la Croix-Saint-Leufroy (27) ...41 E1
la Croix-sur-Gartempe (87) ..110A5
la Croix-sur-Ourcq (02) 44B1
la Croix-sur-Roudoule (06) ..176D3
la Croix-Valmer (83) 192C4
Croixanvec (56) 55 F2
la Croix au Bost 112B6
Croixdalle (76) 19 E1
Croixille (53) 58B3
Croixrault (80) 20A1
Croizet-sur-Gand (42) 129 E2
la Croizette 113G5
Crolles (38) 145H1
Crollon (50) 35H4
Cromac (87) 110C3
Cromary (70) 87 F5
Cromières 123G3
Cronat (71) 99G6
Cronce (43) 141G3
Cropte (53) 59 E6
Cropus (76) 7G3
Cros (30) 171 E2
Cros (34) 170B3
Cros (63) 126C6
Cros-de-Géorand (07) 143 E6
Cros-de-Montvert (15) ...139G4
Cros-de-Ronesque (15) ..140C5
Cros de Cagnes 176D6
Crosey-le-Grand (25) 88A5
Crosey-le-Petit (25) 88A5
Crosmières (72) 77G2
Crosne (91) 43 E5
Crossac (44) 73G3
Crosses (18) 97H3
Crosville-la-Vieille (27) 40C1
Crosville-sur-Douve (50) ...14D4
Crosville-sur-Scie (76) 7G3
Crotelles (37) 79 E4
Crotenay (39) 103 E5
Croth (27) 41 F4

le Crotoy (80) 8C3
Crots (05) 161 E2
Crottes-en-Pithiverais (45) ...63 E5
Crottet (01) 116B4
le Crouais (35) 56C1
Crouay (14) 15H5
la Croupte (14) 17 F6
Crouseilles (64) 164C6
Croutelle (86) 109 E2
les Croûtes (10) 65H6
Croutoy (60) 21G5
Crouttes (61) 39 F3
Crouttes-sur-Marne (02) 44B3
Crouy (02) 22A4
Crouy-en-Thelle (60) 20C6
Crouy-Saint-Pierre (80) 9 F5
Crouy-sur-Cosson (41) 80B3
Crouy-sur-Ourcq (77) 43H2
la Crouzille (63) 113 E5
Crouzilles (37) 94C2
Crozant (23) 111 E3
Croze (23) 125G3
Crozes-Hermitage (26) ...144A3
Crozet (01) 118B4
le Crozet (42) 114D5
les Crozets (39) 117H2
Crozon (29) 30D6
Crozon-sur-Vauvre (36) ...111G2
Cruas (07) 158A1
Crucey-Villages (28) 40D5
Crucheray (41) 79C2
Cruéjouls (12) 155 E3
Cruet (73) 132A5
Crugey (21) 101 F1
Crugny (51) 22D6
Cruguel (56) 55H4
Cruis (04) 174C1
Crulai (61) 40B5
Crupies (26) 158D2
Crupilly (02) 11H5
Cruscades (11) 185H3
Cruseilles (74) 118B6
Crusnes (54) 26A2
Cruviers-Lascours (30) ...171H2
Crux-la-Ville (58) 99 F2
Cruzille (71) 116A1
Cruzilles-lès-Mépillat (01) ..116B4
Cruzy (34) 186C2
Cruzy-le-Châtel (89) 84C1
Cry (89) 84C2
Cubelles (43) 142A4
Cubières (48) 156C6
Cubières-sur-Cinoble (11) ..185 F6
Cubiérettes (48) 156C6
Cubjac (24) 137G2
Cublac (19) 138B3
Cublize (69) 115G6
Cubnezais (33) 135 F3
Cubrial (25) 88A4
Cubry (25) 88A4
Cubry-lès-Faverney (70) ...87G1
Cubzac-les-Ponts (33) ...135 F4
Cucharmoy (77) 44A6
Cuchery (51) 45 E1
Cucq (02) 1 F6
Cucugnan (11) 199G1
Cucuron (84) 173H3
Cudos (33) 149H4
Cudot (89) 64D6
Cuébris (06) 176C4
Cuélas (32) 181H2
Cuers (83) 191H4
Cuffies (02) 22A4
Cuffy (18) 98C4
Cugand (85) 75 E6
Cuges-les-Pins (13) 191 E4
Cugnaux (31) 167 E6
Cugney (70) 86D5
Cugny (02) 21H2
Cugny-lès-Crouttes 22A6
Cuguen (35) 35 F5
Cuguron (31) 181H4
Cuhon (86) 93H5
Cuignières (60) 20D4
Cuigy-en-Bray (60) 19H4
Cuillé (53) 58A6
Cuinchy (62) 2D6
Cuincy (59) 10C1
le Cuing (31) 182A4
Cuinzier (42) 115 F5
Cuirieux (02) 22D2
Cuiry-Housse (02) 22B5
Cuiry-lès-Chaudardes (02) ...22D5
Cuiry-lès-Iviers (02) 23 F1
Cuis (51) 45 F2
Cuise-la-Motte (60) 21G5
Cuiseaux (71) 117 F2
Cuiserey (21) 86B5
Cuisery (71) 116C1
Cuisia (39) 117 F1
Cuisiat 117 F1
Cuisles (51) 45 E1
Cuissai (61) 59H1
Cuissy-et-Geny (02) 22C4
Cuisy (08) 24D5
Cuisy (77) 43G2
Cuisy-en-Almont (02) 21H4
Culan (18) 112B2
Culètre (21) 101 E2
Culey (55) 47 F4
Culey-le-Patry (14) 16A6
Culhat (63) 127G2
Culin (38) 130D5
Culles-les-Roches (71) ...101 F6
Cully (14) 16A4
Culmont (52) 86B1
Culoz (01) 131G2

Cult (70) 86D6
Cultures (48) 155H3
Cumières (51) 45 F2
Cumières-le-Mort-Homme (55)...25 E6
Cumiès (11) 184A2
Cumond (24) 136C2
Cumont (82) 166B3
Cunac (81) 168C2
Cunault 77G6
Cuncy-lès-Varzy (58) 83 F3
Cunèges (24) 136D6
Cunel (55) 24D5
Cunelières (90) 88D3
Cunfin (10) 67 E5
Cunlhat (63) 128A4
Cuon (49) 77G4
Cuperly (51) 46A2
Cuq (47) 165H1
Cuq (81) 168B5
Cuq-Toulza (81) 167H6
Cuqueron (64) 180A2
Curac (16) 136B1
Curan (12) 155 E6
Curbans (04) 160B3
Curbigny (71) 115G4
Curçay-sur-Dive (86) 93G3
Curchy (80) 21 F1
Curciat-Dongalon (01) ...116D2
Curcy-sur-Orne (14) 16A6
Curdin (71) 115 E1
Curel (04) 159G5
Curel (52) 67H1
Curemonte (19) 139 E4
Cures (72) 59H5
Curgies (59) 11G2
Curgy (71) 100D3
Curienne (73) 132A4
Curières (12) 155 E2
Curis-au-Mont-d'Or (69) ..130A2
Curley (21) 101G1
Curlu (80) 10B5
Curmont (52) 67G3
Curnier (26) 159 E4
Cursan (33) 135G6
Curtafond (01) 116D4
Curtil-Saint-Seine (21) ...85G5
Curtil-sous-Buffières (71) ..115H3
Curtil-sous-Burnand (71) ..116A1
Curtil-Vergy (21) 101G2
Curvalle (81) 168D2
Curzay-sur-Vonne (86) ...108C2
Curzon (85) 91G6
Cusance (25) 88A5
Cuse-et-Adrisans (25) ...87H4
Cusey (52) 86B3
Cussac (15) 141 E4
Cussac (87) 123G3
Cussac-Fort-Médoc (33) ..134D3
Cussac-sur-Loire (43) ...142C4
Cussangy (10) 66B5
Cussay (37) 95 E3
Cusset (03) 114A5
Cussey-les-Forges (21) ...85H3
Cussey-sur-Lison (25) ...103 F2
Cussey-sur-l'Ognon (25) ...87 F5
Cussigny 101G2
Cussy (14) 15H5
Cussy-en-Morvan (71) ...100C2
Cussy-la-Colonne (21) ...101 E3
Cussy-le-Châtel (21) 101 E2
Cussy-les-Forges (89) ...84B5
Custines (54) 48C4
Cusy (74) 132A2
Cutry (02) 21H5
Cutry (54) 25H3
Cuts (60) 21G3
Cutting (57) 49H3
Cuttoli-Corticchiato (2A)...204D5
Cuttura (39) 117H2
Cuvat (74) 118C6
Cuve (70) 69G6
Cuvergnon (60) 43H1
Cuverville (14) 16C4
Cuverville (27) 19 E6
Cuverville (76) 6B4
Cuverville-sur-Yères (76) ...8B5
Cuves (50) 37G5
Cuves (52) 68B5
Cuvier (39) 103G4
Cuvillers (59) 11 E3
Cuvilly (60) 21 E3
Cuvry (57) 26B3
Cuxac-Cabardès (11) 184D2
Cuxac-d'Aude (11) 186C3
Cuy (60) 21 F3
Cuy (89) 65 E3
Cuy-Saint-Fiacre (76) ...19G3
Cuzac (46) 153H2
Cuzance (46) 138C4
Cuzieu (01) 131 F2
Cuzieu (42) 129 E4
Cuzion (36) 111 E2
Cuzorn (47) 151H2
Cys-la-Commune (02) 22C5
Cysoing (59) 3G5

D

Dabo (57) 50B5
Dachstein (67) 50D5
Dadonville (45) 63 F4
Daglan (24) 152B1
Dagneux (01) 130C2
Dagny (77) 44A5
Dagny-Lambercy (02) 23 E1
Dagonville (55) 47G4
la Daguenière (49) 77 E5

Dahlenheim (67) 50D5
Daignac (33) 135G6
Daigny (08) 24C2
Daillancourt (52) 67G3
la Daille 133G5
Daillecourt (52) 68C5
Dainville (62) 10B2
Dainville-Berthéléville (55) ..68C1
Daix (21) 85H6
Dalem (57) 27 E4
Dalhain (57) 49 F3
Dalhunden (67) 51G3
Dallet (63) 127G3
Dallon (02) 21H1
Dalou (09) 183H5
Dalstein (57) 26D3
Daluis (06) 176B3
Damas-aux-Bois (88) 69H1
Damas-et-Bettegney (88) ...69G3
Damazan (47) 150C5
Dambach (67) 28C6
Dambach-la-Ville (67) 71 F2
Dambelin (25) 88B5
Dambenoît-lès-Colombe (70)...87H2
Damblain (88) 68D6
Damblainville (14) 39 E3
Dambron (28) 62D5
Dame-Marie (27) 40D4
Dame-Marie (61) 60D2
Dame-Marie-les-Bois (37) ..79 F4
Damelevières (54) 49 E6
Daméraucourt (60) 19H2
Damerey (71) 101H5
Damery (51) 45 E2
Damery (80) 21 E2
Damgan (56) 73 E2
Damiatte (81) 168A5
Damigny (61) 60A2
Damloup (55) 25 F6
Dammard (02) 44A1
Dammarie (28) 62B3
Dammarie-en-Puisaye (45) ..82B3
Dammarie-les-Lys (77) 64A1
Dammarie-sur-Loing (45) ...82B2
Dammarie-sur-Saulx (55) ...47 F6
Dammartin-en-Goële (77) ...43 F2
Dammartin-en-Serve (78) ...41G3
Dammartin-les-Templiers (25)..87H6
Dammartin-Marpain (39) ...86C6
Dammartin-sur-Meuse (52) ..68C6
Dammartin-sur-Tigeaux (77) ..43G4
Damousies (59) 12A3
Damouzy (08) 24A1
Damparis (39) 102B2
Dampierre (10) 46A6
Dampierre (14) 37H2
Dampierre (39) 102D1
Dampierre (52) 68B6
Dampierre-au-Temple (51) ..46A2
Dampierre-en-Bray (76) ...19G3
Dampierre-en-Bresse (71) ..102A5
Dampierre-en-Burly (45) ...81H2
Dampierre-en-Crot (18) 81H5
Dampierre-en-Graçay (18) ...96D2
Dampierre-en-Montagne (21)...85 E5
Dampierre-en-Yvelines (78) ..42B5
Dampierre-et-Flée (21) 86B4
Dampierre-le-Château (51) ..46C2
Dampierre-les-Bois (25) ...88D5
Dampierre-lès-Conflans (70) ..87G1
Dampierre-Saint-Nicolas (76) ..7H2
Dampierre-sous-Bouhy (58) ..82D4
Dampierre-sous-Brou (28) ...61G4
Dampierre-sur-Avre (28) 41 E5
Dampierre-sur-Boutonne (17)..107H6
Dampierre-sur-le-Doubs (25) ..88C4
Dampierre-sur-Linotte (70) ..87G4
Dampierre-sur-Loire 93H1
Dampierre-sur-Moivre (51) ..46B3
Dampierre-sur-Salon (70) ...86D4
Dampjoux (25) 88C5
Dampleux (02) 21H6
Dampmart (77) 43 F3
Dampniat (19) 138D3
Damprichard (25) 88D6
les Damps (27) 18D5
Dampsmesnil (27) 41 E6
Dampvalley-lès-Colombe (70) ..87G3
Dampvalley-
   -Saint-Pancras (70) 69G6
Dampvitoux (54) 48B2
Damrémont (52) 68D6
Damville (27) 40D4
Damvillers (55) 25 F5
Damvix (85) 107 F3
Dancé (42) 128C2
Dancé (61) 61 E2
Dancevoir (52) 67G6
Dancourt (76) 8B6
Dancourt-Popincourt (80) ...21 E2
Dancy (28) 62A4
Danestal (14) 17 E4
Dangé-Saint-Romain (86) ...94D4
Dangeau (28) 61H4
Dangers (28) 62A1
Dangeul (72) 60B3
Dangolsheim (67) 50D5
Dangu (27) 19G6
Dangy (50) 37 F2
Danizy (02) 22A2
Danjoutin (90) 88C3
Danne-et-Quatre-Vents (57) ..50C4
Dannelbourg (57) 50B4
Dannemarie (25) 88D5
Dannemarie (68) 89 E2
Dannemarie (78) 41G5
Dannemarie-sur-Crète (25) ..103 E1
Dannemoine (89) 84A1
Dannemois (91) 63H1
Dannes (62) 1 F5

Dannevoux (55) 25 E5
Danvou-la-Ferrière (14)....38B2
Danzé (41) 79 F1
Daon (53) 76D2
Daoulas (29) 31 F5
Daours (80) 9H6
Darazac (19) 139G3
Darbonnay (39) 102D5
Darbres (07) 157G1
Darcey (21) 85 E4
Dardenac (33) 135G6
Dardez (27) 41 E2
Dardilly (69) 129H2
Dareizé (69) 129G2
Dargies (80) 20A2
Dargnies (80) 8B4
Dargoire (42) 129H5
Darmannes (52) 68A4
Darnac (87) 110A5
Darnétal (76) 7G6
Darnets (19) 125G6
Darney (88) 69 F4
Darney-aux-Chênes (88) ...68D3
Darnieulles (88) 69H3
Darois (21) 85G5
Darvault (77) 64A3
Darvoy (45) 81 E1
Dasle (25) 88D4
Daubensand (67) 71H1
Daubeuf-la-Campagne (27) ..18C6
Daubeuf-près-Vatteville (27) ..19 E6
Daubeuf-Serville (76) 6D4
Daubèze (33) 150A1
Dauendorf (67) 51 E3
Daumazan-sur-Arize (09) ..183 F4
Daumeray (49) 77 F2
Dauphin (04) 174C2
Dausse (47) 151G4
Daux (31) 166D4
Dauzat-sur-Vodable (63) ..127 F6
Davayat (63) 127 F1
Davayé (71) 116B4
Davéjean (11) 185G5
Davenescourt (80) 20D2
Davézieux (07) 143H2
Davignac (19) 125G6
Davrey (10) 66A5
Davron (78) 42B4
Dax (40) 163 E4
Deauville (14) 17 E3
Deaux (30) 171H1
Débats-Rivière-d'Orpra (42) ..128C3
Decazeville (12) 154A2
Dechy (59) 10D2
Décines-Charpieu (69) ...130B3
Decize (58) 99 F5
Dégagnac (46) 152B1
Degré (72) 60A5
Dehault (72) 60D4
Dehéries (59) 11 E4
Dehlingen (67) 28A6
Deinvillers (88) 70A1
Delain (70) 86D3
Delettes (62) 2A5
Delincourt (60) 19H6
Delle (90) 88D4
Delme (57) 49 E3
Delouze-Rosières (55) 47H6
le Déluge (60) 20B5
Delut (55) 25 F4
Deluz (25) 87G6
Demandolx (04) 175H2
Demange-aux-Eaux (55) ...47G6
Demangevelle (70) 69 F6
Demi-Quartier (74) 133 E1
la Demie (70) 87G3
Demigny (71) 101G4
Dému (32) 165 E4
Démouville (14) 16C4
Démuin (80) 20D1
Denain (59) 11 E2
Dénat (81) 168C3
Denazé (53) 76C1
Denée (49) 76D5
Dénestanville (76) 7G3
Deneuille-lès-Chantelle (03) ..113G4
Deneuille-les-Mines (03) ...113 E3
Deneuvre (54) 70B1
Denèvre (70) 86D3
Dénezé-sous-Doué (49) 93 F1
Dénezé-sous-le-Lude (49) ...78A4
Denezières (39) 103 E6
Denguin (64) 180A1
Denicé (69) 129H1
Denier (62) 9H2
Denipaire (88) 70D2
Dennebrœucq (62) 2A5
Denneville (50) 14C5
Dennevy (71) 101 F4
Denney (90) 88D2
Denone 113H6
Denonville (28) 62D2
Denting (57) 27 E4
Déols (36) 96C5
Derbamont (88) 69G3
Dercé (86) 94A4
Derchigny (76) 7H2
Dercy (02) 22C2
Dernacueillette (11) 185 F6
Dernancourt (80) 10A5
Derval (44) 74C1
Désaignes (07) 143G4
Désandans (25) 88B3
Descartes (37) 94D3
le Deschaux (39) 102C3
le Désert (14) 38A4
les Déserts (73) 132A4
Désertines (03) 112D3
Désertines (53) 58C1
les Déserts (73) 132A4

Déservillers (25) 103G3
Desges (43) 141H4
Desingy (74) 118A6
Desmonts (45) 63H4
Desnes (39) 102C5
Desseling (57) 49H4
Dessenheim (68) 71G5
Dessia (39) 117 F3
Destord (88) 70B3
la Destrousse (13) 191 E3
Destry (57) 49 F2
Desvres (62) 1G4
Détain-et-Bruant (21) 101 F2
Détrier (73) 132B5
le Détroit (14) 38C3
Dettey (71) 100C5
Dettwiller (67) 50D4
Deuil-la-Barre (95) 42D3
Deuillet (02) 22A2
Deûlémont (59) 3 F4
Deux-Chaises (03) 113 F3
Deux-Évailles (53) 59 E4
les Deux-Fays (39) 102C4
Deux-Jumeaux (14) 15G5
Deux-Verges (15) 141 E6
les Deux-Villes (08) 24D2
les Deux Alpes 146B3
Devay (58) 99 F5
Devecey (25) 87 F6
Devesset (07) 143 F3
Devèze (65) 182A2
Deviat (16) 122B6
Dévillac (47) 151G2
Deville (08) 13 E6
Déville-lès-Rouen (76) 7G6
Devise (80) 10C6
Devrouze (71) 102A5
Deycimont (88) 70B3
Deyme (31) 183G1
Deyvillers (88) 70A3
le Dézert (50) 15 E6
Dezize-lès-Maranges (71)...101 F4
D'Huison-Longueville (91) ..63G2
Dhuisy (77) 44A2
Dhuizel (02) 22C5
Dhuizon (41) 80C4
Diancey (21) 100D2
Diane-Capelle (57) 49H4
Diant (77) 64C3
Diarville (54) 69 F2
le Diben 32A2
Diconne (71) 102A5
Dicy (89) 64D6
Die (26) 145 E6
Diebling (57) 27G5
Diebolsheim (67) 71H2
Diedendorf (67) 50A3
Dieffenbach-au-Val (67) ...71G2
Dieffenbach-lès-Wœrth (67) ..28D6
Dieffenthal (67) 71 F2
Diefmatten (68) 89 E2
Diélette 14A3
Diemeringen (67) 50B2
Diémoz (38) 130C4
Diénay (21) 85H4
Dienne (15) 140D3
Dienné (86) 109 F3
Diennes-Aubigny (58) 99G4
Dienville (10) 66D2
Dieppe (76) 7G2
Dieppe-sous-Douaumont (55) ..25 F6
Dierre (37) 79 F6
Dierrey-Saint-Julien (10) ...65H3
Dierrey-Saint-Pierre (10) ...65H3
Diesen (57) 27 E4
Dietwiller (68) 89G2
Dieudonné (60) 20B6
Dieue-sur-Meuse (55) 47G1
Dieulefit (26) 158C2
Dieulivol (33) 150B1
Dieulouard (54) 48C3
Dieupentale (82) 166D3
Dieuze (57) 49G3
Diéval (62) 9G2
Diffembach-lès-Hellimer (57) ..27 F6
Diges (89) 83 E2
Digna (39) 117 F2
Dignac (16) 122C5
la Digne-d'Amont (11) 184D5
la Digne-d'Aval (11) 184D5
Digne-les-Bains (04) 160C6
Dignonville (88) 70A3
Digny (28) 61G1
Digoin (71) 114D2
Digosville (50) 14C2
Digulleville (50) 14B1
Dijon (21) 85H6
Dimancheville (45) 63G4
Dimbsthal (67) 50C4
Dimechaux (59) 12A3
Dimont (59) 12A3
Dinan (22) 34D2
Dinard (35) 34D3
Dinéault (29) 31 F6
Dingé (35) 35 F6
Dingsheim (67) 51 E5
Dingy-en-Vuache (74) 118A5
Dingy-Saint-Clair (74) ...132B1
Dinozé (88) 70A4
Dinsac (87) 110B4
Dinsheim-sur-Bruche (67)...50D6
Dinteville (52) 67 F5
Dio-et-Valquières (34) ...170B5
Dionay (38) 144D2
Dions (30) 172A2
Diors (36) 96C5
Diou (03) 114C2

Diou (36) 97 E3
Dirac (16) 122 C4
Dirinon (29) 31 F5
Dirol (58) 83 G6
Disneyland Paris (77) 43 G4
Dissangis (89) 84 A4
Dissay (86) 94 C6
Dissay-sous-Courcillon (72) 78 C3
Dissé-sous-Ballon (72) 60 B3
Dissé-sous-le-Lude (72) 78 A3
Distré (49) 93 G1
Distroff (57) 26 C3
Diusse (64) 164 C5
Divajeu (26) 158 C1
Dival 44 D6
Dives (60) 21 F3
Dives-sur-Mer (14) 16 D3
Divion (62) 2 C6
Divonne-les-Bains (01) 118 C3
Dixmont (89) 65 E5
Dizimieu (38) 130 D3
Dizy (51) 45 F2
Dizy-le-Gros (02) 23 E2
Doazit (40) 163 G4
Doazon (64) 163 H6
Docelles (88) 70 B4
Dœuil-sur-le-Mignon (17) 107 G5
Dognen (64) 179 H2
Dogneville (88) 69 H3
Dohem (62) 2 A5
Dohis (02) 23 F1
Doignies (59) 10 C4
Doingt (80) 10 C6
Doissat (24) 152 A1
Doissin (38) 131 E5
Doix (85) 107 F3
Doizieux (42) 129 G6
Dol-de-Bretagne (35) 35 E4
Dolaincourt (88) 68 D2
Dolancourt (10) 67 E3
Dolcourt (54) 69 E1
Dole (39) 102 C2
Dolignon (02) 23 E1
Dolleren (68) 88 D1
Dollon (72) 60 D5
Dollot (89) 64 C4
Dolmayrac (47) 151 E4
Dolo (22) 34 B6
Dolomieu (38) 131 E4
Dolus-d'Oléron (17) 120 A1
Dolus-le-Sec (37) 95 F2
Dolving (57) 50 A4
Dom-le-Mesnil (08) 24 B2
Domagné (35) 57 G3
Domaize (63) 128 A4
Domalain (35) 57 H4
Domancy (74) 133 E1
Domange 116 B3
Domarin (38) 130 D4
Domart-en-Ponthieu (80) 9 F4
Domart-sur-la-Luce (80) 20 D1
Domats (89) 64 C5
Domazan (30) 172 C2
Dombasle-devant-Darney (88) 69 F4
Dombasle-en-Argonne (55) 47 E1
Dombasle-en-Xaintois (88) 69 F2
Dombasle-sur-Meurthe (54) 49 E5
Domblain (52) 67 G1
Domblans (39) 102 D5
Dombras (55) 25 E4
Dombrot-le-Sec (88) 69 E4
Dombrot-sur-Vair (88) 69 E3
Domecy-sur-Cure (89) 83 H5
Domecy-sur-le-Vault (89) 83 H5
Doméliers (60) 20 B2
Domène (38) 145 H2
Domérat (03) 112 C3
Domesmont (80) 9 F4
Domessargues (30) 171 H2
Domessin (73) 131 G5
Domèvre-en-Haye (54) 48 B4
Domèvre-sous-Montfort (88) 69 F3
Domèvre-sur-Avière (88) 69 H3
Domèvre-sur-Durbion (88) 70 A3
Domèvre-sur-Vezouze (54) 49 H6
Domeyrat (43) 141 H2
Domeyrot (23) 112 A4
Domezain-Berraute (64) 179 F2
Domfaing (88) 70 B3
Domfessel (67) 50 B2
Domfront (60) 20 D3
Domfront (61) 38 B6
Domfront-en-Champagne (72) 59 H5
Domgermain (54) 48 B5
la Dominelais (35) 57 E6
Dominois (80) 8 D2
Domjean (50) 37 G2
Domjevin (54) 49 G6
Domjulien (88) 69 F3
Domléger-Longvillers (80) 9 F3
Domloup (35) 57 G3
Dommarie-Eulmont (54) 69 F1
Dommarien (52) 86 B2
Dommartemont (54) 48 D4
Dommartin (01) 116 C3
Dommartin (25) 103 H3
Dommartin (58) 99 H3
Dommartin (69) 129 H2
Dommartin (80) 20 C1
Dommartin-aux-Bois (88) 69 G4
Dommartin-Dampierre (51) 46 C2
Dommartin-la-Chaussée (54) 26 A6
Dommartin-la-Montagne (55) 47 H2
Dommartin-le-Coq (10) 66 C1
Dommartin-le-Franc (52) 67 G2
Dommartin-le-Saint-Père (52) 67 G2
Dommartin-lès-Cuiseaux (71) 117 E2
Dommartin-lès-Remiremont (88) 70 B5

Dommartin-lès-Toul (54) 48 B5
Dommartin-lès-Vallois (88) 69 F4
Dommartin-Lettrée (51) 45 H4
Dommartin-sous-Amance (54) 48 D4
Dommartin-sous-Hans (51) 46 C1
Dommartin-sous-Vraine (88) 69 E2
Dommartin-Varimont (51) 46 C2
Dommary-Baroncourt (55) 25 G5
Domme (24) 138 A6
Dommerville 63 E3
Dommery (08) 23 H2
Dommiers (02) 21 H5
Domnon-lès-Dieuze (57) 49 G3
Domont (95) 42 D2
Dompaire (88) 69 G3
Dompcevrin (55) 47 G3
Dompierre (60) 20 D3
Dompierre (61) 38 B5
Dompierre (88) 70 A3
Dompierre-aux-Bois (55) 47 H2
Dompierre-Becquincourt (80) 10 B6
Dompierre-du-Chemin (35) 58 A3
Dompierre-en-Morvan (21) 84 C5
Dompierre-les-Églises (87) 110 C5
Dompierre-les-Ormes (71) 115 H3
Dompierre-les-Tilleuls (25) 103 G4
Dompierre-sous-Sanvignes (71) 100 C6
Dompierre-sur-Authie (80) 9 E2
Dompierre-sur-Besbre (03) 114 C2
Dompierre-sur-Chalaronne (01) 116 C5
Dompierre-sur-Charente (17) 121 F3
Dompierre-sur-Helpe (59) 11 H3
Dompierre-sur-Héry (58) 99 G1
Dompierre-sur-Mer (17) 106 D4
Dompierre-sur-Mont (39) 117 G1
Dompierre-sur-Nièvre (58) 99 E1
Dompierre-sur-Veyle (01) 117 E6
Dompierre-sur-Yon (85) 91 G4
Dompnac (07) 157 E2
Domprel (25) 104 A1
Domprix (54) 25 H5
Domps (87) 125 E4
Domptail (88) 70 A1
Domptail-en-l'Air (54) 49 E6
Domptin (02) 44 B2
Domqueur (80) 9 E4
Domremy-la-Canne (55) 25 G5
Domrémy-la-Pucelle (88) 68 D1
Domrémy-Landéville (52) 68 A2
Domsure (01) 117 E2
Domvallier (88) 69 F2
Domvast (80) 9 E3
Don (59) 3 E6
Donazac (11) 184 C4
Donchery (08) 24 B2
Doncières (88) 70 B1
Doncourt-aux-Templiers (55) 48 A1
Doncourt-lès-Conflans (54) 26 A5
Doncourt-lès-Longuyon (54) 25 G4
Doncourt-sur-Meuse (52) 68 C4
Dondas (47) 151 G5
Donges (44) 73 H4
Donjeux (52) 67 H2
Donjeux (57) 49 E3
le Donjon (03) 114 C3
Donnant 72 A3
Donnay (14) 16 B6
Donnazac (81) 168 A2
Donnelay (57) 49 G4
Donnemain-Saint-Mamès (28) 62 A5
Donnemarie-Dontilly (77) 64 D1
Donnement (10) 66 D1
Donnenheim (67) 51 E4
Donnery (45) 81 E1
Donneville (31) 183 G1
Donnezac (33) 135 F2
Dontilly 64 D1
Dontreix (23) 126 B1
Dontrien (51) 23 G6
Donville-les-Bains (50) 35 G2
Donzac (33) 149 H1
Donzac (82) 166 A1
Donzacq (40) 163 F4
le Donzeil (23) 111 G6
Donzenac (19) 138 C2
Donzère (26) 158 A3
Donzy (58) 82 D6
Donzy-le-National (71) 115 H2
Donzy-le-Pertuis (71) 116 A2
Donzy-le-Pré (71) 82 D6
Doranges (63) 128 A6
Dorans (90) 88 C3
Dorat (63) 127 H2
le Dorat (87) 110 B5
Dorceau (61) 61 E2
Dordives (45) 64 B4
Dore-l'Église (63) 142 B1
la Dorée (53) 58 B1
Dorengt (02) 11 G5
Dorlisheim (67) 50 D6
Dormans (51) 44 D2
Dormelles (77) 64 B3
la Dornac (24) 138 B3
Dornas (07) 143 F5
Dornecy (58) 83 G5
Dornes (58) 99 E6
Dornot (57) 26 B6
Dorres (66) 198 A4
Dortan (01) 117 G3
Dosches (10) 66 C3
Dosnon (10) 45 H6
Dossenheim-Kochersberg (67) 50 D5
Dossenheim-sur-Zinsel (67) 50 C3
Douadic (36) 95 G6
Douai (59) 10 D1
Douains (27) 41 F2
Douarnenez (29) 53 E2
Douaumont (55) 25 F6

Doubs (25) 103 H3
Doucelles (72) 60 A3
Douchapt (24) 136 D2
Douchy (02) 21 H1
Douchy (45) 64 C6
Douchy-les-Ayette (62) 10 B3
Douchy-les-Mines (59) 11 E2
Doucier (39) 103 E6
Doucy 132 D5
Doucy-en-Bauges (73) 132 B3
Doudeauville (62) 1 G5
Doudeauville (76) 19 G3
Doudeauville-en-Vexin (27) 19 F5
Doudelainville (80) 8 D5
Doudeville (76) 7 E3
Doudrac (47) 151 F1
Doue (77) 44 A4
Doué-la-Fontaine (49) 93 F1
Douelle (46) 152 C3
le Douhet (17) 121 F2
Douillet (72) 59 H3
Douilly (80) 21 G1
Doulaincourt-Saucourt (52) 68 A3
Doulcon (55) 24 D4
Doulevant-le-Château (52) 67 G2
Doulevant-le-Petit (52) 67 G1
Doulezon (33) 136 A6
le Doulieu (59) 2 D4
Doumely-Bégny (08) 23 G2
Doumy (64) 180 B1
Dounoux (88) 69 H4
Dourbies (30) 170 C1
Dourdain (35) 57 H2
Dourdan (91) 63 E1
Dourges (62) 10 C1
Dourgne (81) 184 C1
Douriez (62) 8 D2
Dourlers (59) 12 A3
le Dourn (81) 168 D2
Dournazac (87) 123 G4
Dournon (39) 103 F3
Dours (65) 181 F2
Doussard (74) 132 B2
Doussay (86) 94 B5
Douvaine (74) 118 D3
Douville (24) 137 E4
Douville-en-Auge (14) 16 D4
Douville-sur-Andelle (27) 19 E5
Douvrend (76) 8 A6
Douvres (01) 117 F6
Douvres-la-Délivrande (14) 16 B3
Douvrin (62) 3 E6
Doux (08) 23 H3
Doux (79) 93 H5
Douy (28) 61 H5
Douy-la-Ramée (77) 43 G2
Douzains (47) 151 E2
Douzat (16) 122 B3
la Douze (24) 137 G4
Douzens (11) 185 F3
Douzillac (24) 136 D3
Douzy (08) 24 C2
Doville (50) 14 C5
Doye (39) 103 F5
Doyet (03) 113 E4
Dozulé (14) 16 D4
Dracé (69) 116 B5
Draché (37) 94 D3
Drachenbronn-Birlenbach (67) 29 E6
Dracy (89) 85 E5
Dracy (89) 83 E2
Dracy-le-Fort (71) 101 F5
Dracy-lès-Couches (71) 101 E4
Dracy-Saint-Loup (71) 100 D3
Dragey-Ronthon (50) 35 G3
Draguignan (83) 175 G5
Draillant (74) 119 E3
Drain (49) 75 F4
Draix (04) 160 D6
Draize (08) 23 G2
Drambon (21) 86 B6
Dramelay (39) 117 F3
le Dramont 193 E2
Drancy (93) 43 E3
Drap (06) 177 E5
Dravegny (02) 22 C6
Draveil (91) 42 D5
Drée (21) 85 E5
Drefféac (44) 73 H2
Drémil-Lafage (31) 167 F5
le Drennec (29) 31 E3
Dreuil-lès-Amiens (80) 9 F6
Dreuilhe (09) 184 B6
Dreux (28) 41 F5
Drevant (18) 97 H6
Dricourt (08) 23 H4
Driencourt (80) 10 C5
Drincham (59) 2 C3
Drocourt (62) 10 C1
Drocourt (78) 41 H2
Droisy (27) 41 E4
Droisy (74) 131 H1
Droiteval 69 F5
Droitfontaine 104 C1
Droiturier (03) 114 C4
Droizy (02) 22 A6
Drom (01) 117 E2
Dromesnil (80) 8 D6
Drosay (76) 7 E3
Drosnay (51) 46 B6
Droué (41) 61 G5
Droue-sur-Drouette (28) 41 H6
Drouges (35) 57 H4
Drouilly (51) 46 B4
Droupt-Saint-Basile (10) 66 A1
Droupt-Sainte-Marie (10) 66 A1
Drouville (54) 49 E5
Drouvin-le-Marais (62) 2 D6
Droux (87) 110 B5

Droyes (52) 67 E1
Drubec (14) 17 E4
Drucat (80) 8 D4
Drucourt (27) 17 G5
Drudas (31) 166 C4
Druelle (12) 154 B4
Drugeac (15) 140 A3
Druillat (01) 117 E6
Drulhe (12) 153 H3
Drulingen (67) 50 B3
Drumettaz-Clarafond (73) 131 H3
Drusenheim (67) 51 G3
Druy-Parigny (58) 99 E4
Druye (37) 78 C6
Druyes-les-Belles-Fontaines (89) 83 F4
Dry (45) 80 C2
Duault (22) 32 C5
Ducey (50) 35 H4
Duclair (76) 7 F6
Ducy-Sainte-Marguerite (14) 16 A4
Duerne (69) 129 G4
Duesme (21) 85 F3
Duffort (32) 181 G2
Dugny (93) 42 D3
Dugny-sur-Meuse (55) 47 G1
Duhort-Bachen (40) 164 B4
Duilhac-sous-Peyrepertuse (11) 185 F6
Duingt (74) 132 B2
Duisans (62) 10 A2
Dullin (73) 131 G4
Dumes (40) 163 H4
Dun (09) 184 A5
Dun-le-Palestel (23) 111 F4
Dun-le-Poëlier (36) 96 C1
Dun-les-Places (58) 84 B6
Dun-sur-Auron (18) 97 H4
Dun-sur-Grandry (58) 99 H2
Dun-sur-Meuse (55) 24 D4
Duneau (72) 60 C5
Dunes (82) 166 A1
Dunet (36) 110 C2
Dung (25) 88 C4
Dunière-sur-Eyrieux (07) 143 H6
Dunières (43) 143 F2
Dunkerque (59) 2 B1
Duntzenheim (67) 50 D4
Duppigheim (67) 51 E6
Duran (32) 165 G5
Durance (47) 150 C6
Duranus (06) 177 E4
Duranville (27) 17 H5
Duras (47) 150 C1
Duravel (46) 152 A3
Durban (32) 165 G6
Durban-Corbières (11) 185 H5
Durban-sur-Arize (09) 183 F5
Durbans (46) 153 E1
Durcet (61) 38 C4
Durdat-Larequille (03) 112 D4
Dureil (72) 77 G1
Durenque (12) 169 E1
Durfort (09) 183 G3
Durfort (81) 184 C1
Durfort-et-Saint-Martin-de-Sossenac (30) 171 F2
Durfort-Lacapelette (82) 152 A6
Durlinsdorf (68) 89 F4
Durmenach (68) 89 F3
Durmignat (63) 113 E5
Durnes (25) 103 G2
Durningen (67) 50 D4
Durrenbach (67) 51 E2
Durrenentzen (68) 71 G4
Durstel (67) 50 B3
Durtal (49) 77 F3
Durtol (63) 127 E3
Dury (02) 21 H1
Dury (62) 10 C3
Dury (80) 9 G6
Dussac (24) 123 H6
Duttlenheim (67) 50 D6
Duvy (60) 21 F6
Duzey (55) 25 G4
Dyé (89) 83 H1
Dyo (71) 115 F3

E

Éancé (35) 57 H5
Eaubonne (95) 42 D3
Eaucourt-sur-Somme (80) 8 D4
Eaunes (31) 183 F1
les Eaux-Bonnes (64) 180 B5
les Eaux-Chaudes 180 B5
Eaux-Puiseaux (10) 65 H5
Eauze (32) 164 D3
Ébaty (21) 101 F4
Ebblinghem (59) 2 C4
Eberbach-Seltz (67) 29 G6
Ebersheim (67) 71 G2
Ebersmunster (67) 71 G2
Ébersviller (57) 26 D4
Éblange (57) 26 D4
Ébouleau (02) 22 D3
Ébréon (16) 122 B1
Ébreuil (03) 113 G6
l'Écaille (08) 23 F4
Écaillon (59) 10 D2
Écalles-Alix (76) 7 F4
Écaquelon (27) 18 A5
Écardenville-la-Campagne (27) 40 C1
Écardenville-sur-Eure (27) 41 E1
Écausseville (50) 14 D3
Écauville (27) 40 D1
Eccica-Suarella (2A) 204 D6
Eccles (59) 12 B3

Échalas (69) 129 H5
Échallat (16) 122 A3
Échallon (01) 117 H4
Échalot (21) 85 G3
Échalou (61) 38 C5
l'Échalp 147 H5
Échandelys (63) 128 A5
Échannay (21) 85 F6
Écharcon (91) 42 D6
les Écharmeaux 115 G5
Échassières (03) 113 F5
Échauffour (61) 39 H5
Échavanne (70) 88 C2
Échay (25) 103 F2
Échebrune (17) 121 F4
l'Échelle (79) 44 D3
l'Échelle (08) 23 H1
l'Échelle-Saint-Aurin (80) 21 E2
les Échelles (73) 131 G5
Échemines (10) 65 H2
Échemiré (49) 77 G4
Échenans (25) 88 B3
Échenans-sous-Mont-Vaudois (70) 88 C3
Échenay (52) 68 A1
Échenevex (01) 118 B3
Échenon (21) 102 B2
Échenoz-la-Méline (70) 87 G3
Échenoz-le-Sec (70) 87 G4
Échevannes (21) 86 A4
Échevannes (25) 103 G2
Échevis (26) 145 E4
Échevronne (21) 101 G2
Échigey (21) 102 A1
Échillais (17) 120 C1
Échilleuses (45) 63 G4
Echinghen (62) 1 F4
Échiré (79) 107 H3
Échirolles (38) 145 G2
Échizadour 124 D4
Échouboulains (77) 64 C2
Échourgnac (24) 136 C3
Eckartswiller (67) 50 C4
Eckbolsheim (67) 51 E5
Eckwersheim (67) 51 E4
l'Éclache 126 C3
Éclaibes (59) 12 A3
Éclaires (51) 46 D2
Éclance (10) 67 E3
Éclans-Nenon (39) 102 D2
Éclaron-Braucourt-Sainte-Livière (52) 46 D6
Eclassan (07) 144 A3
Écleux (39) 103 E3
Éclimeux (62) 9 F1
Éclimont 62 C1
Éclose (38) 130 D5
Éclusier-Vaux (80) 10 B5
Écluzelles (28) 41 F5
Écoche (42) 115 G5
Écoivres (62) 9 G2
École (73) 132 B3
École-Valentin (25) 87 F6
Écollemont (51) 46 C6
Écommoy (72) 78 B1
Écoquenéauville (50) 15 E4
Écorcei (61) 40 A5
les Écorces (25) 88 C6
Écorches (61) 39 F3
Écordal (08) 24 A3
Écorpain (72) 60 D6
Écos (27) 41 G1
l'Écot 133 H6
Écot (25) 88 C4
Écotay-l'Olme (42) 128 D4
Écouché (61) 39 E5
Écouen (95) 42 D2
Écouflant (49) 77 E4
Écouis (27) 19 E5
Écourt-Saint-Quentin (62) 10 D3
Écoust-Saint-Mein (62) 10 C3
Écouviez (55) 25 F3
l'Écouvotte (25) 87 H5
Écoyeux (17) 121 F2
Ecquedecques (62) 2 C5
Eques (82) 2 B4
Ecquetot (27) 40 D1
Ecquevilly (78) 42 B3
Écrainville (76) 6 C4
Écrammeville (14) 15 G5
les Écrennes (77) 64 B1
Écretteville-lès-Baons (76) 7 E4
Écretteville-sur-Mer (76) 6 D3
Écriennes (51) 46 C5
Écrille (39) 117 G2
Écromagny (70) 88 A1
Écrosnes (28) 62 C1
Écrouves (54) 48 B5
Ectot-l'Auber (76) 7 F4
Ectot-lès-Baons (76) 7 E4
Écueil (51) 45 F1
Écueillé (36) 95 H3
Écuélin (59) 12 A3
Écuelle (70) 86 C4
Écuelles (71) 101 H4
Écuelles (77) 64 B3
Écuillé (49) 76 D3
Écuires (62) 8 D1
Écuisses (71) 101 E5
Écully (69) 130 A3
Écuras (16) 123 E4
Écurat (17) 121 E2
Écurcey (25) 88 C3
Écurey 47 F6
Écurey-en-Verdunois (55) 25 E5
Écurie (62) 10 B2
Écury-le-Repos (51) 45 F4
Écury-sur-Coole (51) 45 H3

Écutigny (21) 101 E2
Écuvilly (60) 21 F2
Edern (29) 53 G2
Édon (16) 122 D5
les Éduts (17) 121 H1
Eecke (59) 2 D3
Effiat (63) 113 H6
Effincourt (52) 68 A1
Effry (02) 12 A5
Égat (66) 198 C4
Égleny (89) 83 E2
Égletons (19) 125 G6
Égligny (77) 64 D2
Eglingen (68) 89 E2
l'Église-aux-Bois (19) 125 E5
Église-Neuve-de-Vergt (24) 137 F3
Église-Neuve-d'Issac (24) 136 D4
Égliseneuve-d'Entraigues (63) 126 D6
Égliseneuve-des-Liards (63) 127 H5
Égliseneuve-près-Billom (63) 127 G3
les Églises-d'Argenteuil (17) 121 G1
Églisolles (63) 128 C6
les Églisottes-et-Chalaures (33) 136 A3
Égly (91) 42 C6
Égreville (77) 64 B4
Égriselles-le-Bocage (89) 64 D5
Égry (45) 63 G5
Éguelshardt (57) 28 C6
Eguenigue (90) 88 D2
l'Éguille (17) 120 C3
Éguilles (13) 173 H5
Éguilly (21) 85 E6
Éguilly-sous-Bois (10) 67 E4
Éguzon-Chantôme (36) 111 E3
Éhuns (70) 87 H1
Eichhoffen (67) 71 F1
Eincheville (57) 27 E6
Einvaux (54) 69 H1
Einville-au-Jard (54) 49 F5
Eix (55) 25 F6
Élan (08) 24 B2
Élancourt (78) 42 B4
Elbach (68) 89 E2
Elbeuf (76) 18 C5
Elbeuf-en-Bray (76) 19 G4
Elbeuf-sur-Andelle (76) 19 E4
Élencourt (60) 19 H2
Élesmes (59) 12 A2
Életot (76) 6 C3
Éleu-dit-Leauwette (62) 10 B1
Élincourt (59) 11 E4
Élincourt-Sainte-Marguerite (60) 21 F3
Élise-Daucourt (51) 46 D2
Ellecourt (76) 19 G1
Elliant (29) 53 H3
Ellon (14) 15 H6
Elne (66) 201 E3
Elnes (62) 2 A4
Éloie (90) 88 C2
Éloise (74) 118 A5
Éloyes (88) 70 B4
Elsenheim (67) 71 G3
Elvange (57) 27 E6
Elven (56) 55 H6
Elzange (57) 26 C3
Émagny (25) 87 E6
Émalleville (27) 41 E2
Émancé (78) 41 H6
Émanville (76) 7 H4
Émanville (27) 40 C2
Embermesnil (54) 49 G5
Embres-et-Castelmaure (11) 185 H6
Embreville (80) 8 B5
Embrun (05) 161 E2
Embry (62) 1 H6
Émerainville (77) 43 F4
Émerchicourt (59) 11 E2
Émeringes (69) 116 A4
Émery (60) 21 G6
Émeville (60) 21 G5
Émiéville (14) 16 C5
Emlingen (68) 89 F3
Emmerin (59) 3 F5
Émondeville (50) 14 D3
Empeaux (31) 166 C6
Empurany (07) 143 H4
Empuré (16) 108 C2
Empury (58) 83 H6
En Calcat 168 B1
Encausse (32) 166 C5
Encausse-les-Thermes (31) 182 B4
Enchastrayes (04) 161 F2
Enchenberg (57) 28 B5
Encourtiech (09) 183 E5
Endoufielle (32) 166 C6
Énencourt-le-Sec (60) 19 H5
Énencourt-Léage (60) 19 H6
Enfonvelle (52) 69 E6
Engayrac (47) 151 G5
Engente (10) 67 F3
Engenville (45) 63 F4
Enghien-les-Bains (95) 42 D3
Engins (38) 145 F2
Englancourt (02) 11 H4
Englebelmer (80) 10 A5
Englefontaine (59) 11 G3
Englesqueville-en-Auge (14) 17 E3
Englesqueville-la-Percée (14) 15 G4
Englos (59) 3 F5
Engomer (09) 182 D5
Enguinegatte (62) 2 B5
Engwiller (67) 50 D3
Ennemain (80) 21 E1
Ennery (57) 26 C5
Ennery (95) 42 C2
Ennetières-en-Weppes (59) 3 F5
Ennevelin (59) 3 G5
Ennezat (63) 127 F2
Ennordres (18) 81 G6

Enquin-les-Mines (62) 2 B5
Enquin-sur-Baillons (62) ...1 G5
Ens (65) 195 G4
Ensigné (79) 108 A6
Ensisheim (68) 71 H4
Ensuès-la-Redonne (13) ...190 B3
Entrages (04) 175 F1
Entraigues (38) 146 A5
Entraigues (63) 127 G2
Entraigues-sur-la-Sorgue (84)..173 E1
Entrains-sur-Nohain (58) ...83 E5
Entrammes (53) 58 D5
Entrange (57) 26 B3
Entraunes (06) 161 G5
Entraygues-sur-Truyère (12) ...154 C2
Entre-deux-Eaux (88) ...70 D3
Entre-deux-Guiers (38) ...131 G6
Entre-deux-Monts (39) ...103 F6
Entrecasteaux (83) 175 F5
Entrechaux (84) 158 D5
Entremont (74) 118 D6
Entremont-le-Vieux (73) ...131 H5
Entrepierres (04) 160 B5
Entrevaux (04) 176 B3
Entrevennes (04) 174 D2
Entrevernes (74) 132 B2
Entzheim (67) 51 E6
Enval (63) 127 E2
Enveitg (66) 198 B5
Envermeu (76) 7 H2
Environville (76) 7 E4
Éourres (05) 159 H5
Eoux (31) 182 C3
Épagne (10) 66 D2
Épagne-Épagnette (80) ...8 D4
Épagny (02) 21 H4
Épagny (21) 85 H5
Épagny (74) 132 A1
Épaignes (27) 17 G4
Épaney (14) 39 E3
Épannes (79) 107 G4
Épanvilliers (86) 108 D4
Éparcy (02) 12 B6
les Éparges (55) 47 H1
Épargnes (17) 120 D5
les Éparres (38) 130 D5
Épaumesnil (80) 8 D6
Épaux-Bézu (02) 44 B1
Épeautrolles (28) 61 H3
Épécamps (80) 9 F4
Épégard (27) 40 C1
Épehy (80) 10 D5
Épeigné-les-Bois (37) ...95 G1
Épeigné-sur-Dême (37) ...78 D3
Épénancourt (80) 21 F1
Épenède (16) 109 F6
Épenouse (25) 104 A1
Épenoy (25) 103 H1
Épense (51) 46 C2
Épercieux-Saint-Paul (42) ..129 E3
Éperlecques (62) 2 A3
Épernay (51) 45 F2
Épernay-sous-Gevrey (21) ...101 H1
Épernon (28) 41 H6
Éperrais (61) 60 D2
Épersy (73) 131 H3
Épertully (71) 101 E4
Épervans (71) 101 G3
les Épesses (85) 92 B4
Épeugney (25) 103 F2
Épfig (67) 71 G1
Épiais (41) 79 H2
Épiais-lès-Louvres (95) ...43 E2
Épiais-Rhus (95) 42 B1
Épieds (02) 44 C1
Épieds (27) 41 F3
Épieds (49) 93 G2
Épieds-en-Beauce (45) ...62 B6
Épierre (73) 132 C5
Épiez-sur-Chiers (54) ...25 F3
Épiez-sur-Meuse (55) ...47 H6
Épinac (71) 101 E3
Épinal (88) 69 H4
Épinay (27) 17 H6
Épinay-Champlâtreux (95) ...42 D2
Épinay-le-Comte (61) ...58 C1
Épinay-sous-Sénart (91) ...43 E5
Épinay-sur-Duclair (76) ...7 F5
Épinay-sur-Odon (14) ...16 A5
Épinay-sur-Orge (91) ...42 D5
Épinay-sur-Seine (93) ...42 D3
Épine (05) 159 G3
l'Épine (51) 46 A2
l'Épine (85) 90 B1
l'Épine-aux-Bois (02) ...44 C3
Épineau-les-Voves (89) ...65 F6
Épineuil (89) 84 A1
Épineuil-le-Fleuriel (18) ...112 D2
Épineuse (60) 20 D5
Épineux-le-Seguin (53) ...59 F6
Épiniac (35) 35 F5
Épinonville (55) 24 D5
Épinouze (26) 144 B3
Épinoy (62) 10 D3
Épiry (58) 99 G2
Épisy (77) 64 B3
Épizon (52) 68 B2
Éplessier (80) 20 A1
Éply (54) 48 D3
Époisses (21) 84 B4
Épône (78) 42 A3
Épothémont (10) 67 G4
Épouville (76) 6 C4
Époye (51) 23 F5
Eppe-Sauvage (59) ...12 B4
Eppes (02) 22 C3
Eppeville (80) 21 G1
Epping (57) 28 B5
Épretot (76) 6 C5

Épreville (76) 6 C4
Épreville-en-Lieuvin (27) ...17 H4
Épreville-en-Roumois (27) ...18 A5
Épreville-
  -près-le-Neubourg (27)...40 C1
Épron (14) 16 B4
Eps (62) 9 G1
Épuisay (41) 79 F1
Équancourt (80) 10 C4
Équemauville (14) 17 F2
Équennes-Éramecourt (80)...20 A2
Équeurdreville-
  -Hainneville (50) 14 C2
Équevilley (70) 87 G2
Équevillon (39) 103 F5
Équihen-Plage (62) ...1 E4
Équilly (50) 35 H2
Équirre (62) 2 B6
Éragny (95) 42 C2
Éragny-sur-Epte (60) ...19 G5
Eraines (14) 39 E3
Éraville (16) 122 A4
Erbajolo (2B) 205 F2
Erbéviller-sur-Amezule (54)...49 E4
Erbray (44) 75 E1
Erbrée (35) 58 A4
Ercé (09) 197 F4
Ercé-en-Lamée (35) ...57 F5
Ercé-près-Liffré (35) ...57 G1
Erceville (45) 63 E4
Erches (80) 21 E2
Ercheu (80) 21 F2
Erchin (59) 10 D2
Erching (57) 28 A5
Erckartswiller (67) ...50 C3
Ercourt (80) 8 C4
Ercuis (60) 20 C6
Erdeven (56) 54 D6
Éréac (22) 56 B1
Ergersheim (67) 50 D5
Ergnies (80) 9 E4
Ergny (62) 1 H5
Ergué-Gabéric (29) ...53 G3
Érin (62) 9 F1
Éringes (21) 84 D4
Érize-la-Brûlée (55) ...47 F3
Érize-la-Petite (55) ...47 F3
Érize-Saint-Dizier (55) ...47 F4
Erlon (02) 22 C1
Erloy (02) 11 H6
Ermenonville (60) 43 F1
Ermenonville-la-Grande (28)..62 A3
Ermenonville-la-Petite (28) ...62 A3
Ermenouville (76) 7 E3
l'Ermitage (35) 198 C4
Ermont (95) 42 D3
Ernée (53) 58 B3
Ernemont-Boutavent (60) ...19 H3
Ernemont-la-Villette (76) ...19 G4
Ernemont-sur-Buchy (76) ...19 E3
Ernes (14) 16 D6
Ernestviller (57) 27 G5
Erneville-aux-Bois (55) ...47 G4
Ernolsheim-Bruche (67) ...50 D5
Ernolsheim-lès-Saverne (67)...50 C3
Erny-Saint-Julien (62) ...2 B5
Érôme (26) 144 A3
Érondelle (80) 8 D4
Éroudeville (50) 14 D3
Erp (09) 183 E6
Erquery (60) 20 D4
Erquinghem-le-Sec (59) ...3 F5
Erquinghem-Lys (59) ...3 E4
Erquinvillers (60) 20 D4
Erquy (22) 34 A3
Err (66) 198 C5
Erre (59) 11 E2
Errevet (70) 88 C2
Errouville (54) 26 A3
Ersa (2B) 203 F2
Erstein (67) 71 H1
Erstroff (57) 27 F6
Ervauville (45) 64 C5
Ervillers (62) 10 B3
Ervy-le-Châtel (10) ...66 A5
Esbareich (65) 182 A5
Esbarres (21) 102 A2
Esboz-Brest (70) 88 A1
Escala (65) 181 G4
Escalans (40) 164 D2
l'Escale (04) 160 B6
Escales (11) 185 G3
Escalles (62) 1 F2
Escalquens (31) 167 F6
Escames (60) 19 H3
Escamps (46) 152 D4
Escamps (89) 83 F2
Escandolières (12) ...154 A3
Escanecrabe (31) 182 B3
Escardes (51) 44 C5
l'Escarène (06) 177 E4
Escarmain (59) 11 F3
Escaro (66) 199 E4
Escassefort (47) 150 C2
Escatalens (82) 166 D2
Escaudain (59) 11 E2
Escaudes (33) 149 H4
Escaudœuvres (59) ...11 E3
Escaunets (65) 180 D2
Escautpont (59) 11 F1
Escazeaux (82) 166 C3
Eschau (67) 51 E6
Eschbach (67) 51 E2
Eschbach-au-Val (68) ...71 E5
Eschbourg (67) 50 C3
Eschentzwiller (68) ...89 G2
Escherange (57) 26 B3
Esches (60) 20 B6

Eschwiller (67) 50 B3
Esclagne (09) 184 A5
Esclainvillers (80) ...20 C2
Esclanèdes (48) 155 H3
Esclassan-Labastide (32) ..182 A1
Esclauzels (46) 152 D4
Esclavelles (76) 19 E2
Esclavolles-Lurey (51) ...65 G1
Escles (88) 69 G4
Escles-Saint-Pierre (60) ...19 H1
Esclottes (47) 150 C1
Escobecques (59) 3 E5
Escœuilles (62) 1 G4
Escoire (24) 137 G2
Escolives-Sainte-Camille (89)...83 G2
Escombres-
  -et-le-Chesnois (08) ...24 D2
Escondeaux (65) 181 F2
Esconnets (65) 181 F4
Escorailles (15) 140 A3
Escornebœuf (32) 166 B5
Escorpain (28) 41 E5
Escos (64) 163 E6
Escosse (09) 183 G4
Escot (64) 180 A4
Escots (65) 181 F4
Escou (64) 180 A3
Escoubès (64) 180 C1
Escoubès-Pouts (65) ...181 E4
Escoulis (31) 182 D4
Escouloubre (11) 198 D2
Escource (40) 148 C6
Escoussans (33) 149 H1
Escoussens (81) 168 C6
Escout (64) 180 A3
Escoutoux (63) 128 A2
Escoville (14) 16 C4
Escragnolles (06) ...176 B5
Escrennes (45) 63 F5
Escrignelles (45) 82 B3
Escroux (81) 169 E4
Escueillens-et-Saint-Just-
  -de-Bélengard (11) ...184 C4
Escurès (64) 164 C6
Escurolles (03) 113 H5
Eslettes (76) 7 G5
Esley (88) 69 F4
Eslourenties-Daban (64) ...180 D2
Esmans (77) 64 C3
Esmery-Hallon (80) ...21 G2
Esmoulières (70) 70 B6
Esmoulins (70) 86 C5
Esnandes (17) 106 D4
Esnans (25) 87 H5
Esnes (59) 11 E4
Esnes-en-Argonne (55) ...24 D6
Esnon (89) 65 F6
Esnouveaux (52) 68 B4
Espagnac (19) 139 F2
Espagnac-Sainte-Eulalie (46)..153 F2
Espagnet (64) 164 C4
Espalais (82) 166 B1
Espalem (43) 141 G1
Espalion (12) 154 D3
Espaly-Saint-Marcel (43) ...142 C4
Espanès (31) 183 G1
Espaon (32) 182 C1
Esparbès (64) 164 D5
Esparron (05) 160 A3
Esparron (31) 182 B3
Esparron (83) 174 C5
Esparron-de-Verdon (04) ...174 D4
Esparros (65) 181 G5
Esparsac (82) 166 B3
Espartignac (19) 124 D6
Espas (32) 164 D4
Espaubourg (60) 19 H4
Espèche (65) 181 G4
Espéchède (64) 180 D2
Espédaillac (46) 153 E2
Espelette (64) 178 C1
Espeluche (26) 158 B3
Espenel (26) 158 D1
Espérausses (81) ...169 E5
Espéraza (11) 184 D6
Esperce (31) 183 F2
Espère (46) 152 C3
Espès-Undurein (64) ...179 G2
Espeyrac (12) 154 B2
Espeyroux (46) 139 F6
Espezel (11) 198 C1
Espiet (33) 135 G5
Espinas (82) 153 F6
Espinasse (15) 141 E5
Espinasse (63) 112 D6
Espinasse-Vozelle (03) ...113 H5
Espinasses (05) 160 C3
Espinchal (63) 126 D6
Espins (14) 16 B5
Espira-de-Conflent (66) ...199 F3
Espira-de-l'Agly (66) ...200 D2
Espirat (63) 127 H3
Espiute (64) 179 F1
Esplantas (43) 142 A5
Esplas (09) 183 G3
Esplas-de-Sérou (09) ...183 F5
Espoey (64) 180 D3
Espondeilhan (34) ...187 E1
Esprels (70) 87 H4
Esquay-Notre-Dame (14) ...16 B5
Esquay-sur-Seulles (14) ...16 A3
Esquéhéries (02) 11 G5
Esquelbecq (59) 2 C3
Esquennoy (60) 20 C2
Esquerchin (59) 10 C1
Esquerdes (62) 2 A4

Esquibien (29) 52 D2
Esquièze-Sère (65) ...181 E6
Esquiule (64) 179 H3
les Essards (16) 136 D2
les Essards (17) 120 D2
les Essards (37) 78 B6
les Essards-Taignevaux (39)...102 C4
Essarois (21) 85 F3
Essars (62) 2 D6
les Essarts (27) 40 D3
les Essarts (41) 79 E2
les Essarts (85) 91 H3
les Essarts-le-Roi (78) ...42 A5
les Essarts-le-Vicomte (51)...44 D5
les Essarts-lès-Sézanne (51)...44 D4
Essay (61) 60 B1
Esse (16) 109 G6
Essé (35) 57 G4
Essegney (88) 69 G2
les Esseintes (33) 150 A2
Essert (90) 88 C3
Essert-Romand (74) ...119 F4
Essertaux (80) 20 B1
Essertenne (71) 101 E5
Essertenne-et-Cecey (70)...86 C5
Essertines-en-Châtelneuf (42)..128 D4
Essertines-en-Donzy (42) ...129 F3
Esserts-Blay (73) 132 D4
Esserval-Combe (39) ...103 F5
Esserval-Tartre (39) ...103 F4
Essey (21) 101 E1
Essey-et-Maizerais (54) ...48 A3
Essey-la-Côte (54) 69 H1
Essey-lès-Nancy (54) ...48 D4
Essia (39) 117 F1
Essigny-le-Grand (02) ...22 A1
Essigny-le-Petit (02) ...11 E5
Essises (02) 44 C3
Essômes-sur-Marne (02) ...44 B2
Esson (14) 16 B6
Essoyes (10) 67 E5
Essuiles (60) 20 C4
les Estables (43) 143 E5
Estables (48) 156 A1
Establet (26) 159 F3
Estadens (31) 182 C5
Estagel (66) 199 H2
Estaing (12) 154 C2
Estaing (65) 180 C5
Estaires (59) 2 D5
Estal (46) 139 F5
Estampes (32) 181 G1
Estampures (65) 181 G2
Estancarbon (31) 182 B4
Estandeuil (63) 127 H4
Estang (32) 164 C3
l'Estaque (13) 190 C3
Estarvielle (65) 195 H4
Estavar (66) 198 C5
Esteil (63) 127 G6
Esténos (31) 182 A5
Estensan (65) 195 G4
Estérençuby (64) 179 E4
Esternay (51) 44 D5
Esterre (65) 181 E6
Estevelles (62) 3 E6
Esteville (76) 7 H5
Estézargues (30) 172 C2
Estialescq (64) 180 A3
Estibeaux (40) 163 E5
Estigarde (40) 164 C1
Estillac (47) 151 E6
Estipouy (32) 165 F6
Estirac (65) 164 D6
Estissac (10) 65 H3
Estivals (19) 138 C4
Estivareilles (03) 112 D3
Estivareilles (42) 128 D6
Estivaux (19) 138 C1
Estoher (66) 199 F3
Estos (64) 180 A3
Estouches (91) 63 E3
Estourmel (59) 11 E3
Estouteville-Écalles (76) ...19 E3
Estouy (45) 63 G4
Estrablin (38) 130 B5
Estramiac (32) 166 B3
Estrebay (08) 12 C6
Estrébœuf (80) 8 C3
Estrée (62) 1 G6
Estrée-Blanche (62) ...2 B5
Estrée-Cauchy (62) ...10 A1
Estrée-Wamin (62) ...9 G2
Estréelles (62) 1 G6
Estrées (62) 95 H4
Estrées (59) 11 E5
Estrées-Deniécourt (80) ...10 B6
Estrées-la-Campagne (14) ...16 C6
Estrées-lès-Crécy (80) ...9 E3
Estrées-Mons (80) 10 C6
Estrées-Saint-Denis (60) ...21 E4
Estrées-sur-Noye (80) ...20 C1
Estrennes (88) 69 F3
Estreux (59) 11 G2
Estrun (59) 11 E3
Estry (14) 38 A2
Esves-le-Moutier (37) ...95 F3
Esvres (37) 95 E1
Eswars (59) 11 E3
Étable (73) 132 B5
Étables (07) 143 H3
Étables-sur-Mer (22) ...33 G3
Étagnac (16) 123 F2
Étaimpuis (76) 7 G4
Étain (55) 25 G6
Étaing (62) 10 C2
Étainhus (76) 6 C5

Étais (21) 84 D2
Étais-la-Sauvin (89) ...83 E4
Étalans (25) 103 H1
Étalante (21) 85 F3
Étalle (08) 12 D6
Étalleville (76) 7 F3
Étalon (80) 21 F1
Étalondes (76) 8 A5
Étampes (91) 63 F2
Étampes-sur-Marne (02) ...44 C2
l'Étang-Bertrand (50) ...14 C3
l'Étang-la-Ville (78) ...42 B4
l'Étang-sur-Arroux (71) ...100 C4
l'Étang-Vergy (21) ...101 G1
les Étangs (57) 26 D5
Étaples (62) 1 F6
Étaule (89) 84 A4
Étaules (17) 120 B3
Étaules (21) 85 G5
Étauliers (33) 135 E2
Étaux (74) 118 D5
Étaves-et-Bocquiaux (02) ...11 F5
Étavigny (60) 43 H1
Etcharry (64) 179 F2
Etchebar (64) 179 G4
Éteignières (08) 12 D6
Éteimbes (68) 88 D2
Étel (56) 54 D6
Ételfay (80) 21 E2
Étercy (74) 132 A1
Éternoz (25) 103 F3
Éterpigny (62) 10 C2
Éterpigny (80) 10 C6
Éterville (14) 16 B5
Étevaux (21) 86 B6
Eth (59) 11 G2
Étienville (50) 14 D4
Étigny (89) 65 E4
les Étilleux (28) 61 E4
Étinehem (80) 10 A5
Étiolles (91) 43 E5
Étival (39) 117 H2
Étival-Clairefontaine (88) ...70 C2
Étival-lès-le-Mans (72) ...60 A6
Étivey (89) 84 B3
Étobon (70) 88 B2
Étoges (51) 45 E3
l'Étoile (39) 102 C5
l'Étoile (80) 9 E5
Étoile-Saint-Cyrice (05) ...159 G4
Étoile-sur-Rhône (26) ...144 B5
Éton (55) 25 G5
Étormay (21) 85 E3
Étouars (24) 123 E4
Étourvy (10) 66 B6
Étoutteville (76) 7 F4
Étouvans (25) 88 C4
Étouvelles (02) 22 C3
Étouvy (14) 37 H3
Étrabonne (25) 102 D1
Étrappe (25) 88 B4
l'Étrat (42) 129 F5
Étray (25) 103 H2
Étraye (55) 25 E5
Étréaupont (02) 12 A6
Étrechet (36) 96 C5
Étréchy (18) 98 A2
Étréchy (51) 45 F3
Étréchy (91) 63 F1
Étréham (14) 15 H5
Étreillers (02) 10 D6
Étréjust (80) 8 D6
Étrelles (35) 58 A5
Étrelles-et-la-Montbleuse (70)..87 E4
Étrelles-sur-Aube (10) ...45 E6
Étrembières (74) 118 C4
Étrépagny (27) 19 F5
Étrepigney (39) 102 D2
Étrépigny (08) 24 B2
Étrépilly (02) 44 B2
Étrépilly (77) 43 G2
Étrepy (51) 46 C4
Étretat (76) 6 B4
Étreux (02) 11 G5
Étreval (54) 69 F1
Étréville (27) 18 A5
Étrez (01) 116 D3
Étriac (16) 122 A5
Étricheé (49) 77 E3
Étricourt-Manancourt (80) ...10 C4
Étrigny (71) 116 B1
Étrochey (21) 85 E1
Étrœungt (59) 12 A4
Étroussat (03) 113 G5
Étrun (62) 10 A2
Étsaut (64) 180 A6
Ettendorf (67) 50 D3
Etting (57) 28 A6
Étupes (25) 88 C4
Éturqueraye (27) 18 A5
Étusson (79) 93 E3
Étuz (70) 87 F5
Etzling (57) 27 G4
Eu (76) 8 A4
Euffigneix (52) 67 H4
Eugénie-les-Bains (40) ...164 A4
Euilly-et-Lombut (08) ...24 D2
Eulmont (54) 48 D4
Eup (31) 182 B6
Eurre (26) 144 B6
Eurville-Bienville (52) ...47 E6
Eus (66) 199 F3
Euvezin (54) 48 B3
Euville (55) 47 H4
Euvy (51) 45 F5
Euzet (30) 171 H1
Évaillé (72) 78 D1
Évans (39) 103 E1

Évaux-et-Ménil (88) ...69 G2
Évaux-les-Bains (23) ...112 C5
Ève (60) 43 F2
Évecquemont (78) ...42 B2
Évenos (83) 191 F5
Everly (77) 64 D1
Évette-Salbert (90) ...88 C2
Éveux (69) 129 H2
Évian-les-Bains (74) ...119 E2
Évigny (08) 24 A1
Évillers (25) 103 H3
Évin-Malmaison (62) ...10 C1
Évires (74) 118 C6
Évisa (2A) 204 C3
Évol 199 E4
Évosges (01) 131 E1
Évran (22) 34 D6
Évrange (57) 26 B2
Évrecy (14) 16 B5
Èvres (55) 47 E2
Évreux (27) 41 E2
Évricourt (60) 21 F3
Évron (53) 59 F4
Évry (89) 65 E3
Évry (91) 43 E6
Évry-Grégy-sur-Yerre (77)...43 F6
Excenevex (74) 118 D3
Excideuil (24) 137 H1
Exermont (08) 24 C5
Exideuil (16) 123 F2
Exincourt (25) 88 C4
Exireuil (79) 108 B2
Exmes (61) 39 G4
Exoudun (79) 108 B3
Expiremont (17) 135 G1
Eybens (38) 145 G2
Eybouleuf (87) 124 C3
Eyburie (19) 124 D6
Eycheil (09) 183 E5
Eydoche (38) 130 D6
Eygalayes (26) 159 G5
Eygalières (13) 173 E4
Eygaliers (26) 159 E5
Eygliers (05) 147 E6
Eygluy-Escoulin (26) ...144 D6
Eyguians (05) 159 H4
Eyguières (13) 173 F4
Eygurande (19) 126 B4
Eygurande-et-Gardedeuil (24)..136 B3
Eyjeaux (87) 124 C3
Eyliac (24) 137 G3
Eylie 196 D4
Eymet (24) 150 D1
Eymeux (26) 144 D3
Eymouthiers (16) 123 E4
Eymoutiers (87) 125 E3
Eyne (66) 198 C5
Eyne 2600 ....198 D4
Eynesse (33) 136 B6
Eyragues (13) 172 D3
Eyrans (33) 135 E2
Eyrein (19) 139 F1
Eyres-Moncube (40) ...163 H4
Eyroles (26) 158 D3
Eysines (33) 135 E5
Eysson (25) 104 A1
Eysus (64) 180 A3
Eyvirat (24) 137 F1
Eywiller (67) 50 B3
Eyzahut (26) 158 C2
Eyzerac (24) 123 G6
les Eyzies-de-Tayac-
  -Sireuil (24) 137 H5
Eyzin-Pinet (38) 130 B5
Ézanville (95) 42 D2
Èze (06) 177 E5
Ézy-sur-Eure (27) 41 F4

F

Fa (11) 184 D6
Fabas (09) 182 D4
Fabas (31) 182 C2
Fabas (82) 167 E3
Fabras (07) 157 F1
Fabrègues (34) 171 E6
Fabrezan (11) 185 G4
Faches-Thumesnil (59) ...3 F5
Fâchin (58) 100 A3
la Fage (71) 138 C3
la Fage-Montivernoux (48) ...141 F6
la Fage-Saint-Julien (48) ...141 F6
le Faget (31) 167 H6
Faget-Abbatial (32) ...165 H6
Fagnières (51) 45 H3
Fagnon (08) 24 A1
Fahy-lès-Autrey (70) ...86 C4
Failly (57) 26 C5
Faimbe (25) 88 B4
Fain-lès-Montbard (21) ...84 D3
Fain-lès-Moutiers (21) ...84 C3
Fains (27) 41 F2
Fains-la-Folie (28) 62 C4
Fains-Véel (55) 47 E4
Faissault (08) 23 H2
Fajac-en-Val (11) 185 F4
Fajac-la-Relenque (11) ...184 A3
Fajoles (46) 138 C6
la Fajolle (11) 198 C2
Fajolles (82) 166 C2
la Faloise (80) 20 C2
Falck (57) 27 E4
Faleyras (33) 135 H6
Falga (31) 184 B1
le Falgoux (15) 140 C3

Falicon (06)	177	E5
Falkwiller (68)	89	E2
Fallencourt (76)	8	C6
Fallerans (25)	103	H2
Falleron (85)	91	E2
Falletans (39)	102	C2
Fallon (70)	88	A4
la Faloise (80)	20	C2
Fals (47)	165	H1
Falvy (80)	21	G1
Famars (59)	11	F2
Famechon (62)	9	H4
Famechon (80)	20	A1
Fameck (57)	26	B4
Familly (14)	17	G6
Fampoux (62)	10	B2
Fanjeaux (11)	184	C3
Fanlac (24)	137	H4
le Faou (29)	31	F6
le Faouët (22)	33	E3
le Faouët (56)	54	B3
Faramans (01)	130	C1
Faramans (38)	130	C6
Farbus (62)	10	B2
Farceaux (27)	19	F5
la Fare-en-Champsaur (05)	160	B1
la Fare-les-Oliviers (13)	173	G5
Farébersviller (57)	27	G5
Fareins (01)	116	B6
Faremoutiers (77)	43	H4
Farges (01)	118	A5
les Farges (24)	138	A3
Farges-Allichamps (18)	97	G5
Farges-en-Septaine (18)	98	A3
Farges-lès-Chalon (71)	101	G5
Farges-lès-Mâcon (71)	116	B2
Fargues (33)	149	G2
Fargues (40)	164	A4
Fargues (46)	152	B4
Fargues-Saint-Hilaire (33)	135	F5
Fargues-sur-Ourbise (47)	150	C5
Farincourt (52)	86	D2
Farinole (2B)	203	F4
la Farlède (83)	191	H5
Farnay (42)	129	G5
Farrou	153	G4
Farschviller (57)	27	G5
Fatines (72)	60	B5
Fatouville-Grestain (27)	6	C6
le Fau (15)	140	B3
Fau-de-Peyre (48)	155	G1
Fauch (81)	168	C3
Faucigny (74)	118	D5
Faucogney-et-la-Mer (70)	88	A1
Faucompierre (88)	70	B4
Faucon (84)	158	D5
Faucon-de-Barcelonnette (04)	161	F3
Faucon-du-Caire (04)	160	B3
Fauconcourt (88)	70	A2
Faucoucourt (02)	22	B3
Faudoas (82)	166	B3
le Fauga (31)	183	F1
Faugères (07)	157	E3
Faugères (34)	170	A6
Fauguernon (14)	17	F4
Fauguerolles (47)	150	C3
Fauillet (47)	150	C3
le Faulq (14)	17	F4
Faulquemont (57)	27	E6
Faulx (54)	48	D4
Faumont (59)	10	D1
Fauquembergues (62)	2	A5
la Faurie (05)	159	H2
Faurilles (24)	151	F1
Fauroux (82)	151	H5
Faussergues (81)	168	D1
la Faute-sur-Mer (85)	106	B3
Fauverney (21)	102	A1
Fauville (27)	41	E2
Fauville-en-Caux (76)	6	D4
Faux (08)	23	H3
Faux (24)	137	E6
Faux-Fresnay (51)	45	F6
Faux-la-Montagne (23)	125	F3
Faux-Mazuras (23)	125	E2
Faux-Vésigneul (51)	46	A4
Faux-Villecerf (10)	65	G3
Favalello (2B)	205	F2
Favars (19)	138	D2
Faveraye-Mâchelles (49)	93	E1
Faverdines (18)	112	C1
Faverelles (45)	82	C4
Faverges (74)	132	C3
Faverges-de-la-Tour (38)	131	F4
Faverney (70)	87	F2
Faverois (90)	88	D3
Faverolles (02)	21	H6
Faverolles (15)	141	F5
Faverolles (28)	41	G5
Faverolles (36)	96	A2
Faverolles (52)	68	A6
Faverolles (61)	38	D5
Faverolles (80)	21	E2
Faverolles-et-Coëmy (51)	22	D6
Faverolles-la-Campagne (27)	40	C2
Faverolles-lès-Lucey (21)	85	G1
Faverolles-sur-Cher (41)	79	G6
la Favière	192	B5
la Favière (39)	103	F5
Favières (28)	61	H1
Favières (54)	69	E1
Favières (77)	43	G5
Favières (80)	8	C3
Favone	207	G1
Favresse (51)	46	C5
Favreuil (62)	10	B4
Favrieux (78)	41	H3
le Favril (27)	17	H4
le Favril (28)	61	G1
le Favril (59)	11	G4
Fay (61)	39	H5
le Fay (71)	102	B6
Fay (72)	60	A5
Fay (80)	10	B6
Fay-aux-Loges (45)	81	F1
Fay-de-Bretagne (44)	74	B3
Fay-en-Montagne (39)	103	E5
Fay-le-Clos (26)	144	B2
Fay-les-Étangs (60)	19	H6
Fay-lès-Marcilly (10)	65	G2
Fay-lès-Nemours (77)	64	A4
le Fay-Saint-Quentin (60)	20	B4
Fay-sur-Lignon (43)	143	E4
Faycelles (46)	153	G2
Faye	136	C2
la Faye (16)	108	D6
Faye (41)	79	G2
Faye-d'Anjou (49)	77	E6
Faye-la-Vineuse (37)	94	B4
Faye-l'Abbesse (79)	93	F5
Faye-sur-Ardin (79)	107	G2
le Fayel (60)	21	E5
Fayence (83)	176	A6
le Fayet	133	E1
Fayet (02)	11	E6
Fayet (12)	169	G4
Fayet-le-Château (63)	127	H4
Fayet-Ronaye (63)	128	A6
Fayl-la-Forêt (52)	86	C2
Faymont (70)	88	B3
Faymoreau (85)	107	G1
Fays (52)	67	G1
Fays (88)	70	B3
Fays-la-Chapelle (10)	66	A4
Fayssac (81)	168	A2
Féas (64)	179	H3
Febvin-Palfart (62)	2	B6
Fécamp (76)	6	C3
Féchain (59)	10	D2
Fèche-l'Église (90)	88	D4
la Féclaz	132	A4
Fécocourt (54)	69	F2
Fédry (70)	87	E3
Fegersheim (67)	51	E6
Fégréac (44)	73	H1
Feigères (74)	118	B5
Feigneux (60)	21	F6
Feignies (59)	12	A2
Feillens (01)	116	B3
Feings (41)	80	A5
Feings (61)	60	D1
Feins (35)	35	F6
Feins-en-Gâtinais (45)	82	B2
Feissons-sur-Isère (73)	132	D4
Feissons-sur-Salins (73)	132	D5
le Fel (12)	154	B2
Fel (61)	39	F4
Felce (2B)	205	G2
Feldbach (68)	89	F3
Feldkirch (68)	71	F6
Feliceto (2B)	202	C6
Félines (07)	143	H1
Félines (43)	142	B2
Félines-Minervois (34)	185	F2
Félines-sur-Rimandoule (26)	158	C2
Félines-Termenès (11)	185	G5
Felleries (59)	12	A3
Fellering (68)	70	D6
Felletin (23)	125	H2
Felluns (66)	199	F2
Felon (88)	88	D2
Felzins (46)	153	H2
Fenain (59)	11	E1
Fénay (21)	101	H1
Fendeille (11)	184	B3
Fénery (79)	93	E6
Feneu (49)	76	D4
Féneyrols (82)	153	F6
Féniers (23)	125	G3
Fenioux (17)	121	F2
Fenioux (79)	107	H1
Fenneviller (54)	49	H6
Fénols (81)	168	B3
le Fenouiller (85)	90	D4
Fenouillet (31)	167	E5
Fenouillet (66)	199	E2
Fenouillet-du-Razès (11)	184	C4
Fépin (08)	13	E4
Fercé (44)	57	G5
Fercé-sur-Sarthe (72)	77	H1
Ferdrupt (88)	70	B6
la Fère (02)	22	A2
Fère-Champenoise (51)	45	F5
Fère-en-Tardenois (02)	22	B6
Fèrebrianges (51)	45	E4
la Férée (08)	23	G1
Férel (56)	73	F2
Ferfay (62)	2	C6
Féricy (77)	64	B2
Férin (59)	10	D2
Fermanville (50)	14	D1
la Fermeté (58)	99	E4
Ferney-Voltaire (01)	118	D4
Fernoël (63)	126	A3
Férolles (45)	81	F2
Férolles-Attilly (77)	43	F5
Féron (59)	12	A4
Ferques (62)	1	H4
Ferrals-les-Corbières (11)	185	G4
Ferrals-les-Montagnes (34)	185	G1
Ferran (11)	184	C4
Ferrassières (26)	159	F6
le Ferré (35)	35	H5
Ferrensac (47)	151	F2
Ferrère (65)	181	H5
les Ferres (06)	176	D4
Ferrette (68)	89	F4
Ferreux-Quincey (10)	65	G2
la Ferrière	96	A2
la Ferrière (22)	55	H2
la Ferrière (37)	79	E3
la Ferrière (38)	146	B1
la Ferrière (85)	91	G4
la Ferrière-Airoux (86)	109	E4
la Ferrière-au-Doyen (61)	40	A5
la Ferrière-aux-Étangs (61)	38	B5
la Ferrière-Béchet (61)	39	F6
la Ferrière-Bochard (61)	59	H2
la Ferrière-de-Flée (49)	76	C2
la Ferrière-en-Parthenay (79)	93	G6
Ferrière-et-Lafolie (52)	67	H2
la Ferrière-Harang (14)	37	H2
Ferrière-la-Grande (59)	12	A2
Ferrière-Larçon (37)	95	E3
la Ferrière-la-Petite (59)	12	A3
Ferrière-sur-Beaulieu (37)	95	F2
la Ferrière-sur-Risle (27)	40	C3
Ferrières	152	A4
Ferrières (17)	107	E4
Ferrières (50)	37	G6
Ferrières (54)	48	D6
Ferrières (60)	20	D3
Ferrières (65)	180	C5
Ferrières (80)	9	F6
Ferrières (81)	168	D5
Ferrières-en-Bray (76)	19	G4
Ferrières-en-Brie (77)	43	F4
Ferrières-en-Gâtinais (45)	64	B5
Ferrières-Haut-Clocher (27)	40	D2
Ferrières-la-Verrerie (61)	39	H5
Ferrières-le-Lac (25)	88	D6
Ferrières-les-Bois (25)	103	E1
Ferrières-lès-Ray (70)	87	E3
Ferrières-lès-Scey (70)	87	F3
Ferrières-les-Verreries (34)	171	E3
Ferrières-Poussarou (34)	186	B1
Ferrières-Saint-Hilaire (27)	17	H6
Ferrières-Saint-Mary (15)	141	E3
Ferrières-sur-Ariège (09)	183	H6
Ferrières-sur-Sichon (03)	114	B6
Ferrussac (43)	141	H3
Fertans (25)	103	F2
la Ferté	97	E3
la Ferté	101	G6
la Ferté (39)	102	D3
la Ferté-Alais (91)	63	G1
la Ferté-Beauharnais (41)	80	D4
la Ferté-Bernard (72)	60	D4
la Ferté-Chevresis (02)	22	B1
la Ferté-Frênel (61)	40	A4
la Ferté-Gaucher (77)	44	B4
la Ferté-Hauterive (03)	113	H3
la Ferté-Imbault (41)	80	D6
la Ferté-Loupière (89)	82	D1
la Ferté-Macé (61)	38	C6
la Ferté-Milon (02)	44	A1
la Ferté-Saint-Aubin (45)	80	D3
la Ferté-Saint-Cyr (41)	80	C3
la Ferté-Saint-Samson (76)	19	F3
la Ferté-sous-Jouarre (77)	44	A3
la Ferté-sur-Chiers (08)	25	E3
la Ferté-Vidame (28)	40	C6
la Ferté-Villeneuil (28)	62	A6
Fertrève (58)	99	G4
Fervaches (50)	37	G2
Fervaques (14)	17	F6
Fescamps (80)	21	E2
Fesches-le-Châtel (25)	88	D3
Fesmy-le-Sart (02)	11	G4
Fesques (76)	19	F1
Fessanvilliers-Mattanvilliers (28)	40	D5
Fessenheim (68)	71	G5
Fessenheim-le-Bas (67)	50	D5
Fessevillers (25)	88	D6
les Fessey (70)	88	A1
Fessy (74)	118	D3
Festalemps (24)	136	C2
Festes-et-Saint-André (11)	184	C5
Festieux (02)	22	D3
Festigny (51)	45	E2
Festigny (89)	83	F4
Festubert (62)	2	D6
le Fête (21)	101	E1
Féternes (74)	119	E3
Fétigny (39)	117	G2
Feucherolles (78)	42	B4
Feuchy (62)	10	C2
Feugarolles (47)	150	D5
Feugères (50)	14	D6
Feuges (10)	66	B2
Feuguerolles (27)	40	D1
Feuguerolles-Bully (14)	16	B5
Feuilla (11)	186	B6
Feuillade (16)	122	D4
la Feuillade (24)	138	C3
la Feuillée (29)	31	H5
Feuillères (80)	10	B5
la Feuillie (50)	14	D6
la Feuillie (76)	19	F4
Feule	88	C5
Feuquières (60)	19	H2
Feuquières-en-Vimeu (80)	8	C5
Feurs (42)	129	E3
Feusines (36)	111	H2
Feux (18)	98	B1
Fèves (57)	26	B5
Féy (57)	26	B6
Fey-en-Haye (54)	48	B3
Feyt (19)	126	B4
Feytiat (87)	124	B3
Feyzin (69)	130	A4
Fiac (81)	168	A4
Ficaja (2B)	205	F1
Ficheux (62)	10	B3
Fichous-Riumayou (64)	164	A6
Fieffes-Montrelet (80)	9	F4
Fiefs (62)	2	B6
Fiennes (62)	1	G3
Fierville-Bray (14)	16	C5
Fierville-les-Mines (50)	14	C4
Fierville-les-Parcs (14)	17	F4
le Fieu (33)	136	A3
Fieulaine (02)	11	F6
Fieux (47)	165	G1
Figanières (83)	175	H5
Figari (2A)	207	F4
Figarol (31)	182	C4
Figeac (46)	153	G2
Fignévelle (88)	69	E5
Fignières (80)	20	D2
Filain (02)	22	B4
Filain (70)	87	G4
Fillé (72)	78	A1
Fillerval	20	C5
Fillières (54)	25	H4
Fillièvres (62)	9	F2
Fillinges (74)	118	D5
Fillols (66)	199	F4
Filstroff (57)	27	E3
Fiménil (88)	70	B3
Finestret (66)	199	F3
Finhan (82)	166	D2
Finiels	156	C4
les Fins (25)	104	B2
Fins (80)	10	C4
Fiquefleur-Equainville (27)	17	F3
Firbeix (24)	123	H4
Firfol (14)	17	F5
Firmi (12)	154	B3
Firminy (42)	129	E6
Fislis (68)	89	G3
Fismes (51)	22	C5
Fitilieu (38)	131	F5
Fitou (11)	186	C6
Fitz-James (60)	20	C5
Fix-Saint-Geneys (43)	142	B3
Fixem (57)	26	C2
Fixin (21)	101	G1
Flacey (21)	86	A5
Flacey (28)	62	A4
Flacey-en-Bresse (71)	117	E1
la Flachère (38)	132	A6
Flachères (38)	130	D5
Flacourt (78)	41	H3
Flacy (89)	65	G4
Flagey (25)	103	G2
Flagey (52)	86	A2
Flagey-Echézeaux (21)	101	H2
Flagey-lès-Auxonne (21)	102	B2
Flagey-Rigney (25)	87	G5
Flagnac (12)	154	A2
Flagy (70)	87	G2
Flagy (71)	116	A2
Flagy (77)	64	C3
Flaignes-Havys (08)	12	D6
Flaine	119	F6
Flainval (54)	49	E5
Flamanville (50)	14	A3
Flamanville (76)	7	F4
Flamarens (32)	166	A2
la Flamengrie (02)	12	A5
la Flamengrie (59)	11	G2
Flamets-Frétils (76)	19	F2
Flammerans (21)	102	C1
Flammerécourt (52)	67	H2
Flancourt-Catelon (27)	18	A5
Flangebouche (25)	104	A1
Flassan (84)	159	E6
Flassans-sur-Issole (83)	192	A3
Flassigny (55)	25	F4
Flastroff (57)	26	D3
Flat (63)	127	G5
Flaucourt (80)	10	B6
Flaugeac (24)	136	D6
Flaugnac (46)	152	C5
Flaujac-Gare (46)	153	E1
Flaujac-Poujols (46)	152	D4
Flaujagues (33)	136	B6
Flaumont-Waudrechies (59)	12	A4
Flaux (30)	172	B1
Flavacourt (60)	19	H5
Flaviac (07)	143	H6
Flavignac (87)	124	A3
Flavignerot (21)	85	G6
Flavigny (18)	98	B4
Flavigny (51)	45	F3
Flavigny-le-Grand-et-Beaurain (02)	11	G6
Flavigny-sur-Moselle (54)	48	D6
Flavigny-sur-Ozerain (21)	85	E4
Flavin (12)	154	C5
Flavy-le-Martel (02)	21	H2
Flavy-le-Meldeux (60)	21	G2
Flaxieu (01)	131	G3
Flaxlanden (68)	89	F2
Flayat (23)	126	A3
Flayosc (83)	175	G5
Fléac (16)	122	B4
Fléac-sur-Seugne (17)	121	F5
la Flèche (72)	77	G2
Fléchin (62)	2	B5
Fléchy (60)	20	B2
Flée (21)	84	C5
Flée (72)	78	C2
Fleigneux (08)	24	C1
Fleisheim (57)	50	B3
le Fleix (24)	136	C5
Fleix (86)	109	H2
Fléré-la-Rivière (36)	95	G3
Flers (61)	38	B4
Flers (62)	9	G2
Flers (80)	10	B4
Flers-en-Escrebieux (59)	10	C1
Flers-le-Bourg	3	G5
Flers-sur-Noye (80)	20	B2
Flesquières (59)	10	D4
Flesselles (80)	9	G5
Flétrange (57)	27	E6
Flêtre (59)	2	D4
Fléty (58)	100	A5
Fleurac (16)	122	A3
Fleurac (24)	137	H4
Fleurance (32)	165	H3
Fleurat (23)	111	F4
Fleurbaix (62)	3	E5
Fleuré (61)	39	E5
Fleuré (86)	109	F2
Fleurey (21)	85	E3
Fleurey-lès-Faverney (70)	87	F2
Fleurey-lès-Lavoncourt (70)	87	E3
Fleurey-lès-Saint-Loup (70)	69	G6
Fleurey-sur-Ouche (21)	85	G6
Fleurie (69)	116	A5
Fleurié (03)	113	G4
Fleurieu-sur-Saône (69)	130	A2
Fleurieux-sur-l'Arbresle (69)	129	H2
Fleurigné (35)	58	A2
Fleurines (60)	20	D6
Fleurville (71)	116	B2
Fleury (02)	21	H6
Fleury (11)	186	D3
Fleury (50)	37	F3
Fleury (57)	26	C6
Fleury (60)	20	A6
Fleury (62)	9	G1
Fleury (80)	20	B1
Fleury-devant-Douaumont (55)	25	F6
Fleury-en-Bière (77)	63	H2
Fleury-la-Forêt (27)	19	F4
Fleury-la-Montagne (71)	115	E5
Fleury-la-Rivière (51)	45	E1
Fleury-la-Vallée (89)	83	F1
Fleury-les-Aubrais (45)	62	D6
Fleury-Mérogis (91)	42	D6
Fleury-sur-Andelle (27)	19	E5
Fleury-sur-Loire (58)	99	E5
Fleury-sur-Orne (14)	16	B5
Fléville (08)	24	C5
Fléville-devant-Nancy (54)	48	D5
Fléville-Lixières (54)	25	H5
Flévy (57)	26	C4
Flexanville (78)	41	H4
Flexbourg (67)	50	D5
Fley (71)	101	F6
Fleys (89)	83	H2
Flez-Cuzy (58)	83	G6
Fligny (08)	12	C6
Flin (54)	49	G6
Flines-lès-Mortagne (59)	4	B6
Flines-lez-Raches (59)	10	D1
Flins-Neuve-Église (78)	41	G3
Flins-sur-Seine (78)	42	A3
Flipou (27)	18	D5
Flirey (54)	48	B3
Flixecourt (80)	9	F5
Flize (08)	24	B2
la Flocellière (85)	92	B4
Flocourt (57)	49	E2
Flocques (76)	8	A4
Flogny-la-Chapelle (89)	65	H6
Floing (08)	24	C1
Floirac (17)	120	D5
Floirac (33)	135	F5
Floirac (46)	138	D5
Florac (48)	156	B4
Florange (57)	26	B3
Florémont (88)	69	G2
Florensac (34)	187	F2
Florent-en-Argonne (51)	46	D1
Florentia (39)	117	F3
Florentin (81)	168	B3
Florentin-la-Capelle (12)	154	C2
Floressas (46)	152	A3
Florimont (90)	89	E4
Florimont-Gaumier (24)	152	B1
Floringhem (62)	2	C6
la Flotte (17)	106	B4
Flottemanville (50)	14	D3
Flottemanville-Hague (50)	14	B2
Floudès (33)	150	A2
Floure (11)	185	F3
Flourens (31)	167	F5
Floursies (59)	12	A3
Floyon (59)	11	H4
Flumet (73)	132	D2
Fluquières	21	H1
Fluy (80)	9	F6
Foameix-Ornel (55)	25	G6
Foce (2A)	207	E3
Focicchia (2B)	205	F3
Fœcy (18)	97	F2
le Fœil (22)	33	F4
la Folie (14)	15	G5
la Folie Herbault	62	B4
Folies (80)	21	E1
Folkling (57)	27	G5
Follainville-Dennemont (78)	41	H2
Folles (87)	110	D6
la Folletière (76)	7	E5
la Folletière-Abenon (14)	17	G6
Folleville (27)	17	H5
Folleville (80)	20	C2
Folligny (50)	35	H2
Folschviller (57)	27	F5
Fomerey (88)	69	H3
Fomperron (79)	108	B2
Fonbeauzard (31)	167	E5
Foncegrive (21)	86	A3
Fonches-Fonchette (80)	21	F1
Foncine-le-Bas (39)	103	F6
Foncine-le-Haut (39)	103	G6
Foncquevillers (62)	10	A3
Fondamente (12)	170	A3
Fondettes (37)	78	D5
Fondremand (70)	87	F4
Fongrave (47)	151	E4
Fonroque (47)	150	D1
Fons (07)	157	F2
Fons (30)	171	H2
Fons (46)	153	F1
Fons-sur-Lussan (30)	157	G6
Fonsomme (02)	11	E6
Fonsorbes (31)	166	D6
Font-d'Urle	145	E5
Font-Romeu-Odeillo-Via (66)	198	C4
Fontain (25)	103	F1
Fontaine (10)	67	F4
Fontaine (38)	145	G2
Fontaine (90)	88	D2
Fontaine-au-Bois (59)	11	G3
Fontaine-au-Pire (59)	11	E4
Fontaine-Bellenger (27)	41	E1
Fontaine-Bonneleau (60)	20	B2
Fontaine-Chaalis (60)	43	F1
Fontaine-Chalendray (17)	121	H1
Fontaine-Couverte (53)	58	A6
Fontaine-de-Vaucluse (84)	173	F2
Fontaine-Denis-Nuisy (51)	44	D6
Fontaine-en-Bray (76)	19	E2
Fontaine-en-Dormois (51)	24	B6
Fontaine-Étoupefour (14)	16	B5
Fontaine-Fourches (77)	65	E2
Fontaine-Française (21)	86	B4
Fontaine-Guérin (49)	77	G4
Fontaine-Henry (14)	16	B3
Fontaine-Heudebourg (27)	41	E1
Fontaine-la-Gaillarde (89)	65	E4
Fontaine-la-Guyon (28)	61	H1
Fontaine-la-Louvet (27)	17	G5
Fontaine-la-Mallet (76)	6	B5
Fontaine-la-Rivière (91)	63	F3
Fontaine-la-Soret (27)	40	B1
Fontaine-l'Abbé (27)	40	B2
Fontaine-Lavaganne (60)	20	A3
Fontaine-le-Bourg (76)	7	H5
Fontaine-le-Comte (86)	109	E2
Fontaine-le-Dun (76)	7	F3
Fontaine-le-Pin (14)	16	C6
Fontaine-le-Port (77)	64	B1
Fontaine-le-Puits (73)	132	D5
Fontaine-le-Sec (80)	8	D5
Fontaine-les-Bassets (61)	39	F3
Fontaine-lès-Boulans (62)	2	B6
Fontaine-lès-Cappy (80)	10	B6
Fontaine-lès-Clercs (02)	21	H1
Fontaine-lès-Clerval (25)	88	A4
Fontaine-les-Coteaux (41)	79	E2
Fontaine-lès-Croisilles (62)	10	C3
Fontaine-lès-Dijon (21)	85	H6
Fontaine-les-Grès (10)	66	A1
Fontaine-lès-Hermans (62)	2	B6
Fontaine-lès-Luxeuil (70)	87	H1
Fontaine-les-Ribouts (28)	41	E3
Fontaine-lès-Vervins (02)	12	A4
Fontaine-l'Étalon (62)	9	E2
Fontaine-Mâcon (10)	65	F1
Fontaine-Milon (49)	77	F4
Fontaine-Notre-Dame (02)	11	F5
Fontaine-Notre-Dame (59)	10	D4
Fontaine-Raoul (41)	61	G5
Fontaine-Saint-Lucien (60)	20	B4
la Fontaine-Saint-Martin (72)	77	H2
Fontaine-Simon (28)	61	G2
Fontaine-sous-Jouy (27)	41	F2
Fontaine-sous-Montdidier (80)	20	D2
Fontaine-sous-Préaux (76)	7	H6
Fontaine-sur-Ay (51)	45	G1
Fontaine-sur-Maye (80)	9	E4
Fontaine-sur-Somme (80)	9	E5
Fontaine-Uterte (02)	11	E6
Fontainebleau (77)	64	A2
Fontainebrux (39)	102	C6
Fontaine Daniel	58	D2
Fontaines (71)	101	F5
Fontaines (85)	107	E3
Fontaines (89)	83	E1
Fontaines-d'Ozillac (17)	121	G6
Fontaines-en-Duesmois (21)	85	E2
Fontaines-en-Sologne (41)	80	B4
Fontaines-les-Sèches (21)	84	C2
Fontaines-Saint-Clair (55)	25	E4
Fontaines-Saint-Martin (69)	130	A2
Fontaines-sur-Marne (52)	47	E6
Fontaines-sur-Saône (69)	130	A2
Fontains (77)	64	C2
Fontan (06)	177	G2
Fontanès (34)	171	G4
Fontanès (42)	129	H5
Fontanès (48)	156	A2
Fontanès (30)	171	H3
Fontanes (46)	152	C4
Fontanès-de-Sault (11)	198	B2
Fontanges (15)	140	C3
Fontangy (21)	84	C5
Fontanières (23)	112	B4
Fontanil-Cornillon (38)	145	G2
Fontannes (43)	141	H1

Fontans (48) 155 H1
Fontarèches (30) 157 G6
Fontarède 151 E6
Fontclaireau (16) 122 C2
Fontcouverte (11) 185 G4
Fontcouverte (17) 121 F3
Fontcouverte-la Toussuire (73)..146 C1
la Fontelaye (76) 7 F4
Fontenai-les-Louvets (61) 59 H1
Fontenai-sur-Orne (61) 39 E5
Fontenailles (77) 64 C1
Fontenailles (89) 83 F3
Fontenay (27) 19 F6
Fontenay (36) 96 C3
Fontenay (50) 37 G5
Fontenay (71) 115 F2
Fontenay (76) 6 B5
Fontenay (88) 70 A3
Fontenay-aux-Roses (92) 42 D4
Fontenay-de-Bossery (10) 65 F2
Fontenay-en-Parisis (95) 43 E2
Fontenay-le-Comte (85) 107 F2
Fontenay-le-Fleury (78) 42 B4
Fontenay-le-Marmion (14) 16 B5
Fontenay-le-Pesnel (14) 16 A4
Fontenay-le-Vicomte (91) 63 G1
Fontenay-lès-Briis (91) 42 C6
Fontenay-Mauvoisin (78) 41 H3
Fontenay-près-Chablis (89) 83 H1
Fontenay-près-Vézelay (89) 83 H5
Fontenay-Saint-Père (78) 41 H2
Fontenay-sous-Bois (94) 43 E4
Fontenay-sous-Fouronnes (89) 83 G3
Fontenay-sur-Conie (28) 62 C4
Fontenay-sur-Eure (28) 62 A2
Fontenay-sur-Loing (45) 64 B5
Fontenay-sur-Mer (50) 15 E3
Fontenay-sur-Vègre (72) 59 G6
Fontenay-Torcy (60) 19 G3
Fontenay-Trésigny (77) 43 G5
Fontenelle (02) 11 H4
Fontenelle (21) 86 B4
la Fontenelle (35) 35 G5
la Fontenelle (41) 61 F5
Fontenelle (90) 88 D3
Fontenelle-en-Brie (02) 44 C3
Fontenelle-Montby (25) 88 A4
les Fontenelles (25) 104 C1
Fontenermont (14) 37 G4
Fontenet (17) 121 F1
Fontenille (16) 122 C1
Fontenille-Saint-Martin-d'Entraigues (79) 108 B5
Fontenilles (31) 166 D6
Fontenois-la-Ville (70) 69 G6
Fontenois-lès-Montbozon (70) 87 G4
Fontenotte (25) 87 H5
Fontenouilles (89) 82 C1
Fontenoy (02) 21 H4
Fontenoy (89) 83 E3
Fontenoy-la-Joûte (54) 70 B1
Fontenoy-le-Château (88) 69 G5
Fontenoy-sur-Moselle (54) 48 C5
Fontenu (39) 103 E6
Fonteny (57) 49 E3
Fonters-du-Razès (11) 184 B3
Fontès (34) 170 C6
Fontet (33) 150 A2
Fontette (10) 67 E5
Fontevraud-l'Abbaye (49) 93 H1
Fontgombault (36) 95 F6
Fontguenand (36) 96 B1
Fontienne (04) 174 C1
Fontiers-Cabardès (11) 184 D2
Fontiès-d'Aude (11) 185 G1
Fontjoncouse (11) 185 H5
Fontoy (57) 26 A3
Fontpédrouse (66) 198 D4
Fontrabiouse (66) 198 D3
Fontrailles (65) 181 G2
Fontvannes (10) 65 H3
Fontvieille (13) 172 D4
Forbach (57) 27 G4
Forcalqueiret (83) 191 H3
Forcalquier (04) 174 C2
la Force (11) 184 C3
la Force (24) 136 D5
Forcé (53) 58 D5
Forcelles-Saint-Gorgon (54) 69 F1
Forcelles-sous-Gugney (54) 69 F2
Forceville (80) 9 H4
Forceville-en-Vimeu (80) 8 D5
Forcey (52) 68 B4
Forciolo (2A) 204 D6
la Forclaz (74) 119 H1
Forest-en-Cambrésis (59) 11 F3
Forest-l'Abbaye (80) 8 D3
Forest-Landerneau (29) 31 E4
Forest-Montiers (80) 8 D3
Forest-Saint-Julien (05) 160 B1
Forest-sur-Marque (59) 3 G5
Foreste (02) 21 G1
Forestière (51) 44 D5
Forêt-Auvray (61) 38 C4
Forêt-de-Tessé (16) 108 C6
Forêt-du-Parc (27) 41 E3
Forêt-du-Temple (23) 111 G3
Forêt-Fouesnant (29) 53 G3
Forêt-la-Folie (27) 19 F6
Forêt-le-Roi (91) 63 E1
Forêt-Sainte-Croix (91) 63 F2
Forêt-sur-Sèvre (79) 92 D5
Forfry (77) 43 G2
Forge (88) 70 B4
les Forges (52) 112 A5
les Forges (19) 107 E5
Forgès (19) 139 F3
les Forges (49) 93 F1
les Forges (56) 55 G3

Forges (61) 60 A1
Forges (77) 64 C2
les Forges (79) 108 C2
les Forges (88) 69 H4
Forges-la-Forêt (35) 57 H5
Forges-les-Bains (91) 42 C6
Forges-les-Eaux (76) 19 F3
les Forges de Paimpont 56 C3
les Forges des Salles 55 E1
Forgues (31) 182 D1
la Forie (63) 128 B4
Forléans (21) 84 C5
Formentin (14) 17 E4
Formerie (60) 19 G2
Formigny (14) 15 G5
Formiguères (66) 198 D3
Fornex (09) 183 E4
Fors (79) 107 H4
Forstfeld (67) 51 G2
Forstheim (67) 51 E2
le Fort-Bloqué 54 B5
Fort-du-Plasne (39) 103 F6
Fort-Louis (67) 51 G3
Fort-Mahon-Plage (80) 8 C2
Fort-Mardyck (59) 2 B1
Fort-Moville (27) 17 G3
Fortan (41) 79 F1
Fortel-en-Artois (62) 9 F3
la Forteresse (38) 145 E1
Fort Sainte-Marguerite 193 F1
Fortschwihr (68) 71 G4
Fos (31) 182 B6
Fos (34) 170 B6
Fos-sur-Mer (13) 189 H4
le Fossat (09) 183 F3
Fossé (08) 24 C4
Fossé (41) 79 H3
le Fossé (76) 19 F3
Fosse (66) 199 F2
la Fosse-Corduan (10) 65 G2
la Fosse-de-Tigné (49) 93 E1
Fossemagne (24) 137 H3
Fossemanant (80) 20 B1
les Fosses 107 H5
Fosses (95) 43 E2
Fossès-et-Baleyssac (33) 150 B2
la Fossette 192 B5
Fosseuse (60) 20 B6
Fosseux (62) 9 H3
Fossieux (57) 49 E3
Fossoy (02) 44 C2
Foucarmont (76) 8 C6
Foucart (76) 6 D4
Foucarville (50) 15 E4
Foucaucourt-en-Santerre (80) 10 B6
Foucaucourt-Hors-Nesle (80) 8 C6
Foucaucourt-sur-Thabas (55) 47 E2
Fouchécourt (70) 87 F1
Fouchécourt (88) 69 E5
Foucherans (25) 103 G1
Foucherans (39) 102 C2
Fouchères (10) 66 C4
Fouchères (89) 64 D4
Fouchères-aux-Bois (55) 47 F5
Foucherolles (45) 64 C5
Fouchy (67) 71 E2
Fouday (67) 71 E1
Fouencamps (80) 20 C1
Fouesnant (29) 53 G4
Foufflin-Ricametz (62) 9 G2
Foug (54) 48 A5
Fougaron (31) 182 C5
Fougax-et-Barrineuf (09) 184 B6
Fougeré (49) 77 G3
Fougeré (85) 91 H4
Fougères (35) 58 A2
Fougères-sur-Bièvre (41) 79 H5
les Fougerêts (56) 56 B6
Fougerolles (36) 111 G2
Fougerolles (70) 69 H6
Fougerolles-du-Plessis (53) 58 B1
Fougueyrolles (24) 136 C5
la Fouillade (12) 153 G5
Fouilleuse (60) 20 D4
Fouilloy (60) 19 H2
Fouilloy (80) 10 B6
Fouju (77) 43 G6
Foulain (52) 68 A5
Foulangues (60) 20 C6
Foulayronnes (47) 151 F5
Foulbec (27) 6 C6
Foulcrey (57) 49 H5
Fouleix (24) 137 F4
Foulenay (39) 102 C4
Fouligny (57) 26 D5
Foulognes (14) 38 A1
Fouquebrune (16) 122 C5
Fouquenies (60) 20 A4
Fouquereuil (62) 2 D6
Fouqueure (16) 122 B2
Fouqueville (27) 18 B6
Fouquières-lès-Béthune (62) 2 D6
Fouquières-lès-Lens (62) 10 C1
Four (38) 130 C4
Fouras (17) 106 D6
Fourbanne (25) 87 H5
Fourcatier-et-Maison-Neuve (25) 103 H5
Fourcès (32) 165 E2
Fourchambault (58) 98 D3
Fourches (14) 39 E3
Fourcigny (80) 19 H1

Fourdrain (02) 22 B3
Fourdrinoy (80) 20 A1
Fourg (25) 103 E2
Fourges (27) 41 H1
les Fourgs (25) 104 A4
Fourilles (03) 113 G4
Fourmagnac (46) 153 G2
Fourmetot (27) 17 H3
Fourmies (59) 12 B5
Fournaudin (89) 65 G4
Fourneaux (42) 129 E1
Fourneaux (50) 37 G2
Fourneaux (73) 147 E2
Fourneaux-le-Val (14) 38 D3
Fournels (48) 141 F6
Fournès (30) 172 C2
Fournes-Cabardès (11) 185 E2
Fournes-en-Weppes (59) 3 E5
le Fournet (14) 17 E4
Fournet-Blancheroche (25) 104 C1
Fournets-Luisans (25) 104 B2
Fourneville (14) 17 F3
Fournival (60) 20 C4
Fournols (63) 128 A5
Fournoulès (15) 154 A1
Fouronnes (89) 83 F3
Fourques (30) 172 C4
Fourques (66) 199 H4
Fourques-sur-Garonne (47) 150 C3
Fourqueux (78) 42 B3
Fourquevaux (31) 167 F6
Fours (33) 135 E2
Fours (58) 99 H5
Fours-en-Vexin (27) 41 G1
Fourtou (11) 185 E6
Foussais-Payré (85) 107 F1
Foussemagne (90) 88 D2
le Fousseret (31) 182 D2
Foussignac (16) 122 A3
Fouvent-Saint-Andoche (70) 86 D3
la Foux d'Allos 161 E4
Fouzilhon (34) 170 B6
Foville (57) 49 E3
Fox-Amphoux (83) 175 E5
la Foye-Monjault (79) 107 G5
Fozières (34) 170 B4
Fozzano (2A) 207 E2
la Frache 161 G3
Fragnes (71) 101 G5
Frahier-et-Chatebier (70) 88 C2
Fraignot-et-Vesvrotte (21) 85 G3
Fraillicourt (08) 23 F2
Fraimbois (54) 49 F6
Frain (88) 69 E4
Frais (88) 88 D2
Fraisans (39) 103 E2
Fraisnes-en-Saintois (54) 69 F2
Fraisse (24) 136 C5
Fraisse-Cabardès (11) 184 D2
Fraissé-des-Corbières (11) 185 H5
Fraisse-sur-Agout (34) 169 G5
Fraisses (42) 129 E6
Fraissines (81) 169 E2
Fraissinet-de-Fourques (48) 156 A5
Fraissinet-de-Lozère (48) 156 B4
Fraize (88) 70 D3
Fralignes (10) 66 D4
la Framboisière (28) 40 D6
Frambouhans (25) 88 C6
Framecourt (62) 9 G2
Framerville-Rainecourt (80) 10 A6
Framicourt (80) 8 C5
Framont (70) 86 C3
Frampas (52) 67 F1
Francalmont (70) 87 G1
Francaltroff (57) 49 G2
Francarville (31) 167 G5
Francastel (60) 20 B3
Françay (41) 79 G3
Francazal (31) 182 D5
Francescas (47) 165 G1
Francheleins (01) 116 B6
Franchesse (03) 113 F1
Francheval (08) 24 C2
Franchevelle (70) 88 A2
la Francheville (08) 24 A1
Francheville (21) 85 G5
Francheville (27) 40 C4
Francheville (39) 102 C4
Francheville (51) 46 B3
Francheville (54) 48 B4
Francheville (61) 39 E5
Francheville (69) 130 A3
Francières (60) 21 E4
Francières (80) 9 E4
Francillon (36) 96 B4
Francillon-sur-Roubion (26) 158 C2
Francilly-Selency (02) 10 D6
Francin (73) 132 A5
Franclens (74) 118 A6
François (79) 108 A3
Francon (31) 182 C3
Franconville (54) 49 E6
Franconville (95) 42 D3
Francoulès (46) 152 D3
Francourt (70) 86 D3
Francourville (28) 62 C2
Francs (33) 136 A4
Francueil (37) 79 G6
Franey (25) 87 F6
Frangy (74) 118 A6
Frangy-en-Bresse (71) 102 B5
Franken (68) 89 F3
Franleu (80) 8 C4
Franois (25) 103 F1
Franquevielle (31) 181 H4
Franqueville (02) 22 D1
Franqueville (27) 40 B1
Franqueville (80) 9 F4
Franqueville-Saint-Pierre (76) 18 D4

la Franqui-Plage 186 C6
Frans (01) 130 A1
Fransart (80) 21 E1
Fransèches (23) 125 G1
Fransu (80) 9 F4
Fransures (80) 20 B2
Franvillers (80) 9 H5
Franxault (21) 102 B2
Frapelle (88) 70 D2
Fraquelfing (57) 50 A5
Fraroz (39) 103 G5
Frasnay-Reugny (58) 99 F3
Frasne (25) 103 G4
la Frasnée (39) 117 H1
Frasne-le-Château (70) 87 E4
Frasne-les-Meulières (39) 102 C1
le Frasnois (39) 103 F6
Frasnoy (59) 11 G2
Frasseto (2A) 205 E6
Frauenberg (57) 27 H5
Frausseilles (81) 168 A2
Fravaux (10) 67 E3
la Fraye (81) 168 D3
Frayssinet (46) 152 C1
Frayssinet-le-Gélat (46) 152 A2
Frayssinhes (46) 139 F5
Frazé (28) 61 D3
Fréauville (76) 19 E1
Frebécourt (88) 68 D2
Frébuans (39) 102 C6
le Frêche (40) 164 B2
Fréchède (65) 181 F2
Fréchencourt (80) 9 H5
Fréchendets (65) 181 F4
le Fréchet (31) 182 C3
Fréchet-Aure (65) 181 G6
Fréchou (47) 165 F1
Fréchou-Fréchet (65) 181 F3
Frécourt (52) 68 B6
Frédéric-Fontaine (70) 88 B2
la Frédière (17) 121 F2
la Frédille (36) 96 A3
Frégimont (47) 151 E5
Frégouville (32) 166 B5
Fréhel (22) 34 B3
Freigné (49) 75 F7
Freissinières (05) 147 E6
la Freissinouse (05) 160 B2
Freistroff (57) 26 D4
Freix-Anglards (15) 140 A4
Fréjairolles (81) 168 C5
Fréjeville (81) 168 B5
Fréjus (83) 192 D2
Fréland (68) 71 H3
Frelinghien (59) 3 F4
Frémainville (95) 42 A2
Frémécourt (95) 42 B1
Fréménil (54) 49 G6
Frémeréville-sous-les-Côtes (55) 47 H4
Frémery (57) 49 E3
Frémestroff (57) 27 F6
Frémicourt (62) 10 C4
Fremifontaine (88) 70 B3
Frémontiers (80) 20 A1
Frémonville (54) 49 H5
la Frénaye (76) 6 D5
Frencq (62) 1 F5
Frenelle-la-Grande (88) 69 F2
Frenelle-la-Petite (88) 69 F2
Frênes (61) 38 A4
Freneuse (76) 18 C5
Freneuse (78) 41 G2
Freneuse-sur-Risle (27) 18 A6
Freney (73) 147 E2
le Freney-d'Oisans (38) 146 B3
Fréniches (60) 21 G2
Frénois (21) 85 G4
Frénois (88) 69 F3
Frénouville (14) 16 C5
Frenz 70 D6
Frépillon (95) 42 C2
Fresles (76) 19 E1
la Fresnaie-Fayel (61) 39 G4
la Fresnais (35) 35 E4
Fresnay-en-Retz (44) 90 D1
Fresnay-le-Comte (28) 62 B3
Fresnay-le-Gilmert (28) 62 A1
Fresnay-le-Long (76) 7 G4
Fresnay-le-Samson (61) 39 G3
Fresnay-l'Évêque (28) 62 D3
Fresnay-sur-Sarthe (72) 59 H3
la Fresnaye-au-Sauvage (61) 38 D3
la Fresnaye-sur-Chédouet (72) 60 B2
le Fresne (27) 40 D3
le Fresne (51) 46 B3
le Fresne-Camilly (14) 16 B4
Fresne-Cauverville (27) 17 G4
Fresné-la-Mère (14) 39 E3
Fresne-l'Archevêque (27) 19 E5
Fresne-le-Plan (76) 7 H6
Fresne-Léguillon (60) 20 A6
Fresne-lès-Reims (51) 23 F5
le Fresne-Poret (50) 37 H5
Fresne-Saint-Mamès (70) 87 E4
le Fresne-sur-Loire (44) 75 G3
Fresneaux-Montchevreuil (60) 20 A6
Fresnes (02) 22 A4
Fresnes (21) 84 D3
Fresnes (41) 80 A5
Fresnes (89) 84 A2
Fresnes (94) 42 D5
Fresnes-au-Mont (55) 47 G3
Fresnes-en-Saulnois (57) 49 E3
Fresnes-en-Tardenois (02) 44 C1
Fresnes-en-Woëvre (55) 47 H1
Fresnes-lès-Montauban (62) 10 C2
Fresnes-Mazancourt (80) 10 B6

Fresnes-sur-Apance (52) 69 E6
Fresnes-sur-Escaut (59) 11 F1
Fresnes-sur-Marne (77) 43 F3
Fresnes-Tilloloy (80) 8 D5
Fresneville (80) 8 D6
Fresney (27) 41 F3
Fresney-le-Puceux (14) 16 B5
Fresney-le-Vieux (14) 16 B6
Fresnicourt-le-Dolmen (62) 10 A1
Fresnières (60) 21 F3
Fresnois 25 E3
Fresnois-la-Montagne (54) 25 G3
Fresnoy (62) 9 F2
Fresnoy-Andainville (80) 8 D6
Fresnoy-au-Val (80) 9 E6
Fresnoy-en-Chaussée (80) 20 D1
Fresnoy-en-Gohelle (62) 10 B2
Fresnoy-en-Thelle (60) 20 C6
Fresnoy-Folny (76) 8 B6
Fresnoy-la-Rivière (60) 21 F6
Fresnoy-le-Château (10) 66 C4
Fresnoy-le-Grand (02) 11 F5
Fresnoy-le-Luat (60) 21 E6
Fresnoy-lès-Roye (80) 21 F1
Frespech (47) 151 G5
Fresquiennes (76) 7 G5
Fressac (30) 171 F2
Fressain (59) 10 D2
Fressancourt (02) 22 B2
Fresse (70) 88 B1
Fresse-sur-Moselle (88) 70 C6
Fresselines (23) 111 F3
Fressenneville (80) 8 C4
Fressies (59) 10 D2
Fressin (62) 9 E1
Fressines (79) 108 A3
Fresville (50) 14 D4
Fréterive (73) 132 B4
Fréteval (41) 79 H1
Fréthun (62) 1 G2
Fretigney-et-Velloreille (70) 87 F4
Frétigny (28) 61 F2
Fretin (59) 3 G5
Frétoy (77) 44 A5
Frétoy-le-Château (60) 21 G2
la Frette (38) 131 E6
la Frette (71) 101 H6
la Frette-sur-Seine (95) 42 C3
Frettecuisse (80) 8 D6
Frettemeule (80) 8 C5
Fretterans (71) 102 B4
le Fréty (08) 23 G1
Freulleville (76) 7 H3
Frévent (62) 9 G2
Fréville (76) 7 F5
Fréville (88) 68 C2
Fréville-du-Gâtinais (45) 63 G6
Frévillers (62) 9 H1
Frévin-Capelle (62) 10 A2
Freybouse (57) 27 F6
Freycenet-la-Cuche (43) 142 D5
Freycenet-la-Tour (43) 142 D5
Freychenet (09) 183 H6
Freyming-Merlebach (57) 27 F5
Freyssenet (07) 157 H1
Friaize (28) 61 G2
Friardel (14) 17 G6
Friaucourt (80) 8 B4
Friauville (54) 48 B1
Fribourg (57) 49 H4
Fricamps (80) 20 A1
Frichemesnil (76) 7 G4
Fricourt (80) 10 B5
Fridefont (15) 141 F5
Friedolsheim (67) 50 D4
Frières-Faillouël (02) 21 H2
Friesen (68) 89 E3
Friesenheim (67) 71 H2
Frignicourt (51) 46 B5
Frise (80) 10 B5
Friville-Escarbotin (80) 8 B4
Frizon (88) 69 H3
Froberville (76) 6 D3
Frocourt (60) 20 A5
Frœningen (68) 89 F2
Frœschwiller (67) 28 D6
Froges (38) 145 H1
Frohen-le-Grand (80) 9 F3
Frohen-le-Petit (80) 9 F3
Frohmuhl (67) 50 B2
Froideconche (70) 87 H1
Froidefontaine (90) 88 D3
Froidestrées (02) 12 A5
Froideterre (70) 88 A2
Froidevaux (25) 88 C6
Froideville (39) 102 C5
Froidfond (85) 91 E2
Froidmont-Cohartille (02) 22 C2
Froidos (55) 47 E2
Froissy (60) 20 B3
Frôlois (21) 85 E4
Frolois (54) 48 C6
Fromelennes (08) 13 F3
Fromelles (59) 3 E5
Fromental (87) 110 D5
Fromentas (30) 164 D5
Fromentières (51) 44 D3
Fromentières (53) 76 D1
Fromentine 90 B2
Fromeréville-les-Vallons (55) 47 F1
Fromezey (55) 25 G6
Fromont (77) 63 H3
Fromy (08) 25 E2
Froncles (52) 67 H3
Fronsac (31) 182 A5
Fronsac (33) 135 G5
Frontenac (33) 135 G5

Frontenac (46) 153 G3
Frontenard (71) 102 A4
Frontenas (69) 129 G1
Frontenaud (71) 117 E1
Frontenay (39) 102 D5
Frontenay-Rohan-Rohan (79)..107 G4
Frontenex (73) 132 C2
Frontignan (34) 187 H1
Frontignan-de-Comminges (31) 182 A5
Frontignan-Savès (31) 182 C1
Fronton (31) 167 E3
Frontonas (38) 130 C4
Fronville (52) 67 H2
Frossay (44) 74 A4
Frotey-lès-Lure (70) 88 B2
Frotey-lès-Vesoul (70) 87 G3
Frouard (54) 48 C4
Frouville (95) 42 C1
Frouzins (31) 167 E6
Froville (54) 69 H1
Froyelles (80) 9 E3
Frozes (86) 94 A6
Frucourt (80) 8 D5
Frugerès-les-Mines (43) 141 G1
Fruges (62) 2 A6
Frugières-le-Pin (43) 141 H2
Fruncé (61) 61 H2
Fry (76) 19 F3
Fuans (25) 104 B1
Fublaines (77) 43 H3
le Fugeret (04) 175 H1
le Fuilet (49) 75 F4
Fuilla (66) 199 E4
Fuissé (71) 116 B4
Fuligny (10) 67 F3
Fulleren (68) 89 E3
Fultot (76) 7 F5
Fulvy (89) 84 B2
les Fumades les Bains 157 F6
Fumay (08) 13 E5
Fumel (47) 151 H3
Fumichon (14) 17 G4
Furchhausen (67) 50 D4
Furdenheim (67) 50 D5
Furiani (2B) 203 G4
Furigny 94 A6
Furmeyer (05) 160 A2
Fussey (21) 101 G2
Fussy (18) 97 G2
Fustérouau (32) 164 D4
Fustignac (31) 182 D2
Futeau (55) 46 D1
Fuveau (13) 174 B6
Fyé (72) 60 A3

G

Gaas (40) 163 E5
le Gabach 150 D4
Gabarnac (33) 149 H2
Gabarret (40) 164 D2
Gabaston (64) 180 C2
Gabat (64) 179 F1
Gabian (34) 170 B6
Gabillou (24) 137 H2
Gabre (09) 183 F4
Gabriac (12) 154 D3
Gabriac (48) 156 C6
Gabrias (48) 155 H3
Gacé (61) 39 G4
la Gacilly (56) 56 C5
Gâcogne (58) 100 A1
Gadancourt (95) 42 A2
Gadencourt (27) 41 F3
Gaël (35) 56 B2
Gageac-et-Rouillac (24) 136 C6
Gagnac-sur-Cère (46) 139 F5
Gagnac-sur-Garonne (31) 167 E4
Gagnières (30) 157 E5
Gagny (93) 43 E3
Gahard (35) 57 G1
Gaillac (81) 167 H3
Gaillac-d'Aveyron (12) 155 E4
Gaillac-Toulza (31) 183 G3
Gaillagos (65) 180 D5
Gaillan-en-Médoc (33) 134 C1
Gaillard (74) 118 C4
Gaillardbois-Cressenville (27) 19 E5
la Gaillarde (76) 7 F2
Gaillefontaine (76) 19 F2
Gaillères (40) 164 A2
Gaillon (27) 41 F1
Gaillon-sur-Montcient (78) 42 A2
Gainneville (76) 6 B5
Gaja-et-Villedieu (11) 184 D4
Gaja-la-Selve (11) 184 B3
Gajac (33) 150 A3
Gajan (09) 182 D5
Gajan (30) 171 H4
Gajoubert (87) 109 H5
Galametz (62) 9 F2
Galamus 181 G5
Galan (65) 181 G3
Galapian (47) 150 D5
Galargues (34) 171 G4
la Galère 193 F2
Galéria (2B) 204 B1
Galey (09) 182 C6
Galez (65) 181 G3
Galfingue (68) 89 F2
Galgan (12) 153 H3
Galgon (33) 135 G4
Galiax (32) 164 D5
Galié (31) 182 A5
Galinagues (11) 198 C3
Galinières 155 E4
Gallardon (28) 62 C1

Gallargues-le-Montueux (30) ..171H4
le Gallet (60) 20B2
Gallician 172A5
Galluis (78) 42A4
Gamaches (80) 8B5
Gamaches-en-Vexin (27) 19F6
Gamarde-les-Bains (40) 163F4
Gamarthe (64) 179E3
Gambais (78) 41H4
Gambaiseuil (78) 41H5
Gambsheim (67) 51F4
Gan (64) 180B3
Ganac (09) 183G6
Ganagobie (04) 174D1
Gancourt-Saint-Etienne (76)..19G3
Gandelain (61) 59H1
Gandelu (02) 44A2
Gandrange (57) 26B4
Ganges (34) 171E2
Gannat (03) 113G6
Gannay-sur-Loire (03) 99G6
Gannes (60) 20C3
Gans (33) 150A3
Ganties (31) 182B4
Ganzeville (76) 6C3
Gap (05) 160B2
Gapennes (80) 9E3
Gâprée (61) 39G6
Garac (31) 166C4
Garancières (78) 41H4
Garancières-en-Beauce (28) ..62D2
Garancières-en-Drouais (28) ..41E5
Garanou (09) 198A2
Garat (16) 122C4
Garcelles-Secqueville (14) ..16C5
Garches (92) 42C4
Garchizy (58) 98D3
Garchy (58) 98D1
Gardanne (13) 174A6
la Garde (04) 175H3
la Garde (38) 146A3
la Garde (83) 191H5
la Garde-Adhémar (26) 158A4
la Garde-Freinet (83) 192C3
la Garde-Guérin (48) 156D3
Gardefort (18) 98B1
Gardegan-et-Tourtirac (33)..136A5
Gardères (65) 180D2
Gardes (22) 122D5
les Gardes (49) 75H6
Gardes-le-Pontaroux (16) ..122C5
Gardie (11) 184D4
Gardonne (24) 136C5
Gardouch (31) 183H2
Garein (40) 163G1
Garencières (27) 41E3
la Garenne 187G1
la Garenne-Colombes (92) ..42C4
Garennes-sur-Eure (27) 41F3
Garentreville (77) 63H4
Garéoult (83) 191H3
la Garette 107G4
Garganvillar (82) 166C2
Gargas (31) 167F4
Gargas (84) 173H2
Gargenville (78) 42A2
Garges-lès-Gonesse (95) ..42D3
Gargilesse-Dampierre (36) ..111E2
Garidech (31) 167F4
Gariès (82) 166C3
Garigny (18) 98B2
Garin (31) 196A4
Garindein (64) 179F3
Garlan (29) 32A3
Garlède-Mondebat (64) 164A6
Garlin (64) 164B5
le Garn (30) 157G5
la Garnache (85) 90D2
Garnat-sur-Engièvre (03) ..114B1
Garnay (28) 41F5
Garnerans (01) 116B4
Garons (30) 172B4
Garos (64) 163H6
la Garoupe 193G1
Garravet (32) 182C1
Garrebourg (57) 50B4
Garrevaques (81) 184B1
Garrey (40) 163E4
le Garric (81) 168B2
Garrigues (34) 171G4
Garrigues (81) 167G5
Garrigues-Sainte-Eulalie (30) ..172A2
Garris (64) 179F2
Garrosse (40) 163E1
Gars (06) 176B4
Gartempe (23) 111F5
Gas (28) 41H6
le Gaschney 70D5
Gasny (27) 41G2
Gasques (82) 151G6
Gassicourt 41H2
Gassin (83) 192D4
le Gast (14) 37G4
Gastes (40) 148B4
Gastines (53) 58A6
Gastins (77) 43H6
Gasville-Oisème (28) 62B1
Gâtelles 61H1
Gatey (39) 102C3
Gathemo (50) 37G4
Gatteville-le-Phare (50) 15E1
Gattières (06) 176D5
Gatuzières (48) 156A6
Gaubertin (45) 63G5
la Gaubretière (85) 92A3
Gauchin-Légal (62) 10A1
Gauchin-Verloingt (62) 9G1
Gauchy (02) 22A1
Gauciel (27) 41E2
la Gaudaine (28) 61F3

la Gaude (06) 176D5
Gaudechart (60) 20A3
Gaudent (65) 182A5
Gaudiempré (62) 9H3
Gaudiès (09) 184A3
Gaudonville (32) 166B3
Gaudreville-la-Rivière (27) ..40D3
Gaugeac (24) 151G1
Gaujac (30) 172C1
Gaujac (32) 182C1
Gaujac (47) 150B3
Gaujacq (40) 163G5
Gaujan (32) 182B1
le Gault-Perche (41) 61F5
le Gault-Saint-Denis (28) 62B4
le Gault-Soigny (51) 44D4
Gauré (31) 167G5
Gauriac (33) 135E3
Gauriaguet (33) 135G4
Gaussan (65) 181H3
Gausson (22) 33G6
Gauville (61) 40A4
Gauville (80) 19G1
Gauville-la-Campagne (27) ..40D2
Gavarnie (65) 195E4
Gavarnie les Espécières 195E4
Gavarret-sur-Aulouste (32) ..165H4
Gavaudun (47) 151G2
Gavignano (2B) 205F1
Gavisse (57) 26C2
Gavray (50) 35H1
le Gâvre (44) 74B2
Gavrelle (62) 10B2
Gâvres (56) 54C6
Gavrus (14) 16B5
Gayan (65) 181E2
Gaye (51) 45E5
la Gayole 191G3
Gayon (64) 164B6
Gazaupouy (32) 165G2
Gazave (65) 181G5
Gazax-et-Baccarisse (32) ..165E5
Gazeran (78) 41H6
Gazon (64) 57H2
Gazost (65) 181E5
Geaune (40) 164A5
Geay (17) 120D2
Geay (79) 93F4
Gée (49) 77F5
Gée-Rivière (32) 164B4
Geffosses (50) 36D1
Géfosse-Fontenay (14) 15F4
Gehée (36) 96B3
Geishouse (68) 70D6
Geispitzen (68) 89G2
Geispolsheim (67) 51E6
Geiswasser (68) 71H5
Geiswiller (67) 50D3
Gélacourt (54) 70B1
Gélannes (10) 65G1
Gélaucourt (54) 69E1
Gellainville (28) 62B2
Gellenoncourt (54) 49E5
Gelles (63) 126D3
Gellin (25) 103H5
Gelos (64) 180B2
Geloux (40) 163G2
Gelucourt (57) 49G4
Gelvécourt-et-Adompt (88) ..69G3
Gémages (61) 60D3
Gemaingoutte (88) 70D3
Gembrie (65) 182A5
Gemeaux (21) 86A4
Gémigny (45) 62C6
Gémil (31) 167F4
Gemmelaincourt (88) 69E3
Gémonval (25) 88B4
Gémonville (54) 69E2
Gémozac (17) 121E4
Genac (16) 122B2
Genainville (95) 41H1
Genas (69) 130B3
Génat (09) 197H4
Genay (21) 84C4
Genay (69) 130A2
Gençay (86) 109E3
Gendreville (88) 68D3
Gendrey (39) 102D1
Gené (49) 75H1
Génébrières (82) 167F2
Genech (59) 3G6
Génelard (71) 115F1
Générac (30) 172A4
Générac (33) 135F2
Générargues (30) 171F1
Générest (65) 181H5
Generville (11) 184B3
le Genevray 70D5
la Genevraie (61) 39G5
le Genevray 145G3
la Genevraye (77) 64A3
Genevreuille (70) 87H2
Genevrey (70) 87H2
Genevrières (52) 86C2
la Genevroye (52) 67H3
Geney (25) 88B2
la Geneytouse (87) 124C3
Génicourt (95) 42B2
Génicourt-sur-Meuse (55) ..47G2

Genilac (42) 129G5
Genillé (37) 95G2
Génis (24) 138A1
Génissac (33) 135G5
Génissieux (26) 144C3
Genlis (21) 102A1
Gennes (25) 87G6
Gennes (49) 77F6
Gennes-Ivergny (62) 9E2
Gennes-sur-Glaize (53) 76D1
Gennes-sur-Seiche (35) 58A5
Genneteil (49) 77H3
Gennetines (03) 114A1
Genneton (79) 93H3
Genneville (14) 17F3
Gennevilliers (92) 42D3
Genod (39) 117F3
Génolhac (30) 156D4
Génos (31) 182A5
Génos (65) 195H4
Genouillac (16) 123E2
Genouillac (23) 111H3
Genouillé (17) 107F6
Genouillé (86) 109E5
Genouilleux (01) 116B5
Genouilly (18) 96C3
Genouilly (71) 101E6
Gensac (33) 136B6
Gensac (65) 181E1
Gensac (82) 166B2
Gensac-de-Boulogne (31) ..182A3
Gensac-la-Pallue (16) 121H4
Gensac-sur-Garonne (31) ..182D3
la Gente 125E6
Genté (16) 121G4
Gentelles (80) 9H6
Gentilly (94) 42D4
Gentioux-Pigerolles (23) ..125F3
Genvry (60) 21G3
Georfans (70) 88A4
Géovreisset (01) 117G4
Géovreissiat (01) 117G4
Ger (50) 38A5
Ger (64) 180D3
Ger (65) 180D4
Geraise (39) 103F3
Gérardmer (88) 70C4
Gérardmer-la-Schlucht 70C4
Géraudot (10) 66C3
Gerbaix (73) 131G4
Gerbamont (88) 70C5
Gerbécourt (57) 49F3
Gerbécourt-
    -et-Haplemont (54) 69F1
Gerbépal (88) 70C4
Gerberoy (60) 19H3
Gerbéviller (54) 49F6
Gercourt-et-Drillancourt (55) ..25E5
Gercy (02) 22D1
Gerde (65) 181F4
Gerderest (64) 180D1
Gère-Bélesten (64) 180B5
Gergny (02) 12A5
Gergovie 127F3
Gergueil (21) 101F1
Gergy (71) 101G4
Gerland (21) 101H2
Germ (65) 195H4
Germagnat (01) 117F3
Germagny (71) 101E6
Germaine (02) 21G1
Germaine (51) 45F1
Germaines (52) 85H2
Germainville (28) 41G5
Germainvilliers (52) 68D4
Germay (52) 68B2
Germéfontaine (25) 88A6
Germenay (58) 99G1
Germignac (17) 121G4
Germigny (39) 102D3
Germigny (70) 86C5
Germignonville (28) 62C4
Germigny (51) 22D6
Germigny (89) 65H6
Germigny-des-Prés (45) 81F1
Germigny-l'Évêque (77) 43H2
Germigny-l'Exempt (18) 98B4
Germigny-
    -sous-Coulombs (77) 44A2
Germigny-sur-Loire (58) 98C3
Germinon (51) 45G3
Germiny (54) 48C6
Germisay (52) 68B2
Germolles 101F5
Germolles-sur-Grosne (71) ..115H4
Germond-Rouvre (79) 107H2
Germondans (25) 87G5
Germont (08) 24B4
Germonville (54) 69C1
Germs-sur-l'Oussouet (65) ..181E4
Gernelle (08) 24B1
Gernicourt (02) 22D4
Géronce (64) 179H3
Gerponville (76) 6D3
Gerrots (14) 17E4
Gerstheim (67) 71H1
Gertwiller (67) 71F1
Geruge (39) 102C6
Gervans (26) 144A3
Gerville (76) 6D3
Géry (55) 47F4
Gerzat (63) 127F2
Gesnes (53) 59E4
Gesnes-en-Argonne (55) ..24D5
Gesnes-le-Gandelin (72)....59H2
Gespunsart (08) 13F1
Gestas (64) 179G2
Gesté (49) 75F5
Gestel (56) 54C5
Gestiès (09) 197H4
Gesvres (53) 59G2

Gesvres-le-Chapitre (77) 43G2
Gétigné (44) 75E6
les Gets (74) 119F4
Geu (65) 180D4
Geudertheim (67) 51E4
Géus-d'Arzacq (64) 163H6
Geüs-d'Oloron (64) 179H2
Gévezé (35) 57E1
Gevigney-et-Mercey (70) ..87E1
Geville (55) 48A4
Gevingey (39) 102C6
Gevresin (25) 103F3
Gevrey-Chambertin (21) ..101G1
Gevrolles (21) 67F6
Gevry (39) 102C3
Gex (01) 118B3
Geyssans (26) 144C3
Gez (65) 180D5
Gez-ez-Angles (65) 181E4
Gézaincourt (80) 9G4
Gézier-et-Fontenelay (70) ..87E5
Gézoncourt (54) 48C3
Ghisonaccia (2B) 205G5
Ghisoni (2B) 205F4
Ghissignies (59) 11G3
Ghyvelde (59) 2C1
Giat (63) 126B3
le Gibanel 139F3
Gibeaumeix (54) 48A6
Gibel (31) 183H2
Gibercourt (02) 22A1
Giberville (14) 16C4
Gibles (71) 115G4
Gibourne (17) 121G1
Gibret (40) 163F4
le Gicq (17) 121H1
Gidy (45) 62D6
Giel-Courteilles (61) 38D4
Gien (45) 82A3
Gien-sur-Cure (58) 100B2
Giens 192A6
Gières (38) 145G2
la Giettaz (73) 132D1
Giéville (50) 37G2
Gièvres (41) 96C1
Giey-sur-Aujon (52) 67H6
Giez (74) 132B3
Gif-sur-Yvette (91) 42C5
Giffaumont-
    -Champaubert (51) 46C6
Gigean (34) 171E6
Gignac (34) 170D5
Gignac (46) 138C4
Gignac (84) 174A2
Gignac-la-Nerthe (13) 190B3
Gignat (63) 127F6
Gignéville (88) 69E4
Gigney (88) 69H3
Gigny (39) 117F2
Gigny (89) 84C2
Gigny-Bussy (51) 46B6
Gigny-sur-Saône (71) 101G6
Gigondas (84) 158C6
Gigors (04) 160C3
Gigors-et-Lozeron (26) 144C6
Gigouzac (46) 152C2
Gijounet (81) 169E4
Gildwiller (68) 89E2
Gilette (06) 176D4
Gilhac-et-Bruzac (07) 144A5
Gilhoc-sur-Ormèze (07) 143H4
Gillancourt (52) 67G4
Gillaumé (52) 68B1
Gilles (28) 41G3
Gillevoisin (91) 63F1
Gilley (25) 104A2
Gilley (52) 86D2
Gillois (39) 103F5
Gillonnay (38) 130D6
Gilly-lès-Cîteaux (21) 101G1
Gilly-sur-Isère (73) 132C3
Gilly-sur-Loire (71) 114C2
Gilocourt (60) 21F5
Gimat (82) 166B3
Gimbrède (32) 166A1
Gimeaux (63) 127F1
Gimel-les-Cascades (19) ..139E1
Gimeux (16) 121G4
la Gimond (42) 129F5
Gimont (32) 166B5
Gimouille (58) 98D4
Ginai (61) 39G4
Ginals (82) 153F6
Ginasservis (83) 174C4
Ginchy (80) 10B5
Gincla (11) 199E2
Gincrey (55) 25G6
Gindou (46) 152B2
Ginestas (11) 185H3
Ginestet (24) 136D5
Gingsheim (67) 50D4
Ginoullac (46) 152D1
Gintrac (46) 139E5
Giocatojo (2B) 205F1
Gionges (51) 45F3
Giou-de-Mamou (15) 140B5
Gioux (23) 125G3
Gipcy (03) 113F2
Girac (46) 139E5
Girancourt (88) 69G4
Giraumont (54) 26A5
Giraumont (60) 21F4
Girauvoisin (55) 47H4
Gircourt-lès-Viéville (88) ..69G3
Girecourt-sur-Durbion (88) ..70A3
Girefontaine (70) 69G6
Giremoutiers (77) 43H3
Girgols (15) 140D4

Giriviller (54) 70A1
Girmont (88) 69H3
Girmont-Val-d'Ajol (88) 70A5
Girolles (45) 64A5
Girolles (89) 83H4
Giromagny (90) 88C2
Giron (01) 117H4
Gironcourt-sur-Vraine (88) ..69E2
Gironde-sur-Dropt (33) 150A2
Girondelle (08) 12D6
Gironville (77) 63H4
Gironville-sur-Essonne (91) ..63G2
Gironville sous les Côtes ..48A4
le Girouard (85) 91E5
Giroussens (81) 167H4
Giroux (36) 96D3
Giry (58) 99E1
Gisay-la-Coudre (27) 40B3
Giscaro (32) 166B5
Giscos (33) 149H5
Gissac (12) 169G3
Gissey-le-Vieil (21) 84D6
Gissey-sous-Flavigny (21) ..85E4
Gissey-sur-Ouche (21) 101F1
Gisy-les-Nobles (89) 64D3
Giuncaggio (2B) 205G3
Giuncheto (2A) 206D3
Givardon (18) 98B5
Givarlais (03) 112D2
Givenchy-en-Gohelle (62)....10B1
Givenchy-le-Noble (62)..........9H2
Givenchy-lès-la-Bassée (62) ..3E6
Giverny (27) 41G2
Giverville (27) 17H4
Givet (08) 13F3
Givonne (08) 24C1
Givors (69) 130A4
Givraines (45) 63G4
Givrand (85) 90D4
Givrauval (55) 47F5
le Givre (85) 91G6
Givrezac (17) 121E5
Givron (08) 23G2
Givry (08) 23H4
Givry (71) 101F5
Givry (89) 83H4
Givry-en-Argonne (51) 46D3
Givry-lès-Loisy (51) 45F3
Givrycourt (57) 49H2
Gizaucourt (51) 46C2
Gizay (86) 109E2
Gizeux (37) 78A5
Gizia (39) 117F1
Gizy (02) 22D3
la Glacerie (50) 14C2
Glageon (59) 12B4
Glaignes (60) 21F6
Glaine-Montaigut (63) 127G3
Glaire (08) 24C1
le Glaizil (05) 146A6
Glamondans (25) 87H6
Gland (02) 44C2
Gland (89) 84C1
Glandage (26) 159G1
Glandon (87) 124B6
Glanes (46) 139F5
Glanges (87) 124C4
Glannes (51) 46B5
Glanon (21) 101H3
Glanville (14) 17E3
Glatens (82) 166B3
Glatigny (50) 14C5
Glatigny (57) 26C5
Glatigny (60) 19H4
Glay (25) 88D5
Gleizé (69) 129H1
Glénac (56) 56C6
Glénat (15) 139H5
Glénay (79) 93F4
Glénic (23) 111G5
Glénouze (86) 93H3
Glères (25) 88D5
la Glestière 57E2
Glicourt (76) 7H2
Glisolles (27) 40D3
Glisy (80) 9G6
Glomel (22) 54C1
Glonville (54) 70B1
Glorianes (66) 199G3
Glos (14) 17F5
Glos-la-Ferrière (61) 40A4
Glos-sur-Risle (27) 18A6
Gluiras (07) 143G5
Glun (07) 144A4
Glux-en-Glenne (58) 100B4
Goas (82) 166B3
la Godefroy (50) 35H3
Godenvillers (60) 20D3
Goderville (76) 6C4
Godewaersvelde (59) 2D3
Godisson (61) 39G5
la Godivelle (63) 141E1
Godoncourt (88) 69E5
Goerlingen (67) 50A3
Gœrsdorf (67) 28D6
Goès (64) 180A3
Goetzenbruck (57) 28B6
Gœulzin (59) 3G6
Gogney (54) 49H5
Gognies-Chaussée (59) 12A2
la Gohannière (50) 37F5
Gohory (28) 61H4
Goin (57) 26C6
Goincourt (60) 20A4
Golancourt (60) 21G2
Golbey (88) 69H3
Goldbach-Altenbach (68) ..71E6

Golfech (82) 166B1
Golfe Juan 193G1
Golinhac (12) 154C2
Golleville (50) 14C4
Gombergean (41) 79G3
Gombervaux 47H5
Gomelange (57) 26D4
Gomené (22) 56A2
Gomer (64) 180D3
Gometz-la-Ville (91) 42C5
Gometz-le-Châtel (91) 42C5
Gomiécourt (62) 10B3
Gommecourt (62) 10A4
Gommecourt (78) 41G2
Gommegnies (59) 11G2
Gommenec'h (22) 33E3
Gommersdorf (68) 89C2
Gommerville (28) 62D4
Gommerville (76) 6C5
Gommeville (21) 66D6
Gomont (08) 23F3
Goncelin (38) 132A6
Goncourt (52) 68C3
Gond-Pontouvre (16) 122C4
Gondecourt (59) 3F6
Gondenans-les-Moulins (25) ..87H4
Gondenans-Montby (25) 88A4
Gondeville (16) 121H4
Gondrecourt-Aix (54) 25H5
Gondrecourt-le-Château (55)..68C1
Gondreville (45) 64A5
Gondreville (54) 48B5
Gondreville (60) 21G6
Gondrexange (57) 49H4
Gondrexon (54) 49G5
Gondrin (32) 165E3
les Gonds (17) 121E3
Gonesse (95) 43E3
Gonez (65) 181F3
Gonfaron (83) 192B3
Gonfreville (50) 14D5
Gonfreville-Caillot (76) 6C4
Gonfreville-l'Orcher (76) 6B5
la Gonfrière (61) 39H4
Gonnehem (62) 2C5
Gonnelieu (59) 10D4
Gonneville (50) 14D2
Gonneville-en-Auge (14) ..16C4
Gonneville-la-Mallet (76) 6B4
Gonneville-sur-Honfleur (14) ..17F3
Gonneville-sur-Mer (14) 16D3
Gonneville-sur-Scie (76) 7G3
Gonsans (25) 87H6
Gontaud-de-Nogaret (47) ..150C3
la Gonterie-Boulouneix (24) ..123E6
Gonzeville (76) 7F3
Goos (40) 163F4
Gorbio (06) 177F4
Gorcy (54) 25G3
Gordes (84) 173G2
Gorenflos (80) 9E4
Gorges (44) 75E6
Gorges (50) 14D5
Gorges (80) 9F4
la Gorgue (59) 2D5
Gorhey (88) 69G3
Gornac (33) 149H1
Gorniès (34) 170D3
Gorre (87) 123H3
Gorrevod (01) 116C3
Gorron (53) 58C2
Gorses (46) 139G6
Gorze (57) 26B6
Gosnay (62) 2D6
Gosné (35) 57G1
Gosselming (57) 50A3
Gotein-Libarrenx (64) 179G3
Gottenhouse (67) 50C4
Gottesheim (67) 50D3
Gouaix (77) 65E1
Goualade (33) 149H4
Gouarec (22) 54D7
Gouaux (65) 181G6
Gouaux-de-Larboust (31) ..195H4
Gouaux-de-Luchon (31) ..182A6
Gouberville (50) 15E1
Gouchaupre (76) 8A1
Goudargues (30) 157G6
Goudelancourt-
    -lès-Berrieux (02) 22D4
Goudelancourt-
    -lès-Pierrepont (02) 22D3
Goudelin (22) 33F3
Goudet (43) 142C5
Goudex (31) 182C2
Goudon (65) 181F4
Goudourville (82) 166B1
Gouesnach (29) 53F2
la Gouesnière (35) 35E4
Gouesnou (29) 31E4
Gouex (86) 109G3
Gouézec (29) 53C2
Gougenheim (67) 51E4
Gouhelans (25) 87H5
Gouhenans (70) 88A4
Gouillons (28) 62D4
Gouise (03) 114A1
Goujounac (46) 152B3
la Goulafrière (27) 40A2
Goulet (61) 39E4
Goulien (29) 52C2
Goulier (09) 197G4
les Goulles (21) 86D3
Goulles (19) 139G4
Gouloux (58) 100B3
Goult (84) 173G3
Goulven (29) 31E2
Goumois (25) 88D6
Goupillières (14) 16E1
Goupillières (27) 40E2

264

Goupillières (76) 7 F5
Goupillières (78) 41 H3
Gouraincourt (55) 25 G5
le Gouray (22) 34 A6
Gourbera (40) 163 E3
Gourbesville (50) 14 D4
Gourbit (09) 197 H4
Gourchelles (60) 19 G2
Gourdan-Polignan (31) 182 A4
Gourdièges (15) 140 D5
Gourdon (06) 176 C5
Gourdon (07) 157 G1
Gourdon (46) 152 C1
Gourdon (71) 115 G1
Gourdon-Murat (19) 125 F5
Gourette 180 B5
Gourfaleur (50) 37 G1
Gourgançon (51) 45 F5
Gourgé (79) 93 G6
Gourgeon (70) 87 E2
Gourgue (65) 181 F4
Gourhel (56) 56 A4
Gourin (56) 54 B1
Gourlizon (29) 53 E2
Gournay (36) 111 F1
Gournay-en-Bray (76) 19 G4
Gournay-le-Guérin (27) 40 B5
Gournay-Loizé (79) 108 B5
Gournay-sur-Aronde (60) 21 E4
Gournay-sur-Marne (93) 43 E4
les Gours (16) 122 A1
Gours (33) 136 A4
Gourvieille (11) 184 A2
Gourville (16) 122 A2
Gourvillette (17) 121 H2
Goury 14 A1
Goussaincourt (55) 68 D1
Goussainville (28) 41 G4
Goussainville (95) 43 E2
Goussancourt (02) 44 D1
Gousse (40) 163 F3
Goussonville (78) 41 H3
Goustranville (14) 16 D4
Gout-Rossignol (24) 122 D6
Goutevernisse (31) 183 E3
Goutrens (12) 154 A3
Gouts (40) 163 F3
les Gouttes 114 B3
Gouttières (27) 40 B2
Gouttières (63) 113 E6
Goutz (32) 166 A3
Gouvernes (77) 43 F4
Gouves (62) 10 A2
Gouvets (50) 37 G3
Gouvieux (60) 42 D1
Gouville (27) 40 D4
Gouville-sur-Mer (50) 36 D1
Gouvix (14) 16 C6
Goux (32) 164 C5
Goux-lès-Dambelin (25) 88 B5
Goux-les-Usiers (25) 103 H3
Goux-sous-Landet (25) 103 F2
Gouy (02) 11 E5
Gouy (76) 18 D5
Gouy-en-Artois (62) 10 A3
Gouy-en-Ternois (62) 9 G2
Gouy-les-Groseillers (60) 20 B2
Gouy-Saint-André (62) 8 D1
Gouy-Servins (62) 10 A1
Gouy-sous-Bellonne (62) 10 C2
Gouzangrez (95) 42 A1
Gouzeaucourt (59) 10 D4
Gouzens (31) 183 E3
Gouzon (23) 112 A5
Goven (35) 57 E3
Goviller (54) 69 F1
Goxwiller (67) 71 G1
Goyencourt (80) 21 E2
Goyrans (31) 183 F1
Grabels (34) 171 E5
Graçay (18) 96 D2
Grâce-Uzel (22) 55 G1
Grâces (22) 33 E4
Gradignan (33) 135 E6
Graffigny-Chemin (52) 68 C4
Gragnague (31) 167 F5
Graignes (50) 15 E6
Grailhen (65) 181 G6
Graimbouville (76) 6 C5
Graincourt-
  -lès-Havrincourt (62) 10 D4
Grainville (27) 19 E5
Grainville-la-Teinturière (76) 7 E3
Grainville-Langannerie (14) 16 C6
Grainville-sur-Odon (14) 16 A5
Grainville-sur-Ry (76) 7 H6
Grainville-Ymauville (76) 6 C4
Grais (61) 38 C5
Graissac (12) 140 D6
Graissessac (34) 170 A5
Graix (42) 143 G1
Grallet 120 B3
Gramat (46) 139 E6
Gramazie (11) 184 C4
Grambois (84) 174 B3
Grammond (42) 129 F5
Grammont (70) 88 A4
Gramond (12) 154 A5
Gramont (82) 166 A2
Granace (2A) 207 E2
Grancey-le-Château-
  -Neuvelle (21) 85 H3
Grancey-sur-Ource (21) 67 E5
Grand (88) 68 B2
le Grand-Abergement (01) 117 G6
Grand-Auverné (44) 75 E2
Grand-Bornand (74) 132 C3
Grand-Bourg (23) 111 E6
Grand-Brassac (24) 136 D1

Grand-Camp (27) 17 H6
Grand-Camp (76) 6 D5
le Grand-Celland (50) 37 F5
Grand-Champ (56) 55 F5
Grand-Charmont (25) 88 C3
le Grand-Combe (30) 156 D5
Grand-Corent (01) 117 F4
le Grand-Croix (42) 129 G5
Grand-Failly (54) 25 F4
Grand-Fayt (59) 11 H4
Grand-Fort-Philippe (59) 2 A2
Grand-Fougeray (35) 57 E6
Grand-Laviers (80) 8 D4
le Grand-Lemps (38) 131 E6
le Grand-Lucé (72) 78 C1
le Grand-Madieu (16) 122 D1
le Grand-Pressigny (37) 95 E4
le Grand-Quevilly (76) 7 G6
Grand-Rozoy (02) 22 A6
Grand-Rullecourt (62) 9 H3
le Grand-Serre (26) 144 C1
Grand-Vabre (12) 154 A2
Grand-Verly (02) 11 G5
le Grand-Village-Plage (17) 120 B2
le Grand Ballon 71 E6
Grandcamp-Maisy (14) 15 F4
Grandchamp (08) 23 G2
Grandchamp (52) 86 B2
Grandchamp (72) 60 A3
Grandchamp (78) 41 G5
Grandchamp (89) 82 D2
Grandchamp-le-Château (14) 17 E5
Grandchamps-
  -des-Fontaines (44) 74 C4
Grand'Combe-Châteleu (25) 104 B2
Grand'Combe-des-Bois (25) 104 C1
Grandcourt (76) 8 B6
Grandcourt (80) 10 A4
la Grande-Fosse (88) 70 D2
la Grande-Motte (34) 171 G6
la Grande-Paroisse (77) 64 B2
la Grande-Résie (70) 86 C6
Grande-Rivière (39) 118 A1
Grande-Synthe (59) 2 B1
la Grande-Verrière (71) 100 B3
la Grande Côte 120 B4
Grandecourt (70) 87 E3
la Grande Halte 53 G3
Grand Eich 50 A4
les Grandes Armoises (08) 24 C3
les Grandes-Chapelles (10) 66 A1
les Grandes-Loges (51) 45 H2
les Grandes-Ventes (76) 7 H3
la Grande Terche 119 F4
Grandeyrolles (63) 127 E5
Grandfontaine (25) 103 E1
Grandfontaine (67) 50 B6
Grandfontaine-
  -sur-Creuse (25) 104 A1
Grandfresnoy (60) 21 E5
Grandham (08) 24 B5
Grandjean (17) 121 E2
Grand'Landes (85) 91 E3
Grandlup-et-Fay (02) 22 C2
Grand Naves 132 D4
le Grand Palteau 65 E5
Grandpré (08) 24 B5
Grandpuits-Bailly-Carrois (77) 43 H6
le Grand Puy 160 D4
Grandrieu (48) 142 A6
Grandrieux (02) 23 F1
Grandrif (63) 128 B5
Grandris (69) 115 H6
Grandru (60) 21 G3
Grandrupt (88) 70 D2
Grandrupt-de-Bains (88) 69 F5
les Grands-Chézeaux (87) 110 D3
Grandsaigne (19) 125 F5
Grand Soldat 50 B5
Grandval 141 F5
Grandval (63) 128 A4
Grandvals (48) 155 F1
le Grand Valtin 70 D4
Grandvaux (71) 115 F5
Grandvelle-et-le-Perrenot (70) 87 F4
Grandvillars (90) 88 D3
la Grandville (08) 24 B1
Grandville (10) 45 H6
Grandvillers (88) 70 B3
Grandvillers-aux-Bois (60) 21 E4
Grandvilliers (27) 40 D4
Grandvilliers (60) 19 H2
Grane (26) 144 B6
Granès (11) 184 D6
la Grange 88 B6
le Grez (72) 59 G4
Grangermont (45) 63 G4
les Granges (10) 66 B5
les Granges (71) 101 F5
Granges-d'Ans (24) 138 A2
Granges-Gontardes (26) 158 A3
Granges-la-Ville (70) 88 B3
Granges-le-Bourg (70) 88 B3
les Granges-le-Roi (91) 63 E1
Granges-les-Beaumont (26) 144 B3
Granges-Narboz (25) 103 H4
Granges-sur-Aube (51) 45 E6
Granges-sur-Baume (39) 102 D5
Granges-sur-Lot (47) 151 E4
Granges-sur-Vologne (88) 70 C4
les Granges d'Astau 196 A4
les Grangettes (25) 103 H4
Granges (14) 16 D4
Granier (73) 133 E4
Granieu (38) 131 F4
Grans (13) 173 F5
Granville (50) 35 F2
Granzay-Gript (79) 107 G4
le Graou 176 A4

Gras (07) 157 H3
les Gras (25) 104 B3
Grassac (16) 122 D4
Grasse (06) 176 C6
Grassendorf (67) 51 E3
Grateloup-Saint-Gayrand (47) 150 D4
Gratens (31) 182 D2
Gratentour (31) 167 E4
Gratibus (80) 20 D2
Gratot (50) 36 D1
Gratreuil (51) 24 A6
Grattepanche (80) 20 C1
le Gratteris (25) 103 G1
Grattery (70) 87 F2
le Grau-d'Agde 187 F2
le Grau-du-Roi (30) 171 H6
Graufthal 50 C3
les Graulges (24) 122 D5
Graulhet (81) 168 A4
Grauves (51) 45 F3
Graval (76) 19 F2
Gravelines (59) 2 A2
la Gravelle (53) 58 B5
Gravelotte (57) 26 B5
la Graverie (14) 37 H3
Graveron-Sémerville (27) 40 D2
Graves-Saint-Amant (16) 122 A4
Graveson (13) 172 D3
le Gravier 98 C4
Gravières (07) 157 E4
Gravigny (27) 41 E2
Gravon (77) 64 D2
Gray (70) 86 C5
Gray-la-Ville (70) 86 C5
Grayan-et-l'Hôpital (33) 120 B5
Graye-et-Charnay (39) 117 F2
Graye-sur-Mer (14) 16 B3
Grayssas (47) 151 G6
Grazac (31) 183 G2
Grazac (43) 143 E2
Grazac (81) 167 G3
Grazay (53) 59 E3
Gréalou (46) 153 F3
Gréasque (13) 190 D3
Grébault-Mesnil (80) 8 C5
Grécourt (80) 21 G2
Gredisans (39) 102 C2
la Grée-Saint-Laurent (56) 55 H3
Gréez-sur-Roc (72) 61 E4
Greffeil (11) 185 E4
Grèges (76) 7 H2
Grémecey (57) 49 E4
Grémévillers (60) 19 H3
Gremilly (55) 25 F5
Grémonville (76) 7 F4
Grenade (31) 166 D4
Grenade-sur-l'Adour (40) 164 A3
Grenant (52) 86 C2
Grenant-lès-Sombernon (21) 101 F1
Grenay (38) 130 C4
Grenay (62) 10 B1
Grendelbruch (67) 50 C6
Greneville-en-Beauce (45) 63 E4
Grenier-Montgon (43) 141 F2
Gréning (57) 27 G6
Grenoble (38) 145 G2
Grenois (58) 83 F6
Grentheville (14) 16 C5
Grentzingen (68) 89 F3
Greny (76) 8 A5
Gréolières (06) 176 C5
Gréolières les Neiges 176 C4
Gréoux-les-Bains (04) 174 D3
Grépiac (31) 183 G1
le Grès (31) 166 C4
le Grès 66 A2
Grésigny-Sainte-Reine (21) 84 D4
Gresin (73) 131 G4
la Gresle (42) 115 F6
Gresse-en-Vercors (38) 145 F5
Gressey (78) 41 G4
Gresswiller (67) 50 D6
Gressy (77) 43 F3
Grésy-sur-Aix (73) 131 H3
Grésy-sur-Isère (73) 132 B4
Gretz-Armainvilliers (77) 43 F5
Greucourt (70) 87 E4
Greuville (76) 7 F3
Greux (88) 68 D1
la Grève-sur-Mignon (17) 107 F4
Gréville-Hague (50) 14 B1
Grévillers (62) 10 B4
Grevilly (71) 116 B2
Grez (60) 20 A2
Grez-en-Bouère (53) 77 E1
Grez-Neuville (49) 76 D3
Grez-sur-Loing (77) 64 A3
Grézac (17) 120 D4
Grézels (46) 152 A3
Grèzes (24) 138 B3
Grèzes (43) 141 H5
Grèzes (46) 153 F2
Grèzes (48) 155 H3
Grézet-Cavagnan (47) 150 B4
Grézian (65) 181 G6
Grézieu-la-Varenne (69) 129 H3
Grézieu-le-Marché (69) 129 F4
Grézieux-le-Fromental (42) 129 E4
Grézillac (33) 135 H6
Grézillé (49) 77 F6
Grézolles (42) 128 C2
Gricourt (02) 11 E6
Grièges (01) 116 B4
la Grière 105 G3
Gries (67) 51 F3
Griesbach-au-Val (68) 71 E5
Griesheim-près-Molsheim (67) 50 D6

Griesheim-sur-Souffel (67) 51 E5
Grignan (26) 158 B3
Grigneuseville (76) 7 H4
Grignols (24) 137 E3
Grignols (33) 150 A4
Grignon (21) 84 D4
Grignon (73) 132 C3
Grignoncourt (88) 69 E6
Grigny (62) 9 E1
Grigny (69) 130 A4
Grigny (91) 42 D6
la Grigonnais (44) 74 C2
Grillon (84) 158 C4
Grilly (01) 118 B3
les Grimardies 128 A3
Grimaucourt-en-Woëvre (55) 25 G6
Grimaucourt-
  -près-Sampigny (55) 47 G4
Grimaud (83) 192 C4
la Grimaudière (86) 93 H5
Grimault (89) 84 A3
Grimbosq (14) 16 B5
Grimesnil (50) 35 H1
Grimonviller (54) 69 F2
Grincourt-lès-Pas (62) 9 H3
Grindorff-Bizing (57) 26 D3
la Gripperie-
  -Saint-Symphorien (17) 120 C2
Gripport (54) 69 G1
Griscourt (54) 48 C3
Griselles (21) 84 C1
Griselles (45) 64 B5
Grisolles (02) 44 B2
Grisolles (82) 166 D3
Grisy-les-Plâtres (95) 42 B1
Grisy-Suisnes (77) 43 F5
Grisy-sur-Seine (77) 65 E2
Grives (24) 137 H6
Grivesnes (80) 20 D2
Grivillers (80) 21 E2
Grivy-Loisy (08) 24 A4
Groffliers (62) 8 C1
la Groise (59) 11 G4
Groises (18) 98 B1
Groissiat (01) 117 G4
Groisy (74) 118 C6
Groix (56) 54 B6
Groléjac (24) 138 B6
Gron (18) 98 A2
Gron (89) 65 E4
Gronard (02) 22 D1
Gros-Chastang (19) 139 F2
Gros-Réderching (57) 28 A5
le Gros-Theil (27) 18 B6
Grosbliederstroff (57) 27 H5
Grosbois (25) 87 H5
Grosbois-en-Montagne (21) 85 E6
Grosbois-lès-Tichey (21) 102 A3
Grosbreuil (85) 91 E5
les Groseillers (79) 107 H2
Groslay (95) 42 D3
Groslée (01) 131 F3
Grosley-sur-Risle (27) 40 C2
Grosmagny (90) 88 C2
Grosne (90) 88 D3
Grospierres (07) 157 F4
Grosrouvre (78) 41 H4
Grosrouvres (54) 48 B3
Grossa (2A) 206 D3
Grosseto-Prugna (2A) 204 D6
Grossœuvre (27) 41 E3
Grossouvre (18) 98 C4
Grostenquin (57) 27 F6
Grosville (50) 14 B3
Grouanec 31 E3
Grouches-Luchuel (80) 9 G3
Grougis (02) 11 F5
la Groutte (18) 97 H6
Grozon (39) 102 D4
Gruchet-le-Valasse (76) 6 D5
Gruchet-Saint-Siméon (76) 7 F3
Grues (85) 106 B2
Gruey-lès-Surance (88) 69 G5
Gruffy (74) 132 A2
Grugé-l'Hôpital (49) 76 B2
Grugies (02) 22 A1
Grugny (76) 7 G4
Gruissan (11) 186 D4
Gruissan-Plage 186 D4
Grumesnil (76) 19 G3
Grun-Bordas (24) 137 F4
Grundviller (57) 27 G6
Gruny (80) 21 F2
Grury (71) 100 A6
Gruson (59) 3 G5
Grusse (39) 117 F1
Grussenheim (68) 71 G3
Grust (65) 180 D6
Gruyères (08) 24 A2
le Gua (17) 120 C3
le Gua (38) 145 G4
Guagno (2A) 204 C4
Guagno-les-Bains 204 C3
Guainville (28) 41 G3
Guarbecque (62) 2 C5
Guargualé (2A) 206 D1
Guchan (65) 181 G6
Guchen (65) 181 G6
Gudas (09) 183 H5
Gudmont-Villiers (52) 67 H2
le Gué-d'Alleré (17) 107 E5
le Gué-de-la-Chaîne (61) 60 D2
le Gué-de-Longroi (28) 62 C1
le Gué-de-Velluire (85) 107 E3
Gué-d'Hossus (08) 12 D5
Guebenhouse (57) 27 G5
Gueberschwihr (68) 71 F5
Guébestroff (57) 49 G3
Guéblange-lès-Dieuze (57) 49 G4
Guébling (57) 49 G3
Guebwiller (68) 71 E6

Guécélard (72) 78 A1
le Guédéniau (49) 77 H4
le Gué du Loir 79 F2
Guégon (56) 55 H4
Guéhébert (50) 37 E2
Guéhenno (56) 55 G4
Gueltas (56) 55 G2
Guémappe (62) 10 B3
Guémar (68) 71 F3
Guémené-Penfao (44) 74 B1
Guémené-sur-Scorff (56) 54 D2
Guemps (62) 1 H2
Guénange (57) 26 C4
Guengat (29) 53 F2
Guénin (56) 55 E4
Guenroc (22) 34 C6
Guenrouet (44) 74 A2
Guenviller (57) 27 F5
Guêprei (61) 39 E4
Guer (56) 56 C4
Guérande (44) 73 F4
Guérard (77) 43 H4
Guerbigny (80) 21 E2
la Guerche (37) 95 E4
la Guerche-de-Bretagne (35) 57 H4
la Guerche-sur-l'Aubois (18) 98 C4
Guercheville (77) 63 H3
Guerchy (89) 83 F1
Guéreins (01) 116 B5
Guéret (23) 111 G5
Guerfand (71) 101 H5
Guérigny (58) 98 D2
Guérin (47) 150 B4
la Guérinière (85) 90 B1
Guerlesquin (29) 32 B4
Guermange (57) 49 G3
Guermantes (77) 43 F4
Guern (56) 55 E3
Guernanville (27) 40 C3
Guernes (78) 41 H2
le Guerno (56) 73 F1
Guerny (27) 19 G6
Guéron (14) 15 H6
la Guéroulde (27) 40 C4
Guerpont (55) 47 F5
Guerquesalles (61) 39 G3
les Guerreaux (71) 114 D2
Guerstling (57) 27 E3
Guerting (57) 27 E4
Guerville (76) 8 B5
Guerville (78) 41 H3
Gueschart (80) 9 E3
Guesnain (59) 10 D2
Guesnes (86) 94 A4
Guessling-Hémering (57) 27 E6
Guéthary (64) 162 A6
Gueudecourt (80) 10 B4
Gueugnon (71) 115 E1
Gueures (76) 7 F2
Gueutteville (76) 7 G4
Gueutteville-les-Grès (76) 7 E2
Gueux (51) 23 E6
Guevenatten (68) 89 E2
Guewenheim (68) 89 E1
Gueytes-et-Labastide (11) 184 C4
Gugnécourt (88) 70 B3
Gugney (54) 69 F2
Gugney-aux-Aulx (88) 69 G2
Guibeville (91) 42 D6
Guichainville (27) 41 E3
la Guiche (71) 115 G2
Guichen (35) 57 E4
Guiclan (29) 31 H3
Guidel (56) 54 B5
la Guierche (72) 60 B5
Guignecourt (60) 20 B4
Guignemicourt (80) 9 F6
Guignen (35) 56 D4
Guignes (77) 43 G6
Guigneville (45) 63 F4
Guigneville-sur-Essonne (91) 63 G1
Guignicourt (02) 23 E4
Guignicourt-sur-Vence (08) 24 A2
Guigny (62) 9 E2
Guilberville (50) 37 H2
le Guildo 34 C4
Guiler-sur-Goyen (29) 53 E2
Guilers (29) 30 D4
Guilherand-Granges (07) 144 B5
Guillac (33) 135 H6
Guillac (56) 56 A4
Guillaucourt (80) 10 A6
Guillaumes (06) 161 G6
Guillemont (80) 10 B5
la Guillermie (03) 128 A1
Guillerval (91) 63 E2
Guillestre (05) 161 F1
Guilleville (28) 62 D4
Guilliers (56) 56 A4
Guilligomarc'h (29) 54 C3
Guillon (89) 84 B4
Guillon-les-Bains (25) 88 A6
Guillonville (28) 62 C5
Guillos (33) 149 F2
Guilly (36) 96 C3
Guilly (45) 81 F2
Guilmécourt (76) 8 A5
Guilvinec (29) 53 E4
Guimaëc (29) 32 B2
Guimiliau (29) 31 G4
la Guimorais 34 D3
Guimps (16) 121 H5
Guinarthe-Parenties (64) 179 F1
Guincourt (08) 24 A3
Guindrecourt-
  -aux-Ormes (52) 67 G1
Guindrecourt-sur-Blaise (52) 67 G3
Guinecourt (62) 9 F2
Guînes (62) 1 G3

Guingamp (22) 33 E4
Guinglange (57) 27 E5
Guinkirchen (57) 26 D4
Guinzeling (57) 49 H3
Guipavas (29) 31 E4
Guipel (35) 57 E1
Guipronvel (29) 30 D4
Guipry (35) 57 E5
Guipy (58) 99 G1
Guiry-en-Vexin (95) 42 A1
Guiscard (60) 21 G2
Guiscriff (56) 54 A2
Guise (02) 11 G6
les Guiselin (50) 37 F2
Guisseny (29) 31 E2
Guissény ....
Guisy (62) 9 E1
Guitalens (81) 168 B5
Guitera-les-Bains (2A) 205 E6
Guitinières (17) 121 F6
Guitrancourt (78) 42 A2
Guîtres (33) 135 H4
Guitry (27) 19 F6
Guitté (22) 56 C1
Guivry (02) 21 H2
Guizancourt (80) 20 A1
Guizengeard (16) 136 A1
Guizerix (65) 181 H2
Gujan-Mestras (33) 148 C1
Gumbrechtshoffen (67) 51 E2
Gumery (10) 65 F2
Gumiane (26) 159 E3
Gumières (42) 128 D5
Gumond (19) 139 F2
Gundershoffen (67) 51 E2
Gundolsheim (68) 71 F5
Gungwiller (67) 50 B3
Gunsbach (68) 71 E4
Gunstett (67) 51 E2
Guntzviller (57) 50 B4
Guny (02) 22 A3
Guran (31) 182 A6
Gurat (16) 122 C6
Gurcy-le-Châtel (77) 64 C1
Gurgy (89) 83 F1
Gurgy-la-Ville (21) 85 G1
Gurgy-le-Château (21) 85 G1
Gurmençon (64) 180 A3
Gurs (64) 179 H2
Gurunhuel (22) 32 D4
Gury (60) 21 F3
Gussainville (55) 25 G6
Gussignies (59) 11 G2
Guyancourt (78) 42 B4
Guyans-Durnes (25) 103 H2
Guyans-Vennes (25) 104 B1
Guyencourt (02) 22 D5
Guyencourt-Saulcourt (80) 10 D5
Guyencourt-sur-Noye (80) 20 C1
la Guyonnière (85) 91 H2
Guyonvelle (52) 86 D1
Guzargues (34) 171 F4
Guzet-Neige 197 F4
Gy (70) 87 E5
Gy-en-Sologne (41) 80 B6
Gy-les-Nonains (45) 64 B6
Gy-l'Évêque (89) 83 F2
Gye (54) 48 B5
Gyé-sur-Seine (10) 66 D5

H

Habarcq (62) 10 A2
Habas (40) 163 E5
Habère-Lullin (74) 119 E4
Habère-Poche (74) 119 E4
l'Habit (27) 41 F4
l'Habitarelle 156 B2
Hablainville (54) 49 G6
Habloville (61) 38 D4
Haboudange (57) 49 F3
Habsheim (68) 89 G1
Hachan (65) 181 H2
Hâcourt (52) 68 C4
Hacqueville (27) 19 F6
Hadancourt-
  -le-Haut-Clocher (60) 42 A1
Hadigny-les-Verrières (88) 69 H2
Hadol (88) 70 A4
Haegen (67) 50 C4
Hagécourt (88) 69 G3
Hagedet (65) 164 C6
Hagen (57) 26 B2
Hagenbach (68) 89 E2
Hagenthal-le-Bas (68) 89 G3
Hagenthal-le-Haut (68) 89 G3
Haget (32) 181 F1
Hagetaubin (64) 163 G6
Hagetmau (40) 163 G5
Hagéville (54) 26 A6
Hagnéville-et-Roncourt (88) 68 D3
Hagnicourt (08) 24 A2
Hagondange (57) 26 B4
Haguenau (67) 51 F3
la Haie-Fouassière (44) 74 D5
la Haie-Traversaine (53) 58 D2
les Haies (69) 130 A5
Haigneville (54) 69 H1
Haillainville (88) 70 A2
le Haillan (33) 135 E5
Hailles (80) 20 D1
Haillicourt (62) 2 D6
Haimps (17) 121 H2
Haims (86) 110 A2
Hainneville 14 C2
Hainvillers (60) 21 E3
Haironville (55) 47 E5
Haisnes (62) 3 E6
Haleine (61) 59 F1

Halinghen (62) 1 F5
Hallencourt (80) 8 D5
Hallennes-lez-Haubourdin (59) 3 F5
Hallering (57) 27 E5
les Halles (69) 129 F3
Halles-sous-les-Côtes (55) 24 D4
Hallignicourt (52) 46 D5
Hallines (62) 2 A4
Hallivillers (80) 20 C2
la Hallotière (76) 19 F3
Halloville (54) 49 H6
Halloy (60) 19 H2
Halloy (62) 9 H3
Halloy-lès-Pernois (80) 9 F4
Hallu (80) 21 F1
Halluin (59) 3 G3
Halsou (64) 178 C1
Halstroff (57) 26 D3
le Ham (50) 14 D4
le Ham (53) 59 F2
Ham (80) 21 G1
Ham-en-Artois (62) 2 C5
Ham-les-Moines (08) 24 A1
Ham-sous-Varsberg (57) 27 E4
Ham-sur-Meuse (08) 13 F4
Hamars (14) 16 A6
Hambach (57) 27 H5
Hambers (53) 59 F3
Hamblain-les-Prés (62) 10 C2
Hambye (50) 37 F2
Hamel (59) 10 D2
le Hamel (60) 20 A2
le Hamel (80) 10 A6
Hamelet (80) 9 H6
Hamelin (50) 37 F6
Hamelincourt (62) 10 B3
Hames-Boucres (62) 1 G3
Hammeville (54) 69 F1
Hamonville (54) 48 B4
Hampigny (10) 67 E1
Hampont (57) 49 F3
Han-devant-Pierrepont (54) 25 G4
Han-lès-Juvigny (55) 25 E3
Han-sur-Meuse (55) 47 H3
Han-sur-Nied (57) 26 D6
Hanc (79) 108 C6
Hanches (28) 41 H6
Hancourt (80) 10 D6
Handschuheim (67) 50 D5
Hangard (80) 20 D1
Hangenbieten (67) 51 E5
Hangest-en-Santerre (80) 21 E1
Hangest-sur-Somme (80) 9 E5
Hangviller (57) 50 B3
Hannaches (60) 19 H4
Hannapes (02) 11 G5
Hannappes (08) 12 C6
Hannescamps (62) 10 A3
Hannocourt (57) 49 E3
Hannogne-Saint-Martin (08) 24 B2
Hannogne-Saint-Rémy (08) 23 F3
Hannonville-sous-les-Côtes (55) 47 H2
Hannonville-Suzémont (54) 48 B1
le Hanouard (76) 7 E3
Hans (51) 46 C1
Hantay (59) 3 E5
Hanvec (29) 31 F5
Hanviller (57) 28 B5
Hanvoile (60) 19 H4
Haplincourt (62) 10 C4
Happencourt (02) 21 H1
Happonvilliers (28) 61 G3
Harambeltz (64) 179 F2
Haramont (02) 21 G6
le Haras du Pin (61) 39 F5
Haraucourt (08) 24 C2
Haraucourt (54) 49 E4
Haraucourt-sur-Seille (57) 49 F4
Haravesnes (62) 9 F2
Haravilliers (95) 42 B1
Harbonnières (80) 10 A6
Harbouey (54) 49 H6
Harcanville (76) 7 E4
Harchéchamp (88) 68 C2
Harcigny (02) 23 E1
Harcourt (27) 40 C1
Harcy (08) 13 E6
Hardancourt (88) 70 A2
Hardanges (53) 59 F2
Hardecourt-aux-Bois (80) 10 B5
Hardelot-Plage 1 E5
Hardencourt-Cocherel (27) 41 F2
Hardifort (59) 2 C3
Hardinghen (62) 1 G3
Hardinvast (50) 14 C2
Hardivillers (60) 20 B3
Hardivillers-en-Vexin (60) 19 H5
Hardricourt (78) 42 A2
la Harengère (27) 18 C6
Haréville (88) 69 F3
Harfleur (76) 6 B5
Hargarten-aux-Mines (57) 27 E4
Hargeville (78) 41 H3
Hargicourt (80) 10 D5
Hargicourt (02) 10 D5
Hargnies (08) 13 F4
Hargnies (59) 11 H2
Harly (02) 11 E6
Harmonville (88) 69 E1
la Harmoye (22) 33 F6
Harnes (62) 10 C1
Harol (88) 69 G4
Haroué (54) 69 G1
Harponville (80) 9 H5
Harprich (57) 49 F2
Harquency (27) 19 F6
Harreberg (57) 50 B5
Harréville-les-Chanteurs (52) 68 C3
Harricourt (08) 24 C4
Harsault (88) 69 G5

Harskirchen (67) 50 A2
Hartennes-et-Taux (02) 22 A6
Hartmannswiller (68) 71 E6
Hartzviller (57) 50 A5
Harville (55) 48 A1
Hary (02) 23 E1
Haselbourg (57) 50 B4
Hasnon (59) 11 E1
Hasparren (64) 178 D1
Haspelschiedt (57) 28 C5
Haspres (59) 11 F2
Hastingues (40) 162 D5
Hatrize (54) 26 A5
Hatten (67) 51 G2
Hattencourt (80) 21 F1
Hattenville (76) 6 D4
Hattigny (57) 50 A5
Hattmatt (67) 50 C3
Hattonchâtel 48 A2
Hattonville (55) 48 A2
Hattstatt (68) 71 F5
Hauban (65) 181 F4
Haubourdin (59) 3 F5
Haucourt (60) 19 H4
Haucourt (62) 10 C3
Haucourt (76) 19 G2
Haucourt-en-Cambrésis (59) 11 E4
Haucourt-Moulaine (54) 25 H3
Haudainville (55) 47 G1
Haudiomont (55) 47 H1
Haudivillers (60) 20 B4
Haudonville (54) 49 F6
Haudrecy (08) 24 A1
Haudricourt (76) 19 G2
Haulchin (59) 11 F2
Haulies (32) 165 H6
Haulmé (08) 13 F6
Haumont-près-Samogneux (55) 25 E5
Hauriet (40) 163 G4
Hausgauen (68) 89 F3
Haussez (76) 19 G3
Haussignémont (51) 46 C5
Haussimont (51) 45 G5
Haussonville (54) 49 E6
Haussy (59) 11 F3
Haut-Asco 204 D1
le Haut-Clairvaux (86) 94 C5
Haut-Clocher (57) 50 A4
le Haut-Corlay (22) 33 E6
Haut-de-Bosdarros (64) 180 C3
Haut-du-Them-Château-Lambert (70) 88 B1
Haut-Lieu (59) 12 A4
Haut-Loquin (62) 1 H4
Haut-Mauco (40) 163 H3
Hautaget (65) 181 H4
le Haut du Tot (88) 70 C5
Haute-Amance (52) 86 C1
Haute-Avesnes (62) 10 A2
la Haute-Beaume (05) 159 G2
la Haute-Chapelle (61) 38 A6
Haute-Épine (60) 20 A3
Haute-Goulaine (44) 74 D5
Haute-Isle (95) 41 H2
Haute-Kontz (57) 26 C2
la Haute-Maison (77) 43 H3
Haute-Rivoire (69) 129 F3
Haute-Vigneulles (57) 27 E5
Hautecloque (62) 9 G2
Hautecour (39) 117 H1
Hautecour (73) 132 D5
Hautecourt-Romanèche (01) 117 F5
Hautefage (19) 139 F3
Hautefage-la-Tour (47) 151 G4
Hautefaye (24) 123 E5
Hautefeuille (77) 43 H5
Hautefond (71) 115 F3
Hautefontaine (60) 21 G5
Hautefort (24) 138 A2
Hauteluce (73) 132 D2
Hautepierre-le-Châtelet (25) 103 H2
Hauterive (03) 114 A6
Hauterive (61) 60 B1
Hauterive (89) 65 G6
Hauterive-la-Fresse (25) 104 A3
Hauterives (26) 144 C2
Hauteroche (21) 85 E4
Hautes-Duyes (04) 160 C5
les Hautes-Rivières (08) 13 F5
Hautesvignes (47) 150 D3
Hautevelle (70) 87 G1
Hautevesnes (02) 44 B1
Hauteville (08) 11 F6
Hauteville (51) 46 C5
Hauteville (62) 10 A2
Hauteville (73) 132 B5
Hauteville-Gondon 133 F4
Hauteville-la-Guichard (50) 37 F1
Hauteville-lès-Dijon (21) 85 H5
Hauteville-Lompnes (01) 131 F1
Hauteville-sur-Fier (74) 131 H1
Hauteville-sur-Mer (50) 36 D2
le Haut Folin 100 B3
Haution (02) 11 H6
le Haut Langoiran 149 G1
Hautmont (59) 12 A2
Hautmougey (88) 69 G5
Hautot-l'Auvray (76) 7 E3
Hautot-le-Vatois (76) 7 E4
Hautot-Saint-Sulpice (76) 7 E4
Hautot-sur-Mer (76) 7 G2
Hautot-sur-Seine (76) 18 C5
les Hauts-de-Chée (55) 47 E3
les Hauts Gicons 145 H6
Hauttecôte-Bocage (50) 14 D4
Hautvillers (51) 45 F2
Hautvillers-Ouville (80) 8 D3

Hauville (27) 18 A4
Hauviné (08) 23 G5
Haux (33) 135 G6
Haux (64) 179 G4
Havange (57) 26 A3
Havelu (28) 41 G4
Haveluy (59) 11 E2
Havernas (80) 9 F4
Haverskerque (59) 2 C5
le Havre (76) 6 A5
Havrincourt (62) 10 D4
l'Hay-les-Roses (94) 42 D4
Hayange (57) 26 B3
Haybes (08) 13 E5
la Haye (76) 19 E4
la Haye (88) 69 G5
la Haye-Aubrée (27) 18 A5
la Haye-Bellefond (50) 37 F2
la Haye-de-Calleville (27) 40 C1
la Haye-de-Routot (27) 7 E6
la Haye-d'Ectot (50) 14 B4
la Haye-du-Puits (50) 14 C5
la Haye-du-Theil (27) 18 B6
la Haye-le-Comte (27) 18 D6
la Haye-Malherbe (27) 18 C6
la Haye-Pesnel (50) 35 H2
la Haye-Saint-Sylvestre (27) 40 A3
les Hayes (41) 79 E2
Hayes (57) 26 D5
Haynecourt (59) 10 D3
les Hays (39) 102 B4
Hazebrouck (59) 2 C4
Hazembourg (57) 27 G6
le Heaulme (95) 42 B1
Héauville (50) 14 B2
Hébécourt (27) 19 G5
Hébécourt (80) 20 C1
Hébécrevon (50) 37 F1
Héberville (76) 7 E3
Hébuterne (62) 10 A4
Hèches (65) 181 G5
Hecken (68) 89 E2
Heckenransbach (57) 27 G5
Hecmanville (27) 40 B1
Hécourt (27) 41 F3
Hécourt (60) 19 G3
Hecq (59) 11 G3
Hectomare (27) 18 B6
Hédauville (80) 9 H4
Hédé (35) 57 E1
Hédouville (95) 42 C1
Hegeney (67) 51 E2
Hégenheim (68) 89 G3
Heidolsheim (67) 71 G3
Heidwiller (68) 89 F2
Heiligenberg (67) 50 C6
Heiligenstein (67) 71 F1
Heillecourt (54) 48 D5
Heilles (60) 20 C5
Heilly (80) 9 H5
Heiltz-le-Hutier (51) 46 C5
Heiltz-le-Maurupt (51) 46 C4
Heiltz-l'Évêque (51) 46 C4
Heimersdorf (68) 89 F3
Heimsbrunn (68) 89 F2
Heining-lès-Bouzonville (57) 27 E3
Heippes (55) 47 F2
Heiteren (68) 71 G5
Heiwiller (68) 89 F2
Hélesmes (59) 11 E1
Hélette (64) 178 D2
Helfaut (62) 2 B4
Helfrantzkirch (68) 89 G3
Héliopolis 192 C6
Helléan (56) 56 A3
Hellenvilliers (27) 40 D4
Hellering-lès-Fénétrange (57) 50 A3
Helleville (50) 14 B3
Hellimer (57) 27 F6
Héloup (61) 59 H2
Helstroff (57) 26 D5
Hem (59) 3 G5
Hem-Hardinval (80) 9 G3
Hem-Lenglet (59) 10 D2
Hem-Monacu (80) 10 B5
Hémevez (50) 14 D3
Hémévillers (60) 21 E4
Hémilly (57) 26 D6
Héming (57) 50 A4
Hémonstoir (22) 55 F2
Hénaménil (54) 49 F5
Hénanbihen (22) 34 B4
Hénansal (22) 34 A4
Hendaye (64) 178 A1
Hendaye-Plage 178 A1
Hendecourt-lès-Cagnicourt (62) 10 C3
Hendecourt-lès-Ransart (62) 10 B3
Hénencourt (80) 9 H5
Henflingen (68) 89 F3
Hengoat (22) 33 E2
Hengwiller (67) 50 C4
Hénin-Beaumont (62) 10 C1
Hénin-sur-Cojeul (62) 10 B3
Héninel (62) 10 B3
Hennebont (56) 54 D5
Hennecourt (88) 69 G3
Hennemont (55) 47 H1
Henneveux (62) 1 G4
Hennezel (88) 69 F5
Hennezis (27) 41 G1
Hénon (22) 33 G5
Hénonville (60) 20 A6
Hénouville (76) 7 F6
Henrichemont (18) 81 H6
Henridorff (57) 50 B4
Henriville (57) 27 G5
Hénu (62) 9 H3
Henvic (29) 31 H3
Hérange (57) 50 B4
l'Herbaudière 90 A1

Herbault (41) 79 G4
Herbécourt (80) 10 B6
Herbelles (62) 2 A5
l'Herbergement (85) 91 G2
Herbeuval (08) 25 E2
Herbeuville (55) 47 H2
Herbeville (78) 42 A3
Herbéviller (54) 49 G6
Herbeys (36) 145 G2
les Herbiers (85) 92 A4
Herbignac (44) 73 F3
Herbinghen (62) 1 G4
Herbisse (10) 45 G6
Herbitzheim (67) 27 H6
Herblay (95) 42 C3
Herbouilly 145 E3
Herbsheim (67) 71 H2
Hercé (53) 58 C2
Herchies (60) 20 A4
Hérenguerville (50) 36 D2
Hérépian (34) 170 A4
Hergnies (59) 4 B6
Hergugney (88) 69 G2
Héric (44) 74 C3
Héricourt (62) 9 G2
Héricourt (70) 88 C3
Héricourt-en-Caux (76) 7 E4
Héricourt-sur-Thérain (60) 19 G3
Héricy (77) 64 B2
la Hérie (02) 12 B6
le Hérie-la-Viéville (02) 22 C1
Hériménil (54) 49 F6
Hérimoncourt (25) 88 D4
Hérin (59) 11 F2
Hérissart (80) 9 G5
Hérisson (03) 112 D2
Herleville (80) 10 B6
la Herlière (62) 9 H3
Herlies (59) 3 E5
Herlin-le-Sec (62) 9 G2
Herlincourt (62) 9 G2
Herly (62) 1 H6
Herly (80) 21 F1
l'Herm (09) 183 H5
Herm (40) 162 D3
Hermanville (76) 7 G3
Hermanville-sur-Mer (14) 16 C3
les Hermaux (48) 155 F3
Hermaville (62) 10 A2
Hermé (77) 65 E1
Hermelange (57) 50 A4
Hermelinghen (62) 1 G3
l'Hermenault (85) 107 E2
Herment (63) 126 B3
Hermeray (78) 41 H6
Hermes (60) 20 B5
Herméville-en-Woëvre (55) 25 G6
Hermies (62) 10 C4
Hermillon (73) 146 C1
Hermin (62) 9 H1
l'Hermitage (35) 57 E2
l'Hermitage-Lorge (22) 33 G6
les Hermites (37) 79 E3
l'Hermitière (61) 60 D3
Hermival-les-Vaux (14) 17 F5
Hermonville (51) 23 E5
Hernicourt (62) 9 G1
Herny (57) 26 D6
le Héron (76) 19 E4
Héronchelles (76) 19 E3
Hérouville (95) 42 C2
Hérouville-Saint-Clair (14) 16 C4
Hérouvillette (14) 16 C4
Herpelmont (88) 70 B3
Herpont (51) 46 C2
Herpy-l'Arlésienne (08) 23 F3
Herqueville (27) 18 D6
Herqueville (50) 14 A1
Herran (31) 182 C5
Herré (40) 164 D1
Herrebouc 165 F4
Herrère (64) 180 A3
Herrin (59) 3 F6
Herrlisheim (67) 51 F4
Herrlisheim-près-Colmar (68) 71 F5
Herry (18) 98 C1
Herserange (54) 25 H3
Hersin-Coupigny (62) 10 A1
Hertzing (57) 50 A4
Hervelinghen (62) 1 F3
Hervilly (80) 10 D5
Héry 132 D2
Héry (58) 99 G1
Héry (89) 83 G1
Héry-sur-Alby (74) 132 A2
Herzeele (59) 2 C3
Hesbécourt (80) 10 D5
Hescamps (80) 19 H2
Hesdigneul-lès-Béthune (62) 2 D6
Hesdigneul-lès-Boulogne (62) 1 G5
Hesdin (62) 9 E1
Hesdin-l'Abbé (62) 1 F4
Hésingue (68) 89 G3
Hesmond (62) 9 E1
Hesse (57) 50 A4
Hessenheim (67) 71 G3
Hestroff (57) 26 D4
Hestrud (59) 12 B3
Hestrus (62) 9 G1
Hétomesnil (60) 20 A2
Hettange-Grande (57) 26 B3
Hettenschlag (68) 71 G5
Heubécourt-Haricourt (27) 41 G1
Heuchin (62) 2 B6
Heucourt-Croquoison (80) 8 D5
Heudebouville (27) 18 D6

Heudicourt (27) 19 G5
Heudicourt (80) 10 D5
Heudicourt-sous-les-Côtes (55) 48 A3
Heudreville-en-Lieuvin (27) 17 H4
Heudreville-sur-Eure (27) 41 E1
Heugas (40) 162 D5
Heugleville-sur-Scie (76) 7 G3
Heugnes (36) 96 A3
Heugon (61) 39 H4
Heugueville-sur-Sienne (50) 36 D2
Heuilley-Cotton (52) 86 B2
Heuilley-le-Grand (52) 86 B2
Heuilley-sur-Saône (21) 86 C6
Heuland (14) 17 E3
Heume-l'Église (63) 126 C3
la Heunière (27) 41 F2
Heuqueville (27) 19 E5
Heuqueville (76) 6 B4
l'Heure 8 D4
Heuringhem (62) 2 B4
Heurteauville (76) 7 E6
Heurtevent (14) 17 E6
Hères (65) 164 D6
Heussé (50) 58 C1
Heutrégiville (51) 23 G5
Heuzecourt (80) 9 F3
Hévilliers (55) 47 F6
Heyrieux (38) 130 C4
le Hézo (56) 72 D1
Hibarette (65) 181 E3
Hielzas 155 H5
Hières-sur-Amby (38) 130 D2
Hierges (08) 13 F4
Hiermont (80) 9 E3
Hiers-Brouage (17) 120 C2
Hiersac (16) 122 B4
Hiesse (16) 109 F6
Hiesville (50) 15 E4
Hiéville (14) 16 D6
Higuères-Souye (64) 180 C1
Hiis (65) 181 E4
Hilbesheim (57) 50 A4
Hillion (22) 33 H4
Hilsenheim (67) 71 G2
Hilsprich (57) 27 G6
Hinacourt (02) 22 A1
Hinckange (57) 26 D4
Hindisheim (67) 51 E6
Hindlingen (68) 89 E3
Hinges (62) 2 D5
le Hinglé (22) 34 C6
Hinsbourg (67) 50 C2
Hinsingen (67) 50 A2
Hinx (40) 163 E4
Hippoltskirch 89 F4
Hipsheim (67) 51 E6
Hirel (35) 35 E4
Hirmentaz 119 E4
Hirschland (67) 50 B3
Hirsingue (68) 89 F3
Hirson (02) 12 B5
Hirtzbach (68) 89 F3
Hirtzfelden (68) 71 G6
His (31) 182 C4
Hitte (65) 181 F4
Hix 198 C5
Hochfelden (67) 50 D4
Hochstatt (68) 89 F2
Hochstett (67) 51 E3
Hocquigny (50) 35 H2
Hocquinghen (62) 1 H4
Hodenc-en-Bray (60) 19 H4
Hodenc-l'Évêque (60) 20 B5
Hodeng-au-Bosc (76) 8 C6
Hodeng-Hodenger (76) 19 F3
Hodent (95) 41 H1
Hœdic (56) 72 C3
Hœnheim (67) 51 E5
Hœrdt (67) 51 F4
Hoéville (54) 49 E4
Hoffen (67) 29 E6
les Hogues (27) 19 E4
la Hoguette (14) 39 E3
Hohatzenheim (67) 51 E4
Hohengœft (67) 50 D4
Hohfrankenheim (67) 50 D4
le Hohneck 70 D4
Hohrod (68) 71 E4
Hohrodberg 71 E4
le Hohwald (67) 71 F1
Hohwiller 29 E6
Holacourt (57) 49 F2
Holling (57) 26 D4
Holnon (02) 10 D6
Holque (59) 2 A3
Holtzheim (67) 51 E5
Holtzwihr (68) 71 F4
Holving (57) 27 G6
Hombleux (80) 21 G1
Homblières (02) 11 E6
Hombourg (68) 89 H1
Hombourg-Budange (57) 26 C4
Hombourg-Haut (57) 27 F5
l'Hôme-Chamondot (61) 40 B6
le Hôme-Varaville 16 D3
Homécourt (54) 26 A4
Hommarting (57) 50 B4
Hommert (57) 50 B4
Hommes (37) 78 B5
le Hommet-d'Arthenay (50) 15 E6
Homps (11) 185 G3
Homps (32) 166 B3
Hon-Hergies (59) 11 H2
Hondainville (60) 20 C5
Hondeghem (59) 2 C4
Hondevilliers (77) 44 B3
Hondouville (27) 40 D1
Hondschoote (59) 2 D2
Honfleur (14) 6 B6
Honguemare-Guenouville (27) 18 B5

Honnechy (59) 11 F4
Honnecourt-sur-Escaut (59) 10 D4
l'Honor-de-Cos (82) 152 C6
Honskirch (57) 49 H2
Hontanx (40) 164 B3
l'Hôpital (57) 27 F5
Hôpital-Camfrout (29) 31 F5
l'Hôpital-d'Orion (64) 179 G1
l'Hôpital-du-Grosbois (25) 103 G1
l'Hôpital-le-Grand (42) 129 E4
l'Hôpital-le-Mercier (71) 115 E3
l'Hôpital-Saint-Blaise (64) 179 G2
l'Hôpital-Saint-Lieffroy (25) 88 B3
l'Hôpital-sous-Rochefort (42) 128 C3
les Hôpitaux-Neufs (25) 104 A5
les Hôpitaux-Vieux (25) 104 A5
Horbourg-Wihr (68) 71 F4
Hordain (59) 11 E2
la Horgne (08) 24 A2
Horgues (65) 181 E3
l'Horme (42) 129 G5
Hornaing (59) 11 E1
Hornoy-le-Bourg (80) 8 D6
le Horps (53) 59 F2
Horsarrieu (40) 163 G4
Horville-en-Ornois (55) 68 B1
l'Hosmes (27) 40 D4
Hospice de France 196 B5
l'Hospitalet 138 D6
l'Hospitalet (04) 159 H6
l'Hospitalet-du-Larzac (12) 170 A2
l'Hospitalet-près-l'Andorre (09) 198 B3
Hosta (64) 179 E3
Hoste (57) 27 G5
Hostens (33) 149 E3
Hostias (01) 131 E1
Hostun (26) 144 D3
l'Hôtellerie (14) 17 G5
l'Hôtellerie-de-Flée (49) 76 C2
Hotonnes (01) 117 H6
Hotot-en-Auge (14) 16 D4
Hottot-les-Bagues (14) 16 A4
Hottviller (57) 28 B5
la Houblonnière (14) 17 E5
les Houches (74) 133 F1
Houchin (62) 2 D6
Houdain (62) 9 H1
Houdain-lez-Bavay (59) 11 H2
Houdan (78) 41 G4
Houdancourt (60) 21 E5
Houdelaincourt (55) 47 G6
Houdelmont (54) 48 C6
Houdemont (54) 48 D5
Houdetot (76) 7 E3
Houdilcourt (08) 23 F4
Houdreville (54) 48 C6
Houécourt (88) 69 E3
Houeillès (47) 150 B1
Houesville (50) 15 E4
Houetteville (27) 40 D1
Houéville (88) 68 D3
Houeydets (65) 181 G3
le Houga (32) 164 C3
Houlbec-Cocherel (27) 41 F1
Houlbec-près-le-Gros-Theil (27) 18 B6
Houldizy (08) 13 E6
Houlette (16) 121 H4
Houlgate (14) 16 D3
Houlle (62) 2 A3
le Houlme (76) 7 G6
l'Houmeau (17) 106 C2
Hounoux (11) 184 D6
Houplin-Ancoisne (59) 3 F6
Houplines (59) 3 E4
Houppeville (76) 7 G6
Houquetot (76) 6 C6
le Hourdel 8 C4
Hourges (51) 22 D5
Hourtin (33) 134 B4
Hourtin-Plage 134 B4
Hourtin-Port 134 B4
Houry (02) 22 D1
Houssay (41) 79 F4
Houssay (53) 58 C2
la Houssaye 33 G6
la Houssaye (27) 40 C2
la Houssaye-Béranger (76) 7 G4
la Houssaye-en-Brie (77) 43 G5
le Housseau-Brétignolles (53) 59 H1
Houssen (68) 71 F4
Housseras (88) 70 B2
Housset (02) 22 C1
Housséville (54) 69 E1
la Houssière (88) 70 B3
la Houssoye (60) 19 H6
Houtaud (25) 103 H4
Houtkerque (59) 2 D3
Houtteville (50) 14 D5
Houville-en-Vexin (27) 19 F6
Houville-la-Branche (28) 62 B3
Houvin-Houvigneul (62) 9 G2
Houx (28) 41 H6
Hoymille (59) 2 C2
Huanne-Montmartin (25) 87 H5
Hubersent (62) 1 F5
Hubert-Folie (14) 16 C4
Huberville (50) 14 D3
Huby-Saint-Leu (62) 9 E1
Huchenneville (80) 8 D5
Huclier (62) 9 G1
Hucqueliers (62) 1 G5
Hudimesnil (50) 35 H2
Hudiviller (54) 49 E5
Huelgoat (29) 32 A4
Huest (27) 41 E2
Huêtre (45) 62 D5

Huez (38) ...146 A3
Hugier (70) ...86 D6
Hugleville-en-Caux (76) ...7 F4
Huillé (49) ...77 F3
Huilliécourt (52) ...68 C4
Huilly-sur-Seille (71) ...116 C1
Huiron (51) ...46 B5
Huismes (37) ...94 B1
Huisnes-sur-Mer (50) ...35 G4
Huisseau-en-Beauce (41) ...79 F2
Huisseau-sur-Cosson (41) ...80 A4
Huisseau-sur-Mauves (45) ...80 C1
l'Huisserie (53) ...58 C5
Hulluch (62) ...3 E6
Hultehouse (57) ...50 B4
Humbauville (51) ...46 A5
Humbécourt (52) ...46 D6
Humbercamps (62) ...10 A3
Humbercourt (80) ...9 H3
Humbert (62) ...1 G6
Humberville (52) ...68 B3
Humbligny (18) ...98 A1
la Hume ...148 B1
Humerœuille (62) ...9 F1
Humes-Jorquenay (52) ...68 B6
Humières (62) ...9 F1
Hunawihr (68) ...71 F3
Hundling (57) ...27 G5
Hundsbach (68) ...89 F3
Huningue (68) ...89 H3
Hunspach (67) ...29 E6
Hunting (57) ...26 C2
Huos (31) ...182 A4
Huparlac (12) ...154 D1
Huppain (15) ...15 H5
Huppy (80) ...8 D5
Hurbache (88) ...70 C2
Hure (33) ...150 B2
Hurecourt (70) ...69 F6
Hures ...155 H5
Hures-la-Parade (48) ...155 H5
Huriel (03) ...112 C3
Hurigny (71) ...116 B3
Hurtières (38) ...146 A1
Hurtigheim (67) ...50 D5
Husseren-les-Châteaux (68) ...71 F4
Husseren-Wesserling (68) ...70 D6
Hussigny-Godbrange (54) ...25 H3
Husson (50) ...37 H6
Huttendorf (67) ...51 E3
Huttenheim (67) ...71 G1
Hydrequent ...1 F3
Hyds (03) ...113 E4
Hyémondans (25) ...88 B5
Hyencourt-le-Grand (80) ...21 F1
Hyenville (50) ...37 E2
Hyères (83) ...191 H5
Hyères-Plage ...192 A6
Hyet (70) ...87 F4
Hyèvre-Magny (25) ...88 A5
Hyèvre-Paroisse (25) ...88 A5
Hymont (88) ...69 F3

I

Ibarrolle (64) ...179 E3
Ibigny (57) ...49 H5
Ibos (65) ...181 E3
Ichtratzheim (67) ...51 E6
Ichy (77) ...63 H4
Idaux-Mendy (64) ...179 F3
Idrac-Respaillès (32) ...165 G6
Idron (64) ...180 C2
Ids-Saint-Roch (18) ...97 F6
Iffendic (35) ...56 D2
les Iffs (35) ...57 E1
Ifs (14) ...16 B5
les Ifs (76) ...8 B6
Igé (61) ...60 D3
Igé (71) ...116 B3
Ignaucourt (80) ...20 D1
Ignaux (09) ...198 B2
Igney (54) ...49 H5
Igney (88) ...69 H3
Ignol (18) ...98 B4
Igny (70) ...86 D4
Igny (91) ...42 C5
Igny-Comblizy (51) ...44 D2
Igon (64) ...180 C3
Igornay (71) ...100 D3
Igoville (18) ...18 D5
Iguerande (71) ...115 E5
...lar ...178 B2
Iholdy (64) ...179 E2
...y ...103 F6
...e ...97 F6
Île-aux-Moines (56) ...72 C1
l'Île-Bouchard (37) ...94 C2
Île-d'Aix (17) ...106 C6
Île-d'Arz (56) ...72 D1
Île-de-Batz (29) ...31 H2
Île-de-Bréhat (22) ...33 F1
Île-de-Sein (29) ...52 B2
Île-d'Elle (85) ...107 E3
Île-d'Houat (56) ...72 C1
l'Île-d'Olonne (85) ...90 D5
Île-d'Yeu (85) ...90 A3
Île-Molène (29) ...30 B4
l'Île-Rousse (2B) ...202 C5
l'Île-Saint-Denis (93) ...42 D3
Île-Tudy (29) ...53 F4
Île de Fédrun (44) ...73 G3
Île Grande ...32 B1
Îles Ménérrier ...84 A6
Ilharre (64) ...179 F1
...t (09) ...184 A5
les Ilhes (11) ...185 E2
...t (65) ...181 G5
...t (65) ...182 A5

Illange (57) ...26 B3
Illartein (09) ...182 C6
Illats (33) ...149 G2
Ille-sur-Têt (66) ...199 G3
Illeville-sur-Montfort (27) ...18 A5
Illfurth (68) ...89 F2
Illhaeusern (68) ...71 G3
Illiat (01) ...116 B5
Illier-et-Laramade (09) ...197 H4
Illiers-Combray (28) ...61 H3
Illiers-l'Évêque (27) ...41 E4
Illies (59) ...3 E5
Illifaut (22) ...56 B2
Illkirch-Graffenstaden (67) ...51 E6
Illois (76) ...19 G1
Illoud (52) ...68 C3
Illy (08) ...24 C1
Illzach (68) ...89 F1
Ilonse (06) ...176 D2
Imbleville (76) ...7 F4
Imécourt (08) ...24 C5
Imling (57) ...50 A4
Imphy (58) ...99 E4
Inaumont (08) ...23 G3
Incarville (27) ...18 D6
Incheville (76) ...8 B5
Inchy (59) ...11 F4
Inchy-en-Artois (62) ...10 C3
Incourt (62) ...9 F1
Indevillers (25) ...88 D5
Indre (44) ...74 C5
Ineuil (18) ...97 F5
les Infournas (05) ...146 B6
Infreville (27) ...18 B5
Ingenheim (67) ...50 D3
Ingersheim (68) ...71 F4
Inghem (62) ...2 B5
Inglange (57) ...26 B3
Ingolsheim (67) ...29 E6
Ingouville (76) ...7 E2
Ingrandes (36) ...110 A1
Ingrandes (49) ...75 G3
Ingrandes (86) ...94 C4
Ingrandes-de-Touraine (37) ...78 B6
Ingrannes (45) ...63 F6
Ingré (45) ...80 D1
Inguiniel (56) ...54 D3
Ingwiller (67) ...50 D3
Inières ...154 C5
Injoux-Génissiat (01) ...117 H6
Innenheim (67) ...50 D6
Innimond (01) ...131 F2
Inor (55) ...24 D3
Insming (57) ...49 H2
Insviller (57) ...49 H3
Intraville (76) ...7 H2
Intres (07) ...143 F4
Intréville (28) ...62 D3
Intville-la-Guétard (45) ...63 F3
Inval-Boiron (80) ...8 D6
Inxent (62) ...1 G6
Inzinzac-Lochrist (56) ...54 D4
Ippécourt (55) ...47 F2
Ippling (57) ...27 G5
Irai (61) ...40 B5
Irais (79) ...93 G4
Irancy (89) ...83 G3
Iré-le-Sec (55) ...25 E3
Irigny (69) ...130 A4
Irissarry (64) ...178 D2
Irles (80) ...10 B4
Irodouër (35) ...56 D1
Iron (02) ...11 G5
Irouléguy (64) ...178 D3
Irreville (27) ...41 E2
Irvillac (29) ...31 F5
Is-en-Bassigny (52) ...68 B5
Is-sur-Tille (21) ...85 H4
Isbergues (62) ...2 C5
Isches (88) ...69 E5
Isdes (45) ...81 F3
Isenay (58) ...99 G4
Isigny-le-Buat (50) ...37 F5
Isigny-sur-Mer (14) ...15 F5
Island (89) ...83 H5
Isle (87) ...124 B3
l'Isle-Adam (95) ...42 C1
l'Isle-Arné (32) ...166 A5
Isle-Aubigny (10) ...66 C1
Isle-Aumont (10) ...66 B4
l'Isle-Bouzon (32) ...166 A2
l'Isle-d'Abeau (38) ...130 D4
l'Isle-de-Noé (32) ...165 F5
l'Isle-d'Espagnac (16) ...122 C4
l'Isle-en-Dodon (31) ...182 C2
Isle-et-Bardais (03) ...98 B6
l'Isle-Jourdain (32) ...166 C5
l'Isle-Jourdain (86) ...109 G4
Isle-Saint-Georges (33) ...135 F6
l'Isle-sur-la-Sorgue (84) ...173 F2
l'Isle-sur-le-Doubs (25) ...88 B4
Isle-sur-Marne (51) ...46 C5
l'Isle-sur-Serein (89) ...84 A4
les Isles-Bardel (14) ...38 D4
Isles-les-Meldeuses (77) ...43 H2
Isles-lès-Villenoy (77) ...43 G3
Isles-sur-Suippe (51) ...23 F5
l'Islette (55) ...46 D1
Isneauville (76) ...7 G6
Isola (06) ...176 C1
Isola 2000 ...176 D1
Isolaccio-di-Fiumorbo (2B) ...205 F5
Isômes (52) ...86 B3
Ispagnac (48) ...156 A4
Ispoure (64) ...178 D3
Isques (62) ...1 F4
Issac (24) ...136 D4
les Issambres ...192 D3
Issamoulenc (07) ...143 G6

Issan ...135 E3
Issancourt-et-Rumel (08) ...24 B1
Issanlas (07) ...142 D6
Issans (25) ...88 C4
Issarbe ...179 G5
les Issards (09) ...184 A4
Issarlès (07) ...142 D5
Issé (44) ...74 D1
Isse (51) ...45 G2
Issel (11) ...184 B2
Issendolus (46) ...153 E1
Issenhausen (67) ...50 D3
Issenheim (68) ...71 F6
Issepts (46) ...153 F1
Isserpent (03) ...114 B5
Isserteaux (63) ...127 G4
Issigeac (24) ...151 F1
Issirac (30) ...157 G5
Issoire (63) ...127 G4
Issor (64) ...179 H4
Issou (78) ...42 A3
Issoudun (36) ...97 E4
Issoudun-Létrieix (23) ...112 A6
Issus (31) ...183 G1
Issy-les-Moulineaux (92) ...42 D4
Issy-l'Évêque (71) ...100 A6
Istres (13) ...173 E6
les Istres-et-Bury (51) ...45 G2
Isturits (64) ...179 E1
Itancourt (02) ...22 A1
Iteuil (86) ...109 E2
Ittenheim (67) ...51 E5
Itterswiller (67) ...71 F1
Itteville (91) ...63 G1
Itxassou (64) ...178 C2
Itzac (81) ...167 H1
Ivergny (62) ...9 G3
Iverny (77) ...43 G2
Iviers (02) ...23 F1
Iville (27) ...40 C1
Ivors (60) ...21 G6
Ivory (39) ...103 E4
Ivoy-le-Pré (18) ...81 H6
Ivrey (39) ...103 E4
Ivry-en-Montagne (21) ...101 E3
Ivry-la-Bataille (27) ...41 F3
Ivry-le-Temple (60) ...20 A6
Ivry-sur-Seine (94) ...42 D4
Iwuy (59) ...11 E3
Izaourt (65) ...182 A5
Izaut-de-l'Hôtel (31) ...182 B5
Izaux (65) ...181 G4
Izé (53) ...59 F3
Izeaux (38) ...145 E1
Izel-lès-Équerchin (62) ...10 C2
Izel-les-Hameaux (62) ...9 H2
Izenave (01) ...117 G6
Izernore (01) ...117 G4
Izeron (38) ...145 E2
Izeste (64) ...180 B4
Izeure (21) ...102 A1
Izier (21) ...86 A6
Izieu (01) ...131 F4
Izon (33) ...135 G5
Izon-la-Bruisse (26) ...159 G5
Izotges (32) ...164 D5

J

Jablines (77) ...43 G3
Jabreilles-les-Bordes (87) ...124 C1
Jabrun (15) ...141 E6
Jacob-Bellecombette (73) ...131 H4
Jacou (34) ...171 F5
Jacque (65) ...181 F2
Jagny-sous-Bois (95) ...43 E2
Jaignes (77) ...43 H2
Jaillans (26) ...144 D4
la Jaille-Yvon (49) ...76 D2
la Jaillette (49) ...75 H1
Jaillon (54) ...48 B4
Jailly (58) ...99 F2
Jailly-les-Moulins (21) ...85 E5
Jainvillotte (88) ...68 D3
Jalesches (23) ...111 H4
Jaleyrac (15) ...140 A2
Jaligny-sur-Besbre (03) ...114 B3
Jallais (49) ...75 H5
Jallanges (21) ...102 A3
Jallans (28) ...62 A5
Jallaucourt (57) ...49 E3
Jallerange (25) ...86 D6
Jalognes (18) ...98 B1
Jalogny (71) ...116 A3
Jâlons (51) ...45 G2
Jambles (71) ...101 F5
Jambville (78) ...42 A2
Jaméricourt (60) ...19 H5
Jametz (55) ...25 E4
Janailhac (87) ...124 B4
Janaillat (23) ...111 F6
Jancigny (21) ...86 B5
Jandun (08) ...23 H2
Janneyrias (38) ...130 C3
Jans (44) ...74 C1
Janville ...7 E2
Janville (14) ...16 D4
Janville (28) ...62 D4
Janville (60) ...21 F4
Janville-sur-Juine (91) ...63 F1
Janvilliers (51) ...44 D3
Janvry (51) ...22 D6
Janvry (91) ...42 C6
Janzé (35) ...57 G4
Jarcieu (38) ...144 B1
la Jard (17) ...121 F4
Jard-sur-Mer (85) ...91 E6
le Jardin (19) ...139 G1
Jardin (38) ...130 B5

Jardres (86) ...109 F1
Jargeau (45) ...81 E1
la Jarjatte ...159 H1
Jarjayes (05) ...160 B2
Jarménil (88) ...70 A4
Jarnac (16) ...121 H4
Jarnac-Champagne (17) ...121 G5
Jarnages (23) ...111 H5
la Jarne (17) ...106 D5
Jarnioux (69) ...129 G1
Jarnosse (42) ...115 F5
Jarny (54) ...26 A5
Jarny Ville ...26 A5
Jarret (65) ...181 E4
la Jarrie (17) ...106 D5
la Jarrie-Audouin (17) ...107 G6
Jarrie (38) ...145 G3
Jarrier (73) ...146 C1
Jars (18) ...82 A5
Jarsy (73) ...132 B3
Jarville-la-Malgrange (54) ...48 D5
Jarzé (49) ...77 F4
Jas (42) ...129 F3
Jasney (70) ...69 G6
Jassans-Riottier (01) ...129 H1
Jasseines (10) ...66 D1
Jasseries du Grand Genévrier ...128 C3
Jasseron (01) ...117 E4
Jasses (64) ...179 H2
Jatxou (64) ...178 C1
Jau-Dignac-et-Loirac (33) ...120 C6
Jaucourt (10) ...67 E3
la Jaudonnière (85) ...92 B6
Jaudrais (28) ...40 D6
Jaujac (07) ...157 F2
Jauldes (16) ...122 C3
Jaulges (89) ...65 H6
Jaulgonne (02) ...44 C2
Jaulnay (37) ...94 C4
Jaulnes (77) ...65 E2
Jaulny (54) ...48 B2
Jaulzy (60) ...21 G5
Jaunac (07) ...143 F5
Jaunay-Clan (86) ...94 B6
Jaure (24) ...137 E4
Jausiers (04) ...161 F3
Jaux (60) ...21 F5
Jauzé (72) ...60 C4
Javarzay ...108 B5
Javaugues (43) ...141 H4
Javené (35) ...58 A2
Javerdat (87) ...123 H1
Javerlhac-et-la-Chapelle-
  -Saint-Robert (24) ...123 E5
Javernant (10) ...66 A4
la Javie (04) ...160 D5
Javols (48) ...155 H1
Javrezac (16) ...121 G3
Javron-les-Chapelles (53) ...59 F2
Jax (43) ...142 A3
Jaxu (64) ...179 E3
Jayac (24) ...138 B4
Jayat (01) ...116 D3
Jazeneuil (86) ...108 C2
Jazennes (17) ...121 E4
Jeancourt (02) ...10 D5
Jeandelaincourt (54) ...48 D3
Jeandelize (54) ...25 H6
Jean d'Heurs ...47 E5
Jeanménil (88) ...70 B2
Jeansagnière (42) ...128 C3
Jeantes (02) ...23 E1
Jebsheim (68) ...71 G4
Jegun (32) ...165 G4
la Jemaye (24) ...136 C2
Jenlain (59) ...11 G2
Jenzat (03) ...113 G5
Jésonville (88) ...69 F4
Jessains (10) ...67 E3
Jetterswiller (67) ...50 C4
Jettingen (68) ...89 F3
Jeu-les-Bois (36) ...96 C6
Jeu-Maloches (36) ...96 A3
Jeufosse (78) ...41 G2
Jeugny (10) ...66 B4
Jeumont (59) ...12 B2
Jeurre (39) ...117 H3
Jeux-lès-Bard (21) ...84 C4
Jeuxey (88) ...70 A3
Jevoncourt (54) ...69 G1
Jezainville (54) ...48 C3
Jézeau (65) ...181 G6
Joannas (07) ...157 F2
Job (63) ...128 B4
Jobourg (50) ...14 A1
Joch (66) ...199 F3
Joches (51) ...45 E4
Jœuf (54) ...26 A4
Joganville (50) ...14 D3
Joigny (89) ...65 E6
Joigny-sur-Meuse (08) ...13 F6
Joinville (52) ...67 H1
Joinville-le-Pont (94) ...43 E4
Joiselle (51) ...44 C4
Jolimetz (59) ...11 G3
Jolivet (54) ...49 F5
Jonage (69) ...130 B2
Joncels (34) ...170 A4
la Jonchère (85) ...91 G6
la Jonchère-
  -Saint-Maurice (87) ...124 C1
Jonchères (26) ...159 F2
Joncherey (90) ...88 D3
Jonchery (52) ...67 H4
Jonchery-sur-Suippe (51) ...46 A1
Jonchery-sur-Vesle (51) ...22 D5
Joncourt (02) ...11 E5
Joncreuil (10) ...67 E1
Joncy (71) ...115 H2
Jongieux (73) ...131 G2
Jonquerets-de-Livet (27) ...17 H6

Jonquerettes (84) ...173 E2
Jonquery (51) ...45 E1
la Jonquière ...159 E1
Jonquières (11) ...185 G5
Jonquières (34) ...170 C5
Jonquières (60) ...21 E5
Jonquières (81) ...168 B5
Jonquières (84) ...158 B6
Jonquières-Saint-Vincent (30) ...172 C3
Jons (69) ...130 C2
Jonval (08) ...24 A3
Jonvelle (70) ...69 E6
Jonville-en-Woëvre (55) ...48 A1
Jonzac (17) ...121 F6
Jonzier-Épagny (74) ...118 B5
Jonzieux (42) ...143 F1
Joppécourt (54) ...25 H4
Jort (14) ...16 D6
Jorxey (88) ...69 G2
Josat (43) ...142 A2
Joserand (63) ...113 G6
Josnes (41) ...80 B2
Josse (40) ...162 C4
Josselin (56) ...55 H4
Jossigny (77) ...43 F4
Jou-sous-Monjou (15) ...140 C5
Jouac (87) ...110 C3
Jouaignes (02) ...22 B5
Jouancy (89) ...84 B3
Jouarre (77) ...44 A3
Jouars-Pontchartrain (78) ...42 A4
Jouaville (54) ...26 A5
Joucas (84) ...173 G2
Joucou (11) ...198 C1
Joudes (71) ...117 E2
Joudreville (54) ...25 H5
Joué-du-Bois (61) ...38 D6
Joué-du-Plain (61) ...39 E5
Joué-en-Charnie (72) ...59 G5
Joué-l'Abbé (72) ...60 B5
Joué-lès-Tours (37) ...78 D6
Joué-sur-Erdre (44) ...74 D2
la Joue du Loup ...160 A1
Jouers ...180 A5
Jouet-sur-l'Aubois (18) ...98 C3
Jouey (21) ...100 D2
Jougne (25) ...104 A5
Jouhé (39) ...102 C6
Jouhet (86) ...109 H2
Jouillat (23) ...111 G4
Jouques (13) ...174 B5
Jourgnac (87) ...124 A3
Journans (01) ...117 E5
Journet (86) ...110 A2
Journiac (24) ...137 G4
Journy (62) ...1 H4
Jours-en-Vaux (21) ...101 E3
Jours-lès-Baigneux (21) ...85 E3
Joursac (15) ...141 E3
Joussé (86) ...109 F4
les Jouvencelles ...118 B2
Jouvençon (71) ...116 C1
Joux (69) ...129 F2
Joux-la-Ville (89) ...83 H3
Jouy (28) ...62 B1
Jouy (89) ...64 C4
Jouy-aux-Arches (57) ...26 B6
Jouy-en-Argonne (55) ...47 F1
Jouy-en-Josas (78) ...42 C5
Jouy-en-Pithiverais (45) ...63 E4
Jouy-le-Châtel (77) ...44 A5
Jouy-le-Moutier (95) ...42 B2
Jouy-le-Potier (45) ...80 D2
Jouy-lès-Reims (51) ...23 E6
Jouy-Mauvoisin (78) ...41 H3
Jouy-sous-Thelle (60) ...20 A5
Jouy-sur-Eure (27) ...41 F2
Jouy-sur-Morin (77) ...44 B4
Jouy le Comte ...42 C1
Joyeuse (07) ...157 F3
Joyeux (01) ...130 C1
Joze (63) ...127 G2
Jû-Belloc (32) ...164 D5
Juan les Pins ...193 G1
Juaye-Mondaye (14) ...15 H6
Jubainville (88) ...68 D1
la Jubaudière (49) ...75 G5
Jublains (53) ...59 E3
le Juch (29) ...53 F2
Jugazan (33) ...135 H6
Jugeals-Nazareth (19) ...138 D3
Jugon-les-Lacs (22) ...34 B5
Jugy (71) ...116 B1
Juicq (17) ...121 F2
Juif (71) ...102 A6
Juignac (16) ...122 B6
Juigné-des-Moutiers (44) ...75 F1
Juigné-sur-Loire (49) ...77 E5
Juigné-sur-Sarthe (72) ...77 F1
Juignettes (27) ...40 B4
Juillac (19) ...138 B1
Juillac (32) ...164 D6
Juillac (33) ...136 B6
Juillac-le-Coq (16) ...121 H4
Juillaguet (16) ...122 C5
Juillan (65) ...181 E3
Juillé (16) ...122 B1
Juillé (72) ...60 A3
Juillé (79) ...108 A5
Juillenay (21) ...84 C6
Juilley (50) ...35 H4
Juilly (21) ...84 D3
Juilly (77) ...43 F2
Jujols (66) ...199 E4
Jujurieux (01) ...117 F6
Julianges (48) ...141 G5
Juliénas (69) ...116 A4

Julienne (16) ...121 H3
Jullianges (43) ...142 B1
Jullié (69) ...116 A4
Jullouville (50) ...35 G2
Jully (89) ...84 C2
Jully-lès-Buxy (71) ...101 F6
Jully-sur-Sarce (10) ...66 C5
Julos (65) ...181 E4
Julvécourt (55) ...47 E2
Jumeauville (78) ...42 A3
Jumeaux (63) ...127 G6
Jumel (80) ...20 C1
Jumelles (27) ...41 E3
la Jumellière (49) ...76 C6
Jumencourt (02) ...22 A4
Jumièges (76) ...7 F6
Jumigny (02) ...22 C4
Jumilhac-le-Grand (24) ...123 H5
Junas (30) ...171 G4
Junay (89) ...84 A1
Juncalas (65) ...181 E4
Jungholtz (68) ...71 E6
Junhac (15) ...154 B1
les Junies (46) ...152 B3
Juniville (08) ...23 G4
Jupilles (72) ...78 C2
Jurançon (64) ...180 B2
Juranville (45) ...63 H5
Juré (42) ...128 C2
Jurignac (16) ...122 A5
Jurques (14) ...38 A2
Jurvielle (31) ...195 H4
Jury (57) ...26 C6
Juscorps (79) ...107 H4
Jusix (47) ...150 B2
Jussac (15) ...140 A4
Jussarupt (88) ...70 B4
Jussas (17) ...135 G1
Jussat-sur-Randan ...127 G1
Jussecourt-Minecourt (51) ...46 C4
Jussey (70) ...87 E1
Jussy (02) ...21 H2
Jussy (57) ...26 B5
Jussy (89) ...83 G2
Jussy-Champagne (18) ...98 A3
Jussy-le-Chaudrier (18) ...98 C2
Justian (32) ...165 F3
Justine-Herbigny (08) ...23 G3
Justiniac (09) ...183 G3
Jutigny (77) ...64 D1
Juvaincourt (88) ...69 F2
Juvancourt (10) ...67 F4
Juvanzé (10) ...67 E3
Juvardeil (49) ...77 E3
Juvelize (57) ...49 G4
Juvignac (34) ...171 E5
Juvigné (53) ...58 B3
Juvignies (60) ...20 A3
Juvigny (02) ...22 A4
Juvigny (51) ...45 H2
Juvigny (74) ...118 C4
Juvigny-en-Perthois (55) ...47 E6
Juvigny-le-Tertre (50) ...37 G5
Juvigny-sous-Andaine (61) ...38 B6
Juvigny-sur-Loison (55) ...25 E4
Juvigny-sur-Orne (61) ...39 F5
Juvigny-sur-Seulles (14) ...16 A4
Juville (57) ...49 E2
Juvinas (07) ...157 F1
Juvincourt-et-Damary (02) ...22 D4
Juvisy-sur-Orge (91) ...42 D5
Juvrecourt (54) ...49 F4
Juxue (64) ...179 E2
Juzanvigny (10) ...67 E2
Juzennecourt (52) ...67 G4
Juzes (31) ...184 A1
Juzet-de-Luchon (31) ...196 A4
Juzet-d'Izaut (31) ...182 B5
Juziers (78) ...42 A2

K

Kalhausen (57) ...27 H6
Kaltenhouse (67) ...51 F3
Kanfen (57) ...26 B2
Kappelen (68) ...89 G2
Kappelkinger (57) ...27 G6
les Karellis ...146 D1
Katzenthal (68) ...71 F4
Kauffenheim (67) ...51 G3
Kaysersberg (68) ...71 F4
Kédange-sur-Canner (57) ...26 C3
Keffenach (67) ...29 E6
Kembs (68) ...89 G2
Kemplich (57) ...26 D3
Keralio ...32 D1
Keramanac'h ...32 C3
Keraménez ...31 E5
Keraudy ...32 C3
Kerbach (57) ...27 G4
Kerbors (22) ...33 E1
Kerdéniel ...31 E5
Kerfany-les-Pins ...54 A4
Kerfeunteun ...53 F2
Kerfot (22) ...33 F2
Kerfourn (56) ...55 F3
Kergloff (29) ...32 B6
Kergoat ...53 F1
Kergrist (56) ...55 F2
Kergrist-Moëlou (22) ...32 D6
Kergroadés ...30 C4
Kerguet ...72 D2
Kerhinet ...73 F3
Kerhostin ...72 B1
Kerien (22) ...32 D5
Kerity ...53 E4
Kerity ...33 F2
Kerlaz (29) ...53 E2

Kerling-lès-Sierck (57) 26C3
Kerlouan (29) 31 E2
Kermaria 33 F3
Kermaria-Sulard (22) 32 D2
Kermorgan 55 F3
Kermoroc'h (22) 32 D3
Kernascléden (56) 54 C3
Kernével 53 H3
Kernilis (29) 31 E3
Kernitron 32 A3
Kernouës (29) 31 E3
Kerouat 31 G5
Kerpert (22) 33 E5
Kerprich-aux-Bois (57) 50 A4
Kerroué Braz 32 C4
Kersaint-Plabennec (29) 31 E4
Kertzfeld (67) 71 G1
Kervignac (56) 54 D5
Keskastel (67) 27 H6
Kesseldorf (67) 51 G2
Kienheim (67) 50 D4
Kientzheim (68) 71 F4
Kiffis (68) 89 F4
Killem (59) 2 C2
Kilstett (67) 51 F4
Kindwiller (67) 50 D3
Kingersheim (68) 89 F1
Kintzheim (67) 71 F2
Kirchberg (68) 88 D1
Kirchheim (67) 50 D5
Kirrberg (67) 50 A3
Kirrwiller (67) 50 D3
Kirsch-lès-Sierck (57) 26 D2
Kirschnaumen (57) 26 D3
Kirviller (57) 50 A2
Klang (57) 26 D3
Kleingœft (67) 50 D4
Knœringue (68) 89 G3
Knœrsheim (67) 50 D4
Knutange (57) 26 B3
Kœnigsmacker (57) 26 C3
Kœstlach (68) 89 F4
Kœtzingue (68) 89 G2
Kœur-la-Grande (55) 47 G3
Kœur-la-Petite (55) 47 G3
Kogenheim (67) 71 G2
Kolbsheim (67) 51 E5
Krautergersheim (67) 50 D6
Krautwiller (67) 51 E4
le Kremlin-Bicêtre (94) 42 D4
Kriegsheim (67) 51 E3
Kruth (68) 70 D6
Kuhlendorf 51 F2
Kunheim (68) 71 G4
Kuntzig (57) 26 C3
Kurtzenhouse (67) 51 F4
Kuttolsheim (67) 50 D5
Kutzenhausen (67) 29 E6

L

Laà-Mondrans (64) 163 F6
Laas (32) 181 G1
Laas (45) 63 F5
Laàs (64) 179 G1
Labalme (01) 117 F5
Labarde (33) 135 E4
Labaroche (68) 71 E4
Labarrère (32) 165 E2
Labarthe 140 C6
Labarthe (32) 182 A1
Labarthe (82) 152 B6
Labarthe-Bleys (81) 168 A1
Labarthe-Inard (31) 182 C4
Labarthe-Rivière (31) 182 A4
Labarthe-sur-Lèze (31) ...183 F1
Labarthète (32) 164 C5
Labassère (65) 181 E4
Labastide (65) 181 G5
Labastide-Beauvoir (31) ...183 H1
Labastide-Castel-
 -Amouroux (47) 150 B4
Labastide-Cézéracq (64) 180 A1
Labastide-Chalosse (64) 163 G5
Labastide-Clermont (31) 182 D2
Labastide-d'Anjou (11) 184 B2
Labastide-d'Armagnac (40) ...164 C2
Labastide-de-Lévis (81) 168 A2
Labastide-de-Penne (82) 152 D5
Labastide-de-Virac (07) 157 G4
Labastide-Dénat (81) 168 C3
Labastide-du-Haut-Mont (46).139 G6
Labastide-du-Temple (82) ...166 D1
Labastide-du-Vert (46) 152 B3
Labastide-en-Val (11) 185 F4
Labastide-
 -Esparbairenque (11) 185 E2
Labastide-Gabausse (81) ...168 B1
Labastide-Marnhac (46) 152 C4
Labastide-Monréjeau (64) ...180 A1
Labastide-Murat (46) 152 D2
Labastide-Paumès (31) 182 C3
Labastide-Rouairoux (81) ...185 G1
Labastide-Saint-Georges (81).167 H4
Labastide-Saint-Pierre (82)..167 E2
Labastide-Saint-Sernin (31).167 F4
Labastide-Savès (32) 166 B6
Labastide-sur-Bésorgues (07).157 F1
Labastidette (31) 183 E1
Labathude (46) 153 G1
Labatie-d'Andaure (07) 143 G4
Labatmale (64) 180 D3
Labatut (09) 183 G3
Labatut (40) 163 E6
Labatut (64) 181 E1
Labatut-Rivière (65) 164 D6
Labbeville (95) 42 C1
Labeaume (07) 157 F3

Labécède-Lauragais (11) 184 C2
Labège (31) 167 F6
Labégude (07) 157 G2
Labéjan (32) 165 G6
Labenne (40) 162 B5
Labenne Océan 162 B5
Labergement-du-Navois (25)..103 G3
Labergement-Foigney (21) ...102 A1
Labergement-
 -lès-Auxonne (21) 102 B2
Labergement-lès-Seurre (21).101 H3
Labergement-
 -Sainte-Marie (25) 103 H5
Laberlière (60) 21 E3
Labescau (33) 150 A3
Labesserette (15) 154 B1
Labessette (63) 126 B5
Labessière-Candeil (81) ...168 A4
Labets-Biscay (64) 179 F1
Labeuville (55) 48 A1
Labeyrie (64) 163 G6
Lablachère (07) 157 F3
Laboissière-en-Santerre (80) .21 E2
Laboissière-en-Thelle (60) ...20 B6
Laborde (65) 181 G5
Laborel (26) 159 G4
Labosse (60) 19 H5
Labouheyre (40) 148 C5
Laboulbène (81) 168 C5
Laboule (07) 157 E2
Labouquerie (24) 151 G1
Labourgade (82) 166 C2
Labourse (62) 2 D6
Laboutarie (81) 168 B4
Labretonie (47) 150 D3
Labrihe (32) 166 B4
Labrit (40) 149 F6
Labroquère (31) 182 A5
Labrosse (45) 63 G4
Labrousse (15) 140 B5
Labroye (62) 9 E2
Labruguière (81) 168 C6
Labruyère (21) 102 A3
Labruyère (60) 20 D5
Labruyère-Dorsa (31) 183 G1
Labry (54) 26 A5
Laburgade (46) 152 D4
Lac-des-Rouges-Truites (39)..103 F6
le Lac-d'Issarlès (07) 142 D6
Lacabarède (81) 185 F1
Lacadée (64) 163 G6
Lacajunte (40) 164 A5
Lacalm (12) 140 D6
Lacam-d'Ourcet (46) 139 F6
Lacanau (33) 134 B4
Lacanau-Océan 134 A4
Lacanche (21) 101 E2
Lacapelle-Barrès (15) 140 C5
Lacapelle-Biron (47) 151 G2
Lacapelle-Cabanac (46) 152 A3
Lacapelle-del-Fraisse (15) ..140 A6
Lacapelle-Livron (82) 153 E5
Lacapelle-Marival (46) 153 F1
Lacapelle-Pinet (81) 168 D1
Lacapelle-Ségalar (81) 168 A1
Lacapelle-Viescamp (15) ...139 H5
Lacarre (64) 179 E3
Lacarry-Arhan-
 -Charritte-de-Haut (64) 179 F4
Lacassagne (65) 181 F2
Lacaugne (31) 183 E2
Lacaune (81) 169 F4
Lacaussade (47) 151 G3
Lacave (09) 182 D5
Lacave (46) 138 D6
Lacaze (81) 169 E4
Lacelle (19) 125 E4
Lacenas (69) 129 H1
Lacépède (47) 151 E4
Lachaise (16) 121 H5
Lachalade (55) 46 D1
Lachambre (57) 27 F5
Lachamp (48) 155 H2
Lachamp-Raphaël (07) 143 F6
Lachapelle (47) 150 C2
Lachapelle (54) 70 C1
Lachapelle (80) 20 A1
Lachapelle (82) 166 B2
Lachapelle-aux-Pots (60) ...19 H4
Lachapelle-Auzac (46) 138 C5
Lachapelle-en-Blaisy (52) ...67 G4
Lachapelle-Graillouse (07) ..142 D6
Lachapelle-Saint-Pierre (60)..20 B6
Lachapelle-
 -sous-Aubenas (07) 157 G2
Lachapelle-
 -sous-Chanéac (07) 143 F4
Lachapelle-sous-Chaux (90) ..88 C1
Lachapelle-
 -sous-Gerberoy (60) 19 H3
Lachapelle-
 -sous-Rougemont (90) 88 D2
Lachassagne (69) 129 H1
Lachau (26) 159 G5
Lachaussée (55) 48 A2
Lachaussée-
 -du-Bois-d'Écu (60) 20 B3
Lachaux (63) 128 A1
Lachelle (60) 21 E4
Lachy (51) 44 D4
Lacollonge (90) 88 D2
Lacombe (11) 184 D1
Lacommande (64) 180 A2
Lacoste (24) 170 C5
Lacoste (84) 173 G3
Lacougotte-Cadoul (81) 167 H5
Lacour (82) 151 H5
Lacour-d'Arcenay (21) 84 C6
Lacourt (09) 183 E5
Lacourt-Saint-Pierre (82) ...166 D2

Lacoux 131 F1
Lacq (64) 180 A1
Lacquy (40) 164 B2
Lacrabe (40) 163 G5
Lacres (62) 1 F5
Lacroisille (81) 168 A6
Lacroix-Barrez (12) 140 C6
Lacroix-Falgarde (31) 167 E6
Lacroix-Saint-Ouen (60) ...21 F5
Lacroix-sur-Meuse (55) 47 G2
Lacropte (24) 137 G4
Lacrost (71) 116 C1
Lacrouzette (81) 168 D5
Lacs (36) 111 H1
La Cure 118 B2
Ladapeyre (23) 111 H4
Ladaux (33) 149 H1
Ladern-sur-Lauquet (11) ...185 E3
Ladevèze-Rivière (32) 164 D6
Ladevèze-Ville (32) 164 D6
Ladignac-le-Long (87) 124 A5
Ladignac-sur-Rondelles (19) .139 E2
Ladinhac (15) 154 B1
Ladirat (46) 139 F6
Ladiville (16) 122 A5
Ladoix-Serrigny (21) 101 G2
Ladon (45) 63 H6
Lados (33) 150 A3
Ladoye-sur-Seille (39) 102 D5
Laduz (89) 83 F1
Lafage (11) 184 B3
Lafage-sur-Sombre (19) ...139 G2
Lafare (84) 158 C6
Lafarge (24) 124 D5
Lafarre (07) 143 G3
Lafarre (43) 142 D5
Lafat (23) 111 E4
Lafauche (52) 68 C3
Laféline (03) 113 G3
Laferté-sur-Amance (52) ...86 D1
Laferté-sur-Aube (52) 67 F5
Lafeuillade-en-Vézie (15) ..140 B6
Laffaux (02) 22 B4
Laffite-Toupière (31) 182 C4
Laffitole (65) 181 E1
Lafitte (82) 166 C2
Laffrey (38) 145 G3
Lafitte-sur-Lot (47) 150 D4
Lafitte-Vigordane (31) 183 E2
Lafox (47) 151 F6
Lafrançaise (82) 152 B6
Lafraye (60) 20 B4
Lafresguimont-
 -Saint-Martin (80) 19 H1
Lafrimbolle (57) 50 A5
Lagamas (34) 170 D5
Lagarde (09) 184 B5
Lagarde (31) 183 H2
Lagarde (32) 165 G2
Lagarde (57) 49 G4
Lagarde (65) 181 E2
Lagarde-d'Apt (84) 174 A2
Lagarde-Enval (19) 139 E2
Lagarde-Hachan (32) 181 H1
Lagarde-Paréol (84) 158 B5
Lagarde-sur-le-Né (16) ...121 H5
Lagardelle (46) 152 A3
Lagardelle-sur-Lèze (31) ...183 F1
Lagardère (32) 165 F3
Lagardiolle (81) 168 B6
Lagarrigue (47) 150 D5
Lagarrigue (81) 168 C6
Lageon (79) 93 F5
Lagery (51) 22 D6
Lagesse (10) 66 B5
Laghet 177 F5
Lagleygeolle (19) 138 D3
Laglorieuse (40) 164 A3
Lagnes (84) 173 F2
Lagney (54) 48 B4
Lagnicourt-Marcel (62) 10 C3
Lagnieu (01) 130 D1
Lagny (60) 21 F3
Lagny-le-Sec (60) 43 F4
Lagny-sur-Marne (77) 43 F4
Lagor (64) 179 H1
Lagorce (07) 157 G3
Lagorce (33) 135 H3
Lagord (17) 106 C4
Lagos (64) 180 C3
Lagrâce-Dieu (31) 183 F2
Lagrand (05) 159 H4
Lagrange (40) 164 C2
Lagrange (65) 181 G4
Lagrange (90) 88 D2
Lagrasse (11) 185 G4
Lagraulet-du-Gers (32) 165 E2
Lagraulet-Saint-Nicolas (31)..166 C4
Lagraulière (19) 138 D1
Lagrave (81) 168 A3
Lagruère (47) 150 C4
Laguenne (19) 139 E2
Laguépie (82) 153 G6
Laguian-Mazous (32) 181 F1
Laguinge-Restoue (64) 179 G4
Laguiole (12) 155 E1
Lagupie (47) 150 B2
Lahage (31) 182 D1
Lahas (32) 166 B6
Lahaymeix (55) 47 G3
Lahayville (55) 48 A3
Laheycourt (55) 47 E3
Lahitère (31) 183 E4
Lahitte (32) 165 F1
Lahitte (65) 181 H5
Lahitte-Toupière (65) 181 E1
Lahonce (64) 162 B6
Lahontan (64) 163 E6
Lahosse (40) 163 F4
Lahourcade (64) 180 A2
Lahoussoye (80) 9 H5

Laifour (08) 13 E5
la Laigne (17) 107 F4
Laigné (53) 76 C1
Laigné-en-Belin (72) 78 B1
Laignelet (35) 58 A2
Laignes (21) 84 D1
Laigneville (60) 20 D5
Laigny (02) 11 H6
Lailly (89) 65 F3
Lailly-en-Val (45) 80 C2
Lain (89) 83 E3
Laines-aux-Bois (10) 66 A4
Lains (39) 117 F3
Lainsecq (89) 83 E4
Lainville-en-Vexin (78) ...42 A2
Laire (25) 88 C3
Laires (62) 2 B6
Lairière (11) 185 F5
Lairoux (85) 91 G6
Laissac (12) 154 D4
Laissaud (73) 132 A5
Laissey (25) 87 G6
Laître-sous-Amance (54) ...48 D4
Laives (71) 101 G6
Laix (54) 25 H4
Laiz (01) 116 B4
Laizé (71) 116 B3
Laize-la-Ville (14) 16 B5
Laizy (71) 100 C4
Lajo (48) 141 H6
Lajoux (39) 118 A3
Lalacelle (61) 59 G1
Laladenne 83 E3
Lalande (89) 83 E4
Lalande-de-Pomerol (33) ...135 H4
Lalande-en-Son (60) 19 G5
Lalandelle (60) 19 H5
Lalandusse (47) 151 E1
Lalanne (32) 165 H3
Lalanne (65) 182 A3
Lalanne-Arqué (32) 182 A2
Lalanne-Trie (65) 181 G2
Lalaye (67) 71 E2
Lalbarède (81) 168 B5
Lalbenque (46) 152 D4
Laleu (61) 39 H6
Laleu (80) 9 E5
Lalevade-d'Ardèche (07) ...157 F1
Lalheue (71) 101 G6
Lalinde (24) 137 F6
Lalizolle (03) 113 F5
Lallaing (59) 10 D1
Lalley (38) 145 G6
Lalley-le-Jocou (38) 145 G6
Lalleyriat (01) 117 H5
Lalobbe (08) 23 G2
Lalœuf (54) 69 F1
Lalongue (64) 164 B6
Lalonquette (64) 164 B6
Laloubère (65) 181 E3
Lalouret-Laffiteau (31) ...182 B3
Lalouvesc (07) 143 G3
Laluque (40) 163 E3
Lama (2B) 203 E5
Lamadeleine-
 -Val-des-Anges (90) 88 D1
Lamagdelaine (46) 152 C3
Lamagistère (82) 151 G6
Lamaguère (32) 165 H6
Lamaids (03) 112 C4
Lamalou-les-Bains (34) 170 A4
Lamancine (52) 67 H4
Lamanère (66) 199 F6
Lamanon (13) 173 F4
Lamarche (88) 68 D5
Lamarche-sur-Saône (21) ...86 B6
Lamargelle (21) 85 G4
Lamaronde (80) 19 H1
Lamarque (33) 135 E3
Lamarque-Pontacq (65) 180 D3
Lamarque-Rustaing (65) 181 G2
Lamasquère (31) 183 E1
Lamastre (07) 143 G4
Lamath (54) 49 E6
Lamativie (46) 139 G5
Lamayou (64) 181 E1
Lamazère (32) 165 G6
Lamazière-Basse (19) 139 G1
Lamazière-Haute (19) 126 A4
Lambach (57) 28 B6
Lamballe (22) 34 A5
les Lamberts (13) 132 B5
Lamberville (50) 37 H1
Lamberville (76) 7 G3
Lambesc (13) 173 G5
Lamblore (28) 40 C6
Lambrecht 29 F2
Lambres (62) 2 B5
Lambres-lez-Douai (59) ...10 D2
Lambruisse (04) 161 E6
Laméac (65) 181 F2
Lamécourt (60) 20 D4
Lamelouze (30) 156 D6
Lamenay-sur-Loire (58) ...99 G5
Lamérac (16) 121 H6
Lametz (08) 24 A3
Lamillarié (81) 168 B3
Lammerville (76) 7 G3
Lamnay (72) 61 E5
Lamongerie (19) 124 D5
Lamontélarié (81) 169 E5
Lamontgie (63) 127 G6
Lamontjoie (47) 165 G1
Lamonzie-Montastruc (24) ..137 E5
Lamonzie-Saint-Martin (24) .136 D5
Lamorlaye (60) 43 E1

Lamorville (55) 47 H2
Lamothe 154 A1
Lamothe (40) 163 G3
Lamothe (43) 141 H1
Lamothe-Capdeville (82) ...167 E1
Lamothe-Cassel (46) 152 D2
Lamothe-Cumont (82) 166 B3
Lamothe-en-Blaisy (52) ...67 G3
Lamothe-Fénelon (46) 138 C6
Lamothe-Goas (32) 165 G3
Lamothe-Landerron (33) ...150 B2
Lamothe-Montravel (24) ...136 A5
Lamotte-Beuvron (41) 81 E4
Lamotte-Brebière (80) 9 G6
Lamotte-Buleux (80) 8 D3
Lamotte-du-Rhône (84) 158 A5
Lamotte-Warfusée (80) 10 A6
Lamouilly (55) 25 E3
Lamoura (39) 118 A3
Lampaul-Guimiliau (29) ...31 G4
Lampaul-Plouarzel (29) ...30 C4
Lampaul-Ploudalmézeau (29)..30 D3
Lampertheim (67) 51 E4
Lampertsloch (67) 29 E6
Lamure-sur-Azergues (69) ..115 H6
Lanans (25) 88 A6
Lanarce (07) 156 D1
Lanarvily (29) 31 E3
Lanas (07) 157 G3
Lanau 141 E5
Lancé (41) 79 G3
Lancey 145 H2
Lancharre 116 B1
Lancheneil 58 C5
Lanches-Saint-Hilaire (80) ...9 F4
Lanchy (02) 21 G1
Lanclé (69) 116 A5
Lancieux (22) 34 C4
Lancôme (41) 79 G3
Lançon (08) 24 B5
Lançon (65) 181 G6
Lançon-Provence (13) 173 F5
Lancrans (01) 118 A5
Landal 35 F5
Landange (57) 50 A5
Landas (59) 3 H6
Landaul (56) 55 E5
Landaville le Haut 68 B3
Landavran (35) 57 H2
la Lande-Chasles (49) 77 G5
la Lande-d'Airou (50) 35 H2
la Lande-de-Fronsac (33) ..135 G4
la Lande-de-Goult (61) 39 E6
la Lande-de-Lougé (61) ...38 D5
la Lande-Patry (61) 38 B4
la Lande-Saint-Léger (27) ...17 G3
la Lande-Saint-Siméon (61) .38 C4
la Lande-sur-Drôme (14) ...37 H1
la Lande-sur-Eure (61) 40 C6
Landéan (35) 58 A2
Landebaëron (22) 32 D3
Landébia (22) 34 B4
le Landec (22) 34 C5
Landécourt (54) 49 E6
Landéda (29) 30 D3
Landéhen (22) 33 H5
Landeleau (29) 32 A6
Landelles (28) 61 H1
Landelles-et-Coupigny (14) ..37 G3
Landemer 14 B1
Landemont (49) 75 E5
Landepéreuse (27) 17 H6
Landerneau (29) 31 F4
Landeronde (85) 91 F4
Landerrouat (33) 136 B6
Landerrouet-sur-Ségur (33) .150 B1
Landersheim (67) 50 D4
Landes (17) 107 G6
Landes-Genusson (85) 92 A3
Landes-le-Gaulois (41) 79 G3
Landes-sur-Ajon (14) 16 A5
Landes-Vieilles-
 -et-Neuves (76) 19 G1
Landévant (56) 54 D5
Landévennec (29) 31 F6
Landevieille (85) 90 D4
Landeyrat (15) 140 D2
Landifay-
 -et-Bertaignemont (02) 22 C1
Landigou (61) 38 C4
le Landin (27) 18 B4
Landiras (33) 149 G2
Landisacq (61) 38 B4
Landivisiau (29) 31 G4
Landivy (53) 58 B1
Landogne (63) 126 C2
Landorthe (31) 182 B4
Landos (43) 142 C6
Landouzy-la-Cour (02) 12 A6
Landouzy-la-Ville (02) 12 B6
Landrais (17) 107 E6
le Landreau (44) 75 E5
Landrecies (59) 11 G4
Landrecourt-Lempire (55) ...47 F1
Landremont (54) 48 C3
Landres (54) 25 H5
Landres-et-
 -Saint-Georges (08) 24 C5
Landresse (25) 88 A6
Landrethun-le-Nord (62) ...1 G3
Landrethun-lès-Ardres (62)..1 H3
Landréville (10) 66 D5
Landrichamps (08) 13 F4
Landricourt (02) 22 A4
Landricourt (51) 46 C6
Landroff (57) 49 F2
Landry (73) 133 F4

Landser (68) 89 G2
Landudal (29) 53 G2
Landudec (29) 53 E2
Landujan (35) 56 D1
Landunvez (29) 30 C3
Lanespède (65) 181 F3
Lanester (56) 54 C5
Lanet (11) 185 F5
Laneuville (52) 68 D6
Laneuvelotte (54) 48 D4
Laneuveville-aux-Bois (54) .49 G5
Laneuveville-
 -derrière-Foug (54) 48 B5
Laneuveville-
 -devant-Bayon (54) 69 G1
Laneuveville-
 -devant-Nancy (54) 48 D5
Laneuveville-en-Saulnois (57).49 E3
Laneuveville-lès-Lorquin (57).50 A5
Laneuville-au-Pont (51) ...46 D6
Laneuville-au-Rupt (55) ...47 H5
Laneuville-sur-Meuse (55) ..24 D3
Laneuvilleroy (60) 20 D4
Lanfains (22) 33 F4
Lanfroicourt (54) 49 E4
Langan (35) 57 E1
Langast (22) 33 H6
Langatte (57) 50 A4
Langé (36) 96 B3
Langeac (43) 141 H3
Langeais (37) 78 C6
Langensoultzbach (67) 28 D6
Langeron (58) 98 D5
Langesse (45) 82 A2
Langey (28) 61 G5
Langlade (30) 171 H3
Langley (88) 69 G2
Langoat (22) 32 D2
Langoëlan (56) 54 D2
Langogne (48) 156 C1
Langoiran (33) 149 G1
Langolen (29) 53 F2
Langon (33) 149 H2
Langon (35) 56 D6
Langon (41) 96 D1
le Langon (85) 107 E2
Langonnet (56) 54 B2
Langouet (35) 57 E1
Langourla (22) 56 A1
Langres (52) 86 B1
Langrolay-sur-Rance (22) ..34 C4
Langrune-sur-Mer (14) 16 B3
Languédias (22) 34 C6
Languenan (22) 34 C4
Langueux (22) 33 G4
Languevoisin-Quiquery (80) .21 F1
Languidic (56) 54 D4
Languimberg (57) 49 H4
Langy (03) 114 A5
Lanhélin (35) 35 E1
Lanhères (55) 25 G6
Lanhouarneau (29) 31 F3
Lanildut (29) 30 C4
Laning (57) 27 H1
Laniscat (22) 55 E1
Laniscourt (02) 22 B4
Lanleff (22) 33 E2
Lanloup (22) 33 F1
Lanmérin (22) 32 D2
Lanmeur (29) 32 A2
Lanmodez (22) 33 E1
Lanne (65) 181 E4
Lanne-en-Barétous (64) ...179 G4
Lanne-Soubiran (32) 164 C3
Lannéanou (29) 32 B3
Lannebert (22) 33 F1
Lannecaube (64) 164 B6
Lannédern (29) 31 H5
Lannelou 56 C1
Lannemaignan (32) 164 B1
Lannemezan (65) 181 G3
Lannepax (32) 165 E3
Lanneplaà (64) 163 G6
Lanneray (28) 61 H4
Lannes (47) 165 F2
Lanneuffret (29) 31 F4
Lannilis (29) 30 D3
Lannion (22) 32 C2
Lannoy (59) 3 G5
Lannoy-Cuillère (60) 19 G3
Lannux (32) 164 B5
Lano (2B) 205 F2
Lanobre (15) 126 B4
Lanouaille (24) 124 A6
Lanouée (56) 55 H3
Lanoux (09) 183 G4
Lanquais (24) 137 F6
Lanques-sur-Rognon (52) ...68 A5
Lanquetot (76) 6 D5
Lanrelas (22) 56 B1
Lanrigan (35) 35 E6
Lanrivain (22) 32 D5
Lanrivoaré (29) 30 C4
Lanrodec (22) 33 F4
Lans (71) 101 H5
Lans-en-Vercors (38) 145 F2
Lansac (33) 135 F3
Lansac (65) 181 F3
Lansac (66) 199 H4
Lansalaün 55 E2
Lansargues (34) 171 H5
Lanslebourg-Mont-Cenis (73).147 F1
Lanslevillard (73) 147 F1
Lanta (31) 167 H6
Lantabat (64) 179 E3
Lantages (10) 66 B5
Lantan (18) 98 A4
Lantéfontaine (54) 26 A4
Lantenay (01) 117 F6
Lantenay (21) 85 F5
Lantenne-Vertière (25) ...103 E1

Lantenot (70) 88 A2
la Lanterne-
　-et-les-Armonts (70) ..88 A1
Lanteuil (19) 138 D3
Lanthenans (25) 88 B5
Lanthenay (41) 80 C6
Lanthes (21) 102 A3
Lanthiern 73 F2
Lantignié (69) 116 A5
Lantillac (56) 55 G4
Lantilly 99 G1
Lantilly (21) 84 D1
Lanton (31) 148 C1
Lantosque (06) 177 E3
Lantriac (43) 142 D4
Lanty (58) 99 H5
Lanty-sur-Aube (52) 67 F5
Lanuéjols (30) 155 H6
Lanuéjols (48) 156 A3
Lanuéjouls (12) 153 H4
Lanvallay (22) 34 D5
Lanvaudan (56) 54 D4
Lanvellec (22) 32 C3
Lanvénégen (56) 54 B3
Lanvéoc (29) 30 D5
Lanville 122 B2
Lanvollon (22) 33 F3
Lanzac (46) 138 C5
Laon (02) 22 C3
Laons (28) 41 E5
Lapalisse (03) 114 B4
Lapalud (84) 158 A5
Lapan (18) 97 F4
Lapanouse (12) 155 F4
Lapanouse-de-Cernon (12) ..170 A2
Laparade (47) 150 D4
Laparrouquial (81) 168 A1
Lapège (09) 197 H4
Lapenche (82) 152 D5
Lapenne (09) 184 A4
Lapenty (50) 37 G6
Laperche (47) 150 D2
Laperrière-sur-Saône (21) ..102 B2
Lapeyre (65) 181 G2
Lapeyrère (31) 183 F3
Lapeyrouse 152 B6
Lapeyrouse (01) 130 B1
Lapeyrouse (63) 113 E5
Lapeyrouse-Fossat (31) 167 F5
Lapeyrouse-Mornay (26) ..144 B1
Lapeyrugue (15) 154 C1
Lapleau (19) 139 G2
Laplume (47) 151 E6
Lapoutroie (68) 71 E3
Lapouyade (33) 135 G3
Lappion (02) 23 E3
Laprade (11) 184 D1
Laprade (16) 136 C2
Laprugne (03) 128 B1
Laps (63) 127 G4
Lapte (43) 143 E2
Lapugnoy (62) 2 C6
Laquenexy (57) 26 C5
Laqueuille (63) 126 C4
Laragne-Montéglin (05) ..159 H4
Larajasse (69) 129 G4
Laramière (46) 153 F4
Laran (65) 181 H3
Larbey (40) 163 G4
Larbont (09) 183 F5
Larbroye (60) 21 G3
Larcan (31) 182 B3
Larcat (09) 198 A2
Larçay (37) 79 E6
Larceveau-Arros-Cibits (64) ..179 E2
Larchamp (53) 58 B2
Larchamp (61) 38 A5
Larchant (77) 63 H3
Larche (04) 161 G3
Larche (19) 138 C3
Larderet (39) 103 F4
Lardier-et-Valença (05) ..160 B3
Lardières 20 B2
Lardiers (04) 174 B1
Lardin-Saint-Lazare (24) ..138 A3
Lardy (91) 63 F1
Larée (32) 164 C2
Laréole (31) 166 C4
Largeasse (79) 93 E6
Largentière (07) 157 F2
Largillay-Marsonnay (39) ..117 G3
Largitzen (68) 89 E3
Largny-sur-Automne (02) ..21 G6
Larians-et-Munans (70) ..87 G5
Larivière (90) 88 D2
Larivière-Arnoncourt (52) ..68 C5
Larmor-Baden (56) 72 C1
Larmor-Plage (56) 54 C5
Larnage (26) 144 B3
Larnagol (46) 153 E3
Larnas (07) 157 H3
Larnat (09) 197 H4
Larnaud (39) 102 C6
Larnod (25) 103 F1
Laroche-près-Feyt (19) ..126 B4
Laroche-Saint-Cydroine (89) ..65 F6
Larochemillay (58) 100 B4
Larodde (63) 126 B5
Laroin (64) 180 B2
Laronxe (54) 49 F6
Laroque (33) 149 G1
Laroque (34) 171 E2
Laroque-de-Fa (11) 185 F5
Laroque-des-Albères (66) ..200 D4
Laroque-des-Arcs (46) ..152 C3
Laroque-d'Olmes (09) ..184 B5
Laroque-Timbaut (47) ..151 F5
Laroquebrou (15) 139 G4
Laroquevieille (15) 140 B4

Larouillies (59) 12 A4
Larra (31) 166 D4
Larrau (64) 179 F4
Larrazet (82) 166 C2
Larré (56) 55 H6
Larré (61) 60 A1
Larressingle (32) 165 F2
Larressore (64) 178 C1
Larret (70) 86 D3
Larreule (64) 163 H6
Larreule (65) 181 E1
Larrey (21) 84 D1
Larribar-Sorhapuru (64) ..179 F2
Larringes (74) 119 E3
Larrivière (40) 164 A4
Larrivoire (39) 117 H3
Larroque (31) 182 A3
Larroque (65) 181 H2
Larroque (81) 167 G2
Larroque-Engalin (32) ..165 G2
Larroque-Saint-Sernin (32) ..165 G3
Larroque-sur-l'Osse (32) ..165 F2
Larroque-Toirac (46) ..153 F3
Lartigue (32) 165 H6
Lartigue (33) 150 A5
Laruns (64) 180 B5
Laruscade (33) 135 G3
Larzac (24) 151 H1
Larzicourt (51) 46 C5
Lasalle (30) 171 F1
Lasbordes (11) 184 C2
Lascabanes (46) 152 B4
Lascaux (19) 138 B1
Lascazères (65) 164 C6
Lascelle (15) 140 B4
Lasclaveries (64) 180 C1
Lasfaillades (81) 169 E6
Lasgraisses (81) 168 B3
Laslades (65) 181 F3
Lassales (65) 181 H3
Lassay-les-Châteaux (53) ..59 E1
Lassay-sur-Croisne (41) ..80 B6
Lasse (49) 77 H4
Lasse (64) 178 D3
Lasserade (32) 164 D5
Lasséran (32) 165 G5
Lasserre (31) 166 D5
Lasserre (47) 165 F1
Lasserre (64) 164 C6
Lasserre-de-Prouille (11) ..184 C3
Lasseube (64) 180 B3
Lasseube-Propre (32) ..165 H5
Lasseubetat (64) 180 B3
Lassicourt (10) 66 D2
Lassigny (60) 21 F3
Lasson (14) 33 G4
Lasson (89) 65 H5
Lassouts (12) 155 E3
Lassur (09) 198 A2
Lassy (14) 38 B3
Lassy (35) 56 D4
Lassy (95) 43 E2
Lastic (15) 141 F3
Lastic (63) 126 B3
Lastours (11) 152 C6
Lastours (11) 185 E2
Lasvaux 138 D4
Lataule (60) 21 E3
le Latet (39) 103 F5
la Latette (39) 103 G5
Lathuile (74) 132 B2
Lathus-Saint-Rémy (86) ..110 A4
Latillé (86) 108 C1
Latilly (02) 44 B1
Latoue (31) 182 B3
Latouille-Lentillac (46) ..139 F5
Latour 142 C4
Latour (31) 183 E3
Latour-Bas-Elne (66) ..201 E3
Latour-de-Carol (66) ..198 B5
Latour-de-France (66) ..199 G2
Latour-en-Woëvre (55) ..48 A1
Latrape (31) 183 F3
Latrecey-
　-Ormoy-sur-Aube (52) ..67 G6
Latresne (33) 135 F6
Latrille (40) 164 B5
Latronche (19) 139 H2
Latronquière (46) 139 G6
Lattainville (60) 19 H6
Lattes (34) 171 F6
Lattre-Saint-Quentin (62) ..10 A2
Lau-Balagnas (65) ..180 D5
Laubach (67) 51 E2
Laubert (48) 156 A2
les Laubies (48) 155 H1
Laubressel (10) 66 C3
Laubrières (53) 58 A6
Laucourt (80) 21 E2
Laudrefang (57) 27 E5
Laudun-l'Ardoise (30) ..158 A6
Laugerie-Haute 137 H5
Laugnac (47) 151 E5
Laujuzan (32) 164 C3
Laulne (50) 14 D5
Laumesfeld (57) 26 D3
Launac (31) 166 D4
Launaguet (31) 167 E5
Launay 19 G4
Launay (27) 40 B1
Launay-Villiers (53) ..58 B4
Launois-sur-Vence (08) ..23 H2
Launoy (02) 22 B6
Launstroff (57) 26 D2
la Laupie (26) 158 B2
Laurabuc (11) 184 B3
Laurac (11) 184 B3
Laurac-en-Vivarais (07) ..157 F3
Lauraët (32) 165 G2

Lauraguel (11) 184 D4
Laure-Minervois (11) 185 F3
Laurède (40) 163 F4
Laurenan (22) 55 H1
Laurens (34) 170 A6
Lauresses (46) 139 G6
Lauret (34) 171 F3
Lauret (40) 164 A5
Laurie (15) 141 F2
Laurière (87) 110 D6
Lauroux (34) 170 A4
Laussonne (43) 142 D4
Laussou (47) 151 G2
Lautenbach (68) 71 E5
Lautenbachzell (68) 71 E5
Lauthiers (86) 109 G1
Lautignac (31) 182 D2
Lautrec (81) 168 B4
Lauw (68) 88 D1
Lauwin-Planque (59) 10 C1
Lauzach (56) 73 E1
Lauzerte (82) 152 A5
Lauzerville (31) 167 F6
Lauzès (46) 152 D2
le Lauzet-Ubaye (04) ..161 E3
Lauzun (47) 151 E2
Lavacquerie (60) 20 B2
Laval (38) 145 H1
Laval (53) 58 C5
Laval-Atger (48) 142 B6
Laval-d'Aix (26) 159 F1
Laval-d'Aurelle (07) 156 D2
Laval-de-Cère (46) 139 F5
Laval-Dieu 13 F6
Laval-du-Tarn (48) 155 H4
Laval-en-Brie (77) 64 C2
Laval-en-Laonnois (02) 22 C4
Laval-le-Prieuré (25) 104 B1
Laval-Morency (08) 12 D6
Laval-Pradel (30) 157 E5
Laval-Roquecezière 169 E4
Laval-Roquecezière (12) ..169 E4
Laval-Saint-Roman (30) ..157 H5
Laval-sur-Doulon (43) ..142 A1
Laval-sur-Luzège (19) ..139 G2
Laval-sur-Tourbe (51) 46 B1
Laval-sur-Vologne (88) 70 B3
Lavalade (24) 151 G1
Lavaldens (38) 145 H4
Lavalette (11) 184 D3
Lavalette (31) 167 F5
Lavalette (34) 170 B5
Lavallée (55) 47 F4
Lavancia-Epercy (39) ..117 G3
le Lavandou (83) 192 B5
Lavangeot (39) 102 D2
Lavannes (51) 23 F5
Lavans-lès-Dole (39) 102 D1
Lavans-lès-Saint-Claude (39)..117 H3
Lavans-Quingey (25) 103 E2
Lavans-sur-Valouse (39) ..117 G3
Lavans-Vuillafans (25) 103 H2
Lavaqueresse (02) 11 G5
Lavardac (47) 150 C6
Lavardens (32) 165 G4
Lavardin (41) 79 F2
Lavardin (72) 60 A5
Lavaré (72) 60 D5
Lavars (38) 145 G5
Lavastrie (15) 141 E5
Lavatoggio (2B) 202 C6
Lavau (10) 66 B3
Lavau (89) 82 C4
Lavau-sur-Loire (44) 74 A4
Lavaudieu (43) 141 H2
Lavaufranche (23) 112 B4
Lavault-de-Frétoy (58) 100 B2
Lavault-Sainte-Anne (03) ..112 D4
Lavaur (24) 151 H2
Lavaur (81) 167 H4
Lavaurette (82) 153 E6
Lavausseau (86) 108 C1
Lavaveix-les-Mines (23) ..111 H6
Lavazan (33) 150 A4
Laveissenet (15) 140 D3
Laveissière (15) 140 D3
Lavelanet (09) 184 A6
Lavelanet-
　-de-Comminges (31) ..182 D3
Laveline-devant-Bruyères (88) ..70 B3
Laveline-du-Houx (88) 70 B4
Lavenay (72) 78 D2
Laventie (62) 3 E5
Laveraët (32) 165 E6
Lavercantière (46) 152 B2
Laverdines (18) 98 B3
Lavergne (46) 139 E6
Lavergne (47) 150 D2
Lavernat (72) 78 B2
Lavernay (25) 87 E6
Lavernhe (12) 155 F5
Lavernose-Lacasse (31) ..183 E1
Lavernoy (52) 68 B6
Laverrière (60) 20 A2
Laversine (02) 21 H6
Laversines (60) 20 B4
Lavérune (34) 171 E5
Laveyron (26) 144 A2
Laveyrune (07) 156 D2
Laveyssière (24) 136 D5
Lavieu (42) 128 D5
Laviéville 69 G3
Lavigerie (15) 140 D3
Lavignac (87) 124 A3
Lavigney (70) 87 E2

Lavigny (39) 102 D5
Lavillatte (07) 156 D1
Laville-aux-Bois (52) 68 A5
Lavilledieu (07) 157 G2
Lavilleneuve (52) 68 C5
Lavilleneuve-aux-Fresnes 67 F3
Lavilletertre (60) 42 B1
Lavincourt (55) 47 E5
Laviolle (07) 143 F6
Laviron (25) 88 B6
Lavit (82) 166 B2
Lavoine (03) 128 B1
Lavoncourt (70) 87 E3
Lavours (01) 131 G2
Lavoûte-Chilhac (43) ..141 H3
Lavoûte-sur-Loire (43) ..142 C3
Lavoux (86) 109 F1
Lavoye (55) 47 E2
Lawarde-
　-Mauger-l'Hortoy (80) ..20 C2
Laxou (54) 48 D5
Lay (42) 129 E1
Lay-Lamidou (64) 179 H2
Lay-Saint-Christophe (54) ..48 D4
Lay-Saint-Remy (54) 48 A5
Laye (05) 160 B1
Laymont (32) 182 D1
Layrac (47) 151 F6
Layrac-sur-Tarn (31) 167 F3
Layrisse (65) 181 E4
Lays-sur-le-Doubs (71) ..102 B4
Laz (29) 53 H1
Lazenay (18) 97 G3
Lazenay (18) 97 E3
Lazer (05) 160 A4
Léalvillers (80) 9 H4
Léaupartie (14) 17 E4
Léaz (01) 118 A5
Lebetain (90) 88 D4
Lebeuville (54) 69 G1
Lebiez (62) 1 H6
Leboulin (32) 165 H5
Lebreil (46) 152 A5
Lebucquière (62) 10 C4
Lécaude (14) 17 E5
Lecci (2A) 207 G2
Lecelles (59) 3 H6
Lecey (52) 86 B1
Lechâtelet (21) 102 A2
Léchelle (62) 10 C4
Léchelle (77) 44 C6
la Léchère (73) 132 D4
la Léchère-les-Bains (73) ..132 D5
les Lèches (24) 136 D4
Lécluse (59) 10 C2
Lécousse (35) 58 A2
les Lecques (83) 191 E5
Lecques (30) 171 G3
Lect (39) 117 G3
Lectoure (32) 165 H2
Lécumberry (64) 179 E3
Lécussan (31) 181 H3
Lédas-et-Penthiès (81) ..168 D1
Lédat (47) 151 F3
Lédenon (30) 172 B2
Léderzeele (59) 2 B3
Ledeuix (64) 180 A3
Lédignan (30) 171 G2
Ledinghem (62) 1 H5
Ledringhem (59) 2 C3
Lée (64) 180 C2
Leers (59) 3 G4
Lées-Athas (64) 179 H5
Lefaux (62) 1 F6
Leffard (14) 38 D3
Leffincourt (08) 23 H4
Leffonds (52) 68 A6
Leffrinckoucke (59) 2 C1
Leforest (62) 10 C1
Lège (31) 182 A6
Lège (44) 91 F2
Lège-Cap-Ferret (33) ..134 B6
Légéville-et-Bonfays (88) ..69 G3
Léglantiers (60) 20 D4
Légna (39) 117 G2
Légny (69) 129 G2
Léguevin (31) 166 D5
Léguillac-de-Cercles (24) ..123 E6
Léguillac-de-l'Auche (24) ..137 E2
Léhaucourt (02) 11 E6
Léhon (22) 34 D5
Leigné-les-Bois (86) 94 D5
Leigné-sur-Usseau (86) ..94 C4
Leignes-sur-Fontaine (86) ..109 H2
Leigneux (42) 128 C3
Leimbach (68) 89 E1
Leintrey (54) 49 G5
Leiterswiller 29 E6
Lélex (01) 118 A3
Lelin-Lapujolle (32) ..164 C4
Lelling (57) 27 F6
Lemainville (54) 48 D6
le Lemay 55 H4
Lembach (67) 28 D6
Lemberg (57) 28 B6
Lembeye (64) 180 D1
Lembras (24) 137 E5
Lème (64) 164 A6
Leménil-Mitry (54) 69 G1
Lémeré (37) 94 B2
Lemmecourt (88) 68 D3
Lemmes (55) 47 F1
Lemoncourt (57) 49 E3
Lempaut (81) 168 B6
Lempdes (63) 127 F3
Lempdes-sur-Allagnon (43) ..141 G1
Lempire (02) 10 D5
Lemps (07) 144 A3

Lemps (26) 159 F4
Lempty (63) 127 G2
Lempzours (24) 137 G1
Lemud (57) 26 D6
Lemuy (39) 103 F4
Liénault (14) 38 B3
Lenax (03) 114 C4
Lencloître (86) 94 B5
Lencouacq (40) 149 G6
Lengelsheim (57) 28 B5
Lengronne (50) 35 H1
Lenharrée (51) 45 G4
Léning (57) 49 G2
Lennon (29) 53 H1
Lenoncourt (54) 49 E5
Lens (62) 10 B1
Lens-Lestang (26) 144 C3
Lent (01) 116 D5
Lent (39) 103 F5
Lente 145 E4
Lentigny (42) 128 C1
Lentillac-du-Causse (46) ..152 D2
Lentillac-Saint-Blaise (46) ..153 H2
Lentillères (07) 157 F2
Lentilles (10) 67 E1
Lentilly (69) 129 H2
Lentiol (38) 144 C1
Lento (2B) 203 F6
Léobard (46) 152 B1
Léogeats (33) 149 G3
Léognan (33) 135 E6
Léojac (82) 167 E2
Léon (40) 162 C2
Léoncel (26) 144 D5
Léotoing (43) 141 F1
Léouville (45) 63 E4
Léoville (17) 121 G6
Lépanges-sur-Vologne (88) ..70 B3
Lépaud (23) 112 B4
Lépin-le-Lac (73) 131 G5
Lépinas (23) 111 G6
Lépine (62) 8 C1
Lépron-les-Vallées (08) ..23 H1
Lepuix (90) 88 C1
Lepuix-Neuf (90) 89 E3
Léran (09) 184 B5
Lercoul (09) 197 H4
Léré (18) 82 B5
Léren (64) 162 D6
Lérigneux (42) 128 C4
Lerm-et-Musset (33) ..149 H4
Lerné (37) 94 A2
Lérouville (55) 47 H4
Lerrain (88) 69 G4
Léry (21) 85 G4
Léry (27) 18 D6
Lerzy (02) 11 H5
Lesbœufs (80) 10 B4
Lescar (64) 180 B2
Leschaux (74) 132 B2
Leschelles (02) 11 H5
Lescheraines (73) 132 A3
Leschères (39) 117 H2
Leschères-
　-sur-le-Blaiseron (52) ..67 G2
Lescherolles (77) 44 B5
Lescheroux (01) 116 D3
Lesches (77) 43 G3
Lesches-en-Diois (26) ..159 F2
Lescousse (09) 183 G4
Lescout (81) 168 B6
Lescun (64) 179 H5
Lescuns (31) 182 D3
Lescure (09) 183 E5
Lescure-d'Albigeois (81) ..168 B2
Lescure-Jaoul (12) 153 H5
Lescurry (65) 181 F2
Lesdain (59) 11 E4
Lesdins (02) 11 E6
Lesges (02) 22 B5
Lesgor (40) 163 F3
Lésignac-Durand (16) ..123 F2
Lésigny (77) 43 F5
Lésigny (86) 95 E5
le Leslay (22) 33 F5
Lesme (71) 114 C1
Lesménils (54) 48 C3
Lesmont (10) 66 D2
Lesneven (29) 31 F3
Lesparre-Médoc (33) ..134 C1
Lesparrou (09) 184 B6
Lespéron (07) 156 D1
Lesperon (40) 162 D2
Lespesses (62) 2 C5
Lespielle (64) 164 C6
Lespignan (34) 186 D3
Lespinasse (31) 137 H4
Lespinasse (31) 167 E4
Lespinassière (11) 185 F1
Lespinoy (62) 8 D1
Lespiteau (31) 182 B4
Lespouey (65) 181 F3
Lespourcy (64) 180 D2
Lespugue (31) 182 A3
Lesquerde (66) 199 F2
Lesquielles-
　-Saint-Germain (02) ..11 G5
Lesquin (59) 3 G5
Lessac (16) 109 G6
Lessard-en-Bresse (71) ..101 H5
Lessard-et-le-Chêne (14) ..17 E5
Lessard-le-National (71) ..101 G4
Lesse (57) 49 E3
Lesseux (88) 70 D2
Lessy (57) 26 B5
Lestanville (76) 7 F3
Lestards (19) 125 F3
Lestelle-Béthharram (64) ..180 C4

Lestelle-de-Saint-Martory (31)..182 C4
Lesterps (16) 123 F1
Lestiac-sur-Garonne (33) ..149 G1
Lestiou (41) 80 B2
Lestrade-et-Thouels (12) ..169 F1
Lestre (50) 15 E3
Lestrem (62) 2 D5
Létanne (08) 24 D3
Lételon (03) 112 D1
Léthuin (28) 62 D2
Letia (2A) 204 C3
Létra (69) 129 G1
Létricourt (54) 48 D3
Letteguives (27) 19 E4
Lettret (05) 160 B3
Leubringhen (62) 1 F3
Leuc (11) 185 E4
Leucamp (15) 140 B6
Leucate (11) 186 C6
Leucate-Plage 186 C6
Leuchey (52) 86 A2
Leudeville (91) 42 D6
Leudon-en-Brie (77) 44 B5
Leuglay (21) 85 F1
Leugny (86) 94 D4
Leugny (89) 83 E3
Leuhan (29) 54 A2
Leuilly-sous-Coucy (02) ..22 A4
Leulinghem (62) 2 A4
Leulinghen-Bernes (62) 1 F3
Leurville (52) 68 B2
Leury (02) 22 A4
Leutenheim (67) 51 G3
Leuville-sur-Orge (91) ..42 D6
Leuvrigny (51) 45 E2
le Leuy (40) 163 G3
Leuze (02) 12 B6
Levainville (28) 62 C1
Leval (59) 11 H3
Leval (90) 88 D2
Levallois-Perret (92) 42 D3
Levaré (53) 58 C2
Lévécourt (52) 68 C4
Levens (06) 176 D4
Levergies (02) 11 E5
Levernois (21) 101 G3
Lèves (28) 62 B1
les Lèves-
　-et-Thoumeyragues (33) ..136 B6
Levesville-la-Chenard (28) ..62 D3
Levet (18) 97 G4
Levéville 62 A1
Levie (2A) 207 E2
Levier (25) 103 G3
Lévignac (31) 166 D5
Lévignac-de-Guyenne (47) ..150 C2
Lévignacq (40) 162 D1
Lévignen (60) 21 F6
Lévigny (10) 67 F3
Levis (89) 83 E3
Lévis-Saint-Nom (78) 42 B5
Levoncourt (55) 47 F4
Levoncourt (68) 89 F4
Levroux (36) 96 B3
Lewarde (59) 10 D2
Lexy (54) 25 G3
Ley (57) 49 G4
Leychert (09) 184 A6
Leyme (46) 139 F6
Leymen (68) 89 G4
Leyment (01) 130 D1
Leynes (71) 116 A4
Leynhac (15) 154 A1
Leyr (54) 48 D4
Leyrat (23) 112 B3
Leyrieu (38) 130 D3
Leyritz-Moncassin (47) ..150 C4
Leyssard (01) 117 F5
Leyvaux (15) 141 F1
Leyviller (57) 27 F6
Lez (31) 182 B6
Lez-Fontaine (59) 12 B3
Lézan (30) 171 G2
Lézardrieux (22) 33 E2
Lézat (39) 118 A2
Lézat-sur-Lèze (09) 183 F3
Lezay (79) 108 C4
Lezennes (59) 3 G5
Lezéville (52) 68 B2
Lezey (57) 49 F4
Lézigné (49) 77 F3
Lézignan-Corbières (11) ..185 G3
Lézignan-la-Cèbe (34) ..170 C6
Lézigneux (42) 128 D5
Lézinnes (89) 84 B2
Lezoux (63) 127 G2
Lhéraule (60) 19 H4
Lherm (31) 183 E1
Lherm (46) 152 B2
Lhéry (51) 22 D6
Lhez (65) 181 F3
Lhommaizé (86) 109 G3
Lhomme (72) 78 D2
Lhôpital (01) 117 H6
Lhor (57) 49 H3
Lhospitalet (46) 152 C4
Lhoumois (79) 93 G6
Lhuis (01) 131 F3
Lhuître (10) 45 H6
Lhuys (02) 22 B6
Liac (65) 181 E1
Lialores 165 F2
Liancourt (60) 20 D5
Liancourt-Fosse (80) 21 F1
Liancourt-Saint-Pierre (60) ..19 H6
Liart (08) 23 G1
Lias (32) 166 C6
Lias-d'Armagnac (32) ..164 C3
Liausous 155 G6

Liausson (34) ...170 C5
Libaros (65) ...181 G3
Libercourt (62) ...3 F6
Libermont (60) ...21 G2
Libourne (33) ...135 G5
Licey-sur-Vingeanne (21) ...86 B4
Lichans-Sunhar (64) ...179 G4
Lichères (16) ...122 C2
Lichères-près-Aigremont (89) ...83 H2
Lichères-sur-Yonne (89) ...83 G4
Lichos (64) ...179 G2
Lichtenberg (67) ...50 D2
Licourt (80) ...21 F1
Licq-Athérey (64) ...179 G4
Licques (62) ...1 H3
Licy-Clignon (02) ...44 B1
Lidrezing (57) ...49 G3
Liebenswiller (68) ...89 G4
Liebsdorf (68) ...89 F4
Liebvillers (25) ...88 C5
Liederschiedt (57) ...28 C5
Lieffrans (70) ...87 F4
le Liège (37) ...95 G1
Liéhon (57) ...26 C6
Liencourt (62) ...9 H2
Lièpvre (68) ...71 F2
Liéramont (80) ...10 C5
Liercourt (80) ...8 D4
Lières (62) ...2 C6
Liergues (69) ...129 H1
Liernais (21) ...100 C1
Liernolles (03) ...114 C3
Lierval (02) ...22 C4
Lierville (60) ...42 A1
Lies (65) ...181 F4
Liesle (25) ...103 E2
Liesse-Notre-Dame (02) ...22 D3
Liessies (59) ...12 B4
Liesville-sur-Douve (50) ...14 D1
Liettres (62) ...2 B5
Lieu-Saint-Amand (59) ...11 E2
Lieuche (06) ...176 C3
Lieucourt (70) ...86 D5
Lieudieu (38) ...130 C5
Lieurac (09) ...184 A5
Lieuran-Cabrières (34) ...170 C5
Lieuran-lès-Béziers (34) ...187 E1
Lieurey (27) ...17 H4
Lieuron (35) ...56 D5
Lieusaint (50) ...14 D3
Lieusaint (77) ...43 E6
Lieutadès (15) ...140 D6
Lieuvillers (60) ...20 D4
Liévans (70) ...87 H3
Liévin (62) ...10 B1
Liez (02) ...22 A2
Liez (85) ...107 F3
Liézey (88) ...70 C4
Liffol-le-Grand (88) ...68 C2
Liffol-le-Petit (52) ...68 C3
Liffré (35) ...57 G2
Ligardes (32) ...165 G1
Ligescourt (80) ...8 D2
Liginiac (19) ...126 A6
Liglet (86) ...110 B2
Lignac (36) ...110 C2
Lignairolles (11) ...184 B4
Lignan-de-Bazas (33) ...149 H3
Lignan-de-Bordeaux (33) ...135 F6
Lignan-sur-Orb (34) ...186 D2
Lignareix (19) ...125 H4
Ligné (16) ...122 B1
Ligné (44) ...75 E3
Lignères (61) ...39 G5
Lignereuil (62) ...9 H2
Lignerolles (03) ...112 C4
Lignerolles (21) ...85 G1
Lignerolles (27) ...41 E4
Lignerolles (36) ...112 A2
Lignerolles (61) ...40 A6
Lignéville (88) ...69 E4
Ligneyrac (19) ...138 D4
Lignières (10) ...66 A6
Lignières (18) ...97 F6
Lignières (41) ...79 G1
Lignières (80) ...21 E2
Lignières-Châtelain (80) ...19 H1
Lignières-de-Touraine (37) ...78 C6
Lignières-en-Vimeu (80) ...8 D6
Lignières-la-Carelle (72) ...60 A2
Lignières-Orgères (53) ...38 D5
Lignières-Sonneville (16) ...121 H5
Lignières-sur-Aire (55) ...47 G4
Lignol (56) ...54 D3
Lignol-le-Château (10) ...67 F3
Lignon (52) ...46 B6
Lignorelles (89) ...83 G1
Lignou (61) ...38 C5
Ligny-en-Barrois (55) ...47 F5
Ligny-en-Brionnais (71) ...115 F4
Ligny-en-Cambrésis (59) ...11 E4
Ligny-le-Châtel (89) ...83 H1
Ligny-le-Ribault (45) ...80 C3
Ligny-lès-Aire (62) ...2 B6
Ligny-Saint-Flochel (62) ...9 H2
Ligny-sur-Canche (62) ...9 G2
Ligny-Thilloy (62) ...10 B3
Ligré (37) ...94 B2
Ligron (72) ...77 H2
Ligsdorf (68) ...89 F4
Ligueil (37) ...95 E3
Ligueux (24) ...137 G1
Ligueux (33) ...136 C5
Ligugé (86) ...109 E2
Lihons (80) ...21 E1
Lihus (60) ...20 A3
les Lilas (93) ...42 D4
Lilhac (31) ...182 B2
Lille (59) ...3 F5
Lillebonne (76) ...6 D5
Lillemer (35) ...35 E4
Lillers (62) ...2 C5
Lilly (27) ...19 F4
Limalonges (79) ...108 D5
Limans (04) ...174 B1
Limanton (58) ...99 H3
Limas (69) ...129 H1
Limay (78) ...41 H2
Limbrassac (09) ...184 A5
Limé (02) ...22 B5
Limeil-Brévannes (94) ...43 E5
Limendous (64) ...180 D2
Limeray (37) ...79 G5
Limersheim (67) ...51 E6
Limerzel (56) ...73 F1
Limésy (76) ...7 F4
Limetz-Villez (78) ...41 G2
Limeuil (24) ...137 G5
Limeux (18) ...97 E3
Limeux (80) ...8 D5
Limey-Remenauville (54) ...48 B3
Limeyrat (24) ...137 H3
Limoges (87) ...124 B2
Limoges-Fourches (77) ...43 F6
Limogne-en-Quercy (46) ...153 E4
Limoise (03) ...98 C6
Limon (58) ...99 E4
Limonest (69) ...130 A2
Limons (63) ...127 H1
Limont-Fontaine (59) ...12 A3
Limony (07) ...144 A1
Limours (91) ...42 B6
Limousis (11) ...185 E2
Limoux (11) ...184 D5
la Limouzinière (44) ...91 F1
Limpiville (76) ...6 D4
Linac (46) ...153 H1
Linard (23) ...111 G3
Linards (87) ...124 C4
Linars (16) ...122 B4
Linas (91) ...42 D6
Linay (08) ...24 D2
Linazay (86) ...108 D5
Lincel ...174 B2
Lindebeuf (76) ...7 F4
le Lindois (16) ...123 E3
Lindre-Basse (57) ...49 G3
Lindre-Haute (57) ...49 G3
Lindry (89) ...83 F2
Linexert (70) ...88 A2
Lingé (36) ...95 G5
Lingeard (50) ...37 G4
Lingèvres (14) ...15 H6
Linghem (62) ...2 B5
Lingolsheim (67) ...51 E5
Linguizzetta (2B) ...205 G2
Linières-Bouton (49) ...77 H5
Liniers (86) ...109 F1
Liniez (36) ...96 C3
Linsdorf (68) ...89 G3
Linselles (59) ...3 F4
Linthal (68) ...71 E5
Linthelles (51) ...45 E5
Linthes (51) ...45 E5
Lintot (76) ...6 D5
Lintot-les-Bois (76) ...7 G3
Linxe (40) ...162 C2
Liny-devant-Dun (55) ...24 D4
Linzeux (62) ...9 F2
Liocourt (57) ...49 E3
Liomer (80) ...8 D6
le Lion-d'Angers (49) ...76 D3
Lion-devant-Dun (55) ...25 E4
Lion-en-Beauce (45) ...62 D5
Lion-en-Sullias (45) ...81 H2
Lion-sur-Mer (14) ...16 C3
Liorac-sur-Louyre (24) ...137 E5
le Lioran ...140 C3
Liouc (30) ...171 G3
le Liouquet ...191 E5
Liourdres (19) ...139 E5
Lioux (84) ...173 G2
Lioux-les-Monges (23) ...126 B1
Liposthey (40) ...148 D4
Lipsheim (67) ...51 E6
Lirac (30) ...172 C1
Liré (49) ...75 F4
Lirey (10) ...66 B4
Lironcourt (88) ...69 E6
Lironville (54) ...48 B3
Liry (08) ...24 A5
Lisbourg (62) ...2 A6
Lisieux (14) ...17 F5
Lisle (24) ...137 E2
Lisle (41) ...79 G1
Lisle-en-Barrois (55) ...47 E3
Lisle-en-Rigault (55) ...47 E5
Lisle-sur-Tarn (81) ...167 H3
Lislet (02) ...23 E2
Lison (14) ...15 F5
Lisores (14) ...17 G6
Lisors (27) ...19 F5
Lissac (09) ...183 G3
Lissac (43) ...142 B3
Lissac-et-Mouret (46) ...153 G2
Lissac-sur-Couze (19) ...138 C3
Lissay-Lochy (18) ...97 G4
Lisse-en-Champagne (51) ...46 B4
Lisses (91) ...43 E6
Lisseuil (63) ...113 F6
Lissey (55) ...25 E4
Lissieu (69) ...129 H2
Lissy (77) ...43 F6
Listrac-de-Durèze (33) ...136 B6
Listrac-Médoc (33) ...134 D3
Lit-et-Mixe (40) ...162 C1
Lithaire (50) ...14 D5
Litteau (14) ...15 F6
Littenheim (67) ...50 D4
Litz (60) ...20 C4
Livaie (61) ...59 H1
Livarot (14) ...17 E6
Liverdun (54) ...48 C4
Liverdy-en-Brie (77) ...43 G5
Livernon (46) ...153 F2
Livers-Cazelles (81) ...168 A1
Livet (53) ...59 E4
Livet-en-Saosnois (72) ...60 B2
Livet-et-Gavet (38) ...145 H3
Livet-sur-Authou (27) ...18 A6
Livilliers (95) ...42 C2
Livinhac-le-Haut (12) ...153 H2
la Livinière (34) ...185 G2
Livré (53) ...76 B1
Livré-sur-Changeon (35) ...57 H2
Livron (64) ...180 D3
Livron-sur-Drôme (26) ...144 A6
Livry (14) ...38 A1
Livry (58) ...98 D5
Livry-Gargan (93) ...43 E3
Livry-Louvercy (51) ...45 H1
Livry-sur-Seine (77) ...64 A1
Lixheim (57) ...50 B4
Lixing-lès-Rouhling (57) ...27 G5
Lixing-lès-Saint-Avold (57) ...27 F6
Lixy (89) ...64 C3
Lizac (82) ...166 D1
Lizant (86) ...109 E6
Lizeray (36) ...96 D3
Lizières (23) ...111 E5
Lizine (25) ...103 F2
Lizines (77) ...64 D1
Lizio (56) ...55 H4
Lizos (65) ...181 F2
Lizy (02) ...22 B3
Lizy-sur-Ourcq (77) ...43 H2
la Llagonne (66) ...198 D4
Llauro (66) ...199 H4
Llo (66) ...198 C5
Llupia (66) ...199 H3
Lobsann (67) ...29 E6
Loc-Brévalaire (29) ...31 E3
Loc-Dieu ...153 F4
Loc-Eguiner (29) ...31 G4
Loc-Eguiner-
   Saint-Thégonnec (29) ...31 H4
Loc-Envel (22) ...32 C4
Locarn (22) ...32 C6
Loché-sur-Indrois (37) ...95 H2
Loches (37) ...95 F2
Loches-sur-Ource (10) ...66 D5
le Locheur (14) ...16 A5
Lochieu (01) ...131 G1
Lochwiller (67) ...50 C4
Locmalo (56) ...54 D2
Locmaria ...32 C4
Locmaria ...53 F3
Loc Maria ...31 E3
Locmaria ...54 B6
Locmaria (56) ...72 B4
Locmaria-Berrien (29) ...32 A5
Locmaria-Grand-Champ (56) ...55 F5
Locmaria-Hent ...53 H3
Locmaria-Plouzané (29) ...30 C5
Locmariaquer (56) ...72 C1
Locmélar (29) ...31 G4
Locminé (56) ...55 F4
Locmiquélic (56) ...54 C5
Locoal-Mendon (56) ...55 E6
Locon (62) ...2 D5
Loconville (60) ...19 H6
Locqueltas (56) ...55 G5
Locquémeau ...32 B2
Locquénolé (29) ...31 H3
Locquignol (59) ...11 G3
Locquirec (29) ...32 B2
Locronan (29) ...53 F2
Loctudy (29) ...53 F4
Locunolé (29) ...54 B3
Loddes (03) ...114 C4
Lodes (31) ...182 A3
Lodève (34) ...170 B4
Lods (25) ...103 H2
Lœuilley (70) ...86 B4
Lœuilly (80) ...20 B1
Loffre (59) ...10 D2
la Loge (62) ...9 E1
la Loge-aux-Chèvres (10) ...66 D3
Loge-Fougereuse (85) ...107 F1
la Loge-Pomblin (10) ...66 B5
la Loge des Gardes ...128 B1
Logelheim (68) ...71 F5
les Loges ...60 D6
les Loges (14) ...38 A2
les Loges (52) ...86 C2
les Loges (76) ...6 B4
les Loges-en-Josas (78) ...42 C5
les Loges-Marchis (50) ...37 G6
les Loges-Margueron (10) ...66 B5
les Loges-Saulces (14) ...38 D3
les Loges-sur-Brécey (50) ...37 F4
Lognes ...43 F4
Logny-Bogny (08) ...23 G1
Logny-lès-Aubenton (02) ...12 C6
Logonna-Daoulas (29) ...31 E5
Logrian-Florian (30) ...171 G2
Logron (28) ...61 H4
Loguivy ...33 E1
Loguivy (29) ...32 C2
Loguivy-Plougras (22) ...32 C4
Lohéac (35) ...56 D5
Lohitzun-Oyhercq (64) ...179 F2
Lohr (67) ...50 B3
Lohuec (22) ...32 C4
Loigné-sur-Mayenne (53) ...76 C1
Loigny-la-Bataille (28) ...62 C5
Loiré (49) ...75 G1
Loire-les-Marais (17) ...107 E6
Loiré-sur-Nie (17) ...121 H1
Loire-sur-Rhône (69) ...130 A5
Loiron (53) ...58 B5
Loisail (61) ...60 D1
Loise (60) ...60 D1
Loisey-Culey (55) ...47 F4
Loisia (39) ...117 F2
Loisieux (73) ...131 G4
Loisin (74) ...118 D3
Loison (55) ...25 G5
Loison-sous-Lens (62) ...10 B1
Loison-sur-Créquoise (62) ...9 E1
Loisy (54) ...48 C3
Loisy (71) ...116 C1
Loisy-en-Brie (51) ...45 F3
Loisy-sur-Marne (51) ...46 B4
Loivre (51) ...23 E5
Loix (17) ...106 B4
Lolif (50) ...35 H3
Lolme (24) ...151 G1
Lombard (25) ...103 E2
Lombard (39) ...102 C5
les Lombards ...158 D2
Lombers (81) ...168 B4
Lombez (32) ...182 C1
Lombia (64) ...180 D2
Lombreuil (45) ...64 A6
Lombron (72) ...60 C5
Lomener ...54 C5
Lomené (59) ...3 F4
Lommerange (57) ...26 A3
Lommoye (78) ...41 G2
Lomné (65) ...181 G4
Lomont (70) ...88 B3
Lomont-sur-Crête (25) ...88 A5
Lompnas (01) ...131 E2
Lompnieu (01) ...131 F1
Lompret (59) ...3 F4
Lonçon (64) ...164 A6
la Londe (76) ...18 C5
la Londe-les-Maures (83) ...192 A5
Londigny (16) ...108 D5
Londinières (76) ...8 B6
Long (80) ...9 E4
Longages (31) ...183 E2
Longaulnay (35) ...34 D6
Longavesnes (80) ...10 D5
Longchamp (21) ...86 B6
Longchamp (52) ...68 B4
Longchamp (88) ...70 A3
Longchamp-
   sous-Châtenois (88) ...69 E3
Longchamp-sur-Aujon (10) ...67 F4
Longchamp 1650 ...132 C5
Longchamps (27) ...19 F5
Longchamps-sur-Aire (55) ...47 F3
Longchaumois (39) ...118 A2
Longcochon (39) ...103 G5
Longeau-Percey (52) ...86 B2
Longeault (21) ...102 A1
Longeaux (55) ...47 F5
Longechaux (25) ...104 A1
Longechenal (38) ...130 D6
Longecourt-en-Plaine (21) ...102 A1
Longecourt-lès-Culêtre (21) ...101 E2
Longemaison (25) ...104 A2
Longepierre (71) ...102 A4
le Longeron (49) ...92 A3
Longes (69) ...129 H5
Longessaigne (69) ...129 F3
Longevelle (70) ...88 A3
Longevelle-lès-Russey (25) ...88 B6
Longevelle-sur-Doubs (25) ...88 B4
Longèves (17) ...106 D4
Longèves (85) ...107 E2
la Longeville (25) ...104 A3
Longeville (25) ...103 G2
Longeville-en-Barrois (55) ...47 F4
Longeville-lès-Metz (57) ...26 B5
Longeville-
   lès-Saint-Avold (57) ...27 E5
Longeville-sur-la-Laines (52) ...67 E1
Longeville-sur-Mer (85) ...91 F6
Longeville-sur-Mogne (10) ...66 B4
Longevilles-Mont-d'Or (25) ...103 H5
Longfossé (62) ...1 G5
la Longine (70) ...70 B6
Longjumeau (91) ...42 D5
Longlaville (54) ...25 H3
Longmesnil (76) ...19 F3
Longnes (72) ...77 F1
Longnes (78) ...41 G3
Longny-au-Perche (61) ...61 E1
Longperrier (77) ...43 F2
Longpont (02) ...21 H6
Longpont-sur-Orge (91) ...42 D6
Longpré-le-Sec (10) ...66 D4
Longpré-
   les-Corps-Saints (80) ...9 E5
Longraye (14) ...38 A1
Longré (16) ...122 B1
Longroy (76) ...8 B5
Longsols (10) ...66 C2
Longue-Jumelles (49) ...77 G5
Longueau (80) ...9 G6
Longuefuye (53) ...76 D1
Longueil (76) ...7 F2
Longueil-Annel (60) ...21 F4
Longueil-Sainte-Marie (60) ...21 E5
Longuenesse (62) ...2 B4
Longuenoë (61) ...59 H1
Longuerue (76) ...7 H5
Longues-sur-Mer (14) ...15 H5
Longuesse (95) ...42 A2
Longueval (80) ...10 B5
Longueval-Barbonval (02) ...22 C5
Longueville (14) ...15 G5
Longueville (47) ...150 C3
Longueville (50) ...35 G2
la Longueville (59) ...11 H2
Longueville (62) ...1 G4
Longueville (77) ...64 D1
Longueville-sur-Aube (10) ...45 F6
Longueville-sur-Scie (76) ...7 G3
Longuevillette (80) ...9 G4
Longuyon (54) ...25 G4
Longvic (21) ...85 H6
Longvillers (14) ...16 A5
Longvilliers (62) ...1 F6
Longvilliers (78) ...42 B6
Longwé (08) ...24 B4
Longwy (54) ...25 H3
Longwy-sur-le-Doubs (39) ...102 B3
Lonlay-l'Abbaye (61) ...38 A5
Lonlay-le-Tesson (61) ...38 C5
Lonnes (16) ...122 C1
Lonny (08) ...13 E6
Lonrai (61) ...60 A1
Lons (64) ...180 B2
Lons-le-Saunier (39) ...102 D6
Lonzac (17) ...121 G4
le Lonzac (19) ...125 E6
Looberghe (59) ...2 B2
Loon-Plage (59) ...2 A2
Loos (59) ...3 F5
Loos-en-Gohelle (62) ...10 B1
Lopérec (29) ...31 G6
Loperhet ...55 F5
Loperhet (29) ...31 E5
Lopigna (2A) ...204 C4
Loqueffret (29) ...31 H5
Lor (02) ...23 E3
Loray (25) ...104 A1
Lorcières (15) ...141 G5
Lorcy (45) ...63 H5
Lordat (09) ...198 A2
Loré (61) ...59 E1
Lorentzen (67) ...28 A6
Loreto-di-Casinca (2B) ...203 G6
Loreto-di-Tallano (2A) ...207 E2
Lorette (42) ...129 G5
le Loreur (50) ...35 G1
le Lorey (50) ...37 F1
Lorey (54) ...49 E6
Lorges (41) ...80 B2
Lorgies (62) ...3 E5
Lorgues (83) ...175 G6
Lorient (56) ...54 C5
Loriges (03) ...113 H4
Lorignac (17) ...121 E5
Lorigné (79) ...108 D5
Loriol-du-Comtat (84) ...173 E1
Loriol-sur-Drôme (26) ...144 A6
Lorlanges (43) ...141 G1
Lorleau (27) ...19 F4
Lormaison (60) ...20 B6
Lormaye (28) ...41 G6
Lormes (58) ...83 H6
Lormont (33) ...135 F5
Lornay (74) ...131 H1
Loromontzey (54) ...69 H1
le Loroux (35) ...58 B2
le Loroux-Bottereau (44) ...75 E5
Lorp-Sentaraille (09) ...182 D5
Lorquin (57) ...50 A5
Lorrez-le-Bocage-Préaux (77) ...64 B4
Lorris (45) ...81 H1
Lorry-lès-Metz (57) ...26 B5
Lorry-Mardigny (57) ...48 C2
Lortet (65) ...181 G4
Loscouët-sur-Meu (22) ...56 B2
Los Masos ...199 F3
Losne (21) ...102 B2
Losse (40) ...150 A6
Lostanges (19) ...139 E4
Lostroff (57) ...49 H3
Lothey (29) ...53 G1
le Lou-du-Lac (35) ...56 D2
Louailles (72) ...77 F2
Louan-Villegruis-Fontaine (77) ...44 C6
Louannec (22) ...32 C1
Louans (37) ...95 E2
Louargat (22) ...32 D3
Louâtre (02) ...21 H6
Loubajac (65) ...180 D4
Loubarcet ...141 F3
Loubaresse (07) ...157 E2
Loubaresse (15) ...141 F5
Loubaut (09) ...183 F3
Loubédat (32) ...164 D4
Loubejac (24) ...152 A2
Loubens (09) ...183 G5
Loubens (33) ...150 A2
Loubens-Lauragais (31) ...167 H1
Loubers (81) ...167 H1
Loubersan (32) ...165 G6
Loubès-Bernac (47) ...150 D1
Loubeyrat (63) ...127 E1
Loubieng (64) ...179 H1
Loubières (09) ...183 H5
Loubigné (79) ...108 B6
Loubillé (79) ...108 B6
Loubressac (46) ...139 E5
Loucé (61) ...39 E5
Loucelles (14) ...16 A4
Louchats (33) ...149 F3
Louchy-Montfand (03) ...113 H4
Loucrup (65) ...181 E4
Loudéac (22) ...55 G2
Loudenvielle (65) ...195 H4
Louderville (65) ...195 H4
Loudes (43) ...142 B3
Loudet (31) ...182 A4
Loudrefing (57) ...49 H3
Loudun (86) ...93 H3
Loué (72) ...59 G6
Louer (40) ...163 F4
Louerre (49) ...77 F6
Louesme (21) ...85 F1
Louestault (37) ...78 D3
Loueuse (60) ...19 H3
Louey (65) ...181 E4
Lougé-sur-Maire (61) ...38 D5
Lougratte (47) ...151 F2
Lougres (25) ...88 B4
Louhans (71) ...102 A6
Louhossoa (64) ...178 D2
Louignac (19) ...138 B3
Louin (79) ...93 G5
Louisfert (44) ...74 D1
Louit (65) ...181 F2
Loulans-Verchamp (70) ...87 G4
Loulay (17) ...107 G6
Loulle (39) ...103 F5
la Loupe (28) ...61 G1
Loupeigne (02) ...22 B6
Loupershouse (57) ...27 G5
Loupes (33) ...135 F6
Loupfougères (53) ...59 F2
Loupia (11) ...184 C5
Loupiac (33) ...149 G2
Loupiac (46) ...138 C6
Loupiac (81) ...167 H3
Loupiac-de-la-Réole (33) ...150 A2
Loupian (34) ...187 G1
Louplande (72) ...59 H6
Loupmont (55) ...48 A3
Louppy-le-Château (55) ...47 E3
Louppy-sur-Chée ...47 E3
Louppy-sur-Loison (55) ...25 E4
la Louptière-Thénard (10) ...65 F2
Lourches (59) ...11 E3
Lourde (31) ...182 A5
Lourdes (65) ...180 D4
Lourdios-Ichère (64) ...179 H4
Lourdoueix-Saint-Michel (36) ...111 F3
Lourdoueix-Saint-Pierre (23) ...111 F3
Lourenties (64) ...180 D2
Loures-Barousse (65) ...182 A5
Louresse-Rochemenier (49) ...93 F1
Lourmais (35) ...35 F5
Lourmarin (84) ...173 H4
Lournand (71) ...116 A2
Lourouer-Saint-Laurent (36) ...111 H1
le Louroux (37) ...95 E2
le Louroux-Béconnais (49) ...75 H2
Louroux-Bourbonnais (03) ...113 E2
Louroux-de-Beaune (03) ...113 E4
Louroux-de-Bouble (03) ...113 F4
Louroux-Hodement (03) ...112 D2
Lourps ...64 D1
Lourquen (40) ...163 F4
Lourties-Monbrun (32) ...181 H1
Loury (45) ...63 E6
Louslitges (32) ...165 E1
Loussous-Débat (32) ...164 D1
Loutehel (35) ...56 C4
Loutzviller (57) ...28 B4
Louvagny (14) ...39 E2
Louvaines (49) ...75 H1
Louvatange (39) ...102 D2
Louveciennes (78) ...42 C4
Louvemont (52) ...46 D6
Louvemont-
   Côte-du-Poivre (55) ...25 F5
Louvencourt (80) ...9 H4
Louvenne (39) ...117 F2
Louvergny (08) ...24 B4
Louverné (53) ...58 D4
le Louverot (39) ...102 D6
Louversey (27) ...40 C5
Louvetot (76) ...7 E4
Louvie-Juzon (64) ...180 B4
Louvie-Soubiron (64) ...180 B5
la Louvière-Lauragais (11) ...184 A4
Louvières (14) ...15 G4
Louvières (52) ...68 A5
Louvières-en-Auge (61) ...39 F3
Louviers (27) ...18 D6
Louvigné (53) ...58 D5
Louvigné-de-Bais (35) ...57 H4
Louvigné-du-Désert (35) ...58 A1
Louvignies-Quesnoy (59) ...11 G3
Louvigny (14) ...16 B5
Louvigny (57) ...48 D2
Louvigny (64) ...164 A5
Louvigny (72) ...60 B3
Louvil (59) ...3 G5
Louville-la-Chenard (28) ...62 C4
Louvilliers-en-Drouais (28) ...41 F5
Louvilliers-lès-Perche (28) ...40 D6
Louvois (51) ...45 G1
Louvrechy (80) ...20 C2
Louvres (95) ...43 E2
Louvroil (59) ...12 A2
Louye (27) ...41 F4
Louzac-Saint-André (16) ...121 G3
Louze (52) ...67 E1
Louzignac (17) ...121 H2
Louzouer (45) ...64 A5
Louzy (79) ...93 G3
Lovagny (74) ...132 A1
Loyat (56) ...56 A3
la Loye (39) ...102 D3
Loye-sur-Arnon (18) ...112 A1
la Loyère (71) ...101 G5
Loyettes (01) ...130 D3
Lozanne (69) ...129 H2
Lozay (17) ...107 G6
Loze (82) ...153 E5
Lozinghem (62) ...2 C5
Lozon (50) ...37 E1
Lozzi (2B) ...204 D2
Luant (36) ...96 B6

le Luart (72)....60 D5
Lubbon (40)....150 A6
Lubécourt (57)....49 F3
Lubersac (19)....124 C6
Lubey (54)....25 H5
Lubilhac (43)....141 G2
Lubine (88)....71 E2
Lublé (37)....78 B4
Lubret-Saint-Luc (65)....181 G2
Luby-Betmont (65)....181 G2
Luc (48)....156 D2
Luc (65)....181 F3
le Luc (83)....192 B3
Luc-Armau (64)....180 D1
Luc-en-Diois (26)....159 F2
Luc-la-Primaube (12)....154 C5
Luc-sur-Aude (11)....184 D5
Luc-sur-Mer (14)....16 C3
Luc-sur-Orbieu (11)....185 H3
Lucarré (64)....180 D1
Luçay-le-Libre (36)....96 D3
Luçay-le-Mâle (36)....96 A2
Lucbardez-et-Bargues (40)....164 A2
Lucciana (2B)....203 G6
Lucé (28)....62 A2
Lucé (61)....38 B6
Lucé-sous-Ballon (72)....60 B4
Luceau (72)....78 C2
Lucelle (68)....89 F4
Lucenay (69)....129 H1
Lucenay-le-Duc (21)....85 E3
Lucenay-lès-Aix (58)....99 F6
Lucenay-l'Évêque (71)....100 C2
Lucéram (06)....177 E4
Lucey (21)....85 G1
Lucey (54)....48 B4
Lucey (73)....131 G3
Lucgarier (64)....180 C3
Luchapt (86)....109 H5
Luchat (17)....120 D3
Luché-Pringé (72)....78 A2
Luché-sur-Brioux (79)....108 B5
Luché-Thouarsais (79)....93 F4
Lucheux (80)....9 G3
Luchy (60)....20 B3
Lucinges (74)....118 D4
Lucmau (33)....149 G4
Luçon (85)....91 H6
Lucq-de-Béarn (64)....179 H2
Lucquy (08)....23 H3
les Lucs-sur-Boulogne (85)....91 F3
Lucy (57)....49 E2
Lucy (76)....19 E1
Lucy-le-Bocage (02)....44 B2
Lucy-le-Bois (89)....84 A4
Lucy-sur-Cure (89)....83 H3
Lucy-sur-Yonne (89)....83 G4
Lude (72)....78 A4
...des (51)....45 G1
...desse (63)....127 F4
...diès (09)....183 H4
...don-Médoc (33)....135 E4
...dres (54)....48 D5
...e....26 D5
...e (40)....148 C5
...é-en-Baugeois (49)....77 F4
...emschwiller (68)....89 F2
...gagnac (46)....153 E4
...gagnan (65)....180 D4
...gaignac (33)....135 H6
...gan (12)....154 A3
...gan (81)....167 G4
...garde (15)....140 D2
...gasson (33)....135 H6
...glon (40)....149 E6
...gny....85 F2
...gny (02)....22 D1
...gny (71)....116 B2
...gny-Bourbonnais (18)....98 A4
...gny-Champagne (18)....98 B2
...gny-lès-Charolles (71)....115 F3
...go-di-Nazza (2B)....205 F4
...gon-et-l'Île-du-Carnay (33)...135 G4
...gos (33)....148 D3
...grin (79)....119 F2
...gy (62)....2 A6
...uhier (25)....104 B1
...gné (49)....77 E6
...gny (28)....61 G3
...sant (28)....62 B2
...setaines (77)....64 D1
...tré (35)....58 A3
...in (74)....119 E3
...y (74)....118 D3
...bin (38)....145 H1
...bres (62)....2 A4
...neau (28)....62 C5
...nes (08)....24 D1
...igny
...Nesles-Ormeaux (77)....43 H5
...nio (2B)....202 C6
...ac (12)....153 H5
...an (46)....153 G4
...as (34)....136 D5
...as (34)....170 A4
...ax (31)....182 B2
...ay (41)....79 F2
...eau (03)....114 D3
...egarde (46)....153 E1
...el (34)....171 H5
...el-Viel (34)....171 G5
...ery (76)....7 F3
...ery (18)....97 F4
...ville (54)....49 F5
...ot (50)....35 H2
...court (54)....48 D5
...é (42)....129 H6
...rsat (23)....126 A1
...ac (32)....165 E4
...anté (28)....62 A3

Luppé-Violles (32)....164 C4
Luppy (57)....49 E2
Lupsault (16)....122 A1
Lupstein (67)....50 D4
Luquet (65)....180 D2
Lurais (36)....95 F6
Luray (28)....41 F5
Lurbe-Saint-Christau (64)....180 A4
Lurcy (01)....116 B6
Lurcy-le-Bourg (58)....99 E2
Lurcy-Lévis (03)....98 C6
Luré (42)....128 C2
Lure (70)....88 A2
Lureuil (36)....95 F6
Luri (2B)....203 F2
Luriecq (42)....128 D6
Lurs (04)....174 C2
Lury-sur-Arnon (18)....97 E2
Lus-la-Croix-Haute (26)....159 G1
Lusanger (44)....74 C1
Luscan (31)....182 A5
Lusignac (24)....136 C1
Lusignan (86)....108 D2
Lusignan-Petit (47)....151 E5
Lusigny (03)....114 A1
Lusigny-sur-Barse (10)....66 C3
Lusigny-sur-Ouche (21)....101 F2
Lussac (16)....122 D2
Lussac (17)....121 F5
Lussac (33)....136 A4
Lussac-les-Châteaux (86)....109 G3
Lussac-les-Églises (87)....110 B3
Lussagnet (40)....164 B4
Lussagnet-Lusson (64)....180 D1
Lussan (30)....157 G6
Lussan (32)....166 A5
Lussan-Adeilhac (31)....182 C2
Lussant (17)....120 D1
Lussas (07)....157 G2
Lussas-et-Nontronneau (24)....123 E5
Lussat (23)....112 B5
Lussat (63)....127 F2
Lussault-sur-Loire (37)....79 F5
Lusse (88)....70 D2
Lusseray (79)....108 B5
Lustar (65)....181 G2
Luthenay-Uxeloup (58)....99 E5
Lutilhous (65)....181 G4
Luttange (57)....26 C4
Luttenbach-près-Munster (68)..71 E5
Lutter (68)....89 G4
Lutterbach (68)....89 F1
Lutz-en-Dunois (28)....62 A5
Lutzelbourg (57)....50 B4
Lutzelhouse (67)....50 C6
Luvigny (88)....50 A6
Lux (21)....86 A4
Lux (31)....184 A1
Lux (71)....101 G5
Luxé (16)....122 B2
Luxe-Sumberraute (64)....179 E1
Luxémont-et-Villotte (51)....46 B5
Luxeuil-les-Bains (70)....87 H1
Luxey (40)....149 F5
Luxiol (25)....87 H5
Luyères (10)....66 B2
Luynes (37)....78 D5
Luz-Saint-Sauveur (65)....181 E6
Luzancy (77)....44 A3
Luzarches (95)....42 D1
Luzay (79)....93 G4
Luzé (37)....94 C3
Luzé (70)....88 C3
Luzech (46)....152 B3
Luzenac (09)....198 A2
Luzeret (36)....110 D2
la Luzerne (50)....37 G1
Luzillat (63)....127 G1
Luzillé (37)....95 G1
Luzinay (38)....130 B4
Luzoir (02)....12 A5
Luzy (58)....100 A5
Luzy-Saint-Martin (55)....24 D3
Luzy-sur-Marne (52)....68 A5
Ly-Fontaine (02)....22 A1
Lyas (07)....143 H6
Lyaud (74)....119 E3
Lye (36)....96 A1
Lynde (59)....2 C4
Lyoffans (70)....88 B2
Lyon (69)....130 A3
Lyons-la-Forêt (27)....19 F5
Lys (58)....83 G6
Lys (64)....180 B4
Lys-lez-Lannoy (59)....3 G4
Lys-Saint-Georges (36)....111 F1

M

Maast-et-Violaine (02)....22 B6
Maâtz (52)....86 B2
Mably (42)....115 G6
Macau (33)....135 E4
Macaye (64)....178 D2
Macé (61)....39 F6
Macey (10)....66 A3
Macey (50)....35 G4
Machault (08)....23 H5
Machault (77)....64 B2
Maché (85)....91 E3
Machecoul (44)....90 D1
Mâchecourt (02)....22 D2
Machemont (60)....21 F4
Macheren (57)....27 F5
Machézal (42)....129 E1
Machiel (80)....8 D2
Machilly (74)....118 D4
la Machine (58)....99 F4

Machy (10)....66 B4
Machy (80)....8 D2
Macinaggio....203 G2
Mackenheim (67)....71 G3
Mackwiller (67)....50 B2
Maclas (42)....143 H1
Macogny (02)....44 B1
Mâcon (71)....116 B4
Maconcourt (88)....69 E2
Maconge (21)....101 E1
Macornay (39)....102 C6
Mâcot-la-Plagne (73)....133 E4
Macqueville (17)....121 H2
Macquigny (02)....11 F6
Madaillan (47)....151 E5
Madecourt (88)....69 F3
Madegney (88)....69 G3
la Madelaine-sous-Montreuil (62)....1 F6
la Madeleine (59)....3 F5
la Madeleine-Bouvet (61)....61 F1
la Madeleine-de-Nonancourt (27)....41 E4
la Madeleine-sur-Loing (77)....64 A4
la Madeleine-Villefrouin (41)....80 A2
Madic (15)....140 B1
Madière (09)....183 G4
Madirac (33)....135 F6
Madiran (65)....164 C6
la Madone de Fenestre....177 E2
Madonne-et-Lamerey (88)....69 G3
la Madrague....191 E5
Madranges (19)....125 E6
Madré (53)....59 F1
Madriat (63)....127 F6
Maël-Carhaix (22)....32 C6
Maël-Pestivien (22)....32 D5
Maennolsheim (67)....50 D4
Maffliers (95)....42 D2
Maffrécourt (51)....46 C1
Magagnosc....176 C6
Magalas (34)....186 D1
la Magdelaine-sur-Tarn (31)....167 F3
la Magdeleine (16)....122 C4
Magdeleine (16)....108 C6
le Mage (61)....61 E1
Magenta (51)....45 F2
les Mages (30)....157 E5
Magescq (40)....162 C3
Magland (74)....119 F6
Magnac-Bourg (87)....124 C4
Magnac-Laval (87)....110 B5
Magnac-Lavalette-Villars (16)..122 C5
Magnac-sur-Touvre (16)....122 C4
Magnan (32)....164 C4
la Magnane....57 F1
Magnant (10)....66 D4
Magnanville (78)....41 H3
Magnas (32)....166 A3
Magnat-l'Étrange (23)....125 H3
Magné (79)....107 G3
Magné (86)....109 E3
Magnet (03)....114 B5
Magnette....112 D2
Magneux (51)....22 C5
Magneux (52)....67 G1
Magneux-Haute-Rive (42)....129 E4
Magneville (50)....14 C4
Magnicourt (10)....66 D2
Magnicourt-en-Comte (62)....9 H1
Magnicourt-sur-Canche (62)....9 G2
Magnien (21)....100 D2
Magnières (54)....70 A1
Magnieu (01)....131 G2
les Magnils-Reigniers (85)....91 H6
Magnitot....41 H1
Magnivray (70)....88 A1
Magnoncourt (70)....69 G6
le Magnoray (70)....87 G4
Magny (28)....61 H3
le Magny (36)....111 G1
Magny (68)....89 E3
les Magny (70)....88 A4
le Magny (88)....69 G5
Magny (89)....84 A5
Magny-Châtelard (25)....87 H6
Magny-Cours (58)....98 D4
Magny-Danigon (70)....88 B2
Magny-en-Bessin (14)....16 A3
Magny-en-Vexin (95)....42 A1
Magny-Fouchard (10)....67 E3
Magny-Jobert (70)....88 B2
Magny-la-Campagne (14)....16 D6
Magny-la-Fosse (02)....11 E5
Magny-la-Ville (21)....84 D5
Magny-Lambert (21)....85 E3
Magny-le-Désert (61)....38 C6
Magny-le-Freule (14)....16 D5
Magny-le-Hongre (77)....43 G4
Magny-lès-Aubigny (21)....102 A2
Magny-les-Hameaux (78)....42 A5
Magny-lès-Jussey (70)....87 F1
Magny-lès-Villers (21)....101 G2
Magny-Lormes (58)....83 H6
Magny-Montarlot (21)....102 B1
Magny-Saint-Médard (21)....86 A5
Magny-sur-Tille (21)....86 A6
Magny-Vernois (70)....88 A2
Magoar (22)....32 D5
Magrie (11)....184 D5
Magrin (81)....168 A5
Magstatt-le-Bas (68)....89 G2
Magstatt-le-Haut (68)....89 G2
Mahalon (29)....52 D2
Mahéru (61)....39 H5
Maîche (25)....88 C6
Maidières (54)....48 C3
Maignaut-Tauzia (32)....165 F3
Maigné (72)....59 H6

Maignelay-Montigny (60)....20 D3
Mailhac (11)....185 H2
Mailhac-sur-Benaize (87)....110 C4
Mailhat....127 G6
Mailhoc (81)....168 B2
Mailholas (31)....183 E3
Maillane (13)....172 D3
Maillas (40)....149 H5
Maillat (01)....117 G5
Maillé (37)....94 D3
Maillé (85)....107 F3
Maillé (86)....93 H6
Maillebois (28)....41 E6
la Mailleraye-sur-Seine (76)....7 E4
Maillères (40)....164 A1
Mailleroncourt-Charette (70)....87 G2
Mailleroncourt-Saint-Pancras (70)....69 G6
Maillet (03)....112 D2
Maillet (36)....111 F1
Mailley-et-Chazelot (70)....87 F4
Maillezais (85)....107 F3
Mailly (71)....115 E4
Mailly-Champagne (51)....45 G1
Mailly-la-Ville (89)....83 G4
Mailly-le-Camp (10)....45 G5
Mailly-le-Château (89)....83 G4
Mailly-Maillet (80)....10 A4
Mailly-Raineval (80)....20 D1
Mailly-sur-Seille (54)....48 D3
les Maillys (21)....102 B2
Maimbeville (60)....20 D4
Maincy (77)....64 A1
Maine-de-Boixe (16)....122 C2
Mainfonds (16)....122 B5
Maing (59)....11 F2
Mainneville (27)....19 G5
Mainsat (23)....112 B6
Maintenay (62)....8 D2
Maintenon (28)....41 G6
Mainvillers (57)....27 E6
Mainvilliers (28)....62 A2
Mainvilliers (45)....63 F4
Mainxe (16)....121 H4
Mainzac (16)....123 E5
Mairé (86)....95 E4
Mairé-Levescault (79)....108 C5
Mairieux (59)....12 A2
Mairy (08)....24 C2
Mairy-Mainville (54)....25 H5
Mairy-sur-Marne (51)....46 A3
Maisdon-sur-Sèvre (44)....74 D6
Maisey-le-Duc (21)....85 E1
Maisnières (80)....8 C5
le Maisnil (59)....3 E5
Maisnil (62)....9 G2
Maisnil-lès-Ruitz (62)....10 A1
Maisod (39)....117 G2
Maison-des-Champs (10)....67 E3
la Maison-Dieu (58)....83 G5
Maison-Feyne (23)....111 F4
Maison-Maugis (61)....61 E2
Maison-Ponthieu (80)....9 E3
Maison-Roland (80)....9 E4
Maison-Rouge (77)....64 D1
Maisoncelle (62)....9 F1
Maisoncelle-et-Villers (08)....24 C3
Maisoncelle-Saint-Pierre (60)....20 B4
Maisoncelle-Tuilerie (60)....20 B3
Maisoncelles (52)....68 C4
Maisoncelles (72)....60 D6
Maisoncelles-du-Maine (53)....58 D6
Maisoncelles-en-Brie (77)....43 H4
Maisoncelles-en-Gâtinais (77)..64 A4
Maisoncelles-la-Jourdan (14)....37 H4
Maisoncelles-Pelvey (14)....38 B2
Maisoncelles-sur-Ajon (14)....16 A5
Maison du Buronnier....140 D3
Maisonnais (18)....112 A1
Maisonnais-sur-Tardoire (87)..123 F3
Maisonnay (79)....108 B5
Maisonneuve (86)....93 H6
Maisonnisses (23)....111 G6
Maisons (11)....185 G6
Maisons (14)....15 H5
Maisons (28)....62 D2
Maisons-Alfort (94)....43 E4
Maisons-du-Bois-Lièvremont (25)....104 A3
Maisons-en-Champagne (51)....46 A4
Maisons-Laffitte (78)....42 C3
Maisons-lès-Chaource (10)....66 B5
Maisons-lès-Soulaines (10)....67 F3
Maisonsgoutte (67)....71 E2
Maisontiers (79)....93 F5
Maisse (91)....63 G2
Maissemy (02)....10 D6
Maixe (54)....49 E5
Maizeray (55)....48 A1
Maizeroy (57)....26 D5
Maizery (57)....26 C5
Maizet (14)....16 B5
Maizey (55)....47 G3
Maizicourt (80)....9 F3
Maizières....100 D2
Maizières (14)....16 D6
Maizières (52)....67 H1
Maizières (54)....48 C6
Maizières (62)....9 H3
Maizières (70)....87 F4
Maizières-la-Grande-Paroisse (10)....65 H1
Maizières-lès-Brienne (10)....67 E2
Maizières-lès-Metz (57)....26 B4
Maizières-lès-Vic (57)....49 G4
Maizières-sur-Amance (52)....86 C1
Maizilly (42)....115 F5
Maizy (02)....22 C5
Majastres (04)....175 F2
Malabat (32)....181 F1

la Malachère (70)....87 F4
Malafretaz (01)....116 D3
Mâlain (21)....85 F6
Malaincourt (88)....68 D3
Malaincourt-sur-Meuse (52)....68 C4
Malakoff (92)....42 D4
Malancourt (55)....24 D6
Malandry (08)....24 D3
Malange (39)....102 D1
Malans (25)....103 F2
Malans (70)....86 D6
Malansac (56)....56 B6
Malarce-sur-la-Thines (07)....157 E3
Malataverne (26)....158 A3
Malaucène (84)....158 D6
Malaucourt-sur-Seille (57)....49 E3
Malaumont....47 G4
Malaunay (76)....7 G5
Malause (82)....166 B1
Malaussanne (64)....163 H5
Malaussène (06)....176 D3
Malauzat (63)....127 E2
Malaville (16)....122 A5
Malavillers (54)....25 H4
Malay (71)....116 A1
Malay-le-Grand (89)....65 E4
Malay-le-Petit (89)....65 E4
Malbo (15)....140 D4
Malbosc (07)....157 E4
Malbouhans (70)....88 B2
Malbouzon (48)....155 F1
Malbrans (25)....103 G2
Malbuisson (25)....103 H5
Mâle (61)....61 E3
Malegoude (09)....184 B4
Malemort-du-Comtat (84)....173 F1
Malemort-sur-Corrèze (19)....138 D3
la Malène (48)....155 H5
Malesherbes (45)....63 G3
Malestroit (56)....56 A5
Malétable (61)....40 B6
Maleville (12)....153 G4
Malguénac (56)....55 F2
la Malhoure (22)....34 A5
Malicornay (36)....111 E1
Malicorne (03)....113 C4
Malicorne (89)....82 D2
Malicorne-sur-Sarthe (72)....77 G1
Maligny (21)....101 E2
Maligny (89)....83 H1
Malijai (04)....174 D1
Malincourt (59)....11 E4
Malintrat (63)....127 F3
Malissard (26)....144 B5
Maljasset....161 G1
Mallefougasse-Augès (04)....174 C1
Malleloy (54)....48 D4
Mallemoisson (04)....175 E1
Mallemort (13)....173 G4
Malléon (09)....183 H5
Malleret (23)....126 A3
Malleret-Boussac (23)....112 A4
Mallerey (39)....102 C6
Malleval (42)....129 H6
Malleval-en-Vercors (38)....145 E2
Malleville-les-Grès (76)....6 D2
Malleville-sur-le-Bec (27)....18 A6
Mallièvre (85)....92 B4
Malling (57)....26 C2
Malloué (14)....37 H2
la Malmaison (02)....23 E3
Malmerspach (68)....70 D6
Malmy (51)....24 B2
Malmy (51)....24 B6
Malo les Bains....2 B1
Malons-et-Elze (30)....156 D4
Malouy (27)....17 H5
Malpart (80)....20 D2
Malpas (25)....103 H4
Malplaquet....11 H2
Malras (11)....184 D4
Malrevers (43)....142 D3
Malrieu....140 B3
Malroy (57)....26 C5
Maltat (71)....99 H6
Maltot (14)....16 B5
Malval (23)....111 G3
Malvalette (43)....143 E1
Malves-en-Minervois (11)....185 E3
Malvezie (31)....182 B5
Malvières (43)....142 B1
Malviès (11)....184 D4
Malville (44)....74 B4
Malvillers (70)....87 E2
Malzéville (54)....48 D4
le Malzieu-Forain (48)....141 G5
le Malzieu-Ville (48)....141 G5
Malzy (02)....11 G5
Mamers (72)....60 C2
Mametz (62)....2 B5
Mametz (80)....10 B5
Mamey (54)....48 B3
Mamirolle (25)....103 G1
Manas (26)....158 C2
Manas-Bastanous (32)....181 G2
Manaurie (24)....137 H4
Mance (54)....26 A4
la Mancelière (28)....40 D6
la Mancellière-sur-Vire (50)....37 G1
Mancenans (25)....88 A4
Mancenans-Lizerne (25)....88 C6
Mancey (71)....116 B1
Manchecourt (45)....63 G4
Manciet (32)....164 D2
Mancieulles (54)....26 A4
Mancioux (31)....182 C4
Mancy (51)....45 F2
Mandagout (30)....170 D2
Mandailles-Saint-Julien (15)....140 D4

Mandelieu-la-Napoule (06)....193 F1
Manderen (57)....26 D2
Mandeure (25)....88 C4
Mandeville (27)....18 C6
Mandeville-en-Bessin (14)....15 G5
Mandray (88)....70 D3
Mandres (27)....40 C5
Mandres-aux-Quatre-Tours (54)....48 A3
Mandres-en-Barrois (55)....68 B1
Mandres-la-Côte (52)....68 B5
Mandres-les-Roses (94)....43 E5
Mandres-sur-Vair (88)....69 E3
Mandrevillars (70)....88 C3
Manduel (30)....172 B3
Mane (04)....174 C2
Mane (31)....182 C4
Manéglise (76)....6 B5
Manéhouville (76)....7 G2
Manent-Montané (32)....182 A2
Manerbe (14)....17 F4
Mangiennes (55)....25 F5
Manglieu (63)....127 G4
Mangonville (54)....69 G1
Manhac (12)....154 B5
Manheulles (55)....47 H1
Manhoué (57)....49 E3
Manicamp (02)....21 H3
Manigod (74)....132 C1
Manin (62)....9 H2
Maningham (62)....1 H6
Maninghen-Henne (62)....1 F4
Maniquerville (76)....6 C4
Manlay (21)....100 D2
Manneville-ès-Plains (76)....7 E1
Manneville-la-Goupil (76)....6 C4
Manneville-la-Pipard (14)....17 F4
Manneville-la-Raoult (27)....17 F3
Manneville-sur-Risle (27)....17 H3
Mannevillette (76)....6 B5
Mano (40)....149 E3
le Manoir (14)....16 A3
le Manoir (27)....18 D5
Manois (52)....68 B3
Manom (57)....26 B3
Manoncourt-en-Vermois (54)....48 D5
Manoncourt-en-Woëvre (54)....48 B4
Manonville (54)....48 B4
Manonviller (54)....49 G5
Manosque (04)....174 C3
Manot (16)....123 F1
Manou (28)....61 F1
Manre (08)....24 A6
le Mans (72)....60 B5
Mansac (19)....138 B3
Mansan (65)....181 F2
Mansat-la-Courrière (23)....125 E1
Mansempuy (32)....166 A4
Mansencôme (32)....165 F3
Manses (09)....184 A4
Mansigné (72)....78 A2
Mansle (16)....122 C2
Manso (2B)....204 C2
Mansonville (82)....166 B2
Manspach (68)....89 E3
Mant (40)....163 H5
Mantallot (22)....32 D2
Mantenay-Montlin (01)....116 D2
Mantes-la-Jolie (78)....41 H2
Mantes-la-Ville (78)....41 H3
Mantet (66)....199 E4
Manteyer (05)....160 A2
Manthelan (37)....95 E2
Manthelon (27)....40 D3
Manthes (26)....144 B1
Mantilly (61)....58 C1
Mantoche (70)....86 C5
Mantry (39)....102 C5
Manvieux (14)....16 A3
Many (57)....27 E6
Manzac-sur-Vern (24)....137 E3
Manzat (63)....127 E1
Manziat (01)....116 C3
Maquinghen....1 F4
Marac (52)....68 A6
Marainville-sur-Madon (88)....69 G2
Marainviller (54)....49 F5
le Marais....42 C6
le Marais-la-Chapelle (14)....39 E3
Marais-Vernier (27)....6 C6
Marambat (32)....165 F4
Marandeuil (21)....86 B6
Marange-Silvange (57)....26 B4
Marange-Zondrange (57)....27 E5
Marans (17)....106 D3
Marans (49)....75 H1
Maransin (33)....135 G3
Marant (62)....1 G6
Maranville (52)....67 G4
Maranwez (08)....23 G1
Marast (70)....87 H3
Marat (63)....128 B4
Maraussan (34)....186 D2
Maravat (32)....166 A4
Maray (41)....96 D1
Maraye-en-Othe (10)....65 H4
Marbache (54)....48 C4
Marbaix (59)....11 H4
Marbeuf (27)....40 D1
Marbéville (52)....67 G3
Marbotte....47 H4
Marboué (28)....62 A5
Marboz (01)....117 E3
Marby (08)....12 D6
Marc-la-Tour (19)....139 E2
Marçais (18)....97 G6
Marçay (37)....94 A2
Marçay (86)....108 D2
Marcé (49)....77 F3
Marcé-sur-Esves (37)....94 D3
Marcei (61)....39 F5

Marcelcave (80) 10 A6
Marcellaz (74) 118 D5
Marcellaz-Albanais (74) ...132 A1
Marcellois (21) 85 E6
Marcellus (47) 150 B3
Marcenais (33) 135 G3
Marcenat (03) 114 A4
Marcenat (15) 140 D1
Marcenay (21) 84 D1
Marcenod (42) 129 G5
Marcey-les-Grèves (50) ...35 H3
Marchainville (61) 40 C6
Marchais (02) 22 D3
Marchais-Beton (89) 82 C1
Marchais-en-Brie (02) ...44 C3
Marchamp (01) 131 F2
Marchampt (69) 115 H5
Marchastel (15) 140 C2
Marchastel (48) 155 F2
Marchaux (35) 87 G6
la Marche (58) 98 C2
Marché-Allouarde (80) ...21 F2
Marchélepot (80) 10 B6
Marchemaisons (61) 60 B1
Marchémoret (77) 43 G2
Marchenoir (41) 80 A2
Marcheprime (33) 148 D1
Marches (26) 144 C4
les Marches (73) 132 A5
Marcheseuil (21) 100 D2
Marchésieux (50) 15 E6
Marchéville (28) 61 H2
Marchéville-en-Woëvre (55) ...47 H1
Marchezais (28) 41 G4
Marchiennes (59) 11 E1
Marciac (32) 165 E6
Marcieu (38) 145 G4
Marcieux (73) 131 G4
Marcigny (71) 115 E4
Marcigny-sous-Thil (21) ...84 D5
Marcilhac-sur-Célé (46) ...153 E2
Marcillac 152 B5
Marcillac (33) 135 F1
Marcillac-la-Croisille (19) ...139 G2
Marcillac-la-Croze (19) ...139 E4
Marcillac-Lanville (16) ...122 B2
Marcillac-Saint-Quentin (24) ...138 A5
Marcillac-Vallon (12) ...154 B3
Marcillat (63) 113 F6
Marcillat-en-Combraille (03) ...112 D5
Marcillé-la-Ville (53) ...59 E3
Marcillé-Raoul (35) 35 F6
Marcillé-Robert (35) ...57 G4
Marcilleux 130 D2
Marcilloles (38) 144 C1
Marcilly (50) 37 F5
Marcilly (77) 43 G2
Marcilly-d'Azergues (69) ...129 H2
Marcilly-en-Bassigny (52) ...68 C6
Marcilly-en-Beauce (41) ...79 F2
Marcilly-en-Gault (41) ...80 D5
Marcilly-en-Villette (45) ...81 E2
Marcilly-et-Dracy (21) ...84 D5
Marcilly-la-Campagne (27) ...41 E4
Marcilly-la-Gueurce (71) ...115 F3
Marcilly-le-Châtel (42) ...128 D4
Marcilly-le-Hayer (10) ...65 G3
Marcilly-les-Buxy (71) ...101 E6
Marcilly-Ogny (21) 100 D1
Marcilly-sur-Eure (27) ...41 F4
Marcilly-sur-Maulne (37) ...78 B4
Marcilly-sur-Seine (51) ...44 D6
Marcilly-sur-Tille (21) ...85 H4
Marcilly-sur-Vienne (37) ...94 C3
Marck (62) 1 H2
Marckolsheim (67) 71 G3
Marclopt (42) 129 E4
Marcoing (59) 10 D4
Marcolès (15) 140 A6
Marcollin (38) 144 C1
Marcols-les-Eaux (07) ...143 F6
Marçon (72) 78 C3
Marconne (62) 9 E1
Marconnelle (62) 9 E1
Marcorignan (11) 186 B3
Marcoussis (91) 42 C6
Marcoux (04) 160 D6
Marcoux (42) 128 D3
Marcq (08) 24 C5
Marcq (78) 42 A4
Marcq-en-Barœul (59) ...3 F4
Marcq-en-Ostrevent (59) ...11 E2
Marcy (02) 11 F6
Marcy (58) 83 F6
Marcy (69) 129 H1
Marcy-l'Étoile (69) 129 H3
Marcy-sous-Marle (02) ...22 C1
Mardeuil (51) 45 F2
Mardié (45) 81 E1
Mardigny 48 C2
Mardilly (61) 39 G4
Mardor (52) 86 A1
Mardore (69) 115 G6
Mareau-aux-Bois (45) ...63 F5
Mareau-aux-Prés (45) ...80 C1
Marèges 140 A1
Mareil-en-Champagne (72) ...59 G6
Mareil-en-France (95) ...43 E2
Mareil-le-Guyon (78) ...42 A4
Mareil-Marly (78) 42 B3
Mareil-sur-Loir (72) ...77 H2
Mareil-sur-Mauldre (78) ...42 A3
Mareilles (52) 68 A4
Marenla (62) 8 D1
Marennes (17) 120 B2
Marennes (69) 130 B4
Mareschés (72) 60 A4
Maresches (59) 11 F2
Maresquel-Ecquemicourt (62) ...9 E1
Marest (62) 2 C6

Marest-Dampcourt (02) ...21 H3
Marest-sur-Matz (60) ...21 F4
Marestaing (32) 166 C5
Marestay 121 G2
Marestmontiers (80) ...20 D2
Maresville (62) 1 F6
les Marêts (77) 44 B5
Maretz (59) 11 F4
Mareugheol (63) 127 F5
Mareuil (16) 122 A3
Mareuil (24) 122 D6
Mareuil-Caubert (80) ...8 D4
Mareuil-en-Brie (51) ...45 E3
Mareuil-en-Dôle (02) ...22 B6
Mareuil-la-Motte (60) ...21 F3
Mareuil-le-Port (51) ...45 E2
Mareuil-lès-Meaux (77) ...43 G3
Mareuil-sur-Arnon (18) ...97 F4
Mareuil-sur-Ay (51) ...45 F2
Mareuil-sur-Cher (41) ...79 H6
Mareuil-sur-Lay-Dissais (85) ...91 H5
Mareuil-sur-Ourcq (60) ...44 A1
Marey (88) 69 E4
Marey-lès-Fussey (21) ...101 G2
Marey-sur-Tille (21) ...85 H3
Marfaux (51) 45 E1
Marfontaine (02) 22 D1
Margaux (33) 135 E3
Margencel (74) 118 D3
Margency (95) 42 D2
Margerides (19) 126 A6
Margerie-Chantagret (42) ...128 D5
Margerie-Hancourt (51) ...46 B6
Margès (26) 144 C3
Margival (02) 22 A4
le Margnès (81) 169 E5
Margny (08) 25 E2
Margny (51) 44 D3
Margny-aux-Cerises (60) ...21 F2
Margny-lès-Compiègne (60) ...21 F3
Margny-sur-Matz (60) ...21 F3
Margon (28) 61 E3
Margon (34) 170 B6
Margouët-Meymes (32) ...164 D4
Marguerittes (30) 172 B3
Margueron (33) 136 C6
Marguestau (32) 164 C3
Margut (08) 25 E3
Mariac (07) 143 F5
Maricourt (80) 10 B5
Marie (06) 176 D2
Marienthal 51 F3
Marieulles (57) 26 B6
Marieux (80) 9 H4
Marigna-sur-Valouse (39) ...117 F2
Marignac (17) 121 F5
Marignac (31) 182 A6
Marignac (82) 166 B3
Marignac-en-Diois (26) ...145 E6
Marignac-Lasclares (31) ...182 D2
Marignac-Laspeyres (31) ...182 C3
Marignana (2A) 204 C3
Marigné (49) 76 D2
Marigné-Laillé (72) ...78 B1
Marigné-Peuton (53) ...76 C1
Marignier (74) 119 E5
Marignieu (01) 131 G2
Marigny (03) 113 G1
Marigny (39) 103 E6
Marigny (50) 37 F1
Marigny (51) 45 E5
Marigny (71) 100 D6
Marigny (79) 107 H5
Marigny-Brizay (86) ...94 B5
Marigny-Chemereau (86) ...108 D3
Marigny-en-Orxois (02) ...44 B2
Marigny-le-Cahouët (21) ...84 D5
Marigny-le-Châtel (10) ...65 G2
Marigny-l'Église (58) ...84 A6
Marigny-lès-Reullée (21) ...101 G3
Marigny-les-Usages (45) ...63 E6
Marigny-Marmande (37) ...94 C3
Marigny-Saint-Marcel (74) ...132 A2
Marigny-sur-Yonne (58) ...99 G1
Marillac-le-Franc (16) ...122 D3
le Marillais (49) 75 F4
Marillet (85) 107 G1
Marimbault (33) 149 H3
Marimont 49 G4
Marimont-lès-Bénestroff (57) ...49 G3
Marin (74) 119 E3
Marines (95) 42 B1
Maringes (42) 129 F4
Maringues (63) 127 G2
Mariol (03) 127 H1
Marions (33) 150 A4
Marissel 20 B4
Marizy (71) 115 G1
Marizy-Saint-Mard (02) ...44 B1
Marizy-Sainte-Geneviève (02) ...44 A1
le Markstein 70 D6
Marle (02) 22 D1
Marlemont (08) 23 G1
Marlenheim (67) 50 D5
Marlens (74) 132 C2
Marlers (80) 19 H1
Marles-en-Brie (77) ...43 G5
Marles-les-Mines (62) ...2 C6
Marles-sur-Canche (62) ...8 D1
Marlhes (42) 143 F1
Marliac (31) 183 G3
Marlieux (01) 116 D6
Marlioz (74) 118 B6
Marly (57) 26 B6
Marly (59) 11 F2
Marly-Gomont (02) 11 H6

Marly-la-Ville (95) ...43 E2
Marly-le-Roi (78) 42 C4
Marly-sous-Issy (71) ...100 A6
Marly-sur-Arroux (71) ...115 E1
Marmagne (18) 97 F2
Marmagne (21) 84 D3
Marmagne (71) 100 D5
Marmanhac (15) 140 B4
Marmande (47) 150 C3
Marmeaux (89) 84 B4
Marminiac (46) 152 B1
Marmont-Pachas (47) ...165 H1
Marmouillé (61) 39 G5
Marmoutier (67) 50 C4
Marnac (24) 137 H6
Marnand (69) 115 G6
Marnans (38) 144 D1
Marnaves (81) 167 H1
Marnay (70) 87 E6
Marnay (71) 101 G6
Marnay (86) 109 E3
Marnay-sur-Marne (52) ...68 A5
Marnay-sur-Seine (10) ...65 F1
Marnaz (74) 119 E5
la Marne (44) 91 E1
Marnefer (61) 40 A3
Marnes (79) 93 H4
Marnes-la-Coquette (92) ...42 C4
Marnézia (39) 117 G1
Marnhagues-et-Latour (12) ...169 H3
Marnoz (39) 103 E3
Marœuil (62) 10 A2
Maroilles (59) 11 H4
la Marolle-en-Sologne (41) ...80 C4
Marolles (14) 17 G5
Marolles (41) 79 H3
Marolles (51) 46 B5
Marolles (60) 44 A1
Marolles-en-Beauce (91) ...63 F2
Marolles-en-Brie (77) ...44 A4
Marolles-en-Brie (94) ...43 E5
Marolles-en-Hurepoix (91) ...63 F1
Marolles-lès-Bailly (10) ...66 C4
Marolles-les-Braults (72) ...60 B3
Marolles-les-Buis (28) ...61 E3
Marolles-lès-Saint-Calais (72) ...79 E1
Marolles-sous-Lignières (10) ...66 A6
Marolles-sur-Seine (77) ...64 C2
Marollette (72) 60 C2
Marols (42) 128 D5
Maromme (76) 7 G6
Mâron (36) 96 D5
Maron (54) 48 C5
Maroncourt (88) 69 G3
la Marouière 76 D1
Marpaps (40) 163 G5
Marpent (59) 12 B2
Marpiré (35) 57 H2
Marquaix (80) 10 D5
Marquay (24) 138 A5
Marquay (62) 9 G1
Marquefave (31) 183 E2
Marquéglise (60) 21 E3
Marquein (11) 184 A2
Marquerie (65) 181 F3
Marques (76) 19 G1
Marquette-en-Ostrevant (59) ...11 E2
Marquette-lez-Lille (59) ...3 F4
Marquigny (08) 24 A3
Marquillies (59) 3 E6
Marquion (62) 10 D3
Marquise (62) 1 F3
Marquivillers (80) 21 E2
Marquixanes (66) 199 E3
Marrault 84 A5
Marray (37) 78 D3
la Marre (39) 102 D5
Marre (55) 25 E6
Mars (07) 143 F4
les Mars (23) 126 B1
Mars (30) 170 D2
Mars (42) 115 F5
Mars-la-Tour (54) 26 A5
Mars-sous-Bourcq (08) ...24 A4
Mars-sur-Allier (58) ...98 D5
Marsa (11) 198 D1
Marsac (16) 122 B3
Marsac (23) 111 E6
Marsac (65) 181 E2
Marsac (82) 166 A2
Marsac-en-Livradois (63) ...128 B6
Marsac-sur-Don (44) ...74 C1
Marsac-sur-l'Isle (24) ...137 F2
Marsainvilliers (45) ...63 F4
Marsais (17) 107 G5
Marsais-
  Sainte-Radégonde (85) ...107 E1
Marsal (57) 49 F4
Marsal (81) 168 C2
Marsalès (24) 151 G1
Marsan (32) 166 A5
Marsaneix (24) 137 F3
Marsangis (51) 45 E6
Marsangy (89) 65 E3
Marsannay-la-Côte (21) ...85 H6
Marsannay-le-bois (21) ...85 H5
Marsanne (26) 158 B1
Marsas (33) 135 G3
Marsas (65) 181 F4
Marsat (63) 127 F2
Marsaz (26) 144 B3
Marseillan (32) 165 F6
Marseillan (34) 187 F2
Marseillan (65) 181 F2
Marseille (13) 190 C4
Marseille-en-Beauvaisis (60) ...20 A3
Marseilles-lès-Aubigny (18) ...98 C3
Marseillette (11) 185 F3
Marsillargues (34) 171 H5

Marsilly (17) 106 C4
Marsilly (57) 26 C5
Marsolan (32) 165 G2
Marson (51) 46 B3
Marson-sur-Barboure (55) ...47 G5
Marsonnas (01) 116 D3
Marsoulas (31) 182 D4
Marssac-sur-Tarn (81) ...168 B3
Martagny (27) 19 F4
Martailly-lès-Brancion (71) ...116 B2
Martainville (14) 16 B6
Martainville (27) 17 G3
Martainville-Épreville (76) ...7 H6
Martaizé (86) 93 H4
Martel (46) 138 D5
Marthemont (54) 48 C6
Marthille (57) 49 F2
Marthod (73) 132 C3
Marthon (16) 122 D4
Martiel (12) 153 F4
Martigna (39) 117 G3
Martignac 152 A3
Martignargues (30) 171 H1
Martignas-sur-Jalle (33) ...134 D5
Martignat (01) 117 G4
Martigné-Briand (49) ...93 E1
Martigné-Ferchaud (35) ...57 H5
Martigné-sur-Mayenne (53) ...58 D4
Martigny (02) 12 B6
Martigny (50) 37 G5
Martigny (76) 7 H2
Martigny-Courpierre (02) ...22 C4
Martigny-le-Comte (71) ...115 G2
Martigny-les-Bains (88) ...69 E4
Martigny-les-Gerbonvaux (88) ...68 D1
Martigny-sur-l'Ante (14) ...38 D3
Martigny (13) 190 A3
Martillac (33) 149 F1
Martin-Église (76) 7 G2
Martincourt (54) 48 B3
Martincourt (60) 19 H3
Martincourt-sur-Meuse (55) ...24 D3
le Martinet (30) 157 E5
Martinet (85) 91 E4
Martinpuich (62) 10 B4
Martinvast (50) 14 C2
Martinvelle (88) 69 F5
Martisserre (31) 182 C1
Martizay (36) 95 F5
Martot (27) 18 C5
Martragny (14) 16 A4
la Martre (83) 175 H3
Martres (33) 149 H1
les Martres-d'Artière (63) ...127 G2
Martres-de-Rivière (31) ...182 A4
les Martres-de-Veyre (63) ...127 F3
Martres-sur-Morge (63) ...127 F1
Martres-Tolosane (31) ...182 D3
Martrin (12) 169 E2
Martrois (21) 85 E6
Martrou (17) 120 C1
la Martyre (29) 31 F4
les Martys (11) 185 E1
Maruéjols-lès-Gardon (30) ...171 G2
Marval (87) 123 G4
Marvaux-Vieux (08) ...24 A5
Marvejols (48) 155 G2
Marvelise (25) 88 B4
Marville (55) 25 F4
Marville-Moutiers-Brûlé (28) ...41 F5
Mary (71) 115 H1
Mary-sur-Marne (77) ...43 H2
Marzan (56) 73 G2
Marzens (81) 167 H5
Marzy (58) 98 D3
Mas-Blanc-des-Alpilles (13) ...172 D3
Mas-Cabardès (11) 185 E2
le Mas-d'Agenais (47) ...150 C4
le Mas-d'Artige (23) ...125 H3
Mas-d'Auvignon (32) ...165 G3
le Mas-d'Azil (09) 183 F4
Mas-de-Londres (34) ...171 E4
le Mas-de-Tence (43) ...143 F3
Mas-des-Cours (11) 185 E4
Mas-d'Orcières (48) ...156 B3
Mas-Grenier (82) 166 D3
Mas-Saint-Chély (48) ...155 H5
Mas-Saintes-Puelles (11) ...184 B2
Masbaraud-Mérignat (23) ...125 E1
Mascaraàs-Haron (64) ...164 B6
Mascaras (32) 165 E6
Mascaras (65) 181 F3
Mascarville (31) 167 G6
Masclat (46) 138 B6
Masevaux (68) 88 D1
Maslacq (64) 179 H1
Masléon (87) 124 D3
Maslives (41) 80 B3
le Masnau-Massuguiès (81) ...169 E4
Masnières (59) 10 D4
Masny (59) 10 D2
Masparraute (64) 179 E1
Maspie-Lalonquère-
  Juillacq (64) 180 D1
Masquières (47) 152 A4
Massabrac (31) 183 F2
Massac (11) 185 F6
Massac (17) 121 H2
Massac-Séran (81) ...167 H5
Massaguel (81) 168 B4
Massais (79) 93 F3
Massals (81) 169 E3
Massanes (30) 171 G1
Massangis (89) 84 A3
Massat (09) 183 F6
Massiat (18) 97 E2
le Massegros (48) 155 G5
Masseilles (33) 150 A4

Massels (47) 151 G5
Massérac (44) 56 D6
Masseret (19) 124 C5
Masseube (32) 182 A1
Masseuil 108 D1
Massiac (15) 141 F2
Massieu (38) 131 F6
Massieux (01) 130 A1
Massiges (51) 24 B6
Massignac (16) 123 F3
Massignieu-de-Rives (01) ...131 G3
Massillargues-Attuech (30) ...171 G2
Massilly (71) 116 A2
Massingy (21) 85 E1
Massingy (74) 131 H2
Massingy-lès-Semur (21) ...84 D4
Massingy-lès-Vitteaux (21) ...85 E5
Massognes (86) 93 H5
Massoins (06) 176 D3
Massongy (74) 118 D3
Massoulès (47) 151 G4
Massugas (33) 136 B6
Massy (71) 115 H2
Massy (76) 19 E2
Massy (91) 42 D5
Mastaing (59) 11 E2
Matafelon-Granges (01) ...117 G4
les Matelles (34) 171 E4
Matemale (66) 198 D3
Matha (17) 121 G2
Mathaux (10) 66 D2
Mathay (25) 88 C4
Mathenay (39) 102 D3
les Mathes (17) 120 B3
Mathieu (14) 16 B4
Mathons (52) 67 H2
Mathonville (76) 19 E2
Matignicourt-Goncourt (51) ...46 C5
Matignon (22) 34 B4
Matigny (80) 21 G1
Matougues (51) 45 H2
Matour (71) 115 H4
Matra (2B) 205 G2
Mattaincourt (88) 69 F3
Mattexey (54) 70 A1
Matton-et-Clémency (08) ...24 D2
Matzenheim (67) 71 H1
Maubec (38) 130 D4
Maubec (82) 166 B3
Maubec (84) 173 F3
Maubert-Fontaine (08) ...12 D6
Maubeuge (59) 12 A2
Maubourguet (65) 164 D6
Maubranche 97 H2
Maubuisson 134 B3
Mauchamps (91) 63 F1
Maucomble (76) 19 E2
Maucor (64) 180 C2
Maucourt (60) 21 G2
Maucourt (80) 21 E1
Maucourt-sur-Orne (55) ...25 F6
Maudétour-en-Vexin (95) ...42 A2
Mauguio (34) 171 G5
Maulan (55) 47 F5
Maulay (86) 94 A3
Maulde (59) 4 A6
Maule (78) 42 A3
Mauléon (79) 92 C4
Mauléon-Barousse (65) ...182 A5
Mauléon-d'Armagnac (32) ...164 C2
Mauléon-Licharre (64) ...179 G3
Maulers (60) 20 B3
Maulette (78) 41 G4
Maulévrier (49) 92 C3
Maulévrier-
  Sainte-Gertrude (76) ...7 E5
Maulichères (32) 164 C4
Maulnes 84 C1
Maumont 139 G1
Maumusson (44) 75 F3
Maumusson (82) 166 B2
Maumusson-Laguian (32) ...164 C5
Mauny (76) 18 B5
Maupas (10) 66 B4
Maupas (32) 164 C3
Mauperthuis (77) 43 H4
Maupertuis (50) 37 F2
Maupertus-sur-Mer (50) ...14 D2
Mauprévoir (86) 109 F5
Mauquenchy (76) 19 F3
Mauran (31) 182 D3
Maure (64) 180 D1
Maure-de-Bretagne (35) ...56 D4
Maurecourt (78) 42 B2
Mauregard (77) 43 E2
Mauregny-en-Haye (02) ...22 D3
Maureilhan (34) 187 F2
Maureillas-las-Illas (66) ...199 H4
Mauremont (31) 183 H1
Maurens (24) 137 E4
Maurens (31) 184 A1
Maurens (32) 166 B5
Maurens-Scopont (81) ...167 H5
Maurepas (78) 42 B5
Maurepas (80) 10 B5
Mauressac (31) 183 F2
Mauressargues (30) ...171 H2
Maureville (31) 167 G6
Mauriac 168 A2
Mauriac (15) 140 A6
Mauriac (33) 136 A6
Mauries (40) 164 A6
Maurin 161 G1
Maurines (15) 141 F5
Maurois (59) 11 F4
Mauron (56) 56 B3
Mauroux (32) 166 A2
Mauroux (46) 151 H3

Maurrin (40) 164 A3
Maurs (15) 153 H1
Maurupt-le-Montois (51) ...46 D4
Maury (66) 199 G1
la Mauselaine 70 C4
Mausoléo (2B) 202 D6
Maussac (19) 125 G6
Maussane-les-Alpilles (13) ...172 D4
Maussans (70) 87 G5
Mautes (23) 126 A1
Mauvages (55) 47 G6
Mauvaisin (31) 183 G2
Mauves (07) 144 A4
Mauves-sur-Huisne (61) ...60 D2
Mauves-sur-Loire (44) ...74 D4
Mauvezin (31) 182 A2
Mauvezin (32) 166 B4
Mauvezin (65) 181 G4
Mauvezin-d'Armagnac (40) ...164 C2
Mauvezin-de-Prat (09) ...182 D5
Mauvezin-
  de-Sainte-Croix (09) ...183 E4
Mauvezin-sur-Gupie (47) ...150 C2
Mauvières (36) 110 B3
Mauvilly (21) 85 F2
Maux (58) 99 H3
Mauzac (31) 183 F2
Mauzac-
  et-Grand-Castang (24) ...137 F5
Mauzé-sur-le-Mignon (79) ...107 F4
Mauzé-Thouarsais (79) ...93 F3
Mauzens-et-Miremont (24) ...137 G4
Mauzun (63) 127 H4
Mavaleix 123 G5
Maves (41) 80 A2
Mavilly-Mandelot (21) ...101 F3
la Maxe (57) 26 C5
Maxent (35) 56 C4
Maxéville (54) 48 D4
Maxey-sur-Meuse (88) ...68 D1
Maxey-sur-Vaise (55) ...48 A6
Maxilly-sur-Léman (74) ...119 F2
Maxilly-sur-Saône (21) ...86 B5
Maxou (46) 152 C3
Maxstadt (57) 27 F4
May-en-Multien (77) ...43 H2
le May-sur-Èvre (49) ...75 G4
May-sur-Orne (14) 16 B4
Mayac (24) 137 G5
Mayenne (53) 58 D7
Mayet (72) 78 B4
le Mayet-de-Montagne (03) ...114 C4
le Mayet-d'École (03) ...113 H4
Maylis (40) 163 G5
Maynal (39) 117 F3
les Mayons (83) 192 B5
Mayot (02) 22 A4
Mayrac (46) 138 D6
Mayran (12) 154 A4
Mayrègne (31) 181 H6
Mayres (07) 157 E2
Mayres (63) 128 B5
Mayres-Savel (38) 145 G4
Mayreville (11) 184 A4
Mayrinhac-Lentour (46) ...139 E2
Mayronnes (11) 185 F4
Maysel (60) 20 C6
Mazamet (81) 168 C4
Mazan (84) 173 F1
Mazan-l'Abbaye (07) ...157 E2
Mazangé (41) 79 F2
Mazaugues (83) 191 G4
Mazaye (63) 126 D3
Mazé (49) 77 F4
le Mazeau (85) 107 F4
Mazeirat (23) 111 G4
Mazeley (88) 69 G3
Mazerat-Aurouze (43) ...142 A2
Mazeray (17) 121 F2
Mazères 164 B6
Mazères (09) 183 H3
Mazères (33) 149 H4
Mazères-de-Neste (65) ...181 H4
Mazères-Lezons (64) 180 C2
Mazères-sur-Salat (31) ...182 C4
Mazerier (03) 113 H5
Mazerny (08) 24 A3
Mazerolles (16) 123 E3
Mazerolles (17) 121 E5
Mazerolles (40) 164 A4
Mazerolles (64) 180 B2
Mazerolles (65) 181 G4
Mazerolles (86) 109 H4
Mazerolles-du-Razès (11) ...184 C4
Mazerolles-le-Salin (25) ...103 E1
Mazerulles (54) 49 E5
Mazet-Saint-Voy (43) ...143 E3
Mazeuil (86) 93 H5
Mazeyrat-d'Allier (43) ...142 A2
Mazeyrolles (24) 151 H1
la Mazière-
  aux-Bons-Hommes (23) ...126 A2
Mazières (16) 123 E2
Mazières-de-Touraine (37) ...78 B5
Mazières-en-Gâtine (79) ...108 A2
Mazières-en-Mauges (49) ...92 B2
Mazières-Naresse (47) ...151 G1
Mazières-sur-Béronne (79) ...108 B4
Mazille (71) 116 A3
Mazingarbe (62) 2 C6
Mazinghem (62) 2 B5
Mazinghien (59) 11 G5
Mazion (33) 135 E2
Mazirat (03) 112 C5
Mazirot (88) 69 F2
le Mazis (80) 8 D6
Mazoires (63) 127 F6
Mazouau (65) 181 H5
Mazuby (11) 198 C1
les Mazures (08) 13 E6
Mazzola (2B) 205 F6

272

Méailles (04) ...175H1
Méallet (15) ...140A2
Méasnes (23) ...111F3
Meauce ...98C4
Meaucé (28) ...61F1
Meaudre (38) ...145F3
la Meauffe (50) ...15F6
la Méaugon (22) ...33G4
Meaulne (03) ...112D1
Méaulte (80) ...10A5
Méautis (50) ...15E5
Meaux (77) ...43G4
Meaux-la-Montagne (69) ...115G6
Meauzac (82) ...166D1
Mecé (35) ...57H1
Mechmont (46) ...152C2
Mécleuves (57) ...26C6
Mecquignies (59) ...11H2
Mécrin (55) ...47H4
Mécringes (51) ...44C4
Médan (78) ...42B3
Médavy (61) ...39F5
Medeyrolles (63) ...128B6
Médière (25) ...88B4
Médillac (16) ...136B2
Médis (17) ...120C4
Médonville (88) ...68D3
Médréac (35) ...56C1
le Mée (28) ...62A6
le Mée-sur-Seine (77) ...64A1
les Mées (04) ...174D1
Mées (40) ...162D4
les Mées (72) ...60B3
Mégange (57) ...26D4
Megève (74) ...133E1
Mégevette (74) ...119E4
Mégrit (22) ...34B6
Méharicourt (80) ...21E1
Méharin (64) ...179E2
Méhers (41) ...80A6
Méhoncourt (54) ...49E6
Méhoudin (61) ...59F1
Méhun-sur-Yèvre (18) ...97F2
la Meignanne (49) ...76D4
Meigné (49) ...93G1
Meigné-le-Vicomte (49) ...78A4
Meigneux (77) ...64D1
Meigneux (80) ...19H1
Meilars (29) ...52D2
Meilhac (87) ...124A3
Meilhan (32) ...182B1
Meilhan (40) ...163G3
Meilhan-sur-Garonne (47) ...150B3
Meilhards (19) ...124D5
Meilhaud (63) ...127F5
Meillac (35) ...35E5
Meillant (18) ...97H5
Meillard (03) ...113H3
le Meillard (80) ...9F3
le Meilleraie-Tillay (85) ...92B5
Meilleray (77) ...44C4
la Meilleraye-de-Bretagne (44)...74D2
Meillerie (74) ...119F2
Meillers (03) ...113G2
Meillon (64) ...180C2
Meillonnas (01) ...117E4
Meilly-sur-Rouvres (21)...101E1
Meisenthal (57) ...28B6
Meistratzheim (67) ...71G1
Meix (21) ...85G3
Meix-Saint-Epoing (51) ...44D5
Meix-Tiercelin (51) ...46A6
Méjanel ...155E5
Méjannes-le-Clap (30) ...157G5
Méjannes-lès-Alès (30) ...171H1
Mela (2A) ...207E2
Mélagues (12) ...169H4
Mélamare (76) ...6C5
Mélas ...158A2
Melay (49) ...92D1
Melay (52) ...69E6
Melay (71) ...115E5
Mêle-sur-Sarthe (61)...60C1
Mélecey (70) ...88A4
Mélesse (35) ...57F2
Melgven (29) ...53H3
Mélicocq (60) ...21F4
Mélicourt (27) ...40A3
Méligny-le-Grand (55)...47G5
Méligny-le-Petit (55) ...47G5
Melin (70) ...87E2
Melincourt (70) ...69G6
Mélisey (70) ...88B3
Mélisey (89) ...84B1
Meljac (12) ...154B6
Mellac (29) ...54B4
Mellé (35) ...58A1
Melle (79) ...108B4
Mellecey (71) ...101F5
Melleran (79) ...108C5
Melleray (72) ...61E5
Melleray-la-Vallée (53) ...59E1
Melleroy (45) ...82C1
Melles (31) ...182B6
Melleville (76) ...8B5
Mellionnec (22) ...54D1
Mello (60) ...20C6
Meloisey (21) ...101F3
Melrand (56) ...55E3
Melsheim (67) ...50D4
Melun (77) ...64A1
Melve (04) ...160D4
Melz-sur-Seine (77) ...65E1
Membrey (70) ...86D3
la Membrolle-sur-Choisille (37)...78D5
Membrolle-
  sur-Longuenée (49) ...76D4
Méménbrolles (41) ...62A6
Mémenil (88) ...70B3
Mémmelshoffen (67) ...29E3

le Mémont (25) ...104C1
Menades (89) ...83H5
Ménarmont (88) ...70B1
Menars (41) ...80A3
Menat (63) ...113F6
Menaucourt (55) ...47G5
Mencas (62) ...2A5
Menchhoffen (67) ...50D3
Mende (48) ...156A4
Mendionde (64) ...178D1
Menditte (64) ...179F3
Mendive (64) ...179E3
Ménéac (56) ...56A2
le Ménec ...72B1
Ménerbes (84) ...173G3
Ménerval (76) ...19G3
Ménerville (78) ...41G3
Menesble (21) ...85G2
Meneslies (80) ...8B4
Ménesplet (24) ...136B4
Ménesqueville (27) ...19E5
Ménessaire (21) ...100B2
Menestreau (58) ...83E5
Ménestreau-en-Villette (45) ...81E3
Menet (15) ...140B2
Menetou-Couture (18) ...98C3
Menetou-Râtel (18) ...82B6
Menetou-Salon (18) ...97H1
Menetou-sur-Nahon (36) ...96B1
Ménétréol-sous-Sancerre (18)...82B6
Ménétréol-sur-Sauldre (18)...81G5
Ménétréols-sous-Vatan (36) ...96D3
Ménetreuil (71) ...116D1
Ménétreux-le-Pitois (21) ...84D4
Ménétrol (63) ...127F2
Menétru-le-Vignoble (39) ...102D5
Menétrux-en-Joux (39) ...103E6
Ménévillers (60) ...21E3
Menglon (26) ...159F1
Ménigoute (79) ...108C2
Ménil (53) ...76D2
le Ménil (88) ...70C6
Ménil-Annelles (08) ...23H4
Ménil-aux-Bois (55) ...47G4
le Ménil-Bérard (61) ...40A5
le Ménil-Broût (61) ...60B1
le Ménil-Ciboult (61) ...38A4
le Ménil-de-Briouze (61) ...38C5
Ménil-de-Senones (88) ...70D2
Ménil-en-Xaintois (88) ...69E2
le Ménil-Erreux (61) ...60B1
le Ménil-Froger (61) ...39G5
Ménil-Gondouin (61) ...38D4
le Ménil-Guyon (61) ...39G6
Ménil-Hermei (61) ...38D4
Ménil-Hubert-en-Exmes (61) ...39G4
Ménil-Hubert-sur-Orne (61) ...38C3
le Ménil-Jean (61) ...38D5
Ménil-la-Horgne (55) ...47H5
Ménil-la-Tour (54) ...48B4
Ménil-Lépinois (08) ...23G5
le Ménil-Scelleur (61) ...39E6
le Ménil-sur-Belvitte (88) ...70B1
le Ménil-sur-Saulx (55) ...47F5
le Ménil-Vicomte (61) ...39G5
Ménil-Vin (61) ...38D4
Ménilles (27) ...41F2
la Ménitré (49) ...77F5
Mennecy (91) ...43E6
Mennessis (02) ...22A2
Mennetou-sur-Cher (41) ...96D1
Menneval (27) ...17H5
Menneville (02) ...23E4
Menneville (62) ...1G4
Mennevret (02) ...11F5
Mennouveaux (52) ...68B4
Ménoire (19) ...139E3
Menomblet (85) ...92C5
Menoncourt (90) ...88D2
Menotey (39) ...102C1
Menou (58) ...83E6
Menouville (95) ...42C1
le Menoux (36) ...111E2
Menoux (70) ...87F1
Mens (38) ...145G5
Mensignac (24) ...137E2
Menskirch (57) ...26D3
Mentheville (76) ...6C4
Menthières ...118A5
Menthon-Saint-Bernard (74)...132B2
Menthonnex-en-Bornes (74) ...118C6
Menthonnex-
  sous-Clermont (74) ...131H1
Mentières (15) ...141F4
Menton (06) ...177F5
Mentque-Norbécourt (62) ...1H3
Menucourt (95) ...42B2
les Menuires ...132D6
les Menus (61) ...61F1
Menville (31) ...166D4
Méobecq (36) ...96A6
Méolans-Revel (04) ...161E3
Méon (49) ...78A4
Méounes-lès-Montrieux (83)...191G4
Mer (41) ...80B3
Méracq (64) ...164A6
Méral (53) ...58B6
Méras (09) ...183F3
Mercatel (62) ...10B3
Mercenac (09) ...182D5
Merceuil (21) ...101G4
Mercey (70) ...116B2
Mercey (27) ...41F2
Mercey-le-Grand (25) ...102D1
Mercey-sur-Saône (70) ...86D4
Mercin-et-Vaux (02) ...22A5
Merck-Saint-Liévin (62) ...2A5
Merckeghem (59) ...2B3
Mercœur (19) ...139F4
Mercœur (43) ...141G2

Mercuer (07) ...157G2
Mercuès (46) ...152C3
Mercurey (71) ...101F5
Mercurol (26) ...144B3
Mercury (73) ...132C3
Mercus-Garrabet (09) ...183H6
Mercy (03) ...114B2
Mercy (89) ...65G5
Mercy-le-Bas (54) ...25H4
Mercy-le-Haut (54) ...25H4
Merdrignac (22) ...56A2
Méré (78) ...42A4
Méré (89) ...83H1
Méreau (18) ...97E2
Méréaucourt (80) ...19H2
Méréglise (28) ...61G3
Mérélessart (80) ...8D5
Mérens (32) ...165G4
Mérens-les-Vals (09) ...198B3
Mérenvielle (31) ...166D5
Méreuil (05) ...159H4
Méréville (54) ...48D6
Méréville (91) ...63E3
Merey (27) ...41F3
Mérey-sous-Montrond (25)...103F1
Mérey-Vieilley (25) ...87F5
Merfy (51) ...23E5
Mergey (10) ...66A2
Meria (2B) ...203G2
Mérial (11) ...198C2
Méribel-les-Allues ...133E6
Méribel-Mottaret ...133E6
Méricourt (62) ...10B1
Méricourt (78) ...41G2
Méricourt-en-Vimeu (80) ...9E6
Méricourt-l'Abbé (80) ...9H5
Méricourt-sur-Somme (80) ...10A6
Mériel (95) ...42C2
Mérifons (34) ...170B5
Mérignac (16) ...122A3
Mérignac (17) ...135G1
Mérignac (33) ...135E5
Mérignas (33) ...136A6
Mérignat (01) ...117F6
Mérignies (59) ...3G6
Mérigny (36) ...110A1
Mérigon (09) ...183E4
Mérilheu (65) ...181F4
Mérillac (22) ...56A1
Mérinchal (23) ...126B2
Mérindol (84) ...173G4
Mérindol-les-Oliviers (26) ...158D5
Mérinville (45) ...64C5
le Mériot (10) ...65F1
Mééritein (64) ...179G2
Merkwiller-Pechelbronn (67)...29E6
Merlas (38) ...131F5
la Merlatière (85) ...91G3
Merlaut (51) ...46B4
Merle-Leignec (42) ...142D1
Merléac (22) ...33F6
Merlebach ...27F5
le Merlerault (61) ...39G5
Merles (82) ...166B1
Merles-sur-Loison (55) ...25F4
Merlevenez (56) ...54D5
Merlieux-et-Fouquerolles (02) ...22B3
Merlimont (62) ...8C1
Merlines (19) ...126B4
Mernel (35) ...56D4
Mérobert (91) ...63E2
Mérona (39) ...117G1
Mérouville (28) ...62D3
Meroux (90) ...88D3
Merpins (16) ...121G4
Merrey (52) ...68C5
Merrey-sur-Arce (10) ...66D5
Merri (61) ...39E4
Merris (59) ...2D4
Merry-la-Vallée (89) ...83E2
Merry-Sec (89) ...83F3
Merry-sur-Yonne (89) ...83G4
Mers-les-Bains (80) ...8C4
Mers-sur-Indre (36) ...111G1
Merschweiller (57) ...26D2
Mersuay (70) ...87G1
Merten (57) ...27E4
Mertrud (52) ...67G2
Mertzen (68) ...89E3
Mertzwiller (67) ...51E3
Méru (60) ...20B6
Merval (02) ...22C5
Mervans (71) ...102A5
Mervent (85) ...107F2
Mervilla (31) ...167F6
Merville (31) ...166D4
Merville (59) ...2D5
Merville-Franceville-Plage (14)...16C3
Merviller (54) ...49G6
Merxheim (68) ...71F6
Méry (73) ...131H4
Méry-Corbon (14) ...16D5
Méry-ès-Bois (18) ...81G6
Méry-la-Bataille (60) ...21E3
Méry-Prémecy (51) ...22D6
Méry-sur-Cher (18) ...97E1
Méry-sur-Marne (77) ...44A3
Méry-sur-Oise (95) ...42C2
Méry-sur-Seine (10) ...65H1
le Merzer (22) ...33E4
Mésandans (21) ...87H5
Mésanger (44) ...75E3
Mésangueville (76) ...19F3
Mesbrecourt-Richecourt (02)...22B2
Meschers-sur-Gironde (17)...120C4
Mescoules (24) ...136D6
le Mesge (80) ...9E5
Mesgrigny (10) ...65H1

Mésigny (74) ...118B6
Meslan (56) ...54C3
Mesland (41) ...79G4
Meslay (14) ...91H1
Meslay (14) ...16B6
Meslay (41) ...79G2
Meslay-du-Maine (53) ...59E6
Meslay-le-Grenet (28) ...62A2
Meslay-le-Vidame (28) ...62A3
Meslières (25) ...88D4
Meslin (22) ...33H5
Mesmay (25) ...103E2
Mesmont (08) ...23G2
Mesmont (21) ...85F6
Mesnac (16) ...121D3
Mesnard-la-Barotière (85)...92A4
Mesnay (39) ...103E4
les Mesneux (51) ...23E6
la Mesnière (61) ...60C1
Mesnières-en-Bray (76) ...19E1
le Mesnil (50) ...14B4
le Mesnil-Adelée (50) ...37G5
le Mesnil-Amand (50) ...35H1
le Mesnil-Amelot (77) ...43F2
le Mesnil-Amey (50) ...37F1
le Mesnil-Angot (50) ...15E6
le Mesnil-au-Grain (14) ...16A5
le Mesnil-au-Val (50) ...14C2
le Mesnil-Aubert (50) ...35H1
le Mesnil-Aubry (95) ...42D2
le Mesnil-Auzouf (14) ...38A2
le Mesnil-Bacley (14) ...17E6
le Mesnil-Benoist (14) ...37G3
Mesnil-Bruntel (80) ...10C6
le Mesnil-Caussois (14) ...37G3
le Mesnil-Clinchamps (14) ...37G3
le Mesnil-Conteville (60) ...20A2
le Mesnil-Domqueur (80) ...9E4
le Mesnil-Durand (14) ...17E6
le Mesnil-Durdent (76) ...7E3
le Mesnil-en-Arrouaise (80) ...10C4
le Mesnil-en-Thelle (60) ...42D1
le Mesnil-en-Vallée (49) ...75G4
le Mesnil-Esnard (76) ...7G6
le Mesnil-Eudes (14) ...17F5
le Mesnil-Eury (50) ...15E6
Mesnil-Follemprise (76) ...7H3
le Mesnil-Fuguet (27) ...40D2
le Mesnil-Garnier (50) ...35H2
le Mesnil-Geoffroy ...7E3
le Mesnil-Germain (14) ...17F6
le Mesnil-Gilbert (50) ...37G5
le Mesnil-Guillaume (14) ...17F5
le Mesnil-Hardray (27) ...40D3
le Mesnil-Herman (50) ...37F2
Mesnil-Jourdain (27) ...40D1
le Mesnil-le-Roi (78) ...42C3
le Mesnil-Lieubray (76) ...19F3
Mesnil-Martinsart (80) ...10A4
le Mesnil-Mauger (14) ...17E5
le Mesnil-Mauger (76) ...19F2
le Mesnil-Opac (50) ...37G2
le Mesnil-Ozenne (50) ...37F5
le Mesnil-Panneville (76) ...7F5
le Mesnil-Patry (14) ...16A4
le Mesnil-Rainfray (50) ...37G5
le Mesnil-Raoul (76) ...18D5
le Mesnil-Raoult (50) ...37G2
le Mesnil-Réaume (76) ...8B5
le Mesnil-Robert (14) ...37H3
le Mesnil-Rogues (50) ...35H2
Mesnil-Rousset (27) ...40A3
le Mesnil-Rouxelin (50) ...37G1
Mesnil-Saint-Denis (78) ...42B5
le Mesnil-Saint-Firmin (60) ...20C2
Mesnil-Saint-Georges (80) ...20D2
Mesnil-Saint-Laurent (02) ...11E6
le Mesnil-Saint-Loup (10) ...65H3
Mesnil-Saint-Nicaise (80) ...21F1
Mesnil-Saint-Père (10) ...66C3
Mesnil-Sellières (10) ...66C3
le Mesnil-Simon (14) ...17E5
le Mesnil-Simon (28) ...41G3
le Mesnil-sous-Jumièges (76) ...7F6
Mesnil-sous-Vienne (27) ...19G5
le Mesnil-sur-Blangy (14) ...17F4
le Mesnil-sur-Bulles (60) ...20C4
Mesnil-sur-l'Estrée (27) ...41F4
le Mesnil-sur-Oger (51) ...45F3
le Mesnil-Théribus (60) ...20A5
le Mesnil-Thomas (28) ...40D6
le Mesnil-Tôve (50) ...37G5
Mesnil-Val-Plage ...8A4
le Mesnil-Véneron (50) ...15E6
Mesnil-Verclives (27) ...19F5
le Mesnil-Vigot (50) ...15E6
le Mesnil-Villeman (50) ...35H2
le Mesnil-Villement (14) ...38C3
le Mesnilbus (50) ...37E1
le Mesnillard (50) ...37G5
Mesnois (39) ...117G1
les Mesnuls (78) ...42A5
Mespaul (29) ...31G3
Mesplède (64) ...163G6
Mesples (03) ...112B3
Mespuits (91) ...63F3
Mesquer (44) ...73F3
Messac (17) ...135G1
Messac (35) ...57F5
Messanges (21) ...101G2
Messanges (40) ...162B3
Messas (45) ...80B2
Messé (79) ...108C4
Messei (61) ...38F5
Messein (54) ...48D5
Messeix (63) ...126B4
Messemé (86) ...94A3

Messery (74) ...118C3
Messey-sur-Grosne (71) ...101F6
Messia-sur-Sorne (39) ...102C6
Messigny-et-Vantoux (21) ...85H5
Messimy (69) ...129H3
Messimy-sur-Saône (01) ...116B6
Messincourt (08) ...24D2
Messon (10) ...66A3
Messy (77) ...43F3
Mesterrieux (33) ...150B1
Mestes (19) ...126A5
Mesves-sur-Loire (58) ...98C1
Mesvres (71) ...100C4
Métabief (25) ...104A5
les Métairies (16) ...121H3
Métairies-Saint-Quirin (57) ...50A5
Méteren (59) ...2D4
Méthamis (84) ...173G1
Métigny (80) ...9E5
Metting (57) ...50B3
Mettray (37) ...78D5
Metz (57) ...26B5
Metz-en-Couture (62) ...10D4
Metz-le-Comte (58) ...83G5
Metz-Robert (10) ...66B5
Metz-Tessy (74) ...132A1
Metzeral (68) ...70D5
Metzeresche (57) ...26C4
Metzervisse (57) ...26C3
Metzing (57) ...27G5
Meucon (56) ...55G6
Meudon (92) ...42C4
Meuilley (21) ...101G2
Meulan (78) ...42A2
Meulers (76) ...7H2
Meulles (14) ...17F6
Meulson (21) ...85F3
Meunet-Planches (36) ...96D5
Meunet-sur-Vatan (36) ...96D3
Meung-sur-Loire (45) ...80C2
Meurcé (72) ...60B3
Meurchin (62) ...3E6
Meurcourt (70) ...87G1
la Meurdraquière (50) ...35H2
Meures (52) ...67H4
Meursac (17) ...120D4
Meursanges (21) ...101G3
Meursault (21) ...101F3
Meurville (10) ...67E4
Meusnes (41) ...96B1
Meussia (39) ...117H2
Meuvaines (14) ...16A3
Meux (17) ...121G6
le Meux (60) ...21E5
Meuzac (87) ...124C5
Mévoisins (28) ...62B1
Mévouillon (26) ...159F5
Meximieux (01) ...130C1
Mexy (54) ...25H3
Mey (57) ...26C5
Meyenheim (68) ...71F6
Meygeas ...124A2
Meylan (38) ...145G2
Meymac (19) ...125G5
Meynes (30) ...172C3
Meyraguet ...138C5
Meyrals (24) ...137H5
Meyrannes (30) ...157F5
Meyrargues (13) ...174A5
Meyras (07) ...157F1
Meyreuil (13) ...174A6
Meyrié (38) ...130D5
Meyrieu-les-Étangs (38) ...130D5
Meyrieux-Trouet (73) ...131G4
Meyrignac-l'Église (19) ...125E6
Meyronne (46) ...138C5
Meyronnes (04) ...161G2
Meyrueis (48) ...155H6
Meys (69) ...129F4
Meyssac (19) ...138D4
Meysse (07) ...158A2
Meyssié (69) ...130C5
Meythet (74) ...132A1
Meyzieu (69) ...130B3
Mézangers (53) ...59E4
Mèze (34) ...187G1
Mézel (04) ...175E1
Mezel (63) ...127G3
Mézens (81) ...167G4
Mézeray (72) ...77H1
Mézères (43) ...142D3
Mézériat (01) ...116C4
Mézerolles (80) ...9F3
Mézerville (11) ...184A3
Mézidon-Canon (14) ...16D5
la Mézière (35) ...57F2
Mézières-au-Perche (28) ...61H3
Mézières-en-Brenne (36) ...95G5
Mézières-en-Drouais (28) ...41F5
Mézières-en-Gâtinais (45) ...63H5
Mézières-en-Santerre (80) ...20D1
Mézières-en-Vexin (27) ...41G1
Mézières-lez-Cléry (45) ...80C2
Mézières-sous-Lavardin (72) ...59H4
Mézières-sur-Couesnon (35) ...57G1
Mézières-sur-Issoire (87) ...110A6
Mézières-sur-Oise (02) ...22A1
Mézières-sur-Ponthouin (72) ...60A3
Mézières-sur-Seine (78) ...42A3
Mézilhac (07) ...143F6
Mézilles (89) ...82D3
Mézin (47) ...165E1
Méziré (90) ...88D3
Mézos (40) ...148B5
Mézy-Moulins (02) ...44C2
Mézy-sur-Seine (78) ...42A2
Mhère (58) ...99H1
Mialet (24) ...123C5

Mialet (30) ...171F1
Mialos (64) ...164A6
Miannay (80) ...8C4
Michaugues (58) ...99F1
Michelbach (68) ...89E1
Michelbach-le-Bas (68) ...89G3
Michelbach-le-Haut (68) ...89G3
Michery (89) ...64D3
Midrevaux (88) ...68C2
Mièges (39) ...103F5
Miélan (32) ...181G1
Miellin (70) ...88C1
Miermaigne (28) ...61F3
Miers (46) ...139E5
Miéry (39) ...102D5
Mietesheim (67) ...51E2
Mieussy (74) ...119E5
Mieuxcé (61) ...59H2
Mifaget ...180C4
Migé (89) ...83F3
Migennes (89) ...65F6
Miglos (09) ...197H4
Mignaloux-Beauvoir (86) ...109E2
Mignavillers (70) ...88B3
Migné (36) ...95H6
Migné-Auxances (86) ...109E1
Mignères (45) ...64A5
Mignerette (45) ...63H5
Mignéville (54) ...49G6
Mignières (28) ...62A2
Mignovillard (39) ...103G5
Migny (36) ...97E3
Migré (17) ...107G5
Migron (17) ...121G2
Mijanès (09) ...198C2
Mijanès-Donezan ...198C2
Mijoux (01) ...118B3
la Milesse (72) ...60A5
Milhac (46) ...138B6
Milhac-d'Auberoche (24) ...137G3
Milhac-de-Nontron (24) ...123F6
Milhars (81) ...153F6
Milhas (31) ...182B5
Milhaud (30) ...172A4
Milhavet (81) ...168B2
Milizac (29) ...30D4
Millac (86) ...109G5
Millam (59) ...2B3
Millançay (41) ...80C5
Millas (66) ...199H3
Millau (12) ...169H1
Millay (58) ...100B5
Millebosc (76) ...8B5
Millemont (78) ...41H4
Millencourt (80) ...10A5
Millencourt-en-Ponthieu (80) ...8D3
Millery (21) ...84C4
Millery (54) ...48C4
Millery (69) ...130A4
Millevaches (19) ...125G4
Millières (50) ...14D6
Millières (52) ...68B4
Millonfosse (59) ...11E1
Milly (50) ...37G6
Milly-la-Forêt (91) ...63G2
Milly-Lamartine (71) ...116A3
Milly-sur-Bradon (55) ...24D4
Milon-la-Chapelle (78) ...42B5
Mimbaste (40) ...163E4
Mimet (13) ...190D3
Mimeure (21) ...101E2
Mimizan (40) ...148A5
Mimizan Plage ...148A5
Minaucourt-le-Mesnil-
  lès-Hurlus (51) ...46C1
Minerve (34) ...185G2
Mingot (65) ...181F2
Mingoval (62) ...10A1
Miniac-Morvan (35) ...35E4
Miniac-sous-Bécherel (35) ...56D1
le Minihic-sur-Rance (35) ...34D4
Minihy-Tréguier (22) ...32D2
Minorville (54) ...48B4
Minot (21) ...85G3
Minversheim (67) ...51E3
Minzac (24) ...136B4
Minzier (74) ...118B6
Miolles (81) ...169E3
Mionnay (01) ...130B2
Mions (69) ...130B4
Mios (33) ...148C2
Miossens-Lanusse (64) ...164B6
Mirabeau (04) ...160B6
Mirabeau (84) ...174B4
Mirabel (07) ...157G2
Mirabel (82) ...152C6
Mirabel-aux-Baronnies (26) ...158D4
Mirabel-et-Blacons (26) ...158D1
Miradoux (32) ...166A2
Miramar ...193F2
Miramas (13) ...173F5
Mirambeau le Vieux ...173F5
Mirambeau (17) ...121F6
Mirambeau (31) ...182C1
Miramont-d'Astarac (32) ...165G6
Miramont-
  de-Comminges (31) ...182B3
Miramont-de-Guyenne (47) ...150D2
Miramont-de-Quercy (82) ...152A5
Miramont-Latour (32) ...165H4
Miramont-Sensacq (40) ...164B6
Mirande (32) ...165G4
Mirandol-Bourgnounac (81) ...153H6
Mirannes (32) ...165F5
Miraumont (80) ...10A4
Miraval-Cabardès (11) ...185G4
Mirbel (52) ...67H3
Miré (49) ...77E2
Mirebeau (86) ...94A5
Mirebeau-sur-Bèze (21) ...86B5

Mirebel (39)........103 E6
Mirecourt (88)........69 F2
Mirefleurs (63)........127 F4
Miremont (31)........183 G2
Miremont (63)........126 C2
Mirepeisset (11)........186 B2
Mirepeix (64)........180 C3
Mirepoix (09)........184 B4
Mirepoix (32)........165 H4
Mirepoix-sur-Tarn (31)........167 F3
Mireval (34)........171 E6
Mireval-Lauragais (11)........184 B3
Miribel (01)........130 B2
Miribel (26)........144 C2
Miribel-Lanchâtre (38)........145 F4
Miribel-les-Échelles (38)........131 G6
Mirmande (26)........158 B3
le Miroir (39)........133 F4
le Miroir (71)........117 E1
Miromesnil (76)........7 G2
Mirvaux (80)........9 G5
Mirville (76)........6 C4
Miscon (26)........159 F1
Miserey (27)........41 E2
Miserey-Salines (25)........87 F6
Misérieux (01)........130 A1
Misery (80)........10 C6
Mison (04)........160 A5
Missé (79)........93 G4
Missècle (81)........168 A4
Missègre (11)........185 E5
Missery (21)........84 D6
Missillac (44)........73 G2
Missiriac (56)........56 A5
Misson (40)........163 E5
Missy (14)........16 A5
Missy-aux-Bois (02)........21 H5
Missy-lès-Pierrepont (02)........22 D2
Missy-sur-Aisne (02)........22 B5
Misy-sur-Yonne (77)........64 D2
Mitry-Mory (77)........43 F3
Mitschdorf (67)........28 D6
Mittainville (78)........41 H5
Mittainvilliers (28)........61 H1
Mittelbergheim (67)........71 F1
Mittelbronn (57)........50 B4
Mittelhausbergen (67)........51 E5
Mittelhausen (67)........51 E4
Mittelschaeffolsheim (67)........51 E4
Mittelwihr (68)........71 F3
Mittersheim (57)........49 H3
Mittlach (68)........70 D5
Mittois (14)........17 E6
Mitzach (68)........70 D6
Mizérieux (42)........129 E3
Mizoën (38)........146 B3
Mobecq (50)........14 C5
Moca-Croce (2A)........207 E1
Modane (73)........147 E2
Modène (84)........158 D6
Moëlan-sur-Mer (29)........54 A4
les Moëres (59)........2 C1
Mœrnach (68)........89 F4
Moëslains (52)........46 D6
Mœurs-Verdey (51)........44 D5
Mœuvres (59)........10 D3
Moëze (17)........120 C1
Moffans-et-Vacheresse (70)........88 A3
Mogeville (55)........25 F6
Mognard (73)........131 H3
Mogneneins (01)........116 B5
Mognéville (55)........46 D4
Mogneville (60)........20 D5
Mogues (08)........25 E2
Mohon (24)........24 B1
Mohon (56)........55 H3
Moidieu-Détourbe (38)........130 B5
Moigné (57)........3 E3
Moigny-sur-École (91)........63 G2
Moimay (70)........88 A3
Moineville (54)........26 A4
Moings (17)........121 G5
Moingt (42)........128 D4
Moinville-la-Jeulin (28)........62 C2
Moirans (38)........145 F1
Moirans-en-Montagne (39)........117 H2
Moirax (47)........151 E6
Moiré (69)........129 G1
Moiremont (51)........46 D1
Moirey-Flabas-Crépion (55)........25 F5
Moiron (39)........102 D6
Moiry (08)........25 E2
Moisdon-la-Rivière (44)........75 E1
Moisenay (77)........43 F6
Moislains (80)........10 C5
Moissac (82)........166 C1
Moissac-Bellevue (83)........175 E4
Moissac-Vallée-Française (48)........156 C6
Moissannes (87)........124 D2
Moissat (63)........127 G3
Moisselles (95)........42 D2
Moissey (39)........102 C1
Moissieu-sur-Dolon (38)........130 B6
Moisson (78)........41 H2
Moissy-Cramayel (77)........43 F6
Moissy-Moulinot (58)........83 G6
Moisville (27)........41 E4
Moisy (41)........79 H1
Moïta (2B)........205 G2
les Moitiers-d'Allonne (50)........14 B3
les Moitiers-en-Bauptois (50)........14 C4
Moitron (21)........85 F3
Moitron-sur-Sarthe (72)........59 H3
Moivre (51)........46 B3
Moivrons (54)........48 D3
Molac (56)........56 A6
Molagnies (76)........19 G3
Molain (02)........11 F4
Molain (39)........103 E4
Molamboz (39)........102 D3

Molandier (11)........183 H3
les Molanès........161 F3
le Molant........57 E3
Molas (31)........182 B1
Molay (39)........102 C3
Molay (70)........86 D2
Môlay (89)........84 A2
le Molay-Littry (14)........15 G6
la Môle (83)........192 C4
Moléans (28)........62 A5
Molèdes (15)........141 E2
Molère (65)........181 G4
Molesme (21)........66 D6
Molesmes (89)........83 F3
Molezon (48)........156 B6
Molhain........13 E4
Moliens (60)........19 H2
Molières (24)........137 G6
Molières (46)........139 F6
Molières (82)........152 C6
les Molières (91)........42 B5
Molières-Cavaillac (30)........170 D2
Molières-Glandaz (26)........145 E6
Molières-sur-Cèze (30)........157 E5
Moliets-et-Maa (40)........162 C3
Moliets Plage........162 B3
Molinchart (02)........22 B3
Molines-en-Queyras (05)........147 G6
Molinet (03)........114 D2
Molineuf (41)........79 H4
Molinges (39)........117 H3
Molinons (89)........65 F4
Molinot (21)........101 E3
Molins-sur-Aube (10)........66 D2
Molitg-les-Bains (66)........199 E3
Mollans (70)........87 H3
Mollans-sur-Ouvèze (26)........158 D5
Mollau (68)........70 D6
Mollégès (13)........173 E3
Molles (03)........114 B6
les Mollettes (73)........132 A5
Molleville (11)........184 A2
Molliens-au-Bois (80)........9 G5
Molliens-Dreuil (80)........9 E5
Mollkirch (67)........50 C6
Molompize (15)........141 F2
Molosmes (89)........84 B1
Moloy (21)........85 G4
Molphey (21)........84 C6
Molpré (39)........103 G5
Molring (57)........49 G3
Molsheim (67)........50 D6
Moltifao (2B)........203 E6
les Molunes (39)........118 A3
Momas (64)........180 B1
Mombrier (33)........135 F3
Momères (65)........181 E3
Momerstroff (57)........27 E5
Mommenheim (67)........51 E4
Momuy (40)........163 G5
Momy (40)........180 D1
Monacia-d'Aullène (2A)........207 E4
Monacia-d'Orezza (2B)........205 G1
Monampteuil (02)........22 B4
Monassut-Audiracq (64)........180 D1
le Monastère (12)........154 C4
le Monastier-Pin-Moriès (48)........155 G3
le Monastier-sur-Gazeille (43)........142 D5
Monay (39)........102 D4
Monbahus (47)........151 E2
Monbalen (47)........151 F5
Monbardon (32)........182 B2
Monbazillac (24)........136 D6
Monbéqui (82)........166 D3
Monblanc (32)........182 D1
Monbrun (32)........166 C5
Moncale (2B)........202 C6
Moncassin (32)........181 H1
Moncaup (31)........182 B5
Moncaup (64)........164 C6
Moncaut (47)........151 E6
Moncayolle-Larrory-Mendibieu (64)........179 G2
Moncé-en-Belin (72)........78 A1
Moncé-en-Saosnois (72)........60 C3
Monceau-le-Neuf-et-Faucouzy (02)........22 C1
Monceau-le-Waast (02)........22 C2
Monceau-lès-Leups (02)........22 B2
Monceau-Saint-Waast (59)........11 H3
Monceau-sur-Oise (02)........11 G6
les Monceaux (14)........17 E5
Monceaux (60)........20 D5
Monceaux-au-Perche (61)........61 E1
Monceaux-en-Bessin (14)........15 H6
Monceaux-l'Abbaye (60)........19 G2
Monceaux-le-Comte (58)........83 G6
Monceaux-sur-Dordogne (19)........139 F3
Moncel-lès-Lunéville (54)........49 F6
Moncel-sur-Seille (54)........49 E4
Moncel-sur-Vair (88)........68 D2
la Moncelle (08)........24 C2
Moncetz-l'Abbaye (51)........46 B5
Moncetz-Longevas (51)........46 A3
Moncey (25)........87 G5
Monchaux-Soreng (76)........8 C5
Monchaux-sur-Écaillon (59)........11 F2
Moncheaux (59)........10 D1
Moncheaux-lès-Frévent (62)........9 F2
Monchecourt (59)........10 D2
Monchel-sur-Canche (62)........9 F2
Moncheux (57)........49 E2
Monchiet (62)........10 A3
Monchy-au-Bois (62)........10 A3
Monchy-Breton (62)........9 H1
Monchy-Cayeux (62)........9 G1
Monchy-Humières (60)........21 E4
Monchy-Lagache (80)........10 C5
Monchy-le-Preux (62)........10 C2
Monchy-Saint-Éloi (60)........20 D6
Monchy-sur-Eu (76)........8 B5

Moncla (64)........164 B5
Monclar (32)........164 C2
Monclar (47)........151 E3
Monclar-de-Quercy (82)........167 F2
Monclar-sur-Losse (32)........165 F6
Moncley (25)........87 E6
Moncontour (22)........33 H6
Moncontour (86)........93 H4
Moncorneil-Grazan (32)........182 A1
Moncourt (57)........49 F4
Moncoutant (79)........92 D5
Moncrabeau (47)........165 F1
Moncy (61)........38 A4
Mondavezan (31)........182 D3
Mondelange (57)........26 B4
Mondement-Montgivroux (51)........45 E4
Mondescourt (60)........21 G3
Mondétour........7 H5
Mondevert (35)........58 A5
Mondeville (14)........16 C4
Mondeville (91)........63 G1
Mondicourt (62)........9 H3
Mondigny (08)........24 A2
Mondilhan (31)........182 B2
Mondion (86)........94 C4
Mondon (25)........87 H4
Mondonville (31)........166 D5
Mondonville-Saint-Jean (28)........62 D2
Mondorff (57)........26 C2
Mondoubleau (41)........61 F6
Mondouzil (31)........167 F5
Mondragon (84)........158 A5
Mondrainville (14)........16 B5
Mondrepuis (02)........12 B5
Mondreville (77)........63 H4
Mondreville (78)........41 G3
Monein (64)........180 A2
Monès (31)........182 D1
Monesple (09)........183 G4
Monestier (03)........113 G4
Monestier (07)........143 G2
Monestier (24)........136 C6
le Monestier (63)........128 B5
Monestier-d'Ambel (38)........146 A6
Monestier-de-Clermont (38)........145 G4
le Monestier-du-Percy (38)........145 G6
Monestier-Merlines (19)........126 B4
Monestier-Port-Dieu (19)........126 B5
Monestiés (81)........168 B1
Monestrol (31)........183 H2
Monétay-sur-Allier (03)........113 H3
Monétay-sur-Loire (03)........114 C3
Monéteau (89)........83 G1
Monêtier-Allemont (05)........160 A3
le Monêtier-les-Bains (05)........146 D4
Monfaucon (24)........136 C5
Monfaucon (65)........181 F1
Monferran-Plavès (32)........165 H6
Monferran-Savès (32)........166 B5
Monferrand........127 F3
Monflanquin (47)........151 G3
Monfort (32)........166 A4
Monfréville (14)........15 F5
Mongaillard (47)........150 C5
Mongausy (32)........166 A6
Mongauzy (33)........150 B2
Monget (40)........163 H5
Mongie (65)........181 F6
Monguilhem (32)........164 C3
Monheurt (47)........150 D4
Monhoudou (72)........60 B3
Monieux (84)........173 H1
Monistrol-d'Allier (43)........142 A4
Monistrol-sur-Loire (43)........143 E1
Monlaur-Bernet (65)........181 H2
Monléon-Magnoac (65)........181 H3
Monlet (43)........142 B2
Monlezun (32)........165 E6
Monlezun-d'Armagnac (32)........164 C3
Monmadalès (24)........137 E6
Monmarvès (24)........151 F1
Monnai (61)........39 H3
Monnaie (37)........79 E4
Monneren (57)........26 D3
la Monnerie-le-Montel (63)........128 A2
Monnerville (91)........63 E3
Monnes (02)........44 A1
Monnet-la-Ville (39)........103 E5
Monnetay (39)........117 F2
Monnetier-Mornex (74)........118 C5
Monneville (60)........20 A6
Monnières (39)........102 C2
Monnières (44)........75 E6
Monoblet (30)........171 F2
Monpardiac (32)........181 F1
Monpazier (24)........151 G1
Monpezat (64)........164 C6
Monplaisant (24)........137 H6
Monprimblanc (33)........149 H2
Mons (16)........122 A2
Mons (17)........121 G2
Mons (30)........157 E6
Mons (31)........167 F5
Mons (34)........169 H6
Mons (63)........127 H1
Mons (83)........176 A3
Mons-Boubert (80)........8 C4
Mons-en-Barœul (59)........3 G5
Mons-en-Laonnois (02)........22 B3
Mons-en-Montois (77)........64 D1
Mons-en-Pévèle (59)........3 F6
Monsac (24)........137 F6
Monsaguel (24)........151 E1
Monségur (24)........123 G6
Monségur (33)........150 B1
Monségur (40)........163 H5
Monségur (47)........151 G2
Monségur (64)........181 E1

la Monselie (15)........140 B1
Monsempron-Libos (47)........151 H3
Monsireigne (85)........92 B5
Monsols (69)........115 H5
Monsteroux-Milieu (38)........130 B6
Monsures (80)........20 B2
Monswiller (67)........50 C4
le Mont........86 B2
Mont (64)........179 H1
Mont (65)........195 H4
Mont (71)........114 D1
le Mont (88)........70 D1
Mont-Bernanchon (62)........2 D5
Mont-Bertrand (14)........37 H2
Mont-Bonvillers (54)........25 H5
Mont-Cauvaire (76)........7 G5
Mont-d'Astarac (32)........182 A2
Mont-Dauphin (05)........161 F1
Mont-de-Galié (31)........182 A5
Mont-de-Lans (38)........146 B3
Mont-de-Laval (25)........104 D1
Mont-de-Marrast (32)........181 G1
Mont-de-Marsan (40)........163 H2
Mont-de-Vougney (25)........88 C6
Mont-devant-Sassey (55)........24 D4
le Mont-Dieu (08)........24 B3
Mont-Disse (64)........164 C5
Mont-Dol (35)........35 E4
Mont-Dore (63)........126 D5
Mont-d'Origny (02)........11 F6
Mont-et-Marré (58)........99 G2
Mont-Laurent (08)........23 H4
Mont-le-Vernois (70)........87 F3
Mont-le-Vignoble (54)........48 B5
Mont-lès-Lamarche (88)........69 E5
Mont-lès-Neufchâteau (88)........68 C2
Mont-lès-Seurre (71)........102 A3
Mont-l'Étroit (54)........68 D1
Mont-l'Évêque (60)........43 F1
Mont-Louis (66)........198 D4
Mont-Notre-Dame (02)........22 C5
Mont-Ormel (61)........39 F4
Mont-près-Chambord (41)........80 A4
Mont-Roc (81)........168 D4
le Mont-Saint-Adrien (60)........20 A4
Mont-Saint-Aignan (76)........7 G6
Mont-Saint-Éloi (62)........10 A2
Mont-Saint-Jean (02)........23 F1
Mont-Saint-Jean (21)........84 D6
Mont-Saint-Jean (72)........59 G3
Mont-Saint-Léger (70)........87 E3
Mont-Saint-Martin (02)........22 C6
Mont-Saint-Martin (08)........24 A5
Mont-Saint-Martin (38)........145 G1
Mont-Saint-Martin (54)........25 H3
le Mont-Saint-Michel (50)........35 G4
Mont-Saint-Père (02)........44 C2
Mont-Saint-Remy (08)........23 H4
Mont-Saint-Sulpice (89)........65 G6
Mont-Saint-Vincent (71)........115 H1
Mont-Saxonnex (74)........119 E5
Mont-sous-Vaudrey (39)........102 D3
Mont-sur-Courville (51)........22 C6
Mont-sur-Meurthe (54)........49 E6
Mont-sur-Monnet (39)........103 E5
Montabard (61)........39 E4
Montabon (72)........78 C3
Montabot (50)........37 G3
Montacher-Villegardin (89)........64 C4
Montadet (32)........182 C1
Montady (34)........186 D2
Montagagne (09)........183 F5
Montagna-le-Reconduit (39)........117 F2
Montagna-le-Templier (39)........117 F3
Montagnac (30)........171 H2
Montagnac-d'Auberoche (24)........137 G2
Montagnac-la-Crempse (24)........137 E4
Montagnac-Montpezat (04)........175 E3
Montagnac-sur-Auvignon (47)........150 D6
Montagnac-sur-Lède (47)........151 G3
Montagnat (01)........117 E5
Montagne (33)........135 H5
Montagne (38)........144 D3
la Montagne (44)........74 C5
la Montagne (70)........70 B6
Montagne-Fayel (80)........9 E6
Montagne de Lachens........176 A5
Montagney (70)........86 D6
Montagney-Servigney (25)........87 H4
Montagnieu (01)........131 E2
Montagnieu (38)........131 E5
Montagnol (12)........169 H3
Montagnole (73)........131 H5
Montagny (42)........115 F6
Montagny (69)........129 H4
Montagny (73)........133 E5
Montagny-en-Vexin (60)........42 A1
Montagny-lès-Beaune (21)........101 G3
Montagny-lès-Buxy (71)........101 F6
Montagny-les-Lanches (74)........132 A2
Montagny-lès-Seurre (21)........102 B3
Montagny-près-Louhans (71)........102 B6
Montagny-Sainte-Félicité (60)........43 F1
Montagny-sur-Grosne (71)........115 H3
Montagoudin (33)........150 B2
Montagrier (24)........136 D2
Montagudet (82)........152 A5
Montagut (64)........163 H6
Montaignac-Saint-Hippolyte (19)........139 F1
Montaigu (02)........22 D3
Montaigu (39)........102 D6
Montaigu (85)........91 G1
Montaigu-de-Quercy (82)........151 H4
Montaigu-la-Brisette (50)........14 D3
Montaigu-le-Blin (03)........114 B4
Montaigu-les-Bois (50)........37 F3
Montaiguët-en-Forez (03)........114 C4
Montaigut (63)........113 E5

Montaigut-le-Blanc (23)........111 F5
Montaigut-le-Blanc (63)........127 F5
Montaigut-sur-Save (31)........166 D4
Montaillé (72)........61 E6
Montailleur (73)........132 C4
Montaillou (09)........198 B2
Montaimont (73)........132 C6
Montain (39)........102 D5
Montaïn (82)........166 C2
Montainville (28)........62 B3
Montainville (78)........42 A3
Montalba-d'Amélie........199 G5
Montalba-le-Château (66)........199 G3
Montalbert........133 E4
Montalembert (79)........108 D5
Montalet-le-Bois (78)........42 A2
Montalieu-Vercieu (38)........131 E2
Montalivet-les-Bains........120 B6
Montalzat (82)........152 D6
Montamat (32)........166 A6
Montambert (58)........99 G5
Montamel (46)........152 C2
Montamisé (86)........109 F1
Montamy (14)........38 A2
Montanay (69)........130 A2
Montancy (25)........88 D5
Montandon (25)........88 C5
Montanel (50)........35 G5
Montaner (64)........181 E2
Montanges (01)........117 H5
Montans (81)........167 H3
Montapas (58)........99 G3
Montarcher (42)........128 D6
Montardit (09)........183 E4
Montardon (64)........180 C1
Montaren-et-Saint-Médiers (30)........172 A1
Montargis (45)........64 A6
Montarlot (77)........64 B3
Montarlot-lès-Rioz (70)........87 F5
Montarnaud (34)........171 E5
Montaron (58)........99 H4
Montastruc (47)........151 E3
Montastruc (65)........181 G3
Montastruc (82)........166 D1
Montastruc-de-Salies (31)........182 C5
Montastruc-la-Conseillère (31)........167 F4
Montastruc-Savès (31)........182 D2
le Montat (46)........152 C4
Montataire (60)........20 D6
Montauban (82)........167 E2
Montauban-de-Bretagne (35)........56 C2
Montauban-de-Luchon (31)........196 A4
Montauban-de-Picardie (80)........10 B5
Montauban-sur-l'Ouvèze (26)........159 F5
Montaud (34)........171 F4
Montaud (38)........145 F1
Montaudin (53)........58 B2
Montaulieu (26)........158 D4
Montaulin (10)........66 B3
Montauriol (11)........184 A3
Montauriol (47)........151 E2
Montauriol (66)........199 H4
Montauriol (81)........168 C1
Montauroux (83)........176 B6
Montaut (09)........183 H3
Montaut (24)........137 E6
Montaut (31)........183 F2
Montaut (32)........163 G4
Montaut (40)........163 G4
Montaut (47)........151 F2
Montaut (64)........180 C4
Montaut-les-Créneaux (32)........165 H4
Montautour (35)........58 A3
Montauville (54)........48 C3
Montay (59)........11 F4
Montayral (47)........151 H3
Montazeau (24)........136 B5
Montazels (11)........184 D6
Montbard (21)........84 C3
Montbarla (82)........152 A5
Montbarrey (39)........102 D3
Montbarrois (45)........63 G5
Montbartier (82)........166 D3
Montbavin (02)........22 B3
Montbazens (12)........153 H3
Montbazin (34)........171 E6
Montbazon (37)........78 D6
Montbel (09)........184 B5
Montbel (48)........156 B2
Montbéliard (25)........88 C4
Montbéliardot (25)........104 B1
Montbellet (71)........116 B2
Montbenoît (25)........104 A3
Montbéraud (31)........183 E4
Montbernard (31)........182 B2
Montberon (31)........167 F4
Montbert (44)........74 D6
Montberthault (21)........84 B5
Montbeton (82)........166 D2
Montbeugny (03)........114 A2
Montbizot (72)........60 A4
Montblainville (55)........24 C6
Montblanc (34)........187 E1
Montboillon (70)........87 F5
Montbolo (66)........199 G4
Montbonnot-Saint-Martin (38)........145 G2
Montboucher (23)........124 D1
Montboucher-sur-Jabron (26)........158 B2
Montboudif (15)........140 C1
Montbouton (90)........88 D4
Montbouy (45)........82 B1
Montboyer (16)........136 B1
Montbozon (70)........87 G4
Montbrand (05)........159 G2
Montbras (55)........48 A6
Montbray (53)........37 G3
Montbré (51)........23 E6
Montbrehain (02)........11 E5

Montbrison (26)........158 C3
Montbrison (42)........128 D4
Montbron (16)........123 E4
Montbronn (57)........28 B4
Montbrun (46)........153 F2
Montbrun (48)........156 A4
Montbrun-Bocage (31)........183 E4
Montbrun-des-Corbières (11)........185 G3
Montbrun-Lauragais (31)........183 G1
Montbrun-les-Bains (26)........159 F5
Montcabrier (46)........152 A3
Montcabrier (81)........167 G5
Montcaret (24)........136 B5
Montcarra (38)........131 E4
Montcavrel (62)........1 G6
Montceau-et-Écharnant (21)........101 F3
Montceau-les-Mines (71)........100 D6
Montceaux (01)........116 B5
Montceaux-lès-Meaux (77)........43 H3
Montceaux-lès-Provins (77)........44 C5
Montceaux-lès-Vaudes (10)........66 B4
Montceaux-l'Étoile (71)........115 E3
Montceaux-Ragny (71)........116 B1
Montcel (63)........127 E1
Montcel (73)........132 A3
Montcenis (71)........100 D5
Montcet (01)........116 D4
Montcey (70)........87 G3
Montchaboud (38)........145 G3
Montchal (42)........129 F2
Montchâlons (02)........22 C3
Montchamp (14)........38 A3
Montchamp (15)........141 F4
Montchanin (71)........100 D5
Montcharvot (52)........68 D2
Montchaton (50)........36 D2
Montchaude (16)........121 H6
Montchauvet (14)........38 A2
Montchauvet (78)........41 G3
Montchavin........133 F4
Montchenu (26)........144 C2
Montcheutin (08)........24 B4
Montchevrel (61)........39 G6
Montchevrier (36)........111 F2
Montclar (04)........160 D3
Montclar (11)........184 D6
Montclar (12)........169 F1
Montclar-de-Comminges (31)........182 D4
Montclar-Lauragais (31)........183 H1
Montclar-sur-Gervanne (26)........144 C2
Montclard (43)........142 A4
Montcléra (46)........152 B3
Montclus (05)........159 G2
Montclus (30)........157 G5
Montcombroux-les-Mines (03)........114 C3
Montcombroux-Vieux Bourg........114 C3
Montcony (71)........102 B5
Montcorbon (45)........64 C5
Montcornet (02)........23 E2
Montcornet (08)........13 E5
Montcourt (70)........69 E2
Montcourt-Fromonville (77)........64 A3
Montcoy (71)........101 H5
Montcresson (45)........82 B1
Montcuit (50)........37 E1
Montcuq (46)........152 B4
Montcusel (39)........117 G3
Montcy-Notre-Dame (08)........24 B1
Montdardier (30)........170 D2
Montdauphin (77)........44 C3
Montdidier (57)........49 G3
Montdidier (80)........20 D2
Montdoré (70)........69 E1
Montdoumerc (46)........152 D4
Montdragon (81)........168 B3
Montdurausse (81)........167 F2
Monte (2B)........203 G2
Monteaux (41)........79 G5
Montebourg (50)........14 D4
Montech (82)........166 D3
Montécheroux (25)........88 D3
Montegrosso (2B)........202 C6
Montégut........169 E2
Montégut (32)........165 H4
Montégut (40)........164 B4
Montégut (65)........181 G4
Montégut-Arros (32)........181 F1
Montégut-Bourjac (31)........182 D3
Montégut-en-Couserans (09)........182 D5
Montégut-Lauragais (31)........184 A1
Montégut-Plantaurel (09)........183 G4
Montégut-Savès (32)........182 C1
Monteignet-sur-l'Andelot (03)........113 H5
le Monteil (15)........140 B1
le Monteil (43)........142 C4
le Monteil-au-Vicomte (23)........125 E1
Monteille (14)........17 E5
Monteils (12)........153 F4
Monteils (30)........171 G1
Monteils (82)........152 D5
Montel-de-Gelat (63)........126 C2
Montéléger (26)........144 C5
Montélier (26)........144 C4
Montélimar (26)........158 B2
le Montellier (01)........130 C1
Montels (09)........183 F5
Montels (34)........186 D2
Montels (81)........167 G2
Montembœuf (16)........123 E3
Montenach (57)........26 C2
Montenay (53)........58 C3
Montendre (17)........135 G1
Montendry (73)........132 B5
Montenescourt (62)........10 A2
Monteneuf (56)........56 B4
Montenils (77)........44 D4
Montenois (25)........88 B4
Montenoison (58)........99 F1
Montenoy (54)........48 D4

le Montenvers....................133 F1
Montépilloy (60) 21 E6
Monteplain (39) 102 D1
Montépreux (51) 45 G5
Monterblanc (56) 55 G5
Montereau (45) 81 H1
Montereau-Fault-Yonne (77)....64 C2
Montereau-sur-le-Jard (77)....43 F6
Monterfil (35)....................56 D3
Montérolier (76) 19 E2
Monterrein (56) 56 A4
Montertelot (56) 56 A4
Montescot (66) 200 D3
Montescourt-Lizerolles (02) 21 H1
Montespan (31) 182 C4
Montesquieu (34) 170 B6
Montesquieu (47) 150 D6
Montesquieu (82) 152 A6
Montesquieu-Avantès (09) ...183 E5
Montesquieu-
  -des-Albères (66) 200 D4
Montesquieu-Guittaut (31)...182 B2
Montesquieu-Lauragais (31)..183 H1
Montesquieu-Volvestre (31) ..183 E3
Montesquiou (32) 165 F5
Montessaux (70) 88 B2
Montesson (78) 42 C3
Montestruc-sur-Gers (32) ...165 H4
le Montet (03) 113 F3
Montet-et-Bouxal (46) 153 G1
Monteton (47) 150 C2
Monteux (84) 173 E1
Montévrain (77) 43 F4
Monteynard (38) 145 G4
Montézic (12) 154 C1
Montfa (09) 183 E4
Montfa (81) 168 C4
Montfalcon (38) 144 C2
Montfarville (50) 15 E2
Montfaucon (02) 44 C3
Montfaucon (25) 103 G1
Montfaucon (30) 172 D1
Montfaucon (46) 152 D1
Montfaucon-d'Argonne (55) ...24 D5
Montfaucon-en-Velay (43) ...143 F2
Montfaucon-Montigné (49)...75 F6
Montfavet (84) 173 E2
Montfermeil (93) 43 E3
Montfermier (82) 152 C6
Montfermy (63) 126 D2
Montferrand (11) 184 A2
Montferrand-du-Périgord (24)..137 G6
Montferrand-la-Fare (26) 159 F4
Montferrand-le-Château (25)..103 E1
Montferrat (38) 131 F5
Montferrat (83) 175 G5
Montferrer (66) 199 G5
Montferrier (34) 167 H4
Montferrier (09) 184 A6
Montferrier-sur-Lez (34) 171 F5
Montfey (10) 65 H5
Montfiquet (14) 15 G6
Montfleur (39) 117 F3
Montflours (53) 58 D4
Montflovin (25) 104 A3
Montfort 138 B6
Montfort (04) 174 D1
Montfort (25) 103 E2
Montfort (49) 93 G1
Montfort (64) 179 G1
Montfort-en-Chalosse (40) ..163 H4
Montfort-l'Amaury (78) 42 A4
Montfort-le-Gesnois (72) 60 C5
Montfort-sur-Argens (83) 175 E6
Montfort-sur-Boulzane (11) ..199 E2
Montfort-sur-Meu (35) 56 D2
Montfort-sur-Risle (27) 18 A5
Montfranc (12) 169 E3
Montfrin (30) 172 C3
Montfroc (26) 159 G5
Montfuron (04) 174 B3
Montgaillard (09) 183 H6
Montgaillard (11) 185 G6
Montgaillard (40) 163 H4
Montgaillard (65) 181 E4
Montgaillard (81) 167 F3
Montgaillard (82) 166 B2
Montgaillard-de-Salies (31) ..182 C4
Montgaillard-Lauragais (31)...183 H1
Montgaillard-sur-Save (31) ..182 B3
Montgardin (05) 160 C2
Montgardon (50) 14 C5
Montgaroult (61) 39 E4
Montgauch (09) 182 D5
Montgaudry (61) 60 C2
Montgazin (31) 183 F2
Montgé-en-Goële (77) 43 F2
Montgeard (31) 183 H2
Montgellafrey (73) 132 C6
Montgenèvre (05) 147 F4
Montgenost (51) 44 D6
Montgérain (60) 20 D3
Montgermont (35) 57 E2
Montgeron (91) 43 E5
Montgeroult (95) 42 B2
Montgesoye (25) 103 G2
Montgesty (46) 152 B2
Montgey (81) 168 A6
Montgibaud (19) 124 C5
Montgilbert (73) 132 C4
Montgirod (73) 133 F4
Montgiroux 58 D3
Montgiscard (31) 183 G1
Montgivray (36) 111 G1
Montgobert (02) 21 H5
Montgon (08) 24 A3
Montgradail (11) 184 C4
Montgras (31) 182 D1
Montgreleix (15) 140 D1
Montgru-Saint-Hilaire (02) ...44 B1

Montguers (26) 159 F4
Montgueux (10) 66 A3
Montguillon (49) 76 C2
les Monthairons (55) 47 G2
Montharville (28) 62 A4
Monthault (35) 58 A1
Monthaut (11) 184 C4
Monthelie (21) 101 F3
Monthelon (51) 45 F2
Monthelon (71) 100 C4
Monthenault (02) 22 C4
Montheries (52) 67 G4
Monthermé (08) 13 E6
Monthiers (02) 44 B1
Monthieux (01) 130 B1
Monthion (73) 132 C4
Monthodon (37) 79 E3
Monthoiron (86) 94 D6
Monthois (08) 24 A5
Montholier (39) 102 D4
Monthou-sur-Bièvre (41)......79 H5
Monthou-sur-Cher (41)........79 H6
Monthurel (02) 44 C2
Monthureux-le-Sec (88) 69 F4
Monthureux-sur-Saône (88) ..69 F5
Monthyon (77) 43 G2
Monticello (2B) 202 D5
Montier-en-Der (52) 67 F4
Montier-en-l'Isle (10)...........67 E3
Montiéramey (10) 66 C3
Montierchaume (36) 96 C5
Montiers (60) 20 D4
Montiers-sur-Saulx (55) 47 F6
Monties (32) 182 B1
Montignac (24) 138 A4
Montignac (33) 149 H1
Montignac (65) 181 F3
Montignac-Charente (16) 122 B3
Montignac-de-Lauzun (47) ..151 E2
Montignac-le-Coq (16) 136 C1
Montignac-Toupinerie (47) ..150 D2
Montignargues (30) 171 H2
Montigné (16) 122 A2
Montigné-le-Brillant (53)......58 C5
Montigné-les-Rairies (49) 77 G3
Montigné-sur-Moine (49) 75 F6
Montigny 20 D3
Montigny (14) 16 A5
Montigny (18) 98 A1
Montigny (45) 63 E5
Montigny (54) 49 H6
Montigny (72) 60 B1
Montigny (76) 7 G6
Montigny-aux-Amognes (58) ..99 E3
Montigny-devant-Sassey (55)...24 D4
Montigny-en-Arrouaise (02) ...11 F6
Montigny-en-Cambrésis (59) ..11 F4
Montigny-en-Gohelle (62)......10 C1
Montigny-en-Morvan (58).....99 H2
Montigny-en-Ostrevent (59) ..10 D1
Montigny-la-Resle (89) 83 G1
Montigny-l'Allier (02)...........44 A1
Montigny-le-Bretonneux (78) ..42 B4
Montigny-le-Chartif (28) 61 G3
Montigny-le-Franc (02)........22 D2
Montigny-le-Gannelon (28)....61 H6
Montigny-le-Guesdier (77).....64 D2
Montigny-Lengrain (02) 21 G5
Montigny-lès-Arsures (39) ...103 E4
Montigny-lès-Cherlieu (70).....87 E1
Montigny-lès-Condé (02) 44 D2
Montigny-lès-Cormeilles (95) ..42 C2
Montigny-les-Jongleurs (80)....9 F3
Montigny-lès-Metz (57) 26 B5
Montigny-les-Monts (10) 66 C4
Montigny-lès-Vaucouleurs (55)..47 H6
Montigny-lès-Vesoul (70) 87 F3
Montigny-Montfort (21) 84 D1
Montigny-Mornay-Villeneuve-
  sur-Vingeanne (21) 86 B4
Montigny-
  -Saint-Barthélemy (21) 84 C5
Montigny-sous-Marle (02) 22 D1
Montigny-sur-Armançon (21) ..84 D1
Montigny-sur-Aube (21) 67 F6
Montigny-sur-Avre (28) 40 D5
Montigny-sur-Canne (58) 99 G4
Montigny-sur-Chiers (54) 25 G3
Montigny-sur-Crécy (02).......22 C2
Montigny-sur-l'Ain (39) 103 E5
Montigny-sur-l'Hallue (80) 9 H5
Montigny-sur-Loing (77) 64 C3
Montigny-sur-Meuse (08) 13 E4
Montigny-sur-Vence (08) 24 A2
Montigny-sur-Vesle (51) 22 D5
Montilliers (49) 93 E1
Montillot (89) 83 G4
Montilly (03) 113 H1
Montilly-sur-Noireau (61) 38 B4
Montils (17) 121 F4
les Montils (41) 79 H5
Montipouret (36) 111 G1
Montirat (11) 185 E4
Montirat (81) 153 G6
Montireau (28) 61 G2
Montiron (32) 166 A4
Montivernage (25) 88 A4
Montivilliers (76) 6 B5
Montjalin 84 A4
Montjardin (11) 184 C5
Montjaux (12) 169 G1
Montjavoult (60) 19 G6
Montjay (05) 159 G4
Montjay (71) 102 B3
Montjean (16) 108 D4

Montjean (53) 58 B5
Montjean-sur-Loire (49) 75 H4
Montjoi (11) 185 F5
Montjoi (82) 151 G6
Montjoie-en-Couserans (09)....183 E5
Montjoie-le-Château (25) 88 D5
Montjoie-Saint-Martin (50) ...35 H5
Montjoire (31) 167 F4
Montjoux (26) 158 D3
Montjoyer (26) 158 B3
Montjustin (04) 174 B3
Montjustin-et-Velotte (70).....87 H3
Montlandon (28) 61 G2
Montlaur (11) 185 F4
Montlaur (12) 169 G3
Montlaur (31) 183 G1
Montlaur-en-Diois (26) 159 F1
Montlaux (04) 174 C1
Montlauzun (46) 152 B5
Montlay-en-Auxois (21) 84 C6
Montlebon (25) 104 B2
Montlevicq (36) 111 H1
Montlevon (02) 44 C3
Montlhéry (91) 42 D6
Montliard (45) 63 G6
Montlieu-la-Garde (17) 135 G2
Montlignon (95) 42 D2
Montliot-et-Courcelles (21)....85 E1
Montlivault (41) 80 A3
Montlognon (60) 43 F1
Montloué (02) 23 E2
Montlouis (18) 97 F5
Montlouis-sur-Loire (37) 79 E5
Montluçon (03) 112 D4
Montluel (01) 130 C2
Montmachoux (77) 64 C3
Montmacq (60) 21 F4
Montmagny (95) 42 D3
Montmahoux (25) 103 F3
Montmain (21) 101 H3
Montmain (76) 7 H6
Montmançon (21) 86 B5
Montmarault (03) 113 F4
Montmarlon (39) 103 F4
Montmartin (60) 21 E4
Montmartin-en-Graignes (50)..15 F5
Montmartin-le-Haut (10)......67 E4
Montmartin-sur-Mer (50) 36 D2
Montmaur (05) 160 A2
Montmaur (11) 184 A2
Montmaur-en-Diois (26) 159 E1
Montmaurin (31) 182 A3
Montmédy (55) 25 E3
Montmeillant (08) 23 G2
Montmelard (71) 115 G2
Montmelas-Saint-Sorlin (69)..116 A6
Montmélian (73) 132 A5
Montmerle-sur-Saône (01) ..116 B6
Montmerrei (61) 39 F6
Montmeyan (83) 175 E4
Montmeyran (26) 144 B5
Montmin (74) 132 B2
Montmirail (51) 44 C4
Montmirail (72) 61 E5
Montmiral (26) 144 C2
Montmirat (30) 171 G3
Montmirey-la-Ville (39) 102 C1
Montmirey-le-Château (39) ..102 C1
Montmoreau-
  -Saint-Cybard (16) 122 B6
Montmorency (95) 42 D3
Montmorency-Beaufort (10) ..67 E1
Montmorillon (86) 109 H3
Montmorin (05) 159 F3
Montmorin (63) 127 G4
Montmort (39) 102 C6
Montmort (71) 100 B6
Montmort-Lucy (51) 45 E3
Montmotier (88) 69 G5
Montmoyen (21) 85 F2
Montmurat (15) 153 H2
Montner (66) 199 G2
Montoillot (21) 101 E1
Montoir-de-Bretagne (44) 73 G4
Montoire-sur-le-Loir (41) 79 E2
Montois-la-Montagne (57) 26 B4
Montoison (26) 144 B6
Montoldre (03) 114 A4
Montolieu (11) 184 D2
Montolivet (77) 44 C4
Montonvillers (80) 9 G5
Montord (03) 113 H4
Montory (64) 179 G4
Montot (21) 102 A2
Montot (70) 86 D4
Montot-sur-Rognon (52) 68 A3
Montouliers (34) 186 B2
Montoulieu (09) 183 H6
Montoulieu (34) 171 E2
Montoulieu-Saint-Bernard (31)..182 C3
Montournais (85) 92 C5
Montours 35 H5
Montourtier (53) 59 E4
Montoussé (65) 181 G4
Montoussin (31) 182 D3
Montoy-Flanville (57) 26 C5
Montpascal 132 C6
Montpellier (34) 171 F4
Montpellier-de-Médillan (17)..121 E4
Montpensier (63) 113 H6
Montperreux (25) 103 H4
Montpeyroux (12) 154 D2
Montpeyroux (24) 136 B5
Montpeyroux (34) 170 C4
Montpeyroux (63) 127 F4
Montpézat (30) 171 H3
Montpezat (32) 182 C1
Montpezat-de-Quercy (82) ..152 C5
Montpezat-sous-Bauzon (07)..157 F1
Montpinchon (50) 37 F2

Montpinier (81) 168 C5
Montpitol (31) 167 G4
Montplacé 77 G4
Montplonne (55) 47 E5
Montpollin (49) 77 G4
Montpon-Ménestérol (24) ...136 B4
Montpont-en-Bresse (71) 116 D1
Montpothier (10) 44 C6
Montpouillan (47) 150 B3
Montrabé (31) 167 F5
Montrabot (50) 37 H1
Montracol (01) 116 D5
Montravers (79) 92 C4
Montréal (07) 157 F3
Montréal (11) 184 C2
Montréal (32) 165 E2
Montréal (89) 84 B4
Montréal-la-Cluse (01) 117 G5
Montréal-les-Sources (26) ...159 E4
Montrécourt (59) 11 F3
Montredon 153 H2
Montredon--
  des-Corbières (11) 186 C3
Montredon-Labessonnié (81) ..168 C4
Montregard (43) 143 F3
Montréjeau (31) 182 A4
Montrelais (44) 75 G3
Montrem (24) 137 E3
Montrésor (37) 95 G2
Montret (71) 102 A6
Montreuil (28) 41 F4
Montreuil (62) 1 G6
Montreuil (85) 107 E3
Montreuil (93) 43 E4
Montreuil-au-Houlme (61) 38 D5
Montreuil-aux-Lions (02) 44 A2
Montreuil-Bellay (49) 93 G2
Montreuil-Bonnin (86) 108 D1
Montreuil-des-Landes (35) 58 A3
Montreuil-en-Auge (14)........17 E4
Montreuil-en-Caux (76) 7 G4
Montreuil-en-Touraine (37) ...79 F5
Montreuil-Juigné (49) 76 D4
Montreuil-la-Cambe (61) 39 F3
Montreuil-l'Argillé (27).........40 A3
Montreuil-le-Chétif (72) 59 H4
Montreuil-le-Gast (35) 57 E1
Montreuil-le-Henri (72) 78 D1
Montreuil-Poulay (53) 59 E2
Montreuil-sous-Pérouse (35) ..57 H2
Montreuil-sur-Barse (10) 66 C4
Montreuil-sur-Blaise (52) 67 G1
Montreuil-sur-Brêche (60).....20 C4
Montreuil-sur-Epte (95) 41 H5
Montreuil-sur-Ille (35) 57 F1
Montreuil-sur-Loir (49) 77 E3
Montreuil-sur-Lozon (50) 37 F1
Montreuil-sur-Maine (49) 76 D3
Montreuil-sur-Thérain (60) 20 B5
Montreuil-sur-Thonnance (52)..68 A1
Montreuillon (58) 99 H2
Montreux (54) 49 H6
Montreux-Château (90) 88 D3
Montreux-Jeune (68) 88 D3
Montreux-Vieux (68) 88 D3
Montrevault (49) 75 F5
Montrevel (38) 131 E5
Montrevel (39) 117 F2
Montrevel-en-Bresse (01) ...116 D3
Montricher-Albanne (73) 146 D1
Montricoux (82) 167 G1
Montrieux-en-Sologne (41)....80 C4
Montrieux-le-Vieux 191 G4
Montrigaud (26) 144 C2
Montriond (74) 119 F4
Montroc 119 H6
Montrodat (48) 155 H2
Montrol-Sénard (87) 110 A6
Montrollet (16) 123 G1
Montromant (69) 129 G3
Montrond (05) 159 H4
Montrond (39) 103 E5
Montrond-le-Château (25) ...103 F1
Montrond-les-Bains (42) 129 E4
Montrosier (81) 153 F6
Montrot 67 H6
Montrottier (69) 129 G3
Montroty (76) 19 G4
Montrouge (92) 42 D4
Montrouveau (41) 79 E2
Montroy (17) 106 D5
Montrozier (12) 154 D4
Montry (77) 43 G3
Monts (37) 94 D1
Monts (60) 20 A6
Monts-en-Bessin (14) 16 A5
Monts-en-Ternois (62) 9 G2
Monts-sur-Guesnes (86) 94 A4
les Monts-Verts (48) 141 F5
Montsabert 77 F5
Montsalès (12) 153 G3
Montsalier (04) 174 B1
Montsalvy (15) 154 B1
Montsapey (73) 132 C5
Montsauche-les-Settons (58)..100 B1
Montsaugeon (52) 86 B3
Montsaunès (31) 182 C4
Montsauxens (63) 164 C3
Montsec (55) 48 A3
Montsecret (61) 38 A4
Montségur (09) 184 A6
Montségur-sur-Lauzon (26) ..158 B4
Montselgues (07) 156 D2
Mont Serein 159 E5
Montséret (11) 185 H4
Montsérié (11) 181 H4
Montseron (09) 183 G1
Montseugny 86 C5

Montseveroux (38) 130 B6
Montsoreau (49) 93 H1
Montsoué (40) 163 H4
Montsoult (95) 42 D2
Montsûrs (53) 59 E4
Montsurvent (50) 36 D1
Montsuzain (10) 66 B2
Montureux-et-Prantigny (70) ..86 D4
Montureux-lès-Baulay (70) ...87 F1
Montussaint (25) 87 H5
Montussan (33) 135 F5
Montuzet 135 E3
Montvalen (81) 167 F3
Montvalent (46) 138 D3
Montvalezan (73) 133 F4
Montvendre (26) 144 C5
Montverdun (42) 128 D3
Montvernier (73) 132 C6
Montvert (15) 139 G4
Montvicq (03) 113 E4
Montviette (14) 17 E5
Montville (76) 7 G5
Montviron (50) 35 G3
Montzéville (55) 25 E6
Monviel (47) 151 E2
Monze (11) 185 F4
Moon-sur-Elle (50) 15 F4
Mooslargue (68) 89 F4
Moragne (17) 120 D1
Moraches (58) 99 F1
Moragne (17) 120 D1
Morainville (28) 62 D2
Morainville-Jouveaux (27).....17 G4
Morainvilliers (78) 42 B3
Morancé (69) 129 H2
Morancez (28) 62 B2
Morancourt (52) 67 G2
Morand (37) 79 F4
Morangis (51) 45 F3
Morangis (91) 42 D5
Morangles (60) 42 D1
Morannes (49) 77 E2
Moranville (55) 25 F6
Moras (38) 130 D3
Moras-en-Valloire (26) 144 B1
Morbecque (59) 2 C4
Morbier (39) 118 B1
Morcenx (40) 163 F1
Morchain (80) 21 F1
Morchies (62) 10 C4
Morcourt (02) 11 E6
Morcourt (80) 10 A6
Mordelles (35) 57 E3
Moréac (56) 55 F4
Morée (41) 79 H1
Moreilles (85) 106 D2
Morelmaison (88) 69 E2
Morembert (10) 66 C1
Morestel (38) 131 E3
Moret-sur-Loing (77) 64 B2
Morêtel-de-Mailles (38) 132 A6
Morette (38) 145 E1
Moreuil (80) 20 D1
Morey 48 D3
Morey (71) 101 E5
Morey-Saint-Denis (21) 101 H3
Morez (39) 118 B1
Morfontaine (54) 25 H4
Morganx (40) 163 H3
Morgat 30 D6
Morgemoulin (55) 25 G6
Morgny (27) 19 F5
Morgny-en-Thiérache (02) 23 E1
Morgny-la-Pommeraye (76) 7 H5
Morhange (57) 49 F2
Moriani-Plage 205 H1
Moriat (63) 127 G6
Moricq 106 B2
Morienne (76) 19 G1
Morienval (60) 21 F5
Morières-lès-Avignon (84) ...173 E2
Moriers (28) 62 A4
Morieux (22) 33 H4
Moriez (04) 175 G1
Morigny (50) 37 G3
Morigny-Champigny (91) 63 F2
Morinvilliers (52) 68 B2
Morionvilliers (52) 68 B2
Morisel (80) 20 D1
Moriville (88) 69 H2
Moriviller (54) 69 H1
Morizécourt (88) 69 E5
Morizès (33) 150 A2
Morlaàs (64) 180 C2
Morlac (18) 97 G6
Morlaix (29) 32 A3
Morlancourt (80) 10 A5
Morlange 26 B3
Morlanne (64) 163 H6
Morlet (71) 101 E4
Morley (55) 47 F6
Morlhon-le-Haut (12) 153 G5
Morlincourt (60) 21 G3
Mormaison (85) 91 F2
Mormant (77) 43 G6
Mormant-sur-Vernisson (45)..64 A6
Mormès (32) 164 C3
Mormoiron (84) 173 G1
Mornac (16) 122 C4
Mornac-sur-Seudre (17) 120 C3
Mornand-en-Forez (42) 128 D3
Mornans (26) 158 D2
Mornant (69) 129 H4
Mornas (84) 158 A5
Mornay 117 H4
Mornay (71) 115 G2
Mornay-Berry (18) 98 B3
Mornay-sur-Allier (18).........98 C5

Moroges (71) 101 F5
Morogues (18) 97 H1
Morosaglia (2B) 205 F1
Morre (25) 103 F1
Morsain (02) 21 H4
Morsains (51) 44 C4
Morsalines (50) 15 E2
Morsan (27) 17 H4
Morsang-sur-Orge (91) 42 D5
Morsang-sur-Seine (91) 43 E6
Morsbach (57) 27 G5
Morsbronn-les-Bains (67).....51 E4
Morschwiller (67) 51 E3
Morschwiller-le-Bas (68)......89 F1
Morsiglia (2B) 203 F2
Mortagne (88) 70 B3
Mortagne-au-Perche (61) 60 D1
Mortagne-du-Nord (59) 4 D6
Mortagne-sur-Gironde (17)...120 D5
Mortagne-sur-Sèvre (85) 92 B3
Mortain (50) 37 H5
Mortcerf (77) 43 G4
la Morte (38) 145 H3
Morteau (25) 104 B2
Morteaux-Coulibœuf (14) 39 E3
Mortefontaine (02) 21 G5
Mortefontaine (60) 43 F1
Mortefontaine-en-Thelle (60)..20 B6
Mortemart (87) 110 A6
Mortemer (60) 21 E3
Mortemer (76) 19 F1
Mortery (77) 44 B6
Morthemer 109 G2
Morthomiers (18) 97 F3
Mortiers (02) 22 C2
Mortiers (17) 121 G6
Morton (86) 93 H2
Mortrée (61) 39 F5
Mortroux (23) 111 G3
Mortzwiller (68) 88 D2
Morval (62) 10 B5
Morvillars (90) 88 D3
Morville (50) 14 C3
Morville (88) 68 D3
Morville-en-Beauce (45) 63 F3
Morville-lès-Vic (57) 49 F3
Morville-sur-Andelle (76).......19 E4
Morville-sur-Nied (57) 49 E2
Morville-sur-Seille (54) 48 D3
Morvillers (80) 19 H1
Morvillers-Saint-Saturnin (80)..19 H1
Morvilliers (10) 67 E2
Morvilliers (28) 40 C6
Mory (62) 10 B3
Mory-Montcrux (60) 20 C3
Morzine (74) 119 F4
Mosles (14) 15 G5
Moslins (51) 45 F3
Mosnac (16) 122 A4
Mosnac (17) 121 F5
Mosnay (36) 111 E1
Mosnes (37) 79 G5
Mosset (66) 199 E3
Mosson (21) 67 E6
Mostuéjouls (12) 155 G6
Motel 41 F4
Motey-Besuche (70) 86 D6
Motey-sur-Saône (70)..........86 D4
la Mothe-Achard (85) 91 E4
la Mothe-Saint-Héray (79) ...108 B2
Mothern (67) 29 G6
Motreff (29) 54 B1
la Motte (22) 55 G1
la Motte (83) 175 H6
la Motte-Chalancon (26) 159 E3
la Motte-d'Aigues (84) 174 A3
la Motte-d'Aveillans (38) 145 G4
la Motte-de-Galaure (26) 144 B2
la Motte-du-Caire (04) 160 B2
la Motte-en-Bauges (73) 132 B3
la Motte-en-Champsaur (05) ..146 B6
la Motte-Fanjas (26) 144 C3
la Motte-Feuilly (36) 111 H2
la Motte-Fouquet (61)..........38 D6
la Motte-Saint-Jean (71) 114 D2
la Motte-Saint-Martin (38) ..145 G4
la Motte-Servolex (73) 131 H4
la Motte-Ternant (21) 84 C6
la Motte-Tilly (10) 65 F1
Mottereau (28) 61 G3
Motteville (76) 7 F4
Mottier (38) 130 D6
Motz (73) 131 G1
Mouacourt (54) 49 F5
Mouais (44) 57 F6
Mouans-Sartoux (06) 176 C6
Mouaville (54) 25 H6
Mouazé (35) 57 F1
Mouchamps (85) 92 A5
Mouchan (32) 165 F2
Mouchard (39) 103 E3
la Mouche 35 H2
Mouchès (32) 165 H6
Mouchin (59) 3 H6
Mouchy-le-Châtel (60) 20 B5
Moudeyres (43) 142 D4
Mouen (14) 16 B5
Mouettes (27) 41 F3
Mouffy (89) 83 F3
Mouflaines (27) 19 F6
Mouflers (80) 9 E4
Mouflières (80) 8 D4
Mougins (06) 176 C6
Mougon (79) 108 A4
Mouguerre (64) 162 B6
Mouhers (36) 111 F2
Mouhet (36) 110 D3
Mouhous (64) 164 B6
Mouillac (33) 135 G4
Mouillac (82) 153 E5

276

la Mouille (39) 118 A2
Mouilleron (52) 85 H2
Mouilleron-en-Pareds (85) 92 B6
Mouilleron-le-Captif (85) 91 F4
Mouilly (53) 47 G2
Moulainville (55) 25 F6
Moularès (81) 168 C1
Moulay (53) 58 D3
Moulayrès (81) 168 B4
Moulédous (65) 181 F3
Moulès-et-Baucels (34) 171 E2
Mouleydier (24) 137 E5
Moulézan (30) 171 G2
Moulhard (28) 61 G4
Moulicent (61) 40 B6
Moulidars (16) 122 A4
Mouliets-et-Villemartin (33) 136 A5
Mouliherne (49) 77 H5
Moulin-Mage (81) 169 G4
Moulin-Neuf (09) 184 B4
Moulin-Neuf (24) 136 B4
Moulin-sous-Touvent (60) 21 G4
Moulineaux (76) 18 C5
Moulines (14) 16 C6
Moulines (50) 37 G6
Moulinet (06) 177 F3
Moulinet (47) 151 E2
le Moulinet-sur-Solin (45) 82 A1
le Moulin Neuf 42 B6
Moulins (02) 22 C4
Moulins (03) 113 H1
Moulins (35) 57 G4
Moulins-en-Tonnerrois (89) 84 B2
Moulins-Engilbert (58) 99 H3
Moulins-la-Marche (61) 39 H5
Moulins-le-Carbonnel (72) 59 H2
Moulins-lès-Metz (57) 26 B5
Moulins-Saint-Hubert (55) 24 D3
Moulins-sur-Céphons (36) 96 B3
Moulins-sur-Orne (61) 39 E4
Moulins-sur-Ouanne (89) 83 E3
Moulins-sur-Yèvre (18) 97 H3
Moulis (09) 182 D5
Moulis-en-Médoc (33) 134 D3
Moulismes (86) 109 H4
Moulle (62) 2 A3
le Moulleau 148 B1
Moulon (33) 135 H5
Moulon (45) 63 H6
Moulotte (55) 48 A1
Moult (14) 16 D5
Moumoulous (65) 181 F2
Moumour (64) 179 H3
Mounes-Prohencoux (12) 169 G4
Mourède (32) 165 F3
Mourens (33) 149 H1
Mourenx (64) 180 A1
Mourenx-Ville-Nouvelle 180 A1
Mouret (12) 154 B3
Moureuille (63) 113 F4
Mourèze (34) 170 B5
Mouriès (13) 173 E4
Mouriez (62) 9 E2
le Mourillon 191 G5
Mourioux-Vieilleville (23) 111 F4
Mourjou (15) 154 A4
Mourmelon-le-Grand (51) 45 H1
Mourmelon-le-Petit (51) 45 H1
Mournans-Charbonny (39) 103 F5
Mouron (08) 24 B5
Mouron-sur-Yonne (58) 99 H4
Mouroux (77) 43 H4
Mourrens 151 E2
Mours (95) 42 D1
Mours-Saint-Eusèbe (26) 144 C3
Mourvilles-Basses (31) 183 H1
Mourvilles-Hautes (31) 184 A1
Mouscardès (40) 163 F5
Moussac (30) 171 H2
Moussac (86) 109 G4
Moussages (15) 140 B2
Moussan (11) 186 C3
Moussé (35) 57 H4
Mousseaux-lès-Bray (77) 64 C2
Mousseaux-Neuville (27) 41 F3
Mousseaux-sur-Seine (78) 41 H2
Moussey (10) 66 B4
Moussey (57) 49 G5
Moussey (88) 70 D1
les Moussières (39) 118 A3
Mousson (54) 48 C3
Moussonvilliers (61) 40 B6
Moussoulens (11) 184 D3
Moussy 118 D5
Moussy (51) 45 F2
Moussy (58) 99 F2
Moussy (95) 42 A1
Moussy-le-Neuf (77) 43 F2
Moussy-le-Vieux (77) 43 F2
Moussy-Verneuil (02) 22 C4
Moustajon (31) 196 A4
Moustéru (22) 32 D4
Moustey (40) 148 A4
le Moustier 137 H4
Moustier (47) 150 D2
Moustier-en-Fagne (59) 12 B4
Moustier-Ventadour (19) 125 G6
la Moustière 96 B2
Moustiers-Sainte-Marie (04) 175 F3
le Moustoir (22) 32 B6
Moustoir-Ac (56) 55 F4
Moustoir-Remungol (56) 55 F3
la Moutade (63) 127 F1
le Moutaret (38) 132 A5
le Moutchic 134 B4
Mouterhouse (57) 28 B6
Mouterre-Silly (86) 93 H3
Mouterre-sur-Blourde (86) 109 H5
la Mouthe 137 H5
Mouthe (25) 103 G5

le Moutherot (25) 102 D1
Mouthier-en-Bresse (71) 102 B4
Mouthier-Haute-Pierre (25) 103 H2
Mouthoumet (11) 185 F5
Moutier-d'Ahun (23) 111 H6
Moutier-Malcard (23) 111 G3
Moutier-Rozeille (23) 125 H2
Moutiers (28) 62 C3
Moutiers (35) 58 A6
Moutiers (54) 26 A4
Moûtiers (73) 132 D5
Moutiers-au-Perche (61) 61 E1
les Moutiers-en-Auge (14) 39 E3
les Moutiers-en-Cinglais (14) 16 B6
Moutiers-en-Puisaye (89) 82 D3
les Moutiers-en-Retz (44) 73 H6
les Moutiers-Hubert (14) 17 F6
Moutiers-les-Mauxfaits (85) 91 F6
Moutiers-Saint-Jean (21) 84 C4
Moutiers-sous-Argenton (79) 93 E3
Moutiers-
  -sous-Chantemerle (79) 92 D6
Moutiers-sur-le-Lay (85) 91 H5
Mouton (16) 122 C2
Moutonne (39) 117 G1
Moutonneau (16) 122 C2
Moutoux (39) 103 F5
Moutrot (54) 48 B6
la Moutte 192 D4
Mouvaux (59) 3 G4
Moux (11) 185 G3
Moux-en-Morvan (58) 100 B2
Mouxy (73) 131 H3
Mouy (60) 20 C5
Mouy-sur-Seine (77) 64 D2
Mouzay (37) 95 F2
Mouzay (55) 24 D4
Mouzeil (44) 75 E3
Mouzens (24) 137 H5
Mouzens (81) 167 H5
Mouzeuil-Saint-Martin (85) 106 D2
Mouzieys-Panens (81) 168 A1
Mouzieys-Teulet (81) 168 C3
Mouzillon (44) 75 E6
Mouzon (08) 24 D4
Mouzon (16) 123 E3
Moval (90) 88 D3
Moy-de-l'Aisne (02) 22 A1
Moyaux (14) 17 G4
Moydans (05) 159 F3
Moye (74) 131 H1
Moyemont (88) 70 A2
Moyen (54) 70 A1
Moyencourt (80) 21 G2
Moyencourt-lès-Poix (80) 20 A1
Moyenmoutier (88) 70 C2
Moyenneville (60) 21 E4
Moyenneville (62) 10 B3
Moyenneville (80) 8 D4
Moyenvic (57) 49 F4
Moyeuvre-Grande (57) 26 B4
Moyeuvre-Petite (57) 26 B4
Moyon (50) 37 G2
Moyrazès (12) 154 B4
Moyvillers (60) 21 E4
Mozac (63) 127 F2
Mozé-sur-Louet (49) 76 D5
Muchedent (76) 7 H3
Mudaison (34) 171 G5
Muel (35) 56 C2
Muespach (68) 89 G3
Muespach-le-Haut (68) 89 G3
Mugron (40) 163 F4
Muhlbach-sur-Bruche (67) 50 C6
Muhlbach-sur-Munster (68) 71 E5
Muides-sur-Loire (41) 80 B3
Muidorge (60) 20 B3
Muids (27) 18 D6
Muille-Villette (80) 21 G2
Muirancourt (60) 21 G2
Muizon (51) 22 D6
les Mujouls (06) 176 B4
la Mulatière (69) 130 A3
Mulcent (78) 41 H3
Mulcey (57) 49 G3
Mulhausen (67) 50 D2
Mulhouse (68) 89 F1
Mulsanne (72) 60 B6
Mulsans (41) 80 A3
Mun (65) 181 G2
Munchhausen (67) 29 G6
Munchhouse (68) 71 G6
Muncq-Nieurlet (62) 2 A3
Mundolsheim (67) 51 E5
Muneville-le-Bingard (50) 37 E1
Muneville-sur-Mer (50) 35 G1
le Mung (17) 121 E2
Munster (57) 49 H2
Munster (68) 71 E4
Muntzenheim (68) 71 G4
Munwiller (68) 71 F5
Mur-de-Barrez (12) 140 C6
Mûr-de-Bretagne (22) 55 F1
Mur-de-Sologne (41) 80 B5
Muracciole (2B) 205 F4
Murasson (12) 169 F4
Murat (03) 113 F3
Murat (15) 140 D3
Murat-le-Quaire (63) 126 C5
Murat-sur-Vèbre (81) 169 G5
Murato (2B) 203 F5
la Muraz (74) 118 C3
Murbach (68) 71 E6
la Mure (38) 145 G5
la Mure-Argens (04) 175 H1
Mureaumont (60) 19 G2
les Mureaux (78) 42 A2
Mureils (26) 144 B2
Mûres (74) 132 A2
Muret (31) 183 F1

Muret-et-Crouttes (02) 22 B6
Muret-le-Château (12) 154 C3
la Murette (38) 131 F6
Murianette (38) 145 H2
Murianis (38) 144 D2
Murles (34) 171 E4
Murlin (58) 98 D1
Muro (2B) 202 C6
Murol (63) 127 E5
Murols (12) 154 C1
Muron (17) 107 E6
Murs (36) 95 G4
Murs (84) 173 G2
Mûrs-Erigné (49) 76 D5
Murs-et-Gélignieux (01) 131 F4
Mursay 107 H3
Murtin-et-Bogny (08) 12 D6
Murvaux (55) 25 E4
Murviel-lès-Béziers (34) 186 D1
Murviel-lès-Montpellier (34) 171 E5
Murville (54) 25 H5
Murzo (2A) 204 C4
Mus (30) 171 H4
Muscourt (02) 22 D5
Musculdy (64) 179 F3
Musièges (74) 118 B6
Musigny (21) 101 E2
Mussey-sur-Marne (52) 67 H2
Mussidan (24) 136 D4
Mussig (67) 71 G3
Mussy-la-Fosse (21) 84 D4
Mussy-sous-Dun (71) 115 G4
Mussy-sur-Seine (10) 66 D6
Mutigney (39) 86 C6
Mutigny (51) 45 F2
Mutrécy (14) 16 B5
Muttersholtz (67) 71 G2
Mutzenhouse (67) 50 D4
Mutzig (67) 50 D6
le Muy (83) 175 H5
Muzeray (55) 25 G5
Muzillac (56) 73 F2
Muzy (27) 41 F4
Myans (73) 132 A5
Myennes (58) 82 C5
Myon (25) 103 F3

N

Nabas (64) 179 G2
Nabinaud (16) 136 C1
Nabirat (24) 152 B1
Nabringhen (62) 1 G4
Nachamps (17) 107 G6
Nadaillac (24) 138 C4
Nadaillac-de-Rouge (46) 138 C6
Nades (03) 113 F5
Nadillac (46) 152 D2
Nagel-Séez-Mesnil (27) 40 C3
Nages (81) 169 F5
Nages-et-Solorgues (30) 171 H4
Nahuja (66) 198 C5
Nailhac (24) 138 A2
Naillat (23) 111 F4
Nailloux (31) 183 H2
Nailly (89) 64 D4
Naintré (86) 94 C5
Nainville-les-Roches (91) 63 H1
Naisey-les-Granges (25) 103 G1
Naives-en-Blois (55) 47 H5
Naives-Rosières (55) 47 F4
Naix-aux-Forges (55) 47 G5
Naizin (56) 55 F3
Najac (12) 153 G6
Nalliers (85) 106 D2
Nalliers (86) 109 H1
Nalzen (09) 184 A6
Nambsheim (68) 71 G5
Nampcel (60) 21 G4
Nampcelles-la-Cour (02) 23 E1
Nampont (80) 8 D2
Namps-au-Mont 20 B1
Namps-Maisnil (80) 20 B1
Nampteuil-sous-Muret (02) 22 B1
Nampty (80) 20 B1
Nan-sous-Thil (21) 84 D5
Nanc-lès-Saint-Amour (39) 117 E2
Nançay (18) 81 F6
Nance (39) 102 C5
Nances (73) 131 G4
Nanclars (16) 122 C2
Nançois-le-Grand (55) 47 G5
Nançois-sur-Ornain (55) 47 F5
Nancras (17) 120 D3
Nancray (25) 87 G6
Nancray-sur-Rimarde (45) 63 G5
Nancuise (39) 117 F2
Nancy (54) 48 D5
Nancy-sur-Cluses (74) 119 E5
Nandax (42) 115 F6
Nandy (77) 43 E6
Nangeville (45) 63 G3
Nangis (77) 64 C1
Nangy (74) 118 D5
Nannay (58) 98 D1
Nans (25) 88 A4
les Nans (39) 103 F5
Nans-les-Pins (83) 191 F3
Nans-sous-Sainte-Anne (25) 103 F3
Nant (12) 170 B2
Nant-le-Grand (55) 47 F5
Nant-le-Petit (55) 47 F5
Nanteau-sur-Essonne (77) 63 G3
Nanteau-sur-Lunain (77) 64 B3
Nanterre (92) 42 C3
Nantes (44) 74 C5
Nantes-en-Ratier (38) 145 H4
Nanteuil 79 G4
Nanteuil (79) 108 B3

Nanteuil-
  -Auriac-de-Bourzac (24) 122 C6
Nanteuil-en-Vallée (16) 122 D1
Nanteuil-la-Forêt (51) 45 F1
Nanteuil-la-Fosse (02) 22 B4
Nanteuil-le-Haudouin (60) 43 G1
Nanteuil-lès-Meaux (77) 43 H3
Nanteuil-Notre-Dame (02) 22 B6
Nanteuil-sur-Aisne (08) 23 G3
Nanteuil-sur-Marne (77) 44 B3
Nantey (39) 117 F3
Nantheuil (24) 123 G6
Nanthiat (24) 123 H6
Nantiat (87) 124 A1
Nantillé (17) 121 F2
Nantillois (55) 24 D5
Nantilly 94 A5
Nantilly (70) 86 C4
Nantoin (38) 130 D6
Nantois (55) 47 G5
Nanton (71) 116 B1
Nantouillet (77) 43 F2
Nantoux (21) 101 F3
Nantua (01) 117 G5
Naours (80) 9 G5
la Napoule 193 F1
Narbéfontaine (57) 27 E5
Narbief (25) 104 C1
Narbonne (11) 186 C3
Narbonne-Plage 186 D3
Narcastet (64) 180 C3
Narcy (52) 47 E6
Narcy (58) 98 D1
Nargis (45) 64 B5
Narnhac (15) 140 D5
Narp (64) 179 G1
Narrosse (40) 163 E4
la Nartelle 192 D3
Nasbinals (48) 155 F1
Nassandres (27) 40 B1
Nassiet (40) 163 G5
Nassigny (03) 112 D2
Nastringues (24) 136 B5
Nattages (01) 131 G3
Natzwiller (67) 71 E1
Naucelle (12) 154 A6
Naucelles (15) 140 A5
Naujac-sur-Mer (33) 134 C1
Naujan-et-Postiac (33) 135 H6
Nauroy (02) 11 E5
Nausan 120 B4
Naussac (12) 153 G3
Naussac (48) 156 C1
Naussannes (24) 137 F6
Nauvay (72) 60 C3
Nauviale (12) 154 B3
Navacelles (30) 157 F6
Navailles-Angos (64) 180 C1
Navarrenx (64) 179 G2
Navas 143 H3
Naveil (41) 79 F2
Navenne (70) 87 G3
Naves (03) 113 G5
Naves (19) 139 E1
Naves (59) 11 E3
Navès (81) 168 C6
Nâves-Parmelan (74) 132 B1
Navilly (71) 102 A4
Nay (50) 14 D5
Nay (64) 180 C3
Nayemont-les-Fosses (88) 70 D2
le Nayrac (12) 154 C2
Nazelles-Négron (37) 79 F5
Néac (33) 135 H5
Néant-sur-Yvel (56) 56 B3
Neau (53) 59 E4
Neaufles-Auvergny (27) 40 B4
Neaufles-Saint-Martin (27) 19 G6
Neauphe-sous-Essai (61) 39 G6
Neauphe-sur-Dive (61) 39 F3
Neauphle-le-Château (78) 42 A4
Neauphle-le-Vieux (78) 42 A4
Neauphlette (78) 41 G3
Neaux (42) 129 E1
Nébian (34) 170 C5
Nébias (11) 184 C6
Nébing (57) 49 G3
Nébouzat (63) 126 D3
Nécy (61) 39 E4
Nedde (87) 125 E3
Nédon (62) 2 B6
Nédonchel (62) 2 B6
Neewiller-
  -près-Lauterbourg (67) 29 F6
Neffes (05) 160 B2
Neffiès (34) 170 B6
Néfiach (66) 199 G3
Nègrepelisse (82) 167 F1
Négreville (50) 14 C3
Négron 79 F5
Négrondes (24) 137 G1
Néhou (50) 14 C4
Nelling (57) 27 G6
Nemours (77) 64 A3
Nempont-Saint-Firmin (80) 8 D2
Nénigan (31) 182 B2
Néons-sur-Creuse (36) 95 F6
Néoules (83) 191 G4
Néoux (23) 125 H2
Nepvant (55) 24 D3
Nérac (47) 150 D6
Nerbis (40) 163 G4
Nercillac (16) 121 H3
Néré (17) 121 H1
Néret (36) 112 A1
Nérigean (33) 135 G5
Nérignac (86) 109 G4
Néris-les-Bains (03) 112 D4
Néron (28) 41 G6

Néronde (42) 129 E2
Néronde-sur-Dore (63) 127 H3
Nérondes (18) 98 B3
Ners (30) 171 H1
Nersac (16) 122 B4
Nervieux (42) 129 E3
Nerville-la-Forêt (95) 42 D2
Néry (60) 21 F6
Neschers (63) 127 F5
Nescus (09) 183 F5
Nesle (80) 21 F1
Nesle-et-Massoult (21) 84 D2
Nesle-Hodeng (76) 19 F2
Nesle-la-Reposte (51) 44 D3
Nesle-le-Repons (51) 44 D2
Nesle-l'Hôpital (80) 8 C6
Nesle-Normandeuse (76) 8 C6
Nesles (62) 1 F5
Nesles-la-Montagne (02) 44 C2
Nesles-la-Vallée (95) 42 C1
Nesmy (85) 91 G5
Nesploy (45) 63 G6
Nespouls (19) 138 C4
Nessa (2B) 202 D6
Nestier (65) 181 H4
Nettancourt (55) 46 D3
les Nétumières 58 A4
Neublans-Abergement (39) 102 B4
Neubois (67) 71 F2
le Neubourg (27) 40 C1
Neuchâtel-Urtière (25) 88 C5
Neuf-Berquin (59) 2 D5
Neuf-Brisach (68) 71 G5
Neuf-Église (63) 113 E6
Neuf-Marché (76) 19 G4
Neuf-Mesnil (59) 12 A2
Neufbosc (76) 19 E2
le Neufbourg (50) 37 H5
Neufchâteau (88) 68 D2
Neufchâtel-en-Bray (76) 19 E2
Neufchâtel-en-Saosnois (72) 60 B2
Neufchâtel-Hardelot (62) 1 F5
Neufchâtel-sur-Aisne (02) 23 E4
Neufchef (57) 26 B3
Neufchelles (60) 43 H1
Neuffons (33) 150 B1
Neuffontaines (58) 83 H6
Neufgrange (57) 27 H5
Neuflieux (02) 21 H3
Neuflize (08) 23 G4
Neufmaison (08) 23 H1
Neufmaisons (54) 70 C1
Neufmanil (08) 13 F6
Neufmesnil (50) 14 C5
Neufmoulin (80) 9 E4
Neufmoulins (57) 50 A4
Neufmoutiers-en-Brie (77) 43 G4
le Neufour (55) 46 D1
Neufvillage (57) 49 G2
Neufvy-sur-Aronde (60) 21 E4
Neugartheim-Ittlenheim (67) 50 D5
Neuhaeusel (67) 51 G3
Neuil (37) 94 C2
Neuilh (65) 181 E4
Neuillac (17) 121 G5
Neuillay-les-Bois (36) 96 A5
Neuillé (49) 77 H6
Neuillé-le-Lierre (37) 79 F4
Neuillé-Pont-Pierre (37) 78 D4
Neuilly (27) 41 F3
Neuilly (58) 99 F1
Neuilly (89) 83 F1
Neuilly-en-Donjon (03) 114 D3
Neuilly-en-Dun (18) 98 B5
Neuilly-en-Sancerre (18) 82 A6
Neuilly-en-Thelle (60) 20 C6
Neuilly-en-Vexin (95) 42 B1
Neuilly-la-Forêt (14) 15 F5
Neuilly-le-Bisson (61) 60 B1
Neuilly-le-Brignon (37) 95 E3
Neuilly-le-Dien (80) 9 E3
Neuilly-le-Réal (03) 114 A2
Neuilly-le-Vendin (53) 59 F1
Neuilly-lès-Dijon (21) 85 H6
Neuilly-l'Évêque (52) 68 B6
Neuilly-l'Hôpital (80) 8 D3
Neuilly-Plaisance (93) 43 E4
Neuilly-Saint-Front (02) 44 B1
Neuilly-sous-Clermont (60) 20 C5
Neuilly-sur-Eure (61) 61 F1
Neuilly-sur-Marne (93) 43 E4
Neuilly-sur-Seine (92) 42 D3
Neuilly-sur-Suize (52) 67 H5
Neulette (62) 9 F1
Neulise (42) 129 E2
Neulles (17) 121 G5
Neulliac (56) 55 F2
Neung-sur-Beuvron (41) 80 C4
Neunhoffen 28 C6
Neunkirch 71 H2
Neunkirchen-
  -lès-Bouzonville (57) 27 E3
Neure (03) 98 C6
Neurey-en-Vaux (70) 87 G2
Neurey-lès-la-Demie (70) 87 G3
Neussargues-Moissac (15) 141 E3
Neuve-Chapelle (62) 3 E5
Neuve-Église (67) 71 F2
la Neuve-Grange (27) 19 F5
la Neuve-Lyre (27) 40 B3
Neuve-Maison (02) 12 A5
Neuvecelle (74) 119 E2
Neuvéglise (15) 141 E5
Neuvelle-lès-Cromary (70) 87 F5
Neuvelle-lès-la-Charité (70) 87 F4
la Neuvelle-lès-Lure (70) 88 A2
la Neuvelle-lès-Scey (70) 87 E2
Neuves-Maisons (54) 48 C5

la Neuveville-
  -devant-Lépanges (88) 70 B4
la Neuveville-
  -sous-Châtenois (88) 69 E3
la Neuveville-
  -sous-Montfort (88) 69 F3
Neuvic (19) 139 H1
Neuvic (24) 136 D3
Neuvic-Entier (87) 124 D3
Neuvicq (17) 135 H2
Neuvicq-le-Château (17) 121 H3
Neuvillalais (72) 59 H4
la Neuville 9 H6
Neuville (19) 139 E4
la Neuville (59) 3 F6
Neuville (63) 127 H4
la Neuville-à-Maire (08) 24 A5
Neuville-au-Bois (80) 8 D5
la Neuville-au-Cornet (62) 9 G2
Neuville-au-Plain (50) 15 E4
la Neuville-au-Pont (51) 46 C1
Neuville-aux-Bois (45) 63 E5
la Neuville-aux-Bois (51) 46 D2
la Neuville-aux-Joûtes (08) 12 C5
la Neuville-aux-Larris (51) 45 E1
Neuville-Bosc (60) 20 A6
la Neuville-Bosmont (02) 22 D2
la Neuville-Bourjonval (62) 10 C4
la Neuville-Chant-d'Oisel (76) 18 D5
Neuville-Coppegueule (80) 8 D6
la Neuville-d'Aumont (60) 20 B5
la Neuville-Day (08) 24 A3
Neuville-de-Poitou (86) 94 A6
la Neuville-du-Bosc (27) 18 B6
Neuville-en-Avesnois (59) 11 H3
Neuville-en-Beaumont (50) 14 C4
la Neuville-en-Beine (02) 21 H2
Neuville-en-Ferrain (59) 3 G4
la Neuville-en-Hez (60) 20 C4
la Neuville-
  -en-Tourne-à-Fuy (08) 23 G5
Neuville-en-Verdunois (55) 47 F3
la Neuville-Ferrières (76) 19 F2
la Neuville-Garnier (60) 20 A5
la Neuville-Housset (02) 22 C1
la Neuville-lès-Bray (80) 10 B5
Neuville-lès-Dames (01) 116 C1
la Neuville-lès-Decize (58) 99 E4
la Neuville-lès-Dorengt (02) 11 G1
Neuville-lès-Lœuilly (80) 20 B1
Neuville-lès-This (08) 24 A1
Neuville-lès-Vaucouleurs (55) 48 A4
la Neuville-lès-Wasigny (08) 23 G2
Neuville-lez-Beaulieu (08) 12 C5
Neuville-près-Sées (61) 39 G6
Neuville-Saint-Amand (02) 22 A4
la Neuville-Saint-Pierre (60) 20 B3
Neuville-Saint-Rémy (59) 10 D4
Neuville-Saint-Vaast (62) 10 B3
la Neuville-Sire-Bernard (80) 20 D1
Neuville-sous-Montreuil (62) 1 G6
Neuville-sur-Ailette (02) 22 C4
Neuville-sur-Ain (01) 117 F5
Neuville-sur-Authou (27) 17 H4
Neuville-sur-Brenne (37) 79 F4
Neuville-sur-Escaut (59) 11 E3
la Neuville-sur-Essonne (45) 63 G4
Neuville-sur-Margival (02) 22 A4
Neuville-sur-Oise (95) 42 B2
Neuville-sur-Ornain (55) 47 E3
la Neuville-sur-Oudeuil (60) 20 A4
la Neuville-sur-Ressons (60) 21 E3
Neuville-sur-Saône (69) 130 A2
Neuville-sur-Sarthe (72) 60 A4
Neuville-sur-Seine (10) 66 D6
Neuville-sur-Touques (61) 39 G3
Neuville-sur-Vannes (10) 65 H4
la Neuville-Vault (60) 20 A4
Neuville-Vitasse (62) 10 B3
Neuviller-la-Roche (67) 71 E1
Neuviller-lès-Badonviller (54) 49 H6
Neuviller-sur-Moselle (54) 69 G1
Neuvillers-sur-Fave (88) 70 D3
Neuvillette (02) 11 F5
Neuvillette (80) 9 F4
Neuvillette-en-Charnie (72) 59 G4
Neuvilley (39) 102 D3
Neuvilly (59) 11 F4
Neuvilly-en-Argonne (55) 47 E1
Neuvireuil (62) 10 C3
Neuvizy (08) 23 H2
Neuvy (03) 113 H2
Neuvy (41) 80 C4
Neuvy (51) 44 D4
Neuvy-au-Houlme (61) 38 D4
Neuvy-Bouin (79) 93 E5
Neuvy-Deux-Clochers (18) 98 A2
Neuvy-en-Beauce (28) 62 D4
Neuvy-en-Champagne (72) 59 H5
Neuvy-en-Dunois (28) 62 B4
Neuvy-en-Mauges (49) 75 H5
Neuvy-en-Sullias (45) 81 G2
Neuvy-Grandchamp (71) 114 D1
Neuvy-le-Barrois (18) 98 C4
Neuvy-le-Roi (37) 78 D3
Neuvy-Pailloux (36) 96 D4
Neuvy-Saint-Sépulchre (36) 111 G1
Neuvy-Sautour (89) 65 H5
Neuvy-sur-Barangeon (18) 81 F5
Neuvy-sur-Loire (58) 82 B4
Neuwiller (68) 89 H3
Neuwiller-lès-Saverne (67) 50 C4
Névache (05) 147 E1
Nevers (58) 98 D3
Névez (29) 53 H4
Névian (11) 186 C3
Néville (76) 7 E3
Néville-sur-Mer (50) 15 E1
Nevoy (45) 82 A2
Nevy-lès-Dole (39) 102 C3
Nevy-sur-Seille (39) 102 D6

Nexon (87) 124 A4
Ney (39) 103 F5
Neydens (74) 118 B5
Neyrac-les-Bains 157 F1
les Neyrolles (01) 117 G5
Neyron (01) 130 B2
Nézel (78) 42 A3
Nézignan-l'Évêque (34) 187 F1
Niafles (53) 76 B1
Niaux (09) 197 H4
Nibas (80) 8 C4
Nibelle (45) 63 G6
Nibles (04) 160 B4
Nice (06) 177 E5
Nicey (21) 84 C1
Nicey-sur-Aire (55) 47 F3
Nicole (47) 150 D4
Nicorps (50) 37 E2
le Nid d'Aigle 133 F1
Niderhoff (57) 50 A5
Niderviller (57) 50 B4
Niederbronn-les-Bains (67) 28 D6
Niederbruck (68) 88 D1
Niederentzen (68) 71 F5
Niederhaslach (67) 50 C6
Niederhausbergen (67) 51 E5
Niederhergheim (68) 71 F5
Niederlauterbach (67) 29 F6
Niedermodern (67) 51 E3
Niedermorschwihr (68) 71 F4
Niedernai (67) 71 G1
Niederrœdern (67) 51 G2
Niederschaeffolsheim (67) 51 E3
Niedersoultzbach (67) 50 D3
Niedersteinbach (67) 28 D5
Niederstinzel (57) 50 A3
Niedervisse (57) 27 C5
Nielles-lès-Ardres (62) 1 H3
Nielles-lès-Bléquin (62) 1 H4
Nielles-lès-Calais (62) 1 G2
Nieppe (59) 3 E4
Niergnies (59) 11 E3
Nieudan (15) 139 H4
Nieuil (16) 123 F2
Nieuil-l'Espoir (86) 109 F2
Nieul (87) 124 A2
Nieul-le-Dolent (85) 91 F5
Nieul-le-Virouil (17) 121 F4
Nieul-lès-Saintes (17) 121 E3
Nieul-sur-l'Autise (85) 107 F2
Nieul-sur-Mer (17) 106 C4
Nieulle-sur-Seudre (17) 120 C3
Nieurlet (59) 2 B3
Niévroz (01) 130 C2
Niffer (68) 89 G2
Niherne (36) 96 B5
Nijon (52) 68 C4
Nilvange (57) 26 B3
Nîmes (30) 172 A3
Ninville (52) 68 B5
Niort (79) 107 H2
Niort-de-Sault (11) 198 C2
Niou Uhella 30 A4
Niozelles (04) 174 C2
Nissan-lez-Enserune (34) 186 D2
Nistos (65) 181 H5
Nitry (89) 84 A3
Nitting (57) 50 A5
Nivelle (59) 4 B6
Nivillac (56) 73 G2
Nivillers (60) 20 B4
Nivolas-Vermelle (38) 130 D5
Nivollet-Montgriffon (01) 117 F6
Nixéville-Blercourt (55) 47 F1
le Nizan (33) 149 H3
Nizan-Gesse (31) 182 A3
Nizas (32) 166 B6
Nizas (34) 170 C6
Nizerolles (03) 114 B6
Nizon 53 H4
Nizy-le-Comte (02) 23 E3
Noailhac (12) 154 A2
Noailhac (19) 138 D4
Noailhac (81) 168 D6
Noaillac (33) 150 B3
Noaillan (33) 149 G3
Noailles (19) 138 C4
Noailles (60) 20 B5
Noailles (81) 168 A2
Noailly (42) 115 E5
Noalhac (48) 141 F6
Noalhat (63) 127 H2
Noards (27) 17 H4
Nocario (2B) 205 F1
Nocé (61) 60 D2
Noceta (2B) 205 E4
Nochize (71) 115 F3
la Nocle-Maulaix (58) 99 H5
Nod-sur-Seine (21) 85 E2
Nods (25) 103 H2
Noé (31) 183 E2
Noé (89) 65 E4
la Noë-Blanche (35) 57 E5
Noé-les-Mallets (10) 67 E6
la Noë-Poulain (27) 17 H4
Noël-Cerneux (25) 104 B2
Noël-Saint-Martin 21 E6
Noëllet (49) 75 F1
les Noës (42) 114 D6
les Noës-près-Troyes (10) 66 A3
Noeux-lès-Auxi (62) 9 F3
Noeux-les-Mines (62) 2 C6
Nogaret (31) 168 A6
Nogaro (32) 164 C4
Nogent (52) 68 B5
Nogent-l'Abbesse (51) 23 F4
Nogent-l'Artaud (02) 44 B3
Nogent-le-Bernard (72) 60 C3
Nogent-le-Phaye (28) 62 B2

Nogent-le-Roi (28) 41 G6
Nogent-le-Rotrou (28) 61 E3
Nogent-le-Sec (27) 40 D3
Nogent-lès-Montbard (21) 84 D3
Nogent-sur-Aube (10) 66 C1
Nogent-sur-Eure (28) 62 A2
Nogent-sur-Loir (72) 78 C3
Nogent-sur-Marne (94) 43 E4
Nogent-sur-Oise (60) 20 D6
Nogent-sur-Seine (10) 65 F1
Nogent-sur-Vernisson (45) 82 A1
Nogentel (02) 44 C2
Nogna (39) 117 G1
Noguères (64) 180 A1
Nohanent (63) 127 E3
Nohant 111 G1
Nohant-en-Goût (18) 97 H2
Nohant-en-Graçay (18) 96 D2
Nohant-Vic (36) 111 G1
Nohèdes (66) 199 E3
Nohic (82) 167 E3
Noidan (21) 84 D6
Noidans-le-Ferroux (70) 87 F3
Noidans-lès-Vesoul (70) 87 G3
Noidant-Chatenoy (52) 86 B2
Noidant-le-Rocheux (52) 86 A1
Noilhan (32) 166 B6
Nointel (60) 20 D5
Nointel (95) 42 D1
Nointot (76) 6 D5
Noircourt (02) 23 E2
Noirefontaine (25) 88 C5
Noirémont (60) 20 B3
Noirétable (42) 128 B2
Noirlac 97 G6
Noirlieu (51) 46 C3
Noirmoutier-en-l'Île (85) 90 B1
Noiron (70) 86 D5
Noiron-sous-Gevrey (21) 101 H1
Noiron-sur-Bèze (21) 86 B5
Noiron-sur-Seine (21) 66 D6
Noironte (25) 87 E4
Noirval (08) 24 B4
Noiseau (94) 43 E4
Noisiel (77) 43 F4
Noisseville (57) 26 C5
Noisy-le-Grand (93) 43 E4
Noisy-le-Roi (78) 42 B4
Noisy-le-Sec (93) 43 E3
Noisy-Rudignon (77) 64 C3
Noisy-sur-École (77) 63 H2
Noisy-sur-Oise (95) 42 D1
Noizay (37) 79 F5
Noizé 93 G4
Nojals-et-Clotte (24) 151 G1
Nojeon-en-Vexin (27) 19 F5
Nolay (21) 101 E4
Nolay (58) 99 E2
Nolléval (76) 19 F4
Nollieux (42) 128 D2
Nomain (59) 3 G6
Nomdieu (47) 165 G1
Nomécourt (52) 67 H1
Nomeny (54) 48 D3
Nomexy (88) 69 H2
Nommay (25) 88 C3
Nompatelize (88) 70 C2
Nonac (16) 122 B6
Nonancourt (27) 41 E4
Nonant (14) 16 A4
Nonant-le-Pin (61) 39 G5
Nonards (19) 139 E4
Nonaville (16) 122 A5
Noncourt-sur-le-Rongeant (52) 68 A2
Nonette (63) 127 G6
Nonglard (74) 132 A1
Nonhigny (54) 49 H6
Nonières (07) 143 G5
Nonsard-Lamarche (55) 48 A3
Nontron (24) 123 F5
Nonville (77) 64 B3
Nonville (88) 69 F4
Nonvilliers-Grandhoux (28) 61 G3
Nonza (2B) 203 F3
Nonzeville (88) 70 B3
Noordpeene (59) 2 B3
Nordausques (62) 1 H3
Nordheim (67) 50 D5
Nordhouse (67) 51 E6
Noreuil (62) 10 C3
Norges-la-Ville (21) 85 H5
la Norma 147 E2
Normandel (61) 40 B6
Normanville (27) 41 E2
Normanville (76) 6 D4
Normée (51) 45 G4
Noron-la-Poterie (14) 15 H6
Noron-l'Abbaye (14) 38 D3
Noroy (60) 20 D4
Noroy-le-Bourg (70) 87 H3
Noroy-sur-Ourcq (02) 21 H6
Norrent-Fontes (62) 2 C5
Norrey-en-Auge (14) 39 E3
Norrois (51) 46 B5
Norroy (88) 69 E3
Norroy-le-Sec (54) 25 H5
Norroy-le-Veneur (57) 26 B5
Norroy-lès-Pont-à-Mousson (54) 48 C3
Nort-Leulinghem (62) 2 A3
Nort-sur-Erdre (44) 74 D3
Nortkerque (62) 1 H3
Norville (76) 6 D6
la Norville (91) 42 D6
Nossage-et-Bénévent (05) 159 H4
Nossoncourt (88) 70 B1
Nostang (56) 54 D5

Noth (23) 111 E4
Nothalten (67) 71 F2
Notre-Dame-de-Bellecombe (73) 132 D2
Notre-Dame-de-Bliquetuit (76) 7 E4
Notre-Dame-de-Boisset (42) 128 D1
Notre-Dame-de-Bondeville (76) 7 G6
Notre-Dame-de-Cenilly (50) 37 F2
Notre-Dame-de-Commiers (38) 145 G4
Notre-Dame-de-Courson (14) 17 F6
Notre-Dame-de-Gravenchon (76) 6 D6
Notre-Dame-de-la-Rouvière (30) 171 E1
Notre-Dame-de-l'Isle (27) 41 F1
Notre-Dame-de-Livaye (14) 17 E5
Notre-Dame-de-Livoye (50) 37 F4
Notre-Dame-de-Londres (34) 171 E3
Notre-Dame-de-l'Osier (38) 145 E2
Notre-Dame-de-Mésage (38) 145 G3
Notre-Dame-de-Monts (85) 90 B2
Notre-Dame-de-Riez (85) 90 D3
Notre-Dame-de-Sanilhac (24) 137 F3
Notre-Dame-de-Vaulx (38) 145 G4
Notre-Dame-d'Elle (50) 37 H1
Notre-Dame-d'Épine (27) 17 H4
Notre-Dame-des-Landes (44) 74 B3
Notre-Dame-des-Millières (73) 132 C4
Notre-Dame-d'Estrées (14) 17 E5
Notre-Dame-d'Oé (37) 78 D5
Notre-Dame-d'Or 93 H5
Notre-Dame-du-Bec (76) 6 B5
Notre-Dame-du-Cruet (73) 132 C6
Notre-Dame-du-Hamel (27) 40 A3
Notre-Dame-du-Parc (76) 7 G3
Notre-Dame-du-Pé (72) 77 F2
Notre-Dame-du-Pré (73) 133 E5
Notre-Dame-du-Rocher (61) 38 C4
Notre-Dame-du-Touchet (50) 37 G6
Notre-Dame de Mons 128 B5
Notre-Dame du Laus 160 C2
Nottonville (28) 62 B5
la Nouaille (23) 125 G2
Nouaillé-Maupertuis (86) 109 E2
Nouainville (50) 14 C2
Nouan-le-Fuzelier (41) 81 E4
Nouans (72) 60 B3
Nouans-les-Fontaines (37) 95 H2
Nouart (08) 24 C4
Nouâtre (37) 94 C3
la Nouaye (35) 56 D2
la Noue (51) 44 D5
Noueilles (31) 183 G1
Nougaroulet (32) 166 A4
Nouhant (23) 112 B4
Nouic (87) 110 A6
Nouilhan (65) 181 E1
les Nouillers (17) 121 E1
Nouillonpont (55) 25 C4
Nouilly (57) 26 C5
Noulens (32) 165 E3
Nourard-le-Franc (60) 20 C4
Nourray (41) 79 G2
Nousse (40) 163 F4
Nousseviller-lès-Bitche (57) 28 B5
Nousseviller-Saint-Nabor (57) 27 G5
Nousty (64) 180 C2
Nouvelle-Église (62) 1 H2
le Nouvion-en-Thiérache (02) 11 H5
Nouvion-et-Catillon (02) 22 B2
Nouvion-le-Comte (02) 22 B2
Nouvion-le-Vineux (02) 22 C4
Nouvion-sur-Meuse (08) 24 B2
Nouvoitou (35) 57 F3
Nouvron-Vingré (02) 21 H4
Nouzerines (23) 111 H3
Nouzerolles (23) 111 F3
Nouziers (23) 111 G3
Nouzilly (37) 79 E4
Nouzonville (08) 13 F6
Novacelles (63) 128 A6
Novalaise (73) 131 G4
Novale (2B) 205 G2
Novéant-sur-Moselle (57) 26 B6
Novel (74) 119 G2
Novella (2B) 203 E5
Noves (13) 173 E3
Noviant-aux-Prés (54) 48 B3
Novillard (90) 88 D3
Novillars (25) 87 G6
Novion-Porcien (08) 23 G3
Novy-Chevrières (08) 23 H3
Noyal (22) 34 A5
Noyal-Châtillon-sur-Seiche (35) 57 F3
Noyal-Muzillac (56) 73 F1
Noyal-Pontivy (56) 55 F2
Noyal-sous-Bazouges (35) 35 F5
Noyal-sur-Brutz (44) 57 G6
Noyal-sur-Vilaine (35) 57 G3
Noyales (02) 11 F6
Noyalo (56) 72 D1
Noyant (49) 78 A4
Noyant-d'Allier (03) 113 G2
Noyant-de-Touraine (37) 94 D2
Noyant-et-Aconin (02) 22 A5
Noyant-la-Gravoyère (49) 76 B2
Noyant-la-Plaine (49) 77 F6
Noyarey (38) 145 F2
Noyelle-Vion (62) 9 H2
Noyelles-en-Chaussée (80) 9 E3
Noyelles-Godault (62) 10 C1
Noyelles-lès-Humières (62) 9 F1
Noyelles-lès-Seclin (59) 3 F5
Noyelles-lès-Vermelles (62) 2 D6
Noyelles-sous-Bellonne (62) 10 C2

Noyelles-sous-Lens (62) 10 B1
Noyelles-sur-Escaut (59) 10 D4
Noyelles-sur-Mer (80) 8 C3
Noyelles-sur-Sambre (59) 11 H3
Noyelles-sur-Selle (59) 11 E2
Noyellette (62) 10 A2
Noyen-sur-Sarthe (72) 77 G1
Noyen-sur-Seine (77) 65 E2
le Noyer (05) 146 A6
le Noyer (18) 82 A6
le Noyer (73) 132 A3
le Noyer-en-Ouche (27) 40 B2
Noyers 19 E6
Noyers (27) 19 G6
Noyers (45) 81 H1
Noyers (52) 68 C5
Noyers (89) 84 A3
Noyers-Auzécourt (55) 46 D3
Noyers-Bocage (14) 16 A5
Noyers-Pont-Maugis (08) 24 C2
Noyers-Saint-Martin (60) 20 C3
Noyers-sur-Cher (41) 96 A1
Noyers-sur-Jabron (04) 160 A5
Noyon (60) 21 G3
Nozay (10) 66 B1
Nozay (44) 74 C2
Nozay (91) 42 C5
Nozeroy (39) 103 F5
Nozières (07) 143 G4
Nozières (18) 97 G6
Nuaillé (49) 75 H6
Nuaillé-d'Aunis (17) 107 E4
Nuaillé-sur-Boutonne (17) 107 H6
Nuars (58) 83 G5
Nubécourt (55) 47 E2
Nucourt (95) 42 A1
Nueil-les-Aubiers (79) 92 D4
Nueil-sous-Faye (86) 94 B3
Nueil-sur-Layon (49) 93 F2
Nuelles (69) 129 H2
Nuillé-le-Jalais (72) 60 C5
Nuillé-sur-Vicoin (53) 58 C5
Nuisement-sur-Coole (51) 45 H3
Nuits (89) 84 C2
Nuits-Saint-Georges (21) 101 G2
Nullemont (76) 19 G1
Nully-Trémilly (52) 67 F2
Nuncq-Hautecôte (62) 9 G2
Nuret-le-Ferron (36) 96 A6
Nurieux-Volognat (01) 117 F5
Nurlu (80) 10 C5
Nuzéjouls (46) 152 C3
Nyer (66) 199 E4
Nyoiseau (49) 76 B2
Nyons (26) 158 D4

O

Obenheim (67) 71 H1
Oberbronn (67) 28 C6
Oberbruck (68) 88 D1
Oberdorf (68) 89 F3
Oberdorf-Spachbach (67) 51 E2
Oberdorff (57) 27 E4
Oberentzen (68) 71 F5
Obergailbach (57) 28 A5
Oberhaslach (67) 50 C6
Oberhausbergen (67) 51 E5
Oberhergheim (68) 71 F5
Oberhoffen-lès-Wissembourg (67) 29 E5
Oberhoffen-sur-Moder (67) 51 F3
Oberlarg (68) 89 F4
Oberlauterbach (67) 29 F6
Obermodern-Zutzendorf (67) 50 D3
Obermorschwihr (68) 71 F5
Obermorschwiller (68) 89 F2
Obernai (67) 50 D6
Oberrœdern (67) 29 F6
Obersaasheim (68) 71 G5
Oberschaeffolsheim (67) 51 E5
Obersoultzbach (67) 50 D3
Obersteigen 50 C5
Obersteinbach (67) 28 D5
Oberstinzel (57) 50 A3
Obervisse (57) 27 E5
Obies (59) 11 H2
Objat (19) 138 C2
Oblinghem (62) 2 D6
Obrechies (59) 12 A3
Obreck (57) 49 F3
Obsonville (77) 63 H4
Obterre (36) 95 F4
Obtrée (21) 67 E6
Ocana (2A) 204 D5
Occagnes (61) 39 E4
Occey (52) 86 A3
Occhiatana (2B) 202 D5
Occoches (80) 9 G3
Ochancourt (80) 8 C4
Oches (08) 24 C3
Ochey (54) 48 B6
Ochiaz 117 H5
Ochtezeele (59) 2 B3
Ocquerre (77) 43 H2
Ocqueville (76) 7 E3
Octeville (Cherbourg) 14 C2
Octeville-l'Avenel (50) 14 D3
Octeville-sur-Mer (76) 6 A5
Octon (34) 170 D5
Odars (31) 167 G5
Odenas (69) 116 A6
Oderen (68) 70 D6
Odomez (59) 11 F1
Odos (65) 181 E3
Odratzheim (67) 50 D5
Œlleville (88) 69 G2
Oermingen (67) 27 H6
Œting (57) 27 G4

Œuf-en-Ternois (62) 9 F2
Œuilly (02) 22 C5
Œuilly (51) 45 E2
Oeyregave (40) 162 D5
Oeyreluy (40) 162 D4
Offekerque (62) 1 H2
Offémont (90) 88 C2
Offemont (90) 88 C2
Offendorf (67) 51 F4
Offignies (80) 19 H1
Offin (62) 9 E1
Offlanges (39) 102 C1
Offoy (60) 20 A2
Offoy (80) 21 G1
Offranville (76) 7 G2
Offrethun (62) 1 F3
Offroicourt (88) 69 F3
Offwiller (67) 50 D2
Ogenne-Camptort (64) 179 H2
Oger (51) 45 F3
Ogeu-les-Bains (64) 180 A3
Ogéviller (54) 49 G6
Ognes (02) 21 H3
Ognes (51) 45 F5
Ognes (60) 43 G2
Ognéville (54) 69 F1
Ognolles (60) 21 F2
Ognon (60) 21 E6
Ogy (57) 26 C5
Ohain (59) 12 B4
Oherville (76) 7 E3
Ohis (02) 12 A5
Ohlungen (67) 51 E3
Ohnenheim (67) 71 G3
Oigney (70) 87 F2
Oignies (62) 3 F6
Oigny (21) 85 F4
Oigny (41) 61 F5
Oigny-en-Valois (02) 21 H6
Oingt (69) 129 G1
Oinville-Saint-Liphard (28) 62 D4
Oinville-sous-Auneau (28) 62 C2
Oinville-sur-Montcient (78) 42 A2
Oiron (79) 93 G4
Oiry (51) 45 F2
Oiselay-et-Grachaux (70) 87 F5
Oisemont (80) 8 D5
Oisilly (21) 86 B5
Oisly (41) 80 A5
Oison (45) 62 D4
Oisseau (53) 58 D2
Oisseau-le-Petit (72) 60 A2
Oissel (76) 18 C5
Oissery (77) 43 G2
Oissy (80) 9 E6
Oisy (02) 11 G5
Oisy (58) 83 F5
Oisy (59) 11 F2
Oisy-le-Verger (62) 10 D3
Oizé (72) 78 A2
Oizon (18) 81 H5
Olargues (34) 169 G6
Olbreuse 107 G5
Olby (63) 126 D3
Olcani (2B) 203 F3
Oléac-Debat (65) 181 F2
Oléac-Dessus (65) 181 F3
Olemps (12) 154 C4
Olendon (14) 16 C6
Oletta (2B) 203 F5
Olette (66) 199 E4
Olivese (2A) 205 E6
Olivet (45) 80 D1
Olivet (53) 58 C4
Olizy (51) 45 E1
Olizy-Primat (08) 24 B5
Olizy-sur-Chiers (55) 24 D3
Ollainville (88) 68 D3
Ollainville (91) 42 C6
Ollans (25) 87 G5
Ollé (28) 61 H2
Olley (54) 25 H6
Ollezy (02) 21 H2
les Ollières (74) 118 C6
Ollières (83) 174 C6
les Ollières-sur-Eyrieux (07) 143 H6
Olliergues (63) 128 A4
Ollioules (83) 191 F5
Olloix (63) 127 E4
les Olmes (69) 129 G2
Olmet (63) 128 A3
Olmet-et-Villecun (34) 170 B4
Olmeta-di-Capocorso (2B) 203 F3
Olmeta-di-Tuda (2B) 203 F5
Olmeto (2A) 206 D2
Olmi-Cappella (2B) 202 D6
Olmiccia (2A) 207 E2
Olmo (2B) 203 G6
Olonne-sur-Mer (85) 90 D5
Olonzac (34) 185 G3
Oloron-Sainte-Marie (64) 180 A3
Ols-et-Rinhodes (12) 153 G3
Oltingue (68) 89 G4
Olwisheim (67) 51 E4
Omblèze (26) 144 D5
Omécourt (60) 19 H3
Omelmont (54) 69 F1
les Omergues (04) 159 G5
Omerville (95) 41 H1
Omessa (2B) 205 E2
Omet (33) 149 H1
Omex (65) 180 D4
Omey (51) 46 A4
Omicourt (08) 24 B2
Omiécourt (80) 21 F1
Omissy (02) 11 E6
Omméel (61) 39 F4
Ommeray (57) 49 G4

Ommoy (61) 39 E4
Omont (08) 24 B3
Omonville (76) 7 G3
Omonville-la-Petite (50) 14 A1
Omonville-la-Rogue (50) 14 B1
Omps (15) 139 H5
Oms (66) 199 H4
Onans (25) 88 B4
Onard (40) 163 F3
Onay (70) 86 D5
Oncieu (01) 131 E1
Oncourt (88) 69 H3
Oncy-sur-École (91) 63 H2
Ondefontaine (14) 38 B2
Ondes (31) 167 E4
Ondres (40) 162 B5
Ondreville-sur-Essonne (45) 63 F4
Onesse-et-Laharie (40) 163 E1
Onet-le-Château (12) 154 C4
Oneux (80) 9 E4
Ongles (04) 174 B1
Onglières (39) 103 F5
Onival 8 B4
Onjon (10) 66 C2
Onlay (58) 100 A4
Onnaing (59) 11 G1
Onnion (74) 119 E4
Onoz (39) 117 G2
Ons-en-Bray (60) 19 H4
Ontex (73) 131 G3
Onville (54) 26 A6
Onzain (41) 79 G4
Oô (31) 196 A4
Oost-Cappel (59) 2 D1
Opio (06) 176 C6
Opme 127 F3
Opoul-Périllos (66) 185 H6
Oppède (84) 173 G3
Oppède le Vieux 173 F3
Oppedette (04) 174 B2
Oppenans (70) 87 H3
Oppy (62) 10 C2
Optevoz (38) 130 D3
Oraàs (64) 179 F1
Oradour (15) 141 E5
Oradour (16) 122 A2
Oradour-Fanais (16) 109 H5
Oradour-Saint-Genest (87) 110 B4
Oradour-sur-Glane (87) 123 H1
Oradour-sur-Vayres (87) 123 G3
Orain (21) 86 B3
Orainville (02) 23 E5
Oraison (04) 174 D2
Orange (84) 158 B6
Orbagna (39) 117 F1
Orbais-l'Abbaye (51) 44 D3
Orban (81) 168 B3
Orbec (14) 17 G6
Orbeil (63) 127 G5
Orbessan (32) 165 H6
Orbey (68) 71 E4
Orbigny (37) 95 H1
Orbigny-au-Mont (52) 86 B1
Orbigny-au-Val (52) 86 B1
l'Orbrie (85) 107 F2
Orçay (41) 97 E1
Orcemont (78) 42 A6
Orcenais (18) 97 G6
Orcet (63) 127 F4
Orcevaux (52) 86 A2
Orchaise (41) 79 G4
Orchamps (39) 102 D2
Orchamps-Vennes (25) 104 B1
Orches (86) 94 B4
Orchies (59) 3 G6
Orcier (74) 119 E3
Orcières (05) 160 D1
Orcières-Merlette 146 C6
Orcinas (26) 158 D2
Orcines (63) 127 E3
Orcival (63) 126 D4
Orconte (51) 46 C5
Orcun 180 A5
Ordan-Larroque (32) 165 G4
Ordiarp (64) 179 F3
Ordizan (65) 181 F4
Ordonnac (33) 134 D1
Ordonnaz (01) 131 F2
Ore (31) 182 A5
Orègue (64) 179 E1
Oreilla (66) 199 E4
Orelle (73) 146 D2
Oresmaux (80) 20 C1
Organ (65) 181 H2
Orgeans-Blanchefontaine (25) 88 C6
Orgedeuil (16) 123 E4
Orgeix (09) 198 B2
Orgelet (39) 117 G1
Orgères (35) 57 F3
Orgères (61) 39 H4
Orgères-en-Beauce (28) 62 C4
Orgerus (78) 41 H4
Orges (52) 67 G5
Orgeux (21) 86 A5
Orgeval (02) 22 C3
Orgeval (78) 42 B3
Orgibet (09) 182 C6
Orglandes (50) 14 D4
Orgnac-l'Aven (07) 157 G5
Orgnac-sur-Vézère (19) 138 C1
Orgnat 112 A5
Orgon (13) 173 F3
Orgueil (82) 167 E3
Oricourt (70) 87 H3
Orieux (65) 181 G3
Orignac (65) 181 F4
Orignolles (17) 135 H2
Origny (21) 85 E3

Origny-en-Thiérache (02) 12 A6
Origny-le-Butin (61) 60 C2
Origny-le-Roux (61) 60 C2
Origny-le-Sec (10) 65 H1
Origny-Sainte-Benoite (02)........11 F6
Orin (64) 179 H3
Orincles (65) 181 E4
Oriocourt (57) 49 E3
Oriol-en-Royans (26) 144 D4
Oriolles (16) 135 H1
Orion (64) 179 G1
Oris-en-Rattier (38) 145 H4
Orist (40) 162 D4
Orival (16) 136 B3
Orival (76) 18 C5
Orléans (45) 80 D1
Orléat (63) 127 H4
Orleix (65) 181 F2
Orliac (24) 152 A1
Orliac-de-Bar (19) 139 E1
Orliaguet (24) 138 B5
Orliénas (69) 129 H4
Orlu (09) 198 B2
Orlu (28) 62 D2
Orly (94) 42 D5
Orly-sur-Morin (77) 44 B3
Ormancey (52) 68 A6
Ormenans (70) 87 G4
Ormersviller (57) 28 B5
Ormes (10) 45 G6
Ormes (27) 40 D2
Ormes (45) 62 D6
Ormes (51) 23 E6
Ormes (71) 101 H6
les Ormes (86) 94 D3
les Ormes (89) 83 E1
Ormes-et-Ville (54) 69 G1
les Ormes-sur-Voulzie (77) 64 D2
Ormesson (77) 64 A4
Ormesson-sur-Marne (94) 43 E4
Ormoiche (70) 87 H1
Ormoy (28) 41 G6
Ormoy (70) 69 F6
Ormoy (89) 65 F6
Ormoy (91) 43 E6
Ormoy-la-Rivière (91) 63 F2
Ormoy-le-Davien (60) 43 H1
Ormoy-lès-Sexfontaines (52) 67 H3
Ormoy-Villers (60) 21 F6
Ornacieux (38) 130 D6
Ornaisons (11) 185 H3
Ornans (25) 103 G2
Ornes (55) 25 F5
Ornex (01) 118 B4
Ornézan (32) 165 H6
Orniac (46) 153 E3
Ornolac-Ussat-les-Bains (09)..197 H4
Ornon (38) 146 A3
Orny (57) 26 C6
Oroër (60) 20 B4
Oroix (65) 181 E2
Oron (57) 49 E3
Oroux (79) 93 G6
Orphin (78) 42 A6
Orpierre (05) 159 G4
Orquevaux (52) 68 B3
les Orres (05) 161 E2
Orret (21) 85 F3
Orriule (64) 179 G1
Orrouer (28) 61 H2
Orrouy (60) 21 F5
Orry-la-Ville (60) 43 E1
Ors (59) 11 G4
Orsan (30) 158 A6
Orsanco (64) 179 E2
Orsans (11) 184 B4
Orsans (25) 88 A6
Orsay (91) 42 C5
Orschwihr (68) 71 E5
Orschwiller (67) 71 F3
Orsennes (36) 111 F2
Orsinval (59) 11 G2
Orsonnette (63) 127 G6
Orsonville (78) 62 D1
Ortaffa (66) 200 D4
Ortale (2B) 205 G2
Orthevielle (40) 162 D5
Orthez (64) 163 F6
Orthoux-Sérignac-
  -Quilhan (30) 171 G3
Ortillon (10) 66 C1
Ortiporio (2B) 203 F6
Orto (2A) 204 D3
Ortoncourt (88) 70 A2
Orus (09) 197 G4
Orval (18) 97 H6
Orval (50) 37 E2
Orvault (44) 74 C4
Orvaux (27) 40 D3
Orve (25) 88 B5
Orveau (91) 63 F2
Orveau-Bellesauve (45) 63 G3
Orville (21) 86 A4
Orville (36) 96 C2
Orville (45) 63 G4
Orville (61) 39 G3
Orville (62) 9 G4
Orvillers-Sorel (60) 21 E3
Orvilliers (78) 41 H4
Orvilliers-Saint-Julien (10) 65 H4
Orx (40) 162 B5
Os-Marsillon (64) 180 A1
Osani (2A) 204 B2
Osches (55) 47 F2
Osenbach (68) 71 E5
Oslon (71) 101 G5
Osly-Courtil (02) 21 H4
Osmanville (14) 15 F5
Osmery (18) 98 A4
Osmets (65) 181 G2

Osmoy (18) 97 H3
Osmoy (78) 41 H4
Osmoy-Saint-Valery (76) 19 E1
Osne-le-Val (52) 68 A1
Osnes (08) 24 D2
Osny (95) 42 B2
Ossages (40) 163 F5
Ossas-Suhare (64) 179 G3
Osse (25) 87 G6
Ossé (35) 57 G3
Osse-en-Aspe (64) 179 H5
Osséja (66) 198 C5
Osselle (25) 103 E2
Ossen (65) 180 D4
Ossenx (64) 179 G1
Osserain-Rivareyte (64) 179 F1
Ossès (64) 178 D2
Ossey-les-Trois-Maisons (10)...65 G2
Ossun (65) 181 E3
Ossun-ez-Angles (65) 181 E4
Ostabat-Asme (64) 179 E2
Ostel (02) 22 B4
Ostheim (68) 71 F3
Osthoffen (67) 50 D5
Osthouse (67) 71 H1
Ostreville (62) 9 G1
Ostricourt (59) 10 C1
Ostwald (67) 51 E5
Ota (2A) 204 B3
Othe (54) 25 F3
Othis (77) 43 F2
Ottange (57) 26 A2
Otterstahl (67) 50 C4
Otterswiller (67) 50 C4
Ottmarsheim (68) 89 G1
Ottonville (57) 26 D4
Ottrott (67) 50 D6
Ottwiller (67) 50 B3
Ouagne (58) 83 F5
Ouainville (76) 6 D3
Ouanne (89) 83 F3
Ouarville (28) 62 C3
les Oubeaux (14) 15 F5
Ouchamps (41) 79 H5
Ouches (42) 115 E6
Oucques (41) 79 H2
Oudalle (76) 6 B5
Oudan (58) 83 E6
Oudeuil (60) 20 A3
Oudezeele (59) 2 C3
Oudincourt (52) 67 H3
l'Oudon (14) 17 E2
Oudon (44) 75 E4
Oudrenne (57) 26 C3
Oudry (71) 115 F1
Oueilloux (65) 181 F3
Ouerre (28) 41 G5
Ouessant (29) 30 A4
Ouézy (14) 16 D5
Ouffières (14) 16 B6
Ouge (70) 86 D1
Ouges (21) 101 H1
Ougney (39) 102 D1
Ougney-Douvot (25) 87 H6
Ougny (58) 99 G3
Ougy (58) 116 A1
Ouhans (25) 103 H3
Ouides (43) 142 B5
Ouillon (64) 180 C2
Ouilly-du-Houley (14) 17 G5
Ouilly-le-Tesson (14) 16 C6
Ouilly-le-Vicomte (14) 17 F4
Ouistreham (14) 16 C3
Oulches (36) 110 C1
Oulches-la-Vallée-Foulon (02)....22 D4
Oulchy-la-Ville (02) 22 A6
Oulchy-le-Château (02) 22 A6
Oulins (28) 41 G4
Oulles (38) 146 A4
Oullins (69) 130 A3
Oulmes (85) 107 F3
Oulon (58) 99 F1
Ounans (39) 102 D3
Oupia (34) 185 H2
Our (39) 102 D2
les Ouradous (65) 152 D4
Ourcel-Maison (60) 20 B3
Ourches (26) 144 C6
Ourches-sur-Meuse (55) 48 A5
Ourde (65) 181 H5
Ourdis-Cotdoussan (65) 181 E4
Ourdon (65) 181 E5
Ourouër (58) 99 E3
Ourouer-les-Bourdelins (18) 98 B4
Ouroux (69) 116 A4
Ouroux-en-Morvan (58) 100 A2
Ouroux-sous-le-Bois-
  -Sainte-Marie (71) 115 G3
Ouroux-sur-Saône (71) 101 G6
Oursbelille (65) 181 E2
Ourscamps (21) 21 G3
Ourton (62) 9 H1
Ourville-en-Caux (76) 6 D3
Ousse (64) 180 C2
Ousse-Suzan (40) 163 F2
Oussières (39) 102 D4
Ousson-sur-Loire (45) 82 B4
Oussoy-en-Gâtinais (45) 82 A1
Oust (09) 183 E6
Oust-Marest (80) 8 B4
Ousté (65) 181 E4
Outarville (45) 63 E4
Outines (51) 46 B6
Outreau (62) 1 G4
Outrebois (80) 9 H5
Outremécourt (52) 68 D3
Outrepont (51) 46 C4
Outriaz (01) 117 G6
Ouve-Wirquin (62) 2 A5
Ouveillan (11) 186 C2

Ouville (50) 37 E2
Ouville-la-Bien-Tournée (14)...16 D6
Ouville-la-Rivière (76) 7 F2
Ouville-l'Abbaye (76) 7 F4
Ouvrouer-les-Champs (45) 81 F2
Ouzilly (86) 94 B5
Ouzilly-Vignolles (86) 93 H4
Ouzouer-des-Champs (45) 82 A1
Ouzouer-le-Doyen (41) 62 A6
Ouzouer-le-Marché (41) 80 B1
Ouzouer-sous-Bellegarde (45)..63 G6
Ouzouer-sur-Loire (45) 81 H2
Ouzouer-sur-Trézée (45) 82 B3
Ouzous (65) 180 D5
Ovanches (70) 87 F3
Ovillers-la-Boisselle (80) 10 A5
Oxelaëre (59) 2 C3
Oyé (71) 115 F4
Oye-et-Pallet (25) 103 H4
Oye-Plage (62) 1 H2
Oyes (51) 45 E4
Oyeu (38) 131 E6
Oyonnax (01) 117 G4
Oyré (86) 94 D4
Oyrières (70) 86 C4
Oysonville (28) 62 D2
Oytier-Saint-Oblas (38) 130 B5
Oz (38) 146 A2
Ozan (01) 116 C3
Oze (05) 159 H2
Ozenay (71) 116 B1
Ozenx-Montestrucq (64).........179 G1
Ozerailles (54) 25 H6
Ozeville (50) 15 E3
Ozières (52) 68 B4
Ozillac (17) 121 G6
Ozoir-la-Ferrière (77) 43 F4
Ozoir-le-Breuil (28) 62 B6
Ozolles (71) 115 G3
Ozon (07) 144 A2
Ozon (65) 181 F3
Ozouer-le-Voulgis (77) 43 G5
Ozourt (40) 163 F4

P

Paars (02) 22 C5
Pabu (22) 33 E3
la Pacaudière (42) 114 D5
Pacé (35) 57 E2
Pacé (61) 59 H2
Pact (38) 144 B1
Pacy-sur-Armançon (89).........84 B2
Pacy-sur-Eure (27) 41 F2
Padern (11) 185 G6
Padiès (81) 168 D1
Padirac (46) 139 E6
Padoux (88) 70 A3
Pageas (87) 123 H4
Pagney (39) 86 D6
Pagney-derrière-Barine (54) 48 B5
Pagnoz (39) 103 E3
Pagny-la-Blanche-Côte (55)....48 B5
Pagny-la-Ville (21) 102 A2
Pagny-le-Château (21) 102 A3
Pagny-lès-Goin (57) 48 D2
Pagny-sur-Meuse (55) 48 A5
Pagny-sur-Moselle (54) 48 C2
Pagolle (64) 179 F3
Pailhac (65) 181 G6
Pailharès (07) 143 G3
Pailherols (15) 140 C5
Pailhès (09) 183 G4
Pailhès (34) 186 D1
Paillart (60) 20 C2
Paillé (17) 121 G1
Paillencourt (59) 11 E3
Paillet (33) 149 G1
Pailloles (47) 151 F3
le Pailly (52) 86 B2
Pailly (89) 65 E3
Paimbœuf (44) 73 H4
Paimpol (22) 33 F2
Paimpont (35) 56 C3
Painblanc (21) 101 E2
Pair-et-Grandrupt (88) 70 D2
Paissy (02) 22 C4
Paisy-Cosdon (10) 65 G4
Paizay-le-Chapt (79) 108 B6
Paizay-le-Sec (86) 109 H1
Paizay-le-Tort (79) 108 B5
Paizay-Naudouin-
  -Embourie (16) 108 C6
Pajay (38) 130 C6
Paladru (38) 131 F5
Palairac (11) 185 G5
le Palais (56) 72 A3
le Palais-sur-Vienne (87).......124 B2
Palaiseau (91) 42 C5
Palaiseul (52) 86 B2
Palaja (11) 185 E4
Palalda (66) 199 G4
Palaminy (31) 182 D3
Palante (70) 88 B2
Palantine (25) 103 F2
Palasca (2B) 202 D5
Palau-de-Cerdagne (66) 198 C5
Palau-del-Vidre (66) 201 E4
Palavas-les-Flots (34) 171 F6
Palazinges (19) 138 D3
Paley (77) 64 A4
Palhers (48) 155 G3
Palinges (71) 115 F1
Palis (10) 65 G3
Palise (25) 87 G5
Palisse (19) 125 H6
Palladuc (63) 128 A2
Pallanne (32) 165 E6

Palleau (71) 101 H3
Pallegney (88) 69 H2
le Pallet (44) 75 E6
Palleville (81) 168 A6
la Pallice (17) 106 C5
la Pallu (53) 59 F1
Palluau (85) 91 E3
Palluau-sur-Indre (36) 95 H4
Palluaud (16) 136 C1
Pallud (73) 132 C3
Palluel (62) 10 D2
Palmas (12) 155 E4
la Palme (11) 186 C5
la Palmyre (17) 120 B3
Palneca (2A) 205 E5
Palogneux (42) 128 C3
la Palud-sur-Verdon (04)........175 F3
Paluel (76) 6 D2
Pamfou (77) 64 B2
Pamiers (09) 183 H4
Pampelonne (81) 168 C1
Pamplie (79) 107 H1
Pamproux (79) 108 C3
Panassac (32) 182 A1
Panazol (87) 124 B2
Pancé (35) 57 F5
Pancey (52) 68 A1
Pancheraccia (2B) 205 G3
Pancy-Courtecon (02) 22 C4
Pandrignes (19) 139 E2
Pange (57) 26 D5
Panges (21) 85 F5
Panilleuse (27) 41 G1
Panissage (38) 131 E5
Panissières (42) 129 F3
Panjas (32) 164 C3
Pannecé (44) 75 E3
Pannecières (45) 63 F3
Pannes (45) 64 A6
Pannes (54) 48 A3
Pannessières (39) 102 D6
Panon (72) 60 B3
Panossas (38) 130 D3
la Panouse (48) 156 B1
Pantin (93) 42 D3
Panzoult (37) 94 C2
Papleux (02) 11 H5
le Paradis (33) 33 E3
Paradou (13) 172 D4
Paramé (35) 34 C3
Parassy (18) 97 H1
Parata (2B) 205 G1
Paray-Douaville (78) 62 D2
Paray-le-Frésil (03) 99 G6
Paray-le-Monial (71) 115 E2
Paray-sous-Briailles (03) 114 A4
Paray-Vieille-Poste (91) 42 D5
Paraza (11) 185 H3
Parbayse (64) 180 A2
Parc-d'Anxtot (76) 6 C5
Parçay-les-Pins (49) 78 A5
Parçay-Meslay (37) 79 E5
Parçay-sur-Vienne (37) 94 C2
Parcé (35) 58 A3
Parcé-sur-Sarthe (72) 77 G1
Parcey (39) 102 C3
Parcieux (01) 130 A1
Parcoul (24) 136 B2
le Parcq (62) 9 F1
Parcy 22 A6
Parcy-et-Tigny (02) 22 A6
Pardailhan (34) 185 H1
Pardaillan (47) 150 C1
Pardeillan (47) 165 F3
Pardies (64) 180 A1
Pardies-Piétat (64) 180 C3
Pardines (63) 127 F5
Paréac (65) 181 E4
Pareid (55) 48 A1
Parempuyre (33) 135 E4
Parennes (72) 59 G4
Parent (63) 127 F4
Parentignat (63) 127 G5
Parentis-en-Born (40) 148 B4
Parenty (62) 1 G5
Parey-Saint-Césaire (54) 48 C6
Parey-sous-Montfort (88) 69 E3
Parfondeval (02) 23 F1
Parfondeval (61) 60 C1
Parfondru (02) 22 C3
Parfondrupt (55) 25 H6
Parfouru-sur-Odon (14) 16 A5
Parfouru l'Éclin (38) 38 A1
Pargnan (02) 22 C4
Pargny (02) 21 G1
Pargny-Filain (02) 22 B4
Pargny-la-Dhuys (02) 44 C3
Pargny-les-Bois (02) 22 C2
Pargny-lès-Reims (51) 23 E6
Pargny-sous-Mureau (88) 68 C2
Pargny-sur-Saulx (51) 46 C4
Pargues (10) 66 C5
Parignargues (30) 171 H3
Parigné (35) 58 A1
Parigné-le-Pôlin (72) 78 A1
Parigné-l'Évêque (72) 60 B6
Parigné-sur-Braye (53) 58 D2
Parigny (42) 128 D3
Parigny (50) 37 G6
Parigny-la-Rose (58) 83 F6
Parigny-les-Vaux (58) 98 D2
Paris (75) 42 D4
Paris-l'Hôpital (71) 101 E4
Parisot (81) 167 H4
Parisot (82) 153 F5
Parlan (15) 139 G6
Parleboscq (40) 164 D2
Parly (89) 83 G4
Parmain (95) 42 C2
Parmilieu (38) 130 D2

Parnac (36) 110 D2
Parnac (46) 152 B3
Parnans (26) 144 C3
Parnay (18) 97 H5
Parnay (49) 93 H1
Parné-sur-Roc (53) 58 D5
Parnes (60) 19 G6
Parnoy-en-Bassigny (52) 68 D5
les Paroches (55) 47 G3
Paron (89) 64 D2
Paroy (25) 103 E2
Paroy (77) 64 D1
Paroy-en-Othe (89) 65 F5
Paroy-sur-Saulx (52) 68 A1
Paroy-sur-Tholon (89) 65 E6
Parpeçay (36) 96 C1
Parpeville (02) 22 B1
Parranquet (47) 151 G1
Parroy (54) 49 F5
Pars-lès-Chavanges (10) 66 D1
Pars-lès-Romilly (10) 65 G2
Parsac 136 A5
Parsac (23) 112 A5
Parthenay (79) 93 F6
Parthenay-de-Bretagne (35)....57 E2
Parthenay-le-Vieux 93 F6
Partinello (2A) 204 B2
Parux (54) 49 H6
Parves (01) 131 G3
Parville (27) 40 D2
Parvillers-le-Quesnoy (80) 21 E1
Parzac (16) 122 D1
le Pas (53) 58 D2
Pas-de-Jeu (79) 93 G3
Pas-en-Artois (62) 9 H3
le Pas-Saint-l'Homer (61) 61 F1
Pasilly (89) 84 B3
Paslières (63) 127 H1
Pasly (02) 22 A4
Pasques (21) 85 G5
le Pasquier (39) 103 F5
Passa (66) 199 H4
le Passage (38) 131 E5
le Passage (47) 151 E6
Passais (61) 58 D1
Passavant (25) 87 H6
Passavant-en-Argonne (51) 46 D2
Passavant-la-Rochère (70) 69 F5
Passavant-sur-Layon (49).......93 E2
Passel (60) 21 G3
Passenans (39) 102 D5
Passins (38) 131 E3
Passirac (16) 136 A1
Passonfontaine (25) 104 A2
Passy (71) 119 G5
Passy (71) 115 H2
Passy (74) 133 E1
Passy (89) 65 E5
Passy-en-Valois (02) 44 A1
Passy-Grigny (51) 44 D1
Passy-sur-Marne (02) 44 D2
Passy-sur-Seine (77) 65 E2
Pastricciola (2A) 204 D4
Patay (45) 62 C5
Patornay (39) 117 G1
Patrimonio (2B) 203 F4
Pau (64) 180 B2
Paucourt (45) 64 B5
Paudy (36) 96 D3
Pauilhac (32) 165 H5
Pauillac (33) 134 D2
Paule (22) 54 C1
Paulhac (15) 140 D4
Paulhac (31) 167 F4
Paulhac (43) 141 G1
Paulhac-en-Margeride (48).....141 H5
Paulhaguet (43) 141 H2
Paulhan (34) 170 C6
Paulhe (12) 155 F6
Paulhenc (15) 140 D5
Paulhiac (47) 151 G2
Pauligne (11) 184 C6
Paulin (24) 138 B4
Paulinet (81) 168 D2
Paulx (44) 91 E1
Paunat (24) 137 G5
Paussac-et-Saint-Vivien (24) ..137 E1
Pautaines-Augeville (52) 68 A2
Pauvres (08) 23 H4
Pavant (02) 44 B3
Pavezin (42) 129 H5
Pavie (32) 165 H5
le Pavillon-Sainte-Julie (10) ...66 A2
les Pavillons-sous-Bois (93) ...43 E3
Pavilly (76) 7 F5
Payns (10) 66 A2
Payra-sur-l'Hers (11) 184 B3
Payrac (46) 138 C6
Payré (86) 108 D3
Payrignac (46) 138 B6
Payrin-Augmontel (81) 168 D6
Payros-Cazautets (40) 164 A5
Payroux (86) 109 F5
Payssous (31) 182 B5
Payzac (07) 157 E3
Payzac (24) 138 B3
Pazayac (24) 138 B3
Paziols (11) 185 G6
Pazy (58) 99 H1
le Péage-de-Roussillon (38) ...130 A6
Péas (51) 45 E5
Peaugres (07) 143 H1
Péaule (56) 73 F1
Péault (85) 91 H6
Pébées (32) 182 D1
Pébrac (43) 141 H4
Pech (09) 198 A2
Pech-Luna (11) 184 A3

Péchabou (31) 167 F6
Pécharic-et-le-Py (11) 184 A3
Péchaudier (81) 168 A6
Pechbonnieu (31) 167 F4
Pechbusque (31) 167 F6
le Pêchereau (36) 111 E1
Pécorade (40) 164 A5
le Pecq (78) 42 C3
Pecquencourt (59) 10 D1
Pecqueuse (91) 42 B6
Pécy (77) 44 A4
Pédernec (22) 32 D3
Pégairolles-de-Buèges (34) ...170 D3
Pégairolles-de-l'Escalette (34)..170 B4
Pégomas (06) 176 C5
le Pègue (26) 158 C4
Péguilhan (31) 182 B2
Peigney (52) 86 B1
Peillac (56) 56 B6
Peille (06) 177 F4
Peillon (06) 177 F5
Peillonnex (74) 118 D5
Peintre (39) 102 C1
les Peintures (33) 136 A4
Peipin (04) 160 B6
Peïra Cava 177 F4
Peisey-Nancroix (73) 133 F4
Pel-et-Der (10) 66 D2
Pélissanne (13) 173 F5
la Pelissonnière 92 B5
Pellafol (38) 145 H6
Pelleautier (05) 160 B2
Pellefigue (32) 182 B1
Pellegrue (33) 136 B6
Pelleport (31) 166 C4
Pellerey (21) 85 F4
le Pellerin (44) 74 B5
la Pellerine (49) 78 A5
la Pellerine (53) 58 B2
Pellevoisin (36) 96 A3
Pelouailles-les-Vignes (49)....77 E4
Pelonne (26) 159 F4
Pelouse (48) 156 B1
Pelousey (25) 87 F6
Peltre (57) 26 C5
Pélussin (42) 129 H4
Pelves (62) 10 C2
Pelvoux (05) 146 D5
Pen-ar-Hoat-ar-Gorré 31 G6
Penchard (77) 43 G2
Pencran (29) 31 F4
Pendé (80) 8 C5
Penerf 73 E1
Pénestin (56) 73 F2
Penguily (22) 34 A5
Penin (62) 9 H2
Penly (76) 7 H1
Penmarch (29) 53 E4
Pennautier (11) 185 E3
la Penne (06) 176 C4
Penne (81) 167 G3
Penne-d'Agenais (47) 151 G3
la Penne-sur-Huveaune (13)....190 C4
la Penne-sur-l'Ouvèze (26) ...159 E5
Pennedepie (14) 6 D5
Pennes-le-Sec (26) 159 E4
les Pennes-Mirabeau (13).......190 B4
Pennesières (70) 87 G5
Penol (38) 130 C6
le Penon 162 B5
Pensol (87) 123 G5
Penta-Acquatella (2B) 203 F6
Penta-di-Casinca (2B) 203 G6
Penthièvre 72 B3
Penvénan (22) 32 D2
Péone (06) 161 G6
Pépieux (11) 185 H3
Pérassay (36) 112 B2
Peray (72) 60 C4
Perceneige (89) 65 E3
Percey (89) 65 H6
Percey-le-Grand (70) 86 B3
Percey-le-Pautel 86 B3
le Perchay (95) 42 B2
la Perche (18) 112 B1
Perchède (32) 164 D3
le Percher 76 A2
Percy (38) 145 G5
Percy (50) 37 F3
Percy-en-Auge (14) 16 D6
Perdreauville (78) 41 H3
Péré (17) 107 E5
Péré (65) 181 F4
Péreille (09) 184 A5
Perelli (2B) 205 G1
Pérenchies (59) 3 F5
Péret (34) 170 C6
Péret-Bel-Air (19) 125 G6
Péreuil (16) 122 A5
Péreyres (07) 143 F5
Pergain-Taillac (32) 165 H3
Perguet 53 E3
Peri (2A) 204 D5
le Périer (38) 146 A4
Périers (50) 15 E6
Périers-en-Auge (14) 16 D4
Périers-sur-le-Dan (14) 16 C4
Pérignac (16) 122 A5
Pérignac (17) 121 F4
Pérignat-lès-Sarliève (63) 127 F4
Pérignat-sur-Allier (63) 127 F4
Périgné (79) 108 A4
Périgneux (42) 129 E6
Périgny (03) 114 B4
Périgny (14) 16 C6
Périgny (17) 106 D5
Périgny (41) 79 H3
Périgny (94) 43 E5
Périgny-la-Rose (10) 65 F3

Périgueux (24)........137 F2
Périssac (33)........135 G4
Perles (02)........22 C5
Perles-et-Castelet (09)........198 A4
Pern (46)........152 C4
Pernand-Vergelesses (21)........101 G2
Pernant (02)........21 H5
Pernay (37)........78 C5
la Pernelle (50)........15 E2
Pernes (62)........2 C6
Pernes-lès-Boulogne (62)........1 F4
Pernes-les-Fontaines (84)........173 F1
Pernois (80)........9 F4
Pero-Casevecchie (2B)........205 G1
Pérols (34)........171 F6
Pérols-sur-Vézère (19)........125 F5
Péron (01)........118 A4
Péronnas (01)........116 D5
Péronne (71)........116 B2
Péronne (80)........10 C5
Péronne-en-Mélantois (59)........3 G5
Péronville (28)........62 B5
Pérouges (01)........130 C1
la Pérouille (36)........96 B6
Pérouse (90)........88 D2
Péroy-les-Gombries (60)........43 G1
Perpezac-le-Blanc (19)........138 B2
Perpezac-le-Noir (19)........138 D1
Perpezat (63)........126 D4
Perpignan (66)........200 D2
Perquelin........145 H1
les Perques (50)........14 C4
Perquie (40)........164 B3
Perrancey-
  -les-Vieux-Moulins (52)........86 A1
e Perray-en-Yvelines (78)........42 A5
Perrecy-les-Forges (71)........115 F1
e Perréon (69)........116 A6
Perret (22)........54 D1
Perreuil (71)........101 E5
Perreux (42)........115 E6
Perreux (89)........82 D1
e Perreux-sur-Marne (94)........43 E4
Perrex (01)........116 C4
Perricard........151 H3
Perrier (63)........127 F5
e Perrier (85)........90 C3
a Perrière (61)........60 C2
a Perrière (73)........133 E5
errières (14)........16 D6
Perriers-en-Beauficel (50)........37 G4
erriers-la-Campagne (27)........40 D4
erriers-sur-Andelle (27)........19 E4
errignier (74)........118 D3
errigny (39)........102 D6
errigny (89)........83 F2
errigny-lès-Dijon (21)........85 H6
errigny-sur-Armançon (89)........84 C3
errigny-sur-l'Ognon (21)........86 C6
errigny-sur-Loire (71)........114 D2
errogney-les-Fontaines (52)........86 A1
Perron (50)........37 H2
erros-Guirec (22)........32 C1
errou (61)........38 B6
errouse (70)........87 F5
erroy (58)........82 D5
erruel (27)........19 E4
errusse (52)........68 C4
errusson (37)........95 F2
ers (15)........139 H5
ers (79)........108 C4
ers-en-Gâtinais (45)........64 B5
ers-Jussy (74)........118 C5
ersac (86)........109 G3
ersan (95)........42 D1
ersquen (56)........54 D3
ertain (80)........21 F1
erthes (08)........23 G4
erthes (52)........46 C5
erthes (77)........63 H1
erthes-lès-Brienne (10)........66 D2
ertheville-Ners (14)........39 E3
e Perthus (66)........200 D5
e Pertre (35)........58 B5
ertuis (43)........142 D3
ertuis (84)........174 A4
éruse (16)........123 E2
venchères (61)........60 C2
ville (82)........151 G6
scadoires (46)........152 A3
chadoires (63)........127 H2
escher (19)........139 E4
eux (25)........88 B5
eux (39)........102 B3
lières (63)........127 H6
mes (70)........86 C6
sac (33)........135 E6
sac-sur-Dordogne (33)........136 B6
san (32)........165 H5
sans (25)........103 E2
sat-Villeneuve (63)........127 F2
esse (39)........118 A4
sines (17)........121 E3
soulens (32)........166 B3
ivien........32 D5
rsbach (67)........50 B3
etit-Abergement (01)........117 G6
-Auverné (44)........75 E1
-Bersac (24)........136 C1
tit-Bornand-
  es-Glières (74)........118 D4
tit-Celland (50)........37 F5
-Couronne (76)........18 C5
-Croix (90)........88 D3
-Failly (54)........25 F4
-Fayt (11)........11 H4
-Fort-Philippe (62)........2 A1
tit-Fougeray (35)........57 F4
-Landau (68)........89 G1
-Mars (44)........74 D3
tit-Mercey (39)........102 D1

Petit-Mesnil (10)........67 E2
Petit-Noir (39)........102 B4
Petit-Palais-et-Cornemps (33)........136 A4
le Petit-Pressigny (37)........95 F4
le Petit-Quevilly (76)........7 G6
Petit-Réderching (57)........28 A5
Petit-Tenquin (57)........27 G6
Petit-Verly (02)........11 F5
la Petite-Boissière (79)........92 C4
Petite-Chaux (25)........103 G5
Petite-Forêt (59)........11 F1
la Petite-Fosse (88)........70 D2
la Petite-Marche (03)........112 C5
la Petite-Pierre (67)........50 C3
la Petite-Raon (88)........70 D1
Petite-Rosselle (57)........27 F4
la Petite-Verrière (71)........100 C3
Petitefontaine (90)........88 D2
Petit Eich........50 A4
les Petites-Armoises (08)........24 B3
les Petites-Loges (51)........45 G1
les Petites Dalles........6 D3
le Petit Fays........69 H6
Petitmagny (90)........88 D2
le Petit Mailly........45 G5
Petitmont (54)........50 A6
le Petit Niort........121 F6
le Petit Tremblay........43 E3
Petiville (14)........16 D4
Petiville (76)........6 D6
Petosse (85)........107 E2
Petreto-Bicchisano (2A)........206 D1
Pettoncourt (57)........49 E4
Pettonville (54)........49 G6
Peudry........136 B1
Peujard (33)........135 F4
Peumérit (29)........53 E3
Peumerit-Quintin (22)........32 D5
Peuplingues (62)........1 G2
Peuton (53)........76 C1
Peuvillers (55)........25 F4
Peux-et-Couffouleux (12)........169 G4
Pévange (57)........49 F3
Pévy (51)........22 D5
Pexiora (11)........184 C3
Pexonne (54)........49 H6
Pey (40)........162 D5
Peymeinade (06)........176 B6
Peynier (13)........174 D5
Peypin (13)........191 E3
Peypin-d'Aigues (84)........174 A3
Peyrabout (23)........111 G6
Peyragodes........195 H4
le Peyrat........187 E1
le Peyrat (09)........184 B5
Peyrat-de-Bellac (87)........110 B5
Peyrat-la-Nonière (23)........112 A6
Peyrat-le-Château (87)........125 E3
la Peyratte (79)........93 G6
Peyraube (65)........181 F3
Peyraud (07)........144 A1
Peyre (40)........163 H5
Peyrecave (32)........166 A2
Peyrefitte-du-Razès (11)........184 C5
Peyrefitte-sur-l'Hers (11)........184 A3
Peyregoux (81)........168 C4
Peyrehorade (40)........162 D5
Peyreleau (12)........155 G6
Peyrelevade (19)........125 G4
Peyrelongue-Abos (64)........180 D1
Peyremale (30)........157 E5
Peyrens (11)........184 B2
Peyresourde Balestas........195 H4
Peyrestortes (66)........200 D2
Peyret-Saint-André (65)........181 H2
Peyriac-de-Mer (11)........186 C4
Peyriac-Minervois (11)........185 F2
Peyriat (01)........117 F5
Peyrière (47)........150 D2
Peyrieu (01)........131 F3
Peyrignac (24)........138 A3
Peyriguère (65)........181 F3
Peyrilhac (87)........124 A1
Peyrillac-et-Millac (24)........138 C5
Peyrilles (46)........152 C2
Peyrins (26)........144 C3
Peyrissac (19)........125 E5
Peyrissas (31)........182 C2
Peyrole (81)........168 A4
Peyrolles (11)........185 E6
Peyrolles-en-Provence (13)........174 B5
Peyroules (04)........176 A4
Peyrouse (65)........180 D4
Peyrouzet (31)........182 C3
Peyruis (04)........174 D1
Peyrun (65)........181 F2
Peyrus (26)........144 C5
Peyrusse (15)........141 H3
Peyrusse (15)........141 E2
Peyrusse-Grande (32)........165 E5
Peyrusse-le-Roc (12)........153 H3
Peyrusse-Massas (32)........165 G4
Peyrusse-Vieille (32)........165 E5
Peyruzel........138 A6
Peyssies (31)........183 E2
Peyzac-le-Moustier (24)........137 H4
Peyzieux-sur-Saône (01)........116 B5
Pézarches (77)........43 H5
Pezé-le-Robert (72)........59 H4
Pézenas (34)........187 F1
Pézènes-les-Mines (34)........170 B5
Pezens (11)........184 D3
Pézilla-de-Conflent (66)........199 F2
Pézilla-la-Rivière (66)........199 H3
Pezou (41)........79 G1
Pezuls (24)........137 F5
Pézy (28)........62 B3
Pfaffenheim (68)........71 F5

Pfaffenhoffen (67)........50 D3
Pfalzweyer (67)........50 B3
Pfastatt (68)........89 F1
Pfetterhouse (68)........89 E4
Pfettisheim (67)........51 E4
Pfulgriesheim (67)........51 E5
Phaffans (90)........88 D2
Phalempin (59)........3 F6
Phalsbourg (57)........50 B4
Philippsbourg (57)........28 C6
Philondenx (40)........164 A5
Phlin (54)........48 D3
Pia (66)........200 D2
Piacé (72)........60 A3
le Pian-Médoc (33)........135 E4
le Pian-sur-Garonne (33)........149 H2
Piana (2A)........204 B3
Pianello (2B)........205 F2
Piano (2B)........205 G1
Pianottoli-Caldarello (2A)........207 E4
les Piards (39)........117 H2
la Piarre (05)........159 G3
Piau Engaly........195 F4
Piazzali (2B)........205 G2
Piazzole (2B)........205 G1
Piblange (57)........26 D4
Pibrac (31)........166 D5
Picarreau (39)........103 E5
Picauville (50)........14 D4
Pichanges (21)........86 A5
Picherande (63)........126 D6
Picquigny (80)........9 F5
Pie-d'Orezza (2B)........205 F1
Pied-de-Borne (48)........156 D3
Piedicorte-di-Gaggio (2B)........205 F3
Piedicroce (2B)........205 F1
Piedigriggio (2B)........205 F1
Piedipartino (2B)........205 F1
Piégon (26)........158 D4
Piégros-la-Clastre (26)........158 D1
Piégut (04)........160 C3
Piégut-Pluviers (24)........123 F4
Piencourt (27)........17 G5
Piennes (54)........25 H5
Piennes-Onvillers (80)........21 E2
Piépape........86 B2
Pierlas (06)........176 C2
la Pierre (38)........145 H1
Pierre-Bénite (69)........130 A3
Pierre-Buffière (87)........124 B4
Pierre-Châtel (38)........145 G4
Pierre-de-Bresse (71)........102 B4
Pierre-la-Treiche (54)........48 B5
Pierre-Levée (77)........43 H3
Pierre-Morains (51)........45 F4
Pierre-Percée (54)........70 C1
Pierre-Perthuis (89)........83 H5
Pierreclos (71)........116 A3
Pierrecourt (70)........86 C3
Pierrecourt (76)........8 C6
Pierrefeu (06)........176 D4
Pierrefeu-du-Var (83)........192 A4
Pierrefiche (12)........155 E3
Pierrefiche (48)........156 C1
Pierrefiques (76)........6 B4
Pierrefitte (19)........124 D6
Pierrefitte (23)........112 A5
Pierrefitte (79)........93 F4
Pierrefitte (88)........69 G4
Pierrefitte-en-Auge (14)........17 F4
Pierrefitte-en-Beauvaisis (60)........20 A4
Pierrefitte-en-Cinglais (14)........38 C3
Pierrefitte-ès-Bois (45)........82 A4
Pierrefitte-Nestalas (65)........180 D5
Pierrefitte-sur-Aire (55)........47 F3
Pierrefitte-sur-Loire (03)........114 C2
Pierrefitte-sur-Sauldre (41)........81 F4
Pierrefitte-sur-Seine (93)........42 D3
Pierrefonds (60)........21 G5
Pierrefontaine-
  -lès-Blamont (25)........88 C5
Pierrefontaine-les-Varans (25)........104 B1
Pierrefort (15)........140 D5
Pierregot (80)........9 G5
Pierrelatte (26)........158 A4
Pierrelaye (95)........42 C2
Pierrelongue (26)........158 D5
Pierremande (02)........21 H3
Pierremont (62)........9 G1
Pierremont-sur-Amance (52)........86 D1
Pierrepont (02)........22 D2
Pierrepont (14)........38 D3
Pierrepont (54)........25 G4
Pierrepont-sur-Avre (80)........20 D2
Pierrepont-sur-l'Arentèle (88)........70 B3
Pierrerue (04)........174 C2
Pierrerue (34)........186 C1
Pierres (14)........38 A3
Pierres (28)........41 G6
Pierreval (76)........7 H5
Pierrevert (04)........174 C3
Pierreville (50)........14 B3
Pierreville (54)........48 C6
Pierrevillers (57)........26 B4
Pierric (44)........57 E6
Pierry (51)........45 F2

Pignans (83)........192 A4
Pignicourt (02)........23 E4
Pignol (63)........127 G4
Pignols (63)........127 G4
Pigny (18)........97 G2
Pihem (62)........2 A4
Pihen-lès-Guînes (62)........1 G3
le Pin (03)........114 D3
le Pin (14)........17 G4
le Pin (17)........135 G1
le Pin (30)........172 B1
le Pin (38)........131 E5
le Pin (39)........102 D6
le Pin (44)........75 F2
le Pin (70)........87 E6
le Pin (77)........43 F3
le Pin (79)........92 D4
le Pin (82)........166 B1
le Pin-au-Haras (61)........39 F5
Pin-Balma (31)........167 F5
le Pin-en-Mauges (49)........75 G5
le Pin-la-Garenne (61)........60 D2
le Pin-Murelet (31)........182 D1
Pinarellu........207 G2
Pinas (65)........181 H4
Pinay (42)........128 D2
Pincé (72)........77 F2
Pindères (47)........150 B5
Pindray (36)........109 H2
les Pineaux (85)........91 H5
Pinel-Hauterive (47)........151 E3
Pinet........155 F6
Pinet (34)........187 F1
Pineuilh (33)........136 C6
Piney (10)........66 C2
Pino (2B)........203 F2
Pinols (43)........141 H4
Pinon (02)........22 B4
les Pins (16)........122 D2
Pins-Justaret (31)........183 F1
Pinsac (46)........138 C5
Pinsaguel (31)........167 E6
Pintac (65)........181 E2
Pinterville (27)........41 E1
Pintheville (55)........47 H1
les Pinthières (28)........41 G5
Piobetta (2B)........205 G2
Pioch Badet........172 B6
Pioggiola (2B)........202 D6
Piolenc (84)........158 B6
Pionnat (23)........111 H5
Pionsat (63)........112 D6
Pioussay (79)........108 C6
Pipay........146 A1
Pipriac (35)........56 D5
Piquecos (82)........167 E1
Pirajoux (01)........117 E3
Piré-sur-Seiche (35)........57 G3
Pirey (25)........87 F6
Piriac-sur-Mer (44)........73 E3
Pirmil (72)........59 G6
Pirou (50)........14 C6
Pirou-Plage........14 C6
Pis (32)........165 H4
Pisany (17)........120 D3
Piscop (95)........42 D2
Piseux (27)........40 D4
Pisieu (38)........130 C6
Pisseleu (60)........20 A3
Pisseloup (52)........86 D1
la Pisseure (70)........87 G1
Pissos (40)........148 D4
Pissotte (85)........107 F2
Pissy (80)........9 F6
Pissy-Pôville (76)........7 G5
Pisy (89)........84 B4
Pitgam (59)........2 B2
Pithiviers (45)........63 F4
Pithiviers-le-Vieil (45)........63 F4
Pithon (02)........21 G1
Pîtres (27)........18 D5
Pittefaux (62)........1 F4
Pizay (01)........130 C2
Pizieux (72)........60 B3
le Pizou (24)........136 B4
le Pla (09)........198 C2
Plabennec (29)........31 E4
Placé (53)........58 C3
les Places (27)........17 G5
Placey (25)........87 E6
Plachy-Buyon (80)........20 B1
Placy (14)........16 B6
Placy-Montaigu (50)........37 H2
le Plagnal (07)........156 D1
la Plagne (73)........133 E6
Plagne (01)........117 H4
Plagne (31)........182 D4
Plagne-Villages........133 E6
Plagne 1800........133 E6
Plagne Bellecôte........133 E6
Plagnole (31)........182 D1
Plaigne (11)........184 A3
Plailly (60)........43 E2
Plaimbois-du-Miroir (25)........104 B1
Plaimbois-Vennes (25)........104 B1
Plaimpied-Givaudins (18)........97 G3
Plain Bosc........7 E4

la Plaine (49)........92 D2
Plaine (67)........71 E1
Plaine-de-Walsch (57)........50 B4
Plaine-Haute (22)........33 F5
la Plaine-sur-Mer (44)........73 G5
Plaine Joux........119 F6
Plainemont (70)........87 G1
Plaines-Saint-Lange (10)........66 D6
Plainfaing (88)........70 D3
Plainoiseau (39)........102 C5
les Plains-
  -et-Grands-Essarts (25)........88 D5
Plaintel (22)........33 G5
Plainval (60)........20 D3
Plainville (27)........17 G5
Plainville (60)........20 D3
Plaisance (12)........169 E2
Plaisance (24)........151 E1
Plaisance (32)........164 D5
Plaisance (86)........109 H4
Plaisance-du-Touch (31)........166 D6
Plaisia (39)........117 G1
Plaisians (26)........159 E5
Plaisir (78)........42 B4
Plaissan (34)........170 D6
Plaizac (16)........122 A3
Plampinet........147 E3
le Plan (31)........182 D4
Plan (38)........145 E1
Plan-d'Aups-
  -Sainte-Baume (83)........191 F3
Plan-de-Baix (26)........144 B6
Plan-de-Cuques (13)........190 D3
Plan-de-la-Tour (83)........192 C3
Plan-d'Orgon (13)........173 E3
Planaise (73)........132 A5
Planay (21)........84 D2
Planay (73)........133 E5
Planchamp........156 D3
la Planche (44)........91 G1
Plancher-Bas (70)........88 C2
Plancher-les-Mines (70)........88 C1
Plancherine (73)........132 C3
les Planches-
  -en-Montagne (39)........103 F6
les Planches-près-Arbois (39)........103 E4
Planchez (58)........100 B2
Plancoët (22)........34 C4
Plancy-l'Abbaye (10)........45 F3
le Plan du Var........176 D4
la Planée (25)........103 H4
Planès (66)........198 D4
le Planey........132 D3
le Planay........147 F2
Planèzes (66)........199 G2
Planfoy (42)........129 F6
Planguenoual (22)........33 H4
Planioles (46)........153 G2
le Planois (71)........102 B5
le Planolet........131 H6
Plan Peisey........133 F4
le Planquay (27)........17 G5
Planquery (14)........15 G6
Planques........1 H6
Planrupt (52)........67 F1
les Plans (30)........157 F6
les Plans (34)........170 B4
les Plans d'Hotonnes........117 H6
le Plantay (01)........116 D6
les Plantiers (30)........156 C6
le Plantis (61)........39 H6
Planty........65 G3
Planzolles (07)........157 E3
Plappeville (57)........26 B5
Plascassier........176 C6
Plasne (39)........102 D5
Plasnes (27)........17 H5
Plassac (17)........121 F5
Plassac (33)........135 E3
Plassac-Rouffiac (16)........122 B5
Plassay (17)........121 E2
les Plats (07)........138 D1
Plats (07)........144 A4
Plaudren (56)........55 G5
Plauzat (63)........127 F4
Plavilla (11)........184 B4
Plazac (24)........137 H4
Pleaux (15)........139 H3
Plébleboulle (22)........34 B4
Pléchâtel (35)........57 E4
Plédéliac (22)........34 B5
Plédran (22)........33 G5
Pléguien (22)........33 F3
Pléhédel (22)........33 F2
Pleine-Fougères (35)........35 G4
Pleine-Selve (02)........22 B1
Pleine-Selve (33)........135 E1
Pleine-Sève (76)........7 E3
Pleine-Sévette........7 E3
Plélan-le-Grand (35)........56 C3
Plélan-le-Petit (22)........34 C5
Plélauff (22)........54 D1
Plélo (22)........33 F4
Plémet (22)........55 H2
Plémy (22)........33 G6
Plénée-Jugon (22)........34 A6
Pléneuf-Val-André (22)........34 A4
Plénise (39)........103 F5
Plénisette (39)........103 F5
Plerguer (35)........35 E4
Plérin (22)........33 G4
Plerneuf (22)........33 F4
Plescop (56)........55 F6
Plesder (35)........34 D5
Plésidy (22)........33 E5

Plessé (44)........74 A2
le Plessier-Huleu (02)........22 A6
le Plessier-Rozainvillers (80)........20 D1
le Plessier-sur-Bulles (60)........20 C4
le Plessier-sur-Saint-Just (60)........20 D2
le Plessis........40 C2
le Plessis-aux-Bois (77)........43 G2
Plessis-Barbuise (10)........44 D6
le Plessis-Belleville (60)........43 F2
le Plessis-Bouchard (95)........42 C2
le Plessis-Brion (60)........21 F4
le Plessis-Dorin (41)........61 F5
le Plessis-Feu-Aussoux (77)........43 H5
le Plessis-Gassot (95)........42 D2
le Plessis-Grammoire (49)........77 E4
le Plessis-Grimoult (14)........16 A6
le Plessis-Grohan (27)........40 D3
le Plessis-Hébert (27)........41 F2
le Plessis-Lastelle (50)........14 D5
le Plessis-l'Échelle (41)........80 A2
le Plessis-l'Évêque (77)........43 G2
le Plessis-Luzarches (95)........43 E2
le Plessis-Macé (49)........76 D4
le Plessis-Pâté (91)........42 D6
le Plessis-Patte-d'Oie (60)........21 G2
le Plessis-Placy (77)........43 H2
le Plessis-Robinson (92)........42 D4
le Plessis-Saint-Benoist (91)........63 E2
Plessis-Saint-Jean (89)........65 E3
le Plessis-
  -Sainte-Opportune (27)........40 C2
Plessis-Trévise (94)........43 E4
Plessix-Balisson (22)........34 C4
Plestan (22)........34 A5
Plestin-les-Grèves (22)........32 B3
Pleubian (22)........33 E1
Pleucadeuc (56)........56 A5
Pleudaniel (22)........33 E2
Pleudihen-sur-Rance (22)........34 D5
Pleugriffet (56)........55 G3
Pleugueneuc (35)........34 D6
Pleumartin (86)........95 E6
Pleumeleuc (35)........56 D2
Pleumeur-Bodou (22)........32 C2
Pleumeur-Gautier (22)........33 E1
Pleure (39)........102 C4
Pleurs (51)........45 E4
Pleurtuit (35)........34 D4
Pleuven (29)........53 G3
Pleuvezain (88)........69 E2
Pleuville (16)........109 F6
Pléven (22)........34 B5
Plévin (22)........54 B1
Pleyben (29)........31 G6
Pleyber-Christ (29)........31 H4
le Pleynet........146 A1
Pliboux (79)........108 D5
Plichancourt (51)........46 B5
Plieux (32)........166 A2
Plivot (51)........45 G2
Ploaré........53 E2
Plobannalec (29)........53 E4
Plobannalec-Lesconil (29)........53 F4
Plobsheim (67)........51 E6
Ploemel (56)........55 E6
Ploemeur (56)........54 C5
Ploërdut (56)........54 D4
Ploeren (56)........55 F6
Ploërmel (56)........56 A4
Plœuc-sur-Lié (22)........33 G6
Ploéven (29)........53 F1
Ploëzal (22)........33 E2
Plogastel-Saint-Germain (29)........53 E3
Plogoff (29)........52 C2
Plogonnec (29)........53 F2
Ploisy (02)........22 A5
Plomb (50)........35 H3
Plombières-les-Bains (88)........70 A5
Plombières-lès-Dijon (21)........85 G6
Plomelin (29)........53 F3
Plomeur (29)........53 E4
Plomion (02)........23 E1
Plomodiern (29)........53 F1
Plonéis (29)........53 F2
Plonéour-Lanvern (29)........53 E3
Plonévez-du-Faou (29)........31 H6
Plonévez-Porzay (29)........53 F1
Plorec-sur-Arguenon (22)........34 B5
Plottes (71)........116 B2
Plou (18)........97 E3
Plouagat (22)........33 F4
Plouaret (22)........32 C3
Plouarzel (29)........30 C4
Plouasne (22)........56 D1
Plouay (56)........54 C4
Ploubalay (22)........34 C4
Ploubazlanec (22)........33 F2
Ploubezre (22)........32 C2
Ploudalmézeau (29)........30 C3
Ploudaniel (29)........31 E3
Ploudiry (29)........31 F4
Plouëc-du-Trieux (22)........33 E3
Plouédern (29)........31 E4
Plouégat-Guérand (29)........32 B3
Plouégat-Moysan (29)........32 B3
Plouénan (29)........31 H3
Plouër-sur-Rance (22)........34 D4
Plouescat (29)........31 F2
Plouézec (22)........33 F2
Plouézoc'h (29)........32 A3
Ploufragan (22)........33 G4
Plougar (29)........31 F3
Plougasnou (29)........32 A2
Plougastel-Daoulas (29)........31 E4
Plougonvelin (29)........30 C5
Plougonven (29)........32 A4
Plougoulm (29)........31 G2
Plougoumelen (56)........55 F6
Plougourvest (29)........31 G3

Plougras (22) 32 B4
Plougrescant (22) 32 D1
Plouguenast (22) 33 G6
Plouguerneau (29) 30 D3
Plouguernével (22) 54 C1
Plouguiel (22) 32 D1
Plouguin (29) 30 D3
Plouha (22) 33 F3
Plouharnel (56) 72 B1
Plouhinec (29) 52 D2
Plouhinec (56) 54 D6
Plouider (29) 31 F3
Plouigneau (22) 32 B3
Plouisy (22) 33 E3
Ploujean 32 A3
Plouléc'h (22) 32 C2
Ploumagoar (22) 33 E4
Ploumanac'h (22) 32 C1
Ploumilliau (22) 32 C1
Ploumoguer (29) 30 C4
Plounéour-Ménez (29) 31 H4
Plounéour-Trez (29) 31 F2
Plounérin (22) 32 B3
Plounéventer (29) 31 F4
Plounévez-Lochrist (29) 31 F3
Plounévez-Moëdec (22) 32 C4
Plounévez-Quintin (22) 32 D6
Plounévézel (29) 32 B6
Plourac'h (22) 32 B5
Plouray (56) 54 C2
Plourhan (22) 33 F3
Plourin (29) 30 C3
Plourin-lès-Morlaix (29) 32 A4
Plourivo (22) 33 E2
Plouvain (62) 10 C2
Plouvara (22) 33 F4
Plouvien (29) 31 E3
Plouvorn (29) 31 G3
Plouyé (29) 32 A6
Plouzané (29) 30 D5
Plouzélambre (22) 32 B3
Plouzévédé (29) 31 G3
Plovan (29) 53 E3
Ployart-et-Vaurseine (02) 22 C4
le Ployron (60) 20 D3
Plozévet (29) 52 D2
Pludual (22) 33 F3
Pluduno (22) 34 B4
Plufur (22) 32 B3
Pluguffan (29) 53 F3
Pluherlin (56) 56 A6
Plumaudan (22) 34 C6
Plumaugat (22) 56 B1
Plumelec (56) 55 G5
Pluméliau (56) 55 E3
Plumelin (56) 55 F4
Plumergat (56) 55 F5
Plumetot (14) 16 B3
Plumieux (22) 55 H2
Plumont (39) 102 D2
Pluneret (56) 55 E6
Plurien (22) 34 B3
Plusquellec (22) 32 C5
Plussulien (22) 33 E6
Pluvault (21) 102 A1
Pluvet (21) 102 B1
Pluvigner (56) 55 E5
Pluzunet (22) 32 D3
Pocancy (51) 45 G3
Pocé-les-Bois (35) 57 H3
Pocé-sur-Cisse (37) 79 F5
Podensac (33) 149 G1
le Poët (05) 160 A4
le Poët-Célard (26) 158 D2
le Poët-en-Percip (26) 159 F5
le Poët-Laval (26) 158 C2
le Poët-Sigillat (26) 159 E4
Pœuilly (80) 10 D4
Poey-de-Lescar (64) 180 A2
Poey-d'Oloron (64) 179 H2
Poëzat (03) 113 H6
Poggio-di-Nazza (2B) 205 F4
Poggio-di-Venaco (2B) 205 E3
Poggio-d'Oletta (2B) 203 F5
Poggio-Marinaccio (2B) 205 F1
Poggio-Mezzana (2B) 205 G1
Poggiolo (2A) 204 D3
Pogny (51) 46 A4
Poids-de-Fiole (39) 117 G1
Poigny (77) 65 E1
Poigny-la-Forêt (78) 41 H5
Poil (58) 100 B4
Poilcourt-Sydney (08) 23 F4
Poilhes (34) 186 D2
Poillé-sur-Vègre (72) 59 F6
Poilley (35) 35 H5
Poilley (50) 35 H4
Poilly (51) 22 D6
Poilly-lez-Gien (45) 81 H3
Poilly-sur-Serein (89) 84 A2
Poilly-sur-Tholon (89) 83 E1
Poinçon-lès-Larrey (21) 84 D1
le Poinçonnet (36) 96 C5
Poincy (77) 43 H3
Poinsenot (52) 85 G2
Poinson-lès-Fayl (52) 86 C2
Poinson-lès-Grancey (52) 85 G2
Poinson-lès-Nogent (52) 68 B5
Pointel (61) 38 C5
Pointis-de-Rivière (31) 182 A4
Pointis-Inard (31) 182 B4
Pointre (39) 102 C1
Pointvillers (25) 103 E2
Poinville (28) 62 D4
le Poiré-sur-Velluire (85) 107 E2
le Poiré-sur-Vie (85) 91 F3
Poiroux (85) 91 F6
Poisat (38) 145 G2
Poiseul (52) 68 C6
Poiseul-la-Grange (21) 85 F4

Poiseul-la-Ville-
-et-Laperrière (21) 85 E4
Poiseul-lès-Saulx (21) 85 G4
Poiseux (58) 98 D2
Poisieux (18) 97 E3
le Poislay (41) 61 G5
Poisson (71) 115 E3
Poissons (52) 68 A2
Poissy (78) 42 B3
Poisvilliers (28) 62 B1
Poisy (74) 132 A1
la Poitevinière (49) 75 G5
Poitiers (86) 109 E1
Poivres (10) 45 H5
Poix (51) 46 B3
Poix-de-Picardie (80) 20 A1
Poix-du-Nord (59) 11 G3
Poix-Terron (08) 24 A2
le Poizat (01) 117 H5
Polaincourt-
-et-Clairefontaine (70) 69 F6
Polastron (31) 182 C2
Polastron (32) 166 A6
Poleymieux-
-au-Mont-d'Or (69) 130 A2
Poliénas (38) 145 E2
Polignac (17) 135 G1
Polignac (43) 142 C3
Poligné (35) 57 E4
Poligny (05) 160 B1
Poligny (10) 66 C4
Poligny (39) 102 D4
Poligny (77) 64 A4
Polincove (62) 2 A3
Polisot (10) 66 D5
Polisy (10) 66 D5
Pollestres (66) 200 D3
Polliat (01) 116 D4
Pollieu (01) 131 G2
Pollionnay (69) 129 H3
Polminhac (15) 140 B5
Polveroso (2B) 205 F1
Pomacle (51) 23 F5
la Pomarède (11) 184 B1
Pomarède (46) 152 A2
Pomarez (40) 163 F5
Pomas (11) 184 D4
Pomayrols (12) 155 F3
Pomerol (33) 135 H5
Pomérols (34) 187 F1
Pomeys (69) 129 F4
Pommard (21) 101 F3
Pommera (62) 9 H3
la Pommeraie-sur-Sèvre (85) 92 C4
la Pommeraye (14) 38 C3
la Pommeraye (49) 75 H4
Pommeret (22) 33 H5
Pommereuil (59) 11 G4
Pommeréval (76) 19 E1
Pommerieux (53) 76 C1
Pommérieux (57) 26 C6
Pommerit-Jaudy (22) 32 D2
Pommerit-le-Vicomte (22) 33 E3
Pommerol (26) 159 F3
Pommeuse (77) 43 H4
Pommevic (82) 166 B1
Pommier (62) 10 A3
Pommier-
-de-Beaurepaire (38) 130 C6
Pommiers (02) 22 A5
Pommiers (30) 170 D2
Pommiers (36) 111 E2
Pommiers (42) 128 D2
Pommiers (69) 129 H1
Pommiers-la-Placette (38) 145 F1
Pommiers-Moulons (17) 135 G1
Pomoy (70) 87 H2
Pompaire (79) 108 A1
Pompéjac (33) 149 G4
Pompertuzat (31) 167 F6
Pompey (54) 48 C4
Pompiac (32) 166 C4
le Pompidou (48) 156 B6
Pompierre (88) 68 D3
Pompierre-sur-Doubs (25) 88 A5
Pompiey (47) 150 C6
Pompignac (33) 135 F5
Pompignan (30) 171 F3
Pompignan (82) 167 E3
Pompogne (47) 150 B5
Pomponne (77) 43 F3
Pomport (24) 136 D6
Pomps (64) 163 H6
Pomy (11) 184 C5
Poncé-sur-le-Loir (72) 78 D2
Poncey-lès-Athée (21) 102 B1
Poncey-sur-l'Ignon (21) 85 F4
le Ponchel (62) 9 F3
Ponches-Estruval (80) 8 D2
Ponchon (60) 20 B5
Poncin (01) 117 F5
Poncins (42) 129 E3
Pondaurat (33) 150 A2
Pondres 171 G3
Pondron 21 G6
le Pondy (18) 98 A5
Ponet-et-Saint-Auban (26) 145 E6
Ponlat-Taillebourg (31) 182 A4
Pons (17) 121 F4
Ponsampère (32) 181 G1
Ponsan-Soubiran (32) 181 H2
Ponsas (26) 144 A2
Ponson-Debat-Pouts (64) 181 E2
Ponson-Dessus (64) 180 D2
Ponsonnas (38) 145 H5
Pont (21) 102 B1
Pont-à-Marcq (59) 3 G6
Pont-à-Mousson (54) 48 C3
Pont-à-Vendin (62) 3 E6
Pont-Arcy (02) 22 C4

Pont-Audemer (27) 17 H3
Pont-Authou (27) 18 A6
Pont-Aven (29) 54 A4
Pont-Bellanger (14) 37 G4
le Pont-Chevron 82 B3
le Pont-Chrétien-
-Chabenet (36) 110 D1
Pont-Croix (29) 52 D2
Pont-d'Ain (01) 117 E6
le Pont-de-Barret (26) 158 C2
le Pont-de-Beauvoisin (38) 131 F5
le Pont-de-Beauvoisin (73) 131 G5
le Pont-de-Buis-
-lès-Quimerch (29) 31 G6
le Pont-de-Chéruy (38) 130 C3
le Pont-de-Claix (38) 145 G3
Pont-de-Labeaume (07) 157 F1
Pont-de-l'Arche (27) 18 D5
Pont-de-Larn (81) 168 D6
Pont-de-l'Isère (26) 144 B4
le Pont-de-Metz (80) 9 F6
le Pont-de-Montvert (48) 156 C4
le Pont-de-Planches (70) 87 E4
le Pont-de-Poitte (39) 117 G1
le Pont-de-Roide (25) 88 C5
Pont-de-Ruan (37) 94 D1
Pont-de-Salars (12) 154 D5
Pont-de-Vaux (01) 116 C2
Pont-de-Veyle (01) 116 B4
Pont-d'Héry (39) 103 F4
Pont-d'Ouilly (14) 38 C3
Pont-du-Bois (70) 69 F5
Pont-du-Casse (47) 151 F5
Pont-du-Château (63) 127 G3
Pont-du-Navoy (39) 103 E5
Pont-en-Royans (38) 145 E3
Pont-Érambourg 38 B3
Pont-et-Massène (21) 84 D5
Pont-Évêque (38) 130 B5
Pont-Farcy (14) 37 G3
Pont-Hébert (50) 15 F6
Pont-la-Ville (52) 67 G5
Pont-l'Abbé (29) 53 F4
Pont-l'Abbé-d'Arnoult (17) 120 D2
Pont-lès-Bonfays (88) 69 F4
Pont-les-Moulins (25) 87 H5
Pont-l'Évêque (14) 17 F3
Pont-l'Évêque (60) 21 G3
Pont-Melvez (22) 32 D4
Pont-Noyelles (80) 9 H5
Pont-Péan (35) 57 E3
Pont-Ravagers 156 B6
Pont-Remy (80) 8 D4
Pont-Saint-Esprit (30) 158 A5
Pont-Saint-Mard (02) 22 A4
Pont-Saint-Martin (44) 74 C6
Pont-Saint-Pierre (27) 18 D5
Pont-Sainte-Marie (10) 66 B3
Pont-Sainte-Maxence (60) 21 E5
Pont-Salomon (43) 143 E1
Pont-Scorff (56) 54 C4
Pont-sur-l'Ognon (70) 87 H4
Pont-sur-Madon (88) 69 F2
Pont-sur-Meuse (55) 47 H4
Pont-sur-Sambre (59) 11 H3
Pont-sur-Seine (10) 65 G1
Pont-sur-Vanne (89) 65 F4
Pont-sur-Yonne (89) 64 D3
Pont-Trambouze (69) 115 G6
Pontacq (64) 180 D3
Pontaillac 120 C4
Pontailler-sur-Saône (21) 86 B6
Pontaix (26) 144 D6
Pontamafrey-Montpascal (73) 146 C1
Pontarion (23) 125 E1
Pontarlier (25) 104 A4
Pontarmé (60) 43 E1
Pontaubault (50) 35 H4
Pontaubert (89) 83 H5
Pontault-Combault (77) 43 F4
Pontaumur (63) 126 C2
Pontavert (02) 22 D4
Pontcallec 54 C3
Pontcarré (77) 43 F4
Pontcey (70) 87 F3
Pontchardon (61) 39 G3
Pontcharra (38) 132 A6
Pontcharra-sur-Turdine (69) 129 G2
Pontcharraud (23) 125 H2
Pontchâteau (44) 73 H3
Pontcirq (46) 152 B2
Pont de la Taule 197 H3
le Pont de Sains 12 A4
Pont d'Hérault 171 E2
Pontécoulant (14) 38 B3
Ponteilla (66) 199 H3
Ponteils-et-Brésis (30) 156 D4
Pontenx-les-Forges (40) 148 B5
le Pontet (73) 132 B5
le Pontet (84) 172 D2
les Pontets (25) 103 G5
Pontevès (83) 175 E5
Ponteyraud (24) 136 C2
Pontfaverger-
-Moronvilliers (51) 23 G5
Pontgibaud (63) 126 D2
Pontgouin (28) 61 G1
Ponthévrard (78) 62 D1
Ponthion (51) 46 C4
Ponthoile (80) 8 D3
le Ponthou (29) 32 B3
Ponthoux (39) 117 H3
Pontiacq-Viellepinte (64) 180 D2
Pontigné (49) 77 H4
Pontigny (89) 83 G1
Pontis (04) 160 D2
Pontivy (56) 55 F2
Pontlevoy (41) 79 H5
Pontmain (53) 58 B1
Pontoise (95) 42 C2

Pontoise-lès-Noyon (60) 21 G3
Pontonx-sur-l'Adour (40) 163 E3
Pontorson (50) 35 G4
Pontours (24) 137 F6
Pontoux (71) 102 A4
Pontoy (57) 26 C6
Pontpierre (57) 27 E6
Pontpoint (60) 21 E5
Pontrieux (22) 33 E2
Pontru (02) 10 D6
Pontruet (02) 11 E6
Ponts (50) 35 H3
les Ponts-de-Cé (49) 77 E5
Ponts-et-Marais (76) 8 B4
Pontvallain (72) 78 A2
Poperdu 123 F5
Popian (34) 170 D5
Popolasca (2B) 205 E1
Porcaro (56) 56 B4
Porcelette (57) 27 E5
Porchères (33) 136 A4
Porcheresse (16) 122 B6
la Porcherie (87) 124 D5
Porcheux (60) 19 H5
Porcheville (78) 42 A3
Porcieu-Amblagnieu (38) 131 E2
Pordic (22) 33 G4
le Porge (33) 134 B5
Pornic (44) 73 H6
Pornichet (44) 73 F4
Porquéricourt (60) 21 G3
Porquerolles 192 A6
Porri (2B) 203 G6
Porspoder (29) 30 C3
Port (01) 117 G5
le Port (09) 183 F6
Port-Blanc 32 D1
Port-Brillet (53) 58 B4
Port-Camargue 171 H6
Port-de-Bouc (13) 190 A3
Port-de-Lanne (40) 162 D5
Port-de-Piles (86) 94 D3
Port-d'Envaux (17) 121 E2
Port-des-Barques (17) 120 C1
Port-en-Bessin-Huppain (14) 15 H5
Port-Haliguen 72 B2
Port-la-Nouvelle (11) 186 C5
Port-Launay (29) 31 G6
Port-le-Grand (80) 8 D3
Port-Lesney (39) 103 E3
Port-Louis (56) 54 C5
Port-Manec'h 54 A4
le Port-Marly (78) 42 C4
Port-Moguer 33 F2
Port-Mort (27) 41 F1
Port-Navalo 72 C1
Port-Saint-Louis-
-du-Rhône (13) 189 G5
Port-Saint-Père (44) 74 B6
Port-Sainte-Foy-
-et-Ponchapt (24) 136 C5
Port-Sainte-Marie (47) 150 D5
Port-sur-Saône (70) 87 F2
Port-sur-Seille (54) 48 D3
Port-Tudy 54 B6
Port-Vendres (66) 201 F4
Port-Villez (78) 41 G2
la Porta (2B) 205 F1
Porta (66) 198 B4
Portbail (50) 14 B4
Port Cros 192 B6
Port de la Meule 90 A4
Porte-Joie (27) 18 D6
le Portel (62) 1 F4
Portel-des-Corbières (11) 186 C5
Portes (27) 40 C2
Portes (30) 156 D5
les Portes-en-Ré (17) 106 A4
Portes-en-Valdaine (26) 158 B2
Portes-lès-Valence (26) 144 B5
Portet (64) 164 B5
Portet-d'Aspet (31) 182 C6
Portet-de-Luchon (31) 195 H4
Portet-sur-Garonne (31) 167 E6
Portets (33) 149 G1
Port Grimaud 192 D4
Porticcio 204 C6
Portieux (88) 69 H2
Portiragnes (34) 187 E2
le Port Janier 74 B1
Port Man 192 C6
Porto 204 B3
Porto-Vecchio (2A) 207 G3
Portout 131 G2
Ports (37) 94 C3
Portsall 30 C3
Posanges (21) 85 E5
Poses (27) 18 D5
Possesse (51) 46 C3
la Possonnière (49) 76 D5
la Postolle (89) 65 F3
Postroff (57) 50 A3
Potangis (51) 44 D6
Potelières (30) 157 F5
Potelle (59) 11 G3
la Poterie-au-Perche (61) 40 B6
la Poterie-Cap-d'Antifer (76) 16 B3
la Poterie-Mathieu (27) 17 H4
Pothières (21) 66 D6
Potigny (14) 16 C6
Potte (80) 21 F1
Pouan-les-Vallées (10) 66 B1
Pouançay (86) 93 G2
Pouancé (49) 76 A2
Pouant (86) 94 B3
Poubeau (31) 195 H4
Poucharramet (31) 183 E1
Poudenas (47) 165 E1
Poudenx (40) 163 H5
Poudis (81) 168 A5

Poueyferré (65) 180 D4
la Pouèze (49) 75 H2
Pouffonds (79) 108 B5
la Pouge (23) 125 F1
le Pouget (34) 170 D5
Pougnadoresse (30) 172 B1
Pougne-Hérisson (79) 93 E6
Pougny (01) 118 A5
Pougny (58) 82 C6
Pougues-les-Eaux (58) 98 D3
Pougy (10) 66 C2
Pouillac (17) 135 H1
Pouillat (01) 117 F3
Pouillé (41) 79 H6
Pouillé (85) 107 E2
Pouillé (86) 109 F2
Pouillé-les-Côteaux (44) 75 F3
Pouillenay (21) 84 D4
Pouilley-Français (25) 103 E1
Pouilley-les-Vignes (25) 87 F6
Pouillon (40) 163 E5
Pouillon (51) 23 E5
Pouilloux (71) 115 G1
Pouilly (57) 26 C6
Pouilly (60) 20 A6
Pouilly-en-Auxois (21) 101 E1
Pouilly-le-Monial (69) 129 H1
Pouilly-lès-Feurs (42) 129 E3
Pouilly-les-Nonains (42) 115 E6
Pouilly-sous-Charlieu (42) 115 E5
Pouilly-sur-Loire (58) 98 C1
Pouilly-sur-Meuse (55) 24 D3
Pouilly-sur-Saône (21) 102 A3
Pouilly-sur-Serre (02) 22 C2
Pouilly-sur-Vingeanne (21) 86 B4
Poujols (34) 170 B4
Poulaines (36) 96 C2
Poulainville (80) 9 G5
Poulan-Pouzols (81) 168 B3
Poulangy (52) 68 A5
Pouldergat (29) 53 E2
Pouldouran (22) 33 E2
Pouldreuzic (29) 53 E3
le Pouldu 54 B5
Poule-les-Écharmeaux (69) 115 H5
Pouliacq (64) 164 A6
les Poulières (88) 70 C3
Pouligney-Lusans (25) 87 G5
Pouligny-Notre-Dame (36) 111 H2
Pouligny-Saint-Martin (36) 111 H2
Pouligny-Saint-Pierre (36) 95 F6
le Pouliguen (44) 73 F4
Poullan-sur-Mer (29) 53 E2
Poullaouen (29) 32 B5
Poulligné (16) 122 A6
Poulx (30) 172 B2
Poumarous (65) 181 F4
Poupas (82) 166 A2
Poupry (28) 62 D5
Pouques-Lormes (58) 83 H6
Pourcharesses (48) 156 D3
Pourchères (07) 143 G6
Pourcieux (83) 174 C6
Pourcy (51) 45 F1
Pourlans (71) 102 A3
Pournoy-la-Chétive (57) 26 B6
Pournoy-la-Grasse (57) 26 C6
Pourrain (89) 83 F2
Pourrières (83) 174 C6
Poursac (16) 122 C1
Poursay-Garnaud (17) 121 F1
Poursiugues-Boucoue (64) 164 A6
Pouru-aux-Bois (08) 24 D1
Pouru-Saint-Remy (08) 24 D2
Pourville 7 G2
Poussan (34) 171 E6
Poussanges (23) 125 H2
Poussay (88) 69 F2
Pousseaux (58) 83 F4
Poussignac (47) 150 B4
Poussy-la-Campagne (14) 16 C5
Pousthomy (12) 169 E3
le Pout (33) 135 G6
Poutignac 122 D5
Pouvrai (61) 60 C3
Pouxeux (88) 70 A4
Pouy (65) 182 A3
Pouy-de-Touges (31) 182 D2
Pouy-Loubrin (32) 182 A1
Pouy-Roquelaure (32) 165 G1
Pouy-sur-Vannes (10) 65 G3
Pouyastruc (65) 181 F2
Pouydesseaux (40) 164 B2
Pouydraguin (32) 164 D5
Pouylebon (32) 165 F6
Pouzac (65) 181 F4
Pouzauges (85) 92 C5
Pouzauges-le-Vieux 92 C5
Pouzay (37) 94 C2
Pouze (31) 183 G1
Pouzilhac (30) 172 B1
le Pouzin (07) 144 A6
Pouzol (63) 113 F6
Pouzolles (34) 187 E1
Pouzols (34) 170 C5
Pouzols-Minervois (11) 185 H2
Pouzy-Mésangy (03) 98 C6
Poyanne (40) 163 F4
Poyans (70) 86 C5
Poyartin (40) 163 F4
Poyols (26) 159 F2
Pozières (80) 10 B4
Pra-Loup 161 F3
le Pradal (34) 170 A5
les Pradeaux (63) 127 G5
Pradelle (26) 159 E2
Pradelles 137 G5
Pradelles (43) 142 C6

Pradelles-Cabardès (11) 185 E1
la Pradelles-en-Val (11) 185 F4
Pradère-les-Bourguets (31) 166 D5
Prades 156 A4
Prades (07) 157 F2
Prades (09) 198 D2
Prades (43) 142 A4
Prades (66) 199 F3
Prades (81) 168 A5
Prades-d'Aubrac (12) 155 F2
Prades-le-Lez (34) 171 F4
Prades-Salars (12) 154 D5
Prades-sur-Vernazobre (34) 186 C1
le Pradet (83) 191 H5
Pradettes (09) 184 A5
Pradières (09) 183 H5
Pradiers (15) 141 E2
Pradinas (12) 154 A5
Pradines (19) 125 E1
Pradines (42) 129 E3
Pradines (46) 152 C3
Pradons (07) 157 G3
Prads-Haute-Bléone (04) 161 E5
Pragnères 195 G4
Prahecq (79) 108 A4
Prailles (79) 108 A3
Pralognan-la-Vanoise (73) 133 E6
Prâlon (21) 85 F6
Pralong (42) 128 D4
Pramousquier 192 C5
Pramouton 161 E2
Prangey 86 A2
Pranles (07) 143 G6
Pranzac (16) 122 D4
Prapic 146 D1
Prapoutel 146 A1
Praslay (52) 85 H2
Praslin (10) 66 C4
Prasville (28) 62 C3
Prat (22) 32 D3
Prat-Bonrepaux (09) 182 D2
Prato-di-Giovellina (2B) 205 E1
Prat Peyrot 170 D2
Prats-de-Carlux (24) 138 B5
Prats-de-Mollo-la-Preste (66) 199 F4
Prats-de-Sournia (66) 199 F3
Prats-du-Périgord (24) 152 A4
Pratviel (81) 167 H5
Pratz (39) 117 H3
Prauthoy (52) 86 B4
Pray (41) 79 G2
Praye (54) 69 F1
Prayols (09) 183 H5
Prayssac (46) 152 B3
Prayssas (47) 151 E4
le Praz 133 E5
Praz-sur-Arly (74) 132 D2
les Praz de Chamonix 119 G4
le Praz de Lys 119 H4
le Pré-d'Auge (14) 17
Pré-en-Pail (53) 59
le Pré-Saint-Évroult (28) 62
le Pré-Saint-Gervais (93) 42
Pré-Saint-Martin (28) 62
Préaux (07) 143
les Préaux (27) 17
Préaux (36) 95
Préaux (53) 59
Préaux (77) 7
Préaux-Bocage (14) 16
Préaux-du-Perche (61) 61
Préaux-Saint-Sébastien (14) 17
Prébois (38) 145
Précey (50) 35
Préchac (32) 165
Préchac (33) 149
Préchac (65) 180
Préchac-sur-Adour (32) 164
Préchacq-Josbaig (64) 179
Préchacq-les-Bains (40) 163
Préchacq-Navarrenx (64) 179
Précieux (42) 129
Précigné (72) 77
Précilhon (64) 180
Précorbin (50) 37
Précy (18) 98
Précy-le-Sec (89) 83
Précy-Notre-Dame (10) 66
Précy-Saint-Martin (10) 66
Précy-sous-Thil (21) 84
Précy-sur-Marne (77) 43
Précy-sur-Oise (60) 20
Précy-sur-Vrin (89) 64
Prédefin (62) 2
Préfailles (44) 73
Préfontaines (45) 64
Prégilbert (89) 83
Préguillac (17) 121
Préhy (89) 83
Preignac (33) 149
Preignan (32) 166
Preigney (70) 87
Preisch 26
Preixan (11) 184
Prémanon (39) 118
Premeaux-Prissey (21) 101
Prémery (58) 99
Prémesques (59) 3
Prémeyzel (01) 131
Prémian (34) 169
Premières (21) 102
Prémierfait (10) 66
Prémilhat (03) 112
Prémillieu (01) 131
Prémont (02) 11
Prémontré (02) 22
Prendeignes (46) 153
Préneron (32) 165

la Prénessaye (22) 55 H2
Prenois (21).........................85 G5
Prénouvellon (41) 62 B6
Prénovel (39)........................117 H2
Préporché (58) 99 H4
Prépotin (61) 40 A6
les Prés 146 D6
les Prés (26) 159 G2
Présailles (43) 142 D5
Préseau (59) 11 F2
Présentevillers (25) 88 C4
Préserville (31) 167 G6
Présilly (39) 117 G1
Présilly (74) 118 B5
Presle (73) 132 B5
Presles (14) 38 A3
Presles (38) 145 E3
Presles (95) 42 D1
Presles-en-Brie (77) 43 F5
Presles-et-Boves (02) 22 B5
Presles-et-Thierry (02) 22 C3
Presly (18) 81 G6
Presnoy (45) 63 H6
Pressac (86) 109 F5
Pressagny-l'Orgueilleux (27).....41 F1
Pressiat (01) 117 F3
Pressignac (16) 123 F2
Pressignac-Vicq (24) 137 F5
Pressigny (52)........................86 D2
Pressigny (79)........................93 G5
Pressigny-les-Pins (45).............82 B1
Pressins (38) 131 F5
Pressy (62) 2 B6
Pressy-sous-Dondin (71) 115 H2
la Preste 199 F5
la Prétière (25) 88 B4
Pretin (39) 103 E3
Prétot-Sainte-Suzanne (50) 14 D5
Prétot-Vicquemare (76) 7 F3
Prêtreville (14) 17 F5
Préty (71) 116 C1
Pretz-en-Argonne (55) 47 E3
Preuilly (18) 97 F2
Preuilly-la-Ville (36) 95 F6
Preuilly-sur-Claise (37) 95 F5
Preures (62) 1 G5
Preuschdorf (67) 28 D6
Preuseville (76) 8 B6
Preutin-Higny (54) 25 H5
Preux-au-Bois (59) 11 G3
Preux-au-Sart (59) 11 G2
Préval (72) 60 D3
Prévelles (72) 60 C4
Prévenchères (48) 156 D3
Préveranges (18) 112 A3
Prévessin-Moëns (01)............118 B4
Prévière (49) 76 A2
Prévillers (60) 20 A3
Prévinquières (12).................153 H4
Prévocourt (57) 49 E3
Prey (27) 41 E3
Prey (88) 70 B2
Preyssac-d'Excideuil (24) 138 A1
Prez (08) 23 G1
Prez-sous-Lafauche (52) 68 C3
Priaires (79) 107 G5
Priay (01) 117 E6
Priez (02) 44 B1
Prignac (17) 121 G2
Prignac-en-Médoc (33) 134 C1
Prignac-et-Marcamps (33) 135 F4
Prigonrieux (24) 136 D5
Primarette (38) 130 B6
Primel-Trégastel 32 A2
Primelin (29) 52 C2
Primelles (18) 97 F4
Prin-Deyrançon (79) 107 G4
Princay (86) 94 B4
Princé (35) 58 B3
...ngé 77 H2
...ngy (51) 46 B4
...ngy (74) 132 A1
...ngy (77) 63 H1
...inquiau (44) 73 H3
...insuéjols (48) 155 G1
...intzheim (67) 50 D3
...isces (02) 22 D1
...isches (59) 11 H4
...issac (36) 110 C2
...issé (71) 116 B3
...issé-la-Charrière (79) 107 G5
...ivas (07) 157 H1
...ivezac (12) 153 H4
...iziac (56) 54 C2
...izy (71) 115 F3
...roiselière-et-Langle (70) 88 A1
...issans (24) 138 B5
...isy (02) 11 G6
...ix (02) 11 F6
...jan (32) 164 B5
...milhanes (46) 153 F4
...mpsat (63) 127 E1
...ndines (63) 126 C3
...leroy (60) 20 D4
...rville (62) 10 C3
...roiac (33) 158 B5
...sère (63) 115 G5
...oriano (2A) 206 D2
...snes (51) 23 G4
...uilly (51) 22 D5
...piary (31) 182 C4
...ssy (14) 38 B3
...vais (02) 23 E4
...ville (08) 9 F3
...ry (59) 11 F2
...zel (59) 20 B1
...enchère (25) 88 B6
...enchère (70) 87 G2

Provenchères-lès-Darney (88)...69 E4
Provenchères-sur-Fave (88) 70 D2
Provency (89) 84 A4
Proverville (10) 67 E3
Proveysieux (38) 145 G1
Proville (59) 10 D3
Provin (59) 3 E6
Provins (77) 65 E1
Proviseux-et-Plesnoy (02) 23 E4
Proyart (80) 10 A6
Prudémanche (28) 41 E3
Prudhomat (46) 139 E5
Prugnanes (66) 199 F1
Prugny (10) 66 A3
Pruillé (49) 76 D3
Pruillé-le-Chétif (72) 60 A6
Pruillé-l'Éguillé (72) 78 C1
Pruines (12)..........................154 B3
Prunay (51) 23 F6
Prunay-Belleville (10) 65 H2
Prunay-Cassereau (41) 79 F3
Prunay-en-Yvelines (78) 62 C1
Prunay-le-Gillon (28) 62 C2
Prunay-le-Temple (78) 41 H4
Prunay-sur-Essonne (91) 63 G3
Prunelli-di-Casacconi (2B) 203 G6
Prunelli-di-Fiumorbo (2B) 205 F5
Prunet (07) 157 F2
Prunet (15) 140 B6
Prunet (31) 167 G6
Prunet-et-Belpuig (66) 199 G4
Prunete 205 F2
Prunières (05) 160 D2
Prunières (38) 145 G5
Prunières (48) 141 G6
Pruniers (36) 97 E5
Pruniers-en-Sologne (41) 80 C6
Pruno (2B).............................205 G1
Prunoy (89) 82 D1
Prusly-sur-Ource (21) 85 E1
Prusy (10) 66 B6
Pruzilly (71) 116 A4
Puberg (67) 50 C2
Publier (74) 119 E2
Publy (39) 102 D6
Puceul (44) 74 C2
le Puch (09) 198 D2
Puch-d'Agenais (47) 150 C4
Puchay (27) 19 F5
Puchevillers (80) 9 G4
le Puech (34) 170 B4
Puéchabon (34) 170 D4
Puéchoursi (81) 168 A6
Puechredon (30) 171 G2
Puellemontier (52) 67 F1
Puessans (25) 87 H5
Puget (84) 173 G4
Puget-Rostang (06) 176 B3
Puget-sur-Argens (83) 192 D2
Puget-Théniers (06) 176 B3
Puget-Ville (83) 191 H4
Pugey (25) 103 F1
Pugieu (01) 131 F2
Puginier (11) 184 B2
Pugnac (33) 135 F3
Pugny (79) 92 D5
Pugny-Chatenod (73) 131 H3
Puichéric (11) 185 G3
le Puid (88) 70 D1
Puihardy (79) 107 G2
Puilacher (34) 170 C6
Puilaurens (11) 199 E2
Puilboreau (17) 106 D4
Puilly-et-Charbeaux (08).........25 E2
Puimichel (04) 174 D1
Puimisson (34) 186 D1
Puimoisson (04) 175 E2
la Puisaye (28) 40 C6
Puiseaux (45) 63 H4
Puiselet-le-Marais (91) 63 F2
Puisenval (76) 8 B6
le Puiset (28) 62 D4
le Puiset-Doré (49) 75 F5
Puiseux (08) 23 H3
Puiseux (28) 41 F6
Puiseux-en-Bray (60) 19 G4
Puiseux-en-France (95) 43 E2
Puiseux-en-Retz (02) 21 H5
Puiseux-le-Hauberger (60) 20 B6
Puiseux-Pontoise (95) 42 B2
Puisieulx (51) 23 F6
Puisieux (62) 10 A1
Puisieux (77) 43 G2
Puisieux-et-Clanlieu (02) 11 G6
Puissalicon (34) 187 E1
Puisseguin (33) 136 A5
Puisserguier (34) 186 C2
Puits (21).................................84 D2
Puits-et-Nuisement (10) 66 D4
Puits-la-Vallée (60) 20 B3
Puivert (11) 184 C6
Pujaudran (32) 166 C5
Pujaut (30) 172 D1
Pujo (65) 181 E2
Pujo-le-Plan (40) 164 B3
les Pujols (09) 183 H4
Pujols (33) 136 A6
Pujols (47) 151 F4
Pujols-sur-Ciron (33)............149 G2
le Puley (71) 101 E6
Puligny-Montrachet (21).........101 F4
Pullay (27) 40 C5
Pulligny (54) 48 D6
Pulney (54) 69 F2
Pulnoy (54) 48 D5
Pulvérières (63) 126 D2
Pulversheim (68) 71 F6
Punchy (80) 21 F1
Punerot (88) 68 D1
Puntous (65) 181 H2

Pupillin (39) 103 E4
Pure (08) 24 D2
Purgerot (70) 87 F2
Pusey (70) 87 G3
Pusignan (69) 130 C3
Pussay (91) 63 E3
Pussigny (37) 94 D3
Pusy-et-Épenoux (70).............87 G2
Putanges-Pont-Écrepin (61).....38 D4
Puteaux (92) 42 C3
Putot-en-Auge (14).................16 D4
Putot-en-Bessin (14) 16 A4
Puttelange-aux-Lacs (57) 27 G6
Puttelange-lès-Thionville (57) ...26 C2
Puttigny (57) 49 F3
Puxe (54) 25 H6
Puxieux (54) 26 A6
le Puy (25) 87 G5
le Puy (33) 150 B1
Puy-d'Arnac (19) 139 E4
Puy-de-Serre (85) 107 F1
Puy-de-Val 139 E2
Puy-du-Lac (17) 121 E1
le Puy-en-Velay (43) 142 C4
Puy-Guillaume (63) 127 H1
le Puy-l'Évêque (46) 152 A3
Puy-Malsignat (23) 112 A6
le Puy-Notre-Dame (49) 93 F2
Puy-Saint-André (05) 147 E5
Puy-Saint-Eusèbe (05) 160 D2
Puy-Saint-Gulmier (63) 126 C3
Puy-Saint-Martin (26) 158 C2
Puy-Saint-Pierre (05) 147 E4
Puy-Saint-Vincent (05) 146 D5
le Puy-Sainte-Réparade (13) ..173 H4
Puy-Sanières (05) 160 D2
Puybarban (33) 150 A2
Puybegon (81) 167 H4
Puybrun (46) 139 E5
Puycalvel (81) 168 B5
Puycasquier (32) 166 A4
Puycelci (81) 167 G2
Puy Chalvin 147 E5
Puycornet (82) 152 B6
Puydaniel (31) 183 F2
Puydarrieux (65) 181 G2
la Puye (86) 109 H1
Puygaillard-de-Lomagne (82)..166 B2
Puygaillard-de-Quercy (82)....167 G2
Puygiron (26) 158 B2
Puygouzon (81) 168 B3
Puygros (73) 132 A4
Puyguilhem 150 D1
Puyjourdes (46) 153 F4
Puylagarde (82).....................153 F5
Puylaroque (82) 152 D5
Puylaurens (81) 168 A6
Puylaurent 146 C3
Puylausic (32) 182 C1
Puyloubier (13) 174 B6
Puymangou (24) 136 B2
Puymaurin (31) 182 B2
Puyméras (84).......................158 D5
Puymiclan (47) 150 D3
Puymirol (47).........................151 G6
Puymoyen (16) 122 C4
Puynormand (33) 136 A4
Puyol-Cazalet (40) 164 A5
Puyoô (64) 163 E6
Puyravault (17) 107 E5
Puyravault (85) 106 D3
Puyréaux (16) 122 C2
Puyrenier (24) 122 D5
Puyrolland (17) 107 G2
Puys 7 G2
le Puy Saint-Astier 137 E3
Puységur (32) 165 H4
Puysségur (31) 166 C4
Puysserampion (47) 150 D2
Puyval 138 B2
Puyvalador (66) 198 D3
Puyvert (84) 173 H4
Puzeaux (80) 21 F1
Puzieux (57) 49 E3
Puzieux (88) 69 F2
Py (66) 199 E4
Pyla sur Mer 148 B1
la Pyle (27) 18 B6
Pyrénées 2000 ....198 C4
Pys (80) 10 B4

Q

Quaëdypre (59).........................2 C2
Quaix-en-Chartreuse (38) 145 G1
Quantilly (18)..........................97 G1
Quarante (34) 186 C2
Quarouble (59) 11 G1
Quarré-les-Tombes (89) 84 A6
la Quarte (70) 86 D2
le Quartier (63) 113 E5
Quasquara (2A).....................204 D6
Quatre-Champs (08) 24 B4
les Quatre-Routes-
  -du-Lot (46) 138 D4
Quatremare (27) 40 D1
Quatzenheim (67) 50 D5
Quéant (62) 10 A2
Queaux (86) 109 G4
Québriac (35) 35 E6
Quédillac (35) 56 C1
Queige (73) 132 D3
Quelaines-Saint-Gault (53) 58 C6
Quelmes (62) 2 A4
Quelneuc (56) 56 C5
Quelven 55 E3
Quéménéven (29) 53 F1
Quemigny-Poisot (21)............101 G1
Quemigny-sur-Seine (21) 85 E3

Quemper-Guézennec (22) 33 E2
Quemperven (22) 32 D2
Quend (80) 8 C2
Quend-Plage 8 B2
Quenne (89) 83 G2
Quenoche (70) 87 G4
Quenza (2A) 207 E1
Quercamps (59) 1 H4
Quercitello (2B)......................205 F1
Quérénaing (59) 11 F2
Quérigut (09) 198 D2
Quernes (62) 2 B5
Querqueville (50) 14 B2
Querré (49) 76 D3
Querrien 55 H1
Querrieu (29) 54 B3
Querrieu (80) 9 H5
Quers (70) 88 A2
Quesmy (60) 21 G2
le Quesne (80) 8 D6
le Quesnel (80) 21 E1
le Quesnel-Aubry (60) 20 C4
le Quesnoy (59) 11 G3
le Quesnoy-en-Artois (62) 9 E4
Quesnoy-le-Montant (80) 8 C4
Quesnoy-sur-Airaines (80) 9 E5
Quesnoy-sur-Deûle (59) 3 F4
Quesques (62) 1 G4
Quessigny (27) 41 E3
Quessoy (22) 33 H5
Questembert (56) 56 A6
Questrecques (62) 1 F5
Quet-en-Beaumont (38) 145 H5
Quetigny (21) 85 H6
Quettehou (50) 15 E2
Quettetot (50) 14 C3
Quetteville (14) 17 F3
Quettreville-sur-Sienne (50) 37 G2
Queudes (51) 45 E5
Raillencourt-Sainte-Olle (59) ...10 D3
Railleu (66) 198 D4
Raillicourt (08) 24 A2
Raillimont (02) 23 F2
Raimbeaucourt (59) 10 D1
Rainans (39) 102 C2
Raincheval (80) 9 H4
Raincourt (70) 87 E1
le Raincy (93) 43 E3
Rainfreville (76) 7 F3
Rainneville (80) 9 G5
Rainsars (59) 12 A4
Rainville (88) 69 E2
Rainvillers (60) 20 A4
les Rairies (49) 77 G3
Raismes (59) 11 F1
Raissac (09) 184 A6
Raissac-d'Aude (11) 185 H3
Raissac-sur-Lampy (11) 184 D3
Raival (55) 47 F3
Raix (16) 122 B1
Raizeux (78) 41 H6
Ramasse (01) 117 E4
Ramatuelle (83)......................192 D4
Rambaud (05) 160 C2
Rambervillers (88)...................70 B2
Rambluzin-
  -et-Benoîte-Vaux (55) 47 F2
Rambouillet (78) 42 A6
Rambucourt (55) 48 A3
Ramburelles (80) 8 C5
Rambures (80) 8 C5
Ramecourt (62) 9 G1
Ramecourt (88) 69 F2
Ramerupt (10) 66 C1
Ramicourt (02) 11 E5
Ramillies (59) 11 E3
Rammersmatt (68) 89 E1
Ramonchamp (88) 70 C6
Ramonville-Saint-Agne (31) ...167 F6
Ramoulu (60) 63 F4
Ramous (64) 163 E6
Ramousies (59) 12 A4
Ramouzens (32) 165 E3
Rampan (50) 37 G1
Rampieux (24) 151 G1
Rampillon (77) 64 C1
Rampoux (46) 152 B2
Rancé (01) 130 A1
Rancenay (25) 103 F1
Rancennes (08) 13 F4
Rances (10) 67 E1
Ranchal (69) 115 G5
Ranchot (39) 102 D2
Ranchy (14) 15 H5
Rancogne (16) 122 D3
Rancon (87) 110 B5
Rançonnières (52) 68 C6
Rancourt (80) 10 C5
Rancourt (88) 69 F3
Rancourt-sur-Ornain (55) 46 D4
Rancy (71) 116 D1
Randan (63) 127 G1
Randens (73) 132 C4
Randevillers (25) 88 A6
Randonnai (61) 40 B5
Rânes (61) 38 D5
Rang (25) 88 B4
Rang-du-Fliers (62) 8 C1
Rangecourt (52) 68 C5
Rangen (67) 50 D4
Ranguevaux (57).....................26 B4
Rannée (35) 57 H4
Ranrupt (67) 71 E1
Rans (39) 102 D2
Ransart (62) 10 A3
Ranspach (68) 70 D6
Ranspach-le-Bas (68) 89 G3
Ranspach-le-Haut (68) 89 G3
Rantechaux (25) 104 A2

R

Rabastens (81) 167 G3
Rabastens-de-Bigorre (65) 181 F1
Rabat-les-
  -Trois-Seigneurs (09) 183 G6
la Rabatelière (85)...................91 H2
Rablay-sur-Layon (49) 76 D6
Rabodanges (61) 38 D4
Rabou (05) 160 B2
Raboué 109 E2
Rabouillet (66) 199 E2
Racécourt (88) 69 G3
Rachecourt-sur-Marne (52) 67 H1
Rachecourt-Suzémont (52) 67 G1
Râches (59) 10 D1
Racines (10) 65 H5
la Racineuse (71) 102 A5
Racquinghem (62) 2 B4
Racrange (57) 49 G2
Raddon-et-Chapendu (70) 88 A1
Radenac (56) 55 G3
Radepont (27) 19 E5
Radinghem (62) 2 A6
Radinghem-en-Weppes (59) 3 E5
Radon (61) 60 A1
Radonvilliers (10) 66 D2
Raedersdorf (68) 89 G4
Raedersheim (68) 71 F6
Raffetot (76) 6 D5
Rageade (15) 141 G3
Rahart (41) 79 G1
Rahay (72) 61 E6
Rahling (57) 28 A6
Rahon (25) 88 B5
Rahon (39) 102 C3
Rai (61) 40 A5
Raids (50) 14 D6

Rantigny (60) 20 D5
Ranton (86) 93 H3
Rantzwiller (68) 89 F2
Ranville (14) 16 C4
Ranville-Breuillaud (16)..........122 A2
Ranzevelle (70) 69 F6
Ranzières (55) 47 G2
Raon-aux-Bois (88) 70 A5
Raon-lès-Leau (54) 50 B6
Raon-l'Étape (88) 70 C1
Raon-sur-Plaine (88) 50 B6
Rapaggio (2B) 205 G1
Rapale (2B) 203 F5
Rapey (88) 69 G2
Rapilly (14) 38 D3
Rapsécourt (51) 46 C2
Raray (60) 21 E6
Rarécourt (55) 47 E1
Rasiguères (66) 199 G2
Raslay (86) 93 H2
Rasteau (84) 158 C5
Ratenelle (71) 116 C2
Ratières (26) 144 B2
Ratte (71) 102 B6
Ratzwiller (67) 28 A6
Raucoules (43) 143 F2
Raucourt (54) 48 D3
Raucourt-au-Bois (59) 11 G3
Raucourt-et-Flaba (08) 24 C2
Raulhac (15) 140 C5
Rauret (43) 142 B4
Rauville-la-Bigot (50) 14 B3
Rauville-la-Place (50) 14 C4
Rauwiller (67) 50 B3
Rauzan (33) 135 H6
Raveau (58) 98 D2
Ravel (63) 127 G3
Ravenel (60) 20 D3
Ravenoville (50) 15 E4
Raves (88) 70 D3
Ravières (89) 84 C2
Ravigny (53) 59 H1
Raville (57) 26 D5
Raville-sur-Sânon (54) 49 F5
Ravilloles (39) 117 H2
la Ravoire (73) 131 H4
Ray-sur-Saône (70)..................87 E3
Raye-sur-Authie (62) 9 E2
Rayet (47) 151 G2
Raymond (18) 98 A4
Raynans (25) 88 C3
le Rayol 192 C5
Rayol-Canadel-sur-Mer (83) ...192 C5
Rayssac (81) 168 D3
Razac-de-Saussignac (24) 136 C6
Razac-d'Eymet (24) 151 E1
Razac-sur-l'Isle (24) 137 E3
Raze (70) 87 F3
Razecueillé (31) 182 B5
Razengues (32) 166 B5
Razimet (47) 150 C4
Razines (37) 94 B3
Réal (66) 198 D3
Réalcamp (76) 8 C6
Réallon (05) 160 D1
Réalmont (81) 168 C4
Réalville (82) 167 F1
Réans (32) 164 D3
Réau (77) 43 F6
Réaumont (38) 131 F6
Réaumur (85) 92 C5
Réaup-Lisse (47) 165 E1
Réauville (26) 158 B3
Réaux (17) 121 G5
Rebais (77) 44 B4
Rebecques (62) 2 B5
Rébénacq (64) 180 B3
Rebergues (62) 1 H4
Reberty 132 D6
Rebets (76) 19 E3
Rebeuville (88) 68 D2
Rebigue (31) 167 F6
Rebourguil (12) 169 F3
Reboursin (36) 96 D2
Rebréchien (45) 63 E6
Rebreuve-Ranchicourt (62) 9 H1
Rebreuve-sur-Canche (62) 9 G2
Rebreuviette (62) 9 G2
Recanoz (39) 102 C5
Recey-sur-Ource (21) 85 G2
Réchésy (90) 89 E4
Réchicourt-la-Petite (54) 49 F4
Réchicourt-le-Château (57) 49 H5
Récicourt (55) 47 E1
Réclainville (28) 62 C3
Reclesne (71) 100 C3
Reclinghem (62) 2 A5
Réclonville (54) 49 G6
Recloses (77) 64 A3
le Recoin de Chamrousse 145 H3
Recologne (25) 87 E6
Recologne (70) 87 E3
Recologne-lès-Rioz (70) 87 F4
Recoubeau-Jansac (26) 159 F1
Recoules-d'Aubrac (48) 155 F1
Recoules-de-Fumas (48) 155 H2
Recoules-Prévinquières (12)...155 F4
Récourt (62) 10 C3
Récourt-le-Creux (55) 47 G2
Recouvrance (90) 88 D3
le Recoux (48) 155 F4
Recques-sur-Course (62) 1 G6
Recques-sur-Hem (62) 2 A3
Recquignies (59) 12 A2
le Reculey (14) 37 H3
Reculfoz (25) 103 G5
Recurt (65) 181 H2
Recy (51) 45 H2
Rédange (57) 26 A2

Rédené (29) 54 B4
Redessan (30) 172 B3
Réding (57) 50 B4
Redon (35) 73 H1
la Redorte (11) 185 G3
Redortiers (04) 159 G6
Réez-Fosse-Martin (60) 43 H1
Reffannes (79) 108 B1
Reffroy (55) 47 G5
Reffuveille (50) 37 G5
Refuge des Mines d'Or 119 G4
Refuge du Pré
  de la Chaumette 146 C6
Refuge Napoléon 147 F5
Régades (31) 182 B5
Régat (09) 184 B5
Regnauville (62) 9 E2
Regnéville (88) 69 F5
Regnéville-sur-Mer (50) 36 D2
Regnéville-sur-Meuse (55) ...25 E6
Regney (88) 69 G3
Régnié-Durette (69) 116 A5
Regnière-Ecluse (80) 8 D2
Regniowez (08) 12 D5
Regny (02) 11 F6
Régny (42) 129 E1
Regourdou 138 A4
la Regrippière (44) 75 F5
Réguiny (56) 55 G3
Réguisheim (68) 71 F6
Régusse (83) 175 E4
Rehaincourt (88) 70 A2
Rehainviller (54) 49 F6
Rehaupal (88) 70 B4
Reherrey (54) 49 G6
Réhon (54) 25 H3
Reichsfeld (67) 71 F1
Reichshoffen (67) 28 D6
Reichstett (67) 51 E5
Reignac (16) 121 H6
Reignac (33) 135 F2
Reignac-sur-Indre (37) 95 F1
Reignat (63) 127 G3
Reigneville-Bocage (50) 14 D4
Reignier (74) 118 C5
Reigny (18) 112 B1
Reilhac (15) 140 A4
Reilhac (46) 153 E1
Reilhaguet (46) 138 C6
Reilhanette (26) 159 F6
Reillanne (04) 174 B2
Reillon (54) 49 G5
Reilly (60) 19 H6
Reims (51) 23 E6
Reims-la-Brûlée (51) 46 B5
Reinhardsmunster (67) 50 C4
Reiningue (68) 89 F1
Reipertswiller (67) 50 D2
Reithouse (39) 117 G1
Réjaumont (32) 165 G3
Réjaumont (65) 181 H3
Rejet-de-Beaulieu (59) 11 G4
Relanges (88) 69 F4
Relans (39) 102 C5
le Relecq (31) 31 H4
le Relecq-Kerhuon (29) 31 E4
Relevant (01) 116 C6
Rely (62) 2 B5
Remaisnil (80) 9 F3
Rémalard (61) 61 E2
Remaucourt (02) 11 E6
Remaucourt (08) 23 F3
la Remaudière (44) 75 E5
Remaugies (80) 21 E2
Remauville (77) 64 B4
Rembercourt-Sommaisne (55) ..47 E3
Rembercourt-sur-Mad (54) 48 B2
Rémécourt (60) 20 D4
Rémelfang (57) 26 D4
Rémelfing (57) 27 H6
Rémeling (57) 26 D2
Remennecourt (55) 46 D4
Remenoville (54) 69 H1
Rémérangles (60) 20 C4
Rémeréville (54) 49 E4
Rémering (57) 27 E4
Rémering-lès-Puttelange (57) ...27 G6
Remicourt (51) 46 D3
Remicourt (88) 69 F3
Remiencourt (80) 20 C1
Remies (02) 22 B2
la Remigeasse 120 A1
Remigny (02) 22 A2
Remigny (71) 101 F4
Rémilly (57) 26 D6
Rémilly (58) 99 H5
Remilly-Aillicourt (08) 24 C2
Remilly-en-Montagne (21) ...85 F6
Remilly-les-Pothées (08) 23 H1
Remilly-sur-Lozon (50) 15 E6
Remilly-sur-Tille (21) 86 A6
Remilly-Wirquin (62) 2 A4
Réminiac (56) 56 B5
Remiremont (88) 70 B5
Remoiville (55) 25 E4
Remollon (05) 160 C3
Remomeix (88) 70 D2
Remoncourt (54) 69 E1
Remoncourt (88) 69 F3
Rémondans-Vaivre (25) 88 C5
Remoray-Boujeons (25) 103 H3
Remouillé (44) 91 G1
Remoulins (30) 172 C2
Removille (88) 69 E2
Rempnat (87) 125 F4
la Remuée (76) 37 G5
Remungol (56) 55 F4
Rémuzat (26) 159 E3
Remy (60) 21 E4
Rémy (62) 10 C3
Renac (35) 56 D6

Renage (38) 145 E1
Renaison (42) 114 D6
Renansart (02) 22 B1
Renaucourt (70) 86 D3
la Renaudie (63) 128 B3
la Renaudière (49) 75 F6
Renauvoid (88) 69 H4
Renay (41) 79 G1
Renazé (53) 76 B1
Rencurel (38) 145 E3
René (72) 60 B3
Renédale (25) 103 H3
Renescure (59) 2 B4
Renève (21) 86 B5
Réning (57) 49 H2
Rennemoulin (78) 42 B4
Rennepont (52) 67 F4
Rennes (35) 57 F2
Rennes-en-Grenouilles (53) ...59 E1
Rennes-le-Château (11) 184 D6
Rennes-les-Bains (11) 185 E6
Rennes-sur-Loue (25) 103 E3
Renneval (02) 23 E1
Renneville (08) 23 F2
Renneville (27) 19 E4
Renneville (31) 184 A2
Renno (2A) 204 C4
le Renouard (61) 39 F3
Rentières (63) 127 F6
Renty (62) 1 H5
Renung (40) 164 A4
Renwez (08) 13 E6
la Réole (33) 150 A2
la Réorthe (85) 106 D1
Réotier (05) 161 E1
Repaix (54) 49 H5
la Répara-Auriples (26) 158 C1
Réparsac (16) 121 H3
Repel (88) 69 E2
Repentigny (14) 17 E4
Replonges (01) 116 B4
le Reposoir (74) 119 E6
les Repôts (39) 102 C6
Reppe (90) 88 D2
Requeil (72) 78 A2
Réquista (12) 169 E1
Résenlieu (61) 39 G4
la Résie-Saint-Martin (70) ...86 D6
Résigny (02) 23 F1
Resson (55) 47 F4
Ressons-l'Abbaye (60) 20 A5
Ressons-le-Long (02) 21 H5
Ressons-sur-Matz (60) 21 E3
les Ressuintes (28) 40 C6
Restigné (37) 78 A6
Restinclières (34) 171 G4
le Retail (79) 107 I11
Rétaud (17) 121 E3
Reterre (23) 112 C6
Rethel (08) 23 G3
Retheuil (02) 21 G5
Rethondes (60) 21 F4
Rethonvillers (80) 21 F2
Réthoville (50) 14 D1
Retiers (35) 57 G4
Retjons (40) 149 G6
Retonfey (57) 26 C5
Rétonval (76) 19 F1
Retournac (43) 142 D2
Retschwiller (67) 29 E6
Rettel (57) 26 C2
Rety (62) 1 G3
Retzwiller (68) 89 E2
Reugney (25) 103 G3
Reugny (03) 112 D2
Reugny (37) 79 F5
Reuil (51) 45 E2
Reuil-en-Brie (77) 44 A3
Reuil-sur-Brêche (60) 20 B3
Reuilly (27) 41 E2
Reuilly (36) 97 E3
Reuilly-Sauvigny (02) 44 D2
Reulle-Vergy (21) 101 G1
Reumont (59) 11 F4
la Réunion (47) 150 B5
Reutenbourg (67) 50 C4
Reuves (51) 45 E4
Reuville (76) 7 F3
Reux (14) 17 E4
le Revard 132 A3
Réveillon (51) 44 C5
Réveillon (61) 60 D1
Revel (31) 184 C1
Revel (38) 145 H2
Revel-Tourdan (38) 130 C6
Revelles (80) 9 F6
Revens (30) 170 D1
Reventin-Vaugris (38) 130 A5
Revercourt (28) 40 D5
Revest-des-Brousses (04) ...174 B2
Revest-du-Bion (04) 159 G6
le Revest-les-Eaux (83) 191 G5
Revest-les-Roches (06) 176 D4
Revest-Saint-Martin (04) ...174 C1
Reviers (14) 16 B3
Revigny (39) 102 D4
Revigny-sur-Ornain (55) 46 D4
Réville (50) 15 E2
Réville-aux-Bois (55) 25 E5
Révillon (02) 22 C5
Revin (08) 13 E5
Revonnas (01) 117 E5
Rexingen (67) 50 B2
Rexpoëde (59) 2 C2
Reyersviller (57) 28 B5
Reygade (19) 139 F4
Reynel (52) 68 B3
Reynès (66) 199 H4
Reyniès (82) 167 E2
Reyrevignes (46) 153 F2

Reyrieux (01) 130 A1
Reyssouze (01) 116 C2
Reyvroz (74) 119 E3
Rezay (18) 97 F6
Rezé (44) 74 C5
Rézentières (15) 141 H3
Rezonville (57) 26 A5
Rezza (2A) 204 B4
Rhèges (10) 66 A1
le Rheu (35) 57 E3
Rhinau (67) 71 H2
Rhodes (57) 49 H4
Rhodon (41) 79 H2
Rhuis (60) 21 E5
Ri (61) 39 E4
Ria-Sirach (66) 199 F3
Riaillé (44) 75 E2
le Rialet (81) 168 D6
Rians (18) 98 A2
Rians (83) 174 C5
Riantec (56) 54 C5
Riaucourt (52) 67 H4
Riaville (55) 47 H1
Ribagnac (24) 136 D6
Ribarrou (64) 164 B6
Ribaute (11) 185 G4
Ribaute-les-Tavernes (30) ..171 G1
le Ribay (53) 59 F2
Ribeaucort (55) 47 G6
Ribeaucourt (80) 9 F4
Ribeauvillé (02) 11 G4
Ribeauvillé (68) 71 F3
Ribécourt-Dreslincourt (60) ...21 F4
Ribécourt-la-Tour (59) 10 D4
Ribemont (02) 22 B1
Ribemont-sur-Ancre (80) 9 H5
Ribennes (48) 155 H2
Ribérac (24) 136 D2
Ribes (07) 157 F3
Ribeyret (05) 159 G3
Ribiers (05) 160 A5
Ribouisse (11) 184 B3
Riboux (83) 191 F4
la Ricamarie (42) 129 F6
Ricarville (76) 6 D4
Ricarville-du-Val (76) 7 H3
Ricaud (11) 184 B2
Ricaud (65) 181 F4
les Riceys (10) 66 D6
la Richardais (35) 34 D4
Richardménil (54) 48 D6
Richarville (91) 63 E1
la Riche (37) 78 D5
Riche (57) 49 F3
Richebourg (52) 67 H5
Richebourg (62) 2 D5
Richebourg (70) 41 H4
Richecourt (55) 48 A3
Richelieu (37) 94 B3
Richeling (57) 27 G6
Richemont (52) 121 G3
Richemont (57) 26 B4
Richemont (76) 19 G1
Richerenches (84) 158 B4
Richeval (57) 49 H5
Richeville (27) 19 F6
Richtolsheim (67) 71 G3
Richwiller (68) 89 F1
Ricourt (32) 165 E6
Ricquebourg (60) 21 E3
Riec-sur-Belon (29) 54 A4
Riedisheim (68) 89 F1
Riedseltz (67) 29 E6
Riedwihr (68) 71 G4
Riel-les-Eaux (21) 67 E5
Riencourt (80) 9 E6
Riencourt-lès-Bapaume (62) ...10 B4
Riencourt-lès-Cagnicourt (62) ...10 C3
Riervescemont (90) 88 C1
Riespach (68) 89 F3
Rieucazé (31) 182 B4
Rieucros (09) 184 A4
Rieulay (59) 11 E1
Rieumajou (31) 184 A4
Rieumes (31) 182 D1
Rieu Montagné 169 F5
Rieupeyroux (12) 153 H5
Rieussec (34) 185 G1
Rieutort-de-Randon (48) ...156 A2
Rieux (31) 183 E3
Rieux (51) 44 C4
Rieux (56) 73 H1
Rieux (60) 20 D5
Rieux (76) 8 C5
Rieux-de-Pelleport (09) 183 H5
Rieux-en-Cambrésis (59) 11 E3
Rieux-en-Val (11) 185 F4
Rieux-Minervois (11) 185 F3
Riez (04) 175 E3
Rigarda (66) 199 F3
Rignac (06) 176 C3
Rignac (12) 154 A4
Rignac (46) 138 D6
Rigney (25) 87 G5
Rignieux-le-Franc (01) 130 C1
Rignosot (25) 87 G5
Rignovelle (70) 88 A1
Rigny (70) 86 D4
Rigny-la-Nonneuse (10) 65 G2
Rigny-la-Salle (55) 48 A5
Rigny-le-Ferron (10) 65 G4
Rigny-Saint-Martin (55) 48 A5
Rigny-sur-Arroux (71) 115 E2
Rigny-Ussé (37) 94 B1
Riguepeu (32) 165 F5
Rilhac-Lastours (87) 124 A4
Rilhac-Rancon (87) 124 B2
Rilhac-Treignac (19) 124 D5
Rilhac-Xaintrie (19) 139 H3

Rillans (25) 87 H5
Rillé (37) 78 B5
Rillieux-la-Pape (69) 130 B2
Rilly-la-Montagne (51) 45 F1
Rilly-Sainte-Syre (10) 66 A2
Rilly-sur-Aisne (08) 24 A4
Rilly-sur-Loire (41) 79 G5
Rilly-sur-Vienne (37) 94 C3
Rimaucourt (52) 68 B3
Rimbach-près-Guebwiller (68) ...71 E6
Rimbach-près-Masevaux (68) ...88 D1
Rimbachzell (68) 71 E6
Rimbez-et-Baudiets (40) ...164 D1
Rimboval (62) 1 H6
Rimeize (48) 141 G6
Rimling (57) 28 A5
Rimogne (08) 12 D6
Rimon-et-Savel (26) 159 E1
Rimondeix (23) 111 H5
Rimons (33) 150 B1
Rimont (09) 183 E5
Rimou (35) 35 G6
Rimouren 157 H4
Rimplas (06) 176 D2
Ringeldorf (67) 50 D2
Ringendorf (67) 50 D3
Rinxent (62) 1 F3
Riocaud (33) 136 C6
Riolas (31) 182 C2
Riols (34) 169 F6
le Riols (81) 153 F6
Riom (63) 127 F2
Riom-ès-Montagnes (15) ...140 C2
Rioms (26) 159 F5
Rion-des-Landes (40) 163 E2
Rions (33) 149 G1
Riorges (42) 115 E6
Riotord (43) 143 F2
Rioux (17) 121 E4
Rioux-Martin (16) 136 A2
Rioz (70) 87 F5
Riquewihr (68) 71 F3
Ris (63) 127 H1
Ris (65) 181 G6
Ris-Orangis (91) 42 D6
Riscle (32) 164 C5
Risoul (05) 161 F1
Risoul 1850 ....161 F1
Ristolas (05) 147 G5
Rittershoffen (67) 51 F2
Ritzing (57) 26 D2
Riva Bella 16 C3
Rivarennes (36) 110 D1
Rivarennes (37) 94 B1
Rivas (42) 129 E4
Rive-de-Gier (42) 129 H5
Rivecourt (60) 21 E5
Rivedoux-Plage (17) 106 C5
Rivehaute (64) 179 G2
Rivel (11) 184 C6
Riventosa (2B) 205 E3
Rivèrenert (09) 183 E5
Riverie (69) 129 G4
Rivery (80) 9 G6
les Rives (34) 170 B3
Rives (38) 131 E6
Rives (47) 151 F2
Rivesaltes (66) 200 D2
Rivière 9 E5
la Rivière (33) 135 G4
Rivière (37) 94 B2
la Rivière (38) 145 F2
la Rivière-de-Corps (10) 66 A3
la Rivière-Drugeon (25) 103 H4
Rivière-Enverse (74) 119 F5
Rivière-les-Fosses (52) 86 A3
Rivière-Saas-et-Gourby (40) ...162 D4
la Rivière-Saint-Sauveur (14) ...6 B6
Rivière-sur-Tarn (12) 155 F6
la Rivière Bourdet 7 F6
Rivières (16) 122 D3
Rivières (30) 157 F5
Rivières (81) 168 A3
les Rivières-Henruel (51) 46 B5
Rivières-le-Bois (52) 86 B2
Riville (76) 6 D3
Rivolet (69) 116 A6
Rivray 61 F2
Rix (39) 103 G5
Rix (58) 83 F5
Rixheim (68) 89 G1
la Rixouse (39) 118 A2
Rizaucourt-Buchey (52) 67 F3
Roaillan (33) 149 H3
Roaix (84) 158 C5
Roanne (42) 115 E6
Roannes-Saint-Mary (15) ...140 A5
Robécourt (88) 68 D4
Robecq (62) 2 C5
Robersart (59) 11 G3
Robert-Espagne (55) 47 E4
Robert-Magny-
  Laneuville-à-Rémy (52) 67 F1
Robertot (76) 7 E3
Roberval (60) 21 E5
Robiac-Rochessadoule (30) ...157 F1
la Robine-sur-Galabre (04) ...160 C5
Robion (84) 175 G3
Robion (84) 173 H1
le Roc (46) 138 C5
le Roc-Saint-André (56) 56 A4
Rocamadour (46) 138 D6
Rocbaron (83) 191 H4
Rocé (41) 79 G2
Rochambeau 79 F2
la Roche 157 H2
la Roche 112 D2

Roche (38) 130 C4
Roche (42) 128 C4
la Roche-Bernard (56) 73 G2
la Roche-Blanche (44) 75 F3
la Roche-Blanche (63) 127 F4
la Roche-Canillac (19) 139 F2
la Roche-Chalais (24) 136 A3
Roche-Charles-
  -la-Mayrand (63) 127 E6
la Roche-Clermault (37) 94 A2
Roche-d'Agoux (63) 112 D6
la Roche-de-Glun (26) 144 A4
la Roche-de-Rame (05) 147 E6
la Roche-Derrien (22) 32 D2
la Roche-des-Arnauds (05) ...160 A2
Roche-en-Régnier (43) 142 C2
la Roche-en-Brenil (21) 84 C5
Roche-et-Raucourt (70) 86 D3
la Roche-Guyon (95) 41 H2
Roche-la-Molière (42) 129 F6
la Roche-l'Abeille (87) 124 B4
Roche-le-Peyroux (19) 126 A6
la Roche-lès-Clerval (25) 88 A5
la Roche-lez-Beaupré (70) ...87 G6
la Roche-Mabile (61) 59 H1
la Roche-Maurice (29) 31 F4
la Roche-Morey (70) 86 D2
la Roche-Noire (63) 127 F3
la Roche-Posay (86) 95 E5
la Roche-Rigault (86) 94 A3
Roche-Saint-Secret-
  -Béconne (26) 158 C3
la Roche-sur-Foron (74) 118 D5
la Roche-sur-Grane (26) ...158 C1
la Roche-sur-le-Buis (26) ...159 E5
la Roche-sur-Linotte-et-
  -Sorans-les-Cordiers (70) ...87 G4
la Roche-sur-Yon (85) 91 G4
la Roche-Vanneau (21) 85 E5
la Roche-Vineuse (71) 116 A3
Rochebaudin (26) 158 C2
la Rochebeaucourt-
  -et-Argentine (24) 122 D5
Roche Béranger 145 H3
Rochebrune 141 E5
Rochebrune (05) 160 C3
Rochebrune (26) 159 E4
Rochechinard 144 D4
Rochechinard (26) 144 D4
Rochechouart (87) 123 G2
Rochecolombe (07) 157 G3
Rochecorbon (37) 79 E5
Rochefort (17) 120 C1
Rochefort (73) 131 G4
Rochefort-du-Gard (30) 172 C2
Rochefort-en-Terre (56) 56 A6
Rochefort-en-Valdaine (26) ...158 B3
Rochefort-en-Yvelines (78) ...42 B6
Rochefort-Montagne (63) ...126 D4
Rochefort-Samson (26) 144 C4
Rochefort-sur-Brévon (21) ...85 F2
Rochefort-sur-la-Côte (52) ...68 A3
Rochefort-sur-Loire (49) 76 D5
Rochefort-sur-Nenon (39) ...102 C2
la Rochefoucauld (16) 122 D3
Rochefourchat (26) 159 E2
la Rochegiron (04) 159 G6
Rochegude (26) 158 B5
Rochegude (30) 157 F5
la Roche Jagu 33 E2
Rochejean (25) 103 H5
la Rochelle (17) 106 C5
la Rochelle (70) 86 D2
la Rochelle-Normande (50) ...35 G2
Rochemaure (07) 158 A2
le Rochénard (79) 107 G4
Rochepaule (07) 143 G3
la Rochepot (21) 101 F3
Rocher (07) 157 F2
le Rocher du Portail 35 H5
le Rochereau (86) 94 A6
Roches (23) 111 H4
Roches (41) 80 A2
Roches-Bettaincourt (52) 68 A3
la Roche-Bella 16 C3
Roches-lès-Blamont (25) 88 C5
les Roches-l'Évêque (41) 79 F2
Roches-Prémarie-Andillé (86) ...109 E2
Rochessauve (07) 157 H1
Rochesson (88) 70 C5
Rochetaillée 129 F6
Rochetaillée (52) 85 H1
Rochetaillée-sur-Saône (69) ...130 A2
Rochetoirin (38) 131 E4
Rochetrejoux (85) 92 B5
la Rochette (04) 176 B3
la Rochette (05) 160 C2
la Rochette (07) 143 E5
la Rochette (16) 122 D3
la Rochette (73) 132 B5
la Rochette (77) 64 A1
la Rochette-du-Buis (26) ...159 F5
Rocheville (50) 14 C3
Rochonvillers (57) 26 B3
Rochy-Condé (60) 20 B5
Rocles (03) 113 F3
Rocles (07) 157 F2
Rocles (48) 156 C1
Roclincourt (62) 10 B2
Rocourt (88) 68 D4
Rocourt-Saint-Martin (02) ...44 B1
Rocquancourt (14) 16 C5
la Rocque (14) 38 B3
Rocquefort (76) 7 E4
Rocquemont (60) 21 F6
Rocquemont (76) 7 H5
Rocquencourt (60) 20 C2
Rocquencourt (78) 42 C4

Rocques (14) 17 F4
Rocquigny (02) 12 A5
Rocquigny (08) 23 F2
Rocquigny (62) 10 C4
Rocroi (08) 12 D5
Rodalbe (57) 49 G3
Rodelinghem (62) 1 G3
Rodelle (12) 154 C3
Roden (68) 89 E1
Rodern (68) 71 F3
Rodès (66) 199 G3
Rodez (12) 154 C4
Rodilhan (30) 172 B3
Rodome (11) 198 C2
la Roë (53) 58 A6
Roëllecourt (62) 9 G2
Rœschwoog (67) 51 G3
Rœulx (62) 11 E2
Rœux (62) 10 C2
Roézé-sur-Sarthe (72) 78 A1
Roffey (89) 84 A1
Roffiac (15) 141 E4
Rogécourt (02) 22 B2
Rogerville (76) 6 B5
Rogéville (54) 48 C4
Roggenhouse (68) 71 G4
Rogliano (2B) 203 F2
Rogna (39) 117 H3
Rognac (13) 173 G6
Rognaix (73) 132 C4
Rognes (13) 173 H4
Rognon (25) 87 H5
Rognonas (13) 172 C2
Rogny (02) 22 D1
Rogny-les-Sept-Écluses (89) ...82 B2
Rogues (30) 170 D3
Rogy (80) 20 B2
Rohaire (28) 40 C5
Rohan (56) 55 G2
Rohr (67) 50 D4
Rohrbach-lès-Bitche (57) 28 A5
Rohrwiller (67) 51 F3
Roiffé (86) 93 H2
Roiffieux (07) 143 H1
Roiglise (80) 21 F2
Roilly (21) 84 D5
Roinville (28) 62 C2
Roinville (91) 63 E1
Roinvilliers (91) 63 F1
Roisel (80) 10 D1
les Roises (55) 68 C2
Roisey (42) 129 H1
Roissac 121 G2
Roissard (38) 145 G2
Roissy-en-Brie (77) 43 F1
Roissy-en-France (95) 43 E1
Roiville (61) 39 F3
Roizy (08) 23 F4
Rolampont (52) 68 A2
Rolbing (57) 28 B5
Rollainville (88) 68 D2
Rollancourt (62) 9 F2
Rolleboise (78) 41 G2
Rolleville (76) 6 B5
Rollot (80) 21 F2
la Rolphie ....137 ?
Rom (79) ....108 ?
Romagnat (63) ....127 ?
la Romagne (08) ....23 C
Romagne (33) ....135 ?
Romagné (35) ....35 ?
la Romagne (86) ....109 ?
Romagne-
  -sous-les-Côtes (55) 25
Romagne-
  -sous-Montfaucon (55) .....24 ?
Romagnieu (38) ....131 ?
Romagny (68) ....89 ?
Romagny-
  -sous-Rougemont (90) 88
Romain (25) 87
Romain (39) 102
Romain (51) 22
Romain (54) 49
Romain-aux-Bois (88) 68
Romain-sur-Meuse (52) 68
Romainville (93) 43
Roman (27) 40
Romanèche-Thorins (71) ...116
Romange (39) 102
Romans (01) 116
Romans (79) 108
Romans-sur-Isère (26) 144
Romanswiller (67) 50
Romazières (17) 121
Romazy (35) 35
Rombach-le-Franc (68) 71
Rombas (57) 26
Rombies-et-Marchipont (59) ...11
Rombly (62) 2
Romefort 111
Romegoux (17) 121
Romelfing (57) 5
Romenay (71) 116
Romeny-sur-Marne (02) 4
Romeries (59) 11
Romery (02) 23
Romery (51) 4
Romescamps (60) 21
Romestaing (47) 15
Romeyer (26) 14
le Romien (26) 16
la Romieu (32) 16
Romigny (51) 4
Romiguières (34) 17
Romillé (35) 5
Romilly (41) 8
Romilly-la-Puthenaye (27) ...4

Romilly-sur-Aigre (28) 61H6
Romilly-sur-Andelle (27) 18D5
Romilly-sur-Seine (10) 65G1
Romme 119E6
Romont (88) 70A2
Romorantin-Lanthenay (41) 80C6
Rompon (07) 144A6
Rônai (61) 39E4
Ronce-les-Bains 120B2
Roncenay (10) 66B4
le Roncenay-Authenay (27) ...40D4
Roncey (50) 37E2
Ronchamp (70) 88B2
Ronchaux (25) 103E2
Ronchères (02) 44D1
Ronchères (89) 82D3
Roncherolles-en-Bray (76) 19F3
Roncherolles-sur-le-Vivier (76) .7H6
Ronchin (59) 3F5
Ronchois (76) 19G2
Roncourt (57) 26B4
Roncq (59) 3G4
la Ronde (17) 107E4
la Ronde-Haye (50) 37E1
Rondefontaine (25) 103G5
Ronel (81) 168C2
Ronfeugerai (61) 38C4
Rongères (03) 114A4
Ronnet (03) 112D5
Ronno (69) 129F1
Ronquerolles (95) 42C1
Ronsenac (16) 122C5
Ronssoy (80) 10D5
Rontalon (69) 129H4
Ronvaux (55) 47H1
Ronzières 127F5
Roost-Warendin (59) 10D1
Roppe (90) 88D2
Roppenheim (67) 51G3
Roppentzwiller (68) 89F3
Roppeviller (57) 28C5
la Roque-Alric (84) 158D6
la Roque-Baignard (14) 17E4
la Roque-d'Anthéron (13) 173H4
la Roque-Esclapon (83) 176A5
la Roque-Gageac (24) 138A6
la Roque-
    -Sainte-Marguerite (12) ..155G6
la Roque-sur-Cèze (30) 157H6
la Roque-sur-Pernes (84) 173F2
Roquebillière (06) 177E2
Roquebrun (34) 169H6
Roquebrune (32) 165F4
Roquebrune (33) 150B2
Roquebrune-Cap-Martin (06) ..177F5
Roquebrune-sur-Argens (83) ..192D2
la Roquebrussanne (83) 191G3
Roquecor (82) 151H4
Roquecourbe (81) 168C5
Roquecourbe-Minervois (11) ..185G3
Roquedur (30) 171E2
Roquefère (11) 151F2
Roquefère (11) 185E2
Roquefeuil (11) 198C1
Roquefixade (09) 184A6
Roquefort (32) 165H4
Roquefort (40) 164B1
Roquefort (47) 151E6
Roquefort-de-Sault (11) 198D2
Roquefort-des-Corbières (11) .186C5
Roquefort-la-Bédoule (13) ...191E4
Roquefort-les-Cascades (09) ..184A5
Roquefort-les-Pins (06) 176C4
Roquefort-sur-Garonne (31) ..182C4
Roquefort-sur-Soulzon (12) ..166B6
Roquelaure (32) 165G4
Roquelaure-Saint-Aubin (32) .166B5
Roquemaure (30) 172D1
Roquemaure (81) 167G3
Roquepine (32) 165G2
Roqueredonde (34) 170B4
Roques (31) 167E6
Roques (32) 165F3
Roquesérière (31) 167G4
Roquessels (34) 170B6
Roquesteron (06) 176C4
Roquesteron-Grasse (06) 176C4
Roquetaillade (11) 184D5
Roquetoire (62) 2B4
la Roquette (27) 19E6
la Roquette-sur-Siagne (06) ..176C6
la Roquette-sur-Var (06) 176C4
Roquettes (31) 167E6
Roquevaire (13) 191E3
Roquevidal (81) 167H5
Roquiague (64) 179G3
la Roquille (33) 136C6
Rorbach-lès-Dieuze (57) 49H3
Rorschwihr (68) 71F3
les Rosaires 33G4
Rosans (05) 159F4
Rosay (39) 117F1
Rosay (76) 7H4
Rosay (78) 41H3
Rosay-sur-Lieure (27) 19E5
Rosazia (2A) 204C4
Rosbruck (57) 27F5
Roscanvel (29) 30D5
Roscoff (29) 31H2
Rosel (14) 16E4
Rosenau (68) 89G2
Rosenwiller (67) 50D6
Roset-Fluans (25) 103E1
Rosey (70) 87F3
Rosey (71) 101F5
Rosheim (67) 50D6
Rosière 133F3
Rosière 119F5
Rosière (70) 70B6
Rosières (07) 157F3

Rosières (43) 142D3
Rosières (60) 43G1
Rosières (81) 168C1
Rosières-aux-Salines (54) 49E5
Rosières-en-Haye (54) 48C4
Rosières-en-Santerre (80) 21E1
Rosières-près-Troyes (10) 66B3
Rosières-sur-Barbèche (25) ...88B5
Rosières-sur-Mance (70) 87E1
Rosiers-de-Juillac (19) 138B1
Rosiers-d'Égletons (19) 139F1
les Rosiers-sur-Loire (49) ...77F6
Rosis (34) 169H5
Rosnay (36) 95G6
Rosnay (51) 22D6
Rosnay (85) 91G5
Rosnay-l'Hôpital (10) 66D1
Rosnoën (29) 31F6
Rosny-sous-Bois (93) 43E4
Rosny-sur-Seine (78) 41H2
Rosoy (60) 20D5
Rosoy-en-Multien (60) 43H2
Rosoy-le-Vieil (45) 64C5
Rospez (22) 32C2
Rospigliani (2B) 205F3
Rosporden (29) 53H3
Rosroy (21) 85G6
Rossay (86) 94B2
Rosselange (57) 26B4
Rossfeld (67) 71H2
Rossillon (01) 131F2
Rosteig (67) 50C2
Rostrenen (22) 54D1
Rosult (59) 11E1
Rosureux (25) 88C6
Rotalier (39) 117F1
Rotangy (60) 20A3
Rothau (67) 71E1
Rothbach (67) 50D2
Rothéneuf 34D3
Rotherens (73) 132B5
la Rothière (10) 67E2
Rothois (60) 20A3
Rothonay (39) 117F1
Rots (14) 16B4
Rott (67) 29E5
Rottelsheim (67) 51E4
Rottier (26) 159F3
Rou-Marson (49) 93G1
Rouairoux (81) 169E6
Rouans (44) 74A5
la Rouaudière (53) 76A1
Roubaix (59) 3G4
Roubia (11) 185H3
Roubion (06) 176C2
Roucamps (14) 16A6
Roucourt (59) 10D2
Roucy (02) 22D5
Roudouallec (56) 54A2
Rouécourt (52) 67H3
Rouède (31) 182C5
Rouellé (61) 38A6
Rouelles (52) 85H1
Rouen (76) 7G6
Rouessé-Fontaine (72) 60A3
Rouessé-Vassé (72) 59G4
Rouet (34) 171E3
Rouez (72) 59G4
Rouffach (68) 71F5
Rouffange (39) 102D1
Rouffiac (15) 139G4
Rouffiac (16) 136B2
Rouffiac (17) 121F3
Rouffiac (81) 168B3
Rouffiac-d'Aude (11) 184D4
Rouffiac-des-Corbières (11) .185F6
Rouffiac-Tolosan (31) 167F5
Rouffignac (17) 135F1
Rouffignac-de-Sigoulès (24) .136D6
Rouffignac-Saint-Cernin-
    -de-Reilhac (24) 137H4
Rouffigny (50) 37F4
Rouffilhac (46) 138C6
Rouffillac 138B5
Rouffy (51) 45G3
Rougé (44) 57G6
la Rouge (61) 61E3
Rouge-Perriers (27) 40C1
Rougefay (62) 9F2
Rougegoutte (90) 88C2
Rougemont (21) 84C3
Rougemont (25) 87H4
Rougemont-le-Château (90) ...88D2
Rougemontiers (27) 18A5
Rougemontot (25) 87H5
Rougeou (41) 80B6
Rougeries (02) 22D1
les Rouges-Eaux (88) 70C3
le Rouget (15) 139H5
Rougeux (52) 86C1
Rougnac (16) 122D5
Rougnat (23) 112C6
Rougon (04) 175G3
Rouhe (25) 103F2
Rouhling (57) 27G5
Rouillac (16) 122A3
Rouillac (22) 34B6
Rouillas-Bas (63) 127H3
Rouillé (86) 108C3
Rouillon (72) 60A5
Rouilly (77) 44B6
Rouilly-Sacey (10) 66C2
Rouilly-Saint-Loup (10) 66B3
Roujan (34) 170B6
Roulans (25) 87G6
le Roulier (88) 70B4
Roullée (72) 60B1
Roullens (11) 184D4
Roullet-Saint-Estèphe (16) .122B4
Roullours (14) 37H4
Roumagne (47) 150D2
Roumanou 168A2

Roumare (76) 7F5
Roumazières-Loubert (16) ...123E2
Roumégoux (15) 139H5
Roumégoux (81) 168C4
Roumengoux (09) 184B4
Roumens (31) 184B1
Roumoules (04) 175G3
Rountzenheim (67) 51G3
Roupeldange (57) 26D4
Rouperroux (61) 39E6
Rouperroux-le-Coquet (72) ...60C4
Roupy (02) 21H1
la Rouquette (12) 153G5
Roure (06) 176C2
le Rouret (06) 176C6
Rousies (59) 12A2
Roussac (87) 110C6
Roussas (26) 158B3
Roussay (49) 75F4
Roussayrolles (81) 167H1
Rousseloy (60) 20C5
Roussennac (12) 154A3
Rousséloy (60) 20C5
Roussent (80) 8D1
les Rousses (39) 118B2
Rousses (48) 156B6
Rousset (05) 160C3
Rousset (13) 174B6
le Rousset (71) 115G1
Rousset-les-Vignes (26) 158C3
la Roussie 138B5
la Roussière (27) 40A3
Roussieux (26) 159F4
Roussillon (38) 130A6
Roussillon (84) 173G2
Roussines (16) 123E3
Roussines (36) 110D2
Rousson (30) 157E6
Rousson (89) 65E5
Roussy-le-Village (57) 26B2
Routelle (25) 103E1
Routes (76) 7E3
Routier (11) 184C4
Routot (27) 18A5
Rouvenac (11) 184C6
Rouves (54) 48D3
la Rouvière (56) 156B3
la Rouvière (30) 171H2
Rouvignies (59) 11F2
Rouville (60) 21F6
Rouville (76) 6D4
Rouvillers (60) 21E4
Rouvray (21) 84B5
Rouvray (27) 41F2
Rouvray (89) 83G1
Rouvray-Catillon (76) 19F3
Rouvray-Saint-Denis (28) 62D3
Rouvray-Saint-Florentin (28) .62B3
Rouvray-Sainte-Croix (45) ...62C5
Rouvrel (80) 20C1
Rouvres (14) 16C6
Rouvres (28) 41G4
Rouvres (77) 43F2
Rouvres-en-Multien (60) 43H1
Rouvres-en-Plaine (21) 102A1
Rouvres-en-Woëvre (55) 25G6
Rouvres-en-Xaintois (88) 69F2
Rouvres-la-Chétive (88) 68D2
Rouvres-les-Bois (36) 96C3
Rouvres-les-Vignes (10) 67F3
Rouvres-Saint-Jean (45) 63F3
Rouvres-sous-Meilly (21) ...101E1
Rouvres-sur-Aube (52) 85G1
Rouvrois-sur-Meuse (55) 47G3
Rouvrois-sur-Othain (55) 25G4
Rouvroy (02) 11E6
Rouvroy (62) 10C1
Rouvroy-en-Santerre (80) 21E1
Rouvroy-les-Merles (60) 20C2
Rouvroy-Ripont (51) 24B6
Rouvroy-sur-Audry (08) 23H1
Rouvroy-sur-Marne (52) 67H2
Rouvroy-sur-Serre (02) 23F2
le Roux (07) 157E1
Rouxeville (50) 37H1
la Rouxière (44) 75F3
Rouxmesnil-Bouteilles (76) ...7G2
Rouy (58) 99F3
Rouy-le-Grand (80) 21G1
Rouy-le-Petit (80) 21G1
Rouze (09) 198C2
Rouzède (16) 123E3
Rouziers (15) 139H6
Rouziers-de-Touraine (37) ...78C4
le Rove (13) 190B3
Roville-aux-Chênes (88) 70A2
Roville-devant-Bayon (54) ...69G1
Rovon (38) 145E2
Roy-Boissy (60) 19H3
Royan (17) 120C4
Royas (38) 130C5
Royat (63) 127E3
Royaucourt (60) 20D2
Royaucourt-et-Chailvet (02) ..22D4
Royaumeix (54) 48B4
Roybon (38) 144D2
Roye (70) 88A2
Roye (80) 21F2
Roye-sur-Matz (60) 21F3
Royer (71) 116B1
Royère-de-Vassivière (23) ..125F2
Royville (76) 7E3
Roynac (26) 158C1
Royon (62) 1H6
Royville (76) 7F3
Roz-Landrieux (35) 35E4
Roz-sur-Couesnon (35) 35F4
Rozay-en-Brie (77) 43H5
le Rozel (50) 14B3
Rozelieures (54) 69H1

Rozérieulles (57) 26B5
Rozerotte (88) 69F3
Rozès (32) 165F3
Rozet (122) 122D5
Rozet-Saint-Albin (02) 22A6
le Rozier (48) 155G6
Rozier-Côtes-d'Aurec (42) ..142D1
Rozier-en-Donzy (42) 129F3
Rozières-en-Beauce (45) 62C6
Rozières-sur-Crise (02) 22A5
Rozières-sur-Mouzon (88) 68D4
Roziers-Saint-Georges (87) .124D3
Rozoy-Bellevalle (02) 44C3
Rozoy-sur-Serre (02) 23F2
Ruages (58) 83G6
Ruan (45) 62D5
Ruan-sur-Egvonne (41) 61G6
Ruaudin (72) 60B6
Rubécourt-et-Lamécourt (08) .24C2
Rubelles (77) 64A1
Rubempré (80) 9G5
Rubercy (14) 15G5
Rubescourt (80) 20D3
Rubigny (08) 23F2
Rubrouck (59) 2B3
Ruca (22) 34B4
Ruch (33) 136A6
la Ruchère 131G6
Rucqueville (14) 16A4
Rudeau-Ladosse (24) 123E5
Rudelle (46) 153F1
Rue (80) 8C2
la Rue-Saint-Pierre (60) 20C4
la Rue-Saint-Pierre (76) 7H5
Ruederbach (68) 89F3
Rueil-la-Gadelière (28) 40D5
Rueil-Malmaison (92) 42C4
Ruelisheim (68) 71F6
Ruelle-sur-Touvre (16) 122C4
les Rues-des-Vignes (59) 11F4
Ruesnes (59) 11G2
Rueyres (46) 153F1
Ruffec (16) 108C6
Ruffec (36) 110B1
Ruffey-le-Château (25) 87E6
Ruffey-lès-Beaune (21) 101G3
Ruffey-lès-Echirey (21) 85H5
Ruffey-sur-Seille (39) 102C5
Ruffiac (47) 150B4
Ruffiac (56) 56B5
Ruffieu (01) 117G6
Ruffieux (73) 131G2
Ruffigné (44) 57G6
Rugles (27) 40B4
Rugney (88) 69G2
Rugny (89) 84B1
Ruhans (70) 87D2
Ruillé-en-Champagne (72) 59H5
Ruillé-Froid-Fonds (53) 58D6
Ruillé-le-Gravelais (53) 58B5
Ruillé-sur-Loir (72) 78D2
Ruisseauville (62) 2A6
Ruitz (62) 2D6
Rullac-Saint-Cirq (12) 154B6
Rully (14) 38A4
Rully (60) 21E6
Rully (71) 101F4
Rumaucourt (62) 10C3
Rumegies (59) 3H6
Rumengol 31F2
Rumersheim-le-Haut (68) 71G6
Rumesnil (14) 17E4
Rumigny (08) 23F1
Rumigny (80) 20C1
Rumilly (62) 1H5
Rumilly (74) 131H2
Rumilly-en-Cambrésis (59) ...10D4
Rumilly-lès-Vaudes (10) 66C4
Ruminghem (62) 2A3
Rumont (55) 47F4
Rumont (77) 63H3
Runan (22) 32D2
Rungis (94) 42D5
Ruoms (07) 157F3
Rupéreux (77) 44B6
Ruppes (88) 68D1
Rupt (52) 67H2
Rupt-aux-Nonains (55) 47E5
Rupt-devant-Saint-Mihiel (55) .47G3
Rupt-en-Woëvre (55) 47G2
Rupt-sur-Moselle (88) 70B6
Rupt-sur-Othain (55) 25F4
Rupt-sur-Saône (70) 87E3
Rurange-lès-Thionville (57) .26C4
Rurey (39) 103F2
Rusio (2B) 205F2
Russ (67) 50C6
Russange (57) 26A2
le Russey (25) 104C1
Russy (14) 15G5
Russy-Bémont (60) 21G6
Rustenhart (68) 71G5
Rustiques (11) 185F3
Rustrel (84) 174A2
Rustroff (57) 26D2
Rutali (2B) 203F5
Ruvigny (10) 66B3
Ruy (38) 130D4
Ruynes-en-Margeride (15) ...141F4
Ry (76) 19E4
Rye (39) 102C4
Ryes (14) 16A3

S

Saâcy-sur-Marne (77) 44A3
Saales (67) 70D2
Saâne-Saint-Just (76) 7F3
Saint-Affrique (12) 169G2
Saasenheim (67) 71H3
Sabadel-Latronquière (46) ..153G1
Sabadel-Lauzès (46) 152D2
Saaillan (32) 182B1
Sabalos (65) 181F2
Sabarat (09) 183F4
Sabarros (65) 181H3
Sabazan (32) 164D4
Sablé 150D3
Sablé-sur-Sarthe (72) 77F1
les Sables-d'Olonne (85) 90D6
les Sables-d'Or-les-Pins 34B3
Sablet (84) 158C5
les Sablettes 191G6
Sablières (07) 157E3
Sablonceaux (17) 120D3
Sablonnières (77) 44B4
Sablons (33) 135H4
Sablons (38) 144A1
Sabonnères (31) 182D1
la Sabotterie (08) 24A3
Sabran (30) 157H6
Sabres (40) 148D6
Saccourville (31) 196A4
Sacé (53) 58D4
Sacey (50) 35G5
Saché (37) 94C1
Sachin (62) 2B6
Sachy (08) 24D2
Sacierges-Saint-Martin (36) .110D2
Saclas (91) 63E2
Saclay (91) 42C5
Saconin-et-Breuil (02) 21H5
Sacoué (65) 182A5
le Sacq (27) 40D3
Sacquenay (21) 86B3
Sacquenville (27) 40D2
Sacy (51) 23E6
Sacy (89) 83H3
Sacy-le-Grand (60) 20D5
Sacy-le-Petit (60) 21E5
Sadeillan (32) 181G1
Sadillac (24) 151E1
Sadirac (33) 135F6
Sadournin (65) 181G2
Sadroc (19) 138D2
Saessolsheim (67) 50D4
Saffais (54) 49E6
Saffloz (39) 103E6
Saffré (44) 74C2
Saffres (21) 85E6
Sagelat (24) 137H6
Sagnat (23) 111E4
Sagnes-et-Goudoulet (07) ...143E6
Sagone (2A) 204B4
Sagonne (18) 98B5
Sagy (71) 117E1
Sagy (95) 42B2
Sahorre (66) 199E4
Sahune (26) 159E3
Sahurs (76) 18B5
Sai (61) 39F5
Saignes (15) 140D1
Saignes (46) 139E6
Saigneville (80) 8C4
Saignon (84) 173H3
Saiguède (31) 166C6
Sail-les-Bains (42) 114D4
Sail-sous-Couzan (42) 128C3
Sailhan (65) 195G4
Saillac (19) 138D4
Saillac (46) 153E4
Saillagouse (66) 198C5
Saillans (26) 158D1
Saillans (33) 135G4
le Saillant 141E4
Saillat-sur-Vienne (87) 123G2
Saillé 73F4
Saillenard (71) 102B6
Sailly (08) 24D2
Sailly (52) 68A1
Sailly (71) 115H2
Sailly (78) 42A2
Sailly-Achâtel (57) 48D2
Sailly-au-Bois (62) 10A4
Sailly-en-Ostrevent (62) 10C2
Sailly-Flibeaucourt (80) 8D3
Sailly-Labourse (62) 2D6
Sailly-Laurette (80) 10A6
Sailly-le-Sec (80) 10A6
Sailly-lez-Cambrai (59) 10D3
Sailly-lez-Lannoy (59) 3G5
Sailly-Saillisel (80) 10C5
Sailly-sur-la-Lys (62) 3E5
Sain-Bel (69) 129G2
Saincaize-Meauce (58) 98D4
Sainghin-en-Mélantois (59) ...3F5
Sainghin-en-Weppes (59) 3E5
Sainneville (76) 6B5
Sainpuits (89) 83E4
Sains (35) 35H4
Sains-du-Nord (59) 12A4
Sains-en-Amiénois (80) 20C1
Sains-en-Gohelle (62) 10A1
Sains-lès-Fressin (62) 2A6
Sains-lès-Marquion (62) 10D3
Sains-lès-Pernes (62) 2B6
Sains-Morainvillers (60) 20D3
Sains-Richaumont (02) 11G6
le Saint (56) 54B2
Saint-Abit (64) 180C3
Saint-Abraham (56) 56A5
Saint-Acheul (80) 9F3
Saint-Adjutory (16) 123E3
Saint-Adrien 55E4
Saint-Adrien (22) 33E4
Saint-Affrique (12) 169G2

Saint-Affrique-
    -les-Montagnes (81) 168C6
Saint-Affrique du Causse ...154D3
Saint-Agathon (22) 33E4
Saint-Agil (41) 61F5
Saint-Agnan 154D5
Saint-Agnan (02) 44D2
Saint-Agnan (58) 84B6
Saint-Agnan (71) 114D2
Saint-Agnan (81) 167G4
Saint-Agnan (89) 64C3
Saint-Agnan-
    -de-Cernières (27) 40A3
Saint-Agnan-en-Vercors (26) .145E4
Saint-Agnan-le-Malherbe (14) .16A5
Saint-Agnan-sur-Erre (61) ...61E3
Saint-Agnan-sur-Sarthe (61) .39H6
Saint-Agnant (17) 120C2
Saint-Agnant-de-Versillat (23) .111E4
Saint-Agnant-près-Crocq (23) .126A3
Saint-Agnet (40) 164B5
Saint-Agnin-sur-Bion (38) ..130D5
Saint-Agoulin (63) 113G6
Saint-Agrève (07) 143F4
Saint-Aignan (08) 24B2
Saint-Aignan (33) 135G4
Saint-Aignan (41) 96A1
Saint-Aignan (56) 55E1
Saint-Aignan (72) 60B4
Saint-Aignan (82) 166C2
Saint-Aignan-
    -de-Couptrain (53) 59F1
Saint-Aignan-
    -de-Cramesnil (14) 16C5
Saint-Aignan-des-Gués (45) ..81G1
Saint-Aignan-des-Noyers (18) .98B5
Saint-Aignan-Grandlieu (44) .74C6
Saint-Aignan-le-Jaillard (45) .81G2
Saint-Aignan-sur-Roë (53) ...76A1
Saint-Aignan-sur-Ry (76) 19E4
Saint-Aigny (36) 110B1
Saint-Aigulin (17) 136A3
Saint-Ail (54) 26A5
Saint-Albain (71) 116B2
Saint-Alban (01) 117F5
Saint-Alban (22) 34A4
Saint-Alban (31) 167E5
Saint-Alban-Auriolles (07) .157F3
Saint-Alban-d'Ay (07) 143F6
Saint-Alban-de-Montbel (73) .131G4
Saint-Alban-de-Roche (38) ..130D4
Saint-Alban-
    -des-Hurtières (73) 132C5
Saint-Alban-les-Villards (73) .132C1
Saint-Alban-du-Rhône (38) ..130A6
Saint-Alban-
    -en-Montagne (07) 156D1
Saint-Alban-les-Eaux (42) ..128C1
Saint-Alban-Leysse (73) 131H4
Saint-Alban-
    -sur-Limagnole (48) 141H6
Saint-Albin-de-Vaulserre (38) .131G5
Saint-Alexandre (30) 157H5
Saint-Algis (02) 11H6
Saint-Allouestre (56) 55G4
Saint-Alpinien (23) 125H1
Saint-Alyre-d'Arlanc (63) ..142A1
Saint-Alyre-ès-Montagne (63) .141E1
Saint-Amadou (09) 184A4
Saint-Amancet (81) 184C1
Saint-Amand (23) 125H1
Saint-Amand (50) 37F2
Saint-Amand (62) 9H3
Saint-Amand-de-Belvès (24) .137H6
Saint-Amand-de-Coly (24) ...138B4
Saint-Amand-de-Vergt (24) ..137F4
Saint-Amand-
    -des-Hautes-Terres (27) ..18B6
Saint-Amand-
    -en-Puisaye (58) 82C4
Saint-Amand-Jartoudeix (23) .124D2
Saint-Amand-le-Petit (87) ..125E3
Saint-Amand-les-Eaux (62) ...11F1
Saint-Amand-Longpré (41) 79F3
Saint-Amand-Magnazeix (87) .110D5
Saint-Amand-Montrond (18) ...97H6
Saint-Amand-sur-Fion (51) ...46B4
Saint-Amand-sur-Ornain (55) .47G5
Saint-Amand-sur-Sèvre (79) ..92C4
Saint-Amandin (15) 140C1
Saint-Amans (09) 183G4
Saint-Amans (11) 184B3
Saint-Amans (48) 156A1
Saint-Amans-de-Pellagal (82) .152A5
Saint-Amans-des-Cots (12) ..154C1
Saint-Amans-du-Pech (82) ...151G5
Saint-Amans-Soult (81) 185F1
Saint-Amans-Valtoret (81) ..185F1
Saint-Amant 122B6
Saint-Amant-de-Boixe (16) ..122B3
Saint-Amant-
    -de-Bonnieure (16) 122C2
Saint-Amant-de-Nouère (16) .122B3
Saint-Amant-
    -Roche-Savine (63) 128A5
Saint-Amant-Tallende (63) ..127F4
Saint-Amarin (68) 70D6
Saint-Ambreuil (71) 101G4
Saint-Ambroix (18) 97E4
Saint-Ambroix (30) 157F5
Saint-Amé (88) 70B5
Saint-Amour (39) 117E2
Saint-Amour-Bellevue (71) ..116B4
Saint-Andelain (58) 82C3
Saint-Andéol (26) 144B2
Saint-Andéol (38) 144C6
Saint-Andéol (38) 145C4
Saint-Andéol-de-Berg (07) ..157H3
Saint-Andéol-
    -de-Clerguemort (48) 156D5

284

Saint-Andéol-de-Fourchades (07)...........143 F5
Saint-Andéol-de-Vals (07).........157 G1
Saint-Andéol-le-Château (69)..129 H4
Saint-Andeux (21)...................84 B5
Saint-Andiol (13)....................173 E3
Saint-André (31)....................182 C3
Saint-André (32)....................166 B6
Saint-André (66)....................201 E4
Saint-André (73)....................147 E2
Saint-André (81)....................168 D2
Saint-André-Capcèze (48)........156 D4
Saint-André-d'Allas (24)..........138 A5
Saint-André-d'Apchon (42)......114 D6
Saint-André-de-Bâgé (01)........116 C4
Saint-André-de-Boëge (74)......118 D4
Saint-André-de-Bohon (50)........15 E6
Saint-André-de-Briouze (61)......38 C5
Saint-André-de-Bueges (34)....170 D3
Saint-André-de-Chalencon (43)........142 D2
Saint-André-de-Corcy (01)......130 B1
Saint-André-de-Cruzières (07)..157 F4
Saint-André-de-Cubzac (33).....135 F4
Saint-André-de-Double (24)....136 C3
Saint-André-de-la-Marche (49)...............75 G6
Saint-André-de-Lancize (48)....156 C5
Saint-André-de-la-Roche (06)..177 E5
Saint-André-de-l'Épine (50)......37 G1
Saint-André-de-l'Eure (27).......41 E3
Saint-André-de-Lidon (17)......120 D4
Saint-André-de-Majencoules (30)........170 D1
Saint-André-de-Messei (61)......38 B5
Saint-André-de-Najac (12).....153 G6
Saint-André-de-Roquelongue (11)........185 H4
Saint-André-de-Roquepertuis (30)......157 G5
Saint-André-de-Rosans (05).....159 F4
Saint-André-de-Sangonis (34)..170 C5
Saint-André-de-Seignanx (40)..162 B5
Saint-André-de-Valborgne (30)..............156 B6
Saint-André-de-Vézines (12)...155 G6
Saint-André-d'Embrun (05)......161 E1
Saint-André-des-Eaux (22).......34 D6
Saint-André-des-Eaux (44).......73 F4
Saint-André-d'Hébertot (14).....17 F3
Saint-André-d'Huiriat (01)......116 C4
Saint-André-d'Olérargues (30).157 G6
Saint-André-du-Bois (33).......149 H6
Saint-André-en-Barrois (55).....47 F2
Saint-André-en-Bresse (71)....101 H6
Saint-André-en-Morvan (58)......83 H5
Saint-André-en-Royans (38)....145 E3
Saint-André-en-Terre-Plaine (89)..............84 B5
Saint-André-en-Vivarais (07)...143 F3
Saint-André-et-Appelles (33)..136 C6
Saint-André-Farivillers (60).....20 C3
Saint-André-Goule-d'Oie (85)...91 H3
Saint-André-la-Côte (69).......129 G4
Saint-André-Lachamp (07).....157 E3
Saint-André-le-Bouchoux (01)..116 D5
Saint-André-le-Coq (63).......127 G1
Saint-André-le-Désert (71)....115 H2
Saint-André-le-Gaz (38)......131 F5
Saint-André-le-Puy (42).......129 E4
Saint-André-les-Alpes (04)....175 G1
Saint-André-les-Vergers (10)....66 B3
Saint-André-lez-Lille (59).........3 F5
Saint-André-sur-Cailly (76).......7 H5
Saint-André-sur-Orne (14).......16 E5
Saint-André-sur-Sèvre (79)......92 C5
Saint-André-sur-Vieux-Jonc (01)............116 D5
Saint-André-Treize-Voies (85)..91 G2
Saint-Androny (33).............135 E2
Saint-Ange (44)................144 C3
Saint-Ange-et-Torçay (28)......41 E6
Saint-Ange-le-Viel (77).........64 B3
Saint-Angeau (16)..............122 C2
Saint-Angel (03)..............112 D3
Saint-Angel (19)..............125 H5
Saint-Angel (63)..............127 E1
Saint-Anthème (63)...........128 C5
Saint-Anthot (21)...............85 E6
Saint-Antoine................32 D6
Saint-Antoine (15)............154 A1
Saint-Antoine (25)............103 H5
Saint-Antoine (32)............166 B1
Saint-Antoine (33)............135 F4
Saint-Antoine-Cumond (24)..136 C2
Saint-Antoine-d'Auberoche (24)...............137 G3
Saint-Antoine-de-Breuilh (24)..136 B5
Saint-Antoine-de-Ficalba (47)..151 F4
Saint-Antoine-du-Queyret (33)..136 A6
Saint-Antoine-du-Rocher (37)...78 D4
Saint-Antoine-la-Forêt (76).......6 C5
Saint-Antoine-l'Abbaye (38)...144 D2
Saint-Antoine-sur-l'Isle (33)..136 B4
Saint-Antonin (06).............176 A4
Saint-Antonin (32)............166 A4
Saint-Antonin-de-Lacalm (81)..168 C4
Saint-Antonin-de-Sommaire (27)..............40 B4
Saint-Antonin-du-Var (83)....175 F6
Saint-Antonin-Noble-Val (82)..153 E6
Saint-Antonin-sur-Bayon (13)..174 B6
Saint-Aoustrille (36)...........96 D6
Saint-Août (36)................96 D6
Saint-Apollinaire (05).........160 D2
Saint-Apollinaire (21)..........85 H6
Saint-Apollinaire-de-Rias (07)..143 H5
Saint-Appolinaire (69)........129 F1
Saint-Appolinard (38)........144 D2
Saint-Appolinard (42)........143 H1

Saint-Aquilin (24)..............137 E2
Saint-Aquilin-de-Corbion (61)..40 A6
Saint-Aquilin-de-Pacy (27)......41 F2
Saint-Araille (31).............182 D2
Saint-Arailles (32)...........165 F5
Saint-Arcons-d'Allier (43).....142 A4
Saint-Arcons-de-Barges (43)..142 C6
Saint-Arey (38)...............145 G5
Saint-Armel (35)................57 F3
Saint-Armel (56)................72 D1
Saint-Armou (64)..............180 C1
Saint-Arnac (66)..............199 F2
Saint-Arnoult (14)..............17 E3
Saint-Arnoult (41)..............79 F3
Saint-Arnoult (60)..............19 H2
Saint-Arnoult (76)...............7 E5
Saint-Arnoult-des-Bois (28)....61 H1
Saint-Arnoult-en-Yvelines (78)..42 B6
Saint-Arroman (32)............181 H1
Saint-Arroman (65)...........181 G4
Saint-Arroumex (82)..........166 C2
Saint-Astier (24).............137 E3
Saint-Astier (47).............150 C1
Saint-Auban (06).............176 A4
Saint-Auban-sur-l'Ouvèze (26)...........159 F4
Saint-Aubert (59)...............11 F3
Saint-Aubert-sur-Orne (61)....38 D4
Saint-Aubin (10)................65 F1
Saint-Aubin (21)..............101 F4
Saint-Aubin (36)................97 E5
Saint-Aubin (39)..............102 B3
Saint-Aubin (40).............163 G4
Saint-Aubin (47).............151 G3
Saint-Aubin (59)................12 A3
Saint-Aubin (62).................8 C1
Saint-Aubin (91)................42 C5
Saint-Aubin-Celloville (76).....18 D5
Saint-Aubin-Château-Neuf (89)..............83 E2
Saint-Aubin-d'Appenai (61).....60 B1
Saint-Aubin-d'Arquenay (14)....16 C4
Saint-Aubin-d'Aubigné (35).....57 F1
Saint-Aubin-de-Blaye (33)....135 F1
Saint-Aubin-de-Bonneval (61)..39 H3
Saint-Aubin-de-Branne (33)..135 H6
Saint-Aubin-de-Cadelech (24)..151 E1
Saint-Aubin-de-Courteraie (61)..............39 H6
Saint-Aubin-de-Crétot (76).......6 D5
Saint-Aubin-de-Lanquais (24)..137 E6
Saint-Aubin-de-Locquenay (72)..............59 H3
Saint-Aubin-de-Luigné (49).....76 D2
Saint-Aubin-de-Médoc (33)...134 D5
Saint-Aubin-de-Nabirat (24)...152 B1
Saint-Aubin-de-Scellon (27)...19 G6
Saint-Aubin-de-Terregatte (50)..35 H4
Saint-Aubin-d'Écrosville (27)...40 D1
Saint-Aubin-des-Bois (14).......37 G4
Saint-Aubin-des-Bois (28).......62 A1
Saint-Aubin-des-Châteaux (44)..............57 G6
Saint-Aubin-des-Chaumes (58)..............83 H5
Saint-Aubin-des-Coudrais (72)..............60 D4
Saint-Aubin-des-Grois (61).....60 D2
Saint-Aubin-des-Hayes (27)....40 B2
Saint-Aubin-des-Landes (35)...57 H3
Saint-Aubin-des-Ormeaux (85)..92 A3
Saint-Aubin-des-Préaux (50)...35 G2
Saint-Aubin-du-Cormier (35)...57 G1
Saint-Aubin-du-Désert (53).....59 G3
Saint-Aubin-du-Pavail (35).....57 G3
Saint-Aubin-du-Perron (50).....14 D6
Saint-Aubin-du-Plain (79)......93 E4
Saint-Aubin-du-Thenney (27)...17 G6
Saint-Aubin-en-Bray (60).......19 H4
Saint-Aubin-en-Charollais (71)..115 F2
Saint-Aubin-Épinay (76).........7 H6
Saint-Aubin-Fosse-Louvain (53)..............58 C1
Saint-Aubin-la-Plaine (85)....106 D2
Saint-Aubin-le-Cauf (76).........7 H2
Saint-Aubin-le-Cloud (79)......93 E6
Saint-Aubin-le-Dépeint (37)....78 C3
Saint-Aubin-le-Guichard (27)...40 B2
Saint-Aubin-le-Monial (03)....113 F2
Saint-Aubin-le-Vertueux (27)...17 H6
Saint-Aubin-lès-Elbeuf (76)....18 C5
Saint-Aubin-les-Forges (58)....98 D2
Saint-Aubin-Montenoy (80).......9 E6
Saint-Aubin-Rivière (80).........8 D6
Saint-Aubin-Routot (76)..........6 C5
Saint-Aubin-sous-Erquery (60)..20 D4
Saint-Aubin-sur-Aire (55).......47 G5
Saint-Aubin-sur-Gaillon (27)...41 F1
Saint-Aubin-sur-Loire (71)....114 C1
Saint-Aubin-sur-Mer (14).......16 B3
Saint-Aubin-sur-Mer (76).........7 F2
Saint-Aubin-sur-Quilleboeuf (27)...........6 D6
Saint-Aubin-sur-Scie (76).......7 G2
Saint-Aubin-sur-Yonne (89)....65 E6
Saint-Augustin (17)...........120 B3
Saint-Augustin (19)...........125 E6
Saint-Augustin (77).............43 H4
Saint-Augustin-des-Bois (49)...75 H3
Saint-Aulaire (19)............138 B2
Saint-Aulais-la-Chapelle (16)..122 A6
Saint-Aulaye (24).............136 B2
Saint-Aunès (34)..............171 F5
Saint-Aunix-Lengros (32)....164 D5
Saint-Aupre (38)..............131 G6
Saint-Austremoine (43)......141 G3
Saint-Auvent (87)............123 G3

Saint-Avaugourd-des-Landes (85)..............91 F5
Saint-Avé (56).................55 G6
Saint-Aventin (31)...........196 A4
Saint-Avertin (37).............79 E6
Saint-Avit (16)...............136 B2
Saint-Avit (26)...............144 B2
Saint-Avit (40)...............164 A2
Saint-Avit (41)................61 F5
Saint-Avit (47)...............150 C2
Saint-Avit (63)...............126 B2
Saint-Avit (81)...............168 B6
Saint-Avit-de-Soulège (33)...136 B6
Saint-Avit-de-Tardes (23)....125 H2
Saint-Avit-de-Vialard (24)...137 G5
Saint-Avit-Frandat (32)......165 H2
Saint-Avit-les-Guespières (28)..61 H3
Saint-Avit-Rivière (24)......137 G6
Saint-Avit-Saint-Nazaire (33)..136 C5
Saint-Avit-Sénieur (24)......137 G5
Saint-Avold (57)...............27 F5
Saint-Avre (73)...............132 C6
Saint-Ay (45)..................80 C1
Saint-Aybert (59)..............11 G1
Saint-Aygulf (83)............192 D3
Saint-Babel (63).............127 G4
Saint-Baldoph (73)...........131 H5
Saint-Bandry (02)..............21 H5
Saint-Baraing (39)...........102 C3
Saint-Barbant (87)...........109 H5
Saint-Bard (23)..............126 A2
Saint-Bardoux (26)...........144 B3
Saint-Barnabé (22)............55 G2
Saint-Barthélemy (38)........144 C1
Saint-Barthélemy (40)........162 C6
Saint-Barthélemy (50)..........37 G5
Saint-Barthélemy (56)..........55 E4
Saint-Barthélemy (70)..........88 B2
Saint-Barthélemy (77)..........44 B4
Saint-Barthélemy-d'Agenais (47)........150 D3
Saint-Barthélemy-d'Anjou (49)..77 E4
Saint-Barthélemy-de-Bellegarde (24)....136 C3
Saint-Barthélemy-de-Bussière (24)......123 F4
Saint-Barthélemy-de-Séchilienne (38)..145 H3
Saint-Barthélemy-de-Vals (26)..144 B2
Saint-Barthélemy-Grozon (07)..143 H4
Saint-Barthélemy-le-Meil (07)..143 G5
Saint-Barthélemy-le-Plain (07)..144 A3
Saint-Barthélemy-Lestra (42)..129 F3
Saint-Basile (07).............143 G4
Saint-Baslemont (88)...........69 F4
Saint-Baudel (18)..............97 F5
Saint-Baudelle (53)............58 D3
Saint-Baudille-de-la-Tour (38)..130 D2
Saint-Baudille-et-Pipet (38)..145 G6
Saint-Bauld (37)...............95 E2
Saint-Baussant (54)............48 A3
Saint-Bauzeil (09)...........183 G4
Saint-Bauzély (30)...........171 H2
Saint-Bauzile (07)...........143 H6
Saint-Bauzile (48)...........156 A3
Saint-Bauzille-de-la-Sylve (34)........170 D5
Saint-Bauzille-de-Montmel (34)..171 F4
Saint-Bauzille-de-Putois (34)..171 E3
Saint-Bazile (87)............123 G3
Saint-Bazile-de-la-Roche (19)..139 F3
Saint-Bazile-de-Meyssac (19)..139 E4
Saint-Béat (31)..............182 B6
Saint-Beaulize (12)..........170 A3
Saint-Beauzeil (82)..........151 G4
Saint-Beauzély (12)..........155 E6
Saint-Beauzile (81).........167 H2
Saint-Beauzire (43)..........141 G2
Saint-Beauzire (63)..........127 F2
Saint-Bénézet (30)...........171 G2
Saint-Bénigne (01)...........116 C2
Saint-Benin (59)...............11 F4
Saint-Benin-d'Azy (58).........99 E3
Saint-Benin-des-Bois (58)......99 E2
Saint-Benoist-sur-Mer (85)....91 G6
Saint-Benoist-sur-Vanne (10)...65 H2
Saint-Benoît (01)............131 F3
Saint-Benoît (04)............176 A3
Saint-Benoît (11)............184 C5
Saint-Benoît (86)............109 E1
Saint-Benoît-de-Carmaux (81)..168 B1
Saint-Benoît-des-Ombres (27)..17 H4
Saint-Benoît-des-Ondes (35)....35 E4
Saint-Benoît-d'Hébertot (14)...17 F3
Saint-Benoît-du-Sault (36)....110 D3
Saint-Benoît-en-Diois (26)....159 E1
Saint-Benoit-la-Chipotte (88)...70 D2
Saint-Benoît-la-Forêt (37)......94 B1
Saint-Benoît-sur-Loire (45)....81 G2
Saint-Benoît-sur-Seine (10)....66 A2
Saint-Bérain (43)............142 A4
Saint-Bérain-sous-Sanvignes (71)......100 C6
Saint-Bérain-sur-Dheune (71)..101 E5
Saint-Bernard (01)...........129 H1
Saint-Bernard (21)...........101 H2
Saint-Bernard (38)...........145 H1
Saint-Bernard (68).............89 E2
Saint-Béron (73).............131 G5
Saint-Berthevin (53)...........58 C5
Saint-Berthevin-la-Tannière (53)........58 B2
Saint-Bertrand-de-Comminges (31)......182 A5
Saint-Biez-en-Belin (72).......78 D1
Saint-Bihy (22)................33 F5
Saint-Blaise (06)............177 E4
Saint-Blaise (74)............118 B5

Saint-Blaise-du-Buis (38).....131 F6
Saint-Blaise-la-Roche (67).....71 E1
Saint-Blancard (32)..........182 A2
Saint-Blimont (80)..............8 C4
Saint-Blin (52)................68 B3
Saint-Boès (64)..............163 F6
Saint-Bohaire (41)............79 H3
Saint-Boil (71)..............101 F6
Saint-Boingt (54)..............69 H1
Saint-Bomer (28)..............61 E4
Saint-Bômer-les-Forges (61)...38 B5
Saint-Bon (51)................44 C5
Saint-Bon-Tarentaise (73)....133 E5
Saint-Bonnet (16)............122 A6
Saint-Bonnet-Avalouze (19)...139 E2
Saint-Bonnet-Briance (87).....124 C3
Saint-Bonnet-de-Bellac (87)..110 A5
Saint-Bonnet-de-Chavagne (38)............144 D3
Saint-Bonnet-de-Chirac (48)...155 G3
Saint-Bonnet-de-Condat (15)..140 D2
Saint-Bonnet-de-Cray (71)....115 F5
Saint-Bonnet-de-Four (03)....113 F4
Saint-Bonnet-de-Joux (71)....115 G2
Saint-Bonnet-de-Montauroux (48)......142 B6
Saint-Bonnet-de-Mure (69)...130 B3
Saint-Bonnet-de-Rochefort (03)........113 G5
Saint-Bonnet-de-Salendrinque (30)....171 F1
Saint-Bonnet-de-Salers (15)..140 B3
Saint-Bonnet-de-Valclérieux (26)......144 C2
Saint-Bonnet-de-Vieille-Vigne (71).......115 F2
Saint-Bonnet-des-Bruyères (69)........115 H4
Saint-Bonnet-des-Quarts (42)..114 D5
Saint-Bonnet-du-Gard (30)....172 B2
Saint-Bonnet-Elvert (19).....139 F3
Saint-Bonnet-en-Bresse (71)..102 A4
Saint-Bonnet-en-Champsaur (05)........160 B1
Saint-Bonnet-la-Rivière (19)..138 C2
Saint-Bonnet-le-Bourg (63)...128 A6
Saint-Bonnet-le-Chastel (63)..128 A6
Saint-Bonnet-le-Château (42)..128 D6
Saint-Bonnet-le-Courreau (42)..128 C4
Saint-Bonnet-le-Froid (43)....143 F3
Saint-Bonnet-le-Troncy (69)..115 G6
Saint-Bonnet-l'Enfantier (19)..138 C1
Saint-Bonnet-lès-Allier (63)..127 G3
Saint-Bonnet-les-Oules (42)..129 F5
Saint-Bonnet-les-Tours-de-Merle (19)..139 G4
Saint-Bonnet-près-Bort (19)..126 A5
Saint-Bonnet-près-Orcival (63)........126 D4
Saint-Bonnet-près-Riom (63)..127 F2
Saint-Bonnet-sur-Gironde (17)..135 E6
Saint-Bonnet-Tronçais (03)...112 D1
Saint-Bonnot (58)..............99 E1
Saint-Bouize (18)..............98 B1
Saint-Brancher (89)............84 A5
Saint-Branchs (37).............95 E1
Saint-Brandan (22).............33 F5
Saint-Brès (30)..............157 F5
Saint-Brès (32)..............166 A4
Saint-Brès (34)..............171 G5
Saint-Bresson (30)...........170 D2
Saint-Bresson (70)............70 A6
Saint-Bressou (46)...........153 G1
Saint-Brevin-les-Pins (44).....73 G4
Saint-Brévin-l'Océan (44)......73 G5
Saint-Briac-sur-Mer (35).......34 C3
Saint-Brice (16).............121 G3
Saint-Brice (33).............150 A1
Saint-Brice (50)...............35 H3
Saint-Brice (53)...............77 E1
Saint-Brice (61)...............38 B6
Saint-Brice (77)...............44 B6
Saint-Brice-Courcelles (51)....23 E6
Saint-Brice-de-Landelles (50)..37 F6
Saint-Brice-en-Coglès (35).....35 H6
Saint-Brice-sous-Forêt (95)....42 D2
Saint-Brice-sous-Rânes (61)....38 D5
Saint-Brice-sur-Vienne (87)...123 G4
Saint-Brieuc (22)..............33 G4
Saint-Brieuc-de-Mauron (56)...56 B2
Saint-Brieuc-des-Iffs (35).....57 F1
Saint-Bris-des-Bois (17)......121 F3
Saint-Bris-le-Vineux (89)......83 G2
Saint-Brisson (58)............100 B1
Saint-Brisson-sur-Loire (45)...82 A3
Saint-Broing (70)..............86 D5
Saint-Broing-les-Moines (21)..85 G2
Saint-Broingt-le-Bois (52).....86 B2
Saint-Broingt-les-Fosses (52)..86 A2
Saint-Broladre (35)............35 F4
Saint-Bueil (38).............131 G5
Saint-Cado (56)................54 D6
Saint-Calais (72)..............61 E6
Saint-Calais-du-Désert (53)....59 G1
Saint-Calez-en-Saosnois (72)..60 B3
Saint-Cannat (13)............173 G5
Saint-Caprais (03)...........112 D2
Saint-Caprais (18)............97 F4
Saint-Caprais (32)...........166 A2
Saint-Caprais (46)...........152 A2
Saint-Caprais-de-Blaye (33)..135 F1
Saint-Caprais-de-Bordeaux (33)........135 F6
Saint-Caprais-de-Lerm (47)...151 G1
Saint-Capraise-de-Lalinde (24)........137 E5
Saint-Capraise-d'Eymet (24)..151 E1
Saint-Caradec (22).............55 F1
Saint-Caradec-Trégomel (56)...54 C3
Saint-Carné (22)...............34 C5

Saint-Carreuc (22).............33 G5
Saint-Cassien (24)...........151 G1
Saint-Cassien (38)...........131 F6
Saint-Cassin (38)............131 H5
Saint-Cast-le-Guildo (22)......34 B3
Saint-Castin (64)............180 C1
Saint-Célerin (72).............60 C4
Saint-Céneré (53)..............58 D4
Saint-Céneri-le-Gérei (61)......59 F2
Saint-Céols (18)...............98 A1
Saint-Céré (46)..............139 F5
Saint-Cergues (74)...........118 D4
Saint-Cernin (15)............140 A4
Saint-Cernin (46)............152 D2
Saint-Cernin-de-l'Herm (24)..137 F6
Saint-Cernin-de-Labarde (24)..137 E6
Saint-Cernin-de-Larche (19)..138 C3
Saint-Cernin-de-Reilhac (24)..137 H4
Saint-Césaire (17)...........121 F3
Saint-Césaire-de-Gauzignan (30).......171 H1
Saint-Cézaire-sur-Siagne (06)..176 B6
Saint-Cézert (31)............166 D4
Saint-Chabrais (23)..........112 A5
Saint-Chaffrey (05)..........147 E4
Saint-Chamant (15)...........140 A3
Saint-Chamant (19)...........139 F3
Saint-Chamarand (46)........152 C1
Saint-Chamas (13)............173 F6
Saint-Chamassy (24).........137 G5
Saint-Chamond (42)..........129 G5
Saint-Champ (01).............131 G2
Saint-Chaptes (30)...........172 A2
Saint-Charles-de-Percy (14)...37 H1
Saint-Charles-la-Forêt (53)....59 E6
Saint-Chartier (36)..........111 G1
Saint-Chef (38)..............131 E4
Saint-Chels (46).............153 F3
Saint-Chély-d'Apcher (48)....141 G6
Saint-Chély-d'Aubrac (12)....155 E2
Saint-Chély-du-Tarn (48).....155 H4
Saint-Chéron (51)..............46 B6
Saint-Chéron (91).............63 E1
Saint-Chinian (34)...........186 C1
Saint-Christ-Briost (80)......10 C6
Saint-Christau................180 A4
Saint-Christaud (31).........182 D3
Saint-Christaud (32).........165 E6
Saint-Christo-en-Jarez (42)..129 G5
Saint-Christol (07)..........143 G5
Saint-Christol (34)..........171 G4
Saint-Christol (84)..........174 A1
Saint-Christol-de-Rodières (30).......157 H5
Saint-Christol-lès-Alès (30)..171 G1
Saint-Christoly-de-Blaye (33)..135 F3
Saint-Christoly-Médoc (33)..120 D6
Saint-Christophe (03)........114 B5
Saint-Christophe (16)........123 G1
Saint-Christophe (17)........107 E5
Saint-Christophe (23)........111 G6
Saint-Christophe (28)..........62 A5
Saint-Christophe (69)........115 H4
Saint-Christophe (73)........131 G5
Saint-Christophe (81)........153 E6
Saint-Christophe (86)..........94 B4
Saint-Christophe-à-Berry (02)..21 H4
Saint-Christophe-d'Allier (43)..142 B5
Saint-Christophe-de-Chaulieu (61)......37 H4
Saint-Christophe-de-Double (33)........136 A3
Saint-Christophe-de-Valains (35).......35 G6
Saint-Christophe-des-Bardes (33).......135 H5
Saint-Christophe-des-Bois (35)........57 H2
Saint-Christophe-Dodinicourt (10)......66 D2
Saint-Christophe-du-Bois (49)..92 B3
Saint-Christophe-du-Foc (50)..14 B3
Saint-Christophe-du-Jambet (72).......59 H3
Saint-Christophe-du-Ligneron (85)......91 E3
Saint-Christophe-du-Luat (53)..59 E4
Saint-Christophe-en-Bazelle (36)......96 C2
Saint-Christophe-en-Boucherie (36)....97 E6
Saint-Christophe-en-Bresse (71)......101 H5
Saint-Christophe-en-Brionnais (71)....115 F4
Saint-Christophe-en-Champagne (72)..59 G6
Saint-Christophe-en-Oisans (38).......146 B4
Saint-Christophe-et-le-Laris (26)....144 C2
Saint-Christophe-la-Couperie (49).....75 F5
Saint-Christophe-le-Chaudry (18).....112 B1
Saint-Christophe-le-Jajolet (61).......39 E5
Saint-Christophe-sur-Avre (27)..40 C5
Saint-Christophe-sur-Condé (27).......17 H3
Saint-Christophe-sur-Dolaison (43)...142 C4
Saint-Christophe-sur-Guiers (38).....131 G5
Saint-Christophe-sur-le-Nais (37)......78 C3
Saint-Christophe-sur-Roc (79)..108 A2
Saint-Christophe-Vallon (12)..154 B3
Saint-Cibard (33)............136 A5
Saint-Cierge-la-Serre (07)...143 H6

Saint-Cierge-sous-le-Cheylard (07)....143 G5
Saint-Ciergues (52)...........86 A1
Saint-Ciers-Champagne (17)..121 G6
Saint-Ciers-d'Abzac (33)....135 G4
Saint-Ciers-de-Canesse (33)..135 E4
Saint-Ciers-du-Taillon (17)..121 E6
Saint-Ciers-sur-Bonnieure (16)..122 C2
Saint-Ciers-sur-Gironde (33)..135 E1
Saint-Cirgue (81)............168 D2
Saint-Cirgues (43)...........141 H3
Saint-Cirgues (46)...........153 H1
Saint-Cirgues-de-Jordanne (15)........140 B4
Saint-Cirgues-de-Malbert (15)........140 A4
Saint-Cirgues-de-Prades (07)..157 E2
Saint-Cirgues-en-Montagne (07)........142 D2
Saint-Cirgues-la-Loutre (19)..139 G3
Saint-Cirgues-sur-Couze (63)..127 F5
Saint-Cirice (82)............166 B3
Saint-Cirq (24)..............137 H5
Saint-Cirq (82)..............152 D2
Saint-Cirq-Lapopie (46)......153 E3
Saint-Cirq-Madelon (46).....138 D6
Saint-Cirq-Souillaguet (46)..152 C1
Saint-Civran (36)............110 D2
Saint-Clair (07).............143 H1
Saint-Clair (46).............152 C1
Saint-Clair (82).............151 H6
Saint-Clair (86)..............93 H4
Saint-Clair-d'Arcey (27).......40 B2
Saint-Clair-de-Halouze (61)...38 B5
Saint-Clair-de-la-Tour (38)..131 E4
Saint-Clair-du-Rhône (38)...130 A6
Saint-Clair-sur-Epte (95).....19 G6
Saint-Clair-sur-Galaure (38)..144 C2
Saint-Clair-sur-l'Elle (50).....15 F4
Saint-Clair-sur-les-Monts (76)..7 F5
Saint-Clar (32)..............166 A3
Saint-Clar-de-Rivière (31)...183 E1
Saint-Claud (16).............123 E2
Saint-Claude (39)............118 A3
Saint-Claude-de-Diray (41)....80 A3
Saint-Clément (02).............23 E1
Saint-Clément (03)...........114 C6
Saint-Clément (07)...........143 E4
Saint-Clément (15)...........140 C4
Saint-Clément (19)...........138 D1
Saint-Clément (30)...........171 G3
Saint-Clément (54).............49 F6
Saint-Clément (89).............65 E2
Saint-Clément-à-Arnes (08)....23 H5
Saint-Clément-de-la-Place (49)..........76 C4
Saint-Clément-de-Régnat (63)..127 G1
Saint-Clément-de-Rivière (34)..171 F4
Saint-Clément-de-Valorgue (63)........128 C5
Saint-Clément-de-Vers (69)..115 G4
Saint-Clément-des-Baleines (17)......106 A2
Saint-Clément-des-Levées (49)..........77 G2
Saint-Clément-les-Places (69)..129 F3
Saint-Clément-Rancoudray (50)..........37 H4
Saint-Clément-sur-Durance (05).......161 E2
Saint-Clément-sur-Guye (71)..115 H2
Saint-Clément-sur-Valsonne (69).......129 F2
Saint-Clémentin (79)..........93 E3
Saint-Clet (22)...............33 E3
Saint-Cloud (92)..............42 C2
Saint-Cloud-en-Dunois (28)....62 A4
Saint-Colomb-de-Lauzun (47)..151 F2
Saint-Colomban (44)...........72 B4
Saint-Colomban (44)...........91 F3
Saint-Colomban-des-Villards (73)......146 B2
Saint-Côme...................53
Saint-Côme (33)..............149
Saint-Côme-de-Fresné (14)....16 A4
Saint-Côme-d'Olt (12)........154 D2
Saint-Côme-et-Maruéjols (30)..171 H3
Saint-Congard (56).............56
Saint-Connan (22)..............33
Saint-Connec (22)..............55
Saint-Constant (15)...........153
Saint-Contest (14)............16
Saint-Corneille (72)...........60
Saint-Cornier-des-Landes (61)..38
Saint-Cosme (68)..............89
Saint-Cosme-en-Vairais (72)....60
Saint-Couat-d'Aude (11)......185
Saint-Couat-du-Razès (11)....184
Saint-Coulitz (29).............53
Saint-Coulomb (35)............35
Saint-Coutant (16)...........122
Saint-Coutant (79)...........108
Saint-Coutant-le-Grand (17)..121
Saint-Créac (32)..............166
Saint-Créac (65).............181
Saint-Crépin (05)............161
Saint-Crépin (17)............107
Saint-Crépin-aux-Bois (60)....21
Saint-Crépin-d'Auberoche (24)..137
Saint-Crépin-de-Richemont (24)..123
Saint-Crépin-et-Carlucet (24)..138
Saint-Crépin-Ibouvillers (60)..21
Saint-Crespin (32)............166
Saint-Crespin-sur-Moine (49)...7
Saint-Cricq (32).............166
Saint-Cricq-Chalosse (40)....163
Saint-Cricq-du-Gave (40).....163

Saint-Cricq-Villeneuve (40)......164A2
Saint-Cybardeaux (16) 122A3
Saint-Cybranet (24) 138A6
Saint-Cydroine 65F6
Saint-Cyprien (24).............138E2
Saint-Cyprien (24).............137H5
Saint-Cyprien (42).............129E5
Saint-Cyprien (46).............152B5
Saint-Cyprien (66).............201E3
Saint-Cyprien-Plage 201E3
Saint-Cyprien-
  sur-Dourdou (12)............154B3
Saint-Cyr (07) 143H2
Saint-Cyr (50) 14D3
Saint-Cyr (71) 101G6
Saint-Cyr (86) 94C6
Saint-Cyr (87) 123H3
Saint-Cyr-au-Mont-d'Or (69) ..130A2
Saint-Cyr-de-Favières (42) 128D1
Saint-Cyr-de-Salerne (27)......40B1
Saint-Cyr-de-Valorges (42).....129E2
Saint-Cyr-des-Gâts (85)........107E1
Saint-Cyr-du-Bailleul (50).....38A6
Saint-Cyr-du-Doret (17)........107E4
Saint-Cyr-du-Gault (41) 79F3
Saint-Cyr-du-Ronceray (14) 17F6
Saint-Cyr-en-Arthies (95)......41H2
Saint-Cyr-en-Bourg (49)........93G1
Saint-Cyr-en-Pail (53).........59G2
Saint-Cyr-en-Talmondais (85)...91G6
Saint-Cyr-en-Val (45) 80D2
Saint-Cyr-la-Campagne (27) 18C6
Saint-Cyr-la-Lande (79)........93G3
Saint-Cyr-la-Rivière (91)......63F3
Saint-Cyr-la-Roche (19)........138C2
Saint-Cyr-la-Rosière (61) 60D3
Saint-Cyr-le-Chatoux (69)......115H6
Saint-Cyr-le-Gravelais (53)....58B5
Saint-Cyr-l'École (78) 42B4
Saint-Cyr-
  les-Champagnes (24).........138B1
Saint-Cyr-les-Colons (89)......83G2
Saint-Cyr-les-Vignes (42)......129F4
Saint-Cyr-Montmalin (39) 102D3
Saint-Cyr-sous-Dourdan (91) ...42B6
Saint-Cyr-sur-le-Rhône (69) ...130A3
Saint-Cyr-sur-Loire (37) 78D5
Saint-Cyr-sur-Menthon (01) 116C4
Saint-Cyr-sur-Mer (83) 191F5
Saint-Cyr-sur-Morin (77) 44A3
Saint-Cyran-du-Jambot (36) 95G3
Saint-Cyr sur Chars 42B1
Saint-Dalmas 176D2
Saint-Dalmas-de-Tende 177D2
Saint-Dalmas-le-Selvage (06)...161G4
Saint-Dalmazy 155F5
Saint-Daunès (46).............152B4
Saint-Dégan 55E6
Saint-Denis (11) 184D4
Saint-Denis (30) 157F5
Saint-Denis (89) 65E4
Saint-Denis (93) 42D3
Saint-Denis-Catus (46) 152C2
Saint-Denis-Combarnazat (63)..127G1
Saint-Denis-d'Aclon (76) 7F2
Saint-Denis-d'Anjou (53) 77E2
Saint-Denis-d'Augerons (27) ...39H3
Saint-Denis-d'Authou (28) 61F3
Saint-Denis-de-Cabanne (42)...115F5
Saint-Denis-de-Gastines (53)...58C2
Saint-Denis-de-Jouhet (36) 111G2
Saint-Denis-de-l'Hôtel (45)....81E1
Saint-Denis-de-Mailloc (14) ...17F5
Saint-Denis-de-Méré (14).......38B3
Saint-Denis-de-Palin (18) 97H4
Saint-Denis-de-Pile (33) 135H4
Saint-Denis-de-Vaux (71) 101F5
Saint-Denis-de-Villenette (61)..59E1
Saint-Denis-des-Coudrais (72)..60C4
Saint-Denis-des-Monts (27) 18B6
Saint-Denis-des-Murs (87) 124D3
Saint-Denis-des-Puits (28) 61G2
Saint-Denis-d'Oléron (17)......106B6
Saint-Denis-d'Orques (72) 59F5
Saint-Denis-du-Béhélan (27) ...40C3
Saint-Denis-du-Maine (53) 59E6
Saint-Denis-du-Payré (85) 106C2
Saint-Denis-du-Pin (17) 121F4
Saint-Denis-en-Bugey (01) 130D1
Saint-Denis-en-Margeride (48)..156A4
Saint-Denis-en-Val (45)........80D1
Saint-Denis-la-Chevasse (85)...91G3
Saint-Denis-le-Ferment (27)....19G5
Saint-Denis-le-Gast (50).......35H1
Saint-Denis-le-Thiboult (76)...19E4
Saint-Denis-le-Vêtu (50).......37E2
Saint-Denis-lès-Bourg (01).....116D4
Saint-Denis-lès-Martel (46)....138D5
Saint-Denis-les-Ponts (28) 61H5
Saint-Denis-les-Rebais (77) ...44A4
Saint-Denis-Maisoncelles (14)..37H2
Saint-Denis-sur-Coise (52) 129F4
Saint-Denis-sur-Huisne (61)....60D1
Saint-Denis-sur-Loire (41).....80A3
Saint-Denis-sur-Ouanne (89)....82D2
Saint-Denis-sur-Sarthon (61) ..59H1
Saint-Denis-sur-Scie (76)......7G4
Saint-Deniscourt (60) 122A3
Saint-Denœux (62) 1G6
Saint-Denoual (22) 34B4
Saint-Derrien (29) 31F3
Saint-Désert (71).............101F5
Saint-Désir (14) 17F5
Saint-Désirat (07) 144A2
Saint-Désiré (03).............112C2
Saint-Dézéry (30) 172A2
Saint-Didier (21) 84C6
Saint-Didier (35) 57G3
Saint-Didier (58) 102C6
Saint-Didier (58).............83G6
Saint-Didier (84) 173F1

Saint-Didier-
  au-Mont-d'Or (69) 130A2
Saint-Didier-d'Allier (43) 142B4
Saint-Didier-d'Aussiat (01)....116D4
Saint-Didier-de-Bizonnes (38)..130D5
Saint-Didier-de-Formans (01)...130A1
Saint-Didier-de-la-Tour (38) ..131E4
Saint-Didier-des-Bois (27) 18C6
Saint-Didier-en-Bresse (71) ...101H4
Saint-Didier-en-Brionnais (71)..115E3
Saint-Didier-en-Donjon (03) ...114D3
Saint-Didier-la-Forêt (03) 113H5
Saint-Didier-
  sous-Aubenas (07) 157G2
Saint-Didier-
  sous-Écouves (61) 59H1
Saint-Didier-sous-Riverie (69)..129C4
Saint-Didier-sur-Arroux (71) ..100B5
Saint-Didier-sur-Beaujeu (69)..115H5
Saint-Didier-
  sur-Chalaronne (01).........116B5
Saint-Didier-
  sur-Doulon (43) 142A1
Saint-Didier-
  sur-Rochefort (42) 128C3
Saint-Dié-des-Vosges (88) 70D2
Saint-Dier-d'Auvergne (63) 127H4
Saint-Diéry (63)..............127E5
Saint-Dionizy (30) 171H3
Saint-Disdier (05) 145H6
Saint-Dizant-du-Bois (17)......121F6
Saint-Dizant-du-Gua (17) 121F6
Saint-Dizier (52) 46D5
Saint-Dizier-en-Diois (26) 159F2
Saint-Dizier-la-Tour (23) 112A5
Saint-Dizier-les-Domaines (23)..111H4
Saint-Dizier-l'Évêque (90) 88D4
Saint-Dizier-Leyrenne (23) 111F6
Saint-Dolay (56) 73H2
Saint-Domet (23) 112B6
Saint-Domineuc (35)...........35E6
Saint-Donan (22) 33F5
Saint-Donat (63) 126C6
Saint-Donat-
  sur-l'Herbasse (26) 144B3
Saint-Dos (64).................163E6
Saint-Doulchard (18) 97G2
Saint-Drézéry (34)............171G4
Saint-Dyé-sur-Loire (41) 80B3
Saint-Ebremond-
  -de-Bonfossé (50) 37F1
Saint-Edmond (71) 115F5
Saint-Eflam 32B2
Saint-Égrève (38) 145G2
Saint-Elier (27) 40D3
Saint-Éliph (28) 61G2
Saint-Élix (32) 166A6
Saint-Élix-le-Château (31) 183E2
Saint-Élix-Séglan (31).........182C3
Saint-Élix-Theux (32) 181H1
Saint-Ellier-du-Maine (53).....58B2
Saint-Ellier-les-Bois (61).....59H1
Saint-Éloi 33E6
Saint-Éloi (01) 130C1
Saint-Éloi (23) 111G6
Saint-Éloi (58) 98D3
Saint-Éloi-de-Fourques (27) ...18B6
Saint-Élophe 68D2
Saint-Éloy (29) 31G5
Saint-Éloy-d'Allier (03) 112B2
Saint-Éloy-de-Gy (18).........79F1
Saint-Éloy-la-Glacière (63) ...128A5
Saint-Éloy-les-Mines (63) 113E5
Saint-Éloy-les-Tuileries (19) .124B6
Saint-Éman (28) 61H3
Saint-Émiland (71) 101E4
Saint-Émilion (33) 135H5
Saint-Ennemond (03) 99F6
Saint-Épain (37) 94C2
Saint-Epvre (57) 49E2
Saint-Erblon (35)..............57F3
Saint-Erblon (53)..............76A1
Saint-Erme-Outre-
  et-Ramecourt (02) 22D3
Saint-Escobille (91)...........62D2
Saint-Esprit des Bois 34B5
Saint-Esteben (64) 179E2
Saint-Estèphe 122B4
Saint-Estèphe (24) 123F4
Saint-Estèphe (33) 134D1
Saint-Estève (66) 200D2
Saint-Estève-Janson (13)......173H4
Saint-Étienne 46A6
Saint-Étienne 56C4
Saint-Étienne (42) 129E5
Saint-Étienne-à-Arnes (08).....23H5
Saint-Étienne-au-Mont (62) 1F4
Saint-Étienne-au-Temple (51)...46A2
Saint-Étienne-aux-Clos (19) ...126B5
Saint-Étienne-Cantalès (15) ...139H5
Saint-Étienne-d'Albagnan (34)..169G6
Saint-Étienne-de-Baïgorry (64)..178D3
Saint-Étienne-
  de-Boulogne (07) 157G1
Saint-Étienne-de-Brillouet (85)..106D1
Saint-Étienne-de-Carlat (15)...140B5
Saint-Étienne-de-Chigny (37)...78C6
Saint-Étienne-de-Chomeil (15)..140C1
Saint-Étienne-de-Crossey (38)..131F6
Saint-Étienne-de-Cuines (73)...132C6
Saint-Étienne-
  de-Fontbellon (07) 157G2
Saint-Étienne-
  de-Fougères (47) 151E4
Saint-Étienne-de-Fursac (23) ..111E5
Saint-Étienne-
  de-Gourgas (34) 170C4
Saint-Étienne-de-Lisse (33) ...136A5
Saint-Étienne-de-l'Olm (30) ...171H1
Saint-Étienne-
  de-Lugdarès (07) 156D2

Saint-Étienne-de-Maurs (15) ..153H1
Saint-Étienne-
  -de-Mer-Morte (44)..........91E2
Saint-Étienne-de-Montluc (44)..74B4
Saint-Étienne-
  -de-Puycorbier (24) 136C3
Saint-Étienne-
  -de-Saint-Geoirs (38) 145E1
Saint-Étienne-de-Serre (07) ...143G6
Saint-Étienne-de-Tinée (06) ...161H4
Saint-Étienne-de-Tulmont (82)..167F1
Saint-Étienne-de-Valoux (07) ..144A2
Saint-Étienne-de-Vicq (03) 114B5
Saint-Étienne-de-Villeréal (47)..151G2
Saint-Étienne-
  -des-Champs (63) 126B2
Saint-Étienne-des-Guérets (41)..79G4
Saint-Étienne-
  -des-Oullières (69) 116A6
Saint-Étienne-des-Sorts (30) ..158A6
Saint-Étienne-d'Orthe (40) 162D5
Saint-Étienne-du-Bois (01) 117E4
Saint-Étienne-du-Bois (85) 91F3
Saint-Étienne-du-Grès (13) 172D4
Saint-Étienne-
  du-Gué-de-l'Isle (22).......55H2
Saint-Étienne-du-Rouvray (76)..18C5
Saint-Étienne-
  -du-Valdonnez (48) 156A3
Saint-Étienne-du-Vauvray (27)..18D6
Saint-Étienne-du-Vigan (43) ...142C6
Saint-Étienne-en-Bresse (71)...101H4
Saint-Étienne-en-Coglès (35)...35H6
Saint-Étienne-en-Dévoluy (05)..160A1
Saint-Étienne-Estréchoux (34)..170A5
Saint-Étienne-la-Cigogne (79)..107G5
Saint-Étienne-la-Geneste (19)..126A6
Saint-Étienne-la-Thillaye (14)..17E3
Saint-Étienne-la-Varenne (69)..116A6
Saint-Étienne-l'Allier (27) ...17H4
Saint-Étienne-Lardeyrol (43)...142D3
Saint-Étienne-le-Laus (05) 160C2
Saint-Étienne-le-Molard (42) ..128C3
Saint-Étienne-les-Orgues (04)..174C1
Saint-Étienne-
  -lès-Remiremont (88) 70B5
Saint-Étienne-Roilaye (60) 21G5
Saint-Étienne-
  -sous-Bailleul (27).........41F1
Saint-Étienne-
  -sous-Barbuise (10) 66B1
Saint-Étienne-sur-Blesle (43)..141F1
Saint-Étienne-
  -sur-Chalaronne (01)........116B5
Saint-Étienne-
  -sur-Reyssouze (01) 116C3
Saint-Étienne-sur-Suippe (51)..23H3
Saint-Étienne-sur-Usson (63)..127H5
Saint-Étienne-
  -Vallée-Française (48)......156C6
Saint-Étienne de Viauresque ..155E5
Saint-Eugène (02) 44C2
Saint-Eugène (17) 121G5
Saint-Eugène (71) 100C6
Saint-Eulien (51) 46D5
Saint-Euphraise-
  et-Clairizet (51) 22D6
Saint-Euphrône (21) 84D5
Saint-Eusèbe (71) 100D6
Saint-Eusèbe (74) 131H1
Saint-Eusèbe-
  en-Champsaur (05) 146A6
Saint-Eustache (74) 132B2
Saint-Eustache-la-Forêt (76)...6C5
Saint-Eutrope (16) 122B6
Saint-Eutrope-de-Born (47) 151F2
Saint-Évarzec (29) 53G3
Saint-Evroult-de-Montfort (61)..39G4
Saint-Evroult-
  Notre-Dame-du-Bois (61) 39H4
Saint-Exupéry (33) 150A2
Saint-Exupéry-
  -les-Roches (19) 126A5
Saint-Fargeau (89) 82C3
Saint-Fargeau-Ponthierry (77)..63H1
Saint-Fargeol (03) 112D5
Saint-Faust (64) 180B2
Saint-Félicien (07) 143H3
Saint-Féliu-d'Amont (66) 199H3
Saint-Féliu-d'Avall (66) 199H3
Saint-Félix (03) 114A4
Saint-Félix (16) 122B6
Saint-Félix (17) 107G5
Saint-Félix (46) 153H2
Saint-Félix (60) 20C5
Saint-Félix (74) 131H2
Saint-Félix-de-Bourdeilles (24)..123E6
Saint-Félix-de-Foncaude (33) ..150A1
Saint-Félix-de-l'Héras (34) ...170B3
Saint-Félix-de-Lodez (34) 170C5
Saint-Félix-de-Lunel (12) 154C2
Saint-Félix-de-Pallières (30)..171F1
Saint-Félix-de-Reillac-
  -et-Mortemart (24) 137G4
Saint-Félix-de-Rieutord (09)...183H5
Saint-Félix-de-Sorgues (12) ...169H3
Saint-Félix-de-Tournegat (09)..184A4
Saint-Félix-de-Villadeix (24)..137F5
Saint-Félix-Lauragais (31).....184B1
Saint-Fergeux (08) 23F3
Saint-Ferjeux (70) 88A3
Saint-Ferme (33) 150B1
Saint-Ferréol 184C1
Saint-Ferréol (74) 132C2
Saint-Ferréol-d'Auroure (43)...143E1
Saint-Ferréol-de-
  -Comminges (31) 182B2
Saint-Ferréol-des-Côtes (63)..128B5
Saint-Ferréol-Trente-Pas (26)..158D3
Saint-Ferriol (11) 184D6
Saint-Fiacre 54B3

Saint-Fiacre 55G3
Saint-Fiacre (22) 33E5
Saint-Fiacre (77) 43H3
Saint-Fiacre-sur-Maine (44) 74D6
Saint-Fiel (33) 111G5
Saint-Firmin 43E1
Saint-Firmin (05) 146A6
Saint-Firmin (54) 69F1
Saint-Firmin (58) 99E3
Saint-Firmin (71) 100D5
Saint-Firmin-des-Bois (45) 64B6
Saint-Firmin-des-Prés (41) 79G1
Saint-Firmin-sur-Loire (45) 82A3
Saint-Flavy (10) 65H2
Saint-Florent 93G1
Saint-Florent (2B) 203F4
Saint-Florent (45) 81H3
Saint-Florent-des-Bois (85) 91G5
Saint-Florent-le-Vieil (49) 75G4
Saint-Florent-
  sur-Auzonnet (30) 157E5
Saint-Florent-sur-Cher (18).....97F3
Saint-Florentin (36) 96C3
Saint-Florentin (89) 65G6
Saint-Floret (63) 127F5
Saint-Floris (62) 2C5
Saint-Flour (15) 141F4
Saint-Flour (63) 127H3
Saint-Flour-de-Mercoire (48) ..156C1
Saint-Flovier (37) 95F4
Saint-Floxel (50) 14D3
Saint-Folquin (62) 2A2
Saint-Fons (69) 130A3
Saint-Forgeot (71) 100C3
Saint-Forget (78) 42B5
Saint-Forgeux (69) 129G2
Saint-Forgeux-
  -Lespinasse (42) 114D5
Saint-Fort (53) 76D1
Saint-Fort-sur-Gironde (17) 121E5
Saint-Fort-sur-le-Né (16) 121G4
Saint-Fortunat-
  sur-Eyrieux (07) 143H5
Saint-Fraigne (16) 122B1
Saint-Fraimbault (61) 58D1
Saint-Fraimbault-
  -de-Prières (53) 59E2
Saint-Fraimbault de Lassay 59E1
Saint-Frajou (31) 182C2
Saint-Franc (73) 131B5
Saint-Franchy (58) 99F2
Saint-François-de-Sales (73) ..132A3
Saint-François-Lacroix (57) 26D3
Saint-François-
  Longchamp (73) 132C6
Saint-Frégant (29) 31E3
Saint-Fréjoux (19) 126A5
Saint-Frézal-d'Albuges (48) 156C2
Saint-Frézal-de-Ventalon (48)..156C5
Saint-Frichoux (11) 185F3
Saint-Frion (23) 125H2
Saint-Fromond (50) 15F4
Saint-Front (16) 122C2
Saint-Front (43) 143E4
Saint-Front-d'Alemps (24) 137F1
Saint-Front-de-Pradoux (24) 136D4
Saint-Front-la-Rivière (24) 123F6
Saint-Front-sur-Lémance (47)...151H2
Saint-Front-sur-Nizonne (24) ..123E5
Saint-Froult (17) 120C1
Saint-Fulgent (85) 91H3
Saint-Fulgent-des-Ormes (61)...60C3
Saint-Fuscien (80) 9G6
Saint-Gabriel 172C4
Saint-Gabriel-Brécy (14) 16A3
Saint-Gal (48) 155H1
Saint-Gal-sur-Sioule (63) 113F6
Saint-Galmier (42) 129F4
Saint-Gand (70) 87E4
Saint-Ganton (35) 56D6
Saint-Gatien-des-Bois (14) 17F3
Saint-Gaudens (31) 182B4
Saint-Gaudent (86) 109E5
Saint-Gaudéric (11) 184B4
Saint-Gaultier (36) 110D1
Saint-Gauzens (81) 168A4
Saint-Gein (40) 164B3
Saint-Gelais (79) 107H3
Saint-Gelven (22) 55E1
Saint-Génard (79) 108B5
Saint-Gence (87) 124A2
Saint-Généroux (79) 93G4
Saint-Genès-
  -Champanelle (63) 127E3
Saint-Genès-Champespe (63)..126C6
Saint-Genès-de-Blaye (33) 135E2
Saint-Genès-de-Castillon (33)..135H5
Saint-Genès-de-Fronsac (33)...135G4
Saint-Genès-
  -de-Lombaud (33) 135G6
Saint-Genès-du-Retz (63) 113G6
Saint-Genès-la-Tourette (63)...127H5
Saint-Genest 112D4
Saint-Genest (88) 70A2
Saint-Genest-d'Ambière (86) ...94B5
Saint-Genest-
  -de-Beauzon (07) 157E3
Saint-Genest-de-Contest (81)..168B4
Saint-Genest-Lachamp (07) 143F5
Saint-Genest-Lerpt (42) 129F6
Saint-Genest-Malifaux (42) 143F1
Saint-Genest-sur-Roselle (87)..124C4
Saint-Geneys-
  -près-Saint-Paulien (43) 142C3
Saint-Gengoulph (02) 44A1
Saint-Gengoux-de-Scissé (71)..116B2
Saint-Gengoux-
  le-National (71) 116A1
Saint-Geniès (24) 138B4
Saint-Geniès-Bellevue (31).....167F6

Saint-Geniès-de-Comolas (30)..172D1
Saint-Geniès-de-Fontedit (34)..186D1
Saint-Geniès-
  de-Malgoirès (30) 171H2
Saint-Geniès-de-Varensal (34)..169H5
Saint-Geniès-
  des-Mourgues (34) 171G4
Saint-Geniez (04) 160B5
Saint-Geniez-d'Olt (12) 155E3
Saint-Geniez-ô-Merle (19) 139G3
Saint-Genis (05) 159H4
Saint-Genis-
  de-Saintonge (17) 121F5
Saint-Génis-
  des-Fontaines (66) 200D4
Saint-Genis-d'Hiersac (16) 122B3
Saint-Genis-du-Bois (33) 149H1
Saint-Genis-l'Argentière (69) ..129C3
Saint-Genis-Laval (69) 130A3
Saint-Genis-les-Ollières (69)..129H3
Saint-Genis-Pouilly (01) 118B4
Saint-Genis-sur-Menthon (01)..116C4
Saint-Genix-sur-Guiers (73) ...131E5
Saint-Genou (36) 95H4
Saint-Genouph (37) 78D5
Saint-Geoire-en-Valdaine (38)..131F5
Saint-Geoirs (38)................145E1
Saint-Georges 135H5
Saint-Georges (15) 141F4
Saint-Georges (16) 122C1
Saint-Georges (32) 166B4
Saint-Georges (47) 151H3
Saint-Georges (57) 49H5
Saint-Georges (62) 9F2
Saint-Georges (82) 152D5
Saint-Georges-Antignac (17) ..121F5
Saint-Georges-Armont (25) 88B5
Saint-Georges-
  -Blancaneix (24) 136D5
Saint-Georges-Buttavent (53)...58D3
Saint-Georges-
  -d'Annebecq (61) 38D5
Saint-Georges-d'Aunay (14).....38B2
Saint-Georges-d'Aurac (43) 142A3
Saint-Georges-
  -de-Baroille (42) 128D2
Saint-Georges-de-Bohon (50) ..15E5
Saint-Georges-de-Chesné (35)..57H1
Saint-Georges-
  -de-Commiers (38) 145G3
Saint-Georges-
  -de-Didonne (17) 120C4
Saint-Georges-
  -de-Gréhaigne (35) 35G4
Saint-Georges-
  -de-la-Couée (72) 78D1
Saint-Georges-
  -de-la-Rivière (50) 14B4
Saint-Georges-
  -de-Lévéjac (48) 155G5
Saint-Georges-de-Livoye (50)...37F4
Saint-Georges-
  -de-Longuepierre (17) 107H6
Saint-Georges-
  -de-Luzençon (12) 169H1
Saint-Georges-de-Mons (63)...126D1
Saint-Georges-
  -de-Montaigu (85) 91G2
Saint-Georges-
  -de-Montclard (24) 137E5
Saint-Georges-de-Noisné (79)..108A2
Saint-Georges-
  -de-Pointindoux (85) 91E4
Saint-Georges-
  -de-Poisieux (18) 97H6
Saint-Georges-
  -de-Reintembault (35) 58A1
Saint-Georges-
  -de-Reneins (69) 116B6
Saint-Georges-de-Rex (79) 107F4
Saint-Georges-
  -de-Rouelley (50) 38A6
Saint-Georges-d'Elle (50) 37H1
Saint-Georges-
  -des-Agoûts (17) 121E5
Saint-Georges-
  -des-Coteaux (17) 121E3
Saint-Georges-
  -des-Gardes (49) 75H6
Saint-Georges-
  -des-Groseillers (61) 38B4
Saint-Georges-
  -des-Hurtières (73) 132C5
Saint-Georges-
  -des-Sept-Voies (49) 77F6
Saint-Georges-
  d'Espéranche (38) 130C5
Saint-Georges-d'Oléron (17) ..106B6
Saint-Georges-d'Orques (34) ..171E5
Saint-Georges-du-Bois (17) 107F5
Saint-Georges-du-Bois (49) 77F4
Saint-Georges-du-Bois (72) 60A6
Saint-Georges-du-Mesnil (27)..17H4
Saint-Georges-du-Rosay (72) ..60C4
Saint-Georges-du-Vièvre (27)..17H5
Saint-Georges-en-Auge (14) ...17E6
Saint-Georges-
  -en-Couzan (42) 128C3
Saint-Georges-
  -Haute-Ville (42) 128D5
Saint-Georges-la-Pouge (23) ..125F1
Saint-Georges-Lagricol (42) ...142C1
Saint-Georges-
  -le-Fléchard (53) 59E5
Saint-Georges-le-Gaultier (72)..59G3
Saint-Georges-
  -lès-Baillargeaux (86) 94B6
Saint-Georges-les-Bains (07)..144A5
Saint-Georges-
  -les-Landes (87) 110C3
Saint-Georges-
  -Montcocq (50) 37D2
Saint-Georges-Motel (27) 41F4

Saint-Georges-
  -Nigremont (23) 125H2
Saint-Georges-sur-Allier (63)..127C3
Saint-Georges-sur-Arnon (36)..97E3
Saint-Georges-
  -sur-Baulche (89) 83F2
Saint-Georges-sur-Cher (41) ...79G6
Saint-Georges-sur-Erve (53)....59F4
Saint-Georges-sur-Eure (28)....62A2
Saint-Georges-
  -sur-Fontaine (76) 7H5
Saint-Georges-
  -la-Prée (18) 96D1
Saint-Georges-sur-l'Aa (59) ...2A2
Saint-Georges-sur-Layon (49) ..93F1
Saint-Georges-sur-Loire (49) ..75H4
Saint-Georges-
  -sur-Moulon (18) 97G2
Saint-Georges-sur-Renon (01)..116C5
Saint-Geours-d'Auribat (40) ...163F4
Saint-Geours-
  -de-Maremne (40) 162C4
Saint-Gérand (56) 55F2
Saint-Gérand-de-Vaux (03) 114C4
Saint-Gérand-le-Puy (03) 114B4
Saint-Géraud (47) 150C2
Saint-Géraud-de-Corps (24) ...136C4
Saint-Géréon (44) 75F4
Saint-Germain 130D4
Saint-Germain (07) 157G2
Saint-Germain (10) 66A3
Saint-Germain (54) 69H1
Saint-Germain (70) 88A2
Saint-Germain (86) 109H1
Saint-Germain-
  au-Mont-d'Or (69) 130A2
Saint-Germain-Beaupré (23) ...111E4
Saint-Germain-Chassenay (58)..99F5
Saint-Germain-d'Anxure (53)...58D3
Saint-Germain-d'Arcé (72) 78B3
Saint-Germain-d'Aunay (61).....39H3
Saint-Germain-de-Belvès (24)..137H6
Saint-Germain-
  -de-Calberte (48) 156C5
Saint-Germain-
  -de-Clairefeuille (61) 39G5
Saint-Germain-
  -de-Confolens (16) 109G6
Saint-Germain-
  -de-Coulamer (53) 59G3
Saint-Germain-de-Fresney (27)..41E3
Saint-Germain-de-Grave (33)...149H1
Saint-Germain-de-Joux (01)....117H5
Saint-Germain-
  -de-la-Coudre (61) 60D3
Saint-Germain-
  -de-la-Grange (78) 42A4
Saint-Germain-
  -de-la-Rivière (33) 135G4
Saint-Germain-de-Livet (14) ...17F5
Saint-Germain-
  -de-Longue-Chaume (79) 93F6
Saint-Germain-
  -de-Lusignan (17) 121F6
Saint-Germain-
  -de-Marencennes (17) 107F6
Saint-Germain-
  -de-Martigny (61) 39H6
Saint-Germain-
  -de-Modéon (21) 84B5
Saint-Germain-
  -de-Montbron (16) 122D4
Saint-Germain-
  -de-Montgommery (14) 39G3
Saint-Germain-
  -de-Pasquier (27) 18C6
Saint-Germain-de-Prinçay (85)..92A5
Saint-Germain-de-Salles (03)..113G5
Saint-Germain-de-Tallevende-
  la-Lande-Vaumont (14) 37H4
Saint-Germain-
  -de-Tournebut (50) 14D3
Saint-Germain-
  -de-Varreville (50) 15E4
Saint-Germain-de-Vibrac (17)..121G6
Saint-Germain-d'Ectot (14) 38A1
Saint-Germain-d'Elle (50) 37H1
Saint-Germain-
  -des-Angles (27) 41E2
Saint-Germain-des-Bois (18) ...97G4
Saint-Germain-des-Bois (58) ...83F6
Saint-Germain-
  -des-Champs (89) 84A5
Saint-Germain-
  -des-Essourts (76) 19E3
Saint-Germain-
  -des-Fossés (03) 114A5
Saint-Germain-des-Grois (61)...61E2
Saint-Germain-des-Prés (24) ..137H1
Saint-Germain-des-Prés (45) ..63H5
Saint-Germain-des-Prés (49) ..75H3
Saint-Germain-des-Prés (81) ..168B6
Saint-Germain-des-Vaux (50)...14A1
Saint-Germain-d'Esteuil (33)..134D1
Saint-Germain-du-Bel-Air (46)..152C2
Saint-Germain-du-Bois (71) ...102B5
Saint-Germain-du-Corbéis (61)..60A2
Saint-Germain-du-Criolut (14)..38B3
Saint-Germain-du-Pert (14) 14A5
Saint-Germain-du-Pinel (35)....58A5
Saint-Germain-du-Plain (71)...101H6
Saint-Germain-du-Puch (33) ...135G5
Saint-Germain-du-Puy (18) 97H2
Saint-Germain-
  -du-Salembre (24) 136D3
Saint-Germain-du-Seudre (17)..121E5
Saint-Germain-du-Teil (48) ...155G3
Saint-Germain-du-Val 77H2
Saint-Germain-
  -en-Brionnais (71) 115F3
Saint-Germain-en-Coglès (35)..35H6
Saint-Germain-en-Laye (78) ...42C3

Saint-Germain-
-en-Montagne (39) 103 F5
Saint-Germain-et-Mons (24).........137 E5
Saint-Germain-
-la-Blanche-Herbe (14).........16 B4
Saint-Germain-
-la-Campagne (27) 17 G6
Saint-Germain-
-la-Chambotte (73) 131 H2
Saint-Germain-
-la-Montagne (42) 115 G5
Saint-Germain-la-Poterie (60)...20 A4
Saint-Germain-la-Ville (51) 46 A3
Saint-Germain-l'Aiguiller (85) ...92 B6
Saint-Germain-Langot (14) 38 D3
Saint-Germain-Laprade (43) 142 D4
Saint-Germain-Laval (42) 114 D6
Saint-Germain-Laval (77) 64 C2
Saint-Germain-Lavolps (19) ...125 H4
Saint-Germain-Laxis (77) 43 F6
Saint-Germain-
-le-Châtelet (90) 88 D2
Saint-Germain-
-le-Fouilloux (53) 58 C4
Saint-Germain-le-Gaillard (28) ...61 H2
Saint-Germain-le-Gaillard (50) ...14 B3
Saint-Germain-
-le-Guillaume (53) 58 C3
Saint-Germain-
-le-Rocheux (21) 85 E2
Saint-Germain-le-Vasson (14)...16 C6
Saint-Germain-le-Vieux (61) ...39 G6
Saint-Germain-Lembron (63) ..127 G6
Saint-Germain-lès-Arlay (39) ..102 D5
Saint-Germain-
-lès-Arpajon (91)...............42 C6
Saint-Germain-les-Belles (87)..124 C4
Saint-Germain-lès-Buxy (71) ..101 F6
Saint-Germain-
-lès-Corbeil (91) 43 E6
Saint-Germain-
-les-Paroisses (01) 131 F3
Saint-Germain-
-lès-Senailly (21)...............84 C3
Saint-Germain-
-les-Vergnes (19) 138 D2
Saint-Germain-
Lespinasse (42) 114 D6
Saint-Germain-l'Herm (63) ...128 A6
Saint-Germain-
-près-Herment (63) 126 B3
Saint-Germain-
-Source-Seine (21) 85 F4
Saint-Germain-sous-Cailly (76) ..7 H5
Saint-Germain-sous-Doue (77)...44 A4
Saint-Germain-sous-Durtal 77 F2
Saint-Germain-sur-Avre (27).....41 E4
Saint-Germain-sur-Ay (50) 14 C5
Saint-Germain-sur-Bresle (80) 8 C6
Saint-Germain-sur-Eaulne (76)...19 F1
Saint-Germain-sur-Ecole (77) 63 H1
Saint-Germain-sur-Ille (35) 57 F1
Saint-Germain-
-sur-l'Arbresle (69) 129 G2
Saint-Germain-sur-Meuse (55)...48 A5
Saint-Germain-sur-Moine (49) ...75 F6
Saint-Germain-sur-Morin (77) 43 G3
Saint-Germain-sur-Renon (01)..116 D6
Saint-Germain-sur-Rhône (74)..117 H6
Saint-Germain-sur-Sarthe (72)....60 A3
Saint-Germain-sur-Sèves (50) ...14 D6
Saint-Germain-sur-Vienne (37)....94 A1
Saint-Germain-Village (27)........17 H3
Saint-Germainmont (08) 23 F3
Saint-Germé (32) 164 C4
Saint-Germer-de-Fly (60) 19 G4
Saint-Germier (30) 184 A1
Saint-Germier (32) 166 B5
Saint-Germier (79) 108 C2
Saint-Germier (81) 168 C5
Saint-Géron (43) 141 G1
Saint-Gérons (15) 139 H5
Saint-Gervais (30) 157 H6
Saint-Gervais (33) 135 F4
Saint-Gervais (38) 145 E2
Saint-Gervais (85) 90 C2
Saint-Gervais (95) 42 A1
Saint-Gervais-d'Auvergne (63)..113 E6
Saint-Gervais-de-Vic (72) 79 E1
Saint-Gervais-
-des-Sablons (61) 39 F3
Saint-Gervais-du-Perron (61) 60 A1
Saint-Gervais-en-Belin (72) 78 B1
Saint-Gervais-en-Vallière (71)..101 G4
Saint-Gervais-la-Forêt (41) 80 A4
Saint-Gervais-les-Bains (74)..133 E1
Saint-Gervais-
-les-Trois-Clochers (86) 94 C4
Saint-Gervais-
-sous-Meymont (63) 128 A4
Saint-Gervais-
-sur-Couches (71)...........101 E4
Saint-Gervais-sur-Mare (34)..169 H5
Saint-Gervais-
-sur-Roubion (26) 158 B2
Saint-Gervasy (30) 172 B3
Saint-Gervazy (63) 127 F6
Saint-Géry (24) 136 C4
Saint-Géry (46) 152 D3
Saint-Geyrac (24) 137 G3
Saint-Gibrien (51) 45 H3
Saint-Gildas (22) 33 F5
Saint-Gildas-de-Rhuys (56) 72 C2
Saint-Gildas-des-Bois (44) 73 H2
Saint-Gilles 94 C2
Saint-Gilles (30) 172 B4
Saint-Gilles (35) 57 E2
Saint-Gilles (36) 110 D2
Saint-Gilles (50) 37 F1
Saint-Gilles (51) 22 C6
Saint-Gilles (71) 101 F4
Saint-Gilles-Croix-de-Vie (85)...90 C4

Saint-Gilles-de-Crétot (76) 6 D5
Saint-Gilles-
-de-la-Neuville (76) 6 C5
Saint-Gilles-des-Marais (61).....38 A6
Saint-Gilles-du-Mené (22) 55 H1
Saint-Gilles-les-Bois (22) 33 E1
Saint-Gilles-les-Forêts (87).....124 D4
Saint-Gilles-Pligeaux (22) 33 E5
Saint-Gilles-
-Vieux-Marché (22) 55 F1
Saint-Gineis-en-Coiron (07) ...157 H2
Saint-Gingolph (74) 119 G2
Saint-Girod (73) 131 H2
Saint-Girons (09) 183 E5
Saint-Girons (64) 163 F5
Saint-Girons-d'Aiguevives (33)..135 F3
Saint-Gladie-
-Arrive-Munein (64).........179 F1
Saint-Glen (22) 34 A6
Saint-Goazec (29)...........54 A1
Saint-Gobain (02) 22 A3
Saint-Gobert (02) 22 D1
Saint-Goin (64) 179 H2
Saint-Gondon (45) 81 H3
Saint-Gondran (35) 57 E1
Saint-Gonlay (35) 56 C2
Saint-Gonnery (56) 55 F2
Saint-Gor (40) 164 B1
Saint-Gorgon (56) 73 G1
Saint-Gorgon (88) 70 B2
Saint-Gorgon-Main (25) 103 H2
Saint-Gouéno (22) 55 H1
Saint-Gourgon (41) 79 F3
Saint-Gourson (16) 122 D1
Saint-Goussaud (23).........111 E6
Saint-Gratien (80) 9 G5
Saint-Gratien (95) 42 D3
Saint-Gratien-Savigny (58) 99 G4
Saint-Gravé (56) 56 B6
Saint-Grégoire (22) 155 F5
Saint-Grégoire (35) 57 F2
Saint-Grégoire (81) 168 C2
Saint-Grégoire-
-d'Ardennes (17) 121 F5
Saint-Grégoire-du-Vièvre (27)...17 H4
Saint-Griède (32) 164 C4
Saint-Groux (16) 122 C2
Saint-Guen (22) 55 F1
Saint-Guénolé 31 E5
Saint-Guénolé 53 E4
Saint-Guilhem-le-Désert (34) ..170 D4
Saint-Guillaume (38) 145 F4
Saint-Guinoux (35) 35 E4
Saint-Guiraud (34) 170 C5
Saint-Guyomard (56) 55 H5
Saint-Haon (43) 142 B5
Saint-Haon-le-Châtel (42)......114 D6
Saint-Haon-le-Vieux (42) 114 D6
Saint-Héand (42) 129 F5
Saint-Hélen (22) 34 D5
Saint-Hélier (21) 85 F5
Saint-Hellier (76) 7 H3
Saint-Herblain (44) 74 C5
Saint-Herblon (44) 75 F3
Saint-Herbot 32 A5
Saint-Hérent (63) 127 F6
Saint-Hernin (29) 54 B1
Saint-Hervé 54 B1
Saint-Hervé (22) 33 G6
Saint-Hilaire 77 G6
Saint-Hilaire (03) 113 F2
Saint-Hilaire (11) 185 E4
Saint-Hilaire (25) 87 G5
Saint-Hilaire (31) 183 E1
Saint-Hilaire (38) 145 H1
Saint-Hilaire (43) 141 H1
Saint-Hilaire (46) 139 G6
Saint-Hilaire (63) 112 D6
Saint-Hilaire (91) 63 E2
Saint-Hilaire-au-Temple (51).....46 A2
Saint-Hilaire-Bonneval (87)....124 B3
Saint-Hilaire-Cottes (62) 2 C5
Saint-Hilaire-
-Cusson-la-Valmitte (42)......142 D1
Saint-Hilaire-de-Beauvoir (34)..171 G4
Saint-Hilaire-de-Brens (38).....130 D3
Saint-Hilaire-de-Brethmas (30)..171 G1
Saint-Hilaire-de-Briouze (61).....38 D5
Saint-Hilaire-de-Chaléons (44)....74 A6
Saint-Hilaire-de-Clisson (44) 75 E6
Saint-Hilaire-de-Court (18) 97 E1
Saint-Hilaire-de-Gondilly (18)...98 B3
Saint-Hilaire-de-la-Côte (38) ..130 D6
Saint-Hilaire-de-la-Noaille (33)..150 B2
Saint-Hilaire-de-Lavit (48) 156 C5
Saint-Hilaire-de-Loulay (85) 91 G1
Saint-Hilaire-
-de-Lusignan (47) 151 E5
Saint-Hilaire-de-Riez (85) 90 C3
Saint-Hilaire-de-Voust (85) 107 G1
Saint-Hilaire-des-Landes (35)...35 H6
Saint-Hilaire-des-Loges (85)...107 F2
Saint-Hilaire-
-de-Villefranche (17) 121 F2
Saint-Hilaire-d'Estissac (24) ..137 E4
Saint-Hilaire-d'Ozilhan (30)....172 C2
Saint-Hilaire-du-Bois (17) 121 F6
Saint-Hilaire-du-Bois (33) 150 A1
Saint-Hilaire-du-Harcouët (50)..37 G6
Saint-Hilaire-du-Maine (53) 58 B3
Saint-Hilaire-du-Rosier (38) ..144 D3
Saint-Hilaire-en-Lignières (18)...97 F6
Saint-Hilaire-en-Morvan (58) ..100 A3
Saint-Hilaire-en-Woëvre (55) ...48 A1
Saint-Hilaire-Foissac (19) 139 G1
Saint-Hilaire-Fontaine (58) 99 G5
Saint-Hilaire-la-Croix (63) 113 F6
Saint-Hilaire-la-Forêt (85) 91 F6
Saint-Hilaire-la-Gérard (61) 61 F6
Saint-Hilaire-la-Gravelle (41) ...61 H6
Saint-Hilaire-la-Palud (79) 107 F4

Saint-Hilaire-la-Plaine (23) 111 G5
Saint-Hilaire-la-Treille (87) 110 C4
Saint-Hilaire-le-Château (23) ..125 F1
Saint-Hilaire-le-Châtel (61) 40 A1
Saint-Hilaire-le-Grand (51) 46 A1
Saint-Hilaire-le-Lierru (72) 60 D5
Saint-Hilaire-le-Petit (51) 23 G6
Saint-Hilaire-le-Vouhis (85) 92 A6
Saint-Hilaire-les-Andrésis (45)...64 C5
Saint-Hilaire-les-Courbes (19)..125 E4
Saint-Hilaire-les-Monges (63) ..126 C3
Saint-Hilaire-les-Places (87)....124 A4
Saint-Hilaire-lez-Cambrai (59)...11 F3
Saint-Hilaire-Luc (19) 139 H1
Saint-Hilaire-Petitville (50) 15 E5
Saint-Hilaire-Peyroux (19) 138 D2
Saint-Hilaire-
-Saint-Mesmin (45)...........80 D1
Saint-Hilaire-
-sous-Charlieu (42) 115 F5
Saint-Hilaire-sous-Romilly (10)..65 G1
Saint-Hilaire-sur-Benaize (36)..110 B1
Saint-Hilaire-sur-Erre (61) 61 E3
Saint-Hilaire-sur-Helpe (59) 12 A4
Saint-Hilaire-sur-Puiseaux (45)...82 A1
Saint-Hilaire-sur-Risle (61) 40 A5
Saint-Hilaire-sur-Yerre (28) 61 H5
Saint-Hilaire-Taurieux (19) 139 E4
Saint-Hilarion (78) 41 H6
Saint-Hilliers (77) 44 B6
Saint-Hippolyte 139 F1
Saint-Hippolyte (12) 154 C1
Saint-Hippolyte (15) 140 C2
Saint-Hippolyte (17) 120 D1
Saint-Hippolyte (25) 88 C5
Saint-Hippolyte (33) 135 H5
Saint-Hippolyte (37) 95 G3
Saint-Hippolyte (66) 201 E2
Saint-Hippolyte (68) 71 F3
Saint-Hippolyte-de-Caton (30)..171 H1
Saint-Hippolyte-
-de-Montaigu (30).........172 B1
Saint-Hippolyte-du-Fort (30) ..171 F2
Saint-Hippolyte-
-le-Graveyron (84) 158 D6
Saint-Honoré (38) 145 H4
Saint-Honoré (76) 7 H3
Saint-Honoré-les-Bains (58)...99 H4
Saint-Hostien (43) 142 D3
Saint-Hubert (57) 26 C4
Saint-Huges 145 G1
Saint-Huruge (71) 115 H1
Saint-Hymer (14) 17 F4
Saint-Hymetière (39) 117 G3
Saint-Hyppolite 116 A1
Saint-Igeaux (22) 33 E6
Saint-Igest (12) 153 G4
Saint-Ignan (31) 182 B4
Saint-Ignat (63) 127 G2
Saint-Igny-de-Roche (71) 115 F5
Saint-Igny-de-Vers (69) 115 G4
Saint-Illide (15) 140 A4
Saint-Illiers-la-Ville (78) 41 G3
Saint-Illiers-le-Bois (78) 41 G3
Saint-Ilpize (43) 141 H2
Saint-Imoges (51) 45 F1
Saint-Inglevert (62) 1 F3
Saint-Ismier (38) 145 H1
Saint-Izaire (12) 169 F2
Saint-Jacques 33 E3
Saint-Jacques 34 A4
Saint-Jacques (04) 175 G1
Saint-Jacques-
-d'Aliermont (76) 7 H2
Saint-Jacques-d'Ambur (63) ..126 D2
Saint-Jacques-d'Atticieux (07)..143 H1
Saint-Jacques-
-de-la-Lande (35) 57 E3
Saint-Jacques-de-Néhou (50) ..14 C4
Saint-Jacques-
-de-Thouars (79)...........93 F3
Saint-Jacques-
-des-Arrêts (69) 116 A4
Saint-Jacques-des-Blats (15)..140 C4
Saint-Jacques-
-des-Guérets (41) 79 E2
Saint-Jacques-
-en-Valgodemard (05)..........146 A6
Saint-Jacques-
-sur-Darnétal (76)...........7 H6
Saint-Jacut-de-la-Mer (22)......34 C4
Saint-Jacut-du-Mené (22) 56 A1
Saint-Jacut-les-Pins (56) 56 B6
Saint-Jal (19) 124 D6
Saint-James (50) 35 H5
Saint-Jammes (64) 180 C2
Saint-Jans-Cappel (59)...........2 D4
Saint-Jaoua 31 E3
Saint-Jean 101 F4
Saint-Jean 160 C1
Saint-Jean 161 G2
Saint-Jean 31 E4
Saint-Jean 160 D3
Saint-Jean (31) 167 F5
Saint-Jean-aux-Amognes (58)...99 F3
Saint-Jean-aux-Bois (08) 23 G1
Saint-Jean-aux-Bois (60) 21 F5
Saint-Jean-Bonnefonds (42) ..129 F6
Saint-Jean-Brévelay (56) 55 G5
Saint-Jean-Cap-Ferrat (06) ...177 F5
Saint-Jean-Chambre (07) 143 G5
Saint-Jean-
-d'Aigues-Vives (09) 184 B6
Saint-Jean-d'Alcapiès (12) 169 H2
Saint-Jean-d'Angély (17) 121 F1
Saint-Jean-d'Angle (17) 120 C2
Saint-Jean-d'Ardières (69) 116 B5
Saint-Jean-d'Arves (73) 146 C2
Saint-Jean-d'Arvey (73) 132 A4
Saint-Jean-d'Assé (72) 60 A4
Saint-Jean-d'Ataux (24) 136 D3

Saint-Jean-d'Aubrigoux (43) ..142 B1
Saint-Jean-d'Aulps (74) 119 F4
Saint-Jean-d'Avelanne (38) ...131 G5
Saint-Jean-de-Barrou (11) 185 H5
Saint-Jean-de-Bassel (57) 50 A3
Saint-Jean-
-de-Beauregard (91)...........42 C5
Saint-Jean-de-Belleville (73) ..132 D5
Saint-Jean-de-Beugné (85) ...106 D1
Saint-Jean-de-Blaignac (33)...135 H6
Saint-Jean-de-Bœuf (21) 101 F1
Saint-Jean-de-Boiseau (44) 74 B5
Saint-Jean-de-Bonneval (10) ...66 B4
Saint-Jean-de-Bournay (38) ..130 C5
Saint-Jean-de-Braye (45) 80 D1
Saint-Jean-de-Buèges (34) ...170 D3
Saint-Jean-
-de-Ceyrargues (30) 171 H1
Saint-Jean-de-Chevelu (73)...131 G3
Saint-Jean-de-Côle (24) 123 G6
Saint-Jean-de-Cornies (34) ...171 G4
Saint-Jean-de-Couz (73) 131 G5
Saint-Jean-de-Crieulon (30) ..171 G2
Saint-Jean-de-Cuculles (34)...171 F4
Saint-Jean-de-Daye (50) 15 F6
Saint-Jean-de-Duras (47) 150 D1
Saint-Jean-de-Folleville (76).......6 D5
Saint-Jean-de-Fos (34) 171 E4
Saint-Jean-de-Gonville (01) ...118 A4
Saint-Jean-
-de-la-Blaquière (34) 170 C4
Saint-Jean-de-la-Croix (49) 76 D5
Saint-Jean-de-la-Forêt (61) 60 D2
Saint-Jean-de-la-Haize (50) 35 H3
Saint-Jean-
-de-la-Léqueraye (27) 17 H4
Saint-Jean-de-la-Motte (72)....77 H2
Saint-Jean-de-la-Neuville (76)....6 C5
Saint-Jean-de-la-Porte (73) ...132 B4
Saint-Jean-de-la-Rivière (50) ..14 B4
Saint-Jean-de-la-Ruelle (45) ...80 D1
Saint-Jean-de-Laur (46) 153 F4
Saint-Jean-de-Lier (40) 163 F3
Saint-Jean-de-Linières (49) 76 D5
Saint-Jean-de-Liversay (17) ..107 E4
Saint-Jean-de-Livet (14) 17 F5
Saint-Jean-de-Losne (21) 102 B2
Saint-Jean-de-Luz (64) 178 B1
Saint-Jean-de-Marcel (81) 168 C1
Saint-Jean-de-Marsacq (40) ..162 C5
Saint-Jean-de-Maruéjols-
-et-Avéjan (30) 157 F5
Saint-Jean-de-Maurienne (73)..146 C1
Saint-Jean-de-Minervois (34)..185 H2
Saint-Jean-de-Moirans (38) ...145 F1
Saint-Jean-de-Monts (85) 90 C3
Saint-Jean-de-Muzols (07) 144 A3
Saint-Jean-de-Nay (43) 142 B3
Saint-Jean-de-Niost (01) 130 D2
Saint-Jean-de-Paracol (11) ...184 C6
Saint-Jean-de-Pourcharesse ..157 E3
Saint-Jean-
-de-Rebervilliers (28) 41 E6
Saint-Jean-de-Rives (81) 167 H4
Saint-Jean-de-Sauves (86).......93 H5
Saint-Jean-de-Savigny (50) 15 F4
Saint-Jean-de-Serres (30) 171 G2
Saint-Jean-de-Sixt (74) 132 C1
Saint-Jean-de-Soudain (38) ..130 D4
Saint-Jean-de-Tholome (74) ..118 D5
Saint-Jean-de-Thouars (79) 93 F3
Saint-Jean-de-Thurac (47) 151 F6
Saint-Jean-
-de-Thurigneux (01) 130 A1
Saint-Jean-de-Touslas (69) ...129 H4
Saint-Jean-de-Trézy (71) 101 E5
Saint-Jean-de-Valériscle (30) ..157 E5
Saint-Jean-de-Vals (81) 168 C5
Saint-Jean-de-Vaulx (38) 145 G4
Saint-Jean-de-Vaux (71) 101 F5
Saint-Jean-de-Védas (34) 171 F5
Saint-Jean-de-Verges (09) ...183 H5
Saint-Jean-Delnous (12).........169 E1
Saint-Jean-des-Baisants (50)...37 H1
Saint-Jean-des-Bois (61) 38 A5
Saint-Jean-des-Champs (50)...35 G2
Saint-Jean-des-Échelles (72) ...61 E4
Saint-Jean-des-Essartiers (14)...37 H2
Saint-Jean-des-Mauvrets (49)...77 E5
Saint-Jean-des-Ollières (63)...127 H4
Saint-Jean-des-Vignes (69) ...129 H2
Saint-Jean-d'Estissac (24) 137 E3
Saint-Jean-d'Étreux (39) 117 E3
Saint-Jean-
-devant-Possesse (51) 46 C3
Saint-Jean-d'Eyraud (24) 136 D4
Saint-Jean-d'Hérans (38) 145 G5
Saint-Jean-d'Heurs (63) 127 H2
Saint-Jean-d'Illac (33) 134 D5
Saint-Jean-d'Ormont (88).......70 D2
Saint-Jean-du-Bleymard (56) ..156 C3
Saint-Jean-du-Bois (72) 77 H1
Saint-Jean-du-Bouzet (82) ...166 B2
Saint-Jean-du-Bruel (12) 170 B2
Saint-Jean-du-Cardonnay (76)......7 G5
Saint-Jean-
-du-Castillonnais (09) 182 C6
Saint-Jean-du-Corail (50) 37 H6
Saint-Jean-
-du-Corail-des-Bois (50) 32 A2
Saint-Jean-
-du-Doigt (29) 32 A2
Saint-Jean-du-Falga (09) 183 H4
Saint-Jean-du-Gard (30) 171 F1
Saint-Jean-du-Pin (30) 157 E6
Saint-Jean-du-Thenney (27)...17 G6
Saint-Jean-en-Royans (26) ...144 D4
Saint-Jean-en-Val (63) 127 G5
Saint-Jean-et-Saint-Paul (12)..169 H2
Saint-Jean-Froidmentel (41) ..61 H6
Saint-Jean-Kerdaniel (22) 33 F4
Saint-Jean-Kourtzerode (57) ...50 B4

Saint-Jean-la-Bussière (69) 129 F1
Saint-Jean-la-Fouillouse (48) ..156 B1
Saint-Jean-la-Poterie (56) 73 H1
Saint-Jean-la-Vêtre (42) 128 D3
Saint-Jean-Lachalm (43) 142 B4
Saint-Jean-Lagineste (46) 139 E6
Saint-Jean-Lasseille (66) 200 D4
Saint-Jean-le-Blanc (14).........38 B3
Saint-Jean-le-Blanc (45).........80 D1
Saint-Jean-le-Centenier (07) ..157 H2
Saint-Jean-le-Comtal (32) 165 G5
Saint-Jean-le-Fromental (48)..156 D2
Saint-Jean-le-Thomas (50) 35 G3
Saint-Jean-le-Vieux (01) 117 F6
Saint-Jean-le-Vieux (38) 145 H2
Saint-Jean-le-Vieux (64) 179 E3
Saint-Jean-lès-Buzy (55) 25 H6
Saint-Jean-
-les-Deux-Jumeaux (77).......43 H3
Saint-Jean-lès-Longuyon (54) ...25 F4
Saint-Jean-Lespinasse (46) ...139 F5
Saint-Jean-Lherm (31) 167 F4
Saint-Jean-Ligoure (87) 124 B4
Saint-Jean-Mirabel (46) 153 G2
Saint-Jean-Pied-de-Port (64)..178 D3
Saint-Jean-Pierre-Fixte (28) 61 E3
Saint-Jean-Pla-de-Corts (66) ..199 H4
Saint-Jean-Poudge (64) 164 B6
Saint-Jean-Poutge (32) 165 F4
Saint-Jean-Rohrbach (57) 27 G6
Saint-Jean-Roure (07) 143 F5
Saint-Jean-Saint-Germain (37)...95 F2
Saint-Jean-Saint-Gervais (63)..127 G6
Saint-Jean-Saint-Maurice-
-sur-Loire (42) 128 D1
Saint-Jean-Saint-Nicolas (05)..160 C1
Saint-Jean-Saverne (67) 50 C4
Saint-Jean-Soleymieux (42) ..128 D5
Saint-Jean-sur-Couesnon (35)...57 H1
Saint-Jean-sur-Erve (53) 59 F5
Saint-Jean-sur-Mayenne (53)...58 D4
Saint-Jean-sur-Moivre (51).....46 B3
Saint-Jean-
-sur-Reyssouze (01) 116 C3
Saint-Jean-sur-Tourbe (51).....46 B1
Saint-Jean-sur-Veyle (01) 116 C4
Saint-Jean-sur-Vilaine (35) 57 H3
Saint-Jean-Trolimon (29) 53 E4
Saint-Jean Balanan 1 F2
Saint-Jeannet (04) 175 E2
Saint-Jeannet (06) 176 D5
Saint-Jeanvrin (18) 112 A1
Saint-Jeoire (74) 119 E5
Saint-Jeoire-Prieuré (73) 132 A5
Saint-Jeure-d'Andaure (07) ..143 G4
Saint-Jeure-d'Ay (07) 143 H3
Saint-Jeures (43) 143 E3
Saint-Joachim (44) 73 G3
Saint-Jodard (42) 128 D2
Saint-Joire (55) 47 G6
Saint-Jores (50) 14 D5
Saint-Jorioz (74) 132 B2
Saint-Jory (31) 167 E4
Saint-Jory-de-Chalais (24) ...123 G5
Saint-Jory-las-Bloux (24) 137 H1
Saint-Joseph (42) 129 H5
Saint-Joseph (50) 14 C3
Saint-Joseph-de-Rivière (38) ..131 G6
Saint-Joseph-des-Bancs (07)..157 G1
Saint-Jouan-de-l'Isle (22) 56 C1
Saint-Jouan-des-Guérets (35) ..34 D4
Saint-Jouin (14) 16 D4
Saint-Jouin-Bruneval (76).........6 B4
Saint-Jouin-de-Blavou (61) 60 C2
Saint-Jouin-de-Marnes (79) 93 G4
Saint-Jouin-de-Milly (79) 92 D5
Saint-Jouvent (87) 124 A1
Saint-Juan (25) 87 H6
Saint-Judoce (22) 34 D6
Saint-Juéry (12) 169 F3
Saint-Juéry (48) 141 F6
Saint-Juéry (81) 168 C2
Saint-Juire-Champgillon (85)..106 D1
Saint-Julia (31) 184 B1
Saint-Julia-de-Bec (11) 184 D6
Saint-Julien 130 D3
Saint-Julien 190 A3
Saint-Julien (21) 86 A5
Saint-Julien (22) 33 G5
Saint-Julien (34) 169 G6
Saint-Julien (39) 117 F3
Saint-Julien (69) 116 A6
Saint-Julien (83) 174 D1
Saint-Julien (88) 69 E5
Saint-Julien-aux-Bois (19) ...139 G3
Saint-Julien-Beychevelle (33)..134 D2
Saint-Julien-Boutières (07) ...143 F4
Saint-Julien-Chapteuil (43) ..142 D4
Saint-Julien-d'Ance (43) 142 C1
Saint-Julien-d'Armagnac (40)..164 C2
Saint-Julien-d'Arpaon (48) ...156 B5
Saint-Julien-d'Asse (04) 175 E2
Saint-Julien-
-de-Bourdeilles (24) 137 E1
Saint-Julien-de-Briola (11) ...184 B4
Saint-Julien-
-de-Cassagnas (30) 157 F5
Saint-Julien-de-Chédon (41) ...79 G6
Saint-Julien-de-Civry (71).....115 F3
Saint-Julien-de-Concelles (44)..74 D5
Saint-Julien-de-Coppel (63) ..127 G4
Saint-Julien-de-Crempse (24)..137 E4
Saint-Julien-
-de-Gras-Capou (09) 184 B5
Saint-Julien-de-Jonzy (71) ...115 F4
Saint-Julien-de-la-Liègue (27) ..41 F1
Saint-Julien-de-la-Nef (30) ...171 E2

Saint-Julien-de-Lampon (24) ..138 B5
Saint-Julien-de-l'Escap (17) ...121 F1
Saint-Julien-de-l'Herms (38) ..130 C6
Saint-Julien-de-Mailloc (14) 17 F5
Saint-Julien-de-Peyrolas (30)..157 H5
Saint-Julien-de-Raz (38).......131 G6
Saint-Julien-de-Toursac (15) ..139 H6
Saint-Julien-
-de-Vouvantes (44) 75 E1
Saint-Julien-des-Chazes (43)..142 A4
Saint-Julien-des-Landes (85) ...91 E4
Saint-Julien-des-Points (48)...156 D5
Saint-Julien-d'Eymet (24) 150 D1
Saint-Julien-d'Oddes (42) 128 D2
Saint-Julien-du-Gua (07) 143 G6
Saint-Julien-du-Pinet (43) 142 D3
Saint-Julien-du-Puy (81) 168 B4
Saint-Julien-du-Sault (89) 65 E5
Saint-Julien-du-Serre (07) 157 G1
Saint-Julien-du-Terroux (53) ...59 F1
Saint-Julien-du-Tournel (48) ..156 B3
Saint-Julien-du-Verdon (04) ..175 H2
Saint-Julien-
-en-Beauchêne (05) 159 G1
Saint-Julien-en-Born (40) 162 D1
Saint-Julien-
-en-Champsaur (05) 160 B1
Saint-Julien-en-Genevois (74)..118 D5
Saint-Julien-en-Quint (26) ...144 D5
Saint-Julien-
-en-Saint-Alban (07) 143 H6
Saint-Julien-en-Vercors (26) ..145 E3
Saint-Julien-Gaulène (81) 168 D2
Saint-Julien-la-Geneste (63)..112 D6
Saint-Julien-la-Genête (23) ..112 C5
Saint-Julien-la-Vêtre (42) 128 D2
Saint-Julien-Labrousse (07) ..143 G5
Saint-Julien-l'Ars (86) 109 F1
Saint-Julien-le-Châtel (23) ...112 B6
Saint-Julien-le-Faucon (14) 17 F5
Saint-Julien-le-Pèlerin (19) ..139 G4
Saint-Julien-le-Petit (87) 125 E2
Saint-Julien-le-Roux (07) 143 H5
Saint-Julien-le-Roux (07) 143 H5
Saint-Julien-
-le-Vendômois (19) 124 B6
Saint-Julien-lès-Gorze (54) 26 A6
Saint-Julien-lès-Metz (57) 26 C5
Saint-Julien-
-lès-Montbéliard (25) 88 C4
Saint-Julien-les-Rosiers (30) ..157 E6
Saint-Julien-lès-Russey (25)....88 C6
Saint-Julien-les-Villas (10) 66 B3
Saint-Julien-Maumont (19) ..139 E4
Saint-Julien-Molhesabate (43)..143 F4
Saint-Julien-
-Molin-Molette (42) 143 H1
Saint-Julien-Mont-Denis (73) ..146 D1
Saint-Julien-près-Bort (19) ..126 A4
Saint-Julien-Puy-Lavèze (63)..126 C4
Saint-Julien-
-sous-les-Côtes (55) 47 H5
Saint-Julien-sur-Bibost (69) ...129 G2
Saint-Julien-sur-Calonne (14)...17 F4
Saint-Julien-sur-Cher (41) 96 C2
Saint-Julien-sur-Dheune (71) ..101 F4
Saint-Julien-sur-Garonne (31)..183 E2
Saint-Julien-
-sur-Reyssouze (01) 116 D3
Saint-Julien-sur-Sarthe (61) ...60 C2
Saint-Julien-sur-Veyle (01) ...116 C4
Saint-Julien-Vocance (07) 143 G4
Saint-Junien (87) 123 G1
Saint-Junien-la-Bregère (23) .125 E2
Saint-Junien-les-Combes (87)..110 B5
Saint-Jure (57) 48 C3
Saint-Jurs (04) 175 F2
Saint-Just (01) 117 F5
Saint-Just (07) 157 H5
Saint-Just (15) 141 E4
Saint-Just (18) 97 H4
Saint-Just (24) 137 G2
Saint-Just (27) 41 G2
Saint-Just (34) 171 G5
Saint-Just (35) 56 D6
Saint-Just (63) 128 B5
Saint-Just-Chaleyssin (38) ...130 B4
Saint-Just-d'Avray (69) 129 F1
Saint-Just-de-Claix (38) 144 D3
Saint-Just-en-Bas (42) 128 D3
Saint-Just-en-Brie (77) 44 B6
Saint-Just-en-Chaussée (60) ...20 D4
Saint-Just-en-Chevalet (42) ..128 C2
Saint-Just-et-le-Bézu (11) ...184 D6
Saint-Just-et-Vacquières (30)..157 F6
Saint-Just-Ibarre (64) 179 E3
Saint-Just-la-Pendue (42) ...129 E2
Saint-Just-le-Martel (87) 124 B2
Saint-Just-Luzac (17) 120 C2
Saint-Just-Malmont (43) 143 F2
Saint-Just-près-Brioude (43) ..141 H2
Saint-Just-Saint-Rambert (42)..129 E5
Saint-Just-Sauvage (51).........45 E6
Saint-Just-sur-Dive (49).........93 G1
Saint-Just-sur-Viaur (12) 154 B4
Saint-Justin (32) 164 C5
Saint-Justin (40) 164 C2
Saint-Juvat (22) 34 D6
Saint-Juvin (08) 24 C5
Saint-Lactencin (36) 96 A4
Saint-Lager (69) 116 A5
Saint-Lager-Bressac (07) 158 A1
Saint-Lamain (39) 102 D5
Saint-Lambert (14) 38 C3
Saint-Lambert (78) 42 B5
Saint-Lambert-du-Lattay (49) ..76 D6
Saint-Lambert-
-et-Mont-de-Jeux (08) 24 B4
Saint-Lambert-la-Potherie (49)..76 C4
Saint-Lambert-sur-Dive (61) ...39 F4

Saint-Langis-
-lès-Mortagne (61) 60 D1
Saint-Lanne (65) 164 C5
Saint-Laon (86) 93 H3
Saint-Lary (09) 182 C6
Saint-Lary (32) 165 G4
Saint-Lary-Boujean (31) 182 B3
Saint-Lary-Soulan (65) 195 G4
Saint-Lattier (38) 144 D3
Saint-Launeuc (22) 56 B1
Saint-Laure (63) 127 G2
Saint-Laurent (08) 24 B1
Saint-Laurent (18) 97 F1
Saint-Laurent (22) 32 D3
Saint-Laurent (23) 111 G5
Saint-Laurent (31) 182 B4
Saint-Laurent (47) 150 D5
Saint-Laurent (74) 118 D6
Saint-Laurent-Blangy (62) 10 B2
Saint-Laurent-Bretagne (64) 180 C1
Saint-Laurent-
-Chabreuges (43) 141 G2
Saint-Laurent-d'Agny (69) 129 H4
Saint-Laurent-d'Aigouze (30) ...171 H5
Saint-Laurent-d'Andenay (71) ...101 E5
Saint-Laurent-d'Arce (33) 135 F4
Saint-Laurent-
-de-Belzagot (16) 122 B6
Saint-Laurent-de-Brévedent (76)..6 B5
Saint-Laurent-
-de-Cerdans (66) 199 G5
Saint-Laurent-de-Céris (16) 123 E1
Saint-Laurent-
-de-Chamousset (69) 129 G3
Saint-Laurent-de-Cognac (16) ...121 G3
Saint-Laurent-de-Condel (14) 16 B6
Saint-Laurent-de-Cuves (50) 37 G4
Saint-Laurent-de-Gosse (40) 162 C5
Saint-Laurent-
-de-Jourdes (86) 109 F3
Saint-Laurent-
-de-la-Barrière (17) 107 F6
Saint-Laurent-
-de-la-Cabrerisse (11) 185 G4
Saint-Laurent-
-de-la-Plaine (49) 75 H4
Saint-Laurent-de-la-Prée (17)..106 D6
Saint-Laurent-
-de-la-Salanque (66) 201 E2
Saint-Laurent-
-de-la-Salle (85) 107 E1
Saint-Laurent-
-de-Lévézou (12) 155 E6
Saint-Laurent-de-Lin (37) 78 B4
Saint-Laurent-de-Mure (69) 130 B3
Saint-Laurent-de-Muret (48) 155 G2
Saint-Laurent-de-Neste (65)....181 H4
Saint-Laurent-
-de-Terregatte (50) 37 F6
Saint-Laurent-de-Trèves (48) ...156 B5
Saint-Laurent-de-Vaux (69) 129 H4
Saint-Laurent-de-Veyrès (48)..141 F6
Saint-Laurent-des-Arbres (30)..172 C1
Saint-Laurent-des-Autels (49) ...75 F4
Saint-Laurent-des-Bâtons (24)..137 F4
Saint-Laurent-des-Bois (27) 40 A1
Saint-Laurent-des-Bois (41) 80 A1
Saint-Laurent-
-des-Combes (16) 136 B1
Saint-Laurent-
-des-Combes (33) 135 H5
Saint-Laurent-
-des-Hommes (24) 136 C4
Saint-Laurent-
-des-Mortiers (53) 77 E2
Saint-Laurent-des-Vignes (24)..137 E6
Saint-Laurent-d'Oingt (69) 129 G1
Saint-Laurent-d'Olt (12) 155 F3
Saint-Laurent-d'Onay (26) 144 C2
Saint-Laurent-du-Bois (33) 150 A2
Saint-Laurent-du-Cros (05) 160 B1
Saint-Laurent-du-Mont (14) 17 E5
Saint-Laurent-du-Mottay (49)...75 G4
Saint-Laurent-du-Pape (07) 144 A6
Saint-Laurent-du-Plan (33) 150 A2
Saint-Laurent-du-Pont (38) 131 G6
Saint-Laurent-
-du-Tencement (27) 39 H3
Saint-Laurent-du-Var (06) 176 D6
Saint-Laurent-du-Verdon (04)..175 E4
Saint-Laurent-
-en-Beaumont (38) 145 H5
Saint-Laurent-
-en-Brionnais (71) 115 F4
Saint-Laurent-en-Caux (76) 7 F3
Saint-Laurent-en-Gâtines (37)..79 E4
Saint-Laurent-
-en-Grandvaux (39) 118 A1
Saint-Laurent-en-Royans (26)..144 D4
Saint-Laurent-l'Abbaye (58) 82 C6
Saint-Laurent-la-Conche (42)..129 E4
Saint-Laurent-la-Gâtine (28)...41 G5
Saint-Laurent-la-Roche (39)....117 F1
Saint-Laurent-la-Vallée (24)...152 A1
Saint-Laurent-la-Vernède (30) ..157 G6
Saint-Laurent-le-Minier (30) ...170 D2
Saint-Laurent-les-Bains (07)...156 D2
Saint-Laurent-les-Églises (87)..124 C1
Saint-Laurent-les-Tours (46)...139 F5
Saint-Laurent-Lolmie (46) 152 B5
Saint-Laurent-Médoc (33) 134 D2
Saint-Laurent-Nouan (41) 80 B3
Saint-Laurent-Rochefort (42)..128 C3
Saint-Laurent-
-sous-Coiron (07) 157 G2
Saint-Laurent-sur-Gorre (87)..123 H3
Saint-Laurent-
-sur-Manoire (24) 137 F3
Saint-Laurent-sur-Mer (14)....15 G3
Saint-Laurent-sur-Othain (55)..25 H4
Saint-Laurent-sur-Oust (56)....56 B5

Saint-Laurent-sur-Saône (01)..116 B4
Saint-Laurent-sur-Sèvre (85) ...92 B3
Saint-Laurs (79) 107 G2
Saint-Léger 40 C2
Saint-Léger (06) 176 B3
Saint-Léger (16) 122 B6
Saint-Léger (17) 121 F4
Saint-Léger (47) 150 D5
Saint-Léger (53) 59 E5
Saint-Léger (62) 10 B3
Saint-Léger (73) 132 C5
Saint-Léger (77) 44 B4
Saint-Léger-aux-Bois (60) 21 G4
Saint-Léger-aux-Bois (76) 8 C6
Saint-Léger-Bridereix (23) 111 E4
Saint-Léger-de-Balson (33) 149 F3
Saint-Léger-de-Fougeret (58)..100 A3
Saint-Léger-
-de-la-Martinière (79) 108 B4
Saint-Léger-
-de-Montbrillais (86) 93 G2
Saint-Léger-de-Montbrun (79) ..93 G3
Saint-Léger-de-Peyre (48) 155 G2
Saint-Léger-de-Rôtes (27) 40 B1
Saint-Léger-des-Aubées (28) 62 C2
Saint-Léger-des-Bois (49) 76 D5
Saint-Léger-des-Prés (35) 35 F6
Saint-Léger-des-Vignes (58) 99 F5
Saint-Léger-du-Bois (71) 100 D3
Saint-Léger-
-du-Bourg-Denis (76) 7 G6
Saint-Léger-du-Gennetey (27) ..18 A5
Saint-Léger-du-Malzieu (48)...141 G5
Saint-Léger-du-Ventoux (84) ..159 E5
Saint-Léger-Dubosq (14) 16 D4
Saint-Léger-en-Bray (60) 20 A5
Saint-Léger-en-Yvelines (78) ...41 H5
Saint-Léger-la-Montagne (87)..110 D6
Saint-Léger-le-Petit (18) 98 C2
Saint-Léger-lès-Authie (80).....9 H4
Saint-Léger-lès-Domart (80) 9 F4
Saint-Léger-les-Mélèzes (05)..160 C1
Saint-Léger-lès-Paray (71) 115 E2
Saint-Léger-les-Vignes (44) 74 B6
Saint-Léger-Magnazeix (87) 110 C4
Saint-Léger-
-sous-Beuvray (71) 100 B4
Saint-Léger-sous-Brienne (10)..66 D1
Saint-Léger-sous-Cholet (49)..75 G6
Saint-Léger-
-sous-la-Bussière (71) 115 H4
Saint-Léger-
-sous-Margerie (10) 66 D1
Saint-Léger-sur-Bresle (80) 8 C6
Saint-Léger-sur-Dheune (71) ..101 E4
Saint-Léger-sur-Roanne (42)..115 E6
Saint-Léger-sur-Sarthe (61) 60 B1
Saint-Léger-
-sur-Vouzance (03) 114 D3
Saint-Léger-Triey (21) 86 B4
Saint-Léger-Vauban (89) 84 B5
Saint-Léomer (86) 110 A3
Saint-Léon 55 F1
Saint-Léon (03) 114 C3
Saint-Léon (31) 183 G1
Saint-Léon (33) 150 G6
Saint-Léon (47) 150 C5
Saint-Léon-d'Issigeac (24)....151 F1
Saint-Léon-sur-l'Isle (24) 137 E3
Saint-Léon-sur-Vézère (24)....137 H4
Saint-Léonard (32) 166 A3
Saint-Léonard (51) 23 F6
Saint-Léonard (62) 1 F4
Saint-Léonard (76) 6 C3
Saint-Léonard (88) 70 D3
Saint-Léonard-de-Noblat (87)..124 C2
Saint-Léonard-des-Bois (72) 59 H2
Saint-Léonard-des-Parcs (61) ..39 G5
Saint-Léonard-en-Beauce (41)..80 A2
Saint-Léons (12) 155 E6
Saint-Léopardin-d'Augy (03) ...98 D2
Saint-Léry (56) 56 B2
Saint-Leu-d'Esserent (60) 20 C6
Saint-Leu-la-Forêt (95) 42 C2
Saint-Lézer (65) 181 E2
Saint-Lézin (49) 75 H5
Saint-Lieux-Lafenasse (81)....168 C4
Saint-Lieux-lès-Lavaur (81) ...167 G4
Saint-Lin (79) 108 A2
Saint-Lions (04) 175 G1
Saint-Lizier (09) 183 E5
Saint-Lizier-du-Planté (32) ...182 C1
Saint-Lô (50) 37 G1
Saint-Lô-d'Ourville (50) 14 B5
Saint-Lon-les-Mines (40) 162 D5
Saint-Longis (72) 60 B2
Saint-Lormel (22) 34 C4
Saint-Lothain (39) 102 D4
Saint-Loube (32) 182 D1
Saint-Loubert (33) 149 H2
Saint-Loubès (33) 135 F5
Saint-Loubouer (40) 164 A4
Saint-Louet-sur-Seulles (14)...38 B1
Saint-Louet-sur-Vire (50) 37 G2
Saint-Louis (57) 50 B4
Saint-Louis (68) 89 H3
Saint-Louis-
-de-Montferrand (33) 135 F4
Saint-Louis-et-Parahou (11)...199 E1
Saint-Louis-lès-Bitche (57)....28 B6
Saint-Loup 153 G3
Saint-Loup (03) 114 A3
Saint-Loup (17) 107 G2
Saint-Loup (23) 112 B5
Saint-Loup (39) 102 B3
Saint-Loup (50) 35 G1
Saint-Loup (41) 96 D1
Saint-Loup (51) 45 E5

Saint-Loup (58) 82 C5
Saint-Loup (69) 129 G2
Saint-Loup (82) 166 B1
Saint-Loup-Cammas (31) 167 F4
Saint-Loup-de-Buffigny (10)...65 G2
Saint-Loup-de-Fribois (14) 17 E5
Saint-Loup-de-Gonois (45)......64 C5
Saint-Loup-de-Naud (77) 64 D1
Saint-Loup-de-Varennes (71)..101 G6
Saint-Loup-
-des-Chaumes (18) 97 G5
Saint-Loup-des-Vignes (45) 63 G5
Saint-Loup-d'Ordon (89) 64 D6
Saint-Loup-du-Dorat (53) 77 E1
Saint-Loup-du-Gast (53) 59 E2
Saint-Loup-
-en-Champagne (08) 23 F4
Saint-Loup-
-en-Comminges (31) 182 A3
Saint-Loup-Géanges (71) 101 G4
Saint-Loup-Hors (14) 15 H5
Saint-Loup-Lamairé (79) 93 G5
Saint-Loup-Nantouard (70) 86 D5
Saint-Loup-sur-Aujon (52) 85 H1
Saint-Loup-sur-Semouse (70) ..69 G6
Saint-Loup-Terrier (08) 24 A3
Saint-Loyer-des-Champs (61)...39 F5
Saint-Lubin-de-Cravant (28)....40 D5
Saint-Lubin-de-la-Haye (28)....41 G4
Saint-Lubin-
-des-Joncherets (28) 41 E4
Saint-Lubin-
-en-Vergonnois (41) 79 H3
Saint-Luc (27) 41 E3
Saint-Lucien (28) 41 G6
Saint-Lumier-
-en-Champagne (51) 46 B4
Saint-Lumier-la-Populeuse (51)..46 C5
Saint-Lumine-de-Clisson (44)..75 E6
Saint-Lumine-de-Coutais (44)..74 B6
Saint-Lunaire (35) 34 C3
Saint-Luperce (28) 61 H2
Saint-Lupicin (39) 117 H3
Saint-Lupien (10) 65 G2
Saint-Lyé (10) 66 A2
Saint-Lyé-la-Forêt (45) 63 E5
Saint-Lyphard (44) 73 G3
Saint-Lys (31) 166 D6
Saint-Macaire (33) 149 H2
Saint-Macaire-du-Bois (49) 93 F2
Saint-Macaire-en-Mauges (49)..75 G6
Saint-Maclou (27) 17 G3
Saint-Maclou-
-de-Folleville (76) 7 G4
Saint-Maclou-la-Brière (76) 6 C4
Saint-Macoux (86) 108 D5
Saint-Maden (22) 34 C6
Saint-Magne (33) 149 G2
Saint-Magne-de-Castillon (33)..136 A5
Saint-Maigner (63) 112 D6
Saint-Maigrin (17) 121 G5
Saint-Maime (04) 174 C2
Saint-Maime-de-Péreyrol (24)..137 E4
Saint-Maixant (23) 125 H1
Saint-Maixant (33) 149 H2
Saint-Maixent (72) 60 D5
Saint-Maixent-de-Beugné (79)..107 G2
Saint-Maixent-l'École (79) 108 B3
Saint-Maixent-sur-Vie (85) 90 D3
Saint-Maixme-Hauterive (28) ..41 E6
Saint-Malo (35) 34 D3
Saint-Malo-de-Beignon (56)....56 C4
Saint-Malo-de-Guersac (44)....73 G3
Saint-Malo-de-la-Lande (50)...36 D1
Saint-Malo-de-Phily (35).......57 E5
Saint-Malo-
-des-Trois-Fontaines (56) 56 A3
Saint-Malô-du-Bois (85)........92 B4
Saint-Malon-en-Donziois (58)..83 E6
Saint-Malon-sur-Mel (35) 56 C3
Saint-Mamert (66) 115 H4
Saint-Mamert-du-Gard (30) 171 H3
Saint-Mamet (31) 196 A4
Saint-Mamet-la-Salvetat (15)..140 A5
Saint-Mammès (77) 64 B2
Saint-Mandé (94) 42 D4
Saint-Mandé-sur-Brédoire (17)..108 A6
Saint-Mandrier-sur-Mer (83)...191 G6
Saint-Manvieu-Bocage (14) 37 G4
Saint-Manvieu-Norrey (14) 16 B4
Saint-Marc 73 G4
Saint-Marc (15) 141 F5
Saint-Marc-à-Frongier (23)....125 G2
Saint-Marc-à-Loubaud (23) 125 F2
Saint-Marc-du-Cor (41) 61 F6
Saint-Marc-Jaumegarde (13)...174 A5
Saint-Marc-la-Lande (79) 107 H2
Saint-Marc-le-Blanc (35) 35 G6
Saint-Marc-sur-Couesnon (35)..57 H1
Saint-Marc-sur-Seine (21) 85 E3
Saint-Marcan (35) 35 F4
Saint-Marceau (08) 24 A2
Saint-Marceau (72) 60 A4
Saint-Marcel (01) 130 B1
Saint-Marcel (08) 23 H1
Saint-Marcel (27) 41 F2
Saint-Marcel (36) 111 E1
Saint-Marcel (54) 26 A5
Saint-Marcel (56) 56 A5
Saint-Marcel (70) 87 E1
Saint-Marcel (71) 101 G5
Saint-Marcel (73) 132 C5
Saint-Marcel-Bel-Accueil (38)..130 C4
Saint-Marcel-Campes (81) 168 A1
Saint-Marcel-d'Ardèche (07)..157 H4
Saint-Marcel-de-Careiret (30)..157 G6
Saint-Marcel-de-Félines (42)..129 E2
Saint-Marcel-du-Périgord (24)..137 F5
Saint-Marcel-d'Urfé (42) 128 C2
Saint-Marcel-en-Marcillat (03)..112 D4
Saint-Marcel-en-Murat (03)....113 F4

Saint-Marcel-l'Éclairé (69) ...129 F2
Saint-Marcel-lès-Annonay (07)..143 H1
Saint-Marcel-lès-Sauzet (26)..158 B2
Saint-Marcel-lès-Valence (26)..144 B4
Saint-Marcel-Paulel (31) 167 F5
Saint-Marcel-sur-Aude (11) ...186 B3
Saint-Marcelin-de-Cray (71)..115 H1
Saint-Marcellin (38) 161 E1
Saint-Marcellin (38) 161 F1
Saint-Marcellin-en-Forez (42)..129 E5
Saint-Marcellin-
-lès-Vaison (84) 158 D5
Saint-Marcet (31) 182 B3
Saint-Marcory (24) 151 H1
Saint-Marcouf (14) 15 E3
Saint-Marcouf (50) 15 E3
Saint-Mard (02) 22 C5
Saint-Mard (17) 107 F5
Saint-Mard (54) 49 E6
Saint-Mard (77) 43 F2
Saint-Mard (80) 21 E2
Saint-Mard-de-Réno (61) 60 D1
Saint-Mard-de-Vaux (71) 101 F5
Saint-Mard-lès-Rouffy (51) 45 G3
Saint-Mard-sur-Auve (51) 46 C3
Saint-Mard-sur-le-Mont (51)....46 C3
Saint-Mards (76) 7 G3
Saint-Mards-
-de-Blacarville (27) 17 H3
Saint-Mards-de-Fresne (27)...17 G5
Saint-Mards-en-Othe (10) 65 H4
Saint-Marien (23) 112 A3
Saint-Mariens (33) 135 G3
Saint-Mars-de-Coutais (44)....74 B6
Saint-Mars-
-de-Locquenay (72) 60 C6
Saint-Mars-d'Égrenne (61) 38 A6
Saint-Mars-d'Outillé (72) 78 B1
Saint-Mars-du-Désert (44) 74 D4
Saint-Mars-du-Désert (53) 59 G3
Saint-Mars-la-Brière (72) 60 C5
Saint-Mars-la-Jaille (44) 75 F2
Saint-Mars-la-Réorthe (85)....92 B4
Saint-Mars-sous-Ballon (72) ..60 B4
Saint-Mars-sur-Colmont (53)...58 D2
Saint-Mars-sur-la-Futaie (53)..58 B1
Saint-Mars-
-Vieux-Maisons (77) 44 B5
Saint-Marsal (66) 199 G5
Saint-Martial (07) 143 F5
Saint-Martial (15) 141 E5
Saint-Martial (16) 122 B6
Saint-Martial (17) 107 H6
Saint-Martial (30) 171 E1
Saint-Martial (33) 149 H1
Saint-Martial-d'Albarède (24)..137 H1
Saint-Martial-d'Artenset (24)..136 C4
Saint-Martial-de-Gimel (19)...139 F2
Saint-Martial-
-de-Mirambeau (17) 121 E6
Saint-Martial-de-Nabirat (24)..152 B1
Saint-Martial-de-Valette (24)..123 G5
Saint-Martial-de-Vitaterne (17)..121 F5
Saint-Martial-Entraygues (19)..139 F3
Saint-Martial-le-Mont (23) ...111 H6
Saint-Martial-le-Vieux (23) ...125 H4
Saint-Martial-sur-Isop (87) ...109 H5
Saint-Martial-sur-Né (17) 121 G4
Saint-Martial-Viveyrol (24)...136 D1
Saint-Martin 46 B2
Saint-Martin 136 D5
Saint-Martin 137 G5
Saint-Martin (32) 165 F6
Saint-Martin (54) 49 G6
Saint-Martin (56) 56 B6
Saint-Martin (65) 181 E3
Saint-Martin (66) 199 F2
Saint-Martin (67) 71 F2
Saint-Martin (83) 174 D5
Saint-Martin-au-Bosc (76) 8 C6
Saint-Martin-au-Laërt (62) 2 B4
Saint-Martin-aux-Arbres (76) ..7 F4
Saint-Martin-aux-Bois (60) 20 D3
Saint-Martin-aux-Buneaux (76)..6 D3
Saint-Martin-aux-Champs (51)..46 A4
Saint-Martin-
-aux-Chartrains (14) 17 F3
Saint-Martin-
-Belle-Roche (71) 116 B3
Saint-Martin-Bellevue (74) ...132 B1
Saint-Martin-Boulogne (62) 1 F4
Saint-Martin-Cantalès (15)...139 H3
Saint-Martin-Château (23) 125 E2
Saint-Martin-Choquel (62) 1 G4
Saint-Martin-Curton (47) 150 B4
Saint-Martin-d'Ablois (51) 45 E1
Saint-Martin-d'Abbat (45) 81 F1
Saint-Martin-d'Août (26) 144 B2
Saint-Martin-d'Arberoue (64)..179 E1
Saint-Martin-d'Arc (73) 146 D2
Saint-Martin-d'Arcé (49) 77 G4
Saint-Martin-d'Ardèche (07)...157 H5
Saint-Martin-d'Armagnac (32)..164 C4
Saint-Martin-d'Arrossa (64) ...178 D2
Saint-Martin-d'Ary (17) 135 H2
Saint-Martin-d'Aubigny (50) ...14 C6
Saint-Martin-d'Audouville (50)..14 D3
Saint-Martin-d'Auxigny (18) ...97 G1
Saint-Martin-d'Auxy (71) 101 E6
Saint-Martin-de-Bavel (01) 131 F2
Saint-Martin-de-Beauville (47)..151 G5
Saint-Martin-de-Belleville (73)..132 D6
Saint-Martin-
-de-Bernegoue (79) 107 H4
Saint-Martin-de-Bienfaite-la-
Cressonnière (14) 17 G6
Saint-Martin-de-Blagny (14)...15 G5
Saint-Martin-de-Bonfossé (50)..37 F1
Saint-Martin-
-de-Boscherville (76) 7 F6

Saint-Martin-de-Bossenay (10)..65 G2
Saint-Martin-
-de-Boubaux (48) 156 D6
Saint-Martin-
-de-Bréthencourt (78) 62 D1
Saint-Martin-de-Brômes (04)..174 D3
Saint-Martin-de-Caralp (09) ..183 G5
Saint-Martin-de-Castillon (84)..174 A3
Saint-Martin-de-Cenilly (50) ..37 F2
Saint-Martin-de-Clelles (38) ..145 F5
Saint-Martin-
-de-Commune (71) 101 E4
Saint-Martin-de-Connée (53) ..59 G4
Saint-Martin-de-Coux (17) 136 A3
Saint-Martin-de-Crau (13) 172 D5
Saint-Martin-de-Fontenay (14)..16 B5
Saint-Martin-
-de-Fraigneau (85) 107 F2
Saint-Martin-
-de-Fressengeas (24) 123 G6
Saint-Martin-de-Fugères (43)..142 C5
Saint-Martin-de-Goyne (32) ...165 G2
Saint-Martin-de-Gurson (24)..136 B4
Saint-Martin-de-Hinx (40) 162 C5
Saint-Martin-de-Juillers (17)..121 G1
Saint-Martin-de-Jussac (87)..123 G2
Saint-Martin-
-de-Brasque (84) 174 A3
Saint-Martin-de-la-Cluze (38)..145 G4
Saint-Martin-de-la-Lieue (14) ..17 F5
Saint-Martin-de-la-Mer (21) ...100 C1
Saint-Martin-de-la-Place (49)..77 G6
Saint-Martin-de-la-Porte (73)..146 D1
Saint-Martin-de-Lamps (36) 96 B3
Saint-Martin-de-Landelles (50)..37 F6
Saint-Martin-
-de-Lansuscle (48) 156 C5
Saint-Martin-de-l'Arçon (34)..169 H6
Saint-Martin-de-Laye (33) 135 H4
Saint-Martin-de-Lenne (12) ...155 E4
Saint-Martin-de-Lerm (33) 150 A1
Saint-Martin-de-Lixy (71) 115 F5
Saint-Martin-de-Londres (34)..171 E4
Saint-Martin-de-Mâcon (79)...93 G3
Saint-Martin-de-Mailloc (14)..17 F5
Saint-Martin-de-Mieux (14) ...38 D3
Saint-Martin-de-Nigelles (28)..41 G6
Saint-Martin-
-de-Queyrières (05) 147 E5
Saint-Martin-de-Ré (17) 106 B4
Saint-Martin-de-Ribérac (24)..136 D2
Saint-Martin-
-de-Saint-Maixent (79) 108 B3
Saint-Martin-
-de-Salencey (71) 115 H2
Saint-Martin-de-Sallen (14) ..16 A6
Saint-Martin-de-Sanzay (79)...93 G2
Saint-Martin-
-de-Seignanx (40) 162 B5
Saint-Martin-de-Sescas (33)..149 H2
Saint-Martin-de-Valamas (07)..143 F5
Saint-Martin-
-de-Valgalgues (30) 157 E6
Saint-Martin-de-Varreville (50)..15 E4
Saint-Martin-
-de-Vaulserre (38) 131 G5
Saint-Martin-de-Vers (46) 153 E2
Saint-Martin-de-Villeréal (47)..151 G2
Saint-Martin-
-de-Villereglan (11) 184 D4
Saint-Martin-d'Ecublei (61)...40 B4
Saint-Martin-d'Entraunes (06)..161 G5
Saint-Martin-
-des-Besaces (14) 37 H2
Saint-Martin-des-Bois (41) ...79 E4
Saint-Martin-des-Champs (18)..98 C2
Saint-Martin-des-Champs (29)..32 A3
Saint-Martin-des-Champs (50)..35 H5
Saint-Martin-des-Champs (77)..44 B4
Saint-Martin-des-Champs (78)..41 H3
Saint-Martin-des-Champs (89)..82 C3
Saint-Martin-
-des-Combes (24) 137 E4
Saint-Martin-des-Entrées (14)..15 H5
Saint-Martin-des-Lais (03) ...99 G6
Saint-Martin-des-Landes (61)..39 E6
Saint-Martin-des-Monts (72) ..60 D4
Saint-Martin-des-Noyers (85)..91 H4
Saint-Martin-des-Olmes (63)..128 B5
Saint-Martin-des-Pézerits (61)..40 A6
Saint-Martin-des-Plains (63)...127 H4
Saint-Martin-des-Prés (22)....33 F6
Saint-Martin-des-Puits (11) ..185 F5
Saint-Martin-des-Tilleuls (85)..92 A3
Saint-Martin-d'Estréaux (42)..114 C5
Saint-Martin-
-du-Fouilloux (79) 108 B1
Saint-Martin-du-Frêne (01)...117 F5
Saint-Martin-du-Limet (53)....76 B1
Saint-Martin-du-Manoir (76)...6 B5
Saint-Martin-
-du-Mesnil-Oury (14) 17 E6
Saint-Martin-du-Mont (01) 117 F5

Saint-Martin-du-Mont (21) 85 F5
Saint-Martin-du-Mont (71) 117 E1
Saint-Martin-du-Puy (33) 150 A1
Saint-Martin-du-Puy (58) 84 A6
Saint-Martin-du-Tartre (71) ..101 E6
Saint-Martin-du-Tertre (89) ..65 E4
Saint-Martin-du-Tertre (95) ..42 D1
Saint-Martin-du-Tilleul (27) ..17 H5
Saint-Martin-du-Var (06) 176 D4
Saint-Martin-
-du-Vieux-Bellême (61) 60 D2
Saint-Martin-du-Vivier (76)...7 H6
Saint-Martin-d'Uriage (38) ...145 H2
Saint-Martin-en-Bière (77) ...63 H2
Saint-Martin-en-Bresse (71)..101 H5
Saint-Martin-
-en-Campagne (76) 7 H1
Saint-Martin-en-Gâtinois (71)..101 H4
Saint-Martin-en-Haut (69) 129 G4
Saint-Martin-en-Vercors (26)..145 E4
Saint-Martin-Gimois (32) 166 A6
Saint-Martin-
-la-Campagne (27) 40 D2
Saint-Martin-la-Garenne (78)..41 H2
Saint-Martin-la-Méanne (19) ..139 F3
Saint-Martin-la-Patrouille (71)..115 H1
Saint-Martin-la-Plaine (42) ..129 G4
Saint-Martin-la-Sauveté (42)..128 C2
Saint-Martin-Labouval (46) ...153 E3
Saint-Martin-Lacaussade (33)..135 E3
Saint-Martin-Laguépie (81)...153 G6
Saint-Martin-l'Aiguillon (61)..38 D5
Saint-Martin-Lalande (11) 184 C2
Saint-Martin-l'Ars (86) 109 F4
Saint-Martin-Lars-
-en-Sainte-Hermine (85).......107 F1
Saint-Martin-l'Astier (24) ...136 C4
Saint-Martin-le-Beau (37) 79 F6
Saint-Martin-le-Bouillant (50)..37 F4
Saint-Martin-le-Châtel (01) ..116 B4
Saint-Martin-le-Colonel (26)..144 D4
Saint-Martin-le-Gaillard (76)..8 A5
Saint-Martin-le-Gréard (50) ..14 C3
Saint-Martin-le-Hébert (50) ..14 C3
Saint-Martin-le-Mault (87) ...110 C3
Saint-Martin-le-Nœud (60) 20 A5
Saint-Martin-le-Pin (24) 123 E5
Saint-Martin-
-le-Redon (46) 151 H3
Saint-Martin-le-Vieil (11) ...184 C2
Saint-Martin-le-Vieux (87) ...124 A3
Saint-Martin-le-Vinoux (38) ..145 G2
Saint-Martin-les-Eaux (04) ...174 C2
Saint-Martin-lès-Langres (52)..86 A1
Saint-Martin-lès-Melle (79) ..108 B4
Saint-Martin-lès-Seyne (04)..160 C3
Saint-Martin-Lestra (42) 129 F3
Saint-Martin-l'Heureux (51) ..23 G6
Saint-Martin-l'Hortier (76) ..19 E1
Saint-Martin-Longueau (60) ...21 E4
Saint-Martin-Lys (11) 198 D1
Saint-Martin-Osmonville (76)..7 H4
Saint-Martin-Petit (47) 150 B2
Saint-Martin-Rivière (02) 11 F4
Saint-Martin-Saint-Firmin (27)..17 H3
Saint-Martin-
-Sainte-Catherine (23) 124 D1
Saint-Martin-Sepert (19) 124 C6
Saint-Martin-
-sous-Montaigu (71) 101 F5
Saint-Martin-
-sous-Vigouroux (15) 140 D5
Saint-Martin-
-sur-Armançon (89) 84 B1
Saint-Martin-sur-Cojeul (62)..10 B3
Saint-Martin-sur-Écaillon (59)..11 F3
Saint-Martin-
-sur-la-Chambre (73) 132 C6
Saint-Martin-sur-Lavezon (07)..158 A2
Saint-Martin-sur-le-Pré (51) ..45 H2
Saint-Martin-sur-Nohain (58)..82 C6
Saint-Martin-sur-Ocre (45) ...82 A3
Saint-Martin-sur-Ocre (89) ...83 E2
Saint-Martin-sur-Ouanne (89)..82 D1
Saint-Martin-Terressus (87) ..124 C2
Saint-Martin-Valmeroux (15)..140 A3
Saint-Martin-Vésubie (06) 177 E2
Saint-Martin de Fenollar 200 D4
Saint-Martin de Peille 177 F5
Saint-Martinien (03) 112 C4
Saint-Martory (31) 182 C4
Saint-Mary (16) 122 D2
Saint-Mary-le-Plan (15) 141 F2
Saint-Masmes (51) 23 G5
Saint-Mathieu 30 C5
Saint-Mathieu (87) 123 F3
Saint-Mathieu-de-Tréviers (34)..171 F4
Saint-Mathurin (85) 91 E5
Saint-Mathurin-Léobazel 139 F4
Saint-Mathurin-sur-Loire (49)..77 F5
Saint-Matré (46) 152 A4
Saint-Maudan (22) 55 G2
Saint-Maudez (22) 34 C5
Saint-Maugan (35) 56 C2
Saint-Maulvis (80) 8 D6
Saint-Maur (18) 112 B1
Saint-Maur (32) 165 F6
Saint-Maur (36) 96 B5
Saint-Maur (39) 117 G1
Saint-Maur (60) 19 H3
Saint-Maur-des-Bois (50) 37 F4
Saint-Maur-des-Fossés (94)...43 E4
Saint-Maur-sur-le-Loir (28)...62 A4
Saint-Maurice 137 F4
Saint-Maurice 3 F5
Saint-Maurice (52) 86 B1
Saint-Maurice (58) 99 G2
Saint-Maurice (63) 127 G4
Saint-Maurice (67) 71 F2
Saint-Maurice (94) 43 E4
Saint-Maurice-aux-Forges (54)..49 H6

Saint-Maurice-aux-Riches-Hommes (89)......65 F3
Saint-Maurice-Colombier (25).....88 B4
Saint-Maurice-Crillat (39) 117 H1
Saint-Maurice-d'Ardèche (07)...157 G3
Saint-Maurice-de-Beynost (01) 130 B2
Saint-Maurice-de-Cazeveille (30).............171 H1
Saint-Maurice-de-Gourdans (01) 130 C2
Saint-Maurice-de-Lestapel (47) 151 E2
Saint-Maurice-de-Lignon (43)...143 E2
Saint-Maurice-de-Rémens (01) 130 D1
Saint-Maurice-de-Roche 142 C2
Saint-Maurice-de-Rotherens (73)...........131 G4
Saint-Maurice-de-Satonnay (71) 116 B3
Saint-Maurice-de-Tavernole (17) 121 G5
Saint-Maurice-de-Ventalon (48) 156 C4
Saint-Maurice-des-Champs (71) 116 A1
Saint-Maurice-des-Lions (16)...123 F1
Saint-Maurice-des-Noues (85)...107 F1
Saint-Maurice-d'Ételan (76) 6 D6
Saint-Maurice-d'Ibie (07) 157 G3
Saint-Maurice-du-Désert (61)...38 C6
Saint-Maurice-en-Chalencon (07)..........143 H6
Saint-Maurice-en-Cotentin (50)..14 B4
Saint-Maurice-en-Gourgois (42) 129 E6
Saint-Maurice-en-Quercy (46)...153 F1
Saint-Maurice-en-Rivière (71)...101 H4
Saint-Maurice-en-Trièves (38)...145 G6
Saint-Maurice-en-Valgodemard (05).......146 B5
Saint-Maurice-la-Clouère (86)...109 E3
Saint-Maurice-la-Fougereuse (79) 93 E3
Saint-Maurice-la-Souterraine (23) 110 D5
Saint-Maurice-le-Girard (85)...92 C6
Saint-Maurice-le-Vieil (89) 83 E2
Saint-Maurice-les-Brousses (87) 124 B4
Saint-Maurice-lès-Charencey (61) 40 B5
Saint-Maurice-lès-Châteauneuf (71).......115 F5
Saint-Maurice-lès-Couches (71)...........101 E4
Saint-Maurice-l'Exil (38) 130 A6
Saint-Maurice-Montcouronne (91) 42 C6
Saint-Maurice-près-Crocq (23)............126 A2
Saint-Maurice-près-Pionsat (63)...........112 D6
Saint-Maurice-Saint-Germain (28) 61 G1
Saint-Maurice-sous-les-Côtes (55).........48 A2
Saint-Maurice-sur-Adour (40)...163 H3
Saint-Maurice-sur-Aveyron (45)...........82 C1
Saint-Maurice-sur-Dargoire (69) 129 H4
Saint-Maurice-sur-Eygues (26)..158 C4
Saint-Maurice-sur-Fessard (45)...........64 A6
Saint-Maurice-sur-Huisne (61)...61 E2
Saint-Maurice-sur-Loire 128 D1
Saint-Maurice-sur-Mortagne (88) 70 A4
Saint-Maurice-sur-Moselle (88) 70 C6
Saint-Maurice-sur-Vingeanne (21) 86 B3
Saint-Maurice-Thizouaille (89) ...83 E1
Saint-Maurice des Chasaux.....117 F4
Saint-Maurin (47) 151 G6
Saint-Max (54) 48 D5
Saint-Maxent (80) 8 C5
Saint-Maximin (30) 172 B2
Saint-Maximin (38) 132 A6
Saint-Maximin (60) 20 D6
Saint-Maximin-la-Sainte-Baume (83) 174 D6
Saint-Maxire (79) 107 H3
Saint-May (26) 159 E3
Saint-Mayeux (22) 55 E1
Saint-Méard (87)..............124 D4
Saint-Méard-de-Drône (24) ...136 D2
Saint-Méard-de-Gurçon (24) ..136 B5
Saint-Médard (16)..............121 H5
Saint-Médard (17).............121 G6
Saint-Médard (31)............182 C4
Saint-Médard (32)............165 G6
Saint-Médard (36)..............95 H3
Saint-Médard (46).............152 F3
Saint-Médard (57)..............49 F3
Saint-Médard (64).............163 G6
Saint-Médard (79)............108 A4
Saint-Médard-d'Aunis (17)...106 D5
Saint-Médard-de-Guizières (33)...........136 A4
Saint-Médard-de-Mussidan (24) 136 D4
Saint-Médard-de-Presque (46) 139 E5
Saint-Médard-d'Excideuil (24)...137 H1
Saint-Médard-d'Eyrans (33)...149 F1
Saint-Médard-en-Forez (42)...129 F4
Saint-Médard-en-Jalles (33)....134 D5

Saint-Médard-la-Rochette (23) 112 A6
Saint-Médard-Nicourby (46)...139 G6
Saint-Médard-sur-Ille (35)......57 F1
Saint-Méen (29) 31 F3
Saint-Méen-le-Grand (35).......56 C2
Saint-Melaine-sur-Aubance (49)............77 E5
Saint-Mélany (07) 157 E3
Saint-Méloir-des-Bois (22) 34 B5
Saint-Méloir-des-Ondes (35) ...35 E3
Saint-Même-le-Tenu (44) 90 D1
Saint-Même-les-Carrières (16)...........121 H4
Saint-Memmie (46) 46 A2
Saint-Memmie (51) 46 A3
Saint-Menge (88) 69 E3
Saint-Menges (08) 24 C1
Saint-Menoux (03) 113 G1
Saint-Merd-de-Lapleau (19)...139 G2
Saint-Merd-la-Breuille (23) ...126 A3
Saint-Merd-les-Oussines (19)...125 G4
Saint-Méry (77) 43 G6
Saint-Meslin-du-Bosc (27) 18 B6
Saint-Mesmes (77) 43 F3
Saint-Mesmin (10) 66 A2
Saint-Mesmin (21) 85 E6
Saint-Mesmin (24) 138 A1
Saint-Mesmin (85) 92 C5
Saint-Mexant (19) 138 D2
Saint-Mézard (32)............165 G1
Saint-M'Hervé (35) 58 A4
Saint-M'Hervon (35) 56 C1
Saint-Micaud (71) 101 E6
Saint-Michel (02) 160 C1
Saint-Michel (09) 182 D3
Saint-Michel (16) 122 B4
Saint-Michel (31) 182 D3
Saint-Michel (32) 181 H1
Saint-Michel (34) 170 C3
Saint-Michel (45) 63 G5
Saint-Michel (64) 178 D3
Saint-Michel (82) 166 B1
Saint-Michel-Chef-Chef (44) ...73 G5
Saint-Michel-d'Aurance (07)...143 G5
Saint-Michel-de-Bannières (46) 138 D4
Saint-Michel-de-Boulogne (07) 157 G1
Saint-Michel-de-Castelnau (33) 150 A5
Saint-Michel-de-Chabrillanoux (07) 143 H5
Saint-Michel-de-Chaillol (05) ...160 C1
Saint-Michel-de-Chavaignes (72).........60 D5
Saint-Michel de Dèze (48) ...156 D6
Saint-Michel-de-Double (24) ..136 C3
Saint-Michel-de-Feins (53) 77 E2
Saint-Michel-de-Fronsac (33)...135 G4
Saint-Michel-de-la-Pierre (50)...37 E1
Saint-Michel-de-la-Roë (53) 58 A6
Saint-Michel-de-Lanès (11) ...184 A2
Saint-Michel-de-Lapujade (33)...150 B2
Saint-Michel-de-Livet (14) 17 E6
Saint-Michel-de-Llotes (66) ...199 G3
Saint-Michel-de-Maurienne (73).........146 D2
Saint-Michel-de-Montaigne (24)........136 A5
Saint-Michel-de-Montjoie (50)...37 G4
Saint-Michel-de-Plélan (22) ...34 C5
Saint-Michel-de-Rieufret (33)...149 G2
Saint-Michel-de-Saint-Geoirs (38) 145 E1
Saint-Michel-de-Vax (81) 167 H1
Saint-Michel-de-Veisse (23) ...125 G1
Saint-Michel-de-Villadeix (24)...137 F4
Saint-Michel-de-Volangis (18)...97 H2
Saint-Michel-des-Andaines (61)...........38 C6
Saint-Michel-d'Euzet (30) 157 H5
Saint-Michel-d'Halescourt (76)..19 G3
Saint-Michel-en-Beaumont (38) 145 H5
Saint-Michel-en-Brenne (36) ...95 G4
Saint-Michel-en-Grève (22) 32 B2
Saint-Michel-en-l'Herm (85) ...106 C3
Saint-Michel-Escalus (40).....162 C2
Saint-Michel-et-Chanveaux (49)..........75 F1
Saint-Michel-Labadié (81) ...168 D2
Saint-Michel-le-Cloucq (85) ...107 F2
Saint-Michel-les-Portes (38)...145 F5
Saint-Michel-l'Observatoire (04)..........174 B2
Saint-Michel-Loubéjou (46) ...139 E5
Saint-Michel-Mont-Mercure (85) 92 B4
Saint-Michel-sous-Bois (62)....1 G6
Saint-Michel-sur-Loire (37)....78 B6
Saint-Michel-sur-Meurthe (88)...70 C2
Saint-Michel-sur-Orge (91)....42 D6
Saint-Michel-sur-Rhône (42) ..130 A6
Saint-Michel-sur-Savasse (26)...144 C3
Saint-Michel-sur-Ternoise (62)...9 G1
Saint-Michel-Tubœuf (61).....40 B5
Saint-Mihiel (55).............47 H3
Saint-Mitre-les-Remparts (13)...190 A2
Saint-Molf (44) 73 F3
Saint-Momelin (59) 2 B3
Saint-Mont (32)..............164 C2
Saint-Montan (07).............157 H3
Saint-Moré (89)...............83 H4
Saint-Moreil (23) 124 D2
Saint-Morel (08)...............24 A5
Saint-Morillon (33) 149 F1
Saint-Mury-Monteymond (38)...145 H2
Saint-Myon (63) 127 F1
Saint-Nabor (67) 71 H4
Saint-Nabord (88)..............70 A5

Saint-Nabord-sur-Aube (10)......66 C1
Saint-Nauphary (82) 167 E2
Saint-Nazaire (30) 157 H5
Saint-Nazaire (44)..............73 G4
Saint-Nazaire (66).............201 E3
Saint-Nazaire-d'Aude (11) 186 B3
Saint-Nazaire-de-Ladarez (34)...169 H6
Saint-Nazaire-de-Pézan (34) ..171 G5
Saint-Nazaire-de-Valentane (82) 151 H5
Saint-Nazaire-des-Gardies (30)............171 G2
Saint-Nazaire-en-Royans (26)...144 D3
Saint-Nazaire-le-Désert (26)...159 E2
Saint-Nazaire-les-Eymes (38)...145 H1
Saint-Nazaire-sur-Charente (17) 120 C1
Saint-Nectaire (63) 127 E6
Saint-Nexans (24) 137 E6
Saint-Nic (29) 31 E6
Saint-Nicodème (55) 55 E3
Saint-Nicodème (22)............32 D5
Saint-Nicolas (62) 10 B2
Saint-Nicolas-aux-Bois (02) 22 B3
Saint-Nicolas-d'Aliermont (76)...7 H2
Saint-Nicolas-d'Attez (27) 40 C4
Saint-Nicolas-de-Bliquetuit (76)..7 E5
Saint-Nicolas-de-Bourgueil (37) 78 A6
Saint-Nicolas-de-la-Balerme (47) 151 F6
Saint-Nicolas-de-la-Grave (82) 166 C1
Saint-Nicolas-de-la-Haie (76).....6 D5
Saint-Nicolas-de-la-Taille (76)....6 C5
Saint-Nicolas-de-Macherin (38)...........131 F6
Saint-Nicolas-de-Pierrepont (50) 14 C5
Saint-Nicolas-de-Port (54) 49 E6
Saint-Nicolas-de-Redon (44) ...73 H1
Saint-Nicolas-de-Sommaire (61)...........40 A4
Saint-Nicolas-de-Véroce (74)...133 F4
Saint-Nicolas-des-Biefs (03) ..114 C4
Saint-Nicolas-des-Bois (50) 37 F4
Saint-Nicolas-des-Bois (61) 59 H1
Saint-Nicolas-des-Eaux (56) 55 E3
Saint-Nicolas-des-Laitiers (61)...39 H4
Saint-Nicolas-des-Motets (37)...79 G4
Saint-Nicolas-du-Bosc (27) 18 B6
Saint-Nicolas-du-Pélem (22)....33 E6
Saint-Nicolas-du-Tertre (56)....56 B5
Saint-Nicolas-la-Chapelle (10)...65 F1
Saint-Nicolas-la-Chapelle (73)...132 D2
Saint-Nicolas-lès-Cîteaux (21)...101 H2
Saint-Nizier-d'Azergues (69)...115 H6
Saint-Nizier-de-Fornas (42) ...128 D2
Saint-Nizier-du-Moucherotte (38) 145 F2
Saint-Nizier-le-Bouchoux (01)...116 D2
Saint-Nizier-le-Désert (01) ...116 D6
Saint-Nizier-sous-Charlieu (42)..........115 E5
Saint-Nizier-sur-Arroux (71) ...100 B3
Saint-Nolff (56).................55 G6
Saint-Nom-la-Bretèche (78)....42 B4
Saint-Offenge-Dessous (73)...132 A3
Saint-Offenge-Dessus (73)....132 A3
Saint-Omer (14) 38 C3
Saint-Omer (62) 2 A2
Saint-Omer-Capelle (62).........2 A2
Saint-Omer-en-Chaussée (60) ..20 A3
Saint-Ondras (38) 131 H5
Saint-Onen-la-Chapelle (35)....56 C2
Saint-Oradoux-de-Chirouze (23) 126 A3
Saint-Oradoux-près-Crocq (23)............126 A2
Saint-Orens (32) 166 B4
Saint-Orens-de-Gameville (31)...167 F6
Saint-Orens-Pouy-Petit (32)...165 G2
Saint-Ost (32) 181 H2
Saint-Ouen (17) 121 H2
Saint-Ouen (41) 79 G2
Saint-Ouen (80) 9 F4
Saint-Ouen (93) 42 D3
Saint-Ouen-d'Attez (27) 40 C4
Saint-Ouen-d'Aunis (17) 106 C4
Saint-Ouen-de-la-Cour (61) ...60 D2
Saint-Ouen-de-Mimbré (72) ...60 A3
Saint-Ouen-de-Pontcheuil (27)...........18 B6
Saint-Ouen-de-Sécherouve (61) 40 A6
Saint-Ouen-de-Thouberville (27).........18 B5
Saint-Ouen-des-Alleux (35) 35 G6
Saint-Ouen-des-Besaces (14)...37 H2
Saint-Ouen-des-Champs (27)...17 H3
Saint-Ouën-des-Toits (53) 58 C4
Saint-Ouën-des-Vallons (53) ...59 E4
Saint-Ouen-Domprot (51)......46 A6
Saint-Ouen-du-Breuil (76) 7 G4
Saint-Ouen-du-Mesnil-Oger (14) 16 D5
Saint-Ouen-du-Tilleul (27) 18 B5
Saint-Ouen-en-Belin (72) 78 B1
Saint-Ouen-en-Brie (77) 64 B1
Saint-Ouen-en-Champagne (72) 59 G6
Saint-Ouen-l'Aumône (95) 42 C3
Saint-Ouen-le-Brisoult (61)....59 H1
Saint-Ouen-le-Houx (14) 17 F6
Saint-Ouen-le-Mauger (76).....7 F3
Saint-Ouen-le-Pin (14) 17 E5
Saint-Ouen-lès-Parey (88) 68 D4
Saint-Ouen-les-Vignes (37) ...79 F5
Saint-Ouen-Marchefroy (28)...41 G4
Saint-Ouen-sous-Bailly (76).....8 A6
Saint-Ouen-sur-Gartempe (87)..110 B5

Saint-Ouen-sur-Iton (61)..........40 B5
Saint-Ouen-sur-Loire (58)........99 E4
Saint-Ouen-sur-Maire (61) 38 C5
Saint-Ouen-sur-Morin (77) 44 A3
Saint-Oulph (10) 65 H1
Saint-Ours (63) 126 D2
Saint-Ours (73) 132 A3
Saint-Outrille (18) 96 D2
Saint-Ovin (50) 37 F5
Saint-Oyen (73) 132 D5
Saint-Pabu (29) 30 D3
Saint-Paër (76) 7 F5
Saint-Pair (16) 16 C4
Saint-Pair-sur-Mer (50) 35 G2
Saint-Pal-de-Chalencon (43) ...142 C1
Saint-Pal-de-Mons (43) 143 E2
Saint-Pal-de-Senouire (43) ...142 A2
Saint-Palais (03) 112 B3
Saint-Palais (18) 97 G1
Saint-Palais (33) 135 E1
Saint-Palais (64) 179 F2
Saint-Palais-de-Négrignac (17)..........135 H2
Saint-Palais-de-Phiolin (17) ...121 E5
Saint-Palais-du-Né (16) 121 H5
Saint-Palais-sur-Mer (17) 120 B4
Saint-Pancrace (24) 123 F6
Saint-Pancrace (73) 146 C1
Saint-Pancrasse (38) 145 H1
Saint-Pancré (54) 25 G3
Saint-Pandelon (40) 163 E4
Saint-Pantaléon (46) 152 B4
Saint-Pantaléon (84) 173 G3
Saint-Pantaléon-de-Lapleau (19) 139 H1
Saint-Pantaléon-de-Larche (19) 138 C3
Saint-Pantaléon-les-Vignes (26) 158 C4
Saint-Pantaly-d'Ans (24) 137 H2
Saint-Pantaly-d'Excideuil (24)..137 H1
Saint-Papoul (11) 184 C2
Saint-Pardon-de-Conques (33) 149 H2
Saint-Pardoult (17) 107 H6
Saint-Pardoux (63) 126 C2
Saint-Pardoux (79) 108 A1
Saint-Pardoux (87) 110 C6
Saint-Pardoux-Corbier (19) ...124 C6
Saint-Pardoux-d'Arnet (23) ...126 A3
Saint-Pardoux-de-Drône (24)...136 C3
Saint-Pardoux-de-Mareuil (24)...122 D6
Saint-Pardoux-du-Breuil (47)...150 C3
Saint-Pardoux-et-Vielvic (24) ..137 F6
Saint-Pardoux-Isaac (47) 150 D2
Saint-Pardoux-la-Croisille (19)...139 F2
Saint-Pardoux-la-Rivière (24)...123 F5
Saint-Pardoux-le-Neuf (19)....126 A4
Saint-Pardoux-le-Neuf (23) ...125 H1
Saint-Pardoux-le-Vieux (19)...125 H4
Saint-Pardoux-les-Cards (23)...111 H6
Saint-Pardoux-l'Ortigier (19)...138 D1
Saint-Pardoux-Morterolles (23) 125 C2
Saint-Pargoire (34) 170 D6
Saint-Parize-en-Viry (58) 99 E5
Saint-Parize-le-Châtel (58)....98 D5
Saint-Parres-aux-Tertres (10)...66 B3
Saint-Parres-lès-Vaudes (10)...66 C4
Saint-Parthem (12) 154 A2
Saint-Pastour (47) 151 E4
Saint-Pastous (65) 180 C5
Saint-Paterne (72) 60 A2
Saint-Paterne-Racan (37) 78 C3
Saint-Pathus (77) 43 G2
Saint-Patrice (37) 78 B6
Saint-Patrice-de-Claids (50)....14 C5
Saint-Patrice-du-Désert (61) ..38 D6
Saint-Pau (65) 165 E1
Saint-Paul (06) 176 C4
Saint-Paul (19) 139 F2
Saint-Paul (33) 135 E3
Saint-Paul (60) 20 A4
Saint-Paul (61) 38 B4
Saint-Paul (65) 181 H1
Saint-Paul (73) 131 G3
Saint-Paul (87) 124 C3
Saint-Paul (88) 69 E2
Saint-Paul-aux-Bois (02) 21 H3
Saint-Paul-Cap-de-Joux (81)...168 A5
Saint-Paul-de-Baïse (32) 165 F4
Saint-Paul-de-Fenouillet (66)...199 F1
Saint-Paul-de-Fourques (27) ...18 A6
Saint-Paul-de-Jarrat (09) 183 H6
Saint-Paul-de-Loubressac (46)..........152 C5
Saint-Paul-de-Salers (15) 140 A3
Saint-Paul-de-Serre (24) 137 E3
Saint-Paul-de-Tartas (43) 142 C6
Saint-Paul-de-Varax (01) 116 D5
Saint-Paul-de-Varces (38) 145 F3
Saint-Paul-de-Vern (46) 139 F6
Saint-Paul-de-Vézelin (42) ...128 D2
Saint-Paul-des-Landes (15) ...140 A5
Saint-Paul-d'Espis (82) 151 H6
Saint-Paul-d'Izeaux (38) 145 E1
Saint-Paul-d'Oueil (31) 196 A4
Saint-Paul-du-Bois (49) 92 D2
Saint-Paul-du-Vernay (14) 15 H6
Saint-Paul-d'Uzore (42) 128 D4
Saint-Paul-en-Born (40) 146 C6
Saint-Paul-en-Chablais (74) ..119 F2
Saint-Paul-en-Cornillon (42)...129 E6
Saint-Paul-en-Forêt (83) 192 D1
Saint-Paul-en-Gâtine (79) 92 B6
Saint-Paul-en-Jarez (42) 129 G5
Saint-Paul-en-Pareds (85) 92 A4
Saint-Paul-et-Valmalle (34) ...171 E6
Saint-Paul-la-Coste (30) 156 D6

Saint-Paul-la-Roche (24) 123 H6
Saint-Paul-le-Froid (48) 142 A6
Saint-Paul-le-Gaultier (72) 59 G3
Saint-Paul-le-Jeune (07)......157 E4
Saint-Paul-lès-Dax (40) 162 D4
Saint-Paul-lès-Durance (13) ..174 B4
Saint-Paul-les-Fonts (30) 172 C1
Saint-Paul-lès-Monestier (38)...145 F4
Saint-Paul-lès-Romans (26) ..144 C3
Saint-Paul-Lizonne (24) 136 C1
Saint-Paul-Mont-Penit (85)....91 E3
Saint-Paul-sur-Isère (73) 132 D4
Saint-Paul-sur-Save (31) 167 H4
Saint-Paul-sur-Ubaye (04) ...161 G2
Saint-Paul-Trois-Châteaux (26)........158 B4
Saint-Paulet (11) 184 B1
Saint-Paulet-de-Caisson (30)...157 H5
Saint-Paulien (43) 142 C3
Saint-Pavace (72) 60 A5
Saint-Pé-d'Ardet (31) 182 A5
Saint-Pé-de-Bigorre (65) 180 D4
Saint-Pé-de-Léren (64) 163 E6
Saint-Pé-Delbosc (31) 182 B3
Saint-Pé-Saint-Simon (47) ...164 D2
Saint-Pellerin (28) 61 G5
Saint-Pellerin (50) 15 E5
Saint-Péran (35) 56 C3
Saint-Péravy-la-Colombe (45)...62 C6
Saint-Péray (07) 144 A4
Saint-Perdon (40) 163 H3
Saint-Perdoux (24) 151 E1
Saint-Perdoux (46) 153 G1
Saint-Père (35) 34 D4
Saint-Père (58) 82 C5
Saint-Père (89) 83 H5
Saint-Père-en-Retz (44) 73 H5
Saint-Père-sur-Loire (45) 81 G2
Saint-Péreuse (58) 99 H3
Saint-Pern (35) 56 D1
Saint-Perreux (56) 56 C6
Saint-Péver (22) 33 E4
Saint-Pey-d'Armens (33) 135 H5
Saint-Pey-de-Castets (33) 136 A6
Saint-Phal (10) 66 A5
Saint-Philbert-de-Bouaine (85)..91 F1
Saint-Philbert-de-Grand-Lieu (44) 91 E1
Saint-Philbert-des-Champs (14) 17 F4
Saint-Philbert-du-Peuple (49)...77 H5
Saint-Philbert-en-Mauges (49)...75 G6
Saint-Philbert-sur-Boissey (27)............18 B6
Saint-Philbert-sur-Orne (61) ..38 C4
Saint-Philbert-sur-Risle (27) ..18 A5
Saint-Philibert (21) 101 H1
Saint-Philibert (56) 72 B1
Saint-Philippe-d'Aiguille (33)...136 A5
Saint-Philippe-du-Seignal (33)...136 C6
Saint-Piat (28) 62 B1
Saint-Pierre 192 D2
Saint-Pierre 53 E4
Saint-Pierre 100 D3
Saint-Pierre (04) 176 C4
Saint-Pierre (15) 140 A1
Saint-Pierre (31) 167 G5
Saint-Pierre (39) 118 A1
Saint-Pierre (51) 45 H3
Saint-Pierre (67) 71 G1
Saint-Pierre-à-Arnes (08) 23 H5
Saint-Pierre-Aigle (02) 21 H5
Saint-Pierre-Avez (05) 159 H5
Saint-Pierre-Azif (14) 17 E3
Saint-Pierre-Bellevue (23)....125 F2
Saint-Pierre-Bénouville (76) ...7 F3
Saint-Pierre-Bois (67) 71 F2
Saint-Pierre-Brouck (59).......2 A2
Saint-Pierre-Canivet (14) 38 D3
Saint-Pierre-Chérignat (23)...125 D1
Saint-Pierre-Colamine (63) ...127 E5
Saint-Pierre-d'Albigny (73) ..132 B4
Saint-Pierre-d'Allevard (38) ..132 A6
Saint-Pierre-d'Alvey (73) 131 G4
Saint-Pierre-d'Amilly (17) ...107 F5
Saint-Pierre-d'Argençon (05)...159 G2
Saint-Pierre-d'Arthéglise (50)...14 A4
Saint-Pierre-d'Aubézies (32)...165 E5
Saint-Pierre-d'Aurillac (33) ...149 H2
Saint-Pierre-d'Autils (27) 41 F1
Saint-Pierre-de-Bailleul (27) ...41 F1
Saint-Pierre-de-Bat (33) 149 H1
Saint-Pierre-de-Belleville (73)...132 C5
Saint-Pierre-de-Bœuf (42) ...130 A6
Saint-Pierre-de-Bressieux (38)...144 D1
Saint-Pierre-de-Buzet (47) ...150 C5
Saint-Pierre-de-Cernières (27)...40 A3
Saint-Pierre-de-Chandieu (69)...130 B4
Saint-Pierre-de-Chartreuse (38) 131 G6
Saint-Pierre-de-Chérennes (38) 145 E3
Saint-Pierre-de-Chevillé (72) ..78 C3
Saint-Pierre-de-Chignac (24)...137 G3
Saint-Pierre-de-Clairac (47) ..151 F6
Saint-Pierre-de-Côle (24) 137 F1
Saint-Pierre-de-Colombier (07) 157 F1
Saint-Pierre-de-Commiers (38)...145 G3
Saint-Pierre-de-Cormeilles (27)...17 G4
Saint-Pierre-de-Coutances (50) 37 E2
Saint-Pierre-de-Curtille (73) ..131 G3
Saint-Pierre-de-Frugie (24) ...123 H5
Saint-Pierre-de-Fursac (23) ...111 E5
Saint-Pierre-de-Genebroz (73)...131 G5
Saint-Pierre-de-Jards (36) 96 C2
Saint-Pierre-de-Juillers (17) ...121 G1
Saint-Pierre-de-la-Fage (34) ..170 C4
Saint-Pierre-de-Lages (31) ...167 G6

Saint-Pierre-de-Lamps (36) 96 B4
Saint-Pierre-de-l'Île (17) 107 H6
Saint-Pierre-de-Maillé (86) 95 H6
Saint-Pierre-de-Mailloc (14) ...17 F5
Saint-Pierre-de-Manneville (76).........18 B5
Saint-Pierre-de-Méaroz (38)...145 H5
Saint-Pierre-de-Mésage (38) ..145 G3
Saint-Pierre-de-Mézoargues (13) 172 C3
Saint-Pierre-de-Mons (33) ...149 H2
Saint-Pierre-de-Nogaret (48) ...155 F3
Saint-Pierre-de-Plesguen (35) ..34 D5
Saint-Pierre-de-Rivière (09) ...183 G5
Saint-Pierre-de-Salerne (27)....18 A6
Saint-Pierre-de-Semilly (50) ...37 G1
Saint-Pierre-de-Soucy (73) ...132 B5
Saint-Pierre-de-Trivisy (81) ..168 C3
Saint-Pierre-de-Varengeville (76)..........7 F5
Saint-Pierre-de-Varennes (71)...101 E3
Saint-Pierre-de-Vassols (84) ...158 D6
Saint-Pierre-dels-Forcats (66)...198 D4
Saint-Pierre-d'Entremont (38)...131 H6
Saint-Pierre-d'Entremont (61)...38 B4
Saint-Pierre-d'Entremont (73)...131 H6
Saint-Pierre-des-Bois (72) 59 G6
Saint-Pierre-des-Champs (11)...185 F5
Saint-Pierre-des-Corps (37) ...79 E5
Saint-Pierre-des-Échaubrognes (79)......92 C3
Saint-Pierre-des-Fleurs (27) ...18 A6
Saint-Pierre-des-Ifs (14) 17 F5
Saint-Pierre-des-Ifs (27) 17 H4
Saint-Pierre-des-Jonquières (76) 8 A6
Saint-Pierre-des-Landes (53) ...58 B3
Saint-Pierre-des-Loges (61) 39 H5
Saint-Pierre-des-Nids (53) 59 H2
Saint-Pierre-des-Ormes (72) ...60 C3
Saint-Pierre-des-Tripiers (48)...155 G5
Saint-Pierre-d'Exideuil (86) ...108 C3
Saint-Pierre-d'Eyraud (24) ...136 C5
Saint-Pierre-d'Irube (64) 162 B6
Saint-Pierre-d'Oléron (17).....120 A1
Saint-Pierre-du-Bosguérard (27).........18 B6
Saint-Pierre-du-Bû (16) 38 D3
Saint-Pierre-du-Champ (43) ..142 C2
Saint-Pierre-du-Chemin (85) ..92 C6
Saint-Pierre-du-Fresne (14) ...38 A2
Saint-Pierre-du-Jonquet (14) ...16 D4
Saint-Pierre-du-Lorouër (72) ..78 C2
Saint-Pierre-du-Mesnil (27) ...40 A3
Saint-Pierre-du-Mont (14) 15 G4
Saint-Pierre-du-Mont (40) ...163 H2
Saint-Pierre-du-Mont (58) 83 F1
Saint-Pierre-du-Palais (17) ...135 H2
Saint-Pierre-du-Perray (91) ...43 E6
Saint-Pierre-du-Regard (61) ...38 B4
Saint-Pierre-du-Val (27) 6 C5
Saint-Pierre-du-Vauvray (27) ...18 D6
Saint-Pierre-Église (50) 14 C2
Saint-Pierre-en-Faucigny (74)...118 D4
Saint-Pierre-en-Port (76) ....6 D
Saint-Pierre-en-Val (76) ....8 B
Saint-Pierre-en-Vaux (21) ....101 E
Saint-Pierre-es-Champs (60) ...19 G
Saint-Pierre-Eynac (43) ......142 D
Saint-Pierre-la-Bourlhonne (63) ....128 B
Saint-Pierre-la-Bruyère (61) ...61 E
Saint-Pierre-la-Cour (53) ......58 B
Saint-Pierre-la-Garenne (27)...41 F
Saint-Pierre-la-Noaille (42) ...115 E
Saint-Pierre-la-Palud (69) ....129 G
Saint-Pierre-la-Rivière (61) ....39 G
Saint-Pierre-la-Roche (07) ...157 H
Saint-Pierre-la-Vieille (14) .....38 B
Saint-Pierre-Lafeuille (46) ....152 C
Saint-Pierre-Langers (50) ......35 G
Saint-Pierre-Laval (03) ....114 C
Saint-Pierre-Lavis (76) ....6 D
Saint-Pierre-le-Bost (23) .....112 B
Saint-Pierre-le-Chastel (63) ..126 D
Saint-Pierre-le-Moûtier (58) ...98 D
Saint-Pierre-le-Vieux (48) ....141 G
Saint-Pierre-le-Vieux (71) ....115 H
Saint-Pierre-le-Vieux (76) 7
Saint-Pierre-le-Vieux (85) 107
Saint-Pierre-le-Viger (76) 7
Saint-Pierre-lès-Bitry (60) 21
Saint-Pierre-lès-Bois (18) 97
Saint-Pierre-les-Églises 109
Saint-Pierre-lès-Elbeuf (76) ...18
Saint-Pierre-lès-Étieux (18) ...98
Saint-Pierre-lès-Franqueville (02) 22
Saint-Pierre-lès-Nemours (77)...64
Saint-Pierre-Montlimart (49)...75
Saint-Pierre-Quiberon (56) 72
Saint-Pierre-Roche (63) 126
Saint-Pierre-Saint-Jean (07)...157
Saint-Pierre-sur-Dives (14) ...16
Saint-Pierre-sur-Doux (07) ...143
Saint-Pierre-sur-Dropt (47) ...150
Saint-Pierre-sur-Erve (53).....59
Saint-Pierre-sur-l'Hâte ....
Saint-Pierre-sur-Orthe (53) ...59
Saint-Pierre-sur-Vence (08) ...
Saint-Pierre-Tarentaine (14) ...38
Saint-Pierre-Toirac (46)........153
Saint-Pierre des Embiez 191
Saint-Pierre le Potier 58
Saint-Pierremont (02) 22
Saint-Pierremont (08) 24
Saint-Pierremont (88) 70
Saint-Pierreville (07) 157
Saint-Pierrevillers (55) 25
Saint-Plaisir (03) 11

Saint-Plancard (31)................182 A3
Saint-Planchers (50)................35 G2
Saint-Plantaire (36)................111 F2
Saint-Point (71)................116 A3
Saint-Point-Lac (25)................103 H4
Saint-Pois (50)................37 G4
Saint-Poix (53)................58 B6
Saint-Pol-de-Léon (29)................31 H2
Saint-Pol-sur-Mer (59)................2 B1
Saint-Pol-sur-Ternoise (62)................9 G1
Saint-Polgues (42)................128 C2
Saint-Polycarpe (11)................184 D5
Saint-Pompain (79)................107 G2
Saint-Pompont (24)................152 A1
Saint-Poncy (15)................141 F3
Saint-Pons (04)................161 F3
Saint-Pons (07)................157 H2
Saint-Pons-de-Mauchiens (34)................170 D6
Saint-Pons-de-Thomières (34)................185 H1
Saint-Pons-la-Calm (30)................157 H6
Saint-Pont (03)................113 H5
Saint-Porchaire (17)................120 D2
Saint-Pou?... Saint-Pourçan (82)................166 D2
Saint-Pôtan (22)................34 B4
Saint-Pouange (10)................66 B4
Saint-Pourçain-sur-Besbre (03)................114 B2
Saint-Pourçain-sur-Sioule (03)................113 H4
Saint-Prancher (88)................69 E2
Saint-Préjet-Armandon (43)................142 A2
Saint-Préjet-d'Allier (43)................142 A5
Saint-Prest (28)................62 B1
Saint-Preuil (16)................121 H4
Saint-Priest (24)................124 D4
Saint-Priest (07)................157 H1
Saint-Priest (23)................112 B6
Saint-Priest (69)................130 B3
Saint-Priest-Bramefant (63)................114 A6
Saint-Priest-d'Andelot (03)................114 A5
Saint-Priest-de-Gimel (19)................139 F1
Saint-Priest-des-Champs (63)................126 D1
Saint-Priest-en-Jarez (42)................129 F5
Saint-Priest-en-Murat (03)................113 F3
Saint-Priest-la-Feuille (23)................111 E5
Saint-Priest-la-Marche (18)................112 A3
Saint-Priest-la-Plaine (23)................111 E5
Saint-Priest-la-Prugne (42)................128 B1
Saint-Priest-la-Roche (42)................128 D2
Saint-Priest-la-Vêtre (42)................128 B3
Saint-Priest-les-Fougères (24)................123 H5
Saint-Priest-Ligoure (87)................124 B4
Saint-Priest-Palus (23)................124 D2
Saint-Priest-sous-Aixe (87)................124 A2
Saint-Priest-Taurion (87)................124 C2
Saint-Prim (38)................130 A6
Saint-Privat (07)................157 G2
Saint-Privat (19)................139 G3
Saint-Privat (34)................170 C4
Saint-Privat-d'Allier (43)................142 B4
Saint-Privat-de-Champclos (30)................157 G5
Saint-Privat-de-Vallongue (48)................156 C5
Saint-Privat-des-Prés (24)................136 C2
Saint-Privat-des-Vieux (30)................157 E6
Saint-Privat-du-Dragon (43)................141 H2
Saint-Privat-du-Fau (48)................141 G5
Saint-Privat-la-Montagne (57)................26 B5
Saint-Privé (71)................101 E6
Saint-Privé (89)................82 C3
Saint-Prix (03)................114 B4
Saint-Prix (07)................143 G5
Saint-Prix (71)................100 B4
Saint-Prix (95)................42 D2
Saint-Prix-lès-Arnay (21)................101 E2
Saint-Projet 154 B2
Saint-Projet (46)................152 D1
Saint-Projet (82)................153 E5
Saint-Projet-de-Salers (15)................140 B3
Saint-Projet-Saint-Constant (16)................122 D3
Saint-Prouant (85)................92 B5
Saint-Pryvé-Saint-Mesmin (45)................80 D1
Saint-Puy (32)................165 G3
Saint-Python (59)................11 F3
Saint-Quantin-de-Rançanne (17)................121 E5
Saint-Quay-Perros (22)................32 C1
Saint-Quay-Portrieux (22)................33 G3
Saint-Quentin 16 C6
Saint-Quentin 15 G6
Saint-Quentin (02)................15 G6
Saint-Quentin-au-Bosc (76)................8 A5
Saint-Quentin-de-Baron (33)................135 G6
Saint-Quentin-de-Blavou (61)................60 C1
Saint-Quentin-de-Caplong (33)................136 B6
Saint-Quentin-de-Chalais (16)................136 B2
Saint-Quentin-des-Isles (27)................17 H6
Saint-Quentin-des-Prés (60)................19 G3
Saint-Quentin-du-Dropt (47)................151 F1
Saint-Quentin-en-Mauges (49)................75 G4
Saint-Quentin-en-Tourmont (80)................8 C2
Saint-Quentin-Fallavier (38)................130 C4
Saint-Quentin-la-Chabanne (23)................125 G2
Saint-Quentin-la-Motte-Croix-au-Bailly (80)................8 B4
Saint-Quentin-la-Poterie (30)................157 H6
Saint-Quentin-la-Tour (09)................184 B5
Saint-Quentin-le-Petit (08)................23 E3
Saint-Quentin-le-Verger (51)................45 E6
Saint-Quentin-les-Anges (53)................76 C2
Saint-Quentin-lès-Beaurepaire (49)................77 G3
Saint-Quentin-les-Chardonnets (61)................38 A4

Saint-Quentin-les-Marais (51)................46 B4
Saint-Quentin-sur-Charente (16)................123 F2
Saint-Quentin-sur-Coole (51)................45 H4
Saint-Quentin-sur-Indrois (37)................95 F1
Saint-Quentin-sur-Isère (38)................145 F1
Saint-Quentin-sur-le-Homme (50)................35 H3
Saint-Quentin-sur-Nohain (58)................82 C6
Saint-Quentin-sur-Sauxillanges (63)................127 H5
Saint-Quentin-sur-Sioule (63)................113 G6
Saint-Quirc (09)................183 G3
Saint-Quirin (57)................50 A5
Saint-Rabier (24)................138 A3
Saint-Racho (71)................115 G4
Saint-Rambert-d'Albon (26)................144 A1
Saint-Rambert-en-Bugey (01)................131 E1
Saint-Raphaël (24)................137 H1
Saint-Raphaël (83)................193 E2
Saint-Régis-du-Coin (42)................143 G1
Saint-Règle (37)................79 G5
Saint-Reine 87 E3
Saint-Remèze (07)................157 H4
Saint-Remimont (54)................69 G1
Saint-Remimont (88)................69 E3
Saint-Rémy (01)................116 D5
Saint-Rémy (12)................153 G4
Saint-Rémy (14)................38 C3
Saint-Rémy (19)................125 H4
Saint-Rémy (21)................84 C3
Saint-Rémy (24)................136 C4
Saint-Remy (70)................87 F1
Saint-Rémy (71)................101 G5
Saint-Rémy (79)................107 G3
Saint-Remy (88)................70 C2
Saint-Rémy-au-Bois (62)................8 D2
Saint-Rémy-aux-Bois (54)................69 H1
Saint-Rémy-Blanzy (02)................22 A6
Saint-Rémy-Boscrocourt (76)................8 B5
Saint-Remy-Chaussée (59)................11 H3
Saint-Rémy-de-Blot (63)................113 F6
Saint-Rémy-de-Chargnat (63)................127 G5
Saint-Rémy-de-Chaudes-Aigues (15)................141 E6
Saint-Rémy-de-Maurienne (73)................132 C6
Saint-Rémy-de-Provence (13)................172 D3
Saint-Rémy-de-Sillé (72)................59 H4
Saint-Rémy-des-Landes (42)................42 A6
Saint-Rémy-des-Landes (50)................14 C5
Saint-Rémy-des-Monts (72)................60 C3
Saint-Rémy-du-Nord (59)................12 A3
Saint-Rémy-du-Plain (35)................35 F6
Saint-Rémy-du-Val (72)................60 B2
Saint-Rémy-en-Bouzemont-Saint-Genest-et-Isson (51)................46 B6
Saint-Remy-en-l'Eau (60)................20 C4
Saint-Rémy-en-Mauges (49)................75 F5
Saint-Rémy-en-Rollat (03)................114 A5
Saint-Rémy-la-Calonne (55)................47 H2
Saint-Rémy-la-Vanne (77)................44 B4
Saint-Rémy-la-Varenne (49)................77 F5
Saint-Remy-le-Petit (08)................23 F4
Saint-Rémy-lès-Chevreuse (78)................42 B5
Saint-Rémy-l'Honoré (78)................42 A5
Saint-Remy-sous-Barbuise (10)................66 B1
Saint-Rémy-sous-Broyes (51)................45 E5
Saint-Rémy-sur-Avre (28)................41 E5
Saint-Rémy-sur-Bussy (51)................46 B2
Saint-Rémy-sur-Creuse (86)................94 D4
Saint-Rémy-sur-Durolle (63)................128 A2
Saint-Renan (29)................30 D4
Saint-Restitut (26)................158 B4
Saint-Révérend (85)................90 C4
Saint-Révérien (58)................99 F1
Saint-Rieul (22)................34 A5
Saint-Rigomer-des-Bois (72)................60 A2
Saint-Rimay (41)................79 F2
Saint-Riquier (80)................9 E4
Saint-Riquier-en-Rivière (76)................8 B6
Saint-Riquier-ès-Plains (76)................7 E3
Saint-Rirand (42)................114 D6
Saint-Rivoal (29)................31 G5
Saint-Robert (19)................138 B2
Saint-Robert (47)................151 G5
Saint-Roch (37)................78 D5
Saint-Roch-sur-Égrenne (61)................38 A6
Saint-Rogatien (17)................106 D5
Saint-Romain (16)................136 B2
Saint-Romain (21)................101 F3
Saint-Romain (63)................128 C5
Saint-Romain (86)................109 E4
Saint-Romain-au-Mont-d'Or (69)................130 A2
Saint-Romain-d'Ay (07)................143 H2
Saint-Romain-de-Benet (17)................120 D3
Saint-Romain-de-Colbosc (76)................6 C5
Saint-Romain-de-Jalionas (38)................130 D3
Saint-Romain-de-Lerps (07)................144 A4
Saint-Romain-de-Monpazier (24)................151 G1
Saint-Romain-de-Popey (69)................129 G2
Saint-Romain-de-Surieu (38)................130 B6
Saint-Romain-d'Urfé (42)................128 B2
Saint-Romain-en-Gal (69)................130 A5
Saint-Romain-en-Gier (69)................129 H5
Saint-Romain-en-Jarez (42)................129 G5
Saint-Romain-en-Viennois (84)................158 D5
Saint-Romain-et-Saint-Clément (24)................123 G6
Saint-Romain-la-Motte (42)................115 E6
Saint-Romain-la-Virvée (33)................135 F4
Saint-Romain-Lachalm (43)................143 F2
Saint-Romain-le-Noble (47)................151 G6
Saint-Romain-le-Preux (89)................64 D6
Saint-Romain-le-Puy (42)................128 D5
Saint-Romain-les-Atheux (42)................143 F1

Saint-Romain-sous-Gourdon (71)................115 G1
Saint-Romain-sous-Versigny (71)................100 C6
Saint-Romain-sur-Cher (41)................80 A6
Saint-Romain-sur-Gironde (17)................120 D5
Saint-Roman (26)................159 F1
Saint-Roman-de-Codières (30)................171 E2
Saint-Roman-de-Malegarde (84)................158 C5
Saint-Romans (38)................144 D3
Saint-Romans-des-Champs (79)................107 H4
Saint-Romans-lès-Melle (79)................108 B4
Saint-Rome (31)................183 H1
Saint-Rome-de-Cernon (12)................169 H2
Saint-Rome-de-Dolan (48)................155 G5
Saint-Rome-de-Tarn (12)................169 G1
Saint-Romphaire (50)................37 G2
Saint-Rustice (31)................167 E3
Saint-Saëns (76)................7 H4
Saint-Saire (76)................19 F2
Saint-Salvadou (12)................153 G5
Saint-Salvadour (19)................125 E6
Saint-Salvi-de-Carcavès (81)................169 E4
Saint-Salvy (47)................150 D5
Saint-Salvy-de-la-Balme (81)................168 D5
Saint-Samson (14)................16 D4
Saint-Samson (53)................59 G1
Saint-Samson-de-Bonfossé (50)................37 G2
Saint-Samson-de-la-Roque (27)................6 C6
Saint-Samson-la-Poterie (60)................19 G3
Saint-Samson-sur-Rance (22)................34 D5
Saint-Sandoux (63)................127 F4
Saint-Santin (12)................153 H2
Saint-Santin-Cantalès (15)................139 H4
Saint-Santin-de-Maurs (15)................153 H2
Saint-Sardos (47)................151 E4
Saint-Sardos (82)................166 C3
Saint-Satur (18)................82 B6
Saint-Saturnin (15)................140 D2
Saint-Saturnin (16)................122 B4
Saint-Saturnin (18)................112 A2
Saint-Saturnin (48)................155 G4
Saint-Saturnin (51)................45 F6
Saint-Saturnin (63)................127 F4
Saint-Saturnin (72)................60 A5
Saint-Saturnin-de-Lenne (12)................155 F4
Saint-Saturnin-de-Lucian (34)................170 C4
Saint-Saturnin-du-Bois (17)................107 F5
Saint-Saturnin-du-Limet (53)................76 A1
Saint-Saturnin-lès-Apt (84)................173 H2
Saint-Saturnin-lès-Avignon (84)................173 E2
Saint-Saturnin-sur-Loire (49)................77 E5
Saint-Saud-Lacoussière (24)................123 G5
Saint-Sauflieu (80)................20 B1
Saint-Saulge (58)................99 F2
Saint-Saulve (59)................11 F1
Saint-Saury (15)................139 G5
Saint-Sauvant (17)................121 F3
Saint-Sauvant (86)................108 C3
Saint-Sauves-d'Auvergne (63)................126 C4
Saint-Sauveur (05)................161 E2
Saint-Sauveur (21)................86 B5
Saint-Sauveur (24)................137 E5
Saint-Sauveur (29)................31 G4
Saint-Sauveur (31)................167 E4
Saint-Sauveur (38)................134 D2
Saint-Sauveur (38)................145 E2
Saint-Sauveur (54)................50 A6
Saint-Sauveur (60)................21 F5
Saint-Sauveur (70)................87 H1
Saint-Sauveur (80)................9 F5
Saint-Sauveur (86)................94 D5
Saint-Sauveur-Camprieu (30)................170 C1
Saint-Sauveur-d'Aunis (17)................107 E4
Saint-Sauveur-de-Carrouges (61)................39 G6
Saint-Sauveur-de-Cruzières (07)................157 F5
Saint-Sauveur-de-Flée (49)................76 C2
Saint-Sauveur-de-Ginestoux (48)................156 B1
Saint-Sauveur-de-Landemont (49)................75 E4
Saint-Sauveur-de-Meilhan (47)................150 B3
Saint-Sauveur-de-Montagut (07)................143 G6
Saint-Sauveur-de-Peyre (48)................155 G2
Saint-Sauveur-de-Pierrepont (50)................14 C5
Saint-Sauveur-de-Puynormand (33)................136 A4
Saint-Sauveur-d'Émalleville (76)................6 C4
Saint-Sauveur-des-Landes (35)................35 H6
Saint-Sauveur-en-Diois (26)................158 D1
Saint-Sauveur-en-Puisaye (89)................82 D3
Saint-Sauveur-en-Rue (42)................143 G2
Saint-Sauveur-Gouvernet (26)................159 E4
Saint-Sauveur-la-Pommeraye (50)................35 G2
Saint-Sauveur-la-Sagne (63)................128 B6
Saint-Sauveur-la-Vallée (46)................152 D2
Saint-Sauveur-Lalande (24)................136 C4
Saint-Sauveur-le-Vicomte (50)................14 C4
Saint-Sauveur-Lendelin (50)................37 E1
Saint-Sauveur-lès-Bray (77)................64 D2
Saint-Sauveur-Marville (28)................41 E6
Saint-Sauveur-sur-École (91)................63 H1
Saint-Sauveur-sur-Tinée (06)................176 D2
Saint-Sauvier (03)................112 B3
Saint-Sauvy (32)................166 A4
Saint-Savin (33)................135 F3
Saint-Savin (38)................130 D4

Saint-Savin (65)................180 D5
Saint-Savin (86)................109 H1
Saint-Savinien (17)................121 E2
Saint-Saviol (86)................108 D5
Saint-Savournin (13)................190 D3
Saint-Sébastien 31 G6
Saint-Sébastien (23)................111 E3
Saint-Sébastien (38)................145 H5
Saint-Sébastien-d'Aigrefeuille (30)................171 G1
Saint-Sébastien-de-Morsent (27)................40 D2
Saint-Sébastien-de-Raids (50)................14 D6
Saint-Sébastien-sur-Loire (44)................74 D5
Saint-Secondin (86)................109 F4
Saint-Ségal (29)................31 G6
Saint-Séglin (35)................56 D5
Saint-Seine (58)................99 H6
Saint-Seine-en-Bâche (21)................102 B2
Saint-Seine-l'Abbaye (21)................85 F5
Saint-Seine-sur-Vingeanne (21)................86 B3
Saint-Selve (33)................149 F1
Saint-Senier-de-Beuvron (50)................35 H4
Saint-Senier-sous-Avranches (50)................35 H3
Saint-Senoch (37)................95 F3
Saint-Senoux (35)................57 E4
Saint-Sériès (34)................171 G4
Saint-Sernin (07)................157 G2
Saint-Sernin (11)................184 A3
Saint-Sernin (47)................150 C1
Saint-Sernin-du-Bois (71)................100 D5
Saint-Sernin-du-Plain (71)................101 E4
Saint-Sernin-lès-Lavaur (81)................168 A6
Saint-Sernin-sur-Rance (12)................169 E3
Saint-Sérotin (89)................64 D3
Saint-Servais (22)................32 C5
Saint-Servais (29)................31 F4
Saint-Servan-sur-Mer (35)................34 D3
Saint-Servant (56)................55 H4
Saint-Setiers (19)................125 G4
Saint-Seurin-de-Cadourne (33)................134 D1
Saint-Seurin-de-Cursac (33)................135 E2
Saint-Seurin-de-Palenne (17)................121 F4
Saint-Seurin-de-Prats (24)................136 B6
Saint-Seurin-sur-l'Isle (33)................136 A4
Saint-Sève (33)................150 A2
Saint-Sever (40)................163 H4
Saint-Sever-Calvados (14)................37 G3
Saint-Sever-de-Rustan (65)................181 F2
Saint-Sever-de-Saintonge (17)................121 F3
Saint-Sever-du-Moustier (12)................169 F4
Saint-Séverin (16)................136 D3
Saint-Séverin-d'Estissac (24)................136 D4
Saint-Séverin-sur-Boutonne (17)................107 H6
Saint-Siffret (30)................172 B1
Saint-Sigismond (45)................62 C6
Saint-Sigismond (49)................75 G3
Saint-Sigismond (74)................119 F5
Saint-Sigismond (85)................107 F3
Saint-Sigismond-de-Clermont (17)................121 F5
Saint-Silvain-Bas-le-Roc (23)................112 A4
Saint-Silvain-Bellegarde (23)................125 H1
Saint-Silvain-Montaigut (23)................111 F5
Saint-Silvain-sous-Toulx (23)................112 A4
Saint-Siméon (27)................17 H3
Saint-Siméon (61)................58 D1
Saint-Siméon (77)................44 A4
Saint-Siméon-de-Bressieux (38)................144 D1
Saint-Simeux (16)................122 A4
Saint-Simon (02)................21 H1
Saint-Simon (15)................140 B5
Saint-Simon (16)................122 A4
Saint-Simon (46)................152 D1
Saint-Simon-de-Bordes (17)................121 F6
Saint-Simon-de-Pellouaille (17)................121 E4
Saint-Sixt (74)................118 D5
Saint-Sixte (42)................128 D3
Saint-Sixte (47)................151 G6
Saint-Sorlin (19)................138 C1
Saint-Sorlin (69)................129 H4
Saint-Sorlin-d'Arves (73)................146 B2
Saint-Sorlin-de-Conac (17)................121 E6
Saint-Sorlin-de-Morestel (38)................131 E4
Saint-Sorlin-de-Vienne (38)................130 B5
Saint-Sorlin-en-Bugey (01)................130 D2
Saint-Sorlin-en-Valloire (26)................144 B1
Saint-Sornin (03)................113 F3
Saint-Sornin (16)................122 C1
Saint-Sornin (17)................120 C3
Saint-Sornin-la-Marche (87)................110 A5
Saint-Sornin-Lavolps (19)................138 C1
Saint-Sornin-Leulac (87)................110 C5
Saint-Soulan (32)................166 B6
Saint-Souplet (59)................11 F4
Saint-Souplet-sur-Py (51)................23 H6
Saint-Soupplets (77)................43 G2
Saint-Sozy (46)................138 D5
Saint-Stail (88)................70 D2
Saint-Suliac (35)................34 D4
Saint-Sulpice 94 D4
Saint-Sulpice (01)................116 C3
Saint-Sulpice (46)................153 E2
Saint-Sulpice (49)................77 E5
Saint-Sulpice (53)................58 D6
Saint-Sulpice (58)................99 E3
Saint-Sulpice (60)................20 B5
Saint-Sulpice (63)................126 C4
Saint-Sulpice (70)................88 A3
Saint-Sulpice (73)................131 H4
Saint-Sulpice (81)................167 G4
Saint-Sulpice-d'Arnoult (17)................120 D2
Saint-Sulpice-de-Cognac (16)................121 G3

Saint-Sulpice-de-Faleyrens (33)................135 H5
Saint-Sulpice-de-Favières (91)................63 F1
Saint-Sulpice-de-Grimbouville (27)................17 G3
Saint-Sulpice-de-Guilleragues (33)................150 B2
Saint-Sulpice-de-Mareuil (24)................123 E6
Saint-Sulpice-de-Pommeray (41)................79 H3
Saint-Sulpice-de-Pommiers (33)................150 A1
Saint-Sulpice-de-Roumagnac (24)................136 D2
Saint-Sulpice-de-Royan (17)................120 C3
Saint-Sulpice-de-Ruffec (16)................122 D1
Saint-Sulpice-des-Landes (35)................57 F6
Saint-Sulpice-des-Landes (44)................75 F2
Saint-Sulpice-des-Rivoires (38)................131 F5
Saint-Sulpice-d'Excideuil (24)................123 H6
Saint-Sulpice-en-Pareds (85)................107 E1
Saint-Sulpice-et-Cameyrac (33)................135 G5
Saint-Sulpice-la-Forêt (35)................57 F2
Saint-Sulpice-Laurière (87)................110 D6
Saint-Sulpice-le-Dunois (23)................111 F4
Saint-Sulpice-le-Guérétois (23)................111 G5
Saint-Sulpice-le-Verdon (85)................91 G2
Saint-Sulpice-les-Bois (19)................125 G4
Saint-Sulpice-les-Champs (23)................125 G1
Saint-Sulpice-les-Feuilles (87)................110 D4
Saint-Sulpice-sur-Lèze (31)................183 F2
Saint-Sulpice-sur-Risle (61)................40 B4
Saint-Supplet (54)................25 H4
Saint-Sylvain (14)................16 C5
Saint-Sylvain (19)................139 F3
Saint-Sylvain (76)................7 E2
Saint-Sylvain-d'Anjou (49)................77 E4
Saint-Sylvestre (07)................144 A4
Saint-Sylvestre (74)................132 A2
Saint-Sylvestre (87)................124 C1
Saint-Sylvestre-Cappel (59)................2 C4
Saint-Sylvestre-de-Cormeilles (27)................17 G4
Saint-Sylvestre-Pragoulin (63)................114 A6
Saint-Sylvestre-sur-Lot (47)................151 G4
Saint-Symphorien (18)................97 G5
Saint-Symphorien (27)................17 G3
Saint-Symphorien (33)................149 F3
Saint-Symphorien (48)................142 A6
Saint-Symphorien (72)................59 G5
Saint-Symphorien (79)................107 G4
Saint-Symphorien-d'Ancelles (71)................116 B5
Saint-Symphorien-de-Lay (42)................129 E1
Saint-Symphorien-de-Mahun (07)................143 G3
Saint-Symphorien-de-Marmagne (71)................100 D5
Saint-Symphorien-de-Thénières (12)................154 D1
Saint-Symphorien-des-Bois (71)................115 F3
Saint-Symphorien-des-Bruyères (61)................40 A4
Saint-Symphorien-des-Monts (50)................37 G6
Saint-Symphorien-d'Ozon (69)................130 A4
Saint-Symphorien-le-Château (28)................62 C1
Saint-Symphorien-le-Valois (50)................14 C5
Saint-Symphorien-sous-Chomérac (07)................158 A1
Saint-Symphorien-sur-Coise (69)................129 F4
Saint-Symphorien-sur-Couze (87)................110 C6
Saint-Symphorien-sur-Saône (21)................102 B2
Saint-Thégonnec (29)................31 H4
Saint-Thélo (22)................55 F1
Saint-Théodorit (30)................171 G2
Saint-Théoffrey (38)................145 G4
Saint-Thibaud-de-Couz (73)................131 H5
Saint-Thibault (10)................66 B4
Saint-Thibault (21)................84 D5
Saint-Thibault (60)................19 H2
Saint-Thibault-des-Vignes (77)................43 F4
Saint-Thibaut (02)................22 C5
Saint-Thibéry (34)................187 F1
Saint-Thiébaud (39)................103 E3
Saint-Thiébault (52)................68 C4
Saint-Thierry (51)................23 E5
Saint-Thois (29)................53 H1
Saint-Thomas (02)................22 D4
Saint-Thomas (31)................166 C6
Saint-Thomas-de-Conac (17)................121 E6
Saint-Thomas-de-Courceriers (53)................59 F4
Saint-Thomas-en-Argonne (51)................24 B6
Saint-Thomas-en-Royans (26)................144 D3
Saint-Thomas-la-Garde (42)................128 D5
Saint-Thonan (29)................31 E4
Saint-Thual (35)................34 D6
Saint-Thurial (35)................56 D3
Saint-Thuriau (56)................55 F3
Saint-Thurien (27)................6 D6
Saint-Thurien (29)................54 B3
Saint-Thurin (42)................128 C2
Saint-Thyrs 175 H3
Saint-Tricat (62)................1 G2
Saint-Trimoël (22)................33 H5
Saint-Trinit (84)................174 B1
Saint-Trivier-de-Courtes (01)................116 D2
Saint-Trivier-sur-Moignans (01)................116 C6

Saint-Trojan (33)................135 E3
Saint-Trojan-les-Bains (17)................120 B2
Saint-Tropez (83)................192 D4
Saint-Tugdual (56)................54 C2
Saint-Tugen 52 C2
Saint-Ulphace (72)................61 E4
Saint-Ulrich (68)................89 E3
Saint-Uniac (35)................56 D2
Saint-Urbain (29)................31 F5
Saint-Urbain (85)................90 C2
Saint-Urbain-Maconcourt (52)................67 H2
Saint-Urcisse (47)................151 G6
Saint-Urcisse (81)................167 G2
Saint-Urcize (15)................155 F1
Saint-Urlo 54 B3
Saint-Usage (10)................67 E5
Saint-Usage (21)................102 B2
Saint-Usuge (71)................102 B6
Saint-Utin (51)................46 B6
Saint-Uze (26)................144 A2
Saint-Vaast-de-Longmont (60)................21 E5
Saint-Vaast-d'Équiqueville (76)................7 H3
Saint-Vaast-Dieppedalle (76)................7 E3
Saint-Vaast-du-Val (76)................7 G4
Saint-Vaast-en-Auge (14)................17 E3
Saint-Vaast-en-Cambrésis (59)................11 F3
Saint-Vaast-la-Hougue (50)................15 E2
Saint-Vaast-lès-Mello (60)................20 C6
Saint-Vaast-sur-Seulles (14)................16 A5
Saint-Vaize (17)................121 E2
Saint-Valbert (70)................87 H1
Saint-Valentin (36)................96 D4
Saint-Valérien (85)................107 E1
Saint-Valérien (89)................64 D4
Saint-Valery (60)................19 G2
Saint-Valery-en-Caux (76)................7 E2
Saint-Valery-sur-Somme (80)................8 C3
Saint-Vallerin (71)................101 F6
Saint-Vallier (16)................136 A1
Saint-Vallier (26)................144 A2
Saint-Vallier (71)................115 G1
Saint-Vallier (88)................69 G3
Saint-Vallier-de-Thiey (06)................176 B5
Saint-Vallier-sur-Marne (52)................86 B1
Saint-Varent (79)................93 F4
Saint-Vaury (23)................111 F5
Saint-Venant (62)................2 C5
Saint-Venec 53 G2
Saint-Vénérand (43)................142 B5
Saint-Vérain (58)................82 C5
Saint-Véran 170 B1
Saint-Véran (05)................147 G6
Saint-Vérand (38)................144 D2
Saint-Vérand (69)................129 G1
Saint-Vérand (71)................116 B4
Saint-Vert (43)................142 A1
Saint-Viance (19)................138 C2
Saint-Viâtre (41)................80 D4
Saint-Viaud (44)................73 H4
Saint-Victeur (72)................59 H3
Saint-Victor (03)................112 D3
Saint-Victor (07)................143 H3
Saint-Victor (15)................139 H4
Saint-Victor (24)................136 D2
Saint-Victor-de-Buthon (28)................61 F2
Saint-Victor-de-Cessieu (38)................131 E5
Saint-Victor-de-Chrétienville (27)................17 H5
Saint-Victor-de-Malcap (30)................157 F5
Saint-Victor-de-Morestel (38)................131 E3
Saint-Victor-de-Réno (61)................61 E1
Saint-Victor-d'Épine (27)................17 H4
Saint-Victor-des-Oules (30)................172 B1
Saint-Victor-en-Marche (23)................111 F6
Saint-Victor-et-Melvieu (12)................169 G1
Saint-Victor-la-Coste (30)................172 C1
Saint-Victor-la-Rivière (63)................127 E5
Saint-Victor-l'Abbaye (76)................7 G4
Saint-Victor-Malescours (43)................143 F2
Saint-Victor-Montvianeix (63)................128 A1
Saint-Victor-Rouzaud (09)................183 G4
Saint-Victor-sur-Arlanc (43)................142 B1
Saint-Victor-sur-Avre (27)................40 C5
Saint-Victor-sur-Loire 129 E6
Saint-Victor-sur-Ouche (21)................101 F2
Saint-Victor-sur-Rhins (42)................129 E1
Saint-Victoret (33)................190 B3
Saint-Victour (19)................126 A6
Saint-Victurnien (87)................123 H2
Saint-Vidal (43)................142 B3
Saint-Vigor (27)................41 E2
Saint-Vigor-des-Mézerets (14)................38 B3
Saint-Vigor-des-Monts (50)................37 G3
Saint-Vigor-d'Ymonville (76)................6 C5
Saint-Vigor-le-Grand (14)................15 H5
Saint-Vincent 129 H4
Saint-Vincent 157 H3
Saint-Vincent (31)................184 A1
Saint-Vincent (43)................142 C3
Saint-Vincent (63)................127 F5
Saint-Vincent (64)................180 D3
Saint-Vincent-Bragny (71)................115 E2
Saint-Vincent-Cramesnil (76)................6 C5
Saint-Vincent-de-Barbeyrargues (34)................171 F4
Saint-Vincent-de-Barrès (07)................158 A1
Saint-Vincent-de-Boisset (42)................128 D1
Saint-Vincent-de-Connezac (24)................136 D3
Saint-Vincent-de-Cosse (24)................138 A6
Saint-Vincent-de-Durfort (07)................143 H6
Saint-Vincent-de-Lamontjoie (47)................165 G1
Saint-Vincent-de-Mercuze (38)................131 H6
Saint-Vincent-de-Paul (33)................135 F4
Saint-Vincent-de-Paul (40)................163 E4

Saint-Vincent-
-de-Pertignas (33) 135 H6
Saint-Vincent-de-Reins (69) 115 G6
Saint-Vincent-de-Salers (15) ...140 B2
Saint-Vincent-de-Tyrosse (40)..162 C4
Saint-Vincent-des-Bois (27) 41 F2
Saint-Vincent-des-Landes (44)..74 D1
Saint-Vincent-des-Prés (71) 115 H2
Saint-Vincent-des-Prés (72) 60 C3
Saint-Vincent-d'Olargues (34)..169 G6
Saint-Vincent-du-Boulay (27) 17 G5
Saint-Vincent-du-Lorouër (72) ...78 C1
Saint-Vincent-du-Pendit (46) ...139 F6
Saint-Vincent-en-Bresse (71) ...101 H6
Saint-Vincent-Jalmoutiers (24) .135 F2
Saint-Vincent-
-la-Commanderie (26) 144 C4
Saint-Vincent-le-Paluel (24) 138 B5
Saint-Vincent-les-Forts (04) 160 D3
Saint-Vincent-Lespinasse (82)..151 H6
Saint-Vincent-Rive-d'Olt (46) ..152 B3
Saint-Vincent-Sterlanges (85)..92 A5
Saint-Vincent-sur-Graon (85) ...91 G5
Saint-Vincent-sur-Jabron (04)..159 H5
Saint-Vincent-sur-Jard (85) 106 A2
Saint-Vincent-sur-l'Isle (24) ...137 G2
Saint-Vincent-sur-Oust (56) 56 C6
Saint-Vit (25) 103 E1
Saint-Vital (73) 132 C4
Saint-Vite (47) 151 H3
Saint-Vitte (18) 112 C2
Saint-Vitte-sur-Briance (87) 124 D4
Saint-Vivien (17) 106 D5
Saint-Vivien (24) 136 B5
Saint-Vivien-de-Blaye (33) 135 F3
Saint-Vivien-de-Médoc (33) 120 C6
Saint-Vivien-
-de-Monségur (33) 150 B2
Saint-Voir (03) 114 B3
Saint-Vougay (29) 31 G3
Saint-Voy (43) 143 E4
Saint-Vrain (51) 46 C5
Saint-Vrain (91) 63 G1
Saint-Vran (22) 56 A1
Saint-Vulbas (01) 130 D2
Saint-Waast (59) 11 G2
Saint-Wandrille-Rançon (76) 7 E5
Saint-Witz (95) 43 E2
Saint-Xandre (17) 106 D4
Saint-Yaguen (40) 163 G2
Saint-Yan (71) 115 G3
Saint-Ybard (19) 124 C6
Saint-Ybars (09) 183 F3
Saint-Yon (91) 63 F1
Saint-Yorre (03) 114 A6
Saint-Yrieix-la-Montagne (23)..125 G2
Saint-Yrieix-la-Perche (87) 124 A5
Saint-Yrieix-le-Déjalat (19) 125 F6
Saint-Yrieix-les-Bois (23) 111 G6
Saint-Yrieix-sous-Aixe (87) 123 H2
Saint-Yrieix-sur-Charente (16)..122 B3
Saint-Ythaire (71) 116 A1
Saint-Yvi (29) 53 G3
Saint-Yvoine (63) 127 G5
Saint-Yzan-de-Soudiac (33) ...135 F3
Saint-Yzans-de-Médoc (33) 134 D1
Saint-Zacharie (83) 191 E3
Sainte-Adresse (76) 6 A5
Sainte-Agathe (63) 128 A2
Sainte-Agathe-
-d'Aliermont (76) 8 A6
Sainte-Agathe-en-Donzy (42)..129 F2
Sainte-Agathe-
-la-Bouteresse (42) 128 D3
Sainte-Agnès (06) 177 F4
Sainte-Agnès (38) 145 H2
Sainte-Agnès (39) 117 F1
Sainte-Alauzie (46) 152 B5
Sainte-Alvère (24) 137 F5
Sainte-Anastasie (15) 141 E3
Sainte-Anastasie (30) 172 A2
Sainte-Anastasie-
-sur-Issole (83) 191 H3
Sainte-Anne 73 G2
Sainte-Anne (25) 103 F3
Sainte-Anne (32) 166 B4
Sainte-Anne (41) 79 G2
Sainte-Anne-d'Auray (56) 55 E6
Sainte-Anne-du-Portzic (56) 30 C4
Sainte-Anne-la-Condamine (161)
Sainte-Anne-Saint-Priest (87)..124 C1
Sainte-Anne-
-sur-Gervonde (38) 130 D5
Sainte-Anne-sur-Vilaine (35)...57 E6
Sainte-Anne d'Entremont.........39 E3
Sainte-Anne la Palud 53 F1
Sainte-Aulde (77) 44 C2
Sainte-Aurence-Cazaux (32) ..181 H2
Sainte-Austreberthe (62) 9 E2
Sainte-Austreberthe (76) 7 F5
Sainte-Austremoine 154 B3
Sainte-Avoye 55 E6
Sainte-Barbe (25) 26 C5
Sainte-Barbe (88) 70 B1
Sainte-Barbe-sur-Gaillon (27)....41 F1
Sainte-Bazeille (47) 150 B2
Sainte-Beuve-en-Rivière (76) ...19 F1
Sainte-Blandine (38) 131 E5
Sainte-Blandine (79) 108 A4
Sainte-Brigitte (56) 55 E2
Sainte-Camelle (11) 184 A4
Sainte-Catherine (62) 10 C1
Sainte-Catherine (63) 127 H6
Sainte-Catherine (69) 129 G2
Sainte-Catherine-
-de-Fierbois (37) 94 C2
Sainte-Cécile (36) 96 C5
Sainte-Cécile (50) 37 F3
Sainte-Cécile (71) 116 A3

Sainte-Cécile (85) 92 A5
Sainte-Cécile-d'Andorge (30)..156 C6
Sainte-Cécile-du-Cayrou (81)..167 H2
Sainte-Cécile-les-Vignes (84)..158 B5
Sainte-Céronne-
-lès-Mortagne (61) 40 A6
Sainte-Cérotte (72) 78 D1
Sainte-Christie (32) 165 H4
Sainte-Christie-
-d'Armagnac (32) 164 D3
Sainte-Christine 31 E5
Sainte-Christine (49) 75 H4
Sainte-Christine (63) 113 E6
Sainte-Colombe 159 E6
Sainte-Colombe (05) 159 G4
Sainte-Colombe (16) 122 D2
Sainte-Colombe (17) 135 G1
Sainte-Colombe (21) 84 D5
Sainte-Colombe (25) 103 H4
Sainte-Colombe (33) 136 A5
Sainte-Colombe (35) 57 G5
Sainte-Colombe (40) 163 H4
Sainte-Colombe (46) 153 G1
Sainte-Colombe (50) 14 C4
Sainte-Colombe (69) 130 A5
Sainte-Colombe (76) 7 E3
Sainte-Colombe (77) 65 E1
Sainte-Colombe (89) 84 A4
Sainte-Colombe-
-de-Duras (47) 150 B1
Sainte-Colombe-
-de-la-Commanderie (66)..199 H3
Sainte-Colombe-
-de-Peyre (48) 155 G1
Sainte-Colombe-
-de-Villeneuve (47) 151 F4
Sainte-Colombe-des-Bois (58)..82 D6
Sainte-Colombe-
-en-Bruilhois (47) 151 E6
Sainte-Colombe-
-la-Commanderie (27) 40 C1
Sainte-Colombe-
-près-Vernon (27) 41 F2
Sainte-Colombe-
-sur-Gand (42) 129 E2
Sainte-Colombe-
-sur-Guette (11) 198 D2
Sainte-Colombe-
-sur-l'Hers (11) 184 B5
Sainte-Colombe-
-sur-Loing (89) 82 D4
Sainte-Colombe-
-sur-Seine (21) 85 E1
Sainte-Colome (64) 180 B4
Sainte-Consorce (69) 129 H3
Sainte-Croix (01) 130 B2
Sainte-Croix (02) 24 D4
Sainte-Croix (12) 153 G4
Sainte-Croix (24) 151 G1
Sainte-Croix (26) 158 B2
Sainte-Croix (46) 152 A4
Sainte-Croix (71) 117 E1
Sainte-Croix (81) 168 B2
Sainte-Croix-à-Lauze (04) 174 B2
Sainte-Croix-aux-Mines (68) ...71 E2
Sainte-Croix-de-Caderle (30)..171 F1
Sainte-Croix-de-Mareuil (24) ..122 D6
Sainte-Croix-
-de-Quintillargues (34) 171 F4
Sainte-Croix-du-Verdon (04) ..175 E3
Sainte-Croix-du-Mont (33) 149 H2
Sainte-Croix-en-Jarez (42) 129 H5
Sainte-Croix-en-Plaine (68) 71 F3
Sainte-Croix-
-Grand-Tonne (14) 16 A4
Sainte-Croix-Hague (50) 14 B2
Sainte-Croix-sur-Aizier (27) 6 D6
Sainte-Croix-sur-Buchy (76) ...19 E3
Sainte-Croix-sur-Mer (14) 16 B3
Sainte-Croix-sur-Orne (61) 38 D4
Sainte-Croix-
-Vallée-Française (48) 156 C6
Sainte-Croix-Volvestre (09)...183 E4
Sainte-Dode (32) 181 G1
Sainte-Eanne (79) 108 B3
Sainte-Engrâce (64) 179 G5
Sainte-Enimie (48) 155 H4
Sainte-Eugénie-
-de-Villeneuve (43) 142 A3
Sainte-Eulalie (07) 153 F2
Sainte-Eulalie (11) 143 E6
Sainte-Eulalie (11) 184 D1
Sainte-Eulalie (15) 140 A3
Sainte-Eulalie (33) 135 F5
Sainte-Eulalie (48) 141 E6
Sainte-Eulalie-d'Ans (24) 137 H2
Sainte-Eulalie-
-de-Cernon (12) 170 A2
Sainte-Eulalie-d'Eymet (24) ...150 D1
Sainte-Eulalie-d'Olt (12) 155 E3
Sainte-Eulalie-en-Born (40) ...148 B5
Sainte-Eulalie-en-Royans (26)..145 E3
Sainte-Euphémie (01) 130 A1
Sainte-Euphémie-
-sur-Ouvèze (26) 159 E4
Sainte-Eusoye (60) 20 B3
Sainte-Fauste (36) 96 D5
Sainte-Féréole (19) 138 D2
Sainte-Feyre (23) 111 G5
Sainte-Feyre-
-la-Montagne (23) 125 H2
Sainte-Flaive-des-Loups (85)..91 H5
Sainte-Florence (33) 136 A6
Sainte-Florence (85) 91 H3
Sainte-Florine (43) 127 G6
Sainte-Foi (09) 184 B4
Sainte-Fortunade (19) 139 E2
Sainte-Foy (40) 164 B2
Sainte-Foy (71) 115 F6
Sainte-Foy (76) 7 G3
Sainte-Foy (85) 91 E5

Sainte-Foy-d'Aigrefeuille (31)..167 F6
Sainte-Foy-de-Belvès (24) 151 H1
Sainte-Foy-de-Longas (24) 137 F5
Sainte-Foy-
-de-Montgommery (14) 39 G3
Sainte-Foy-
-de-Peyrolières (31) 166 C6
Sainte-Foy-la-Grande (33) 136 C5
Sainte-Foy-la-Longue (33) 150 A2
Sainte-Foy-l'Argentière (69) ..129 G3
Sainte-Foy-lès-Lyon (69) 130 A3
Sainte-Foy-Saint-Sulpice (42)..128 D3
Sainte-Foy-Tarentaise (73) 133 F4
Sainte-Gauburge-
-Sainte-Colombe (61) 39 H5
Sainte-Gemme (17) 120 D3
Sainte-Gemme (32) 166 A4
Sainte-Gemme (33) 150 B2
Sainte-Gemme (36) 95 H5
Sainte-Gemme (51) 44 D1
Sainte-Gemme (79) 93 F4
Sainte-Gemme (81) 168 C1
Sainte-Gemme-
-en-Sancerrois (18) 82 B5
Sainte-Gemme-la-Plaine (85)..106 D2
Sainte-Gemme-Martaillac (47)..150 D2
Sainte-Gemme-Moronval (28)...41 F4
Sainte-Gemmes-
-d'Andigné (49) 75 H1
Sainte-Gemmes-le-Robert (53)..59 F4
Sainte-Gemmes-sur-Loire (49)..76 D5
Sainte-Geneviève (02) 23 E2
Sainte-Geneviève (50) 15 E2
Sainte-Geneviève (54) 48 C3
Sainte-Geneviève (60) 20 B6
Sainte-Geneviève (76) 19 E2
Sainte-Geneviève-
-des-Bois (45) 82 B2
Sainte-Geneviève-
-des-Bois (91) 42 D6
Sainte-Geneviève-
-lès-Gasny (27) 41 G2
Sainte-Geneviève-
-sur-Argence (12) 140 D6
Sainte-Gertrude 7 E5
Sainte-Hélène (33) 134 C4
Sainte-Hélène (48) 156 B3
Sainte-Hélène (56) 54 D5
Sainte-Hélène (71) 101 F5
Sainte-Hélène (88) 70 D4
Sainte-Hélène-Bondeville (76)...6 C3
Sainte-Hélène-du-Lac (73) 132 A5
Sainte-Hélène-sur-Isère (73)...132 C4
Sainte-Hermine (85) 106 D1
Sainte-Honorine-de-Ducy (14)..38 A1
Sainte-Honorine-
-des-Pertes (14) 15 H5
Sainte-Honorine-du-Fay (14) ...16 B5
Sainte-Honorine-
-la-Chardonne (61) 38 C4
Sainte-Honorine-
-la-Guillaume (61) 38 C4
Sainte-Innocence (24) 150 D1
Sainte-Jalle (26) 158 D4
Sainte-Jamme-sur-Sarthe (72)..60 A4
Sainte-Julie (01) 130 D2
Sainte-Juliette (82) 152 A5
Sainte-Juliette-sur-Viaur (12)..154 B6
Sainte-Léocadie (66) 198 C5
Sainte-Lheurine (17) 121 E5
Sainte-Livrade (31) 166 C5
Sainte-Livrade-sur-Lot (47)....151 E4
Sainte-Lizaigne (36) 97 E3
Sainte-Luce (38) 145 H1
Sainte-Luce-sur-Loire (44) 74 D5
Sainte-Lucie-de-Tallano (2A)..207 E2
Sainte-Lunaise (18) 97 G4
Sainte-Magnance (89) 84 B3
Sainte-Marguerite 22 B4
Sainte-Marguerite 73 F4
Sainte-Marguerite (43) 142 A2
Sainte-Marguerite (88) 70 D2
Sainte-Marguerite-
-de-Carrouges (61) 39 E6
Sainte-Marguerite-
-de-l'Autel (27) 40 C3
Sainte-Marguerite-
-de-Viette (14) 17 E6
Sainte-Marguerite-d'Elle (14)..15 F6
Sainte-Marguerite-
-des-Loges (14) 17 E6
Sainte-Marguerite-
-en-Ouche (27) 40 D2
Sainte-Marguerite-
-Lafigère (07) 156 D3
Sainte-Marguerite-
-sur-Duclair (76) 7 F5
Sainte-Marguerite-
-sur-Fauville (76) 6 D4
Sainte-Marguerite-sur-Mer (76)..7 F2
Sainte-Marie (05) 159 F3
Sainte-Marie (08) 24 A4
Sainte-Marie (15) 140 D5
Sainte-Marie (25) 88 B4
Sainte-Marie (32) 166 B6
Sainte-Marie (35) 56 C6
Sainte-Marie (58) 99 F2
Sainte-Marie (65) 182 A5
Sainte-Marie (66) 201 E2
Sainte-Marie-à-Py (51) 23 H6
Sainte-Marie-au-Bosc (76) 6 B4
Sainte-Marie-aux-Chênes (57)..26 A5
Sainte-Marie-aux-Mines (68) ...71 E2
Sainte-Marie-Cappel (50) 2 D2
Sainte-Marie-d'Alloix (38) 132 A4
Sainte-Marie-d'Alvey (73) 131 G4
Sainte-Marie-de-Chignac (24)..137 G3
Sainte-Marie-de-Cuines (73)...132 C6
Sainte-Marie-de-Gosse (40) ...162 C5
Sainte-Marie-de-Ré (17) 106 B4

Sainte-Marie-
-de-Vatimesnil (27) 19 F6
Sainte-Marie-de-Vaux (87) 123 H2
Sainte-Marie-
-des-Champs (76) 7 E4
Sainte-Marie-du-Bois (50) 37 H6
Sainte-Marie-du-Bois (53) 59 E1
Sainte-Marie-du-Lac-
-Nuisement (51) 46 C6
Sainte-Marie-du-Mont (38) 131 H6
Sainte-Marie-du-Mont (50) 15 E4
Sainte-Marie-en-Chanois (70)...88 A1
Sainte-Marie-en-Chaux (70) 87 H1
Sainte-Marie-Kerque (62) 2 A2
Sainte-Marie-la-Blanche (21)..101 G3
Sainte-Marie-la-Robert (61) 39 E6
Sainte-Marie-Lapanouze (19)..126 A6
Sainte-Marie-Laumont (14) 37 H3
Sainte-Marie-Outre-l'Eau (14)..37 G3
Sainte-Marie-sur-Ouche (21) ...85 F6
Sainte-Marie aux-Anglais 17 E5
Sainte-Marie de Campan 181 F5
Sainte-Marie du Ménez Hom 31 F6
Sainte-Marthe (27) 40 C3
Sainte-Marthe (47) 150 C4
Sainte-Maure (10) 66 B2
Sainte-Maure-de-Peyriac (47)..165 E1
Sainte-Maure-de-Touraine (37)..94 D2
Sainte-Maxime (83) 192 D3
Sainte-Même (17) 121 F2
Sainte-Menehould (51) 46 D1
Sainte-Mère (32) 165 H2
Sainte-Mère-Église (50) 15 E4
Sainte-Mesme (78) 62 D1
Sainte-Mondane (24) 138 B6
Sainte-Montaine (18) 81 G5
Sainte-Nathalène (24) 138 B5
Sainte-Néomaye (79) 108 A3
Sainte-Noyale 55 F2
Sainte-Odile 71 F1
Sainte-Olive (01) 116 C6
Sainte-Opportune (61) 38 C4
Sainte-Opportune-
-du-Bosc (27) 40 C1
Sainte-Opportune-la-Mare (27)...6 D6
Sainte-Orse (24) 137 H2
Sainte-Osmane (72) 78 D1
Sainte-Ouenne (79) 107 H2
Sainte-Pallaye (89) 83 G3
Sainte-Paule (69) 129 G1
Sainte-Pazanne (44) 74 B6
Sainte-Pexine (85) 91 H5
Sainte-Pience (50) 35 H2
Sainte-Pôle (54) 49 H6
Sainte-Preuve (02) 22 D7
Sainte-Radegonde (12) 154 C4
Sainte-Radegonde (17) 120 D2
Sainte-Radegonde (24) 151 F1
Sainte-Radegonde (32) 165 H3
Sainte-Radegonde (33) 136 A6
Sainte-Radegonde (71) 100 B6
Sainte-Radegonde (79) 93 F3
Sainte-Radégonde (86) 109 G1
Sainte-Radégonde-
-des-Noyers (85) 106 D3
Sainte-Ramée (17) 121 E6
Sainte-Reine (70) 87 E4
Sainte-Reine (73) 132 B4
Sainte-Reine-
-de-Bretagne (44) 73 G3
Sainte-Ruffine (57) 26 B5
Sainte-Sabine (21) 101 E1
Sainte-Sabine-Born (24) 151 F1
Sainte-Sabine-
-sur-Longève (72) 60 A4
Sainte-Savine (10) 66 B3
Sainte-Scolasse-
-sur-Sarthe (61) 39 H6
Sainte-Segrée (80) 19 H1
Sainte-Sève (29) 31 H3
Sainte-Sévère (16) 121 H3
Sainte-Sévère-sur-Indre (36) ..111 F4
Sainte-Sigolène (43) 143 E2
Sainte-Solange (18) 97 G3
Sainte-Soline (79) 108 C4
Sainte-Souline (17) 122 A6
Sainte-Soulle (17) 106 C4
Sainte-Suzanne (25) 88 C2
Sainte-Suzanne (53) 59 F5
Sainte-Suzanne-sur-Vire (50)...37 G1
Sainte-Terre (33) 135 H5
Sainte-Thérence (03) 112 C4
Sainte-Thorette (18) 97 F3
Sainte-Tréphine (22) 33 E6
Sainte-Trie (24) 138 A1
Sainte-Tulle (04) 174 C3
Sainte-Valière (11) 185 H3
Sainte-Vaubourg (08) 24 A4
Sainte-Verge (79) 93 F3
Sainte-Vertu (89) 84 A2
Sainteny (50) 15 G5
Saintes (17) 121 E3
Saintes-Maries-de-la-Mer (13)..189 E4
Saintines (60) 21 F3
Saintry-sur-Seine (91) 43 E6
Saints (89) 83 E3
Saints-Geosmes (52) 86 B1
Saires (86) 94 B4
Saires-la-Verrerie (61) 38 C5
les Saisies 132 C3
Saissac (11) 184 D1
Saisseval (80) 9 F6
Saisy (71) 101 E3
le Saix (05) 159 H3
Saïx (81) 168 C4
Saix (86) 93 H2
Saizenay (39) 103 E3

Saizerais (54) 48 C4
Saizy (58) 83 G6
Sajas (31) 182 D2
Salagnac (24) 138 A1
Salagnon (38) 130 C3
Salaise-sur-Sanne (38) 144 A1
Salans (39) 103 E1
Salasc (34) 170 B5
Salau 197 E4
Salaunes (33) 134 D4
Salavas (07) 157 G4
Salavre (01) 117 E3
Salazac (30) 157 H5
Salbris (41) 81 E5
les Salces (12) 170 C4
les Salces (48) 155 G3
Saléchan (65) 182 A5
Saleich (31) 182 C5
Saleignes (17) 108 B6
Saleilles (66) 201 E3
les Salelles (07) 157 E4
les Salelles (48) 155 G3
Salency (60) 21 G3
Salenthal (67) 50 C4
Saléon (05) 159 H4
Salérans (05) 159 H5
Salerm (31) 182 B2
Salernes (83) 175 F5
Salers (15) 140 B3
Sales (74) 131 H1
Salesches (59) 11 G3
Salettes (26) 158 C2
Salettes (43) 142 D5
Saleux (80) 9 F6
Salice (2A) 204 D4
Saliceto (2B) 205 F1
Saliès (81) 168 A3
Salies-de-Béarn (64) 163 E6
Salies-du-Salat (31) 182 C4
Salignac (04) 160 B6
Salignac-de-Mirambeau (17)..135 F1
Salignac-Eyvigues (24) 138 B4
Salignac-sur-Charente (17)....121 G4
Saligney (39) 102 D1
Saligny (85) 91 G3
Saligny (89) 65 E3
Saligny-le-Vif (18) 98 B3
Saligny-sur-Roudon (03).........114 C2
Saligos (65) 181 E6
Salin-de-Badon 172 C6
Salindres (30) 157 H3
Salinelles (30) 171 G3
Salins (15) 140 A2
Salins (77) 64 C2
Salins-les-Bains (39) 103 E3
Salins-les-Thermes (73) 132 D5
Salives (21) 85 G3
Sallagriffon (06) 176 B4
Sallanches (74) 133 E1
Sallaumines (62) 10 B1
la Salle (71) 116 B3
la Salle (88) 70 C2
la Salle-de-Vihiers (49) 92 D2
la Salle-en-Beaumont (38) 145 H5
la Salle-
-et-Chapelle-Aubry (49) 75 G5
la Salle-Prunet (48) 156 B5
Sallèdes (63) 127 G4
Sallèles-Cabardès (11) 185 E2
Sallèles-d'Aude (11) 186 C3
la Salle les Alpes (05) 147 E4
Sallen (14) 38 A1
Sallenelles (14) 16 C4
Sallenôves (74) 118 B6
Sallertaine (85) 90 C2
Salles (33) 148 D2
Salles (47) 151 G2
les Salles (42) 128 C2
Salles (65) 180 D5
Salles (81) 168 B1
Salles-Adour (65) 181 E3
Salles-Arbuissonnas-
-en-Beaujolais (69) 116 A6
Salles-Courbatiès (12) 153 G3
Salles-Curan (12) 154 D6
Salles-d'Angles (16) 121 E4
Salles-d'Armagnac (32) 164 C3
Salles-d'Aude (11) 186 D3
Salles-de-Barbezieux (16) 121 H6
Salles-de-Belvès (24) 151 H1
les Salles-de-Castillon (33)....136 A5
Salles-de-Villefagnan (16)......122 C1
les Salles-du-Gardon (30) 157 E5
Salles-en-Toulon (86) 109 G2
Salles-et-Pratviel (31) 196 A4
Salles-la-Source (12) 154 B4
Salles-Lavalette (16) 122 C5
les Salles-Lavauguyon (87) ...123 F3
Salles-Mongiscard (64) 163 F6
Salles-sous-Bois (26) 158 C3
Salles-sur-Garonne (31) 183 E3
Salles-sur-l'Hers (11) 184 A2
Salles-sur-Mer (17) 106 D5
les Salles-sur-Verdon (83) 175 F3
Salles lès Aulnay (17) 108 A6
Sallespisse (64) 163 G6
Salmaise (21) 85 E5
Salmbach (67) 29 F6
Salmiech (12) 154 C6
Salomé (59) 3 E6
Salon (10) 65 G4
Salon (24) 137 G4
Salon-de-Provence (13) 173 F5
Salon-la-Tour (19) 124 C5

Salonnes (57) 49 E4
Salornay-sur-Guye (71) 115 H3
Salouël (80) 9 F6
Salperwick (62) 2 B4
Salsein (09) 182 C6
Salsigne (11) 185 E2
Salses-le-Château (66) 200 D1
Salt-en-Donzy (42) 129 E3
Salvagnac (81) 167 G3
Salvagnac-Cajarc (12) 153 F3
Salvagny 119 G3
la Salvetat-Belmontet (82) 167 F2
la Salvetat-Lauragais (31) 167 G6
la Salvetat-Peyralès (12) 153 H5
la Salvetat-Saint-Gilles (31) ...166 D6
la Salvetat-sur-Agout (34) 169 G6
Salvezines (11) 199 E2
Salviac (46) 152 B1
Salvizinet (42) 129 E3
Salzuit (43) 141 H2
Samadet (40) 163 H5
Saman (31) 182 B3
Samaran (32) 181 H2
Samatan (32) 166 B6
Samazan (47) 150 B3
Sambin (41) 79 H3
le Sambuc 172 C6
Saméon (59) 3 H6
Samer (62) 1 F5
Samerey (21) 102 B2
Sames (64) 162 D6
Sammarçolles (86) 94 A3
Sammeron (77) 44 A3
Samoëns (74) 119 F5
Samognat (01) 117 G2
Samogneux (55) 25 G5
Samois-sur-Seine (77) 64 A2
Samonac (33) 135 E3
Samoreau (77) 64 B2
Samouillan (31) 182 C3
Samoussy (02) 22 C3
Sampans (39) 102 C2
Sampigny (55) 47 H3
Sampigny-lès-Maranges (71)..101 F4
Sampolo (2A) 205 E5
Sampzon (07) 157 F3
Samson (25) 103 E2
Samsons-Lion (64) 180 C3
Samuran (65) 182 A5
San-Gavino-
-d'Ampugnani (2B) 205 G1
San-Gavino-di-Carbini (2A) ...207 F3
San-Gavino-di-Fiumorbo (2B)..205 F5
San-Gavino-di-Tenda (2B) 203 F1
San-Giovanni-di-Moriani (2B)..205 G1
San-Giuliano (2B) 205 G2
San-Lorenzo (2B) 205 F1
San-Martino-di-Lota (2B) 203 G4
San-Nicolao (2B) 205 G1
San Pancrazio 203 G4
Sana (31) 182 D3
Sanary-sur-Mer (83) 191 H6
Sancé (71) 116 B3
Sancergues (18) 98 C2
Sancerre (18) 82 B4
Sancey-le-Grand (25) 88 B4
Sancey-le-Long (25) 88 B4
Sancheville (28) 62 B4
Sanchey (88) 69 H4
Sancoins (18) 98 C4
Sancourt (27) 19 G6
Sancourt (59) 10 D7
Sancourt (80) 21 G2
Sancy (54) 26 A4
Sancy (77) 43 H4
Sancy-les-Cheminots (02) 22 B5
Sancy-lès-Provins (77) 44 C1
Sand (67) 71 G2
Sandarville (28) 62 A4
Sandaucourt (88) 69 E4
Sandillon (45) 81 F2
Sandouville (76) 6 C5
Sandrans (01) 116 C5
Sangatte (62) 1 G2
Sanghen (62) 1 G4
Sanguinet (40) 148 B4
Sanilhac (07) 157 F3
Sanilhac-Sagriès (30) 172 B2
Sannat (23) 112 A6
Sannerville (14) 16 C5
Sannes (84) 174 B4
Sannois (95) 42 D3
Sanous (65) 181 E3
Sanry-lès-Vigy (57) 26 C5
Sanry-sur-Nied (57) 26 D5
Sans-Vallois (88) 69 F4
Sansa (66) 198 D4
Sansac-de-Marmiesse (15) 140 A4
Sansac-Veinazès (15) 154 A3
Sansais (79) 107 G3
Sansan (32) 165 H6
Sanssac-l'Église (43) 142 C4
Sanssat (03) 114 A4
Santa-Lucia-di-Mercurio (2B)..205 F3
Santa-Lucia-di-Moriani (2B) ...205 G1
Santa-Maria-di-Lota (2B) 203 G4
Santa-Maria-Figaniella (2A) ...207 E3
Santa-Maria-Poggio (2B) 205 G2
Santa-Maria-Siché (2A) 204 D6
Santa-Reparata-
-di-Balagna (2B) 202 D5
Santa-Reparata-
-di-Moriani (2B) 205 G2
Sant'Andréa-di-Bozio (2B) 205 F3
Sant'Andréa-di-Cotone (2B) ..205 G2
Sant'Andréa-d'Orcino (2A) 204 D5
Santans (39) 102 C2
Sant'Antonino (2B) 202 D4

Santeau (45)..........63 F5
Santec (29)..........31 G2
Santenay (21)..........101 F4
Santenay (41)..........79 G4
Santeny (94)..........43 E5
Santes (59)..........3 F5
Santeuil (28)..........62 C2
Santeuil (95)..........42 B1
Santigny (89)..........84 B4
Santilly (28)..........62 D4
Santilly (71)..........116 A1
Santo-Pietro-di-Tenda (2B)..203 F5
Santo-Pietro-di-Venaco (2B) ..205 E3
Santoche (25)..........88 A5
Santosse (21)..........101 E3
Santranges (18)..........82 B5
Sanvensa (12)..........153 G5
Sanvignes-les-Mines (71)..100 C6
Sanxay (86)..........108 C2
Sanzey (54)..........48 B4
Saon (14)..........15 G3
Saône (25)..........103 G1
Saonnet (14)..........15 G5
Saorge (06)..........177 G3
Saosnes (72)..........60 B3
Saou (26)..........158 C1
le Sap (61)..........39 H3
le Sap-André (61)..........39 H4
le Sapey..........145 H3
Sapignicourt (51)..........46 C5
Sapignies (62)..........10 B4
Sapogne-et-Feuchères (08) ...24 B2
Sapogne-sur-Marche (08) 25 D1
Sapois (39)..........103 F5
Sapois (88)..........70 B5
Saponay (02)..........22 B6
Saponcourt (70)..........69 F6
le Sappey (74)..........118 C5
le Sappey-en-Chartreuse (38)..145 G1
Saramon (32)..........166 A6
Saran (45)..........62 D6
Saraz (25)..........103 F3
Sarbazan (40)..........164 B1
Sarcé (72)..........78 B2
Sarceaux (61)..........39 E5
Sarcelles (95)..........42 D2
Sarcenas (38)..........145 G1
Sarcey (52)..........68 A5
Sarcey (69)..........129 G2
Sarcos (32)..........182 B2
Sarcus (60)..........19 H2
Sarcy (51)..........22 D6
Sardan (30)..........171 G3
Sardent (23)..........111 G6
Sardieu (38)..........130 D6
Sardon (63)..........127 F1
Sardy-lès-Épiry (58)..........99 G2
Sare (64)..........178 B2
Sargé-lès-le-Mans (72)..........60 B5
Sargé-sur-Braye (41)..........61 G4
Sari-d'Orcino (2A)..........204 C5
Sari-Solenzara (2A)..........205 G6
Sariac-Magnoac (65)..........181 H2
Sarlabous (65)..........181 G4
Sarlande (24)..........124 A6
Sarlat-la-Canéda (24)..........138 A5
Sarliac-sur-l'Isle (24)..........137 G2
Sarniguet (65)..........181 E2
Sarnois (60)..........19 H2
Saron-sur-Aube (51)..........45 E4
Sarp (65)..........182 A5
Sarpourenx (64)..........163 G6
Sarragachies (32)..........164 C4
Sarrageois (25)..........103 H5
Sarraguzan (32)..........181 G2
Sarralbe (57)..........27 H6
Sarraltroff (57)..........50 A4
Sarran (19)..........125 F6
Sarrance (64)..........180 A4
Sarrancolin (65)..........181 G5
Sarrant (32)..........166 B4
Sarras (07)..........144 A2
Sarrazac (24)..........123 H6
Sarrazac (46)..........138 D4
Sarraziet (40)..........163 H4
Sarre-Union (67)..........50 A2
Sarrebourg (57)..........50 A4
Sarrecave (31)..........182 A3
Sarreguemines (57)..........27 H5
Sarreinsming (57)..........27 H5
Sarremezan (31)..........182 A3
Sarrewerden (67)..........50 A2
Sarrey (52)..........68 B5
Sarriac-Bigorre (65)..........181 F1
Sarrians (84)..........173 E1
Sarrigné (49)..........77 F4
Sarrogna (39)..........117 G2
Sarrola-Carcopino (2A)..........204 C5
Sarron (40)..........164 B5
Sarrouilles (65)..........181 F3
Sarroux (19)..........126 A6
...rry (51)..........46 A1
...rry (71)..........115 E4
...rry (89)..........84 B3
...Sars (62)..........10 B4
...s-et-Rosières (59)..........11 F1
...s-le-Bois (62)..........9 H2
...s-Poteries (59)..........12 A3
...tène (2A)..........206 D3
...tes (28)..........68 D3
...tilly (50)..........35 G2
...ton (62)..........9 H4
...trouville (78)..........42 C3
...zay (36)..........111 G1
...zeau (56)..........72 D2
...nières (41)..........79 F2
...ssangy (71)..........101 F6
...say (41)..........80 A5
...segnies (59)..........11 H3
...senage (38)..........145 G2

Sassenay (71)..........101 G5
Sassetot-le-Malgardé (76) 7 F3
Sassetot-le-Mauconduit (76) 6 D3
Sasseville (76)..........7 E3
Sassey (27)..........41 E2
Sassey-sur-Meuse (55)..........24 D4
Sassierges-
  -Saint-Germain (36)..........96 D5
Sassis (65)..........181 E6
Sassy (14)..........16 D6
Sathonay-Camp (69)..........130 A2
Sathonay-Village (69)..........130 A2
Satillieu (07)..........143 H3
Satolas-et-Bonce (38)..........130 C3
Saturargues (34)..........171 G4
Saubens (31)..........183 F1
Saubion (40)..........162 C4
Saubole (64)..........180 D2
Saubrigues (40)..........162 C5
Saubusse (40)..........162 D4
Saucats (33)..........149 F1
la Saucelle (28)..........40 D6
Sauchay (76)..........7 H2
Sauchy-Cauchy (62)..........10 D3
Sauchy-Lestrée (62)..........10 D3
Sauclières (12)..........170 C2
Saudemont (62)..........10 C3
Saudoy (51)..........44 D5
Saudreville (63)..........E1
Saudron (52)..........68 A1
Saudrupt (55)..........47 E5
Saugeot (39)..........117 H1
Saugnac-et-Cambran (40)..........163 E4
Saugnacq-et-Muret (40)..........148 D3
Saugon (33)..........135 F2
Saugues (43)..........142 A4
Sauguis-Saint-Étienne (64)..179 G3
Saugy (18)..........97 E4
Saujac (12)..........153 F3
Saujon (17)..........120 C3
la Saulce (05)..........160 B3
Saulce-sur-Rhône (26)..........158 B1
Saulces-Champenoises (08) 23 H4
Saulces-Monclin (08)..........23 H3
Saulcet (03)..........113 H4
Saulchery (02)..........44 B3
le Saulchoy (60)..........20 B2
Saulchoy (62)..........8 D2
Saulchoy-sous-Poix (80)..........19 H1
Saulcy (10)..........67 F3
le Saulcy (88)..........70 D1
Saulcy-sur-Meurthe (88)..........70 D3
Saules (25)..........103 G2
Saules (71)..........101 F6
Saulgé (86)..........109 H3
Saulgé-l'Hôpital (49)..........77 E6
Saulges (53)..........59 F6
Saulgond (16)..........123 G1
Sauliac-sur-Célé (46)..........153 E3
Saulieu (21)..........100 C1
Saulles (52)..........86 B1
Saulmory-et-Villefranche (55)..24 D4
Saulnay (36)..........95 H4
Saulnes (54)..........25 H3
Saulnières (28)..........41 E5
Saulnières (35)..........57 F4
Saulnot (70)..........88 B3
Saulny (57)..........26 B5
Saulon-la-Chapelle (21)..........101 H1
Saulon-la-Rue (21)..........101 H1
la Saulsotte (10)..........65 F1
Sault (84)..........159 F6
Sault-Brénaz (01)..........131 E2
Sault-de-Navailles (64)..........163 G5
Sault-lès-Rethel (08)..........23 G4
Sault-Saint-Remy (08)..........23 F4
Saultain (59)..........11 F2
Saulty (62)..........9 H3
Saulvaux (55)..........47 G5
Saulx (70)..........87 H2
Saulx-le-Duc (21)..........85 H4
Saulx-lès-Champlon (55)..........47 H1
Saulx-les-Chartreux (91)..........42 D5
Saulx-Marchais (78)..........42 A4
Saulxerotte (54)..........69 E1
Saulxures (67)..........71 E1
Saulxures-lès-Bulgnéville (88)..68 D3
Saulxures-lès-Nancy (54)..........48 D5
Saulxures-lès-Vannes (54)..........48 B6
Saulxures-sur-Moselotte (88) ..70 C1
Saulzais-le-Potier (18)..........112 C1
Saulzet (03)..........113 G5
Saulzet-le-Froid (63)..........127 E4
Saulzoir (59)..........11 F3
Saumane (04)..........159 H6
Saumane (30)..........156 C6
Saumane-de-Vaucluse (84) ...173 F2
Sauméjan (47)..........150 B5
Saumeray (28)..........61 H2
Saumont (47)..........150 D6
Saumont-la-Poterie (76)..........19 F3
Saumos (33)..........134 C4
Saumoussay (49)..........93 G1
Saumur (49)..........93 G1
Saunay (37)..........79 F4
la Saunière (23)..........111 G5
Saunières (71)..........101 H4
Sauqueville (76)..........7 G2
Saurais (79)..........108 B1
Sauret-Besserve (63)..........126 D1
Saurier (63)..........127 E5
Sausheim (68)..........89 F1
Saussan (34)..........171 E6
Saussay (28)..........41 F4
Saussay (76)..........7 F4
Saussay-la-Campagne (27) 19 F5
la Saussaye (27)..........18 C6
Saussemesnil (50)..........14 D2
Saussenac (81)..........168 C2

Saussens (31)..........167 G5
Sausses (04)..........176 B3
Sausset-les-Pins (13)..........190 B4
Sausseuzemare-en-Caux (76) 6 C4
Saussey (21)..........101 E2
Saussey (50)..........37 E2
Saussignac (24)..........136 C6
Saussines (34)..........171 G4
Saussy (21)..........85 G5
Sautel (09)..........184 A5
Sauternes (33)..........149 G2
Sauteyrargues (34)..........171 F3
Sauto (66)..........198 D4
Sautron (44)..........74 C4
Sauvage (44)..........41 H6
la Sauvagère (61)..........38 C6
les Sauvages (69)..........129 F1
Sauvagnac (16)..........123 F3
Sauvagnas (47)..........151 F5
Sauvagnat (63)..........126 C3
Sauvagnat-Sainte-Marthe (63)..127 F5
Sauvagney (25)..........87 E6
Sauvagnon (64)..........180 B1
Sauvagny (03)..........113 G3
Sauvain (42)..........128 C4
Sauvat (15)..........140 B1
Sauve (30)..........171 F2
la Sauve (33)..........135 G6
Sauvelade (64)..........179 H1
Sauveplantade..........157 G2
Sauverny (01)..........118 B3
Sauvessanges (63)..........128 C6
la Sauvetat (32)..........165 G3
la Sauvetat (63)..........127 F4
la Sauvetat-de-Savères (47)..151 G5
la Sauvetat-du-Dropt (47)..150 D1
la Sauvetat-sur-Lède (47)..151 F3
Sauveterre (30)..........172 D1
Sauveterre (32)..........182 C1
Sauveterre (65)..........164 D6
Sauveterre (81)..........185 F1
Sauveterre (82)..........152 B5
Sauveterre-de-Béarn (64)..179 F1
Sauveterre-
  -de-Comminges (31)..........182 A5
Sauveterre-de-Guyenne (33) ..150 A1
Sauveterre-de-Rouergue (12)..154 A5
Sauveterre-la-Lémance (47)..151 H2
Sauveterre-Saint-Denis (47) ..151 F6
Sauviac (32)..........181 H1
Sauviac (33)..........149 H4
Sauvian (34)..........187 E2
Sauviat (63)..........128 A3
Sauviat-sur-Vige (87)..........124 D2
Sauvignac (16)..........136 A2
Sauvigney-lès-Gray (70)..........86 D5
Sauvigney-lès-Pesmes (70) ...86 C6
Sauvigny (55)..........68 D1
Sauvigny-le-Beuréal (89)..........84 B5
Sauvigny-les-Bois (58)..........99 E4
Sauville (08)..........24 B3
Sauville (88)..........68 D4
Sauvillers-Mongival (80)..........20 D2
Sauvimont (32)..........182 C1
Sauvoy (55)..........47 H5
Saux (46)..........152 A4
Saux-et-Pomarède (31)..........182 B4
Sauxillanges (63)..........127 G5
le Sauze (06)..........161 H1
le Sauze (06)..........161 G6
le Sauze-du-Lac (05)..........160 D3
Sauzé-Vaussais (79)..........108 C5
Sauzelles (36)..........95 H6
Sauzet (26)..........158 B2
Sauzet (30)..........171 H2
Sauzet (46)..........152 A4
la Sauzière-Saint-Jean (81)..167 G2
Sauzon (56)..........72 A3
Savarthès (31)..........182 B4
Savas (07)..........143 H1
Savas-Mépin (38)..........130 C5
Savasse (26)..........158 B2
Saveille..........108 C4
Savenay (44)..........74 A3
Savenès (82)..........166 D3
Savennes (23)..........111 G6
Savennes (63)..........126 B5
Savennières (49)..........76 D5
Saverdun (09)..........183 G3
Savères (31)..........182 D2
Saverne (67)..........50 C4
Saveuse (80)..........9 F6
Savianges (71)..........101 E6
Savières (10)..........66 A2
Savigna (39)..........117 G2
Savignac (12)..........153 G4
Savignac (33)..........150 A3
Savignac-de-Duras (47)..........150 C1
Savignac-de-l'Isle (33)..........135 H5
Savignac-de-Miremont (24) ..137 G4
Savignac-de-Nontron (24) 123 F5
Savignac-Lédrier (24)..........138 A1
Savignac-les-Églises (24) 137 G2
Savignac-les-Ormeaux (09) ..198 B2
Savignac-Mona (32)..........166 C6
Savignac-sur-Leyze (47)..........151 G3
Savignargues (30)..........171 G2
Savigné (86)..........109 E5
Savigné-l'Évêque (72)..........60 B5
Savigné-sous-le-Lude (72) 77 H3
Savigné-sur-Lathan (37)..........78 B5
Savigneux (01)..........116 D5
Savigneux (42)..........128 D4
Savignies (60)..........20 A4
Savigny (50)..........37 E1
Savigny (52)..........86 D2
Savigny (69)..........129 G2
Savigny (74)..........118 B3
Savigny (88)..........69 G2
Savigny-en-Revermont (71)..102 C6

Savigny-en-Sancerre (18)..........82 B5
Savigny-en-Septaine (18)..........97 H3
Savigny-en-Terre-Plaine (89) ..84 B4
Savigny-en-Véron (37)..........94 A1
Savigny-le-Sec (21)..........85 H5
Savigny-le-Temple (77)..........43 E6
Savigny-le-Vieux (50)..........37 G6
Savigny-lès-Beaune (21)..........101 G2
Savigny-Lévescault (86)..........109 F2
Savigny-Poil-Fol (58)..........100 A5
Savigny-sous-Faye (86)..........94 B4
Savigny-sous-Mâlain (21)..........85 F6
Savigny-sur-Aisne (08)..........24 B5
Savigny-sur-Ardres (51)..........22 D6
Savigny-sur-Braye (41)..........79 E1
Savigny-sur-Clairis (89)..........64 D5
Savigny-sur-Grosne (71)..........116 A1
Savigny-sur-Orge (91)..........42 D5
Savigny-sur-Seille (71)..........116 D1
Savilly (21)..........100 C2
Savines-le-Lac (05)..........160 D2
Savins (77)..........64 D1
Saviolles (84)..........159 E6
Savoillan (84)..........159 E5
Savoisy (21)..........84 D2
Savolles (21)..........86 B5
Savonnières (37)..........78 C6
Savonnières-devant-Bar (55) ..47 E4
Savonnières-en-Perthois (55) ..47 E5
Savouges (21)..........101 H1
Savournon (05)..........159 H3
Savoyeux (70)..........86 D4
Savy (02)..........10 D5
Savy-Berlette (62)..........9 H2
Saxel (74)..........118 D4
Saxi-Bourdon (58)..........99 F3
Saxon-Sion (54)..........69 F1
Sayat (63)..........127 E2
Saze (30)..........172 C2
Sazeray (36)..........111 H3
Sazeret (03)..........113 F4
Sazilly (37)..........94 B2
Sazos (65)..........180 D6
Scaër (29)..........54 A2
Scata (2B)..........205 G1
Sceau-Saint-Angel (24)..........123 F5
Sceautres (07)..........157 H2
Sceaux (89)..........84 C4
Sceaux (92)..........42 D4
Sceaux-d'Anjou (49)..........76 D3
Sceaux-du-Gâtinais (45)..........63 H5
Sceaux-sur-Huisne (72)..........60 D5
Scey-l'Église (87)..........87 F2
Scey-Maisières (25)..........103 G2
Scey-sur-Saône-
  -et-Saint-Albin (70)..........87 F3
Schaeffersheim (67)..........71 H1
Schaffhouse-près-Seltz (67)...51 G2
Schaffhouse-sur-Zorn (67)..........50 D4
Schalbach (57)..........50 B3
Schalkendorf (67)..........50 D3
Scharrachbergheim-
  -Irmstett (67)..........50 D5
Scheibenhard (67)..........29 H4
Scherlenheim (67)..........50 D4
Scherwiller (67)..........71 F2
Schillersdorf (67)..........50 D3
Schiltigheim (67)..........51 E5
Schirmeck (67)..........70 D2
Schirrhein (67)..........51 F3
Schirrhoffen (67)..........51 F3
Schleithal (67)..........29 H4
Schlierbach (68)..........89 G2
Schlucht (70)..........70 D4
Schmittviller (57)..........28 A6
Schneckenbusch (57)..........50 A4
Schnepfenriedwasen (70)..........70 D5
Schnersheim (67)..........50 D4
Schœnau (67)..........71 H3
Schœnbourg (67)..........50 D3
Schœneck (57)..........27 G4
Schœnenbourg (67)..........29 G6
Schopperten (67)..........50 A2
Schorbach (57)..........28 B4
Schweighouse-sur-Moder (67)..51 E3
Schweighouse-Thann (68)..........89 E1
Schweinheim (67)..........50 C4
Schwerdorff (57)..........27 E3
Schweyen (57)..........28 B4
Schwindratzheim (67)..........50 D4
Schwoben (68)..........89 F3
Schwobsheim (67)..........71 G3
Sciecq (79)..........107 H3
Scientrier (74)..........118 D5
Scieurac-et-Flourès (32)..........165 E6
Sciez (74)..........118 D3
Scillé (79)..........107 G1
Scionzier (74)..........119 E5
Scolca (2B)..........203 F6
Scorbé-Clairvaux (86)..........94 C5
Scrignac (29)..........32 B5
Scrupt (51)..........46 C4
Scy-Chazelles (57)..........26 B5
Scye (70)..........87 F3
Séailles (32)..........164 D4
la Séauve-sur-Semène (43) ..143 E1
Sébazac-Concourès (12)..........154 C4
Sébécourt (27)..........40 C3
Sébeville (50)..........15 E4
Seboncourt (02)..........11 F5
Sebourg (59)..........11 G2
Sébrazac (12)..........154 C3
Séby (64)..........164 A6
Secenans (70)..........88 B3
Séchault (08)..........24 B4
Sécheval (08)..........13 G6
Séchilienne (38)..........145 H3
Séchin (25)..........87 H5
Seclin (59)..........3 H5
Secondigné-sur-Belle (79) ..108 A5
Secondigny (79)..........107 H1

Secourt (57)..........48 D2
Secqueville-en-Bessin (14)......16 B4
Sedan (08)..........24 C2
Sédeilhac (31)..........182 A4
Séderon (26)..........159 G5
Sédières..........139 F1
Sedze-Maubecq (64)..........180 D2
Sedzère (64)..........180 D2
Seebach (67)..........29 F6
Sées (61)..........39 F6
Séez (73)..........133 F3
Ségalas (47)..........151 E2
Ségalas (65)..........181 F1
la Ségalassière (15)..........139 H5
Séglien (56)..........54 D2
Ségny (01)..........118 B3
Segonzac (16)..........121 H4
Segonzac (19)..........138 B2
Segonzac (24)..........136 D2
Ségos (32)..........164 B5
Ségoufielle (32)..........166 C5
Segré (49)..........75 H1
Ségreville (31)..........167 G6
Ségrie (72)..........59 H4
Ségrie-Fontaine (61)..........38 C4
Segrois (21)..........101 G2
Ségry (36)..........97 E4
la Séguinière (49)..........92 B2
Ségur (12)..........154 D5
le Ségur (81)..........168 B1
Ségur-le-Château (19)..........124 B6
Ségur-les-Villas (15)..........140 D2
Ségura (09)..........183 H5
Séguret (84)..........158 C5
Ségus (65)..........180 D6
Seich (65)..........181 H5
Seichamps (54)..........48 D4
Seichebrières (45)..........63 F6
Seicheprey (54)..........48 A3
Seiches-sur-le-Loir (49)..........77 F4
Seignalens (11)..........184 B4
Seigné (17)..........121 H1
Seignelay (89)..........83 G1
Seigneulles (55)..........47 F3
Seignosse (40)..........162 B4
le Seignus Bas..........161 F5
Seigny (21)..........84 D4
Seigy (41)..........96 A1
Seilh (31)..........167 E5
Seilhac (19)..........139 E1
Seilhan (31)..........182 A4
Seillac (41)..........79 G4
Seillans (83)..........176 A6
Seillonnaz (01)..........131 E2
Seillons-Source-d'Argens (83)..174 D6
Seine-Port (77)..........63 H1
Seingbouse (57)..........27 F5
Seissan (32)..........165 G6
Seix (09)..........183 E6
le Sel-de-Bretagne (35)..........57 F4
Selaincourt (54)..........69 E1
Selens (02)..........21 H4
Sélestat (67)..........71 G2
Séligné (79)..........108 A5
Séligney (39)..........102 C3
la Selle..........40 B4
la Selle-Craonnaise (53)..........76 B1
la Selle-en-Cogles (35)..........35 H5
la Selle-en-Hermoy (45)..........64 B6
la Selle-en-Luitré (35)..........58 A2
la Selle-Guerchaise (35)..........58 A6
la Selle-la-Forge (61)..........38 B5
la Selle-sur-le-Bied (45)..........64 B5
Selles (27)..........17 H3
Selles (51)..........23 G5
Selles (62)..........1 G4
Selles (70)..........69 F6
Selles-Saint-Denis (41)..........80 D6
Selles-sur-Cher (41)..........96 B1
Selles-sur-Nahon (36)..........96 A3
Sellières (39)..........102 C4
Selommes (41)..........79 G2
Seloncourt (25)..........88 C4
Selongey (21)..........86 A3
Selonnet (04)..........160 D3
Seltz (67)..........51 G2
la Selve (02)..........23 E3
la Selve (12)..........169 E1
Sem (09)..........197 G4
Sémalens (81)..........168 B5
Semallé (61)..........60 A1
Semarey (21)..........101 E1
Sembadel (43)..........142 B2
Sembas (47)..........151 F4
Semblançay (37)..........78 D4
Sembleçay (36)..........96 C1
Sembouès (32)..........181 F1
Séméacq-Blachon (64)..........164 C6
Sémécourt (57)..........26 B5
Sémelay (58)..........99 H5
Semens (33)..........149 H1
Sémeries (59)..........12 A4
Semerville (41)..........62 A6
Semezanges (21)..........101 G1
Sémézies-Cachan (32)..........166 A6
Semide (08)..........24 A5
Semillac (17)..........121 E6
Semilly (52)..........68 C4
Semmadon (70)..........87 E2
Semoine (10)..........45 G5
Semond (21)..........85 E2
Semondans (25)..........88 B3
Semons (38)..........130 C6
Semousies (59)..........12 A3
Semoussac (17)..........121 E6
Semoutiers-Montsaon (52)..........67 H5
Semoy (45)..........62 D6

Sempesserre (32)..........165 H2
Sempigny (60)..........21 G3
Sempy (62)..........1 G6
Semur-en-Auxois (21)..........84 C4
Semur-en-Brionnais (71)..........115 E4
Semur-en-Vallon (72)..........60 D5
Semussac (17)..........120 C4
Semuy (08)..........24 A4
le Sen (40)..........149 F6
Sénac (65)..........181 F2
Senaide (88)..........69 E6
Sénaillac-Latronquière (46)...139 G6
Sénaillac-Lauzès (46)..........153 E2
Senailly (21)..........84 C4
Senan (89)..........83 E1
Senantes (28)..........41 G5
Senantes (60)..........19 H4
Sénarens (31)..........182 D2
Senargent-Mignafans (70) 88 A3
Senarpont (80)..........8 C5
Sénas (13)..........173 F4
Senaud (39)..........117 E3
Senaux (81)..........169 E4
Sencenac-
  -Puy-de-Fourches (24)..........137 F1
Senconac (09)..........198 A2
Sendets (33)..........150 A3
Sendets (64)..........180 C2
Séné (56)..........72 D1
Sénéchas (30)..........156 D4
Sénergues (12)..........154 B2
Sénestis (47)..........150 C3
Séneujols (43)..........142 B4
Senez (04)..........175 G2
Sénezergues (15)..........154 B1
Sengouagnet (31)..........182 B5
Sénièргues (46)..........152 D1
Senillé (86)..........94 D5
Seningham (62)..........1 H4
Senlecques (62)..........1 G5
Senlis (60)..........20 D6
Senlis (62)..........2 A6
Senlis-le-Sec (80)..........10 A5
Senlisse (78)..........42 B5
Sennecey-le-Grand (71)..........101 G6
Sennecey-lès-Dijon (21)..........85 H6
Sennely (45)..........81 F3
Sennevières (37)..........95 G2
Senneville-sur-Fécamp (76) 6 C3
Sennevoy-le-Bas (89)..........84 C2
Sennevoy-le-Haut (89)..........84 C2
Senon (55)..........25 G5
Senonches (28)..........40 D6
Senoncourt (70)..........87 F1
Senoncourt-les-Maujouy (55)..47 F2
Senones (88)..........70 D1
Senonges (88)..........69 F4
Senonnes (53)..........76 A1
Senots (60)..........20 A6
Senouillac (81)..........168 A2
Sénoville (50)..........14 B4
Senozan (71)..........116 B3
Sens (89)..........65 E4
Sens-Beaujeu (18)..........82 A6
Sens-de-Bretagne (35)..........35 G6
Sens-sur-Seille (71)..........102 B5
Sentein (09)..........182 C6
Sentelie (80)..........20 A2
Sentenac-de-Sérou (09)..........183 F5
Sentenac-d'Oust (09)..........183 E6
Sentheim (68)..........88 D1
Sentilly (61)..........39 E4
la Sentinelle (59)..........11 F2
Sentous (65)..........181 G3
Senuc (08)..........24 B5
Senven-Léhart (22)..........33 E5
Sépeaux (89)..........64 D6
Sepmeries (59)..........11 F2
Sepmes (37)..........94 D3
Seppois-le-Bas (68)..........89 E3
Seppois-le-Haut (68)..........89 E3
Sept-Forges (61)..........59 E1
Sept-Frères (14)..........37 G3
Sept-Meules (76)..........8 B5
Sept-Saulx (51)..........45 H1
Sept-Sorts (77)..........44 A3
Sept-Vents (14)..........38 A1
Septème (38)..........130 B5
Septèmes-les-Vallons (13)..190 C3
Septeuil (78)..........41 H3
Septfonds (82)..........152 D6
Septfontaines (25)..........103 G3
Septmoncel (39)..........118 A3
Septmonts (02)..........22 A5
les Sept Saints..........32 C3
Septsarges (55)..........24 D5
Septvaux (02)..........22 A3
Sepvigny (55)..........48 A6
Sepvret (79)..........108 B4
Sepx (31)..........182 C4
Sequedin (59)..........3 F5
Sequehart (02)..........11 E5
le Sequestre (81)..........168 B3
Serain (02)..........11 F4
Seraincourt (08)..........23 F4
Seraincourt (95)..........42 A2
Sérandon (19)..........140 A1
Séranon (06)..........176 A5
Serans (60)..........42 A1
Serans (61)..........39 E5
Seranville (54)..........70 A1
Séranvillers-Forenville (59) ..11 F4
Seraucourt-le-Grand (02)..........21 H1
Seraumont (88)..........68 C1
Serazereux (28)..........41 F6
Serbannes (03)..........114 A6
Serbonnes (89)..........64 D6
Serches (02)..........22 B5
Sercœur (88)..........70 A3
Sercus (59)..........2 C4

Sercy (71) 116 A1
Serdinya (66) 199 E4
Sère (32) 181 E6
Sère (32) 182 A1
Sère-en-Lavedan (65) 180 D5
Sère-Lanso (65) 181 E4
Sère-Rustaing (65) 181 G3
Serécourt (88) 69 E5
Séreilhac (87) 124 A3
Serémange-Erzange (57) 26 B3
Sérempuy (32) 166 A4
Sérénac (81) 168 C2
Sérent (56) 55 H5
Sérévillers (60) 20 C2
Serez (27) 41 F3
Sérézin-de-la-Tour (38) 130 D5
Sérézin-du-Rhône (69) 130 A4
Sergeac (24) 138 A4
Sergenaux (39) 102 C4
Sergenon (39) 102 C4
Sergines (89) 65 E3
Sergy (01) 118 B4
Sergy (02) 44 D1
Séricourt (62) 9 G2
Sériers (15) 141 E4
Sérifontaine (60) 19 G5
Sérignac (46) 152 A4
Sérignac (82) 166 C2
Sérignac-Péboudou (47) 151 E2
Sérignac-sur-Garonne (47) 151 E5
Sérignan (34) 187 E2
Sérignan-du-Comtat (84) 158 B6
Sérigné (85) 107 E2
Sérigny (61) 60 D2
Sérigny (86) 94 B4
Sérilhac (19) 139 E3
Seringes-et-Nesles (02) 22 B4
Séris (41) 80 B2
Serley (71) 102 A5
Sermages (58) 99 H3
Sermaise (49) 77 G4
Sermaise (91) 63 E1
Sermaises (45) 63 F3
Sermaize (60) 21 G3
Sermaize-les-Bains (51) 46 D4
Sermamagny (90) 88 C2
Sermange (39) 102 D1
Sermano (2B) 205 F3
Sermentizon (63) 127 H3
Sermérieu (38) 131 E3
Sermersheim (67) 71 G2
Sermesse (71) 101 H4
Sermiers (51) 45 F1
Sermizelles (89) 83 H4
Sermoise (02) 22 B5
Sermoise-sur-Loire (58) 98 D4
Sermoyer (01) 116 C2
Sermur (23) 126 A1
Sernhac (30) 172 C2
Serocourt (88) 69 E4
Séron (65) 180 D2
Serpaize (38) 130 B5
la Serpent (11) 184 D5
Serques (62) 2 A3
Serqueux (52) 68 D5
Serqueux (76) 19 F2
Serquigny (27) 40 B1
Serra-di-Ferro (2A) 206 C2
Serra-di-Fiumorbo (2B) 205 G5
Serra-di-Scopamène (2A) 207 E1
Serrabonne 199 G3
Serralongue (66) 199 G5
Serraval (74) 132 C2
la Serre (12) 169 E3
la Serre-Bussière-Vieille (23) ..112 B6
Serre-Eyrauds 160 C1
Serre-les-Moulières (39) 102 D1
Serre-les-Sapins (25) 87 F4
Serre-Nerpol (38) 145 E1
Serres (05) 159 H3
Serres (11) 185 E6
Serres (54) 49 E5
Serres-Castet (64) 180 B1
Serres-et-Montguyard (24) 151 E1
Serres-Gaston (40) 163 H6
Serres-Morlaàs (64) 180 C2
Serres-Sainte-Marie (64) 180 A1
Serres-sur-Arget (09) 183 G5
Serreslous-et-Arribans (40) 163 G4
Serriera (2A) 204 B2
Serrières 130 D3
Serrières (07) 144 A1
Serrières (71) 116 A4
Serrières-de-Briord (01) 131 E2
Serrières-en-Chautagne (73) ..131 G1
Serrières-sur-Ain (01) 117 F2
Serrigny (89) 84 A1
Serrigny-en-Bresse (71) 102 A5
Serris (77) 43 G4
Serrouville (54) 26 A4
Serruelles (18) 97 G4
Sers (16) 122 C4
Sers (65) 181 G6
Servais (02) 22 A3
Serval (02) 22 C5
Servance (70) 88 B1
Servanches (24) 136 B3
Servant (63) 113 F5
Servas (01) 116 D3
Servas (30) 157 F6
Servaville-Salmonville (76) 7 H6
Serverette (48) 155 H1
Serves-sur-Rhône (26) 144 A3
Servian (34) 187 E1
Servières (154) 154 C2
Servières (48) 155 H2
Servières-le-Château (19) 139 G3
Serviers-et-Labaume (30) 172 A1
Serviès (81) 168 A3
Serviès-en-Val (11) 185 F4

Servignat (01) 116 D2
Servigney (70) 87 H2
Servigny (50) 37 E1
Servigny-lès-Raville (57) 26 D5
Servigny-lès-Sainte-Barbe (57) 26 C5
Serville (28) 41 G4
Servilly (03) 114 B4
Servin (25) 88 A6
Servins (62) 10 A1
Servion 23 H1
Servon (50) 35 G4
Servon (77) 43 E5
Servon-Melzicourt (51) 24 B6
Servon-sur-Vilaine (35) 57 G2
Servoz (74) 133 E1
Sery (08) 23 G3
Sery (89) 83 G3
Séry-lès-Mézières (02) 22 B1
Séry-Magneval (60) 21 F6
Serzy-et-Prin (51) 22 D6
Sessenheim (67) 51 G3
Sète (34) 187 H1
Setques (62) 2 A4
Seugy (95) 42 D1
Seuil (08) 23 H4
Seuil-d'Argonne (55) 47 E2
Seuillet (03) 114 A5
Seuilly (37) 94 A2
Seur (41) 79 H4
la Seure (17) 121 G2
Seurre (21) 102 A3
Seux (80) 9 F6
Seuzey (55) 47 H2
Sevelinges (42) 115 G6
Sevenans (90) 88 C3
Sévérac (44) 73 H2
Sévérac-le-Château (12) 155 F5
Sévérac-l'Église (12) 155 E4
Seveux (70) 86 D4
Séviac 165 E2
Sévignac (22) 34 B6
Sévignacq (64) 180 C1
Sévignacq-Meyracq (64) 180 B4
Sévigny (61) 39 E4
Sévigny-la-Forêt (08) 12 D6
Sévigny-Waleppe (08) 23 E3
Sévis (76) 7 H4
Sevrai (61) 39 E5
Sevran (93) 43 E3
Sèvres (92) 42 C4
Sèvres-Anxaumont (86) 109 F1
Sevrey (71) 101 G5
Sévrier (74) 132 B2
Sévry (18) 98 B2
Sewen (68) 88 D1
Sexcles (19) 139 F4
Sexey-aux-Forges (54) 48 C5
Sexey-les-Bois (54) 48 C4
Sexfontaines (52) 67 H4
Seychalles (63) 127 G3
Seyches (47) 150 D2
Seyne (04) 160 D4
Seynes (30) 157 F6
Seynod (74) 132 A1
Seyre (31) 183 H2
Seyresse (40) 162 D4
Seyssel (01) 131 G1
Seyssel (74) 131 G1
Seysses (31) 167 E6
Seysses-Savès (32) 166 C4
Seyssinet-Pariset (38) 145 G2
Seyssins (38) 145 G2
Seyssuel (38) 130 A5
Seythenex (74) 132 C3
Seytroux (74) 119 F4
Sézanne (51) 45 E5
Siarrouy (65) 181 E2
Siaugues-Sainte-Marie (43) 142 A3
Sibiril (29) 31 G2
Sibiville (62) 9 G2
Siccieu-Saint-Julien-
  -et-Carisieu (38) 130 D3
Sichamps (58) 99 E2
Sickert (68) 88 D1
Sideville (50) 14 C2
Sidiailles (18) 112 B2
Siecq (17) 121 H2
Siegen (67) 29 F6
les Sièges (89) 65 F4
Sierck-les-Bains (57) 26 C2
Sierentz (68) 89 G2
la Sierre 145 F3
Siersthal (57) 28 B5
Sierville (76) 7 G5
Siest (40) 162 D4
Sieurac (81) 168 B4
Sieuras (09) 183 F3
Siévoz (38) 145 H5
Sieviller (67) 50 B3
Sigale (06) 176 C4
Sigalens (33) 150 A3
Sigean (11) 186 C5
Sigloy (45) 81 F2
Signac (31) 182 A6
Signes (83) 191 G4
Signéville (52) 68 A3
Signy-l'Abbaye (08) 23 G2
Signy-le-Petit (08) 12 C6
Signy-Montlibert (08) 25 E3
Signy-Signets (77) 43 H3
Sigogne (16) 121 H3
Sigolsheim (68) 71 F4
Sigonce (04) 174 C1
Sigottier (05) 159 G3
Sigoulès (24) 136 D6
Sigournais (85) 92 B6
Sigoyer (04) 160 B4
Sigoyer (05) 160 B3
Siguer (09) 197 H4

Sigy (77) 64 D1
Sigy-en-Bray (76) 19 F3
Sigy-le-Châtel (71) 115 H1
Silfiac (56) 54 D2
Silhac (07) 143 H5
Sillans (38) 145 E1
Sillans-la-Cascade (83) 175 F5
Sillars (86) 109 H3
Sillas (33) 150 A4
Sillé-le-Guillaume (72) 59 G6
Sillé-le-Philippe (72) 60 B5
Sillegny (57) 48 D2
Silleron 7 F2
Sillery (51) 23 F6
Silley-Amancey (25) 103 G2
Silley-Bléfond (25) 87 H5
Sillingy (74) 132 A1
Silly-en-Gouffern (61) 39 F4
Silly-en-Saulnois (57) 26 C6
Silly-la-Poterie (02) 21 H6
Silly-le-Long (60) 43 G1
Silly-sur-Nied (57) 26 D5
Silly-Tillard (60) 20 B5
Silmont (55) 47 F4
Siltzheim (67) 27 H5
Silvareccio (2B) 205 G1
Silvarouvres (52) 67 F5
Simacourbe (64) 180 D1
Simandre (71) 116 C1
Simandre-sur-Suran (01) 117 F4
Simandres (69) 130 A4
Simard (71) 102 A5
Simencourt (62) 10 A2
Simeyrols (24) 138 C5
Simiane-Collongue (13) 190 D3
Simiane-la-Rotonde (04) 174 A2
Simorre (32) 182 B1
Simplé (53) 58 C6
Sin-le-Noble (59) 10 D2
Sinard (38) 145 G4
Sinceny (02) 21 H3
Sincey-lès-Rouvray (21) 84 B5
Sindères (40) 163 E1
Singles (63) 126 B5
Singleyrac (24) 151 E1
Singly (08) 24 A2
Singrist (67) 50 C4
Sinsat (09) 198 A4
Sinzos (65) 181 F3
Sion (32) 164 D4
Sion-les-Mines (44) 57 F6
Sioniac (19) 139 E4
Sionne (88) 68 C2
Sion-sur-l'Océan 90 C4
Sionviller (54) 49 F5
Siorac-de-Ribérac (24) 136 D2
Siorac-en-Périgord (24) 137 H6
Siouville-Hague (50) 14 B2
Sirac (32) 166 B4
Siracourt (62) 9 G1
Siradan (65) 182 A5
Siran (15) 139 G5
Siran (34) 185 G2
Sireix (65) 180 D5
Sireuil (16) 122 B4
Sirod (39) 103 F5
Siros (64) 180 B2
Sisco (2B) 203 G3
Sissonne (02) 22 D3
Sissy (02) 22 B1
Sistels (82) 166 A1
Sisteron (04) 160 A5
Sivergues (84) 173 H3
Sivignon (71) 115 H3
Sivry (54) 48 D3
Sivry-Ante (51) 46 D2
Sivry-Courtry (77) 64 B1
Sivry-la-Perche (55) 47 F1
Sivry-sur-Meuse (55) 25 E5
Six-Fours-les-Plages (83) 191 F6
Sixt-Fer-à-Cheval (74) 119 G5
Sixt-sur-Aff (35) 56 C5
Sizun (29) 31 G5
Smarves (86) 109 E2
Smermesnil (76) 8 B6
Soccia (2A) 204 D3
Sochaux (25) 88 C4
Socoa 178 A1
Socourt (88) 69 G2
Socx (59) 2 C2
Sode (31) 196 A4
Sœurdres (49) 76 D2
Sognes 65 F2
Sognolles-en-Montois (77) 64 D1
Sogny-aux-Moulins (51) 46 A3
Sogny-en-l'Angle (51) 46 C4
Soignolles (14) 16 C6
Soignolles-en-Brie (77) 43 F6
Soilly 44 D2
Soindres (78) 41 H3
Soing-Cubry-
  -Charentenay (70) 87 E3
Soings-en-Sologne (41) 80 B5
Soirans (21) 102 B1
Soissons (02) 22 A5
Soissons-sur-Nacey (21) 86 C6
Soisy-Bouy (77) 65 E1
Soisy-sous-Montmorency (95) ..42 D3
Soisy-sur-École (91) 63 H1
Soisy-sur-Seine (91) 43 E6
Soize (23) 23 E2
Soizé (28) 61 F4
Soizy-aux-Bois (51) 45 E4
Solaize (69) 130 A4
Solaro (2B) 205 G6
Solbach (67) 71 E1
Soleilhas (04) 176 A4
Solemont (25) 88 C5
Solente (60) 21 F2
Solenzara 205 G6

le Soler (66) 199 H3
Solérieux (26) 158 B4
Solers (77) 43 F5
Solesmes (59) 11 F3
Solesmes (72) 77 F1
Soleymieu (38) 130 D3
Soleymieux (42) 128 D5
Solférino (40) 148 C6
Solgne (57) 48 D2
Soliers (14) 16 C5
Solignac (87) 124 B3
Solignac-sous-Roche (43) 142 C2
Solignac-sur-Loire (43) 142 C4
Solignat (63) 127 F5
Soligny-la-Trappe (61) 40 A6
Soligny-les-Étangs (10) 65 F2
Sollacaro (2A) 206 D2
Sollières-Sardières (73) 147 F1
Solliès-Pont (83) 191 H5
Solliès-Toucas (83) 191 H4
Solliès-Ville (83) 191 H5
Sologny (71) 116 A3
Solomiac (32) 166 B3
Solre-le-Château (59) 12 B3
Solrinnes (59) 12 B3
Solterre (45) 82 A1
Solutré-Pouilly (71) 116 A4
le Somail 186 B3
Somain (59) 11 E2
Sombacour (25) 103 H3
Sombernon (21) 85 F6
Sombrin (62) 9 H3
Sombrun (65) 164 D6
Somloire (49) 92 D3
Sommaing (59) 11 F2
Sommancourt (52) 67 G1
Sommant (71) 100 C3
Sommauthe (08) 24 C3
Somme-Bionne (51) 46 C1
Somme-Suippe (51) 46 B1
Somme-Tourbe (51) 46 B1
Somme-Vesle (51) 46 B2
Somme-Yèvre (51) 46 C2
Sommecaise (89) 82 D1
Sommedieue (55) 47 G1
Sommeilles (55) 46 D3
Sommelans (02) 44 B1
Sommelonne (55) 47 E5
Sommepy-Tahure (51) 23 H6
Sommerance (08) 24 C5
Sommerécourt (52) 68 D3
Sommereux (60) 20 A2
Sommeron (02) 12 A5
Sommervieu (14) 16 A3
Sommerviller (54) 49 E5
Sommery (76) 19 F3
Sommesnil (76) 7 E4
Sommesous (51) 45 G5
la Sommette (25) 104 A1
Sommette-Eaucourt (02) 21 G1
Sommeval (10) 66 A4
Sommevoire (52) 67 F2
Sommières (30) 171 G4
Sommières-du-Clain (86) 109 E4
Sompt (79) 108 B5
Sompuis (51) 46 A5
Somsois (51) 46 B6
Son (08) 23 G3
Sonac (46) 153 F1
Sonchamp (78) 42 A6
Soncourt (88) 69 E2
Soncourt-sur-Marne (52) 67 H3
Sondernach (68) 70 D5
Sondersdorf (68) 89 F4
la Sône (38) 144 D3
Songeons (60) 19 H3
Songeson (39) 103 E6
Songieu (01) 131 G1
Songy (51) 46 A4
Sonnac (12) 153 G3
Sonnac (17) 121 H2
Sonnac-sur-l'Hers (11) 184 B5
Sonnay (38) 144 B1
Sonnaz (73) 131 H4
Sonneville (16) 122 A2
Sons-et-Ronchères (02) 22 C1
Sonthonnax-la-Montagne (01) ..117 F1
Sonzay (37) 78 C4
Soorts-Hossegor (40) 162 B4
Sophia Antipolis 176 C6
Soppe-le-Bas (68) 89 E2
Soppe-le-Haut (68) 89 E2
Sor (09) 182 D6
Sorans-lès-Breurey (70) 87 F5
Sorbais (02) 12 A6
Sorbets (32) 164 D4
Sorbets (40) 164 A5
Sorbey (25) 25 C4
Sorbey (57) 26 C6
Sorbier (03) 114 C3
Sorbiers (05) 159 G4
Sorbiers (42) 129 F5
Sorbo-Ocagnano (2B) 203 G6
Sorbollano (2A) 207 E1
Sorbon (08) 23 G3
Sorbs (34) 170 C3
Sorcy-Bauthémont (08) 23 H3
Sorcy-Saint-Martin (55) 47 H5
Sorde-l'Abbaye (40) 162 D6
Sore (40) 149 F4
Soréac (65) 181 F2
Sorède (66) 201 E4
Sorel (80) 10 C5
Sorel-en-Vimeu (80) 9 E5
Sorel-Moussel (28) 41 F4
Sorgeat (09) 198 B2
Sorges (24) 137 G1
Sorgues (84) 173 E1

Sorigny (37) 94 D1
la Sorinièr 92 D1
les Sorinières (44) 74 C5
Sorio (2B) 203 F5
Sormery (89) 65 H5
Sormonne (08) 13 E6
Sornac (19) 125 H4
Sornay (70) 86 D2
Sornay (71) 102 A6
Sornéville (54) 49 E4
Sorquainville (76) 6 D4
Sorrus (62) 8 C1
Sort-en-Chalosse (40) 163 E4
Sortosville (50) 14 D3
Sortosville-en-Beaumont (50) ..14 B4
Sos (47) 165 E1
Sospel (06) 177 F4
Sossais (86) 94 B4
Sost (65) 182 A6
Sotta (2A) 207 F3
Sottevast (50) 14 C3
Sotteville (50) 14 B3
Sotteville-lès-Rouen (76) 7 G6
Sotteville-sous-le-Val (76) 18 D5
Sotteville-sur-Mer (76) 7 F2
Soturac (46) 151 H3
Sotzeling (57) 49 F3
Souain-
  -Perthes-lès-Hurlus (51) 23 H6
Soual (81) 168 B6
Souancé-au-Perche (28) 61 F3
Souanyas (66) 199 E4
Souastre (62) 9 H3
Soubès (34) 170 B4
Soubise (17) 120 C1
Soublecause (65) 164 C6
Soubran (17) 135 F1
Soubrebost (23) 125 E1
Soucé (53) 58 D1
Soucelles (49) 77 E4
la Souche (07) 157 E2
Souchez (62) 10 B1
Soucht (57) 28 B6
Soucia (39) 117 H1
Soucieu-en-Jarrest (69) 129 H4
Soucirac (46) 152 D1
Souclin (01) 131 E2
Soucy (02) 21 H5
Soucy (89) 65 E3
Soudaine-Lavinadière (19) 125 E5
Soudan (44) 57 H6
Soudan (79) 108 B3
Soudat (24) 123 E4
Souday (41) 61 F5
Soudé (51) 45 H5
Soudeilles (19) 125 G6
Soudorgues (30) 171 E1
Soudron (51) 45 G4
Soueich (31) 182 B5
Soueix-Rogalle (09) 183 E6
Souel (81) 168 A1
Soues (65) 181 E3
Soues (80) 9 E5
Souesmes (41) 81 F5
Souffelweyersheim (67) 51 E5
Soufflenheim (67) 51 G3
Souffrignac (16) 123 E4
Sougé (36) 96 A4
Sougé (41) 79 E2
Sougé-le-Ganelon (72) 59 H3
Sougéal (35) 35 G5
Sougères-en-Puisaye (89) 83 E4
Sougraigne (11) 185 E6
Sougy (45) 62 C5
Sougy-sur-Loire (58) 99 F5
les Souhesmes-Rampont (55) ..47 F1
Souhey (21) 84 D4
le Souich (62) 9 G3
Souilhanels (11) 184 B2
Souilhe (11) 184 B2
Souillac (46) 138 C4
Souillé (72) 60 A4
Souilly (55) 47 F2
Soula (09) 183 H6
Soulac-sur-Mer (33) 120 B5
Soulages (15) 141 G3
Soulages-Bonneval (12) 154 D1
Soulaines-Dhuys (10) 67 F2
Soulaines-sur-Aubance (49) 77 E5
Soulaire-et-Bourg (49) 77 E3
Soulaires (28) 62 B1
Soulan (09) 183 E6
Soulanges (51) 46 B4
Soulangis (18) 97 H2
Soulangy (14) 38 D3
Soulatgé (11) 185 F6
Soulaucourt-sur-Mouzon (52) ..68 D4
Soulce-Cernay (25) 88 D5
Soulgé-sur-Ouette (53) 59 E5
le Soulié (34) 169 F6
Soulières (51) 45 F3
Soulignac (33) 149 H1
Souligné-Flacé (72) 59 H6
Soulignonne (17) 120 D3
Souligny (10) 66 A4
Soulitré (72) 60 C5
Soullans (85) 90 D3
Soulles (50) 37 F2
Soulom (65) 180 D5
Soulomès (46) 152 D2
Soulosse-
  -sous-Saint-Élophe (88) 68 D2
Soultz-Haut-Rhin (68) 71 E6
Soultz-les-Bains (67) 50 D5
Soultz-sous-Forêts (67) 29 E6
Soultzbach-les-Bains (68) ..71 E4
Soultzeren (68) 70 D4
Soultzmatt (68) 71 E5
Soultzsous... (68) 71

Soumaintrain (89) 65 H5
Soumans (23) 112 B4
Soumensac (47) 150 D1
Souméras (17) 135 F1
Soumont (34) 170 B4
Soumont-Saint-Quentin (14) 16 C6
Soumoulou (64) 180 D2
Soupex (11) 184 B2
Soupir (02) 22 C4
Souppes-sur-Loing (77) 64 A4
Souprosse (40) 163 G3
Souraïde (64) 178 C1
Sourans (25) 88 B5
Sourcieux-les-Mines (69) 129 H3
le Sourd (02) 11 H6
Sourdeval (50) 37 H5
Sourdeval-les-Bois (50) 37 F3
Sourdon (80) 20 C2
Sourdun (77) 65 E1
le Sourn (56) 55 E3
Sournia (66) 199 F2
Sourniac (15) 140 A2
Sourribes (04) 160 B6
Sours (28) 62 B2
Soursac (19) 139 H2
Sourzac (24) 136 D4
Sous-Parsat (23) 111 H2
Sousceyrac (46) 139 G5
Sousignac 93 E1
Sousmoulins (17) 135 G1
Souspierre (26) 158 C2
Soussac (33) 150 A1
Soussans (33) 135 E3
Soussey-sur-Brionne (21) 85 E2
Soustelle (30) 156 D6
Soustons (40) 162 C3
Sousville (38) 145 H4
Souternon (42) 128 D2
la Souterraine (23) 110 D4
Soutiers (79) 108 A3
Souvans (39) 102 C3
Souvignargues (30) 171 G3
Souvigné (16) 122 B1
Souvigné (37) 78 C4
Souvigné (79) 108 B3
Souvigné-sur-Même (72) 60 D4
Souvigné-sur-Sarthe (72) 77 F1
Souvigny (03) 113 G2
Souvigny-de-Touraine (37) 79 G5
Souvigny-en-Sologne (41) 81 F3
Souyeaux (65) 181 F3
Souyri 154 B4
Souzay-Champigny (49) 93 H2
Souzy (69) 129 F3
Souzy-la-Briche (91) 63 F3
Soveria (2B) 205 E3
Soyans (26) 158 C2
Soyaux (16) 122 C4
Soye (25) 88 A4
Soye-en-Septaine (18) 97 H3
Soyécourt (80) 10 B6
Soyers (52) 86 D2
Soyons (07) 144 B5
Sparsbach (67) 50 C4
Spay (72) 60 A6
Spechbach-le-Bas (68) 89 F3
Spechbach-le-Haut (68) 89 F3
Speloncato (2B) 202 D5
Spéracèdes (06) 176 B5
Spézet (29) 54 A1
Spicheren (57) 27 G4
Spincourt (55) 25 G5
Sponville (54) 48 B3
Spoy (10) 67 E3
Spoy (21) 86 A4
Spycker (59) 2 B2
Squiffiec (22) 33 E2
Stade de Neige de Vauplane ...175 H
Stade de Neige du Margeriaz .132 A
Staffelfelden (68) 71 E6
Stains (93) 42 D3
Stainville (55) 47 E5
Staple (59) 2 D4
Station 1600 146
Station de l'Audibergue ...176 B
Station de Laye .....160 B
Station de Lure 159
Station de Luz Ardiden 180
Station de Nistos Cap Nestès .181
Station de Payolle 181
Station de Puyvalador 198
Station d'Err-Puigmal 198
Station de
  Saint-Pierre-dels-Forcats ...198
Station de Serre-Chevalier 147
Station de Ski de Brameloup ..155
Station de Ski de Fond
  du Somport 194
Station des Orres 161
Station de Valdrôme 159
Station
  de Saint-Jean-Montclar 160
Station du Granier 131
Station du Hautacam 181
Station du Mourtis 182
Station du Val d'Ese 205
Stattmatten (67) 51
Stazzona (2B) 205
Steenbecque (59) 2
Steene (59) 2
Steenvoorde (59) 2
Steenwerck (59) 3
Steige (67) 71
Steinbach (68) 89
Steinbourg (67) 50
Steinbrunn-le-Bas (68) 89
Steinbrunn-le-Haut (68) 89
Steinseltz (67) 29
Steinsoultz (68) 89
Stella-Plage 8

Stenay (55) 24 D3
Sternenberg (68) 89 E2
Stetten (68) 89 G2
Stigny (89) 84 C2
Still (67) 50 C5
Stiring-Wendel (57) 27 G4
Stival (56) 55 E2
Stonne (08) 24 C3
Stoppia Nova 205 F1
Storckensohn (68) 70 D6
Stosswihr (68) 71 E4
Stotzheim (67) 71 G4
Strasbourg (67) 51 E5
Strazeele (59) 2 D4
Strenquels (46) 138 D4
Strueth (68) 89 E3
Struth (67) 50 B2
Stuckange (57) 26 C3
Stundwiller (67) 29 F6
Sturzelbronn (57) 28 C5
Stutzheim-Offenheim (67)....51 E5
Suarce (90) 89 E3
Suaux (16) 123 E2
le Subdray (18) 97 F3
Sublaines (37) 95 F1
Subles (14) 15 H6
Subligny (18) 82 B5
Subligny (50) 35 H3
Subligny (89) 64 D4
Suc-et-Sentenac (09) 197 G4
Succieu (38) 130 D5
Sucé-sur-Erdre (44) 74 D4
Sucy-en-Brie (94) 43 E5
Suèvres (41) 80 A3
Sugères (63) 127 H4
Sugny (08) 24 A5
Suhescun (64) 179 E2
Suilly-la-Tour (58) 82 C6
Suin (71) 115 H3
Suippes (51) 46 B1
Suisnes 43 F5
Suisse (57) 49 F2
Suizy-le-Franc (51) 45 E3
Sulignat (01) 116 C5
Sully (14) 15 H5
Sully (60) 19 G3
Sully (71) 100 D3
Sully-la-Chapelle (45) 63 F6
Sully-sur-Loire (45) 81 G2
Sulniac (56) 55 H6
Sumène (30) 171 E2
Sundhoffen (68) 71 F4
Sundhouse (67) 71 H2
Super-Besse 126 D5
Super-Lioran 140 C3
Super-Pontarlier 104 A4
le Super-Sauze 161 F3
Superbagnères 196 A4
Super Barèges 181 F6
Superbolquère 198 C4
Super Cannes 193 F1
Superdévoluy 160 A1
Supt (39) 103 F4
le Suquet 177 E3
Surat (63) 127 G1
Surba (09) 183 G6
Surbourg (67) 51 F2
Surcamps (80) 9 E4
Surdoux (87) 124 D4
la Sure 145 F2
Suré (61) 60 C2
Suresnes (92) 42 C4
Surfonds (72) 60 C6
Surfontaine (02) 22 B1
Surgères (17) 107 F5
Surgy (58) 83 F4
Suriauville (88) 69 E4
Surin (79) 107 H2
Surin (86) 109 E6
Suris (16) 123 F2
Surjoux (01) 117 H6
Surmont (25) 88 B6
Surques (62) 1 G4
Surrain (14) 15 G5
Surtainville (50) 14 B3
Surtauville (27) 18 C6
Survie (61) 39 G4
Surville (14) 17 F3
Surville (27) 18 C6
Survilliers (95) 43 E2
Sury (08) 24 A1
Sury-aux-Bois (45) 63 G6
Sury-en-Vaux (18) 82 B6
Sury-ès-Bois (18) 82 A5
Sury-le-Comtal (42) 129 E5
Sury-près-Léré (18) 82 B5
Surzur (56) 73 E1
Sus (64) 179 G2
Sus-Saint-Léger (62) 9 H3
Suscinio 72 D2
Susmiou (64) 179 G2
Sussac (87) 124 D4
Sussargues (34) 171 G4
Sussat (03) 113 G5
Sussey (21) 100 D1
Susville (38) 145 G4
Sutrieu (01) 131 F1
Suzan (09) 183 F5
Suzanne (08) 24 A3
Suzanne (80) 10 B5
Suzannecourt (52) 67 H1
Suzay (27) 19 E6
Suze (26) 144 C6
Suze-la-Rousse (26) 158 B5
Suze-sur-Sarthe (72) 77 H1
Suzette (84) 158 A6
Suzoy (60) 21 G4
Suzy (02) 22 B3
Sy (08) 24 B3

Syam (39) 103 F5
Sylvains-les-Moulins (27) 40 D3
Sylvanès (12) 169 H3
le Syndicat (88) 70 B5

T

Tabaille-Usquain (64) 179 G1
Tabanac (33) 149 G1
la Table (73) 132 B5
le Tablier (85) 91 G5
Tabre (09) 184 B5
la Tâche (16) 122 D2
Tachoires (32) 182 A1
Tacoignières (78) 41 H4
Taconnay (58) 83 F6
Taden (22) 34 D5
Tadousse-Ussau (64) 164 B6
Taglio-Isolaccio (2B) 205 G1
la Tagna 133 E5
la Tagnière (71) 100 C5
Tagnon (08) 23 G4
Tagolsheim (68) 89 F2
Tagsdorf (68) 89 F2
Tailhac (43) 141 H4
Taillades (84) 173 F3
le Taillan-Médoc (33) 135 E5
Taillancourt (55) 48 A6
Taillant (17) 121 E1
Taillebois (61) 38 C4
Taillebourg (17) 121 E2
Taillebourg (47) 150 C3
Taillecavat (33) 150 C1
Taillecourt (25) 88 C4
la Taillée (85) 107 E3
Taillefontaine (02) 21 G5
le Tartre (71) 102 B5
Taillepied (50) 14 C4
Taillet (66) 199 G4
Taillette (08) 12 D5
Taillis (35) 57 H2
Tailly (08) 24 D4
Tailly (21) 101 G3
Tailly (80) 9 E5
Tain-l'Hermitage (26) 144 A3
Taingy (89) 83 E3
Taintrux (88) 70 C3
Taisey 101 G5
Taisnières-en-Thiérache (59) ...11 H3
Taisnières-sur-Hon (59) 11 H2
Taissy (51) 23 F6
Taïx (81) 168 B2
Taizé (71) 116 A2
Taizé (79) 93 G4
Taizé-Aizie (16) 108 D6
Taizon (79) 93 F3
Taizy (08) 23 G3
Tajan (65) 181 H3
Talairan (11) 185 G5
Talais (33) 120 B5
Talange (57) 26 B4
Talant (21) 85 H6
Talasani (2B) 205 G1
la Talaudière (42) 129 F5
Talazac (65) 181 E2
Talcy (41) 80 A2
Talcy (89) 84 B4
Talence (33) 135 E6
Talencieux (07) 144 A2
Talensac (35) 56 D7
Talissieu (01) 131 G2
Talizat (15) 141 E3
Tallans (25) 87 H5
Tallard (05) 160 B3
Tallenay (25) 87 F6
Tallende (63) 127 F4
Taller (40) 162 D2
Talloires (74) 132 B2
Tallone (2B) 205 G3
le Tallud (79) 108 A1
Tallud-Sainte-Gemme (85) 92 B6
Talmas (80) 9 G5
Talmay (21) 86 C5
Talmont-Saint-Hilaire (85) 91 E6
Talmont-sur-Gironde (17) ...120 C5
Talmontiers (60) 19 G5
Taloire 175 G3
Talon (58) 83 F6
Talus-Saint-Prix (51) 45 E4
Taluyers (69) 129 H4
Tamerville (50) 14 D3
Tamnay-en-Bazois (58) 99 H3
Tamniès (24) 138 A4
Tanavelle (15) 141 E4
Tanay (21) 86 B5
Tancarville (76) 6 C6
Tancoigné (49) 93 E1
Tancon (71) 115 F5
Tancrou (77) 43 H1
Tancua (39) 118 A1
le Tanet 70 D4
Tangry (62) 2 B6
Tanis (50) 35 G4
Tanlay (89) 84 B1
Tannay (08) 24 B3
Tannay (58) 83 G6
Tanneron (83) 193 E1
Tannerre-en-Puisaye (89) 82 D2
Tannières (02) 22 B5
Tannois (55) 47 F5
Tanques (61) 39 E5
Tantonville (54) 69 F1
le Tanu (50) 35 H2
Tanus (81) 168 C1
Tanville (61) 39 E6
Tanzac (17) 121 E4
Taponas (69) 116 B5
Taponnat-Fleurignac (16) 122 D3

Tarabel (31) 167 G6
Taradeau (83) 175 G6
Tarare (69) 129 F2
Tarascon (13) 172 C3
Tarascon-sur-Ariège (09) 197 H4
Tarasteix (65) 181 E2
Tarbes (65) 181 F2
Tarcenay (25) 103 G1
Tardes (23) 112 B5
Tardets-Sorholus (64) 179 G4
la Tardière (85) 92 C5
Tardinghen (62) 1 F3
Tarentaise (42) 129 G6
Tarerach (66) 199 F3
Targassonne (66) 198 C4
Targé 94 D5
Target (03) 113 F4
Targon (33) 135 G6
Tarnac (19) 125 F4
Tarnès (33) 135 G4
Tarnos (40) 162 B5
Taron-Sadirac-Viellenave (64)..164 B6
Tarquimpol (57) 49 G4
Tarrano (2B) 205 G2
Tarsac (32) 164 C5
Tarsacq (64) 180 A2
Tarsul (21) 85 G4
Tart-l'Abbaye (21) 102 A1
Tart-le-Bas (21) 102 A1
Tart-le-Haut (21) 102 A1
Tartaras (42) 129 H5
Tartas (40) 163 F3
Tartécourt (70) 87 F1
Tartiers (02) 21 H4
Tartigny (60) 20 C2
Tartonne (04) 160 D6
le Tartre (71) 102 B5
le Tartre-Gaudran (78) 41 G5
Tarzy (08) 12 C6
Tasque (32) 164 D5
Tassé (72) 77 G1
Tassenières (39) 102 C4
Tassillé (72) 59 G6
Tassin-la-Demi-Lune (69) 130 A3
Tasso (2A) 205 E5
Tatinghem (62) 2 A4
le Tâtre (16) 121 H6
Taugon (17) 107 E3
Taulé (29) 31 H3
Taulignan (26) 158 C3
Taulis (66) 199 G4
Taupont (56) 56 A4
Tauriac (33) 135 F3
Tauriac (46) 139 E5
Tauriac (81) 167 F3
Tauriac-de-Camarès (12) 169 H4
Tauriac-de-Naucelle (12) 154 A4
Tauriers (07) 157 F2
Taurignan-Castet (09) 182 D5
Taurignan-Vieux (09) 182 D5
Taurinya (66) 199 F4
Taurize (11) 185 F4
Taussac (12) 140 C6
Taussac-la-Billière (34) 169 H5
Taussat 134 B6
Tautavel (66) 199 H1
Tauves (63) 126 C5
Tauxières-Mutry (51) 45 G1
Tauxigny (37) 95 E1
Tavaco (2A) 204 D5
Tavant (37) 94 B2
Tavaux (39) 102 B3
Tavaux-et-Pontséricourt (02) ...22 D1
Tavel (30) 172 C1
Tavera (2A) 204 D4
Tavernay (71) 100 C3
Tavernes (83) 174 D5
Taverny (95) 42 C2
Tavers (45) 80 B2
Tavey (70) 88 C3
Taxat-Senat (03) 113 G5
Taxenne (39) 102 D1
Tayac (33) 137 H5
Tayac (33) 136 A4
Taybosc (32) 166 A4
Taye 70 C6
Tayrac (12) 153 H6
Tayrac (47) 151 G6
Tazilly (58) 100 A5
le Tech (66) 199 G5
le Tèche (38) 145 E2
Técou (81) 168 A3
Teigny (58) 83 G6
le Teil (07) 158 A2
Teilhède (63) 127 E1
Teilhet (09) 184 A4
Teilhet (63) 113 G6
Teillay (35) 57 F5
Teillé (44) 75 E3
Teillé (72) 60 A4
Teillet (81) 168 D3
Teillet-Argenty (03) 112 C4
le Teilleul (50) 37 H6
Teillots (24) 138 A2
Teissières-de-Cornet (15) 140 A4
Teissières-lès-Bouliès (15) ..140 B6
Telgruc-sur-Mer (29) 31 E6
Tellancourt (54) 25 G3
Tellecey (21) 86 B6
Tellières-le-Plessis (61) 39 H6
Teloché (72) 78 B1
Temniac 138 A5
le Temple (33) 134 C6
le Temple (41) 61 F6
le Temple-de-Bretagne (44) ...74 B4
Temple-Laguyon (24) 138 A2
le Temple-sur-Lot (47) 151 E2
Templemars (59) 3 F5
Templeuve (59) 3 G6

Templeux-la-Fosse (80) 10 C5
Templeux-le-Guérard (80) 10 D5
Tenay (01) 131 E1
Tence (43) 143 F3
Tencin (38) 146 A1
Tendon (88) 70 B4
Tendron (18) 98 B4
Tendu (36) 111 E1
Teneur (62) 9 F1
Tennie (72) 59 H5
Tenteling (57) 27 G5
Tercé (86) 109 F2
Terdeghem (59) 2 C3
Tergnier (02) 22 A2
Terjat (03) 112 D5
Termes (08) 24 B5
Termes (11) 185 F5
Termes (48) 141 F6
Termes-d'Armagnac (32) 164 D5
Termignon (73) 147 F1
Terminiers (28) 62 C5
Ternand (69) 129 G1
Ternant (17) 121 F1
Ternant (21) 101 G3
Ternant (58) 99 H5
Ternant-les-Eaux (63) 127 F6
Ternas (62) 9 G2
Ternat (52) 67 H6
Ternay (41) 79 E2
Ternay (69) 130 A4
Ternay (86) 93 G3
les Ternes (15) 141 E4
Ternuay-Melay-
    -et-Saint-Hilaire (70) 88 B1
Terny-Sorny (02) 22 A4
Terramesnil (80) 9 H5
Terrans 102 A4
la Terrasse (38) 145 H1
la Terrasse-sur-Dorlay (42) ..129 G6
les Terrasses 146 C6
Terrasson-Lavilledieu (24) ...138 B3
Terrats (66) 199 H3
Terraube (32) 165 G2
Terre-Clapier (81) 168 C3
Terre-Natale (52) 68 C6
Terrebasse (31) 182 C3
Terrefondrée (21) 85 G2
Terrehault (72) 60 C4
les Terres-de-Chaux (25) 88 C5
la Terrisse (12) 154 D1
Terroles (11) 185 E5
Terron-sur-Aisne (08) 24 A4
Terrou (46) 139 F6
Tersanne (26) 144 B2
Tersannes (87) 110 B4
Terssac (81) 168 B2
le Tertre-Saint-Denis (78) 41 G3
Tertry (80) 10 D6
Terville (57) 26 B3
Tessancourt-sur-Aubette (78) ..42 B2
Tessé-Froulay (61) 59 F1
Tessé-la-Madeleine (61) 38 C6
Tessel (14) 16 A4
Tesson (17) 121 E4
Tessonnière (79) 93 G5
la Tessoualle (49) 92 C3
Tessy-sur-Vire (50) 37 G2
la Teste-de-Buch (33) 148 B1
Tétaigne (08) 24 D2
Téteghem (59) 2 C1
Téterchen (57) 27 E4
Téthieu (40) 163 E4
Teteil (40) 167 G5
Teurthéville-Bocage (50) 14 D2
Teurthéville-Hague (50) 14 B2
Teyjat (24) 123 E4
Teyran (34) 171 F5
Teyssières (26) 158 D3
Teyssieu (46) 139 F5
Teyssode (81) 168 A5
Thaas (51) 45 E5
Thaims (17) 120 D4
Thairé (17) 106 D3
Thaix (58) 99 G5
Thal-Drulingen (67) 50 B2
Thal-Marmoutier (67) 50 C4
Thalamy (19) 126 B5
Thann (68) 89 E1
Thannenkirch (68) 71 F3
Thanvillé (67) 71 F2
Thaon (14) 16 B4
Thaon-les-Vosges (88) 69 H3
Tharaux (30) 157 F5
Tharoiseau (89) 83 H5
Tharon-Plage 73 G5
Tharot (89) 83 H4
Thaumiers (18) 98 A5
Thauron (23) 125 E1
Thauvenay (18) 82 B6
Thégra (46) 139 E6
Théhillac (56) 73 H1
le Theil (03) 113 G3
le Theil (15) 14 D2
le Theil (50) 14 D2
le Theil (61) 61 E1
le Theil-Bocage (14) 38 A3
le Theil-de-Bretagne (35) 57 G4
le Theil-en-Auge (14) 17 F3
le Theil-Nolent (27) 17 H5
Theil-Rabier (16) 108 C6
le Theil-sur-Vanne (89) 65 F4
Theillay (41) 81 E2
Theillement (27) 18 B5
Theix (56) 73 E1

le Thillot (88) 70 C6
Thilouze (37) 94 D1
Thimert-Gâtelles (28) 41 E6
Thimonville (57) 49 E2
Thimory (45) 81 H1
Thin-le-Moutier (08) 23 H1
Thines 157 E3
le Thiolent 142 B4
Thiolières (63) 128 B5
Thionne (03) 114 B3
Thionville (57) 26 B3
Thiouville (76) 6 D4
Thiraucourt (88) 69 F3
Thiré (85) 106 C1
Thiron Gardais (28) 61 F3
This (08) 24 A1
Thise (25) 87 F6
Thivars (28) 62 A2
Thiverncelle (59) 11 G1
Thiverny (60) 20 D6
Thiverval-Grignon (78) 42 B4
Thivet (52) 68 A5
Thiviers (24) 123 G6
Thiville (28) 62 A5
Thizay (36) 96 D4
Thizay (37) 94 A2
Thizy (69) 115 G6
Thizy (89) 84 B4
Thoard (04) 160 C6
Thodure (38) 144 C1
Thoigné (72) 60 B3
Thoiras (30) 171 F1
Thoiré-sous-Contensor (72) ...60 B3
Thoiré-sur-Dinan (72) 78 C2
Thoires (21) 67 E6
Thoirette (39) 117 F4
Thoiria (39) 117 H1
Thoiry (01) 118 B4
Thoiry (73) 132 A4
Thoiry (78) 42 A4
Thoissey (01) 116 B5
Thoissia (39) 117 F2
Thoix (80) 20 A2
Thol-lès-Millières (52) 68 C4
Thollet (86) 110 B3
Thollon-les-Mémises (74) 119 F2
le Tholonet (13) 174 A6
le Tholy (88) 70 B4
Thomer-la-Sôgne (27) 41 E3
Thomery (77) 64 B2
Thomirey (21) 101 E2
Thonac (24) 138 A4
Thônes (74) 132 C1
Thonnance-lès-Joinville (52) ...67 H1
Thonnance-les-Moulins (52) ...68 A2
Thonne-la-Long (55) 25 F3
Thonne-le-Thil (55) 25 E3
Thonne-les-Près (55) 25 E3
Thonnelle (55) 25 E3
Thonon-les-Bains (74) 119 E3
les Thons (88) 69 E5
Thonville (57) 27 E6
le Thor (84) 173 E2
Thorailles (45) 64 B5
Thoraise (25) 103 E1
Thorame-Basse (04) 161 E6
Thorame-Haute (04) 161 E6
Thoras (43) 142 A5
Thoré-la-Rochette (41) 79 F2
Thorée-les-Pins (72) 77 H3
Thorenc-Station 176 B5
Thorens-Glières (74) 118 C6
Thorey (89) 84 B1
Thorey-en-Plaine (21) 102 A1
Thorey-Lyautey (54) 69 F1
Thorey-sous-Charny (21) 84 D6
Thorey-sur-Ouche (21) 101 F2
Thorigné (79) 108 A4
Thorigné-d'Anjou (49) 76 D3
Thorigné-en-Charnie (53) 59 F5
Thorigné-Fouillard (35) 57 F2
Thorigné-sur-Dué (72) 60 D5
Thorigny (85) 91 H5
Thorigny-sur-Marne (77) 43 F3
Thorigny-sur-Oreuse (89) 65 E3
le Thoronet (83) 175 F6
Thorrenc (07) 144 A2
Thors (10) 67 F3
Thors (17) 121 G2
Thory (80) 20 D2
Thory (89) 84 A4
Thoste (21) 84 C5
le Thou (17) 107 E5
Thou (18) 82 A5
Thou (45) 82 B4
Thouarcé (49) 77 E6
Thouaré-sur-Loire (44) 74 D4
Thouars (79) 93 F3
Thouars-sur-Arize (09) 183 E3
Thouars-sur-Garonne (47) ...150 D5
Thouarsais-Bouildroux (85) ...92 B6
le Thoult-Trosnay (51) 44 D4
le Thour (08) 23 F3
le Thoureil (49) 77 F5
Thouron (87) 124 B1
Thourotte (60) 21 F4
Thoury (41) 80 B3
Thoury-Férottes (77) 64 C3
Thoux (32) 166 B5
Thouzon 173 E2
Thubœuf (53) 59 E1
le Thuel (02) 23 E2
Thuès-Entre-Valls (66) 198 D4
Thuès-les-Bains 199 E4
Thueyts (07) 157 F1

Thugny-Trugny (08) ...23 G4
la Thuile (73) ...132 A5
les Thuiles (04) ...161 E3
Thuilley-aux-Groseilles (54) ...48 C6
Thuillières (88) ...69 F4
Thuir (66) ...199 H3
Thuisy (51) ...65 H3
le Thuit (27) ...19 E6
le Thuit-Anger (27) ...18 C6
Thuit-Hébert (27) ...18 B5
le Thuit-Signol (27) ...18 B6
le Thuit-Simer (27) ...18 B6
Thulay (25) ...88 C4
Thumeréville (54) ...25 H6
Thumeries (59) ...3 F6
Thun-l'Évêque (59) ...11 E3
Thun-Saint-Amand (59) ...4 A1
Thun-Saint-Martin (59) ...11 E3
Thurageau (86) ...94 A5
Thuré (86) ...94 C5
Thuret (63) ...127 G1
Thurey (71) ...102 A5
Thurey-le-Mont (25) ...87 G5
Thurins (69) ...129 H4
Thury (21) ...101 E3
Thury (89) ...83 E4
Thury-en-Valois (60) ...43 H1
Thury-Harcourt (14) ...16 B6
Thury-sous-Clermont (60) ...20 C5
Thusy (74) ...131 H1
Thuy (65) ...181 F3
Thyez (74) ...119 E5
Tibiran-Jaunac (65) ...181 H4
Ticheville (61) ...39 G3
Tichey (21) ...102 B3
Tieffenbach (67) ...50 B2
Tiercé (49) ...77 E3
Tiercelet (54) ...25 H4
le Tiercent (35) ...35 G6
Tierceville (14) ...16 A3
Tieste-Uragnoux (32) ...164 D6
la Tieule (48) ...155 G4
Tiffauges (85) ...92 A3
Tigeaux (77) ...43 G4
Tigery (91) ...43 E6
Tignac (09) ...198 B2
Tigné (49) ...93 E1
Tignécourt (88) ...69 E5
Tignes (73) ...133 G5
le Tignet (06) ...176 B6
Tignieu-Jameyzieu (38) ...130 C3
Tigny-Noyelle (62) ...8 C2
Tigy (45) ...81 F2
Til-Châtel (21) ...86 A4
Tilh (40) ...163 F5
Tilhouse (65) ...181 G4
Tillac (32) ...165 E6
Tillard ...20 B5
Tillay-le-Péneux (28) ...62 C4
Tillé (60) ...20 B4
Tillenay (21) ...102 B1
le Tilleul (76) ...6 B4
Tilleul-Dame-Agnès (27) ...40 C2
le Tilleul-Lambert (27) ...40 C2
le Tilleul-Othon (27) ...40 C1
Tilleux (88) ...68 D3
Tillières (49) ...75 F6
Tillières-sur-Avre (27) ...40 C5
Tilloloy (80) ...21 E2
Tillou (79) ...108 B5
Tilloy-et-Bellay (51) ...46 B2
Tilloy-Floriville (80) ...8 C5
Tilloy-lès-Conty (80) ...20 B1
Tilloy-lès-Hermaville (62) ...9 H2
Tilloy-lès-Mofflaines (62) ...10 B2
Tilloy-lez-Cambrai (59) ...10 D3
Tilloy-lez-Marchiennes (59) ...11 E1
Tilly (27) ...41 G1
Tilly (36) ...110 C3
Tilly (78) ...41 G3
Tilly-Capelle (62) ...9 F1
Tilly-la-Campagne (14) ...16 C5
Tilly-sur-Meuse (55) ...47 G2
Tilly-sur-Seulles (14) ...16 A4
Tilques (62) ...2 A4
Tincey-et-Pontrebeau (70) ...87 E2
Tinchebray (61) ...38 A4
Tincourt-Boucly (80) ...10 C5
Tincques (62) ...9 H2
Tincry (57) ...49 E3
Tingry (62) ...1 F5
Tinqueux (51) ...23 E6
Tinténiac (35) ...35 E6
Tintry (71) ...101 E4
Tintury (58) ...99 G3
Tiranges (43) ...142 D1
Tirent-Pontéjac (32) ...166 A6
Tirepied (50) ...37 F5
Tissey (89) ...84 A1
le Titre (80) ...8 D3
Tivernon (45) ...62 D4
Tiviers (15) ...141 F4
Tizac-de-Curton (33) ...135 G6
Tizac-de-Lapouyade (33) ...135 G3
Tocane-Saint-Apre (24) ...137 E2
Tocqueville (27) ...6 D6
Tocqueville (50) ...15 G2
Tocqueville-en-Caux (76) ...7 F3
Tocqueville-les-Murs (76) ...6 D4
Tocqueville-sur-Eu (76) ...7 H1
Tœufles (80) ...8 C4
Toges (08) ...24 B4
Togny-aux-Bœufs (51) ...46 A4
Tolla (2A) ...204 D5
Tollaincourt (88) ...68 D4
Tollent (62) ...9 E2
Tollevast (50) ...14 D2
la Tombe (77) ...64 D2
Tombebœuf (47) ...151 E4
Tomblaine (54) ...48 D5

Tomino (2B) ...203 G2
les Tonils (26) ...158 D2
Tonnac (81) ...167 H1
Tonnay-Boutonne (17) ...121 E1
Tonnay-Charente (17) ...120 D1
Tonneins (47) ...150 D4
Tonnerre (89) ...84 A1
Tonneville (50) ...14 B2
Tonnoy (54) ...48 D6
Tonquédec (22) ...32 C3
Torcé (35) ...57 H3
Torcé-en-Vallée (72) ...60 C4
Torcé-Viviers-en-Charnie (53) ...59 F3
Torcenay (52) ...86 C2
Torchamp (61) ...38 A6
Torchefelon (38) ...131 E5
Torcheville (57) ...49 H2
Torcieu (01) ...131 E1
Torcy (62) ...1 H6
Torcy (71) ...100 D5
Torcy (77) ...43 F4
Torcy-en-Valois (02) ...44 B2
Torcy-et-Pouligny (21) ...84 C4
Torcy-le-Grand (10) ...66 B3
Torcy-le-Grand (76) ...7 H3
Torcy-le-Petit (10) ...66 B3
Torcy-le-Petit (76) ...7 H3
Tordères (66) ...199 H4
Tordouet (14) ...17 F6
Torfou (49) ...92 A3
Torfou (91) ...63 F1
Torigni-sur-Vire (50) ...37 G2
Tornac (30) ...171 G1
Tornay (52) ...86 C2
le Torp-Mesnil (76) ...7 F4
Torpes (25) ...103 E1
Torpes (71) ...102 B4
le Torpt (27) ...17 G3
le Torquesne (14) ...17 F4
Torreilles (66) ...201 E2
Torsac (16) ...122 C5
Torsiac (43) ...141 F1
Tortebesse (63) ...126 C3
Tortefontaine (62) ...9 E2
Tortequesne (62) ...10 C2
Torteron (18) ...98 C3
Torteval-Quesnay (14) ...38 A1
Tortezais (03) ...113 E3
Tortisambert (14) ...17 E6
Torvilliers (10) ...66 A3
Torxé (17) ...121 E1
Tosny (27) ...19 E6
Tosse (40) ...162 C4
Tossiat (01) ...117 E5
Tostat (65) ...181 E2
Tostes (27) ...18 C6
Totainville (88) ...69 E2
Tôtes (76) ...7 G4
Touchay (18) ...97 F6
la Touche (26) ...158 B3
Touches (01) ...101 F5
les Touches (44) ...74 D3
les Touches-de-Périgny (17) ...121 H1
Toucy (89) ...83 E2
Toudon (06) ...176 D4
Touët-de-l'Escarène (06) ...177 E4
Touët-sur-Var (06) ...176 D3
Touffailles (82) ...151 H5
Toufflers (59) ...3 G5
Touffréville (14) ...16 C4
Touffreville (27) ...19 E5
Touffreville-la-Cable (76) ...6 D5
Touffreville-la-Corbeline (76) ...7 E5
Touffreville-sur-Eu (76) ...7 H1
Touget (32) ...166 B4
Touille (31) ...182 C4
Touillon (21) ...84 D3
Touillon-et-Loutelet (25) ...104 A5
Toujouse (32) ...164 C3
Toul (54) ...48 B5
Toulaud (07) ...144 A5
Toulenne (33) ...149 H2
Touligny (08) ...24 A2
Toulis-et-Attencourt (02) ...22 C2
Toulon (83) ...191 G5
Toulon-sur-Allier (03) ...113 H2
Toulon-sur-Arroux (71) ...100 B6
Toulongergues (12) ...153 G4
Toulonjac (12) ...153 G4
Toulouges (66) ...200 D3
Toulouse (31) ...167 E5
Toulouse-le-Château (39) ...102 D4
Toulouzette (40) ...163 G4
Toulx-Sainte-Croix (23) ...112 A4
Touques (14) ...17 E3
le Touquet-Paris-Plage (62) ...1 E6
Touquettes (61) ...39 H4
Touquin (77) ...43 H5
la Tour (06) ...176 D3
la Tour (74) ...118 D5
la Tour-Blanche (24) ...136 D1
la Tour-d'Aigues (84) ...174 A4
la Tour-d'Auvergne (63) ...126 C5
Tour-de-Faure (46) ...153 E3
la Tour-de-Salvagny (69) ...129 H2
la Tour-de-Sçay (25) ...87 G5
la Tour-du-Crieu (09) ...183 H4
la Tour-du-Meix (39) ...117 G1
la Tour-du-Parc (56) ...73 E2
la Tour-du-Pin (38) ...131 E4
Tour-en-Bessin (14) ...15 H5
la Tour-en-Jarez (42) ...129 F5
Tour-en-Sologne (41) ...80 B4
la Tour-Saint-Gelin (37) ...94 C3
la Tour-sur-Orb (34) ...170 A5
les Tourailles (61) ...38 C4
Tourbes (34) ...187 E1
Tourcelles-Chaumont (08) ...24 A4

Tourch (29) ...53 H2
Tourcoing (59) ...3 G4
Tourdun (32) ...165 E6
la Tourette (42) ...128 D6
la Tourette-Cabardès (11) ...185 E2
Tourette-du-Château (06) ...176 D4
les Tourettes ...158 B3
Tourgéville (14) ...17 E3
la Tourlandry (49) ...92 D2
Tourliac (47) ...151 G1
Tourly (60) ...19 H6
Tourmignies (59) ...3 F6
Tourmont (39) ...102 D4
Tournai-sur-Dive (61) ...39 F4
Tournan (32) ...182 B1
Tournan-en-Brie (77) ...43 G5
Tournans (25) ...87 H5
Tournavaux (08) ...13 H4
Tournay (65) ...181 F3
Tournay-sur-Odon (14) ...16 A5
le Tourne (33) ...149 G1
Tournebu (14) ...16 B6
Tournecoupe (32) ...166 A3
Tournedos-Bois-Hubert (27) ...40 D2
Tournedos-sur-Seine (27) ...18 D6
Tournefeuille (31) ...167 E5
Tournemire (12) ...169 H2
Tournehem-sur-la-Hem (62) ...1 H3
Tournemire (15) ...140 B4
Tournes (08) ...24 A1
le Tourneur (14) ...38 A2
Tournières (14) ...15 G4
Tournissan (11) ...185 G4
Tournoisis (45) ...62 B5
Tournon (73) ...132 C3
Tournon-d'Agenais (47) ...151 H4
Tournon-Saint-Martin (36) ...95 F4
Tournon-Saint-Pierre (37) ...95 F6
Tournon-sur-Rhône (07) ...144 A3
Tournous-Darré (65) ...181 G2
Tournous-Devant (65) ...181 H3
Tournus (71) ...116 C1
Tourny (27) ...41 G1
Tourouvre (61) ...40 B6
Tourouzelle (11) ...185 G3
Tourreilles (11) ...184 D5
les Tourreilles (31) ...182 A4
Tourrenquets (32) ...165 H4
Tourrette-Levens (06) ...177 E5
les Tourrettes (26) ...158 B3
Tourrettes (83) ...176 A6
Tourrettes-sur-Loup (06) ...176 D5
Tourriers (16) ...122 C3
Tours (37) ...78 D5
Tours-en-Savoie (73) ...132 D4
Tours-en-Vimeu (80) ...8 C5
Tours-sur-Marne (51) ...45 G2
Tours-sur-Meymont (63) ...128 A4
Tour Sancy ...126 C5
Tourtenay (79) ...93 G3
Tourteron (08) ...24 A4
Tourtoirac (24) ...137 H2
Tourtour (83) ...175 F5
Tourtouse (09) ...182 D4
Tourtrès (47) ...150 D3
Tourtrol (09) ...184 A4
Tourves (83) ...191 G3
Tourville-en-Auge (14) ...17 F3
Tourville-la-Campagne (27) ...18 B6
Tourville-la-Chapelle (76) ...7 H2
Tourville-la-Rivière (76) ...18 C5
Tourville-les-Ifs (76) ...6 C3
Tourville-sur-Arques (76) ...7 G2
Tourville-sur-Odon (14) ...16 B5
Tourville-sur-Pont-Audemer (27) ...17 H3
Tourville-sur-Sienne (50) ...36 D1
Toury (28) ...62 D4
Toury-Lurcy (58) ...99 F6
Toury-sur-Jour (58) ...99 F6
Tourzel-Ronzières (63) ...127 G5
Toussaint (76) ...6 C3
Toussieu (69) ...130 B4
Toussieux (01) ...130 A1
Tousson (77) ...63 G3
la Toussuire ...146 C1
Toussus-le-Noble (78) ...42 C5
Toutainville (27) ...17 G3
Toutenant (71) ...102 A4
Toutencourt (80) ...9 H5
Toutens (31) ...184 A1
Toutlemonde (49) ...92 C2
Toutry (21) ...84 B4
Touvérac (16) ...121 H6
le Touvet (38) ...131 H6
Touville (27) ...18 A5
Touvois (44) ...91 E2
Touvre (16) ...122 C4
Touzac (16) ...121 H5
Touzac (46) ...152 A3
Tox (2B) ...205 G2
Toy-Viam (19) ...125 F4
Tracy-Bocage (14) ...38 A1
Tracy-le-Mont (60) ...21 G4
Tracy-le-Val (60) ...21 G4
Tracy-sur-Loire (58) ...82 B6
Tracy-sur-Mer (14) ...16 A3
Trades (69) ...115 H4
Traenheim (67) ...50 D5
Tragny (57) ...49 E2
Traînel (10) ...65 F2
Traînou (45) ...63 E6
le Trait (76) ...7 E6
Traitiéfontaine (70) ...87 F5
Traize (73) ...131 G3
Tralaigues (63) ...126 B2
Tralonca (2B) ...205 E2
Tramain (22) ...34 A5

Tramayes (71) ...116 A4
Trambly (71) ...115 H3
Tramecourt (62) ...2 A6
Tramery (51) ...22 D6
Tramezaïgues (65) ...195 G4
Tramolé (38) ...130 D5
Tramont-Émy (54) ...69 E2
Tramont-Lassus (54) ...69 E2
Tramont-Saint-André (54) ...69 E2
Tramoyes (01) ...130 B2
Trampot (88) ...68 B2
Trancault (10) ...65 F2
la Tranche-sur-Mer (85) ...106 B3
la Tranclière (01) ...117 E5
Trancrainville (28) ...62 D4
Trangé (72) ...60 A5
le Tranger (36) ...95 H4
Trannes (10) ...67 E3
Tranqueville-Graux (88) ...69 E1
Trans (53) ...59 F3
Trans-en-Provence (83) ...175 H6
Trans-la-Forêt (35) ...35 F5
Trans-sur-Erdre (44) ...75 E3
le Translay (80) ...8 C5
Transloy (62) ...10 C4
Tranzault (36) ...111 G1
Trappes (78) ...42 B4
Trassanel (11) ...185 E2
Traubach-le-Bas (68) ...89 E2
Traubach-le-Haut (68) ...89 E2
Trausse (11) ...185 F2
Travaillan (84) ...158 B6
Travecy (02) ...22 A2
Traversères (32) ...165 H6
Traves (70) ...87 F3
le Travet (81) ...168 C3
le Trayas ...193 F2
Trayes (79) ...93 E6
Tré-le-Champ ...119 H6
Tréal (56) ...56 B5
Tréauville (50) ...14 B3
Trébabu (29) ...30 C5
Treban (03) ...113 H3
Trébas (81) ...168 D1
Trébédan (22) ...34 C5
Trèbes (11) ...185 E3
Trébeurden (22) ...32 B2
Trébons (65) ...181 F4
Trébons-de-Luchon (31) ...196 A4
Trébons-sur-la-Grasse (31) ...184 A1
Tréboul ...53 E2
Trébrivan (22) ...32 C6
Trébry (22) ...33 H6
Tréclun (21) ...102 B1
Trécon (51) ...45 G3
Trédaniel (22) ...33 H6
Trédarzec (22) ...33 E2
Trédias (22) ...34 B6
Trédion (56) ...55 H5
Trédrez-Locquémeau (22) ...32 B2
Tréduder (22) ...32 B3
Trefcon (02) ...10 D6
Treffendel (35) ...56 D3
Treffiagat (29) ...53 E4
Treffieux (44) ...74 D1
Trefflean (56) ...55 G6
Treffort (38) ...145 G4
Treffort-Cuisiat (01) ...117 E4
Treffrin (22) ...32 B6
Tréflaouénan (29) ...31 G3
Tréflévénez (29) ...31 F4
Tréflez (29) ...31 F3
Tréfols (51) ...44 C4
Tréfumel (22) ...34 D6
Trégarantec (29) ...31 F3
Trégarvan (29) ...31 F6
Trégastel (22) ...32 C1
Trégastel-Plage ...32 C1
Tréglamus (22) ...32 D3
Tréglonou (29) ...30 D3
Trégomeur (22) ...33 F4
Trégon (22) ...34 C4
Trégonneau (22) ...33 E3
Trégourez (29) ...53 H2
Trégranteur (56) ...55 H4
Trégrom (22) ...32 C3
Tréguennec (29) ...53 E3
Trégueux (22) ...33 G4
Tréguidel (22) ...33 F3
Tréguier (22) ...32 D1
Trégunc (29) ...53 H4
Tréhet (41) ...78 D2
Tréhorenteuc (56) ...56 B3
le Tréhou (29) ...31 G5
Treignac (19) ...125 E5
Treignat (03) ...112 B3
Treigny (89) ...82 D3
Treilles (11) ...186 C5
Treilles-en-Gâtinais (45) ...64 A5
Treillières (44) ...74 C4
Treix (52) ...68 A4
Treize-Septiers (85) ...91 H1
Treize-Vents (85) ...92 C4
Tréjouls (82) ...152 B5
Trélans (48) ...155 F3
Trélazé (49) ...77 E5
Trélévern (22) ...32 D1
Trelins (42) ...128 D3
Trélissac (24) ...137 F2
Trélivan (22) ...34 C5
Trelly (50) ...37 E2
Trélon (59) ...12 B4
Trélou-sur-Marne (02) ...44 D2
Trémargat (22) ...32 D6
Trémauville (76) ...6 D4
la Tremblade (17) ...120 B2
Tremblay (35) ...35 G5
le Tremblay (49) ...75 G4

Tremblay-en-France (93) ...43 E3
le Tremblay-les-Villages (28) ...41 F6
le Tremblay-Omonville (27) ...40 C1
le Tremblay-sur-Mauldre (78) ...42 A4
Tremblecourt (54) ...48 B4
le Tremblois (70) ...86 C5
Tremblois-lès-Carignan (08) ...25 E2
Tremblois-lès-Rocroi (08) ...12 D6
Trémeheuc (35) ...35 F5
Trémel (22) ...32 B3
Tréméloir (22) ...33 G4
Trémentines (49) ...75 H6
Tréméoc (29) ...53 F3
Tréméreuc (22) ...34 C4
Trémery (57) ...26 C4
Trémeur (22) ...34 B6
Tréméven (22) ...33 F3
Tréméven (29) ...54 B4
Trémilly (52) ...67 F2
Tréminis (38) ...145 G6
Trémoins (70) ...88 B3
Trémolat (24) ...137 G5
Trémons (47) ...151 G3
Trémont (49) ...93 E2
Trémont (61) ...39 G6
Trémont-sur-Saulx (55) ...47 E4
Trémonzey (88) ...69 G5
Trémorel (22) ...56 B1
Trémouille (15) ...140 C1
Trémouille-Saint-Loup (63) ...126 B5
Trémouilles (12) ...154 C5
Trémoulet (09) ...184 A4
Trémuson (22) ...33 G4
Trenal (39) ...102 C6
Trensacq (40) ...148 D5
Trentels (47) ...151 G3
Tréogan (22) ...54 B1
Tréogat (29) ...53 E3
Tréon (28) ...41 F5
Tréouergat (29) ...30 D3
Trépail (51) ...45 G1
le Tréport (76) ...8 A4
Trépot (25) ...103 G1
Tréprel (14) ...38 C2
Trésauvaux (55) ...47 H1
Tresbœuf (35) ...57 F5
Trescault (62) ...10 D4
Treschenu-Creyers (26) ...145 F6
Trescléoux (05) ...159 H4
Trésilley (70) ...87 F4
Treslon (51) ...22 D6
Tresnay (58) ...98 D6
Trespoux-Rassiels (46) ...152 C4
Tresques (30) ...157 H6
Tressandans (25) ...87 H4
Tressange (57) ...26 A3
Tressé (35) ...35 E5
Tresserre (66) ...200 D4
Tresserve (73) ...131 H3
Tressignaux (22) ...33 F3
Tressin (59) ...3 G5
Tresson (72) ...78 D1
Treteau (03) ...114 B3
la Trétoire (77) ...44 B4
Trets (13) ...174 B6
Treux (80) ...10 A5
Treuzy-Levelay (77) ...64 B3
Trévé (22) ...55 G1
Trévenans (90) ...88 C3
Tréveneuc (22) ...33 G3
Tréveray (55) ...47 G6
Trévérec (22) ...33 E3
Trévérien (22) ...34 D6
Trèves (30) ...170 C1
Trèves (69) ...129 H5
Trèves-Cunault ...77 G6
Trévien (81) ...168 B1
Trévières (14) ...15 G5
Trévignin (73) ...131 H3
Trévillach (66) ...199 F2
Tréville (11) ...184 B2
Trévillers (25) ...88 D6
Trévilly (89) ...84 B4
Trévol (03) ...113 H1
Trévou-Tréguignec (22) ...32 D1
Trévoux (01) ...130 A1
le Trévoux (29) ...54 A4
Trévron (22) ...34 C6
Trézelles (03) ...114 B4
Trézény (22) ...32 D2
le Trez Hir ...30 C5
Tréziers (11) ...184 B5
Trézilidé (29) ...31 G3
Trézioux (63) ...127 H3
Triac-Lautrait (16) ...122 A3
le Triadou (34) ...171 F4
Triaize (85) ...106 C3
Tribehou (50) ...15 E6
Trichey (89) ...66 B6
Tricot (60) ...20 D3
Trie-Château (60) ...19 H6
Trie-la-Ville (60) ...19 H6
Trie-sur-Baïse (65) ...181 G2
Triel-sur-Seine (78) ...42 B3
Triembach-au-Val (67) ...71 F2
Trieux (54) ...26 A3
Trigance (83) ...175 G3
Trignac (44) ...73 G4
Trigny (51) ...22 D5
Triguères (45) ...64 B5
Trilbardou (77) ...43 G3
Trilla (66) ...199 F2
Trilport (77) ...43 H3
Trimbach (67) ...29 F6
Trimer (35) ...34 D6

Trinay (45) ...62 D5
la Trinitat (15) ...155 E1
la Trinité ...53 H3
la Trinité (06) ...177 E5
la Trinité (27) ...41 E2
la Trinité (50) ...37 F4
la Trinité (73) ...132 B5
la Trinité-de-Réville (27) ...17 H6
la Trinité-de-Thouberville (27) ...18 B5
la Trinité-des-Laitiers (61) ...39 H4
la Trinité-du-Mont (76) ...6 D5
la Trinité-Langonnet (56) ...54 C1
la Trinité-Porhoët (56) ...55 H2
la Trinité-sur-Mer (56) ...72 B1
la Trinité-Surzur (56) ...73 E1
Triors (26) ...144 C3
le Trioulou (15) ...153 H1
Tripleville (41) ...62 B6
Triquerville (76) ...6 D5
Triqueville (27) ...17 G3
Trith-Saint-Léger (59) ...11 F2
Tritteling-Redlach (57) ...49 F1
Trivy (71) ...115 H3
Trizac (15) ...140 B2
Trizay (17) ...120 D2
Trizay-Coutretot-Saint-Serge (28) ...61 E3
Trizay-lès-Bonneval (28) ...62 A4
Troarn (14) ...16 C4
Troche (19) ...138 C2
Trochères (21) ...86 B6
Trocy-en-Multien (77) ...43 H2
Troësnes (02) ...44 A1
Troguéry (22) ...32 D2
Trogues (37) ...94 C2
les Trois-Domaines (55) ...47 F2
les Trois-Fonds (23) ...112 A4
Trois-Fontaines-l'Abbaye (51) ...46 D5
les Trois-Monts (14) ...16 B5
les Trois-Moutiers (86) ...93 H3
Trois-Palis (16) ...122 B4
les Trois-Pierres (76) ...6 C5
Trois-Puits (51) ...23 E6
Trois-Vèvres (58) ...99 F4
Trois-Villes (64) ...179 G3
Trois Épis ...71 E4
Troisfontaines (57) ...50 B5
Troisfontaines-la-Ville (52) ...47 E6
Troisgots (50) ...37 G2
Troissereux (60) ...20 A4
Troissy (51) ...44 D2
Troisvaux (62) ...9 G1
Troisvilles (59) ...11 F4
Tromarey (70) ...86 D6
Tromborn (57) ...27 E4
Troncens (32) ...181 F2
la Tronche (38) ...145 G2
le Tronchet (35) ...35 E5
le Tronchet (72) ...60 A4
Tronchoy (89) ...84 A1
Tronchy (71) ...101 H4
le Troncq (27) ...18 B5
Trondes (54) ...48 A5
Tronget (03) ...113 F3
le Tronquay (14) ...15 G6
le Tronquay (27) ...19 F7
Tronsanges (58) ...98 C2
Tronville (54) ...26 A4
Tronville-en-Barrois (55) ...47 F4
Troo (41) ...79 E2
Trosly-Breuil (60) ...21 G4
Trosly-Loire (02) ...21 H4
Trouans (10) ...45 H5
Troubat (65) ...182 A5
Trouhans (21) ...102 B2
Trouhaut (21) ...85 F5
Trouillas (66) ...199 H4
Trouley-Labarthe (65) ...181 F3
Troussencourt (60) ...20 C3
Troussey (55) ...48 A5
Troussures (60) ...20 A4
Trouvans (25) ...87 H4
Trouville (76) ...6 D4
Trouville-la-Haule (27) ...6 D6
Trouville-sur-Mer (14) ...17 E3
Trouy (18) ...97 G3
Troye-d'Ariège (09) ...184 A5
Troyes (10) ...66 B3
Troyon (55) ...47 G2
la Truchère (71) ...116 C2
Truchtersheim (67) ...51 E5
Trucy (02) ...22 D4
Trucy-l'Orgueilleux (58) ...83 F5
Trucy-sur-Yonne (89) ...83 G3
le Truel (12) ...169 G2
Trugny (21) ...102 A2
Truinas (26) ...158 C2
Trumilly (60) ...21 F6
Trun (61) ...39 F4
Trungy (14) ...15 H5
Truttemer-le-Grand (14) ...37 H4
Truttemer-le-Petit (14) ...38 A4
Truyes (37) ...95 E1
Tubersent (62) ...1 F5
Tubœuf ...40
Tuchan (11) ...185
Tucquegnieux (54) ...26
Tudeils (19) ...139
Tudelle (32) ...165
Tuffé (72) ...60
Tugéras-Saint-Maurice (17) ...121
Tugny-et-Pont (02) ...21
la Tuilière (42) ...128
Tulette (26) ...158
Tulle (19) ...139
Tullins (38) ...145
Tully (80) ...8
Tupigny (02) ...11
Tupin-et-Semons (69) ...130
la Turballe (44) ...73
la Turbie (06) ...177

Turcey (21) 85 F5
Turckheim (68) 71 F4
Turenne (19) 138 D4
Turgon (16) 122 D1
Turgy (10) 66 B5
Turny (89) 65 G5
Turquant (49) 93 H1
Turquestein-Blancrupt (57) 50 D5
Turqueville (50) 15 E4
Turretot (76) 6 B4
Turriers (04) 160 C3
Tursac (24) 137 H4
Tusson (16) 122 B1
Tuzaguet (65) 181 H4
le Tuzan (33) 149 F3
Tuzie (16) 122 C1

U

Uberach (67) 51 E3
Ubexy (88) 69 G2
Ubraye (04) 176 A4
Ucciani (2A) 204 D5
Ucel (07) 157 G2
Uchacq-et-Parentis (40) 163 H2
Uchaud (30) 172 A4
Uchaux (84) 158 B5
Uchentein (09) 182 D6
Uchizy (71) 116 B2
Uchon (71) 100 C5
Uckange (57) 26 B4
Ueberstrass (68) 89 E3
Uffheim (68) 89 G3
Uffholtz (68) 89 E1
Ugine (73) 132 C2
Uglas (65) 181 H4
Ugnouas (65) 181 E2
Ugny (54) 25 G3
Ugny-le-Gay (02) 21 H2
Ugny-l'Équipée (80) 21 G1
Ugny-sur-Meuse (55) 48 A5
Uhart-Cize (64) 178 D3
Uhart-Mixe (64) 179 F2
Uhlwiller (67) 51 E3
Uhrwiller (67) 50 D2
Ulcot (79) 93 E3
les Ulis (91) 42 C5
Ully-Saint-Georges (60) 20 C6
les Ulmes (49) 93 G1
Umpeau (28) 62 C1
Unac (09) 198 A2
Uncey-le-Franc (21) 85 E6
Unchair (51) 22 D5
Ungersheim (68) 71 F6
Unias (42) 129 E4
Unienville (10) 67 E3
Unieux (42) 129 E6
Union (31) 167 F5
Unverre (28) 61 G4
Unzent (09) 183 G3
Upaix (05) 160 A4
Upie (26) 144 B6
Ur (66) 198 B5
Urau (31) 182 C5
Urbalacone (2A) 206 D1
Urbanya (66) 199 E3
Urbeis (67) 71 E2
Urbès (68) 70 D6
Urbise (42) 114 D4
Urçay (03) 112 D1
Urcel (02) 22 B4
Urcerey (90) 88 C3
Urciers (36) 112 A2
Urcuit (64) 162 C6
Urcy (21) 101 G1
Urdens (32) 165 H3
Urdès (64) 180 A1
Urdos (64) 178 D3
Urdos (64) 180 A6
Urepel (64) 178 C4
Urgons (40) 164 A5
Urgosse (32) 164 D4
Uriage-les-Bains 145 H2
Uriménil (88) 69 H4
Urmatt (67) 50 C6
Urost (64) 180 D2
Urou-et-Crennes (61) 39 F4
Urrugne (64) 178 A1
Urs (09) 198 A2
Urschenheim (68) 71 G4
Urt (64) 162 C6
Urtaca (2B) 203 E5
Urtière (25) 88 D6
Uruffe (54) 48 A6
Urval (24) 137 G6
Urville (10) 67 E4
Urville (14) 16 C6
Urville (50) 14 D4
Urville (88) 68 D4
Urville-Nacqueville (50) 14 B1
Urvillers (02) 22 A1
Ury (77) 63 H3
Urzy (58) 98 D3
Us (95) 42 B2
Usclades-et-Rieutord (07) 143 E6
Usclas-d'Hérault (34) 170 C6
Usclas-du-Bosc (34) 170 C4
Usinens (74) 118 A6
Ussac (19) 138 C2
Ussat (09) 197 H4
Ussat-les-Bains 197 H4
Usseau (79) 107 G3
Usseau (86) 94 C4
Ussel (15) 141 E3
Ussel (19) 126 A5
Ussel (46) 152 D2
Ussel-d'Allier (03) 113 G5
Usson (63) 127 G5
Usson-du-Poitou (86) 109 F4

Usson-en-Forez (42) 128 C6
Ussy (14) 38 D3
Ussy-sur-Marne (77) 43 H3
Ustaritz (64) 178 C1
Ustou (09) 197 F4
Utelle (06) 177 E3
Uttenheim (67) 71 G1
Uttenhoffen (67) 51 E2
Uttwiller (67) 50 D3
Uvernet-Fours (04) 161 F3
Uxeau (71) 100 B6
Uxegney (88) 69 H3
Uxelles (39) 117 H1
Uxem (59) 2 C1
Uz (65) 180 D5
Uza (40) 162 D1
Uzan (64) 163 H6
Uzay-le-Venon (18) 97 G5
Uzech (46) 152 C2
Uzein (64) 180 B1
Uzel (22) 33 F6
Uzelle (25) 88 A4
Uzemain (88) 69 H4
Uzer (07) 157 F3
Uzer (65) 181 F4
Uzerche (19) 124 D6
Uzès (30) 172 B1
Uzeste (33) 149 G3
Uzos (64) 180 C2

V

Vaas (72) 78 B3
Vabre (81) 168 D5
Vabre-Tizac (12) 153 H5
Vabres (15) 141 F4
Vabres (30) 171 F1
Vabres-l'Abbaye (12) 169 G2
Vacherauville (55) 25 E6
Vachères (04) 142 D5
Vachères (04) 174 B2
Vachères-en-Quint (26) 144 D6
Vacheresse (74) 119 F3
la Vacheresse-et-la-Rouillie (88) 68 D4
Vacheresses-les-Basses 41 G6
la Vacherie 40 C2
la Vacherie (27) 41 E1
Vacognes-Neuilly (14) 16 A5
la Vacquerie (14) 37 H1
la Vacquerie-et-Saint-Martin--de-Castries (34) 170 C4
Vacquerie-le-Boucq (62) 9 F2
Vacqueriette-Erquières (62) 9 F2
Vacqueville (54) 49 H6
Vacqueyras (84) 158 C6
Vacquières (34) 171 F3
Vacquiers (31) 167 F4
Vadans (39) 102 D3
Vadans (70) 86 C5
Vadelaincourt (55) 47 F1
Vadenay (51) 46 A2
Vadencourt (02) 11 G5
Vadencourt (80) 9 H5
Vadonville (55) 47 H4
Vagnas (07) 157 G4
Vagney (88) 70 B5
Vahl-Ebersing (57) 27 F6
Vahl-lès-Bénestroff (57) 49 G2
Vahl-lès-Faulquemont (57) 27 E6
Vaiges (53) 59 E5
Vailhan (34) 170 B6
Vailhauquès (34) 171 E5
Vailhourles (12) 153 F5
Vaillac (46) 152 D1
Vaillant (52) 86 A2
Vailly (10) 66 B2
Vailly (74) 119 E3
Vailly-sur-Aisne (02) 22 B4
Vailly-sur-Sauldre (18) 82 A5
Vains (50) 35 G3
Vairé (85) 90 D5
Vaire-Arcier (25) 87 G6
Vaire-le-Petit (25) 87 G6
Vaire-sous-Corbie (80) 9 H6
Vaires-sur-Marne (77) 43 F4
Vaison-la-Romaine (84) 158 D5
Vaïssac (82) 167 F1
Vaite (70) 86 D3
la Vaivre (70) 69 H6
Vaivre-et-Montoille (70) 87 F3
le Val (83) 175 E6
le Val-André 33 H4
le Val-d'Ajol (88) 70 A6
Val-d'Auzon (10) 66 C2
le Val-David (27) 41 E2
Val-de-Bride (57) 49 G3
Val-de-Chalvagne (04) 176 B4
Val-de-Fier (74) 131 H1
Val-de-Gouhenans (70) 88 A3
le Val-de-Guéblange (57) 27 G6
Val-de-la-Haye (76) 18 C5
Val-de-Mercy (89) 83 G3
Val-de-Meuse (52) 68 C5
Val-de-Reuil (27) 18 D6
Val-de-Roulans (25) 87 D3
Val-de-Saâne (76) 7 F4
Val-de-Vesle (51) 45 G1
Val-de-Vière (51) 46 C4
Val-d'Épy (39) 117 F3
Val-des-Marais (51) 45 F4
Val-des-Prés (05) 147 E4
le Val-d'Esnoms (52) 86 A3
Val-d'Isère (73) 133 G5
Val-d'Izé (35) 57 H2
Val-d'Ornain (51) 47 E4
Val-Maravel (26) 159 G2
le Val-Saint-Éloi (70) 87 G2

le Val-Saint-Germain (91) 42 B6
le Val-Saint-Père (50) 35 H3
le Val-Suzon (21) 85 G5
Valady (12) 154 B3
Valailles (27) 17 H5
Valaire (41) 79 H5
Valanjou (49) 92 D1
Valaurie (26) 158 B3
Valavoire (04) 160 B4
Valay (70) 86 D6
Valbeleix (63) 127 E6
Valbelle (04) 160 A6
Valberg (04) 161 H6
Valbois (55) 47 H3
Valbonnais (38) 145 H5
Valbonne (06) 176 C6
Valcabrère (31) 182 A5
Valcanville (50) 15 E2
Val Castérino 177 F1
Valcebollère (66) 198 C5
Valcivières (63) 128 B4
Val Claret 133 G5
Valcourt (52) 46 D6
Valdahon (25) 103 H1
Valdampierre (60) 20 A5
Val d'Azun 180 C5
Valdeblore (06) 176 D2
le Valdécie (50) 14 C4
Valderiès (81) 168 C2
Valderoure (06) 176 A5
Val d'Esquières 192 D3
Valdieu-Lutran (68) 89 E3
Valdivienne (86) 109 G2
Valdoie (90) 88 C2
Valdrôme (26) 159 G3
Valdurenque (81) 168 C6
Valeille (42) 129 F3
Valeilles (82) 151 H4
Valeins (01) 116 B5
Valempoulières (39) 103 E4
Valençay (36) 96 B2
Valence (16) 122 D2
Valence (26) 144 B5
Valence (82) 166 B1
Valence-d'Albigeois (81) 168 C2
Valence-en-Brie (77) 64 B2
Valence-sur-Baïse (32) 165 F3
Valenciennes (59) 11 F2
Valencin (38) 130 B4
Valencogne (38) 131 F5
Valennes (72) 61 E6
Valensole (04) 174 D3
Valentigney (25) 88 C4
Valenton (94) 43 E5
Valergues (34) 171 G5
Valernes (04) 160 B5
Valescourt (60) 20 D4
Valescure 193 E2
Valette (15) 140 C2
la Valette (38) 145 H4
la Valette-du-Var (83) 191 G5
Valeuil (24) 137 E1
Valeyrac (33) 120 C6
Valezan (73) 133 E4
Valff (67) 71 G1
Valfin-sur-Valouse (39) 117 F3
Valflaunès (34) 171 F3
Valfleury (42) 129 G5
Valframbert (61) 60 A1
Valfréjus 147 E2
Valfroicourt (88) 69 F3
Valgorge (07) 157 E2
Valhey (54) 49 F5
Valhuon (62) 9 G1
Valiergues (19) 125 H6
Valignat (03) 113 G5
Valigny (03) 98 B6
Valin 135 H3
Valines (80) 8 C4
Val Joly 133 E2
Valjouffrey (38) 146 A5
Valjouze (15) 141 E3
la Valla-en-Gier (42) 129 G6
la Valla-sur-Rochefort (42) 128 C3
Vallabrègues (30) 172 C3
Vallabrix (30) 172 B1
Vallan (89) 83 F2
Vallandry 133 F4
Vallangoujard (95) 42 C1
Vallans (79) 107 G4
Vallauris (06) 193 H1
Valle-d'Alesani (2B) 205 G2
Valle-di-Campoloro (2B) 205 G2
Valle-di-Mezzana (2A) 204 C5
Valle-di-Rostino (2B) 205 F1
Valle-d'Orezza (2B) 205 G1
Vallecalle (2B) 203 F5
la Vallée (14) 120 D1
la Vallée-au-Blé (02) 11 H6
la Vallée-Mulâtre (02) 11 F5
Vallègue (31) 184 A1
Valleiry (74) 118 B5
Vallenay (18) 97 G5
Vallentigny (10) 67 F2
Vallerange (57) 49 G2
Vallérargues (30) 157 G6
Valleraugue (30) 170 D1
Vallères (37) 78 C6
Valleret (52) 67 G1
Vallereuil (24) 137 E3
Valleroy (25) 87 G6
Vallerois-le-Bois (70) 87 H3
Vallerois-Lorioz (70) 87 G3
Valleroy (52) 86 D5
Valleroy (54) 26 A4
Valleroy (88) 69 G5
Valleroy-aux-Saules (88) 69 G3
Valleroy-le-Sec (88) 69 F4
Vallery (89) 64 C4

Vallesvilles (31) 167 G5
Vallet (44) 75 E5
Valletot (27) 17 H3
Vallica (2B) 202 D6
Vallière (23) 125 G2
Vallières (10) 66 B6
Vallières (74) 131 H1
Vallières-les-Grandes (41) 79 G5
Valliguières (30) 172 G2
Valliquerville (76) 7 E4
Valloire (73) 146 D2
Vallois (54) 70 A1
les Vallois (88) 69 F4
Vallon-en-Sully (03) 112 D2
Vallon-Pont-d'Arc (07) 157 G4
Vallon-sur-Gée (72) 59 H6
Vallorcine (74) 119 H5
Vallouise (05) 146 D5
Val Louron 195 H4
Valmanya (66) 199 F4
Valmascle (34) 170 B5
Valmeinier (73) 146 D2
Valmestroff (57) 26 C3
Valmigère (11) 185 E5
Valmondois (95) 42 C2
Valmont (57) 27 F5
Valmont (76) 6 D3
Valmorel 132 D5
Valmunster (57) 26 D4
Valmy (51) 46 C1
Valognes (50) 14 D3
Valojoulx (24) 138 A4
Valonne (25) 88 B5
Valoreille (25) 88 C6
Valouse (26) 158 D3
Val Pelens 161 G5
Valpréveyre 147 G5
Valprionde (46) 152 A4
Valprivas (43) 142 D1
Valpuiseaux (91) 63 G2
Valras-Plage (34) 187 E3
Valréas (84) 158 C4
Valros (34) 187 E1
Valroufié (46) 152 C3
Vals (09) 184 A4
Vals-des-Tilles (52) 85 H2
Vals-le-Chastel (43) 142 A2
Vals-les-Bains (07) 157 G1
Vals-près-le-Puy (43) 142 C4
Valsemé (14) 17 E4
Valsenestre 146 A4
Valserres (05) 160 C2
Valsonne (69) 129 F1
Val Thorens 147 E1
Valuéjols (15) 141 E4
Valvignères (07) 157 H3
Valz-sous-Châteauneuf (63) 127 H6
Valzergues (12) 153 H3
Vanault-le-Châtel (51) 46 C3
Vanault-les-Dames (51) 46 C4
Vançais (79) 108 C4
Vancé (72) 78 D1
la Vancelle (67) 71 F2
Vanclans (25) 103 H2
Vandeins (01) 116 D4
Vandelainville (54) 26 A6
Vandelans (70) 87 G5
Vandeléville (54) 69 E1
Vandélicourt (60) 21 F4
Vandenesse (58) 99 H4
Vandenesse-en-Auxois (21) 101 E1
Vandeuil (51) 22 D6
Vandières (51) 45 E1
Vandières (54) 48 C2
Vandœuvre-lès-Nancy (54) 48 D5
Vandoncourt (25) 88 D4
Vandré (17) 107 F6
Vandrimare (27) 19 E5
Vandy (08) 24 A4
Vanlay (10) 66 A5
Vannaire (21) 67 E6
Vanne (70) 87 E3
le Vanneau-Irleau (79) 107 G4
Vannecourt (57) 49 F3
Vannecrocq (27) 17 G3
la Vannerie 58 D4
Vannes (56) 55 G6
Vannes-le-Châtel (54) 48 A6
Vannes-sur-Cosson (45) 81 F3
Vannoz (39) 103 F5
Vanosc (07) 143 G2
les Vans (07) 157 E4
Vantoux (57) 26 C5
Vantoux-et-Longevelle (70) 87 E5
Vantoux-lès-Dijon (21) 85 H5
Vanves (92) 42 D4
Vanvey (21) 85 F1
Vanxains (24) 136 C2
Vany (57) 26 C5
Vanzac (17) 135 G1
Vanzay (79) 108 C4
Vanzy (74) 118 A6
Vaour (81) 167 H1
Varacieux (38) 144 D2
Varades (44) 75 G3
Varages (83) 174 D5
Varaignes (24) 123 E4
Varaire (46) 153 E4
Varaize (17) 121 G1
Varambon (01) 117 C6
Varanges (21) 102 A1
Varangéville (54) 49 E5
Varaville (14) 16 D3
Varces-Allières-et-Risset (38) 145 G3
Vareilles (23) 110 D4
Vareilles (71) 115 F4

Vareilles (89) 65 F4
Varen (82) 153 F6
Varengeville-sur-Mer (76) 7 G2
Varenguebec (50) 14 D5
la Varenne (49) 75 E4
Varenne-l'Arconce (71) 115 F3
Varenne-Saint-Germain (71) 115 E3
Varennes 77 E2
Varennes (24) 137 F6
Varennes (31) 183 H1
Varennes (37) 95 F3
Varennes (80) 9 H4
Varennes (82) 167 F3
Varennes (86) 94 A5
Varennes (89) 83 H1
Varennes-Changy (45) 82 A2
Varennes-en-Argonne (55) 24 C6
Varennes-Jarcy (91) 43 E5
Varennes-le-Grand (71) 101 G6
Varennes-lès-Mâcon (71) 116 B4
Varennes-lès-Narcy (58) 98 C1
Varennes-Saint-Honorat (43) 142 A3
Varennes-Saint-Sauveur (71) 117 E2
Varennes-sous-Dun (71) 115 G4
Varennes-sur-Allier (03) 114 A4
Varennes-sur-Fouzon (36) 96 B1
Varennes-sur-Loire (49) 93 H1
Varennes-sur-Morge (63) 127 F1
Varennes-sur-Seine (77) 64 C2
Varennes-sur-Tèche (03) 114 B4
Varennes-sur-Usson (63) 127 G5
Varennes-Vauzelles (58) 98 D3
Varès (47) 150 D3
Varesnes (60) 21 G3
Varessia (39) 117 F1
Varetz (19) 138 C2
Varilhes (09) 183 H5
Varinfroy (60) 43 H2
Variscourt (02) 23 E4
Varize (28) 62 B5
Varize (57) 26 D5
Varmonzey (88) 69 G2
Varnéville (55) 47 H3
Varneville-Bretteville (76) 7 G4
Varogne (70) 87 G2
Varois-et-Chaignot (21) 86 A6
Varouville (50) 14 D2
Varrains (49) 93 G1
Varreddes (77) 43 G2
Vars 161 F2
Vars (05) 161 F1
Vars (16) 122 B3
Vars-sur-Roseix (19) 138 B2
Varsberg (57) 27 E5
Varzay (17) 121 E3
Varzy (58) 83 E6
Vascœuil (27) 19 E4
Vasles (79) 108 C1
Vasperviller (57) 50 A5
Vassel (63) 127 G3
Vasselay (18) 97 G2
Vasselin (38) 131 E4
Vassens (02) 21 H4
Vasseny (02) 22 B5
Vassieux-en-Vercors (26) 145 E5
Vassimont-et-Chapelaine (51) 45 G4
Vassincourt (55) 47 E4
Vassivière 125 F3
Vassogne (02) 22 C4
Vassonville (76) 7 G4
Vassy (89) 84 B4
le Vast (50) 14 D2
Vasteville (50) 14 B2
les Vastres (43) 143 E4
Vatan (36) 96 C3
Vathiménil (54) 49 F6
Vatierville (76) 19 F1
Vatilieu (38) 145 E2
Vatimont (57) 26 D6
Vatry (51) 45 H3
Vattetot-sous-Beaumont (76) 6 C4
Vattetot-sur-Mer (76) 6 B3
Vatteville (27) 19 E6
Vatteville-la-Rue (76) 7 E6
Vaubadon (14) 15 G6
Vauban (71) 115 F4
Vaubecourt (55) 47 E3
Vaucelles (14) 15 H5
Vaucelles-et-Beffecourt (02) 22 B3
Vauchamps (25) 87 G6
Vauchamps (51) 44 D3
Vauchassis (10) 66 A4
Vauchelles (60) 21 G3
Vauchelles-lès-Authie (80) 9 H4
Vauchelles-lès-Domart (80) 9 E4
Vauchelles-les-Quesnoy (80) 8 D4
Vauchignon (21) 101 E3
Vauchonvilliers (10) 66 D3
Vauchoux (70) 87 F3
Vauchrétien (49) 77 E6
Vauciennes (51) 45 E2
Vauciennes (60) 21 G6
Vauclaix (58) 99 H1
Vauclerc (51) 46 D5
Vaucluse (25) 88 B6
Vauclusotte (25) 88 C6
Vaucogne (10) 66 C1
Vauconcourt-Nervezain (70) 87 E3
Vaucouleurs (55) 48 A6
Vaucourt (54) 49 G5
Vaucourtois (77) 43 H3
Vaudancourt (60) 19 G6
Vaudebarrier (71) 115 G3
Vaudelnay (49) 93 G2
Vaudeloges (14) 39 H4
Vaudemange (51) 45 G1

Vaudémont (54) 69 F1
Vaudes (10) 66 B4
Vaudesincourt (51) 23 G6
Vaudesson (02) 22 B4
Vaudeurs (89) 65 F4
Vaudevant (07) 143 H3
Vaudeville (54) 69 G1
Vaudéville (88) 70 A3
Vaudeville-le-Haut (55) 68 C1
Vaudherland (95) 43 E2
Vaudigny (54) 69 G1
le Vaudioux (39) 103 F6
Vaudoncourt (55) 25 G5
Vaudoncourt (88) 68 D3
le Vaudoué (77) 63 H3
le Vaudreuil (27) 18 D6
Vaudreuille (31) 184 B1
Vaudreville (50) 14 D3
Vaudrey (39) 102 D3
Vaudricourt (62) 2 D6
Vaudricourt (80) 8 B4
Vaudrimesnil (50) 14 D6
Vaudringhem (62) 1 H5
Vaudrivillers (25) 88 A6
Vaudry (14) 37 H3
Vaufrey (25) 88 D5
Vaugines (84) 173 H3
Vaugneray (69) 129 H3
Vaugrigneuse (91) 42 C6
Vauhallan (91) 42 C5
Vaujany (38) 146 B2
Vaujours (93) 43 E3
le Vaulmier (15) 140 D2
Vaulnaveys-le-Bas (38) 145 H3
Vaulnaveys-le-Haut (38) 145 H3
Vaulry (87) 110 B6
Vault-de-Lugny (89) 83 H4
Vaulx (62) 9 F2
Vaulx (74) 132 A1
Vaulx-en-Velin (69) 130 B3
Vaulx-Milieu (38) 130 C4
Vaulx-Vraucourt (62) 10 C3
le Vaumain (60) 19 H5
Vaumas (03) 114 B3
Vaumeilh (04) 160 B4
Vaumoise (60) 21 G6
Vaumort (89) 65 F4
Vaunac (24) 137 H1
Vaunaveys-la-Rochette (26) 144 C6
Vaunoise (61) 60 C2
la Vaupalière (76) 7 G6
Vaupillon (28) 61 F2
Vaupoisson (10) 66 C1
Vauquois (55) 24 D6
Vauréal (95) 42 B2
Vaureilles (12) 153 H3
Vaurois 85 E2
le Vauroux (60) 19 H5
Vaussais (79) 108 C5
Vausseroux (79) 108 B1
Vautebis (79) 108 B2
Vauthiermont (90) 88 D2
Vautorte (53) 58 C3
Vauvenargues (13) 174 B5
Vauvert (30) 172 A4
Vauville (14) 17 E3
Vauville (50) 14 B2
Vauvillers (70) 69 F6
Vauvillers (80) 10 A6
Vaux 112 D3
Vaux (31) 184 A1
Vaux (57) 26 B5
Vaux (86) 108 D4
Vaux-Andigny (02) 11 F5
Vaux-Champagne (08) 23 H4
Vaux-devant-Damloup (55) 25 F6
Vaux-en-Amiénois (80) 9 F5
Vaux-en-Beaujolais (69) 116 A6
Vaux-en-Bugey (01) 130 D1
Vaux-en-Dieulet (08) 24 C4
Vaux-en-Pré (71) 115 H1
Vaux-en-Vermandois (02) 21 H1
Vaux-et-Chantegrue (25) 103 H4
Vaux-Lavalette (16) 122 C6
Vaux-le-Moncelot (70) 87 E4
Vaux-le-Pénil (77) 64 A1
Vaux-lès-Mouron (08) 24 B5
Vaux-lès-Mouzon (08) 24 D2
Vaux-lès-Palameix (55) 47 H2
Vaux-les-Prés (25) 103 E1
Vaux-lès-Rubigny (08) 23 F2
Vaux-lès-Saint-Claude (39) 117 H3
Vaux-Marquenneville (80) 8 D5
Vaux-Montreuil (08) 23 H3
Vaux-Rouillac (16) 122 A3
Vaux-Saules (21) 85 F5
Vaux-sous-Aubigny (52) 86 B3
Vaux-sur-Aure (14) 15 H5
Vaux-sur-Blaise (52) 67 G1
Vaux-sur-Eure (27) 41 F2
Vaux-sur-Lunain (77) 64 C4
Vaux-sur-Mer (17) 120 C4
Vaux-sur-Poligny (39) 102 D4
Vaux-sur-Saint-Urbain (52) 68 A2
Vaux-sur-Seine (78) 42 B2
Vaux-sur-Seulles (14) 16 A4
Vaux-sur-Somme (80) 9 H6
Vaux-sur-Vienne (86) 94 C4
Vaux-Villaine (08) 23 H1
Vauxaillon (02) 22 B4
Vauxbons (52) 85 H1
Vauxbuin (02) 22 C5
Vauxcéré (02) 22 C5
les Vaux de Cernay 42 B5
Vauxrenard (69) 116 A5

Vauxrezis (02) 22 A4
Vauxtin (02) 22 C5
Vavincourt (55) 47 F4
Vavray-le-Grand (51) 46 C4
Vavray-le-Petit (51) 46 C4
Vaxainville (54) 49 G6
Vaxoncourt (88) 69 H2
Vaxy (57) 49 F3
Vay (44) 74 C2
Vaychis (09) 198 B2
Vaylats (46) 152 D4
Vayrac (46) 139 E5
Vayres (33) 135 G5
Vayres (87) 123 G3
Vayres-sur-Essonne (91) 63 G2
Vazeilles-Limandre (43) 142 B3
Vazeilles-près-Saugues (43) ..142 A5
Vazerac (82) 152 B6
Veauce (03) 113 F5
Veauche (42) 129 E5
Veauchette (42) 129 E5
Veaugues (18) 98 B1
Veaunes (26) 144 B3
Veauville-lès-Baons (76) 7 E4
Veauville-lès-Quelles (76) 7 E2
Vèbre (09) 198 A2
Vebret (15) 140 B1
Vebron (48) 156 B5
Veckersviller (57) 50 B3
Veckring (57) 26 D3
Vecoux (88) 70 B5
Vecquemont (80) 9 H6
Vecqueville (52) 67 H1
Vedène (84) 173 E2
Védrines-Saint-Loup (15) 141 G4
Véel 47 E4
Végennes (19) 139 E4
Vého (54) 49 G5
Veigné (37) 79 E6
Veigy-Foncenex (74) 118 C4
Veilhes (81) 167 H5
Veilleins (41) 80 C5
Veilly (21) 101 E2
Veix (19) 125 E5
Velaine-en-Haye (54) 48 C5
Velaine-sous-Amance (54) 49 E4
Velaines (55) 47 F5
Velanne (38) 131 F5
Velars-sur-Ouche (21) 85 G6
Velaux (13) 173 G6
Velennes (60) 20 B4
Velennes (80) 20 B1
Velesmes-Echevanne (70) 86 D5
Velesmes-Essarts (25) 103 E1
Velet (70) 86 C5
Vélieux (34) 185 G2
Vélines (33) 136 B5
Vélizy-Villacoublay (78) 42 C4
Velle-le-Châtel (70) 87 F3
Velle-sur-Moselle (54) 48 D6
Vellèches (86) 94 C4
Vellechevreux-
  -et-Courbenans (70) 88 A3
Velleclaire (70) 87 E5
Vellefaux (70) 87 G3
Vellefrey-et-Vellefrange (70) ...87 E5
Vellefrie (70) 87 G2
Velleguindry-et-Levrecey (70) ..87 F3
Velleminfroy (70) 87 H2
Vellemoz (70) 87 E4
Velleron (84) 173 F2
Vellerot-lès-Belvoir (25) 88 B5
Vellerot-lès-Vercel (25) 88 A6
Velles (36) 96 B6
Velles (52) 86 D1
Vellescot (90) 88 D3
Vellevans (25) 88 A6
Vellexon-Queutrey-
  -et-Vaudey (70) 87 E5
Velloreille-lès-Choye (70) 86 D5
Velluire (85) 107 E3
Velogny (21) 84 D5
Velone-Orneto (2B) 205 G1
Velorcey (70) 87 G1
Velosnes (55) 25 F1
Velotte-et-Tatignécourt (88) 69 G3
Vélu (62) 10 C4
Velving (57) 27 E4
Vélye (57) 45 G3
Velzic (15) 140 B4
Vémars (95) 43 E2
Venables (27) 19 E6
Venaco (2B) 205 E4
Venansault (85) 91 F4
Venanson (06) 177 E2
Venarey-les-Laumes (21) 84 D4
Venarsal (19) 138 D2
Venas (03) 113 E2
Venasque (84) 173 F1
Vence (06) 176 D5
Vendargues (34) 171 G5
Vendat (03) 113 H5
Vendays-Montalivet (33) 120 B6
Vendegies-au-Bois (59) 11 F3
Vendegies-sur-Écaillon (59) ...11 F3
Vendel (35) 57 H1
la Vendelée (50) 37 E1
Vendelles (02) 10 D6
Vendémian (34) 170 D5
Vendenesse-lès-Charolles (71)..115 G2
Vendenesse-sur-Arroux (71) ..115 E1
Vendenheim (67) 51 E4
Vendes (14) 16 A5
Vendeuil (02) 22 A2
Vendeuil-Caply (60) 20 C3
Vendeuvre (14) 16 B6
Vendeuvre-du-Poitou (86) 94 B6
Vendeuvre-sur-Barse (10) 66 D3
Vendeville (59) 3 F5
Vendhuile (02) 10 D5

Vendières (02) 44 C4
Vendin-le-Vieil (62) 3 E6
Vendin-lès-Béthune (62) 2 D6
Vendine (31) 167 G5
Vendœuvres (36) 96 A5
Vendôme (41) 79 G2
Vendranges (42) 128 D1
Vendrennes (85) 92 A4
Vendres (34) 186 D5
Vendresse (08) 24 B2
Vendresse-Beaulne (02) 22 C4
Vendrest (77) 44 A2
la Vendue-Mignot (10) 66 B4
Vénéjan (30) 158 A5
Venelles (13) 174 A5
Vénérand (17) 121 F2
Venère (70) 86 D5
Vénérieu (38) 130 D4
Vénérolles (02) 11 G5
Venerque (31) 183 G1
Vénès (81) 168 C4
Venesmes (18) 97 G5
Vénestanville (76) 7 F3
Venette (60) 21 F4
Veneux-les-Sablons (77) 64 B2
Venevelles 78 A2
Veney (70) 70 C1
Vengeons (50) 37 H4
Venise (25) 87 G5
Venisey (70) 87 F1
Vénissieux (69) 130 A3
Venizel (02) 22 A5
Venizy (89) 65 G5
Vennans (25) 87 G5
Vennecy (45) 63 E6
Vennes (25) 104 B1
Vennezey (54) 69 H1
Venon (27) 40 D1
Venon (38) 145 G2
Vénosc (38) 146 B4
Venouse (89) 83 G1
Venoy (89) 83 G2
Vensac (33) 120 C6
Vensat (63) 113 G6
Ventabren (13) 173 G6
Ventavon (05) 160 A4
Ventelay (51) 22 D5
Ventenac (09) 184 A5
Ventenac-Cabardès (11) 184 D3
Ventenac-en-Minervois (11) ...185 H3
Venterol (04) 160 B3
Venterol (26) 158 D4
les Ventes (27) 40 D4
les Ventes-de-Bourse (61) 60 B1
Ventes-Saint-Rémy (76) 19 E2
Venteuges (43) 141 H4
Venteuil (51) 45 E2
Venthon (73) 132 C3
Ventiseri (2B) 205 G5
Ventouse (16) 122 D2
Ventron (88) 70 C5
la Ventrouze (61) 40 B6
Venzolasca (2B) 203 G6
Ver (50) 35 H1
Ver-lès-Chartres (28) 62 B2
Ver-sur-Launette (60) 43 F1
Ver-sur-Mer (14) 16 A3
Véranne (42) 143 H1
Vérargues (34) 171 G4
Véraza (11) 185 E5
Verberie (60) 21 E5
Verbiesles (52) 68 A5
Vercel-Villedieu-le-Camp (25)..104 A1
Verchain-Maugré (59) 11 F2
Verchaix (74) 119 F5
Vercheny (26) 159 E1
les Verchers-sur-Layon (49) 93 F2
Verchin (62) 2 A6
Verchocq (62) 1 H5
Vercia (39) 117 F1
Verclause (26) 159 F4
Vercoiran (26) 159 E4
Vercourt (80) 8 C2
Verdaches (04) 160 D4
Verdalle (81) 168 B6
Verdelais (33) 149 H2
Verdelot (77) 44 B4
Verdenal (54) 49 H5
Verderel-lès-Sauqueuse (60) ...20 B4
Verderonne (60) 20 D5
Verdes (41) 62 A6
Verdèse (2B) 205 F1
Verdets (64) 179 H3
le Verdier (81) 167 H2
la Verdière (83) 174 D4
Verdigny (18) 82 B6
Verdille (16) 122 A2
Verdilly (02) 44 C2
Verdon (24) 137 E6
Verdon (51) 44 D3
le Verdon-sur-Mer (33) 120 B5
Verdonnet (21) 84 C2
Verdun (09) 198 A2
Verdun (55) 47 G1
Verdun-en-Lauragais (11) 184 C2
Verdun-sur-Garonne (82) 166 D3
Verdun-sur-le-Doubs (71) 101 H4
Vereaux (18) 98 B3
Verel-de-Montbel (73) 131 G4
Verel-Pragondran (73) 131 H4
Véretz (37) 79 E6
Vereux (70) 86 D4
Verfeil (31) 167 G5
Verfeil (82) 153 F6
Verfeuil (30) 157 G6
Vergaville (57) 49 G3
Vergéal (35) 57 H3
la Vergenne (70) 88 A3

le Verger (35) 56 D3
Vergeroux (17) 120 C1
Verges (39) 102 D6
Vergetot (76) 6 B4
Vergezac (43) 142 B4
Vergèze (30) 171 H4
Vergheas (63) 112 D6
Vergigny (89) 65 G6
Vergisson (71) 116 A4
la Vergne (17) 121 F1
Vergné (17) 107 G6
Vergoignan (32) 164 B4
Vergoncey (50) 35 H4
Vergongheon (43) 141 G1
Vergonnes (49) 76 A2
Vergons (04) 175 H2
Vergranne (25) 87 H5
Vergt (24) 137 F4
Vergt-de-Biron (24) 151 G2
le Verguier (02) 10 D5
Véria (39) 117 F2
Vérignon (83) 175 F4
Vérigny (28) 61 H1
Vérin (42) 130 A6
Vérines (17) 106 D4
Vérissey (71) 102 A6
Verjon (01) 117 E3
Verjux (71) 101 G4
Verlans (88) 88 C3
Verlhac-Tescou (82) 167 F2
Verlhaguet 167 E2
Verlin (89) 64 D6
Verlincthun (62) 1 F5
Verlinghem (59) 3 F4
Verlus (32) 164 B5
Vermand (02) 10 D4
Vermandovillers (80) 10 B6
Vermelles (62) 2 D6
Vermenton (89) 83 G3
le Vermont (88) 70 D1
Vern-d'Anjou (49) 75 H2
Vern-sur-Seiche (35) 57 F3
Vernais (18) 98 A5
Vernaison (69) 130 A4
Vernajoul (09) 183 H5
Vernancourt (51) 46 C3
Vernantes (49) 77 H1
Vernantois (39) 102 D6
la Vernarède (30) 156 D5
Vernas (38) 130 D3
Vernassal (43) 142 B3
Vernaux (09) 198 A2
Vernay (69) 115 H5
la Vernaz (74) 119 E3
Verne (25) 87 H5
Vernègues (13) 173 G4
Vernelges (23) 112 A4
le Verneil (73) 132 B5
Verneil-le-Chétif (72) 78 B2
Verneix (03) 112 D3
la Vernelle (36) 96 B1
le Vernet (03) 114 A6
le Vernet (04) 160 D4
le Vernet (09) 183 H3
Vernet (31) 183 F1
le Vernet (43) 142 B4
Vernet-la-Varenne (63) 127 H6
Vernet-les-Bains (66) 199 E4
le Vernet-
  -Sainte-Marguerite (63) 127 E4
Verneugheol (63) 126 B3
Verneuil (16) 123 F3
Verneuil (18) 98 A5
Verneuil (51) 44 D1
Verneuil (58) 99 G4
Verneuil-en-Bourbonnais (03)..113 H3
Verneuil-en-Halatte (60) 20 D6
Verneuil-Grand (55) 25 F3
Verneuil-le-Château (37) 94 C3
Verneuil-l'Étang (77) 43 G6
Verneuil-Moustiers (87) 110 B3
Verneuil-Petit (55) 25 F3
Verneuil-sous-Coucy (02) 22 A3
Verneuil-sur-Avre (27) 40 C4
Verneuil-sur-Igneraie (36) 111 H1
Verneuil-sur-Indre (37) 95 F3
Verneuil-sur-Seine (78) 42 B3
Verneuil-sur-Serre (02) 22 C2
Verneuil-sur-Vienne (87) 124 A2
Verneusses (27) 39 H3
Vernéville (57) 26 A5
Vernie (72) 59 H4
Verniolle (09) 183 H4
Vernioz (38) 130 B6
Vernix (50) 37 F5
Vernoil (49) 77 H1
le Vernois (39) 102 D5
Vernois-lès-Belvoir (25) 88 B5
Vernois-lès-Vesvres (21) 86 A3
Vernois-sur-Mance (70) 86 D1
Vernols (15) 140 D2
Vernon (07) 157 F3
Vernon (27) 41 G2
Vernon (86) 109 F3
Vernonvilliers (10) 67 E3
Vernosc-lès-Annonay (07) 143 H2
Vernot (21) 85 G4
Vernou-en-Sologne (41) 80 C4
Vernou-la-Celle-sur-Seine (77)..64 B2
Vernou-sur-Brenne (37) 79 E5
Vernouillet (28) 41 H5
Vernouillet (78) 42 B3
Vernoux (01) 116 D2
Vernoux-en-Gâtine (79) 92 D4
Vernoux-en-Vivarais (07) 143 H5
Vernoux-sur-Boutonne (79) ...108 A5

le Vernoy (25) 88 B3
Vernoy (89) 64 D5
Vernusse (03) 113 F4
Verny (57) 26 C6
Vero (2A) 204 D4
Véron (89) 65 E5
Véronne (26) 144 D6
Véronnes (21) 86 A4
Verosvres (71) 115 G3
Verpel (08) 24 C4
la Verpillière (38) 130 C4
Verpillières (80) 21 F2
Verpillières-sur-Ource (10) 67 E5
Verquières (13) 173 E3
Verquin (62) 2 D6
Verrens-Arvey (73) 132 C3
Verreries-de-Moussans (34) ..185 G1
Verrey-sous-Drée (21) 85 F6
Verrey-sous-Salmaise (21) 85 F5
Verricourt (10) 66 C2
Verrie (49) 93 G1
la Verrie (85) 92 B3
la Verrière (78) 42 B5
Verrières (08) 24 B3
Verrières (10) 66 B4
Verrières (12) 155 F6
Verrières (16) 121 H4
Verrières (51) 46 D2
Verrières (61) 61 E2
Verrières (63) 127 E5
Verrières (86) 109 G3
Verrières-de-Joux (25) 104 A4
Verrières-du-Grosbois (25) 103 H1
Verrières-en-Forez (42) 128 D5
Verrières-le-Buisson (91) 42 D5
Verrines-sous-Celles (79) 108 A4
Verrue (86) 94 A4
Verruyes (79) 108 A2
Vers (46) 152 D3
Vers (71) 116 B1
Vers (74) 118 B5
Vers-en-Montagne (39) 103 F4
Vers-Pont-du-Gard (30) 172 B2
Vers-sous-Sellières (39) 102 C4
Vers-sur-Méouge (26) 159 G5
Vers-sur-Selles (80) 9 F6
Versailles (78) 42 C4
Versailleux (01) 130 C1
Versainville (14) 38 D3
la Versanne (42) 143 G1
Versaugues (71) 115 E3
Verseilles-le-Bas (52) 86 B2
Verseilles-le-Haut (52) 86 B2
Versigny (02) 22 B2
Versigny (60) 43 G1
Versilhac 143 F3
Versols-et-Lapeyre (12) 169 G3
Verson (14) 16 B4
Versonnex (01) 118 B3
Versonnex (74) 131 H1
le Versoud (38) 145 H2
Vert (40) 149 E6
Vert (78) 41 H3
le Vert (79) 107 H5
Vert-Bois 120 A1
Vert-en-Drouais (28) 41 E5
Vert-le-Grand (91) 42 D6
Vert-le-Petit (91) 63 G1
Vert-Saint-Denis (77) 43 F6
Vert-Toulon (51) 45 F4
le Vert-
  -Sainte-Marguerite (63) 127 E4
Vertain (59) 11 F3
Vertaizon (63) 127 G3
Vertamboz (39) 117 H1
Vertault (21) 66 C6
Verteillac (24) 136 D1
Verteuil-d'Agenais (47) 150 D3
Verteuil-sur-Charente (16) 122 C1
Verthemex (73) 131 G4
Vertheuil (33) 134 D2
Vertolaye (63) 128 B4
Verton (62) 8 C1
Vertou (44) 74 D5
Vertrieu (38) 130 D2
les Vertus 73 E1
Vertus (51) 45 F3
Vervant (16) 122 B2
Vervant (17) 121 F1
le Vervans 62 C4
Vervezelle (88) 70 B3
Vervins (02) 12 A6
Véry (55) 24 D6
Verzé (71) 116 A3
Verzeille (11) 185 E4
Verzenay (51) 45 G1
Verzy (51) 45 G1
Vesaignes-sous-Lafauche (52)..68 B5
Vesaignes-sur-Marne (52) 68 A5
Vesancy (01) 118 B3
Vesc (26) 158 D2
Vescemont (90) 88 C2
Vescheim (57) 50 B3
Vescles (39) 117 G3
Vescours (01) 116 C2
Vescovato (2B) 203 G6
Vesdun (18) 112 C2
Vésigneul-sur-Marne (51) 46 A3
Vésigneux 84 A6
Vésines (01) 116 B3
le Vésinet (78) 42 C4
Vesles-et-Caumont (02) 22 D3
Veslud (02) 22 C3
Vesly (27) 19 G6
Vesly (50) 14 C5
Vesoul (70) 87 G3
la Vespière (14) 39 G2
Vesseaux (07) 157 G1
Vessey (50) 35 G5
Vestric-et-Candiac (30) 171 H4
Vesvres (21) 85 E5
Vesvres-sous-Chalancey (52)..86 A2
Vétheuil (95) 41 H2

le Vernoy (25) — continued

Vétraz-Monthoux (74) 118 C4
Vétrigne (90) 88 D2
Veuil (36) 96 B2
Veuilly-la-Poterie (02) 44 A2
Veules-les-Roses (76) 7 E2
Veulettes-sur-Mer (76) 6 D2
le Veurdre (03) 98 C5
Veurey-Voroize (38) 145 F1
la Veuve (51) 45 H2
Veuves (41) 79 G5
Veuvey-sur-Ouche (21) 101 F1
Veuxhaulles-sur-Aube (21) 67 F6
Vevy (39) 102 D5
Vexaincourt (88) 50 A6
Vexin-sur-Epte (27) 19 F6
le Vey (14) 38 C3
Veynes (05) 159 H2
Veyrac (87) 124 A2
Veyras (07) 157 H1
Veyre-Monton (63) 127 F4
Veyreau (12) 155 G6
Veyrier-du-Lac (74) 132 B1
Veyrières (15) 140 A1
Veyrières (19) 126 A5
Veyrignac (24) 138 B6
Veyrines 143 G3
Veyrines-de-Domme (24) 138 A6
Veyrines-de-Vergt (24) 137 F4
Veyrins-Thuellin (38) 131 F4
les Veys (50) 15 F5
Veyssilieu (38) 130 D3
Veyziat (01) 117 G4
Vez (60) 21 G6
Vézac (15) 140 B5
Vézac (24) 138 A6
Vézannes (89) 83 H1
Vézaponin (02) 21 H4
Vèze (15) 141 E2
la Vèze (25) 103 F1
Vézelay (89) 83 H5
Vézelise (54) 69 F1
Vézelois (90) 88 D3
Vézels-Roussy (15) 140 B6
Vézénobres (30) 171 G1
Vézeronce-Curtin (38) 131 E4
Vézezoux (43) 127 G6
le Vézier (51) 44 C4
Vézières (86) 94 A2
Vézillon (27) 19 E6
Vézilly (02) 44 D1
Vezin-le-Coquet (35) 57 E2
Vézinnes (89) 84 A1
Vézins (49) 92 C2
Vézins-de-Lévézou (12) 155 E5
Vezot (72) 60 B2
Vezzani (2B) 205 F3
Viabon (28) 62 C4
Viala-du-Pas-de-Jaux (12) 169 H2
Viala-du-Tarn (12) 169 G1
Vialas (48) 156 D4
Vialer (64) 164 B6
Viam (19) 125 F4
Viane (81) 169 E4
Vianges (21) 100 C2
Vianne (47) 150 D6
Viâpres-le-Petit (10) 45 F6
Viarmes (95) 42 D1
Vias (34) 187 E2
Viazac (46) 153 G2
le Vibal (12) 154 D5
Vibersviller (57) 49 H2
Vibeuf (76) 7 F4
Vibrac (16) 122 A4
Vibrac (17) 135 G1
Vibraye (72) 61 E5
Vic-de-Chassenay (21) 84 C5
Vic-des-Prés (21) 101 E2
Vic-en-Bigorre (65) 181 E1
Vic-Fezensac (32) 165 F4
Vic-la-Gardiole (34) 171 E6
Vic-le-Comte (63) 127 G4
Vic-le-Fesq (30) 171 G3
Vic-sous-Thil (21) 84 C6
Vic-sur-Aisne (02) 21 H4
Vic-sur-Cère (15) 140 C4
Vic-sur-Seille (57) 49 F4
Vicdessos (09) 197 G4
Vichel (63) 127 G6
Vichel-Nanteuil (02) 44 B1
Vichères (28) 61 F3
Vicherey (88) 69 E2
Vichy (03) 114 A5
Vico (2A) 204 C4
la Vicogne (80) 9 G4
la Vicomté-sur-Rance (22) 34 D5
Vicq (03) 113 G5
Vicq (59) 11 G1
Vicq (78) 42 A4
Vicq-d'Auribat (40) 163 F3
Vicq-Exemplet (36) 112 A1
Vicq-sur-Breuilh (87) 124 C4
Vicq-sur-Gartempe (86) 95 E6
Vicq-sur-Nahon (36) 96 B2
Vico (2A) 204 C4

les Vignes (48) — ...
la Vicogne ...

Vidai (61) 60 C1
Vidaillac (46) 153 F4
Vidaillat (23) 125 F1
Vidauban (83) 175 G6
Videcosville (50) 14 D3
Videix (87) 123 F3
Videlles (91) 63 G2
Vidou (65) 181 G2
Vidouville (50) 37 H1
Vidou 180 D1
Viefvillers (60) 20 B3
le Vieil-Baugé (49) 77 G4
le Vieil-Dampierre (51) 46 D2

le Vieil-Evreux (27) 41 E2
Vieil-Hesdin (62) 9 F2
Vieil-Moutier (62) 1 G4
Vieille-Brioude (43) 141 H2
Vieille-Chapelle (62) 2 D5
Vieille-Église (62) 1 H2
Vieille-Église-en-Yvelines (78)..42 A5
la Vieille-Loye (39) 102 D3
la Vieille-Lyre (27) 40 B3
Vieille-Toulouse (31) 167 E6
Vielles-Maisons-
  -sur-Joudry (45) 81 G1
Vieillespesse (15) 141 F3
Vieillevie (15) 154 B2
Vieillevigne (31) 183 H1
Vieillevigne (44) 91 G1
Vielmanay (58) 98 D1
Vielmur-sur-Agout (81) 168 B5
Vielprat (43) 142 C4
Viels-Maisons (02) 44 C3
Vielverge (21) 86 C6
Viennay (79) 93 F6
Vienne (38) 130 A5
Vienne-en-Arthies (95) 41 H2
Vienne-en-Bessin (14) 16 A3
Vienne-en-Val (45) 81 E2
Vienne-la-Ville (51) 46 C1
Vienne-le-Château (51) 24 C6
Viens (84) 174 A2
Vienville (88) 70 C3
Vier-Bordes (65) 180 D6
Viersat (23) 112 C4
Vierville (28) 62 D2
Vierville (50) 15 E4
Vierville-sur-Mer (14) 15 G4
Vierzon (18) 97 E5
Vierzy (02) 22 A4
Viesly (59) 11 F2
Viessoix (14) 38 A4
Viéthorey (25) 88 A5
Vieu (01) 131 F1
Vieu-d'Izenave (01) 117 G4
Vieure (03) 113 C4
Vieussan (34) 169 H1
Vieuvicq (28) 61 H3
Vieuvy (53) 58 C2
Vieux (14) 16 B4
Vieux (81) 167 H1
Vieux-Berquin (59) 2 D5
Vieux-Boucau-les-Bains (40) ..162 B6
Vieux-Boucau-
  -Port-d'Albret-Plage 162 B6
Vieux-Bourg (14) 17 F4
le Vieux-Bourg (22) 33 F4
Vieux-Bourg-d'Artins (79) 79 E6
le Vieux-Cérier (16) 122 D3
Vieux-Champagne (77) 44 A4
Vieux-Charmont (25) 88 C4
Vieux-Château (21) 84 B4
Vieux-Condé (59) 4 F6
Vieux-Ferrette (68) 89 F3
Vieux-Fumé (14) 16 D5
Vieux-lès-Asfeld (08) 23 F4
Vieux-Lixheim (57) 50 B3
Vieux-Manoir (76) 7 H5
le Vieux-Marché (22) 32 C3
Vieux-Mareuil (24) 123 F6
Vieux-Mesnil (59) 11 H2
Vieux-Moulin (60) 21 F5
Vieux-Moulin (88) 70 B1
Vieux-Pont (61) 39 E5
Vieux-Pont-en-Auge (14) 16 D6
Vieux-Port (27) 6 D6
Vieux-Reng (59) 12 A1
Vieux-Rouen-sur-Bresle (76) 8 C5
la Vieux-Rue (76) 7 H5
Vieux-Ruffec (16) 122 D1
Vieux-Thann (68) 89 E2
Vieux-Viel (35) 35 F5
Vieux-Villez (27) 41 E2
Vievy (21) 100 D2
Vievy-le-Rayé (41) 79 H3
Viey (65) 181 E6
Vif (38) 145 G3
le Vigan (30) 171 E3
le Vigan (46) 138 C4
le Vigeant (86) 109 H4
le Vigen (87) 124 B3
Vigeois (19) 124 D6
Viger (65) 180 D5
Vigeville (23) 111 H5
Viggianello (2A) 206 D3
Viglain (45) 81 F2

Vignacourt (80) 9 F5
Vignale (2B) 203 F6
Vignats (14) 39 E4
le Vignau (40) 164 B3
Vignaux (31) 166 C5
les Vigneaux (05) 147 E5
Vignec (65) 195 G4
Vignely (77) 43 G3
Vignemont (60) 21 F4
les Vignes (48) 155 G5
Vignes (64) 164 A6
Vignes (89) 84 B4
Vignes-la-Côte (52) 68 C3
Vigneul-
-sous-Montmédy (55) 25 E3
Vigneulles (54) 49 E6
Vigneulles-
-lès-Hattonchâtel (55) 48 A2
Vigneux-de-Bretagne (44) 74 B4
Vigneux-Hocquet (02) 23 E1
Vigneux-sur-Seine (91) 42 D5
Vignevieille (11) 185 F5
Vignieu (38) 131 E4
Vignoc (35) 57 E1
Vignol (58) 83 G6
Vignoles (21) 101 G3
Vignolles (16) 122 A5
Vignols (19) 138 C1
Vignonet (33) 135 H5
Vignory (52) 67 H3
Vignot (55) 47 H4
Vignoux-sous-les-Aix (18) 97 G2
Vignoux-sur-Barangeon (18) 97 F1
Vigny (57) 48 D2
Vigny (95) 42 B2
Vigoulant (36) 111 H3
Vigoulet-Auzil (31) 167 E6
Vigoux (36) 110 D2
Vigueron (82) 166 C3
Vigy (57) 26 C4
Vihiers (49) 93 E2
Vijon (36) 111 H3
Vilcey-sur-Trey (54) 48 B3
Vildé-Guingalan (22) 34 C5
le Vilhain (03) 113 E2
Vilhonneur (16) 122 D4
Villabé (91) 43 E6
Villabon (18) 98 A2
Villac (24) 138 B2
Villacerf (10) 66 A2
Villacourt (54) 69 H1
Villadin (10) 65 G3
Villafans (70) 88 A3
Village-Neuf (68) 89 H2
Villaines-en-Duesmois (21) 85 E3
Villaines-la-Carelle (72) 60 B2
Villaines-la-Gonais (72) 60 D4
Villaines-la-Juhel (53) 59 F2
Villaines-les-Prévôtes (21) 84 C4
Villaines-les-Rochers (37) 94 C1
Villaines-sous-Bois (95) 42 D2
Villaines-sous-Lucé (72) 78 C1
Villaines-sous-Malicorne (72) 77 G2
Villainville (76) 6 B4
Villalet (27) 40 D3
Villalier (11) 185 E3
Villamblain (45) 62 B6
Villamblard (24) 137 E4
Villamée (35) 58 A1
Villampuy (28) 62 B5
Villandraut (33) 149 G3
Villandry (37) 78 C6
Villanière (11) 185 E2
Villanova (2A) 204 B5
Villapourçon (58) 100 A4
Villar-d'Arène (05) 146 C3
Villar-en-Val (11) 185 E4
Villar-Loubière (05) 146 B5
Villar-Saint-Anselme (11) 184 D5
Villar-Saint-Pancrace (05) 147 E5
Villarceaux 41 H1
Villard (23) 111 F4
Villard (74) 118 D4
Villard-Bonnot (38) 145 H2
Villard-de-Lans (38) 145 F3
Villard-d'Héry (73) 132 B5
Villard-Léger (73) 132 B5
Villard-Notre-Dame (38) 146 A3
Villard-Reculas (38) 146 A3
Villard-Reymond (38) 146 A3
Villard-Saint-Christophe (38) 145 H4
Villard-Saint-Sauveur (39) 118 A3
Villard-Sallet (73) 132 B5
Villard-sur-Bienne (39) 118 A2
Villard-sur-Doron (73) 132 D3
Villardebelle (11) 185 E5
Villardonnel (11) 185 E3
Villards-d'Héria (39) 117 H2
les Villards-sur-Thônes (74) 132 C1
Villarembert (73) 146 C1
Villargent (70) 88 A3
Villargerel 132 D4
Villargoix (21) 84 C6
Villargondran (73) 146 C1
Villaries (31) 167 F4
Villarlurin (73) 132 D5
Villarodin-Bourget (73) 147 E2
Villaroger (73) 133 F4
Villaroux (73) 132 A5
Villars (24) 123 F6
Villars (28) 62 B4
Villars (42) 129 F6
Villars (71) 116 C2
Villars (84) 173 H2
Villars-Colmars (04) 161 F5
Villars-en-Azois (52) 67 F5
Villars-en-Pons (17) 121 E4
Villars-et-Villenotte (21) 84 D3
Villars-Fontaine (21) 101 G2
Villars-le-Pautel (70) 69 E6

Villars-le-Sec (90) 88 D4
Villars-lès-Blamont (25) 88 D5
Villars-les-Bois (17) 121 G2
Villars-lès-Dombes (01) 116 C6
Villars-Saint-Georges (25) 103 E2
Villars-Santenoge (52) 85 G2
Villars-sous-Dampjoux (25) 88 C5
Villars-sous-Écot (25) 88 C4
Villars-sur-Var (06) 176 D3
Villarzel-Cabardès (11) 185 F3
Villarzel-du-Razès (11) 184 D4
Villasavary (11) 184 C3
Villate (31) 183 F1
Villaudric (31) 167 E3
Villautou (11) 184 A4
Villavard (41) 79 F2
Villaz (74) 132 B1
Ville (60) 21 F3
Villé (67) 71 F2
Ville-au-Montois (54) 25 H4
Ville-au-Val (54) 48 C3
la Ville-aux-Bois (10) 67 E2
la Ville-aux-Bois-lès-Dizy (02) 23 E2
la Ville-aux-Bois-
-lès-Pontavert (02) 22 D4
la Ville-aux-Clercs (41) 79 G1
la Ville-aux-Dames (37) 79 E5
Ville-d'Avray (92) 42 C4
Ville-devant-Belrain (55) 47 F3
Ville-devant-Chaumont (55) 25 F5
Ville-di-Paraso (2B) 202 D6
Ville-di-Pietrabugno (2B) 203 G4
la Ville-Dieu-du-Temple (82) 166 D1
Ville-Dommange (51) 23 E6
la Ville-du-Bois (91) 42 D5
Ville-en-Blaisois (52) 67 G2
Ville-en-Sallaz (74) 118 D5
Ville-en-Selve (51) 45 G1
Ville-en-Tardenois (51) 45 E1
Ville-en-Vermois (54) 48 D5
la Ville-ès-Nonais (35) 34 D4
Ville-Houdlémont (54) 25 G3
Ville-la-Grand (74) 118 C4
Ville-Langy (58) 99 F4
Ville-le-Marclet (80) 9 F5
Ville-Saint-Jacques (77) 64 B3
Ville-Savoye (02) 22 C5
Ville-sous-Anjou (38) 130 A6
la Ville-sous-la-Ferté (10) 67 F4
la Ville-sous-Orbais (51) 44 D3
Ville-sur-Ancre (80) 10 A5
Ville-sur-Arce (10) 66 D5
Ville-sur-Cousances (55) 47 E1
Ville-sur-Illon (88) 69 G4
Ville-sur-Jarnioux (69) 129 G1
Ville-sur-Lumes (08) 24 B1
Ville-sur-Retourne (08) 23 H4
Ville-sur-Saulx (55) 47 E5
Ville-sur-Terre (10) 67 F3
Ville-sur-Tourbe (51) 24 B6
Ville-sur-Yron (54) 26 A3
Villeau (28) 62 B4
Villebadin (61) 39 F4
Villebarou (41) 79 H3
Villebaudon (50) 37 F2
Villebazy (11) 185 E4
Villebéon (77) 64 C4
Villebernier (49) 93 H1
Villeberny (21) 85 E5
Villebichot (21) 101 H2
Villeblevin (89) 64 C3
Villebois (01) 131 E2
Villebois-Lavalette (16) 122 C5
Villebois-les-Pins (26) 159 G4
Villebon (28) 61 H2
Villebon-sur-Yvette (91) 42 C5
Villebougis (89) 64 D4
Villebout (41) 61 G6
Villebramar (47) 151 E3
Villebret (03) 112 D4
Villebrumier (82) 167 E3
Villecelin (18) 97 F5
Villecerf (77) 64 B3
Villecey-sur-Mad (54) 26 A6
Villechantria (39) 117 F3
Villechauve (41) 79 F3
Villechenève (69) 129 F2
Villechétif (10) 66 B3
Villechétive (89) 65 F5
Villechien (50) 37 G6
la Ville Close 53 G4
Villécloye (55) 25 E3
Villecomtal (12) 154 C3
Villecomtal-sur-Arros (32) 181 F1
Villecomte (21) 85 H4
Villeconin (91) 63 E1
Villecourt (80) 21 G1
Villecresnes (94) 43 E5
Villecroze (83) 175 F5
Villedaigne (11) 185 H3
Villedieu (15) 141 E4
la Villedieu (17) 108 A6
Villedieu (21) 66 D6
la Villedieu (23) 125 F3
les Villedieu (25) 103 H5
la Villedieu (48) 156 A1
Villedieu (84) 158 C5
la Villedieu-de-Comblé (79) 108 B3
la Villedieu-du-Clain (86) 109 E2
la Villedieu-en-Fontenette (70) 87 H2
Villedieu-la-Blouère (49) 75 F4
Villedieu-le-Château (41) 78 D2
Villedieu-lès-Bailleul (61) 39 F4
Villedieu-les-Poêles (50) 37 F3
Villedieu-sur-Indre (36) 96 B5
Villedômain (37) 95 H3

Villedômer (37) 79 F4
Villedoux (17) 106 D4
Villedubert (11) 185 E3
Villefagnan (16) 108 C6
Villefargeau (89) 83 F7
Villefavard (87) 110 C5
Villeferry (21) 85 E5
Villefloure (11) 185 E4
Villefollet (79) 108 A5
Villefontaine (38) 130 C4
Villefort (11) 184 C5
Villefort (48) 156 D3
Villefranche (32) 182 B1
Villefranche (89) 64 D6
Villefranche-d'Albigeois (81) 168 C1
Villefranche-de-Conflent (66) 199 E3
Villefranche-de-Lauragais (31) 184 A1
Villefranche-de-Lonchat (24) 136 B4
Villefranche-de-Panat (12) 169 F1
Villefranche-de-Rouergue (12) 153 G4
Villefranche-du-Périgord (24) 152 A2
Villefranche-du-Queyran (47) 150 C5
Villefranche-le-Château (26) 159 F5
Villefranche-sur-Cher (41) 96 C1
Villefranche-sur-Mer (06) 177 E5
Villefranche-sur-Saône (69) 129 H1
Villefrancœur (41) 79 H3
Villefrancon (70) 86 D5
Villefranque (64) 162 B6
Villefranque (65) 180 B6
Villegailhenc (11) 185 E3
Villegats (16) 122 B1
Villegats (27) 41 G2
Villegaudin (71) 101 H5
Villegenon (18) 81 H5
Villegly (11) 185 E2
Villegongis (36) 96 B4
Villegouge (33) 135 G4
Villegouin (36) 96 A4
la Ville Haute 25 E3
Villeherviers (41) 80 C6
Villejésus (16) 122 B2
Villejoubert (16) 122 C2
Villejuif (94) 42 D4
Villejust (91) 42 C5
Villelaure (84) 173 H4
Villeloin-Coulangé (37) 95 H2
Villelongue (65) 180 D5
Villelongue-
-de-la-Salanque (66) 201 E2
Villelongue-dels-Monts (66) 200 D4
Villeloup (10) 65 H2
Villemade (82) 166 D1
Villemagne (11) 184 C2
Villemagne-l'Argentière (34) 170 A5
Villemain (79) 108 B6
Villemandeur (45) 64 A6
Villemanoche (89) 64 D3
Villemardy (41) 79 G2
Villemaréchal (77) 64 B3
Villemareuil (77) 43 H3
Villematier (31) 167 F3
Villemeux-sur-Eure (28) 41 F5
Villemoirieu (38) 130 D3
Villemoiron-en-Othe (10) 65 H4
Villemoisan (49) 75 G3
Villemoisson-sur-Orge (91) 42 D5
Villemolaque (66) 200 D3
Villemomble (93) 43 E3
Villemontais (42) 128 C5
Villemontoire (02) 22 A5
Villemorien (10) 66 C5
Villemorin (17) 108 A6
Villemort (86) 110 A2
Villemotier (01) 117 E3
Villemoustaussou (11) 185 E3
Villemoutiers (45) 63 H6
Villemoyenne (10) 66 C4
Villemur (65) 182 A3
Villemur-sur-Tarn (31) 167 F3
Villemurlin (45) 81 G3
Villemus (04) 174 B3
Villenauxe-la-Grande (10) 44 D6
Villenauxe-la-Petite (77) 65 E2
Villenave (40) 163 F2
Villenave-d'Ornon (33) 135 F6
Villenave-près-Béarn (65) 180 D2
Villenave-près-Marsac (65) 181 E2
Villenavotte (89) 64 D3
Villeneuve 147 E4
Villeneuve (01) 116 B6
Villeneuve (04) 174 C2
Villeneuve (09) 182 C6
Villeneuve (12) 153 G4
la Villeneuve (23) 126 A2
Villeneuve (33) 135 E3
Villeneuve (63) 127 F6
la Villeneuve-au-Châtelot (10) 65 G1
la Villeneuve-au-Chemin (10) 65 H5
la Villeneuve-au-Chêne (10) 66 D3
la Villeneuve-Bellenoye-
-et-la-Maize (70) 87 G2
Villeneuve-d'Allier (43) 141 G2
Villeneuve-d'Amont (25) 103 F3
Villeneuve-d'Ascq (59) 4 D5
Villeneuve-d'Aval (39) 103 E3
Villeneuve-de-Berg (07) 157 G2
Villeneuve-de-Duras (47) 136 C6

Villeneuve-de-la-Raho (66) 200 D3
Villeneuve-de-Marc (38) 130 C5
Villeneuve-de-Marsan (40) 164 B2
Villeneuve-de-Mézin (40) 165 E1
Villeneuve-de-Rivière (31) 182 A4
Villeneuve-d'Entraunes (06) 161 G6
Villeneuve-d'Olmes (09) 184 A6
Villeneuve-du-Latou (09) 183 F3
Villeneuve-du-Paréage (09) 183 H3
la Villeneuve-en-Chevrie (78) 41 G2
Villeneuve-en-Montagne (71) 101 E5
Villeneuve-Frouville (41) 79 H2
Villeneuve-la-Comptal (11) 184 B2
Villeneuve-la-Comtesse (17) 107 G5
Villeneuve-la-Dondagne (89) 64 D4
Villeneuve-la-Garenne (92) 42 D3
Villeneuve-la-Guyard (89) 64 C3
Villeneuve-la-Lionne (51) 44 C4
Villeneuve-la-Rivière (66) 199 H3
Villeneuve-l'Archevêque (89) 65 F4
Villeneuve-le-Comte (77) 43 G4
Villeneuve-le-Roi (94) 42 D5
Villeneuve-Lécussan (31) 181 H4
Villeneuve-lès-Avignon (30) 172 D2
Villeneuve-lès-Béziers (34) 187 E2
Villeneuve-lès-Bordes (77) 64 C1
Villeneuve-lès-Bouloc (31) 167 E4
Villeneuve-lès-Cerfs (63) 127 G1
la Villeneuve-
-lès-Charleville (51) 44 D4
Villeneuve-lès-Charnod (39) 117 F3
la Villeneuve-les-Convers (21) 85 E4
Villeneuve-les-Corbières (11) 185 H5
Villeneuve-lès-Genêts (89) 82 D2
Villeneuve-lès-Lavaur (81) 167 H5
Villeneuve-lès-Maguelone (34) 171 F6
Villeneuve-lès-Montréal (11) 184 C3
Villeneuve-les-Sablons (60) 20 A6
Villeneuve-Loubet (06) 176 D6
Villeneuve-Minervois (11) 185 F2
Villeneuve-Renneville-
-Chevigny (51) 45 G3
Villeneuve-Saint-Denis (77) 43 G4
Villeneuve-Saint-Georges (94) 43 E5
Villeneuve-Saint-Germain (02) 22 A5
Villeneuve-Saint-Nicolas (28) 62 B3
Villeneuve-Saint-Salves (89) 83 G1
Villeneuve-Saint-Vistre-
-et-Villevotte (51) 45 E6
Villeneuve-sous-Charigny (21) 84 D5
Villeneuve-
-sous-Dammartin (77) 43 F2
Villeneuve-sous-Pymont (39) 102 C6
la Villeneuve-sous-Thury (60) 43 H1
Villeneuve-sur-Allier (03) 99 E6
Villeneuve-sur-Auvers (91) 63 F1
Villeneuve-sur-Bellot (77) 44 B4
Villeneuve-sur-Cher (18) 97 F3
Villeneuve-sur-Conie (45) 62 C5
Villeneuve-sur-Fère (02) 44 C1
Villeneuve-sur-Lot (47) 151 F4
Villeneuve-sur-Verberie (60) 21 E6
Villeneuve-sur-Vère (81) 168 B2
Villeneuve-sur-Yonne (89) 65 E5
Villeneuve-Tolosane (31) 167 E6
Villennes-sur-Seine (78) 42 B3
Villenouvelle 107 H5
Villenouvelle (31) 183 H1
Villeny (41) 80 C3
Villepail (53) 59 G2
Villeparisis (77) 43 F3
Villeperdix (26) 159 E3
Villeperdue (37) 94 D1
Villeperrot (89) 64 D3
Villepinte (11) 184 C3
Villepinte (93) 43 E3
Villeporcher (41) 79 F3
Villepot (44) 57 H6
Villepreux (78) 42 B4
Villeprévost 62 C4
Villequier (76) 7 E5
Villequier-Aumont (02) 21 H2
Villequiers (18) 98 B3
Viller (57) 27 E6
Villerable (41) 79 F2
Villeray 61 E2
Villerbon (41) 80 A3
Villeréal (47) 151 F2
Villereau (45) 63 E5
Villereau (59) 11 G2
Villerest (42) 128 D1
Villeret (02) 10 D5
Villeret (10) 67 E1
Villereversure (01) 117 F5
Villermain (41) 80 B1
Villeromain (41) 79 G2
Villeron (95) 43 E2
Villerouge-la-Crémade 185 G4
Villerouge-Termenès (11) 185 G5
Villeroy (77) 43 G3
Villeroy (80) 8 C5
Villeroy (89) 64 D4
Villeroy-sur-Méholle (55) 47 H6
Villers (42) 115 F5
Villers (88) 69 G2
Villers-Agron-Aiguizy (02) 44 D1
Villers-Allerand (51) 45 F1
Villers-au-Bois (62) 10 A1
Villers-au-Flos (62) 10 C4
Villers-au-Tertre (59) 10 D2
Villers-aux-Bois (51) 45 F3
Villers-aux-Érables (80) 20 D1
Villers-aux-Nœuds (51) 23 E6
Villers-aux-Vents (55) 46 D3
Villers-Bettnach (57) 26 D4
Villers-Bocage (14) 16 A5
Villers-Bocage (80) 9 G5

Villers-Bouton (70) 87 F4
Villers-Bretonneux (80) 9 H6
Villers-Brûlin (62) 9 H2
Villers-Buzon (25) 103 E1
Villers-Campsart (80) 8 D6
Villers-Canivet (14) 38 D3
Villers-Carbonnel (80) 10 C6
Villers-Cernay (08) 24 C1
Villers-Châtel (62) 10 A1
Villers-Chemin-
-et-Mont-lès-Étrelles (70) 87 E4
Villers-Chief (25) 88 A6
Villers-Cotterêts (02) 21 G6
Villers-devant-Dun (55) 24 D4
Villers-devant-le-Thour (08) 23 E3
Villers-devant-Mouzon (08) 24 C2
Villers-Écalles (76) 7 F5
Villers-en-Argonne (51) 46 D2
Villers-en-Arthies (95) 41 H2
Villers-en-Cauchies (59) 11 E3
Villers-en-Haye (54) 48 C3
Villers-en-Ouche (61) 39 H4
Villers-en-Prayères (02) 22 D5
Villers-en-Vexin (27) 19 F6
Villers-Farlay (39) 103 E3
Villers-Faucon (80) 10 D5
Villers-Franqueux (51) 23 E5
Villers-Grélot (25) 87 G5
Villers-Guislain (59) 10 D4
Villers-Hélon (02) 22 A6
la Villers-la-Chèvre (54) 25 G3
Villers-la-Combe (25) 88 A6
Villers-la-Faye (21) 101 G2
Villers-la-Montagne (54) 25 H3
Villers-la-Ville (70) 88 A3
Villers-le-Château (51) 45 H3
Villers-le-Lac (25) 104 C2
Villers-le-Rond (54) 25 F4
Villers-le-Sec (02) 22 B1
Villers-le-Sec (51) 46 D4
Villers-le-Sec (55) 47 F6
Villers-le-Sec (70) 87 G3
Villers-le-Tilleul (08) 24 B2
Villers-le-Tourneur (08) 23 H2
Villers-les-Bois (39) 102 D4
Villers-lès-Cagnicourt (62) 10 C3
Villers-lès-Guise (02) 11 G5
Villers-lès-Luxeuil (70) 87 H1
Villers-lès-Mangiennes (55) 25 F4
Villers-lès-Moivrons (54) 48 D4
Villers-lès-Nancy (54) 48 D5
Villers-les-Ormes (36) 96 B4
Villers-les-Pots (21) 102 B1
Villers-les-Roye (80) 21 E2
Villers-l'Hôpital (62) 9 F3
Villers-Marmery (51) 45 G1
Villers-Outréaux (59) 11 E4
Villers-Pater (70) 87 G4
Villers-Patras (21) 67 E6
Villers-Plouich (59) 10 D4
Villers-Pol (59) 11 G2
Villers-Robert (39) 102 C3
Villers-Rotin (21) 102 B2
Villers-Saint-Barthélemy (60) 20 A5
Villers-Saint-Christophe (02) 21 G1
Villers-Saint-Frambourg (60) 21 E6
Villers-Saint-Martin (25) 88 A5
Villers-Saint-Paul (60) 20 D6
Villers-Saint-Sépulcre (60) 20 B5
Villers-Semeuse (08) 24 B1
Villers-Sir-Simon (62) 9 H2
Villers-Sire-Nicole (59) 12 A2
Villers-sous-Ailly (80) 9 E4
Villers-sous-Chalamont (25) 103 F4
Villers-sous-Châtillon (51) 45 E1
Villers-sous-Foucarmont (76) 8 C6
Villers-sous-Montrond (25) 103 G1
Villers-sous-Pareid (54) 48 A1
Villers-sous-Prény (54) 48 C2
Villers-sous-Saint-Leu (60) 20 C6
Villers-Stoncourt (57) 26 D6
Villers-sur-Auchy (60) 19 G4
Villers-sur-Authie (80) 8 C2
Villers-sur-Bar (08) 24 B2
Villers-sur-Bonnières (60) 20 A3
Villers-sur-Coudun (60) 21 F4
Villers-sur-Fère (02) 44 C1
Villers-sur-le-Mont (08) 24 A2
Villers-sur-le-Roule (27) 19 E6
Villers-sur-Mer (14) 17 E3
Villers-sur-Meuse (55) 47 G2
Villers-sur-Nied (57) 49 F2
Villers-sur-Port (70) 87 F2
Villers-sur-Saulnot (70) 88 B3
Villers-sur-Trie (60) 19 H5
Villers-Tournelle (80) 20 D2
Villers-Vaudey (70) 86 D3
Villers-Vermont (60) 19 G3
Villers-Vicomte (60) 20 B2
Villerserine (39) 102 D3
Villersexel (70) 88 A3
Villerupt (54) 26 A2
Villerville (14) 6 A6
Villes (01) 117 H5
Villes-sur-Auzon (84) 173 G1
Villeselve (60) 21 G2
Villeseneux (51) 45 G4
Villesèque (46) 152 B4
Villesèque-des-Corbières (11) 185 H5
Villesèquelande (11) 184 D3
Villesiscle (11) 184 C3
Villespassans (34) 186 B2
Villespy (11) 184 C2
Villetaneuse (93) 42 D3
la Villetelle (23) 126 A2
Villetelle (34) 171 H4
Villethierry (89) 64 C3
Villeton (47) 150 C4

la Villetour 127 E5
Villetoureix (24) 136 D2
Villetritouls (11) 185 F4
Villetrun (41) 79 G2
la Villette (14) 38 B3
Villette (54) 25 F3
Villette (78) 41 H3
Villette-d'Anthon (38) 130 C2
Villette-de-Vienne (38) 130 B4
Villette-lès-Arbois (39) 103 E4
Villette-lès-Dole (39) 102 C2
Villette-sur-Ain (01) 130 D1
Villette-sur-Aube (10) 66 B1
les Villettes (43) 143 E2
Villeurbanne (69) 130 A3
Villevallier (89) 65 E5
Villevaudé (77) 43 F3
Villevenard (51) 45 E4
Villevêque (49) 77 E4
Villeveyrac (34) 170 D6
Villevieille (30) 171 G4
Villevieux (39) 102 C5
Villevocance (07) 143 G2
Villevoques (45) 64 A5
Villexanton (41) 80 A2
Villexavier (17) 121 F5
le Villey (39) 102 C4
Villey-le-Sec (54) 48 C5
Villey-Saint-Étienne (54) 48 C4
Villey-sur-Tille (21) 85 H4
Villez-sous-Bailleul (27) 41 F1
Villez-sur-le-Neubourg (27) 40 C1
Villié-Morgon (69) 116 A5
Villiers 80 A2
Villiers (36) 95 G4
Villiers (86) 94 A6
Villiers-Adam (95) 42 C2
Villiers-au-Bouin (37) 78 B4
Villiers-aux-Corneilles (51) 44 D6
Villiers-Charlemagne (53) 58 D6
Villiers-Couture (17) 122 A1
Villiers-en-Bière (77) 63 H1
Villiers-en-Bois (79) 107 H5
Villiers-en-Désœuvre (27) 41 G3
Villiers-en-Lieu (52) 46 D5
Villiers-en-Morvan (21) 100 C2
Villiers-en-Plaine (79) 107 G3
Villiers-Fossard (50) 15 F6
Villiers-Herbisse (10) 45 G6
Villiers-le-Bâcle (91) 42 C5
Villiers-le-Bel (95) 42 D2
Villiers-le-Bois (10) 66 B6
Villiers-le-Duc (21) 85 F1
Villiers-le-Mahieu (78) 41 H4
Villiers-le-Morhier (28) 41 G6
Villiers-le-Pré (50) 35 H4
Villiers-le-Roux (16) 108 C6
Villiers-le-Sec (14) 16 A3
Villiers-le-Sec (52) 67 H4
Villiers-le-Sec (58) 83 F6
Villiers-le-Sec (95) 42 D2
Villiers-les-Aprey (52) 86 A2
Villiers-les-Hauts (89) 84 B2
Villiers-Louis (89) 65 E4
Villiers-Saint-Benoît (89) 82 D2
Villiers-Saint-Denis (02) 44 B2
Villiers-Saint-Frédéric (78) 42 A4
Villiers-Saint-Georges (77) 44 C6
Villiers-Saint-Orien (28) 62 B4
Villiers-sous-Grez (77) 64 A3
Villiers-sous-Mortagne (61) 60 D1
Villiers-sous-Praslin (10) 66 C5
Villiers-sur-Chizé (79) 108 A5
Villiers-sur-Loir (41) 79 F2
Villiers-sur-Marne (94) 43 E4
Villiers-sur-Morin (77) 43 G4
Villiers-sur-Orge (91) 42 D6
Villiers-sur-Seine (77) 65 E2
Villiers-sur-Suize (52) 68 A6
Villiers-sur-Tholon (89) 83 E1
Villiers-sur-Yonne (58) 83 G5
Villiers-Vineux (89) 65 H6
Villiersfaux (41) 79 F2
Villieu-Loyes-Mollon (01) 130 D1
Villing (57) 27 E4
Villognon (16) 122 B2
Villon (89) 84 B1
Villoncourt (88) 70 A3
Villons-les-Buissons (14) 16 B4
Villorceau (45) 80 B2
Villosanges (63) 126 C2
Villotran (60) 20 A5
Villotte (88) 68 D4
Villotte-devant-Louppy (55) 47 E3
Villotte-Saint-Seine (21) 85 F5
Villotte-sur-Aire (55) 47 F5
Villotte-sur-Ource (21) 85 E1
Villouxel (88) 68 C2
Villuis (77) 65 E2
Villy (08) 24 D2
Villy (89) 83 H1
Villy-Bocage (14) 16 A5
Villy-en-Auxois (21) 85 E5
Villy-en-Trodes (10) 66 D4
Villy-le-Bois (10) 66 B4
Villy-le-Bouveret (74) 118 C6
Villy-le-Maréchal (10) 66 B4
Villy-le-Moutier (21) 101 H3
Villy-le-Pelloux (74) 118 C6
Villy-lez-Falaise (14) 39 E3
Villy-sur-Yères (76) 8 B5
Vilory (70) 87 G2
Vilosnes-Haraumont (55) 25 E5
Vilsberg (57) 50 B3
Vimenet (12) 155 E4
Viménil (88) 70 B3
Vimines (73) 131 H4
Vimont (14) 16 C5

Vimory (45) 64 A6
Vimoutiers (61) 39 G3
Vimpelles (77) 64 D2
Vimy (62) 10 B1
Vinantes (77) 43 F2
Vinassan (11) 186 C3
Vinax (17) 108 A6
Vinay (38) 145 E2
Vinay (51) 45 F2
Vinça (66) 199 F3
Vincelles (39) 117 F1
Vincelles (51) 44 D2
Vincelles (71) 102 B6
Vincelles (89) 83 G3
Vincelottes (89) 83 G3
Vincennes (94) 43 E4
Vincent (39) 102 C5
Vincey (88) 69 H2
Vincly (62) 2 A5
Vincy-Manœuvre (77) 43 H2
Vincy-Reuil-et-Magny (02) 23 F2
Vindecy (71) 115 E3
Vindefontaine (50) 14 D5
Vindelle (16) 122 B3
Vindey (51) 44 D5
Vindrac-Alayrac (81) 168 A1
Vinets (10) 66 C1
Vineuil (36) 96 B4
Vineuil (41) 80 A4
Vineuil-Saint-Firmin (60) 20 D6
la Vineuse (71) 115 H2
Vinezac (07) 157 F2
Vingrau (66) 199 H1
Vingt-Hanaps (61) 60 A1
Vinnemerville (76) 6 D3
Vinneuf (89) 64 D3
Vinon (18) 98 B1
Vinon-sur-Verdon (83) 174 C4
Vins-sur-Caramy (83) 175 E6
Vinsobres (26) 158 C4
le Vintrou (81) 168 D6
Vinzelles (63) 127 G2
Vinzelles (71) 116 B4
Vinzier (74) 119 F3
Vinzieux (07) 143 H1
Viocourt (88) 69 E2
Viodos-Abense-de-Bas (64) 179 G2
Violaines (62) 3 E6
Violay (42) 129 F2
Violès (84) 158 C6
Violot (52) 86 B2
Viols-en-Laval (34) 171 E4
Viols-le-Fort (34) 171 E4
Vioménil (88) 69 G4
Vion (07) 144 A3
Vion (72) 77 G1
Vions (73) 131 G2
Vionville (57) 26 A5
Viozan (32) 181 H1
Viplaix (03) 112 B2
Vira (09) 184 A5
Vira (66) 199 F2
Virac (81) 168 B1
Virandeville (50) 14 B2
Virargues (15) 140 D3
Virazeil (47) 150 C3
Vire (14) 37 H3
Viré (71) 116 B2
Viré-en-Champagne (72) 59 F6
Vire-sur-Lot (46) 152 A3
Vireaux (89) 84 B2
Virecourt (54) 69 G1
Virelade (33) 149 G1
Vireux-Molhain (08) 13 E4
Vireux-Wallerand (08) 13 E4
Virey (50) 37 F6
Virey-le-Grand (71) 101 G4
Virey-sous-Bar (10) 66 C4
Virginy (51) 24 B6
Viriat (01) 117 E4
Viricelles (42) 129 F4
Virieu (38) 131 E5
Virieu-le-Grand (01) 131 F2
Virieu-le-Petit (01) 131 G1
Virigneux (42) 129 F4
Virignin (01) 131 G3
Viriville (38) 144 D1
Virlet (63) 112 D5
Virming (57) 49 G2
Viroflay (78) 42 C4
Virollet (17) 121 E5
Vironchaux (80) 8 D2
Vironvay (27) 18 D6
Virsac (33) 135 F4
Virson (17) 107 E5
Virville (76) 6 C5
Viry (39) 117 H3
Viry (71) 115 G2
Viry (74) 118 B5
Viry-Châtillon (91) 42 D5
Viry-Noureuil (02) 21 H2
Vis-en-Artois (62) 10 C3
Visan (84) 158 C4
Viscomtat (63) 128 B2
Viscos (65) 180 D6
Viserny (21) 84 C4
Visker (65) 181 E4
Vismes (80) 8 C5
Visoncourt (70) 87 H2
Vissac (43) 142 A3
Vissac-Auteyrac (43) 142 A3
Vissec (30) 170 C3
Visseiche (35) 57 H4
Viterbe (81) 168 A5
Viterne (54) 48 C6
Vitot (27) 40 C1
Vitrac (15) 140 A6
Vitrac (24) 138 A6
Vitrac (63) 126 D1

Vitrac-en-Viadène (12) 140 D6
Vitrac-Saint-Vincent (16) 123 E3
Vitrac-sur-Montane (19) 139 F1
Vitrai-sous-Laigle (61) 40 B5
Vitray (03) 112 D1
Vitray-en-Beauce (28) 62 A3
Vitré (35) 58 A4
Vitré (79) 108 B4
Vitreux (39) 102 D1
Vitrey (54) 69 F1
Vitrey-sur-Mance (70) 86 D1
Vitrimont (54) 49 E5
Vitrolles (05) 160 A3
Vitrolles (13) 173 G6
Vitrolles-en-Lubéron (84) 174 B3
Vitry-aux-Loges (45) 63 F6
Vitry-en-Artois (62) 10 C2
Vitry-en-Charollais (71) 115 E2
Vitry-en-Montagne (52) 85 H1
Vitry-en-Perthois (51) 46 B4
Vitry-la-Ville (51) 46 A4
Vitry-Laché (58) 99 G1
Vitry-le-Croisé (10) 67 E4
Vitry-le-François (51) 46 B5
Vitry-lès-Cluny (71) 115 H2
Vitry-lès-Nogent (52) 68 B5
Vitry-sur-Loire (71) 99 G6
Vitry-sur-Orne (57) 26 B4
Vitry-sur-Seine (94) 42 D4
Vittarville (55) 25 F4
Vitteaux (21) 85 E5
Vittefleur (76) 7 E3
Vittel (88) 69 E3
Vittersbourg (57) 49 H2
Vittoncourt (57) 26 D6
Vittonville (54) 48 C2
Vitz-sur-Authie (80) 9 E3
Viuz-en-Sallaz (74) 118 D5
Viuz-la-Chiésaz (74) 132 A2
Vivaise (02) 22 B2
Vivans (42) 114 D5
Vivario (2B) 205 E3
Viven (64) 164 A6
Viverols (63) 128 C6
Vivès (66) 199 H4
Vivey (52) 85 H2
le Vivier (66) 199 F2
Vivier-au-Court (08) 24 B1
le Vivier-sur-Mer (35) 35 E4
Vivières (02) 21 G5
Viviers (07) 158 A3
Viviers (57) 49 E3
Viviers (89) 84 A2
Viviers-du-Lac (73) 131 H4
Viviers-le-Gras (88) 69 E4
Viviers-lès-Lavaur (81) 167 H5
Viviers-lès-Montagnes (81) 168 B6
Viviers-lès-Offroicourt (88) 69 F3
Viviers-sur-Artaut (10) 66 D5
Viviers-sur-Chiers (54) 25 G3
Viviès (09) 184 A1
Viviez (12) 153 H2
Viville (17) 122 A5
Vivoin (72) 60 A3
Vivonne (86) 109 E3
Vivy (49) 77 G6
Vix (21) 85 E1
Vix (85) 107 E3
Vixouze 140 D5
Vizille (38) 145 G3
Vizos (65) 181 E6
Vizzavona 205 E4
Vocance (07) 143 G2
Vodable (63) 127 F5
Vœgtlinshoffen (68) 71 H5
Vœllerdingen (67) 27 H6
Vœuil-et-Giget (16) 122 B4
Vogelgrun (68) 71 G5
Voglans (73) 131 H4
Vogüé (07) 157 G2
Voharies (02) 22 D1
Void-Vacon (55) 47 H5
Voigny (10) 67 F3
Voilemont (51) 46 C2
Voillans (25) 88 A5
Voillecomte (52) 67 F1
Voimhaut (57) 26 D6
Voinémont (54) 48 D6
Voingt (63) 126 B3
Voinsles (77) 43 H5
Voipreux (51) 45 F3
Voires (25) 103 H2
Voiron (38) 131 F6
Voiscreville (27) 18 A6
Voise (28) 62 C2
Voisenon (77) 43 F6
Voisey (52) 68 D6
Voisines (52) 86 A1
Voisines (89) 65 E3
Voisins-le-Bretonneux (78) 42 B5
Voissant (38) 131 G5
Voissay (17) 121 F1
Voiteur (39) 102 D5
la Voivre (70) 88 A1
la Voivre (70) 70 C2
les Voivres (88) 69 G5
Voivres-lès-le-Mans (72) 60 A6
Volckerinckhove (59) 2 B5
Volesvres (71) 115 F2
Volgelsheim (68) 71 G5
Volgré (89) 83 E1
Volhac (43) 142 C4
Volksberg (67) 28 B6
Vollore-Montagne (63) 128 B3
Vollore-Ville (63) 128 A3
Volmerange-lès-Boulay (57) 26 D5
Volmerange-les-Mines (57) 26 B2
Volmunster (57) 28 B5
Volnay (21) 101 F3

Volnay (72) 60 C6
Volon (70) 86 D3
Volonne (04) 160 B6
Volpajola (2B) 203 F6
Volstroff (57) 26 C3
Volvent (26) 159 E2
Volvic (63) 127 E2
Volx (04) 174 C2
Vomécourt (88) 70 B2
Vomécourt-sur-Madon (88) 69 G2
Voncourt (52) 86 D2
Voncq (08) 24 A4
Vonges (21) 86 B6
Vongnes (01) 131 G2
Vongy 119 E2
Vonnas (01) 116 C4
Voray-sur-l'Ognon (70) 87 F5
Voreppe (38) 145 F1
Vorey (43) 142 C2
Vorges (02) 22 C3
Vorges-les-Pins (25) 103 F1
Vorly (18) 97 G4
Vornay (18) 97 H4
Vosbles (39) 117 F3
Vosne-Romanée (21) 101 G2
Vosnon (10) 65 H5
Vou (37) 95 C2
Vouarces (51) 45 F6
Voudenay (21) 100 D2
Voué (10) 66 B1
Vouécourt (52) 67 H3
Vougécourt (70) 69 F6
Vougeot (21) 101 G1
Vougrey (10) 66 C5
Vougy (42) 115 G6
Vougy (74) 119 E5
Vouharte (16) 122 B2
Vouhé (17) 107 E5
Vouhé (79) 108 A1
Vouhenans (70) 88 A2
Vouillé (79) 107 H1
Vouillé (86) 109 E5
Vouillé-les-Marais (85) 107 E3
Vouillers (51) 46 D5
Vouillon (36) 96 D5
Vouilly (14) 15 F5
Voujeaucourt (25) 88 C4
Voulaines-les-Templiers (21) 85 F1
Voulangis (77) 43 G4
Voulême (86) 108 D6
Voulon (86) 108 D3
Voulpaix (02) 11 H6
la Voulte-sur-Rhône (07) 144 A6
Voultegon (79) 93 E4
Voulton (77) 44 B6
Voulx (77) 64 C3
Vouneuil-sous-Biard (86) 109 E1
Vouneuil-sur-Vienne (86) 94 C6
Vourey (38) 145 F1
Vourles (69) 130 A4
Voussac (03) 113 F4
Voutenay-sur-Cure (89) 83 H4
Voutezac (19) 138 C2
Vouthon (16) 122 D4
Vouthon-Bas (55) 68 C1
Vouthon-Haut (55) 68 C1
Voutré (53) 59 F4
Vouvant (85) 107 F1
Vouvray (37) 79 E5
Vouvray-sur-Huisne (72) 60 D5
Vouvray-sur-Loir (72) 78 C2
Vouxey (88) 69 E2
Vouzailles (86) 93 H6
Vouzan (16) 122 D4
Vouzeron (18) 97 F1
Vouziers (08) 24 A4
Vouzon (41) 81 E3
Vouzy (51) 45 G3
Voves (28) 62 B3
Vovray-en-Bornes (74) 118 C5
Voyenne (02) 22 C2
Voyennes (80) 21 G1
Voyer (57) 50 A5
la Vraie-Croix (56) 55 H6
Vraignes-en-Vermandois (80) 10 D6
Vraignes-lès-Hornoy (80) 19 H1
Vraincourt (52) 67 H3
Vraiville (27) 18 C6
Vraux (51) 45 H2
Vrécourt (88) 68 D4
Vred (59) 10 D1
Vregille (70) 87 E6
Vregny (02) 22 B4
Vrély (80) 21 E1
le Vrétot (50) 14 B3
Vriange (39) 102 C1
Vrigne-aux-Bois (08) 24 B1
Vrigne-Meuse (08) 24 B2
Vrigny (45) 63 F5
Vrigny (51) 23 E6
Vrigny (61) 39 E5
Vritz (44) 75 F2
Vrizy (08) 24 A4
Vrocourt (60) 19 H3
Vroil (51) 46 D4
Vron (80) 8 D1
Vroncourt (54) 69 F1
Vroncourt-la-Côte (52) 68 C4
Vroville (88) 69 G3
Vry (57) 26 C4
Vue (44) 74 A5
Vue des Alpes 104 C2
Vuillafans (25) 103 G2
Vuillecin (25) 103 H3
Vuillery (02) 22 A4
Vulaines (10) 66 C3
Vulaines-lès-Provins (77) 64 D1
Vulaines-sur-Seine (77) 64 D2
Vulbens (74) 118 A5

Vulmont (57) 48 D3
Vulvoz (39) 117 H3
Vy-le-Ferroux (70) 87 F3
Vy-lès-Filain (70) 87 G4
Vy-lès-Lure (70) 88 A3
Vy-lès-Rupt (70) 87 F3
Vyans-le-Val (70) 88 C3
Vyt-lès-Belvoir (25) 88 B5

W

Waben (62) 8 C1
Wacquemoulin (60) 21 E4
Wacquinghen (62) 1 F3
Wadelincourt (08) 24 C2
Wagnon (08) 23 G2
Wahagnies (59) 3 F6
Wahlbach (68) 89 F2
Wahlenheim (67) 51 E3
Wail (62) 9 F2
Wailly (62) 20 B1
Wailly (62) 10 B3
Wailly-Beaucamp (62) 8 C1
Walbach (68) 71 E4
Walbourg (67) 51 F2
la Walck (67) 50 D3
Waldeck (57) 28 C6
Waldersbach (67) 71 E1
Waldhambach (67) 50 B2
Waldhouse (57) 28 B5
Waldighofen (68) 89 F3
Waldolwisheim (67) 50 D4
Waldweistroff (57) 26 D3
Waldwisse (57) 26 D2
Walheim (68) 89 F2
Walincourt-Selvigny (59) 11 E4
Wallers (59) 11 E1
Wallers-Trélon (59) 12 B4
Wallon-Cappel (59) 2 C4
Walschbronn (57) 28 B4
Walscheid (57) 50 B5
Waltembourg (57) 50 B4
Waltenheim (68) 89 G2
Waltenheim-sur-Zorn (67) 51 E4
Waly (55) 47 E2
Wambaix (59) 11 E4
Wambercourt (62) 9 E1
Wambez (60) 19 H3
Wambrechies (59) 3 F4
Wamin (62) 9 E1
Wanchy-Capval (76) 8 A6
Wancourt (62) 10 B3
Wandignies-Hamage (59) 11 E1
Wangen (67) 50 D5
Wangenbourg-Engenthal (67) 50 C5
Wannehain (59) 3 H5
Wanquetin (62) 10 A2
la Wantzenau (67) 51 F4
Warcq (08) 24 A1
Warcq (55) 25 G6
Wardrecques (62) 2 B4
Wargemoulin-Hurlus (51) 46 C1
Wargnies (80) 9 G5
Wargnies-le-Grand (59) 11 G2
Wargnies-le-Petit (59) 11 G2
Warhem (59) 2 C2
Warlaing (59) 11 E1
Warlencourt-Eaucourt (62) 10 B4
Warlincourt-lès-Pas (62) 9 H3
Warloy-Baillon (80) 9 H5
Warluis (60) 20 B5
Warlus (62) 10 A2
Warlus (80) 9 E6
Warluzel (62) 9 H3
Warmeriville (51) 23 F5
Warnécourt (08) 24 A1
Warneton (59) 3 F3
Warsy (80) 21 E2
Warvillers (80) 21 E1
Wasigny (08) 23 G2
Wasnes-au-Bac (59) 11 E2
Wasquehal (59) 3 G4
Wasselonne (67) 50 D5
Wasserbourg (68) 71 E5
Wassigny (02) 11 G5
Wassy (52) 67 G1
le Wast (62) 1 G4
Watigny (02) 12 B6
Watronville (55) 47 G1
Watten (59) 2 A3
Wattignies (59) 3 F5
Wattignies-la-Victoire (59) 12 A3
Wattrelos (59) 3 G4
Wattwiller (68) 71 E6
Wavignies (60) 20 C3
Waville (54) 48 B2
Wavrans-sur-l'Aa (62) 2 A4
Wavrans-sur-Ternoise (62) 9 G1
Wavrechain-sous-Denain (59) 11 E2
Wavrechain-sous-Faulx (59) 11 E2
Wavrille (55) 25 E5
Wavrin (59) 3 E5
Waziers (59) 10 D1
Weckolsheim (68) 71 G5
Wegscheid (68) 88 D1
Weidesheim (67) 27 H6
Weinbourg (67) 50 C4
Weislingen (67) 50 B2
Weitbruch (67) 51 F3
Weiterswiller (67) 50 C3
Welles-Pérennes (60) 20 D3
Wemaers-Cappel (59) 2 C3
Wentzwiller (68) 89 G3
Werentzhouse (68) 89 F3
Wervicq-Sud (59) 3 F3
West-Cappel (59) 2 C2
Westhalten (68) 71 E5
Westhoffen (67) 50 D5

Westhouse (67) 71 G1
Westhouse-Marmoutier (67) 50 D4
Westrehem (62) 2 B6
Wettolsheim (68) 71 F4
Weyer (67) 50 B3
Weyersheim (67) 51 F4
Wickerschwihr (68) 71 G4
Wickersheim-Wilshausen (67) 50 D3
Wicquinghem (62) 1 H5
Wicres (59) 3 E5
Widehem (62) 1 F5
Widensolen (68) 71 G4
Wideville 42 B3
Wiège-Faty (02) 11 G6
Wiencourt-l'Équipée (80) 10 A6
Wierre-au-Bois (62) 1 F5
Wierre-Effroy (62) 1 F4
Wiesviller (57) 28 A5
Wignehies (59) 12 A5
Wignicourt (08) 24 A3
Wihr-au-Val (68) 71 E4
Wildenstein (68) 70 D5
Wildersbach (67) 71 E1
Willeman (62) 9 F2
Willems (59) 3 G5
Willencourt (62) 9 F3
Willer (68) 89 F3
Willer-sur-Thur (68) 71 E6
Willeroncourt (55) 47 G5
Willerval (62) 10 B2
Willerwald (57) 27 H6
Willgottheim (67) 50 D4
Williers (08) 25 E2
Willies (59) 12 B4
Wilwisheim (67) 50 D4
Wimereux (62) 1 F4
Wimille (62) 1 F4
Wimmenau (67) 50 C2
Wimy (02) 12 A5
Windstein (67) 28 D6
Wingen (67) 29 E5
Wingen-sur-Moder (67) 50 C2
Wingersheim (67) 51 E4
Wingles (62) 3 E6
Winkel (68) 89 F4
Winnezeele (59) 2 C3
Wintersbourg (57) 50 B3
Wintershouse (67) 51 E3
Wintzenbach (67) 29 F6
Wintzenheim (67) 71 F4
Wintzenheim-Kochersberg (67) 50 D4
Wirwignes (62) 1 F4
Wiry-au-Mont (80) 8 D5
Wisches (67) 50 C6
Wisembach (88) 71 E3
Wiseppe (55) 24 D4
Wismes (62) 2 A4
Wisques (62) 2 A4
Wissant (62) 1 F3
Wissembourg (67) 29 E5
Wissignicourt (02) 22 B3
Wissous (91) 42 D5
Witry-lès-Reims (51) 23 F5
Wittelsheim (68) 89 F1
Wittenheim (68) 89 F1
Witternesse (62) 2 B5
Witternheim (67) 71 F1
Wittersdorf (68) 89 F2
Wittersheim (67) 51 E3
Wittes (62) 2 B4
Wittisheim (67) 71 G2
Wittring (57) 27 H5
Wiwersheim (67) 51 E5
Wizernes (62) 2 A4
Wœlfling-lès-Sarreguemines (57) 28 A5
Wœrth (67) 28 D6
Woignarue (80) 8 B4
Woimbey (55) 47 G2
Woincourt (80) 8 D5
Woippy (57) 26 B5
Woirel (80) 8 D5
Wolfersdorf (68) 89 F2
Wolfgantzen (68) 71 G4
Wolfisheim (67) 51 E5
Wolfskirchen (67) 50 A3
Wolschheim (67) 50 D4
Wolschwiller (68) 89 G4
Wolxheim (67) 50 D5
Wormhout (59) 2 C3
Woustviller (57) 27 G5
Wuenheim (68) 71 E6
Wuisse (57) 49 F3
Wulverdinghe (59) 2 B3
Wy-dit-Joli-Village (95) 42 A1
Wylder (59) 2 C2

X

Xaffévillers (88) 70 A1
Xaintrailles (47) 150 C5
Xaintray (79) 107 H2
Xambes (16) 122 B2
Xammes (54) 48 B2
Xamontarupt (88) 70 B4
Xanrey (57) 49 F4
Xanton-Chassenon (85) 107 F2
Xaronval (88) 69 G2
Xermaménil (54) 49 F6
Xertigny (88) 69 H5
Xeuilley (54) 48 C6
Xirocourt (54) 69 G1
Xivray-et-Marvoisin (55) 48 A3
Xivry-Circourt (54) 25 H4
Xocourt (57) 49 E3
Xonrupt-Longemer (88) 70 D4
Xonville (54) 48 B1

Xouaxange (57) 50 A4
Xousse (54) 49 G5
Xures (54) 49 G5

Y

Y (80) 21 G1
Yainville (76) 7 F6
Yaucourt-Bussus (80) 9 E4
le Yaudet 32 C2
Ychoux (40) 148 C4
Ydes (15) 140 D1
Yèbleron (76) 6 D4
Yèbles (77) 43 G6
Yenne (73) 131 G3
Yermenonville (28) 62 B1
Yerres (91) 43 E5
Yerville (76) 7 F4
Yèvre-la-Ville (45) 63 G4
Yèvre le Chatel 63 G4
Yèvres (28) 61 H4
Yèvres-le-Petit (10) 66 D1
Yffiniac (22) 33 H4
Ygos-Saint-Saturnin (40) 163 G2
Ygrande (03) 113 F2
Ymare (76) 18 D5
Ymeray (28) 62 C1
Ymonville (28) 62 C3
Yolet (15) 140 D5
Yoncq (08) 24 C3
Yonval (80) 8 D4
Youx (63) 113 H3
Yport (76) 6 C3
Ypreville-Biville (76) 6 D4
Yquebeuf (76) 7 H5
Yquelon (50) 35 G2
Yronde-et-Buron (63) 127 G4
Yrouerre (89) 84 A2
Yssac-la-Tourette (63) 127 F1
Yssandon (19) 138 B2
Yssingeaux (43) 143 E3
Ytrac (15) 140 A5
Ytres (62) 10 C4
Yutz (57) 26 B5
Yvernaumont (08) 24 A2
Yversay (86) 94 A4
Yves (17) 106 D6
les Yveteaux (61) 38 D1
Yvetot (76) 7 E4
Yvetot-Bocage (50) 14 D4
Yvias (22) 33 E2
Yviers (16) 136 A1
Yvignac-la-Tour (22) 34 C6
Yville-sur-Seine (76) 18 B5
Yvoire (74) 118 D3
Yvoy-le-Marron (41) 80 D3
Yvrac (33) 135 F5
Yvrac-et-Malleyrand (16) 122 D3
Yvrandes (61) 38 A3
Yvré-le-Pôlin (72) 78 A3
Yvré-l'Évêque (72) 60 B5
Yvrench (80) 9 E3
Yvrencheux (80) 9 E3
Yzengremer (80) 8 B5
Yzernay (49) 92 C3
Yzeron (69) 129 G4
Yzeure (03) 113 H3
Yzeures-sur-Creuse (37) 95 F5
Yzeux (80) 9 F5
Yzosse (40) 163 F4

Z

Zaessingue (68) 89
Zalana (2B) 205
Zarbeling (57) 49
Zegerscappel (59) 2
Zehnacker (67) 50
Zeinheim (67) 50
Zellenberg (68) 71
Zellwiller (67) 71
Zermezeele (59) 2
Zérubia (2A) 207
Zetting (57) 27
Zévaco (2A) 205
Zicavo (2A) 205
Zigliara (2A) 204
Zilia (2B) 202
Zilling (57) 50
Zillisheim (68) 89
Zimmerbach (68) 71
Zimmersheim (68) 89
Zimming (57) 27
Zincourt (88) 69
Zinswiller (67) 50
Zittersheim (67) 50
Zœbersdorf (67) 50
Zommange (57) 49
Zonza (2A) 207
Zoteux (62) 1
Zouafques (62) 2
Zoufftgen (57) 26
Zoza (2A) 207
Zuani (2B) 205
Zudausques (62) 2
Zutkerque (62) 2
Zuydcoote (59) 3
Zuytpeene (59) 2